中國文學批評史

中國文學批評史 / 郭紹虞著. -- 初版. -- 臺北市：文史哲,民 97.04 印刷

面： 公分

ISBN 978- 957-547-695-3 (平裝)

1. 中國文學史－評論

829

中國文學批評史

著　　者：郭　紹　虞
出 版 者：文　史　哲　出　版　社
http://www.lapen.com.tw
登記證字號：行政院新聞局版臺業字五三三七號
發 行 人：彭　正　雄
發 行 所：文　史　哲　出　版　社
印 刷 者：文　史　哲　出　版　社
臺北市羅斯福路一段七十二巷四號
郵政劃撥帳號：一六一八〇一七五
電話 886-2-23511028・傳真 886-2-23965656

實價新臺幣七〇〇元

中華民國二十六年 (1937) 九月初版
中華民國九十七年(2008)四月初版再刷

ISBN 978-957-547-695-3

自序

我屢次想嘗試編著一部中國文學史，也曾努力搜集材料，也曾努力着手整理，而且有時也還自覺有些見解，差能滿意；然而終於知難而退，終沒有更大的勇氣以從事於這鉅大的工作。文心雕龍序志篇之批評以前各家議其「各照隅隙，鮮觀衢路。」在我呢，願意詳細地照隅隙，而不願粗魯地觀衢路。所以縮小範圍，權且寫這一部中國文學批評史。我只想從文學批評史以印證文學史，以解決文學史上的許多問題。因爲這——文學批評，是與文學之演變最有密切的關係的。

然而，爲了治文學批評史，猶且遇到許多枝枝節節的小問題，爲解決這些問題，也曾費了不少力量；而且，還不敢自以爲解決。現在所寫定的，不過是這書的前一部分——上起古代，下至北宋，僅僅完成上卷而已。費了好幾年的時間，從事於材料的搜集和整理，而所獲僅此。當然的，對於整個的中國文學史更沒有勇氣去嘗試了。我所希望的，如能在這些材料中間使人窺出一些文學的流變，那麼，至少可以說是完成了一部分的文學史的工作。如果此書能在這方面有些微的貢獻時，我就深深地引爲滿意了。

我所以將此書分爲二卷的緣故，一來固然由於材料之多，二來亦是分期的關係。我以爲自古代以至北宋，恰恰成爲文學批評之分途發展期。在此分途發展期中的前一時期，——自周秦至南北朝，是文學觀念由混而析的時期；而其後一時期——自隋唐以至北宋，卻又成爲文學觀念由析而返於混的時期。所以自表面看來，似乎一個是演進而一個是復古。卽就這兩個時期的文學理論而言，也似乎前一個時期重在新變，而後一個時期重在則古。實則『歷史上的事實終究是進化的。作家雖受復古說的影響，無論如何終不會恢復古來的面目，維持古來的作風。非惟如此，作家因受這種影響，反足以變更當時的作風，反因復古而進化。』（頁二一六）所以演進期固然是演變，復古期也未嘗不是演變。所不同者，演變的方式和傾向而已。所以這兩個時期，恰形成了分途發展的現象。

在這兩個很明顯的分途發展的現象過了以後，於是此後的文學批評，除掉一些襲用舊說陳陳相因者外，其能稍有特殊的見解者，不是本於以前兩個時期的文學理論，執其一端而益以闡發，成爲一種更極端的更偏向的主張；或是本於以前偶一流露未遑說明的另星主張，而補苴完成以成其一家之言；便是調和融合以前兩個時期的文學理論之種種不同之點，而折衷而打成一片。所以南宋以後，不復看到以前分途發展的情形；縱使偶有異軍突起，不爲前說牢籠者，而就大體言之，其最有勢力的正統文評，則仍是繼承前一期的傳統。因此，南宋以後的文學批評，姑名之爲文學批評的完成期。曰復古，曰完成，都是不甚愜當的名詞，亦強爲之名而已。

在此書中，固然重在材料的論述，然亦時多加以論斷的地方。如文筆之辨析，八病之解釋，以及古文家與道學家所論文與道的關係等等，均不敢自以爲是，甚願得讀者的指正。又所加論斷，實際也等於說明。我總想極力避免主觀的成分，減少武斷的論調。所以對於古人的文學理論，重在說明而不重在批評。卽使對於昔人之說未能愜懷，也總想平心靜氣地說明他的主張，和所以致此的緣故。因爲這是敍述而不是表彰，是文學批評史而不是文學批評。總之我想在古人的理論中間保存古人的面目。至於是否眞能做到這一步，那是另一問題；不過，我的態度，我的希望，卻自信是如此的。

此書編例，各時期中不相一致，有的以家分，有的以人分，有的以時代分，有的以文體分，更有的以問題分；這種凌亂的現象，並不是自亂其例，亦不過爲論述的方便，取其比較地可以看出當時各種派別各種主張之異同而已。尤其在講儒家和道家的時候，牽涉到「神」與「氣」的問題。這亦因爲論述的方便而附及之者。所以只說是『及於後世文學批評之影響』，而不說這是儒道二家之文學觀。我本想把這兩節移到後邊論及「神」與「氣」之時述之，不過以其不能說得詳盡，而且不易看出他的關係，所以利用孟子知言與養氣的關係，利用莊子之以藝事相喻，牽連及之。然而卻不免得其糟粕而棄其精華了，不免近於曲說古史了。

又關於文學批評的著述，如詩話之類，其性質本與文學批評不盡相同，而且一一羅舉，加以考訂，也與史的體例不合。這在將來，預備另輯詩話考一類的書。今此書中在論及宋人的詩話之時，仍不免備舉及之者，亦不過表示一時批評界之風氣而已。

此書之列爲大學叢書，由於胡適之先生的審査。我很感謝胡先生於審閱後再指示一些意見。他說：

『第二篇中引禮記表記中孔子語「情欲信，辭欲巧，」因說孔子「尙文之意固顯然可見了。」（頁一三）

孔子明明說：「辭達而已矣。」作者不引此語，卻引那不可深信的表記以助成孔子尚文之說，未免被主觀的見解影響到材料的去取了。

墨家注重論辯方法，故古代議論辯證的文體，起於墨子非攻非命明鬼尚同諸篇。三表法（非命與明鬼篇）與小取篇，多是講辯證方法的；大取篇所謂「辭以類行」之說，在小取篇中發揮最詳盡。凡「效，辟，侔，援，推」諸法，都只是「以類取，以類予，」都只是「辭以類行。」論辯文重在推理，而推理方法的要旨，都在此諸法之中。試看墨子書中最謹嚴而最痛快的一篇論辯文，非攻上，其層次條理都只是「辟」「侔」「援」諸法的應用而已。因此可知此種辯證之論，正是古代哲人對文學理論的重要貢獻，不應當忽視的。」

謹錄此語，以供讀者的參考。

二十三年二月二十二日。

中國文學批評史上卷目錄

第四篇　魏晉南北朝——文學觀念演進期之三……七四

第五篇　隋唐五代—文學觀念復古期之一

中國文學批評史下卷目錄

第四篇　清代（上）——文論

第五篇　淸代（下）——詩論……九三七

中國文學批評史上卷

第一篇　總論

第一章　中國文學批評演變概述

有人說，中國的文學批評並無特殊可以論述之處，一些文論詩話以及詞話曲話之著，大都是些零星不成系統的材料，不是記述聞見近於史料，便是講論作法偏於修辭；否則講得虛無縹緲，玄之又玄，令人不可捉摸。不錯！中國的文學批評確有這些現象。但是若由歷史的觀點以言，則中國文學批評之演變蛻化，也自有其可以注意的地方。何以故？蓋文學批評所由形成之主要的關係，不外兩方面：一是文學的關係，即是對於文學之自覺，二是思想的關係，即是所以佐其批評的根據。由前者言，文學批評常與文學發生相互聯帶的關係，易言之，即文學批評的轉變，恆隨文學上的演變為轉移，而有時文學上的演化，又每因文學批評之影響而改變。因此，中國文學批評史的講述，其效用最少足以解決中國文學史上問題的一部分。由後者言，文學批評又常與學術思想發生相互聯帶的關係；

因此中國的文學批評，即在陳陳相因的老生常談中也足以看出其社會思想的背景。這固然不同歐西的文學批評一樣，一時代有一時代所標榜的主義，而於各時代中似均可有明劃的區分；然亦不能謂中國文學批評全沒有其思想上的根據。歷史上的幾個重要一些的文學批評家，即在其零星片段的文章中間也何嘗不可找出其中心的思想，看出其一貫的主張呢？這是中國文學批評史所以值得而且需要講述的地方。

既講整個的中國文學批評史，總得劃分幾個時期。關於這個，只能就文學批評本身的演進，以為分期的標準。至於各個派別的不同的主張只能在分期中間各別述之，而不能有明顯的時代的區分。大抵由於中國的文學批評而言，詳言之，可以分為三個時期：一是文學觀念演進期，一是文學觀念復古期，一是文學批評完成期。自周秦以迄南北朝為文學觀念演進期。自隋唐以迄北宋為文學觀念復古期。南宋金元以後直至現代庶幾成為文學批評之完成期。簡言之，則文學觀念之演進與復古二時期，恰恰成為文學批評分途發展的現象。前一時期的批評風氣偏於文，而後一時期則偏於質。前一時期重在形式，而後一時期則重在內容。所以這正是文學批評之分途發展期。至於以後，進為文學批評之完成期，則一方面完成一種極端偏向的理論，一方面又能善於調劑融合種種不同的理論而滙於一以集其大成。由質言，較以前為精確為完備；由量言，亦較以前為豐富為普遍。

第二章　文學觀念之演進與復古

本書上卷所講重在文學批評之分途發展期，所以先一述文學觀念之演進與復古的情形。關於這些，我曾有一文——文學觀念與其含義之變遷，載諸東方雜誌第二十五卷第一號。現在將此文大意，擇要而簡言之如左：

在文學觀念演進期中可以分爲三個階段：周秦爲一期，兩漢爲一期，魏晉南北朝又爲一期。

周秦時期所謂「文學」，兼有文章博學二義。文即是學，學不離文，這實是最廣義的文學觀念，也即是最初期的文學觀念。

至於兩漢，始進一步把「文」與「學」分別而言了，把「文學」與「文章」分別而言了。——用單字則「文」與「學」不同，用連語則「文章」又與「文學」不同。故漢時所謂「文學」雖仍含有學術的意義，但所謂「文」或「文章」，便專指詞章而言，頗與近人所稱「文學」之意義相近了。漢時有「文學」「文章」之分，實是文學觀念進程中承前啟後的一個重要關鍵。

迨至魏晉南北朝，於是較兩漢更進一步，別「文學」於其他學術之外，於是「文學」一名之含義，始與近人所用者相同。而且即於同樣美而動人的文章中間，更有「文」「筆」之分：「筆」重在知，「文」重在情；「筆」重在應用，「文」重在美感：始與近人所云純文學雜文學之分，其意義亦相似。

文學觀念經了以上兩漢與魏晉南北朝兩個時期的演進，於是漸歸於明晰。可是，不幾時復爲逆流的進行，於是又經過隋唐與北宋兩個時期，一再復古，而文學觀念又與周秦時代沒有多大的分別。所以在復古期中也是經過兩個階段的演進。

其在隋唐五代之時，因不滿意於創作界之淫靡浮濫，於是對於六朝文學根本上起了懷疑。其對於六朝文學之懷疑本是不錯，不過惜其不甚了解文學之本質，轉以形成復古的傾向而已。蓋由文學的外形以認識文學之面目，其事易，由文學的內質以辨別文學之本質，其事難。前一期重在外形方面遞演遞進，所以成爲文學觀念之演進期；這一期重在內質方面，於是覺得漫無標準，遂不得不以古昔聖賢之著作與思想爲標準了。以古昔聖賢之著作與思想爲標準，此所以愈變愈古而成文學觀念的復古期了。不過同樣的復古潮流中，而唐宋又各有其分界。唐人論文以古昔聖賢的著作爲標準；宋人論文以古昔聖賢的思想爲標準。以著作爲標準，所以雖主明道而終偏於文；——所謂『上規姚姒渾渾亡涯』云云，正可看出唐人學文的態度。所以唐人說文以貫道而不說文以載道。曰貫道，則是因文以見道，而道必藉文而始顯。文與道顯有輕重的區分，而文與道終究看作是兩個物事，所以雖亦重道而仍有意於文。這猶是文學觀念復古期中第一期的現象。

至於北宋，則變本加厲，主張文以載道，主張爲道而作文，則便是以古昔聖賢的思想爲標準了。曰「貫」，曰「載」，雖只是一假字的分別，而其意義實不盡相同。貫道是道必藉文而顯，載道是文須因道而成，輕重之間區別顯然。李漢序韓昌黎集云：『文者貫道之器也，』此唐人之說；周敦頤通書云：『文所以載道也，』此宋人之說。所以文學觀到了北宋，始把文學作爲道學的附庸。

由於文以貫道的文學觀，於是造成了一輩古文家的文。古文家之論文，雖口口聲聲離不開一個「道」字，但在實際上只是把道字作幌子，作招牌；至其所重視者還是在修辭的工夫。這不僅唐代古文家是如此，即宋代的古文家亦未嘗不如此；即此後由唐宋八家一脈相承的古文家亦未嘗不是如此。

由於文以載道的文學觀，於是造成了一輩道學家的文。在道學家之論文便偏於重道而只以文作為工具，——所謂載道之具而已。古文家之論文，其誤在以筆為文；以筆為文，則六朝「文」「筆」之分淆矣。道學家之論文，其誤在以學為文；以學為文，則兩漢「文學」「文章」之分，「學」與「文」之分亦混矣。在前一再演進而歸於明畫者，至是復一再復古而歸於混淆；於是傳統的文學觀於以形成，而且亦始有其權威。

今綜括上文，列為表式說明之如次：

文學觀念演進期			文學觀念復古期	
第一期（周秦）	第二期（兩漢）	第三期（魏晉南北朝）	第一期（隋唐五代）	第二期（北宋）
文學（文章 博學）	文章（文）	文—近於純文學	文	道學（載道說）
		筆—近於雜文學	貫道說	
	文學（學）	儒—通其理	道	
		學—識其事		

第二章　文學觀念演進與復古之文學的原因

以前說過，文學批評恆與文學有相互聯帶的關係，所以現在即由文學本身之演變以說明文學觀念之演變。

就文學本身之演進言：在周秦是文學文與學術文混合的時期，到兩漢是文學文與學術文分途的時期，而魏晉南北朝又是文學文發展的時期。周秦以前，文字之用未廣，以口耳治事者多，以目治事者少，所以詩歌固屬韻文，而學術文字也往往協比其音，錯綜其言，其修辭工夫亦無異於詩歌。學術之文與文學之文猶不顯著絕大的分別，所以所謂「文學」，便兼有「文章」與「博學」二義。至於兩漢，學術文則漸趨於散化，而文學文則漸趨於韻化或駢化。在當時最占文學史上重要的位置者即爲辭賦。辭賦爲體，由承前言則出於韻文，由啟後言則衍爲駢文，最可看出當時文學文之韻化與駢化。所以因當時辭賦特別的發展，當然須有「文學」與「文章」的分別。更進而至魏晉南北朝，無論韻散文之含有文學性質者都有駢化的傾向。此韻散之駢化，好似僅僅是形式上的問題，實則即是時人論文所謂『義歸於翰藻』的標準。文學之所以能離開學術而顯明其獨特的性質者，其原因即在於此。文學作品既與一切學術文字異其面目，而發揮其特有的性質，則處此文勝的時代，文學觀念之漸趨正確，也是當然的現象了。

迨其繼也，物極必反，於是力矯文勝的弊病，而漸返於質。返質之道，在唐代則一變六朝對偶聲律之習而尚單奇，尙氣勢，於是文章之美不重在文字上的技巧，而重在合於語勢之自然。唐代古文所以不必『綺縠紛披宮徵靡曼，』而也未嘗不可『脣吻遒會情靈搖蕩』者，即由於此。這實是當時『有意爲文』（程顥語）的成功。以其成功，所以可以以筆爲文；以筆爲文，所以仍返到孔門詩文分途的見解，而不復需要文筆之分了。這是文學觀念復古期中第一期的情形。進至北宋，道學家之語錄體興，於是廢修辭之功，崇淺質之文，完全以語爲文，不僅合於語勢之自然了。顧炎武譏語錄之文，謂『夫子言性道可得而聞，夫子之文章不可得而聞』（日知錄十九）錢大昕謂『語錄行則儒家有鄙倍之詞，有德而不必有言』。（十駕齋養新錄十八）所以由極端尙質的語錄體言之，則道學家之論文，重道輕文，以文爲載道之工具，以文學爲道學之附庸，又安足怪！

第四章　文學觀念演進與復古之思想的原因

同時，文學批評又常與學術思想發生相互連帶的關係，所以學術思想風氣之轉移，又常足以左右文學批評的主張。

茲先就文學觀念演進期的三階段言之。先秦顯學，僅儒道墨三家，而此三家中道家反文，墨家尙質，在文學批評史上都沒什麼關係；惟儒家以尙文之故，頗流露其一部分的文學觀，所以亦惟儒家思想爲最重要。不過因儒家偏尙實用之故，其文學觀不免有文道合一的傾向，僅足爲雜文學張目，不足爲純文學發展之助力，所以論周秦時期的文學批評，只能在儒家思想中求之，而在儒家思想中所窺出的文學觀念，當然要與學術相混合了。兩漢時期儒家經學雖號爲極盛，而儒家思想卻未見光大；所以儒家的文學觀亦不足完全支配當時的文學界。兩漢詞人如司馬相如揚雄張衡等，殆均沾染道家之臭味者。故因經生詞人之各異其趣向，而「文學」與「文章」亦顯生區別。至魏晉南北朝，論思想則道家之外益以釋家，論學術則兩漢經生所孜孜致力之訓詁章句諸學又皆中止，此實是儒家學術思想最爲銷沈的時期。因此文學方面亦儘可不爲傳統的衞道觀念所支配，而純文學的進行遂得以絕無阻礙，文學觀念亦得離開傳統思想而趨於正確。

進至隋唐，風氣一變：王通講學，而河汾傳洙泗之緒；二劉傳經，而唐疏亦足闡漢注之蘊，於是儒家之學術思想復見發皇。只可惜李唐一代，儒釋道三教並尊，終究不是儒學獨霸的時期，所以文之與道，猶能並重。及至北宋，陽儒陰釋的道學家起，於是以其陽儒，遂本於儒家重道輕藝的見解而益以偏執；以其陰釋，亦略近禪宗不立語言文字的宗旨而卑視文藝。這種思想既深入於人心，則文學觀念又安得不趨於極端的尙質而成爲極端的復古。我嘗以爲歷來中國一般人的文學觀，大率都本於孔子；至其本於孔子，而成爲傳統的文學觀者，則不是一般詩人的文學觀，而是文人的文學觀，不是駢文家的文學觀而是古文家的文學觀，抑且，不是古文家的文學觀而是道學家或道學家之功利派的文學觀。此意，我於舊作所謂傳統的文學觀一文中已申論之。（東方雜誌二十五卷二十四號）蓋這全是本於孔子文學觀中尙用一點以發揮者；所以發揮到極端，有時成爲尙質而不尙文了。

第五章　文學觀念之演變所及於文學批評之影響

文學觀念之所以逐漸演進，逐漸正確，其原因已如上述。我們且再看這種文學觀念的演進，與文學批評的發展有什麼關係。本來，對於文學觀念的認識既得逐漸正確而清楚，也即是文學批評本身的演進，因爲這本是文學批評中一個重要的中心的問題。所以文學觀念逐漸演進，逐漸正確，則文學批評的發展，也隨之而逐漸進行。

在周秦時期絕無專門討論某一種文章的著作，絕無整篇較有系統的批評；所有一些足稱爲某家的文學觀者，都不過是偶爾及之，有的或且泛指文化或文藝。所以我們於此，祇不過可以從此推測，略窺其對於文學的見解而已。

到了兩漢，纔有專門討論某種文體的言論，如揚雄之論賦；是纔有專門記載文藝作品的著錄，如漢書藝文志之詩賦略是。即此以觀，已較前期爲進一步了。

及至魏晉南北朝，於是有關於作家的品評，有關於文體的著述，但大都仍不免一鱗一爪不賅不全的弊病。迨劉勰文心雕龍出，體大思精，於是文學批評纔有一部空前的偉著，文學批評的基礎也自是成立。這實是文學觀念漸趨正確後的時代的產物。

所以我以爲文學觀念假使不經過唐代文人宋代儒家的復古主張，則文學批評的進行，正是一帆風順，儘有發展的機會。不過歷史上的事實總是進化的，無論復古潮流怎樣震盪一時，無論如何眷懷往古取則前修，以成爲逆流的進行，而此逆流的進行也未嘗不是進化歷程中應有的步驟。蓋在文學觀念演進期中所討論的問題，是以文學之外形爲中心而在文學觀念復古期中所討論的問題，則又以文學之內質爲中心。此所以雖似復古而實際則不過移轉問題的中心而已。近人因反對此期文以載道的說法，遂且抹煞其在文學批評史上的地位，要亦未爲公允也。

不過，在演進期中雖重在文學之外形，而以對於文學有清楚的認識，所以有性質上的「文」「筆」之分。在復古期中雖重在文學內質之討論，而以輕視文學之特性，所以自唐以後又只有形式上的「詩」「文」的分別。由前者言，則言「文」可以賅詩；由後者言，則言「文」便不足以賅詩。此又所以演進期中的論「文」見解，較爲融通，而在復古期中則適成爲傳統的文學觀而已。此則復古的潮流所以又終究不免爲逆流的進行也。

第二篇　周秦

第一章　儒家

第一節　孔門之文學觀

第一目　關於「文學」諸名之意義

在周秦諸子的學說中本無所謂文學批評，但因其學術思想在後世頗有權威，故其及於文學批評者，也未嘗不有相當的影響；——尤其以素主尙文之儒家爲尤甚。蓋後人以崇奉儒學之故，遂亦宗其著述；以宗其著述奉爲文學模範之故，遂更聯帶信仰其文學觀念：於是這種文學觀遂成爲傳統的勢力而深入於人心。

不過諸子文學並非純文學，所以當時諸子之論及文學者，往往傾向於學術方面。這在兼主尙用之儒家當然也不能免此。論語先進篇云：『文學子游子夏。』此處所謂「文學」，其義卽廣漠無垠；蓋是一切書籍，一切學問，都包括在內者。揚雄法言吾子篇云：『子游子夏得其書矣。』邢昺論語疏云：『文章博學則有子游子夏二人。』曰「書」曰「博學」，則所謂「文學」云者偏於學術可知。故邢氏所謂文章博學，並非分文學爲二科，實以孔門所謂「文學」，在後世可分爲文章博學二科者，在當時必兼此二義也。是則「文學」之稱，雖始於孔門，而其義與今人所稱的文學不同。

不過孔門雖不曾分文章博學爲二科，而在「文學」總名之中，實亦分括文章博學二義。大抵時人稱名：就典籍之性質言，則分爲「詩」「書」二類，就文辭之體裁言，則別爲「詩」「文」二類。孔門所謂「詩」，卽邢昺所謂「文章」一義；其所謂「文」或「書」，則邢昺所謂「博學」一義；而「文學」一名，又所以統攝此二種者。

我們必須明白這一點，然後知孔子論詩論文，顯有分別。其論「詩」則較合於文學之意義：如謂『詩可以興，可以觀，可以羣，可以怨，』（論語陽貨）蓋言其有涵養性情之作用也；謂『不學詩，無以言，』（論語季氏）則又所謂『言之無文，行而不遠』之旨也。其論「文」則多偏於學術的傾向。論語公冶長篇云：『子貢問曰：「孔文子何以謂之文也？」子曰：「敏而好學，不恥下問，是以謂之文也。」』原來他因好學好問，所以謂之文。學而篇云：『行有餘力，則以學文；』何晏集解引馬融說云：『文者，古之遺文。』又述而篇云『子以四教：文，行，忠，信；』邢昺疏亦云：『文謂先王之遺文。』二家均解「文」爲「遺文」，則可知所謂「文」者，實指典籍而言，凡書本以內所有的知識，都在「文」的範圍以內了。（註）

〔註〕禮記孔子閒居引孔子云：『志之所至，詩亦至焉。』史記滑稽列傳亦引孔子『書以道事，詩以達意，』之語。這些話雖不甚可靠，但頗足爲「詩」與「書」或「文」之分別。蓋詩重在創，所以達自己之志意；文重在述，故必考古昔之遺文。

第二目　尙文與尙用

明此分別纔可以論孔子之文學觀。昔人只見到孔子論「文」的一方面，遂以爲孔子之文學觀偏主於應用，於是主義理者倡爲『文以載道』之說，（周敦頤語）主經濟者倡爲『文須有益於天下』之論。（顧炎武語）至一般詩人又只見到孔子論「詩」的一方面，於是復以爲孔子論文本不這樣拘泥，其言詩亦有主無關係者。（見袁枚答沈大宗伯論詩書）實則皆見其一端而已。

因此，孔門之文學觀最重要者有兩點：一是尙文，一是尙用。惟其尙文所以不同於墨家，惟其尙用所以又不同於道家。這是孔子文學觀主要之點。此兩點雖似矛盾，而孔子却能善爲調劑，絕不見其衝突。『中庸不可能也，』孔子思想即是處處能恰到中庸的地步者。大抵其尙文的觀點本於他論「詩」的主張，尙用的觀點又本於他論「文」的主張；而同時論詩未嘗不主應用，論文也未嘗不主修飾，所以能折衷調劑恰到好處。後人論詩論文雖自謂淵源於孔子，實則都不過各執一說，互趨極端；所以對於尙文尙用二點亦覺其顯有衝突了。

孔子尙文之意，隨處流露。『郁郁乎文哉，吾從周，』這猶可說是對於文化的觀念，不足以定其對於文學的見解。但如禮記表記引孔子語，謂『情欲信，辭欲巧，』則其尙文之意固顯然可見了。袁枚論詩標舉性靈，不廢豔體，似與所謂傳統的文學觀有別，但其隨園詩話中却屢次稱引此語以爲其性靈說之護符。以他這樣純美論的文學批評家猶且引孔子之言以自重，亦可知孔子文學觀中本有尙文一義了。左傳襄公二十五年亦引孔子語云『志有之：言以足志，文以足言；不言，誰知其志？言之無文，行而不遠。』此又孔子論「文」主於尙文之證。（註一）阮元以易經文言爲出孔子所撰，固未必是；然其文言說謂：

爲文章者不務協音以成韻，修辭以達遠，使人易誦易記；而惟以單行之語，縱橫恣肆，動輒千言萬字，不知此乃古人所謂直言之言，論難之語，非言之有文也，非孔子之所謂文也。（研經室三集二）

則固非無所見者。（註二）

【註一】儒家尙文之旨，具見文心雕龍徵聖篇。其言云：『遠稱唐世，則煥乎爲盛；近褒周代，則郁哉可從：此政化貴文之徵也。鄭伯入陳，以文辭爲功；宋置折俎，以多文舉禮：此事蹟貴文之徵也。褒美子產，則云「言以足志，文以足言」；泛論君子，則云「情欲信而辭欲巧」：此修身貴文之徵也。』

【註二】文心雕龍徵聖篇亦云：『易稱「辯物正言，斷辭則備」；書云「辭尙體要，弗惟好異」。故知正言所以立辯，體要所以成辭；辭成無好異之尤，辯立有斷辭之義。雖精義曲隱，無傷其正言；微言婉晦，不害其體要。體要與微辭偕通，正言共精義並用；聖人之文章，亦可見也。顏闔以爲「仲尼飾羽而畫，徒事華辭」，雖欲訾聖，弗可得已。然則聖文之雅麗，固銜華而佩實者也。』

至其尙用之恉，則更爲明顯。孔子論「文」，本偏於學術的意義，其主應用，固宜；乃其論「詩」，是指純文學言者，却亦依舊不離應用的主張。論語中引孔子論「詩」的地方很多，如：

不學詩，無以言。（季氏）

小子何莫學夫詩！詩可以興，可以觀，可以羣，可以怨；邇之事父，遠之事君；多識於鳥獸草木之名。（陽貨）

誦詩三百，授之以政，不達；使於四方，不能專對；雖多，亦奚以爲！（子路）

此數節中包括幾個意思：或以詩爲足助德性之涵養，或以之爲足資知識之廣博，或以助社會倫理之實施，或以助政治應對的辭令。這樣一講，於是雖以純文學的作品也不能離於政教的應用了。

這兩個觀念尚文則宜超於實用，尚用則宜忽於文飾，所以似相衝突；但他却能折衷調劑以成爲儒家的中庸思想。儒家思想中往往有許多相反而適以相成者，即此亦其一例也。

孔門之文學觀既如上述：論其本身，未嘗不有相當的價值；可是論其影響所及，則非惟不足助文學之發展，有時且足摧殘文學之生命。蓋孔門於尚文尚用二點，雖能調劑折衷，但後儒推闡，便不免偏於一端—尚用輕文，重道輕藝，而文學遂喪失其獨立性了。這個原因不外二端：(1.)由於後人之誤會。孔子論「文」本有學術的意義，所以主張尚用。後來字義既變，而一般人不加分別，猶用孔子論「文」之語以解釋後人所言之「文」，或且奉以爲文學觀的標準，所以遂多誤會了。(2.)由於孔子之暗示。孔子雖主尚文，但只以之爲手段，並不以之爲目的，所以比較起來，他於尚用方面主之更力，則後人推波助瀾，偏於一端，固亦無怪其然了。這是孔門文學觀所以在文學批評史上不甚有良好影響的緣故。

第三目　孔門文學觀之影響

關於孔門文學觀之影響可分兩方面言之：一是道的觀念，一是神的觀念。道的觀念是從尚用的方面以發揮者，蓋所以盡其用神的觀念則較重在討論文事，又所以闡其文。茲分述於次：

孔門論文因重在道的關係，於是處處不離應用的觀念，不免有文道合一的傾向。論語憲問篇謂：『有德者必有言，有言者不必有德，』這即是後世道學家重道輕文的主張。所以述而篇中『志於道，據於德，依於仁，遊於藝』數語，諸家解釋均闡發孔門重道輕藝之意。(註) 這種說法，決不能算是後人之傅會。觀於孔子論詩重在「無邪」論修辭重在「達」，重在「立誠」，則知其主恉所在固是偏重在質而所謂質又須含有道德之意味者。

【註】何晏集解就其用字之差異言，於是謂『不足據依故曰遊。』文中子事君篇又就其排列之先後言，於是謂『古君子志於道，據於德，依於仁而後藝可遊也。』無論從那方面言，似乎都有重道輕藝之意。

本於這種見解，所以影響所及，一般人對於文學家則總認為文人無行，以為一為文人便不足觀；至其對於文學作品則又以為是玩物喪志而無裨教化。蓋孔子固已說過『君子欲訥於言而敏於行，』重在行而不重在言，所以文人有言而無行，便不免為世所詬病了。又孔子論樂謂韶則盡美盡善，謂武則盡美而未盡善：以美善合一為標準，則文學作品尚美而不主於善，固亦宜其為世所廢棄了。此種極端的主張，蓋均出於孔子思想之暗示，而加以推闡而已。

至其神的觀念，則可於易與春秋中求之。其說似較為後起，但與孔子思想並非沒有關係，故亦附帶述之。大抵孔子之所謂「道」，只重在人事；其後雜以陰陽道家之言，始說得微妙一些，遂與道家相同，也有其「神」的觀念。

我嘗謂『中國之文學批評，不是論得太切實，講文以載道，便是講得太虛玄；論文之神味，前者是儒家思想之發揮，後者是道家思想之影響。』（小說月報十九卷一號中國文學批評史上之神氣說）實則儒家亦自有其「神」的觀念，不過講得切實一些沒有道家那麼虛玄而已。

蓋儒道二家之所謂道，根本不同，故於所謂「神」，其意義也不是一樣。道家的形而上學是重在「無」，儒家的形而上學是重在「變」。重在「無」，所以覺得道的本體微妙玄通而深不可識；重在「變」，所以能『恆易以知險，恆簡以知阻，』所以能『彰往而察來，』『溫故而知新。』因這一點的不同，所以對於「名」的觀念也不同：道家尙無名而儒家尙正名。尙無名，所以謂道體是『繩繩不可名，』而文字書籍全屬糟粕；因此，道家之所謂「神」，也是虛無縹緲的，不可捉摸的，不可言說的，不着邊際的。至於儒家，則於易論天道，於春秋論人事。春秋的正名與易經的易所以有關係，即由於「變」。易所以說明這個變，春秋所以防止這個變。易是說明宇宙現象的變，春秋是防止人事狀況的變。（註）這是儒家的形而上學之實際的應用。易繫辭傳云：『夫易，聖人之所以極深而研幾也。』——所謂「深」，所謂「幾」，都是將變而未顯之兆。所以又說：『幾者動之微，吉（凶）（據孔校增）之先見者也。』能明白這個「幾」，纔可以防微杜漸；所以儒家之所謂「神」，即不外於知幾。此易繫辭傳所以有『知幾其神乎』之語也。我們明此，纔知儒道兩家所言的「神」，其意義不同，其及於後世文學批評之影響亦大相逕庭。（可參閱拙著儒道二家論神與文學批評之關係，見燕京學報第四期。）

【註】易文言云：『臣弑其君，子弑其父，非一朝一夕之故，其所由來者漸矣；由辨之不早辨也。』又韓非子外儲篇引子夏語云：『春秋之記，臣殺君子殺父者以十數矣；皆非一日之積也，有漸而至矣。凡姦者行久而成積，積成而力多，力多而能殺，故明主早絕之。』可知易文言數語原指春秋時事說。

儒家之「神」的觀念既如上述，於是可一言其與文學批評之關係，或其及於後世文學批評之影響。此可分「作」與「評」的兩方面言之。

其應用到「作」的方面者，只是切切實實修辭的問題。蓋儒家神的觀念之應用，即在於春秋的正名主義，故其影響到文學方面，即是基於他正名主義的修辭問題。（註一）正名主義應用於文學，即成為修辭上所謂鍊字鍊句的法門。用字鍛鍊得其意義之內涵，恰如其分量，這便是正名字；此韓愈所謂『凡為文辭宜略識字』（科斗書後記）者是也。用字鍛鍊得與所論述的身分，恰恰相當，這便是正名分；此又昔人所謂『夫子作春秋，筆則筆，削則削，游夏不能贊一辭』（尚書序）者是也。文心雕龍宗經篇云：『春秋辨理，一字見義，』此即正名主義在文學上的應用，而後世古文家之講義法，蓋即本是以推闡者。名正則言順，所以荀子正名一篇兼論正辭，正辭即是鍊句的工夫。今觀春秋僖公十六年文云：『隕石於宋五，六鷁退飛過宋都。』公穀於此皆說明一則先石後五，一則先六後鷁之旨，雖不免過於穿鑿，（註二）但亦可為春秋措辭無所苟之證。所以禮記經解篇云：『屬辭比事，春秋教也。』

【註一】荀子勸學篇云：『春秋之微也，』又儒效篇云：『春秋言是其微也。』獨稱微字，即正名之義。

【註二】顧炎武日知錄云：『此臨文之不得不爾，非史云「五石」而夫子改之「石五」，史云「鷁六」而夫子改之「六鷁」也。』

其在「評」的方面所指出者，即是體會的方法。易繫辭傳引孔子云：『書不盡言，言不盡意』；又云：『其旨遠，其辭文。』其意似亦求之言意之表，頗與道家意旨相近。但以其泥於知，偏於用，故不與莊子一樣，不取直接欣賞的態度，不帶一些神祕性。蓋孔子教人重在啟發，所謂舉一反三，所謂聞一知十，都是彰往察來，溫故知新的推理作用。是以儒家所謂『知幾其神，』是有待於經驗，有待於知識的。易繫辭傳云：『夫易，其稱名也小，其取類也大』蓋儒家之所謂「神，」即不過是這般觸類旁通法耳。道家論「神」無待於知，故成為玄學的；儒家論神有待於知，故近於科學的。這是儒道兩家對於「神」的觀念之解釋與應用之大區別。

不過儒家之所謂體會，其方法有二種：一是在本文內體會的，一是在本文外體會的。在本文內體會者猶不離本文的原意，所以是近於科學的。其在本文外體會者，有時竟與原意絕無關係，所以又簡直是「非科學」的了。蓋本文內的體會較重在考據，本文外的體會，全出於附會。所以前者之失泥，後者之失鑿。

其在本文內體會者，更有二種方法：一是論世，一是知人。易繫辭傳云：『聖人之情見乎辭，』因為情見乎辭，所以可以知人論世。繫辭傳又云：

易之興也，其於中古乎！作易者其有憂患乎？

易之興也，其當殷之末世，周之盛德邪？當文王與紂之事邪？是故其辭危。

此即是其論世的例證。論語陽貨篇云：『詩可以觀。』鄭玄曰：『觀風俗之盛衰，』即是此意。後來詩序蓋即本此法而濫用之者。繫辭傳又云：

將叛者其辭慙；中心疑者其辭枝；吉人之辭寡；躁人之辭多；誣善之人其辭游；失其守者其辭屈。

這又是所謂知人的例證。春秋時人之賦詩觀志，亦大率用此方法的。

其在本文外體會者，即論語所云『詩可以興』（陽貨）及『興於詩』（泰伯）的意思。何晏論語集解引孔安國註『詩可以興』句云，『興引譬連類。』這即是說「興」的方法。又引包咸注『興於詩』句云『興，起也；言修身當先學詩。』這又是說「興」的作用。這種觸類旁通的方法，本是要施之實用的，所以他對其弟子的說詩，完全用這個方法。論語學而篇云：

子貢曰：『貧而無諂，富而無驕，可乎？』子曰：『可也，未若貧而樂，富而好禮者也。』子貢曰：『詩云：「如切如磋，如琢如磨」其斯之謂與！』子曰：『賜也始可與言詩已矣！告諸往而知來者。』

八佾篇云：

子夏問曰：『巧笑倩兮，美目盼兮，素以爲絢兮，何謂也？』子曰：『繪事後素。』曰：『禮後乎？』子曰：『起予者商也，始可與言詩已矣。』

類此諸例，竟只重在人事方面的啓發，全不管詩文的原意。此在教育方面，固未嘗不有相當的價值，而在文學方面却未免近於穿鑿了。後來孟子說詩，往往妄加推測，荀子亦好引詩句以佐其論證，都是受其影響；至韓詩外傳而其弊更不勝言矣。蓋此均由於孔子文學觀中尙用的觀念推而至極的結果。

第二節　孟子之知言養氣說

第一目　知言說

孟子在文學批評上有兩項長處。這兩項長處，孟子也自知之而自言之。有一天公孫丑問孟子道：『敢問夫子惡乎長？』孟子說：『我知言；我善養吾浩然之氣。』這兩句確是我們論他的文學觀時所値得注意者。其知言一部分猶不外孔門的思想，至養氣一部分，則爲他自得之處。不過由文學批評而言，則養氣之說及於後世文學批評之影響雖甚大，却不是他論文的見解。故現在論及他的文學批評時，似乎只宜注重在知言一項言之。

公孫丑再繼續問道：『何謂知言？』孟子云：

> 詖辭知其所蔽；淫辭知其所陷；邪辭知其所離；遁辭知其所窮。（公孫丑）

這與易繫辭傳所謂『將叛者其辭慙，中心疑者其辭枝』云云同樣意思。蓋此也即是儒家神的觀念之應用。聽其言，讀其文，因以窺其心而知其人。這即是所謂由已知而推及未知；這即是所謂體會。他又說：

> 存乎人者莫良於眸子。眸子不能掩其惡：胸中正則眸子瞭焉；胸中不正則眸子眊焉。聽其言也，觀其眸子，人焉廋哉。（離婁）

他既說『眸子不能掩其惡』了，但是又要加一句『聽其言也』；因為眸子只可見心之形，言却可聞心之聲。

由言以聞心聲，固然足以知其人了，但猶不過知時人之言，不足以知古人之言。欲知古人之言，他又提出兩個方法：一個是「以意逆志」，一個是「論世」。

以意逆志的方法，是由主觀的體會，直探到詩人的心志裏。告子篇中有一節論小弁與凱風二詩，正可為他應用這種方法的例證。

公孫丑問曰：『告子曰，小弁，小人之詩也。』孟子曰：『何以言之？』曰：『怨。』曰：『固哉高叟之為詩也。有人於此：越人關弓而射之，則己談笑而道之；無他，疏之也。其兄關弓而射之，則己垂涕泣而道之；無他，戚之也。小弁之怨，親親也；親親，仁也。固矣夫高叟之為詩也！』曰：『凱風何以不怨？』曰：『凱風，親之過小者也；小弁，親之過大者也。親之過大而不怨，是愈疏也；親之過小而怨，是不可磯也。愈疏，不孝也；不可磯，亦不孝也。』

這種論詩，入情入理，確是通達，確是不固。他在萬章篇中更說明其理云：

咸丘蒙曰：『舜之不臣堯，則吾既得聞命矣。詩云：「普天之下，莫非王土；率土之濱，莫非王臣。」而舜既為天子矣，敢問瞽瞍之非臣，如何？』曰：『是詩也，非是之謂也；勞於王事而不得養父母也。——曰：「此莫非王事，我獨賢勞也。」故說詩者，不以文害辭，不以辭害志；以意逆志，是為得之。如以辭而已矣！雲漢之詩曰：「周餘黎民，靡有孑遺。」信斯言也，是周無遺民也。』

這樣論詩，也深能探求詩人之情志，其言亦入情入理。他知道詩人當情感强烈之時，措辭不免有抑揚過甚的地方，類此之處，都不可泥於字面求之。照他這樣以意逆志，用之得當，對於純文學的瞭解，確是更能深切而不流於固陋。可是他這種以意逆志，全憑主觀的體會，終究不是客觀研究的方法。所謂以意的意，本是漫無定準的，偶一不當，便不免穿鑿附會，成爲過分的深求。孟子論詩所以時多亂斷的地方者以此。蓋他所謂以意逆志者，有時仍不免襲孔門的觸類旁通法也。沿襲孔門的觸類旁通法，所以雖主張「逆」，主張直契精微，但是終究只能做到意志之探索，而不能靳其精神之感應。

至於論世的方法，萬章篇又云：

> 以友天下之善士爲未足，又尙論古之人。頌其詩，讀其書，不知其人可乎？是以論其世也。——是尙友也。

論世是知人的一個方法，也即是知言的一個方法。頌詩讀書不可不知人，欲知人不可不論世。他知道『文武興則民好善，幽厲興則民好暴』，他又知道『富歲子弟多賴，凶歲子弟多暴。』（均見告子）環境之支配是很有力量的。雖則他說『若夫豪傑之士，雖無文王猶興，』（盡心）但欲知其人之或受時代影響，或是反抗時代，總不可不論其世。論世而作者之個性乃益顯。

不過孟子提出這個方法雖很重要，而他對於這個方法之應用，却不免時多錯誤。顧頡剛先生的詩經的厄運與幸運一文言之已詳，可不復贅述了。（註）

【註】見小說月報叢書，又古史辨第三冊錄其文，易題爲詩經在春秋戰國間的地位。

第二目　養氣說

現在且再論其養氣一部分，於此可以看出他的思想及於後世文學批評之影響。孟子固自謂：『我善養吾浩然之氣』者；且看他的所謂浩然之氣是什麼？他說：

其爲氣也，至大至剛，以直養而無害，則塞於天地之間。其爲氣也，配義與道，無是餒也；是集義所生者，非義襲而取之也。行有不慊於心，則餒矣。（公孫丑）

在當時孟子提出一個「氣」字，正與莊子提出一個「神」字一樣。在莊子孟子的本意，其所謂「神」與「氣」，本與文學批評無關，但後人論文，却偏偏要在這種不可捉摸的抽象名詞上去推敲，論文講到精微之處，總不外「神」與「氣」，所以現在亦必得把他闡說一下。

莊子之所謂「神」，是道家的修養之最後境界；孟子之所謂「氣」，是儒家的修養之最後境界。所以論「神」必得內志不紛，外欲盡蠲；論「氣」必得配義與道，其虛實之別，即「神」「氣」之分，因此後人把神與氣的觀念應用到文學批評上，也覺得論「神」則較爲虛玄，論「氣」則較爲切實。

孟子這個「氣」的觀念，雖非論文，但並非與文學批評絕無關係，因爲養氣之說，即本於他的「知言」的觀念一轉變而來。者所謂知言云者，只足以知他人之言，固非自己對於立言之預備也。易言之，即非自己對於文學上的一種修養工夫也。明白了『詖辭知其所蔽，淫辭知其所陷；邪辭知其所離，遁辭知其所窮，』然則對於自己之言，其不欲有所蔽有所陷有所離有所窮蓋可知矣；其不欲爲詖辭，爲淫辭，爲邪辭，爲遁辭，又可知矣！然則將若何而後能不爲詖辭淫辭邪辭遁辭乎？將若何而後能使其言之無所蔽，無所陷，無所離，無所窮乎？於是進一步遂想到配義與道的養氣工夫。如能胸中養得一團浩然之氣，則自然至大至剛，自然不致流爲詖辭淫辭邪辭遁辭矣。孔子所謂：『有德者必有言，』也即此意；不過孟子始拈出一個「氣」字耳。而且辭之詖淫邪遁，有時或是環境的關係，所謂：『幽厲興則民好暴』也，至養氣則完全是個人修養的關係。又所謂：『若夫豪傑之士雖無文王猶興』也。所以知言是消極的養氣是積極的；知言是對人的，養氣是對己的，一則因言以知心，一則養氣以立言。其分別之點，如此而已。我所以謂即一件事的兩方面者此也。這個關係，韓愈亦能明之；韓氏云：『氣盛則言之短長與聲之高下者皆宜。』（答李翊書）這不是說養氣即是立言的預備嗎？這個關係，蘇轍亦能明之；蘇氏云：『文者氣之所形，……孟子曰：「我善養吾浩然之氣，」今觀其文章，寬厚弘博，稱其氣之小大。』（上樞密韓太尉書）這不是說孟子文章之美，即由於他養氣的工夫嗎？不過他們於孟子所云知言養氣二者之關係，不曾說得明暢而已！這決不是我要說孟子論氣與文學批評有關，纔這般附會者，因爲實有如此關係，所以後來文氣說得以本之發揮也。孟子固云：『予豈好辯哉，予不得已也』。不得已而後言，此所以氣盛言宜，此所以稱其氣之小大也。

第三節　荀子之傳統的文學觀

荀子非十二子篇之論子思孟子稱其『略法先王而不知其統，』此語在後世之主道統說者往往加以極大的攻擊，以為孔子之道惟子思孟子為得其傳何以詆為不知其統呢？實則我們若從文學批評一方面而言，無寧謂荀子為得其正而孟子為不知其統。

此話怎講？蓋孟子所論主於詩，荀子所論主於文。主於詩，近「文章」一義，故受孔門「神」的觀念之影響為多；主於文，近「博學」一義，故又以本於孔門「道」的觀念者為多。孔門論詩論文本有區別，其影響所及亦本有「神」與「道」兩方面，孟荀不過各執其一端而已。孟荀雖各執其一端，但以荀主於文而又出於孔門道的觀念，所以後來文道合一的文學觀得有傳統的權威者，其關鍵皆在於荀子。何況荀子論文，雖偏於尙用而仍不廢尙文，與孔門文學觀尙文尙用二義正相符合。所以由道言，則孟子為得其統，由論文見解言，則荀子為得其正。人皆知漢儒之學出於荀子，宋儒之學出於孟子。實則從文學批評而言，則漢人解詩，其方法正出於孟子；宋儒論文，其宗旨又本於荀子。這種相反的現象，使非就詩與文之區別言之，便將不得其解矣。

荀子所論主於文，故所謂「文學」，其意義仍與孔門相近。大略篇云：

> 人之於文學也，猶玉之於琢磨也。詩曰：『如切如磋，如琢如磨，』謂學問也。和之璧，井里之厥也，玉人琢之為天子寶。子贛季路故鄙人也，被文學，服禮義，為天下列士。

此言可與禮論篇所謂『性者本始材朴也，僞者文理隆盛也』二語互相發明。蓋他對於文學的觀念，視同文理隆盛的「僞。」人不可以不被文學，即所謂『無僞則性不能自美』也。被文學，服禮義，則可以爲天下列士，故其所謂「文學，」也仍是最廣義的文學觀念而比較的偏於「道」的意味者。大抵荀子論文，把孔門尚文尚用兩觀念打成一片而較偏於用，故遂較偏於道耳。

荀子非相篇屢言『君子必辯，』且稱聖人之辯爲『成文而類，』稱士君子之辯爲『文而致實。』又云：

凡人莫不好言其所善而君子爲甚。故贈人以言，重於金石珠玉；觀人以言，美於黼黻文章；聽人以言，樂於鐘鼓琴瑟。故君子之於言無厭。鄙夫反是，好其實不恤其文。

其所謂「鄙夫」何所指？楊倞注云『但好其實而不知文飾，若墨子之屬也，』則荀子尙文之意固顯然可見。然一究其所以言『君子必辯』者，所以言『君子之於言無厭』者，不過爲『好言其所善』而已。其正名篇又云：

君子之言，涉然而精，俛然而類，差差然而齊；彼正其名，當其辭，以務白其志義者也。

『白其志義，』即所謂『好言其所善』的辯。後人所謂文以明道，以貫道，以載道者，正是此語的絕妙註解。

文學的性質和作用既如此，所以他以爲：

凡議必將立隆正，然後可也。無隆正，則是非不分而辯訟不決。……故凡言議期命以聖王爲師。（正論）

這與後人論文主於徵聖者何以異？所以他又以爲：

聖人也者，道之管也。天下之道管是矣，百王之道一是矣。故詩書禮樂之（道）（據劉台拱校增）歸是矣。

詩言是其志也，書言是其事也，禮言是其行也，樂言是其和也，春秋言是其微也。（儒效）

這又與後人論文主於宗經者何以異！所以他又以爲：

多言而類，聖人也；少言而法，君子也；多少無法而流湎然，雖辯，小人也。故……辯說譬喻齊給便利而不順禮義謂之姦說。……聖人之所禁也。（非十二子）

非相篇亦云『凡言不合先王，不順禮義，謂之姦言。』這又與後人論文主於明道者何以異！所以我以爲傳統的文學觀，其根基即確定於荀子。

第二章　墨家之文學觀

墨家思想極端尚質，所以論文亦主應用。此雖有類於儒家之以善爲鵠，而實則不同。儒家主非功利的尚用；墨家主功利的尚用。尚用而非功利的，故與尚文思想不相衝突；尚用而爲功利的，則充其量非成爲極端的尚質不可。這是儒墨文學觀之異點。

因此，墨子書中所謂「文學，」其意義當然同於學術，而且他的爲文學之方法，亦更近於科學化。其非命上云：

言必立儀。言而毋儀，譬猶運鈞之上而言朝夕者也；是非利害之辨，不可得而明知也。

非命中也說：

凡出言談由文學之爲道也，則不可而不先立義（同儀）法。若言而無義，譬猶立朝夕於員鈞之上也；則雖有巧工，必不能得正焉。

這種言必立儀的說法，即爲後來荀子『凡議必將立隆正』之說所自出。這種要先立個「儀」或「隆正」以爲標準的大前提的，都是演繹法。不過他和荀子有些不同，因爲墨子的「儀」是三表法，而荀子僅得其一端而已。墨子因欲立儀，故以爲言必有三表。這三表是什麼？茲據非命上原文而復補以非命中一篇所言，列之於下：

有本之者：——於何本之？上本之於古者聖王之事，（天鬼之志。）（此據非命中補。）

有原之者：——於何原之？下原察百姓耳目之實。

有用之者：——於何用之？發以爲刑政，觀其中國家百姓人民之利。

此節很重要。由於他的實用主義看來：所謂本之，是言其「用」之根據，亦即其言所以適於應用之已往的證據；所謂原之，是言其「用」之對象，亦即其言所以適於應用之現在的證據；所謂用之，是言其「用」之成績，又爲其言可以適於應用之未來的證據。

由其第一點言：所謂本之，是求所以適於應用之已往的證據。這種證據時過境遷，有時或不適於現代，或更不適於將來，但在信而好古的儒家看來，却最合脾胃。故荀子取之以完成他『以聖王爲師』的演繹的方法，以完成他宗經明道徵聖的文學觀。是以他的『上本之於古者聖王之事』的方法，爲儒墨之所同，因爲這雖主尙用，猶不很帶功利的色彩。

至所謂本之於天鬼之志，則在不語怪力亂神的儒家當然不取了；但在於宗教的墨學，却奉以爲立言的儀法。天志中云：

是故子之有天之辟人，無以異乎輪人之有規，匠人之有矩也。今夫輪人操其規，將以量度天下之圜與不圜也，曰中吾規者謂之圜，不中吾規者謂之不圜。是以圜與不圜皆可得而知也。此其故何則？圜法明也。匠人亦操其矩，將以度量天下之方與不方也，曰中吾矩者謂之方，不中吾矩者謂之不方。是以方與不方皆可得而知之。此其故何則？方法明也。故子之有天之意也，上將以度天下之王公大人爲刑政也，下將以量天下之萬民爲文學出言談也。觀其行，順天之意，謂之善意行；反天之意，謂之不善意行。觀其言談，順天之意，謂之善言談；反天之意，謂之不善言談。

以天志作爲言談文學善不善之標準者，是宗教的墨學之方法。這種文學觀僅以善爲標準。墨子各篇大都出其弟子所記錄，所以互有異同。現在猶幸非命中一篇中有『考之天鬼之志』之語，使吾人得以考知宗教的墨學之論證方法。——或者可說是宗教的墨學之文學觀。

由其第二點言：所謂原之，是要『下原察百姓耳目之實者』，於是完全偏重在經驗。後來科學的墨學，即從此逐漸推闡，由附庸而爲大國者。於是始與原來宗教的墨學指趣各異了。小取篇云『摹略萬物之然，論求羣言之比。』

這即是說，由於原察百姓耳目之實，更進一步以成爲歸納的論理而已。此所謂『以類取以類予』也。大取篇云：

夫辭以類行者也，立辭而不明於其類，則必困矣。

這便是科學的墨學「爲文學」之方法。這種求眞的科學化的散文，如得漸次成立，至少可使一般人不認之爲文學的作品，而文學的性質也得因以明顯。

由其第三點言所謂用之要『發以爲刑政，觀其中國家百姓人民之利』者，這本與前二點不同。前二點猶爲墨子論辨的方法論。此則爲其目的論也。所以前二點猶不過成爲學術的散文之二種論證法，此則可以見其尚用的文學觀。

墨子兼愛下云：『用而不可，雖我亦將非之，且焉有善而不可用者！』儒家只以善爲應用之鵠的而已；墨家則以爲善的必須合於應用的，此即帶功利的眼光了。(註) 墨家這樣主功利的用，所以對於儒家尙文之說是最反對的。韓非子外儲說中有一節論及墨家的文學觀云：

楚王謂田鳩曰：『墨子者，顯學也。其身體則可；其言多而不辨，何也？』曰：『昔秦伯嫁其女於晉公子，爲之飾裝，從文衣之媵七十人。至晉，晉人愛其妾而賤公女。此可謂善嫁妾，而未可謂善嫁女也。楚人有賣其珠於鄭者，爲木蘭之櫃，薰以桂椒，綴以珠玉，飾以玫瑰，輯以羽翠。鄭人買其櫝而還其珠。此可謂善賣櫝矣，未可謂善鬻珠也。今世之談也，皆道辯說文辭之言，人主覽其文而忘其用。墨子之說，傳先王之道，論聖人之言，以宣告；人若辯其辭，則恐人懷其文忘其用，直以文害用也。此與楚人鬻珠，秦伯嫁女同類，故其言多不辯。』

【註】墨子貴義篇耕柱篇並云『子墨子曰言足以遷（耕柱篇作復）行常之不足以遷（耕柱篇作擧）行勿常不足以遷（耕柱篇作擧）行而常之是蕩口也。』胡適之先生哲學史大綱謂：『遷字和擧字同意皆是升高進步之意。這兩章意思是說無論什麼理論，什麼學說，須要能改良人生的行爲始可推尙，若不能增進人生的行爲，便不値推尙了。』此說頗能發揮墨子尙用之旨。

這很可看出墨家尙用而不尙文的見解了。後來韓非對於文學之態度即本於此。五蠹篇云：『工文學者非所用，用之則亂法。』問辯篇云：『亂世則不然，主上有令而民以文學非之。』這是焚書坑儒的先聲，墨家猶未必有此態度。但如下述諸篇所云：

藏書策，習談論，聚徒役，服文學而議說，世主必從而禮之曰敬賢士先王之道也。夫吏之所稅，耕者也，而上之所養，學士也。耕者則重稅，學士則多賞，而索民之疾作而少言談，不可得也。（顯學篇）

夫言行者，以功用爲之的彀者也。……今聽言觀行，不以功用爲之的彀，言雖至察，行雖至堅，則妄發之說也。是以亂世之聽言也，以難知爲察，以博文爲辨。（問辯篇）

且世之所謂賢者，貞信之行也；所謂智者，微妙之言也。微妙之言，上智之所難知也。今爲衆人法而以上智之所難知，則民無從識之矣。故糟糠不飽者不務粱肉，短褐不完者不待文繡。夫治世之事，急者不得，則緩者非所務也。今所治之政，民間之事，夫婦所明知者不用，而慕上知之論，則其於治反矣。故微妙之言非民務也。

(五蠹篇)

綜其所言，則知其出於墨家功利的實用主義，固是無可疑的了。所以我以爲墨子的三表法，荀子與宗教的墨學得其第一項，科學的墨學得其第二項，韓非得其第三項。所以我又以爲墨家之文學觀眞是極端尚質而尚用。

第三章 道家思想及於文學批評之影響

道家對於文學之態度便與儒墨異趣。他以爲『道可道非常道，』所以要『行不言之敎』了；他又以爲『名可名非常名，』所以又以爲『信言不美美言不信』了。不用立言，言也不求其美，所以由道家的態度言，視「文學」爲贅疣，爲陳迹，爲糟粕。但若由道家思想及於文學批評之影響言，則轉足以間接幫助文學的發展。何以故？以其反爲後世之文學批評提出幾個重要的觀念故。

其所提出的一點是重在「自然，」又一點是重在「神。」蓋道家因於反對人爲，所以崇尚自然——淺言之則求其質樸，深言之則靳其神妙。老子云：『處其厚不居其薄，處其實不居其華，』此雖不是論文，而後世論文者拈出華實厚薄諸字，實本於此。韓非子解此語云：『夫君子取情而去貌，好質而惡飾。夫恃貌而論情者，其情惡也；須飾而論質者，其質衰也。何以論之？和氏之璧不飾以五采，隨侯之珠不飾以銀黃，其質至美，物不足以飾之。』本此說以論文，蓋即極端主張自然美者。

老子所言，暗示崇尙自然的意思，莊子則更進一步而提出一個「神」字。由文學或文學批評的觀點而言，自然的頂點本也即是神境；所以莊子論神，雖與文學批評無關，而其精微處却與文藝的神祕性息息相通。蓋以「神」的觀念本是抽象的觀念，不可捉摸，難以言說，於是不得不利用寓言以藝事相喩。以藝事相喩，則論道而及於藝，而其妙解入微之處，遂爲後人論文者之所宗了。此可分兩方面說明之：

其暗示在「作」的方面而指出一種境界者，即是「神化」的觀念。而這個觀念同時又是批評方面的問題，蓋不啻爲批評界立一個標準。莊子書中所舉許多例，大抵可作如是觀。其養生主篇述庖丁解牛云：

> 庖丁爲惠文君解牛，手之所觸，肩之所倚，足之所履，膝之所踦，砉然嚮然，奏刀騞然，莫不中音，合於桑林之舞，乃中經首之會。

全是形容一種出神入化的妙境。下文再引庖丁自述語云：

> 臣之所好者道也，進乎技矣。始臣之解牛之時，所見無非牛者；三年之後，未嘗見全牛也。方今之時，臣以神遇而不以目視，官知止而神欲行，依乎天理，批大郤，導大窾，因其固然，技經肯綮之未嘗，而況大軱乎！良庖歲更刀，割也。族庖月更刀，折也。今臣之刀十九年矣，所解數千牛矣，而刀刃若新發於硎。彼節者有間，而刀刃者無厚，以無厚入有間，恢恢乎其於遊刃必有餘地矣。是以十九年而刀刃若新發於硎。

文惠君聽了這一節話，說道：『善哉吾聞庖丁之言，得養生焉。』現在吾亦爲之下一轉語云：『善哉吾讀此節而得莊子之所謂文學批評焉；』或者說：『善哉吾讀此文而知莊子思想之影響所及，有關於文學批評者焉。』我們且看他天道篇又述輪扁語云：

斲輪徐則甘而不固，疾則苦而不入，不徐不疾，得之於手而應於心，口不能言，有數存焉於其間，臣不能以喻臣之子，臣之子亦不能受之於臣，是以行年七十而老斲輪。

此皆自述其經歷之所得，要之均歸於神境。故知後人之以神化論詩文妙境，其意實自道家發之。不過莊子重在道，所以說『臣之所好者道也，進乎技矣；』所以說『得之於手而應於心。』而後人則重在藝，所以又易其語云：『技也而進乎道矣，』所以云『得之於心而應於手。』此則為其不同之點而已。

至欲達到這種神化妙境，則就其所論而歸納之，其所須注意者不外三端：其一，這完全是天才和環境的關係，非盡人之所能為者。此即呂梁丈夫自述其蹈水之道所謂：

吾始乎故，長乎性，成乎命；與齊俱入，與汨偕出，從水之道而不為私焉，此吾所以蹈之也。（達生篇）

他再申言之云：

吾生於陵而安於陵，故也；長於水而安於水，性也；不知吾所以然而然，命也。

各人個性都有一些偏嗜，各人天才也都有一些偏能，能得環境適合，足以盡其所長，自然容易發展了。這即是所謂「故，」所謂「性，」所謂「命。」

其二、這完全更是工夫的關係，即是所謂火候。火候不到，不會有爐火純青之象，也不會自然入妙，即不能到神化的境界。莊子於此意闡發亦極精，達生篇中更舉二例云：

> 仲尼適楚，出於林中，見痀僂者承蜩，猶掇之也。仲尼曰：『子巧乎？有道邪？』曰：『我有道也。五六月累丸二而不墜，則失者錙銖；累三而不墜，則失者十一；累五而不墜，猶掇之也。吾處身也若厥株枸，吾執臂也若槁木之枝，雖天地之大，萬物之多，而唯蜩翼之知。吾不反不側，不以萬物易蜩之翼，何爲而不得！』孔子顧謂弟子曰：『用志不分，乃凝於神，其痀僂丈人之謂乎！』

> 紀渻子爲王養鬪雞，十日而問雞已乎。曰：『未也，方虛憍而恃氣。』十日又問。曰：『未也，猶應嚮景。』十日又問。曰：『未也，猶疾視而盛氣。』十日又問。曰：『幾矣！雞雖有鳴者，已無變矣；望之似木雞矣！其德全矣！異雞無敢應者，反走矣。』

『用志不分，』工夫乃深；『望之似木雞，』工夫乃神。所謂『絢爛之後歸於平淡，』所謂『俯拾即是不取諸鄰，』皆是這種境界的詮釋。

其三、這完全更是感興的關係，又不是有了天才，加以學力而可期之必得者。此即齊物論中所謂「天籟」之說。郭象解釋之云：

> 夫天籟者，豈復別有一物哉！即衆比竹之屬，接乎有生之類，會而共成一天耳。

此意極是。蓋天籟即是適然相遭，莫知其然而然者。達生篇中有一節云：

> 梓慶削木為鐻，鐻成，見者驚猶鬼神。魯侯見而問焉，曰：『子何術以為焉？』對曰：『臣工人，何術之有！雖然，有一焉；臣將為鐻，未嘗敢以耗氣也，必齊以靜心。齊三日，而不敢懷慶賞爵祿；齊五日，不敢懷非譽巧拙；齊七日，輒然忘吾有四枝形體也。當是時也，無公朝，其巧專而外骨消；然後入山林，觀天性；形軀至矣，然後成見鐻，然後加手焉。不然則已。則以天合天，器之所以疑神者其是與！

此節正可與天籟之說相發明。假使以莊注莊，則以天合天，便是天籟的絕妙注脚。

這種寓言，在莊子並以之論道，但若從文學批評的觀點而言，又何其能發揮文藝之精義呢！

至其暗示給批評家之方法者，即在鑑賞藝術，也要取「神遇」的態度。這個和他的名學有關，因為他的知識論立言高遠，富於神祕的色彩。他所重的知識是性知，是先天之知。這先天之知，是不用經驗，不以觸受想思知的。其人間世篇云：

> 無聽之以耳，而聽之以心；無聽之以心，而聽之以氣。耳止於聽（舊作「聽止於耳」今從俞樾校改）心止於符。氣也者，虛而待物者也。惟道集虛。虛者，心齋也。

怎樣是聽之以心？怎樣是聽之以氣？這好像是匪夷所思，好像不是常識所能領會的。聽以耳的是感覺，聽以心的是思慮，這我們都能明白。至於不聽以耳，不聽以心，而聽以氣的性知，未免玄之又玄了。實則莊子所謂聽以氣云者，即是直覺。蓋莊子之所欲探討而認識者，即莊子之所謂「道」。道是宇宙的本體而非宇宙的現象。明宇宙的現象須後天的經驗之知，故是常識所能辨別的；明宇宙的本體貴先天的性知，所以是超常識的。藝術的鑑賞與體會道體，有同樣的性質，所以應用這種見解以推到藝術方面，也當然重在神遇，不重在泥迹象以求之了。純文學的鑑賞本宜別有會心，與作者之精神相合一，纔能得其神趣。莊子天地篇中也有這些意思。他說：

　視乎冥冥，聽乎無聲。冥冥之中，獨見曉焉；無聲之中，獨聞和焉。故深之又深而能物焉，神之又神而能精焉。

這些話若用以鑑賞文藝，亦近於桐城派所謂『以聲求氣』的方法。神之又神，自能盡其妙的。他更設一例云：

　黃帝遊乎赤水之北，登乎崑崙之邱而南望，還歸，遺其玄珠。使知索之而不得，使離朱索之而不得，使喫詬索之而不得也。乃使象罔，象罔得之。黃帝曰：『異哉，象罔乃可以得之乎！』

使知索之，使離朱索之，使喫詬索之，正如欣賞純文藝而用考據的態度與方法。近人主張研究詩經只讀白文，蓋即是使象罔求之之意。象罔求之而能有得者，即由於不爲成見所蔽，有時轉得直契精微也。

　上文是就純文學的鑑賞而言，至對於雜文學的探討論旨，也應取神遇的態度。天道篇云：

　世之所貴道者書也，書不過語，語有貴也。語之所貴者意也，意有所隨。意之所隨者不可以言傳也，而世因貴言傳書。

秋水篇亦云：

可以言論者，物之粗也；可以意致者，物之精也。言之所不能論，意之所不能察致者，不期精粗焉。

郭象註云：『夫言意者有也，而所言所意者無也。故求之於言意之表，而入乎無言無意之域而後至焉。』所謂言意之表，所謂無言無意之域，均不是故作玄妙之談。因爲他所講的道，本是要離言說相與文字相的。但是離開了言說相文字相之後，如何能將道的本體詔示於人呢？所以作者不得不寄之於言，而讀者却不可徒求之於言。我們且看老子所說的道，說得恍恍惚惚，加上許多不定的形容辭以强爲之容，亦無非使人不要認眞，不要拘泥而已。

以上是就文學批評的觀點以解釋莊子之「神」的觀念，可知這種思想應用到後世文學批評者是何等透澈而微妙。(註)

【註】莊子田子方篇云：『宋元君將畫圖，衆史皆至，受揖而立，舐筆和墨，在外者半。有一史後至者，儃儃然不趨，受揖不立，因之舍。公使人視之，則解衣般礴，羸。君曰：可矣，是眞畫者也。』中國一般文藝家大抵都帶些浪漫的氣息，或者與此亦有些關係吧！

第三篇　兩漢

第一章　由史籍中窺見漢人對於文學之認識

第一節　「文學」與「文章」「文辭」之區別

時至兩漢，文化漸進，一般人亦覺得文學作品確有異於其他文件之處，於是所用術語，遂與前期不同。用單字則有「文」與「學」之分，用連語則有「文章」與「文學」之分：以含有「博學」之意義者稱之爲「學」或「文學」；以美而動人的文辭稱之爲「文」或「文章」。如此區分，纔使文學與學術相分離。此觀於史記漢書中所用可以按而知之者。今觀史記所言「文學」各條，大都指學術言。如：

上鄉儒術，招賢良，趙綰王臧等以文學爲公卿。（孝武本紀）

上徵文學之士公孫弘等。（同上）

勃不好文學。（絳侯周勃世家）

鼂錯以文學爲太常掌故。（鼂錯傳——應劭曰：『掌故百石吏，主故事。』）

萬石君名奮……無文學，恭謹無與比；……雖齊魯諸儒質行，皆自以爲不及也。（萬石君傳）

郎中令王臧以文學獲罪。（同上）

兒寬等推文學。（同上）

夫不喜文學。（灌夫傳）

上方鄉文學，招俊乂以廣儒墨。（公孫弘傳）

天子方招文學儒者。（汲黯列傳）

夫齊魯之間，於文學自古以來，其天性也。（儒林列傳）

及今上即位，趙綰王臧之屬明儒學，而上亦鄉之，於是招方正賢良文學之士。（同上）

延文學儒者數百人，而公孫弘以春秋，白衣爲天子三公。（同上）

郡國縣道邑有好文學，敬長上肅政敎順鄉里出入不悖所聞者。（同上）

能通一藝以上，補文學掌故缺。（同上）

治禮，次治掌故，（徐廣曰一云次治禮學掌故）以文學禮義爲官。（同上）

自此以來，則公卿大夫士吏，斌斌多文學之士矣。（同上）

漢興蕭何次律令，韓信申軍法，張蒼爲章程，叔孫通定禮儀，則文學彬彬稍進。（自序）

在此數節中可以看出文學與儒術的關係，也可以看出文學與掌故的關係；甚至以律令，軍法，章程，禮儀等爲文學，則知其所謂文學云者，自廣義言之，是一切學術的意思；即就狹義言之，亦指儒術而言，固不得以詞章當之了。

至於不指學術而帶有詞章的意義者，則稱爲「文章」或「文辭」。如：

擇郡國吏木詘於文辭重厚長者，即召除爲丞相史。（曹相國世家）

太史公曰……燕齊之事無足采者；然封立三王，天子恭讓，羣臣守義，文辭爛然，甚可觀也。是以附之世家，（三王世家）

余以所聞由光義至高，其文辭不少概見，何哉？（伯夷傳）

屈原既死之後，楚有宋玉唐勒景差之徒者，皆好辭而以賦見稱。（屈原傳）

臣謹案詔書律令下者，明天人分際，通古今之義，文章爾雅，訓辭深厚，恩施甚美；小吏淺聞，不能究宣。（儒林列傳）

天子問治亂之事，申公時已八十餘，老，對曰：『爲治者不在多言，顧力行何如耳。』時天子方好文詞，見申公對，默然。（同上）

此處所謂「文章」或「文辭」，即與上文所述「文學」之義不同，觀其同在儒林傳一篇之中而嚴爲區分如此，則知此種分別固非出諸無意者。班氏漢書大率多本史記，其於「文學」「文章」之分亦與史記相同。如張湯傳云：『湯以武帝鄉文學，欲附事決獄，請以博士弟子治尙書春秋，補廷尉史。』而於公孫弘傳贊則云：『文章則司馬

遷相如，』又云：『劉向王褒以文章顯，』則知彼固猶仍史遷舊例也。(註)

【註】魏志劉劭傳：『夏侯惠薦劭曰：『文學之士嘉其推步詳密；文章之士愛其著論屬辭。』此處分用更顯。即劉劭人物志流業篇，亦稱『能屬文著述是謂文章，司馬遷班固是也；能傳聖人之業而不能幹事施政，是謂儒學，毛公貫公是也。』

至其用單字者，則本於孔門所謂「文學」一語而析言之：文是「文」，學是「學」，以文章之義稱「文」，以博學之義稱「學」。清代劉天惠文筆考云：

漢書賈生傳云：『以能誦詩書屬文聞於郡中；』終軍傳云：『以博辨能屬文聞於郡中；』司馬相如敍傳云：『文艷用寡，子虛烏有；』揚雄敍傳云：『淵哉若人，實好斯文；初擬相如，獻賦黃門。』至若董子工於對策而敍傳但稱其屬書，馬遷長於敍事而傳贊但稱其史才，皆不得提能文之譽焉。蓋漢尚辭賦，所稱能文，必工於賦頌者也。藝文志先六經，次諸子，次詩賦，次兵書，次術數，次方技，六經謂之六藝，兵書術數方技亦子也。班氏序諸子曰：『今異家者各推所長，窮知究慮，以明其旨，雖有蔽短，合其要歸，亦六經支與流裔。』據此，則西京以經與子爲藝，詩賦爲文矣。

然非獨西京爲然也。後漢書創立文苑傳，所列凡二十二人，類皆載其詩賦於傳中。蓋文至東京而彌盛，有畢力爲文章而他無可表見者，故特立此傳，必載詩賦者，於以見一時之習尚，而文苑非虛名也。其傳贊曰：『情志既動，篇辭爲貴。抽心呈貌，非雕非蔚。殊狀共體，同聲異氣。言觀麗則，永監辭費。』章懷注：『揚雄曰：詩人之賦麗以則。』是文苑所由稱文，以其工詩賦可知矣。然又不特文苑爲然也。班固傳稱能屬文，而但載其兩都賦；崔駰傳稱善屬文，而但載其達旨及慰志賦。班之贊曰，『二班懷文；』崔之贊曰『崔氏文宗。』由是言之，東京亦以詩賦爲文矣。（註）

【註】紹虞案惟王充論衡所謂「文」或「文章」仍指廣義言之，此是例外，蓋別有說。

然非特漢京爲然也。三國魏時文章尤麗。魏志王衞二劉傳評云：『文帝陳王以公子之尊，博好文采，同聲相應，才士並出，惟粲等六人最見名目。』今按諸傳中，或稱有文采，或稱以文章顯，或稱文詞壯麗，或稱著文賦，頗傳於世，而粲傳獨云『善屬文，』蓋粲長於辭賦；徐幹時有逸氣，（註）然非粲匹也。蜀志郤正傳稱能屬文，評曰，『詞燦爛有張蔡之風。』而傳載其釋譏。吳志韋曜傳稱能屬文，而載其博奕論；華覈傳，評其文賦之才有過於曜，而傳載其草文。則三國時所謂文，亦以詞賦爲宗矣。（學海堂集卷七）

【註】案「逸氣」典論論文作「齊氣，」劉氏誤引。

此文可爲我說作證，故備錄之。我們試再從反面就其論學者觀之，如：

趙綰王臧之屬明儒學。（史記儒林傳）

漢定，伏生求其書，亡數十篇，獨得二十九篇，即以教於齊魯之間，學者由是頗能言尙書。（同上）

董仲舒子及孫，皆以學至大官。（同上）

漢承亡秦絕學之後，祖宗之制因時施宜，自元成後，學者蕃滋。（漢書韋賢傳贊）

仲舒下吏，夏侯囚執，眭孟誅戮，李尋流放，此學者之大戒也。（漢書眭兩夏侯京翼李傳贊）

古之儒者，博學虖六藝之文。六學者，王教之典籍，先聖所以明天道，正人倫，致至治之成法也。……及至秦始皇兼天下，燔詩書，殺術士，六學從此缺矣。（漢書儒林傳）

哀平間以儒學顯。（後漢書蔡茂傳）

父充持慶氏禮，……作章句辯難，於是遂有慶氏學。（後漢書曹褒傳）

初，中興之後，范升陳元李育賈逵之徒爭論古今學，後馬融答北地太守劉瓌及玄答何休，義據通深，由是古學遂明。（後漢書鄭玄傳）

類此之例甚多，不能備舉。則知西漢之以「文」「學」二字區別用之，其迹甚著。至於更爲明顯的例，如：

雄少而好學，不爲章句，訓詁通而已。……顧嘗好辭賦。……又怪屈原文過相如，至不容，作離騷，自投江而死。悲其文，讀之未嘗不流涕也。（漢書揚雄傳）

博學多通，徧習五經，皆詁訓大義，不爲章句，能文章，尤好古學，數從劉歆揚雄，辨析疑義。（後漢書桓譚傳）

此二節以「學」與「文」分別並言，更可看出其分用之迹，所以吾謂兩漢所用的術語，用單字則稱「文」與「學」，用連語則稱文爲「文章」或「文辭」，而稱學爲「文學」。

大抵學術用語，恆隨時代而變其含義，只須細細體會，猶可得其梗概。阮元知六朝有「文」「筆」之分，誠是一大發見；惜猶不知漢初已有「文學」「文章」之分，已有「學」與「文」之分。若明漢時有「文學」「文章」之分，「學」與「文」之分，則知六朝「文」「筆」之分，即從漢時所謂「文」或「文章」一語再加以區分耳。若先不經此分途，則「文」「筆」之分，亦斷不會躐等而至者。梁元帝云：『古之學者有二，今之學者有四。』（金樓子立言篇）惟其有「文學」「文章」之分，有「學」與「文」之分，所以為二；否則「文學」一語，可以賅括盡之，即在古之學者，亦未見有二也。不過在此期雖有「文學」「文章」之分，而稱「學」為「文學」，則猶與現在所稱「文學」之義不同。此所以為文學觀念演進期中第二期的見解。

第二節　藝文志中之詩賦略

在史籍中所可窺見漢人對於文學之認識，除「文學」與「文章」之區分以外，厥為漢書藝文志之有詩賦一略。藝文志本於劉歆所定的七略，以「詩賦略」與「六藝略」「諸子略」等分列，使文學類的創作和關於學術的書籍劃清鴻溝，這確是一個可以值得注意之點。他這種分法，雖似乎不免仍重在形式上韵散的分別，但也因為當時的文學作品只須就韵散別類，故覺得孔門分別詩文的觀念，猶足以適用的緣故。劉師培論文雜記云：

班志之敍藝文也，僅序詩賦為五種，而未及雜文，誠以古人不立文名，偶有撰著，皆出入六經諸子之中，非六經諸子而外，別有古文一體也。如論說之體，近人列為文體之一者也；然其體實出於儒家，書說之體，亦近人列爲文體之一者也；然其體實出於縱橫家。推之奏議之體，漢志附列於六經；勑令之體，漢志附列於儒家。又如傳記箴銘，亦文章之一體，然據班志觀之，則傳體近於春秋，記體近於古禮，箴體附於儒家，銘體附於道家，是今人之所謂文者，皆探源於六經諸子者也。故古人不立文名，亦不立集名。若詩賦諸體，則爲古人有韻之文，源於古代之文言，故別於六藝九流之外，亦足證古人有韻之文，另爲一體，不與他體相雜矣。

此言頗得劉班著錄微恉。蓋當時既有「文學」「文章」之分，則別立詩賦一略，以著錄關於文章之著作，本亦至當。劉氏又謂：

漢書藝文志敍詩賦爲五種，而賦則析爲四類。屈原以下二十家爲一類，陸賈以下二十一家爲一類，荀卿以下二十五家爲一類。客主賦以下十二家爲一類。而班志於區分之意，不注一詞。近代校讐家，亦鮮有討論及此者。自吾觀之，客主賦以下十二家，皆漢代之總集類也；餘則皆爲分集。而分集之賦，復分三類：有寫懷之賦，有騁詞之賦，有闡理之賦。寫懷之賦，屈原以下二十家是也；騁詞之賦，陸賈以下二十一家是也；闡理之賦，荀卿以下二十五家是也。寫懷之賦，其源出於詩經；騁詞之賦，其源出於縱橫家；闡理之賦，其源出於儒道兩家。觀班志之分析詩賦，可知詩歌之體與賦不同，而離騷則同於賦體。至文選析賦騷爲二，則與班志之義迥殊矣；故特正之。

此節說明漢志詩賦略分目之故，所言亦是。蓋漢志詩賦一略，在文學批評史上至少有下列的幾種影響：（1）文學與學術的區分，（2）文學本身的分類，（3）文集的編定。後世目錄家有集部一類，蓋即本此。

第二章　經學家之論詩見解

兩漢的經學家，本是儒林傳中的人物，是當時所謂文學之士而不是文章之士，當然對於文學批評沒有關係；惟以詩三百篇亦列於六經之故，於是一般經生猶有一些關於詩學方面的議論。但經生之詩論實在不免太拘泥或太穿鑿。即如匡衡這樣，當時人稱爲『無說詩，匡鼎來；匡語詩，解人頤』者，應當別有妙解了，而我們看他所上各疏中所引的詩句，亦完全同孟子一樣，把詩句牽引到王道上去，未見有什麼解頤的妙解。

大抵漢人說詩，都是沿襲以前的舊法，或是傳述以前的舊聞，並沒有什麼創見。即如詩大序一篇在文學批評史上較爲重要者，亦不過彙萃舊說略加整理而已。漢人稱大序爲子夏所作，宋儒甚有謂大序非孔子不能作者，皆由過於重視大序之故。實則大序中幾項重要之點，大率不外襲用周秦舊說。如：

一、明詩樂之關係——『情發於聲，聲成文謂之音。』——案此與樂記相同。樂記云：『凡音之起，由人心生也。人心之動，物使之然也。感於物而動，故形於聲；聲相應，故生變；變成方謂之音。』鄭注云：『方猶文章也。』樂記又云：『情動於中，故形於聲，聲成文謂之音。』又荀子勸學篇云：『詩者中聲之所止也，』亦近此意。

二、明詩之起源——『詩者，志之所之也；在心爲志，發言爲詩。情動於中而形於言：言之不足，故嗟歎之；嗟歎之不足，故永歌之；永歌之不足，不知手之舞之足之蹈之也。』——案此言『在心爲志，發言爲詩，』與虞書『詩言志』之意相同；言『嗟歎之不足，故永歌之，』亦即虞書『歌永言』之意，不過說得更明暢，而於古代詩歌舞三者混合之迹，亦能明其關係而已。又樂記云：『故歌之爲言也，長言之也。說之，故言之；言之不足，故長言之；長言之不足，故嗟嘆之；嗟嘆之不足，故不知手之舞之足之蹈之也。』亦與大序此語相同。孔疏云：『按詩先云嗟嘆，後云詠歌之，此先云長言之，後云嗟嘆之，文先後不同者，何也？詩序是屬文之體，又略言之，此經委曲說歌之狀，其言備具。』是又樂記與大序可以相互印證之處。又漢初人論詩，亦多申言志之說。如陸賈新語慎微篇云：『故隱之則爲道，布之則爲詩。（詩下原有「文」字，今從俞樾校删）在心爲志，出口爲辭。』又賈子新書道德說云：『詩者志德之理而明其指，令人緣之以自成也。故曰詩志，此之志者也。』

三、明詩與時代之關係——『治世之音安以樂，其政和；亂世之音怨以怒，其政乖；亡國之音哀以思，其民困。』——案此與樂記文同。又云：『至於王道衰，禮義廢，政教失，國異政，家殊俗，而變風變雅作矣。』此等歷史的批評，亦本於孔門論世之意而推闡之。

四、明詩之功用——『故正得失，動天地，感鬼神，莫近於詩。先王以是經夫婦，成孝敬，厚人倫，美教化，移風俗。』——案此節亦與孔子所謂『詩可以興，可以觀，可以羣，可以怨，邇之事父，遠之事君，多識於鳥獸草木之名，』（論語陽貨）諸語相同，完全以詩作爲人事上實際的應用。

五、明詩之體類——『故詩有六義焉：一曰風，二曰賦，三曰比，四曰興，五曰雅，六曰頌。』又云：『是以一國之事，繫一人之本謂之風；言天下之事形四方之風謂之雅雅者正也，言王政之所由廢興也。政有大小，故有小雅焉，有大雅焉。頌者，美盛德之形容，以其成功告於神明者也。是謂四始，詩之至也。』——案六義之說，舊時皆以三經三緯解之，惟章太炎六詩說始有異解，謂六義均為辨別韻文之體竊謂序文之論四始只舉風雅頌三者，則舊時三經三緯之說，亦未可非。由三經言，說明詩之分類，是歸納的批評；由三緯言，建立文學上的原則，是推理的批評。大序中亦惟此意為較值得注意，然而荀子儒效篇已有風雅頌之稱，則知亦出昔人舊說而已。

此外漢人說詩，都不外本於孟子的方法，而更多流弊。毛傳於小弁一詩引孟子評『固哉高叟之為詩』一節，亦可為他說詩方法本於孟子之證。他如韓詩外傳之多方附會，與說苑新序之引用詩句以作論證，也都是沿襲孟子之舊法者。

沿襲孟子以意逆志的方法，於是有詩序。詩序說明詩的本事，亦未嘗不是解釋的批評；不過詩意本較委曲而解詩者又委曲求之，則這樣的以意逆志便不免發生絕大的危險。所以齊魯韓毛四家之說彼此互異，而此等批評便近於武斷，近於附會了。(註)

【註】小序定為漢人所作。清程廷祚詩論云：『孔子設敎洙泗之間，訓弟子以學詩之益，降及戰國，孟子最深於詩，而其時詩亦無序。是故咸丘蒙執北山辭辭而以為天子可以臣父，是北山無序也。高子以小弁為小人之詩，是小弁無序也。』此語最為扼要。

沿襲孟子論世知人的方法，於是有詩譜。詩譜說明詩的時地關係，本也是歷史的批評。鄭玄詩譜序云：『欲知源流清濁之所處則循其上下而省之；欲知風化芳臭氣澤之所及，則旁行而觀之。』以縱表示時代，以橫表示方域這本是歷史的批評之重要方法，但因第一步詩的本事便有可疑之處，則此種方法亦不過爲詩序之功臣而已。大抵漢人解詩之失只在泥於王道，所以對於孟子的兩個方法，皆不善於應用。

至如翼奉之治齊詩，以陰陽五行律曆之類解詩，如所謂『詩之爲學，情性而已。五性不相害，六情更興廢，觀性以曆，觀情以律』云云，以及詩有五際之說，則更爲穿鑿附會。由文學批評的觀點言之，可謂絕無價值了。

第三章　揚雄

第一節　揚雄之論賦

第一目　揚雄以前之賦論與其早年見解

兩漢文學以辭賦爲主潮，所以也頗多論賦之語；尤其以揚雄所言，最足代表漢代賦論的兩方面。大抵漢人論賦不外兩點：一是站在文學的立場言者，一是站在儒學的方面言者；而揚雄一生之賦論，却兼有這兩方面。蓋揚雄之論賦，隨其一生興趣之轉移而有早年晚年的分別。法言吾子篇云：『或問吾子少而好賦？曰然。童子雕蟲篆刻；俄而曰壯夫不爲也。』可知他早年是好作辭賦，至晚年則興趣一轉，始由文而傾向於學，遂以爲壯夫不爲了。因他這種與趣之轉移，所以他對於文學批評的見解也有早年晚年的分別。

其在早年對於辭賦猶有興趣的時候，論賦亦偏於文學的立場。桓譚新論道賦篇引揚雄語云：『能讀千賦，則善賦。』西京雜記亦引此語。又西京雜記中另有一節云：

司馬長卿賦，時人皆稱典而麗，雖詩人之作不能加也。揚子雲曰：『長卿賦不似從人間來，其神化所至耶？』子雲學相如而弗逮，故雅服焉。(註)

【註】楊愼赤牘淸裁引作揚雄答桓譚書，其辭云：『長卿賦不似從人間來，其神化所至耶？大諦能讀千賦則能爲之。諺云，伏習象神，巧者不過習者之門。』張溥百三名家集本從之。

這些話與法言所載論賦之語絕不相同，當是他早年的見解。西京雜記一書，其本身雖不甚可靠，有的謂晉葛洪所撰，有的謂梁吳均所撰，不能信爲劉歆之著；(註一)但如上述這些言語亦見於桓譚新論，則謂爲揚雄所言，或亦未必無據。這些話的重要，即在應用「神」的觀念到文學批評上，即在很能說明作賦的工夫之甘苦。這實是値得注意的事。蓋其所謂『讀千首賦乃能作賦』云者，即是火候到時莫知其然而然的境界，是指學力言者。(註二)其所謂『神化所至』云云，即是莊子所謂『始乎故，長乎性，成乎命』的意思，是偏重在天分言者。學力猶可勉强，天分則不可勉强了。所以對於司馬相如天分之高，當然要十分傾倒，而覺得似乎不是從人間來了。至於法言君子篇之論相如，稱爲『文麗用寡』，則又另用道德的觀念來批評。此是揚雄晚年的見解，固宜其有不滿的論調矣。

〔註一〕盧文弨新雕西京雜記緣起謂爲出於漢人所記無疑。其言云：『今此書之果出於劉歆，別無可考，即當以葛洪之言爲據。洪非不能自著書者，何必假名於歆！……若吳均者亦通人，其著書甚多，皆見於梁書本傳，知其亦必不屑托名於劉歆。』此亦足備一說。

〔註二〕宋高似孫緯略據漢志所錄賦數適千篇，因謂子雲所讀即此，似屬過泥；然揚雄之所以能賦，則確是從學力中來。

因此問題，再想到西京雜記所載司馬相如答盛覽問賦之語，謂：

合纂組以成文，列錦繡而爲質，一經一緯，一宮一商，此賦之迹也。賦家之心，包括宇宙，總覽人物，斯乃得之於內，不可得而傳。

此數語雖不能遽信爲相如所言，然其以文之形式爲迹，而以文之精微歸之於賦家之心，或是揚雄以前所已經拈出的問題。所以揚雄繼之再提出一個「神」字。揚雄稱相如賦非自人間來，即謂這個不可得而傳的賦家之心，出於天才，非盡人所可企及耳。舊時文學批評上的用字，總以愈抽象的愈能闡發文藝上的神祕性，所以「心」字猶落迹象，「神」字便較爲微玄。蓋心是賦家之所稟，神是賦家之所詣。一指才性，所以所謂『包括宇宙，總覽人物』者，是絕對不可得而傳；一則兼指工夫，所以似乎猶有可以用力的地方。揚雄言『能讀千賦則善賦。』這即是藝術上的神祕，所謂『巧者不過習者之門。』司馬相如所言的是不可得而傳的心，揚雄則進一步推究到不可得而傳的法。法言問神篇云：『或問神？曰：心。』又云：『昔者仲尼潛心於文王矣，達之；顏淵亦潛心於仲尼矣，未達一間耳。神在所潛而已矣！』李軌註云：『神道不遠，潛心則是。』心與神的關係，以此數語闡說得最淸楚。潛心則自能漸漸達到神化的境界了。換句說來，即是漸漸可使這個不可得而傳的賦家之心也能以下力之久而得之於內了。所以這是一個莫知其所以然並且是不可得而傳的方法。

蓋在揚雄以前，武帝宣帝並皆提倡辭賦。觀漢書王褒傳謂：

上令褒與張子僑等並待詔數從褒等放獵所幸宮館輒爲歌頌，第其高下，以差賜帛。議者多以爲淫靡不急。上曰，不有博奕者乎！爲之猶賢乎已。辭賦大者與古詩同義，小者辯麗可喜。辟如女工有綺縠，音樂有鄭衞，今世俗猶皆以此虞說耳目；辭賦比之，尚有仁義風諭鳥獸草木多聞之觀，賢於倡優博奕遠矣。』

則知揚雄早年未能免俗，沈浸在辭賦中間，正亦不足怪了。

第二目　晚年見解與以後之賦論

後來揚雄的思想轉變了，所以謂司馬相如的賦爲『文麗用寡』（法言吾子篇）爲『勸而不止』（漢書揚雄傳）法言吾子篇中所載論賦之語，全是站在儒學的立場而對於辭賦有不滿的論調。如：

或曰：『賦者可以諷乎？』曰：『諷乎！諷則已；不已，吾恐不免於勸也。』

或曰：『霧縠之組麗。』曰：『女工之蠹矣。』——李軌註：『霧縠雖麗，蠹害女工；辭賦雖巧，惑亂聖典。』

問：『景差唐勒宋玉枚乘之賦也益乎？』曰：『必也淫。』『淫則奈何？』曰：『詩人之賦麗以則，辭人之賦麗以淫，如孔氏之門用賦也，則賈誼升堂，相如入室矣。如其不用何！』

或問屈原智乎？曰：『如玉如瑩，爰變丹青，如其智！如其智！』——李軌註：『大智者達天命審行廢，如玉如瑩，磨而不磷；今屈原放逐感激爰變，雖有文彩，丹青之倫耳。』

或問君子尙辭乎？曰：『君子事之爲尙。事勝辭則伉，辭勝事則賦，事辭稱則經。足言足容，德之藻矣。』——李軌註：『貴事實賤虛辭；事辭相稱乃合經典；足言夸毗之辭，足容戚施之面，言皆藻飾之僞，非篤實之眞。』

這幾節都是言辭賦的文過其質，都是自悔童子雕蟲篆刻以後的論調。漢書揚雄傳謂：

『雄以爲賦者，將以風之，必推類而言，極靡麗之辭，閎侈鉅衍，競於使人不能加也。旣迺歸之於正，然覽者已過矣。往時武帝好神仙，相如上大人賦，欲以風，帝反縹縹有陵雲之志。繇是言之，賦勸而不止，明矣。又頗似俳優淳于髡優孟之徒，非法度所存，賢人君子詩賦之正也。於是輟不復爲。』

這一節正可看出他思想轉變的經過，與法言所云可相印證。迨他『輟不復爲』以後，固莫怪以儒家的眼光來論賦，而議其非法度所存了。這種論調儼然是後世古文家攻擊駢文的口吻，所以我以爲揚雄的文學觀，是復古運動中之第一聲。

自是以後，漢人之論辭賦，大率不離於儒家的見地。即如班固漢書司馬相如傳贊所言：

相如雖多虛辭濫說，然要其歸引之於節儉，此與詩之風諫何異。揚雄以爲靡麗之賦，勸百而諷一，猶騁鄭衛之聲，曲終而奏雅，不已戲乎？（註）

【註】史記司馬相如傳亦有是贊語與之同，惟文中稱引揚雄之語，則為班作無疑。宋葉大慶考古質疑已辨之。

此似乎為司馬相如辯護了，但其所由辯護之點，仍是重在足以諷諫，則依舊不外于儒家的見解。固宜其於藝文志詩賦略所言，如稱詩諭志以別賢不肖而觀盛衰云云，仍不能脫儒家實用的觀念了。甚且也引揚雄的話，也以風諭為準則，謂：

春秋之後，周道寖壞，聘問歌詠不行於列國，學詩之士逸在布衣，而賢人失志之賦作矣。大儒孫卿及楚臣屈原離讒憂國，皆作賦以風，咸有惻隱古詩之義。其後宋玉唐勒漢興枚乘司馬相如下及揚子雲，競為侈麗閎衍之詞，沒其風諭之義。是以揚子悔之曰：『詩人之賦麗以則，辭人之賦麗以淫，如孔氏之門用賦也，則賈誼登堂，相如入室矣。如其不用何？』

則且與相如傳贊所云，自陷於矛盾而不自知了。後來蔡邕上封事云：『夫書畫辭賦，才之小者；』輕視辭賦，至於極點，正也從這種思想得來。

我們且再看當時班固王逸之論屈原。班固稱『其文弘博麗雅，為辭賦宗，後世莫不斟酌其英華，則象其形容；』（離騷序）王逸亦謂：『屈原之辭，誠博遠矣。自終沒以來，名博儒達之士，著造辭賦，莫不擬則其儀表，祖式其模範，取其要妙，竊其華藻。』（楚辭章句序）是則他們對於屈原的天才與其在文學史上的地位，可謂同聲贊歎，互相一致的了。可是他們對於屈原之為人，與其所以為辭，則正有不同的見解。班固之論屈原，謂其：

露才揚己，競乎危國羣小之間，以離讒賊，然責數懷王，怨惡椒蘭，愁神苦思，强非其人，忿懟不容，沈江而死，亦貶絜狂狷景行之士。多稱崑崙冥婚虙妃虛無之語，皆非法度之政，經義所載；謂之兼詩風雅，而與日月爭光過矣。（離騷序）

這是對於淮南王安離騷傳所云而加以譏彈著。其所由對於屈原爲人與其文之不滿意之處，皆本于儒家的見地，而衡以道德之制裁。至王逸楚辭章句敍則爲之辯護云：

昔伯夷叔齊讓國守分，不食周粟，遂餓而死，豈可復謂有求於世而怨望哉？且詩人怨主刺上，曰『嗚呼小子，未知臧否，匪面命之，言提其耳』。聞諫之語，於斯爲切。然仲尼論之，以爲大雅。引此比彼，屈原之詞優游婉順，寧以其君不智之故，欲提攜其耳乎？而論者以爲露才揚己，怨刺其上，强非其人，殆失厥中矣。夫離騷之文，依托五經以立義焉。『帝高陽之苗裔』，則『厥初生民時爲姜嫄』也。『紉秋蘭以爲佩』，則『將翺將翔，佩玉瓊琚』也。『夕攬洲之宿莽』，則易『潛龍勿用』也。『駟玉虬而乘鷖』，則『時乘六龍以御天』也。『就重華而陳詞』，則尚書咎繇之謀謨也。『登崑崙而涉流沙』，則禹貢之敷土也。（註）

〔註〕其離騷經序亦謂離騷之文依詩取興，引類譬喻；可與此說參證。

我們試看他所持辯護的理由，原來也是本於儒家的見地。以當時賦家的文學觀，猶且處處不脫儒家的見解，亦可知儒家思想是如何的深入人心，是如何有權威的足以支配一般人的文學批評了。論其關鍵所在，則揚雄之復古思想，要亦不能沒有關係的。

第二節　揚雄之論文

揚雄晚年何以會有這種文學觀呢？蓋他一方面受儒家思想之影響，一方面又受道家思想之影響。因其以儒家思想爲根柢，故所得於道家者，僅僅是淺薄的浮面；而同時因其稟受道家之影響，故結果也失了儒家的尙文之旨。漢代儒家的文學觀，較之先秦儒家，實是一方面爲狹隘而一方面又爲雜糅。這二種關係，形成了揚雄的文學觀，也支配了後世的文學觀。

何以見其受儒家的影響呢？因爲他所懸的標準，是以儒家爲鵠的。這種鵠的，說得抽象些，是先王之法，說得具體些，即爲孔子。吾子篇云：

或曰：『女有色，書亦有色乎？』曰：『有。女惡華丹之亂窈窕也，書惡淫辭之淈法度也。』

又云：

不合乎先王之法者，君子不法也。

要不淈法度，要合乎先王之法，這都是荀子立隆正的態度。再進一步，於是便以仲尼爲標準。吾子篇又云：

好書而不要諸仲尼，書肆也；好說而不要諸仲尼，說鈴也。

此則便是劉勰所謂「徵聖」的意思了。

至於怎樣以仲尼爲標準呢？則以仲尼之文在六經，所以他復主張宗經。法言中論及經的地方頗多。問神篇云：『虞夏之書渾渾爾！商書灝灝爾！周書噩噩爾！下周者，其書譙乎？』寡見篇云『或問五經有辯乎？曰：惟五經爲辯。說經者莫辯乎易，說事者莫辯乎書，說體者莫辯乎禮，說志者莫辯乎詩，說理者莫辯乎春秋，捨斯，辯亦小矣。』他既言及經書之長，所以他以爲立言必宗於經。問神篇又云：

書不經，非書也；言不經，非言也；言書不經，多多贅矣。

但是經終究是個形式，終究是空的。經的精神何在？仲尼之所以可爲標的者又何在？那就不得不進一步再說到原道。吾子篇云：

舍舟航而濟乎瀆者，末矣；舍五經而濟乎道者，末矣。棄常珍而嗜乎異饌者，惡覩其識味也。委大聖而好乎諸子者，惡覩其識道也。

離開經不能得道，離開孔子亦不能識道，對於聖人所言的道，一方面要能有所發明，一方面更要切實體會。問神篇云：

君子之言，幽必有驗乎明，遠必有驗乎近，大必有驗乎小，微必有驗乎著，無驗而言之謂妄，君子妄乎？不妄！

（李軌註：「言必有中」）

言不能達其心，書不能達其言，難矣哉！惟聖人得言之解，得書之體，白日以照之，江河以滌之，灝灝乎其莫之禦也。（李軌註：「有所發明，如日月所照，有所蕩除，如江河所滌。」）

孔子說：『書不盡言，言不盡意。』而他却說：『言不能達其心，書不能達其言，難矣哉！』蓋孔子是指研究昔人的文辭而言，揚雄是指發揮自己的文辭而言。玩索昔人之文辭貴能求之於文字之表，所以覺其不盡；發揮自己的文辭，必須有所見到，所以貴其能達。既能有所見到，於是玩索之久，切實體會，自然發而為言——為君子之言，反是者為小人之言。問神篇云：

> 言，心聲也；書，心畫也。聲畫形，君子小人見矣；聲畫者，君子小人之所以動情乎！

惟其這樣切實體會而發之為言者，所以也能躬行實踐而見之於外。君子篇云：

> 『或問君子言則成文，動則成德，何以也？曰：以其弸中而彪外也。』——李軌註：『弸，滿也；彪，文也。積行內滿，文辭外發。』

此等見解更且與宋代的道學家同一口吻。漢書稱他『非聖哲之書不好，』吾以為他太好聖哲之書，所以變作這樣復古的思想。因此，可知劉勰文心雕龍所載原道宗經徵聖諸篇，其意亦自揚雄發之。

何以見其又受道家的影響呢？此可於漢書王貢龔鮑傳見之。漢書謂：『蜀有嚴君平卜筮於成都市，而授老子。依老子嚴周之指著書十餘萬言。揚雄少時從遊學，已而仕京師顯名，數為朝廷在位賢者稱君平德。今猶有嚴遵道德指歸論六卷。』可知其學蓋出嚴君平，而君平又是兼易老以為學者。所以法言中對於諸子都有不滿意的言論，但除偏重儒家的言論之外，對於老子却獨多怨辭，而且頗多襲用他的語或意的地方。觀其所著太玄，形式則取諸周易，名稱則出於老子，大概這也是所謂君子之敎吧！

不過揚雄所染的儒家臭味太深，復古思想太濃，所以他所受到道家的影響，適足使他的文學觀更爲復古化而已。此可於其尙質的觀念見之。法言寡見篇云：『玉不彫，璵璠不作器；言不文，典謨不作經。』這似乎猶是儒家尙文的意思。但是君子篇云：

或問聖人之言炳若丹青，有諸？曰：『吁；是何言與！丹青初則炳，久則渝。渝乎哉？』——李軌註：『丹青初則炳然，久則渝變。聖人之書久而益明。』

則其所以久而不渝者，又在質而不在文了。問道篇云：

或問天？曰：『吾於天見無爲之爲矣。』或問彫刻衆形者匪天與？曰：『以其不彫刻也。如物刻而彫之，焉得力而給諸！』

這又是老子的自然主義了。淮南子說林訓云：『至味不慊，至言不文，至樂不笑，至音不叫。』又泰族訓云：『太羹之和，可食而不可嗜也；朱弦疏越，一唱而三歎，可聽而不可快也。故無聲者正其可聽者也。其無味者，正其足味者也。』大抵儒道合糅的思想，其論文宗旨往往如此的。

揚雄既尙質素而斥淫辭，則其論文宗旨似應主於平易自然了；可是他的著作必有待於後世之子雲，則又何也？蓋他一方面泥於復古宗經的主張，於是好用古文奇字，於是模擬經典形式。他一方面又泥於老子『貴知我者希』一語。〔註〕於是也不免故作艱深而欲求知己於後世了。法言問神篇云：

> 或問聖人之經不可使易知與？曰：『不可。天俄而可度，則其覆物也淺矣；地俄而可測，則其載物也薄矣。大哉天地之為萬物郭，五經之為衆說郛。』

又云：

> 或問經之艱易！曰：『存亡。』或人不諭。曰：『其人存則易，亡則艱。』

這是他所以要尙艱深之故。這種思想完全由於泥古的關係。後來的復古運動，其意義大都不能外是：若不是重道輕文，尙質而斥淫辭；則便是拘泥形式，模古以作艱深。我們試看韓愈周敦頤朱熹等的主張，不是前一種的意思嗎？我們試看樊宗師李夢陽等的文辭，不又是後一種的面目嗎？於文學的性質不曾辨析得淸楚，則無論重質重文都無是處。

〔註〕揚雄解難篇即引此語自解。

第四章　王充之文學觀

王充一生的學問本領，不出二途：其一，是受班彪的影響；其又一，是受桓譚的影響。由於受桓譚的影響，所以論文主於眞。王充自評其論衡謂『可以一言蔽之曰疾虛妄。』（自紀篇）疾虛妄者，即是桓譚『辨照然否』的態度。（註）本於這種態度以論文，當然偏主於質而無補於純文學之發展。其定賢篇云：

以敏於賦頌爲弘麗之文爲賢乎？則夫司馬長卿揚子雲是也。文麗而務巨言眇而趨深，然而不能處定是非，辨然否之實。

【註】論衡超奇篇云：『君山作新論，論世間事，辨照然否，虛妄之言，僞飾之辭，莫不證定。』

至對作篇則說得更明暢：

是故論衡之造也，起衆書並失實，虛妄之言勝眞美也。故虛妄之語不黜，則華文不見息，華文放流，則實事不見用。故論衡者所以銓輕重之言，立眞僞之平，非苟調文飾辭爲奇偉之觀也。……冀悟迷惑之心，使知虛實之分。虛實之分定，而華僞之文滅；華僞之文滅，則純誠之化日以孳矣。

因於疾虛妄的緣故，甚至欲息滅華僞之文，則其論文宗旨之趨於極端，可想而知了。

由於受班彪的影響，所以論文又主於善。其佚文篇云：『文豈徒調墨弄筆爲美麗之觀哉！載人之行，傳人之名也。』載人之行，傳人之名，這便是史家的態度了。班固漢書敍傳云：『故雖堯舜之盛，必有典謨之篇，然後揚名於後世，冠德於百王。』史家之對於文的觀念本是如此。所以佚文篇又續言之云：

善人願載，思勉爲善；邪人惡載，力自禁裁。然則文人之筆，勸善懲惡也。

又云：

> 諡法所以章善，即以著惡也。加一字之諡，人猶勸懲惡（案此句當有脫誤。非「勸」字下脫「善」字，即衍「惡」字。）知之者莫不自免。況極筆墨之力定善惡之實，言行畢載，文以千數，流傳於世，成爲丹青，故可尊也。

此節亦可見其論文宗旨。蓋他一方面欲立眞僞之平，一方面又欲定善惡之實，所以吾謂王充思想出於桓譚班彪者此也。

大抵王充思想所以有價值之處，即在反抗時代的潮流。西漢學術主於解經，而他却不囿於經生的見解，不闢烏煙瘴氣的陰陽五行之說。西漢文學又重在辭賦，而他又能不染賦家的習氣，不玩雕蟲篆刻的把戲。這種風氣的轉移，固不出於王充。自劉歆開東漢古文的先路，而經學之風氣一變；自揚雄自悔其少作，而文學之風氣又一變。則王充之思想見解，在東漢初似乎覺得異軍特起者，實則亦非無因而至的。他能看出西漢經學文學之弱點，和劉歆揚雄一樣，而他又能深受桓譚班彪的影響而融和二家之思想。故其成就，乃獨異於劉揚二氏。他不致如劉歆之僞造古籍竄亂古籍，他也不致如揚雄之以艱深文淺陋，疲精勞神於被人覆瓿的事業。明白這些，乃可以論王充的文學觀。

他論文既主於「眞」與「善」，故其所論係指學術文言，於是對於「文學」諸名之含義，獨與當時不同。在當時已有「文」與「學」之分，「文章」與「文學」之分，而在論衡中「文」及「文章」諸稱，大都須作最廣義解。佚文篇云：

五經六藝為文，諸子傳書為文，造論著說為文，上書奏記為文，文德之操為文。

以此五種為文，便不免混於學術了。又謂：

天憎秦，滅其文章。

此處所謂「文章」，亦不能以狹義的詞章之義解之。蓋學術用語之含義，有的隨時代而變異，有的因各家而相殊。論衡中所謂「文」及「文章」之義，固亦不妨與當時不同。（註）必明乎此，然後知王充論文，根本就不討論到純文學的方面。

【註】劉天惠文筆考備舉漢人之言「文」者，獨未舉此例，似亦疏漏。

他並不是不重在文，不過他所謂「文」，猶是孔門廣義的文，而不是漢人所謂詞章之文。書解篇云：

龍鱗有文，於蛇為神；鳳羽五色，於鳥為君；虎猛毛蚡蜦，龜知背負文。四者體不質，於物為聖賢。且夫山無林則為土山，地無毛則為瀉土，人無文則為樸人。土山無鹿麋，瀉土無五穀，人無文德不為聖賢。……棘子成欲彌文，子貢譏之，謂文不足奇者，子成之徒也。（註）

【註】佚文篇云：『蹂蹈文錦於泥塗之中，聞見之者莫不痛心，知文錦之可惜，不知文人之當尊，不通類也。』其意亦同。

此節顯有重文輕質之意，倘使不明論衡所謂「文」的含義，不將疑此數節所云與其論文見解互相矛盾嗎？超奇篇云：『孔子曰。「文王旣沒，文不在玆乎？」文王之文在孔子，孔子之文在仲舒，仲舒旣死，豈在長生（周）之徒與？』（註）這種同於後世文統道統的見解，亦即由於以孔子之所謂「文」，爲其論文的標準而已。

【註】佚文篇亦云：『孔子曰「文王旣沒，文不在玆乎？」文王之文傳在孔子；孔子爲漢制文，傳在漢也。』

於是王充論「文」的標準亦可得而言。自紀篇云：

爲世用者百篇無害；不爲用者一章無補。如皆爲用，則多者爲上，少者爲下。

此即荀子非相篇所謂『言而仁之中也，則好言者上矣；不好言者下也』之意。蓋他所謂「文」旣指廣義的文，則當然足以立眞僞之平，或者定善惡之實。無論是立眞僞之平或是定善惡之實，要之能做到這一步便是『爲世用者』。『爲世用者百篇無害』，所以謂文不足奇者，便成爲「子成之徒」了。

哲人之文足以立眞僞之平，史家之文又足以定善惡之實，所以他所謂文的標準即不外此二端：一種是重在抒發思想，一種是重在記載事實。佚文篇云：

立五文在世，（註）皆當賢也。造論著說之文，尤宜勞焉。何則？發胸中之思，論世俗之事，非徒諷古經讀古文也。論發胸臆，文成手中，非說經藝之人所能爲也。

【註】五文已見前引。

此就文論，則以能造論著說者爲高。超奇篇云：

能說一經者爲儒生，博覽古今者爲通人，采掇傳書以上書奏記者爲文人，能精思著文連結篇章者爲鴻儒。儒生過俗人，通人勝儒生，文人踰通人，鴻儒踰文人。

此就人言，則又以鴻儒爲超。何以故？『通覽者世間比有，著文者歷世希然。』（見超奇篇）鴻儒能得精思著文，連結篇章，所以也比一切的人爲超奇了。超奇篇又謂『說論之徒君山爲甲，』其所取於桓譚者以此，其所得於桓譚者也在此。

須誦篇云：

古之帝王建鴻德者，須鴻筆之人褒頌紀載，鴻德乃彰，萬世乃聞。問說書者欽明文思以下誰所言也？曰篇家也。篇家誰也？孔子也。然則孔子，鴻筆之人也。

書解篇又云：

著作者爲文儒，說經者爲世儒，……世儒當時雖尊，不遭文儒之書，其迹不傳。……世傳詩家魯申公，書家千乘歐陽公孫，不遭太史公世人不聞。夫以業自顯孰與須人乃顯！夫能紀百人孰與廑能顯其名！

此又以能褒頌紀載以業自顯者爲高。蓋他視史家的紀載也同造論著說一樣。超奇篇云『孔子得史記以作春秋，及其立義創意，褒貶賞誅，不復因史記者，眇思自出胸中也。』此正是孔子所謂『載之空言不如見之於行事之深切著明』之意。或載空言以造論著說，或紀實事以勸善懲惡，其爲世用同；其爲眇思自出於胸中亦同。所以太史公亦謂『拾遺補藝成一家之言』了。其佚文篇稱班叔皮不爲恩撓，載鄉里人以爲惡戒。其所取於班彪者以此，其所得於班彪者亦在此。

他所重者是這種『論發胸臆』的文，是這種『褒頌紀載』的文，故其論文，重在內容而不重在形式，重在眞與善而不重在美。他蓋以爲論發胸臆的文，只須能立眞僞之平，足矣；他蓋以爲褒頌紀載的文，只須能定善惡之實，斯亦可矣。他亦並不是全不重在形式，全不重在美，蓋他以爲至多只須能得如何連結篇章，如何立義創意，以達其胸中之眇思，則行文之能事已盡，初不必更求華飾也。超奇篇云：『華與實俱成者也。無華生實，物希有之。』這似乎猶是文實並茂的見解。但是他又云：

察文之人，人之傑也。有根株於下，有榮葉於上；有實核於內，有皮殼於外。文墨辭說，士之榮華皮殼也。實誠在胸臆，文墨著竹帛。外內表裏，自相副稱。意奮而筆縱，故文見而實露也。人之有文也，猶禽之有毛也。毛有五色，皆生於體。苟有文無實，是則五色之禽，毛妄生也。

則所謂「文」也者，是實充於內的當然結果，並非徒事藻飾以使五色之禽毛妄生矣。故自紀篇云：

夫養實者不育華，調行者不飾辭。——豐草多華英，茂林多枯枝。爲文欲顯白其爲，安能令文而無譴毀！

他以爲行文不妨有譴毀，則不求純美之意，固已顯然可見了。然則超奇篇所云華實俱成者又何說也？曰：王充以學爲文，故以實賅華。才高知深，則學充於中而文辭自美。（註）所謂有根株於下，則自然有榮葉於上，有實核於內，則自然有皮殼於外。此便是『意奮而筆縱。』蓋意奮則筆自縱也。由其文之將成時言，則是所謂『意奮而筆縱；』由其文之既成後言，則又所謂『文見而實露。』文只求所以露其實而已！此所以謂『爲文欲顯白其爲，』固不必『調墨弄筆爲美麗之觀』也。因此，他即以「眞」「善」爲美。他蓋以爲「眞」的方面，能做到切理饜心的地步，自然也就美了；善的方面能做到入情入理的地步，自然也就美了。只要能得把某種心情圓滿表現出來，自然會使讀者傾心滿意，此則所謂以實賅華也。觀其佚文篇云：

> 玩揚子雲之篇，樂於居千石之官；挾桓君山之書，富於積猗頓之財。韓非之書傳在秦庭，始皇歎曰，獨不得與此人同時。陸賈新語每奏一篇，高祖左右稱曰萬歲。夫嘆思其人，與喜稱萬歲，豈可空爲哉？誠見其美，懽氣發於內也。

這一些例都不是舉的純文學的文辭。純文學的文辭，其動人在於情，在於辭，而此則超於情與辭之外。金周德卿語王若虛云：『文章工於外而拙於內者，可以驚四筵而不可以適獨坐，可以取口稱而不可以得首肯。』（見滹南遺老集及金史文藝傳）韓非陸賈之書，其所由動人之點，即在於可以適獨坐而得首肯者。此所以眞與善亦未嘗不是美也。

【註】佚文篇云：『孝武之時，詔百官對策，董仲舒文最善；王莽時使郎吏上奏，劉子駿章尤美。美善不空，才高知深之驗也。易曰：「聖人之情

見乎辭。」「文辭美惡足以觀才。」

明王充之文學觀，纔能衡量估定王充文論的價值，纔能指出其文論之優點與缺點。蓋他受桓譚的影響，於是以辨照然否爲宗旨，對於一切文辭均取疾虛妄的態度，而所論或不免於過偏，他又受班彪的影響，於是很能利用歷史的觀念以論文，而所言遂轉多精義。

其受桓譚影響而對於文學作品也取疾虛妄的態度者，莫偏於攻擊文人之好奇。藝增篇云：

世俗所患，患言事增其實，著文垂辭，辭出溢其眞，稱美過其善，進惡沒其罪。何則？俗人好奇，不奇言不用也。故譽人不增其美，則聞者不快其意；毀人不益其惡，則聽者不愜於心。聞一增以爲十，見百益以爲千，使夫純樸之事，十剖百判，審然之語，千反萬畔。墨子哭於練絲，楊子哭於歧道，蓋傷失本，悲離其實也。

他復舉其例云：

詩曰：『維周黎民，靡有子遺』，是謂周宣王之時，遭大旱之災也。詩人傷旱之甚，民被其害，言無有子遺一人不愁痛者。夫旱甚則有之矣！言無子遺一人，增之也。（藝增篇）

儒書言楚養由基善射，射一楊葉，能百發百中之，是稱其巧於射也。夫言其時射一楊葉中之，可也，言其百發而百中，增之也。夫一楊葉射而中之，中之一再，行敗穿不可復射矣。如就葉懸於樹而射之，雖不欲射葉，楊葉繁茂，自中之矣。（儒增篇）

類此之例全書甚多。他不知虛妄有二種，一種是思想上的虛妄，一種是文辭上的虛妄。文辭上的虛妄，實在不過是一種夸飾。所以思想上的虛妄，不妨取辨照然否的態度，而文辭上的夸飾，正不能以文害辭，以辭害志。他不明這種分別，由於重實而不主純美之故，竟把修辭學上的揚厲一格，也以爲不合於理，謂爲言過其實，斯則不免過甚了。

至受史家影響而用歷史的觀念以論文者，則頗與近人所謂文學革命的主張相合。蓋他這種主張本是反對當時雕蟲篆刻的賦家者，本是專論文藝者，所以能較多精義了。

當時王充與揚雄均有反對辭賦的論調，但其所由反對之立脚點不同，故其主張各異，而其成就亦相殊。這一點的不同，即因王充是用歷史的觀念而揚雄則否。

王充以爲文不僅是調墨弄筆爲美麗之觀，（見佚文篇）不徒是雕文飾辭苟爲華葉之言，（見超奇篇）這似乎與揚雄所謂『雕蟲篆刻壯夫不爲』之意相合。但是揚雄於壯夫不爲之後，却做人家難知之太玄，王充則作『形露易觀』的論衡，此便大不相同了。揚雄再作解難一文說明太玄所以艱深的緣故。他以爲『典謨之篇，雅頌之聲，不溫純深潤，則不足以揚鴻烈而章緝熙。』他以爲『聲之眇者不可同於衆人之耳，形之美者不可混於世俗之目，辭之衍者不可齊於庸人之聽。』所以他要用古文奇字，所以他要『以艱深文淺陋』。（蘇軾譏揚雄語）這樣，雖破除了辭賦的淫靡，却轉成爲艱深的文詞。這正如後世樊宗師一流的古文家，雖無駢文之雕琢，反不免於晦澀的弊病。王充則不然。他以爲『深覆典雅，指意難覩，唯賦頌耳，』（自紀篇）現在既不欲爲辭賦之難曉，則當然主張『口則務在明言筆則務在露文，』（自紀篇）而不欲故作艱深了。揚雄不明斯義，於是所識的古文奇字，適足以爲其行文艱深的工具。此在歷史派的王充看來，正是反時代的罪伯。他說：

經傳之文，賢聖之語，古今言殊，四方談異也。當言事時，非務難知使指隱閉也。後人不曉，世相離遠，此名曰語異，不名曰材鴻，（自紀篇）

一時代有一時代的語言文字，即一時代有一時代表現思想情緒的工具。不明乎此，而强用古人的文字，强學古人的文法，又如何而不爲文學上的骸骨。於是積極方面更復主張以口語爲文詞，遂與近人所倡文學革命之說頗相接近了。自紀篇云：

夫文由語也，或淺露分別，或深迂優雅，孰爲辯者，故口言以明志。言恐滅遺，故著之文字。文字與言同趨，何爲猶當隱閉指意！

又云：

秦始皇讀韓非之書，歎曰：『朕獨不得與此人同時！』其文可曉，故其事可思。如深鴻優雅，須師乃學，投之於地，何歎之有！夫筆著者欲其易曉而難爲，不貴難知而易造；口論務解紛而可聽，不務深迂而難睹。

他本於這種主張，所以雖和揚雄一樣反對辭賦之藻飾，而揚雄成爲復古，王充都變爲革新。

又揚雄所作辭賦，大抵摹擬司馬相如。其後雖輟不復爲，而這種摹擬的習慣却依然未改；於是做易而草太玄，象論語而作法言，亦步亦趨，以成贗鼎，所以覺得必思深詞苦，然後相肖了。王充則以為：

> 飾貌以彊類者失形，調辭以務似者失情。百夫之子，不同父母，殊類而生，不必相似，各以所稟，自為佳好。文必有與合，然後稱善，是則代匠斲不傷手，然後稱工巧也。文士之務，各有所從，或調辭以巧文，或辯偽以實事；必謀慮有合，文辭相襲，是則五帝不異事，三王不殊業也。美色不同面，皆佳於目；悲音不共聲，皆快於耳。酒醴異氣，飲之皆醉；百穀殊味，食之皆飽。謂文當前合，是謂舜眉當復八采，禹目當復重瞳。（自紀篇）

蓋他知道各人自有其個性，不用摹古，更不用相襲。其對作篇又云：

> 是故周道不弊，則民不文薄，民不文薄，春秋不作。楊墨之學不亂仁義，則孟子之傳不造。韓國不小弱，法度不壞廢，則韓非之書不為。高祖不辨得天下，馬上之計未轉，則陸賈之語不奏。衆事不失實，凡論不壞亂，則桓譚之論不起。故夫聖賢之興文也，起事不空為，因因不妄作，作有益於化，化有補於正。

蓋他又知道各人自有其環境，賢聖興文，亦各有其背景，所以更不能摹擬。這種主張，全本於歷史的觀念，所以王充文論，尤以受史家影響為獨多，而其受史家影響者為更有精彩也。

第四篇　魏晉南北朝

第一章　魏晉之文學批評

第一節　曹丕與曹植

迨至魏晉，始有專門論文之作，而且所論也有專重在純文學者，蓋已進至自覺的時期。魏晉論文之著，具見於文心雕龍序志一篇。其稱三國時論文者只有魏文述典陳思序書應瑒文論並再加以批語云：『魏典密而不周，陳書辯而無當，應論華而疏略。』此外惟謂：『公幹亦汎議文意，往往間出。』其所謂魏文述典，即魏文帝的典論論文。陳思序書，即曹植與楊德祖書等文，而應瑒文論，現在只有一篇文質論，見嚴可均所輯全後漢文中，但是案其所云，只言文質之宜，似與文論無關。（註）至劉楨之說，惟論氣者猶見他書稱引，餘無可考。所以講到魏的文學批評，亦惟有曹丕曹植二人可述。

【註】應瑒文質論云：『丕泰易趨，道無攸一；二政代序，有文有質。』當時諸家之撰文質論者，大率不外此意。

曹丕曹植對於文學究取怎樣的態度呢？曹丕的典論論文說：

蓋文章經國之大業，不朽之盛事。年壽有時而盡，榮樂止乎其身。二者必至之常期，未若文章之無窮。是以古之作者，寄身於翰墨，見意於篇籍；不假良史之辭，不託飛馳之勢，而聲名自傳於後。故西伯幽而演易，周旦顯而制禮，不以隱約而忽務，不以康樂而加思。

曹植與楊德祖書亦云：

> 辭賦小道，固未足以揄揚大義，彰示來世也。昔揚子雲，先朝執戟之臣耳，猶稱壯夫不爲也。吾雖德薄，位爲藩侯，猶庶幾戮力上國，流惠下民，建永世之業，流金石之功；豈徒以翰墨爲勳績，辭賦爲君子哉！若吾志未果，吾道不行，則將採史官之實錄，辯時俗之得失，定仁義之衷，成一家之言；雖未能藏之於名山，將以傳之於同好。非要之皓首，豈今日之論乎？其言之不慚，恃惠子之知我也。

這都是儒家立名後世的意思。再看曹丕與吳質書所言：

> 觀古今文人，類不護細行，鮮能以名節自立，而偉長獨懷文抱質，恬淡寡欲，有箕山之志，可謂彬彬君子者矣。著中論二十餘篇，成一家之言，辭義典雅，足傳於後，此子爲不朽矣。

要『定仁義之衷，成一家之言』，要『辭義典雅』纔足傳於後，這些儼然都是儒家之言。（註一）蓋丕植一方面在創作上沿襲古典文學的舊型，以開六朝淫靡之風氣；一方面在批評上不脫儒家傳統的論調，以致不能導創作入正軌，轉開後世文人主張文以明道或致用的先聲。（註二）

【註一】御覽五百九十五引典論論文云『余觀賈誼過秦論，發周秦之得失，通古今之制義，洽以三代之風，潤以聖人之化，斯可謂作者矣。』亦同此意。

〔註二〕楊修答臨淄侯箋云：『今之賦頌，古詩之流，不更孔公，風雅無別耳。修家子雲，老不曉事，強著一書，悔其少作；若比仲山周旦之儔，爲皆有僭耶！君侯忘聖賢之顯迹，述鄙宗之過言，竊以爲未之思也。若乃不忘經國之大美，流千載之英聲，銘功景鐘，書名竹帛，斯自雅量素所蓄也，豈與文章相妨害哉！』此書雖似駁曹植輕視辭賦的主張，但其論斷亦以儒家思想爲衡。

曹丕的典論論文爲文學批評之嚆矢。自是以後，始有專門論文的散篇文章。今按丕植所言，雖亦不外昔人的意思；如其謂『文章經國之大業，不朽之盛事，』即王充須頌書解諸篇之意；其論文體文氣二者，亦即相如賦迹賦心之說。但是他能融會貫通，加以廓充，而說來亦更覺透澈，此所以爲中國文學上之自覺時代也。

由迹的方面言，至是始爲文體之區分。典論論文云：

夫文本同而末異。蓋奏議宜雅，書論宜理，銘誄尚實，詩賦欲麗。

此數語重要之點，在於看出文的本同而末異，看出各種體裁均有其特殊的作用與風格，更看出詩賦之欲麗，以見純文學自不可廢去修辭的技巧。

由心的方面言，於是再拈出「氣」字。典論論文云：

文以氣爲主。氣之淸濁有體，不可力強而致。譬諸音樂，曲度雖均，節奏同檢，至於引氣不齊，巧拙有素，雖在父兄，不能以移子弟。

又云：

徐幹時有齊氣。（註）

【註】明胡侍眞珠船云『魏文帝典論論文云「徐幹時有齊氣。」李善註「言齊俗文體舒緩，而徐幹亦有斯累。」按漢書地理志，齊詩「子之旋兮，遭我乎猺之間兮，」又曰「竢我於著乎而，」此亦其舒緩之體。又云：「齊至今其士舒緩闊達而足智。」朱博傳：「博遷瑯琊，齊部舒緩，博奮髯抵几曰觀齊兒欲以爲俗耶？」寰宇記：「齊州人志氣緩慢。」是則齊俗自來舒緩，故文體亦然。』

其與吳質書亦云：

公幹有逸氣，但未遒耳。

這都是從氣的方面以論文者。論文言「氣，」實始於此。此數節中所言之「氣，」兼有兩種意義。所謂『氣之清濁有體不可力强而致』者，是指才氣而言；曰「齊氣」曰「逸氣」云者，又兼指語氣而言。蓄於內者爲才性，宣諸文者爲語勢，蓋本是一件事的兩方面，故亦不妨混而言之。文心雕龍風骨篇引劉楨語云：『孔氏卓卓，信含異氣，筆墨之性，殆不可勝。』此指才氣言者。又其定勢篇引劉楨語云：『文之體指貴强；（原作「文之體指實强弱」今從黃侃校改）使其辭已盡而勢有餘，天下一人耳，不可得也。』此又就語氣言者。所以劉勰稱『公幹所談，頗亦兼氣，』而陸厥亦云『劉楨奏書大明體勢之致。』可知時人論氣本混才氣語氣而爲一。近人乃謂『曹丕論氣，實指才性言之，爲後世陽剛陰柔說之所本，與唐宋人之以語勢爲文氣者不同。』（陳鍾凡中國文學批評史）此則僅見其一而未見其二了。

「迹」的方面，體異而風格亦異；「心」的方面，人異而才性亦異：所以對於文體上的奏議書論銘誄詩賦四科總結一句云：

此四科不同，故能之者偏也；惟通才能備其體。

『能之者偏，』『惟通才能備其體，』這二者是他從文體文氣兩方面體會有得的結論，也即是他對於文學批評的基本觀念。其品評當代作家，即應用此觀念以為其『能之者偏』的例證。他說：

今之文人：魯國孔融文舉，廣陵陳琳孔璋，山陽王粲仲宣，北海徐幹偉長，陳留阮瑀元瑜，汝南應瑒德璉，東平劉楨公幹；斯七子者，於學無所遺，於辭無所假，咸以自騁驥騄於千里，仰齊足而並馳，以此相服，亦良難矣。……

……王粲長於辭賦；徐幹時有齊氣，然粲之匹也。如粲之出征登樓槐賦征思，幹之玄猿漏卮圓扇橘賦，雖張蔡不過也。然於他文，未能稱是。琳瑀之章表書記，今之雋也。應瑒和而不壯；劉楨壯而不密。孔融體氣高妙，有過人者；然不能持論，理不勝詞，以至乎雜以嘲戲；及其所善，揚班儔也。(註)

【註】其與吳質書亦云：『偉長懷文抱質，……著中論二十餘篇，成一家之言，辭意典雅，足傳於後。……德璉常斐然有述作之意，其才學足以著書，美志不遂，良可痛惜。……孔璋章表殊健，微為繁富。公幹有逸氣，但未遒耳；其五言詩之善者，妙絕時人。元瑜書記翩翩，致足樂也。仲宣續自善於辭賦，惜其體弱，不足起其文；至於所善，古人無以遠過。』

曹植與楊德祖書亦云：

以孔璋之才不閑於辭賦，而多自謂能與司馬長卿同風，譬畫虎不成反為狗者也。

這些話頗能說明作者的個性。個性不同，故於文的各體，能之者偏，而即於同一體製之中也往往各自有其不同的氣韵。此則所謂『雖在父兄不能以移子弟』者；所以有的有齊氣，有的體氣高妙，有的有逸氣了。這些雖近於抽象之語，但並非不可捉摸。大抵漢季臧否人物的風氣很盛，所以頗多清議式的諺語，如『萬事不理問伯始，天下中庸有胡公』等等，而汝南月旦尤為一時美談。故劉劭得本之以成人物志，傅嘏鍾會得本之以論才性同異，而在於丕植則不過應用此觀念以論文學而已。

因才異所以能偏，因「能之者偏」於是文有利病可摭，美惡可言，而品評以起。曹植與楊德祖書亦云：

世人著述不能無病。僕常好人譏彈其文，有不善者應時改定。昔丁敬禮常作小文，使僕潤飾之。僕自以才不過若人，辭不為也。敬禮謂僕：『卿何所疑難？文之佳惡吾自得之，後世誰相知定吾文者耶？』吾常歎此達言，以為美談。昔尼父之文辭與人通流，至於制春秋，游夏之徒乃不能措一辭。過此而言不病者，吾未之見也。

更因「能之者偏」，於是所生的批評遂亦各隨好尚，漫無定準，而陷於文人相輕的陋習。曹植云：

人各有好尚：蘭茝蓀蕙之芳，衆人所好，而海畔有逐臭之夫；咸池六莖之發，衆人所共樂，而墨翟有非之之論。豈可同哉！

曹丕亦云：

文人相輕，自古而然。傅毅之於班固，伯仲之間耳；而固小之，與弟超書曰，『武仲以能屬文，爲蘭臺令史，下筆不能自休。』夫人善於自見，而文非一體，鮮能備善；是以各以所長，相輕所短。里語曰：『家有弊帚，享之千金。』斯不自見之患也。

但是能之者雖偏，而『惟通才能備其體，』所以他以爲文學上的批評，只有作家纔能勝任，也只有作家纔有此識見，有此資格，因爲他是深知此中之甘苦者。曹植云：

蓋有南威之容，乃可以論於淑媛；有龍淵之利，乃可以議於斷割。劉季緒才不能逮於作者，而好詆訶文章，掎摭利病。昔田巴毀五帝，罪三王，呰五霸於稷下，一旦而服千人，魯連一說，使終身杜口。劉生之辯，未若田氏，今之仲連，求之不難，可無歎息乎？

這種混批評與創作而爲一的見解，固然不很對。但是若明白上文所講，他們品評的標準，本重在修辭的技巧；明白他批評的基本觀念『惟通才能備其體，』則此種必作者始可言利病的主張，實是當然的結論。陳鍾凡識其不知批評文學與文學之區別，蓋亦未爲篤論也。

更因『惟通才能備其體，』所以益覺通才之難能而可貴。曹植與吳季重書云：

夫文章之難，非獨今也。古之君子，猶亦病諸！家有千里，驥而不珍焉；人懷盈尺，和氏無貴矣。

這樣以希有爲貴，於是文學遂漸漸形成貴族的傾向。

第二節　陸機文賦

晉初文學首推二陸；即就文學批評言，二陸亦較爲重要。陸雲與兄平原書凡數十通，大率討論文事；不過以其過涉瑣碎，無關弘恉，故不贅述。今僅就陸機文賦言之。其文賦自序雖謂『隨手之變良難以辭逮，』似乎于文學之精微處未曾論及；但是他畢竟是『每觀才士之所作，竊有以得其用心』者，畢竟是『每自屬文尤見其情』者，所以無論如何頗能道出作文之利害所由。劉勰文心雕龍之論文賦，雖謂其『巧而碎亂，』似有貶辭，但其碎亂之故，由於爲賦體所限，似不應以是爲病；至其精微之處，則固不得不以「巧」許之。(註)

【註】鍾嶸詩品序謂『陸機文賦通而無貶，』蓋亦以此本非品評性質，故不顯優劣也。

陸機自謂『普辭條與文律，良余膺之所服。』所以論文亦頗講及一些粗迹。如在積極方面，主張：

一、選辭　其目的要使『選義按部，考辭就班，抱暑者咸叩，懷響者畢彈。』使不注重選辭，則其弊爲『或辭害而理比，或言順而義妨。』

二、謀篇　其方法：『或因枝以振葉，或沿波而討源，或本隱以之顯，或求易而得難。』否則不能謀篇，其弊成爲『或仰逼於先條，或俯侵於後章』了。

三、擇體　其標準是：『夸目者尚奢，愜心者貴當，言窮者無隘，論達者唯曠。』

四、定旨　其規律是『立片言而居要乃一篇之警策；雖衆辭之有條，必待茲而效績。』

其在消極方面則主張：

一、勿模襲　陸機雖近於古典派，但不過沿襲以前文人的技巧使之益進而已，他決不如明代前後七子之句剽字竊以爲古者。所以他又說『雖杼軸於予懷，怵他人之我先；苟傷廉而衍義，亦雖愛而必捐。』明白這一點則知六朝文人雖多屬於古典文學，而一二足以代表的名家，却都是善於新變者。此又陸機所謂『謝朝華於已披，啓夕秀於未振』也。

二、去疵累　有時得了一二佳句，固然足使累句增光，卽他所謂：『石韞玉而山輝，水懷珠而川媚，彼榛楛之勿剪，亦蒙榮於集翠』者是。但是疵累過多有時也總不免『混妍蚩而成體，累良質而爲瑕』了。

這些都是所謂辭條文律。他再進一步論及爲文之難，不易到恰好的地步：重質而輕辭則雖應而不和；重辭而遺情，則雖和而不悲；任情而無檢則雖悲而不雅；約情而止禮，則既雅而不艷。此則成爲批評上的問題，不僅是修辭上的問題了。所以他又說：

若夫豐約之裁，俯仰之形，因宜適變，曲有微情：或言拙而喩巧，或理朴而辭輕；或襲故而彌新，或沿濁而更清；或覽之而必察，或研之而後精；譬猶舞者赴節以投袂，歌者應弦而遣聲。是蓋輪扁所不得言，故亦非華說之所能精。

粗迹可以言而不可以泥。所以不可以泥之故，即由於要『因宜適變』。這個「因宜適變」，便是所謂行乎其所不得不行，止乎其所不得不止，得之於心而應之於手，即作者亦不自知的，所以不可以言傳了。但此雖非華說之所能精，而陸機却頗能道出爲文之甘苦，頗能攫住文學的要領。

第一項是天才，文學的天才，不是衆人所同具，即有此天才的人其等量又不可以相齊。固然衡量作者的天才不必如什麽八斗或幾斗的量法，但是創作之必賴於天才是無可疑的。他說：

彼瓊敷與玉藻，若中原之有菽。同橐籥之罔窮，與天地乎並育。雖紛藹於此世，嗟不盈於予掬。患挈瓶之屢空，病昌言之難屬。故踸踔於短垣，放庸音以足曲。

司馬相如之論賦心，謂得之於內不可得而傳，曹丕之論文氣，謂雖在父兄不能以移子弟。這些都是說明才性之有特長，所以這猶不是陸機文賦的長處。

第二項是情感，這也是一般人所共知。詩序所謂『情動於中而形於言』，班固所謂『哀樂之心感，而歌詠之聲發』。不過他再申說一些「感於物而動」的道理而已。他說：

遵四時以歎逝，瞻萬物而思紛；悲落葉於勁秋，喜柔條於芳春。心懍懍以懷霜，志眇眇而臨雲。……慨投篇而援筆，聊宣之乎斯文。

這些都是說明即景生情的實感。

第三項是想像文學重要的生命有二，一是實感，一是想像力，要能從想像力中活躍出實感來，纔盡文學家的能事。文賦中間描寫想像力的方面却頗有精彩。

其始也皆收視反聽，耽思傍訊，精鶩八極，心遊萬仞。其致也情曈曨而彌鮮，物昭晰而互進；傾羣言之瀝液，漱六藝之芳潤；浮天淵以安流，濯下泉而潛浸。於是沈辭怫悅，若遊魚銜鉤而出重淵之深；浮藻聯翩，若翰鳥纓繳而墜曾雲之峻。收百世之闕文，採千載之遺韻，謝朝華於已披，啓夕秀於未振。觀古今於須臾，撫四海於一瞬。

上天下地，往古來今，都在想像力所能及的範圍之內。『籠天地於形內，挫萬物於筆端，』如此才見得想像力的豐富瑰偉。

第四項是感興，不論何種藝術，待到他組成作品的時候，他所經歷的過程，總不能越過感興一個階級，而於文學爲尤甚。所謂感興，即是感情的一種興奮狀態。感興濃到不能自禁的時候，便須發揮其天才，宣洩其情感，而運用其想像以成爲作品。文人作文，詩人作詩，都在能擒住這一種感興而已。此意亦發自陸機，其所論亦頗精到。他說：

若夫應感之會，通塞之紀，來不可遏，去不可止，藏若景滅，行猶響起。

感興方濃，不能遏止其發露；感興不來，不能勉強去醞釀。這一節形容感興的起滅，確是所謂『每自屬文，尤見其情，』才能深知此中之甘苦者。

方天機之駿利，夫何紛而不理。思風發於胸臆，言泉流於脣齒。紛威蕤以馺遝，唯豪素之所擬。文徽徽以溢目，音泠泠而盈耳。

這是說感興來的時候，醞釀成熟，故能提起銳筆，一呵而就，此所以『或率意而寡尤。』

及其六情底滯，志往神留，兀若枯木，豁若涸流，攬營魂以探賾，頓精爽於自求，理翳翳而愈伏，思乙乙其若抽。

這是說感興不來或感興已去的時候，即使欲勉强作文，而時機未熟，不免徒勞無功，此所以『或竭情而多悔。』

這些都是他較精微的方面，而想像與感興，尤爲他獨到的見解。(註)

【註】杜甫寄劉峽州伯華使君四十韻云：『雕刻初誰料，纖毫欲自矜，神融躡飛動，戰勝洗侵陵，妙取筌蹄棄，高宜百萬層。』朱鶴齡註：『雕刻初誰料，』即文賦之「籠天地於形內，挫萬物於筆端」也。「纖毫欲自矜，」即「考殿最於錙銖，定去留於微芒」也。「神融躡飛動，」即「精騖八極，心遊萬仞」也。「戰勝洗侵陵，」即「方天機之駿利，夫何紛而不理」也。「妙取筌蹄棄，高宜百萬層，」即「形可不逐響難爲繫，塊孤立而特峙，非常言之所緯」也。因劉使君以詩來寄，而言詩道之難如此。』案朱註以杜詩與文賦參證，所解亦是。

至其在文學批評史上承前啓後的關係，則爲(1)文體的辨析，(2)駢偶的主張，(3)音律的問題，茲分言之於下：

自曹丕論文，創爲四科之論，而桓範世要論亦有序作、讚象、銘誄諸篇，說明各體之旨。(註) 如序作篇云：

夫著作書論者，乃欲闡弘大道，述明聖教，推演事理，盡極情類，記是貶非，以爲法式，當時可行，後世可修。……

而世俗之人不解作體，而務汎溢之言，不存有益之義，非也。故作者不尚其辭麗，而貴其存道也，不好其巧慧而惡其傷義也。故夫小辯破道，狂簡之徒，斐然成文，皆聖人之所疾矣。

【註】世要論十二卷，隋志著錄入法家，早佚。此據羣書治要輯錄。羣書治要作政要論。

讚象篇云：

夫讚象之作，所以昭述勳德，思詠政惠，此蓋詩頌之末流矣。……若言不足紀，事不足述，虛而爲盈，亡而爲有，此聖人之所疾，庶幾之所恥也。

銘誄篇云：

夫渝世富貴，乘時要世，爵以賂至，官以賄成，……此乃繩墨之所加，流放之所棄；而門生故吏合集財貨，刊石紀功，稱述勳德，高邈伊周，下陵管晏，遠追豹產，近踰黃邵，勢重者稱美，財富者文麗。後人相踵，稱以爲義。外若讚善，內爲己發，上下相效，競以爲榮，其流之弊，乃至於此。欺曜當時，疑誤後世，罪莫大焉。

綜其所言，亦大抵曹丕『書論宜理，銘誄尚實』之義。至陸機文賦遂益說明體裁之性質，其言云：

詩緣情而綺靡。——李善文選注（以下簡稱李）『詩以言志；故曰緣情綺靡，精妙之言。』王闓運論詩文體法（以下簡稱王）『詩，承也，持也。承人心性而持之，以風上化下，使感於無形，動於自然。故貴以詞掩意，托物寄興，使吾志曲隱而自達，聞者激昂而欲赴。……非可快意騁詞，自伐其偏頗，以供世人之喜怒也。』

賦體物而瀏亮。——李云：『賦以陳事，故曰體物。瀏亮，清明之稱。』王云：『賦者詩之一體，即今謎也。……莊論不如隱言，故荀卿宋玉賦因作矣。漢代大盛，則有相如平子之流，以諷其君。太冲安仁，發攄學識，用兼詩書，其文爛焉。要本隱以之顯，故托體於物而貴清明也。』

碑披文以相質。——李云：『碑以叙德，故文質相半。』王云：『碑始於廟，碑文則始墓道，以文述事，而不可以事爲主，相質者，飾質也。』

誄纏綿而悽愴。——李云：『誄以陳哀，故纏綿悽慘。』

銘博約而溫潤。——李云：『博約謂事博文約也。銘以題勒示後，故博約溫潤。』王云：『銘記一類也，言欲博，典欲約。』

箴頓挫而清壯。——李云：『箴以譏刺得失，故頓挫清壯。』王云：『箴當聳聽，故當頓挫。』

頌優游以彬蔚。——李云：『頌以褒述功美，以辭爲主，故優游彬蔚。』王云：『後世之頌，皆應制贊人之文，故貴優遊不可謂譽。——以上皆有韵之文。詩之末流，皆主華飾。』

論精微而朗暢。——李云：『論以評議臧否，以當爲宗，故精微朗暢。』王云：『是非不決，論以明之，故必探其精微，使朗然而曉。』

奏平徹而閑雅。——李云：『奏以陳情叙事，故平徹閑雅。』王云：『奏施君上，故必氣平理徹。』

說煒燁而譎誑。——李云：『說以感動爲先，故煒燁譎誑。』王云：『說當回人之意，改已成之事，譎誑之使反於正，非尙詐也。——以上皆無韵之文，單行直敍。』

此亦重在各種體製與風格之關係，與曹丕典論論文所云相同，而與後世劉勰司空圖諸人之論風格者相異。蓋他們只重在說明某種文體之標準的風格，以爲文體辨析之準則，所以不免偏於古典的傾向也。

至其駢偶的主張也與其作風有關。沈約宋書謝靈運傳論評潘陸語稱爲『縟旨星稠，繁文綺合。』所以他的論文主張亦偏主姸麗。他說：『其爲物也多姿，其爲體也屢遷，其會意也尙巧，其遺言也貴姸。』這種主張，實開元嘉文學的風氣，顏延年謝靈運等的作風都自此出。（註）

【註】謝榛四溟詩話云：『陸機文賦曰：「詩緣情而綺麗，賦體物而瀏亮。」夫綺靡重六朝之弊，瀏亮非兩漢之體。』似以此爲陸機病，實則陸機所言本不泥於古，說正可據以看出其偏于姸麗的主張。

此外他所提出者猶有音律的問題。司馬相如之論賦迹雖云『一經一緯，一宮一商，』似乎已經明白音律的重要。迨至陸機始漸發揮斯義。他說：『暨音聲之迭代，若五色之相宣。』似乎後世所謂「韵」「和」的問題，陸機已啟其端。不過此時於音韵方面的辨析還不精，所以他的所謂音律是指自然的音調而言。他說：『塊孤立而特峙，非常音之所緯。』又云：『或寄辭於瘁音，徒靡言而弗華。』又云：『故踸踔於短垣，放庸音以足曲。』其討論文字都重在音節，則知沈約所謂『潘陸顏謝去之彌遠』者，不過指人工的音律言耳。所以這種主張也未嘗不是永明文學的先聲。

第三節　左思與皇甫謐

揚雄班固摯虞之論辭賦，皆以古義相繩，謂辭人之賦沒其風諭之義。至左思則又一變其論調，謂後人之賦近於虛誕失實。其三都賦序云：

蓋詩有六義焉，其二曰賦。揚雄曰：『詩人之賦麗以則。』班固曰：『賦者古詩之流也。』先王采焉，以觀土風：見『綠竹猗猗』則知衞地淇澳之產；見『在其版屋』則知秦野西戎之宅：故能居然而辨八方。然相如賦上林而引『盧橘夏熟，』揚雄賦甘泉而陳『玉樹青葱，』班固賦西都而歎以出比目，張衡賦西京而述以遊海若；假稱珍怪，以爲潤色。若斯之類，匪啻于茲。考之果木則生非其壤，校之神物則出非其所。於辭則易爲藻飾，於義則虛而無徵。且夫玉卮無當，雖寶非用；侈言無驗，雖麗非經：而論者莫不詆訐其研精，作者大抵舉爲憲章，積習生常，有自來矣。余既思摹二京而賦三都；其山川城邑則稽之地圖，其鳥獸草木則驗之方志，風謠歌舞，各附其俗；魁梧長者，莫非其舊。

此種作賦求眞的主張，其合不合自是另一問題。王觀國學林三都賦序條已爲相如諸人辯護，謂「盧橘夏熟」云云正所以見上林之富麗，四海之嘉木珍果莫不移植其中；玉樹亦非指天產，本不限於地域；「以出比目」所以極言感格之所致，雖魚鳥之飛潛亦有不召而致者；「以遊海若」蓋言武帝好神仙，治太液池有蓬萊方丈瀛洲壺梁象海中神仙之宅，黿魚之屬以俟神人，是則左思所列舉以爲疵病者，固未必盡當。不過他既有此主張，則在文學批評史上也有値得研究者。大抵這種思想的形成，不外二端：其一，是受賦家之影響。賦家者流，章學誠本以爲兼諸子之餘風，異於後世辭章之士。其校讎通義云：『假設問對，莊列寓言之遺也；恢廓聲勢，蘇張縱橫之體也；排比諧隱，韓非儲說之屬也；徵才聚事，呂覽類輯之義也：雖其文逐聲韵，旨存比興，而深探本源，實能自成一子之學，與夫專門之書初無差別。』此說亦自有一部分的理由。由於辭賦本身之欲自成一子之學，則對於『侈言無驗，雖麗非經』的，當然不能滿意了。其二，是受批評家的影響。王充的文學批評即本於他疾虛妄的態度而建立的，所以對於辭賦之揚厲過甚，藻飾失實，往往加以駁詰。此與左思這種主張也有很大的關係。我們須知辭賦雖欲自成一子之學，但其『虛張異類，託有於無』，則自司馬相如以來久已如此了。(註)所以這種思想，非受批評界的指示，則在作家自身不容易覺悟的。

【註】皇甫謐三都賦序亦云：『若夫土有常產，俗有舊風，方以類聚，物以羣分；而長卿之儔，過以非方之物，寄於中域，虛張異類，託有於無。祖構之士，雷同影附，流宕忘返，非一時也。』

左思的論賦，因較偏於情實，所以他定詩賦的界說云：

發言爲詩者，詠其所志也；升高能賦者，頌其所見也。美物者貴依其本，讚事者宜本其實。匪本匪實，覽者奚信。

（三都賦序）

他這樣定詩賦的區別，似乎有些不甚妥當，若欲使其賦成爲一子之學則可，若欲其文學批評也取疾虛妄的態度則可。如果此意不足以範圍賦的全體，則因於升高能賦一語而必求其賦之翔實，未免太偏極端了。何則，蓋所謂發言爲詩者，不過言其情之自內生者而已；所謂升高能賦者，不過言其情之自外起者而已；未必詩可踶虛而賦必核實也。所以這種主張不如皇甫謐的三都賦序說得較爲圓通一些。他說：

古人稱不歌而頌謂之賦，然則賦也者所以因物造端，敷弘體理，欲人不能加也。引而申之，故文必極美；觸類而長之，故辭必盡麗。然則美麗之文，賦之作也。（註）

【註】案世說文學篇註引左思別傳謂皇甫謐序出思自爲，欲重其文，故假時人名姓云云。竊以爲此說非是。嚴可均全晉文已辨之矣。不過皇甫此序爲左氏作，故其論賦主張，亦或受左思啓發耳。

此說較得賦的要領。因爲賦是美麗之文，所以末流所及，恆以極端尚美而漸離於善：——昔之將以紐之王教，本乎勸戒者，至是而沒其諷諭之義焉；再進一步而漸違於眞：——昔之感物造耑，材知深美者，至是而亦並務恢張，博誕空類焉。謂賦的末流之漸離於本初則可；必謂這種離善違眞者爲賦之失，則未當。晉書文苑傳稱其『欲賦三都，會妹芬入宮，移家京師，乃詣著作郎張載，訪岷邛之事，遂構思十年，門庭藩溷，皆著筆紙，遇得一句，即便疏之。自以所見不博，求爲祕書郎。』這種求眞的態度本亦無可非難。但在賦的立脚點而言，則實是至是而作風一變，並不是至是而作風返之於古。

第四節　總集之結撰者

第一目　摯虞文章流別論

至摯虞遂承曹丕陸機之遺風，（註一）一方面撰集古今文章，類聚區分以定其體製；一方面於定其體製之外兼論其得失。其所撰著考諸各家著錄，名稱卷數，均不盡同。晉書本傳稱其『撰文章志四卷又撰古今文章類聚區分爲三十卷名曰流別集，各爲之論，辭理愜當爲世所重。』隋志簿錄類『文章志四卷，』總集類稱『文章流別集四十一卷；（註云：『梁六十卷志二卷論二卷』）文章流別志論二卷。』新舊唐志目錄類有『文章志四卷，』總集類有『文章流別集三十卷，』與晉書同。（註二）通志目錄類有『文章志四卷』總集類有『文章流別集六十卷，文章流別志論二卷。』而焦竑國史經籍志雜家類，又稱『文章流別集十二卷文章流別志論二卷。』今其書早佚，究竟卷帙多寡，已不可得知。大抵其所撰著本有三種性質：文章志的性質同於序目，觀三國志陳思王傳注後漢書桓麟傳注文選長笛賦注諸書所引可證。（註三）所以隋志新舊唐志及通志著錄均以列入史部目錄一類。文章流別集的性質，原是總集，故卷數爲獨多。隋志云：『總集者以建安之後辭賦轉繁，衆家之集日以滋廣，晉代摯虞苦覽者之勞倦，於是採擿孔翠，芟翦繁蕪，自詩賦下各爲條貫，合而編之，謂爲流別。』則此書之爲分類總集至爲明顯；此卽晉書所謂『類聚區分』者也。（註四）文章流別論則爲敘論性質。由文學批評言，惟此較爲重要。是又晉書所謂『各爲之論辭理愜當』者是也。此三種性質雖別，原本一書，第以卷帙繁多之故，傳鈔者分合不一，於是名稱卷數均不相同。或僅錄其序目，則成爲文章志。此當在流別集卷首，故可別錄爲書。考通志目錄類有荀勖文章家集敘十卷，與摯虞文章志沈約宋世文章志同著錄。勖較摯虞稍前，則摯著或本於此。或輯錄其所論，則成爲文章流別論。此當分在流別集各卷中間，而錄者別爲選輯成卷者。考隋志註謂『梁六十卷，志二卷，論二卷。』則知此輯出之本，且在阮孝緒七錄以前。今原輯本早已散佚。焦竑國史經籍志雖有文章流別志論二卷，然張溥摯太僕集內所錄已是就北堂書鈔藝文類聚太平御覽廣文選諸書輯錄而成者，則其散佚可知。焦著所載多不可靠，不能據此以爲明代仍有完本。嗣是踵輯者有嚴可均張鵬一二家。嚴輯刊入全晉文中；張輯刋入關隴叢書中。均就張輯加以校補。至許印芳詩法萃編所錄，卽據張輯，無所校補。現就諸家所輯諸條案其內容，皆爲流別論，而諸家猶循舊稱，名爲流別志論，似亦未當。

【註一】摯虞與陸機雖同時而稍後。且陸機文賦成於入洛以前，杜甫詩：『陸機二十作文賦，』可證。

【註二】玉海五十四惟引此數家之說，無所折衷。

【註三】三國志陳思王傳註引云：『劉修著詩賦頌六篇。』後漢書桓麟傳註引云：『麟文見在者十八篇，有碑九首，誄七首，七說一首，沛相郭府君書一首。』文選長笛賦註引云：『劉玄字伯康，明帝時官至中大夫，作簧賦。』世說新語註引云：『崔烈字威考，高陽安平人，駰之孫，瑗之兄子也。靈帝時官至司徒太尉，封陽平亭侯。』又『潘勖字元茂，陳留中都人。少有逸才，獻帝時爲尙書郞，遷東海相，未發，拜尙書左丞，病卒。』案其體例，蓋與後世詩人徵略詩人小傳諸書相類。

【註四】劉師培蒐集文章志材料方法：『文學史者，所以考歷代文學之變遷也。古代之書，莫備於晉之摯虞。虞之所作，一曰文章志，一曰文章流別。志者以人爲綱者也，流別者以文體爲綱者也。』——(國故第三期)

今就此僅存的數則中以論其文學批評的思想，大抵可窺出兩點：(1)可以看出他選輯的宗旨，(2)可以看出他選輯的方法。由選輯的宗旨言，他是本於儒家的見地的，其總述文章之含義云：

文章者所以宣上下之象，明人倫之敘，窮理盡性，以究萬物之宜者也。(全晉文七十七)

此完全從文的作用而言，故其論各種文體亦謂：『王澤流而詩作，成功臻而頌興，德勳立而銘著，嘉美衆而誄集，說史陳辭，官箴王闕』，以爲各種文體均由應用而起。又其論賦家之四弊云：

古詩之賦，以情義爲主，以事類爲佐；今之賦以事形爲本，以義正爲助。情義爲主，則言省而文有例矣；事形爲本，則言富而辭無常矣。文之煩省，辭之險易，蓋繇於此。夫假象過大，則與類相遠；逸辭過壯，則與事相違；辯言過理，則與義相失；麗靡過美，則與情相悖。此四過者，所以背大體而害政敎。是以司馬遷割相如之浮說，揚雄疾「辭人之賦麗以淫」也。(全晉文七十七)

此意亦略同於班固——本儒家的見地，貶賦家的淫辭，因此可知他選輯的宗旨未必專尙麗辭了。由選輯的方法言，他又看出文體是因時而異其性質，姑舉一節爲例：

頌之所美者，聖王之德也，則以爲律呂，或以頌形，或以頌聲。其細也，甚非古頌之意。昔班固爲安豐侯頌，史岑爲出師頌，和熹鄧后頌，與魯頌體意相類，而文辭之異古今之變也。揚雄趙充國頌，頌而似雅。傅毅顯宗頌文與周頌相似，而雜以風雅之意。若馬融廣成上林之屬，純爲今賦之體，而謂之頌，失之遠矣。（全晉文七十七）

章學誠詩教下極言論文拘形貌之弊，不知摯虞早已言之。據此一節則知其選輯的方法，所謂類聚區分者，又未必泥於形式的方面了。

第二目　李充翰林論

與摯虞文章流別論相近者，在東晉更有李充（註一）的翰林論。翰林論二卷（注二）也早散佚。（注三）其詳不可得知。但據各家論述及著錄考之，要亦與流別集一樣有二種性質。其一，是選輯性質的總集。通志藝文略既於文史類著錄之，而復見其目於總集類。竊疑此書本可兩屬，所以七錄稱有五十四卷（見隋書經籍志註）而晉書文苑傳序亦有『翰林總其菁華』之語。其又一則是『論爲文體要』之語（見中興書目）此劉勰所譏爲『淺而寡要』者是也。（注四）大抵其爲總集者原名翰林，而評論者則稱翰林論，亦猶文章流別集之別成爲文章流別論，而後人亦多混而稱之也。

【註一】宋史藝文志「充」或誤作「允」，註云：『一作元，或作克。』

【註二】玉海六十二引中興書目謂凡二十八篇。

【註三】焦竑國史經籍志於子部雜家類集部詩文評類雖並著錄，但也當與摯虞文章流別集同例，並非當時尚有傳本。以在明代各家藏書目中均無之，則其散佚可知。其散佚之時當在宋以後，崇文總目及遂初堂書目之文史類均著錄之，惟遂初目無卷數耳。宋祕書省續編到四庫闕書目入史類故事門，不入集類文史門，註云「闕」。

【註四】見文心雕龍序志篇。玉海六十二引作『博而寡要』，竊以爲劉氏所下評語於魏文陳思諸家，均是優劣互見，當以「博」爲近是。

至翰林論與文章流別論不同者，一則於談文體之外兼及評論，一則僅就文體言耳。蓋摯虞出目錄以試輯總集，而李充則由總集以試加評論。摯虞所編重在類聚區分，故其書名流別，而所論亦止及文體；李充所編重在菁華，故其書名翰林，而所論遂多評論作家。此爲二書體例之別。故各家著錄均以流別爲總集之始，而翰林爲文史之始。中國舊時之文學批評除詩話文談之外，各家選集，往往各存微旨，此所以總集與文史亦互有關係也。

今就嚴可均全晉文（五十三）所輯諸條考之，大都是於每體中擇其尤佳者，略加評論以爲標準。如：

或問曰：『何如斯可謂之文？』答曰：『孔文舉之書，陸士衡之議，斯可謂成文矣。』（初學記二十一，御覽五百八十五）

容象圖而讚立，宜使辭簡而義正。孔融之讚揚公，亦其義也。（御覽五百八十八）

表宜以遠大爲本，不以華藻爲先。若曹子建之表，可謂成文矣。諸葛亮之表，劉主裴公之辭侍中，羊公之讓開府，可謂德音矣。（御覽五百九十四）

駁不以華藻爲先。世以傅長虞每奏駁事，爲邦之司直矣。（御覽五百九十四）

研覈名理而論難生焉。論貴于允理，不求文離。若嵇康之論文矣。（御覽五百九十五）

在朝辨政而議奏出；宜以遠大爲本。陸機議晉斷亦名其美矣。（御覽五百九十五）

盟檄發於師旅。相如喻蜀父老，可謂德音矣。（御覽五百九十七）

此外如鍾嶸詩品潘岳條稱『翰林歎其翩翩然如翔禽之有羽毛，衣服之有綃縠。』（亦見初學記二十一御覽五百八十九嚴輯引之。）王懋野客叢談百一詩條亦引其『應休璉作五言詩百數十篇，有詩人之旨。』（注）則又就一人之作而加以評論者。惟均嫌瑣屑，此劉勰所以譏其寡要歟？

【註】見野客叢談卷十一、此爲嚴輯所未錄者。又御覽五九三引翰林論『誠諾施於弱達』一語，亦嚴輯所未收。

第五節　反時代潮流的批評家

第一目　虞溥諸人

在兩晉思想崇老莊文辭尚駢麗的時代，而猶有少數崇奉儒家思想，近於儒家的文學觀者，則爲虞溥裴頠諸人。

當時裴頠因時尚清談，作崇有論闢虛無之妄，以爲『形器之故有徵，空無之義難檢，辯巧之文可悅，似象之言足惑，衆聽眩焉。』（全晉文三十三）而范寧之罪王何論亦稱其『飾華言以翳實，騁繁文以惑世。』（全晉文一百二十五）這些雖就思想言，但也可略窺其文學觀念，蓋與荀子之攻擊飾奇辭，文姦言，是同樣的例。

至虞溥爲鄱陽內史時所作的厲學篇，爲其誥訓學徒的話。如：

學之染人甚於丹靑丹靑吾見其久而渝矣未見久學而渝者也。夫工人之染，先修其質，後事其色，質修色積，而染工畢矣。學亦有質，孝弟忠信是也。君子內正其心，外修其行，行有餘力，則以學文。 質彬彬，然後爲德。(見晉書本傳，全晉文七十九作獎訓學徒詔。)

他主張先修質後學文，這全是儒家思想。所以他講及文事也以爲離不開學。他說：

若乃含章舒藻，揮翰流離，稱述世務，探賾究奇，使揚班韜筆，仲舒結舌，亦惟才所居，固無常人也。然積一勺以成江河，累微塵以崇峻極，匪志匪勤，理無由濟也。(同上)

他如傅玄謂『詩之雅頌，書之典謨，文質足以相副，翫之若近，尋之若遠，陳之若肆，研之若隱，浩浩乎其文章之淵府也。(北堂書鈔九十五御覽五百九十九又六百八引傅子)也有宗經的意思。晉書稱『傅咸風格峻整……好屬文論，雖綺麗不足，而言成規鑒。潁川庾純常歎曰，長虞之文近乎詩人之作矣。』作風如此，固宜其衡文標準仍折衷於儒家了。這些均和當時一般的文學批評不同，因爲他不承認文學的獨立性，可知傳統思想猶有一部分的存在。

第二目　葛洪

虞溥與葛洪在當時文勝的時期，都是反時代潮流的批評家。葛洪抱朴子尚博篇云：

或貴愛詩賦淺近之細文，忽薄深美富博之子書，以磋切之至言爲騃拙，以虛華之小辨爲研巧，眞僞顚倒，玉石混淆，同廣樂於桑間，鈞龍章於弁服，悠悠皆然，可嘆可慨者也。（注）

【註】抱朴子百家篇亦有此語，文辭稍異。

他這種尊子書忽文藝的主張，確乎也是很背時的。卽專就純文學而言，如辭義篇云：

古詩刺過失，故有益而貴；今詩純虛譽，故有損而賤。

此亦完全以應用爲標準，似乎與虞溥諸人一樣，但其在文學批評史上的地位，則葛洪却遠勝於虞溥。此有二因：其一，所謂尊子書忽文藝云者，不過就此二者比較言之耳。在此二者之中，也許葛洪因於個人才性之有所偏畸，或因於傳統思想之未能盡除，或因於反對流俗之過於重文而輕質，於是覺其『悠悠皆然，可歎可慨。』實則葛洪對於文學的觀念，絕不和虞溥一樣。虞溥以爲『行有餘力，則以學文，』葛洪則以爲文章並非德行之餘事。他在尙博篇中討論文章與德行的問題，他以爲文章與德行並無本末先後之分。

文章之與德行，猶十尺之與一丈；謂之餘事，未之前聞。夫上天之所以垂象，唐虞之所以爲稱，大人虎炳，君子豹蔚，昌旦定聖謚於一字，仲尼從周之郁，莫非文也。八卦生鷹隼之所被，六甲出靈龜之所負，文之所在，雖賤猶貴，犬羊之鞹，未得比焉。

卽分本末，亦不足以爲輕重的標準，所以他再說：

> 且夫本不必皆珍，末不必悉薄。譬若錦繡之因素地，珠玉之居蚌石，雲雨生於膚寸，江可始於咫尺爾！則文章雖爲德行之弟，未可呼爲餘事也。

他本於這種觀點，所以並不輕視文章。——非惟不輕視文章，並且喜歡討論文章。他因爲——

> 德行爲有事；優劣易見文章微妙，其體難識。夫易見者粗也，難見者精也。夫唯粗焉，故銓衡有定；夫唯精焉，故品藻難一。吾故捨易見之粗，而論難識之精，不亦可乎？（尚博篇）

此所以他在文學批評史上的地位，應當較虞溥諸人重要得多。可是他畢竟偏於雜文學方面。觀其自序謂：『洪年二十餘，乃計作細碎小文，妨棄功日，未若立一家之言，乃草創子書。』則其興趣所在也可以窺知了。故他所謂『文章微妙其體難識』，所謂『品藻難一』云者，未嘗不兼指內容的思想而言。所以他又說：

> 筌可以棄而魚未獲，則不得無筌；文可以廢而道未行，則不得無文。（尚博篇及文行篇）

則他雖似重文而並不承認文學的獨立性了。故彼之異於虞溥者，不過不主先德行而後文學而已。其所以重視文學者，蓋指雜文學言，固非貴虛華之詩賦也。

其二，能明文學進化的觀念。此則同於王充而遠勝於虞溥者。其鈞世篇云：

> 古書之多隱，未必昔人故欲難曉；或世異語變，或方言不同。經荒歷亂，埋藏積久，簡編朽絕，亡失者多；或雜續殘闕，或脫去章句；是以難知，似若至深耳。且夫尚書者，政事之集也；然未若近代之優文詔策軍書奏議之清

富贍麗。毛詩者，華彩之辭也；然不及上林羽獵二京三都之汪濊博富。然則古之子書，能勝今之作者，何也？守株之徒，嘍嘍所翫，有耳無目，何肯謂爾！其於古人所作為神，今世所著為淺，貴遠賤近，有自來矣。故新劍以詐刻加價，弊方以偽題見寶。是以古書雖質樸，而俗儒謂之墮於天也；今文雖金玉，而常人同之於瓦礫也。若夫俱論宮室，而奚斯路寢之頌，何如王生之賦靈光乎？同說遊獵，而叔畋盧鈴之詩，何如相如之言上林乎？並美祭祀，而清廟雲漢之辭，何如郭氏南郊之艷乎？等稱征伐，而出車六月之作，何如陳琳武軍之壯乎？近者夏侯湛潘安仁並作補亡詩，白華由庚南陔華黍之屬，諸碩儒高才之賞文者，咸以古詩三百，未有足以偶二賢之所作也。

這種論調明白文學之進化，明白品評文學不可貴古賤今，這實是重要的地方。此意雖亦同於王充之文不必合於古的論調，但他謂今文勝古文的緣故，由於古樸今麗，則完全是受時代的關係。如鈞世編所云：

且夫古者事事醇素，今則莫不彫飾，時移世改，理自然也。至於罽錦麗而且堅，未可謂之減於蓑衣；輜軿妍而又牢，未可謂之不及椎車也。書猶言也，若言以易曉為辯，則書何故以難知為好哉？若舟車之代步涉，文墨之改結繩，諸後作而善於前事，其功業相次千萬者，不可復縷舉也。世人皆知快於曩矣，何以獨文章不及古耶？

此種論調，較之王充思想便修正得多，圓融得多了。可知時代的關係終究是不可漠視的。所以葛洪雖極推崇王充稱為冠倫大才，(註)而辭意篇謂：

屬筆之家亦各有病：其深者則患乎譬煩言冗，申誡廣喻，欲棄而惜，不覺成煩也。其淺者則患乎妍而無據，證援不給，皮膚鮮澤而骨鯁迴弱也。

【註】見喻蔽篇，又北堂書鈔一百，御覽五百九十九引抱朴子佚文，亦謂謝堯卿說王充以爲一代英偉。

此雖不是批評王充的論衡，而論衡的文辭確不免有深處失之煩的地方。所以王葛兩家雖並推崇論著之散文，而抱朴子的文辭卻遠勝於論衡，觀意林書鈔御覽諸書所引抱朴子佚文頗多推崇陸機陸子之處，（註）亦可知其論文微指之所在矣。

【註】抱朴子佚文：『嵇君道曰，每讀二陸之文，未嘗不廢書而歎，恐其卷盡也。陸子十篇，誠爲快書。其辭之富者，雖覃思不可損也；其理之約者，雖鴻筆不可益也。觀此二人，豈徒儒雅之士，文章之人也。』（意林，書鈔一百，御覽六百二）『陸平原作子書未成，吾門生有在陸君軍中，常在左右，說陸君臨亡曰，窮通，時也，遭遇，命也，古人貴立言以爲不朽，吾所作子書未成，以此爲恨耳。余謂仲長統作昌言未竟而亡，後繆襲撰次之，桓譚新論未備而終，班固爲其成琴道。今才士何不贊成陸公子書。』（御覽六百二）『抱朴子曰，秦時不覺無鼻之醜，陽翟憎無瘿之人。陸君深疾文士放蕩流遁，遂往不爲虛誕之言，非不能也。陸君之文，猶玄圃之積玉，無非夜光，吾生之不別陸文，猶侏儒測海，非所長也。卻後數百年，若有幹跡如二陸，猶比肩也，不謂疏矣。』（意林，書鈔一百，御覽五百五十九）

第二章　南朝之文學批評

第一節　南朝在文學批評史上的地位

南朝——宋齊梁陳——核計其年代雖不過二百年光景，但在文學史上—尤其在文學批評史上却占有重要的地位。其所以重要的原因由於(1)所討論的問題空前啓後，不囿於傳統的思想，而能範圍後來的作者，指導後來的批評家。如文筆之區分，如音律之發明等等，都是値得大書特書的。(2)至是纔有文學批評的專著，如鍾嶸詩品劉勰文心雕龍等書—均得流傳至今，而文心雕龍尤爲重要的著作，原始以表末，推粗以及精，敷陳詳覈，條理密察，即傳至現代猶自成爲空前的偉著。(3)此期的批評家能應用種種批評的方法，如文體的分類及說明，則歸納的批評也；文選序之以沈思翰藻爲文，文心雕龍之原道宗經諸篇，則推理的批評也；四聲八病之說，則判斷的批評也；論詩而溯流別以及文心時序諸篇，則歷史的批評也；蕭子顯南齊書文學傳論之分作家爲三體，文心體性篇之分八體，則又比較的批評也。他如道德的批評，審美的批評，考證的批評，及賞鑑的批評等亦隨處有之，雖不必出主入奴，互成派別，而各種批評的方式殆無不具備。(4)此期的批評家纔眞是純粹的批評家。不同曹丕曹植一樣以創作家兼之，所以所論的不僅潤飾改定的問題，而重在建立文學上的原理和原則。又不同王充葛洪一樣以學者兼之，所以所論的不偏重在雜文學的方面，而很能認識文學的性質。更不同摯虞李充一樣以選家的態度爲之，所以更是純粹的批評而不必附麗於總集。有此四因，所以南朝的文學批評，實較以前各期尤爲重要。

南朝的文學批評，如此重要，而昔人每忽略視之，則以此期的創作界在文學史上是極端偏於駢儷的時期。而此期的文學批評，亦不免較重在形式方面——如音律與采藻等等的問題，均爲此期批評界所集中討論的。因此，此期作家的作風，旣遭後世古文家或道學家的攻擊反對，則此期較重在形式方面的文學批評，當然也易於遭人輕視了。不過我們須知：(1)因駢儷之重在藻飾，故其作風當然較偏於藝術方面而與道分離，因此反容易使一般人認清了文學的性質，辨識了文學的道路。由這一點言，覺得後世文人之論文，反多不曾認識清楚者。(2)卽在當代的批評家，也有許多反對極端文勝，以爲匡時之針砭者，不過因當時作家之靡然從風，積重難返，所以一時似乎不生什麼影響而已。實則此種主張，有許多早已爲後世古文家種下根苗，而古文家却一切不加理會，自矜創革之功，這覺得更是不應該的。

至於此期文學批評之所以突飛猛進，能在歷史上占有重要的地位者，其由於推本昔人文學批評的見解而加以闡發，固是一個原因；但此猶不甚重要。其較重要者，卽出於時勢之要求。蓋文學的創作界，在此期旣臻於極盛，則同時批評界亦當然爲均等的發展。我們試看金樓子立言篇所云：『諸子興於戰國，文集盛於二漢，至家家有製，人人有集。其美者足以敘情志，敦風俗；其弊者祇以煩簡牘，疲後生。往者旣積，來者未已。翹足志學，白首不徧。或昔之所重，今反輕，今之所重，古之所賤。嗟我後生博達之士，有能品藻異同，删整蕪穢，使卷無瑕玷，覽無遺功，可謂學矣。』則當時文壇對於文學批評要求之迫切，亦可想而知了。唐劉子玄史通自敘云：『詞人屬文，其體非一，譬甘辛殊味，丹素異彩。後來祖述，識昧圓通，家有詆訶，人相掎摭，故劉勰文心生焉。』由於文集旣多，於是對於作品個別之批評，頗爲需要，更由於對作品個別之批評既起，于是進一步對於文學之根本原理，遂也需加以討論。這是此期文學批評所以較爲發達的主要原因。

第二節　關於文評之論著

第一目　佚書及未成之著

南朝關於文評之論著，其量的方面之多，可於其佚書及未成之著見之。今考時人之著，其偏於敍錄紀事者，有

續文章志　二卷。宋傅亮撰。佚。隋志及新舊唐志均著錄。世說新語註引其語。

晉江左文章志　二卷（隋書經籍志作三卷）宋明帝撰。佚。隋志，新唐志，通志藝文略及玉海均著錄。世說新語註引其語。

文章錄（一作文章敍，一作文章敍錄，見世說新語註）　無卷數。宋邱淵之撰。佚。見玉海五十四。世說新語註引其語。

別集錄（一作新集錄，見世說註）　不知卷數。宋邱淵之撰。佚。見玉海五十四。世說新語註引其語。

江左文章錄序　不知卷數。齊丘靈鞠撰。佚。見玉海五十四。案南齊書本傳云：『丘靈鞠著江左文章錄序，起太興，訖元熙。』

宋世文章志　二卷。梁沈約撰。佚。隋志新唐志通志均著錄。

文士傳（新唐志作文林傳）。　五十卷。張騭撰。（隋志作張隱）佚。隋志唐志崇文目及玉海均著錄。案張騭時代無考，

據崇文目稱是書終謝靈運而鍾嶸詩品亦有『張騭文士逢士郎書……曾無品題』之語，則當在靈運以後，鍾嶸以前也。

右書體例，大率本於摯虞文章志，均重在作者傳略者。其論文體者有：

文章始　一卷。梁任昉撰。原佚。今本稱文章緣起，疑爲張績所補，而宋人易稱者。有藝圃本，夷門本，學海本，漢魏叢書本，心齋十種本，一瓻偶存本，硯北偶鈔本，詩觸叢書本，詩函樓瑣刻本，邵武徐氏叢書本，龍溪精舍本，文學津梁本。有明陳懋仁註，清方熊補註。又陳懋仁有續文章緣起一卷。

續文章始　一卷。陳姚察撰。佚。隋志及新舊唐志均著錄。

其無可考者有：

翰林　宋僧惠休撰。未見著錄。案皎然詩式中序云：『早歲曾見惠休翰林』云云，不知其所據，疑此是僞書。

鴻寶　宋王微撰。未見著錄。案鍾嶸詩品云：『王微鴻寶密而無裁。……就談文體而不顯優劣』。

詩例錄　新舊唐志作二卷，通志及國史經籍志作三卷。宋顏竣撰。佚。

文苑　一卷。梁沈約撰。佚。宋四庫闕書目著錄文史類。

品藻　梁沈約撰。佚。未見著錄。案皎然詩式中序謂『早歲曾見沈約品藻，惠休翰林，庾信詩箴』云云，不知其所據，疑是後出僞書。

詩箴　陳庾信撰。佚。見前品藻條。

其有論著而書名不可知者，如

張眎　案蕭子顯南齊書文學傳論云：『張眎摘句褒貶，』似爲後世句圖之始。

顏延之　案蕭子顯南齊書文學傳論云：『顏延圖寫情興，』而鍾嶸詩品亦云：『顏延論文精而難曉。』今考顏延之庭誥多論文之語，不知卽指此否？

有未及完成者，如：

知音論　齊王融撰。案鍾嶸詩品云：『齊有王元長者，嘗謂余云：「宮商與二儀俱生，自古詞人不知之，唯顏憲子乃云律呂音調，而其實大謬。唯見范曄謝莊頗識之耳。嘗欲造知音論未就。」』

當世詩品　齊劉繪撰。案鍾嶸詩品序云：『觀王公縉紳之士，每博論之餘，何嘗不以詩爲口實，隨其嗜慾，商榷不同，淄澠並泛，朱紫相奪，喧議競起，準的無依。近彭城劉士章，俊賞之士，疾其淆亂，欲爲當世詩品，口陳標榜，其文未遂。』

更有疑出昔人著錄之誤者如：

文議　三十卷。齊顧歡撰。佚。見光緒杭州府志藝文志詩文評類。案南齊書本傳云：『世祖詔歡諸子撰歡文議三十卷。』隋志集三十卷，見太尉王儉集下註。則文議應爲顧歡之集，杭州志錄入詩文評類，不知何據。

詩格　一卷。梁沈約撰。佚。見宋四庫闕書目別集類。同治湖州府志藝文略同。案新唐志及通志均有元兢宋約詩格一卷，宋約疑即沈約之誤。考文鏡祕府論所引元兢說多言聲病之處，則是書或原名沈約詩格，係出元兢所撰，故宋四庫闕書目以入別集類而不入文史類。湖州府志即定爲沈約所撰，恐未必然也。

第二目　詩品與文心雕龍

南朝關於文評之論著，其質的方面之精，又可於其流傳之著見之。其單篇論文，如蕭統文選序，沈約宋書謝靈運傳論，蕭子顯南齊書文學傳論等不計外，就其成書者言之，其代表作當推詩品與文心雕龍。

詩品（舊作詩評見梁書本傳及隋書宋各志）　三卷。（宋志作一卷今亦有一卷本），梁鍾嶸撰。存。案是書晦於宋以前而顯於明以後。故唐宋類書除吟窗雜錄節引數語外，餘如藝文類聚，初學記，北堂書鈔，太平御覽，事類賦註等書均未見稱引，而明清叢書中則屢見採輯。今就見於各叢書者錄之，有稗史集傳本，說郛本，夷門廣牘本，格致叢書本，天都閣藏書本，顧氏文房小說本，四十家小說本，續百川學海本，漢魏叢書各本，津逮祕書本，龍威祕書本，歷代詩話本，學津討原本，詩法萃編本，擇是居叢書本，詩觸叢書本，談藝珠叢本，玉雞苗館叢書本，對雨樓叢書本，諸子百家精華本，四部備要本，螢雪軒叢書本。尙有一瓻筆存本，係鈔本。

文心雕龍　十卷。梁劉勰撰。存。有元至正，明弘治，嘉靖，萬曆各本，皆缺隱秀一篇，別有錢允治據宋本補正本，然不可信。其見叢書中者，有鍾惺合刻五家言本，兩京遺編本，漢魏叢書各本，崇文書局彙刻本，三十三種叢書本，四部叢刋本。又詩法萃編中所收爲選輯本。

此二書爲文學批評中最早的傳書，故研究之者頗不乏人。其關於詩品者，有：

詩品講疏　近代黃侃撰。未成書。范文瀾文心雕龍講疏中每稱引之。

詩品疏釋　近代張陳卿撰。見其所撰詩品研究緒論中，當亦爲其屬稿未竟之作。

鍾嶸詩品之研究　近代張陳卿撰。民國十五年北京文化學社出版。

詩品註　近代陳延傑撰。上海開明書店出版。

詩品釋　近代許文玉撰。此爲許氏中國詩歌史研究叢刋之一。北京大學出版部發行。

詩品箋　近代古直撰。隅樓叢書本。

詩品平議　近代陳衍撰。

其關於文心雕龍者，有：

文心雕龍註　十卷。宋辛處信撰。佚。宋四庫闕書目，通志藝文略及宋志均著錄。

批點文心雕龍　十卷。明楊愼撰。明萬曆刋本。案康熙三十四年武林書坊抱青閣刻本，兼刻明張墉洪吉臣二家合註。

注釋文心雕龍　十卷。明梅慶生撰。未見。

文心雕龍輯注　十卷。清黃叔琳撰。有乾隆六年姚氏刻本，翻刻本四部備要本。

文心雕龍輯注評　清紀昀撰。有思賢精舍刋本道光中廣州朱墨套本，光緒乙未學庫山房刊本。

文心雕龍輯注　十卷。清張松孫撰。有乾隆刊本，未見。

文心雕龍考證　見四庫全書考證中。

文心雕龍輯注考證　同右。

文心雕龍補注　清金甡撰。未見。見光緒杭州府志藝文志詩文評類。案此書疑即出黃叔琳本。考崑圃年譜謂其書再校訂於錢塘孝廉金甡，或金氏於黃氏輯注外別有所增補歟？

文心雕龍補注　十卷。近代李詳撰。龍溪精舍叢書本。案李氏舊有文心雕龍黃注補正，載國粹學報五卷八號至七卷五號。

文心雕龍札記　近代黃侃著。北平文化學社鉛印本。

文心雕龍講疏　十卷。近代范文瀾著。新懋印書局鉛印本。案范著近易稱文心雕龍注，由文化學社出版。

至近人所著各種單篇論文研究詩品及文心二書者亦甚多，茲不備載。即此也可知二書影響之大了。

此二書之所以重要，即因足以代表當時批評家之二派。當時人所需要於批評者，不外二種作用：一，是文學作品的指導者；又一，是文學批評的指導者。文學作品日多，則需要批評以指導，纔可使覽無遺功。文學批評日淆，則也需要更健全的批評以主持，纔可使準的有依。所以前者是爲文學的批評，後者是爲文學批評的批評。前者較偏於賞鑑的批評，後者常傾向於歸納的和推理的批評。而詩品與文心雕龍，恰恰可以代表這兩方面。

鍾嶸詩品序云：

嶸觀王公縉紳之士，每博論之餘，何嘗不以詩爲口實，隨其嗜欲，商榷不同，淄澠並泛，朱紫相奪，喧議競起，準的無依。

梁簡文帝與湘東王書亦云：

辨茲清濁，使如涇渭；論茲月旦，類彼汝南。朱丹既定，雌黃有別，使夫懷鼠知慚，濫竽自恥。

原來他們批評的標準，只因於文學作品之粗製濫造，日益增多，欲使品藻優作，汰除劣製而已。品藻優作，汰除劣製，當然也不能隨各人的嗜欲而異其商榷，所以也得提高賞鑑的標準，纔不致成爲純粹主觀的意見。這種批評，當然是爲文學的批評。

這種批評有時取評選的態度，有時取品第的態度。至於間或取比較的批評，如分別作者之屬於某種某派，或取歷史的批評，推論作者之生平及時代環境與其著作之關係，皆不過所以助其說明而已。

其取評選的態度者，有於某種體裁中選某幾人之作以爲代表者，如蕭子顯南齊書文學傳論云：

若陳思「代馬」羣章，王粲「飛鸞」諸製，四言之美，前超後絕。少卿離辭，五言才骨，難與爭鶩。桂林湘水，平子之華篇飛館玉池，魏文之麗篆七言之作，非此誰先！卿雲巨麗升堂冠冕；張左恢廓，登高不繼。賦貴披陳，未或加矣。顯宗之述傅毅，簡文之摛彥伯，分言制句，多得頌體。裴頠內侍，元規鳳池，子章以來，章表之選。孫綽之碑，嗣伯喈之後；謝莊之誄，起安仁之塵。顏延陽瓚自比馬督，以多稱貴，歸莊爲允。王褒僮約，束晳發蒙，滑稽之流，亦可奇瑋。

文心雕龍之論文體恆評其代表作家及代表作品，亦猶此意。其於一家之中選某幾篇以爲代表者，如鍾嶸詩品敘云：

陳思贈弟，仲宣七哀，公幹思友，阮籍詠懷，子卿雙鳧，叔夜「雙鸞」，茂先寒夕，平叔衣單，安仁倦暑，景陽苦雨，靈運鄴中，士衡擬古，越石感亂，景純詠僊，王微風月，謝客山泉，叔源離宴，鮑照戍邊，太冲詠史，顏延入洛，陶公詠貧之製，惠連擣衣之作，斯皆五言之警策者也。

其於一篇之中只選某幾句以爲評論者，則蕭子顯所謂「張眎擿句褒貶」者，庶幾近之。是又後世句圖之濫觴已！

其取品第的態度者，如鍾嶸詩品即本班固九品論人之法以衡詩，分爲上中下三品，兼摭利病，此亦當時所需要。後世如詩壇點將錄等亦多本之。許文玉詩品釋序云：

迨夫典午失馭，海內分崩，南北區號，歷久爲梗。宋書索虜，魏書島夷，肆其穢詞，互相醜詆。至若出使專對，行人之選，尤必誇其才地，抵掌談論，抑揚盡致，以與鄰國爭勝衡長焉。是爲屬於政治之批評。又因其時異族雜處，種類混淆，衣冠之族輒自標異門閥積習，無可移易。以士庶之別而為貴賤之分，矜己斥人，所爭尤嚴。是則起於風俗之批評。夫競爭正統，指斥僭號，矜尙門第，區別流品，既悉為當時政治風俗習見之例，則其他之文化學術，有不蒙其影響者乎？歷覽藝林，前世文士，頗矜作品，鮮事論評；及曹丕褒貶當世文人，肆為之辭，於是揚筦論文，多以甄別得失為己任。在梁一代，蕭子顯秉其史論之識，以繩文學；劉勰更逞其雕龍之辨，以評衆製；庾肩吾則載書法之士，而品之有九；鍾嶸亦錄五言之詩家，而次之為三。衡鑒之作，於斯稱最矣。

此以文學批評為受當時政治風俗之影響，自具卓識。但我以為猶有數點須分別言之，則其義始明。(1)漢魏間的批評風氣重在論才性而不重在矜門第；東晉南朝間的批評風氣，重在嚴流品而不重在伸清議。這種批評風氣的影響到文學方面，在前者可以曹丕典論論文為代表，在後者可以鍾嶸詩品為代表。典論所謂『氣之清濁有體』，所謂『齊氣』，所謂『逸氣』，所謂『能之者偏』，都是就才性方面說的；即其褒貶當世文人，亦不過佐其『能之者偏』的例證而已。至於鍾嶸詩品，則所謂辨彰清濁，掎摭病利，便專重在褒貶方面而非衡量才性了。(2)即就文學上的批評而言，易言之，即就其專重在褒貶者而言，則鍾嶸與曹氏丕植亦互異其趣。曹丕云：『文人相輕，自古而然。……夫人善於自見，而文非一體，鮮能備善，是以各以所長，相輕所短。』曹植云：『人各有好尙，蘭茝蓀蕙之芳，衆人所好，而海畔有逐臭之夫；咸池六莖之發，衆人所共樂，而墨翟有非之之論，豈可同哉！』一個說作者之難備衆體，一個說批評之絕無標準，蓋他們之所謂批評，本不過為作文之佐助，故以為『有南威之容，乃可以論於淑媛；有龍淵之利乃可以議於斷割。』至於才不能逮於作者的，便不應詆訶文章，掎摭利病了。至於旣經通才批評以後，便也應按其指示，應時改定。此皆是爲作文而批評，所以應得自知其病而不應相輕所短。明得此意，則知丕植以後，鍾嶸以前之文學批評風氣，大率如此。鍾嶸云：『陸機文賦，通而無貶；李充翰林，疎而不切；王微鴻寶，密而無裁；顏延論文精而難曉；摯虞文志，詳而博贍，頗曰知言。觀斯數家，皆就談文體，而不顯優劣。至於謝客集詩，逢詩輒取；張騭文士，逢文即書，諸英志錄，並義在文，曾無品第。』其指斥諸家之失，在『不顯優劣，』在『曾無品題，』則知其自己著書之宗旨正在顯優劣，有品第了。所以我以爲齊梁以前政治風俗上之批評雖盛，而文學上之批評猶未盛；政治風俗上之批評重在矜門第，而文學上之批評猶不顯優劣。直至梁時，始會合此二種批評風氣而爲一，於是才有不必以作者自任的批評家，而在於詆訶文章，掎摭利病之後，也不必有『有不善者應時改定』的效用。鍾嶸云：『近彭城劉士章，俊賞之士，疾其淆亂，欲爲當世詩品，口陳標榜，其文未遂。』蓋即得此種風氣之先者。鍾氏不過繼之而有成耳。

待到批評家的批評太雜，於是想在批評界中立一正確的標準。這正與前者因作者之作品太多而欲在創作界中作一公正的審定一樣。蓋賞鑑的批評其弊有二，即上文所謂偏於主觀與流爲散漫。劉勰以前一般的批評家大率都不免此弊。

劉勰於知音一篇，極言得眞賞之難，或『鑒照明洞而貴古賤今，』或『才實鴻懿而崇己抑人，』或『學不逮文而信僞迷眞，』都足爲賞鑑之累。何況賞鑑的批評，又多溺於偏見，好惡任意，漫無標準呢？他說：

夫篇章雜沓，質文交加，知多偏好，人莫圓該。慷慨者逆聲而擊節，醞藉者見密而高蹈，浮慧者觀綺而躍心，愛奇者聞詭而驚聽。會己則嗟諷，異我則沮棄，各執一隅之解，欲擬萬端之變，所謂東向而望，不見西墻也。（知音篇）

此爲當時批評界缺點之一；所以他想於漫無標準中指出個標準。他先承認批評的可能。知音篇說：

夫綴文者情動而辭發，觀文者披文以入情，沿波討源，雖幽必顯。世遠莫見其面，覘文輒見其心。豈成篇之足深？患識照之自淺耳。夫志在山水，琴表其情；況形諸筆端，理將焉匿！故心之照理，譬目之照形；目瞭則形無不分，心敏則理無不達。

於是他再提出六觀的方法：

是以將閱文情，先標六觀；一觀位體，二觀置辭，三觀通變，四觀奇正，五觀事義，六觀宮商。斯術既形，則優劣見矣。

這樣，便由賞鑑的批評轉而爲判斷的批評了。

又劉氏以前論文之說，卽非賞鑑的批評，大率亦均不免陷於局部的弊病。文心雕龍序志篇歷舉時人論文之作，都加以批評，而總括一句謂『並未能振葉以尋根，觀瀾而索源。』眞的，這亦是當時批評界缺點之一。所以他的所作是：

若乃論文敍筆，則囿別區分原始以表末，釋名以章義，選文以定篇，敷理以舉統。上篇以上，綱領明矣。至於割情析表，籠圈條貫，摛神性，圖風勢，苞會通，閱聲字，崇贊於時序，褒貶於才略，怊悵於知音，耿介於程器，長懷序志，以馭羣篇。下篇以下，毛目顯矣。……夫銓敍一文爲易，彌綸羣言爲難。雖復輕采毛髮，深極骨髓，或有曲意密源，似近而遠，辭所不載，亦不勝數矣。及其品評成文，有同乎舊談者，非雷同也，勢自不可異也；有異乎前論者，非苟異也，理自不可同也。同之與異，不屑古今，擘肌分理，唯務折衷。案轡文雅之場，環絡藻繪之府，亦幾乎備矣。（序志篇）

他一方面要「彌綸羣言」使局部而散漫者得有綱領；一方面又要「擘肌分理」使漫無標準者得以折衷。所以他是當時文論之集大成者。文心雕龍之所以成爲條理綿密的文學批評之偉著者以此。南史本傳稱『劉勰博通經論，爲文長於佛理，』或者他的著作所以能如此精密有系統者，也由深受佛學影響之故吧！

第三節　時人對於文學之認識

第一目　形文與聲文

文心雕龍情采篇云：『立文之道其理有三：一曰形文，五色是也；二曰聲文，五音是也；三曰情文，五性是也。五色雜而成黼黻，五音比而成韶夏，五情（疑作性）發而爲辭章，神理之數也。』此處所謂形文聲文，是就廣義言者。若就狹義言之，則形文是詞藻修飾的問題，聲文又是音律調諧的問題。要之這二者都是文的外形的問題，而不是內質的問題。易言之，是文的問題，而不是質的問題。當此駢文流行的時代，其作風之重視詞藻與音律本是當然的事情，所以批評家的論文標準每多以詞藻音律爲前提，至少也須文質調劑，得中，決不如後世之重質輕文的。蕭統答湘東王求文集及詩苑英華書云：

夫文典則累野，麗則傷浮；能麗而不浮，典而不野，文質彬彬，有君子之致，吾嘗欲爲之，但恨未逮耳。

這正是一種折衷的論調。文心情采篇云：

聖賢書辭，總稱文章，非采而何！夫水性虛而淪漪結，木體實而花萼振，文附質也。虎豹無文，則鞹同犬羊，犀兕有皮，而色資丹漆，質待文也。

又云：

孝經垂典，喪言不文，故知君子常言，未嘗質也。老子疾僞，故稱『美言不信』，而五千精妙，則非棄美矣。

他如徵聖篇謂『志足而言文，情信而辭巧，迺含章之玉牒，秉文之金科。』序志篇謂『古來文章以雕縟成體』，都是質不廢文的論調，所以開端原道一篇卽言：

傍及萬品，動植皆文：龍鳳以藻繪呈瑞，虎豹以炳蔚凝姿。雲霞彫色，有踰畫工之妙；草木賁華，無待錦匠之奇。夫豈外飾，蓋自然耳。至於林籟結響，調如竽瑟；泉石激韵，和若球鍠。故形立則章成矣，聲發則文生矣。

形立則章成，聲發則文生，這二語正說明形文聲文的重要。文心有麗辭一篇以講形文，有聲律一篇以講聲文，正與梁元帝金樓子論文以『綺縠紛披，宮徵靡曼，』爲文的條件同一意思。綺縠紛披，即形文之謂；宮徵靡曼，即聲文之謂。所以梁簡文帝對於時人之學謝靈運裴子野者深致不滿。其答湘東王書云：

又時有效謝康樂裴鴻臚文者，亦頗有惑焉。何者？謝客吐言天拔，出於自然，時有不拘，是其糟粕。裴氏乃是良史之才，了無篇什之美。是爲學謝則不屆其精華，但得其冗長；師裴則蔑絕其所長，惟得其所短。謝故巧不可階，裴亦質不宜慕。

吐言天拔，出於自然的，猶須加以修飾之功，纔不致成爲糟粕。至於了無篇什之美者，當然更不宜慕了。所以他下文卽憤慨地說：

故玉徽金銑，反爲拙目所嗤；巴人下里，更合郢中之聽。陽春高而不和，妙聲絕而不尋。竟不精討錙銖，覈量文質，有異巧心，終愧妍手。是以握瑜懷玉之士，瞻鄭邦而知退；章甫翠履之人，望閩鄉而歎息。詩既若此，筆又如之。徒以煙墨不言，受其驅染；紙札無情，任其搖襞。甚矣哉文之橫流，一至於此！

他對於質陋之不滿意如此。也可知當時文壇批評的風氣了。蕭統文選序云：

若夫椎輪爲大輅之始，大輅寧有椎輪之質？增冰爲積水所成，積水曾微增冰之凜。何哉？蓋踵其事而增華，變其本而加厲，物既有之，文亦宜然。

此說雖本於葛洪之古朴今麗說，但亦極爲重要。他很能說明文學史上所以由質趨文之故，他亦很能說明文學批評史上所以對於文學觀念逐漸重視藻飾之故。明得此意，纔知簡文帝與湘東王書所以對於『吟咏情性反擬內則之篇，操筆寫志更慕酒誥之作』的文體要稱爲『儒鈍異常』了。

這是時人一般的見解，故其品評作家或作品亦每以此爲判斷的標準。沈約宋書謝靈運傳論之評建安文學謂『以情緯文，以文被質。』稱潘陸之作爲『縟旨星稠，繁文綺合。』而評屈宋賈馬謂『英辭潤金石，』論顏謝之作爲『體裁明密，』至於『寄言上德託意玄珠』之作，則稱爲『遒麗之辭無聞焉爾』了。當時詩品之論東晉談玄之詩亦謂『理過其辭，淡乎寡味，』『詩皆平典似道德論，』有『建安風力盡矣』之歎。文心雕龍明詩篇譏其『辭趣一揆，』時序篇又譏其『因談餘氣。』可知風會所趨，即在劉鍾二氏，其論調見解亦往往有難以立異者。因知昔人病鍾嶸列陶潛於中品，列曹操於下品，而議其品第未允；又文心雕龍詔策一篇謂『文景以前詔體浮新，武帝崇儒選言弘奧策封三王，文同訓典』近人亦每有議其未當者，實則都由當時品評的標準如此，固非可以後世之好尙議昔人之失當也。

第二目　情文

昔人之論南朝文學者，每議其淫靡而遠於情性，實則由當時一般的作風而言，或不免多犯此病。若由當時一般的批評主張而言，則外形內質同樣重視；或且因欲矯正一時風尙之故，轉有較重於內質的傾向。於此可知南朝批評家之深切明瞭文學之含義與性質。

不過所謂「情文」，也應有一些區別：熱情騰涌而噴薄出之以流露於文字間者，當時的批評家往往稱之爲性情或性靈。這是文學內質的要素之一——情感。情感亦盛，而較重意志或經過想像的作用，以委婉抒寫於文字間者，當時的批評界又每稱之爲意旨或沈思。這也是文學內質的要素之一——思想。（注）前者主於論性靈，後者主於論意思，二者的性質本不盡同，所以現在不如以情與意分別言之。文心雕龍體性篇云：『夫情動而言形，理發而文見。蓋沿隱以至顯，因內而符外者也。』曰情，曰理，即就內質而分二方面言者。又文心附會篇云：『必以情志爲神明，事義爲骨髓，辭采爲肌膚，宮商爲聲氣；然後品藻玄黃，擒振金玉，獻可替否，以裁厥中，斯綴思之恆數也。』辭采宮商是外形的兩方面，情志事義，則是內質的兩方面。

【註】想像亦文學內質的要素之一，不過昔人多混於思想言之。

其主於論性靈者，如梁元帝金樓子以『吟詠風謠，流連哀思者謂之文，』且謂『文者惟須情靈搖蕩。』鍾嶸詩品序亦言『氣之動物，物之感人，故搖蕩性情，形諸舞詠。』蕭子顯南齊書文學傳論亦云『文章者蓋情性之風標，神明之律呂也。』而劉勰之論情性則更爲明白。情采篇云：

夫鉛黛所以飾容，而盼倩生於淑姿；文采所以飾言，而辨麗本於情性。故情者文之經，辭者理之緯。經正而後緯成，理定而後辭暢。此立文之本源也。昔詩人篇什，爲情而造文；辭人賦頌，爲文而造情。何以明其然？蓋風雅之興，志思蓄憤，而吟咏情性，以諷其上，此爲情而造文也。諸子之徒，心非鬱陶，苟馳夸飾，鬻聲釣世，此爲文而造情也。故爲情者要約而寫眞，爲文者淫麗而煩濫。而後之作者，採濫忽眞，遠棄風雅，近師辭賦。故體情之製日疎，逐文之篇愈盛。故有志深軒冕，而汎詠皐壤；心纏幾務，而虛述人外。眞宰弗存，翩其反矣。……是以衣錦褧衣，惡文太章；賁象窮白，貴乎反本。

這眞是爲當時人痛下針砭了。所以後人病六朝詩文爲多肉少骨者，實則在當時的批評家亦未嘗不知之而言之。即如文心雕龍在其他各篇也屢申爲情而造文之旨。如定勢篇云：

夫情致異區，文變殊術，莫不因情立體，即體成勢也。

章句篇云：

夫設情有宅，置言有位；宅情曰章，位言曰句。故章者明也，句者局也。局言者聯字以分疆，明情者總義以包體，區畛相異而衢路交通矣。

物色篇云：

情以物遷，辭以情發。……是以詩人感物，聯類不窮，流連萬象之際，沈吟視聽之區；寫氣圖貌，既隨物以宛轉；屬采附聲，亦與心而徘徊。

爲情造文，則章句妥貼，體勢自然，而體物亦自能造極。此是時人論文又所以較重自然之故。

其主於論意思者，如昭明太子之選文標準，以事出於沈思者爲主，而范曄與甥姪書之論文尤極重在意。

文患其事盡於形情急於藻義牽其旨韻移其意。雖時有能者大較多不免此累；政可類工巧圖繢竟無得也。常謂情志所託故當以意爲主以文傳意。以意爲主，則其旨必見，以文傳意，則其詞不流。然後抽其芬芳，振其金石耳。

抽其芬芳指詞藻言，振其金石指音律言，必以內質爲主而後始及於外形，其輕重之意顯然可見了。鍾嶸詩品序亦論運意之難云：

若專用比興，患在意深，意深則詞躓。若但用賦體，則患在意浮，意浮則文散；嬉成流移，文無止泊，有蕪漫之累矣。

這些又均主意思言者。不過就意思言，若偏於運思，則如文心附會篇所謂『衆理雖繁而無倒置之乖，羣言雖多而無棼絲之亂』者，只成爲修辭上的問題，與文學批評無關。若再論到思想之是否正確，則往往成爲道德的批評，而爲後來復古運動的先聲了。這當於後節論之。

第三目　風格

合形文聲文情文三者而文之形式以立。由文之形式言，語其廣義而說得抽象一些便是風格，語其狹義而說得具體一些，便是體製。

文心雕龍體性篇云：

若總其歸塗，則數窮八體：一曰典雅，二曰遠奧，三曰精約，四曰顯附，五曰繁縟，六曰壯麗，七曰新奇，八曰輕靡。典雅者，鎔式經誥，方軌儒門者也。遠奧者，馥采典文，經理玄宗者也。精約者，覈字省句，剖析毫釐者也。顯附者，辭直義暢，切理厭心者也。繁縟者，博喻釀采，煒燁枝派者也。壯麗者，高論宏裁，卓爍異彩者也。新奇者，擯古競今，危側趣詭者也。輕靡者，浮文弱植，縹緲附俗者也。故雅與奇反，奧與顯殊，繁與約舛，壯與輕乖：文辭根葉，苑囿其中矣。

這是區分風格之始，爲後世司空圖詩品所宗。這種體性上的分類本不外二種關係。（1）是由於情文的關係，這即是作者才性的問題。體性篇云：

賈生俊發，故文潔而體清。長卿傲誕，故理侈而辭溢。子雲沈寂，故志隱而味深。子政簡易，故趣昭而事博。孟堅雅懿，故裁密而思靡。平子淹通，故慮周而藻密。仲宣躁銳，故穎出而才果。公幹氣褊，故言壯而情駭。嗣宗俶儻，故響逸而調遠。叔夜儁俠，故興高而采烈。安仁輕敏，故鋒發而韶流。士衡矜重，故情繁而辭隱。觸類以推，表裏必符。豈非自然之恆資，才氣之大略哉！

（2）是由於形文聲文的關係，這又是文章體勢的問題。文心定勢篇云：

勢者乘利而爲制也。如機發矢直，澗曲湍回，自然之趣也。圓者規體，其勢也自轉；方者矩形，其勢也自安。文章體勢，如斯而已。是以模經爲式者自入典雅之懿；效騷命篇者，必歸艷逸之華。綜意淺切者類乏醞藉；斷辭辨約者，率乖繁縟。譬激水不漪，槁木無陰，自然之勢也。

至混合作者才性與文章體勢而未易分別指出者，則劉勰文心所指出的「神」與「氣」二字是。劉勰論「神」與「思」並言，故多指與到神來之神，與後世之言神化妙境者不盡同。此蓋遠出莊子，而近受文賦的影響。神思篇云：

神居胸臆，而志氣統其關鍵；物沿耳目，而辭令管其樞機。樞機方通，則物無隱貌；關鍵將塞，則神有遯心。是以陶鈞文思，貴在虛靜，疏瀹五藏，澡雪精神，積學以儲寶，酌理以富才，研閱以窮照，馴致以懌辭，然後使玄解之宰，尋聲律而定墨；獨照之匠，闚意象而運斤。

其言與養氣篇所言相近。養氣篇云：

率志委和，則理融而情暢；鑽礪過分，則神疲而氣衰。此性情之數也。……故淳言以比澆辭，文質顯乎千載；率志以方竭情，勞逸差於萬里。古人所以餘裕，後進所以莫遑也。……中寫鬱滯，故宜從容率情，優柔適會。若銷鑠精膽，蹙迫和氣，秉牘以驅齡，灑翰以伐性，豈聖賢之素心，會文之直理哉！且夫思有利鈍，時有通塞。沐則心覆，且或反常；神之方昏，再三愈黷。是以吐納文藝，務在節宣，清和其心，調暢其氣，煩而即捨，勿使壅滯，意得則舒懷以命筆，理伏則投筆以卷懷，逍遙以針勞，談笑以藥勌，常弄閑於才鋒，賈餘於文勇。

蓋此節所言的「氣，」是指氣機之流暢言由人言，是氣旺神酣之時；由文言，是機神洋溢之境。故神昏則氣便不暢，而調氣亦正所以裕神。至於神旺氣暢之時，搦管作文，佳思絡繹，奔赴筆下，行乎其所不得不行，止乎其所不得止，則便是所謂神化的境界了。神思篇云：

至於思表纖旨，文外曲致，言所不追，筆固知止。至精而後闡其妙，至變而後通其數，伊摯不能言鼎，輪扁不能語斤，其微矣乎！

此便是入於化境，非言語所得形容者。

至其言「氣，」除養氣一篇，其義與「神」相近外，大率亦本於曹丕所言而益為闡發。體性篇云：

才有庸儁，氣有剛柔。……辭理庸儁，莫能翻其才；風趣剛柔，寧或改其氣！

此則本於曹丕清濁之說而易言之者。蓋曹丕混言才氣，故可以清濁稱之；劉氏則以才與氣析言之，故以庸儁稱才，而以剛柔稱氣。此亦後人研析愈精之處。後來桐城派論文好以陽剛陰柔為言，其義雖出於易，要亦未嘗不受劉氏此言之影響也。風骨篇云：

若豐藻克贍，風骨不飛，則振采失鮮，負聲無力。是以綴慮裁篇，務盈守氣，剛健既實，輝光乃新。

又云：

若瘠義肥辭，繁雜失統，則無骨之徵也。思不環周，索莫乏氣，則無風之驗也。昔潘勖錫魏，思摹經典，羣才韜筆，乃其骨髓峻也。相如賦仙，氣號凌雲，蔚爲辭宗，乃其風力遒也。能鑒斯要，可以定文。茲術或違，無務繁采。故魏文稱『文以氣爲主，氣之清濁有體，不可力强而致。』故其論孔融則云：『體氣高妙，』論徐幹則云『時有齊氣，』論劉楨則云『有逸氣，』公幹亦云：『孔氏卓卓，信含異氣，筆墨之性，殆不可勝。』並重氣之旨也。

此則又專就氣勢之表現於作品者言之。後來唐宋文人之以語勢論氣者宗之。蓋由人言則是氣質的問題，由文言則是氣勢的問題，二者也正是互有關係的。我嘗謂駢文家好言音律與藻飾，散文家好言文氣，各有偏勝，亦各有流弊。而劉氏所言：

夫翬翟備色而翾翥百步，肌豐而力沉也；鷹隼乏采而翰飛戾天，骨勁而氣猛也。文章才力，有似於此。若風骨乏采，則鷙集翰林，采乏風骨，則雉竄文囿，唯藻耀而高翔，固文筆之鳴鳳也。

則重在二者之互濟。此節於駢文家之流弊與古文家之論文主張，亦已微露其端倪。蓋當時一般批評家所持之折衷論調，殆無不爲由駢入散之樞紐者。

第四目　體製

對於文學作品再進爲具體一些的認識，於是便成爲當時文章體製分類的問題了。文章體製之分類，一方面須重在形式之歧異，一方面又須顧到性質之相同，歸納的與分析的方法宜同時並用，本不容易求其完善無疵。所以後人對於時人文體之分類，每多訾議，似乎也有些過當的。大抵時人對於文體的分類，也自有其迫切的需要。我們試看後漢書諸傳所載，如馮衍傳謂『所著賦，誄，銘，說，問交，德誥，愼情，書記說，自序，官錄，說策五十篇。』崔駰傳謂『所著詩賦銘頌書記表七依婚禮結言達旨酒警合二十一篇。』蔡邕傳於舉其著述之後，更謂『所著詩，賦，碑，誄，銘，讚，連珠，弔，箴，論議，獨斷，勸學，釋誨，敘樂，女訓，篆勢，祝文，章表，書記凡百四篇傳於世。』備舉諸目，其繁瑣為何如！後世於此種雜著，舉以納諸文集之中，則因其形體而定其體製，正亦極需要用這種歸納的方法者。

不過時人對於文體的研究，雖重在類的歸納，而同時又注意到分析的細密。我們只看曹丕僅分四科，陸機便別為多體，摯虞流別則分目益繁，其對於文體之分目已有愈析愈細之趨勢。故至此期如蕭統文選劉勰文心雕龍之論文體，其區目乃更為詳密。此蓋由於總集欲網羅衆體，不得不詳為分析以備列其目，亦正如書之典謨訓誥之類，以形式之微異而各別其名稱也。摯虞之撰文章流別集，晉書稱其『類聚區分。』所謂類聚云者，歸納的方法也；區分云者，分析的方法也。是故我們對於時人文體之分類，只能說是篳路藍縷，在歸納方面不能如後世之精當，在分析方面亦難如後世之詳備而已。必欲尋垢索瘢而譏議之，不免苛刻一些。

時人分類之最為後世所詬病者，莫過於蕭統之文選。文選別文體為三十九種，其目為：「賦」「詩」「騷」「七」「詔」「册」「令」「教」「文」（策問）「表」「上書」「啓」「彈事」「牋」「奏記」「書」「移」「檄」「對問」「設論」「辭」「序」「頌」「贊」「符命」「史論」「史述贊」「論」「連珠」「箴」「銘」「誄」「哀文」「哀策」「碑文」「墓誌」「行狀」「弔文」「祭文」諸稱。章學誠詩敎下論之云：

賦先於詩騷，別於賦。賦有問答發端，誤爲賦序，前人之議文選，猶其顯然者也。若夫封禪美新典引，皆頌也。稱符命以頌功德，而別類其體爲符命，則王子淵以聖主得賢臣而頌嘉會，亦當別其體爲主臣矣。班固次韻，乃漢書之自序也。其云述高帝紀第一，述陳項傳第一者，所以自序撰書之本意；史遷有作於先，故已退居於述爾。今於史論之外，別出一體爲史述贊，則遷書自序所謂作五帝紀第一，作伯夷傳第一者，又當別出一體爲史作贊矣。漢武詔策賢良，卽策問也，今以出於帝制，遂於策問之外，別名曰詔，然則制策之對，當離諸策而別名爲表矣。賈誼過秦，蓋賈子之篇目也。因陸機辨亡之論，規仿過秦，遂援左思『著論準過秦』之說，而標體爲論矣。魏文典論，蓋猶桓子新論，王充論衡之以論名書耳；論文其篇目也，今與六代辨亡諸篇同次於論，然則昭明自序所謂老莊之作，管孟之流，立意爲宗，不以能文爲本，其例不收諸子篇次者，豈以有取斯文，卽可裁篇題論，而改子爲集乎？七林之文，皆設問也。今以枚生發問有七，而遂標爲七，則九歌九章九辨，亦可標爲九乎。難蜀父老，亦設問也；今以篇題爲難，而別爲難體，則客難當與同編，而解嘲當別爲嘲體，賓戲當別爲戲體矣。文選者，辭章之圭臬，集部之準繩，而淆亂蕪穢，不可殫詰。

此文攻擊蕭選之分體，誠無完膚。但文體流變，錯綜變化，本極複雜，巧立名目，固非所宜；概仍舊稱，亦有未當。蕭選論體，誠不免失之過碎，但較之以前陸機摯虞諸家，實爲詳密，也未嘗不是文學批評史上的一種進步。曹丕云：『夫文本同而末異，』今欲論文章之體製，固不得不重在末而求其異也。

至於文心雕龍之論文章體製便更較精密。大抵是書上編自辨騷以下，均爲論述文體之作。就其所言，蓋別文體爲下列諸種：

騷

詩（四言　五言　三六雜言　離合　回文　聯句　共韵）

樂府（鼓吹　鐃歌　挽歌）

賦

頌・讚

祝・盟（讄呪　詁咎　祭文　哀策）

銘・箴（碣）

誄・碑

哀・弔

雜文（對問　七發　連珠　典　誥　誓　覽　略　篇　章　曲　操　弄　引　吟　諷　謠　詠）

諧・隱　（謎語）

——以上文——

史傳　（策　紀　傳　書　表　志　略　錄）

諸子

論・說　（議　說　傳　注　贊　評　序　引）

詔・策　（命　誥　誓　令　制　策書　制書　詔書　戒敕　教）

檄・移　（誓　露布　文移　武移）

封禪

章・表　（上書　章　奏　表　議）

奏・啓　（禪事　封事）

議對　（駁議　對策　射策）

書・記　（表奏　奏書　奏記　奏牋　譜　籍　簿　錄　方術　占　式　律　令　法　制　符

契　券　疏　關　刺　解　牒　狀　列　辭　諺）

——以上筆——

蓋劉氏分析文章體製，其大旨有三：(1)以文筆分類。劉師培中古文學史云『即雕龍篇次言之，由第六迄第十五：以明詩，樂府，詮賦，頌贊，祝盟，銘箴，誄碑，哀弔，雜文，諧隱諸篇相次，是均有韵之文也；由第十六迄於第二十五，以史傳，諸子，論說，詔策，檄移，封禪，章表，奏啟，議對，書記諸篇相次，是均無韵之筆也。此非雕龍隱區文筆二體之驗乎？』案此言亦有一部分的理由，劉勰論文固不主張文筆的分別，(說詳後)但其篇次卻是隱區韵散二體的。(2)以性質別體，如頌讚，祝盟，銘箴，誄碑，哀弔，諧隱，論說，詔策，檄移，章表，奏啟，議對，書記諸篇，均以其性質之相近者合而論之。(3)無可分者則別為一類，如有韵之文則於對問，七發，連珠等等舉以納入雜文一類，無韵之筆如譜籍，簿錄，方術，占式等等又舉以附於書記一類。大綱細目，羅羅清疏，關於文體之辨析，蓋已大體確定其基礎矣。

劉氏文心為論文之著，與蕭統文選之僅為總集者有別，故於辨析文體之外，更復加以闡說。(註)今就其諸篇所論，則其闡說之點，大率亦不外數端：(1)關於各體之釋義，如『詩者持也，』(明詩)『賦者鋪也』(詮賦)『銘者名也，』(銘箴)『頌者容也，』(頌讚)『誄者累也，碑者埤也，』(誄碑)之類，均是以聲訓者。又如『樂府者聲依永，律和聲也。』(樂府)『箴者，所以攻疾防患，喻箴石也。』(銘箴)『啟者開也，高宗云，啟乃心沃朕心，取其義也。』(奏啟)凡此之類，又是以義解者。(2)論述各體之體制，如論頌則謂『敷寫似賦，而不入華侈之區；敬慎如銘，而異乎規戒之域。』(頌讚)論誄則謂『傳體而頌文，榮始而哀終。』(誄碑)論箴銘則謂『箴誦於官，銘題於器，名目雖異，而警戒實同。箴全禦過，故文資确切；銘兼褒讚，故體貴弘潤。』(銘箴)凡斯諸端，皆就其體製而嚴爲之辨者。(3)論述各體之源流。此則各篇皆然，而頌讚一篇所言更爲詳備，他不僅推到頌之原始，謂出於『帝嚳之與咸墨爲頌，』并且再論及野誦之變體，再論及橘頌之覃及細物，以明其流變。至於下文再說『班傅之北征西巡變爲序引，馬融之廣成上林（疑作東巡）雅而似賦，』則且就頌之混於他體者言之。(4)評述各體之代表作家及代表作品。此在各篇中亦往往見之，如哀弔篇云：『至於蘇愼（疑作順）張升，並述哀文，雖發其情華而未極心實。建安哀辭，惟偉長差善，行女一篇時有惻怛。及潘岳繼作，實鍾其美。觀其慮善辭變，情洞悲苦，敍事如傳，結言摹詩，促節四言，鮮有緩句，故能義直而文婉，體舊而趣新，金鹿澤蘭，莫之或繼也。』此四項中前(1)(2)項同於陸機文賦而疏解較詳，第(3)項同於摯虞流別，而論述較備，第(4)項又略同魏文典論李充翰林而評斷較允。所以即就文體之研究而言，文心雕龍亦集以前之大成矣。

【註】蕭統文選序亦有關於文體釋義之語，如謂頌『所以游揚德業褒讚成功』是。有論述文體體製之語，如『論則析理精微，銘則序事溫潤』是。有論述文體源流之語，如論詩四言五言之區，三字九言各體之興是。有評述各體作家之語，如論賦則謂『荀宋表之於前，屈馬繼之於末，述邑居則有憑虛亡是之作，戒畋獵則有長楊羽獵之制』是。

第五目　文筆之區別

明了上述各節時人對於文學之認識，則知時人本於兩漢所謂「文章」或「文辭」一語，而有文筆或辭筆之分，也是當然的情形了。清代梁光釗文筆考謂：

沈思翰藻之謂文，紀事直達之謂筆。其說昉於六朝，流衍於唐，而實則本於古。孔子贊易有文言；其爲言也比偶而有韻，錯雜而成章，燦然有文，故文之。孔子作春秋，筆則筆；其爲書也以紀事爲褒貶，振筆直書，故筆之。文筆之分當自此始。（學海堂集卷七）

此說近於附會，未敢苟同。謂爲偶然的巧合則可，若謂孔子或孔子時對於文筆二字已有如六朝人這樣區分的觀念，恐未必然。

「文」「筆」區分，最早當始於晉時，今案晉書所載，如

文筆議論有集行於世。（蔡謨傳）

以文筆著稱。（習鑿齒傳）

廣善清言而不長於筆，將讓尹，請潘岳爲表。岳曰「當得君意。」廣乃作二百句語述己之志，岳因取次比，便稱名筆。時人咸云『若廣不假岳之筆，岳不取廣之旨，無以成斯美也。』（樂廣傳）

其文筆數十篇行於世。（文苑張翰傳）

所著文筆十五卷傳於世。（文苑曹毗傳）

桓溫重其文筆，專綜書記。（文苑袁弘傳）

晉書雖出唐人所纂，但此等處或即仍於晉人著述亦未可知。不過晉人雖有文筆之稱，而於其區分之點仍不曾明

言。晉書文苑成公綏傳謂『所著詩賦雜筆十餘卷行於世』以詩賦雜筆對舉，似乎也以詩賦爲文，似乎也與前舉各條之稱文筆者同例。至宋時顏延之論其子之各得父風，謂『竣得臣筆，測得臣文，』（宋書顏竣傳）則於文筆始分別言之。而范曄獄中與甥侄書亦云：

手筆差易，文不拘韻故也。

則且於對舉之外，更復述其異點。文心雕龍總術篇云：『今之常言，有文有筆，以爲無韻者筆也，有韻者文也。』此均是以有韻無韻爲別，由形式體製之異以爲文筆區分之點者。

至如梁元帝金樓子立言篇所云：

古人之學者有二，今人之學者有四。夫子門徒轉相師受，通聖人之經者謂之儒。屈原宋玉枚乘長卿之徒止於辭賦，則謂之文。今之儒博窮子史，但能識其事，不能通其理者謂之學。至如不便爲詩如閻纂，善爲章奏如伯松，若此之流，汎謂之筆。吟咏風謠，流連哀思者謂之文。而學者率多不便屬辭，守其章句，遲於通變，質於心用。學者不能定禮樂之是非，辯經教之宗旨，徒能揚榷前言，抵掌多識，然而挹源知流，亦足可貴。筆，退則非謂成篇，進則不云取義，神其巧惠筆端而已。至如文者，維須綺縠紛披，宮徵靡曼，脣吻遒會，情靈搖蕩。

此以通經而明其理者謂之儒，博窮子史而但識其事者謂之學，情靈搖蕩流連哀思者謂之文，不便爲詩善爲章奏之流謂之筆。（註）這樣區分纔着眼在性質上之差異，較之范曄實是更進一步了。

【註】金樓子又云：『任彥昇甲部闕如，才長筆翰，善緝流略，遂有龍門之名，斯亦一時之盛。』

大抵時人對於文筆之分，本有這二重意義，所以當時於「文筆」之外，更有「辭筆」「詩筆」之稱。詩筆之分似乎只能就文章體製言，而辭筆之稱則又似可兼就文學性質言。南史孔珪傳云：『與江淹對掌辭筆』；陳書岑之敬傳云：『博涉文史，雅有辭筆』；此言辭筆之例。梁書劉潛傳云：『三筆六詩』；南史沈約傳云：『謝玄暉善爲詩，任彥昇工於筆』；任昉傳云：『時謂任筆沈詩』；而梁簡文帝與湘東王書亦謂：『詩旣若此，筆又如之』；復稱謝朓沈約之詩，任昉陸倕之筆，爲文章冠冕，述作楷模。此言詩筆之例。旣稱詩筆，則只是有韻無韻的分別，而與文學性質無關。至於所謂辭筆，則顧名思義，其含義似可較詩筆爲廣。蓋「文」「辭」二字其義相近。說文云：『辭，說也。』（據廣韻引）說者釋也，故得引申爲篇章之義。（註一）又說文云：『詞，意內而言外也。』——所謂意內而言外者，謂意不可見，以言形容其意也。形容其意，則或罕譬妙喻以達之，或鋪采摛文以飾之，故詞章詞藻諸字本當作「詞」。而秦漢以來「詞」「辭」二字混用不別，故「辭」字遂亦兼有藻飾之義。所以由「辭」之引申義言，則與「文」之稱文章者同；由「辭」之假借義言，則又與「文」之訓錯畫爲近。是知六朝所謂「辭筆」云者，正與「文筆」字異義同。（註二）所以言「詩筆」，則與時人文筆說中之第一義同，即專就文章體製言者；言「辭筆」，則又與時人文筆說中之第二義同，蓋又兼就文學性質言者。

【註一】劉師培論文雜記云：『近世以來，正名之義久湮，由是於古今人之著作，合記事析理抒情三體，咸目爲古文辭，不知辭字本義訓爲獄訟。……凡古籍言辭文辭諸字古字莫不作詞，特秦漢以降誤詞爲辭耳。』說似過泥。

【註二】阮福文筆對云：『按辭亦文類，周易繫辭，漢儒皆謂繫辭爲卦爻辭至今從之。……其謂之繫辭者，繫屬也，繫辭即屬辭，猶世所稱屬文焉爾。然則辭與文同乎？曰否。孟子曰：「說詩者不以文害辭」，趙岐注云：「文，詩之文章所引以興事也；辭，詩人所歌詠之辭。」是文者音韻鏗鏘藻采振發之稱；辭特其句之近於文而異乎直言者耳』，說亦未是。

是故以文筆對舉，則雖不忽視文章體製之異點，而更重在文學性質之分別；其意義與近人所謂純文學雜文學之分爲近。以詩筆對舉，則只是文章體製之差異，其意義又與普通所謂韻文散文者爲近。由文學性質言，純文學與雜文學均爲文學中的一種，故時人以「文學」爲其共名，而「文」與「筆」爲其別名。金樓子言：『今之學者有四，』而文與筆即爲此四學中之二種，蓋此二種即是文學之分名也。由文章體製言，則韻文散文均爲文章之一體，故又以「文」爲其共名，而「詩」與「筆」爲其別名。(註)文心雕龍云：『夫文以足言，理兼詩書；』(總術篇)范文瀾講疏謂：『文字之用，本所以代表言語，有韻之言語爲詩，無韻之言語爲書，筆之於紙，皆謂之文；』所解極是。據是，可知由文學性質言或由文章體製言，其意義各不相同如此。

【註】王肇祥文筆說謂：『文筆之名總言則別散言則筆亦稱文』，較阮元諸人爲近是。

蓋六朝文筆之分，實源於兩漢文學文章之分。漢時以文學稱學，以文章稱文。此正是金樓子立言篇所謂：『古之學者有二。』金樓子云：『夫子門徒，轉相師受，通聖人之經者謂之儒；屈原宋玉枚乘長卿之徒，止於辭賦，則謂之文』可知彼所謂「古之學者」云者正指漢時而言至後來有通經而明其理者，有博窮子史而但識其事者，則於「學」或「文學」一名中間復析而爲二了有吟咏風謠流連哀思者有不便爲詩善爲章奏者則復於「文」或「文章」一名中間也析而爲二了此又金樓子所謂『今之學者有四』所以漢人所謂「文學」旣可以指通其理者（如以儒術爲文學是）又可以指識其事者；（如以掌故爲文學是）而其所謂「文章」也可以指詔書律令，（史記儒林傳『詔書律令下者明天人之際通古今之義文章爾雅訓辭深厚』）也可以指辭賦。（漢書公孫弘傳贊：『劉向王褒以文章顯』）故知所謂沈思翰藻與紀事直達者在漢時初無分別。觀漢書公孫弘傳又云：『文章則司馬遷相如』以遷與相如並稱爲能文章，則其無文筆之分可知。（註一）所以六朝文筆之分，不過由於時人對於文學之認識遂從漢人文章一語再加區分而已。（註二）

【註一】劉天惠文筆考謂『馬遷長於敍事而傳贊但稱其史才，不得混能文之譽』此說亦未確。

【註二】北史李昶傳：『昶常曰文章之事不足流於後世經邦致化庶及古人故所作文筆了無藁草』此亦「文章」一稱足賅「文」「筆」之證。

然而六朝對於文學觀念認識之淸楚，猶不止此。當時不僅於文章一語，分出文與筆而爲二，而且更能（1）離文學於學術之外使之不復兼「博學」一義；（2）合文學與文章爲一，使之轉近於「文章」一義。

離文學於學術之外，故「文學」一名之含義至是始與近人所用者相合。觀宋文帝之立四學命雷次宗立儒學，何尙之立玄學，何承天立史學，謝玄立文學，其後明帝立總明館亦分儒道文史陰陽爲五部，可知當時文學實能獨成一科，而不復視爲學術之總稱了。

合文學與文章爲一，故不復有兩漢所謂「文學」「文章」之分。蓋在當時以「文學」爲文章之事，而以「文章」爲文學的作品。北史李昶傳云：『文章之事，不足流於後世』。此所謂文章之事，即指文學。梁書簡文帝紀云：『引納文學之士，賞接無倦，恆討論篇籍，繼以文章』。此所謂文章，即指文學的作品。

文學既能獨成一科，故就於文學之性質言，自當區爲文筆二種。稽諸當時史籍，其稱「文學」一名殆無不可兼指此二種者。所以當時不僅「文」得稱爲文學，即「筆」也得稱爲文學。魏書祖瑩傳云：『瑩以文學見重，而瑩之筆札，亦無乏天才。』北周書蘇亮傳云：『亮博學好屬文，善章奏，河內常景謂人曰：秦中文學可以抗山東者，將此人乎？』是均筆稱文學之證。不僅能文者稱文學之士，即擅筆者也得稱文學之士。梁書文學劉苞傳稱：『高祖即位，引後進文學之士，吳郡陸倕張率並以文藻見知，』而陸倕即以筆馳譽者。據是可知「文」與「筆」，都是「文學」之分名。

文章既指文學之作品，而當時文集即所以彙萃此作品者。因此，文集中自得包含詩筆二體。此所以蕭統文選，兼輯詩筆，而劉勰文心亦總論韻散。南史沈約傳稱：『謝玄暉善爲詩，任彥昇工於筆，』而梁書沈約傳却謂：『謝玄暉善爲詩，任彥昇工於文章，』同樣句例，而一稱筆，一稱文章，蓋亦以文可賅筆，故得稱筆爲文章耳。陸游老學庵筆記謂『南朝詞人謂文爲筆，』其致誤之由，蓋即以此。阮元諸人知其誤，而獨不舉梁書是條爲例，豈亦由不得其解，故避而不舉歟！(註)

【註】南齊書晉安王子懋傳云『文章詩筆乃是佳事，』於詩筆對擧之外再冠以文章二字，蓋亦混共名別名而並言之耳。

明文學爲文與筆之共名，則知文苑傳中之人物，即所謂文學之士，不妨兼擅文與筆。梁書鮑泉傳『兼有文筆，』周書劉璠傳『兼善文筆，』是其例也。(註) 明「文」或「文章」爲詩與筆之共名，則知文集中之所薈萃，即所謂文章著述，又不妨兼賅詩與筆。北史蕭圓肅傳云：『撰時人詩筆爲文海四十卷，』亦其例也。

【註】侯康惠氏後漢書補註跋謂『六朝以有韻爲文，無韻爲筆，兩漢文章惟詔策章奏等無韻，其密爾自娛者則皆有韻，文苑諸子不與漢廷大事，故文多筆少，蔚宗因以文苑名篇，後人沿其稱而幾昧其義矣。』此亦曲說。

這是時人對於「文」「筆」區分的意義，(註一) 最可看出時人對於文學之認識。抑時人不僅分別文筆之意義，並且於文筆之外更有「言」或「語」一名，以見筆與直言也有分別。此則昔人每混而言之，故阮元阮福劉天惠諸人皆以直言爲筆。(註二) 實則考時人所用，筆之與言正不相同。文心雕龍總術篇引顏延年說云：『筆之爲體，言之文也；經典則言而非筆，傳記則筆而非言。』此節定筆與言之分別，正極分明。蓋此就筆與「言」言，並非就筆與「文」言。筆雖不同於「文」，但以有雜文學的性質，所以爲「言之文」。至於經典，則時人本罕以文學視之，(註三) 所以爲「言」而非「筆」。世說新語云：『王長史宿構精理，併撰其才藻，往與支(道林)語，……敍致作數百語，自謂是名理奇藻；又云：支道林通莊子漁父篇作七百許語，敍致精麗，才藻奇拔；』（並見文學篇）其所謂「語」亦「言」也。蓋當時「筆」與「言」「語」自有區別。觀晉書樂廣傳可知。樂廣傳云：

廣善淸言而不長於筆。將讓尹，請潘岳爲表。岳曰：『當得君意。』廣乃作二百句語述己之旨。岳因取次比，便稱名筆。時人咸云：『若廣不假岳之筆，岳不取廣之旨，無以成斯美也。』

是又爲當時史籍之以「筆」與「言」對舉之例。所謂「因取次比，」則所以文其言耳。這正是顏延年所謂『筆之爲體言之文也』之最適宜的佐證。所以「文」「筆」均是文學的「文」之分名，而「言」與「語」則便不同了。時人對於文學的性質辨析到如此，眞是値得注意的一件事。

【註一】阮元諸人之解文筆以偶語韵體者爲文，以直言散行者爲筆，其說未安，曾於拙著文筆與詩筆一文中辨之。載燕大國文學會出版睿湖期刊第二期。

【註二】阮元文韵說云：『今人所便單行之語，極其奧折奔放者，乃古之筆，用古之文也。』阮福文筆對云：『筆從聿；聿述也。故直言無文采者爲筆。史記春秋筆則筆，是筆爲據事而書之證。』劉天惠文筆考云：『凡茲稱筆，皆爲直言敍述之辭。』

【註三】惟劉勰論文主宗經徵聖，而顏之推亦有文出五經之說，爲稍異耳。或以爲經典如詩正爲有韵之文，不知顏氏所言，亦只就其大概言之，非可泥求。

對於文學的性質既如此辨析得清楚，所以更有連帶而起的集部的著錄，也有一述的必要。章學誠文史通義文集篇云：

荀勗中經有四部，詩賦圖讚與汲冢之書歸丁部，王儉七志以詩賦爲文翰志而介於諸子軍書之間，則集部之漸日開而尙未居然列專目也。至阮孝緒撰七錄惟技術佛道分三類，而經典記傳子兵文集之四錄，已全爲唐人經史子集之權輿，是集部著錄實昉於蕭梁，而古學源流，至此爲一變。

其謂集部著錄，始於蕭梁，甚是不過他謂『古學源流至此爲一變，』似有無限慨惜之意，則不盡然。蓋此時文學與學術既已分離，章氏由學術言故稱至此一變我人若以文學爲立脚點而言，則此變正是演進的變，決不至如章氏一樣有江河日下之歎也。大抵自楚以後始有專工於文之人；自西漢以後，始有專載詩賦之略；自東漢以後，始有專列文苑之傳，自晉以後始有彙萃選輯之集；自南朝以後而集部始別爲著錄。逐漸演進而文學之性質始亦逐漸明顯。我們須知後世文集所以覺得與學術淆亂者，乃後世文筆不分之故，乃後世文學與學術不分之故，固不得以是詬病此時之集部也。

第四節　沈約與音律說

第一目　人工的音律之制定

在此時期所提出的問題，有値得注意者，即爲（1）音律說，可以沈約爲代表；（2）歷史的觀念，可以鍾嶸爲代表；（3）文與道的問題；可以劉勰爲代表。茲依次論之：

中國文字之特質是單音與孤立，本極適合於音律的講究，所以當時的文壇既能利用文字孤立的特質，以成爲駢儷，當然也要進一步再利用單音的性質以諧其「韵」「和」了。

大抵最初的音律，都是指自然的音律。在詩樂未分之時，其音律即存在樂的中間；在詩樂既分之後，其音律只能存在辭的中間，文辭中間音調的和諧，昔人非不知之。司馬相如所謂『一宮一商』，陸機所謂『音聲之迭代』，皆已洩其秘了，不過他們只能明其然而不能言其所以然，所以至多只能說明自然的音調，而不足以制定人工的音律。迨到文字音韵的方面，有魏李登的聲類，晉呂靜的韻集之後，於是中國文字單音的特質遂因以顯明而足以供文學上的應用了。

宋范曄與甥姪書中有一節云：

性別宮商，識淸濁，斯自然也。觀古今文人多不會了此處。從有會此者，不必從根本中來言之皆有實證，非爲空談。

這種話便較司馬相如與陸機爲切實得多。所以王融論音律謂惟范曄謝莊差能識之。（說見鍾嶸詩品序）雖則他所謂從根本中會了的實證，不會明白說出，但他確是想把自然的音調，制爲人工的音律。

至於齊梁之間，反切之應用既廣，而雙聲叠韵之辨別遂嚴；聲韵之著作既多，而平上去入之分析以定。於是遂有所謂「永明體」應運以生了。南史陸厥傳謂：

永明時，盛爲文章，吳興沈約，陳郡謝朓，瑯琊王融以氣類相推轂。汝南周顒善識聲韻。約等文皆用宮商：將平上去入四聲，以此制韻，有平頭上尾蠭腰鶴膝。五字之中，音韻悉異；兩句之內，角徵不同；不可增減，世呼爲「永明體」。（註）

【註】唐封演聞見記亦云：『周顒好爲體語，因此切字皆有紐，有平上去入之異。永明中，沈約文辭精拔，盛解音律，遂撰四聲譜。時王融劉繪范雲之徒慕而扇之，由是遠近文學轉相祖述，而聲韻之道大行。』

所以所謂「永明體」云者，不過是人工的音律之應用於文辭而已。當時人本這種人工的音律以撰製文辭，亦本於這種人工的音律以批評文辭。沈約宋書謝靈運傳論云：

自茲以降，情志愈廣，王褒劉向揚班崔蔡之徒，異軌同奔，遞相師祖，雖清辭麗曲時發乎篇，而蕪音累氣固亦多矣。

又云：

至於先士茂製，諷高歷賞；子建「函京」之作，仲宣「霸岸」之篇，子荊「零雨」之章，正長「朔風」之句，並直舉胸情，非傍詩史，正以音律調韵，取高前式。

或譏其蕪音累氣，或稱其音律調韻，都是以音律爲中心而批評者。所以音律之說實至永明間而始定。

第二目 所謂四聲八病

「永明體」的領袖自當首推沈約。梁書沈約傳稱『約撰四聲譜，以爲在昔詞人，累千載而不寤，而獨得胸衿，窮其妙旨，自謂入神之作。』又沈約的宋書謝靈運傳論亦謂『靈均以來此秘未覩，』所以人工的音律實創始於沈約。今欲推究當時音律說的主張即可就沈約所言考之。沈約宋書謝靈運傳論云：

若夫敷衽論心，商榷前藻，工拙之數，如有可言。夫五色相宣，八音協暢，由乎玄黃律呂，各適物宜。欲使宮羽相變，低昂舛節，若前有浮聲，則後須切響；一簡之內，音韻盡殊；兩句之中，輕重悉異；妙達此旨，始可言文。

根據此說，可知他音律說的原理，是在於『宮羽相變，低昂舛節。』這『宮羽相變低昂舛節』的主張，固不能算是他的獨得之秘。陸機文賦早已說過『曁音聲之迭代，若五色之相宣，』若說得再早一些，則如黃侃所謂：

爲文須論聲律，其說始於魏晉之際，而遺文粲然可見者，惟士衡文賦數言。……細審其旨，蓋謂文章音節，須令諧調，本之詩傳『情發於聲，聲成文爲音』之說，稽之左氏『琴瑟專壹，誰能聽之』之言，故非士衡所創獲也。（文心雕龍札記）

但是本於這個『宮羽相變，低昂舛節』的原則，而規定種種的條件，以爲遵守之定律者，則實肇端於沈約。這些條件是什麽？在沈約說是「聲」「病」。照劉勰說是「韵」「和」。「和」「聲」即是「韵」的問題。劉勰所謂『同聲相應謂之韵』也。怎樣使之同聲相應呢？此即永明體的條件所謂『以平上去入爲四聲，以此制韵不可增減』者是。四聲之辨，雖始於周顒，而四聲之制韵，至沈約而始定。八病即是「和」的問題。此又劉勰所謂『異音相從，謂之和』

者。怎樣又是異音相從呢？則又永明體的條件所謂『五字之中音韻悉異，兩句之內角徵不同』者是矣。宮商之論雖亦發自王融，（見鍾嶸詩品）而八病之規定則亦至沈約而始行。所以齊梁之聲律實肇自沈約，而劉勰和之。叶韵取其同聲相應，摛辭取其異音相從，能如是纔盡音律之能事。所以沈約說：

作五言詩者善用四聲，則諷詠而流靡；能達八體，則陸離而花潔。（答北魏甄琛書。日本僧遍照金剛文鏡秘府論引。）

我們須知昔人行文未嘗不知叶韵之同聲相應，但析韵細密，而以四聲定韵不可增減，則始於永明。我們又須知昔人行文也未嘗不知一宮一商之異音相從，但區分「平頭」「上尾」「蠭腰」「鶴膝」「大韵」「小韵」「旁紐」「正紐」八病而歸於『五字之中音韻悉異，兩句之內角徵不同』之原則中，則亦始於永明。所以人工的音律說，在沈約誠可謂獨得之秘，在當時也可謂空前之論。

不過韵的關係，昔人猶多知之，和的問題實自此時始起。所以劉勰文心雕龍聲律篇謂：

韵氣一定，故餘聲易遣；和體抑揚，故遺響難契。屬筆易巧，選和至難；綴詞難精，而作韵甚易。

亦可知「和」的問題素不講究，所以『選和至難』了。而且韵氣一定，所以雖以四聲制韵而猶易遵循。和體抑揚其條件至多，所以更覺得是遺響難契了。沈約所謂『宮羽相變，低昂舛節。若前有浮聲，則後須切響。一簡之內，音韵盡殊，兩句之中，輕重悉異』云云，完全是指「和」的問題。「永明體」的條件重在「聲」「病」二者，而彼所論列，獨偏於「病」的方面，亦可知作韻之易而選和之難了。

選和既難，所以對於所謂八病云者，在當時已不必絕對的避忌。南史陸厥傳所舉亦只「平頭」「上尾」「蠭腰」「鶴膝」四種，正以以下四種——「大韻」「小韻」「旁紐」「正紐」——已可不必盡避耳。（註一）馮班鈍吟雜錄云：『沈侯云，「一簡之內，音韻盡殊，兩句之中，輕重悉異。」詳此則八病俱去，亦不在曲折分其名目也。』此言極是。所以我以為昔人之詮釋八病，其弊有二：其一則講得太泥。自日人遍照金剛之文鏡秘府論以及李淑之詩苑類格，偽託梅聖俞之續金針詩格，下逮魏慶之詩人玉屑，王世貞藝苑卮言等等，其弊均在求之過詳。所以楊愼已議其拘滯，馮班且闢其謬妄。大抵此等說法，均受後來律詩的影響。後人舉律詩體裁以附會聲病，所以不厭其求詳耳。清代吳鎭所著八病說，即專用以繩律者。「郢書燕說」，無論如何講得細密，要與「永明體」之聲律不盡相同。（註二）

〔註一〕文鏡秘府論亦謂『此四病但須知之，不必須避。』

〔註二〕吳氏所著本梅聖俞續金針詩格而加以考訂。其自序云：『東陽八病，初亦論古詩耳，今專以繩律使之聲調和諧，詎不妙哉！』書載松花庵全集中。

其又一則講得太易。如周春杜詩雙聲疊韻譜中解釋沈約宋書謝靈運傳論云：『案宮羽相變者，指母而言，即雙聲也。低昂互節者，指韵而言，即四聲也。若前有浮聲者，謂前有雙聲疊韻也；則後須切響者，謂下句再有雙聲疊韻以配之也。一簡之內音韻盡殊者，謂雙聲疊韻對偶變換也。兩句之中輕重悉異者，謂平上去入四聲調諧也。後人不知，轉造宜避雙聲疊韻之說。夫雙聲疊韻乃天籟所必有，何可避哉！』此以雙聲疊韻講「和」的問題，稍涉牽強。蓋詩中之用雙聲疊韻，說得早些，則三百篇與楚辭固已有之，說得後些，則杜甫近體律詩中亦屢屢用之，何足以見「永明體」聲律之特質。至如當時王融諸人之撰雙聲疊韻詩，則屬一時游戲，正與後世皮日休陸龜蒙諸人所作同例。所以選和之宜避雙聲疊韻，正是當時「永明體」應有的條件。周氏謂『夫雙聲疊韻乃天籟所必有，何可避哉！』殊不知「永明體」之考究聲律，對於雙聲疊韻的連語，固不必避，但除掉連語以外，則凡同聲同韻者正以避去為宜。此則所謂『音韻盡殊』也。

大抵「永明體」之所謂八病，可分為四組言之。平頭上尾是一組，蠭腰鶴膝是一組，大韻小韻是一組，旁紐正紐又是一組。平頭上尾是同四聲之病，蠭腰鶴膝是同清濁之病，大韻小韻是同韻之病，旁紐正紐是同紐之病。茲分別言之於下：

一、平頭上尾　文鏡秘府論解平頭云：『上句第一二兩字是平聲，則下句第六七兩字不得復用平聲。餘三聲皆爾，不可不避。三聲者，謂上去入也。』又云：『平頭第一句上字，第二句上字；第一句第二字，第二句第二字，不得同聲。詩失者：『今日良宴會，懽樂難具陳。』蓋謂「今」「懽」皆平聲，「日」「樂」皆入聲也。又云：『上句第一字與下句第一字同平聲不為病，同上去入聲一字即病。』其解上尾云：『五言詩中第五字不得與第十字同聲。惟連韵者非病。』案此解良是。後來律詩大率循此規律。惟有不可不知者，「永明體」之聲律，與「律體」之核之於粘綴之間者畢竟不同。故由「平頭」言，不必完全遵守。考沈約詩，如行園云：『寒瓜方臥隴，秋菰亦滿陂。』宿東園云：『陳王鬬雞道，安仁採樵路。』上下兩句句首二字均屬平聲，則是第一說不必遵也。又如其庭雨應詔詩云：『出空寧可圖，入庭倍難賦。』「出」「入」並爲入聲，「空」「庭」並爲平聲，則是第二說亦不必遵也。又如其八關齋詩『得理未易期，失路方知險。』遊金華山詩云『若蒙羽駕迎，得奉金書召。』「得」「失」「若」「得」並爲入聲，則是第三說又不必遵也。由「上尾」言，其律較嚴。此即沈約所謂『前有浮聲則後須切響』，故齊梁以來鮮有犯者。但是也與律體不同。鄒漢勛五韵論解『兩句之內角徵不同』二句云：『猶言兩句住句之字一平一仄耳。』此就律體言則然。永明體則不爾也，永明體避「上尾」之病於兩句住句之字不必平仄相間，也有以上去入三聲相間者。如沈約宿東園詩中『東郊豈異昔，聊可閑余步』；『槿籬疎復密，荊扉新且故』；諸句皆然。要之平頭上尾，在避同聲之病，爲後來沈宋研順聲勢調協平側之所本。所以後人猶多遵守而益加細密。此史通雜說所以謂『自梁室云季，雕蟲道長，平頭上尾，尤忌於時』也。

二、蠭腰鶴膝　文鏡秘府論之解「蠭腰」云：『五言詩一句之中第二字不得與第五字同聲；言兩頭粗，中央細，如蠭腰也。』解鶴膝云：『五言詩第五字不得與第十五字同聲；言兩頭細，中央粗，似鶴膝也。』案此說之非，劉大白舊詩新話八病正誤條業已辨之。今考沈約詩，如出重圍和傅昭云：『魯連揚一策，陳平出六奇』「平」

「奇」皆平聲。三日侍林光殿曲水宴應制云：『將御遺風軫，遠侍瑤臺會。』「侍」「會」皆去聲。則知所謂蠭腰未必指此也。又如其和劉雍州繪博山香爐詩『巖間有佚女，垂袂似含風，翬飛若未已，虎視鬱餘雄。』「女」「已」並屬上聲。少年新婚爲之詠云：『託意眉間黛，申心口上朱，莫爭三春價，坐喪千金軀。』「黛」「價」並屬去聲。則知所謂鶴膝，亦未必指此也。李天生之論杜甫詩律，謂其於一三五七句用仄字，上去入三聲必隔別用之，莫有疊出者。（見朱彝尊寄查德尹編修書）此似有類於文鏡祕府論之所謂「鶴膝」，實則此亦只是杜老詩律之細，固非所以論「永明體」之聲律也。不過劉大白雖指出此說之誤，而以爲「蠭腰」是指第三字與第八字同聲的病，「鶴膝」是指第四字與第九字同聲的病，則臆測無據；蓋其病仍在泥於律體的規則以解「永明體」之聲律耳。蔡寬夫詩話云：『所謂蜂腰鶴膝者，蓋又出於雙聲之變。若五字首尾皆濁音，而中一字清，即爲蜂腰；首尾皆清音，而中一字濁，即爲鶴膝。』此說未知其所本，然其以字之清濁解蠭腰鶴膝，竊以爲與當時聲律之論最爲近是。顧自來論八病者罕見稱引，(註)則以泥於後世等韵家之所謂清濁，於是對於蔡說不得其解耳。須知蔡氏之所謂清濁，即沈約之所謂輕重，劉勰之所謂飛沈，而後世之所謂平側。平側之分本亦由於同紐的關係，所以蔡氏謂『蓋又出於雙聲之變。』仇兆鰲杜詩詳註亦宗蔡說，並舉例云：『今案張衡詩「邂逅承際會」，是以濁夾清，爲蜂腰也。如傅玄詩「徽音冠青雲」，是以清夾濁，爲鶴膝也。』此說極當。蓋最能申蔡說者，文心雕龍聲律篇云：『凡聲有飛沈，響有雙疊。』雙疊即韵與紐的問題，飛沈則清與濁的關係。以濁夾清，則是蠭腰，其病在「沈」，所謂『沈則響發而斷』也。以清夾濁，則爲鶴膝，其病又在「飛」，所謂『飛則聲颺不還』也。沈約云：『兩句之中輕重悉異』，即指不犯「平頭」「上尾」「蠭腰」「鶴膝」四病而言，而於「蠭腰」「鶴膝」二病爲尤甚。蓋此即從『宮羽相變低昂舛節』的原則得來。若使清多濁少，或濁多清少，則所謂『琴瑟專一誰能聽之』，此所以爲聲律之病也。聲之清濁本極易知，所以說得容易一些，則鍾嶸所謂『蜂腰鶴膝閭里已具』也。說得難些，則又沈約所謂『自古辭人豈不知宮羽之殊，商徵之別，雖知五音之異而其中參差變動所昧實多』也。（見答陸厥書）明蠭腰鶴膝因於清濁平側的關係，則知後來律詩所以粘綴於平側之間者，蓋即以此了。

【註】馮班鈍吟雜錄引之而未闡說，惟仇兆鰲舉例明之。

三、大韵小韵　文鏡秘府論解「大韵」云：『五言詩若以「新」爲韵，上九字中更不得安「人」「津」「鄰」「身」「陳」等字。』解「小韵」云：『除韵以外而有迭相犯者。』紹虞案此二病，沈約諸人雖避之不嚴，(註)然確爲永明體聲病之一。蓋即劉勰所謂『疊韵雜句而必睽』也。周春杜詩雙聲疊韵譜解此語云：『雙聲隔字而每舛者，雙聲必連二字，若上下隔斷，即非正雙聲；疊韵雜句而必睽者，疊韵亦必連二字，若雜於句中，即非正疊韵。雙疊得宜，斯陰陽調和。』其言殊有語病。蓋永明體之聲律並不主張用雙聲疊韵。沈約云：『五字之中音韵悉異』，所謂音韵悉異者，以鄒漢勛五韵論所言爲最妙。鄒氏謂：『音目同紐，韵謂同類，言五字詩一句之中，非正用重言連語，不得復用同韻同音之字。犯之卽爲病。』此解極是。蓋劉勰所謂雙聲疊韻卽是指同紐同韻之字，並非指雙聲疊韻之連語。文鏡秘府論云：『若故爲疊韻，兩字一處，於理得通，如「飄颻」「窈窕」「徘徊」「周流」之等，不是病限。若相隔越，卽不得耳。』所以永明體之聲律，其對於雙聲疊韻之連語，不過謂不足爲病，並非謂當於此求和也。

【註】如沈約和竟陵王抄書詩『漢壁含遺篆，名山多逸詞』，「遺」「詞」是犯大韻。咏芙容詩：『中池所以綠，待我泛紅光』，「中」「紅」是犯小韻。

四、旁紐正紐　馮班鈍吟雜錄之解「旁紐」云：『郭忠恕佩觿云：「雕弓之爲敦弓，則又依乎旁紐。」按徵音四字，端透定泥，敦字屬元韻端母，雕字蕭韻端母，則是旁紐者雙聲字也。』其解「正紐」云：『九經字樣云：「紐以四聲」；是正紐者，四聲相紐，東董凍督是也。』此說亦是。（註）文鏡秘府論之解旁紐，亦謂爲隔字雙聲，其解正紐亦謂『凡四聲爲一紐。』蓋此亦是「永明體」聲病之一；卽劉勰所謂『雙聲隔字而每舛』也。不過大韻小韻旁紐正紐四者，卽在「永明體」，亦非必嚴避耳。

【註】周春杜詩雙聲疊韻譜駁馮氏說，非是。

明「永明體」之所謂聲病，然後知後世律詩之粘綴平側，卽自此出。不僅如此，卽在文的方面，如唐文之漸成四六，亦未嘗不與此有關。文鏡秘府論之論諸病，不單限於詩的方面，也且舉賦頌銘誄以及各種雜筆爲例，可知聲病之說，實是駢文家所遵守的音律。劉勰云：

凡聲有飛沈，響有雙疊。雙聲隔字而每舛，疊韵雜句而必睽；沈則響發而斷，飛則聲颺不還，並轆轤交往，逆鱗相比，迂其際會，則往蹇來連。其爲疾病，亦文家之吃也。（聲律）

蓋駢文家的音律說，與散文家的文氣說，實是同樣的性質。散文家利用其氣勢之灝瀚流利，所以不致「吃」；駢文家使不注重音律的諧和，如何而不爲文家之吃呢！劉勰又云：

聲畫妍蚩，寄在吟詠，吟詠滋味，流於字句，字句氣力，窮於和韵。（聲律）

可知駢文家的音律說，亦所以調其吟詠的氣勢而已。

第三目　音律說之反響

音律說既起，同時有討論和反對二種主張。其討論者因沈約說：

自靈均以來，多歷年代，雖文體稍精，而此秘未覩。至於高言妙句，音韵天成，皆暗與理合，匪由思至。張蔡曹王曾無先覺，潘陸顏謝去之彌遠。（宋書謝靈運傳論）

他稱昔人爲此秘未覩，所以陸厥與之書云：

范詹事自序：『性別宮商，識清濁，特能適輕重，濟艱難。古今文人，多不全了斯處；縱有會此者，不必從根本中來。』尚書亦云：『自靈均以來，此秘未覩，或暗與理合，匪由思至。張蔡曹王曾無先覺，潘陸顏謝去之彌遠。』

大旨欲宮商（南齊書作宮羽）相變，低昂舛節，若前有浮聲，則後須切響，一簡之內，音韻盡殊，兩句之中，輕重悉異。辭既美矣，理又善焉，但觀歷代衆賢，似不都闇此處，而云此秘未覩，近於誣乎？案范云：『不從根本中來』尚書云：『匪由思至』斯則揣情謬於玄黃，擿句著（南齊書著作差）其音律也。范又云：『時有會此者』尚書云：『或闇與理合』則美韵（南齊書作美詠）清謳，有辭章調韵者，雖有差謬，亦有會合。推此以往，可得而言。夫思有合離，前哲同所不免，文有開塞，即事不得無之。子建所以好人譏彈，士衡所以遺恨終篇。既曰遺恨，非盡美之作，理可詆訶，君子執其詆訶，便謂合理為闇，豈如指其合理，而寄詆訶為遺恨邪？自魏文屬論，深以清濁為言；劉楨奏書，大明體勢之致，岨峿妥帖之談，操末續顛之說，與玄黃於律呂，比五色之相宜。苟此秘未覩，茲論為何所指邪？愚謂前英已早識宮徵，但未屈曲指的。若今論所申，至於掩瑕藏疾，合少謬多；則臨淄所云『人之著述不能無病』者也。非知之而不改，謂不改則不知，斯曹陸又稱『竭情多悔』『不可力强』者也。今許以有病有悔為言，則必自知無悔無病之地；引其不了不合為闇，何獨誣其一了一合之明乎？意者亦質文時異，今古好殊，將急在情物，而緩於章句。情物，文之所急，美惡猶且相半；章句意之所緩，故合少而謬多。義兼於斯，必非不知明矣。長門上林，殆非一家之賦；洛神池鴈，便成二體之作。孟堅精整，詠史無虧於東主；平子恢富，羽獵不累於憑虛；王粲初征，他文未能稱是；楊修敏捷，暑賦彌日不獻。率意寡尤，則事促乎一日，翳翳愈伏，而理賒於七步。一人之思，遲速天懸；一家之文，工拙壤隔。何獨宮商律呂，必責其如一邪？論

者乃可言未窮其致，不得言曾無先覺也。（南史陸厥傳）

案陸厥所言不外數端：（1）古人文辭旣有會合音律之處，卽古人未嘗不明音律。（2）昔人亦有論及音律之處，不得云此秘未覩。（3）昔人急在情物而緩於章句，故不重在音律的考究。（4）一人之文思且有遲速工拙，則於音律當然不免有或合或不合之處。實則陸厥所云是指自然的音調；沈約所云是指人工的音律；根本卽不是同一事物。陸厥云：『魏文屬論深以清濁爲言，劉楨奏書大明體勢之致。』所謂清濁，所謂體勢，均指氣言。清濁屬於才氣，體勢關於語氣。才氣所流露者爲情調，語氣之抑揚者爲音調。這些均無規律可定，所以是自然的。沈約云：『五色相宜，八音協暢，由乎玄黃律呂，各適物宜。』此則就樂律言。蓋他由於樂的音節，以求文章的音節，此劉勰所謂由外聽以求內聽，所以爲人工的音律了。阮元文韻說云：『休文所矜爲剏獲者，謂漢魏之音韻乃暗合於無心；休文之音韻乃多出於意匠也。』（研經室續集三）此言極是。惟其爲自然的音調，所以以人工的音律衡之，便不免有或合或不合之處；縱有會合，亦不得謂爲明瞭人工的音律；而且縱有論及音律之處，亦只能明其然而不能羅舉其條例。（註）

【註】文心雕龍聲律篇云：『今操琴不調，必知改張，摛文乖張，而不識所調。響在彼絃，乃得克諧，聲萌我心，更失和律，其故何哉？良由內聽難爲聽也。故外聽之易，弦以手定；內聽之難，聲與心紛，可以數求，難以辭逐。』蓋外聽指樂言，有客觀的標準，所以較易；內聽指文言，是自然的音調，所以不免或合或不合。迨到人工的音律制定以後，則也有客觀標準，便易於遵守了。

至於謂昔人急在情物而緩於章句，則固已自己供出音律說並非昔人注重的問題了。必明這一點，以窺沈約的答書，然後不致如近人所謂『勇於自信遂致目無古人』了。（見陳鍾凡中國文學批評史）沈約的答書云：

宮商之聲有五，文字之別累萬，以累萬之繁，配五聲之約，高下低昂，非思力所舉，（全梁文「舉」作「學」）又非止若斯而已。（全梁文而已下有也字）十字之文，顛倒相配，字不過十，巧歷已不能盡，何況復過於此者乎？靈均以來，未經用之於懷抱，固無從得其髣髴矣。若斯之妙，而聖人不尚，何邪？此蓋曲折聲韻之巧，無當於訓義，非聖哲立言之所急也。是以子雲譬之雕蟲篆刻，云「壯夫不爲」。自古詞人，豈不知宮羽之殊，商徵之別；雖知五音之異，而其中參差變動所昧實多。故鄙意所謂『此秘未覩』者也。以此而推，則知前世文士，便未悟此處。若以文章之音韻，同弦管之聲曲，則美惡妍蚩，不得頓相乖反；譬猶子野操曲，安得忽有闡緩失調之聲？以洛神比陳思他賦，有似異手之作。故知天機啓則律呂自調，六情滯則音律頓舛也。士衡雖云『煥若濯錦』，寧有濯色江波，其中復有一片是衞文之服！此則陸生之言，即復不盡者矣。韻與不韻，復有精麤，輪扁不能言之，老夫亦不盡辨。（全梁文「言」下無「之」字「辨」下有「此」字。）

此即完全重在人工的音律立論，所以謂自古詞人雖知五音之異而所昧實多。我們須知人工的音律雖即從自然的音調蛻變而來，但決不能混爲一談。這是學術上進化的階段不可不辨的。（註）

【註】小學家如錢大昕之以聲韻的研究不起於六朝，亦是偏見。

至其反對音律論者，則在當時梁武帝已不好四聲；嘗問周捨曰：『何謂四聲？』捨曰：『天子聖哲是也；』然終不遵用。（見梁書沈約傳）不過這還不是一種明顯的反對的主張；惟鍾嶸詩品始有反對聲病之論。嶸之言曰：

> 昔曹劉殆文章之聖，陸謝爲體二之才，銳精研思，千百年中而不聞宮商之辨，四聲之論，或謂前達偶然不見，豈其然乎？嘗試言之古曰詩頌皆被之金竹，故非調五音無以諧會。若『置酒高堂上』『明月照高樓』爲韻之首。故三祖之詞，文或不工，而韻入歌唱。此重音韻之義也，與世之言宮商異矣。今既不被管絃，亦何取於聲律邪？齊有王元長者，嘗謂余云：『宮商與二儀俱生，自古詞人不知之，唯顏憲子乃云律呂音調，而其實大謬，唯見范曄謝莊頗識之耳。』嘗欲造知音論，未就。王元長創其首，謝朓沈約揚其波。三賢或貴公子孫，幼有文辯，於是士流景慕，務爲精密，襞積細微，專相陵架，故使文多拘忌，傷其眞美。余謂文製本須諷讀，不可蹇礙，但令清濁通利，口吻調利，斯爲足矣。至平上去入，則余病未能；蠭腰鶴膝，閭里已具。

他所反對的理由不外二端：（1）不被管絃，又何取聲律！（2）文多拘忌轉傷眞美。實則此二點均偏而不全。他只知其一而未知其二；詩既不被管絃，則當然與音樂脫離關係，因其與樂分離之故，於是有的確是比較的可以無取於聲律者，古詩是也；有的却因是而一變樂的音調以爲詩的音律者，近體詩是也。這二種都可成爲詩之一體，難分輕重，何得必以聲律爲非邪？至於因於音律之束縛而傷其眞美，則惟淺才庸音，始不免此病耳。若使美女艷妝而復嫻於禮節，豈不更增其美邪？所以因音律之束縛而傷其眞美者，固屬難免；因音律之考究而增其眞美者，亦未嘗沒有。我並非忽視文藝上的自然美而重視人工美，不過我們對於沈約鍾嶸，實無所用其左右袒；而且就於中國文字的特性而言，覺得文學史上和文學批評史上要經過這麼一個階段，爲不可免之事實耳。紀昀謂『齊梁文格卑靡，惟此學獨有千古』（見文心雕龍聲律篇評）這猶是較爲公平的論調。

梁書庾肩吾傳云『齊永明中文士王融謝朓沈約文章始用四聲以爲新變。至是轉拘聲韻，彌尚麗靡，復踰於往時。時太子（梁簡文帝蕭綱）與湘東王書論之曰：『比見京師文體懦鈍殊常，競學浮疎，爭爲闡緩。玄冬修夜，思所不得；既殊比興，正背風騷。』似乎正中鍾嶸所論之病，但潮流所趨，莫之能遏，固非演進至完成近體詩律不會停止。且所謂浮疎闡緩云者，其弊尚不僅專在音律方面。音律與自然有時亦適以相成，非必主自然者定斥音律也。文心雕龍聲律篇云：『夫吃文爲患，生於好詭，逐新趣異，故喉脣糺紛；將欲解結，務在剛斷；左礙而尋右，末滯而討前，則聲轉於吻，玲玲如振玉；辭靡於耳，纍纍如貫珠矣。』蓋言亦惟自然，始能使聲律奏其美也。

明音律之應用於文辭爲不可免之事實；然後知所謂「永明體」雖未獲遽定於當時，終得推行於後世。故至梁陳之間始以四聲制韻不可增減了；（註一）至初唐之世，始更回忌聲病，約句準篇，以定爲近體詩格了。（註二）趨向如此，正在急轉直下之秋，固非一二持反對論者所可得而阻止也。

【註一】顧炎武音論云：『今考江左之文，自梁天監以前，多以去入二聲通用，以後則若有界限，絕不相通。是知四聲之論起於永明，而定於梁陳之間也。』

【註二】新唐書文苑傳『魏建安後迄江左，詩律屢變。至沈約庾信以音韻相婉附，屬對精密；及宋之問沈佺期又加靡麗，回忌聲病，約句準篇，如錦繡成文。學者宗之，號爲沈宋。』

第五節　鍾嶸與歷史的批評

章學誠文史通義詩話條之論詩品云：

詩品之於論詩，視文心雕龍之於論文，皆專門名家，勒爲成書之初祖也。文心體大而慮周，詩品思深而意遠。蓋文心籠罩羣言，而詩品深從六藝溯流別也。論詩論文而知溯流別，則可以探源經籍，而進窺天地之純，古人之大體矣。此意非後世詩話家流所能喻也。

他這樣恭維詩品，固然是就於史家的立場而言，但詩品之能溯流別，在當時的文學批評上，確也有值得注意的地方。

在初期的文學批評，本不免與文學史相混。卽如當時論文諸作，鍾嶸的詩品序可作爲五言詩的演變史觀，沈約的宋書謝靈運傳論可作爲漢魏六朝的文學史觀，而文心雕龍時序一篇更是規模粗具的文學史了。混文學史與文學批評而爲一，固是不很妥當，但正因着眼在文風之流變，於是(1)文學進化的觀念，(2)文學流別的窺測，(3)文學與歷史的關係，——這些問題，都成爲當時重要的問題了。

文學進化的觀念自王充葛洪以來，已屢言之，而在此期爲尤甚。梁蕭子顯南齊書文學傳論云：

習玩爲理，事久則瀆。在乎文章，彌患凡舊。若無新變，不能代雄。建安一體，典論短長互出；潘陸齊名，機岳之文永異。江左風味，盛道家之言，郭璞舉其靈變，許詢極其名理。仲文玄氣猶不盡除；謝混清新，得名未盛。顏謝並起，乃各擅奇。休鮑後出，咸亦標世。朱藍共妍，不相祖述。

「若無新變，不能代雄，」這實是文學進化論重要的觀點。梁簡文帝與湘東王書亦深斥當時模擬的古典文學之非。其言云：

若夫六典三禮，所施則有地；吉凶嘉賓，用之則有所。未聞吟詠情性，反擬內則之篇；操筆寫志，更摹酒誥之作。遲遲春日，翻學歸藏；湛湛江水，遂同大傳。吾既拙於爲文，不敢輕有掎摭。但以當世之作，歷方古之才人，遠則揚馬曹王，近則潘陸顏謝，而觀其遺辭用心，了不相似。若以今文爲是，則古文爲非；若昔賢可稱，則今體宜棄。俱爲盍各，則未之敢許。

這也是當時趨向新變的主張。所以梁書庾肩吾傳稱：『齊永明中，王融謝朓沈約文章始用四聲，以爲新變。』南史徐摛傳稱：『摛屬文好爲新變，不拘舊體。』前一個新變成爲「永明體」，後一個新變成爲「宮體」。後人每謂六朝文學傾向古典，殊不知他們不過襲用古典文學的技巧，至其文學之作風，固無時不在新變演進中也。鍾嶸詩品序云：

夫四言，文約意廣，取效風騷，便可多得。每苦文繁而意少，故世罕習焉。五言居文詞之要，是衆作之有滋味者也。故云會於流俗。豈不以指事造形，窮情寫物，最爲詳切者耶？

他以五言爲勝於四言，便是文學進化的見解，與李白所謂『興寄深微，五言不如四言，七言又其靡也』（見本事詩引）云云的復古論調，便大相懸殊了。

【註】文心明詩篇云：『若夫四言正體則雅潤爲本五言流調則清麗居宗。』語亦公允。

至於文學流別的窺測，以鍾嶸詩品論之最詳。其論各家之作，往往謂其源出某人或某體。此說在現在看來似不免多附會可議之處，但他品評各人並不是一一必欲强指其源流，則其所指出者或亦未必無據也。今據詩品所言，列爲一表，以明其源流之關係。

詩品派別表

漢　魏　晉　宋　齊　梁

- 國風
  - 古詩（驚心動魄一字千金）
    - 劉楨（仗氣愛奇動多振絕）
      - 左思（文典以怨頗爲精切）
  - 曹植（情兼雅怨體被文質）
    - 陸機（才高詞贍舉體華美）
      - 顏延之（尚巧似體裁綺密情喻淵深）
        - 謝超宗　邱靈鞠　劉祥　檀超　鍾憲　顏則　顧則心（得士大夫之雅致）
    - 謝靈運（雜有景陽之體故尚巧似而逸蕩過之頗以繁富爲累）

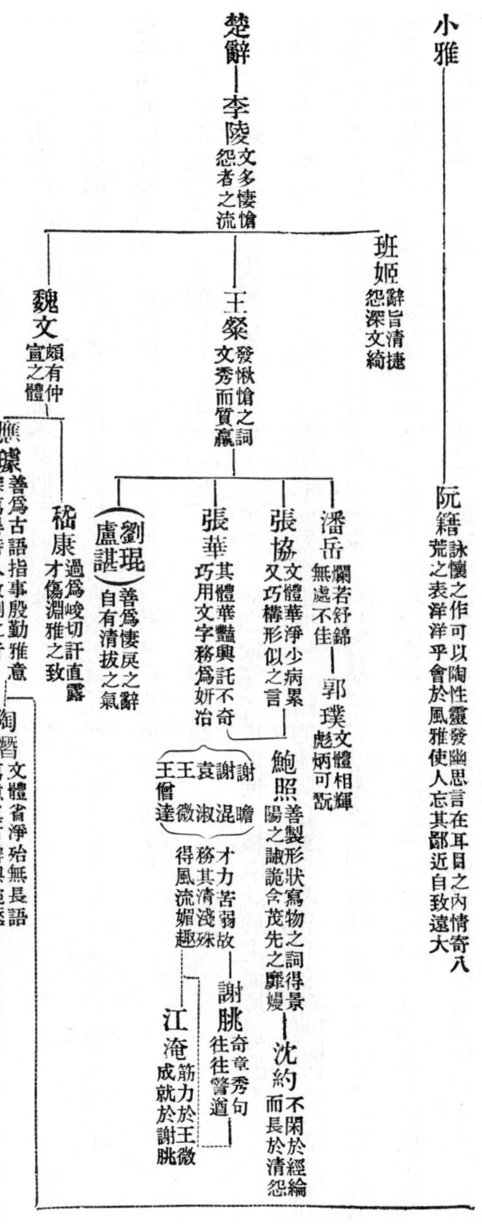

（說明）（１）未明言其源出於某而第言其關係者用虛線表之（２）數人合敘者用括弧別之（３）無名氏可考者用～～～號別之（４）各人時代悉依原著編列（５）間錄評語以證源流之說

論文學作品而這樣泥於家數講求流派，本不免牽合附會之處。所以葉夢得石林詩話即議其陶潛出於應璩之非。但詩品之論應璩，稱其『善爲古語，』論陶潛稱其『篤意眞古，』則其所以系陶潛於應璩者或即在此。當時蕭子顯南齊書文學傳論亦云：

今之文章，作者雖衆，總而爲論，略有三體：一則啟心閑繹，据辭華曠，雖存巧綺，終致迂回，宜登公宴，本非准的，而疎慢闡緩，膏肓之病，典正可採，酷不入情，此體之源，出靈運而成也。次則緝事比類，非對不發，博物可嘉，職成拘制，或全借古語，用申今情，崎嶇牽引，直爲偶說，唯覩事例，頓失精采，此則傅咸六經，應璩指事，雖不全似，可以類從。次則發唱驚挺，操調險急，雕藻淫艷，傾炫心魂，亦猶五色之有紅紫，八音之有鄭衞，斯鮑照之遺烈也。

此綜論同時作家，猶且各說其源流的關係，可知此亦當時文學批評的一種方法。

至其論文學與歷史的關係者，則文心時序一篇言之綦詳。他說：

時運交移，質文代變，古今情理，如可言乎？……故知歌謠文理，與世推移，風動於上，而波震於下。

所以是篇所舉種種例證，都是時序篇贊所謂『質文沿時』一語的注脚。在劉氏之先，謝靈運擬魏太子鄴中集詩序，其品評文人，卽重在際遇方面。其評王粲云：『家本秦川，貴公子孫，遭亂流寓，自傷情多。』評陳琳云：『袁本初書記之士，故述喪亂事多。』評徐幹云：『少無宦情，有箕潁之心，故仕世多素辭。』評劉楨云：『卓犖偏人，而文最有氣，所得頗經奇。』評應瑒云：『汝潁之士，流離世故，頗有飄薄之歎。』評阮瑀云：『管書記之任，故有優渥之言。』評曹植云：『公子不及世事，但美遨遊，然頗有憂生之嗟。』此雖並不重在說明其歷史的關係，然已很能着眼於文學與環境的影響。故知劉氏所言，不過據此以推到論世的方面耳。

第六節　劉勰與復古思想的萌芽

以前說過南朝的文學批評，有許多主張已爲後世古文家種下根苗。這是不可不注意的事。所以我們須知以後的復古運動，不必至唐代而情形始顯，且亦不必至北朝而風氣始轉。其關捩所在，也即在南朝的批評界。大抵南朝的批評界因當時文體之極端偏於藻飾音律或數典隸事，也頗想矯正其弊。其消極的主張，不過欲阻止這狂瀾，對於當時的文體加一種修正。其積極的主張，充其量足以根本推翻此期的文學，所謂復古運動的萌芽，以後者爲尤甚。

消極的主張，可以鍾嶸爲代表。其反對音律之論已見前述。至其反對數典隸事的傾向，更可見其崇尚自然之旨。如云：

> 夫屬詞比事，乃爲通談。若乃經國文符，應資博古，撰德表奏，宜窮往烈。至於吟詠情性，亦何貴用事！『思君如流水』，既是即目。『高臺多悲風』，亦惟所見。『清晨登隴首』，羌無故實。『明月照積雪』，詎出經史！觀古今勝語，多非補假，皆由直尋。顏延謝莊，尤爲繁密，於時化之。故太明泰始中，文章殆同書抄。近任昉王元長等，辭不貴奇，競須新事，爾來作者，寖以成俗。遂乃句無虛語，語無虛字，拘攣補衲，蠹文已甚。但自然英旨，罕値其

人，詞既失高，則宜加事義。雖謝天才，且表學問，亦一理乎？

詩品中評顏延之云『喜用古事彌見拘束』；評任昉云：『動輒用事所以詩不得奇。』皆本於這種見解。但他於潘岳陸機皆列上品，則於咀嚼英華厭飫膏澤者，也未嘗不以爲文章之淵泉。劉勰文心雕龍明詩篇云：『感物吟志莫非自然。』蕭子顯南齊書文學傳論亦云：『委自天機，參之史傳，應思悱來，勿先構聚。言尙易了，文憎過意，』這文學上的自然論，實是當時文學的對症妙藥。其反對更甚者則有梁裴子野雕蟲論。

> 古者四始六藝，總而爲詩，既形四方之風，且章君子之志。勸美懲惡，王化本焉。後之作者，思存枝葉，繁華蘊藻，用以自通。若悱惻芳芬，楚騷爲之祖；靡漫容與，相如和其音。由是隨聲逐影之儔，棄指歸而無執。賦詩歌頌，百帙五車。蔡邕等之俳優，揚雄悔爲童子。聖人不作，雅鄭誰分？其五言爲詩家，則蘇李自出，曹劉偉其風力，潘陸固其枝柯。爰及江左，稱彼顏謝。箴繡鞶帨，無取廟堂。宋初迄於元嘉，多爲經史；大明之代，實好斯文。高才逸韵，頗謝前哲，波流相向，滋有筌焉。自是閭閻年少，貴遊總角，罔不擯落六藝，吟咏情性，學者以博依爲急務，謂章句爲專魯，淫文破典，斐爾爲功。無被于管絃，非止乎禮義。深心主卉木，遠致極風雲，其興浮，其志弱，巧而不要，隱而不深，討其宗途，亦有宋之遺風也。若季子聆音，則非與國；鯉也趨室，必有不敢。荀卿有言：『亂代之徵，文章匿而采。』豈近之乎？（全梁文五十三）

梁書本傳謂『子野爲文典而速，不尙麗靡之詞。其制作多法古，與今文體異。當時或有詆訶者，及其末皆翕然重之。』則知他不僅是批評的主張如此，即其作風也是如此，直是反駢的健將了。莫怪簡文帝以其「了無篇什之美」而肆詆之矣。

積極的主張則重在內質方面，或主於學以尙眞，或主於道以尙善。無論偏主那一端，總不免爲雜文學——筆——張目，所以唐人遂以筆爲文了。蓋儒家思想的傳統觀念本深入於人心，即在這駢文盛行的時代，也依舊有他的潛勢力存在。

辨別文筆最爲清楚的梁元帝，其文學批評應當偏主於文了。但其金樓子立言篇云：

> 潘安仁清綺若是，而評者止稱情切，故知爲文之難也。曹子建陸士衡皆文士也。觀其辭致側密，事語堅明，意匠有序，遺言無失；雖不以儒者命家，此亦悉通其義也。偏觀文士略盡知之。至於謝元暉始見貧小，然而天才命世，過足以補尤。任彥升甲部闕如，才長筆翰，善緝流略，遂有龍門之名，斯亦一時之盛。

其攻擊當時之文士，亦以不通儒學之故。立言篇又云：

> 夫今之俗，搢紳稚齒，閭巷小生，學以浮動爲貴；用百家則多尙輕側，涉經記則不通大旨，苟取成章，貴在悅目。龍骨豕足，隨時之義；牛頭馬髀，彊相附會，事等張君之弧，徒觀外澤；亦如南陽之里，難就窮檢矣。

又云：

> 夫翠飾羽而體分，象美牙而身喪，蚌懷珠而致剖，蘭含香而遭焚，膏以明而自煎，桂以蠹而成疾，並求福而得禍。衣錦尙褧，惡其文之著也。

這種論調又完全是反時代的思想了。

即在以沈思翰藻爲標準而定文選的蕭統，其認識文學應當最爲深切了，然於陶淵明集序稱其『白璧微瑕，惟在閑情一賦』則又完全是道德的批評且不知美人香草的寄託了。

作文心雕龍的劉勰，其於文學批評可謂深有見地了。但他是曾夢執丹漆之禮器而欲敷讚聖旨的，所以他的論文是以爲『不述先哲之誥，無益後生之慮』，於是不自覺地始終囿於傳統的文學觀了。原道篇云：『道沿聖以垂文，聖因文而明道。旁通而無滯，日用而不匱。易曰：鼓天下之動者存乎辭；辭之所以能鼓天下者，迺道之文也。』徵聖篇云：『是以子政論文，必徵於聖；稚圭勸學，必宗於經。』宗經篇云：『故文能宗經，體有六義：一則情深而不詭，二則風淸而不雜，三則事信而不誕，四則義直而不回，五則體約而不蕪，六則文麗而不淫。』這些話都是十足的儒家文學觀。故其序志篇云：

> 文章之用，實經典枝條。五禮資之以成，六典因之致用；君臣所以炳煥，軍國所以昭明。詳其本原，莫非經典。而去聖久遠，文體解散。辭人愛奇，言貴浮詭。飾羽尙畫，文繡鞶帨，離本彌甚，將遂訛濫。

劉勰何以會有這種復古思想呢？原來這也從當時批評界之歷史的文學觀得來的。時人論文，主張新變。劉氏也是如此。其通變篇云：

夫設文之體有常，變文之數無方。何以明其然耶？凡詩賦書記，名理相因，此有常之體也。文辭氣力，通變則久，此無方之數也。名理有常，體必資於故實；通變無方，數必酌於新聲。故能騁無窮之路，飲不竭之源。然綆短者銜渴，足疲者輟塗，非文理之數盡，乃通變之術疏耳。

他也很能說明新變之理。但是他的結論，則與時人不同。他說：

是以九代詠歌，志合文則。黃歌斷竹，質之至也。唐歌在昔，則廣於黃世；虞歌卿雲，則文於唐時。夏歌雕墻，縟於虞代；商周篇什，麗於夏年。至於序志述時，其揆一也。暨楚之騷文，矩式周人；漢之賦頌，影寫楚世；魏之策制，顧慕漢風；晉之辭章，瞻望魏采。榷而論之，則黃唐淳而質，虞夏質而辨，商周麗而雅，楚漢侈而艷，魏晉淺而綺，宋初訛而新。從質及訛，彌近彌澹。何則？競今疏古，風昧氣衰也。（通變篇）

所以他再說明通變之法，謂：

今才穎之士，刻意學文，多略漢篇，師範宋集。雖古今備閱，然近附而遠疏矣。夫青生於藍，絳生於蒨，雖踰本色不能復化。桓君山云：『予見新進麗文，美而無采；及見劉揚言辭，常輒有得。』此其驗也。故練青濯絳，必歸藍蒨；矯訛翻淺，還宗經誥。斯斟酌乎質文之間，而隱括乎雅俗之際，可與言通變矣。（通變篇）

則完全由新變而變爲復古了。蓋歷史事實恆成爲循環式的進化，所以新變的結果往往成爲復古，而復古的主張反能成爲革新，因此知道唐人主張古詩古文而都能有所成就者，蓋卽以此。

第三章　北朝之文學批評

第一節　北朝文學批評之風氣

唐李延壽北史文苑傳序云：

> 暨永明天監之際，太和天保之間，洛陽江左，文雅尤盛。彼此好尚，雅有異同。江左宮商發越，貴於清綺；河朔詞義貞剛，重乎氣質。氣質則理勝其詞，清綺則文過其意。理勝者便於時用，文華者宜於詠歌。此其南北詞人得失之大較也。若能掇彼清音，簡茲累句，各去所短，合其兩長，則文質彬彬，盡美盡善矣。

在於當時創作界的作風如此，在於當時批評界的主張也是如此。江左則重視音律，偏主藻飾；河朔則言尙質樸，體歸典制。又其儒林傳序云：

> 大抵南北所爲章句，好尙互有不同。……南人約簡，得其英華；北學深蕪，窮其枝葉。考其終始，要其會歸，其立身成名，殊方同致矣。

在於當時學術界的風氣如此，在於當時文學批評界的思想也是如此。南人則深能認識文學之性質，北人則不免泥於文學之面貌；一個得其英華，一個不過得些枝葉。

南北文學與其文學批評何以會如此不同呢？則以（1）地域上的關係，邢劭蕭仁祖集序云：『自漢逮晉，情賞猶自不諧；江北江南，意製本應相詭。』則南北好尚之雅有異同，固是不足怪的。後來在政治方面是北力南漸，於是文學之作風與文學批評的思想遂均不免受政治勢力之影響而北優南絀。這在唐代的古文運動，最可看出其關係。（2）習俗上的關係。南人騖新，北人篤古，所以北學每存兩漢之餘風，南人則深受魏晉之影響。此不僅文學如此，即就經學或書法言莫不皆然。承兩漢餘風者大率質樸，受魏晉影響者大率輕浮。此又南北作風與批評所由不同之故。（3）政治社會上的關係。南朝半壁江山，尚能偏安，而北朝則時多戰事，不遑寧處。所以李延壽北史文苑傳序云：『既而中州板蕩，戎狄交侵，僭僞相屬，生靈塗炭，故文章黜焉。其能潛思於戰爭之間，揮翰於鋒鏑之下，亦有時而間出矣。……然皆迫於倉卒，牽於戰陣，章奏符檄，則粲然可觀，體物緣情，則寂寥於世。非其才有優劣，時運然也。』

所以北朝之文學批評，（1）不會如南朝之發達。（註一）其可以看出北朝批評之主張者，倒不在文學批評而在文學作品。周書蘇綽傳云：『自有晉之季，文章競爲浮華，遂成風俗。太祖欲革其弊，因魏帝祭廟，羣主畢至，乃命綽作太誥奏行之。』（註二）這是一節文學史上的史料，却正可看出當時文學批評轉移的風氣。（2）不會如南朝之純藝術的傾向。魏書溫子昇傳稱『楊遵彥作文德論，以爲古今辭人皆負才遺行，澆薄險忌，唯邢子才王元景溫子昇彬彬有德素。』則知顏之推『自古文人多陷輕薄』之論，也自是北人習見的論調。即當王褒庾信入周以後，後生景仰，咸相愛戴，與蘇綽等倡言復古者互成派別以相排詆；而最後結果，也只成爲柳虯折衷調和的文質論。此種爭論今均不傳，所可知者，惟周書柳虯傳謂『時人論文體者有今古之異，虯以爲時有古今，非文有古今，乃爲文質論』云云，則在此寥寥數語中，也可窺出其論旨之大概了。

【註一】北朝無關於文學批評之著作。魏書邢臧傳稱其『撰古來文章，并敍作者氏族，號曰文譜，未就病卒』，亦非純粹批評之著。

【註二】趙翼廿二史劄記後周詔誥用尚書體條備舉其例。

第二節　顏之推

北朝文學，當推由南入北之王褒庾信；北朝文學批評，也當推由南入北之顏之推。顏氏所著有顏氏家訓，其文學觀念全在文章一篇中。論其大旨，頗與劉勰文心雕龍所言爲近。如論文章之起原云：

夫文章者原出五經：詔命策檄，生於書者也；序述論議，生於易者也；歌詠賦誦，生於詩者也；祭祀哀誄，生於禮者也；書奏箴銘，生於春秋者也。

此與文心雕龍宗經篇所云：『論說辭序，則易統其首；詔策章奏，則書發其源；賦頌歌讚，則詩立其本；銘誄箴祝，則禮總其端；紀傳移檄，則春秋爲根』正相類似。其論文章之作用云：

朝廷憲章，軍旅誓誥，敷顯仁義，發明功德，牧民建國，不可暫無。（一本作施用多途）至於陶冶性靈，從容諷諫，入其滋味，亦樂事也。

此又與文心原道篇所云：『經緯區宇，彌綸彝憲，發揮事業，彪炳辭義』者相同。其論文章之要素云：

凡為文章，猶乘騏驥，雖有逸氣，當以銜策制之，勿使流亂軌躅，放意填坑岸也。文章當以理致為心腎，氣調為筋骨，事義為皮膚，華麗為冠冕。

這又與文心附會篇所謂『必以情志為神明，事義為骨髓，辭采為肌膚，宮商為聲氣』者相類。這些論調，都近於為雜文學張目。故其論文人之修養，乃以陷於輕薄為戒。

自古文人多陷輕薄。屈原露才揚己，顯暴君過；宋玉體貌容冶，見遇俳優；東方曼倩滑稽不雅；司馬長卿竊貲無操；王褒過章僮約；揚雄德敗美新；李陵降辱夷虜；劉歆反覆莽世；傅毅黨附權門；班固盜竊父史；趙元叔抗竦過度；馮敬通浮華擯壓；馬季長佞媚獲誚；蔡伯喈同惡受誅；吳質詆忤鄉里；曹植悖慢犯法；杜篤乞假無厭；路粹隘狹已甚；陳琳實號麤疏；繁欽性無檢格；劉楨屈強輸作；王粲率躁見嫌；孔融禰衡誕傲致殞；楊修丁廙扇動取斃；阮籍無禮敗俗；嵇康凌物凶終；傅玄忿鬬免官；孫楚矜誇凌上；陸機犯順履險；潘岳乾沒取危；顏延年負氣摧黜；謝靈運空疏亂紀；王元長凶賊自貽；謝玄暉侮慢見及凡此諸人，皆其翹秀者，不能悉紀，大較如此。至於帝王，亦或未免。自昔天子而有才華者，唯漢武魏太祖文帝明帝宋孝武帝，皆負世議，非懿德之君也。自子游子夏荀況孟軻枚乘賈誼蘇武張衡左思之儔，有盛名而免過患者，時復聞之，但其損敗居多爾。每嘗思之，原其所積，文章之體，標舉興會，發引性靈，使人矜伐，故忽於持操，果於進取。今世文士，此患彌切，一事愜當，一句清巧，神厲九霄，志凌千載，自吟自賞，不覺更有旁人。加以砂礫所傷，慘於矛戟；諷刺之禍，速乎風塵，深宜防慮，以保元吉。

此種意思也從文心雕龍程器一篇得來。程器篇中歷舉文士之疵，殆與此節相同；不過程器篇謂『人稟五材，修短殊用；自非上哲，難以求備。然將相以位隆特達，文士以職卑多誚，』則猶是較為公允的論調耳。

以其如此，所以顏氏的文學觀也多偏於折衷而成為復古思想的萌芽。如云：

今世相承，趨末棄本，率多浮豔。辭與理競，辭勝而理伏；事與才爭，事繁而才損。放逸者流宕而忘歸，穿鑿者補綴而不足。時俗如此，安能獨違。但務去泰去甚爾！必有盛才重譽，改革體裁者，實吾所希。

古人之文，宏材逸氣，體度風格，去今實遠；但緝綴疏樸，未為密緻爾。今世音律諧靡，章句偶對，諱避精詳，賢於往昔多矣。宜以古之製裁為本，今之辭調為末，並須兩存，不可偏棄也。

這種兩存的主張，實是此時風氣轉移中應有的論調。這種主張，在後世文體的改變上猶沒有多大影響。因為他以為今之辭調也可保存的，所以充其量只成為典正的風格，(註)而不會變駢儷的體製。至於詩，則融合古之製裁與今之辭調，正是極適宜的改革方法。且看他所舉較具體的例：

沈隱侯曰：『文章當從三易：易見事，一也；易識字，二也；易讀誦，三也。』邢子才常曰：『沈侯文章用事，不使人覺，若胸臆語也；深以此服之。』祖孝徵亦嘗謂吾曰：『沈詩云「崖傾護石髓」，此豈似用事耶？』

蘭陵蕭慤，梁室上黃侯之子，工於篇什。嘗有秋詩云：『芙蓉露下落，楊柳月中疏。』時人未之賞也。吾愛其蕭散，宛然在目。潁川荀仲擧，瑯琊諸葛漢，亦以爲爾；而盧思道之徒，雅所不愜。

這不是已開唐風了嗎？南朝的劉勰以原道的主張而開唐代文壇的風氣；北朝的顏之推以不廢音律的緣故，而樹唐代詩壇的先聲：這都是値得注意的事。

【註】文章篇云：『吾家世文章，甚爲典正，不從流俗。梁孝元在藩邸時，撰西府新文，紀無篇見錄者，亦以不偶於世，無鄭衞音故也。』

第五篇　隋唐五代

第一章　復古運動的醞釀時期

第一節　李諤與王通

在隋唐五代三百多年的中間，由一般作家的作風而言，可以別爲三個時期：前一個時期——隋及初唐——約占一百多年，是作風將變明而未融的時候；蓋以積重難返，故猶不免承襲梁陳之餘音。中一個時期——舊時所謂盛唐及中唐——也占一百多年，是作風丕變登峯造極的時候；此時詩文，纔奏摧陷廓清之功，纔變以前駢儷的面目，與浮艷的作風。後一個時期——晚唐及五代——也占一百多年，又是駢儷餘波，回蕩振轉的時候。所以若自古文的立脚點而言，則此期的文學史殆成弧形的進展。

至就此三百多年的批評主張而言，也可以復古運動爲中心而分成上述的三個時期，不過在前一時期是醞釀時代，中一時期是高潮時代，後一時期是銷沈時代而已。蓋中國的文學批評，恒隨作風爲轉移。評者與作者往往不能分別，所以批評界的論調，同時每成爲作家的主張。

六朝以後駢儷的作風之轉移，在隋及初唐已然；所以文壇的復古思想，在隋及初唐也已微露其端倪。今考隋時如李諤王通諸人所言，已啟唐代復古論調之先聲。李諤力攻駢體之失，王通復標明道之旨，消極的或積極的方面，破壞的或建設的方面，均足爲唐代古文家的根據。

李諤在隋文帝時以當時文體輕薄流宕忘反，上書曰：

臣聞古賢哲王之化人也，必變其視聽，防其嗜慾，塞其邪放之心，示以淳和之路，五敎六行爲訓人之本，詩書禮易爲道義之門，故能家復孝慈，人知禮讓，正俗調風，莫大於此。其有上書獻賦，制誄鐫銘，皆以褒德序賢，明勳證理，苟非懲勸，義不徒然。降及後代，風敎漸落。魏之三祖，更尙文詞，忽君人之大道，好彫蟲之小藝；下之從上，有同影響，競騁文華，遂成風俗。江左齊梁，其弊彌甚，貴賤賢愚，唯務吟詠，遂復遺理存異，尋虛逐微，競一韻之奇，爭一字之功，連篇累牘，不出月露之形，積案盈箱，唯是風雲之狀。世俗以此相高，朝廷據茲擢士，祿利之路旣開，愛尙之情愈篤。於是閭里童昏，貴游總丱，未窺六甲，先製五言。至如羲皇舜禹之典，伊傅周孔之說，不復關心，何嘗入耳！以傲誕爲清虛，以緣情爲勳績，指儒素爲古拙，用詞賦爲君子。故文筆日繁，其政日亂，良由棄大聖之規模，構無用以爲用也。

李諤此書固似近於希承帝旨，當開皇四年，文帝卽詔天下公私文翰並宜實錄，其時泗州刺史司馬幼之以文表華艷，至付所司治罪。李諤所云，蓋卽本此意旨而發，所以表中也引此事。(註) 但其論調重儒敎而輕文藝，尙實用而賤虛飾，則唐人所論固不出此範圍也。

【註】唐薛登天授中上疏謂：『文帝納李諤之策，由是下制禁斷文筆浮詞，其年泗州刺史司馬幼之以表不典，實得罪，於是風俗改勵，政化大行，』殊爲顚倒事實。

李諤所論固啓唐代古文家的先聲了。但其文體依舊不脫駢儷的餘習。王通則更進一步，實行其論文的主張，卽文體也古典是式了。

王通，隋書無傳，惟附見於新舊唐書王質王勃王績各傳，稱爲『隋末大儒號文中子』而已。其著述之傳於今者有中說十卷。但核以事實又多相牴牾，於是有疑其非出文中子所撰者，有且疑文中子並無其人者。實則隋書雖不爲王通立傳，而唐人言之鑿鑿，不可謂實無其人。（註一）至於中說是否出彼所撰，固成問題。但如洪邁容齋隨筆因杜淹所撰文中子世家事實多牴牾，遂疑中說爲宋代阮逸所作，則亦不免斷得太勇。蓋中說中所載事實雖不免牴牾，而在唐時已有此書則無可疑。（註二）至多只能如焦竑所謂：『阮逸不無增損於其間』，（註三）若遽定爲宋人之著則未免錯誤。不過中說雖爲唐時之書，而因其事實之牴牾，實不能謂全出於王通所撰定。於是或稱爲杜淹所撰，（註四）或稱爲其子福郊福時等所依托，（註五）或稱爲王勃所僞造，（註六）要之都不過一種揣測之辭，沒有堅强的左證，未易作肯定的論斷。竊以爲王通之續六經撰中說，明見於新唐書王績傳，則其爲人已有妄誕之嫌；其父殺人其子或且行刦，則其子弟之習爲夸詐又何足怪。大抵其書原出王通所撰，（註七）蓋中說之擬論語，亦與其續古尙書等同例，並爲贋古之作；不過王氏原書或未指實人名，而其子如福郊福時輩，其門人如薛收姚義輩，或欲張侈其門戶，或欲藉此以自重，遂不免妄加人名或增飾事實，而不知其轉陷於譌誣耳。而且，卽退一步言謂中說非出王通所撰，不足見其思想，則其書至遲也不能在王勃以後，無論如何也足見此醞釀時期一部分人的文學見解。所以現在姑仍舊說以中說爲王通所撰，藉以窺見時人之文學觀。

【註一】明焦竑筆乘卷二云：『宋咸作駁中說謂文中子乃後人所假託，實無其人，則幾於瞽說矣。王績有負苓者傳，陳叔達有答王績書曰：「賢兄文中子恐後之筆削陷於繁碎，宏綱正典，暗而不宣，乃興元經以定眞統」陸龜蒙送豆盧處士序亦曰「昔文中子生於隋代，知聖人之道不行，歸河汾間，修先君之業。」後司空圖皮日休俱有文中子碑，五子皆唐人，言之鑿鑿如此，咸獨臆斷其無，可乎？』又其續筆乘卷三謂「楊炯集中有王子安集序亦言『文中子居龍門，裁成大典，以贊孔門，勃思崇祖德，光宣奧義』亦王通實有其人之證。又宋釋契嵩鐔津文集十三書文中子傳後力言文中子之事可信，亦足備一說。

【註二】此則宋葉大慶考古質疑亦已辨之。其言云：『大慶謂容齋之所辨證，是矣。嘗觀杜淹所撰世家，年世既已牴牾，且或疎略自戾，豈止如容齋所疑乎？……然容齋遂并疑中說爲阮逸所作，大慶則未敢以爲然也。何者？逸乃我宋仁宗朝人，唐書藝文志已有王通中說，皮日休有文中子碑，亦言序述六經敷爲中說，李薛房杜皆其門人，而劉禹錫作王華卿墓銘序載其家世行事甚詳，云門多偉人，則與其書所言合矣。司空圖又謂文中子致聖人之用，房衞數公皆爲其徒，恢文武之道，以躋貞觀治平之盛。至於李翺讀文中子且以其書埀之太公家教，劉蕡讀文中子又以六籍奴婢譏之，是雖當世儒者好惡不同，推尊之或過，毀損之失眞，要知自唐已有此書，決非阮逸所作明矣。』

【註三】焦竑筆乘卷二云：『宋龔鼎臣嘗得唐本中說於齊州李冠家，蓋中說之行久矣。陳同父類次文中子云，「十篇舉其端二字以冠篇，篇各有序，惟阮逸本有之。」又阮襲二本時有異同，如阮本曰嚴子陵釣於湍石，爾朱榮控勒天下，故君子不貴得位。襲本則曰嚴子陵釣於湍石，民到于今稱之；爾朱榮控勒天下，民無得而稱焉。襲本曰出而不聲，隱而不沒，用之則成，舍之則全。阮本則因董常而言，終之曰吾與爾有矣。豈逸不無增損於其間，遂啓後世之疑邪？』紹虞案此說亦見宋張淏雲谷雜記，惟張氏只言為後人所附益，不曾定為阮逸耳。又李覯直講李先生文集二十九讀文中子一文謂『文中子教授河汾間，迹未甚顯，沒後門人欲尊寵之，故扳太宗時公卿以欺後世耳。懼其語之泄乃溢辭以求媚。』其說亦是。

【註四】元白珽湛淵靜語卷一云：『文中子中說，杜淹所撰，中間多有疎謬處，所以啓或者之疑議。然王氏子弟如王凝福時，不無傅會於其間，以張侈其門戶。且如王道篇云：「李德林請見，子與之言，歸有憂色。門人問子。子曰，德林與吾言終日，言文而不及理。門人退，子援琴鼓蕩之什，門人皆沾襟焉。」又禮樂篇云：安平公問政，即德林也。余按史李德林卒於開皇之十年，時文中子甫七歲，固未有門人，德林何自而請見，問政，門人何自而聞琴流涕，此亦疎謬之一端。不但唐開國佐命功臣，皆其弟子也。』紹虞案此說即本葉大慶考古質疑所言，但葉氏不言為杜氏所撰耳。

【註五】四庫總目提要『所謂文中子者，實有其人；所謂中說者，其子福郊福時等纂述遺言，虛相夸飾，亦實有其書。第當有唐開國之初，明君碩輔不可以虛名動。又陸德明孔穎達賈公彥諸人，老師宿儒，布列館閣，亦不可以空談惑。故其人其書皆不著於當時，而當時亦無斥其妄者。至中唐以後漸遠無徵，乃稍稍得售其欺耳。』

【註六】章炳麟檢論案唐篇云：『中說時有善言，其長夸詐則甚矣。案其書長安見李德林援琴鼓蕩，及杜淹所為世家，稱通問禮關朗，其年齒皆不逮，而房玄齡杜淹陳叔達年皆長通，不得爲其弟子。舊唐書稱通仕至蜀郡司戶書佐，疑其言獻策者亦妄也。諸此詐欺之文世或以爲福郊福畤增之。案通弟績既以通比仲尼，子姓襲其唐虛宜然。然其年世尙近，不可顚倒，而勃去通稍遠矣。生既不識李房杜陳之疇，比長，故老漸凋，得以妄述其事。唐書稱通嘗起漢魏盡晉作書百二十篇，續古尙書，有錄無書者十篇，勃補完缺遺，定著二十五篇。由今驗之，中說與文中子世家皆勃所讕誣也』。

【註七】焦竑續筆乘卷三王勃集序條『楊炯集二十卷，今不傳，第詩數十篇耳。近童珮搜訪遺文，合爲十卷，有王子安集序，中云，文中子之居龍門也，睹隋室之將散，知吾道之未行。循嘆鳳之遠圖，宗獲麟之遺制，裁成大典，以贊孔門。討論漢魏，迄於晉代，删其詔命，爲百篇以續書，甄正樂府，取其雅奧，爲三百篇以續詩，又自晉太熙元年至隋開皇九年平陳之歲，褒貶行事，述元經以法春秋，門人薛收爲之傳，未就而歿。君思崇祖德，光宣奧義，續薛氏之遺傳，製詩書之衆序，危舉藝文，克融前烈，詩書之序，並冠於篇，元經之傳，未終其業，命不我與，有涯先謝。又註周易，窮乎晉卦。又編次論語，各以羣分，窮源造極，爲之詁訓。又注黃帝八十一難，撰合論十篇，見行於代。此亦可爲文中子非僞書一證。』

中說中首先對於南朝文學施一個攻擊。其事君篇云：

子謂文士之行可見：謝靈運小人哉，其文傲；君子則謹。沈休文小人哉！其文冶；君子則典。鮑照江淹，古之狷者也，其文急以怨。吳筠孔珪，古之狂者也，其文怪以怒。謝莊王融，古之纖人也，其文碎。徐陵庾信，古之夸人也，其文誕。或問孝綽兄弟？子曰，鄙人也，其文淫。或問湘東王兄弟？子曰，貪人也，其文繁。謝朓，淺人也，其文捷。江總，詭人也，其文虛。——皆古之不利人也。

他惟對於顏延之王儉任昉三人謂：『有君子之心焉，其文約以則。』因此他對於當時文學下個總批評：

> 古之文也約以達，今之文也繁以塞。

約以達，由於重文之本；繁以塞，由於逐文之末。其論文然，其論詩的標準亦然。天地篇云：

> 李伯藥見子而論詩，子不答。伯藥退謂薛收曰：『吾上陳應劉，下述沈謝，分四聲八病，剛柔清濁，各有端序，音若塤篪，而夫子不應，我其未達歟？』薛收曰：『吾嘗聞夫子之論詩矣！上明三綱，下達五常，於是徵存亡，辯得失，故小人歌之以貢其俗，君子賦之以見其志，聖人采之以觀其變。今子營營馳騁乎末流，是夫子之所痛也；不答則有由矣。』

此等見解，吾以為如王勃這樣的文人未必如此拘執，所以未必為王勃所依托。事君篇又云：

> 古君子志於道，據於德，依於仁，而後藝可游也。

其重道輕藝之意顯然可見。所以文以載道之旨，實以王通首發其端。王道篇云：

> 子在長安，……李德林請見，子與之言，歸而有憂色。門人問子，子曰：『德林與吾言，終日言文而不及理。』門人曰：『然則何憂？』子曰：『非爾所知也。……言文而不言理，是天下無文也。王道從何而興乎？吾所以憂也。』

(注)

【註】案德林卒於開皇十年，時通甫七歲，固未有門人，此亦事實之疏謬者。

又天地篇云

子曰：學者，博誦云乎哉！必也貫乎道。文者苟作云乎哉！必也濟乎義。

其後韓愈送陳秀才彤序，謂『學所以爲道，文所以爲理，』蓋卽本此。

第二節 唐初史家

隋末王通，論文重道，開後世道學家之先聲。唐初史家，其論文雖無此極端，然也頗不滿意六朝的作風，所以又開古史家之先聲。史家固不重在論文，但以其所修諸史均有文苑傳或文學傳，而於此諸傳之先每有一篇序，於此諸傳之後又或爲之論，所以正可於其序或論之中窺見史家的論文見解。(註)

【註】李百藥北齊書有文苑傳序，房喬等晉書有文苑傳序文苑傳論，魏徵等隋書有文學傳序，姚思廉梁書陳書均有文學傳序，令狐德棻周書雖無文苑傳而王褒庾信傳論中頗多論文之語。惟李延壽南北史雖均有文學傳而其序論大都剿襲人說，如南史文學傳序同陳書而其論又襲自梁書；北史文苑傳序同隋書及周書。

今考當時一般史家之論文，大率爲一種折衷的論調。由南與北的文學言，則欲其『掇彼清音，簡茲累句，』如李延壽北史文苑傳序所謂：

暨永明天監之際，太和天保之間，洛陽江左，文雅尤盛。彼此好尙，雅有異同。江左宮商發越，貴於清綺；河朔詞義貞剛，重乎氣質。氣質則理勝其詞，清綺則文過其意。理深者便於時用，文華者宜於詠歌。此其南北詞人得失之大較也。若能掇彼淸音，簡茲累句，各去所短，合其兩長，則文質彬彬，盡美盡善矣。

由古與今的文學言，則又欲其「權衡輕重，斟酌古今，」如令狐德棻周書王褒庾信傳論所言：

原夫文章之作，本乎情性，覃思則變化無方，形言則條流遂廣。雖詩賦與奏議異軫，銘誄與書論殊塗，而撮其指要，舉其大抵，莫若以氣為主，以文傳意。考其殿最，定其區域，摭六經百氏之英華，探屈宋卿雲之祕奧。其調也尚遠，其旨也在深，其理也貴當，其辭也欲巧。然後瑩金璧，播芝蘭，文質因其宜，繁約適其變，權衡輕重，斟酌古今，和而能壯，麗而能典，煥乎若五色之成章，紛乎猶八音之繁會。夫然，則魏文所謂通才，足以備體矣；士衡所謂難能，足以逮意矣。

此卽顏之推所謂『古之製裁為本，今之辭調為末』的意思。蓋在一種風氣將轉的時候，本易有此種論調的。何況史家衡古論今，對於文學之源流得失，無不瞭然，則欲其各去所短而合其兩長，固更不足怪了。明此，然後知史家論文雖不免泛評當時作者，（如晉書文苑傳的序和論）或泛述一代歷史，（如北史文苑傳序）與文學批評似乎無多關係，然而總觀各家所論，亦有數點足以特別提出，可藉以窺知文學批評上之思想與文學史上之作風，其所由轉移之故者。

其評論當時的文學，則對於南朝以來之作，每有一種不滿意的論調。如周書王褒庾信傳論云：

子山之文，發源於宋末，盛行於梁季。其體以淫放為本，其詞以輕險為宗。故能誇目侈於紅紫，蕩心逾於鄭衛。

昔揚子雲有言：『詩人之賦麗以則，詞人之賦麗以淫，』若以庾氏方之，斯又詞賦之罪人也。

北齊書文苑傳序云：

江左梁末彌尙輕險，始自儲宮，刑乎流俗。雜沓濶以成音，故雖悲而不雅。

又隋書文學傳序云：

梁自大同之後，雅道淪缺，漸乖典則，爭馳新巧。簡文湘東啟其淫放，徐陵庾信分路揚鑣。其意淺而繁，其文匿而彩，詞尙輕險，情多哀思。格以延陵之聽，蓋亦亡國之音乎！（北史文苑傳序同）

此種論調也足為提倡古文古詩者張目。大抵當時諸史惟晉書與南朝無關，梁陳二書與南史，則又為體例所限，勢不能譏議其失，（注）故猶無貶辭，至於北朝諸史則對南朝文學當然可爲嚴正的批評了。所以我謂當時史家對於南朝文學都有不滿意之論。

【註】然魏徵梁書帝紀論猶且謂：『太宗聰睿過人，神采秀發，多聞博達，富贍詞藻，然文艷用寡，華而不實，體窮淫麗，義罕疎通，哀思之音，遂移風俗，以此而貞萬國，異乎周誦漢莊矣。』

南朝文學之缺點既如上述，於是或推論文學之源，或進究文學之本。其論文源者則歸本於聖與，遂不期然而然的使文學觀復返於復古。今略撫數節以見一斑。

夫文以化成，惟聖之高義；行而不遠，前史之格言。……移風俗於王化，崇孝敬於人倫，經緯乾坤，彌綸中外。故

知文之時義大哉遠矣。（晉書文苑傳序）

經禮樂而緯國家通古今而述美惡非文莫可也。是以君臨天下者，莫不敦悅其義，縉紳之學咸貴尙其道。古往今來未之能易。（梁書文學傳序）

易曰：『觀乎人文以化成天下，』孔子曰：『煥乎其有文章也。』自楚漢以降辭人世出，洛汭江左其流彌暢：莫不思侔造化明竝日月，大則憲章典謨，裨贊王道，小則文理清正，申紓性靈。至於經禮樂，綜人倫，通古今，述美惡，莫尙乎此。（陳書文學傳序又南史文學傳序略同）

夫文學者，蓋人倫之所基歟？是以君子異乎衆庶。昔仲尼之論四科，始乎德行，終於文學，斯則聖人亦所貴也。（陳書文學傳論）

兩儀定位，日月揚輝，天文彰矣；八卦以陳，書契有作，人文詳矣。若乃墳索所記，莫得而云，典謨以降，遺風可述。是以曲阜多才多藝，鑒二代以正其本，闕里性與天道，修六經以維其末。故能範圍天地，綱紀人倫，窮神知化，稱首於千古；經邦緯俗，藏用於百代。至矣哉斯固聖人之述作也！逮乎兩周道喪，七十義乖，淹中稷下，八儒三墨，辯博之論蜂起；漆園黍谷，名法兵農，宏放之詞霧集。雖雅誥奧義，或未盡善，考其所長，蓋賢達之源流也。（周書王褒庾信傳論又北史文苑傳序略同。）

易曰：『觀乎天文以察時變，觀乎人文以化成天下，』傳曰：『言身之文也。』『言而不文，行之不遠。』故堯

> 曰則天，表文明之稱；周云盛德，著煥乎之美。然則文之爲用其大矣哉！上所以敷德教於下，下所以達情志於上。大則經緯天地，作訓垂範；次則風謠歌頌，匡主和民。或離讒放逐之臣，塗窮後門之士，道轗軻而未遇，志鬱抑而不伸，憤激委約之中，飛文魏闕之下，奮迅泥滓，自致青雲，振沈溺於一朝，流風聲於千載，往往而有。是以凡百君子，莫不用心焉。（隋書文學傳序）

窮其源而以聖賢之述作爲依歸，究其用而以裨贊王道綱紀人倫爲標準。此雖不是古文家的論調，而古文家的論調實本於此。實則史家有此議論，沿流溯源，尙不爲謬；文家有此主張，古典是式，便成爲復古了。

其論文本者，則歸之於情而欲復返於雅正。如晉書文苑傳論云：

> 夫賞好生於情，剛柔本於性。情之所適，發乎詠歌而感召無象，風律殊製。

寥寥數語，已很能說明情性與文學之關係。至李百藥北齊書文苑傳序則言之更精。

> 夫玄象著明以察時變，天文也；聖達立言化成天下，人文也。達幽顯之情，明天人之際，其在文乎？逖聽三古，彌綸百代，制禮作樂，騰實飛聲；若或言之不文，豈能行之遠也。子曰：『文王旣沒，文不在茲』，大聖踵武，邈將千載，其間英賢卓犖，不可勝紀，咸宜韜筆寢牘，未可言文。斯固才難，不其然也。
>
> 至夫游夏以文詞擅美，顏回則庶幾將聖，屈宋所以後塵，雲卿未能輟簡，於是辭人才子，波駭雲屬，振鵷鷺之羽儀，縱雕龍之符采，人謂得玄珠於赤水，策奔電於崑丘，開四照於春華，成萬寶於秋實。

然文之所起，情發於中。人有六情，稟五常之秀；情感六氣，順四時之序。其有帝資懸解，天縱多能，摛黼黻於生知，問珪璋於先覺。譬雕雲之自成五色，猶儀鳳之冥會八音，斯固感英靈以特達，非勞心所能致也。縱其情思底滯，關鍵不通，但伏膺無怠，鑽仰斯切，馳騖勝流，周旋益友，彊學廣其文見，專心屏於涉求，畫繢飾以丹青，彫琢成其器用，是以學而知之，猶足賢乎已也。謂石爲獸，射之洞開，精之至也；積歲解牛，砉然游刃，習之久也。自非渾沌無可鑿之姿，窮寄懷不移之情，安有至精久習而不成功者焉。

此文頗似文賦，亦能闡說文本於情之關係，不過他所謂情重在歸於雅正，而不可偏於哀思。故李氏於其文苑傳贊又云：『乃眷淫靡，永言麗則，雅以正邦，哀以亡國。』

窮文之源則以古爲式，此卽令狐德棻所謂：『摭六經百氏之精華，探屈宋卿雲之祕奧』者；究文之本則以情爲主，此又李延壽所謂：『河朔詞義貞剛，重乎氣質』者。史家深知當時南朝文學之失，而欲捄其弊補其偏，所以每成爲折衷的論調，而這種論調正爲後來復古的文人與詩人之所本。蓋因窮文之源而論文，每主於尙用，自成後來文人之主張；因究文之本而論文，又歸於崇雅，則又成後來詩人之主張了。人每知陳子昂李白之力復古詩，韓愈之力復古文，而不知風氣之開，卽在初唐史家固已然矣。

第三節　劉知幾之史通

史家修史，史論家則論史。修史者不重在論文，故不易見其論文見解；論史者則以文史關係之密，論史多同於論文，故又頗可窺出其論文的見解。在昔文史不分之時，史家好似文學家，而史論家則好似文學批評家。唐代史論家的著作，其較重要者只有劉知幾的史通。（註一）劉氏史通商榷史篇，揚扢文詞，其所論頗為重要。不過以文史雖屬同源而畢竟異途。（註二）所以史通所論，非惟與文心雕龍不同，即與當時史家亦異其指趣。史通是本於史學的觀點，以論史籍的文詞；文心雕龍是本於文學的觀點，以論文學的作品。所以也可說，史通所論是史學家的文學觀；而文心雕龍所言則是文學家的文學觀。

【註一】唐代史評之著，惟劉知幾史通獨傳。知幾次子餗有史例三卷，見新唐志，今不傳。又柳璨有史通析微十卷，新唐志作柳氏釋史；直齋書錄解題謂其譏評劉氏之失，今亦不傳。此外尚有裴傑史漢異義（通志「義」作「議」）三卷，田弘正客沂公史例十卷，均見新唐志文史類；又吳武陵十三代史駁議十二卷，見宋志文史類，似均不重在論文。

【註二】史通覈才篇云：『文之與史，較然異轍。故以張衡之文而不閑於史，以陳壽之史而不習於文，其有賦述兩都，詩裁八詠，而能編次漢冊，勒成宋典，若斯人者，其流幾何？是以略觀近代，有齒迹文章而兼修史傳，其為式也，羅含謝客，宛為歌頌之文，蕭繹江淹，直成銘贊之序，溫子昇尤工複語，盧思道雅好麗詞，江總猖獗以成迷，庾信輕薄而流宕，此其大較也。』又雜說下云：『史云史云，文飾云乎哉！』蓋他因於文史分途，故不欲以文人撰史，更不欲史之偏於文飾。

明史通所論只指史籍的文詞，則知其論文所以不偏主藻飾，而同時又不偏主質樸之故。如雜說下云：

『自梁室云季，雕蟲道長，「平頭」「上尾」，尤忌於時；對語儷辭，盛行於俗。始自江外，被於洛中，而史之載言，亦同於此。假有辨如酈叟，吃若周昌，子羽修飾而言，仲由率爾而對，莫不拘以文禁，一概而書；必求實錄，多見其妄矣。

此言史文敘述之不能偏於雕飾而失實。又論贊篇以爲後世流宕忘返，「大抵皆華多於實，理少於文，鼓其雄辭，誇其儷事」而對於當代以詞人而兼史家者爲更致不滿。他說：

『大唐修晉書，作者皆當代詞人，遠棄史班，近宗徐庾。夫以飾彼輕薄之句，而編爲史籍之文，無異加粉黛於壯夫，服綺紈於高士者矣。』

則又言史傳論贊之不宜徒尚儷辭，此皆不欲以文人撰史之意。然如敘事篇云：

夫飾言者爲文，編文者爲句，句積而章立，章積而篇成，篇目既分，而一家之言備矣。古者行人出境，以詞令爲宗，大夫應對，以言文爲主。況乎列以章句，刊之竹帛，安可不勵精雕飾，傳諸諷誦者哉！

則其不偏尚質樸之意又極明顯。這種主張似相矛盾，實則本於史學的見解看來固絕不衝突。何者？史本是「筆」的一種，筆雖不同於文而亦不可廢飾。論史事宜求其翔實，論史文須期其永久。所以敘事篇又說：

夫史之稱美者，以敘事爲先。至若書功過，記善惡，文而不麗，質而非野，使人味其滋旨，懷其德音，三復忘疲，百遍無斁；自非作者曰聖，其孰能與於此乎？

這種文質折衷的論調，似乎與當時史家之論文學相同，然而亦有差異之處。蓋史家之論文學，有時本於文學的立；揚而史論家之論史籍，則全本於史學的觀點。所以史家如李百藥北齊書所言，足爲後來詩人復古之根據；而劉氏之論則適以混筆爲文，只能助雜文學張目而已。此所以史通論文又全爲史學家之文學觀也。

明史通論文全是史學家之文學觀，則其論文主恉始可得而言。大抵史學家之論文總無主純美論者。一方面求其信實，此王充所謂：『極筆墨之力定善惡之實也。』一方面又求其應用，此又王充所謂：『文人之筆勸善懲惡』也。（並見論衡佚文篇）此本是史家論文之宗旨，劉氏亦不能外是。

由其求信實者言，故重在眞。言語須求其眞，事實須求其眞，是非也須求其眞。言語篇謂記當世口語宜從實而書，（註一）此求言語之眞。敍事篇論假託古詞翻易新語之非，（註二）此求事實之眞。浮詞篇又謂抑揚不使過實，（註三）此又求是非之眞。其論頗與王充論衡相同，而與劉勰文心雕龍微異。論衡謂經傳之文賢聖之語，後世不曉，是由語異，不關材鴻；（見自紀篇）正與史通所謂不應怯書今語勇效昔言者同旨。而文心雕龍鍊字篇謂：『爾雅倉頡異體相資，如左右肩股；該舊而知新，亦可以屬文：』便不全重今語了。論衡謂：『必謀慮有合，文辭相襲，是則五帝不異事，三王不殊業也。』（見自紀篇）此也近史通所譏述事必比於古之意。而文心雕龍事類篇乃云：『明理引乎成辭，徵義舉乎人事，乃聖賢之鴻謨，經籍之通矩，』則又不廢古典了。論衡謂：『世俗所患，患言事增其實；著文垂辭，辭出溢其眞；』（見藝增篇）此亦史通所謂：『發言失中，加字不愜，遂令後之覽者，難以取信，』之意。而文心雕龍夸飾篇乃云：『文辭所被，夸飾恒存，』則固不貶浮詞了，（註四）史學家與文學家之論文其不同乃如此。

【註一】史通言語篇云：『夫三傳之說，既不習於尚書；兩漢之詞，又多違於戰國。足以驗甿俗之遞改，知歲時之不同。而後來作者，通無遠識，記其當世口語，罕能從實而書；方復追効昔人，示其稽古。是以好邱明者，則偏模左傳；愛子長者，則全學史公。用使周秦言辭，見於魏晉之代；楚漢應對，行乎宋齊之日。而偽修混沌，失彼天然。今古以之不純，眞偽由是相亂。……夫天地長久，風俗無恆，後之視今，亦由今之視昔。而作者皆怯書今語，勇效昔言，不其惑乎？』

【註二】史通敍事篇云：『昔文章既作，比興由生；鳥獸以媲賢愚，草木以方男女；詩人騷客，言之備矣。洎乎中代，其體稍殊，或擬人必以其倫，或述事多比於古。當漢氏之臨天下也，君實稱帝，理異殷周；子乃封王，名非魯衞。而作者猶謂帝家爲王室，公輔爲王臣。盤石加建侯之言，帶河申俾侯之誓。而史臣撰錄，亦同彼文章，假託古詞，翻易新語；潤色之濫，萌於此矣。降及近古，彌見其甚。……夫持彼往事，用爲今說，置於文章則可，施於簡冊則否矣。』

【註三】史通浮詞篇云：『昔尼父裁經，義在褒貶，明如日月，持用不刊。而史傳所書，貴乎博錄而已。至於本事之外，時寄抑揚，此乃得失稟於片言，是非由於一句，談何容易，可不慎歟！但近代作者，溺於煩富，則有發言失中，加字不愜；遂令後之覽者，難以取信。』

【註四】文心練字篇雖謂『今一字詭異，則羣句震驚』，而夸飾篇亦謂『飾窮其要，則心聲鋒起；夸過其理，則名實兩乖』。均去甚去泰之意，與史家論旨自別。

由其求應用者言，故又重在善。其史官建置篇云：

若乃春秋成而逆子懼，南史至而賊臣書，其記事載言也則如彼，其勸善懲惡也又如此。由斯而言，則史之爲用，其利甚博，乃人生之急務，爲國家之要道。有國家者，其可缺之哉！

其曲筆篇又云

蓋史之爲用也記功司過，彰善癉惡得失一朝，榮辱千載。

這些都與論衡論文重在勸懲者相同。所以記事必擇其有關係者，若採及諧謔引及小說，則其事蕪穢，其辭猥雜了。載言亦必擇其足以資勸懲者，若徒撫浮詞，僅採虛飾，則無禆勸獎，有長奸詐了。其書事篇云：

昔荀悅有云：『立典有五志焉：一曰達道義，二曰彰法式，三曰通古今，四曰著功勳，五曰表賢能。』干寶之釋五志也，體國經野之言則書之，用兵征伐之權則書之，忠臣烈士孝子貞婦之節則書之，文誥專對之辭則書之，才力技藝殊異則書之。於是採二家之所議，徵五志之所取，蓋記言之所網羅，書事之所總括，粗得於茲矣。然必謂故無遺恨，猶恐未盡者乎？今更廣以三科，用增前目。一曰敘沿革，二曰明罪惡，三曰旌怪異。何者？禮儀用舍，節文升降則書之，君臣邪僻，國家喪亂則書之，幽明感應，禍福萌兆則書之。於是以此三科，參諸五志，則史氏所載，庶幾無闕。求諸筆削，何莫由斯。

其載言篇則云：

至如史氏所書，固當以正爲主。是以虞帝思理，夏后失御，尙書載其「元首」「禽荒」之歌；鄭莊至孝，晉獻不明，春秋錄其「大隧」「狐裘」之什。其理讜而切，其文簡而要，足以懲惡勸善，觀風察俗者矣。若馬卿之子虛上林，揚雄之甘泉羽獵，班固兩都，馬融廣成，喩過其體，詞沒其義，繁華而失實，流宕而忘返，無禆勸獎，有長奸詐，而前後史漢皆書諸列傳，不其謬乎！

此雖只論史例，而同時很可窺出其論文宗旨。至少，可以說這是史家的文學觀。

劉氏本於史家的文學觀以論史籍的文詞，故偏重在「筆」的方面，當然不主純美，而與古文家之論調爲近。

今案史通所言，就其關於文事之討論而爲古文家樹之先聲者，有兩個較重要的問題。即是（1）繁簡的問題，（2）模擬的問題。

駢儷之體出於詞賦，體尙鋪排，故宜於煩；散行之體出於歷史，體尙剪裁，故宜於簡。所以古文家與史家均有敍事尙簡的主張。史通敍事篇云：

> 夫國史之美者，以敍事爲功；爲敍事之功者，以簡要爲主。簡之時義大矣哉！歷觀自古作者權輿尙書，發蹤所載，務於寡事；春秋變體，其言貴於省文。斯蓋澆淳殊致，前後異跡。然則文約而事豐，此述作之尤美者也。始自兩漢，迄乎三國，國史之文日傷煩富。逮晉已降，流宕逾遠，尋其冗句，摘其煩詞，一行之間必謬增數字，尺紙之內恒虛費數行。夫聚蚊成雷，群輕折軸，況於章句不節，言詞莫限，載之兼兩，曷足道哉！

又云：

> 章句之言，有顯有晦。顯也者，繁詞縟說，理盡於篇中；晦也者，省字約文，事溢於句外。然則晦之將顯，優劣不同，較可知矣。夫能略小存大，舉重明輕，一言而巨細咸該，片語而洪纖靡漏，此皆用晦之道也。

他要損之又損，以至『華逝而實存，滓去而瀋在，』這都與古文家尙簡之說相同。古文家自歐陽修尹洙等後，直至清代「桐城派」大率都主於簡，其意實自劉氏發之。

又史家之與古文家更有一相同之點，卽是均重在則古。模擬篇云：『夫述者相效，自古而然。……況史臣注記，其言浩博，若不仰範前哲，何以貽厥後來。』正與古文家之師古同旨。劉氏因此更論模擬之體云：

> 蓋模擬之體厥途有二：一曰貌同而心異，二曰貌異而心同。……世之述者，銳志矜奇，喜編次古文，撰敍今事，而巍然自謂五經再生，三史重出，多見其無識者矣。惟夫明識之士則不然。何則？其所擬者非如圖畫之寫眞，鎔鑄之象物，以此而似也。其所以爲似者，取其道術相會，義理玄同，若斯而已。……大抵作者自魏以前多効三史，從晉已降喜學五經。夫史才文淺而易模，經文意深而難擬。既難易有別，故得失有殊。蓋貌異而心同者，模擬之上也。貌同而心異者，模擬之下也。然人皆好貌同而心異，不尙貌異而心同者，何哉？蓋鑑識不明，嗜愛多僻，悅夫似史而憎夫眞史，此子張所以致譏於魯侯，有葉公好龍之喻也。

最後他復謂『擬古而不類，乃難之極者。』這正與後來古文家所謂『含英咀華』者相同。韓愈答劉正夫書謂爲文宜師古聖賢人，而申之以師其意不師其辭。正是劉氏所謂取其『道術相會，義理玄同』之意。韓愈送高閑上人序論學張旭之草書，謂『不得其心而逐其跡，未見其能旭也。』此卽所謂貌同心異爲模擬之下之說。劉氏於此篇自謂『自子長以還，似皆未覩斯義。』蓋亦以史家不肯下文辭的工夫，而論史者又不從文學方面論之也。

第二章　復古運動的高潮時期

第一節　詩國的復古說

第一目　陳子昂與李白

在齊梁文學的流風餘韻未盡捐棄之時，而於詩國首先豎革命的旗幟，以復古爲號召者，厥爲陳子昂。韓愈詩所謂『國朝盛文章，子昂始高蹈』（薦士詩）者是也。其上薛令文章啓云：

某聞鴻鐘在聽，不足論擊缶之音；太牢斯烹，安可薦藜羹之味。然則文章薄技，固棄於高賢；刀筆小能，不容於先達。豈非古人君子以爲道德之薄哉！某實鄙能，未窺作者，斐然狂簡，雖有勞人之歌，悵爾詠懷，曾無阮籍之思。徒恨跡荒淫麗，名陷俳優，長爲童子之群，無望壯夫之列。

其視文學爲小能薄技，似乎視之甚卑，幾有薄詩不爲之意。但他却未必眞的不爲，他不過欲挽這過度尚文的詩風返之於質朴耳。欲返之於質朴，所以提出「興寄」二字以爲詩的眞生命。其與東方左史虬修竹篇叙云：

文章道弊五百年矣！漢魏風骨，晉宋莫傳，然而文獻有可徵者。僕嘗暇時觀齊梁間詩，采麗競繁，而興寄都絕，每以永歎！竊思古人，常恐逶迤頹靡，風雅不作，以耿耿也。

子昂不僅批評上的主張如此，其所作感遇詩三十八章，亦能一變徐庾餘風，倡爲平淡淸雅之音。所以盧藏用陳子昂集序稱爲『道喪五百歲而得陳君。』

子昂以後繼之以倡同樣的論調者，即爲李白。李白自謂：『梁陳以來，艷薄斯極，將復古道，非我而誰！』（孟棨本事詩引）其自任以詩國復古之重如此。其古風之首章云：

> 大雅久不作，吾衰竟誰陳。王風委蔓草，戰國多荊榛。龍虎相啖食，兵戈逮狂秦。正聲何微茫，哀怨起騷人。揚馬激頹波，開流蕩無垠。廢興雖萬變，憲章亦已淪。自從建安來，綺麗不足珍。聖代復元古，垂衣貴淸眞。群才屬休明，乘運共躍鱗。文質相炳煥，衆星羅秋旻。我志在删述，垂暉映千春。希聖如有立，絕筆於獲麟。

亦以復元古之淸眞自任。其古風之三十五章又云：

> 醜女來效顰，還家驚四鄰。壽陵失初步，笑殺邯鄲人。一曲斐然子，雕蟲喪天眞。棘刺造沐猴，三年費精神。功成無所用，楚楚且華身。大雅思文王，頌聲久崩淪。安得郢中質，一揮成風斤。

其不滿意於摹擬古人拘束聲律之意可以想見。蓋亦上文『綺麗不足珍』之意。太白爲人，本偏於浪漫的氣分，故其論詩亦崇尚自然，破棄格律，近於浪漫的主張。他欲以浪漫的作風變更古典的作風，本極正當，李白之所以能成爲唐代偉大詩人者在此；唐詩之所以能成功而不朽者亦在此。只可惜他因古詩之自然而高倡復古則未免有昧於文學進化之意義，試看他謂：『興寄深微五言不如四言，七言又其靡也。』（本事詩引）則可知不免爲復古一念所誤了。

只須糾正這一個誤點，則李白的復古主張，依舊是詩國的革新主張。他因爲欲變更一時之風尙，所以覺得曲高和寡，其古風之二十一章云：

郢客吟白雪，遺響飛青天。徒勞歌此曲，舉世誰爲傳。試爲巴人唱，和者乃數千。呑聲何足道，歎息空凄然。

這竟是後來韓愈小慙則小好，大慙則大好的論調了。

第二目　杜甫

杜甫與李白並爲唐代偉大之詩人；但以他二人的作風不同，故於批評的主張亦異其趣。李白是一味主張復古，而卑視齊梁的，故其詩亦以古體爲多，近體爲少。杜甫則不然；『他是熟精文選理』（宗武生日）的他是『晚節漸於詩律細』（遣悶戲呈路十九曹長）的。所以他對於六朝文學並不卑視；他說：

庾信文章老更成，凌雲健筆意縱橫。今人嗤點流傳賦，不覺前賢畏後生。（戲爲六絕句）

陶冶性靈存底物，新詩改罷自長吟。孰知二謝將能事，頗學陰何苦用心。（解悶）

安得思如陶謝手，令渠述作與同遊。（江上値水如海勢聊短述）

他對於初唐詩人亦不攻擊；如云：

王楊盧駱當時體，輕薄爲文哂未休。爾曹身與名俱滅，不廢江河萬古流。（戲爲六絕句）

縱使盧王操翰墨，劣於漢魏近風騷。龍文虎脊皆君馭，歷塊過都見爾曹。（同上）

即他批評同時的詩人，亦每以六朝人物為比擬。如他稱李白云：『清新庾開府，俊逸鮑參軍；』（春日憶李白）『李侯有佳句，往往似陰鏗。』（與李十二白同尋花十隱居）稱鄭審李之芳云：『鄭李光時論，文章並我先，陰何尚清省，沈宋欻連翩。』（秋日夔府奉寄一百韵）稱張九齡云：『綺麗玄暉擁，牋誄任昉騁。』（八哀）稱畢曜云：『流傳江鮑體。』（贈畢四曜）稱孟浩然云：『賦詩何必多，往往凌鮑謝。』（遣興）稱岑參云：『謝脁每篇堪諷誦。』（寄岑嘉州）稱薛華云：『何劉沈謝力未工，才兼鮑照愁絕倒。』（蘇端薛復筵簡薛華醉歌）所以我以為李白的主張是反齊梁的，杜甫的主張是沿襲齊梁而加以變化的。李白仗其天才絕足奔放，所以能易古典的作風為浪漫的作風。杜甫加以學力，包羅萬象，所以能善用齊梁的藻麗而無其浮靡。前者是對於齊梁作風的反抗，幾欲並其藝術美的優點而亦廢棄之者。（注）後者是對於齊梁作風之演進，發揮其藝術美的優點而補救其過度使用之缺陷者。前者廢棄其修辭的技巧而能自成一家的作風，所以顯其才；後者不妨師法齊梁而能不落於齊梁，所以顯其學。顯其才者，其詩猶有古法；顯其學者，其詩轉成創格。我們若從這一點以為詩仙詩聖的解釋，庶不致陷於空洞而渺茫。

【註】此不過就李白批評的論調而言之耳。實則歷史上的事實斷不容如此，李白儘管反抗齊梁，未嘗不受齊梁修辭的影響，所以杜甫謂『李侯有佳句，往往似陰鏗，』正與杜甫之『頗學陰何苦用心』者相同。

是故由作品言，則杜甫是對於齊梁的作風而修正之者。修正的方法，即在采用陳李批評上的復古主張，以兼有漢魏晉宋諸體之長。由批評言，則杜甫是對於陳子昂李白的復古說而修正之者。修正的方法，即在采用齊梁以後創作上的藝術美而集其大成。杜甫在文學史上之重要在此；杜甫在文學批評史上之重要亦在此。我們若本於這一點以爲李杜優劣論也覺得比元稹爲切實一些。

何以見其如此呢？我們卽就其論詩之句，亦可窺出此意。他不廢齊梁的音律，他深知詩與音律的關係之重要。他於夜聽許十一誦詩一首中云：

誦詩渾游衍，四座皆辟易。應手看捶鉤，清心聽鳴鏑。精微穿溟涬，飛動摧霹靂。陶謝不枝梧，風騷苦推激。紫燕自超詣，翠駮誰剪剔？君意人莫知，人間夜寥闃。

於誦詩時要能表現出精微飛動之聲，則作者之於音律，又焉得而不考究呢？所以他要『新詩改罷自長吟』（解悶）了。所以他要『賦詩新句穩，不覺自長吟』（長吟）了。所以他要『律比崑崙竹，音知燥溼絃』（秋日夔府奉寄鄭審李之芳）了。所以他要『但覺高歌有鬼神，焉知餓死塡溝壑』（醉時歌）了。所以他要『遺辭必中律』（橋陵詩三十韻）了。所以他稱岑參者在於『謝朓每篇堪諷誦』；而他所自許者也在於『晚節漸於詩律細』了。

他亦不廢南朝的藻飾。他與高適詩云：『美名人不及，佳句法如何？』（寄高三十五書記）宋魏泰臨漢隱居詩話引其語，卽謂：『造句之法亦貴峻潔不凡。』可知他就不和李白一樣以爲『雕蟲喪天眞』的。他曾說過：『清詞麗句必爲鄰』（戲爲六絕句）所以也就不和李白一樣以爲『綺麗不足珍』了。他因爲『爲人性僻耽佳句，語不驚人死不休』（江上值水如海勢聊短述）以致來李白的「飯顆山頭」之誚。這雖未必眞是事實，但於此可見他們二人不同之處。

然則他重視音律與藻飾是否卽局於南朝的境界呢？則又不然。他所以能不局於齊梁者，卽因他也有復古的傾向。其詠懷古跡詩云『搖落深知宋玉悲，風流儒雅亦吾師。』其解悶詩云：『李陵蘇武是吾師。』其稱鄭虔云：『先生有道出羲皇，先生有才過屈宋，』（醉時歌）稱高適云：『方駕曹劉不啻過，』（奉寄高適）『文章曹植波瀾闊，』（追酬故高蜀州人日見寄）亦未嘗不原本屈宋，推尊漢魏，不過他對於所謂「當時體」亦不輕視而已。其戲爲六絕句之六云：

未及前賢更勿疑，遞相祖述復先誰。別裁僞體親風雅，轉益多師是汝師。

錢謙益讀杜二箋釋之云：『今人之未及前賢，無怪其然也。以其遞相祖述，沿流失源，而不知誰爲之先也。騷雅有眞騷雅，漢魏有眞漢魏，等而下之，至於齊梁唐初，靡不有眞面目焉。舍是則皆僞體也。別者，區別之謂；裁者，裁而去之也。果能別裁僞體，則近於風雅矣。自風雅以下，至於庾信四子，孰非我師。雖欲爲嗤點輕薄之流，其可得乎？故曰轉益多師是汝師。』此說亦能發揮杜老意思。杜甫所謂「轉益多師」，卽對於屈宋漢魏齊梁初唐並在可師之列，所以一方面能不爲復古說所限，一方面也能不落於齊梁，而這一種的轉益多師，卻正是文學上的進化論。（注一）且看他說：

文章千古事，得失寸心知。作者皆殊列，名聲豈浪垂。騷人嗟不見，漢道盛於斯，前輩飛騰入，餘波綺麗為。後賢兼舊制，歷代各清規。（偶題）

『前輩飛騰入，餘波綺麗為，』這很能說明文學上的進化。文學上無論那一種體裁，方其初無不偏於自然美的追，其終又無不趨於藝術美的。本此說以論文學上的綺麗，便不致如李白這樣一筆抹殺定為「不足珍」了。作風之趨於綺麗，本是文學演進上自然的趨勢。只要能得「轉益多師」，便不必對於此種作風加以攻擊而自能『後賢兼舊制』了。只要能得這樣的「轉益多師，」則所謂「兼舊制」云者，便不是擬古的摹襲的，而自有其個性之流露：此所謂『作者皆殊列』也。同時亦自有其時代性的表現，又所謂『歷代各清規』也。若不是這樣而泛言復古，則杜甫所謂『竊攀屈宋宜方駕，恐與齊梁作後塵，』（戲為六絕句）而已。錢謙益釋此二語云：『於古人則愛之，於今人則不敢薄，期於清詞麗句，必與古人為鄰則可耳。今人目長足短，自謂竊攀屈宋，而轉作齊梁之後塵，不亦傷乎？』蓋齊梁文學亦從屈宋演進而來，若泛言學古，則與齊梁同宗屈宋，其流為齊梁之後塵，固亦意中事也。（注二）

【註一】元稹杜工部墓銘云：『好古者遺近，務華者去實，效齊梁則不逮於晉魏，工樂府則力屈於五言，律切則骨格不存，閑暇則纖穠莫備。至於子美，所謂上薄風雅，下該沈宋，言奪蘇李，氣吞曹劉，掩顏謝之孤高，雜徐庾之流麗，盡得古今之體勢，而兼昔人之所獨專矣。』

【註二】郭知達九家集註杜詩引趙注謂：『公所以必追逐屈宋者，惟恐不超越齊梁而翻與之作後塵。蓋齊梁體格輕麗，公所不取也。』此說蔽於成見，未能貫通杜氏論詩宗旨，故有此誤。

這種折衷今古而歸於『轉益多師』歸於『後賢兼舊制』的主張，實是杜老的詩學標準。我曾於所撰杜甫戲爲六絕句集解發其義云：

今人以愛古人之故，嗤點庾信之賦，譏哂四子之文，矯正一時風氣，其意原不可薄。但建安以來清詞麗句，自有不廢江河者在，並非侈言宗古便可卑視齊梁也。大抵時人論詩，自陳子昂始言：『齊梁間詩采麗競繁，而興寄都絕；』李白繼之亦言：『自從建安來，綺麗不足珍。』於是後生從風，發爲狂言，附遠謾近，是古非今，故少陵作此箴之耳。然又恐後生輩隨人脚跟，本無主見，誤會少陵之意，以爲古不足慕，故其下語極有分寸。且又正告之曰，所謂清詞麗句云者，只宜如初寫黃庭恰到好處。屈宋之文驚采絕豔，足以衣被詞人，故欲攀與方駕，固不欲其如塗塗附，愈趨愈下，以作齊梁後塵也。「竊攀」二語，正是並行之句，一以示其蘄向所在，一以明其鑑戒之旨，積極消極二者兼顧，於是所謂『清詞麗句必爲鄰』者，其義始可得而尋。（以前諸家之解此詩者，惟吳見思發此義。）昭明文選序云：『踵其事而增華，變其本而加厲，物既有之，文亦宜然。』文學之趨於雕縟，本亦必然之勢，此正少陵所謂『前輩飛騰入餘波綺麗爲』者。（見偶題）顏氏家訓文章篇云：『今世音律諧靡，章句偶對，諱避精詳，賢於往昔多矣。』文學之偏於雕縟，亦非可一筆抹殺，謂爲不足珍者。此又少陵所謂『熟精文選理』之意。（見宗武生日）則知前數章之不貶庾信四子，意蓋在是。顏之推又云：『古之製裁爲本，今之辭調爲末，並須兩存，不可偏廢。』文章道弊，誠宜以古作矯之。此亦正是少陵「親風雅」之旨則知此章之不欲爲齊梁後塵，意又在是。故其論庾信四子則極言其才力之不可及，而以鯨魚碧海爲極詣。其論古人則又言非不可愛但須以淸詞麗句爲標的，一於淸新中看出其老成，一於老成中兼取其淸新，雙管齊下，而少陵論詩之旨於是大明。此則所謂別裁僞體也。（解不薄今人愛古人一首）

夫後生之未及前賢固勿容疑矣；然遞相祖述果將以誰爲先乎？元稹杜工部墓銘謂『好古者遺近，務華者去實，』此正說明當時風氣。則所謂『遞相祖述復先誰』云者，正是當時急待解決之問題。而少陵則正告之曰，亦惟有別裁僞體以親風雅，而多師爲師而已。僞體云者，不眞之謂。其沿流失源甘作齊梁後塵者固不免於僞；即放言高論，不能虛心以集益者，亦何莫非僞體乎『好古者遺近，務華者去實，』各執一端，兩無是處；於是指示正鵠，而以「轉益多師」爲宗旨。少陵至是蓋已將其論詩主恉，和盤托出無餘蘊矣。元稹之論杜詩稱其『上薄風騷，下該沈宋，言奪蘇李，氣吞曹劉，掩顏謝之孤高，雜徐庾之流麗，盡得古今之體勢，而兼昔人之所獨專，』亦正說明少陵詩學。蓋其所以集大成者在是，而其所敎導後生者亦即此旨也。少陵詩云：『搖落深知宋玉悲，風流儒雅亦吾師。』又云『李陵蘇武是吾師，孟子論文更不疑；』以及『讀書破萬卷，』『熟精文選理』諸語，蓋均多師之謂，豈若附古非今之流，放言高論，轉以自限者哉！（解未及前賢更勿疑一首）

所以我說杜甫的論詩主旨與陳李不同。非惟不同，並且是對於陳李之浮泛的復古論調，而加以修正者。這是杜老所詔示於人的學詩標準。

本此標準，再可一論杜甫之詩的造詣。易言之，也卽是杜甫所詔示於人的作詩的標準。關於這個，杜甫也是二者兼顧，雙管齊下的。楊愼丹鉛總錄之論杜甫『庾信文章老更成』一絕，謂：

庾信之詩爲梁之冠冕，啓唐之先鞭。史評其詩曰「綺豔，」杜子美稱之曰「清新，」又曰「老成。」綺豔清新，人皆知之；而其老成，獨子美能發其妙。余嘗合而衍之曰，綺多傷質，豔多無骨，清易近薄，新易近尖。子山之詩綺而有質，豔而有骨，清而不薄，新而不尖，所以爲老成也。若元人之詩非不綺豔，非不清新，而乏老成。宋人詩強作老成態度，而綺豔清新概未之有。若子山者，可謂兼之矣。不然，則子美何以服之如此。

我嘗謂：『此說入妙，頗得子美論詩之旨。』今亦錄一節我的解釋於下：

杜老詩風，卽在能兼清新老成二者，故其推尊庾信，亦卽在此。杜之稱嚴武云：『詩清立意新，』（奉和嚴中丞西城晚眺）稱孟浩然云：『清詩句句盡堪傳，』（解悶十二首）此清新之說。至其敬贈鄭諫議詩所謂『毫髮無遺憾，波瀾獨老成』者，則又老成之義。是亦子美論詩兼主清新老成二者之證。此卽求之六絕句中亦可得其解。清新之意，所謂『清詞麗句必爲鄰』也；老成之說，又所謂『或看翡翠蘭苕上，未掣鯨魚碧海中』也。蓋清新老成二者相反而適以相成。而其所以相成，所以能兼之之故，要又在『不薄今人愛古人』一語。（此說又須活看，與下文解不同。）不薄今人，則齊梁以來悉在可師之列；愛古人則漢魏以上更爲淵源所自師齊梁所以取其清新親風雅又所以法其老成。蕭子顯云：『若無新變不能代雄，』（南齊書文學傳論）此齊梁間詩之所以趨於清新。陳子昂云：『竊思古人常恐逶迤頹廢風雅不作』（與東方左史虬修竹篇敘）此唐詩之所以返於老成。此所以清新而又老成的境界正須從『不薄今人愛古人』中來也。不明此意，則杜氏論詩宗旨不得而知，而此六絕句亦無從獲解。（解庾信文章老更成一首）

所以我以為杜甫對於詩之極詣，又在折衷藝術與自然，以使歸於「神，」歸於「老成。」昭代叢書中所錄楊繩武詩文四則有云：

> 少陵詩：『或看翡翠蘭苕上，未掣鯨魚碧海中。』元遺山詩：『有情芍藥含春淚，無力薔薇倚晚枝。拈出退之山石句，始知渠是女郎詩。』嗚呼！此古人所以必嚴文章流別也。大抵文章之道未論妍媸，先別高下。果其根柢盤深，氣骨厚重，筆力堅剛，雖間有未醇，無傷大雅。若骨少而肉多，詞豐而意弱，力量既薄，根柢亦浮，縱完好可觀，不登上乘。然或欲避平鈍，轉入離奇，牛鬼蛇神，麞頭鼠目，則又在所必禁。少陵又云，『波瀾獨老成，』昌黎亦云：『妥帖力排奡，』波瀾而必於老成，排奡而必於妥帖，則知不老成不足為波瀾，不妥帖亦不足為排奡矣。

此言亦妙。我嘗謂：『楊慎能於清新老成二語看出關係，楊繩武又能於翡翠蘭苕鯨魚碧海二語看出關係，杜老有知當心許此二楊為知己。』或不為厚誣古人的。

這個關係，可卽於其論「神」「氣」者明之。「神」「氣」全重在自然，假使偏重在雕琢，則六情底滯，靈機不暢，此李白所謂『一曲斐然子雕蟲喪天眞』者是也；假使專工在藻飾，則堆砌塗澤最易流於蕪音累氣，此又李白所以謂『自從建安來綺麗不足珍』者也。因此，似乎李白論詩若拈出「神」「氣」二字便更爲愜當一些。而孰知有不盡然者。蓋文學之自然妙境，雖是很神祕的一個抽象的境界，而這種境界有所由入之途焉：其一則仗其天才，依其興會，才高則絕足奔放，無所拘縶，興到則筆酣墨舞，揮灑自如，此一途也。其又一則專重學力，偏於苦思，學到則爐火純青，自有搖筆卽來之樂，思苦則一旦豁然，遽入禪宗頓悟之境，此又一途也。李白走了前一條路，杜甫則走後一條路者。必明這一點，然後纔知杜甫論詩所以拈出神與氣二字；然後纔知杜甫所以偉大的地方，與唐詩所以成功的緣故。

於是，且一言杜甫之所謂「神」。杜甫論詩，很重神化的境界。其獨酌成詩云：『詩成覺有神，』寄薛三郎中據云：『乃知蓋代手，才力老益神，』又寄張十二山人彪詩亦云：『詩與不無神，』蘇端薛復筵簡薛華醉歌又云：『文章有神交有道。』卽其論及其他美術者，如論書亦謂：『書貴瘦硬方通神，』（李潮八分小篆歌）論畫亦謂：『將軍盡善蓋有神。』（丹青引）可知他於一切藝術無不以神境爲極詣矣。不過他的所謂神境，是從苦思力學得來者，所以說：『讀書破萬卷，下筆如有神。』（奉贈韋左丞文）蓋其下筆如有神的境界，卽從讀書破萬卷的工夫中來，所以是切實；而一方面於讀書破萬卷之後，復繼以下筆如有神，則亦返於自然，不致爲已成的典型所束縛了。『行神如空，』杜氏庶幾近之。

又杜甫論詩亦頗重在骨氣。其稱庾信爲『凌雲健筆意縱橫，』（戲爲六絕句）稱賈至爲『雄筆映千古，』（送唐誡因寄禮部賈侍郎）稱元結爲『詞氣浩縱橫。』（同元使君舂陵行）又其醉歌行贈從姪勤亦云：『詞源倒流三峽水，筆陣橫掃千人軍。』所以他論詩也很重在氣勢。且看他戲爲六絕句詩中於『或看翡翠蘭苕上』之後，必繼以『未掣鯨魚碧海中』一語，亦可見其微意之所在矣。錢謙益讀杜二箋釋之云：『蘭苕翡翠，指當時研揣聲病尋摘章句之徒；鯨魚碧海，則所謂渾涵汪洋，千彙萬狀，兼古今而有之者也。亦退之所謂橫空盤硬，妥帖排奡，垠崖崩豁，乾坤雷硠者也。』我以爲這數語極得杜老之旨。杜甫因於這樣，所以纔能上承齊梁而不落於齊梁。『行氣如虹，』杜氏亦庶幾近之。不過他行氣如虹的境界，亦自妥帖排奡中得來，所以說『毫髮無遺憾，波瀾獨老成。』（敬贈鄭諫議）於毫髮無遺憾後繼以波瀾獨老成之語，則知不僅是細膩的工夫；於波瀾獨老成前，加以毫髮無遺憾之語，則知又不獨是粗獷的氣象了。所以我以爲能從天才方面充分發展，饒有文藝的自然美而不流於淺率者，則千古詩人中當推李白；其從學力方面充分發展，盡有文藝上的藝術美而不露雕琢者，則千古詩人中又當推杜甫。過此則爲病矣。在於同時而使自然美與藝術美都能盡量發展，都能相互融合，以到恰好的地步，是誠不得不謂爲文學史上的奇蹟也。而這種文學史上的奇蹟，却卽可以其論詩的見解說明之。

第三目　就於皎然之所著

李杜而外在當時批評界上較有重要的地位者則爲皎然。皎然所著，據昔人著錄有「詩式」「詩評」「詩議」「中序」諸稱，如：

崇文總目文史類　晝公詩式五卷。

新唐書藝文志文史類　晝公詩式五卷，詩評三卷。（僧皎然）

宋四庫闕書目別集類　僧皎然詩評一卷。（葉德輝云陳錄文史類「評」作「議」）

通志藝文略詩評類　晝公詩式五卷。僧皎然詩評三卷。

宋史藝文志文史類　僧皎然詩式五卷，又詩評一卷。

直齋書錄解題文史類　詩式五卷詩議一卷，唐僧皎然撰，以十九字括詩之體。（文獻通考經籍考文史類同）

澹生堂書目詩文評類詩式門　僧皎然詩議一卷，中序一卷，詩式二卷，僧清盡，（案「盡」當作「晝」）詩法統宗本。

絳雲樓書目文史類　皎然詩式（陳景雲注，五卷又詩議一卷）

因此，顧龍振詩學指南中所錄皎然之著，即分評論，詩式，詩議三種。又據昔人稱引，如日人遍照金剛文鏡祕府論所引有皎公詩議，馮惟訥詩紀別集所引書亦有詩議詩評之別。似乎以上四種各自爲書。然據十萬卷樓叢書所輯五卷本詩式，與顧龍振詩學指南所錄詩議詩評詩式兩相校對：則詩議所載爲五卷本詩式所無；詩評所載大半在五卷本詩式中，蓋出後人割裂爲之者。至中序則本爲卷中一篇序文，不能別出成書。考中序云：『吾將深入杼峯與松雲爲侶，所著詩式及諸文筆併寢而不紀。……至五年夏五月會前御史中丞李公洪自河北負譴，遇恩再移爲湖州長史。……他日言及詩式，……因命門人檢出草本。……公欣然，因請吳生相與編錄，有不當者公乃點而竄之。……勒成五卷』云云。則知今世所傳詩式一卷本蓋在中序以前，係皎然原稿，未經李氏點竄者。中序以下則爲皎然續編之稿，而經李吳二氏編錄點竄者。陳振孫所謂『以十九字括詩之體』者，蓋卽指此。

四庫總目於皎然詩式斥而不收，惟於存目著錄之，且謂其『參差可疑』。蓋由當時未見五卷足本之故。考錢謙益絳雲樓書目有詩式，陳景雲注云五卷，錢曾也是園書目及述古堂書目亦均五卷，則是五卷本尚有存者，特四庫開館時未見之耳。皕宋樓藏書志有舊抄本詩式五卷，出盧文弨舊藏，且錄盧氏跋云：『此書世有鐫本俱不全，今乃得此五卷完備者，從兩漢及唐詩人名篇麗句摘而錄之，差以五格，括以十九體，此所以謂之式也。若世間本則虛張其目而已，豈知其用意之所在乎？』

至於詩評，雖有數則爲五卷本詩式所無，然大部分均在其中，則當是後人擇其衡量昔人著作或論述作法之語，別行輯出者。詩議，在唐代已有是書；觀文鏡祕府論（卷三）所論八對，謂出皎然詩議，校以顧龍振詩學指南本詩議所載正相符合。此條爲今傳各本詩式所無。大率詩議所論，又較重在方法方面，蓋同於當時詩格詩例之著。至直齋書錄解題所謂『以十九字括詩之體，』則混詩式言之。馮惟訥詩紀別集所引詩議又多同於詩評。或詩議原亦詩式中之一部分，皎然所著早經後人竄亂，故即五卷足本中亦難覩其全耶？

又四庫存目提要謂：『皎然與顏眞卿同時，乃天寶大歷間人而所引諸詩舉以爲例者，有賀知章、李白、王昌齡相去甚近，亦不應遽與古人竝推，疑原書散佚而好事者摭拾補之也。』此言亦未盡然。考詩式卷五小序云：『時在吳興西山殊少詩集，古今敏手不無闕遺，俟乎博求續更編次。』則知其編撰宗旨本不遺同時作者。其後王玄撰擬皎然十九字，所舉之例亦多錄同時之人，蓋即仍皎然舊例也。

大抵皎然論詩宗旨，意取折衷，其論詩有四不，二要，二廢，四離，六至諸條：

氣高而不怒，怒則失於風流，力勁而不露，露則傷於斤斧；情多而不暗，暗則涉於拙鈍，才贍而不疎，疎則損於筋脈。（詩有四不）

要力全而不苦澀，要氣足而不怒張。（詩有二要）

雖欲廢巧尙直，而思致不得寘，雖欲廢詞尙意，而典麗不得遺。（詩有二廢）

雖期道情而離深僻，雖用經史而離書生，雖尙高逸而離迂遠，雖欲飛動而離輕浮。（詩有四離）

至險而不僻，至奇而不差，至麗而自然，至苦而無跡，至近而意遠，至放而不迂。（詩有六至）（注）

【註】顧龍振詩學指南本作七至有『至難而狀易』一句。

類此諸語，大率都欲使自然工力恰到好處。故詩評云：

或曰，詩不要苦思，苦思則喪於天眞。此眞不然。固當繹慮於險中，采奇於象外，狀飛動之趣，寫冥奧之思。夫希世之珍，必出驪龍之頷，況通幽名變之文哉！但貴成章以後，有其易貌，若不思而得也。（據文鏡祕府論論文意條校增）

又詩式卷一論取境云：

取境之時，須至難至險，始見奇句；成篇之後，觀其風貌，有似等閑，不思而得，此高手也。

此即皎然論詩標準。此即詩式序中所謂『放意須險，定句須難，雖取由我衷，而得若神表』的意思。所以他一方面對於齊梁以來靡麗之風頗加攻擊。如詩議云：『律家之流，拘而多忌，失於自然，吾常所病。』又詩評云『齊梁之後，正聲寖微，人不逮古。』至如詩式之論四聲，謂『沈休文酷裁八病，碎用四聲，故風雅殆盡。後人才子，天機不高，爲沈生弊法所媚，懵然隨流，溺而不返。』論用事，謂詩人不必以徵古爲用事，『凡禽魚草木人物名數，萬象之中義類同者，盡入比興。』其有『語似用事，義非用事者，蓋由作者不欲委曲傷乎天眞。』（均見卷一）則知其於儷語聲律初非重視。許印芳詩式跋謂：『六朝以來，詩人爭尚用事，然或不善驅使，往往意爲詞掩，又守四聲八病之說，動多拘忌，眞意寖失。其陋劣者，抄襲名篇，攘奪佳句，貽譏盜竊，罔知愧恥。晝乃著詩式，論列用事不用事之優劣，指示拘守聲病之流弊，又著偸語偸意偸勢三例，以偸語爲鈍賊，垂戒來學，可云痛切。』蓋即專就此方面言者。

但是皎然在另一方面却也不廢儷語與聲律，如詩評云：

或曰，今人所以不及古者病於儷詞。予曰不然。先正詩人時有儷詞；『雲從龍，風從虎』非儷耶？『昔我往矣，楊柳依依，今我來思，雨雪霏霏，』非儷耶？但古人後於語，先於意。意因成語，語不使意，偶對則對，偶散則散。若力爲之則見斤斧之跡。故有對不失渾成，縱散不關造作，此古手也。（據文鏡祕府論校增）

又詩式云：

作者措意雖有聲律，不妨作用。如壺公瓢中，自有天地日月，時時拋鍼擲線，似斷而復續。此爲詩中之僊，拘忌之徒，非所企及矣。（卷一明作用條）

此皆不廢儷偶聲律之論。他這種折衷調和的主張，正由他的論詩主旨得來。他以爲：

作者須知復變之道：反古曰復，不滯曰變。若惟復不變，則陷於相似之格，其狀如駑驥同廐，非造父不能辨。能知復變之手，亦詩人之造父也。以此相似一類，置於古集之中，能使弱手視之眩目，何異宋人死鼠爲玉璞，豈知周客嚧嘲而笑哉！又復變二門，復忌太過，詩人呼爲膏肓之疾，安可治也！如釋氏頓教，學者有沈性之失，殊不知性起之法，萬象皆眞。夫變若造微，不忌太過，苟不失正，亦何咎哉！如陳子昂復多而變少，沈宋復少而變多，今代作者，不能盡舉。吾始知復變之道，豈惟文章乎！在儒爲權，在文爲變，在道爲方便。後輩若乏天機，强効復古，反令思擾神沮。何則？夫不工劍術，而欲彈撫干將大阿之鋏，必有傷手之患，宜其誡之哉！

所以他雖有反對齊梁聲律的論調，而不同於陳李之復古，轉近於杜甫之集大成。其與杜甫不同者，不過比較更重在「神詣」。詩式序云：『至如天眞挺拔之句，與造化爭衡，可以意冥，難以言狀，非作者不能知也。』所以他的詩論雖取折衷，而較近於詩佛之詩論。我嘗以爲司空圖之論詩，爲王維一派之詩論，今若證以皎然所言，則往往有足爲司空圖之先聲者。

其一，司空圖二十四詩品，專論詩之風格。而皎然詩式所謂以十九字括詩之體者，亦是就風格而言，如云：

> 風韵朗暢曰高，體格閑放曰逸，放詞正直曰貞，臨危不變曰忠，持操不改曰節，立性不放曰志，風情耿介曰氣，緣境不盡曰情，氣多含蓄曰思，詞溫而正曰德，檢束防閑曰誡，性情疎野曰閒，心迹曠誕曰達，傷甚曰悲，詞理悽切曰怨，立言盤泊曰意，體裁勁健曰力，意中之靜曰靜，意中之遠曰遠。

此外詩式中「四不」「四深」「二要」「二廢」「四離」「六迷」「六至」「七德」等條，亦大抵就風格言。卽其論高手述作謂：『如登荊巫覿三湘鄢郢山川之盛縈回盤礴，千變萬態，』亦善爲形似之語，頗與表聖詩品相類。

其二，司空圖論詩重在味外之旨，頗近後來以禪喻詩的嚴羽的論調；而皎然論詩卽闡以禪論詩之旨。如詩式云：

> 康樂公早歲能文，性穎神徹，及通內典，心地更精，故所作詩發皆造極，得非空王之道助耶？……康樂爲文眞

於情性，尙於作用，不顧辭彩，而風流自然。彼淸景當中，天地秋色，詩之量也；卿雲從風，舒卷萬狀，詩之變也。不然，何以得其格高其氣正，其體貞其貌古，其詞深其才婉，其德容其調逸，其聲諧哉！（卷一文章宗旨）

兩重意以上皆文外之旨若遇高手如康樂公，覽而察之，但見情性，不覩文字，蓋詣道之極也。（卷一重意詩例）

是均爲以禪論詩之始。唐代佛學盛極一時，禪宗尤多妙諦，惜時人於禪理詩理鮮有能溝而通之者。皎然所言亦不過微啓其端耳。

第四目　白居易與元稹

李杜而後，詩壇作風分爲兩派：尙自然者趨於平易，以元白爲之魁，重藝術者偏於奇警，以韓孟爲之魁。蓋此時已不是唐詩的極盛時期，自然美與藝術美不得不偏勝，不復能像李杜這樣使二者相濟恰到好處了。尙奇警者猶沿當時的風氣，故沒有什麼論詩的主張；尙平易者，欲矯當時之作風，故論詩之旨遂有可得而述者。中國的文學批評，本多爲文學作風轉變之理論，所以承風氣者多論作法，而變風氣者則多論原理。韓愈論文頗多獨見，而論詩罕見妙諦，卽由一變風氣而一承風氣故也。

胡適之先生的白話文學史謂『元和長慶的時代，眞是中國文學史一個很光榮燦爛的時代。這時代的幾個領袖文人，都受了杜甫的感動，都下了決心要創造一種新文學。』由文學的方面說，的確是如此。若就文學批評的方面說，則這時代的幾個領袖文人，都受了陳子昂和李白的感動，都下了決心要完成他們復古的文學主張。且看白居易與元九書論作文大旨云：

夫文尚矣！三才各有文：天之文，三光首之；地之文，五材首之；人之文，六經首之。就六經言，詩又首之。何者？聖人感人心而天下和平。感人心者，莫先乎情，莫始乎言，莫切乎聲，莫深乎義。詩者：根情，苗言，華聲，實義。上自賢聖，下至愚騃，微及豚魚，幽及鬼神，群分而氣同，形異而情一，未有聲入而不應，情交而不感者。聖人知其然，因其言，經之以六義；緣其聲，緯之以五音。音有韻，義有類。韻協則言順，言順則聲易入。類舉則情見，情見則感易交。於是乎孕大含深，貫微洞密，上下通而二氣泰，憂樂合而百志熙。二帝三王所以直道而行，垂拱而理者，揭此以為大柄，決此以為大寶也。（白氏長慶集二十八）

他論詩因崇尚自然而偏於質，還不要緊，至於論到質而謂『莫先乎情，莫深乎義，』便不免稍偏了。謂詩根於情本是不錯，但因以義為「實」之故，於是所謂情者亦不過如詩序所云『發乎情止乎禮義』之說而已。必欲以止乎禮義之標準以衡詩，則詩國之疆域狹矣。且看他說：

故聞「元首明，股肱良」之歌，則知虞道昌矣；聞五子洛汭之歌，則知夏政荒矣。言者無罪，聞者足誡，言者聞者莫不兩盡其心焉。

洎周衰秦興，採詩官廢，上不以詩補察時政，下不以歌洩道人情。用（乃一作）至於諂成之風動，救失之道缺，于時六義始刓矣。

國風變爲騷辭，五言始於蘇李。詩騷皆不遇者，各繫其志發而爲文，故河梁之句止於傷別，澤畔之吟歸於怨思，彷徨抑鬱，不暇及他耳。然去詩未遠，梗概尚存，故興離別則引雙鳧一鴈爲喻，諷君子小人則引香草惡鳥爲比，雖義類不具，猶得風人之什二三焉。于時六義始缺矣。

晉宋已還，得者蓋寡，以康樂之奧博，多溺於山水；以淵明之高古，偏放於田園。江鮑之流，又狹於此。如梁鴻五噫之倫者，百無一二。于時六義寖微矣。

陵夷至於梁陳間，率不過嘲風雪弄花草而已。噫！風雪花草之物，三百篇中豈捨之乎？顧所用何如耳！設如『北風其涼』，假風以刺威虐，『雨雪霏霏』，因雪以愍征役，『棠棣之華』，感花以諷兄弟，『采采芣苢』美草以樂有子也。皆興發於此而義歸於彼，反是者可乎哉？然則『餘霞散成綺，澄江淨如練』，『歸花先委露，別葉乍辭風』之什，麗則麗矣！吾不知其所諷焉。故僕所謂嘲風雪弄花草而已。于時六義盡去矣。

唐興二百年，其間詩人不可勝數。所可舉者，陳子昂有感遇詩二十首，鮑防感興詩十五篇。又詩之豪者世稱李杜。李之作才矣，奇矣，人不逮矣，索其風雅比興，十無一焉。杜詩最多，可傳者千餘首，至於貫穿古今，覼縷格律，盡工盡善，又過於李焉。然撮其新安石壕潼關吏蘆子關花門之章，『朱門酒肉臭，路有凍死骨』之句，亦不過三四十首。杜尚如此，況不逮杜者乎！（與元九書）

這纔是詩國十足復古的論調。陳李復古不過復到漢魏的風骨；元白復古纔要復到三百篇之六義。愈轉而愈上，除了後世道學家外，眞可謂是詩國極端的復古論了。然而李白主張復古而作風實是清新俊逸，白居易主張復古而作風更爲平易近俗：由文學言則爲進化，由批評言則爲復古，這種相反的現象，或者以當時復古的思潮正濃，所以文人主張文以貫道而詩人也要主張詩以述義了。

讀者於此，或將不免懷疑，以爲文學與批評頗有關係，何以就文學言則是進化，是革新；由批評言則成退化成復古呢？此二者之交互的影響極爲密切，何以會有這種矛盾的現象呢？實則不必疑也。社會上一切文物的進化，大都是循環式的進化，波浪式的進化。作家之受批評界之影響，固也；但是批評界的復古說儘管高唱入雲，而歷史上的事實，終究是進化的。所以作家雖受復古說的影響，而無論如何終不會恢復古來的面目，維持古來的作風。非惟如此，作家因這種影響，反足以變更當時的作風，反因復古而進化。這是所謂循環式的進化，但是他不是如循環然的周而復始的，後人的復古決不仍是以前的古而是後人的古，所謂後波逐前波，後波的起伏同於前波的起伏，而後波決不便是前波，這是所謂波浪式的進化。由於這樣，則何疑於他們文學與批評之矛盾呢？所以可以說他們下了決心要創造一種新文學，也可以說他們下了決心要完成復古的文學主張。

現在且再舉數端以證明之。其一，白居易因欲保持六義四始之風，於是悟到一個原理，即是：

『文章合爲時而著，歌詩合爲事而作。』（與元九書）

這個原理，是上文復古思想的結論。其新樂府自序云：

其辭質而徑，欲見之者易喻也。其言直而切，欲聞之者深戒也。其事覈而實，使采之者傳信也。其體順而肆，可以播於樂章歌曲也。總而言之，爲君爲臣爲民爲物爲事而作，不爲文而作也。（白氏長慶集三）

所以他的讀張籍古樂府云：『爲詩意如何？六義互鋪陳。風雅比興外，未嘗著空文。』（白氏長慶集一）其寄唐生詩云：『非求宮律高，不務文字奇，惟歌生民病，願得天子知。』（同上）這些話都所以實行他們復返六義的文學主張。但是爲時而著，則時不一矣；爲事而作，而事又非一矣。他既以詩是以情爲根的，則所以引起情的時與事旣異，其作風體格當然亦不能强合了。從這種復古說所推得的原理，而結果卻因歷史的變遷，不得不逼著向進化的道上走。且看他所處的時爲何如？他所遭的事又何如呢？他說：

凡聞僕賀雨詩，衆口籍籍，以爲非宜矣。聞僕哭孔戡詩，衆面脉脉，盡不悅矣。聞秦中吟，則權豪貴近者，相目而變色矣。聞登樂遊園寄足下詩，則執政柄者扼腕矣。聞宿紫閣村詩，則握軍要者切齒矣。大率如此，不可偏舉。不相與者號爲沽譽，號爲詆訐，號爲訕謗；茍相與者，則如牛僧孺之誡焉。乃至骨肉妻孥，皆以我爲非也。其不我非者，舉世不過三兩人。有鄧魴者，見僕詩而喜，無何，魴死。有唐衢者，見僕詩而泣，未幾而衢死。其餘即足下；足下又十年來困躓若此。嗚呼！豈六藝四始之風，天將破壞不可支持耶？抑又不知天意不欲使下人病苦聞於上耶？不然，何有志於詩者，不利若此之甚也。（與元九書）

他所處的時，他所遭的事盡是一些下人病苦的材料，於是本此原理，遂一變「嘲風月弄花草」的文學而為「補察時政」「洩導人情」的文學。這所以批評論調儘管復古，而創作自然成為進化了。我們且看元稹的敍詩寄樂天書：

> 稹九歲學賦詩，長者往往驚其可敎。年十五六，粗識聲病。時貞元十年已後，德宗皇帝春秋高，理務因人，最不欲文法吏生天下罪過。外闔節將動十餘年不許朝覲，死於其地不易者十八九。而又將豪卒愎之處，因喪負衆，橫相賊殺，告變絡驛。使者迭窺，旋以狀聞天子曰某色（邑？）將某能遏亂亂衆寧附願爲帥。名爲衆情，其實逼詐因而可之者又十八九。前置介倅，因緣交授者，亦十四五。由是諸侯敢自爲旨意，有羅列兒孩以自固者，有開導蠻夷以自重者。省寺符篆固几閣，甚者礙詔旨，視一境如一室，刑殺其下，不啻僕畜。厚加剝奪，名爲進奉，其實貢入之數百一焉。京城之中，亭第邸店以曲巷斷。侯甸之內，水陸腴沃以鄉里計。其餘奴婢資財生生之備稱是。朝廷大臣以謹愼不言爲朴雅。以時進見者，不過一二親信。直臣義士往往抑塞。禁省之間，時或繕完隤墜；豪家大帥乘聲相扇，延及老佛，土木妖熾。習俗不怪。上不欲令有司備宮闥中小碎須求，往往持幣帛以易餅餌。吏緣其端，剽奪百貨，勢不可禁。僕時孩騃，不慣聞見，獨于書傳中初習理亂萌漸，心體悸震，若不可活，思欲發之久矣。適有人以陳子昂感遇詩相示，吟翫激烈，即日爲寄思玄子詩二十首……又久之，得杜甫詩數百首，愛其浩蕩津涯，處處臻到，始病沈宋之不存寄興，而訝子昂之未暇旁備矣。不數年，與詩人

楊巨源友善；日課爲詩；性復僻懶，人事常有閑暇，間則有作。識足下時，有詩數百篇矣。習慣性靈，遂成痾蔽。……又不幸年三十二時，有罪譴棄，今三十七矣。五六年之間，是丈夫心力壯時，常在閑處，無所役用，性不近道；未能淡然忘懷，又復懶於他欲，全盛之氣，注射語言，雜糅精粗，遂成多大。（元氏長慶集三十）

這又是從時代環境的一方面說明他們作諷諭詩的緣故。從元稹所論，可看出他們決心創造新文學的意思；從白居易所論，又可看出他們決心完成復古主張的意思。白居易說：

僕常痛詩道崩壞，忽忽憤發，或食輟餔，夜輟寢，不量才力，欲扶起之。（與元九書）

這與陳子昂所謂：『僕嘗暇時觀齊梁間詩，采麗競繁，而興寄都絕，每以永歎！』云云又有什麼分別！事每有相反而適以相成者；所以批評上的復古說，未必非文學上的進化現象也。

其二，元白的作風因主平易而尚質。白居易策林（六十八）云：

臣又聞稂莠秕稗生於穀，反害穀者也。淫辭麗藻生於文，反傷文者也。故農者耘稂莠，簸秕稗，所以養穀也。王者刪淫辭，削麗藻，所以養文也。

伏惟陛下詔主文之司，諭「養文」之旨，俾辭賦合炯戒諷諭者，雖質雖野，採而獎之；碑誄有虛美媿辭者，雖華雖麗，禁而絕之。若然，則爲文者必當尚質抑淫，著誠去僞，小疵小弊，蕩然無遺矣。

此亦申尚質著誠之旨。不過所謂質有二端：一是情，即他所謂「根情」；一是義，即他所謂「述義」。根情者是他的所謂諷諭詩，以情爲主而義附之蓋是爲時而著爲事而作的。述義者是他的所謂閑適詩，以義爲主而情附之，蓋又是臥病閒居吟玩性情之作。白居易與元九書中論之云：

古人云：『窮則獨善其身，達則兼濟天下。』僕雖不肖，常師此語。大丈夫所守者道，所待者時。時之來也爲雲龍，爲風鵬，勃然突然陳力以出。時之不來也爲霧豹，爲冥鴻，寂兮寥兮奉身而退。進退出處何往而不自得哉！故僕志在兼濟，行在獨善奉而始終之則爲道，言而發明之則爲詩。謂之諷諭詩，兼濟之志也；謂之閑適詩，獨善之義也。故覽僕詩者，知僕之道也。

覽詩何以能知其道呢？這也可於白居易序洛詩中見之。他說：

在洛，凡五周歲作詩四百三十二首。除喪明哭子十數篇外，其他皆寄懷於酒，或取意於琴，閒適有餘，酣樂不暇；苦詞無一字，憂歎無一聲；豈牽强所能致耶？蓋亦發中而形外耳。斯樂也實本之於省分知足，濟之以家給身閒，文之以觴咏弦歌，飾之以山水風月，此而不適何往而適哉？茲又以重吾樂也。（白氏長慶集六十一）

惟能有所自得，所以不致爲一己的憤憂怨傷之作，而於其詩中可以看出他的人格，可以看出他的道義。這種作風或者是受唐釋寒山拾得之流的影響；這種思想，或者是受韓柳文以明道的影響。論到詩，雖不能以此說賅詩的全體，以此爲唯一的標準，但這種標準却也在詩國闢了一個新境界。後來邵雍的擊壤集即近此種作風者。

其三，白居易因詩序『發乎情止乎禮義』之語，而謂根情實義；又因詩序『發言爲詩』及『情發於聲』諸語而謂苗言華聲。以此，亦欲復返於詩樂合一的情形。於是稱他的美刺與比因事立題諸作，謂之新樂府；而元稹亦以意亦可觀而流在樂府者爲樂諷，詞實樂流而止於模象物色者爲新題樂府。這實在也是文學上的進化。元稹樂府古題序云：

> 自風雅至於樂府，莫非諷興當時之事，以貽後世之人，沿襲古題，唱和重複，於文或有短長，於義咸爲贅賸。尚不如寓意古題，刺美見事，猶有詩人引古以諷之義焉。曹劉沈鮑之徒時得如此，亦復稀少。近代唯詩人杜甫悲陳陶，哀江頭，兵車，麗人等，凡所歌行，率皆卽事名篇，無復倚傍。余少時與友人白樂天李公垂輩，謂是爲當，遂不復擬賦古題。（元氏長慶集二十三）

於此可知儘管受復古說的影響亦自會在創作方面闢出新境界的。白居易策林（六十）云：

> 太學生徒誦詩書之文，而不知詩書之旨；太常工祝執禮樂之器，而不識禮樂之情。遺其旨則作忠興孝之義不彰；失其情則合敬同愛之誠不著。所謂去本而從末，棄精而好粗。

他欲人知詩書之旨，識禮樂之情，能得如此則詩樂爲一，而詩樂之作用以彰。這種見解，正是後來道學家所竭力主張的。

第二節　文壇的復古說

第一目　文與文化

我嘗讀文心雕龍原道一篇，而推求其所謂「道」是什麼！一時殊不易了解其意義。何以故？因爲他說：

心生而言立，言立而文明，自然之道也。傍及萬品，動植皆文。龍鳳以藻繪呈瑞，虎豹以炳蔚凝姿；雲霞雕色，有踰畫工之妙，草木賁華，無待錦匠之奇：夫豈外飾，蓋自然耳。

又說：

人文之元，肇自「太極」，幽贊神明，易象惟先。庖犧畫其始，仲尼翼其終，而乾坤兩位，獨制文言。言之文也，天地之心哉！若乃河圖孕乎八卦，洛書韞乎九疇，玉版金鏤之實，丹文綠牒之華，誰其尸之，亦神理而已。……爰自風姓，暨於孔氏，玄聖創典，素王述訓，莫不原道心以敷章，研神理而設教；取象乎河洛，問數乎蓍龜，觀天文以極變，察人文以成化。然後能經緯區宇，彌綸彝憲，發揮事業，彪炳辭義，故知道沿聖以垂文，聖因文而明道；旁通而無滯，日用而不匱。易曰『鼓天下之動者存乎辭，』辭之所以能鼓天下者，迺道之文也。

則是此篇所言在闡文原於道之旨，並不是申文以載道之意；故其所謂道，當然指的自然之道，而不限於儒家之道。黃侃文心雕龍札記說得好：

物理無窮，非言不顯，非文不傳。故所傳之道，卽萬物之情也。人倫之傳，無小無大，靡不並包。（范文瀾文心雕龍講疏引）

又云：

序志篇云：『文心之作也本乎道。』案彥和之意，以文章本由自然而生，故篇中數言自然。一則曰，『心生而言立，言立而文明自然之道也。』再則曰，『夫豈外飾蓋自然耳。』三則曰，『誰其尸之亦神理而已。』尋繹其旨，甚爲平易。蓋人有思心，即有言語；既有言語，即有文章。言語以表思心，文章以代言語；惟聖爲能盡文之妙。所謂道者如此而已。此與後世言「文以載道」，截然不同。詳淮南王書有原道篇，高誘註曰：『原本也，本道根眞，包裹天地，以歷萬物，故曰「原道」，因以題篇。』韓非子解老篇曰：『道者萬物之所然也，萬理之所稽也。理者成物之文也；道者萬物之所以成也。故曰道理之者也。……聖人得之以成文章。』莊子天下篇曰：『古之所謂道術者，果惡乎在？曰無乎不在。』案莊韓之言道，猶言萬物之所由然，文章之成亦由自然。故韓子又言『聖人得之以成文章。』韓子之言，正彥和所祖也。道者玄名也，非著名也；玄名故通於萬里，而莊子且言道在矢溺。今曰『文以載道，』則未知所載者即此萬物之所由然乎？抑別有所謂一家之道乎？如前之說，本文章之公理，無庸標揭以自殊于人；如後之說，則亦道其所道而已，文章之事，不如此狹隘也。夫堪輿之內，號物之數曰萬，其條理紛紜，雖人鬢蠶絲，猶將不足方物，今置一理以爲道，而曰文非此不可作，非獨昧於語言之本，其亦膠滯而罕通矣。察其表則爲諼言，察其裏初無勝義，使文章之事，愈痟愈削，寖成爲一種枯槁之形，而世之爲文者，亦不復研究學術，研尋眞知，而惟此窾言之尚。然則階之厲者，非「文以載道」之說，而又誰乎？通儒顧寧人生平篤信文以載道之言，至不可爲李二曲之母作誌，斯則矯枉之過，而非通方之談。方來君子，庶無譖焉。

他這一節話關文以載道之說殊爲痛快。說明原道一篇重在論自然之道也殊的當。然如文心宗經篇云：

三極彝訓，其書言經。經也者恆久之至道，不刊之鴻敎也。故象天地，效鬼神，參物序，制人紀，洞性靈之奧區，極文章之骨髓也。……自夫子刪述而大寶咸耀；……義既極乎性情，辭亦匠於文理，故能開學養正，昭明有融。

又序志篇云：

夫文心者言爲文之用心也。……予生七齡，乃夢彩雲若錦則攀而採之；齒在踰立，則嘗夜夢執丹漆之禮器，隨仲尼而南行。旦而寤，乃怡然而喜。大哉聖人之難見哉！乃小子之垂夢歟？自生人以來，未有如夫子者也。敷讚聖旨，莫若注經；而馬鄭諸儒宏之已精，就不深解，未足立家。唯文章之用，實經典枝條，五禮資之以成，六典因之致用，君臣所以炳煥，軍國所以昭明。詳其本源，莫非經典。而去聖久遠，文體解散；辭人愛奇，言貴浮詭，飾羽尚畫，文繡鞶帨，離本彌甚，將遂訛濫。蓋周書論辭，貴乎體要；尼父陳訓，惡乎異端。辭訓之異，宜體於要。於是搦筆和墨，乃始論文。

則是劉氏論文之旨明在宗經徵聖，而欲敷讚其旨，似乎所言之道也，未嘗不可以儒家一家之道解之。是則雖謂文以載道之說，原於文心原道一篇，要亦未可厚非。因此，文心雕龍之所謂「道」，究指自然之道乎？抑僅就儒家言之乎；這個問題似乎不易解答但是可於唐人的文論中看出其關係。蓋劉勰之所謂「道」，誠指自然之道，誠指萬物之情然，「作者曰聖，」聖文固原於道，——所原的固是自然之道。而「徵聖立言，」則後人之文亦正所以明其道；或載其道那麼所明的或所載的便成爲儒家之道了。所以唐人論文最初恆以文化爲文；以文化爲文，則所明者即自然之道也。其後乃以爲文主敎化；以文主敎化，雖也以文化爲文而已偏於儒家的意旨了。最後始揭文以明道之旨，於是所論之道，只成爲儒家之道，所以要排異端，所以要闢佛老了。

今考韓柳以前，一般人之論文章，大率以文化爲言。卽在韓柳同時或稍後之人，其並不言文以明道而也足爲韓柳之羽翼者，其論文主恉也大率如此。所以唐人論文恆以天文人文爲比。此在初唐史家已是如此。如周書王褒庾信傳論云：『兩儀定位，日月揚輝，天文彰矣；八卦以陳，書契有作，人文詳矣。』隋書文學傳序云：『易曰，「觀乎天文以察時變，觀乎人文以化成天下。」……故堯曰則天，表文明之稱，周云盛德，著煥乎之美。』北齊書文苑傳序云：『夫玄象著明，以察時變，天文也；聖達立言，化成天下，人文也。達幽顯之情，明天人之際，其在文乎。』史家論文以不滿於南朝文學之故，所以重人文而不重詞章。唐人文論，却正喜在此點闡發，所以漸漸形成復古的風氣了。玆錄數篇主張較明顯者於後：

大矣哉文之時義也！有天文焉，察時以觀其變；有人文焉，立言以重其範。歷年滋久，遞爲文質，應運以發其明，因人以通其粹。（楊炯王勃集序）辰象文於天，山川文於地，肖形最靈，經緯敎化，鼓天下之動，通萬物之宜，而人才作焉，三才備焉。命代大君子所以序九功，正五事，精義入神，英華發外，著之話言，施之憲章，文明之盛

與天地準。（權德輿贊皇文獻公李栖筠文集序）

傳曰，『物生而後有象，象而後有滋，滋而後有數，』數成而文見矣。始自天地，終於草木，不能無文也，而況於人乎？且夫日月星辰，天之文也；邱陵川瀆，地之文也；羽毛彪炳，鳥獸之文也；華葉彩錯，草木之文也。天無文，四時不行矣；地無文，九州不別矣；鳥獸草木之無文，則混然而無名，而人不能用之矣；人無文，則禮無以辨其數，樂無以成其章，有國者無以行其刑政，立言者無以存其勸誡。文之時用大矣哉。在人，賢者得其大者，禮樂刑政勸誡是也。不肖者得其細者，或附會小說以立異端，或雕斵成言以裨對句，或志近物而玩童心，或順庸聲以諧俚耳。其甚者則矯誣盛德，汙衊風教，爲蠱爲蠹，爲妖爲孽。噫！文之弊有至是者，可無痛乎？（李舟獨孤常州集序）

夫大者天道，其次人文。在昔聖王以之經緯百度，臣下以之弼成五教，德又下衰，則怨刺形於歌詠，諷議彰乎史册。故道德仁義，非文不明，禮樂刑政，非文不立。文之興廢，視世之治亂，文之高下，視才之厚薄。唐興，接前代澆醨之後，承文章顚墜之運，王風下扇，舊俗頓易，不及百年，文體反正。洎公（獨孤及）爲之，則又操道德爲根本，總禮義爲冠帶，以易之精義，詩之雅訓，春秋之褒貶，屬之於詞，故其文寬而簡，直而婉，辯而不華，博厚而高明。論人無虛美，比事爲實錄。天下凜然，復覩兩漢之遺風。（梁肅常州刺史獨孤君集後序）

如右諸說，與文心雕龍所謂『文之爲德也大矣，與天地並生』云云，有何分別？所以以天文人文而爲言者，其所謂文當然要合於道，而所謂「道」，當然可以不限於儒家之道，而也未嘗不可僅限於儒家之道。如權德與中嶽宗玄先生吳尊師集序云：

道之於物，無不由也，無不貫也，而況本於玄覽，發爲至言。言而蘊道，猶三辰之麗天，百嘉之麗地，平夷章大，恬淡溫粹，飄飄然軼八紘而泝三古，與造物者爲徒。其不至者，遺言則華，涉理則泥，雖辯麗可嘉，采眞之士不與也。（權載之文集三十三）

此所謂「言而蘊道」，即是指道家之道言者。至如尙衡文道元龜云：

文道之興也，其當中古乎？其無所始乎？且天道五行以別緯，地道五色以別方，人道五常以別德。易曰：『觀乎天文以察時變，觀乎人文以化成天下。』非五緯孰可以知天！非五方孰可以辨地！非五常孰可以化人！文之爲道，斯亦遠矣。天人之際，其可得於是乎？

夫卦始乎三畫，文章之闡，大抵不出乎三等，斯乃從人而有焉。工與不工，各區分而有之。君子之文爲上等，其德全；志士之文爲中等，其義全；詞士之文爲下等，其思全。其思也，可以綱紀物義也，可以動衆；德也，可以經化。化人之作，其惟君子乎？君子之作，先乎行，行爲之質；後乎言，言爲之文。行不出乎言，言不出乎行。質文相半，斯乃化成之道焉。志士之作，介然以立誠，憤然有所述，言必有所諷，志必有所之，詞寡而意懇，氣高而調苦，斯乃感激之道焉。詞士之作，學古以抒情，屬詞以及物，及物勝則詞麗，抒情逸則氣高。高者求清，麗者求婉，恥乎質，貴乎情，而忘其志，斯乃頹靡之道焉。

古人之貴有文者，將以飾行表德，見情著事，杼軸乎天人之際，道達乎性命之元，正復乎君臣之位，昭感乎鬼神之奧。苟失其道，無所措矣。君子也，文成而業著；志士也，文成而德喪；然今之代，其多詞士乎？代由尙乎文者。以斯文而欲軌物範衆，經邦敘政，其難致乎化成！悲夫！敢著元龜，庶觀文章之道，得喪之際，悔吝之所由者也。

此以君子之文爲標的，以德全者爲上，使偏主於質，同於宋代道學家的論調了。後此諸人，如呂溫之人文化成論（呂和叔文集十）如顧況之文論，（全唐文五百二十九）大率皆發揮此旨，而更偏極端。茲錄其文於後：

易曰：『觀乎人文，以化成天下。』能諷其言，蓋有之矣；未有明其義者也。嘗試論之：夫一二相生，大鈞造物，百化交錯，六氣節宣，或陰闔而陽開，或天經而地紀，有聖作則，實爲人文。若乃夫以剛克，妻以柔立，父慈而敎，子孝而箴，此室家之文也。君以仁使臣，臣以義事君，予違汝弼，獻可替否，此則朝廷之文也。三公論道，六卿分職，九流異趣，百揆同歸，此則官司之文也。寬則人慢，糾之以猛；猛則人殘，施之以寬；寬以濟猛，猛以濟寬，此刑政之文也。樂勝則流，遏之以禮；禮勝則離，和之以樂；與時消息，因俗變通，此敎化之文也。文者蓋言錯綜庶績，藻繪人情，如成文焉，以致其理。然則人文化成之義，其在茲乎？而近代諂諛之臣，特以時君不能則象乾坤，祖述堯舜，作化成天下之文，乃以旂裳冕服，章句翰墨，爲人文也。遂使君人者，浩然忘本，沛然自得，盛威儀以求至理，坐吟詠而待太平，流蕩因循，敗而未悟，不其痛歟？必以旂常冕服爲人文，則秦漢魏晉聲明文物，禮縟五帝，儀繁三王，可曰『煥乎其有文章』矣。何衰亂之多也！必以章句翰墨爲人文，則陳後主隋煬帝雍容倚靡，洋溢簡編，可曰『文思安安』矣。何滅亡之速也，廢之以名義，研之以情實，既如彼，校之以今古，質之以成敗，又如此。傳不云乎？『經緯天地曰文。』禮不云乎？『文王以文理。』則文之時義其大矣哉！焉可以名數末流，雕蟲小技，廁雜其間也。（呂溫人文化成論）

周語之略，曰孝敬忠信仁義智勇敎惠讓皆文也。天有六氣，地有五行，此十一者經緯天地，叶和神人，名之爲文，其實行也。文顧行，行顧文，文行相顧，謂之君子之文。爲龍爲光，上古云，『言之無文，行之不遠，』堯之爲君，『聰明文思，』『文王旣沒，文不在茲乎？』文王之代，草木鳥獸皆樂文王之沼曰靈沼，文王之臺曰靈臺，虞芮不識文王，入文王里，所見耕者讓畔，行者讓路，班白不提挈，自相謂曰吾黨之小子，不可治於君子之庭，詩人美之云，『文王蹶虞芮之訟。』晉文與楚子戰而霸，諡曰文公。夫以伏羲之文造書契；黃帝之文垂衣裳；重華之文除四凶，舉八元；周公之文布法於象魏；夫子之文木鐸徇路；此其所以理文也。伊尹之文，放太甲，霍光之文廢昌邑，呂尙之文殺華士，穰苴之文斬莊賈，毛遂之文定楚從，藺相如之文奪趙璧，西門豹之文引漳水沈女巫，建安正始，洛下鄴中，吟咏風月，此其所以亂文也。夫以文求士，十致八九，理亂由之，君臣則之，堯舜禹湯有文，桀紂幽厲無文。太顚閎夭有文，飛廉惡來無文。昔霍去病辭第曰『匈奴未滅無以家爲。』於國如此，不得謂之無文。范蔚宗著後漢書，其妻不勝珠翠，其母唯薪樵一廚。於家如此，不得謂之有文。且夫日月麗乎天，草木麗乎地，風雅亦麗於人。是故不可廢。廢文則廢天，莫可法也。廢天則廢地，莫可理也。廢地則廢人，莫可象也。郁郁乎文哉！法天理地象人者也。周易贊乾曰，『大哉乾元，萬物資始；』贊坤曰，『至哉坤元，萬物資生，』唯大者配乾，至者配坤，幽者賾鬼神，明者賾禮樂，不失於正，謂之爲文。（顧況文論）

論人文而輕視名數末流，雕蟲小技，猶可言也。論文而至以孝敬忠信仁義智勇等爲文，甚且以霍去病非無文，范曄宗非有文，則不免太偏於廣義的人文方面了。所以劉勰原道，雖也根於人文立論，而較重自然，不局於儒家之旨。而唐人之論人文，則漸漸狹其範圍，成爲儒家的論旨。此所以由原道說可以漸漸成爲載道說也。紀昀批文心雕龍原道篇云：『文以載道，明其當然；文原於道，明其本然。』實則明其本然者，指聖作而言，明其當然者，指後人徵聖之作而言。義界大小蓋由於此。所以同樣的論「自然，」唐人所論也較劉氏的意義爲狹。這於獨孤郁辯文一篇中可以見之。辯文云：

或曰，『文所以指陳是非，有以多爲貴也。其要在乎彩飾其字，而愼其所爲體也。』又曰，『文章乃一藝耳。』是皆不知上流之文，而文之所由作也。夫天之文位乎上，地之文位乎下，人之文位乎中。不可得而增損者，自然之文也。故伏羲作八卦，以象天地，窮極終始，萬化無有差忒，故易與天地準。此聖人之文至也。但合其德而三才之道盡，後聖有作，不能使之爲五或七，而九洎曲折者，是其文之至也。文字旣生，治亂旣形，仲尼作春秋以繩萬世，而褒貶在一字，是亦文之至者乎？然則易卦之一畫，春秋之一字，豈所謂崇飾之道，而尙多之意邪？

夫文者，考言之具也。可以革，則不足以畢天地矣。故聖人當使將來無得以筆削，果可以包舉其義，雖一畫一字其可已矣。病不能然，而曰必以彩飾之能，援引之富，爲作文之秘訣，是何言之末歟？夫天豈有意於文彩耶？而日月星辰不可踰。地豈有意於文彩耶？而山川丘陵不可加。八卦春秋豈有意於文彩耶？而極與天地侔。其何故得以不可越？自然也。夫自然者，不得不然之謂也。不得不然，又何體之愼邪？……是故在心曰志，宣於口曰言，垂於書曰文。其實一也。若聖與賢，則其書文皆敎化之至言也。徒見其纖靡而無根者，多紿曰文與藝。嗚呼！（全唐文六八三）

論文而至以伏羲八卦孔子春秋爲例證，眞太不知昭明所謂「踵事增華」之理。這樣主張自然，使太偏於質，也成爲後世道學家的論調。所以我以爲自有南朝劉勰之自然說，至唐代遂以成爲古文家的文，自有唐代獨孤郁諸人之自然說，至宋代遂以成爲道學家的文。影響固屬不同，淵源則出於一。蓋劉勰之自然說，雖不限於儒家，而儒家之論旨也正可範圍在內的。唐人所言不過本此推闡，而更着眼在儒家思想以發揮耳。

唐人旣以文化爲文，於是論文恒及於政事。蓋不能在道的方面有所闡發，則當然論文主用，近於政治家之論文了。崔元翰與常州獨孤使君書云：

天之文以日月星辰，地之文以百穀草木。生於天地而肖天地，聖賢又得其靈和粹美，故皆含章垂文，用能裁成庶物，化成天下。而治平之主，必以文德致時雍，其承輔之臣，亦以文事助王政。而唐堯虞舜禹湯文武之代，則憲章法度禮樂存焉；皐陶伯益伊傅周召之倫，則誥命謨訓歌頌傳焉；其後衛武召穆吉甫仍叔咸作之詩，並列於雅。孔聖無大位，由修春秋，述詩易，反諸正而寄之治，而素臣邱明，游夏之徒，又述而贊之。推是而言，爲天子大臣明王道，斷國論，不通乎文學者，則陋矣。士君子立於世，升於朝，而不繇乎文行者，則僻矣。然患後世之文，放蕩於浮虛，舛馳於怪迂，其道遂隱，謂宜得明哲之師長，表正其根源，然後教化淳矣。（全唐文五二三）

其論文主恉以爲『治平之主必以文德致時雍，承輔之臣亦以文事助王政，』離開用便不足以言文。而權德輿博陵崔君文集序亦謂：

> 易賁之象曰『觀乎人文以化成天下，』故闕里之四教，門人之四科，未有遺文者。荀況孟軻修道著書，本於仁義，經術之枝派也。迨夫騷人怨思之作，游士縱橫之論，刺譏捭闔，文憲陵夷。至漢廷，賈誼劉向班固揚雄司馬遷相如之倫，鬱然復興，有古風烈。然則文之用也，橫三才之中，經紀萬事，章明羣類，不可已也。殷之說命，周之命君陳君牙，楚射父之訓辭，鄭東里之潤色，天子諸侯告命之文也。張老之輪奐，史克之駉駜，吉甫之清風，伯嗜之無愧，賢士大夫頌述之文也。至若夫子紀延陵墓，叔向寓子產書，董仲舒射策，言天人相與之際，阮元瑜書記翩翩之任，觸類滋多，非文不彰。後之人力不足者，詞或侈靡，理或底伏，文之難能也如是。
>
> （權載之文集三十三）

此亦重在「用」的觀點以論其文，可知其文的內容正與其論旨相符。又如李華尙書崔孝公集序云：

文章本乎作者，而哀樂繫乎時。本乎作者六經之志也。繫乎時者，樂文武而哀幽厲也。立身揚名，有國有家，化民成俗，安危存亡，於是乎觀之。宣于志者曰言，飾而成之曰文，有德之文信，無德之文詐。皐陶之歌，史克之頌，信也。子朝之告，宰嚭之詞，詐也；而士君子恥之。夫子之文章，偃商傳焉；偃商沒而孔伋孟軻作，蓋六經之遺也。屈平宋玉哀而傷，靡而不遠，六經之道遯矣。論及後世，力足者不能知之，知之者力或不足，則文義寖以微矣。文顧行，行顧文，此其與於古歟。

此以本乎作者哀樂繫時爲言，而獨孤及趙郡李華中集序亦謂：

志非言不形，言非文不彰。是三者相爲用，亦猶涉川者假舟檝而後濟。自典謨缺，雅頌寢，王道陵夷，文教下衰，故作者往往先文字，後比興。其風流蕩而不返，乃至有飾其詞而遺其意者，則潤色愈工，其實愈喪。及其大壞也，儷偶章句，使枝對葉比，以八病四聲爲梏拲，守之如奉法令，聞皐陶史克之作，則呷然笑之。天下雷同，風馳雲趨，文不足言，言不足志，亦猶木蘭爲舟，翠羽爲檝，翫之於陸而無涉川之用。痛乎流俗之惑人也久矣。帝唐以文德敷乂于下，民被王風，俗稍丕變，至則天太后時陳子昂以雅易鄭，學者寖而嚮方。天寶中公與蘭陵蕭茂挺，長樂賈幼幾，勃焉復起，用三代文章律度當世。公之作本乎王道，大抵以五經爲泉源，抒情性以託諷，然後有歌詠美教化，獻箴諫，然後有賦頌。懸權衡以辯天下公是非，然後有論議。至若記叙編錄銘鼎刻石之作，必采其行事以正褒貶，非夫子之旨不書。故風雅之指歸，刑政之根本，忠孝之大倫，皆見於詞。然後中古

之風復形於今。（昆陵集十三）

此文亦正申李氏『本乎作者哀樂繫時』之旨。崔李二氏，其自己論文之旨，與人之所以序其文者，皆重在政化的方面，亦可知其論文主旨之偏重於用了。稍後梁肅論文，闡說此意便更為明顯。如云：

文章之道與政通矣。世教之汙崇，人心之薄厚，與立言立事者邪正臧否，皆在焉。故登高能賦，可以觀者，可與圖事；誦詩三百，可以將命，可與專對。（秘書監包府君集序）

予嘗論古者聰明睿智之君，忠肅恭懿之臣，叙六府三事，同八風七律，莫不言之成文，歌之成聲。然後浹於人心，人心安以樂；播於風俗，風俗厚以順。其有不由此者，為理則龐，在音則煩。龐之弊也悖；（一作）煩之甚也亂。（李泌文集序）

文之作，上所以發揚道德，正性命之紀；次所以裁成典禮，厚人倫之義；又其次所以昭顯義類，立天下之中。三代之後，其流派別：炎漢制度，以霸王道雜之，故其文亦二：賈生馬遷劉向班固，其文博厚，出於王風者也；枚叔相如揚雄張衡，其文雄富，出於霸塗者也。（左補闕李翰前集序）（注）

【註】並見全唐文五百十八卷

因此，可知柳冕論文主於教化，正是此種思想的關係了。

第二目　柳冕

柳冕字敬叔，貞元中官御史中丞福州刺史充福建觀察使。全唐文五百二十七卷錄其文。其時代略較韓愈為前，文學觀亦頗同於韓愈。誠是古文家論文之先聲。尤其重要的，是他以教化論文的主張。因為此種主張是他以前以文化論文，與他以後以道論文的樞紐。由文學批評史上的地位言，實在有特別提出的必要。

大抵柳氏論文是徹頭徹尾的實用主義。其所謂用的標準是什麼，便是教化。他以為文章宜本於教化，他說：

> 故文章之道不根教化，則是一技耳。——語曰『德成而上，藝成而下，』文章，技藝之流也；故夫子末之。是以四楊荀陳以德行經術名震海內，門生受業皆一時英俊，而文章之士不得行束脩之禮。非夫兩漢近古猶有三代之風乎？惜也繫王風而不本於王化！（謝杜相公論房杜二相書）

> 昔堯舜歿，雅頌作，雅頌寢，夫子作。未有不因於教化為文章以成國風。（荅荊南裴尚書論文書）

> 文章本於教化，形於治亂，繫於國風。故在君子之心為志，形君子之言為文，論君子之道為教。易云：『觀乎人文以化成天下，』此君子之文也。自屈宋已降，為文者本於哀艷，務於恢誕，亡於比興，失古義矣。雖揚馬形似，曹劉骨氣，潘陸藻麗，文多用寡，則是一技，君子不為也。（與徐給事論文書）

以教化為標準，所以攻擊今文而推崇古文。其謝杜相公論房杜二相書云：

> 且今之文章與古之文章立意異矣。何則？古之作者因治亂而感哀樂，因哀樂而為詠歌，因詠歌而成比興。故大雅作則王道盛矣，小雅作則王道缺矣，雅變風則王道衰矣，詩不作則王澤竭矣。至於屈宋，哀而以思，流而

不返，皆亡國之音也。至於西漢，揚馬已降，置其盛明之代，而習亡國之音，所失豈不大哉！然而武帝聞子虛之賦，歎曰：『嗟乎，朕不得與此人同時。』故武帝好神仙，相如爲大人賦以諷，上讀之，飄飄然反有陵雲之志。子雲非之曰：『諷則諷矣，吾恐不免於勸也。』子雲知之，不能行之。於是風雅之文變爲形似，比興之體變爲飛動，禮義之情變爲物色，詩之六義盡矣！何則？屈宋唱之，兩漢扇之，魏晉江左隨波而不返矣。

這種論調宛然是後來白居易詩的復古說之口吻。其與徐給事論文書云

昔武帝好神仙，而相如爲大人賦以諷，帝覽之，飄然有凌雲之氣。故揚雄病之曰：『諷則諷矣，吾恐不免於勸也。』蓋文有餘而質不足則流，才有餘而雅不足則蕩，流蕩不返，使人有淫麗之心，此文之病也。雄雖知之，不能行之，行之者惟荀孟賈生董仲舒而已！

這種論調又同於韓愈的主張，所以這種提倡古文的論調，便是韓柳的先聲。

以教化爲標準，所以創爲文道合一的主張。其答荊南裴尚書論文書云：

君子之儒學而爲道，言而爲經，行而爲教，聲而爲律，和而爲音，如日月麗乎天，無不照也，如草木麗乎地，無不章也，如聖人麗乎文，無不明也。故在心爲志，發言爲詩，謂之文，兼三才而名之曰儒，儒之用，文之謂也。言而不能文，君子恥之。及王澤竭而詩不作，騷人起而淫麗興，文與教分而爲二：以揚馬之才則不知教化，以荀陳之道，則不知文章。以孔門之教評之，非君子之儒也。夫君子之儒，必有其道，有其道必有其文。道不及文則德勝，

文不及道則氣衰，文多道寡，斯爲藝矣。

其答徐州張尙書論文武書云：

夫文章者本於敎化，發於情性。本於敎化，堯舜之道也；發於情性，聖人之言也。自成康沒，頌聲寢，騷人作，淫麗興，文與敎分而爲二。不足者强而爲文，則不知君子之道；知君子之道者，則恥爲文。文而知道，二者兼難；兼之者大君子之事。上之，堯舜周孔也；次之，游夏荀孟也；下之，賈生董仲舒也。

夫日月之麗，仰之愈明，金石之音，聽之彌淸。故聖人感之而文章生焉，敎化成焉。哀樂形焉。逮德下衰，文章敎化，掃地盡矣。

噫！聖人之道，猶聖人之文也。學其道不知其文，君子恥之。學其文不知其敎，君子亦恥之。

又答衢州鄭使君論文書云：

門人云，『夫子之文章可得而聞也；夫子之言性與天道，不可得而聞也。』即聖人之道可企而及之者，文也。不可企而及之者，性也。蓋言敎化發乎性情，繫乎國風者謂之道。故君子之文必有其道。道有深淺，故文有崇替；時有好尙，故俗有雅鄭。雅之與鄭，出乎心而成風。昔游夏之文，日月之麗也；然而列於四科之末，藝成而下也。苟文不足，則人無取焉。故言而不能文，非君子之儒也；文而不知道，亦非君子之儒也。

這種論調又同於韓愈的主張；形式方面以古文爲依歸，實質方面以儒道爲依歸。所以我說在批評方面，柳冕實開韓柳之先聲。

然而一般講文學史或文學批評史的，大都重視韓愈而忽於柳冕，則又何歟？其最重要的一點，或由於柳冕的文不逮韓愈。這一點柳冕亦自知之而屢言之，他說：

> 小子志雖復古，力不足也。言雖近道，辭則不文，雖欲拯其將墜，末由也已。（答荊南裴尚書論文書）
>
> 老夫雖知之，不能文之，縱文之不能至之，況已衰矣，安能鼓作者之氣，盡先王之教。（與滑州盧大夫論文書）
>
> 僕自下車，爲外事所感，感而應之，爲文不覺成卷，意雖復古而不逮古，則不足以議古人之文。（與徐給事論文書）

有心無力，這是他不及韓愈的地方。韓文流傳既盛，則其論文的思想當然易爲人所注意，而柳冕便不免爲人所忽視了。但我以爲這猶不是較重要的關係。其較重要者，乃在其論文見解之不盡相同。

蓋柳冕之所謂「文章」，混詩與文而言之。韓愈之所謂「文」，則專就非韵非駢的散體言之。因這一點的不同，所以柳冕論文重在諷諭，而以爲要根於教化了。韓愈便不是如此。他專就與詩文分途之文言，所以可以明道，所以可以不必兼及政事。待到韓柳的古文運動成功以後，只有詩文之分而無文筆之分，所以柳冕之混詩與文而言之者，也不易爲人所注意了。

我們試看韓愈論文，其重要之點，即在提出兩個問題：一是「道」的問題，一是「氣」的問題。柳冕於此，不是不注意到他也曾言「道」也曾言「氣」但是說來總不免較韓愈更偏一些。則以混詩與文而言之，所以只能以教化爲標準，而以教化爲標準則便容易偏到極端的實用主義，於是反成爲政治家的論文主張了。

柳冕與權德輿書論當時制舉之弊云：

進士以詩賦取人，不先理道；明經以墨義考試，不本儒意；選人以書判殿最，不尊人物：故吏道之理天下，天下奔競而無廉恥者，以教之者末也。

又云：

明六經之義，合先王之道，君子之儒；教之本也。明六經之注，與六經之疏，小人之儒；教之末也，今者先章句之學，後君子之儒，以求清識之士，不亦難乎！

這種思想且開宋代道學家的先聲了，所以他謝杜相公論房杜二相書又說：

相公如變其文，即先變其俗。文章風俗其弊一也，變之之術，在教其心，使人日用而不自知也。伏惟尊經術，卑文士。經術尊則教化美，教化美則文章盛，文章盛則王道興，此二者在聖君行之而已。

這樣的文學復古論，要從文化復古着手，誠然是根本的解決了。所以他的主張，是徹頭徹尾的教化主義，他以爲『尊經術則教化美，』尊經術即是教化的方法，而教化之所由能美，即在於『教其心使人日用而不自知。』易以現代的用語，即是所謂改造環境，環境改造，則作者之性情亦得而變矣。他又以爲『教化美則文章盛，』教化既美則變易其心，卽所謂『君子之儒必有其道』也。教化美而文章盛，又所謂『有其道必有其文』也。他又以爲『文章盛則王道興，』蓋『文而不知道亦非君子之儒。』所以文章既盛，則王道自興，待到王道能興，則文章之作用始顯，而同時便收到教化的效果。此所以慨然地說『文章風俗其弊一也』；此所以以爲『如變其文卽先變其俗』也。茲復將上文所述列爲圖式如左：

教化（風俗）　心——文——道——教化（王道）

（環境）　（個性）　（作品）　（內容）　（作用）

我常以爲古文家之論文，比較只重在「文」的問題，道學家之論文，則兼顧到「心」與「道」的問題，政治家之論文，纔於「心」與「道」之外更須兼顧到教化的問題。所以徹頭徹尾的教化主義便成爲政治家的論文主張了。韓愈論道，僅足爲道學家張目，柳冕論道，適成爲政治家文論的先聲。這又是他們不同之點。而且柳冕所論雖亦言之成理，但是可惜昧於社會進化的情形。他以爲只須在聖君行之足矣。聖君行之則移風易俗，猶反掌耳，變文章，振文雅，亦猶反掌耳。他又說：『蕭曹雖賢不能變淫麗之體，二荀雖盛不能變聲色之詞，房杜雖明不能變齊梁之弊，是則風俗好尚繫在時王，不在人臣明矣。』（謝杜相公論房杜二相書）則完全是宋儒所謂人主正心誠意則國治而天下平的主張，未免把社會事情看得太單簡太容易了。——這是就論道的方面言者。

又他既不重齊梁的音律，則當然重在文氣，所以他說：

夫善爲文者，發而爲聲，鼓而爲氣。直則氣雄，精則氣生，使五彩並用而氣行於其中。故虎豹之文，蔚而騰光，氣也。日月之文，麗而成章，精也。精與氣，天地感而變化生焉，聖人感而仁義行焉。不善爲文者反此，故變風變雅作矣。六藝之不興，敎化之不明，此文之弊也。噫！文之無窮，而人之才有限。苟力不足者，彊而爲文，則蹶；彊而爲氣，則竭；彊而爲智，則拙。故言之彌多，而去之彌遠。（答衢州鄭使君論文書）

可是，因他重在敎化，於是所謂氣也者，遂不限於文章的氣勢，而含有志氣風氣的意味了。其答楊中丞論文書云：

來書論文，盡養才之道，增作者之氣，推而行之，可以復聖人之敎，見天地之心，甚善。嗟乎！天地養才而萬物生焉；聖人養才而文章生焉；風俗養才而志氣生焉。故才多而養之，可以鼓天下之氣。天下之氣生，則君子之風盛。古者陳詩以觀民風：君子之風，仁義是也；小人之風，邪佞是也。風生於文，文生於質天地之性也；止於經，聖人之道也；感於心，哀樂之音也。故觀乎志而知國風。逮德下衰，風雅不作，形似艷麗之文興，而雅頌比興之義廢。艷麗而工，君子恥之。此文之病也，

嗟乎！天下之才少久矣，文章之氣衰甚矣，風俗之不養才病矣，才少而氣衰使然也。故當世君子，學其道，習其弊，不知其病也。所以其才日盡，其氣益衰，其敎不興，故其人日野。如病者之氣，從壯得衰，從衰得老，從老得死．沈綿而去，終身不悟，非良醫孰能知之。

他以爲「風俗養才而志氣生焉」，他以爲『才多而養之可以鼓天下之氣。』故其所謂「氣」，一方面是志氣，一

方面是風氣。這樣的文氣論亦誠可謂從根本解決了。然而，亦適以成為政治家的論文主張而已。——這又是就論氣的方面言者。

第三目　韓愈

李漢昌黎先生集序稱韓愈在文壇上革新的功烈，謂：『先生於文，摧陷廓淸之功，比於武事，可謂雄偉不常者矣。』不錯，他在當時眞有雄偉不常的力量，眞有摧陷廓淸的功績。這個關係，由於他縱橫恣肆的文章者半，由於他明確有力量的文學批評者亦半。

韓愈伯夷頌極稱他的『特立獨行，』極稱他的『不顧人之是非，……信道篤而自知明，』極稱他的『至於舉世非之力行而不惑。』所以他說，『若伯夷者特立獨行，窮天地亙萬世而不顧者也。』這一點精神即是韓愈所特具的精神。曾國藩求闕齋讀書錄以為『此乃退之生平制行作文宗旨，此自況之文也。』這話誠不錯。明白韓愈這一點特性，然後知道他的文學批評所以能有摧陷廓淸的力量者正在此。其與馮宿論文書云：

辱示初筮賦，實有意思，但力為之，古人不難到。但不知直似古人，亦何得於今人也。僕為文久，每自測，意中以為好，則人必以為惡矣。小稱意，人亦小怪之；大稱意，即人必大怪之也。時時應事作俗下文字，下筆令人慙，及示人，則人以為好矣。小慙者亦蒙謂之小好，大慙者即必以為大好矣。不知古文直何用於今世也。然以俟知者知耳。

昔揚子雲著太玄，人皆笑之。子雲之言曰，『世不我知，無害也；後世復有揚子雲必好之矣。』子雲死近千載，竟未有揚子雲，可歎也。其時桓譚亦以為雄書勝老子；老子未足道也，子雲豈止與老子爭彊而已乎？此未為知雄者。其弟子侯芭頗知之，以為其師之書勝周易。然侯之他文不見於世，不知其人果如何耳！以此而言，作者不祈人之知也明矣。直百世以俟聖人而不惑，質諸鬼神而不疑耳。足下豈不謂然乎？（韓昌黎集十七）

這種勇於自信的態度，實是韓愈的長處。李漢說：『時人始為驚，中而笑且排，先生必益堅，其終人亦翕然而隨以定。』他始終抱定他文學批評的主張以作為文章，這是他所以能奏摧陷廓清之功之一個原因。

正因他的特立獨行，勇於自信，所以他又能在舉世恥相師的風氣之下，毅然地以師自任，毅然地以文為教。以文為教，即無形中為他的文學批評作劇烈的宣傳，當然有摧陷廓清的力量了。唐以前無以文為教者，以文為教自韓愈始。蓋韓愈以前所謂以文為教者，不過『童子之師，授之書而習其句讀者』而已。授之書而習其句讀，則是所謂章句師耳。柳宗元答嚴厚輿論師道書云：『馬融鄭玄者，二子獨章句師耳。今世固不少章句師，僕幸非其人。吾子欲之，其有樂而望吾子者矣。言道講古窮文辭以為師，則固吾屬事。』所以韓愈之以文為教，正是欲『言道講古窮文辭』以為事者。這樣的以文為教，始有文學的——同時亦兼有道學的——意味，而不限於章句訓詁的講解了。

韓愈師說云：『古之學者必有師。師者所以傳道授業解惑也。』所傳何道，所授何業，與所解何惑，須知這正是韓愈以文為教的內容。曾國藩求闕齋讀書錄解此最為精愜。他說：『傳道謂修己治人之道，授業謂古人六藝之業，解惑謂解此二者之惑。韓公一生學道好文，二者兼營，故往往並言之。末幅云「聞道有先後，術業有專攻，」仍作雙修。』可知韓氏之敎不外傳道授業二者而已。實則傳道是後世道學家的事，授業則正是當時古文家的事。所以韓愈於此二者雖是並重，而比較言之，則韓愈於道的方面所窺尙淺，於文的方面所得實深。故韓門弟子與其謂之學道，不如謂爲學文。李翺之文出於韓愈，而李翺之思想却不盡出於韓愈。易言之，卽其文同於韓愈而其所謂學所謂道則不盡同於韓愈：復性一書決不能與原道原性諸作等量齊觀，則所謂韓氏之敎亦不外文而已。韓愈答劉正夫書謂『若聖人之道不用文則已，用則必尙其能者。』可知他便是欲以文昌聖人之道者。蓋中國舊時學術，始終逃不出六藝經典的範圍：漢人通其訓詁章句，於是有所謂漢學；宋人明其義理，於是有所謂宋學。在唐人則不過重在文辭方面。——學其文章——以爲漢宋學術之過渡之樞紐而已。研究之對象仍一，不過方法有不同，方面有不同而已。劉勰云：『自生人以來，未有如夫子者也。敷讚聖旨，莫若註經，而馬鄭諸儒弘之已精，就有深解，未足立家。唯文章之用，實經典枝條……………於是搦筆和墨乃始論文。』（文心雕龍序志篇）則知唐人之於經典重在文章，亦自然之趨勢然也。由這樣講，所以吾謂以文爲敎自韓愈始。漢人訓詁之學是以字爲敎，宋人義理之學是以道爲敎，唐人文章之學則以文爲敎。訓詁之學重在說明，義理之學重在解悟，而文章之學則重在體會，所以可以因文以及道，所以可以爲漢宋學術過渡之樞紐。由這樣講，所以他的以文爲敎自有他時代的重要的價值，而當然易於奏摧陷廓淸之功了。這又是第二個重要的原因。

由第一點言，所以他的論文主張，抱定隨波逐流者不傳，特立獨行者傳；與世浮沈者不傳，能自樹立者傳。我們看他答劉正夫書所言：

夫百物朝夕所見者，人皆不注視也。及覩其異者，則共觀而言之。夫文豈異於是乎？漢朝人莫不能爲文，獨司馬相如太史公劉向揚雄爲之最。然則用功深者其收名也遠。若皆與世沈浮，不自樹立，雖不爲當時所怪，亦必無後世之傳也。足下家中百物，皆賴而用也，然其所珍愛者必非常物。夫君子之於文，豈異於是乎？今後進之爲文，能深探而力取之，以古聖賢人爲法者，雖未必皆是，要若有司馬相如太史公劉向揚雄之徒出，必自於此，不自於循常之徒也。若聖人之道不用文則已，用則必尙其能者。能者非他，能自樹立不因循者是也。（韓昌黎集十八）

『能自樹立不因循』即是他的特性，原來他的文學批評所以欲一反當時風尙者，不外欲不循常而已。欲不循常而其道無由，於是取法於古。取法於古則不隨俗矣。不隨俗則能自樹立矣。能自樹立而猶不因循，不甘暴棄，則『用功深者其收名也遠。』所以這樣的取法於古，是革新而不是返舊。而這樣的爲當時所怪也是特出流俗而不是背道而馳。惟「異」，纔可以進於「能」；亦惟「能」，纔可以成其「異」。其作品之能成功者在是，其批評之有價値者也在是。

由第二點言，所以他的論文主張雖重在宗經則古，而同時也兼主明道。其進學解云：

先生口不絕吟於六藝之文，手不停披於百家之編；記事者必提其要，纂言者必鉤其元；貪多務得，細大不捐。焚膏油以繼晷，恒兀兀以窮年，先生之業，可謂勤矣。觝排異端，攘斥佛老，補苴罅隙，張皇幽渺，尋墜緒之茫茫，獨旁搜而遠紹；障百川而東之，迴狂瀾於既倒，先生之於儒，可謂有勞矣。沈浸醲郁，含英咀華，作為文章，其書滿家。上規姚姒，渾渾無涯；周誥殷盤，佶屈聱牙；春秋謹嚴，左氏浮誇；易奇而法，詩正而葩；下逮莊騷，太史所錄。子雲相如，同工異曲。先生之於文，可謂宏其中而肆其外矣。（韓昌黎集十二）

這段自述至為重要，可為韓愈用力於文之證，亦可謂韓門設教之方。他是這樣傳道授業，二者並重的，所以他的教人，雖重在文，而不離於道。他以為為什麼要學文？就因為道。如云：

愈之所志於古者，不惟其辭之好，好其道焉爾。（答李秀才書）

愈之為古文，豈獨取其句讀不類於今者耶？思古人而不得見，學古道則欲兼通其辭，通其辭者，本志乎古道者也。（題歐陽生哀辭後）

他又以為為什麼要作文？也因為道。如云：

讀書以為學，纘言以為文，非以誇多而鬭靡也。蓋學所以為道，文所以為理也。苟行事得其宜，出言得其要，雖不吾面，吾將信其富於文學也。（送陳秀才彤序）

這樣為道而學文，為道而作文，所以有類於道學家的主張了。

第一點是文的外形的問題，第二點是文的內質的問題。由外形言則重在異；這是韓門皇甫湜一派的主張。由內質言則重在道；這是韓門李翺一派的主張。偏於外形者，以『古聖賢人爲法』猶不脫古文家的面目；偏於內質者，以『志乎古道』爲旨，有時非成爲道學家不止。而韓愈之爲文與論文，於此二點，正能不偏不畸同時兼顧者。蓋韓愈對於文與道的態度與道學家不同。韓愈是因文而及道，道學家是求道而忽文。一個是體會有得，一個則得魚忘筌。韓愈答劉正夫書云：

或問爲文宜何師？必謹對曰：『宜師古聖賢人』，曰：「古聖賢人所爲書具存，辭皆不同，宜何師？」必謹對曰：「師其意不師其辭」。又問曰：「文宜易宜難？」必謹對曰：「無難易，唯其是爾」。

這正是他因文及道的一種說明。在當初，不過爲文師古聖賢人而已，其後始進到師其意不師其辭。能師其意則能辨其是非，而於道也自然有所得了。這種態度在道學家看來是倒學，因爲所謂「師其意」云者正不必爲了「爲文」的緣故。

這猶是說「爲文」所下的工夫。待到既有所得，發而爲文，則「爲文」的作用，在道學家看來是載道，在古文家說來是明道。載道則文是道的工具，明道則文是道所流露。這是作文而歸於道的工夫，所謂『卒澤於仁義道德，炳如也。』韓愈答尉遲生書云：

夫所謂文者，必有諸其中，是故君子愼其實，實之美惡，其發也不揜，本深而末茂，形大而聲宏，行峻而言厲，心

醇而氣和，昭晣者無疑，優游者有餘；體不備不可以爲成人，辭不足不可以爲成文。（韓昌黎集十五）

一方面因文而及道，一方面作文而歸於道，這是他的文道合一說。

明白他的文道合一說，然後可以進窺他的論文之精義。其送高閑上人序云：

苟可以寓其巧智，使機應於心，不挫於氣，則神完而守固；雖外物至，不膠於心。堯舜禹湯治天下，養叔治射，庖丁治牛，師曠治音聲，扁鵲治病，僚之於丸，秋之於奕，伯倫之於酒，樂之終身不厭，奚暇外慕！夫外慕徙業者，皆不造其堂，不嚌其胾者也。（韓昌黎集二十一）

這一節話頗爲重要。姚鼐古文辭類纂謂『韓公此言本自狀所得於文事者。』曾國藩求闕齋日記更爲闡發之云：『機應於心，熟極之候也，莊子養生主之說也。不挫於物，自慊之候也；孟子養氣章之說也。不挫於物者，體也，道也，本也；機應於心者，用也，技也，末也。韓公之於文，技也進乎道矣。』這些話都極恰當。確可用以自狀其所得於文事者，確也可看出他論文主張之融合莊孟二家而冶於一爐。因爲這正是所謂『能自樹立不因循』的注解。不挫於物則能自樹立矣；機應于心，則又正從不因循得來。一以見信道之堅，一以見學文之功，所以此文雖是指書法而言，而其理却可通於文藝。如其不信，請再看他的答李翊書一文。他說：

將蘄至於古之立言者，則無望其速成，無誘於勢利。養其根而俟其實，加其膏而希其光。根之茂者其實遂，膏之沃者其光曄；仁義之人，其言藹如也。

抑又有難者：愈之所爲，不自知其至猶未也。雖然，學之二十餘年矣！始者非三代兩漢之書不敢觀，非聖人之志不敢存；處若忘，行若遺，儼乎其若思，茫乎其若迷。當其取於心而注於手也，惟陳言之務去，戞戞乎其難哉！其觀於人，不知其非笑之爲非笑也。如是者亦有年，猶不改，然後識古書之眞僞，與雖正而不至焉者，昭昭然白黑分矣。而務去之，乃徐有得也。當其取於心而注於手也，汩汩然來矣。其觀於人也，笑之則以爲喜，譽之則以爲憂，以其猶有人之說者存也。如是者亦有年，然後浩乎其沛然矣。吾又懼其雜也，迎而距之，平心而察之，其皆醇也，然後肆焉。雖然，不可以不養也，行之乎仁義之途，游之乎詩書之源，無迷其途，無絕其源，終吾身而已矣。氣，水也；言，浮物也。水大而物之浮者大小畢浮。氣之與言猶是也。氣盛則言之短長與聲之高下者皆宜。雖如是，其敢自謂幾於成乎？（韓昌黎集十六）

這一節很重要。韓愈文學批評之精義，悉萃於是；不過因其行文反覆曲折，所以昔人雖知其重要而罕見有能闡發之者。實則若以此文與送高閑上人序參互比證，便可互相映發。此文中最重要的兩句，卽是『無望其速成無誘於勢利』十字，其餘諸論，多不過爲此二語之註脚耳。所謂『無望其速成』者，卽不因循之意；卽『游之乎詩書之源』，而無絕其源之謂也。韓愈自謂學之二十餘年，卽不望速成之例證。能如是，便到神的境界，所謂『汩汩然來矣。』此則機應於心之說也。究其意，實本於莊子。所謂『無誘於勢利』者，卽『能自樹立』之意；卽『行之乎仁義之途，』

而無迷其途之謂也韓愈自謂非三代兩漢之書不敢觀，非聖人之志不敢存云者，又卽不迷其途之例證。能如是，自能『識古書之眞僞昭昭然白黑分矣。』積極方面能不迷其途，斯消極方面無人之見存，不至隨人笑譽以爲喜憂，此則不挫於物之說也。無人之見存而能不挫於物，則神完守固，便到浩氣流行的境界，所謂『浩乎其沛然矣；』又所謂『氣盛則言之短長與聲之高下者皆宜』也。而所以致此氣盛言宜之故，卽在積極方面的無迷其途，所以謂『其皆醇也然後肆焉。』這又不是孟子所謂『其爲氣也配義與道無是餒也』之意嗎？杜甫論詩，很能融會莊子論神，孟子論氣之說而爲一；韓愈則言之更明，蓋亦自然之機運然歟！

第四目　柳宗元

唐代文家，首推韓柳。自韓柳出而提倡古文，於是始一革舊時雕章繪句之弊。其摧陷廓淸之功，在文學史或文學批評史上誠有相當的價値。不過韓柳雖是齊稱，而因個性之不同，其成就亦微有差異。韓猶有得於道，柳則僅工於文。所以在文學史上，則柳宗元的筆致雋潔，其成就不遜於韓；而在文學批評史上，則韓愈以勇於自信，大聲疾呼，其摧陷廓淸之功實遠勝於柳。

以前講過韓愈在文學批評史上，所以能奏摧陷廓淸之功者，在好爲人師，以文設敎。現在且看柳宗元則何如呢？柳便沒有韓愈這般膽氣了。他說：

言道講古窮文辭以爲師，則固吾屬事。僕才能勇敢，不如韓退之，故又不爲人師。人之所見有同異，吾子無以

韓責我。（答嚴厚輿論師道書）

僕避師名久矣。……其所不樂爲者，非以師爲非，弟子爲罪也有兩事，故不能。自視以爲不足爲一也；世久無師弟子，決爲之且見非，且見罪，懼而不爲，二也。（報袁君陳秀才避師名書）

辱書云欲相師，僕道不篤，業甚淺近，環顧其中，未見可師者；雖嘗好言論，爲文章，甚不自是也。……敢爲吾子師乎？孟子稱「人之患在好爲人師。」由魏晉氏以下，人益不事師，今之世不聞有師，有輒譁笑之，以爲狂人。獨韓愈奮不顧流俗，犯笑侮，收召後學，作師說，因抗顏而爲師。世固羣怪聚罵，指目牽引，而增與爲言辭，愈以是得狂名。（答韋中立論師道書）

他並不是不願爲師，實在是不敢爲師，而且也不能爲師。他沒有韓愈特立獨行的個性，所以不敢爲師。他又不能如韓愈之有見於道而勇於自信，所以也不能爲師。他雖能文，但是他以爲是無所師法的。其復杜溫夫書云：

吾雖少爲文，不能自雕斲，引筆行墨，快意纍纍，意盡便止，亦何所師法；立言狀物，未嘗求過人。（柳河東集三十四）

這話誠不錯，文藝之精微，本是『雖在父兄，不能以移子弟』者。自己之能文，既何所師法，則又將何以詔示於人呢？所以他當然覺得『自視以爲不足爲』了。他以爲所可傳授者只是一些粗迹。所以他又說：

但見生用助字不當律令，惟以此奉告。所謂「乎」「歟」「耶」「哉」「夫」者，疑辭也。「矣」「爾」

「焉」「也」者，決辭也。今生則一之，宜考前聞人所使用，與吾言類且異，愼思之則一益也。

他覺得所可告人者，僅此而已！僅此則又何足以爲師。這不敢爲師與不足爲師，眞是他所謂『有兩事故不能』者。

然而柳宗元在文學批評史上的影響和地位，雖不如韓愈之大，而就其論文見解言，却並不在韓愈之下。卽其作風也能超然於韓愈之外，不爲韓門二派所牢籠。這個原因是什麼？則以柳兼工詩而韓門諸人則工詩者僅僅工詩，工文者僅僅工文，故其論文見解，不過得韓一端而不能自外於韓愈。又以韓偏擅散體，柳則兼工駢儷；韓文出自經，柳文出自史，故韓較偏於雜文學方面，而柳則近於純文學。所以柳氏之論文見解，不僅不同於韓門二派，抑且能自外於韓愈。

這個關係，卽可於其對於「文」的含義見之。韓愈所謂文，大率指「古文」而言，柳宗元所謂文，則有時可兼指韻文而言，有時可兼指駢儷而言。如其楊評事文集後序云：

文有二道，辭令褒貶，本乎著述者也，導揚諷諭，本乎比興者也。著述者流，蓋出於書之謨訓，易之象繫，春秋之筆削，其要在於高壯廣厚，詞正而理備，謂宜藏於簡冊也。比興者流，蓋出於虞夏之詠歌，殷周之風雅，其要在於麗則淸越，言暢而意美，謂宜流於謠誦也。茲二者，攷其旨義，乖離不合，故秉筆之士，恒偏勝獨得，而罕有兼者焉。厥有能而專美，命之曰藝成。雖古文雅之盛世，不能並肩而生。唐興以來，稱是選而不作者，梓潼陳拾遺。其後燕文貞以著述之餘，攻比興而莫能極，張曲江以比興之隙，窮著述而不克備。其餘各探一隅，相與背馳

於道者，其去彌遠。文之難兼，斯益甚矣。（柳河東集二十一）

又其西漢文類序云：

以文觀之，則賦頌詩歌書奏詔策辯論之辭畢具；以語觀之，則右史紀言尙書戰國策成敗興壞之說大備，無不苞也。噫！是可以爲學者之端耶？（柳河東集二十一）

則知其所謂「文」固兼韻體駢體而言之了。所以就韓柳二氏對於「文」的含義而言，已可看出這一點的不同。這個關係，又可於其對於道的態度言之。韓愈所言道，是專就儒家而言；而柳宗元所言，則可兼指釋家之道。韓主排佛而柳却好佛。柳氏雖謂文須宗經而其歸在不出孔子，但他於送僧浩初序明言韓愈闢佛爲忿其外而遺其中，知石而不知韞玉，且謂『吾之所取者與易論語合，雖聖人復生，不可得而斥也。』這竟爲宋人陽儒陰釋的道學，樹之先聲了。所以就韓柳二氏對於道的態度而言，又須注意這一點的差異。

明此關係，則知柳氏文論儘與韓愈相類而畢竟不同。其報袁君陳秀才避師名書云：

秀才時見咨僕有諸內者，不敢愛惜。大都文以行爲本，在先誠其中。其外者當先讀六經，次論語孟軻書，皆經言；左氏國語莊周屈原之辭，稍采取之；穀梁子太史公甚峻潔，可以出入；餘書俟文成異日討也。其歸在不出孔子，此其古人賢士所懍懍者。求孔子之道，不於異書。秀才志於道，愼勿怪，勿雜，勿務速顯。道苟成，則勃然爾，久則蔚然爾。源而流者，歲旱不涸；蓄穀者不病凶年；蓄珠玉者，不虞殍死矣。然則成而久者，其術可見。雖孔子

在，爲秀才計，未必過此。（柳河東集三十四）

又報崔黯秀才書云：

辱書及文章，辭意良高，所嚮慕不凡近，誠有意乎聖人之言。然聖人之言，期以明道，學者務求諸道而遺其辭。辭之傳於世者，必由於書。道假辭而明，辭假書而傳，要之之道而已矣。道之及，及乎物而已耳。斯取道之內者也。今世因貴辭而矜書，粉澤以爲工，遒密以爲能，不亦外乎？吾子之所言道，匪辭而書，其所望於僕，亦匪辭而書，是不亦去及物之道愈以遠乎？僕嘗學聖人之道，身雖窮，志求之不已，庶幾可以語於古。恨與吾子不同州部，閉口無所發明。觀吾子文章，自秀士可通聖人之說。今吾子求於道也外，而望於予也愈外，是其可惜歟！吾且不言，是負吾子數千里不棄朽廢者之意，故復云爾也。（柳河東集三十四）

這些話都同於韓愈的主張；然而不足以見柳氏文論之特點。韓愈論文在答李翊一書，柳宗元論文，在答韋中立論師道一書。這些都是他們體會有得之談，所以應在這兩篇中看出他們的不同。

柳宗元答韋中立論師道書云：

始吾幼且少，爲文章，以辭爲工；及長，乃知文者以明道，是固不苟爲炳炳烺烺，務采色，夸聲音而以爲能也。……

……

故吾每爲文章，未嘗敢以輕心掉之，懼其剽而不留也；未嘗敢以怠心易之，懼其弛而不嚴也；未嘗敢以昏氣出之，懼其昧沒而雜也；未嘗敢以矜氣作之，懼其偃蹇而驕也：抑之欲其奧，揚之欲其明，疏之欲其通，廉之欲其節；激而發之欲其淸，固而存之欲其重，此吾所以羽翼夫道也。本之書以求其質，本之詩以求其恒，本之禮以求其宜，本之春秋以求其斷，本之易以求其動，此吾所以取道之原也。參之穀梁氏以厲其氣，參之孟荀以暢其支，參之莊老以肆其端，參之國語以博其趣，參之離騷以致其幽，參之太史以著其潔，此吾所以旁推交通而以之爲文也。（柳河東集三十四）

這一節話申文以明道之旨似乎也與韓愈相同，然而韓的態度是沈潛于道，而柳的態度，只在「羽翼夫道。」沈潛于道，所以要『行之乎仁義之途，游之乎詩書之源，』而『無迷其途，無絕其源』。的羽翼夫道，所以只須勿以輕心掉之，怠心易之，昏氣出之，矜氣作之足矣。蓋韓愈所言，是孟子所謂養氣之旨，所以重在道；柳宗元所言，是劉勰所謂養氣之旨，所以又重在文。這些分別，必須看出，纔能明柳氏論文之旨。所以我以爲柳氏答韋中立論師道書一篇更須與他的與楊京兆憑書一篇參互比觀，纔明其義。他說：

凡爲文以神志爲主。自遭責逐，繼以大故，荒亂耗竭，又常積憂恐，神志少矣。所讀書隨又遺忘，一二年來，痞氣尤甚，加以衆疾，動作不常，眊眊然騷擾內生，霾霧塡擁慘沮，雖有意窮文章，而病奪其志矣。（柳河東集三十）

『爲文以神志爲主，』這卽是柳氏論文的主旨。所謂羽翼夫道者，正是從神志方面下手。文心雕龍養氣篇云：『率志委和則理融而情暢鑽礪過分則神疲而氣衰』正是說明此意。所以柳氏所謂羽翼夫道者，依舊是文的工夫。

明得此意，然後知柳氏所謂取道之原——『本之書以求其質，本之詩以求其恆，本之禮以求其宜，本之春秋以求其斷，本之易以求其動』云云者，雖重在道的方面重在文的內容的方面，而實則書詩禮春秋與易之風格體製也均包括在內。蓋重在論道，則宜合言之，重在論文則宜分言之。韓愈原道云：『博愛之謂仁，行而宜之之謂義，由是而之焉之謂道，足乎己無待於外之謂德，……其文詩書易春秋，其法禮樂刑政，其民士農工商，其位君臣父子師友賓主昆弟朋友，』何曾對於五經之道各別道來！劉勰文心雕龍宗經篇云：『易惟談天，書實記言，詩主言志，禮以立體，春秋辨理』又如何能把五經之文綜合言之。所以柳氏對於取道之原，而於五經中求其質，求其恆，求其宜，求其斷，求其動，已不全是道的問題而兼有文的問題了。

明得此意，然後更知柳氏所謂旁推交通而以之爲文者，正是他「有意窮文章」的地方。他『有意窮文章而病奪其志』，所以他的所志，不在道而在文。不過他於文的方面不做『炳炳烺烺務采色夸聲音』之文而已。不做炳炳烺烺務采色夸聲音之文，而仍有意窮文章，此則所謂『羽翼夫道』也。這是他底文的神志說。

所以他的論文，不會偏於道。韓愈以爲行事得其宜，出言得其要，也是富於文學（見送陳秀才彤序）而柳則不如是者。其楊評事文集後序云：

文之用，辭令褒貶導揚諷諭而已，雖其言鄙野，足以備於用，然而闕其文彩，固不足以竦動時聽，夸示後學，立言而朽君子不由也。故作者抱其根源而必由是假道焉。

又答吳武陵論非國語書云：

僕之爲文久矣，然心少之不務也以爲是特博奕之雄耳，故在長安時，不以是取名譽，意欲施之事實，以輔時及物爲道，自爲罪人，捨恐懼則閑無事，故聊復爲之。然而輔時及物之道，不可陳於今，則宜垂於後。言而不文則泥。然則文者固不可少耶。（柳河東集三十一）

於此數節中可以見其尚文之旨，所以他不會同於韓門李翺一派的主張。然而同時也不因尚文而偏主於奇。韓愈以爲『夫百物朝夕所見者，人皆不注視也。及覩其異者，則共觀而言之。』（答劉正夫書）而柳則也非如是者。他以國語之『文勝而言尨好詭以反倫，……輒乃黜其不臧，究世之謬，凡爲六十七篇，命之曰非國語』。（與呂道州溫論非國語書）故其答吳武陵論非國語書云：

夫爲一書，務富文采，不顧事實，而益之以誣怪，張之以闊誕，以炳然誘後生，而終之以僻，是猶用文錦覆陷穽也。不明而出之，則顚者衆矣。僕故爲之標表以告夫遊乎中道者焉。

這也顯與韓愈異趣，所以也不會同於韓門皇甫湜一派的主張。不偏於闡道而忽文，同時也不因尚文而主奇，這正是所謂『羽翼夫道』了。這『羽翼夫道』的態度，當然足以超出於韓愈及韓門二派而不與相同了。

第五目　韓門二派

韓愈死後時人之論韓者有三篇文字極爲重要。一篇是李翺的祭吏部韓侍郎文，一篇是皇甫湜的韓文公墓誌銘，一篇是李漢的昌黎先生集序。李翺文云：

嗚呼！孔子云遠，楊朱恣行，孟軻拒之，乃壞於成。戎風混華，異學魁橫；兄嘗辯之，孔道益明。建武以還，文卑質喪，氣萎體敗，剽剝不讓；儷花鬭葉，顚倒相上。及兄之爲，思動鬼神，撥去其華，得其本根。開闔怪駭，驅濤湧雲；包劉越嬴，並武同殷，六經之學，絕而復新，學者有歸，大變於文。（李文公集十六）

皇甫湜文云：

先生之作，無圓無方，至是歸工；抉經之心，執聖之權，尙友作者；跂（全唐文作跋）邪觝異，以扶孔氏，存皇之極。知與罪非我計。茹古涵今，無有端涯；渾渾灝灝，不可窺校。及其酣放，毫曲快字，凌紙怪發，鯨鏗春麗，驚耀天下。然而栗密窈眇，章妥句適，精能之至，入神出天。（皇甫持正文集六）

李漢文云：

汗瀾卓踔，奫泫澄深，詭然而蛟龍翔，蔚然而虎鳳躍，鏘然而韶鈞鳴；日光玉潔，周情孔思，千態萬貌，卒澤於道德仁義炳如也。

這三篇都足以爲韓文之定評。然而似乎各有着眼之點。李翺則重在道的方面，皇甫湜則重在文的方面。論韓愈復道之功，以李翺所言爲當；狀韓愈行文之能，又以皇甫湜所言爲精；至李漢所論，則混文與道而言之，又正足爲他貫道之說的說明。李漢之文，傳世不多，今無可論。至李翺與皇甫湜，則正足以代表韓門之二派。由作風言，韓愈確是具有二種不同的作風，其一是鯨鏗春麗足以驚耀天下者；其又一是章妥句適以栗密窈眇見長者。由文學批評言，韓愈確亦兼具有二種不同的主張；其一是重在外形之奇特，其又一是重在內質之合於道。至於韓門諸子便不能二者兼顧，適得其中。李翺作風主於平易，其論文主旨亦偏於道。皇甫湜作風偏於奇特，而論文主恉亦如之。所以他們二人對於韓愈之認識，也不免有所偏了。

李翺答朱（一作王，一作梁）載言書，自述其作古文之旨云：

吾所以不協於時而學古文者，悅古人之行也。悅古人之行者，愛古人之道也。故學其言不可以不行其行，行其行不可以不重其道，重其道不可以不循其禮。（李文公集六）

此書說明他學古文之旨，全與韓愈相同。李翺此書爲其論文主旨所在，與韓之答李翊書，柳之答韋中立書，同樣重要。茲節錄其文於後：

列天地，立君臣，親父子，別夫婦，明長幼，浹朋友，六經之旨也。浩乎若江海，高乎若邱山，赫乎若日火，包乎若天地，掇章稱詠，津潤怪麗，六經之詞也。創意造言，皆不相師。故其讀春秋也，如未嘗有詩也；其讀詩也，如未嘗有易；其讀易也，如未嘗有書也；其讀屈原莊周也，如未嘗有六經也。

故義深則意遠，意遠則理辯，理辯則氣直，氣直則辭盛，辭盛則文工。如山有恒華嵩衡焉，其同者高也；其草木之榮，不必均也。如瀆有淮濟河江焉，其同者出源到海也；其曲直淺深色黃白，不必均也。如百品之雜焉，其同者飽於腸也；其味鹹酸苦辛，不必均也。此因學而知者也。此創意之大歸。

天下之語文章有六說焉：其尚異者，則曰文章辭句，奇險而已。其好理者，則曰文章叙意，苟通而已。其溺於時者，則曰文章必當對。其病於時者，則曰文章不當對。其愛難者，則曰文章宜深不當易。其愛易者，則曰文章宜通不當難。此皆情有所偏，滯而不流，未識文章之所主也。義不深不至於理，言不信不在於教勸，而詞句怪麗者有之矣；劇秦美新，王褒僮約是也。其理往往有是者，而詞章不能工者有之矣；劉氏人物表，王氏中說，俗傳太公家教是也。古之人能極於工而已，不知其詞之對與否，易與難也。詩曰：『憂心悄悄，慍於羣小，』此非對也；又曰：『遘閔既多，受侮不少，』此非不對也。書曰：『朕聖讒說殄行，震驚朕師；』詩曰：『菀彼桑柔，其下侯旬，捋採其劉，瘼此下人；』此非易也。書曰：『允恭克讓，光被四表，格於上下；』詩曰：『十畝之間兮，桑者閑閑兮，行與子旋兮，』此非難也。學者不知其方，而稱說云云，如前所陳者，非吾之敢聞也。六經之後，百家之言興，老聃列禦寇莊周鶡冠田穰苴孫武屈原宋玉孟軻吳起商鞅墨翟鬼谷子荀況韓非李斯賈誼枚乘司馬遷相如劉向揚雄，皆足以自成一家之文，學者之所師歸也。故義雖深，理雖當，詞不工者不成文，宜不能傳也。文理義三者兼并，乃能獨立於一時，而不泯滅於後代，能必傳也。仲尼曰：『言之無文，行之不遠。』子貢曰：『文猶質也，質猶文也，虎豹之鞟，猶犬羊之鞟。』此之謂也。陸機曰：『怵他人之我先，』韓退之曰：『惟陳言之務去。』

假令述笑哂之狀，曰莞爾，則論語言之矣；曰啞啞，則易言之矣；曰粲然，則穀梁子言之矣；曰攸爾，則班固言之矣；曰輾然，則左思言之矣；吾復言之，與前文何以異也！此造言之大歸。（李文公集六）

此書專論創意造言二者：創意是道的關係，造言是文的工夫。其論創意，歸到『氣直則辭盛，辭盛則文工，』似亦兼顧到文的方面；其論造言，而推到『文章之所主』而以爲『文理義三者兼幷，乃能獨立於一時而不泯滅於後代，』似乎又兼顧到道的問題。據此以言，則是李翺論文，猶不甚偏重在道。

然而李翺於道，確是有所得者。即就其復性書而論，亦遠勝於韓愈之原道。宋儒理學，可謂很受此書之影響。所以他的論文主張，就創意言，蘄合於「六經之旨」，當然較偏於道。其雜說上云：

日月星辰經乎天，天之文也。山川草木羅乎地，地之文也。志氣言語發乎人，人之文也。志氣不能塞天地，言語不能根教化，是人之文紕繆也。山崩川涸，草木枯死，是地之文裂絕也。日月暈蝕，星辰錯行，是天之文乖盭也。天文乖盭，無久覆乎上；地文裂絕，無久載乎下；人文紕繆，無久立乎天地之間：故文不可以不愼也。（李文公集五）

他必以志氣塞天地，言語根教化，爲人之文，已很帶道的色彩了。至其寄從弟正辭書云：

汝勿信人號文章爲一藝。夫所謂一藝者，乃時世所好之文，或有盛名於近代者是也。其能到古人者，則仁義之辭也，惡得以一藝而名之哉？

仲尼孟軻歿千餘年矣！吾不及見其人，吾能知其聖且賢者，以吾讀其辭而得之者也。後來者不可期，安知其讀吾辭也而不知吾心之所存乎？亦未可誣也。

夫性於仁義者，未見其無文也。有文而能到者，吾未見其不力於仁義也。由仁義而後文者，性也；由文而後仁義者，習也。猶誠明之必相依爾。

貴與富，在乎外者也，吾不能知其有無也；非吾求而能至者也。吾何愛而屑屑於其間哉！仁義與文章，生乎內者也，吾知其有也，而能求而充之者也；吾何懼而不爲哉！（李文公集八）

他不以文章爲一藝，所以偏重在道的方面。他謂『性於仁義者未見其無文也。』這正是上承孔子『有德者必有言』之意，下啟宋儒『道至則文自工』之說。宋人譏韓愈爲「倒學」，實則李翺此文，即已逗露此意。『由仁義而後文者性也』，這是宋人論文的見解。『由文而後仁義者習也』，這是唐人論文的見解，而宋人所譏爲倒學者。所以李翺論文已開宋人之先聲。至其答皇甫湜書『欲筆削國史成不刊之書，用仲尼褒貶之心，取天下公是公非以爲本』。又答開元寺僧書畏後世聖人之責不敢爲釋氏作鐘銘。都可見其衞道的熱烈。

即就「造言」而言也，蘄合於「六經之詞」。所以對於詞之對與否，難與否，以爲根本不成問題，因爲這不是文章之所主。即就於尙異與好理二者，也要調劑折衷文質相濟，所以他決不如皇甫湜這樣偏主於奇的。雖則他也曾申述韓愈陳言務去之旨，而偏重於新辭的創造。

至皇甫湜之論文，便偏主於奇。其答李生第一書云：

來書所謂今之工文，或先於奇怪者，顧其文工於否耳！夫意新則異於常，異於常則怪矣。詞高則出衆，出衆則奇矣。虎豹之文，不得不炳於犬羊，鸞鳳之音，不得不鏘於烏鵲；金玉之光，不得不炫於瓦石，非有意先之也，迺自然也。必崔嵬然後爲岳，必滔天然後爲海，明堂之棟必撓雲霓，驪龍之珠必涸深泉。足下以少年氣盛，固當以出拔爲意。學文之初，且未自盡其才，何遽稱力不能哉！（皇甫持正文集四）

這種尙奇的主張，完全是尙文的傾向。其答李生第二書復申述之云：

夫謂之奇，則非正矣，然亦無傷於正也。謂之奇，卽非常矣。非常者謂不如常者，謂不如常乃出常也。無傷於正而出於常，雖尙之亦可也。此統論奇之體耳。未以文言之失也。夫文者非他，言之華者也。其用在通理而已。固不務奇，然亦無傷於奇也。使文奇而理正，是尤難也。生意便其易者乎？

夫言亦可以通理矣，而以文爲貴者，非他，文則遠，無文卽不遠也。以非常之文，通至正之理，是所以不朽也。生何嫉之深耶？

夫繪事後素，旣謂之文，豈苟簡而已哉！聖人之文，其難及也！作春秋，游夏之徒不能措一辭，吾何敢擬議之哉！秦漢已來至今文學之盛，莫如屈原宋玉李斯司馬遷相如揚雄之徒，其文皆奇，其傳皆遠。生書文亦善矣，比之數子，似猶未勝，何必心之高乎？……

> 書之文不奇易之文可謂奇矣。豈礙理傷聖乎？如龍戰於野，其血玄黃，見豕負塗，載鬼一車，突如其來，如焚如死如棄，如此何等語也！（皇甫持正文集四）

此節謂奇而無傷於正，正而無傷於奇，以文奇理正為標的，固似較前書為修正一些，但以尚奇之故，總不免偏於修辭方面。其後孫樵論文，亦偏主於奇，蓋正是皇甫湜一派之支流。

第六目　韓柳以外之文論

至在韓柳以外，其論旨不盡相同，而與當時復古的傾向，也不相背者，則有裴度李德裕二人。裴度寄李翺書云：

> 愚謂三五之代，上垂拱而無為，下不知其帝力，其道漸被於天地萬物，不可得而傳也。夏殷之際，聖賢相遇，其文在於盛德大業，又鮮可得而傳也。厥後周公遭變，仲尼不當世，其文遺於册府，故可得而傳也。於是作周孔之文。荀孟之文，左右周孔之文也；理身理家理國理天下，一日失之，敗亂至矣。騷人之文，發憤之文也，雅多自賢，頗有狂態。相如子雲之文，譎諫之文也；自為一家，不是正氣。賈誼之文，化成之文也，鋪陳帝王之道，昭昭在目。司馬遷之文，財成之文也，馳騁數千載，若有餘力。董仲舒劉向之文，通儒之文也，發明經術，究極天人。其餘擅美一時，流譽千載者多矣。不足為弟道焉。然皆不詭其詞而詞自麗，不異其理而理自新。若夫典謨訓誥，文言繫辭，國風雅頌，經聖人之筆削者，則又至易也，至直也，雖大彌天地，細入無間，而奇言怪語，未之或有。意隨文而可見，事隨意而可行。此所謂文可文，非常文也。其可文而文之，何常之有！（全唐文五三八）

他因這樣主張自然，所以不要可文而文之駢文家之尙對偶聲韵，固是可文而文之古文家的磔裂章句也未嘗不是可文而文之。這正是宋人稱韓愈爲有意爲文的論調。所以他並且反對古文。他又說：

> 觀弟近日制作，大旨常以時世之文多偶對麗句，屬綴風雲，羈束聲韵，爲文之病甚矣。故以雄詞遠致，一以矯之，則是以文字爲意也。
>
> 且文者，聖人假之以達其心，心達則已，理窮則已，非故高之下之，詳之略之也。愚欲去彼取此，則安步而不可及，平居而不可踰，又何必遠關經術，然後騁其材力哉！
>
> 昔人有見小人之違道者，恥與之同形貌，共衣服，遂思倒置眉目，反易冠帶以異也。不知其倒之反之之非也。雖非於小人，亦異於君子矣。故文之異，在氣格之高下，思致之深淺，不在磔裂章句，隳廢聲韵也。人之異，在風神之清濁，心志之通塞，不在於倒置眉目，反易冠帶也。（全唐文五三八）

他謂『非故高之下之，詳之略之，』則古文家之所謂義法，便失其根據。古文家之所謂義法，正有一部分是討論到高之下之詳之略之的問題的。我嘗謂駢文家的講聲色，與古文家之講義法，同樣的以文字爲意，同樣的違反自然

至於李德裕則比較地站在純文藝的立場，其窮愁志文章論之論及文章云：

> 世有非文章者曰，辭不出於風雅，思不越於離騷，模寫古人，何足貴也？余曰：譬諸日月，雖終古常見，而光景常新，此所以爲靈物也。

曰『終古常見而光景常新，』這在中國文學批評論中，要算是十分漂亮的言論了。這一種的復古主張，便絲毫不拖泥帶水，牽涉道義而言之，所以他的文箴，即本文藝的立場以創爲自然論者。其言云：

> 文之爲物，自然靈氣，恍惚而來，不思而至，杼軸得之，淡而無味，琢刻藻繪，彌不足貴。如彼璞玉，磨礱成器，奢者爲之，錯以金翠，美質旣雕，良寶斯棄。（見其文章論中）

本此見解，故其文章論中提出兩項主張：（1）以氣救藻飾之蔽，（2）以自然的音調易人工的音律。以前說過，駢文家以人工的音律救行文之吃，古文家以語調的氣勢救行文之吃。此意即可在李德裕文章論中見之。他說：

> 魏文典論稱『文以氣爲主，氣之淸濁有體，』斯言盡之矣。然氣不可以不貫，不貫則雖有英辭麗藻，如編珠綴玉，不得爲全璞之寶矣。鼓氣以勢壯爲美，勢不可以不息，不息則流宕而忘返，亦猶絲竹繁奏，必有希聲窈眇，聽之者悅聞；如川流迅激，必有洄洑逶迤，觀之者不厭。（李文饒外集三）

氣而能貫，即臻自然的境界，於是英辭麗藻，不足爲行文之累，不會成文家之吃。他的論氣，纔專就語勢而言，不牽涉到先天原有的氣禀，也不牽涉到後天可以變化的氣質。因此，所以他更反對人工的音律。他又說：

> 沈休文獨以音韻爲切，重輕爲難，語雖甚工，旨則未遠矣。夫荆璧不能無瑕，隨珠不能無類，文旨旣妙，豈以音韻爲病哉！此可以言規矩之內，未可以言文外意也。較其師友，則魏文與王陳應劉討論之矣。江南唯於五言

爲妙，故休文長於音韻，而謂『靈均以來，此祕未覩，』不亦誣人甚矣。古人辭高者蓋以言妙而工，適情不取於音韻；意盡而止，成篇不拘於隻耦。故篇無足曲，辭寡累句。譬諸音樂，古辭如金石琴瑟，尚於至音；今文如絲竹鞞鼓，迫於促節，則知聲律之爲弊也甚矣。

此種論調雖亦有復古的傾向，但決不會有韓柳這般的流弊。本此論調以創作，只成爲雖模寫古人而光景常新的靈物，決不會沾染古典的精神與形式的。

第三節　批評風氣之流行

第一目　標榜的批評

當時批評風氣之盛，除因復古思潮而有所主張以外，亦有重在審美的批評，論文不主道，論詩不主雅，而較偏於純藝術的立場者，則爲（1）標榜的批評（2）象徵的批評。

唐代吟業既盛，當然易開標榜風氣。胡震亨唐詩談叢四謂『唐人一時齊名者如「富吳」「蘇李，」「燕許」「蕭李」「韓柳」「四傑」「四友」「三俊」皆兼以文筆爲稱。其專以詩稱有「沈宋」「錢郎，」又「錢郎劉李，」「鮑謝」「元白」「劉白，」「溫李」「賈喻」「皮陸」「吳中四士」「廬山四友」「三舍人」「大歷十才子」「咸通十哲」等目。』即此一端已可看出當時標榜的風氣之盛。此種風氣之影響到批評方面者，即時人贈答稱頌之詩，卽所謂『平生不解藏人善，到處逢人說項斯』也。如李白之頌張十一『張翰黃花句，風流五百年。誰人今繼作？夫子世稱賢。』（金陵送張十一再遊東吳）高適之頌陳十六『永懷掩風騷，千載常矻矻。新理亦崔巍，佳句懸日月。』（同觀陳十六史興碑）均是推許其詩。此在杜甫詩中，爲例更多。如解悶十二首之評薛據，孟雲卿，孟浩然，王維，王縉諸人之詩，八哀詩之評李邕張九齡蘇源明諸人之詩，他如稱李白則謂其飛揚跋扈，（見贈李白詩）謂其飄然不羣，（見春日憶李白詩）謂其佳句似陰鏗，（見同尋范十隱居詩）謂其『筆落驚風雨，（寄李十二白二十韻）稱高適則謂其『方駕曹劉不啻過』（奉寄）謂其『文章曹植波瀾闊』。（追酬故高蜀州人日見寄）至如稱元結之『詞氣浩縱橫』，（同元使君舂陵行）稱賈至之『雄筆映千古』，（送唐誡因寄禮部賈侍郎）稱鄭審李之芳則云『律比崐崙竹，音知燥溼絃。』（秋日夔府奉寄一百韻）稱高適岑參則云『意愜關飛動，篇終接混茫』，（寄彭州高使君虢州岑長史三十韻）均是戛戛獨造，迥不猶人，殊與泛泛稱頌者不同。

其後惟韓愈造語亦能擺落陳言，獨創新詞。如醉贈張祕書詩『君詩多態度，靄靄春空雲。東野動驚俗，天葩吐奇芬。張籍學古淡，軒鶴避雞羣。』又『險語破鬼膽，高詞媲皇墳，至寶不雕琢，神工謝鋤耘』諸語，與薦士詩『有窮者孟郊，受材實雄鷙，冥觀洞古今，象外逐幽好。橫空盤硬語，妥貼力排奡。敷柔肆紆餘，奮猛卷海潦。榮華肖天秀，捷病逾響報』諸語，均能殺縛事實，銖兩悉稱，曲盡形似之妙。即其兼論詩法者，如：

無本於爲文，身大不及膽。吾嘗示之難，勇往無不敢。蛟龍弄角牙，造次欲手攬。衆鬼囚大幽，下覷襲元窟。天陽熙四海，注視首不頷。鯨鵬相摩窣，兩舉快一噉。夫豈能必然，固已謝黯黮。狂詞肆滂葩，低昂見舒慘。姦窮怪變得，往往造平澹。（送無本師歸范陽）

李杜文章在，光燄萬丈長。不知羣兒愚，那用故謗傷。蚍蜉撼大樹，可笑不自量。伊我生其後，舉頸遙相望。夜夢多見之，晝思反微茫。徒觀斧鑿痕，不矚治水航。想見施手時，巨刃磨天揚。垠崖劃崩豁，乾坤擺雷硠。（調張籍）

亦能掐擢胃腎，不落凡境。當時元白為之則鋪叙更煩。元詩，如：

喜聞韓古調，兼愛近詩篇。玉磬聲聲徹，金鈴箇箇圓。高疎明月下，細膩早春前。花態繁於綺，閨情軟似綿。輕新便妓唱，凝妙入僧禪。欲得人人伏，能敎面面全。延之（一作清）苦拘檢，摩詰好因緣。七字排居敬，千詞敵樂天。（自注『侍御八兄能為七言絕句，贊善白君好作百韻律詩』）殷勤閑太祝（張籍）好去老通川（自謂）莫漫裁章句，須饒紫禁仙。（見人詠韓舍人新律詩因有戲贈）

白詩，如：

張君何為者，業文三十春。尤工樂府詩，舉代少其倫。為詩意如何，六義互鋪陳。風雅比興外，未嘗著空文。讀君學仙詩，可諷放佚君。讀君董公詩，可誨貪暴臣。讀君商女詩，可感悍婦仁。讀君勤齊詩，可勸薄夫敦（一作淳）上可裨敎化，舒之濟萬民。下可理情性，養之善一身。始從青衿歲，迨此白髮新。日夜秉筆吟，心苦力亦勤。時無采詩官，委棄如泥塵。恐君百歲後，滅沒人不聞。願藏中祕書，百代不湮淪。願播內樂府，時得聞至尊。言者志之苗，

行者文之根。所以讀君詩，亦知君爲人。如何欲五十，官小身賤貧。病眼街西住，無人行到門。（讀張籍古樂府）

這些都是意在標榜，詞尙形似。至其相互酬唱者，如白居易江樓夜吟元九律詩成三十韻，與元稹酬樂天江樓夜吟稹詩因成三十韻，更爲刻意煊染，盡量贊歎之作。一方面近司空圖詩品之體，一方面亦開宋人論詩之風。

第二目　象徵的批評

因其重在標榜，遂多形似之語，標榜的批評與象徵的批評本有相互的關係。然有意在標榜而不用象徵的方法，或雖用象徵的方法而並非標榜者，所以亦各有異點。大抵象徵的比喻，多本於六朝之品評書法而踵爲之者。湯惠休謂謝靈運詩如出水芙蓉，顏延年詩似鏤金錯彩，卽已用此方法，不過偶以舉例，其體未廣。至如張說與徐堅之論近代文士，謂『李嶠崔融薛稷宋之問之文，如良金美玉，無施不可；富嘉謨之文，如孤峯絕岸，壁立萬仞，濃雲鬱興，震雷俱發，誠可畏也；若施於廊廟，則駭矣。閻朝隱之文，如麗服靚粧，燕歌趙舞，觀者忘疲；若類之風雅，則罪人矣。』又論後進詞人之優劣云：『韓休之文如太羹旨酒，雅有典則，而薄於滋味。許景先之文如豐肌膩理，雖穠華可愛，而微少風骨。張九齡如輕縑素練，實濟時用，而微窘邊幅。王翰如瓊杯玉斝，雖爛然可珍，而多有玷缺。』（見舊唐書楊炯傳）此則全是比況之辭。後來皇甫湜諭業一文，亦師其意而踵爲之。其言云：

夫比文之流，其來尙矣！自六經子史，至於近代之作，無不備詳。當朝之作，則燕公悉以評之。自燕公已降，試爲子論之：

燕公之文如楩木枏枝，締構大廈，上棟下宇，孕育氣象，可以燮陰陽，閱寒暑，坐天子而朝羣后。

許公之文如應鐘鼖鼓，笙簧錞磬，崇牙樹羽，攷以宮縣，可以奉神明，享宗廟。

李北海之文如赤羽玄甲，延亙平野，如雲如風，有貙有虎，闐然鼓之，吁可畏也！

賈常侍之文如高冠華簪，曳裾鳴玉，立於廊廟，非法不言，可以望爲羽儀，資以道義。

李員外之文則如金轝玉輦，雕龍綵鳳，外雖丹青可掬，內亦體骨不飢。

獨孤尚書之文如危峰絕壁，穿倚霄漢，長松怪石，傾倒谿壑，然而略無和暢，雅德者避之。

楊崖州之文如長橋新構，鉄騎夜渡，雄震威厲，動心駭目，然而鼓作多容，君子所愼。

權文公之文如朱門大第，而氣勢宏敞，廊廡廩廄，戶牖悉周，然而不能有新規勝槪，令人竦觀。

韓吏部之文如長江大注，千里一道，衝飈激浪，汙流不滯；然而施於灌溉，或爽於用。

李襄陽之文如燕市夜鴻，華亭曉鶴，嘹唳亦足驚聽；然而才力偕鮮，悠然高遠。

故友沈諮議之文則隼擊鷹揚，滅沒空碧，崇蘭繁榮，曜英揚蕤，雖迅舉秀擢，而能沛艾絕景。

其它握珠璣奪組綉者不可一二而紀矣。若數公者，或傳符於玄宰，或受命於神工，或鳳翥詞林，或虎踞文苑，或抗轡荀孟，攘袂班揚，皆一時之豪彥筆硯之麟鳳。（皇甫持正文集一）

此種風氣，一至宋代則更爲流行，蔡絛敖陶孫輩無不爲之，遂成爲文學批評的一種方法了。此種方法，雖近游戲之作，且多模糊影響之談，要亦不失爲鑑賞的批評之一種。

第三章　復古運動的銷沉時期

第一節　批評風氣之轉移

第一目　論格論例之著

時至晚唐五代，復古潮流成爲過去，而駢儷餘波復有廻旋振盪之勢；律賦四六均於此時完成其體製，詩詞亦趨於穠豔綺麗之習。因此，此期的文學批評，不重在原理的討論，而重在方法的講求。這個關係，也卽由於承風氣而不是變風氣的緣故。茲將當時有關批評的著作約而舉之，不外三類：

其一，爲論格論例之著。論詩文而議其格與例，固不始於此期，然此類書籍終以此期爲特盛。有許多書籍托之於盛唐中唐時人所爲者，大率爲此期的產品。惟以此類書籍多爲時文應用而作，取便初學，沒有永久的價值，故最多散佚。今分別述之於次：

其全佚者，有：

制朴（一稱白氏制朴）三卷。（宋志作一卷，國史經籍志作二卷）唐白居易撰。佚。崇文目，通志，及宋志均著錄文史類。

應求類　二卷。（通志藝文略作三卷）唐劉遴編。佚。新唐書藝文志，崇文總目，通志藝文略及宋史藝文志均著錄文史類。案是書宋以後已佚，焦竑國史經籍志詩文評類雖亦著錄，不足信。又案是書唐志稱「編」，通志稱「集」，竊疑當是類輯應舉之文以供採擷者。

文格　二卷。（宋志作三卷）五代吳越孫郃撰。（宋志「郃」誤作「郤」）佚。新唐志，崇文目，通志及宋志均著錄文史類。案國史經籍志亦著錄，不足信。考同治徐州府志經籍考總集類有孫郃文格三卷，宋李淑著，並云據豐縣志，豈是書非出孫郃所撰，乃李淑據孫氏文而類聚區分以定其格耶？或豐縣志以通志列李淑制朴於孫郃文格之後，遂誤合為一，而同治志又沿其誤耶？

修文要訣　一卷。（宋志作二卷，宋四庫闕書目兩見此書，先作一卷，其後重見作二卷）五代蜀馮鑑撰。佚。宋四庫闕書目，尤袤遂初堂書目，通志藝文略，通考經籍考，及宋志均著錄文史類，郡齋讀書志著錄文說類。案郡齋讀書志云：『雜論為文體式，評其謬誤，以訓初學。』則亦啓蒙之書，其散佚固宜。焦竑國史經籍志詩文評類雖著錄，不足信。

文旨　一卷。口王瑜撰。（瑜時代待考。宋四庫闕書目及宋志均作王瑜卿）佚。崇文目，宋四庫闕書目，通志藝文略及宋志均著錄文史類。案是書不見新舊唐志著錄，而崇文目已有之，疑瑜亦五代時人。國史經籍志詩文評類著錄其書，亦不足信。

右論文之屬。考通志藝文略分文史詩評二目，右列諸書均列文史類，當與純粹論詩者有別。

賦要一卷。唐白行簡撰。佚。宋志文史類著錄。案行簡居易弟，新舊唐書均附居易傳。

賦門（國史經籍志作賦問，誤）一卷。唐浩虛舟撰。佚。新唐志，崇文目，通志及宋志均著錄文史類。案虛舟陽州刺史聿之子，中宏詞科。全唐文六百二十四有賦八篇表一篇。

賦樞三卷。（宋四庫闕書目及宋志均作一卷）唐張仲素撰。（通志「素」作「表」誤。）佚。新唐志，崇文目，通志，宋四庫闕書目均著錄文史類。案國史經籍志亦著錄，不足信。仲素字繪之，河間人，官中書舍人。全唐文六百八十四錄其賦及雜文。

賦格一卷。唐紇干俞撰。（崇文目「紇」作「紀」，誤。）佚。崇文目，通志及宋志均著錄文史類。案俞元和中進士，官渭南尉，見通志注。全唐文七百二十三錄其賦七首。

賦訣一卷。唐范傳正撰。佚。新唐志，崇文目，通志，宋志均著錄文史類。案國史經籍志亦著錄，不足信。

賦格一卷。五代周和凝撰。宋志文史類著錄。

右論賦之屬。考唐代律賦之盛，至大歷貞元之際，風氣始開，故論賦之著，較多中唐人作。

詩品一卷。唐李嗣眞撰。佚。新唐志文史類通志詩評類著錄。案嗣眞新唐書（九十一）有傳，舊唐書（一百九十一）入方技傳。其書早佚。焦竑國史經籍志著錄，不足信。

筆九花梁　二卷。唐上官儀撰。佚。宋四庫闕書目文史類著錄。案李淑詩苑類格引上官儀說謂詩有六對，詩有八對云云，當卽出此，疑亦詩格詩例之屬。

詩格　一卷。唐王維撰。佚。宋志文史類著錄。案此疑出依托。

詩格　一卷。唐元兢撰。新唐志宋志著錄文史類，通志入詩評類。案新唐志及通志均稱元兢宋約詩格一卷，不知此書是否出元兢宋約二人合撰，抑或「宋」字爲「沈」字之誤，而爲元氏所定沈約詩格歟？是書早佚，不傳。焦竑國史經籍志著錄詩文評類，不足信。考文鏡祕府論卷三論對卷五論病，均引元氏說，當出此書。又卷三論對於「平對」「奇對」「同對」「字對」「聲對」「側對」六種，謂出元兢髓腦，則詩格與髓腦或卽一書異名歟？

詩例　一卷。唐姚合撰。佚。新唐書，崇文目，及宋志著錄文史類，通志入詩評類。案是書早佚，焦竑國史經籍志著錄詩文評類，不足信。

大中新行詩格（國史經籍志作大中詩格）　一卷。唐王起撰。佚。新唐書崇文目均著錄文史類，通志著錄詩評類。案起宰相播弟，新舊唐書均附播傳，大中元年檢校司空，當爲此時之作。考宋志文史類有王杞詩格一卷，注云「杞一作超」，竊疑「超」當作「起」。

文章龜鑑　一卷。唐倪宥集。佚。新唐志，崇文目及宋志著錄文史類，通志入詩評類。案通志藝文略詩評類有文章龜鑑一卷注云，「唐倪宥集前人律詩，」則當亦詩格詩例之類。宋四庫闕書目文史類有倪宥金體律詩例一卷，當卽此書。葉德輝謂「宋志作詩體，」似以金體律詩例與詩體爲一書異名，恐未必然。宋志文史類有文章龜鑑及詩體一卷，崇文目文史類有文章龜鑑及詩圖，通志詩評類同。則是詩體詩圖爲一書異名，蓋均句圖之屬，而金體律詩例則當卽文章龜鑑，蓋爲詩格詩例之屬。

文章玄妙　一卷唐任藩撰。佚。直齋書錄解題文史類著錄。案陳振孫云：『言作詩聲病對偶之類。』

國風正訣　一卷唐鄭谷撰。佚。宋志文史類著錄。案顧懷三補五代史藝文志總集類（原無文史類）有詩格一卷，鄭谷僧齊己黃損同輯，考顧氏所據原出緗素雜記。今考齊己有風騷旨格，多論詩格詩例，疑鄭谷國風正訣亦屬此類。

玄機分明要覽　一卷。唐釋齊己撰。佚。宋志文史類著錄。案此當亦流類手鑑之屬。

右論詩之屬。其在此期以前者，無論爲依托與否，亦附及之。

其至今猶存者，或雖不全存而斷章零句猶有可考者，除文鏡祕府論爲日本僧遍照金剛所著以外，有：

文筆式　不知撰人與卷數。諸家均未著錄。案文鏡祕府論卷五引其語云：『製作之道，唯筆與文。文者詩賦銘頌箴讚弔誄等是也；筆者詔策移檄章奏書啓等也。卽而言之，韻者爲文，非韻者爲筆。文以兩句而會，筆以四句(而)成。文繫於韵，取於諧合也。筆不取韵，四句而成，任於變通，故筆之四句，比（一原作此）文之二句，驗之文筆率皆如此也。』是亦足定文筆區分之義。疑是卷中所論文筆體式聲病各節，當均出此書。

筆札　不知撰人與卷數。諸家均未著錄。案文鏡祕府論卷三論叠韵對，及七種言志例諸條均引筆札語。

此二種爲論文之書，餘均論詩格者。今考當時詩格詩例之著不外二病：其一則取便初學無當大雅，故依托之著爲特多。其又一則過涉瑣碎，轉病拘泥。陳振孫直齋書錄解題云：『凡世所傳詩格大率相似，余嘗書其末云，論詩而若此，豈復有詩矣。唐末詩格汙下，其一時名人著論傳後乃爾，欲求高尚豈可得哉。』斯言誠中唐人論詩之病。茲就可考知者略舉其目於後。惟此類書籍，名家所不屑爲，故又時多依托之作耳。

詩格　二卷。舊題唐王昌齡撰。有詩學指南本，又有格致叢書本。未見。案新唐志及崇文目均作二卷，自陳振孫直齋書錄解題分詩格一卷，詩中密旨一卷，通考經籍考宋史藝文志及國史經籍志等均仍之。今傳世諸本，亦別詩格與密旨爲二。疑是書雖分二卷，本非別爲二書，其後始別出密旨一卷，於是詩格與密旨始各爲一卷耳。今案詩格所論誠不免巧立名目。其勢對例五，有「勢對」，「疎對」，「意對」，「句對」，「偏對」諸稱。考文鏡祕府論彙輯諸家論對之例，無「勢對」「疎對」之目，卽其他名稱相同者，而舉例與解釋亦不相同，疑在祕府論後。

詩中密旨　一卷。見前。案密旨所言諸病諸例，多與祕府論同。又案馮班鈍吟雜錄云：『宋人不解小學，如關關雎雝和也。關關二字只取其聲不取其義。朱子云「雌雄相應以關字立義」陋甚也。又檢俗傳王昌齡詩話亦此解，此僞書也出於朱子之後。檢宋史經籍志無此書，可知文字鄙陋，非王作也。』考今傳王昌齡詩中密旨雖引關關雎鳩二句而不解其義，僅謂此爲兩句見意之例，馮氏所見當別爲一書。馮氏又謂檢宋志無此書，今考宋史藝文志有王昌齡詩格一卷，詩中密旨一卷而無詩話，其別爲一書更無可疑。

評詩格（澹生堂藏書目作李巨山詩格評）　一卷。舊題唐李嶠撰。有詩學指南本，僅二則，疑不全。又有格致叢書本，未見。案顧龍振詩學指南本僅錄其九對十體二則，今考其文悉與文鏡祕府論所引崔氏新定詩體相同，其出後人掇拾依托無疑。陳振孫書錄解題謂「嶠在王昌齡之前而引昌齡詩格八病，亦未然也」今王昌齡詩格有犯病八格一條，陳氏所指當即謂此。

金針詩格（百川書志作金針集）　三卷。舊題唐白居易撰。有詩學指南本，一卷，題白樂天撰，梅聖俞續。又有格致叢書本，未見。案是書分合各異，分而爲三，則文苑詩格一卷，金針詩格一卷，梅聖俞續詩評一卷，合而爲一則爲三卷。或如宋史藝文志總稱白氏金針詩格，或如國史經籍志稱白樂天文苑詩評，要之皆一書也。又案漁隱叢話前集（八）引詩眼云：『世俗所謂樂天金針集殊鄙淺，然其中有可取者，「鍊句不如鍊意，」非老於文學不能道此。又云「鍊字不如鍊句，」則未安也。好句要須好字。』今顧龍振詩學指南中錄是書而不見此語，疑非足本。

文苑詩格　一卷。舊題唐白居易撰。有詩學指南本。又有格致叢書本，未見。案是書非白氏所撰，直齋書錄解題已辨之。書中所言，大都論修辭法，殊淺陋；惟其論詩謂：『爲詩之道義在稗益，言意皆有所爲』及『爲詩不稗益即須諷諫』諸語，則雖出依托，要亦不違白氏論詩之旨。

二南密旨（唐志崇文目通志均作詩格，宋志作詩格密旨） 一卷。舊題唐賈島撰。有學海類編本，遜敏堂叢書本，詩學指南本。又有藝圃搜奇本，格致叢書本，未見。案是書直齋書錄解題疑其依托，四庫全書存目稱爲僞本之重儓。今考其論詩殆亦受白居易影響。如論六義，論風之所以，論風騷之所由，論二雅大小正旨，論變大小雅，論立格淵奧，論古今道理一貫，諸條皆申六義之旨。如論題目所由，論篇目正理用，論引古證用物象，論總例物象，論總顯大意諸條，又皆闡諷諭之說。

炙轂子詩格 一卷。唐王叡撰。有詩學指南本；又有格致叢書本，詩法統宗本，均未見。案宋四庫闕書目入集類別集門不入文史類，或以其書原附刻炙轂子後，故亦附列別集歟？今案其所言如一篇血脉條貫體，背律體，叶調體，雙關體，模寫景象含蓄體，句病體，句內叠韵體諸則，蓋亦雜論詩格者。

雅道機要（宋四庫闕書目作雅道機要論） 一卷（顧櫰三補五代史藝文志作八卷，誤。）唐徐寅撰。有詩學指南本；又有格致叢書本，詩法統宗本，均未見。案直齋書錄解題作二卷，陳振孫云：「前卷不知何人，後卷稱徐寅撰」，則徐氏所撰原祇一卷。寅乾寧元年進士，授祕書省正字，後依王審知以終。是書中如明門戶差別，明聯句深淺，明勢含升降，明體裁變通諸條，均附錄齊己風騷旨格中語，知成書在齊己以後。是書所論雖仍未脫詩格詩例習氣，然其謂『夫詩者儒中之禪也，一言契道，萬古咸知，』則爲以禪喻詩之始。他如『凡爲詩須搜覓未得句，先須令意在象前，象生意後，斯爲上手矣。』及『爲詩者須先識體格』云云，並爲滄浪論詩之先聲。

風騷旨格（宋志作詩格）一卷唐釋齊己撰有吟窗雜錄本，說郛本，津逮祕書本，學津討原本，詩學指南本，談藝珠叢本，又有格致叢書本，藝圃搜奇本，詩法統宗本，均未見。案津逮本有毛晉跋語，謂與吟窗雜錄本不同。今傳世諸本大率自津逮本出。其論十勢均爲形容風格之例，蓋與司空圖詩品同旨，惟方法不同耳。

流類手鑑（宋四庫闕書目別集類作詩物象疏類手鑑，文史類重出作疏類手鏡。直齋書錄解題作流類手鑑）一卷。唐釋虛中撰。（湖南通志藝文志作釋齊己撰，誤。）有詩學指南本，又有格致叢書本，詩法統宗本，均未見。案其書分物象流類，舉詩類例二目。其流象流類中如以日午春日比聖明，殘陽落日比亂國，晝比明時，夜比暗時，諸則皆本美人香草之例而益加附會。其舉詩類例中如某者爲隱題，某者爲達識之句，某者爲陰陽造化之句，某者爲感動天地之句，以及其他比物諷刺之理，則皆利用上述比興之理以解詩者。其序云：『夫詩道幽遠，理入玄微，凡俗罔知，以爲淺近。善詩之人心含造化，言含萬象。且天地日月，草木煙雲，皆隨我用，合我晦明，此則詩人之言應於物象，豈可易哉！』

緣情手鑑詩格　一卷。唐（？）李洪宣撰。詩學指南本。案直齋書錄解題云：『題樵人李弘宣撰，未詳何人，當在五代前。』「洪宣」「弘宣」未知孰是。又詩學指南本所載僅束散法，審對法，及自然對格三條，當不全。考澹生堂書目詩文評類詩法統宗本有緣情手鑑一卷，題釋虛中撰，當誤。

此外有未經著錄者一種：文鏡祕府論卷二卷三卷五均引崔氏新定詩體，顧不見諸家著錄，蓋其佚已久。案其所言，均與僞李嶠評詩格同，不知是否相襲。又祕府論卷三論側對卷五論病諸條，均引崔氏語，疑卽出此書。又有書名難考者一種：文鏡祕府論卷五論病，多引劉滔語，而不載其書名，亦不知其是否成書。

第二目　論詩本事之著

其二爲論詩本事之著。其內容與體例每近於小說。

本事詩　一卷。唐孟棨撰。有文房四十家小說本，古今逸史本，津逮祕書本，龍威祕書本，唐宋叢書本，再續百川本，稗史集傳本，藝苑捃華本，歷代詩話續編本。其單行者有明刊本，中國書店校印本。案是書有光啓二年自序，謂『詩者情動於中而形於言……其間觸事興詠，尤所鍾情，不有發揮，孰明厥義，因采爲本事詩，凡七題』云云，蓋前承詩序而體類小說，後啓詩話而旨在論事者。

續本事詩　二卷。五代吳處常子撰。佚。郡齋讀書志，通志藝文略及宋志均著錄總集類。案處常子不知何許人。考唐末吳越有僧處默與貫休修睦爲詩友，不知卽是其人否？郡齋讀書志錄其自序云：『比覽孟初中本事詩，輒搜篋中所有，依前題七章類而編之，然皆唐人詩也。』則其編例蓋仍孟氏舊者。

此外，如唐范攄雲溪友議三卷，諸家著錄均入小說類，惟馬俊良龍威祕書輯入古今詩話集雋中，蓋亦論詩本事之著。又唐盧瓌抒情集二卷，阮閱詩話總龜胡仔漁隱叢話均引之，新唐志及宋志以入總集類，遂初堂書目以入小說類，疑亦本事詩之屬。

第三目　摘句品選之著

其三，爲摘句品選之著其內容與體例又多類總集。

古今詩人秀句（崇文目作詩文秀句，誤。）二卷。唐元兢撰。佚。據新唐志，崇文目及宋志均著錄文史類，通志藝文略入詩話類。

集賈島句圖（崇文目作賈島詩句圖，直齋書錄解題作句圖）一卷。唐李洞撰。佚。新唐志崇文目通考及宋志均著錄文史類，通志入詩評類。

文場秀句　一卷。唐王起撰。佚。通志藝文略著錄詩評類，新唐志入總集類。

詩圖（宋志作詩體）唐倪宥撰。佚。崇文目及宋志著錄文史類。

續古今詩人秀句（崇文目脫「今」字）二卷（？）僧元鑒撰。佚。崇文目及宋志均著錄文史類。案元鑒時代待考，疑亦五代時人。

右皆句圖之屬，是爲摘句成書之始。宋人論詩，此風尤盛。其源蓋出於鍾嶸詩品。詩品云：『思君如流水，既是即目；高臺多悲風，亦惟所見；清晨登隴首，羌無故實；明月照積雪，詎出經史。』其論古今勝語，已開摘句之風。

河岳英靈集三卷。（新唐志作二卷，通志作一卷，誤。）唐殷璠編。案是書通志入詩評類，新唐志入總集類，蓋其性質本可兩屬者。四庫總目雖列入總集類，而提要謂：『是集錄常建至閻防二十四人詩二百三十四首，姓名之下各著品題，仿鍾嶸詩品之體，雖不顯分次第，然篇數無多而釐爲上中下卷，其人又不甚敘時代，毋亦隱寓鍾嶸三品之意乎？』則通志列入詩評類，亦不爲無見。

詩人主客圖（宋四庫闕書目直齋書錄解題及宋志均作唐詩主客圖）一卷。（宋志作二卷，通志及焦竑國史經籍志均作三卷）不全。唐張爲撰。本是書而著者，有清李懷民中晚唐詩人主客圖。案是書久佚，今所存者如函海本及張氏榕園叢書本，蓋出紀昀重編者。

泉山秀句集（朱彝尊全唐詩未備書目作閩山秀句集）唐黃滔編。佚。通志藝文略著錄詩評類，新唐志入總集類注云：「編閩人詩自武德盡天祐末。」

右皆近於選集。主客圖雖多摘句，亦有錄全首者，至李懷民重訂主客圖，則更類於總集。蓋選集之與批評，其性質本極相近。梁簡文帝與湘東王書云：『辨茲清濁，使如涇渭；論茲月旦，類彼汝南。』此正是評家與選家共有之宗旨。殷璠所編本鍾嶸區分三品之意，張爲所撰又同詩品源出某某之說，則通志於右列諸書均入詩評一類，並非無故了。

這三類的著作，實際上都與文學批評不盡有關。第一類則偏於修辭，第二類則同於小說，第三類又近於總集，待到後來這三類統併入詩話中間，於是再得逐漸走上文學批評的道路。

第二節　古文運動之尾聲

第一目　皮日休

在此復古運動的銷沈時代中，而欲求一些關於文學批評之論著，能在文學批評史上有些關係，有些意義者，則文的方面惟皮日休與孫樵，詩的方面惟司空圖，而五代惟劉昫猶差有足以論述者。

然而皮日休與孫樵之論文也只成爲古文運動之尾聲。蓋皮日休恰代表了李翺一派的文論，而孫樵又代表了皇甫湜一派的文論。所以皮日休的論文思想，與其說他在文學批評史上地位的重要，還不如說他在哲學史上的影響之大。因爲他的思想實開宋學之先聲。

韓愈原道，隱以傳道自任，已啓宋儒道統之說。而皮氏請韓文公配饗書亦云：『仲尼之道否於周秦而昏於漢魏，息於晉宋而鬱於陳隋，……夫孟子荀卿翼傳孔道以至於文中子，……文中之道曠百祀而得室授者唯昌黎韓公之文，蹴楊墨於不毛之地，蹂釋老於無人之境，故得孔道巍然而自正。』此則正是本於韓愈之意而成爲道統之論。又韓愈讀荀子謂：『孟氏醇乎醇者也，荀與楊大醇而小疵。』此亦宋儒揚孟抑荀之習。而皮氏請立孟子爲學科書亦云：『聖人之道不過乎經，經之降者不過乎史，史之降者不過乎子，子不異乎道者孟子也。……其文繼乎六藝，光乎百氏，眞聖人之微旨也。……後之人將爱仲尼者其嗜在乎孟子矣。』則又已爲宋儒所定四子書樹之先聲了。所以皮日休的思想，實上承韓愈以文明道之旨而益以闡發，遂不自覺地開宋學之風氣者。

皮氏原化一文云：『天未厭亂，不世世生聖人，其道則存乎言，其敎則在乎文，有違其言悖其敎者則戾矣。』又其移成均博士書且勸之效法西域氏之敎，欲在太學中講習聖人之文，使『日誠其屬，月勵其徒，年持六籍，日決百氏，俾諸生於聖典洞知大曉。』以大發於儒風。這竟是開宋儒講學的風氣了。所以這種極端廣義的文學觀，覺得在思想方面的影響爲尤大。

其文藪自序云：

> 文貴窮理，理貴原情。

又其鹿門隱書有云：

> 文學之於人也，譬如藥，善服有濟，不善服，反爲害。

由前窮理之說言之，文所以求知；由後服藥之說言之，文又所以求用。故其九諷悼賈序云：

> 嗚呼！聖賢之文與道也，求知與用。

文學上的復古主張其結果有如此者？明白皮氏之論文，再去看宋代道學家的文學觀，然後知其一再演進，非推而至於極端不可。這是歷史上演化的趨勢若此，固不得不以之怪宋儒，然而文學觀念却成爲逆流的進行了。

第二目　孫樵

孫樵與友人論文書云：『嘗得爲文之道於來公無擇，來公無擇得之皇甫公持正，皇甫持正得之韓先生退之。』

（亦見其與王霖秀才書）則其淵源所自，正從皇甫湜一派得來。所以不重論道，而重論文，而其論文亦不尚平而尚奇。其與王霖秀才書云：

鸞鳳之音必傾聽，雷霆之聲必駭心；龍章虎皮，是何等物；日月五星，是何等象；儲思必深，摛辭必高。道人之所不道，到人之所不到。趨怪走奇，中病歸正，以之明道則顯而微，以之揚名則久而傳；前輩作者正如是。譬玉川子日蝕詩，楊司城華山賦，韓吏部進學解，馮常侍清河壁記，莫不拔地倚天，句句欲活，讀之如赤手捕蛇，不施控騎生馬，急不得暇，莫可捉搦，又似遠人入太興城，茫然自失，詎比十家縣，足未及東郭，目已極西郭耶？（孫樵集二）

又與友人論文書云：

古今所謂文者，辭必高然後爲奇，意必深然後爲工，煥然如日月之經天也，炳然如虎豹之異犬羊也。是故以之明道則顯而微，以之揚名則久而傳。（孫樵集二）

這些話都是申皇甫湜尚奇之旨。至其與賈希逸書謂：

曩者樵耳足下聲，憤足下售於時何晚；及目足下五通五十篇，則足下困十上亦宜矣。物之精華，天地所祕惜。故蒙金以砂，錮玉以璞，珊瑚之叢，必茂重溟，夜光之珠，必含驪龍。抉而不已，積而不知止，不窮則禍，天地讐也。文章亦然；所取者廉，其得必多，所取者深，其身必窮。六經作，孔子削迹不粒矣。孟子述，子居坎坷齊魯矣。馬遷以史記禍;班固以西漢禍;揚雄以法言太玄窮;元結以浯溪碣窮;陳拾遺以感遇窮;王勃以宣尼廟碑窮;玉川子以月蝕詩窮;杜甫李白王江甯皆相望於窮者也。天地其無意乎?今足下立言必奇,撫意必深,抉精剟華,期到聖人;以此賈於時,釣榮邀富,猶欲疾其驅而方其輪。若曰爵祿不動於心,窮達於時上下,成一家書,自期不朽,則非樵所敢知也。嗚呼!孤進患心不苦,及其苦知者何人古人抱玉而泣,樵捧足下文,能不濡睫!懼足下自待也淺,且疑其道不在,故因歸五通,不得無言。(孫樵集二)

則且謂甘於處窮而文却不能不奇了。文欲其奇而不欲平,所以論史法亦不主俚語。其與高錫望書云:

然足下所傳史法,與樵所聞者異耶?古史有直事俚言者,有文飾者,乃特紀前人一時語,以立實錄,非爲俚言奇健,能爲史筆精魄。故其立言序事,及出沒得失,皆字字典要,何嘗以俚言汨其間哉?今世俚言文章,謂得史法,因牽韓吏部曰,如此如此。樵不知韓吏部以此欺後學耶?韓吏部亦未知史法耶?(孫樵集二)

於此問題,並且疑到韓吏部,也眞可謂皇甫湜一派極端的主張了。

第三節　司空圖之詩品

在當時,文論只成爲古文運動之尾聲,無所發明,而司空圖之論詩却能別開生面,迥殊以前復古之論。則以(1)詩至中晚以後,一般人又只視詩是「爲藝術的」而不是「爲人生的」。賈島詩:『格與功俱造,何人意不降。』(寄柳舍人宗元)又『二句三年得,一吟雙淚流。』(題詩後)劉威詩:『都由苦思無休日,已證前賢不到心。』

（歐陽示新詩因貽四韻）李頻詩：『只將五字句，用破一生心。』（北夢瑣言引）杜荀鶴詩『生應無輟日，死是不吟時。』（苦吟）又『乍可百年無稱意，難教一日不吟詩。』（秋日閑居寄先達）僧歸仁詩：『日日爲詩苦，誰論春與秋，一聯如得意，萬事總忘憂。』（自遣）盧延讓詩：『吟安一箇字，撚斷數莖鬚，險覓天應悶，狂搜海亦枯。』（苦吟）這些句都是吟詩成癖，狂搜險覓之意，所以只有在詩中體會其韻味，不會再有什麼復古的主張。（2）因爲只在詩中體會其韻味，故其主張也與李杜不同。我嘗以爲清代王士禛蹐王維於李白詩仙杜甫詩聖之稱而擬之爲詩佛，此論最爲公允，亦最重要。蓋司空圖之講味外之旨，正足以代表詩佛之詩論。李白論詩謂『聖代復元古，垂衣貴清眞。』（古風首章）謂『一曲斐然子，雕蟲喪天眞。』（古風三十五章）旨在標榜清眞，這正是詩仙之詩論。杜甫論詩謂『轉益多師是汝師。』（戲爲六絕句）謂『後賢兼舊制，歷代各清規。』（偶題）意欲集其大成，則又是詩聖之詩論。惟有推爲詩佛之王維，獨不見其有論詩之主張，所以也有待於後人之闡發。司空圖之論詩，蓋即能代表這一方面的主張者。所以能別開生面，所以能不同以前復古之論了。

司空圖有詩品一卷，論詩之流品。各種叢書，如說郛，續百川學海，津逮祕書，學津討原，學海類編，藝圃搜奇，談藝珠叢，龍威祕書，唐人說薈，歷代詩話，五朝小說，一瓻筆存，藝苑捃華，祕書重訂欣賞編，硯北偶鈔，拜棋山房几上書，四部備要，以及玉鷄苗館叢書，明辨齋叢書，詩觸叢書，螢雪軒叢書，詩法萃編，文品彙鈔等，均皆輯錄。又有焦循刻本。清代解之者，有詩品淺解，及詩品注釋二種。淺解爲蓬萊楊廷芝撰；注釋不著撰人，蓋坊刻以便初學者。茲錄詩品原文於後：

大用外腓，眞體內充。返虛入渾，積健爲雄。具備萬物，橫絕太空。荒荒油雲，寥寥長風。超以象外，得其環中。持之匪强，來之無窮。（雄渾）

素處以默，妙機其微。飲之太和，獨鶴與飛。猶之惠風，荏（一作苒）苒在衣。閱音修篁，美曰載歸。遇之匪深，即之愈稀。脫有形似，握手已違。（冲淡）

采采流水，蓬蓬遠春。窈窕深谷，時見美人。碧桃滿樹，風日水濱。柳陰路曲，流鶯比鄰。乘之愈往，識之愈眞。如將不盡，與古爲新。（纖穠）

綠林（一作杉）野屋，落日氣清。脫巾獨步，時聞鳥聲。鴻雁不來，之子遠行。所思不遠，若爲平生。海風碧雲，夜渚月明。如有佳語，大河前橫。（沉著）

畸人乘眞，手把芙蓉。汎彼浩劫，窅然空蹤。月出東斗，好風相從。太華夜碧，人聞清鐘。虛佇神素，脫然畦封。黃唐在獨，落落玄宗。（高古）

玉壺買春，賞雨茆屋。坐中佳士，左右修竹。白雲初晴，幽鳥相逐。眠琴綠陰，上有飛瀑。落花無言，人淡如菊。書之歲華，其曰可讀。（典雅）

如（一作猶）鑛出金，如鉛出銀。超心鍊冶，絕愛淄磷。空潭瀉春，古鏡照神。體素儲潔，乘月返眞。載瞻星氣，（一作辰）

載歌幽人。流水今日，明月前身。(洗煉)

行神如空，行氣如虹。巫峽千尋，走雲連風。飲眞茹强，蓄素守中。喻彼行健，是謂存雄。天地與立，神化攸同。期之以實，御之以終。(勁健)

神存富貴，始輕黃金。濃盡必枯，淡(一作淺)者屢深。霧(一作露)餘水畔，(水畔一作山靑)紅杏在林。月明華屋，畫橋碧陰。金罇酒滿，伴客彈琴。取之自足，良殫美襟。(綺麗)

俯拾卽是，不取諸隣。俱道適往，着手成春。如逢花開，如瞻歲新。眞與(一作予)不奪，强得易貧。幽人空山，過雨(一作水)采蘋。薄言情悟，悠悠天鈞。(自然)

不着一字，盡得風流。語不涉難，(一作已)若(一作已)不堪憂。是有眞宰，與之沉浮。如淥滿酒，花時返秋。悠悠空塵，忽忽海漚。淺深聚散，萬取一收。(含蓄)

觀花匪禁，吞吐大荒。由道返氣，處得以狂。天風浪浪，海山蒼蒼。眞力彌滿，萬象在旁。前招三辰，後引鳳凰。曉策六鼇，濯足扶桑。(豪放)

欲返不盡，相期與來。明漪絕底，奇花初胎。青春鸚鵡，楊柳樓(一作池)臺。碧山人來，清酒滿杯。生氣遠出，不著死灰。妙造自然，伊誰與裁。(精神)

是有眞迹，如不可知。意象欲出，(一作生)造化已奇。水流花開，(一作間)淸露未晞。要路愈遠，幽行爲遲。語不欲犯，

思不欲癡。猶春於綠，明月雪時。（縝密）

惟性所宅，眞取弗羈。拾（一作控）物自當（一作富）與率爲期。築室松下，脫帽看詩。但知旦暮，不辨何時。倘然適意，豈必有爲。若其天放，如是得之。（疏野）

娟娟羣松，下有漪流。晴雪滿汀，（一作竹）隔溪漁舟。可人如玉，步屧尋幽。載瞻（一作行）載止，空碧悠悠。神出古異，淡不可收。如月之曙，如氣之秋。（清奇）

登彼太行，翠繞羊腸。杳靄流玉，悠悠花香。力之於時，聲之於羌。似往已迴，如幽匪藏。水理漩洑，鵬風翱翔。道不自器，與之圓方。（委曲）

取語甚直，計思匪深。忽逢幽人，如見道心。清澗（清澗一作晴磵）之曲，碧松之陰。一客荷樵，一客聽琴。情性所至，妙不自尋。遇之自天，泠然希音。（實境）

大風捲水，林木爲摧。意（一作適）苦若（一作欲）死，招憩不來。百歲如流，富貴冷灰。大道日喪，（一作往）若爲雄才。壯士拂劍，浩然彌哀。蕭蕭落葉，漏雨蒼苔。（悲慨）

絕佇靈素，少迴清眞。如覓水影，如寫陽春。風雲變態，花草精神。海之波瀾，山之嶙峋。俱似大道，妙契同塵。離形得似，庶幾斯人。（形容）

匪神之靈，匪幾之微。如將白雲，清風與歸。遠引若（一作莫）至，臨之已非。少有道氣，（一作契）終與俗違。亂山喬（一

作高）木碧苔芳暉。誦之思之，其聲愈稀。（超詣）

落落欲往，矯矯不羣。緱山之鶴，華頂之雲。高人畫（一作惠）中，令色絪縕。御風蓬葉，汎彼無垠。如不可執，如將有聞。識者已領，期之愈分。（一作議者期之欲得愈分）（飄逸）

生者百歲，相去幾何。歡樂苦（一作若）短，憂愁實多。何如尊酒，日往（一作住）煙蘿。花覆茆簷，疏雨相過。倒酒既盡，杖藜行歌。孰不有古，南山峨峨。（曠達）

若納水輨，如轉丸珠。夫豈可道，假體如（一作遺）愚。荒荒坤軸，悠悠天樞。（一作機）載要其端，載同（一作聞）其符。超超神明，返返冥無。來往千載，是之謂乎。（流動）

他這二十四品全用韵語，體貌頗能不即不離，攝其精神。許印芳詩法萃編本詩品跋稱其『比物取象，目擊道存』信然。不過許跋更謂：

> 然品格必成家而後定，如「雄渾」「高古」之類，其目凡十有二；至若「實境」「精神」之類，乃詩家功用，其目亦十有二。竊嘗會通其義，究厥終始。詩興所發，不外哀樂兩端，或抽悲慨之幽思，或騁曠達之遠懷，佇興而言，無容作僞。其作用有八，先從「實境」下手，次加「洗鍊」工夫。敘事要「精神」，寫情要「形容」，意要「委曲」，法要「縝密」，而總歸於氣機「流動」，出語「自然」。其深造之境有二，溫厚微婉則有「含蓄」之美，刻摯切至則有「沈著」之美。所造既深，始成家數。分門別戶，加以品題，「雄渾」第一，「高古」

次之，「豪放」第三，「勁健」第四，「超詣」五，「飄逸」六，「清奇」七，「沖淡」八，「疎野」九，「典雅」十，「綺麗」十一，「纖穠」十二末二品外貌多內功少要貴麗而樹骨濃而澤古方可成家。故其疏麗在濃淡之間疏濃在與古爲新也。試以此說讀此書詩域之祕鑰可得奧竅必開矣。

他就詩品理出頭緒來，雖似言之成理，然就司空圖二十四品內容而言實不必有什麼品格功用之分，强加疏解，轉近於鑿。又如楊廷芝二十四詩品小序亦謂：

詩不可以無品無品不可以爲詩此詩品所以作也。予總觀統論，默會深思，竊以爲兼體用該內外，故以雄渾先之。有不可以迹象求者，則曰「沖淡」。亦有可以色相見者則曰「纖穠」，不「沈著」，不「高古」，則雖沖淡纖穠，猶非妙品。出之「典雅」，加以「洗鍊」，「勁健」不過乎質，「綺麗」不過乎文，無往不歸於「自然」，「含蓄」不盡，則茹古而涵今；「豪放」無邊，則空天而廓宇。品亦妙矣；品妙而斯爲極品。夫品固出於性情，而妙尤發於「精神」，「縝密」則宜重宜嚴，「疎野」則亦鬆亦活，「清奇」而不至於凝滯，「委曲」而不容以徑直，要之無非「實境」也。境值天下之變，不妨極於「悲慨」；境處天下之賾，亦有以擬諸「形容」。「超」則軼乎其前，「詣」則絕乎其後。「飄」則高下何定，「逸」則閒散自如。「曠」觀天地之寬，「達」識古今之變，無美不臻，而復以「流動」終焉。品斯妙極，品斯神化矣。廿四品備而後可與天地無終極。品之倫次，定品之節序，全則有品而可以定其格，亦於言而可以知其志。詩之不可以無品也如是夫！

此雖全就品格而言，並無功用之目，然就司空圖二十四品次第而言，似也不必如此整齊。這種解釋覺得都是八股家本領。大抵司空圖只受時人好用象徵批評以論作家之影響，於是應用此法，以論詩之流品，故能比物取象，目擊道存，亦覺其有味外之旨而已。用象徵方法以分論作家，則瑣屑而易爲；以總論流品，則廣漠而難精，所以這種批評，雖是文學的，而在文學批評史上也未嘗不有一些價值。

本此味外之旨的標準以讀詩品，然後纔知他雖是泛論各種風格，而亦未嘗不逗露其主恉。如論雄渾謂『超以象外，得其環中，』論沖淡謂『遇之匪深，卽之愈稀，』論纖穠謂『乘之愈往，識之愈眞，』論沉著謂『所思不遠，若爲平生，』論高古謂『虛佇神素，脫然畦封，』論典雅謂『落花無言，人淡如菊，』論自然謂『俯拾卽是，不取諸鄰，』論含蓄謂『不著一字，盡得風流，』論精神謂『妙造自然，伊誰與裁，』論縝密謂『是有眞迹，如不可知，』論清奇謂『神出古異，澹不可收，』論委曲謂『似往已迴，如幽匪藏，』論實境謂『遇之自天，冷然希音，』論形容謂『俱似大道，妙契同塵，』論超詣謂『遠引若至，臨之已非，』論流動謂『超超神明，返之冥無，』則於其所謂味外之旨亦可思過半矣。四庫總目提要以詩品所列諸體畢備，不主一格，因譏王士禛之但取『采采流水，蓬蓬遠春，』及『不著一字，盡得風流，』數語，以爲詩家之極則，謂爲非圖原意，殆亦非眞知司空氏論詩宗旨者。尤侗艮齋續說（卷八）說得好：

司空圖在唐末不以詩名，而其詩品二十四則深得詩家三昧。如雄渾云，『荒荒油雲，寥寥長風。』超以象外，得其環中。』纖穠云，『采采流水，蓬蓬遠春。窈窕深谷，時見美人。』典雅云，『落花無言，人淡如菊。』洗鍊云，『流水今日，明月前身。』勁健云，『行神如空，行氣如虹。』含蓄云，『不着一字，盡得風流。』精神云，『生氣遠出，不着死灰。』豪放云，『眞力彌滿，萬象在旁』等語，皆沉潛斯道而後得之。

這一條正可爲我說作證。蓋在當時，以詩爲藝術的風氣之下，固宜其沈潛體會，有所領悟而論詩超詣如此也。林昌彝海天琴思錄（卷七）之議詩品，以爲『詩之品何止二十四，況二十四品中相似者甚多，試以古人之詩定之，每首中前後有數品者，每聯中兩句有濃澹者。』而楊廷芝詩品淺解又以無極太極之說解詩品之分目，以爲『二十四品固以精神爲關鍵，以沖淡纖穠縝密等項爲對待，以自然實境爲流行，渾分兩宜，至詳至盡，其殆有增之不得，減之不得者歟。』一則議其品目之失當，一則議其品目之無可增減，二說不同，實則均失之泥。讀詩品而不着眼於其超詣之點，似覺終無是處。

現在且再看他的與李生論詩書。其言云：

文之難而詩之難尤難。古今之喻多矣。而愚以爲辨於味，而後可以言詩也。江嶺之南，凡足資於適口者，若醯非不酸也，止於酸而已；若鹺非不鹹也，止於鹹而已。中華之人所以充飢而遽輟者，知其鹹酸之外，醇美者有所乏耳。彼江嶺之人，習之而不辨也，宜哉！

詩貫六義，則諷諭抑揚，渟蓄淵雅，皆在其間矣。然直致所得，以格自奇，前輩諸集，亦不專工於此，矧其下者邪？

王右丞韋蘇州澄澹精緻，格在其中，豈妨與適舉哉？（適舉一作道學）賈閬仙誠有警句，然視其全篇意思殊餒，大抵務於蹇澀，方可致才，亦爲體之不備也。矧其下者哉！噫，近而不浮，遠而不盡，然後可以言韻外之致耳。

又云：

蓋絕句之作本於詣極，此外千變萬狀，不知所以神而自神也。豈容易哉！今足下之詩，時輩固有難色，儻復以全美爲工，即知味外之旨矣。

據是可知其論詩全以神味爲主，欲求其美於酸鹹之外，即所以求味外之旨。論詩而重在「韻外之致，」「味外之旨」似乎說得太抽象了。然此正是神韻派的方法。許印芳詩法萃編中亦錄此書，並加以跋語云：

表聖論詩味在酸鹹之外，因舉右丞蘇州以示準的，此是詩家高格，不善學之，易落空套。唐人中王孟韋柳四家，詩格相近，其詩皆從苦吟而得。人但見其澄澹精緻，而不知其幾經陶洗而後得澄澹，幾經鎔鍊而後得精緻，學者於一切陳腐之言，浮淺之思，芟除淨盡，而後可入門徑。若從澄澹精緻外貌求之，必至摹其腔調，襲其字句，未有不落空套者，所謂優孟衣冠也。然欲陶洗鎔鍊，而不知審端致力之方，或竟探之茫茫，索之渺渺，雖極雕肝鏤腎，亦終惝恍而無憑。蓋詩文所以足貴者，貴其善寫情狀。天地人物各有情狀，以天時言，一時有一時之情狀，以地方言，一方有一方之情狀，以人事言，一事有一事之情狀，以物類言，一類有一類之情狀。詩文題目所在，四者湊合，情狀不同，移步換形，中有眞意。文人筆端有口，能就現前眞景，抒寫成篇，卽是絕妙好詞，所患詞不達意耳。此際宜用淘洗鎔鍊工夫。凡我見聞所及，有與古今人雷同者，人有佳語，卽當閣筆。或另構思，切忌拾人牙慧。人無佳語，我當運以精心，出以果力，眼光所注之處，吐糟粕而吸菁華，略形貌而取神骨。此淘洗之功也。興酣落筆，如黃白合冶，大氣鼓鑄，成篇之後，細檢瑕疵，平者易之以拗峭，板者易之以靈活，繁者易之以簡約，疎者易之以縝密，啞者易之以鏗鏘，露者易之以渾融，此鎔鍊之功也。功候深時，精義內含，淡語亦濃；寶光外溢，樸語亦華。旣臻斯境，韻外之致，可得而言，而其妙處皆自現前實境得來。表聖所云：『直致所得，以格自奇』也。其自舉所得亦多警句，如『松涼夏健人』『樹密鳥銜人』『碁聲花院閉』『落葉穿破屋』『得劍乍如添健僕』『小欄花韻午晴初』等句，皆現前實境，而落筆時若無淘洗鎔鍊工夫，必不能著此等語。由此而推，王韋諸家詩能出奇之故，可默會矣。自表聖首揭味外之旨，逮宋滄浪嚴氏，專主其說衍爲詩話，傳敎後進，初學之士，無高情遠識，往往以皮毛之見，窺測古人，沿襲摹擬，盡落空套，詩道之衰，常坐此病。愚思發其聾聵，而振救之，因抄表聖書，詳論如此。

此說只是性靈派的主張，不是神韻派的主張。神韻之詩雖亦須經淘汰鎔鍊之功，然其論調總主興會，總涉抽象，所以許氏所言，似與司空圖原意不同，然性靈說之足以補救神韻之說者，亦正在是。又其與王駕評詩書云：

國初上好文章，雅風特盛，沈宋始興之後，傑出於江寧，宏思於李杜，極矣。右丞蘇州，趣味澄敻，若淸風之出岫。

大曆十數公，抑又其次。元白力勍而氣孱，乃都市豪估耳。劉公夢得楊公巨源，亦各有勝會。浪仙東野，（一作無可）劉德仁輩，時得佳致，亦足滌煩。厥後所聞，逾褊淺矣。河汾蟠鬱之氣，宜繼有人。今王生者寓居其間，沉漬益久，五言所得長於思與境偕，乃詩家之所尙者。

其推尊王韋正可看出此派作風與其主張。至所謂「思與境偕，」即指興會而言。許印芳跋謂：『詩家題目各有實境，詩人構思，必按切實境，始能掃除陳言，獨抒妙義。』此亦只是袁枚餘唾，異於司空圖之見。又與極浦談詩書云：

戴容州云：詩家之景，如藍田日暖，良玉生煙，可望而不可置於眉睫之前也。象外之象，景外之景，豈容易可談哉！然題紀之作，目擊可圖，體勢自別，不可廢也。

『藍田日暖良玉生煙』二語最爲王士禛論詩所稱。而許印芳跋乃謂：『可見古人作詩以眞切爲貴，初學之士宜先講明此理，從眞切處用功，門路不差，自有升堂入室之日，愼勿視爲老生常談』云云，則又適成其爲性靈派的主張。吾嘗謂袁枚性靈之說，卽從王士禛神韻之說一轉變而來者。（見小說月報十九卷一號中國文學批評史上之神氣說）許氏此種解釋，正可看出這種關係。若謂此卽所以致「韻外之致」與「味外之旨」的方法，則司空圖所言固不若是之泥也。

清代翁方綱石洲詩話稱其『論詩入超詣，而其所自作全無高韻，與其評詩之語竟不相似，此誠不可解。』（卷二）潘德輿養一齋詩話亦謂『表聖善論詩而自作不逮，』（卷五）以是爲司空圖病。（注）亦緣不知司空圖之論詩正代表詩佛一派；而詩佛之詩論，本是見到是一件事，做到是另一件事者。蓋詩佛之詩，羚羊挂角，無迹可求，非有妙悟難以領略，既不能舉以示人，也不用別標新義以為其作風之擁護的主張。而且本於詩仙之詩論，可以做到清眞自然的境界，本於詩聖之詩論，也可以做到集大成的境界，獨有詩佛之詩論，則既不用自己去標榜，而後人之能代爲闡說者，儘管說得深中肯綮，妙契玄微，却又未必便能做到此境地。李東陽懷麓堂詩話致疑於『滄浪所論超塵絕俗，眞若有所自得，……顧其所自爲作，徒得唐人體面，亦少超拔警策之處，』其故正亦坐是。此所以持論愈高者，所作往往愈不能逮。其做得到者既不和盤托出，而見得到者又徒然風光浪藉，我們看詩佛一派之詩論，正當明瞭這些關係。

【注】惟尤侗艮齋續說稱：『其自作詩，皆能超詣爲工，未可以晚唐貶之。』

第四節　劉昫

時至五季，除新創的詞體以外，文格既卑，詩音亦靡，所以此時的文學批評，於新者則體未完成，無可論述，於舊者則以日就衰陋之故，不加注意，而批評界遂歸於沈寂無已！惟劉昫的舊唐書中，猶有一些足以論述者。

劉昫論文之足述者，（1）明白文學之性質，（2）明白文學之進化。

其論文學之性質，很能打破傳統的觀念。（1）不使文混於行，使不與善相混。其蘇味道李嶠諸人傳論云：

才出於智，行出於性。故文章之巧拙，由智之深淺也。行義詭實，由性之善惡也。然則智性稟之於氣，不可使之彊也。蘇味道李嶠等俱爲輔相，各處穹崇，觀其章疏之能，非無奧贍，驗以弼諧之道，罔有貞純。其贊亦稱『蘇李文學一代之雄。』他這種不以人廢文的態度，較之昔人不以人廢言爲更進一步。蓋在敎訓的批評流行之後，而能有此見解，亦是値得注意的。（2）不使文混於學，使不與「眞」相混。其馬懷素褚无量諸人傳贊云：

學者如市，博通甚難；文士措翰，典麗維艱。

此以學者與文士分言之。又其文苑傳序云：

如燕許之潤色，王言吳陸之鋪揚，鴻業元稹劉蕡之對策，王維杜甫之雕蟲，並非肄業使然，自是天機秀絕，若隨珠色澤，無假淬磨，孔璣翠羽，自成華彩。

此亦以文重在才，故與學異。

至其論文學之進化，也能破除流俗的見解。（1）打破批評界的是古非今說。其文苑傳序云：

前代秉筆論文者多矣！莫不憲章謨誥，祖述詩騷，遠宗毛鄭之訓論，近鄙班揚之述作，謂采采芣苢，獨高比興之源，湛湛江楓，長擅詠歌之體。殊不知世代有文質，風俗有淳醨，學識有淺深，才性有工拙。昔仲尼演三代之易，刪諸國之詩，非求勝於昔賢，要取名於今代，實以淳朴之時，傷質民俗之語，不經故飾以文言，考之絃誦，然後致遠不泥，永代作程，卽知是古非今，未爲通論。

他處於唐代批評界復古說高唱之後，而竟能不爲所囿，謂是古非今未爲通論，眞也是値得佩服的。（2）打破文學界的則古說。他在批評方面既不欲是古非今，則於作品之重在新變不重法古，亦固其宜。其元稹白居易傳論云：

> 舉才選士之法尙矣！自漢策賢良，隋加詩賦，罷中正之法，委銓舉之司，繇是爭務雕蟲，罕趨函丈，矯首皆希於屈宋，駕肩並擬於風騷。或侔箴闕之篇，或斆補亡之句，咸欲錙銖採葛，糠粃懷沙，較麗藻於碧雞，鬥新奇於白鳳。暨編之簡牘，播在管絃，未逃季緒之詆訶，孰望子虛之稱賞。迨今千載，不乏辭人，統論六藝之源，較其三變之體，如一班者蓋寡，類七子者幾何！至潘陸情致之文，鮑謝淸便之作，迨於徐庾，踵麗增華，纂組成而耀以珠璣，瑤臺構而間之金碧。國初開文館，高宗禮茂才，虞許擅價於前，蘇李馳聲於後，或位昇台鼎，學際天人，潤色之文，咸布編集。然而向古者傷於太僻，徇華者或至不經，齷齪者局於宮商，放縱者流於鄭衞，若品調律度，揚搉古今，賢不肖皆賞其文，未如元白之盛也。昔建安才子，始定霸於曹劉，永明辭宗，先讓功於沈謝，元和主盟，微之樂天而已。

此文不崇學古之作而尙新變之體。故其贊云：

> 文章新體，建安永明。沈謝既往，元白挺生，但留金石，長留莖英。不習孫吳，焉知用兵。

凡是作家，總無有不知新變的。他這樣不主尊古不主法古，似乎與唐代一般的批評家異其恉趣。他何以能於此銷聲時代而抱此見解呢？這當然因爲他是史家。他本於歷史的觀念以批評文學，當然能知文學的進化，而不爲批評界的復古潮流所動搖了。我們試看劉子玄的論文，便可知史家的文學觀本應如此的。他不過爲唐代文史家的文評之結束耳！正如司空圖之論詩，雖似別有闡發，實則自有淵源，昧者之不察耳。

第六篇　北宋

第一章　北宋之文論

第一節　宋初之文與道的運動

第一目　統的觀念

宋初之文與道的運動，可以視作韓愈之再生。一切論調主張與態度無一不是韓愈精神之復現。這所謂韓愈精神之復現，最明顯的，卽是「統」的觀念。因有這「統」的觀念，所以有信仰，所以能奮鬭。必須勇於自信，能有以斯文斯道自任的魄力，然後纔能奏摧陷廓清的功績。韓愈之成功在是，宋初之參加文與道的運動者，其主因也完全在是。論到「統」的觀念之創始，固不起於韓愈。孟子盡心篇謂由堯舜至於湯，由湯至於文王，由文王至於孔子，由孔子而來至於今云云，這已是道統說之濫觴。論衡超奇篇云：『文王之文在孔子，孔子之文在仲舒，仲舒旣死，豈在長生（周）之徒歟？』這又是文統說之濫觴。但宋人文統道統之說，其淵源似不出此，其關鍵蓋全在韓愈。韓愈原道篇云：『堯以是傳之舜，舜以是傳之禹，禹以是傳之湯，湯以是傳之文武周公，文武周公傳之孔子，孔子傳之孟軻，孟軻之死不得其傳焉。』這固是道統說之所本，而也是文統說之所出。蓋韓公一生學道好文，二者兼營，所以斯文斯道一脈之傳在宋初一般人看來，便全集在韓愈身上。柳開應責一文云：

吾之道，孔子孟軻揚雄韓愈之道；吾之文，孔子孟軻揚雄韓愈之文也。（河東集一）

他心目中的韓愈，即是能以斯文斯道之重自任者；而他之所自期，也即在繼韓愈之道與文。所以吾說這是韓愈精神之復現。這在孫復石介所言，更可以看出此關係。孫復信道堂記云：

吾之所謂道者，堯舜禹湯文武周公孔子之道也，孟軻荀卿揚雄王通韓愈之道也。吾學堯舜禹湯文武周公孔子孟軻荀卿揚雄王通韓愈三十年，處乎今之世，故不知進之所以爲進也，退之所以爲退也，喜之所以爲喜也，譽之所以爲譽也。（孫明復小集二）

石介尊韓一文云：

道始於伏羲氏，而成終於孔子。道已成終矣，不生聖人可也。故自孔子來二千餘年矣，不生聖人。若孟軻氏，揚雄氏，王通氏，韓愈氏，祖述孔子而師尊之，其智足以爲賢。孔子後，道屢廢塞，闢於孟子，而大明於吏部。道已大明矣，不生賢人可也。故自吏部來三百有餘年矣，不生賢人。若柳仲塗，孫漢公，張晦之，賈公踈，祖述吏部而師尊之，其智實降。噫！伏羲氏，神農氏，黃帝氏，少昊氏，顓頊氏，高辛氏，唐堯氏，虞舜氏，禹湯文武周公孔子者，十有四聖人，孔子爲聖人之至。噫！孟軻氏，荀況氏，揚雄氏，王通氏，韓愈氏，五賢人，吏部爲賢人之至。（一作卓）不知更幾千萬億年復有孔子，不知更幾千百數年復有吏部。孔子之易春秋，自聖人來未有也；吏部原道原人原毀行難禹問佛骨表諍臣論，自諸子以來未有也。嗚呼，至矣。

他們這樣推尊韓愈，以韓愈繼承道統自是宋初人的見解。所以石介在這個運動中便只希望韓愈之復生。其與裴員外書云：

噫！文之弊已久。自柳河東王黃州孫漢公輩，相隨而亡，世無文公儒師，天下不知所準的，猶學夫樂者不知六律之有統，五音之有會，而淫哇之聲百千萬變，徒嘵嘵焰人心，噪噪聒人耳，終莫能適夫節奏而和於人神。文之本日壞，枝葉競出，道源益分，波派彌多，天下悠悠，其誰與歸。輕薄之流，得斯自騁，故組巧纂組之辭，徧滿九州，而世不禁也；妖怪詭誕之說，肆行天地間，而人不禦也。今天下大道榛塞，人無所由趨而之於堯舜周公孔子之聖人唯詰屈一徑而已。吾常思得韓孟大賢人出，爲芟去其荊棘，逐去其狐狸，道大闢而無荒磧，人由之直至於聖，不由曲徑小道，而依大路而行，憧憧往來，舟楫通焉，適中夏之四海，東西南北，坦然廓如，動無有阻礙。往年官在汝上，始得士熙道；今春來南郡，又逢孫明復，韓孟茲遂生矣！斯文之弊，吾不復爲憂；斯道之塞，吾不復以爲懼也。（正誼堂本石徂徠集上）

又上趙先生書云：

傳曰『五百年一賢人生。』孔子至孟子，孟子至揚子，揚子至文中子，文中子至吏部，吏部至先生，其驗歟？孔子孟子揚子文中子吏部，皆不虛生也。存厥道於億萬世，迄於今而道益明也，名不朽也。今淫文害雅，世教墮壞，扶顛持危，當在有道。先生豈得不危（一作爲）乎？仲尼有云，『吾欲託之空言，不如見之行事深切著明也。』先生如果欲有爲，則請先生爲吏部；介願率士建中之徒，爲李翺李觀。先生唱於上，介等和於下；先生擊其左，介等攻其右；先生犄之，介等角之；又豈知不能勝茲萬百千人之衆，革茲百數千年之弊，使有宋之文赫然爲盛，與大漢相視，鉅唐同風哉？語曰『當仁不讓於師。』孔子不曰，『天之未喪斯文也！』孟子不曰，『我亦欲正人心，息邪說，拒詖行，放淫辭，以承三聖。』揚子不曰，『後之塞路者有矣，竊自比於孟子！』文中子不曰，『千載之下有紹仲尼之業者吾不得而讓也！』吏部不曰，『釋老之害過於楊墨，吾欲全之於已壞之後，使其道由愈而麤傳』？蓋知其道在己，不得而讓也。今者道實在於先生，豈得讓乎？（石徂徠集上）

時而以爲韓愈已生，時而復以韓愈期人，這種精神，這種態度，眞與韓愈相同。人家雖未必成爲韓愈再生，而石介自己，却已成爲韓愈精神之復現了。故其上張兵部書又云：

> 介嘗讀易至序卦曰『剝者剝也。物不可以終盡，故受之以復。』……今斯文也，剝已極矣，而不復，天豈遂喪斯文哉！斯文喪，則堯舜禹湯周公孔子之道，不可見矣。嗟夫！小子不肖，然每至於斯，未嘗不流涕橫席，終夜不寢也。顧已無孟軻荀卿揚雄文中子吏部之力，不能亟復斯文，其心亦不敢須臾忘。（石徂徠集上）

則又以斯文斯道自任了。所以我以爲後來文統道統之說，實以受宋初諸人之影響爲多。

第二目　柳開與趙湘

自韓愈倡文道並重之說，於是後來的古文家往往論文主道，而蘄義理詞章之合而爲一。所以宋初柳開穆修諸人之古文運動，實在也即是道學運動。易言之，宋初一般人之論文，不僅爲此後古文家論文主張之所本，也且爲道學家政治家論文主張之所出。表面上是古文運動，骨子裏早開道學的風氣。我們試看柳開初名肩愈字紹先，(一作紹元)即知其以韓柳爲宗而以斯文自任。後來易名爲開字仲塗，其意以爲『將開古聖賢之道於時也，將開今人之耳目使聰且明也，必欲開之爲其塗矣，使古今由於吾也。……吾欲達於孔子者也。』(見河東集卷二補亡先生傳)則知其又以斯道自任。所以我以爲宋初的文論是文與道共同的運動。

柳開是這個運動中最早也最有力的一個人。他的重要即在提出積極的主張，即在竭力提倡文與道的運動。石介與君貺學士書云：『唐去今百餘年，獨崇儀克嗣吏部聲烈；張景僅傳崇儀模象。』又云『道至重也，孔子下千有餘年，能舉之者，孟軻氏，荀卿氏，揚雄氏，文中子，吏部，崇儀而已。』他竟以柳開嗣韓愈，亦可知柳開在這個運動中的重要了。其應責一文說明其爲古文的理由完全由於道。其言云：

子責我以好古文。子之言何謂爲古文？古文者，非在辭澀言苦使人難讀誦之，在于古其理，高其意，隨言短長，應變作制，同古人之行事，是謂古文也。子不能味吾書，取吾意，今而視之，今而誦之，不以古道觀吾心，不以古道觀吾志，吾文無過矣。吾若從世之文也，安可垂教于民哉！亦自愧于心矣。欲行古人之道，反類今人之文，譬乎游於海者乘之以驥，可乎哉！苟不可，則吾從于古文。……吾之道，孔子，孟軻，揚雄，韓愈之道；吾之文，孔子，孟

軻，揚雄韓愈之文也。子不思其言，而妄責於我。責於我也即可矣？責於吾之文與道也，即子爲我罪人乎？（河東集一）

其上王學士第三書說得更偏。如云：

> 文章爲道之筌也，筌可妄作乎？筌之不良，獲斯失矣。女惡容之厚於德，不惡德之厚於容也。文惡辭之華於理，不惡理之華於辭也。（河東集五）

這竟以道爲本，以文爲末，以道爲目的，以文爲手段；儼然是後來道學家文以載道的口吻了。當時趙湘也有這樣主張。其本文篇云：

> 靈乎物者文也，固乎文者本也。本在道而通乎神明，隨發以變，萬物之情盡矣。……若伏羲之卦，堯舜之典，大禹之謨，湯之誓命，文武之誥，公旦公奭之詩，孔子之禮樂，丘明之褒貶，垂燭萬祀，赫莫能滅。非固其本，則溼乎一息焉。一息之溼，本且搖矣，而況枝葉能爲後世之蔭乎？而況能盡萬物之情乎？周禮之後，孟軻揚雄頗爲本者，是故其文靈且久。太史公亦漢之尤者也。揚雄呼其文爲實錄，道之所推耳。又曰『若孔門之用賦者，則賈誼升堂，相如入室，奈孔門之不用乎。』然則揚子之言非不用也，本有所不固爾。傳曰：『夫子之文章，可得而聞也，夫子之言性與天道，不可得而聞也。』大哉，夫子之言皆文也，所謂不可得而聞者本乎道而已矣。後世之謂文者，求本於飾，故爲閱玩之具。競本而不疑，去道而不恥，淫巫蕩假，磨滅聲教，將欲盡萬物之情性，發仁

義禮樂之根蒂，是郤克爲長萬之行，吾不見其易也。

或曰：『古之文章所以固本者皆聖與賢，今非聖賢，若之何能之？』對曰：『聖與賢不必在古而在今也。彼之狀亦人爾。其聖賢者心也。其心仁焉，義焉，禮焉，智焉，信焉，孝悌焉，則聖賢矣。以其心之道發爲文章，敎人于萬世，萬世不泯，則固本也。

今學古之文章而不求古之仁義之道，反自謂非聖賢不能爲之，是果中道而廢者，果賊於儒術者，爲蠹敎之物者。

古之人將敎天下，必定其家，（將定其家）（紹虞案武英殿本南陽集無此四字，疑是脫誤，今補。）必正其身，將正其身，必治其心，將治其心，必固其道。道且固矣，然後發辭以爲文，無凌替之懼，本末斯盛。雖曰未敎，吾必謂之敎矣。如不能是，不若盲瞶之夫也。盲瞶者不學聖人之道，罔然無所知識，雖無所知，猶不爲儒術之殘賊，不爲聖敎之罪人矣。吁嗟（本）（原無本字，疑脫，今補。）如是之不固也，其幸未混於禽獸爾，而況能敎人耶？而況能道於萬世耶？

或曰：今之言文本者，或異於子，如何？對曰，韓退之柳子厚既歿，其言者宜與余言異也。（南陽集六）

當時孫何文箴亦云：『堯制舜度，繇今亙古，周作孔述，炳星煥日，是曰六經，爲世權衡。』又曰：『當塗之後，文失其官。家攘往跡，戶掠陳言，陵夷怠惰，至於江左。輕淺淫麗，迭相唱和，聖心經體，盡墜於地。千詞一語，萬指一意，縫煙綴雲，圖山畫水。駢枝儷葉，顛首倒尾。』又云『語思其工，意思其深。勿聽淫哇，喪其雅音。勿視彩飾，亡其正色。力樹古風，坐臻皇極。無俾唐文獨稱往昔。』因此，可知宋初一般人論文，大率傾向於道的方面的。

第三目　石介與孫復

由於明道，於是連帶的再言致用。這又開政治家的論文主張了。柳開上王學士第四書云：

> 文籍之生於今久也矣。天下有道則用而爲常法，無道則存而爲眞物，與時偕者也。夫所以觀其德也，亦所以觀其政也，隨其代而有焉，非止於古而絕於今矣。（河東集五）

此言實合唐代韓愈柳冕二家而爲一。「觀德」「觀政」實開道學政治兩派的主張。蓋時人之所謂道，本多重在應用。觀孫復答張泂（一作洞）書可知：

> 詩書禮樂大易春秋皆文也。總而謂之經者也。以其終於孔子之手，尊而異之爾。斯聖人之文也。後人力薄不克以嗣，但當左右名教，夾輔聖人而已。或則發列聖之微旨，或則名諸子之異端，或則發千古之未寤，或則正一時之所失，或則陳仁政之大經，或則斥功利之末術，或則揚賢人之聲烈，或則寫下民之憤歎，或則陳天人之去就，或則述國家之安危，必皆臨事摭實，有感而作，爲論爲議，爲書疏歌詩贊頌箴銘解說之類，雖其目甚多，同歸於道，皆謂之文也。（孫明復小集二）

此亦文以明道之旨，而所謂道頗有「用」的意義。所以說：『文者道之用也，道者教之本也。』這兩句即是文以致用的主張。所以又說：故文之作也必得之於心，而成之於言。得之於心者明諸內者也，成之於言者見諸外者也。明諸內者故可以適其用見諸外者故可以張其教。』這種論調當然偏於教化了。

這種意思，至石介而益顯。石介在這個運動中間，較為重要，因為他有極大的破壞的力量，他有摧陷廓清的功績。他有幾篇怪說。其怪說上攻擊釋老，怪說中攻擊楊劉。攻釋老，所以為道的運動；攻楊劉，又所以為文的運動，而同時也兼有道的運動在內。其言云：

昔楊翰林欲以文章為宗於天下，憂天下未盡信己之道，於是盲天下人目，聾天下人耳，使天下人目盲，不見有周公孔子孟軻揚雄文中子韓吏部之道；使天下人耳聾，不聞有周公孔子孟軻揚雄文中子韓吏部之道。俟周公孔子孟軻揚雄文中子吏部之道滅，乃發其盲，聞其聾，使天下惟見己之道，惟聞己之道，莫知其他。今天下有楊億之道四十年矣！今人欲反盲天下人目，聾天下人耳，使天下人目盲，不見有楊億之道；使天下人耳聾，不聞有楊億之道。俟楊億道滅，乃發其盲，聞其聾，使目惟見周公孔子孟軻揚雄文中子吏部之道，耳惟聞周公孔子孟軻揚雄文中子吏部之道。

周公孔子孟軻揚雄文中子吏部之道，堯舜禹湯文武之道也，「三才」「九疇」「五常」之道也。反厥常，則為怪矣。夫書則有堯舜典皋陶益稷謨禹貢箕子之洪範；詩則有大小雅周頌商頌魯頌；春秋則有聖人之經；易則有文王之繇，周公之爻，夫子之十翼。今楊億窮妍極態，綴風月，弄花草，淫巧侈麗，浮華纂組，刓鎪聖人之經，破碎聖人之言，離析聖人之意，蠹傷聖人之道使天下不爲書之典謨，禹貢，洪範，詩之雅頌，春秋之經，易之繇爻十翼而爲楊億之窮妍極態綴風月弄花草淫巧侈麗浮華纂組，其爲怪大矣！（石徂徠集下）

又其與君貺學士書云『自翰林楊公唱淫詞哇聲變天下正音四十年，眩迷盲惑天下瞶瞶晦晦，不聞有雅聲嘗謂流俗益弊，斯文遂喪』這些都是攻擊楊劉二氏之論蓋他反對『窮妍極態綴風月，弄花草淫巧侈麗浮華纂組』。的文章，所以要重在道。他所說明文與道的關係，也與孫復相類。其送龔鼎臣序云：

山陽龔輔之學爲古文問文之旨。魯人石介對曰：夫與天地生者性也；與性生者，誠也；與誠生者，識也。性厚則誠明矣；誠明則識粹矣；識粹則其文典以正矣。然則文本諸識矣。聖人不思而得，識之至也；賢人思之而至，識之幾也。詩易書禮春秋，言而爲中，動而爲法，不思而得也。孟荀揚文中子吏部，勉而爲中，制而爲法，思之而至也。至者至於中也，至於法也。至於中，至於法，則至於孔子也。至於孔子而爲極焉，其不至焉者，識雜之也。甚者爲楊墨，爲老莊，爲申韓，爲鬼佛，識雜之爲害也如此。（石徂徠集下）

又與張秀才書云：

伏羲神農黃帝堯舜禹湯文武周公孔子，所以爲文之道也，由是道則聖人之徒（一作中國之人）矣。離是道，不楊則墨矣，不佛則老矣，不莊則韓矣。足下爲文始宗於聖人，終要於聖人，如日行有道，月行有次，星行有躔，水出有源，亦歸於海，盡爲文之道矣。（石徂徠集上）

這些話不過是孫復『文者道之用』一語的注脚。至其所謂道，則亦偏在敎化方面。其上趙先生書云：

介近得姚鉉唐文粹及昌黎集，觀其述作……必本於敎化仁義，根於禮樂刑政，而後爲之辭。大者驅引帝皇王之道施於國家敎於人民，以佐神靈以浸蟲魚；次者正百度敍百官，和陰陽平四時，以舒暢元化，緝安四方。今之爲文，其主者不過句讀妍巧對偶的當而已；極美者不過事實繁多聲律調諧而已。雕鎪篆刻傷其本，浮華緣飾喪其眞，於敎化仁義禮樂刑政，則缺然無髣髴者。

又上蔡副樞書云：

今之時弊在文矣！夫有天地故有文。『天尊地卑，乾坤定矣；卑高以陳，貴賤位矣；動靜有常，剛柔斷矣；方以類聚，物以羣分，吉凶生矣；在天成象，在地成形，變化見矣』文之所由生也。『天垂象，見吉凶，聖人象之；河出圖，洛出書，聖人則之』文之所由見也。『觀乎天文以察時變，觀乎人文以化成天下』文之所由用也。三皇之書，言大道也，謂之三墳；五帝之書，言常道也，謂之五典；文之所由迹也。四始六義存乎詩，典謨誥誓存乎書，安上治民存乎禮，移風易俗存乎樂，窮理盡性存乎易，懲惡勸善存乎春秋，文之所由著也。文之時義大矣哉！故春秋傳曰『經緯天地曰文』，易曰文明剛健，語曰遠人不服則修文德以來之，三王之政曰救質莫若文。堯之德曰『煥乎其有文章』，舜則曰『濬哲文明』，禹則曰『文命敷於四海』，周則曰『郁郁乎文哉』，漢則曰『與三代同風』。故兩儀，文之體也；三綱，文之象也；五常，文之質也；九疇，文之數也；道德，文之本也；禮樂，文之飾也；孝悌，文之美也；功業，文之容也，敎化，文之明也；刑政，文之綱也；號令，文之聲也。聖人，職文者也，君子章之；庶人由之。具兩儀之體，布三綱之象，全五常之質，敍九疇之數；道德以本之，禮樂以飾之，孝悌以美之，功業以容之，敎化以明之，刑政以綱之，號令以聲之；燦然其君臣之道也，昭然其父子之義也，和然其夫婦之順也；尊卑有法，上下有紀，貴賤不亂，內外不瀆，風俗歸厚，人倫旣正，而王道成矣。今夫文者，以風雲爲之體，花木爲之象，辭華爲之質，韻句爲之數，聲律爲之本，雕鏤爲之飾，組繡爲之美，浮淺爲之容，華丹爲之明，對偶爲之綱，鄭衞爲之聲，浮薄相扇，風流忘返，遺兩儀三綱五常九疇而爲之文也。棄禮樂孝悌功業敎化刑政號令而爲之文也。聖人職之，君子章之，庶人由之，君臣何由明，父子何由親，夫婦何由順，尊卑何由紀，貴賤何由敍，內外何由別，而化日以薄，風日以淫，俗日以僻，此其爲今之時弊也。（石徂徠集上）

此則又以文化爲文，所以又是孫復『道者敎之本』一語的注脚。若使柳開所言爲道學家文論之先聲；則石介所言亦政治家文論之先聲。其後熙寧間，劉彝述其師胡瑗之學云：『臣聞聖人之道有體有用有文。君臣父子仁義禮樂，歷世不可變者其體也。詩書史傳子集垂法後世者其文也。舉而措之天下能潤澤斯民歸于皇極者其用也。國家累朝取士，不以體用爲本，而尙聲律浮華之詞，是以風俗偸薄。臣師當寶元明道之間，尤病其失，遂以明體達用之學授諸生。』他所謂明體是道學家之所務，達用是政治家之所主。故知明體達用以成其文，正是宋初共同的風氣。

第四目　王禹偁

柳開與趙湘，在文的運動之外兼有道的運動；石介與孫復在文與道的運動之外兼有教的運動。都不是純粹文的運動。其比較純粹屬於文的運動者，在北宋之初當推王禹偁穆修與宋祁。王宋並宗韓愈而王得其易，宋得其奇，穆修則兼宗韓柳。就文論文惟此三家有足述者。王禹偁送孫何序云：

天之文，日月五星；地之文，百穀草木；人之文，六籍五常。捨是而稱文者，吾未知其可也。咸通以來，斯文不競，革弊復古，宜其有聞。國家乘五代之末，接千歲之統，創業守文，垂三十載，聖人之化成矣，君子之儒興矣。然而服勤古道，鑽仰經旨，造次顛沛，不違仁義，拳拳然以立言為己任，蓋亦鮮矣。（小畜集十九）

又其五哀詩之一，哀高錫詩有云：

文自咸通後，流散不復雅。因仍歷五代，秉筆多豔冶。高公在紫微，濫觴誘學者。自此遂彬彬，不蕩亦不野。（小畜集四）

則是他對於當時詩文亦頗致不滿，亦頗有意於復古。但是他的復古，並不如宋祁這樣偏於尚奇。他與宋祁同樣的推尊韓愈，他亦說過：『近世為古文之主者韓吏部而已。』（答張扶書）但是他所取於吏部者，並不在其難，並不尚其奇險。所以他又說：

吾觀吏部之文，未始句之難道也，未始義之難曉也。其間稱樊宗師之文，必出于己，不襲蹈前人一言一句，又稱薛逢為文，以不同俗為主。然樊薛之文不行于世，吏部之文與六籍共盡。此蓋吏部誨人不倦，進二子以勸

學者。故吏部曰吾不師今，不師古不師難，不師易，不師多，不師少惟師是爾。（答張扶書）

大抵當時自有一輩人對於所謂「古文」不免有些誤解不是以爲必須『辭澀言苦使人難讀誦之』便是以爲必須磔裂章句隳廢聲韵破偶而用奇。這在他的意思，認爲都不必如此。所以他再說：

夫傳道而明心也古聖人不得已而爲之也。且人能一乎心至乎道修身則無咎事君則有立。及其無位也懼乎心之所有，不得明乎外，道之所畜不得傳乎後，于是乎有言焉又懼乎言之易泯也，于是乎有文焉。信哉不得已而爲之也。既不得已而爲之，又欲乎句之難道邪？又欲乎義之難曉邪？必不然矣。請以六經明之詩三百篇皆儷其句，諧其音可以播管絃，薦宗廟子之所熟也。書者上古之書二帝三王之世之文也言古文無出于此，則曰『惠迪吉從逆凶』又曰，『德日新萬邦惟懷志自滿九族乃離』。在禮儒行者夫子之文也則曰『衣冠中動作愼大讓如慢小讓如僞』云云者在樂則曰『鼓無當於五聲五聲不得不和，水無當於五色五色不得不彰』。在春秋則全以屬辭比事爲敎，不可備引焉。在易則曰『乾道成男坤道成女日月運行，一寒一暑』。（紹虞案此與易文次序不同）夫豈句之難道邪？夫豈義之難曉邪？今爲文而捨六經，又何法焉！若弟取其書之所謂『吊由靈』易之所謂『朋合簪』者，模其語而謂之古，亦文之弊也。（答張扶書）

由道的方面言，不需要辭澀言苦的古文；由文的方面言，也並不以屬辭比事爲可恥，無須乎章句之磔裂。至其再答張扶書則言之更明。

僕之前書欲生之文句易道，義易曉，遂引六經韓文以爲證。生繼爲書啟，謂揚雄以文比天地而下云云者，甚乎哉子之篤于道而好于古者也。僕爲子條辨之，庶知僕之用心也。

子之所謂揚雄以文比天地，不當使人易度易測者，僕以爲雄自大之辭也，非格言也，不可取而爲法矣。夫天地易簡者也；測天者，知剛健不息而行四時；測地者，知含弘光大而生萬物，天地畢矣，何難測度哉？若較其尋尺廣袤而后謂之盡，則天地一器也，安得言其廣大乎？且雄之太玄，準易也。易之道，聖人演之，賢人注之，列于六經，懸爲學科，其義甚明而可曉也。雄之太玄，既不用于當時，又不行于後代，謂雄死已來世無文王周孔則信然矣，謂雄之文過于伏羲，吾不信也。僕謂雄之太玄，乃空文爾。今子欲舉進士，而以文比太玄，僕未之聞也。

子又謂六經之文，語艱而義奧者十二三，易道而易曉者十七八，其艱奧者非故爲之，語當然矣。今子之文則不然，凡三十篇語皆迂而艱也，義皆昧而奧也，豈子之文也過于六籍邪？若猶未也，子其擇焉。

子謂韓吏部曰：僕之爲文，意中以爲好者，人必以爲惡焉，或時應事作俗下筆，令人慙，及示人，人即以爲好者，此蓋唐初之文有六朝淫風，有四子豔格，至貞元元和間，吏部首唱古道，人未之從，故吏部意中自是而人能是之者百不一二，下筆自慙而人是之者十有八九。故吏部有是歎也。今吏部自是者著之于集矣，自慙者棄之無遺矣。僕獨意祭裴少卿文在焉。其略云，儋石之儲，不供于私室，方丈之食，每盛于賓筵。此必吏部自慙而

> 當時人好之者也。今之世亦然也。子著書立言，師吏部之集可矣，應事作俗，取祭裴文可矣。夫何惑焉！又謂漢朝人莫不能文，獨司馬相如劉向揚雄爲之最。是謂功用深其文名遠者。數子之文，班固取之，列于漢書。若相如上林賦喻蜀封禪文，劉向諫山陵，揚雄議邊事，皆子之所見也，曷嘗語艱而義奧乎？謂功用深者，取其理之當爾，非語迂義暗而謂之功用也。生其志之！

此篇文字至爲重要，他把一般人對於韓愈文論的誤解，均能站在平易的立塲而細爲說明。韓愈說過：『及覩其異者則共觀而言之。』又說：『能者非他，能自樹立不因循者是也。』（均見答劉正夫書）這便是韓門尚奇一派的根據。他並不反對韓愈這種主張，而他却能闡說此意以成爲自己的主張，這便是他的成功。

第五目　穆修

因宋初論文的風氣偏主於道，而論到道又最易有「統」的觀念，所以即就文的方面而論，亦不能無所宗主。蓋當時之爲古文非有極堅固的信心，亦不易獨排流俗，爲於舉世不爲之時。穆脩答喬適書云：

> 古道息絕不行，於時已久。今世士子習尙淺近，非章句聲偶之辭，不置耳目，浮軌濫轍，相跡而奔，靡有異塗焉！其間獨敢以古文語者，則與語怪者同也。衆又排詬之，罪毀之，不目以爲迂，則指以爲惑，謂之背時遠名，闊於富貴；先進則莫有譽之者，同儕則莫有附之者。其人苟無自知之名，守之不以固，持之不以堅，則莫不懼而疑，悔而思，忽焉且復去此而即彼矣。噫！仁義中正之士，豈獨多出於古而鮮出於今哉！亦由時風衆勢，驅遷溺染

之不得從乎道也。（河南集卷二）

所以即像穆修這樣比較地不很沾染道的色彩者，而在這一點亦不得不牽涉到道的問題。他再說：

夫學乎古者所以為道，學乎今者所以為名。道者仁義之謂也；名者爵祿之謂也。然則行道者所以兼乎名，守名者無以兼乎道。……有其道而無其名，則窮不失為君子；有其名而無其道，則達不失為小人。與其為名達之小人，孰若為道窮之君子。……學之正偽有分，則文之指用自得。

即就這一點不合時宜的精神，已非守道之君子不能為了。穆修一生潦倒窮途，而宋初古文之振起實與有力，即由於這種精神的關係。論到道的方面，他受學於陳摶，似乎沒有柳開石介之純，然而論到宋初之古文運動，則穆修與柳開實是同樣的重要。(注)不過柳與穆雖同是宋初古文運動之中心，而柳重在道，穆重在文，亦各有所偏。重在道則尊韓，重在文則兼崇柳，所以柳開雖也曾以「紹先」為字，兼崇柳宗元之文，然後來易名以後，實偏重於道，而所尊惟韓了。穆修則不然，他是韓柳並重的。邵伯溫辨惑稱其家有唐本韓柳集，乃丐於所親者得金募工鏤板印數百部自鬻於相國寺，即此故事亦可知其推崇韓柳之處。其唐柳先生文集後序云：

唐之文章，初未去周隋五代之氣，中間稱得李杜，其才始用為勝，而號專雄歌詩，道未極其渾備。至韓柳氏起，然後能大吐古人之文，其言與仁義相華實而不雜。如韓元和聖德、柳平淮西雅章之類，皆辭嚴義偉，製述如經，能卒然聳唐德於盛漢之表，蔑愧讓者，非二先生之文則誰與！（河南集二）

又云：

嗚呼！天厚予嗇多矣！始而饜我以韓，既而飫我以柳，謂天不吾厚，豈不誣也哉！世之學者如不志於古則已！苟志於古，然求踐立言之域，捨二先生而不由，雖曰能之，非予所敢知也。

這儼然是韓柳的信徒了。據於這種論調，可以看出宋代的古文運動與唐代不同。四庫總目提要有言：『唐時為古文者主於矯俗體，故成家者蔚為鉅製，不成家者則流於僻澀。宋時為古文者主於宗先正，故歐曾王蘇而後沿及於元，成家者不能盡闢門戶，不成家者亦具有典型。』此說極是。宋人正因統的觀念，故必宗先正。實則唐人之為古文，亦何嘗不宗先正，不過因古文之體未定，所以覺得能闢門戶；而宋人之為古文則已有典型在前，所以也難成鉅製而已。

【註】邵氏聞見錄『本朝古文柳開仲塗穆修伯長首為之倡。』朱子言行錄『韓柳之文因伯長而後行，國初知者有柳開。』

第六目　宋祁

宋代的古文運動，本以韓愈為依歸。柳開穆脩石介諸人莫不推尊韓愈。但是時有未至，才有未逮，所以古文運動不會成功，醞釀之久，至宋祁歐陽修而始大。宋祁嚴於用字，其源出於韓門樊紹述皇甫湜一派；歐陽修矜於造句，其源出於韓門李翺一派。不過因（1）宋祁之作未臻完成，其筆記中自言：『年過五十，被詔作唐書，精思十餘年，盡見前世諸著，乃悟文章之難也。雖悟於心，又求之古人，始得其崖略，因取視五十以前所為文，赧然汗下，知未嘗得作者藩籬。』又云：『余於爲文，似蘧瑗。瑗年五十，知四十九年非；余年六十，始知五十九年非；其庶幾至於道乎！』又云：『每見舊所作文章，憎之必欲燒棄。』則知其於文，直至晚年，始有悟入，所作自不逮歐文流傳之廣。（2）宋人論文本有偏於道的傾向，若復嚴於用字，豈非與淫巧侈麗浮華纂組之文同一機軸！所以歐派文章主於自然。蘇軾謝歐陽內翰書云：『自昔五代之餘，文教衰落，風俗靡靡，日以塗地。聖上慨然太息，思有以澄其源，疏其流，明詔天下，曉諭厥旨。於是招來雄俊魁傑敦厚朴直之士，罷去浮巧輕媚叢錯采繡之文，將以追兩漢之餘，而漸復三代之故。士大夫不深明天子之心，用意過當，求深者或至於迂，務奇者怪僻而不可讀，餘風未殄，新弊復作。』張耒答李推官書云：『足下之文可謂奇矣。捐去文字常體，力爲瑰奇險怪，務欲使人讀之，如見數千歲前科斗鳥跡所記弦匏之歌，鍾鼎之文也。足下之所嗜者如此，固無不善者。抑耒之所聞所謂能文者，豈謂其能奇哉！能文者固不專以能奇爲主也。……自唐以來至今，文人好奇者不一，甚者或有缺句斷章，使脉理不屬，又取古人訓詁，希於見聞，衣被而說合之，或得其字不得其句，或得其句不知其章，反覆咀嚼，卒亦無有，此最文之陋也。』（張右史文集五十八）這些都是對於宋派攻擊的論調。宋祁晚年於文自謂有所悟入，或即在此。（3）因此之故，宋祁一派不合時尚，繼起無人，不若歐門有三蘇曾鞏爲之羽翼，而蘇門亦有張晁秦黃之流傳其薪火，所以不久宋派式微，而所謂古文運動之成熟，亦惟歐陽一派足以當之。

然而宋祁論文，也有特別的長處，即在就文論文，絲毫不牽涉到道的問題，而亦不陷於文格文例之屬。這正是皇甫湜一派的態度。王得臣麈史（中）稱：『里人稱：宋景文未第時，爲學於永陽僧舍。連處士因問曰，君好讀何書？答曰予最好大誥。故景文率多謹嚴，至修唐書，其言艱，其思苦，蓋亦有所自歟？』則知他所以近於皇甫湜一派的作風，本亦由於性之所近。其筆記（上）云：

柳州爲文或取前人陳語用之，不及韓吏部卓然不丐於古而一出諸己。

又筆記（中）云

柳子厚云：『嘻笑之怒甚於裂眦，長歌之音，過於慟哭』，劉夢得云：『駭機一發，浮謗如川』，信文之險語。韓退之云：『婦順夫旨，子嚴父詔』。又云：『耕於寬閑之野，釣於寂寞之濱。』又云：『持被入直三省，丁寧顧婢子語刺刺不得休。』此等皆新語也。

這些都是受韓愈尙奇特之影響；同時，也即是他自己作文所持的態度。

第二節　文與道之偏勝與三派之分歧

正因「統」的觀念之深入於人心，同時又正因文與道畢竟是兩箇事物，所以古文家自有其文統的觀念，而道學家也自有其道統的觀念。人皆知道學家好言道統而不知古文家也建立其文統。孫樵答王霖秀才書云：『樵得爲文眞訣於來無擇，來無擇得之於皇甫持正，皇甫持正得之於韓吏部退之』，此已儼然有一祖三宗衣鉢傳授之意了。宋人文統之說，亦正從此種風氣得來。宋初一般人之「統」的觀念，大概猶混文與道而言之。到後來，道學家建立他們的道統，古文家建立他們的文統，便各不相謀了。歐陽修蘇氏文集序云：『自古治時少而亂時多；幸時治矣文章或不能純粹，或遲久而不能及，何其難之若是歟！豈非難得其人歟！』（歐陽文忠公全集四十一）曾鞏與王介甫第三書云：『是道也，過千載以來，至於吾徒，其智始能及之，欲相與守之，然今天下同志者不過三數人爾。』（元豐類稿十六）這些話皆有文壇寂寞之感，皆希望有人主盟文壇而隱隱又有以斯文自任之意。此意在蘇氏父子說得更明顯。蘇洵上歐陽內翰第二書云：

自孔子沒百有餘年而孟子生，孟子之後數十年而至荀卿子。後乃稍闊遠，二百餘年而揚雄稱於世，揚雄之死不得其繼，千有餘年而後屬之韓愈氏。韓愈氏沒三百年矣，不知天下之將誰與也。

下文再有『洵一窮布衣，於四子者之文章，誠不敢冀其萬一。』云云，則可知其所言是專指文統言者。李廌師友談記有一則記東坡談話云：

東坡嘗言文章之任，亦在名世之士相與主盟，則其道不墜。方今太平之盛，文士輩出，要使一時之文有所宗主。昔歐陽文忠常以是任付與某，故不敢不勉。異時文章盟主責在諸君，亦如文忠之付授也。

此又述當時之傳授，儼然有『吾道南矣』的口吻。在此節中所謂『異時文章盟主責在諸君』云云，或不免李廌僞托東坡之言以自重，但所謂『歐陽文忠常以是任付與某，』則歐陽修固早已說過，『當放此人出一頭地，』又曾說過『更數十年後，世無有誦吾文者，』則知北宋古文家文統的觀念，固不僅在繼往而也重在開來，正與道學家的道統說同一面目了。道統文統既已建立，固宜其壁壘森嚴，相互角勝而各不相下了。

古文家與道學家何以必須各立其統系以相角勝呢？則以古文家與道學家雖同說明文與道的關係，而自有其性質上的分別與程度上的差異。我曾說過：『唐人主文以貫道，宋人主文以載道。貫道是道必藉文而顯，載道是文須因道而成。輕重之間區別顯然。』（東方雜誌二十五卷一號文學觀念與含義之變遷）這即是所謂程度上的差異。後來貫道說成爲古文家的文論，而載道說則成爲道學家的文論，所以這不僅是唐人和宋人文學觀之不同，實也是古文家與道學家論點之互異。蓋所謂貫道與載道云者，由一方面言，由貫與載的分量上言，固似乎只是程度上輕重的分別；但在另一方面言，道何以能貫，道又何以能載，貫應有可貫之點，載也應有能載之理，則知所貫者與所載者其意義不盡相同，而更有性質上的分別了。朱子說得好：『這文皆是從道中流出，豈有文反能貫道之理！文是文，道是道，文只如喫飯時下飯耳。若以文貫道，却是把本爲末。以末爲本，可乎？』這段話便說明貫道與載道的分別。不過他所說的只能說吾人明瞭貫道說與載道說之異，却不能使吾人信仰他的話，因爲他猶不足以折服貫道說的主張。蓋朱子所言，是先戴上了載道的眼鏡，所以說以文貫道是把本爲末，若使吾人以貫道說爲立脚點而言，則正未見其有先後本末之分。吾人須知文學批評中之道的觀念，其大部分固是受儒家思想之影響；實則道的含義至不一致，有儒家所言之道，也有釋老所言之道，各人道其所道，故昔人之文學觀，其於道的問題，雖以儒家思想爲中心，而也未嘗不受釋老言道之影響。此則所謂性質上的分別，蓋在韓愈以前，其闡明文與道的關係者有兩種主張：其一則偏主於道者，如荀卿揚雄便是。荀之言曰：『凡言不合先王，不順禮義，謂之姦言。』（非相篇）揚之言曰：『委大聖而好乎諸子者，惡覩其識道也。』（法言吾子篇）這些話都是偏重在道的方面，而所謂道又是只局於儒家之說者。其又一，則較偏於文，如劉勰便是。文心雕龍原道篇云：『文之爲德也大矣，與天地並生者何哉？夫玄黃色雜，方圓體分，日月疊璧，以垂麗天之象；山川煥綺，以鋪理地之形：此蓋道之文也。』又云『故知道沿聖以垂文，聖因文而明道，旁通而無滯，日用而不匱。易曰，「鼓天下之動者存乎辭」。辭之所以能鼓天下者，迺道之文也。』這些話又較重在文的方面，而所謂道又似不囿於儒家之見者。論文而局於儒家之道，以爲非此不可作，所以可以云「載」。論文而不囿於儒家之道，則所謂道者，『萬物之所然也，萬理之所稽也；』『聖人得之以成文章。』（並韓非子解老篇語）此所以文與天地並生，而亦可以云「貫」。朱子局於儒家所言之道，所以說『豈有文反能貫道之理』；實則假使以所傳之道爲萬物之情，則知所謂貫道云者，正即劉勰所言『心生而言立，言立而文明，自然之道也。』是故言文以明道，則可以包括貫道載道二者，言載道則只成爲道學家的文論；言貫道，也只成爲古文家的文論。只可惜貫道之說雖始於唐人，而唐人之論道，總是泥於儒家之說，所以覺得模糊影響，似乎只以道爲幌子，而不能與文打成一橛。至於蘇軾則在道學家看來本以異端視之者，故其於文與道的觀念，轉很受莊與釋的影響，於是文與道遂相得益彰，不復是離之則雙美了。此所以載道說固始於北宋，而貫道說亦完成於北宋。北宋載道說與貫道說同時建立而完成，此又所以壁壘森嚴而各不相下也。

因文統道統各有其中心主張，所以北宋的文論以古文家與道學家的主張，最足以代表其兩極端，至界其間者，則又有政治家的論調。古文家所重在文，道學家所重在道，政治家則以用為目標而不廢道與文。這正是劉彝所謂『聖人之道有體有用有文』的三方面。

這三派的區分，自有其時代的背景，亦自有其思想的淵源。大抵宋人風氣好立門戶以為黨爭。於是關於文論之紛岐，亦儼有黨爭的色彩。當時有洛蜀二黨，洛黨以程頤為之首，蜀黨奉蘇軾為其魁。而洛黨正可為道學家的代表，蜀黨亦正可為古文家的代表。至於政治家方面則又有新舊二黨，而實折衷於二者之間。舊黨的領袖是司馬光，故較偏於道；新黨的領袖是王安石，故較偏於文。要之均主於用而不廢道與文。這是此三派所由區分之時代的背景。

又這三派的主張，本亦近於昔人所謂三不朽的意思。歐陽修送徐無黨南歸序云：

其所以為聖賢者，修之於身，施之於事，見之於言，是三者所以能不朽而存也。修於身者，無所不獲；施於事者，有得有不得焉；其見於言者，則又有能有不能也。施於事矣，不見於言可也。自詩書史記所傳，其人豈必皆能言之士哉！修於身矣，而不施於事，不見於言，亦可也。孔子弟子，有能政事者矣，有能言語者矣。若顏回者，在陋巷，曲肱飢臥而已，其羣居則默然終日如愚人，然自當時羣弟子皆推尊之，以為不敢望而及，而後世更千百歲亦未有能及之者。其不朽而存者，固不待施於事，況於言乎！（歐陽文忠公全集四十三）

此文所言，雖重在德而不在言，實則其見於言者固須重在立言，而修於身施於事者亦不得不附於言以傳。因此道學家雖偏於立德，政治家雖主於立功，而也與古文家一樣，並有其論文的見解。蓋主修於身而復以所明之道以見於言者，道學家之論文主張也。欲施於事而以言濟其用者，政治家之論文主張也。欲見於言而藉道德事功為之幹者，則又古文家之論文主張也。這實是此三派論文主張較遠一些的淵源。

第三節　古文家之文論

第一目　歐陽修

宋初之古文運動，其積極的主張有二：一是明道，一是宗唐。這種宗旨，至歐陽修猶沒有變更。其記舊本韓文後云：

> 予為兒童時……得唐昌黎先生文集六卷，……讀之見其言深厚而雄博；然予猶少，未能悉究其義，徒見其浩然無涯若可愛。是時天下學者，楊劉之作號為時文，能者取科第擅名聲，以誇榮當世，未嘗有道韓文者。予亦方舉進士，以禮部詩賦為事。年十有七，試於州，為有司所黜，因取所藏韓氏之文復閱之，則喟然歎曰：『學者當至於是而止爾』！……後七年，舉進士及第，官於洛陽，而尹師魯之徒皆在，遂相與作為古文。因出所藏昌黎集而補綴之，求人家所有舊本而校定之。其後天下學者亦漸趨於古，而韓文遂行於世，至於今蓋三十餘年矣。學者非韓不學也，可謂盛矣。（六一題跋十一）

在這篇文中可以看出他學文的宗旨與經歷。他於韓集亦只覺『其言深厚而雄博』耳，他的蘄望亦只是『學者當至於是而止爾。』就文論文，似亦並不帶什麼道的意味。但他在讀李翺文一篇中云：

> 最後讀幽懷賦，然後置書而歎，歎已復讀，不自休，恨翺不生於今，不得與之交；又恨予不得生翺時，與翺上下其論也。況迺翺一時人，有道而能文者，莫若韓愈。愈嘗有賦矣，不過羨二鳥之光榮，歎一飽之無時爾。推是心使光榮而飽，則不復云矣。若翺獨不然。（六一題跋十一）

則似乎不止於學文，又不僅以韓愈為止境了。韓愈雖亦「有道而能文」，但其所得於道者，且不如李翺，更何論宋人。歐陽修能覷破這點，所以欲使文與道並重。其於文則取諸韓而近於李，其於道則取諸李而進於韓。此所以古文家之文論又頗多與道學家相近之處，且開道學的風氣也。後來桐城派欲合韓歐程朱而為一，實則歐陽修的立身祈向，即欲合韓李而為一者。

因此，其論文主張頗與道學家相近。其答吳充秀才書云：

> 夫學者未始不為道，而至者鮮，非道之於人遠也，學者有所溺焉爾。蓋文之為言，難工而可喜，易悅而自足。世之學者往往溺之，一有工焉，則曰「吾學足矣」。甚者至棄百事不關於心，曰「吾文士也，職於文而已」。此其所以至之鮮也。昔孔子老而歸魯，六經之作，數年之頃爾。然讀易者如無春秋，讀書者如無詩，（一作『讀春秋者如無詩書』）何其用功少而能極其至也。聖人之文，雖不可及，然大抵道勝者文不難而自至也。故孟子

皇皇不暇著書，荀卿蓋亦晚而有作。若子雲仲淹，方勉焉以模言語，此道未足而彊言者也。後之惑者，徒見前世之文傳，以為學者文而已，故用力愈勤而愈不至。此足下所謂終日不出於軒序，不能縱橫高下皆如意者，道未足也。若道之充焉，雖行乎天地，入乎淵泉，無不之也。（歐陽文忠公全集四十七）

又送徐無黨南歸序云：

予讀班固藝文志，唐四庫書目，見其所列，自三代秦漢以來，著書之士，多者至百餘篇，少者猶三四十篇，其人不可勝數，而散亡磨滅，百不一二存焉。予竊悲其人，文章麗矣，言語工矣，無異草木榮華之飄風，鳥獸好音之過耳也。方其用心與力之勞，亦何異衆人之汲汲營營，而忽焉以死者！雖有遲有速，而卒與三者同歸於泯滅。夫言之不可恃也蓋如此！今之學者，莫不慕古聖賢之不朽，而勤一世以盡心於文字間者，皆可悲也。

寄吳一書，言溺於文則遠於道，謂『道勝者文不難而自至。』此與道學家所謂『有德者必有言』之旨相同。送徐一序，又言重在修於身，次則施於事，而不重在見於言；以為凡『勤一世以盡心於文字間者皆可悲也。』這又與道學家所謂『玩物喪志』之說為近。所以這些儼然都是道學家的口吻。我們如果欲說明歐陽修所言文與道的關係與道學家不同之處，至多只能說道學家於道，是視為終身的學問；古文家於道，只作為一時的工夫。視為終身的學問，故重道而輕文；作為一時的工夫，故充道以為文。蓋前者是道學家之修養，而後者只是文人之修養。易言之，即是道學家以文為工具，而古文家以道為手段而已。歐陽修與樂秀才第一書云：

古人之於學也，講之深而信之篤。其充於中者足，而後發乎外者大以光。譬夫金玉之有英華，非由磨飾染濯之所爲，而由其質性堅實而光輝之發自然也。易之大畜曰：『剛健篤實輝光日新。』謂夫畜於其內者實而後發爲光輝日益新而不竭也。故其文曰：『君子多識前言往行，以畜其德，』此之謂也。……今之學者或不然：不務深講而篤信之，徒巧其詞以爲華，張其言以爲大。夫强爲則用力艱，用力艱則有限，有限則易竭。又其爲辭，不規模於前人，則必屈曲變態以隨時俗之所爲，鮮克自立。此其充於中者不足而莫自知其所守也。

（歐陽文忠公全集六十九）

其答祖擇之書亦云：

學者當師經，師經必先求其意，意得則心定，心定則道純，道純則充於中者實，中充實則發爲文者輝光。

（歐陽文忠公全集六十八）

則知彼所謂充實云者不過謂文人的修養，必須下這種基本工夫而已。能下這種基本工夫，則一方面言之有物，一方面識見高卓，能不隨時俗之所好，古文家之所取於道者蓋如此。他的意思只欲藉道以爲重，並不是重道而廢文，他蓋以爲僅僅盡心於文字間，或巧其言以爲華，或張其言以爲大，則誠不免散亡磨滅，無異草木榮華之飄風，鳥獸好音之過耳耳。觀其唐書藝文志序云：『六經之道簡嚴易直而天人備，故其愈久而益明。其餘作者衆矣，質之聖人或離或合，然其精深閎博，各盡其術，而怪奇偉麗往往震發於其間。此所以使好奇愛博者不能忘也。然凋零磨滅亦不可勝數，豈其華文少實，不足以行遠歟！』此正可爲吾說作證。歐陽氏更有代人上王樞密求先集序書，於此意說得更暢。

傳曰：『言之無文，行之不遠。』君子之所學也，言以載事，而文以飾言。事信言文，乃能表見於後世。詩書易春秋皆善載事而尤文者，故其傳尤遠。荀卿孟軻之徒，亦善爲言，然其道有至有不至，故其書或傳或不傳，猶繫於時之好惡而興廢之。其次楚有大夫者，善文其謳歌以傳。漢之盛時，有賈誼董仲舒司馬相如揚雄能文其文辭以傳。由此以來，去聖益遠，世益薄，或衰，下迄周隋，其間亦時時有善文其言以傳者，然皆紛雜滅裂不純信，故百不傳一，幸而一傳，傳亦不顯，不能若前數家之焯然暴見而大行也。甚矣言之難行也。（歐陽文忠公全集六十七）

下文再說：『言之所載者大且文，則其傳也章；言之所載者不文而又小，則其傳也不彰。』則可知古文家之所藉於道德或事功者，不過爲易於流傳計耳。爲流傳計，所以僅藉道德事功以爲重，當然不能廢文的工夫了。道學家以文爲工具，古文家以道爲手段。這是他們的異點。以文爲工具，故「文」不必求飾；以道爲手段，故「道」必須講求。此所以道學家的文論，異於古文家，而古文家的文論，却近於道學家。

抑古文家與道學家文論之區別，猶不僅道的問題已也。古文家以並不廢文，而且更重視文，所以猶有討論文事的地方。這在歐公所論碑誌文字最易看出。他曾爲范文正公神道碑及尹師魯墓誌，均不滿於其子孫，不免增損其文，故其撰杜祁公墓誌有與杜訢書二通，說明其意。其第一書云：

修文字簡略，止記大節，期於久遠，恐難滿孝子意。但自報知己，盡心於紀錄則可耳。……然能有意於傳久，則須紀大而略小，此可與通識之士語，足下必深曉此。（歐陽文忠公全集六十九）

其第二書云：

所紀事皆錄實有稽據，皆大節與人之所難者。其他常人所能者，在他人更無巨美，不可不書，於公爲可略者，皆不暇書。然又不知尊意以爲何如？苟見信甚幸。（歐陽文忠公全集六十九）

至其論尹師魯墓誌一文，則言之更透澈：

誌言天下之人，識與不識，皆知師魯文學議論材能。則文學之長，議論之高，材能之美，不言可知。又恐太略，故條析其事，再述於後。述其文則曰『簡而有法』。此一句在孔子六經，惟春秋可當之；其他經非孔子自作文章，故雖有法而不簡也。修於師魯之文不薄矣，而世之無識者不考文之輕重，但責言之多少，云師魯文章不合祇著一句便了。既述其文，則又述其學曰『通知古今』。此語若必求其可當者，惟孔孟也。既述其學，則又述其論議云『是是非非，務盡其道理，不苟止而妄隨』，亦非孟子不可當此語。既述其議論，則又述其材能，備言師魯歷貶，自興兵便在陝西，尤深知西事，未及施爲，而元昊臣，師魯得罪，使天下之人盡知師魯材能。此三者皆君子之極美，然在師魯猶爲末事，其大節乃篤於仁義，窮達禍福，不媿古人。其事不可徧舉，故舉其要者一兩事以取信。如上書論范公而自請同貶，臨死而語不及私，則平生忠義可知也。其臨窮達禍福，不媿古人，又可知也。既已具言其文其學其論議其材能其忠義，遂又言其爲仇人挾情論告以貶死，又言其死後妻子困窮之狀，欲使後世知有如此人，以如此事廢死，至於妻子如此困窮，所以深痛死者，而切責當世君子致斯人之及此也。春秋之義，痛之益至，則其辭益深，『子般卒』是也。詩人之意，責之愈切，則其言愈緩，君子偕老是也。不必號天叫屈，然後爲師魯稱冤也。故於其銘文但云：『藏之深，固之密，石可朽，銘不滅。』意謂舉世無可告語，但深藏牢埋此銘，使其不朽，則後世必有知師魯者。其語愈緩，其意愈切，詩人之義也。而世之無識者，乃云銘文不合不講德，不辨師魯以非罪，蓋爲前言其窮達禍福，無媿古人，則必不犯法；況是仇人所告，故不必區區曲辯也。今止直言所坐，自然知非罪矣。添之無害，故勉徇議者添之。若作古文自師魯始，則前有穆脩鄭條輩，及有大宋先達甚多，不敢斷自師魯始也。偶儷之文，苟合於理，未必爲非，故不是此而非彼也。若謂近年古文自師魯始，則范公祭文已言之矣，可以互見，不必重出也。皇甫湜韓文公墓誌，李翺行狀不必同，亦互見之也。誌云：『師魯喜論兵』，論兵儒者末事，言喜無害，非嬉戲之戲，喜者好也。君子固有所好矣。孔子言回也好學，豈是薄顏回乎。後生小子未經師友，苟恣所見，豈足聽哉。修見韓退之與孟郊聯句，便似孟郊詩，與樊宗師作誌，便似樊文：慕其如此，故師魯之誌，用意特深而語簡。蓋爲師魯文簡而意深。又思平生作文，惟師魯一見，展卷疾讀，五行俱下，便曉人深處。因謂死者有知，必受此文：所以慰吾亡友爾，豈恤小子輩哉！（六一題跋十一）這種論調，根據史家褒貶之法，以爲文人銘裁之準，已啓後人義法之說。當時王安石答錢公輔學士書，蘇洵與楊節推書，亦皆類此。可知這是古文家極重視的一個問題。

第二目　曾鞏與劉弇

所謂古文家之文論，只有歐陽一派足以當之，固也。然即在歐陽一派中，其主張也微有差異。三蘇用力於文者多，曾鞏致力於道者深。這種分別，在劉壎隱居通議中早已言之。其合周程歐蘇之裂條云：

永嘉有言，『洛學起而文字壞。』此語當有爲而發。聞之雲臥吳先生曰，『近時水心一家欲合周程歐蘇之裂。』又言『先儒謂歐文粹如金玉，又以爲有造化在其胸中，而未有以道視之者。然答吳充秀才一書，則其知道可見矣。南豐說理則精於其師，如曰及其心有所得，而下二三百言非所詣之至，何以發明透徹！東坡雄偉，固所不逮，伊洛微言，或有未過也。』予詳此言，似謂歐曾可以周程，而蘇自成一家，未知然否？（卷二）

又南豐先生學問條云：

濂洛諸儒未出之先，楊劉崑體固不足道，歐蘇一變文始趨古，其論君道國政民情兵略無不造妙，然以理學或未之及也。當是時，獨南豐先生曾文定公議論文章根據性理。論治道則必本於正心誠意，論禮樂則必本於性情，論學則必主於務內，論制度則必本之先王之法。其初見歐陽公之書，有曰：『明聖人之心於百世之上，明聖人之心於百世之下。』又曰：『趨理不避榮辱利害，』其卓然絕識，超軼時賢。先儒言歐公之文，紆餘曲折，說盡事情南豐繼之加以謹嚴字字有法度。此朱文公評文專以南豐爲法者蓋以其於周程之先首明理學也。（卷十四）

所以由文學批評而言，曾與歐近而與三蘇實遠。曾氏論文，殆無不可以看作歐陽文論之發揮者。歐陽修論文以爲充於中者實則發爲文者輝光。於是曾鞏本之拈出「氣」字。其讀賈誼傳一文謂：

余讀三代兩漢之書至於奇辭奧旨光輝淵澄，洞達心腑，如登高山以望長江之活流，而恍然駭其氣之壯也。故詭辭誘之而不能動，淫辭迫之而不能顧，考是與非若別白黑而不能惑，浩浩洋洋，波徹際涯，雖千萬世之遠而若會於吾心。蓋自喜其資之者深，而得之者多也。既而遇事輒發，足以自壯其氣，覺其辭源源來而不雜，剔吾粗以迎其眞，植吾本以質其華，其高足以凌靑雲抗太虛而不入詭誕，其下足以盡山川草木之理，形狀變化之情，而不入於卑汙。及其事多而憂深慮遠之激托有觸於吾心，而干於吾氣，故其言多而出於無聊，讀之有憂愁不忍之態，然其氣要爲無傷也。

「資之者深而得之者多」，則自然足以「自壯其氣，」自然「其辭源源來而不雜，」此卽歐陽所謂「中充實則發爲文者輝光」的意思。蘇轍上樞密韓太尉書以爲『文者氣之所形，』亦本此意言者。

歐陽修於史傳碑誌之文，又曾提出義法的問題。這在曾鞏南齊書目錄序中亦頗說明此意。

將以是非得失興壞理亂之故而爲法戒，則必得其所言而後能傳於久，此史之所以作也。然而所託不得其人，則失其意，或亂其實，或析理之不通，或設辭之不善，故雖有殊功韙德非常之迹，將闇而不章，鬱而不發，而檮杌嵬瑣姦回凶慝之形，可幸而掩也。嘗試論之，古之所謂良史者，其明必足以周萬事之理，其道必足以適天下之用，其智必足以通難知之意，其文必足以發難顯之情，然後其任可得而稱也。何以知其然耶？昔者唐虞有神明之性，有微妙之德，使由之者不能知，知之者不能明，以爲治天下之本，號令之所布，法度之所設，其言至約，其體至備，以爲治天下之具。而爲二典者推而明之，所記者獨其迹耶！幷與其深微之意而傳之。小大精粗，無不盡也。本末先後，無不白也。使誦其說者，如出乎其時，求其指者，如卽乎其人。是可不謂明足以周萬事之理，道足以適天下之用，智足以通難知之意，文足以發難顯之情者乎？則方是之時，豈特任政者皆天下之士哉？蓋執簡操筆而隨者亦皆聖人之徒也。兩漢以來，爲史者去之遠矣。司馬遷從五帝三王既沒數千載之後，秦火之餘，因散絕殘脫之經，以及傳紀百家之說，區區掇拾，以集著其善惡之迹，興廢之端，又創已意，以爲本紀世家八書列傳之文，斯亦可謂奇矣。然而蔽害天下之聖法，是非顚倒而采摭謬亂者，亦豈少哉！是豈可不謂明不足以周萬事之理，道不足以適天下之用，智不足以通難知之意，文不足以發難顯之情者乎？夫自三代以後，爲史者如遷之文，亦不可不謂雋偉拔出之材，非常之士也。然顧以謂不足以發難顯之情者，何哉？蓋聖賢之高致，遷固有不能達其情而見之於後者，以故不得而與之也。（元豐類稿十一）

這樣講道，使不致如道學家之拘泥迂腐。必聖人之徒，纔足以明聖賢之高致，而達其情，纔足使小大精粗本末先後，無不盡，且白而幷傳其深微之意。此則古文家之所以重在明道，而所謂義法之法又必根據乎義也。法近於文，義近於道，故本此意以推到碑銘，於是他又謂：

夫墓誌之著於世，義近於史，而亦有與史異者。蓋史之於善惡無所不書，而銘者蓋古之人有功德材行志義之美者，懼後世之不知，則必銘而見之，或納於廟，或存於墓，一也。苟其人之惡，則於銘乎何有，此其所以與史異也。其辭之作，所以使死者無有所憾，生者得致其嚴。而善人喜於見傳，則勇於自立。惡人無有所紀，則以愧而懼。至於通材達識，義烈節士，嘉言善狀，皆見於篇，則足為後法警勸之道，非近乎史，其將安近！及世之衰，人之子孫者，一欲褒揚其親，而不本乎理，故雖惡人皆務勒銘以誇後世。立言者既莫之拒而不為，又以其子孫之所請也，書其惡焉，則人情之所不得，於是乎銘始不實。後之作銘者，當觀其人，苟託之非人，則書之非公與是，則不足以行世而傳後。故千百年來公卿大夫至於里巷之士，莫不有銘，而傳者蓋少，其故非他，託之非人，書之非公與是故也。然則孰為其人而能盡公與是歟，非畜道德而能文章者無以為也。蓋有道德者之於惡人，則不受而銘之，於衆人則能辨焉，而人之行有情善而迹非，有意奸而外淑，有善惡相懸而不可以實指，有實大於名，有名侈於實，猶之用人，非畜道德者惡能辨之不惑，議之不徇，不惑不徇，則公且是矣。而其辭之不工，則世猶不傳，於是又在其文章兼勝焉。故曰非畜道德而能文章者無以為也。豈非然哉！（寄歐陽舍人書）

「畜道德能文章」是古文家歐曾一派論文的中心主張。當時歐陽修爲人撰誌銘，卽本此主張，曾鞏不過深明此意，故得代爲說出耳。必畜道德者始能『辨之不惑，議之不徇』而析理能通，設辭能善者自足以發難顯之情，此雖不言貫道，而實是貫道了。

當時爲曾氏之學者，有劉弇。弇字偉明，安福人，與曾鞏同鄉。所著有龍雲先生文集，中多與曾氏論文之書，其主張亦最與曾氏爲近。曾氏論文拈出「氣」字，重在壯其氣而不欲傷其氣，劉氏上運判王司封書亦云：

> 匹夫無故殺人於道，有折之者必屈，不善用氣也。童子立至孟賁懼焉，氣足故也。弱趙之璧抵强秦之府，垂入者數矣，相如一睨柱之頃，而趙則反璧，而秦則不敢售欺。曹沫三喪地於齊，劍鋒未揣其咽，而向所負者按籍不失錙銖。氣之不可不恃也如此！然又有甚乎此者，其文章歟！其氣完者其辭渾，其氣削者局以卑。是故排而躍之，非怒張也；綴而留之，非懼脅也；道縱提發，非吝而驕也；紓餘不肆，非憊而痿也：時出冷汰以示其淸，别爲麗渾以示其厚，如將不得已以示其平，無適而不在於理以示其專，破觚掃軌以示其數鼓而不竭也。丹雘繢繪以示其朝徹而更新也。有毅然不可犯，如汲直之面折者；有時女守柔如回車以避廉頗者；有省語徑說，如曾子之守約者；有灑落快辨無敢校對，如季布之呵曹武陽者。故曰文章以氣爲主，豈虛言哉。孔子之氣，周天地，該萬變，故六經無餘辭焉。而其小者猶足以叱夾谷之强齊。孟子芥視萬鍾，小晏嬰管仲，而其自養則有所謂浩然者，故其書卒貽後世。語賦者莫如相如，相如似不從人間來者，以其慕藺也。語史者莫如子長，瑰瑋豪

爽，視古無上者，以其上會稽，探禹穴，闚九嶷，浮沅湘，以作其氣也。唐之文子，固無出退之者，其入王庭湊軍也，視若軒渠乳兒，則足以知其氣矣。若夫持正偏中，禹錫浮躁，元稹緣宦人取寵，呂溫茹使僻規，進而宗元戚嗟於放廢之湘南，皆其氣之不完者。故其文章終餒於理，亦其勢然也。（龍雲先生文集十八）

此文闡說尙氣之旨，以及氣與理之關係，均與曾氏讀賈誼傳一文相同。卽其論道亦與曾氏南齊書目錄序相似。如上知府曾內翰書云：

蓋嘗以謂使眞理不言而喻，妙道無迹而行，則世復何賴於言，而言亦無以應世矣。惟其形容之不能寫，精微之不能盡，中有以類萬物之情，外有以貫萬物之變，旁有以發其耳目之聰明，而截然自造於性命道德之際。此言之所以不可已，而文章所爲作也。（龍雲先生文集二十一）

這不卽是曾氏所謂『明足以周萬事之理，道足以適天下之用，智足以通難知之意，文足以發難顯之情』之意嗎？若由地域而言，則歐曾與劉弇的文論正可稱之爲江西文派的文論，周必大作龍雲集序，稱其足繼歐陽修之後，而上接韓文，雖未免推許逾量，然就江西文人言之，弇實足繼歐曾之後也。

第三目　三蘇

三蘇論文使與歐曾逈異，其所由不同之故，卽在其對文學之態度。蘇洵上歐陽內翰書自述其學文經歷，謂：

洵少年不學，生二十五歲，始知讀書，從士君子遊。年既已晚，而又不遂刻意厲行，以古人自期，而視與己同列者，皆不勝己，則遂以爲可矣。其後困益甚，然後取古人之文而讀之，始覺其出言用意與己大異。時復內顧，自思其才，則又似夫不遂止於是而已者。由是盡燒其曩時所爲文數百篇，取論語孟子韓子及其他聖人賢人之文，而兀然端坐，終日以讀之者七八年矣。方其始也，入其中而惶然，博觀於其外而駭然以驚；及其久也，讀之益精，而其胸中豁然以明，若人之言固當然者，然猶未敢自出其言也。時既久，胸中之言日益多，不能自制，試出而書之，已而再三讀之，渾渾乎覺其來之易矣，然猶未敢以爲是也。（嘉祐集十一）

此便與道學家及柳穆歐曾諸人所持之態度不同。蓋道學家及柳穆歐曾諸人，其所以學古人之文者，乃所以求其道，即使於道無所得，表面上總不敢像蘇洵這樣大膽地宣言爲文而學文。蓋自韓愈說過：『愈之所志於文者，不惟其辭之好，好其道焉爾。』所以後來古文家之自言有志於文者，總不敢直捷明白地說只是好其辭。但在蘇洵則所取於論語孟子韓子及其他聖人賢人之文者，不過重其文而已，不過好其辭而已。他只是學其文而不是學其道，所以孔孟荀揚韓諸人在道學家以之建立道統者，在他却以之建立文統。又此文中更有評論昔人和時人的文章之處，謂：

孟子之文，語約而意盡，不爲巉刻斬絕之言，而其鋒不可犯。韓子之文，如長江大河，渾浩流轉，魚黿蛟龍，萬怪惶惑，而抑遏蔽掩，不使自露，而人望見其淵然之光，蒼然之色，亦自畏避不敢迫視。執事之文，紆餘委備，往復百折，而條達疏暢，無所間斷，氣盡語極，急言竭論，而容與閒易，無艱難勞苦之態。此三者，皆斷然自爲一家之文也。惟李翺之文，其味黯然而長，其光油然而幽，俯仰揖讓，有執事之態，陸贄之文，遣言措意，切近的當，有執事之實！而執事之才，又自有過人者。蓋執事之文，非孟子韓子之文，而歐陽子之文也。

此亦就文論文，與道學家及歐曾諸人不同。他只是論文的風格，不復論及文的內容。他從作風品格衡量文的價值，而不復拖泥帶水牽及道的問題。這便是三蘇文論重要的地方。

明此，纔可知三蘇論文本不重在道。即偶有言及道者，其所謂道也是道，其所道，非惟不是道學家之所謂道，抑且不是柳穆歐曾諸人之所謂道。同一道的觀念，在道學家說來覺得朽腐者，在古文家說來便化爲神奇。

朱子語類中雖有一節攻擊蘇氏所論文與道的關係，謂：

道者文之根本，文者道之枝葉，惟其根本乎道，所以發之於文皆道也。三代聖賢文章，皆從此心寫出，文便是道。今東坡之言曰，吾所謂文必與道俱，則是文自文而道自道。待作文時，旋去討箇道來入放裏面，此是他大病處。只是他每常文字華妙，包籠將去，到此不覺漏逗，說出他本根病痛所以然處。緣他都是因作文卻漸漸說上道理來，不是先理會得道理了方作文，所以大本都差。

實則此語絲毫不曾道着蘇氏癢處。蓋這一節的爭論，仍是關於貫道說與載道說的一重公案。朱子所謂『惟其根本乎道，所以發之於文皆道也。』仍即是上文所引朱子語：『這文皆是從道中流出，豈有文反能貫道之理』的意思。這些話語，正是『文所以載道也』一語之絕妙注脚。至於東坡所謂『文必與道俱』云者，則又是『文者貫道之器也』一語的轉變。朱子處處在載道一方面說話，東坡處處在貫道一方面說話。所以東坡之所謂道，與道學家之所謂道，本不是指同一的對象。東坡之所謂「道」，其性質蓋通於藝，較之道學家之所謂道實更為通脫透達而微妙。其日喻贈吳彥律云：

世之言道者，或即其所見而名之，或莫之見而意之，皆求道之過也。然則道卒不可求歟？蘇子曰：道可致而不可求。何謂致？孫武曰：『善戰者致人，不致於人。』子曰：『百工居肆以成其事，君子學以致其道。』莫之求而自至，斯以為致也歟。南方多沒人，日與水居也。七歲而能涉，十歲而能浮，十五而能沒矣。夫沒者豈苟然哉！必將有得於水之道者。日與水居，則十五而得其道；生不識水，則雖壯見舟而畏之。故北方之勇者，問於沒人，而求其所以沒，以其言試之河，未有不溺者也。故凡不學而務求道，皆北方之學沒者也。（經進東坡文集事略五十七）

東坡之所謂道者如此，所以可以因文以求道，所以可以『文必與道俱』。彼之於道，實是『莫之求而自至』的，實是由於『日與水居則十五而得其道』。這正與老泉所謂：『渾渾乎覺其來之易矣』是同樣意思。彼亦何嘗臨文時纔去討箇道來入放裏面呢？彼不過與世之言道者，——或即其所見而名之，或莫之見而意之者，其方法不同而已。其即其所見而名之者，論道每泥於迹象，其莫之見而意之者，論道又入於虛玄。這纔與捫燭扣槃無異。所以他主張學。學文可以得文中之道，學文又可以得行文之道。得文中之道，猶是昔人的糟粕，不可以言求道；得行文之道，纔可以達其所明之道，這纔是所謂致道。但此豈生不識水的北方勇者所能明其故哉！固宜朱子之譏爲大本都差矣。

我們且再看東坡答謝民師書。他謂：

> 孔子曰：『言之不文，行而不遠。』又曰：『辭達而已矣。』夫言止於達意，即疑若不文。是大不然，求物之妙，如繫風捕影，能使是物了然於心者，蓋千萬人而不一遇也，而況能使了然於口與手者乎！是之謂辭達。辭至於能達，則文不可勝用矣。（經進東坡文集事畧四十六）

東坡屢言爲文主於辭達，其答王庠書亦謂：『孔子曰：「辭達而已矣。」辭至於達，止矣，不可以有加矣。』（經進東坡文集事畧四十六）但是他的所謂辭達，決不是道學家政治家之所謂辭達。蓋他是欲使了然於心者再能得了然於口與手，所以他之所謂辭達，也是「莫之求而自至」的辭達。道學家因主辭達而無須於文，政治家因主辭達，而所須於文者只求其適於功利的用。故其所謂達，均不過是質言之的達而不是文言之的達。質言之的達，只能達其表面，達其糟粕，而不能達其精微。至古文家則異於此者。必須先能體物之妙，了然於心，攫住其要點，捉到其靈魂，然後隨筆抒寫，自然姿態橫生，常行於所當行，常止於所不可不止，而道也亦自然莫之求而自至的以寓於其間。這纔盡文家之能事，這纔是文言之的達。是又豈泥於格物致知者所能達其髣髴哉！要能得這樣達了以後，纔能使了然於一己者更以之了然於人人。這纔是所謂明道，這纔盡文辭之用。所以說：『辭至於能達，則文不可勝用矣。』但此所謂不可勝用者又是無用之用，是自然的用，而不是功利的用，有目的的用。

這種意思，當時釋德洪庶幾知之矣！石門題跋中有跋東坡忼池錄云：

歐陽文忠公以文章宗一世，讀其書，其病在理不通。以理不通，故心多不能平，以是後世之卓絕穎脫而出者皆目笑之。東坡蓋五祖戒禪師之後身，以其理通，故其文渙然如水之質，漫衍浩蕩，則其波亦自然而成文，蓋非語言文字也，皆理故也。自非從般若中來，其何以臻此！其文自孟軻左丘明太史公而來一人而已。（注）

【註】亦見石門文字禪卷二十七。

這種意思後來李繒亦庶幾知之矣。程洵尊德性齋小集鍾山先生行狀中述李氏語云：

嘗曰：文者所以載道，言之不文，行之不遠，而世儒或以文為不足學，非也。顧其言於道何如耳！每為學者誦眉山之言曰，物固有是理，患不能知之，知之患不能達之於口與手。辭者達是理而已矣。以為此最論文之妙。

辭所以達是理，何嘗「文自文而道自道」！不過古文家之文說理而不為理障，道學家之文說理而墮於理窟，高下精粗，區別顯然。此所以道學家只知求道而不明致道，而於論文，只知推崇歐曾，而不能了解三蘇也。張耒答李推官書云：『夫文何為而設也？知理者不能言，世之能言者多矣，而文者獨傳，豈獨傳哉！因其能文也而言益工，因其言工也而理益明。』（張右史文集五十八）玩味此語，則蘇門論文之旨昭然矣。

說理而墮於理窟，所以道學家以為有德者必有言，而歐陽修亦以為『道勝則文自至。』（答吳秀才書）以為『道純則充於中者實，中充實則發為文者輝光。』（答祖擇之書）說理而不為理障，所以必須胸中之言日益多，不能自制始出而書之。（見蘇洵上歐陽內翰書）此雖同樣謂充於中以發於外，但其意義亦微有不同。觀蘇軾江行唱和集叙即可知其異點所在。蘇氏謂：

> 夫昔之爲文者非能爲之爲工乃不能不爲之爲工也。山川之有雲霧，草木之有華實，充滿勃鬱，而見於外。夫雖欲無有，其可得耶？自聞家君之論文，以爲古之聖人有所不能自已而作者。故軾與弟轍爲文至多，而未嘗敢有作文之意。（經進東坡文集事畧五十六）

則知其所謂充滿勃鬱云者，已指一種興會淋漓不可遏制的狀態。此種興會淋漓不可遏制的狀態，未嘗不由於道，也未嘗不由於學，而道與學均所以積之於平時。至一時臨文之頃仍不得不有待於興到而神來。此意入微，便非道學家之所能窺見了。而其意亦仍出於蘇洵。蘇洵仲兄字文甫說云：

> 且兄嘗見夫水之與風乎？油然而行，淵然而留，渟洄汪洋，滿而上浮者，是水也，而風實起之。蓬蓬然而發乎太空，不終日而行乎四方，蕩乎其無形，飄乎其遠來，既往而不知其迹之所存者，是風也，而水實行之。今夫風水之相遭乎大澤之陂也，紆餘委蛇，蜿蜒淪漣，安而相推，怒而相凌，舒而如雲，蹙而如鱗，疾而如馳，徐而如緬，揖讓旋辟，相顧而不前，其繁如縠，其亂如霧，紛紜鬱擾，百里若一；汨乎順流，至乎滄海之濱，磅礴洶涌，號怒相軋，交横綢繆，放乎空虛，掉乎無垠，横流逆折，濆旋傾側，宛轉膠戾，回者如輪，縈者如帶，直者如燧，奔者如燄，跳者如鷺，躍者如鯉，殊狀異態，而風水之極觀備矣。故曰：『風行水上渙』，此亦天下之至文也。然而此二物者，豈

有求乎文哉？無意乎相求，不期而相遭而文生焉。是其爲文也非風之文也，非水之文也。二物者非能爲文而不能不爲文也。物之相使而文出於其間也。故曰，天下之至文也。今夫玉非不溫然美矣，而不得以爲文；刻鏤組繡非不文矣，而不可以論乎自然。故夫天下之無營而文生之者，惟水與風而已。昔者君子之處於世，不求其功，不得已而功成，天下以爲賢；不求有言，不得已而言著，天下以爲口實。嗚呼！此不可與他人道之，唯吾兄可也。（嘉祐集十四）

平常所了然於心者，是水；一時所動盪激發不得不使之了然於口與手者，是風。『是水也，而風實起之』『是風也，而水實行之』。這樣風水相遭以備風水之極觀者，這纔成爲天下之至文。而此天下之至文，却正是所謂不能自已而作者。

這種意思，其二子軾轍本之以作文，本之以論文，各有所得，亦各有所成。東坡題跋中書子由超然臺賦後云：『子由之文詞理精確有不及吾，而體氣高妙，吾所不及，雖各欲以此自勉，而天資所短，終莫能脫。』此言說得頗有分寸。詞理精確與體氣高妙云云，確能道着各人長處，並未溢美也，並非標榜。蓋子瞻長於理，故論文妙處近於神；子由長於氣，故論文精處重在氣。

子瞻之文詞理精確，而能不墮理窟，實以得於莊與釋者爲多。錢謙益讀蘇長公文云：

吾讀子瞻司馬溫公行狀，富鄭公神道碑之類，平鋪直序，如萬斛水銀，隨地涌出，以爲古今未有此體，茫然莫得其涯涘也。晚讀華嚴經，稱性而談，浩如烟海，無有不有，無所不盡。乃喟然而歎曰，子瞻之文，其有得於此乎？文而有得於華嚴，則事理法界，開遮涌現，無門庭，無墻壁，無差擇，無擬議，世諦文字，因已蕩無纖塵，又何自而窺其淺深，議其工拙乎？……蘇黃門言少年習制舉，與先兄相後先，自黃州已後，乃步步趕不上。其爲子瞻行狀曰，公讀莊子，喟然歎息曰，吾昔有見於中，口未能言，今見莊子，得吾心矣。後讀釋氏書，深悟實相，參之孔老，博辯無礙。然則子瞻之文，黃州已前得之於莊，黃州已後得之於釋，吾所謂有得於華嚴者信也。（初學集八十三）

此言亦是。惟其所得於莊與釋者，並非如一般耽心禪悅者流，說得迷離恍惚，不可捉摸。他所得於莊與釋者，不過能於道的觀念，不局於儒家之見，看作萬物自然之理而已。莊子言道在螻蟻，在稊稗，在瓦甓，在屎溺，而佛家亦言佛法在行住坐臥處，着衣吃飯處，屙屎撒溺處，沒理沒會處，死活不得處。這般說法，即東坡所謂：『物固有是理，患不能知之者。』道學家所言格物，本也是在格萬物之理，但是後來只局於儒家的經籍中間，於是所謂道者便不是『萬物之所然』了。物固有是理而能知之，即所謂體物之妙而使之了然於心。『日與水居則十五而得其道，』則所謂行文之妙而復使之了然於口與手。了然於心，所謂『深悟實相』；了然於口與手，又所謂『博辯無礙』也。能如是，橫說豎說，雖是文的功夫，而莫非道也，而莫非理也。此之謂辭達！能得這樣辭達，即所謂神化的境界。子瞻有文說一篇，即自評其文，謂：

吾文如萬斛泉源，不擇地而出，在平地滔滔汩汩，雖一日千里無難；及其與山石曲折，隨物賦形，而不可知也。所可知者，常行於所當行，常止於不可不止，如是而已矣。其他雖吾亦不能知也。（經進東坡文集事略五十七）

此即狀神化妙境，所謂隨物賦形云者也，即是風與水相遭而成為天下之至文。子瞻琴詩云：『若言琴上有琴聲，放在匣中何不鳴？若言聲在指頭上，何不於君指上聽？』（蘇文忠公詩集二十一）妙語解頤。若以理言，則陳繼儒所謂一卷楞嚴經也；（見其所著偃曝談餘）若就論文見解言，則又即風水相遭之說也。

子由不能如子瞻之妙悟，所以只能在氣字上致力。老泉論孟子之文，謂其語約意盡而鋒不可犯，論韓子之文謂渾浩流轉而掩抑蔽掩，歐陽子之文紆餘委備而條達疏暢，並自為一家之文。於是子由本之遂以拈出氣字。

論氣，亦未嘗不關於理。張耒答李推官書云：『理解者文不期工而工，理愧者巧為粉澤而隙間百出。此猶兩人持牒而訟，直者操筆，不待累累讀之如破竹，橫斜反覆，自中節目；曲者雖使假詞於子貢，問字於揚雄，如列八味，而不能調和，食之於口，無一可愜，何況使人玩味之乎？』這即是理直氣壯之說。理直氣壯，則言之短長與聲之高下皆宜。所以下文云：『江淮河海之水，理達之文也，不求奇而奇至矣。激溝瀆而求水之奇，此無見於理，而欲以言語句讀為奇之文也。』此文雖不言「氣」，但頗能說明理與氣的關係。子由既不能像子瞻這樣天生妙悟，所以不能得之於理，只能求之於氣。求之於理，重在體物，而更須有了然於口與手的本領；求之於氣，重在修養，而比較的易使言之短長與聲之高下者皆宜。所以子由上樞密韓太尉書云：『轍生好爲文，思之至深，以爲文者氣之所形；然文不可以學而能，氣可以養而致。』（欒城集二十二）一般人只曉得文可以學而能，至於氣則『雖在父兄不能以移子弟』（曹丕語）者而他却偏說：『文不可以學而能氣可以養而致，』則又何也？蓋子瞻子由並用力於文字，而同時又均不敢有作文之意。其用力於文字即老泉所謂『兀然端坐終日以讀之者七八年，』之意；其不敢有作文之意又即老泉所謂『不求有言不得已而言著』之意。蓋此本蘇門家學，並得之於父教者。子瞻才高能由文以致道，更能因道以成文。用力於文字，則所了然於心者得以了然於口與手矣；不敢有作文之意，則所了然於口與手者又莫非了然於心之流露矣。由理言則不是語言文字而都是理；由文言則如萬斛泉源不擇地而出，隨物賦形而不可知。這是妙悟神化的境界，子由所不能到者。子由上不能如子瞻之入化境，而下又不敢有作文之意，不欲求工於言語句讀以爲奇，此所以謂『文不可以學而能』也。但神化妙境雖不可學，言語句讀雖不屑學，而『生好爲文』癖性所嗜，未能忘情，於是不得不求之於氣。蓋理直則氣壯，氣盛則言宜；氣是理與言中間的關鍵，於是想由氣以進乎言宜之域。言宜則庶幾亦可以合乎理而近乎神。此又所以謂文是氣之所形，而養氣則文自工也。（注）

【註】轍孫籀所記欒城遺言謂『公解孟子二十餘章，讀至浩然之氣一段，顧籀曰五百年無此作矣。』可知他着眼所在。

養氣之法，他更舉二例云：

孟子曰：『我善養吾浩然之氣。』今觀其文章，寬厚弘博，充乎天地之間，稱其氣之小大。太史公行天下，周覽

> 四海名山大川，與燕趙間豪俊交游，故其文疎蕩，頗有奇氣。此二子者，豈嘗執筆學爲如此之文哉！其氣充乎其中而溢乎其貌，動乎其言而見乎其文，而不自知也。（上樞密韓太尉書）

在此二例中，差不多有兩個意思。孟子一例指修養言；太史公一例指閱歷言。指修養言者，其功夫從內證入，不易爲着手之地；從閱歷言者，其工夫從外做起，便有所依據之途。所以他於此二者中間，畢竟還重在後一方面。他又說：

> 轍生十有九年矣！其居家所與游者，不過其鄰里鄉黨之人，所見不過數百里之間，無高山大野可登覽以自廣。百氏之書雖無所不讀，然皆古人之陳迹，不足以激發其志氣。恐遂汨沒，故決然捨去，求天下奇聞壯觀，以知天地之廣大。（上樞密韓太尉書）

原來他的所謂養氣功夫，是有待於外方之激發者。所以必須高山大野纔可登覽以自廣，所以必須求天下之奇聞壯觀纔足以激發其志氣。蓋道學家之論氣，重在修養，古文家之養氣，重在閱歷。所謂文章得江山之助，即是古文家的養氣方法。

第四節　道學家之文論

第一目　道學家文論之衡價

文學觀至道學家遂復返於復古。所謂傳統的文學觀，亦至宋代的道學家始有其權威。所以近人以反對文以載道之說，對於道學家之文論往往一筆抹煞，以爲不足論述。實則他們的主張無論如何趨於極端，或不合現代潮流，而在文學批評史上總有他相當的地位與價値。我們正應着眼在客觀的敍述而加以公平的論斷。

所以第一點先須說明道學家的文學觀念自是時代背景所造成，自是學術演進自然趨勢的結果。蓋這個復古潮流，正是沿襲唐人的風氣，而益以演進者。唐人已說過：『所志於古者，不惟其辭之好，好其道焉爾。』（韓愈答李秀才書）則宋人只好其道而遺其辭，固亦承唐人之遺緒而已。承唐人之遺緒而益趨極端，所以宋初柳開欲『開古聖賢之道於時，』而當時趙湘亦言：『今學古之文章而不求古仁義之道反自謂非聖賢不能爲之，是果中道而廢者。』（本文篇）則知道學家之所以成功，不過循斯塗以進行，不曾中道而廢耳。

第二點更須明瞭道學家之文論無論如何趨於極端，但在文學批評史上依舊有他相當的價値與影響。蓋以（1）道學家都有他思想上的根據，故其文論多重在原理上的討論，而不是方法上的考究。昔人之論四六論詩詞者，往往泥於粗迹，偏於修辭的方面。這在古文家猶不免如此，而道學家則不尙修辭，獨能免於這種瑣屑的論述。（2）道學家即不重在道的問題——文的內容的問題，而就文論文，也能有精微透澈的見解，並不全屬迂腐。蓋宋儒最喜體認聖賢之眞氣象。近思錄至特設聖賢氣象一門。故其觀文亦能別有會心。此即程頤所謂：『六經之言在涵蓄中默識心通』者也。這實是論文而通於道，論道而通於文的地方。所以是宋儒讀書解經的特色，同時亦是其論文的特色。至或因此種極端重道的主張成爲問題以後，或加闡發，或起反對，則對於文學批評史上更有相當的影響了。

第二目　周敦頤

道學風氣，開自周敦頤，即文以載道之說，亦始於周氏。周氏云：

> 文所以載道也。輪轅飾而人弗庸，徒飾也。況虛車乎？文辭，藝也；道德，實也。篤其實，而藝者書之美則愛，愛則傳焉。賢者得以學而致之，是爲教。故曰言之無文，行之不遠。（文辭第二十八）

這一節話固然頗有重道輕文之意，但紬繹語氣，尚不甚偏，即如通書第三十四節所云『聖人之道，入乎耳，存乎心，蘊之爲德行，行之爲事業，彼以文辭而已者陋矣。』亦不過謂學聖人者當求之道德，不可徒溺於文辭而已。他只說溺於文辭則不足以明道，尚不致說欲闡發聖人之道可無藉於文辭也。通書文辭一節謂：

> 不知務道德而第以文辭爲能者，藝焉而已。

其意亦同，他只是說不可偏重於文辭，並不是說只欲務道德而不欲務文辭。語氣中間正說反說倒說順說，意義自別，都不容輕忽讀過。所以他的所謂文以載道云者，雖有重道輕文之意，猶無重質廢飾之說。所謂：『篤其實而藝者書之。』所謂『美則愛，愛則傳。』都是並不廢藝，並不輕美之意。蓋他雖以文爲工具，而仍不欲廢此工具之修飾。爲車者飾其輪轅，爲文者善其詞說，皆所以使人愛而用之。他不主張廢飾，他只反對徒飾而已。朱子解釋此章云：

> 或疑有德者必有言，則不待藝而後其文可傳矣。周子此章，似猶別以文辭爲一事而用力焉，何也？曰人之才德偏有長短，其或意中了了，而言不足以發之，則亦不能傳於遠矣。故孔子曰「辭達而已矣。」程子亦言，「西

銘吾得其意但無子厚筆力不能作耳。」正謂此也。然言或可少而德不可無，有德而有言者常多，有德而不能言者常少。學者先務，亦勉於德而已矣。

我以爲此節「正謂此也」以上，所釋猶是周子意思；至「然」字一轉則全是朱子意思。周子此章本是「別以文辭爲一事。」或疑云云則拘泥於二程之說乃始有此疑耳。周程二氏對於文學之見解本不盡同，朱子必欲曲爲溝通之，似亦近於多事。

第三目　二程

二程論文，本濂溪之說以推衍，遂益趨極端，於是有所謂「倒學」之說。

退之晚來爲文所得處甚多。學本是修德，有德然後有言，退之却倒學了。因學文日求所未至，遂有所得。如曰「軻之死不得其傳，」似此言語非是蹈襲前人，又非鑿空撰得出，必有所見。若無所見，不知言所傳者何事。（二程遺書卷十八）

二程以前，吳孝宗早有『古人好道而及文，韓退之學文而及道』之語（吳幵優古堂詩話引）劉敞亦言『道者文之本也，循本以求末易，循末以求本難，』（公是先生弟子記）似均爲程說所本。

於是，進一步且以文章與異端同科。二程遺書卷十八云：

今之學者有三弊：一溺於文章，二牽於訓詁，三惑於異端。苟無此三者，則將何歸，必趨於道矣。

又卷六云：『今之學者歧而爲三：能文者謂之文士，談經者泥爲講師，惟知道者乃儒學也。』卷十八云：『古之學者一，今之學者三，異端不與焉。一曰文章之學，二曰訓詁之學，三曰儒者之學。欲趨道，舍儒者之學不可。』此雖不與異端並論，但已屏文章於道學之外，欲趨於道者，便不必求其能文了。

於是更進一步有作文害道之說。程頤顏子所好何學論謂：

不求諸己而求諸外，以博聞强記，巧文麗辭爲工，榮華其言，鮮有至於道者。則今之學與顏子所好異矣。（伊川文集四）

其答朱長文書（或云此明道之文）又謂：

向之云無多爲文與詩者，非止爲傷心氣也，直以不當輕作爾。聖賢之言不得已也。蓋有是言則是理明，無是言則天下之理有闕焉。如彼耒耜陶冶之器，一不制，則生人之道有不足矣。聖人之言雖欲已得乎？……後之人始執卷，則以文章爲先，平生所爲，動多於聖人，然有之無所補，無之靡所闕，乃無用之贅言也。不止贅而已，既不得其要，則離眞失正，反害於道必矣。（伊川文集五）

至其語錄中說得更透澈，程頤云：

憂子弟之輕俊者，只教以經學念書，不得教作文字。子弟凡百玩好皆奪志。

學者先學文，鮮有能至道。至如博觀泛濫，亦自爲害。

程頤云：

> 問作文害道否？曰：害也。凡為文不專意則不工，若專意則志局於此，又安能與天地同其大也。書曰『翫物喪志』，為文亦翫物也。呂與叔有詩云：『學如元凱方成癖，文似相如始類俳。獨立孔門無一事，只輸顏氏得心齋。』此詩甚好。古之學者惟務養情性，其他則不學。今為文者專務章句，悅人耳目；既務悅人，非俳優而何？曰：人見六經便以為聖人亦作文，不知聖人只攄發胸中所蘊自成文耳。所謂『有德者必有言』也。曰：游夏稱文學，何也？曰：游夏亦何嘗秉筆學為詞章也。且如『觀乎天文以察時變，觀乎人文以化成天下』，此豈詞章之文也！（二程遺書卷十八）
>
> 孔子曰：『有德者必有言，』何也？和順積於中，英華發於外也。故言則成文，動則成章。（二程遺書卷二十五）

以為文為翫物喪志，這纔是道學家的偏見。濂溪論文，猶不廢飾，二程論文，始以為有德者必有言，無事於文。一方面歧文與道為二，而以為學文則害道；一方面又合文與道為一，而以為明道則能文。於是纔主張文不可學，亦不必學。但是對於張載的西銘，未嘗不見到此意，而却無其筆力以達之，則知學文固未嘗不有裨於道，而明道的結果亦未必一定能文了。

第四目　程門弟子

文學觀至二程已偏到極點，所以程門弟子之文論，也不用再說；即使再說，這種陳陳相因的話頭，我們也可不必重事稱引。但在程門弟子中論文之語也有一些重要的地方即是（1）頗能說明文所以要重道的理由，（2）頗能說明道所能影響於文的地方。

關於第一點，由道學方面言，由儒學方面言，都是一種進步。蓋他們以爲在道未明以前，則貴體會，貴求之於言意之表，所以不能限於文辭；在道已明以後，則貴力行，貴驗之於行動之間，所以又用不到文辭。這樣，完全以道爲中心，所以對於文的態度，於古人之作則不求諸外而體之於內，於自己之作，則不重在飾而致力於質。無論在讀或作的方面，都有重道輕文的需要。

楊時送吳子正序云：

六經先聖所以明天道，正人倫，致治之成法也。其文自堯舜歷夏商周之季，興衰治亂成敗之迹，捄敝通變，因時損益之理，皆煥然可致。網羅天地之大，文理象器幽明之故，死生終始之變，莫不詳諭曲譬，較然如數一二，宜乎後世高明超卓之士，一撫卷而盡得之也。予竊怪唐虞之世，六籍未具，士於斯時，非有誦記操筆綴文，然後爲學也，而其蘊道懷德，優入聖賢之域者，何其多耶？其達而位乎上，則昌言嘉謨，足以亮天工而成大業；雖困窮在下，而潛德隱行，猶足以經世勵俗。其芳猷美績，又何其章章也！自秦焚詩書，坑術士，六藝殘缺，漢儒收拾補綴，至建元元狩之間，文辭粲如也。若賈誼董仲舒司馬遷相如揚雄之徒，繼武而出，雄文大筆，馳騁古今，沛然如決江漢，浩無津涯，後雖有作者，未有能涉其波流也。然賈誼明申韓，仲舒陳災異，馬遷之多愛，相如之浮侈，皆未足與議；惟揚雄爲庶幾於道，然尙恨其有未盡者。積至於唐，文籍之備，蓋十百前古。元和之間，韓柳輩出，咸以古文名天下，然其論著不詭於聖人蓋寡矣。自漢迄唐千餘載，而士之名能文者，無過是數人，及考其所至，卒未有能倡明道學，窺聖人閫奧，如古人者。然則古之時六藝未具，不害其善學；後世文籍雖多，無益於得也。孔子曰予非多學而識之，予一以貫之，豈不信矣哉！（楊龜山先生集二十五）

其與陳傳道序又云：

予嘗謂學者視聖人，其猶射之於正鵠乎？雖巧力所及有中否遠近之不齊，然未有不志乎正鵠而可以言射者也。士之去聖人，或相倍蓰，或相什伯，所造固不同，然未有不志乎聖人而可以言學者也。自孔子沒，更戰國至秦，遂焚書阬儒，士六經中絕。漢興，雖稍稍復出，然聖學之失其傳尙矣。由漢至唐，千餘歲，士之博聞强識者，世豈無其人耶？而卒未有能窺聖學之堂奧者，豈當時之士卒無志於聖人邪？而卓然自立者何其少也！若唐之韓愈，蓋嘗謂世無仲尼，不當在弟子之列，則亦不可謂無其志也。及觀其所學，則不過乎欲雕章鏤句取名譽而止耳。然則士固不患不知有志乎聖人，而特患乎不知聖人之所以學也。且古之聖人固宜莫如舜也。舜之在側微，與木石居鹿豕游，固無異於深山之野人也，是豈以文采過人耶？伏羲畫八卦，書斷自堯典，當是時，六經蓋未有也。而舜之所以聖者果何自哉？夫舜聖人也，生而知之，無事乎學可也。自聖人而下則未有可以不學者也。舜之臣二十有二人，相與共成帝業者，是果皆生知耶！不然，其何以學也！由是觀之，六經雖聖人微言，而道之所存蓋有言不能傳者，則經雖具猶不能諭人之弗達也。然則聖之所以爲聖，賢之所以爲賢，其必有在矣。雖然，士之去聖遠矣！舍六經亦何以求聖人哉！要當精思之，力行之，超然默會於言意之表，則庶乎有得矣！若夫過其藩籬，望其門牆，足未踰閾，而輒妄意其室中之藏，則幸而中也難哉！嗚呼！今之士未嘗以此學也，類皆分文析字，屑屑於章句之末，甚者廣記聞，工言辭，欲誇多鬭靡而已！是烏用學爲哉！（楊龜山先生集二十五）

此外如答呂居仁書及語錄中所言大率此意。這是言道未明以前的工夫。道未明以前，宜知學聖人，更宜知所以學聖人。知所以學聖人矣，更須反之於約，更須求其一貫，更須超然默會於言意之表而有所得。易言之，即重在窺聖人之閫奧，纔稱爲善學。所以不重在分文析字，不重在操筆綴文了。

尹焞，是伊川門下躬行實踐之人，故不重在文而重在行。其進論語狀云：

學貴於力行，不空貴言，若欲意義新奇，文辭華瞻，則非臣所知也。（和靖集四）

其語錄中亦謂『某在經筵進論語解，別無可取，只一篇序却是某意。曰學貴力行不貴空言，若欲意義新奇，文辭華瞻，則非臣所知，此是某意。』（和靖集六）可知他的主張尙行而不尙言。

重體會則不局於文辭，尙實行則無須於文辭，所以程門論文不必詆爲玩物喪志而重道輕文之意，實更爲顯露。但在另一方面，却又頗能說出道所及於文的影響。尹和靖集中所載語錄有下述一則：

先生嘗與時敏言，賢欲學文，須熟看韓文公六月念六日白李生足下一書，檢之乃答李翊。中云：『無望其速成，無誘於勢利，養其根而俟其實，加其膏而希其光。』先生之意在此。（和靖集七）

程門未嘗以文為事，但此節竟有取於韓愈寄李翊一書者，良以此數語在昌黎以之學文，在和靖以之學道。道之與文雖有形上形下之分，而其間本是息息相通，所以論文至精微處每近於道，而論道到透澈處亦可通於文。和靖集中再有一節云：

馮忠恕曰，先生學聖人之學者也。聖人所言，吾當言也；聖人所為，吾當為也。詞章云乎哉！其要有三：一曰玩味，諷詠言辭，研索歸趣，以求聖賢用心之精微。二曰涵養，涵泳自得，蘊蓄不撓，存養氣質，成就充實，至於剛大，然後為得也。三曰踐履，不徒謂其空言，要須見之行事，躬行之實，施於日用，形於動靜語默開物成務之際，不離此道。所謂修學，如此而已！所謂讀書，如此而已！（和靖集八）

他雖則說『詞章云乎哉，』但所舉出的三端正可以見他們論文的見解。第一項玩味，重在體會；第三項踐履，重在實行，這即是我上文所謂他們所以重道輕文的緣故。第二項涵養，則作為學道者之修養可，作為學文者之修養亦可。此所以韓愈論文之語，可以通於學道；而此節學道之要也可通於論文。泥於文以載道之說，固足使文為道的附庸，若能得活看，作為文人之修養，夫又奚不可者！此三項中，自以涵養一項最與論文有關，實則玩味一項亦極重要。蓋玩味固適於學道，也適於學文。所謂超然默會於言意之表者，固可指學道之有所悟入處，而學文固也未嘗不有悟入處也。故此三端中只有踐履一項纔與論文無關。

此意，卽可以楊時之說證明之。龜山集中語錄云：

> 爲文要有溫柔敦厚之氣，對人主語言及章疏文字，溫柔敦厚尤不可無。如子瞻詩多於譏玩，殊無惻怛愛君之意。荆公在朝論事多不循理，惟是爭氣而已。何以事君！君子之所養，要令暴慢衺僻之氣不設於身體。（楊龜山先生集十）

此卽所以說明學道者之涵養，然亦正有補於學文者之涵養。此與古文家之論氣不盡同。古文家重在氣勢之浩瀚，所以有待於激發；道學家重在氣息之深醇，所以須資於涵養。激發有待於外界，是由外以壯其內；涵養只體於身心，是充內以發乎外。所謂有德者必有言，如此而已！

楊氏又云：

> 狼跋之詩曰：『公孫碩膚，赤舃几几，』周公之遇謗，何其安閒而不迫也！學詩者不在語言文字，當想其氣味，則詩之意得矣。（楊龜山先生集十）

此又所以說明學道者之玩味，然亦正有補於學文者之玩味。這樣論文，何等透脫！而一般人定欲一筆抹煞，輕視道學家之論文，抑又何也！

明得程門弟子之論文一方面重道輕文，而一方面却又能論道而通於文，纔可知後來朱子論文，有太偏執處，也有頗通達處。蓋程與朱之論文主張，其所由轉變之故，此實爲其中間之樞紐也。

第五節　政治家之文論

北宋政治家之文論可以司馬光王安石和李覯三人爲代表。在當時政治舞臺上有新舊兩派之爭，舊派以司馬光爲魁，新派以王安石爲首，二派互爲水火，相爭不已，而且此二派首領性情學術，各不相同，司馬光與道學家爲近，王安石與古文家爲近，但其論文主張則無甚差異，蓋並以政治家的眼光以論文也。李覯未曾大顯，不足見其事功，雖不能算是政治家，却可算是政治學家，故其論文主張亦相同。

政治家之論文，與古文家道學家所同反對者爲雕鏤無用的文辭。李覯上宋舍人書云：『近年以來新進之士，……不求經術而摭小說以爲新，不思理道而專雕鏤以爲麗，句千言萬，莫辨首尾，覽之若游於都市，但見其晨而合，夜而散，紛紛藉藉，不知其何氏也。……聖人之門將復榛蕪矣。』（直講李先生文集二十七）此與道學家之譏玩物喪志，古文家之不敢有作文之意正復相同。所以政治家文論之積極主張，也是欲言之有物，也是欲有爲而言。司馬光文害篇云：『君子有文以明道，小人有文以發身，夫變白以爲黑，轉南以爲北，非小人有文者孰能之？』（傳家集七十四迂書）又趙朝議文藁序云：『在心爲志，發口爲言，言之美者爲文，文之美者爲詩，如鼓鐘者聲必聞於外，灼龜者兆必見於表，玉蘊石而山木茂，珠居淵而岸草榮，皆物理自然，雖欲揜之不可得已。』（傳家集六十九）王安石上人書云：『孟子曰：「君子欲其自得之也，自得之則居之安，居之安則資之深，資之深則取諸左右逢其原。」孟子之云爾，非直施於文而已然亦可託以爲作文之本意。』（臨川集七十七）其答王景山書又云『讀其文章，庶幾得其志之所存其文是也則又欲求其質。』（同上）這些話又與程頤所謂『攄發胸中所蘊自成文』之意，歐陽修所謂『充於中者足，而後發乎外者大以光』之說，並無分別。范仲淹上時相議制舉書云：『夫善國者莫先育材，育材之方莫先勸學，勸學之道莫尙宗經宗經則道大道大則才大才大則功大。蓋聖人法度之言存乎書，安危之幾存乎易，得失之鑒存乎詩，是非之辨存乎春秋，天下之制存乎禮，萬物之情存乎樂。故俊哲之人入乎六經，則能服法度之言，察安危之幾，陳得失之鑒，析是非之辯，明天下之制，盡萬物之情。使斯人之徒輔成王道，復何求哉。』（范文正公集九）這也是政治家的文論其主張也不外宗經明道之說，不過立塲不同，旨趣亦微有區別耳。

所以政治家之文論，由大體言，本與古文家道學家相近。不過以政治家之學，卽昔人所謂經濟之學，故其文論，就道言則更主於用，就文言則所長在識。

因其主於用，故其論文，以禮敎治政爲文。司馬光答孔文仲司戶書云：

光昔也聞諸師友曰，學者貴於行之而不貴於知之，貴於有用而不貴於無用。故孔子曰：『弟子入則孝，出則悌，謹而信，泛愛衆而親仁，行有餘力則以學文。』子夏曰：『事父母能竭其力，事君能致其身，與朋友交言而有信，雖曰未學，吾必謂之學矣。』此德行之所以爲四科首者也。孔子又曰：『誦詩三百，授之以政，不達，使於四方，不能專對，雖多，亦奚以爲！』夫國有諸侯之事，而能端委束帶，與賓客言，以排難解紛，狥國家之急，或務農訓兵以扞城其民，是亦學之有益於時者也。故言語政事次之。若夫習其容而未能盡其義，誦其數而未能行其道，雖敏而傳，君子所不愛。此文學之所以爲末者也。然則古之所謂文者，乃所謂禮樂之文，升降進退之容，絃歌雅頌之聲，非今之所謂文也。（傳家集六十）

李覯上宋舍人書亦云：

賢人之業，莫先乎文。文者豈徒筆札章句而已，誠治物之器焉。其大則核禮之序，宣樂之和，繕政典，飾刑書；上之爲史則怙亂者懼，下之爲詩則失德者戒。發而爲詔誥則國體明，而官守備；列而爲奏議則闕政修，而民隱露。周還委曲，非文曷濟！禹益稷皋陶之謨，虺之誥，尹之訓，周公之制作，咸曰興國家，靖生民矣。自周道消，孔子無位而死，而秦嬴以烈火刼之，漢由武定，晚知儒術，至今越千載，其間文敎一盛一衰，大抵天下治則文敎盛，而賢人達；天下亂則文敎衰，而賢人窮。欲觀國者，觀文可矣。（直講李先生文集二十七）

王安石與祖擇之書亦云：

治敎政令，聖人之所謂文也。書之策，引而被之天下之民一也。聖人之於道也，蓋心得之，作而爲治敎政令也，則有本末先後，權勢制義，而一之於極。其書之策也，則道其然而已矣。彼陋者不然：一適焉，一否焉，非流焉則泥，非過焉則不至。甚者置其本，求之末，當後者反先之，無一焉不誖於極。彼其於道也，非心得之也。其書之策也，獨能不誖耶！故書之策而善，引而被之天下之民反不善焉，無矣。二帝三王引而被之天下之民而善者也；

孔子孟子，書之策而善者也：皆聖人也。易地則皆然。（臨川集七十七）

這些都是政治家的文學觀，其論旨頗與道學家相近，而畢竟不同。蓋政治家之所謂道，是要見之於事功，不重在體之於身心；是要驗之於當今，不重在修之於一己。司馬光答陳充秘校書云：

孔子自稱述而不作，然則孔子之道，非取諸己也，蓋述三皇五帝之道也。三皇五帝三王，亦非取諸己也，鉤探天地之道以教人也。故學者苟志於道，則莫若本之於天地，考之於先王，質之於孔子，驗之於當今，四者皆冥合無間，然後勉而進之，則其智之所及，力之所勝，雖或近，或遠，或大，或小，要為不失其正焉。舍是而求之，有害無益矣。（傳家集五十九）

其論道欲本之於天地，驗之於當今，便與道學家之專主折衷於孔子者不同，此與王安石所謂『聖人之於道也，蓋心得之；作而為治教政令也，則有本末先後，權勢制義，而一之於極』正是同樣意思。蓋政治家以主用，故於道必驗之於當今，必作而為治教政令，而所謂文者不過「道其然而已矣。」能「書之策」者同時必能「引而被之天下之民」。此所以論文遂偏主於用了。李覯上宋舍人書云：

竊謂文　於化人也深矣。雖五聲八音，或雅或鄭，納諸聽聞，而淪入心竅，不是過也。嘗試從事於簡策間：其讀虛無之書，則心頹然而厭於世；觀軍陣之法，則心奮起而輕其生；味縱橫之說，則思詭譎而忘忠信；熟刑名之學，則憲苛刻而泥廉隅；誦隱遁之說，則意先馳於水石；詠宮體之辭，則志不出於奩匣：文見於外，心動乎內，百變而百從之矣。諒非淳氣素具通識旁照，則爲其所敗壞如覆手耳。韓子有言曰，『儒以文亂德，』豈謂是乎。然則聖君賢輔將以使民遷善而遠罪得不謹於文哉！（直講李先生文集二十七）

此亦同於王安石所謂『書之策，引而被之天下之民一也』之意。不過一從正面說，一從反面說耳。

既主於用，故又不主修辭，遂與古文家異趣。司馬光答孔文仲司戶書云：

今之所謂文者，古之辭也。孔子曰：『辭達而已矣，』明其足以通意，斯止矣，無事於華藻宏辯也。必也，以華藻宏辯爲賢，則屈宋唐景莊列楊墨蘇張范蔡皆不在七十子之後也。顏子不違如愚，仲弓仁而不佞，夫豈尙辭哉！足下所謂『學積於內，則文發於外，積於內也深博，則發於外也淳奧。則夫文者雖不學焉，而亦可以兼得之。學不充於中而徒外事其文，則文盛於外，而實困於內，亦將兼棄其所學。』斯言得之矣。曾子曰：『尊其所聞，則高明矣；行其所知，則光大矣。』足下允蹈其言，爲之無倦，將與淵騫並驅爭先，又況游夏，尙奚足慕！（傳家集六十）

其解辭達，謂足以通意斯止，便與蘇軾之言不同，王安石上人書云：

嘗謂文者，禮敎治政云爾。其書諸策而傳之人，大體歸然而已。而曰「言之不文，行之不遠」云者，徒謂辭之不可以已也，非聖人作文之本意也。且所謂文者，務爲有補於世而已矣。所謂辭者，猶器之有刻鏤繪畫也。誠使巧且華，不必適用；誠使適用，亦不必巧且華。要之以適用爲本，以刻鏤繪畫爲之容而已。不適用，非所以爲

器也。不爲之容，其亦若是乎否也。然亦未可已也，勿先之其可也。（臨川集七十七）

其解「言之不文，行之不遠，」又謂尚辭非作文之本意，也與蘇軾之言不同。蓋他以爲韓柳雖嘗語人以文，只是語人以辭，並不曾論作文之本意。古文家之論文，本只須語人以辭足矣。道學家與政治家，則更要論作文之本意。語人以辭，則其所詣各異；論作文之本意，則其歸趣恆同。蘇軾答張文潛書云：『文字之衰，未有如今日者。其源實出於王氏。王氏之文，未必不善也，而患在於好使人同己。自孔子不能使人同，顏淵之仁，子路之勇，不能以相移，而王氏欲以其學同天下。地之美者，同於生物，不同於所生。惟荒瘠斥鹵之地，彌望皆黃茅白葦，此則王氏之同也。』（經進東坡文集事略四十五）這是古文家攻擊政治家論文的論調。蓋政治家之論文，既以禮教治政爲文，則當然重在教化，而不得求其道同風一了。

又因其長在識，故又不致如古文家之拘於義法。李覯答黃著作書云：

『漢傑罪我不如李習之，不爲僧作鐘銘。習之之論信美矣！然使唐來文士皆效習之所爲，則金園寶刹碑版若林，果誰作也！……聖賢之言，翕張取與，無有定體。其初殊塗，歸則一焉。猶李漢所謂『千態萬貌，卒澤於道德仁義，炳如也。』何須開口便隨古人！漢傑使我效李習之，膠柱矣！今之學者，誰不爲文，大抵摹勒孟子，劫掠昌黎。若爲文之道止此而已，則但誦得古文十數篇，拆南補北，染舊作新，盡可爲名士矣！何工拙之辨哉！覯之施爲，異於是矣。（直講李先生文集二十八）

此又政治家攻擊古文家的論調。這種見解，實較古文家為通達。歐陽修與黃校書論文章書謂：『才識兼通，然後其文博辯而深切，中於時病而不為空言。蓋見其弊，必見其所以弊之因。若賈生論秦之失，而推古養太子之禮，此可謂知其本矣。』（歐陽文忠全集六十七）蓋才識兼通，深中時弊，本古文家之所難，而政治家之所長。

而且，即就道言，亦較道學家為通達。李覯有原文一篇謂：

利可言乎？曰人非利不生，曷為不可言！欲可言乎？曰，欲者人之情，曷為不可言！言而不以禮，是貪與淫，罪矣。不貪不淫，而曰不可言，無乃賊人之生，反人之情！世俗之不喜儒以此。孟子謂『何必曰利，』激也。焉有仁義而不利者乎！其書數稱湯武將以七十里百里而王天下，利豈小哉！孔子『七十所欲不踰矩，』非無欲也。於詩則道男女之時，容貌之美，悲感念望，以見一國之風，其順人也至矣。學者大抵雷同，古之所是則謂之是，古之所非則謂之非，詰其所以是非之狀，或不能知。古人之言豈一端而已矣。夫子於管仲，三歸具官，則小之，合諸侯正天下，則仁之，不以過掩功也。韓愈有取於墨翟莊周，而學者乃疑。噫！夫二子皆妄言耶？今之所謂賢士大夫，其超然異於二子者耶？抑有同於二子而不自知者邪？何訾彼之甚也！（直講李先生文集二十九）

此等見解，豈道學家所能有，亦豈道學家所敢說！所以云政治家之所長在識。

第六節　釋子之文論

當時文論，除古文家道學家政治家之外，更有異軍突起，別成一支者，則為釋子之文論。釋子固不重在討論文事，然而也有足述者，則契嵩之鐔津文集與德洪之石門文字禪可以爲其代表。契嵩字仲靈，自號潛子，藤州鐔津人，與歐陽修等同時，故其論文主張非特可以代表釋家一派，抑且可以影響到後來的古文家與道學家各方面。

契嵩的論文主張具見於紀復古及文說二文。其紀復古云：

章君表民，以官來錢唐，居未幾，出歐陽永叔蔡君謨尹師魯文，示予學者，且曰：今四方之士，以古文進於京師，嶄然出頭角，爭與三君子相高下者，不可勝數。視其文，仁義之言炳如也。予前相與表民賀曰：本朝用文已來，孰有如今日之盛者也！此聖君之德，而天下之幸也。退且思之：原古文之作也，所以發仁義而辨政敎也。堯舜文武，其仁義至，其政敎正。孔子以其文，奮而揚之，後世得其法焉；故爲君臣者有禮，爲國家者不亂。方周道衰，諸侯强暴相欺，上下失理，孔子無位於時，不得行事，故以之用褒貶，正賞罰，故後世雖有姦臣賊子，懼而不敢輒作。及戰國時，合從連衡之說，以傾天下，獨孟軻荀況以文持仁義，而辨政敎。當時雖不甚振，而學者仰而知有所趣。漢興，賈誼、董仲舒、司馬遷、揚雄輩，以其文倡之，而天下和者嚮應。故漢德所以大，而其世所以久也。隋世王通，亦以其文，繼孔子之作。唐興，太宗取其徒，發而試之。故唐有天下大治，而韓愈、柳宗元復以其文，從而廣之，故聖人之道益尊。今諸儒，爭以其文，奮，則我宋祖宗之盛德鴻業益揚，天子之仁義益著，朝廷之政敎益辨。（鐔津文集七）

其文說云：

章表民始至自京師，謁京師士人，高歐陽永叔之文，翕然皆慕而爲之，坐客悅聽。客有一生遽曰，文興，則天下治也。潛子謂客曰，歐陽氏之文，言文耳，天下治在乎人文之興，人文資言文發揮，而言文藉人文爲其根本。仁義禮智信，人文也，章句文字，言文也。文章得本，則其所出自正，猶孟子曰，『取之左右逢其原。』歐陽氏之文，大率在仁信禮義之本也，諸子嘗慕永叔之根本可也。胡屑屑徒模擬詞章體勢而已矣。周末列國嬴秦時，孰不工文，而聖人之道廢，人文不足觀也，蓋其文不敦本乃爾。孔子無位，其道不行，病此不得已，徒以六經春秋之文，載之以遺後世。故曰，我欲載之空言，不如見於行事之深切著明也。聖人豈特事其空文乎？君臣、父子、師徒、朋友，其文詞有本，仁義禮信藹然，天下不治，未之有也。易曰，觀乎人文，則天下化成，豈不然哉？坐客聞吾說，皆愕然不辯。（鐔津文集七）

這些論調，很同情於當時的古文運動，而且不僅如此，更欲進而爲道的運動與政教的運動。所以他以爲『原古文之作也，所以發仁義而辨政教也。』爲要「發仁義」，所以以爲文章自有根本，不能徒事空文。爲要「辨政教」，所以又以爲天下之治在乎人文而不在言文。其論仁義與文之關係云：

吾聞君子之學，欲深探其道，深探欲其自得之也。於道苟自得之，則其所發無不至也。所謂道者，仁義之謂也，仁義出乎性者也。人生紛然，莫不有性，其所不至於仁義者，不學故也。學之而不自得者，其學淺而習不正，故也。夫聖與賢，其推稱雖殊，而其所以爲聖賢者豈異乎哉！其聖者得之於誠明，而賢者得之於明誠也。者生而知之也明也者學而知之也及其至於仁義一也。表民其學切深，於道有所自得，故其文詞之發也懋焉。韓子所謂『仁義之人其言藹如也』。（與章表民秘書書）

這些話我覺得比道學家更透澈。又其論人文云：

曰何謂人文乎？曰文武王之道也。文武相濟以貫八道，故曰人文也。文者德也，武者刑也。德以致大業，刑以扶盛德。德其至也，刑其次也。會文武者所以以文總之，故曰人文也。（鐔津文集六）

又云：

人文至焉，言文次焉。以言文而驗其人，人其廋哉？以人文而驗其世，世其廋哉？故人文者，天下之道之所存焉；言文者，聖賢之志之所寓也。先天下而後聖賢者，聖賢發已矣；天下至公也。故公者至，而已者次也。孰曰言文其無用乎？（鐔津文集六）

這些話，我亦覺得比政治家更切實。所謂傳統的文學觀，不謂竟於釋子的文集見之。我覺得契嵩在當時學術上的地位，在當時比歐陽修諸人實更重要，在鐔津文集中很可看出陽儒陰釋的道學之淵源所自，固不僅其論文主張兼有古文家道學家政治家諸種之長已也。

其後德洪（一名惠洪）論文，便頗近禪家機鋒，成爲純粹釋子之文論了。其隨庵銘云：

心非言傳，則無方便以言傳之，又成瑕玷。（石門文字禪二十）

這種態度便是禪家的態度。又其昭默禪師序云：

李北海以字畫之工而世多法其書。北海笑曰，學我者拙，似我者死。當時之人不知其言有味，余滋愛之。蓋學者所貴，貴其知意而已！至於蹤蹟繩墨，非善學者也。（石門文字禪二十三）

這種方法，也是禪家所持的方法。故其自述作詩文之態度云：

予非有意於工詩文，夙習洗濯不去，臨高望遠，未能忘情，時時戲爲語言，隨作隨毀，不知好事者皆能錄之。（題自詩）

予於文字未嘗有意，遇事而作，多適然耳。譬如枯株，無故蒸出菌芝。（題珠上人所蓄詩卷）

這種態度也與三蘇之不敢有作文之意相同。所以他也最稱頌東坡之文，以爲『非語言文字也，皆理故也。自非從般若中來，其何以臻此！』宋祁雲門錄序云：『忘言之言，未始有言也；可道之道，未始有道也。』（宋景文集四十五）他論釋子之文，猶且持此種態度，有這種論調，何況這本是釋子之文論呢！

第二章　北宋之詩論

第一節　詩壇批評之風氣

第一目　論詩風氣之流行

宋人詩論，較唐爲盛。後人每謂唐人不論詩而詩盛，宋人論詩而詩亡。(註) 這話固有相當的理由，然亦須知這正由當時詩壇風氣所致。蓋唐人重在「作」，宋人重在「評」，時代風氣，各不相同。大抵一般人方從事於創作之時，每顧不到批評，待到其體旣定，其製旣盛，則論者自多。此亦與後世詞話曲話必行於詞曲旣盛之後，正是同一道理。所以就詩論，在一般嚴於唐宋流派者，固然尊唐抑宋，卽就詩論而言，亦未必有遠勝唐人之處；然若就論詩著作之量的方面而言，則宋人所著實遠勝於唐人。卽此，可知宋代詩壇風氣正是重在「評」的方面。

【註】李東陽懷麓堂詩話：『唐人不言詩法，詩法多出宋，而宋人於詩無所得。』吳喬圍爐詩話（五）『唐人工於詩而詩話少，宋人不工詩而詩話多，所說常在字句間。』袁枚隨園詩話（八）『宋人之詩可存，宋人之話可廢。』

因詩壇風氣之偏重在「評」，所以宋代詩人之詩論，雖涉瑣碎而亦關重要。蓋詩人之詩論，是由一生畢力於詩，對於詩中甘苦深切體會，對於昔人佳句亦時常諷誦，幾乎看作詩外無事，所以論詩著作也日以繁滋了。然此猶不過求詩於詩內耳！求詩於詩內，則縱有精義，大率是修辭上的問題，而不是批評上的問題。宋人詩論，量雖多而質不優者，此實爲其重大的原因。

所以在當時更有求詩於詩外者，則道學家是。道學家之詩論，雖不免囿於傳統的文學觀，然而却能求詩於詩外。求詩於詩外，所以能不重在作法，不泥於體製，而重在原理的根本的探索；較之一般詩人之論詩，轉能有些獨到之見。一則以詩人自限，一則不能以詩人目之。這個關係，也足以促當時論詩風氣之流行而普遍。何況當時詩人也未嘗不受其影響而求詩於詩外呢。

第二目　詩話

論詩風氣何以會如是流行呢？其最大原因，由於詩話之筆記化。唐人論詩，偏重在格，雖無系統可言，然全書總有中心，自與筆記不同。即其專論詩的本事者，體固近於小說，然加以分類，也與筆記之冗雜者有別。待到宋人開詩話之體，於是論詩開一方便法門。此眞章學誠所謂『以不能名家之學入趨風好名之習，挾人盡可能之筆，著惟意所欲之言』者，（文史通義詩話）固宜其量之多了。

宋人詩話之最早者，爲歐陽修之六一詩話。

六一詩話　一卷。（江西通志藝文略誤作六卷）歐陽修撰。有全集本，百川學海本，說郛本，津逮秘書本，歷代詩話本，螢雪軒叢書本。又據千頃堂書目有古今彙說本，未見。案是書原稱「詩話」，故司馬光所撰亦只云「續詩話」。其稱「六一詩話」或「歐公詩話」「永叔詩話」云云者，皆出後人所加，取便稱引而已。

歐陽修自題其詩話云：

居士退居汝陰，而集以資閑談也。

曰「以資閑談」，則知其撰述宗旨初非嚴正。是以論辭則雜舉雋語，論事則泛述聞見，於詩論方面無多闡發，只成爲小說家言而已。後世詩話之濫，不能不說歐氏爲之濫觴。其後司馬光繼之，有續詩話一卷。

溫公續詩話　一卷。司馬光撰。有百川學海本，津逮秘書本，歷代詩話本，螢雪軒叢書本。又說郛本，不全。案今世所傳各本皆從百川本出。漁隱叢話前集十三引迂叟詩話一則云：『唐曲江，開元天寶中旁有殿宇，安史亂後，其地盡廢。文宗覽杜甫詩云：「江頭宮殿鎖千門，細柳新蒲為誰綠。」因建紫雲樓，落霞亭，歲時賜宴，又詔百司於兩岸建亭館。太宗於西郊鑿金明池，池中有臺榭以閱水戲，而士人游觀無存泊之所，若兩岸如唐制設亭館，即踰曲江之盛也。』此一則，為今傳各本所無。

其卷首自題語亦云：

> 歐陽公文章名聲雖不可及，然記事一也，故敢續書之。

則其撰述宗旨原非嚴正，亦可知詩話之起本同筆記。故余論詩話絕句有云：『醉翁曾著歸田錄，迂叟亦記涑水聞，偶出緒餘撰詩話，論辭論事兩難分。』

宋人詩話之與說部既難以犂別，所以宋史藝文志之著錄詩話有入集部文史類者，有入子部小說類者。這不能全怪宋志之進退失據體例不純，也是宋人詩話之內容性質本可兩屬之故。其足考當時詩人之遺聞軼事者，體固近於小說；即足資昔人詩句之辨證考訂者，亦何嘗不可闌入子部呢！所以詩話而筆記化，則可以資閑談涉諧謔，可以考故實講出處，可以黨同伐異標榜攻擊，也可以穿鑿傅會牽强索解；可雜以神怪夢幻，也可專講格律句法，鉅細精粗，無所不包，以這樣繁猥之作，當然繼起效顰者大有人在，而論詩風氣盛極一時了。

今考北宋詩話一類之書，除歐陽修六一詩話司馬光續詩話外，其至今猶獲流傳者，有下述數種：

中山詩話　一卷。（郡齋讀書志及通考作三卷案錢曾述古堂書目有三卷本宋四庫闕書目作二卷）劉攽撰。有百川本說郛本津逮本歷代詩話本螢雪軒本。考李心傳舊聞證誤有一則引貢父詩話云：『乾德二年春平蜀，蜀宮人有入掖庭者，太祖覽其鏡背云：「乾德四年鑄，」上大驚，以問陶竇二內相。二人曰：「蜀少主嘗有此號，鏡必蜀中所鑄。」上曰：「作宰相須是讀書人，」自是大重儒臣。』是亦宋人著作，而所引爲今中山詩話所無，竊疑今一卷本或亦非足本。

臨漢隱居詩話（或稱隱居詩話）一卷。魏泰撰。其足本有知不足齋，龍威秘書，七子詩話，湖北先正遺書，古今說部叢書，螢雪軒叢書及筆記小說大觀諸種。其不足者有說郛本，學海本，歷代詩話本，奇晉齋叢書本。

石林詩話　三卷。（津逮本唐宋叢書本作一卷）葉夢得撰。（詩學指南本誤作高似孫撰）有楙花盦本，葉石林遺書本，百川本，說郛本，津逮本，歷代詩話本，螢雪軒本。又詩學指南本，不全。案葉氏雖至南宋猶存，而楙花盦本褚逢春序謂是書當作于靖康以前，則亦北宋之書。又楙花盦本有葉廷琯所輯之石林詩話拾遺，與石林詩話附錄。拾遺足補今傳各本之遺；附錄則彙輯後人指正之語，足資辯證。葉德輝重刊石林遺書本，除轉錄上述二種外，復輯有石林詩話拾遺補與石林詩話附錄補遺二種。

優古堂詩話（澹生堂目作復古堂詩話當是傳寫之誤）一卷。吳幵撰。有讀畫齋叢書本，歷代詩話續編本。又有舊鈔本見鐵琴銅劍樓目。案吳幵字正仲，滁州人，而鐵琴銅劍樓所藏舊鈔本題毛幵平仲。考毛幵，三衢人，毛友子，雖與吳幵同時而非一人，或以名同致誤。又案是書與漁隱叢話所引復齋漫錄高齋詩話諸書，頗多相同。讀畫齋本徐駿跋稱其雜見他書良然。

紫微詩話（百川本作東萊呂紫微詩話，各書稱引亦有作東萊詩話者） 一卷。呂本中撰。有百川本，螢雪軒本，（均足本）津逮本歷代詩話本，（以上二種僅脫一條）又有說郛本，則删節殊多。案螢雪軒本從百川本出，故有下列一條——『從叔大有少時詩云「范睢才拊穰侯背，蔡澤聞之又入秦」，不減王荆公得意詩也。』——此條爲其餘各本所無。

藏海詩話 一卷。（趙魏竹崦盦傳鈔書目作二卷）吳可撰。有函海本，知不足齋本，昌平叢書本，歷代詩話續編本，螢雪軒本。又有詩法萃編本，不全。

其雖流傳而疑出依托者有：

後山詩話（或作陳無已詩話） 一卷。（適園叢書後山集本作二卷，蓋分合之異）舊題陳師道撰。此書除全集各本外，有百川本，稗海本，津逮本，歷代詩話本，學海本，螢雪軒本，及說郛本。案是書諸家稱引著錄，或作陳無已詩話，或作後山居士詩話。又卷數，則或稱二卷，或作一卷。如直齋書錄解題，通考經籍考，均作二卷，而宋史藝文志子部小說家則云一卷，知是書非出陳氏手定，故多歧異。考後山集二十卷，爲其門人彭城魏衍所編。衍記詩話、談叢各自爲集，而今本皆入集中，則非魏氏手錄之舊可知。四庫總目提要據陸游老學菴筆記定爲出於依托，所見亦是。然魏衍既言詩話、談叢各自成集，則後山之有是二書，自無可疑，今本所傳亦未必全出好事者以意補之，或後山原有此著，未及成書，後人編次，遂不免有所增益耳。

其近於輯佚以成書者，則有：

蔡寬夫詩話　三卷。蔡啓撰。有舊鈔本，未見。案是書不見宋以來諸家著錄，似當時已不甚流傳。朱緒曾開有益齋讀書志謂於吳山書肆得舊鈔本，不知其所自出。竊疑是書或出書賈據漁隱叢話所引鈔集以牟利者，故勞季言遂有當日全部收入之語。考漁隱叢話之於石林詩話採至八十餘條，較之單刻諸本僅少六條，則其於蔡氏詩話全部收入固未可知。然蔡氏書既爲當時所重，不應別無單刻本流傳，今是書既不見宋明以來著錄，而與叢話所載又是勘驗悉合，則其出後人鈔集斷無可疑。豈其書以經叢話收入而單行者轉不爲人注意歟？抑以與蔡寬夫詩史名稱相混而致誤歟？

其雖流傳而非足本者，則有下述諸種：

潛溪詩眼　范溫撰。有說郛本，一卷。案是書惟見郡齋讀書志、直齋書錄解題及文獻通考，而不見宋以後諸家著錄，疑其佚已久。今傳世者惟有說郛本（古今詩話本即出此）僅三則，已非其全，且有誤錄他書之語。

潘子眞詩話　潘淳撰。有說郛本，一卷。案說郛本（古今詩話本即出此）共四則。案光緒江西通志藝文略詩文評類著錄是書，稱「詩話補遺」不云潘子眞詩話，蓋以其祖與嗣有詩話一卷，而是書爲補其遺也。嚴有翼藝苑雌黃引作詩話補闕，知當時原有此稱。

陳輔之詩話　陳輔撰。有說郛本一卷。案是書不見宋以來諸家著錄，尤袤遂初堂目亦無之。說郛所錄凡十二則，不知其所據，意元時當猶有全書。

漢臯詩話　不題撰人。今有說郛本一卷，凡十一則。所論多偏於考據，尤以校正杜詩者爲多。朱鶴齡注多與此同，當卽據此書者。是書除遂初堂書目著錄外，不見他家著錄，知其佚已久。考吳曾能改齋漫錄有『漢臯張君詩話』云云，則當爲張某撰。

西淸詩話　三卷（澹生堂目五卷萬卷堂目一卷）蔡絛撰。今有說郛本一卷。三卷本未見。

漫叟詩話　不知撰人。今有說郛本，螢雪軒本，均一卷。案是書不見諸家著錄，惟說郛中有之，僅十二則。此外諸本皆同，蓋卽自說郛本出。考郡齋讀書志小說類有漫叟見聞錄一卷，云『不知何人，建炎中所撰也。』考詩話云『謝舉廉字民師，余建中靖國中與同寓興國寺。』又云『予崇寧間往興國軍』云云，考其時代，正與相近。竊疑此書或卽自漫叟見聞錄中摘錄出者。然阮閱詩話總龜及胡仔漁隱叢話亦均引此書，則似早有單行之本，非輯錄也。撫州府志藝文志著錄是書，作謝逸撰，不知其所據。考謝逸無「漫叟」之號，而漁隱叢話前集（五十二）引漫叟詩話云：『謝無逸學古高潔，文詞煅煉』云云，則其非出謝氏所撰，又至明顯。

桐江詩話　不知撰人。今有說郛本一卷。案是書亦不見諸家著錄，惟胡仔漁隱叢話及黃䍐山谷年譜均引之。詩話中有『程進道紹興初帥閩中』之語，知其人已入南宋。考今說郛本凡五則，而見於漁隱叢話者凡三條，尙有「感事」「煎茶」二則未見稱引，則其書在元季或有傳本，但不見諸家著錄何也？

此外散佚而未獲流傳者更不知有多少種。今就所知別爲數類，條舉於後。其經諸家著錄，且經他書稱引而有佚文可以採輯者，爲第一類，如：

歸叟詩話（諸家稱引多作王直方詩話或王立之詩話又方深道諸家老杜詩評所引作歸叟詩文發源）　六卷，王直方撰。案是書郡齋讀書志，遂初堂書目及通考經籍考均著錄，惟不見明以來諸家著錄，疑散佚已久。千頃堂書目類書類司馬泰廣說郛中有王直方詩話一種，竊疑明人校刻叢書風氣，於原本多加删節，恐亦未必爲足本。

洪駒父詩話　一卷，洪芻撰。案是書早佚。除通志藝文略及遂初堂書目著錄外，明以來諸家著錄，惟見千頃堂書目與澹生堂書目及焦竑國史經籍志而已。千頃目中有古今彙說本，未見。澹生目云有百川本，考百川學海有洪芻香譜而無詩話，恐誤。至焦竑國史經籍志所載則頗多佚書，亦不足爲明以來流傳之證。

李錞詩話（他書稱引均作李希聲詩話）　一卷。李錞撰。宋史藝文志著錄文史類。漁隱叢話前集，及詩人玉屑均引其語。

唐宋詩話　不知撰人與卷數。遂初堂書目文史類著錄。方深道諸家老杜詩評卷二頗多稱引。又考宋史藝文志文史類有唐宋名賢詩話二十卷，不著撰人，不知卽此書否？

其僅見著錄而未見稱引者，爲第二類。此雖無佚文可輯，然原有其書則無可疑。

詩話　一卷。潘興嗣撰。案是書惟見光緒重修江西通志藝文略詩文評類，此外不見諸家著錄，當早散佚。

潛堂詩話　無卷數，李公彥撰。案是書見光緒重修江西通志藝文略詩文評類，而未見藏書家著錄，當早散佚。撫州府志藝文志作李成德撰，成德蓋成科之誤。

王禹玉詩話　一卷。王珪撰。見通志藝文略詩話類。

大隱居士詩話　一卷。朱肱撰。案是書宋史藝文志入子部小說類。宋志於詩話每多分入文史小說二類。此當亦爲論詩之著。宋志不著撰者姓名，據湖州府志人物傳知爲朱肱所撰。又案宋時號大隱居士者，有田闢，南康人；又有鄧深，湘陰人，有大隱居士集。亦未能定其竟爲誰作也。

其僅見稱引而未見著錄者，爲第三類。此則雖有佚文可輯而不能考其是否成書者。

三蓮詩話　不知卷數。員逢原撰。韋居安梅磵詩話引其語。

高齋詩話　不知卷數。曾慥撰。案是書不見諸家著錄。福建通志（七十三）經籍志載曾氏著作亦祇有高齋漫錄一卷，不言有詩話。惟漁隱叢話前後集，詩話總龜後集，以及韵語陽秋野客叢談諸書時多稱引。今以墨海金壺所據四庫本高齋漫錄校之，絕無相同之語，知詩話一書其佚已久。諸家稱引，每不冠以作者姓氏，惟葛立方韵語陽秋（十六）稱曾端伯高齋詩話，始知爲曾慥所撰。或詩話原爲漫錄中之一部分，故諸家多不別爲著錄；又以其早經散佚，故永樂大典所引漫錄遂亦無詩話中語歟。

洛陽詩話　不知卷數及撰人。詩話總龜前集（五）引之云：『呂申公鎭河陽府，府屬投詩曰，「渭川重得呂，嵩嶽再生申，」由是獲知。』清伍涵芬說詩樂趣採用書目中有司馬光洛陽詩話，不知其所據。

古今詩話　不知卷數及撰人。案是書不見諸家著錄，惟宋史藝文志有李頎古今詩話錄七十卷，列蔡絛西淸詩話後，不知即此書否？苕溪漁隱叢話，優古堂詩話及竹坡詩話諸書，均稱引之。知在北宋末南宋初當亦流行一時也。

閑居詩話　不知卷數與撰人。案是書不見諸家著錄，疑其佚已久。詩話總龜前集引之較多。考核其文多見溫公續詩話及中山詩話，蓋出時人竄竊爲之者。伍涵芬說詩樂趣所引略與相同，惟有二則論貫休惠崇詩，爲總龜所未引者，不知伍氏何所依據，豈猶獲見其原本耶？

其未成或未刊行，故未見著錄，且無佚文可輯者，爲第四類：

劉咸臨詩話　僅數十篇，蓋未成之作。劉咸臨亦不知何許人，惟詩話總龜前集（八）引王直方歸叟詩話有一則云：『劉咸臨醉中嘗作詩話數十篇，既醒，書四句於後曰，「坐井而觀天，遂亦作天論。客問天方圓，低頭慙客問。

」蓋悔其率爾也。』

根據上文所述，則知宋時詩話產量之多。雖至今頗多散佚，而以此類著作之衆，猶可見一時論詩風氣之盛。

第三目　筆記與語錄

在當時，詩話既筆記化而體成繁猥，筆記亦詩話化而轉近專門。所以也有許多詩話是從筆記中輯出以成者。由筆記之輯爲詩話，大抵不外二種性質；一是分類選輯，如阮閱詩話總龜，胡仔苕溪漁隱叢話之類，不得不旁採博取於筆記中搜羅材料。一則輯成專著，如曹溶學海類編中所收玉壺詩話即就宋釋文瑩玉壺野史中論詩之語摘錄以成者。前一種不變原書體例，後一種則由後人爲之別立名稱。所以四庫總目提要，於玉壺詩話之輯，卽譏其『杜撰無稽，非古人所有。』其實筆記既通於詩話，則由筆記中以輯出詩話，事至尋常，毫不足怪。即如南宋洪邁的容齋詩話，亦從容齋五筆中輯出以成者。此在宋元以來，已有此編，不可謂出後人之杜撰。晁公武郡齋讀書志之論東坡詩話，謂『蘇軾號東坡居士，雜書有及詩者，好事者因集之成二卷。』此亦由筆記雜著中輯出詩話之證。

大抵就時人著述中論詩之語以輯成詩話者，不外二例。其不易原稱者，如：

藝苑雌黃　一卷。嚴有翼撰。有說郛本及螢雪軒本。案是書據宋志著錄，原有二十卷，兼論子史名數地理動植諸事，非盡論詩。說郛本所錄雖僅八則，實皆輯其論詩之語，異於删節之本，四庫存目所著錄者僅十卷，蓋出好事者摭拾成書，非其舊也。

其另定新名者，如：

玉壺詩話一卷。舊題釋文瑩撰。學海類編本。

東坡詩話一卷。舊題蘇軾撰，有說郛本，學海本，螢雪軒本。日人近藤元粹跋云：『是係說郛所收，而案其體例非東坡自著，蓋後人編輯其關係於詩者也。』螢雪軒本又有補遺一卷，即近藤元粹所輯。

沈存中詩話無卷數。未見。案是書未見諸家著錄，惟浙江通志經籍志文史類與杭州府志藝文志詩文評類均著錄之，並云據續文獻通考，疑此即就沈括夢溪筆談中所輯出者。

侯鯖詩話一卷，趙令畤撰。日人近藤元粹輯。螢雪軒叢書本。此自侯鯖錄輯出者。

此外更有隨意易稱，改題詩話者，如：

桂堂詩話 詩話總龜前集引書目有桂堂閑談，而卷三所引眞宗末年嘗遊禁中一條，注云桂堂詩話，疑即桂堂閑談之易稱。伍涵芬說詩樂趣卷七引此條亦沿其誤。

玉堂詩話 詩話總龜前集引書目有玉堂閑話，而卷十二所引諸則，注云玉堂詩話，疑即玉堂閑話之易稱。伍涵芬說詩樂趣卷四卷十二卷十三卷十六諸卷所引，亦稱玉堂詩話，細核其文大率與總龜所引相同。惟卷十二仕宦門所引錢惟熙詩，科第門所引賀陳修詩，均總龜所無，豈伍氏見其原書歟？顧不見其採用書目中，抑又何也？

朱定國詩話　詩話總龜前集引書目有朱定國續歸田錄，而卷三十九所引鄭穀夫榜一條，作朱定國詩話，疑即續歸田錄之易稱。伍涵芬說詩樂趣亦沿用其稱。

大抵宋人筆記，如釋德洪冷齋夜話之屬，本與詩話相通。故時人稱引，遂多隨意易稱之例。

此外有與筆記性質相類而亦足助論詩風氣之流行者，一爲題跋，一爲語錄，文人之論詩多在題跋，道學家之論詩多在語錄。此種文體之流行，亦至宋時而始盛。

題跋之輯成詩話者，除東坡詩話外尚無他種。至語錄之體本與詩話相類，故胡仔苕溪漁隱叢話所引已有元城先生語錄三山老人語錄鍾山語錄龜山語錄諸書，大抵此類著述其例有二：其一出弟子所記者，如

陵陽先生室中語　一卷，范季隨錄韓駒語，有說郛本。案說郛本僅九則，當不全。詩人玉屑引之頗多，可據以補輯。又吳可藏海詩話亦頗多韓氏論詩之語，或可與語錄參證。考陸游渭南文集（三十一）跋韓子蒼語錄云：『此故人范季隨周士所記也。周士歿後數年，得之於其子，然余舊聞周士道韓公語極多，尚恐所記不止於此，當更訪之。』則知范氏所記，陸游且疑其未盡，況說郛所錄僅及九則耶？

唐子西詩話　一卷，强行父錄唐庚語。有古今彙說本，未見。案强氏所錄原稱唐子西文錄，諸書稱引或作唐子西話錄。（如詩紀別集卷九）此作唐庚詩話，疑即就文錄中引書之語別行輯出者。考季滄葦書目延令宋版書目中有詩話四種，即爲唐庚竹坡許彥周呂紫微四家。豈唐庚詩話，宋時已有別出者歟？抑即唐子西文錄而易

其稱歟？千頃堂書目卷十五類書類稱司馬泰古今彙說本卷二十五有唐庚文錄，卷四十七有唐子西詩話，則是論文論詩分爲二種。故明林世勤注駢語雕龍，其稱引書目有唐庚詩話，又案絳雲樓也是園述古堂諸書目均稱唐子西文錄有二卷，亦與今通行本卷數不同。

其二，出自撰者有：

童蒙詩訓　一卷。呂本中撰。案是書原名童蒙訓，蓋家塾訓課之本。本中論學惟與王氏立異，而不復嚴洛蜀之辨。故是書於理學則折衷二程，於詩文則取法蘇黃。顧今世所傳童蒙訓三卷，則近語錄者全存，近詩話者全汰。四庫總目提要以爲或由『洛蜀之黨既分，傳是書者輕詞學而重道學，不欲以眉山緒論錯雜其間，遂刊除其論文之語，』其說良然。故知刪汰之故，由於洛蜀之見，而刪節之本，則在朱學盛行以後也。明葉盛菉竹堂書目(四)有童蒙詩訓一冊，又楊士奇等所編之文淵閣書目(十)亦有之，注云「闕」。均以列入宋人詩話中間，當即由童蒙訓中論詩之語輯錄以成者。豈宋人已有此分編之本歟？抑童蒙訓之刪節本既行，而後人以呂氏以詩名家，遂復掇其論詩之語而彙編之歟？

第四目　詩話之叢書類書與輯本

論詩之著既多，則詩話之叢書類書與輯本自應時而起。其輯爲叢書者有：

吟窗雜錄　三十卷。蔡傳撰。未見。直齋書錄解題通考經籍考均著錄文史類。案書錄解題云：『莆田蔡傳撰，君謨之孫也。取諸家詩格詩評之類集成之，又爲吟譜，凡魏晉而下能詩之人皆略具其本末，總爲此書。麻沙嘗有刻本，節略不全。』據是則蔡氏所編歷代吟譜似亦在此書之中。今吟譜既別有傳本，而此書則經後人重編，即托於狀元陳應行者。是此書雖不傳，而其所輯內容要仍在陳編五十卷中也。又案毛晉跋齊己風騷旨格云：『莆田蔡氏著吟窗雜咏（當作錄）載諸家詩評詩格類三十餘種，大略眞贋相半，又脫落不堪讀。』則其書明末猶有之，或今尙在人間也。

其輯爲類書者又可別爲數目，如詩苑類格諸書，均以詩體詩法分者。

詩苑類格（玉海五十四作寶元詩苑類格，他書稱引每簡稱詩苑或詩格）三卷。李淑撰。佚。郡齋讀書志直齋書錄解題通考經籍考及宋史藝文志均著錄。案晁公武云：『寶元二年，豫王出閣，淑爲王子傅，因纂成此書，上之，述古賢作詩體格總九十目。』玉海云：『翰林學士李淑承詔編爲三卷，上卷首以眞宗御製八篇，條解聲律爲常格，別二篇爲變格，又以沈約而下二十八人評詩者次之。中卷敘古詩雜體三十門。下卷敘古人體製別有六十七門。』據是所言，則其內容猶可窺知，蓋兼有自著及類書叢書三種性質者。

詩法一卷。孫載輯。載，嘉定人。是書不見諸家著錄。惟江南通志藝文志（一九二）及嘉定縣志藝文志均有之。嘉定縣志且稱爲孫氏所輯，當亦類書之屬。

吟體類例一卷。不著撰人。佚。宋四庫闕書目通志藝文略並著錄。案是書焦竑國史經籍志雖亦著錄，然不足據，明以前當早佚矣。

如詩總則又以內容性質分者。

詩總　十卷。阮閱撰（諸本作阮一閱誤）佚。今有後人重編本。案閱字閎休，舒城人，宣和中知郴州，建炎初知袁州。胡仔苕溪漁隱叢話（三十六）引阮氏詩總自序稱『得一千四百餘事，共二百四十餘詩，分四十六門而類之，其播揚人之隱慝，暴白事之曖昧，猥陋太甚，雌黃無實者，皆略而不取。……但類而總之，以便觀閱，故名曰詩總。』今傳世諸本均無序，（注一）且易稱爲詩話總龜，蓋非其舊矣。考郡齋讀書附志別集類（三）有阮閱總龜先生松菊集五卷，豈總龜亦爲阮氏自號耶？又漁隱叢話前集卷十一云：『閩中近時又刋詩話總龜，此集卽阮閱所編詩總也。阮閱詩總十卷，分門編集，今乃爲人易其舊序，去其姓名，略加以蘇黃門詩說，更號曰詩話總龜，以欺世盜名耳。』則知詩總原僅十卷，分四十六門，今月窗道人本前集卷數與之異而分門與之同，豈卽宋時閩中刋本之舊耶？考邵懿辰四庫簡明目錄云：『舊聞吳中顧維岳家有一本，竹垞見之，詫爲祕錄，今已不可復見。』則似宋時閩中刋本猶在人間。顧近時諸家藏書目均不言之，何也？今世所傳重編之本有二：一明鈔本百卷本，前後集各五十卷。二明月窗道人重刊本，前集四十八卷，（注二）後集五十卷，今四部叢刊有影印本。則較宋時閩中刋本似更增益。阮氏固云：『世間書固未盡於此，後有得之者當續焉。』則詩總不載元祐諸公詩話，自有難言之隱，而有人爲續補之，固亦阮氏所願，第不應去其自序，沒其原編宗旨耳。

【註一】案漁隱叢話所引原序題宣和五年十一月朔，且有『不願行於時也』之語。今所傳鈔本雖有序，題紹興辛巳長至日，其文亦嫌自許過甚，疑出後人增易。

【註二】蓋較鈔本少寄贈門中下二卷。

至歷代吟譜則以人以時為綱，又與前二種體例不同。

歷代吟譜　五卷，蔡傳撰，未見。案四庫存目提要云：『此編始前漢以迄唐宋，凡能詩之人皆紀其姓字。末載厲鶚跋云，「此書嘗有麻沙刻本，節略不全，其敘次當以漢迄唐為第一卷，宋為第二卷，名僧為第三卷，閨秀為第四卷，武人為弟五卷」。今本序次悉與跋同，蓋近人因鶚跋更定也。』則是此乃清人重編之本。其宋代重編之本托名陳應行者，猶有傳本，蓋以時為綱，其體例與苕溪漁隱叢話為近。

其兼有叢書類書之性質而異其面目者，即成為詩話之輯本。如方深道醇道之集諸家老杜詩評是。

集諸家老杜詩評　五卷。方深道撰。有抄本。深道莆江人，宣和六年進士，次彭子。（福建通志附父次彭良吏傳）或作方道深，當誤。

集諸家老杜詩評　一卷，方醇道撰。福建通志經籍志著錄。案陳振孫書錄解題云：『諸家老杜詩評五卷，續一卷，莆田方深道撰，』則似為一人所著。又考宋史藝文志云，『方道醇集諸家老杜詩評五卷，』則又似方深道與方道醇（當即醇道之誤）實為一人，非二人也。考福建通志經籍志云：『醇道字溫叟，有筆峯集五卷，類集杜甫詩史三十卷，集諸家老杜詩評一卷。』與方深道並附父次彭良吏傳，則知醇道，深道乃兄弟行，正集續集乃出二人分編，陳氏合爲一人非也。

第五目　其他論詩之著

因宋代論詩風氣之盛，於是不僅詩話一類風起雲會，卽其他各種論詩之著亦同時並盛。此種著述，雖不始於宋代，然其所以能特盛之故，亦未嘗不與詩話之發達有連帶的關係。茲分數部分言之：

其沿襲唐人風氣，專論詩格詩式者有下述數種：

詩要格律（直齋書錄解題作詩格要律）一卷。王夢簡撰。有詩學指南本，又有格致叢書本，詩法統宗本，本未見。

案書中舉例多引晚唐五代人作，又直齋書錄解題文史類著錄之云「進士王夢簡撰」，通考經籍考同，進士上不冠以朝代名，當爲宋人所著。

天廚禁臠三卷。（通志藝文略國史經籍志孝慈堂書目均作二卷）釋德洪撰。有明刊本，案論詩主格，且復强立名稱，妄生穿鑿，自是唐代僧人論詩習氣。禁臠所論諸格，往往類是。

詩評一卷，僧□淳撰。有詩學指南本。案直齋書錄解題文史類『詩評一卷，桂林僧□淳撰。』淳字上原闕一字，考宋詩紀事八十二景淳下云「元豐初桂林僧，」不知卽此人否？詩學指南本題桂林淳大師撰，又似單名爲淳，與景淳或別一人。

詩格　一卷。僧文彧撰。（直齋書錄解題通考經籍考宋史藝文志均作神彧）有詩學指南本；又有格致叢書本，詩法統宗本。均未見。案宋詩紀事卷九十一『文彧號文寶大師，有詩格。』顧直齋書錄解題諸書均作神彧，當卽一人。

（右流傳之作）

續金針詩格　一卷，舊題梅堯臣撰。有格致叢書本。詩法統宗本，均未見。又詩學指南本一卷，題白樂天撰，梅聖俞續。案是書非出梅堯臣所撰，昔人早已言之。考通志藝文略詩話類作三卷，不著撰人。或此書本有二本，其三卷本則不著撰人，一卷本則僞托梅氏歟？（註）澹生堂書目又有犖公詩法二册，五卷。其細目，爲金鍼集，木天禁語，詩家一指，詩學禁臠四種，而分爲五卷。當以金鍼集有托於白居易梅堯臣二種，而別爲二卷者。

【註】可參閱第三章一節金針詩格條。

梅氏詩評　一卷，舊題梅堯臣撰。有格致叢書本，詩法統宗本，均未見。今所見惟詩學指南本。案其所言，亦詩格之屬。

（右依托之作）

律詩格　不知卷數，張商英撰。案是書未見著錄，且亦罕見他書稱引。惟苕溪漁隱叢話引其語，與梅聖俞續金針詩格，洪覺範禁臠，並論頗病其拘泥。乃淸代王曉堂匡山叢話卷五謂此三書『各有妙處，隨人取用。』嗜好獨殊，爲不可解。或王氏亦未見其書，姑妄言之云耳。

風騷格　五卷，閻東叟撰。通志藝文略詩話類，及焦竑國史經籍志詩文評類均著錄。案閻東叟不知何許人，其書始見通志著錄，當爲北宋人著。其書早佚，故亦罕見稱引。國史經籍志雖亦著錄，然不足信。焦竑此書只就舊有目錄彙合雜抄，並非明代猶有傳書也。

詩點化祕術（宋四庫闕書目「詩」作「新」）　一卷，任博撰。宋四庫闕書目通志藝文略及國史經籍志均著錄。任博不知何許人，疑此亦北宋人著。

律詩洪範　一卷，徐三極撰。（宋四庫闕書目「徐」誤作「律」）宋四庫闕書目通志藝文略及國史經籍志均著錄。徐三極仕履待考，當亦北宋人。

分別六義訣　一卷，齊陸機撰。是書僅見宋四庫闕書目著錄，齊氏時代難考，當亦北宋時人。

騷雅式　一卷，不知撰人。宋四庫闕書目通志藝文略及國史經籍志均著錄，當爲北宋人著。

今體詩格　一卷，不知撰人。是書僅見宋四庫闕書目文史類著錄，當亦北宋人著。

（右散佚之作）

其沿襲唐人本事詩之遺，專述本事者，則有下述數種：

烏臺詩案（直齋書錄解題作烏臺詩話，學海本作詩讞）　一卷，舊題朋九萬撰。考此書凡有數本，詳略互異，體例亦殊，知未必全出朋氏所錄。大抵此書原有二種：一，直錄當時供詞以詩語聯綴其間者，其體裁近於史；一，先列蘇詩而以獄詞附注於後者，其體裁近於集。前者各本雖有詳略，蓋由刪節而非出剪裁；後者諸本則均經點竄，蓋與詩林廣記諸書體例爲近，故得稱爲詩話。朋九萬所編當屬於後一種。今世所傳前一種諸本則蓋由原案錄出而托於朋氏者。考陳振孫書錄解題謂烏臺詩話十三卷中附謫官後表章書啓詩詞等，則朋氏所編頗具匠心，與直錄原案者異，故卷數爲獨多也。至直錄當時所供詩案者，其來源有二：一出於東坡親筆，如周必大二老堂詩話所言者；一出於御史臺錄存原案，如胡仔漁隱叢話所言者。此則事異編撰，本可不必分卷，故大率爲一卷也。今存者有說郛本，函海本，懺華盦叢書本，藝圃搜求本，學海類編詩讞本。又漁隱叢話前集四十二至四十五諸卷亦引之。清張鑑有眉山詩案廣證。

蔡寬夫詩史　二卷，蔡居厚撰。佚。宋史藝文志著錄文史類。案宋志以後，惟千頃堂書目類書類載司馬泰文獻彙編中有詩史之目，不著撰人。今文獻彙考亦散佚，莫由考其是否此著矣。光緒江西通志藝文略詩文評類，撫州府志藝文志詩話類均有蔡寬夫詩史二卷，注云：『蔡居厚撰，見宋史藝文志。』則知是書並無傳本，不過據宋志著錄之耳。厲鶚宋詩紀事云：『蔡居厚字寬夫，熙寧御史延熙子，第進士，大觀初拜右正言，累官徽猷閣待制，有詩話。』其論蔡氏仕履甚詳，惟謂其有詩話，則有誤。考詩史中所舉人名，無在熙寧後者，其爲蔡居厚撰無疑。今案明月窗道人校刊阮閱詩話總龜，其前集引用書目有蔡寬夫詩史，後集引用書目有蔡寬夫詩話，疑詩話詩史本爲二書，詩史較多論事，詩話較多論辭，大抵阮閱總龜所引有詩史而無詩話，胡仔漁隱叢話所引又有詩話而無詩史，各不相同，未可混爲一書也。

唐詩史　無卷數。范師道撰。師道字貫之，長洲人，仲淹姪。是書不見他家著錄，惟蘇州府志藝文志有之。疑未成或未刊之作，故僅方志著錄之。是書內容當亦唐詩紀事全唐詩話之類。

紀詩　不知卷數及撰人。詩話總龜前集及說詩樂趣均稱引，案是書見總龜稱引者凡三則：（1）子瞻見辯才事，（2）王平甫夢至靈芝宮詩，（3）出處與樂天相似。見說詩樂趣（十八）所引者凡一則——聽僧惟賢琴詩。考此多東坡詩，疑爲後人雜纂之著。

其沿襲唐時摘句之風而選爲句圖者，有下述數種：

惠崇句圖　一卷。僧惠崇撰。直齋書錄解題通考經籍考均著錄。惠崇淮南人，一作建陽人，宋初九僧之一。宋四庫闕書目別集類有惠崇唐律詩句圖一卷，葉德輝考證云：『按陳錄作惠崇句圖，』似合二書爲一，恐非是。考此乃惠崇自撰句圖，即吳處厚青箱雜記所錄惠崇警句，非選唐人詩也。詩話總龜前集（十二）與宋詩紀事（九十二）均據以轉錄，而字句互異，有足相互校正者。

御選句圖（通考作御製句圖）　一卷。宋太宗眞宗選。佚。直齋書錄解題，通考經籍考均著錄文史類。書錄解題云：『太宗皇帝所選楊徽之詩十聯，眞宗皇帝所選送劉琮詩八聯。』

楊氏筆苑句圖一卷。黃鑑撰。佚。通志藝文略直齋書錄解題通考經籍考均著錄。鑑字唐卿，浦城人。大中祥符八年進士，累遷太常博士，爲國史院編修官，出倅蘇州，有楊文公談苑。楊公筆苑句圖書錄解題論是書云：『蓋楊億大年之所嘗舉者，皆時賢佳句。』則是書亦楊氏所述而黃鑑錄之者。

續楊氏筆苑句圖一卷。不知撰人。佚。通志通考及書錄解題均著錄。福建通志經籍志卽以附隸黃鑑著述下。

風雅拾翠圖（宋四庫闕書目作雅十翠圖）一卷。（宋四庫闕書目作二卷）僧惟鳳撰。佚。宋四庫闕書目通志藝文略均著錄。惟鳳青城人，號持正，亦九僧之一。

九僧選句圖一卷。不知撰人。佚。通志藝文略國史經籍志均著錄。案宋初有九僧詩集，歐陽修六一詩話謂今不復傳。溫公續詩話謂「元豐元年秋遊萬安山玉泉寺，于進士閔交如舍得之」。始知所謂九詩僧者劍南希晝，金華保暹，南越文兆，天台行肇，沃州簡長，青（歷代詩話本青誤作貴）城惟鳳，淮南惠崇，江南宇昭，峨眉懷古也。今其詩見宋詩紀事九十一卷，大率纖巧秀麗，故有儁句可摘。

林和靖摘句圖一卷（宋志作三卷）不知撰人。佚。直齋書錄解題通考經籍考及宋史藝文志均著錄。此摘錄林逋詩句，亦不知選者爲誰。

孔中丞句圖一卷。不知撰人。佚。直齋書錄解題及通考均著錄。書錄解題云：『中丞者或是孔道輔耶？』案道輔字原魯，宣聖四十五世孫，舉進士，天聖間爲右正言，累官御史中丞，出知鄆州。陳氏所云或亦不謬。第不知選摘其詩者爲誰氏耳。

唐杜荀鶴警句圖　一卷。强行父撰。宋史藝文志著錄文史類。

寡和圖　三卷。僧定雅撰。佚。宋四庫闕書目通志藝文略及宋史藝文志均著錄。

搜賢集　一卷。僧奉牟撰。佚。宋四庫闕書目文史類著錄。

詩林句範　五卷。不知撰人。佚。宋四庫闕書目通志藝文略均著錄。

此外更有重在品評或指陳優劣或巧爲譬況，亦與一般詩話體例不同。如：

詩病五事　一卷，蘇轍撰，附刻欒城集，別有說郛本螢雪軒本。案蘇轍詩病五事僅五則，在欒城三集卷八中，乃隨筆記錄之文，非能別出成書。苕溪漁隱叢話引其文祇稱「蘇子由云，」知宋時猶不以爲書名。自陶宗儀輯入說郛，於是四川通志經籍志詩文評類且著錄之，不復以是爲篇名矣。

瑤谿集　十卷。（國史經籍志作一卷）佚。郭思撰。通志藝文略及宋史藝文志均著錄。苕溪漁隱叢話前集時多稱引。案其內容似多偏於品評，與普通詩話不同。通志不著撰人，據宋志知爲郭思所撰。思字得之，熙子，元豐五年進士。

詩評　一卷。夏侯籍撰。佚。宋四庫闕書目著錄文史類。直齋書錄解題通考經籍考均有詩評一卷，不著撰人，疑即此書。

胡氏評詩　不知卷數。胡氏亦不知何許人。詩話總龜前集(五)引之，凡二則：一論黃魯直詩，一論王介甫與張文潛詩。顧詩話總龜卷首所錄采用書目作胡氏詩話，不知何故？

至其單篇不成著作者，如張舜民芸叟詩評，蔡絛百衲詩評，均見胡仔漁隱叢話(三十三)及劉壎隱居通議。(六)此皆巧爲形似之語，實敖陶孫臞翁詩評之所本。又趙與旹賓退錄(二)亦引芸叟詩評，其次第與漁隱叢話不同。

第六目　論詩詩

章學誠文史通義詩話篇云：

詩話之源本於鍾嶸詩品。然考之經傳，如云『爲此詩者其知道乎！』又云『未之思也，何遠之有，』此論詩而及事也。又如『吉甫作誦，穆如淸風，』『其詩孔碩，其風肆好，』此論詩而及辭也。

我嘗根據此節而謂論詩詩之性質亦通於詩話。章氏所舉論詩及事之例，以散文爲之，其體爲後世詩話之所始；其論詩及辭之例，以韵語爲之，其體又後世論詩詩之所出。(見小說月報二十卷一號詩話叢話二)而且詩經中如『作此好歌以極反側』(彼何人斯)『家父作誦以究王訩』(節南山)『君子作歌維以告哀』(四月)『寺人孟子作爲此詩』(巷伯)諸語，亦正是論詩及事之例，所以論詩詩與詩話，體製雖殊而性質實同。

因此，當時論詩風氣之流行，更可於論詩詩見之。論詩詩之流行於宋代，亦自有故。蓋以(1)宋詩風格近於賦而遠於比興，長於議論而短於韵致，故極適合於文學的批評；有時可以闡說詩學的原理，有時可以敍述學詩的經歷，有時更可以上下古今，衡量前代的著作。（２）宋詩風氣，又偏於唱酬贈答，往返次韵，累疊不休，於是或題詠詩集，或標榜近作，或議論斷斷，或唱和霏霏，或誌一時之勝事，或溯往日之遊踪，有此二因，則論詩詩之較多於前代固亦不足爲奇了。

在宋初，若說歐陽修開了詩話的風氣；則梅聖俞的宛陵集可謂是開了論詩詩的風氣。宋人詩集中之論詩詩，與唐人文集中關於論文的序及書，實有同樣的重要。

第二節　詩人之詩論

第一目　歐陽修與梅堯臣

宋人中間最先開論詩之風氣者，當推歐陽修。歐陽修在詩壇上批評的重要，不在有什麼明顯的主張，而在（１）始創詩話的體裁，（２）對於論詩詩的嘗試。前一項是歐公之所獨具，後一項則與梅堯臣之所同。

歐陽修酬學詩僧惟詩云：

詩三百五篇，作者非一人。羈臣與棄（一作賤）妾，桑濮乃淫奔。其言苟（一作或）可取，庬雜不全純。子雖（一作之）爲佛徒，未易廢其言。其言在合理，但懼學不臻。子佛（一作之）與吾儒，異轍難同輪。（一作共論）子何獨吾慕自忘夷其身。苟能知所歸，固有路自新。誘進或可至，拒之誠不仁。維詩於文章，太山一浮塵；又如古衣裳，組織（一作繡）爛成文。拾其裁剪餘，未識衰服尊。嗟子學雖（一作已）勞，徒自苦骸筋。（一作自遠涉江津）勤勤袖卷軸，一歲三及門。惟（一作何）求一言榮歸以耀（一作輝）其倫與夫榮其膺，不若啓（一作豈若暫）其源。韓子亦嘗謂，收斂加（一作以）冠巾。（歐陽文忠集卷五）

此詩衞道氣分至爲濃厚；輕詩重文之意亦極顯著。然其論詩尙能闡發詩理之精微。於梅聖俞詩集序中闡說詩窮而後工之說，最爲後人所稱引。

予聞世謂詩人少達而多窮，夫豈然哉！蓋世所傳詩者，多出於古窮人之辭也。凡士之蘊其所有，而不得施於世者，多喜自放於山巔水涯之外；見蟲魚草木風雲鳥獸之狀類，往往探其奇怪，內有憂思感憤之鬱積，其興於怨刺，以道羈臣寡婦之所歎，而寫人情之難言。蓋愈窮則愈工。然則非詩之能窮人，殆窮者而後工也。（歐陽文忠公全集四十二）

即其書梅聖俞詩稾後闡說詩與樂通之理，可以意會，難以言傳，亦遠勝於宋儒之見解。

凡樂達天地之和，而與人之氣相接，故其疾徐奮動可以感於心，歡欣惻愴可以察於聲。五聲單出於金石不能自和也，而工者和之。然抱其器知其聲節其廉肉而調其律呂，如此者工之善也。今指其器以問於工，曰，彼簨者簴者，堵而編，執而列者，何也？彼必曰，鼗鼓鐘磬絲管干戚也。又語其聲以問之，曰，彼清者濁者，勁而奮，柔而曼衍者，或在郊，或在廟堂之下而羅者何也？彼必曰，八音五聲六代之曲，上者歌而下者舞也。其聲器名物皆可以數而對也。然至乎動盪血脈，流通精神，使人可以喜，可以悲，或歌或泣，不知手足鼓舞之所然，問其何以感之者，則雖有善工，猶不知其所以然焉，蓋不可得而言也。樂之道深矣！故工之善者必得於心應於手，而不可述之言也。聽之善亦必得於心而會以意，不可得而言也。堯舜之時，夔得之以和人神，舞百獸，三代春秋之際，師襄師曠州鳩之徒得之爲樂官，理國家，知興亡。周衰官失，樂器淪亡，散之河海，逾千百歲間，未聞有得之者。其天地人之和氣相接者，既不得泄於金石，疑其遂獨鍾於人。故其人之得者，雖不可和於樂，尙能歌之爲詩。古者登歌清廟，太師掌之，而諸侯之國亦各有詩，以道其風土性情，至於投壺饗射，必使工歌以達其意，而爲賓樂。蓋詩者樂之苗裔與？漢之蘇李，魏之曹劉，得其正始。宋齊而下，得其浮淫流泆。唐之時，子昂李杜沈宋王維之徒，或得其淳古淡泊之聲，或得其舒和高暢之節；而孟郊賈島之徒，又得其悲愁鬱堙之氣。由是而下，得者時有而不純焉。今聖俞亦得之。然其體長於本人情，狀風物，英華雅正，變態百出。哆兮其似春，淒兮其似秋，使人讀之可以喜，可以悲，陶暢酣適，不知手足之將鼓舞也。斯固得深者邪？其感人之至，所謂與樂同其苗裔者邪？

余嘗問詩於聖俞，其聲律之高下，文語之疵病，可以指而告余也。至其心之得者，不可以言而告也。余亦將以心得意會而未能至之者也。聖俞久在洛中，其詩亦往往人皆誦之。今將告歸，余因求其稿而寫之。然夫前所謂心之所得者，如伯牙鼓琴，子期聽之，不相語而意相知也。余今得聖俞之藁，猶伯牙之琴絃乎？

至其論詩詩中如水谷夜行寄子美聖俞一首，狀蘇梅二人之詩，亦善用形似之語，頗能攝其精神。

子美氣尤雄，萬竅號一噫，有時肆顛狂，醉墨洒霶霈。譬(一作勢)如千里馬，(一作足)已發不可殺。盈前盡珠璣，一一難柬汰。梅翁事清切，石齒漱寒瀨。作詩三十年，視我猶後(一作後猶無)輩。文詞愈清新，心意雖(一作難)老大。譬如妖韶女，老自有餘態。近詩尤古硬，(一作淡)咀嚼苦難嘬。初如食橄欖，眞味久愈在。蘇豪以氣轢(一作爍)，舉世徒(一作盡)驚駭；梅窮獨我知，(一作我獨奇)古貨今難賣(一作物今誰買)。

歐公一生於同時詩人所尊惟梅，固宜其論及梅詩者獨多精義也。

梅堯臣之論詩主張亦多與歐公相類。其答韓三子華韓五持國韓六玉汝見贈述詩云：

聖人於詩言，曾不專其中。因事有所激，因物興以通。自下而磨上，是之謂國風。雅章及頌篇，刺美亦道同。不獨識鳥獸，而爲文字工。屈原作離騷，自哀其志窮。憤世嫉邪意，寄在草木蟲。邇來道頗喪，有作皆言空。煙雲寫形象，葩卉詠青紅。人事極諛諂，引古稱辯雄。經營唯切偶，榮利因被蒙。遂使世上人，只曰一藝充。以巧比戲奕，以聲喻鳥桐。嗟嗟一何陋，甘用無言終。然古有登歌，緣辭合徵宮。辭由士大夫，不出於瞽矇。予言與時輩，難用猶篤聾。雖唱誰能聽，所遇輒瘖聾。(宛陵集二十七)

又還吳長文舍人詩卷云：

詩教始二南，皆著賢聖迹。後世竟剪裁，破碎隨刀尺。我輩强追倣，畫龍成蜥蜴。(宛陵集五十一)

均頗見其改革詩風的勇氣。其於當時詩壇摧陷廓清之功，似亦不在歐公之下。元貢奎詩稱梅堯臣云：『詩還二百年來作，身死三千里外官。知己若論歐永叔，退之猶自愧郊寒。』洵爲篤論。至其對於詩的作風，則如其所作，亦主平淡，其依韵和晏相公詩云：

> 因吟適情性，稍欲到平淡。（宛陵集二十八）

又讀邵不疑學士詩卷云：

> 作詩無古今，惟造平淡難。（宛陵集四十六）

卽在當時歐陽修再和聖俞見答詩云『嗟哉我豈敢知子，論詩賴子初指迷。子言古淡有眞味，大羹豈須調以虀。』（歐陽文忠公集五）亦頗能說明梅氏論詩宗旨。蓋他既抗志希古，不欲『煙雲寫形象，葩卉詠靑紅，』則旨趣所歸，當然要重在『古淡有眞味』了。

不過他的古淡之境，正是從冥搜力索中得來。他也是『險詞鬭尖奇，凍地抽筍簪』的。（依韵和永叔子履冬夕小齋聯句見寄）其答裴送序意詩云『我於詩言豈徒爾，因事激風成小篇。辭雖淺陋頗剋苦，未到二雅未忍捐，安取唐季二三子，區區物象磨窮年。』（宛陵集二十五）則知其雖力復古雅，偏主平淡，而結果當然不會如道學家之成爲率易之作了。其詩癖一首有云『但將苦意摩層宙，莫計終窮涉暮津。』（宛陵集二十）亦可見其搜索肝脾之苦。歐陽修稱其『近詩猶古硬，咀嚼苦難嘬，』形容其作風亦殊的當。歐梅諸人力矯西崑而卒使宋詩衍成西江一派者，或亦可於此中得其消息也。

第二目　蘇軾

歐陽修之論同時詩人，稱蘇舜欽詩爲『譬如千里馬，已發不可殺，』稱梅堯臣詩爲『初如食橄欖，眞味久愈在。』這幾句話若形容其後的詩人——蘇軾與黃庭堅，亦頗有幾分類似之處。蘇軾之詩如其文，也有『行乎其所不得不行，止乎其所不得不止』的情形，與黃庭堅的作風不盡相近，故其論詩主張亦不全同。黃氏論詩好講句法，講詩律，而他則尙圓熟，尙自然，所以謂『新詩如彈丸，』（答王鞏）所以謂『好詩衝口誰能擇。』（重寄孫侔）又黃氏論詩重鈎深，重奇險，而他則尙邁往，尙豪健，所以不足於孟郊之詩，又以爲『要當鬭僧清，未足當韓豪』了。（讀孟郊詩二首）

不過蘇詩雖萬斛泉源，一瀉無餘，而機趣橫生，却從天生妙悟得來。黃庭堅稱其『於般若橫說豎說，了無剩語。』（釋德洪冷齋夜話七引）劉熙載亦謂『東坡詩善於空諸所有，又善於無中生有，機括實自禪悟中得來。』（藝概二）故其詩的作風雖近於議論，而論詩主旨轉與嚴羽之尙禪悟者相近。以辯才三昧而爲韵言，故能筆端有口，故能舌底瀾翻，於韵語中而吐不傳之妙，故又重在『高風絕塵，』重在『發纖穠於簡古，寄至味於澹泊』（均見書黃子思詩集後）宋人詩話中之說東坡詩而能窺到這一點者，只有吳可的藏海詩話爲能發其妙。吳氏云『東坡豪，山谷奇，二者有餘，而於淵明則爲不足，所以皆慕之。』明此，則知東坡論詩主張所以與其作風背馳之故了。我舊作詩話叢話（小說月報二十卷二號）中有一節云：

以禪喻詩，人皆知始於嚴羽滄浪詩話，實則由詩話言，固似此義發自嚴羽，而論詩韵語言，則司空圖二十四詩品已發其義，至東坡詩中則益暢厥旨。如云：『若言琴上有琴聲，放在匣中何不鳴；若言聲在指頭上，何不於君指上聽？』（琴詩）妙語解頤，已近禪悟。又云：『衝口出常言，法度去前軌。人言非妙處，妙處在於是。』（詩頌）亦已逗露此意。至如送參寥師詩云：『欲令詩語妙，無厭空且靜。靜故了羣動，空故納萬境。閱世走人間，觀身臥雲嶺。鹹酸雜衆好，中有至味永。詩法不相妨，此語當更清。』跋李端叔詩卷云：『暫借好詩銷永夜，每逢佳處輒參禪。』則更和盤托出，無餘蘊矣。所以東坡『賦詩必此詩，定知非詩人』之語，即滄浪『不必太着題』之說也。東坡『新詩如彈丸』及『中有清圓句，銅丸飛柘彈』之語，即滄浪『造語貴圓』之說也。東坡『讀破萬卷詩愈美』，即滄浪『然非多讀書多窮理，則不能極其至』之說也。東坡讀孟郊詩『何苦將兩耳，聽此寒蟲號』，即滄浪所謂『孟郊之詩刻苦，讀之使人不歡』之義也。人皆知滄浪論詩，反對蘇黃之以文字為詩，以才學為詩，以議論為詩，而孰知其論詩主旨正出東坡也哉！蓋蘇詩作風與其論詩宗旨正相反背。東坡詩云：『樂天長短三千首，却愛韋郎五字詩。』論坡詩者亦嘗作如是觀，坡詩豪邁，其所以不脫子路未事夫子時氣象者，蓋皆由其才氣累之。至其生平篤嗜，固別有歸。其答王定民詩云：『五言今復擬蘇州。』次韵葉致遠見贈云：『一伎文章何足道，要言（一作知）摩詰是文殊。』微旨所在，蓋亦可以窺見矣。明得斯義，則知東坡論詩所以亦拈出司空圖『味在酸鹹之外』之語，（見書黃子思詩集後）而渡海以後復有和陶之作了。

滄浪論詩，所以不滿東坡者，以其『於一唱三歎之音有所歉焉。』實則此就坡詩言耳。東坡論詩，固已說過：

『大木百圍生遠籟，朱絃三歎有遺音。』（答仲屯田次韻）

此節自謂差能闡說蘇氏論詩之旨，讀者或不致以傅會病之。大抵東坡之學以得於莊子者為多，故論調亦最近於禪。這不僅其論詩如此，即論其他藝事亦莫不如是。如書蒲永昇畫後云：

古今畫水多作平遠細流，其善者不過能為波頭起伏，使人以手捫之，謂有窪隆，其品格特與印板水紙爭工拙於毫釐間耳。唐廣明中處士孫位，始出新意，畫奔湍巨浪，與山石曲折，隨物賦形，盡水之變，號稱神逸。其後蜀人黃筌孫知微，皆得其筆法。始知微欲於大慈寺壽寧院壁作湖灘水石四堵，營度經歲，終不肯下筆。一日蒼黃入寺，索筆墨甚急，奮袂如風，須臾而成，作輸瀉跳蹙之勢，洶洶欲崩屋也。知微死五十餘年，成都蒲永昇嗜酒放浪，性與畫會，始作活水，得二孫本意。王公貴人或以勢力使人，輒嘻笑捨去。遇其欲畫，不擇貴賤，頃刻而成。嘗與予臨壽寧院水，作二十四幅，每夏日挂之高堂素壁，即陰風襲人，毛髮自立。永昇今老矣，其畫難得。世之識眞者亦少。如往時董羽，近日常州戚氏，畫水世或傳寶之。如此之流，可謂死水，未可與永昇同年而語也。（經進東坡文集事略六十）

又文與可畫篔簹谷偃竹記云：

竹之始生，一寸之萌耳，而節葉具焉。自蜩腹蛇蚹以至於劍拔十尋者，生而有之也。今畫者乃節節而為之，葉葉而累之，豈復有竹乎？故畫竹必先得成竹於胸中，執筆熟視，乃見其欲畫者，急起從之，振衣直逐以追其所見，如兔起鶻落，稍縱即逝矣。（經進東坡文集事略四十九）

這兩段都與莊子論藝之旨相同。故其書晁補之所藏與可畫竹詩云：『與可畫竹時，見竹不見人。豈惟不見人，嗒然遺其身。其身與竹化，無窮出清新。莊周世無有，誰知此疑神。』（蘇文忠公詩集二十九）

第三目　黃庭堅

山谷論詩，消極方面重在識「病，」所謂『更能識詩家病，方是我眼中人』也。（次韵奉酬荆南簽判向和卿六言）積極方面重在「法，」重在「律，」故又重在「眼。」如云：『無人知句法，秋月自澄江。』（奉答謝公定與榮子邕論狄元規孫少述詩長韵）如云：『秋來入詩律，陶謝不枝梧。』（送顧子敦赴河東）如云：『拾遺句中有眼。』（贈高子勉）均重在作法的討論。所以曾季貍艇齋詩話云：『山谷詩妙天下，然自謂得句法於謝師厚，得用事於韓持國，此取諸人以爲長也。』所以釋德洪冷齋夜話（五）荆公東坡句中眼條亦引山谷語云：『學者不知此妙，語韵終不勝。』

他既這樣重在句法詩律，所以以詩爲事而工夫亦盡於詩內。其贈高子勉四首之一云：

妙在和光同塵，事須鈎深入神。聽它下虎口著，我不爲牛後人。

其戛戛獨造，迥不猶人之意可見。其避暑李氏園詩云：『題詩未有驚人句，會喚謫仙蘇二來。』求其驚人，是他「下虎口著」的本領。其次韻答高子勉詩云：『寒爐餘幾火，灰裏撥陰何。』任淵註『言作詩當深思苦求，方與古人相見也。』（山谷詩集註十六）又次韻奉酬荊南簽判向和卿六言有云『覆卻萬方無準，安排一字有神。』任淵註『言不爲物役，詩思乃凝於神也。』（同上）這又是所謂「鈎深入神」的注脚。至其再作答徐天隱詩所謂『破的千古下，乃可泣曹劉，』則又是「不爲牛後人」的態度。張耒讀黃魯直詩云：『不踐前人舊行迹，獨驚斯世擅風流。』極得山谷眞相。曾季貍艇齋詩話云：『山谷詩云，「十度欲言九度休，萬人叢中一人曉」，曾吉父云「此正山谷詩法也，」其說盡之。』此言亦極中肯。許彥周詩話引黃氏譏郭功父語謂『公做詩費許多氣力做甚。』實則黃氏做詩也是費過氣力者，正因他這般費氣力，所以纔肯不憚煩地講什麼詩法和句律。

然而他雖下虎口著，雖要驚人要破的，而猶不致過偏於奇險。此則所謂『妙在和光同塵』也。其和德孺五丈「之」字詩韻所謂：

且然聊爾耳，得也自知之。

任淵註云『詩意謂唱酬之作，聊且遣興，不必甚工。至其自得之妙，蓋未易與俗人言也。』（山谷詩集註十九）則又是由艱深以歸於自然。朱弁風月堂詩話謂：『黃庭堅用崑體工夫而造老杜渾成之地，』可謂窺見深際。

他何以能用鈎深入神的工夫而造和光同塵的妙境呢？則以其論詩主張本是如此的。他以爲有的工夫在詩內，這是他所謂詩法，冷齋夜話（一）曾述山谷詩法云：

山谷言詩意無窮而人才有限，以有限之才追無窮之意，雖淵明少陵不得工也。不易其意而造其語，謂之「換骨法」；規摹其意形容之，謂之「奪胎法」。

這種方法即是化朽腐爲神奇的方法。所以雖得之於深思苦求，而依舊能渾成自然。觀其再次韵楊明叔詩小序所云：

蓋以俗爲雅，以故爲新，百戰百勝，如孫吳之兵；棘端可以破鏃，如甘蠅飛衛之射，此詩人之奇也。（山谷詩集註十二）

這即是奪胎換骨法的原理之說明。這樣，所以雖新而實故，雖奇險而實平正，雖生硬而實妥貼。昔人謂：『山谷晚年詩皆是悟門』，（見樓鑰攻媿集七十書張式子詩集後）於此也未嘗不有一些關係。我們須知『以俗爲雅以故爲新』諸語，雖爲東坡所言，卻正是山谷的詩法。

他又以爲有的工夫更爲詩外。漁隱叢話前集（四十七）引山谷說云：

山谷云，詩詞高勝要從學問中來。後來學詩者雖時有妙句，譬如合眼摸象，隨所觸體得一處。非不即是，要且不似若開眼全體見之，合古人處不待取證也。

又云，詩文不可鑿空強作，待境而生，便自工耳。每作一篇先立大意。長篇須曲折三致意，乃可成章。

則又是超於詩法句律的見解。所以他的論詩只推崇杜甫陶潛二人。其贈高子勉詩所謂：

拾遺句中有眼，彭澤意在無絃。顧我今六十老，付公以二百年。

實已逗露此意。於杜則學其法，於陶則又嶄得其超於法者。得於法而後工，超於法而後妙。他指出此二人即所以示其學詩宗主。此則所謂『付公以二百年』也。任淵註，謂：『老杜之詩眼在句中，如彭澤之琴意在絃外，』（山谷詩集註十六）恐非是山谷原意。

山谷論詩雖陶杜並重，而晚年蘄向似乎更偏於陶。津逮本山谷題跋卷七論詩條云：

謝康樂庾義城之於詩，鑪錘之功，不遺力也，然陶彭澤之牆數仞，謝庾未能窺者何哉？蓋二子有意於俗人贊毀其工拙，淵明直寄焉爾。

又山谷宿舊彭澤懷陶令詩云：

空餘詩語工，落筆九天上。向來非無人，此友獨可尙。

此友可尙，亦可知其蘄向之所在了。這個關係，正可看出後來江西詩人之論詩所以由「法」而轉到「悟」的緣故。

第四目　魏泰與葉夢得

宋詩自歐陽蘇黃以後最鮮韵味。滄浪詩話所謂：『以文字爲詩，以才學爲詩，以議論爲詩』云云，正是針對此種作風而言。當時詩壇與此種作風不甚相近者有王安石。故凡論詩不主蘇黃作風者，往往偏主韵味，而與歐陽蘇黃異趣。這可以王安石一派爲例。王安石臨川集中雖無什麼論詩主張，然稍後魏泰葉夢得諸人實可爲此派代表。魏泰爲曾布婦弟，故與蘇黃不合其所撰臨漢隱居詩話，亦黨熙寧而抑元祐。四庫總目提要譏其『堅執門戶之私，甘與公議相左，』要亦不爲無見。但平心論之，魏氏所言亦頗爲中肯。宋詩流弊，確是如此，即使魏氏誠持門戶之見，要亦足爲當時針砭，成其一家之言。如云：

詩者述事以寄情，事貴詳，情貴隱。及乎感會於心，則情見乎詞，此所以入人深也。如將盛氣直述，更無餘味，則感人也淺，烏能使其不知手舞足蹈，又況厚人倫美教化，動天地，感鬼神乎？『桑之落矣，其黃而隕』，『瞻烏爰止于誰之屋』，其言止於烏與桑爾，及緣事以審情，則不知涕之無從也。『採薜荔兮江中，搴芙蓉兮木末，』『沅有芷兮澧有蘭，思公子兮未敢言，』『我所思兮在桂林，欲往從之湘水深』之類，皆得詩人之意。至於魏晉南北朝樂府，雖未極淳，而亦能隱約意思，有足吟味之者。唐人亦多爲樂府，若張籍王建元稹白居易以此得名，其述情敘怨，委曲周詳，言盡意盡，更無餘味。及其末也，或是詼諧，便使人發笑。此曾不足以宣諷愬之情，況欲使聞者感動而自戒乎？甚者或譎怪，或俚俗，所謂惡詩也，亦何足道哉！

凡爲詩當使挹之而源不窮，咀之而味愈長；至如永叔之詩，才力敏邁，句亦清健，但恨其少餘味爾。

詩主優柔感諷，不在逞豪放而致怒張也。老杜最善評詩，觀其愛李白深矣，至稱白則曰：『李侯有佳句，往往似陰鏗；』又曰：『清新庾開府，俊逸鮑參軍。』信斯言也，而觀陰鏗鮑照之詩，則知予所謂主優柔而不在豪放者，爲不虛矣。

此處所謂「味」，蓋取古詩溫柔敦厚一唱三歎之義，猶與後世詩禪之說不盡相同。其與滄浪詩話同一論旨者，只在反對歐陽蘇黃之歛邁豪放而已。

其與魏泰相同不滿蘇黃之詩，而進一步再以禪論詩者，則爲葉夢得。葉氏所撰石林詩話，其論詩宗旨，與魏氏合，而意旨所歸，却最與滄浪爲近。四庫提要以其推重王安石者不一而足，遂謂『夢得出蔡京之門，而其壻章冲則章惇之孫，本爲紹述餘黨，故於公論大明之後，尙陰抑元祐諸人。』實則此亦由於蘇王二氏詩的作風本是互異，故其論詩主張也不會相同，正不必牽涉到黨爭門戶的方面。石林詩話云：

歐陽文忠公詩始矯崑體，專以氣格爲主，故其言多平易疎暢，律詩意所到處，雖語有不倫，亦不復問。而學之者往往遂失眞，傾囷倒廩，無復餘地。

長篇最難，晉魏以前，詩無過十韻者。蓋常使人以意逆志，初不以敘事傾盡爲工。

此即魏泰不主豪放之旨，也即滄浪所譏以才學爲詩之意。又云：

七言難於氣象雄渾，句中有力而紆徐，不失言外之意。自老杜『錦江春色來天地，玉壘浮雲變古今』與『五更鼓角聲悲壯，三峽星河影動搖』等句之後，嘗恨無復繼者。韓退之筆力最爲傑出，然每苦意與語俱盡。——和裴晉公破蔡州回詩所謂『將軍舊壓三司貴，相國新兼五等崇』，非不壯也，然意亦盡於此矣。不若劉禹錫賀晉公留守東都云：『天子旌旗分一半，八方風雨會中州，』語遠而體大也。

此節亦近魏泰之旨；但與滄浪所謂「坡谷諸公之詩如米元章之字，雖筆力勁健終有子路未事夫子時氣象，盛唐諸公之詩，如顏魯公書，既筆力雄壯又氣象渾厚」云云，為更相類似。明得此意，則知石林論詩所以推重安石而譏議歐蘇者，亦自有因，固不僅門戶之見了。

且石林之於安石亦非一味推重者。如云：『王荆公少以意氣自許，故詩語惟其所向，不復更為涵蓄，……後從宋次道盡假唐人詩集，博觀而約取，晚年始盡深婉不迫之趣。』則知其所以推重安石者，正在其深婉不迫之趣，與其論詩宗旨有合耳。至如所謂：

> 『池塘生春草，園柳變鳴禽，』世多不解此語為工，蓋欲以奇求之耳。此語之工正在無所用意，猝然與景相遇，借以成章，不假繩削，故非常情所能到。詩家妙處當須以此為根本，而思苦言難者往往不悟。……自唐以後，既變以律體，固不能無拘窘，然苟大手筆亦自不妨削鐻於神志之間，斲輪於甘苦之外也。
>
> 古今論詩者多矣，吾獨愛湯惠休稱謝靈運為「初日芙蕖，」沈約稱王筠為「彈丸脫手，」兩語最當人意。初日芙蕖，非人力所能為，而精彩華妙之意，自然見於造化之妙。靈運諸詩可以當此者亦無幾。彈丸脫手，雖是輸寫便利，動無留礙，然其精圓快速發之在手，筠亦未能盡也。然作詩審到此地，豈復更有餘事。韓退之贈張籍云：『君詩多態度，靄靄春空雲。』司空圖記戴叔倫語云：『詩人之詞如藍田日暖良玉生煙。』亦是形

似之微妙者，但學者不能味其言耳。

是則且較魏泰更進一步而與滄浪所謂『不涉理路，不落言詮』及『透徹玲瓏不可湊拍』者實爲同一意旨了。至如下文所引一節：

禪宗論雲間有三種語：其一爲隨波逐浪句，謂隨物應機不主故常；其二爲截斷衆流句，謂超出言外非情識所到；其三爲函蓋乾坤句，謂泯然皆契，無間可伺：其深淺以是爲序。余嘗戲爲學子言：老杜詩亦有此三種語，但先後不同，『波漂菰米沈雲黑，露冷蓮房墜粉紅，』爲函蓋乾坤句，以『落花游絲白日靜，鳴鳩乳燕青春深，』爲隨波逐浪句；以『百年地僻柴門逈，五月江深草閣寒，』爲截斷衆流句。若有解此，當與渠同參。

則更爲滄浪以禪喻詩之所本了。

第五目　韓駒與吳可

韓駒詩，蘇軾兄弟均比之儲光羲。其學原出蘇氏，故呂本中以列江西派中，駒殊不樂。（見後村詩話）吳可少亦以詩爲蘇軾劉安世諸人鑒賞，故亦爲蘇學。吳可所著藏海詩話中，頗多與韓駒論詩之語，故二人論詩宗旨亦最相近似。

吳可藏海詩話頗多申述東坡詩論之處，如白鷗沒浩蕩一條，卽出蘇軾志林；『凡文章先華麗而後平淡』諸語，卽東坡『絢爛之後歸於平淡』之說；『以意爲主，輔之以華麗，則中邊皆甜』諸語，亦出東坡論陶詩中邊皆甜之說。又案李之儀姑溪題跋有跋吳思道詩云:『東坡嘗謂余曰，凡造語貴成就，成就則方能自名一家，如蠶作繭不留罅隙。吳子華韓致光所以獨高於唐末也。吳君詩咄咄逼近時人未易接武，余雖未識其面，呻吟所傳感歎不已。』此與藏海詩話所云『唐末人詩雖格不高而有衰陋之氣，然造語成就，今人詩多造語不成』者正相映發。所以韓駒吳可之論詩，又可作爲蘇軾一派的主張。

蘇軾論詩已近禪悟。韓駒、吳可言之更明。吳駒贈趙伯魚詩有云:

學詩當如初學禪，未悟且遍參諸方。一朝悟罷正法眼，信手拈出皆成章。(陵陽先生詩二)

此與吳可學詩詩正同一論調。吳詩云:

學詩渾似學參禪，竹楊蒲團不計年。直待自家都了得，等閑拈出便超然。

學詩渾似學參禪，頭上安頭不足傳。跳出少陵窠臼外，丈夫志氣本衝天。

學詩渾似學參禪，自古圓成有幾聯。春草池塘一句子，驚天動地至今傳。

此詩見詩人玉屑卷一所引，不載吳氏藏海居士集中。當時龔相亦有學詩詩，蓋和吳氏之作。詩人玉屑亦引之云:

學詩渾似學參禪，悟了方知歲是年。點鐵成金猶是妄，高山流水自依然。

學詩渾似學參禪，語可安排意莫傳。會意卽超聲律界，不須鍊石補青天。

學詩渾似學參禪，幾許搜腸覓句聯。欲識少陵奇絕處，初無言句與人傳。

是均以禪喻詩，開滄浪詩話之先聲。陵陽室中語述韓氏語云：

詩道如佛法當分大乘小乘邪魔外道，惟知者可以語此。（詩人玉屑卷五引）

此則說得更爲明顯，知滄浪所論全是拾此牙慧。又吳可藏海詩話亦云：

凡作詩如參禪，須有悟門。

則知其論詩宗旨與方法本是如此。四庫總目提要乃稱其『每作不了了語，似乎禪家機鋒，頗不免於習氣，』似亦非吳氏知己也。

第六目　江西詩人

江西詩人之詩論，又是山谷一派之緒餘，另成一個系統。曾季貍艇齋詩話有一節云：

後山（陳師道）論詩說換骨，東湖（徐俯）論詩說中的，東萊（呂本中）論詩說活法，子蒼（韓駒）論詩說飽參，入處雖不同，其實皆一關捩，要知非悟不可。

這正是說明江西詩社中人的論詩主張。所以諸人均同一論調，同一關捩。蓋自山谷奉答謝公定詩有云『自往見謝公，論詩得濠梁，』已重在『有所悟入，』（見任淵註）則知傳江西衣鉢者，其論詩當然也重在「悟」了。

茲先就陳師道言之。昔人稱陳氏作詩重在苦吟，每偕及門登臨得句，卽急歸臥一榻，以被蒙首，甚至其家嬰兒孺子亦抱寄鄰家，其精思苦吟如此。所以黃庭堅有『閉門覓句陳無己』之謔；（病起荊江亭卽事）又其贈陳師道詩亦有『陳侯學詩如學道，又似秋蟲噫寒草，日晏腸鳴不俛眉，得意古人便忘老』諸語。當然的，陳氏的自咏絕句，更應有『此生精力盡於詩，末歲心存力且疲』之歎了。

以他這樣苦吟，故其所謂「換骨」云者，實即是火候到時的境界。其答秦少章詩云：

> 學詩如學仙，時至骨自換。

工夫深時，自然能換骨的。這雖以學仙爲喻；但亦未嘗不是禪宗的方法。所以說關捩全在一「悟」字。

今世所傳後山詩話，固不足信，然亦未嘗不可於其中節取數語以窺其論詩宗旨。如所謂『寧拙毋巧，寧樸毋華，寧麤毋弱，寧僻毋俗，』云云，正是江西派論詩主張。與其詩所謂『近世無高學，舉俗愛許渾』者（次韻蘇公西湖觀月聽琴）正是同一意思。所以我疑此書本是後山未曾寫定之本，以出後人編次，遂不免增益竄亂耳。

於次再一言徐俯。徐氏論詩，艇齋詩話稱其『論詩說中的，』今以未見東湖集，不知其說若何？但曾敏行獨醒雜志有一節云：

> 汪彥章爲豫章幕官；一日會徐師川於南樓，問師川曰：『作詩法門當如何入？』師川答曰：『即此席間杯拌果蔬使令以至目力所及，皆詩也。君但以意翦裁之，馳驟約束，觸類而長，皆當如人意，切不可閉門合目作鐫空妄實之想也。』彥章頷之。逾月復見師川曰：『自受教後，准此程度，一字亦道不成。』師川喜謂之曰：『君此後當能詩矣。』故彥章每謂人曰：『某作詩句法得之師川。』

胡仔苕溪漁隱叢話前集四十九引呂氏童蒙訓亦述徐氏語云：『詩豈論多少，只要道盡眼前景致耳。』正是此意。眼前景致本可入詩，不過他說得迷離恍惚，有如懷麓堂詩話所謂『宋人論詩高者如捕風捉影』之類，則不免墮於禪門習氣而已。

又艇齋詩話有一節云：

東湖嘗與予言，近世人學詩，止於蘇黃；又其上則有及老杜者；至六朝詩人皆無人窺見。若學詩而不知有選詩，是大車無輗，小車無軏。

此意亦嚴羽所謂『取法乎上』的意思。詩人論詩本是各有自得之處，所以艇齋詩話又云：『山谷論詩多取楚詞，東湖論詩多取選詩。』各人之所嗜雖不相同，要之都是陳師道之所謂「高學」，決不偏徇流俗之見的。因知滄浪詩話所謂『學者須從最上乘具正法眼悟第一義』云云，也從江西餘唾得來。

因其如此，所以江西詩人也都有一些自立的氣概。即如徐氏雖為山谷之甥，並且也是江西派的詩，但他磊落不羣之氣，終不肯屈居人下。所以晚年有人稱其源自山谷者，他不以為然，答以小啓云：『涪翁之妙天下，君其問之水濱；斯道之大域中，我獨知之濠上。』（見趙釴鸚林子卷一）其於山谷猶且如此，何況餘子！所以呂氏童蒙訓又云：『徐師川言作詩自立意，不可蹈襲前人。』（漁隱叢話前集三十七引）這是江西詩人所共持的態度。黃山谷云：『聽它下虎口著，我不為牛後人。』江西詩人持奉這種信條，安得不愈變而愈離其宗。我所以謂滄浪詩話雖似針對江西詩派而發，實際上也未嘗不深受江西詩人的影響。

最後，再一言呂本中之所謂「活法」。呂氏關於論詩之著凡有三種：一爲江西詩社宗派圖，以選集而兼論評，這是江西詩人的總集。一爲紫薇詩話，則論詩而及事者爲多，又爲江西詩人的小傳或遺聞軼事的記載。其又一則爲呂氏童蒙訓，其論詩主張，大率在是，是又可作爲江西詩人之詩論觀。

不過因此書本爲家塾訓課之本，故一方面論爲詩文之法，一方面又論爲人之法。而且本中本是北宋故家，及見元祐遺老師友傳授，具有淵源，故言理學則折衷二程，論詩文則取法蘇黃。他在政和宣和之間只與王氏之學立異，而於元祐程蘇之學則不復分別。所以是書雖多論詩主張，而不全是論詩。而且今傳各本童蒙訓，均無論詩文之語，蓋又是朱學盛行以後，欲嚴洛蜀之辨而加以汰除者。明葉盛菉竹堂書目卷四有童蒙詩訓一册，又楊士奇等所編之文淵閣書目卷十亦有之，註云闕。均以列入宋人詩話中間，當卽爲童蒙訓中之論詩者，不知此果宋人分編之本，抑爲後人掇拾之本，已不可考。現在只就苕溪漁隱叢話所引者考之以見其一斑。

呂氏論詩重在悟入。童蒙訓云：

作文必要悟入處，悟入必自工夫中來，非僥倖可得也。如老蘇之於文，魯直之於詩，蓋盡此理也。

所以紫薇詩話自述答晁叔用語云：『只熟便是精妙處』。熟卽活法，卽工夫，卽悟。又其與曾吉甫論詩第一帖云：

楚詞杜黃，固法度所在，然不若徧考精取，悉爲吾用，則恣態橫生，不窘一律矣。如東坡太白詩，雖規摹廣大，學者難依然讀之使人敢道澡雪滯思無窮苦艱難之狀，亦一助也。要之此事須令有所悟入，則自然越度諸子。悟入之理，正在工夫勤惰間耳。如張長史見公孫大娘舞劍，頓悟筆法。如張者專意此事，未嘗少忘胸中，故能遇事有得，遂造神妙。使他人觀舞劍，有何干涉！

又其序詩社宗派圖亦謂『詩有活法，若靈均自得，忽然有入，然後惟意所出，萬變不窮。』都近禪門話頭。蓋江西派論詩雖好論詩法，而能不泥於法。呂氏與曾吉甫論詩第二帖云：

欲波瀾之闊，先須於規摹令大，涵養吾氣而後可。規摹既大，波瀾自闊，少加治擇，功已倍於古矣。試取東坡黃州已後詩，如種松醫眼之類，及杜子美歌行及長韻近體詩看，便可見。若未如此而事治擇，恐易就而難遠也。退之云：『氣，水也，言浮物也。水大則物之浮者大小畢浮，氣之與言猶是也。氣盛則言之長短與聲之高下皆宜。』如此則知所以爲文矣。曹子建七哀詩之類，宏大深遠，非後作詩者所能及，此蓋未始有意於言語之間也。近世江西之學者，雖左規右矩，不遺餘力，而往往不知出此，故百尺竿頭不能更進一步，亦失山谷之旨也。

百尺竿頭再進一步，便能有所悟，悟入之法，或自工夫中來，此即陳師道所謂「時至骨自換」之說，或自徧考中來，即韓駒所謂『未悟且遍參諸方』之意。如童蒙訓云：

前人文章各自一種句法：如老杜『君今起柂春江流，予亦沙邊具小舟』『同心不減骨肉親，每語見許文章伯』，如此之類，老杜句法也。東坡『秋水今幾竿』之類，自是東坡句法。魯直『夏扇日在搖，行樂亦云聊，』

此魯直句法也。學者若能遍考前作，自然度越流輩。（苕溪漁隱叢話前集卷八引）（註）

【註】按陳鵠西塘集耆舊續聞二稱呂居仁云「學詩須熟看老杜蘇黃，亦先見體式，然後遍考他詩，自然工夫度越過人」蓋即此節而易其語。

此即遍參之意。大抵江西一派是由人巧之極以臻天然者，故由奪胎換骨之說，可以一變而爲悟入之論，由遍參之法可以歸到自得之境。後來楊萬里陸游之詩，從江西派入而不從江西派出，後來嚴羽滄浪詩話反對蘇黃而論詩之語轉多拾江西餘唾，蓋均由此。我們只看漁隱叢話前集十五所引童蒙訓云：

浩然詩：『掛席幾千里，名山都未逢。泊舟潯陽郭，始見香爐峯。』但詳看此等語，自然高遠。

這不就是後來神韵派的論調嗎？范溫潛溪詩眼云：『山谷言學者若不見古人用意處，但得其皮毛，所以去之更遠。學者先以識爲主，禪家所謂正法眼，直須具此眼目，方可入道。』（苕溪漁隱叢話前集五引）則知滄浪論詩主識，正從江西詩人「遍參」一語得來。

第三節　道學家之詩論

第一目　張載

我們論到道學家之詩論，先須注意到幾個特殊之點：（1）不重在作詩而重在知詩或論詩。（2）其於作詩亦不重雕琢而重在自然。（3）其於知詩論詩又不重在作法，不泥於體製，而重在原理的根本的探索。這三點是道學家對於詩的態度。所以有時推到極端，也不作詩，也不論詩，而重在用詩。

北宋時，張載邵雍與二程恰恰可以代表這三方面。張載重在知詩，二程主於用詩，而邵雍則不廢吟咏，所以又頗論及作詩的態度。

知詩之說，大抵出於孟子論詩之緒餘，固然不是當時道學家的特見。然而道學家亦頗能發揮，頗能補充。孟子說：『說詩者不以文害辭，不以辭害志，以意逆志，是謂得之。』這種說法，經漢人一用，便成爲穿鑿附會。他們以爲惟委曲解詩，才爲以意逆志。這不能不說是漢儒的錯悞。宋人解詩與漢儒異，但其所用的方法，也仍是孟子以意逆志的方法。用同樣的方法，而有不同的結果，這又是什麼原因呢？這在張載經學理窟一詩書條中說得好：

> 古之能知詩者，惟孟子爲以意逆志也。夫詩之志至平易，不必爲艱險求之。今以艱險求詩，則已喪其本心，何由見詩！

原來漢宋儒者的解詩，同樣用以意逆志的方法，不過一則艱險求之，一則平易求之而已。漢人以艱險求詩，所以多穿鑿；宋儒以平易求詩，所以又一反漢人的見解。說是鑿空，同樣的是鑿空。後來清儒只知揚漢抑宋，於漢人所說則闡揚之不遺餘力，而巧爲圓謊；於宋人所言則排斥之不遺餘力，而詆爲臆說，眞不免是知其一未知其二了。眞不能驚詫於泥古之見之入人之深了。

孟子又說：『頌其詩，讀其書，不知其人，可乎？是以論其世也，是尙友也。』這些話經漢人一用，於是有詩譜。詩譜說明詩的時地關係，本沒有什麼壞處，可是詩譜的根據，是在於詩序，詩序所言既未能盡信，則詩譜所說，雖欲求知源流清濁之所處與風化芳臭氣澤之所及，恐亦不免錯悞了。宋人解詩雖也用同樣的方法，便不是這般拘泥求之。他說得很通達。他只言其大概而不鑿指事實，所以較鮮流弊。張載經學理窟二禮樂條中有云：

> 鄭衞之音自古以爲邪淫之樂，何也？蓋鄭衞之地濱大河，沙地土不厚，其間人自然氣輕浮；其地土苦，不費耕耨，物亦能生，故其人偷脫怠惰，弛慢頹靡。其人情如此，其聲音同之，故聞其樂能使人如此懈慢。其地平下，其間人自然意氣柔弱怠墮；其土足以生，古所謂息土之民不才者也。

他從一般人的稟賦方面說，他從一般人的氣質方面說。以環境論詩，以氣質論世，當然不會有漢儒穿鑿之弊了。

第二目　邵雍

道學家大率不甚爲詩，其能爲詩者，惟有邵雍。邵氏所著有伊川擊壤集。其自序云：

> 擊壤集，伊川翁自樂之詩也。非唯自樂，又能樂時與萬物之自得也。

這正說明他作詩的態度。所以他論詩的標準也是如此。他繼續言之云：

> 伊川翁曰，子夏謂詩者志之所之也，在心爲志，發言爲詩，情動於中而形於言，聲成其文而謂之音。是知懷其時則謂之志，感其物則謂之情，發其志則謂之言，揚其情則謂之聲，言成章則謂之詩，聲成文則謂之音。然後聞其詩，聽其音，則人之志情可知之矣。

此數語中闡說「詩」與「音」的區分及「志」與「詩」或「情」與「音」的關係，都是値得注意的。由於他說明「志」與「時」的關係，故其論詩重在寫其自我；由其說明「情」與「物」的關係，故其論詩又重在寫其自得。

他的論詩大旨，不外於詩大序一篇所言。其論詩吟云：『何故謂之詩？詩者言其志。既用言成章，遂道心中事。』談詩吟云：『詩者人之志，非詩志莫傳。』詩畫吟云：『詩者人之志，言者心之聲。志因言以發，聲因律而成。』這與詩序所謂「志之所之」云云，沒有多大分別，但是他的重要卻正在於此。他能夠根據詩序而加以組織的系統的說明。他能夠化朽腐為神奇，把陳陳相因的老生常談，一變而為他自己的詩論，為他當時新起的道學家的詩論。這便是值得注意的了。他以為

時——懷其時——志——發其志——言——言成章——詩
物——感其物——情——揚其聲——聲——聲成文——音

他分別兩項說明其關係，這已與詩大序所言不盡相同了，因為他分為兩項說明，所以他也提出了兩個重要的觀點：第一點是說明了「志」與「時」的關係。『詩言志，』這是一句老話，盡人知之，亦盡人能言之；但是所謂「志」是什麼？則又人異其說。正同人異其志一樣。袁枚標榜性靈之說，亦以『詩言志』一語為宗旨，可知言志之旨雖同，而內容意趣卻可隨各人解釋的觀點而不同。道學家之闡說『詩言志』一語，當然不會同於袁枚一流之詩人的見解。至其所由不同之故，則邵氏自序中說得很明晰。詩大序云：『情動於中而形於言，』這即是「言志」一語之

絕妙解釋，而亦是道學家與詩人所共守的信條。但是如何可使情動於中呢？他以爲其要有二，卽是『身也時也謂身則一己之休慼也謂時則一時之否泰也。一身之休慼則不過貧富貴賤而已；一時之否泰則在夫興廢治亂者焉。』所以本於一身之休慼而爲言者，祇不過發抒個人的牢騷，或寫其浪漫愉佚的生活，其情均未能盡軌于正。卽有論到一時之否泰者，亦不過是一己愛憎之私而不足以爲天下是非之公。所以他說『懷其時則謂之志』重在時的方面，便可較鮮這些流弊了。所以他又說：『近世詩人窮慼則職於怨憝，榮達則專於淫佚。身之休慼發於喜怒，時之否泰出於愛惡，殊不以天下大義而爲言者，故其詩大率溺於情好也。』這纔可見出詩人和道學家之不同。僅以身的關係發其志而爲言者，是發乎情而止乎情。以天下大義而爲言者則情出於時而悉歸于正，此則所謂發乎情而止乎禮義也。這纔是詩大序『發乎情止乎禮義』一語絕妙的注脚，絕妙的闡說。

第二點是說明了「情」與「物」的關係，他再追究到何以一般詩人要溺於情好呢？情好是不是應當捐棄或避之如蛇蝎呢？他則以水能載舟亦能覆舟爲喻，而以爲：

噫！情之溺人也甚於水。古者謂水能載舟亦能覆舟，是覆載在水也，不在人也。載則爲利，覆則爲害，是利害在人也，不在水也。不知覆載能使人有利害邪？利害能使水有覆載邪？二者之間必有處焉。就如人能踏水，非水能踏人也。然而有稱善踏者，未始不爲水之所害。若外利而踏水之情，亦由人之情也。若利內而踏水，利而壞之，患立至於前，又何必分乎人焉水焉，其傷性害命一也。

性者，道之形體也；性傷則道從之矣。心者，性之郛郭也；心傷則性亦從之矣。身者，心之區宇也；身傷則心亦從之矣。物者，身之舟車也；物傷則身亦從之矣。是知以道觀性，以性觀心，以心觀身，以身觀物，治則治矣，然猶未離乎害者也。不若以道觀道，以性觀性，以心觀心，以身觀身，以物觀物，則雖欲相傷，其可得乎？若然，則以家觀家，以國觀國，以天下觀天下，亦從而可知之矣。

他提出了『以道觀道，以性觀性，以心觀心，以身觀身，以物觀物』的方法，則兩不相傷，情累都忘，更何溺於情好之足慮！這纔是道學家修養之極詣，而同時也是詩人所需的修養之極詣。尤其道學家的詩人所應持的態度。

由第一點言，故其論詩重在寫其自我；由第二點言，故其論詩又重在寫其自得。其無苦吟一首中云：『行筆因調性，成詩爲寫心。詩揚心造化，筆發性園林』。（伊川擊壤集十七）於抒寫自我中有自得之趣。其閑吟詩又云『忽忽閑拈筆，時時樂性靈。何嘗無對景，未始便忘情。句會飄然得，詩因偶爾成。天機難狀處，一點自分明』。（伊川擊壤集四）於抒寫自得中也自有自我存在。故其作詩的態度是：

堯夫非是愛吟詩，詩是堯夫自得時。風露清時收翠潤，山川秀處摘新奇。搶揚物性多存體，拂掠人情薄用辭。遺味正宜涵泳處，堯夫非是愛吟詩。（首尾吟）

蓋詩人以詩累情，而他則以詩適情；道學家重道廢詩，而他則重道而不廢詩。以詩累情，所以只惟聲律詞藻之是求，而性靈與趣便索然了。重道廢詩，所以以詩爲閑言語，而道妙既無由闡寫，道體亦無從形容了，所以他說：

所未忘者獨有詩在焉然而雖曰未忘，其實亦若忘之矣。何者？謂其所作異人之所作也。所作不限聲律，不沿愛惡，不立固必不希名譽，如鑑之應形，如鍾之應聲。其或經道之餘，因靜照物，因時起志，因物寓言，因志發詠，因言成詩，因詠成聲，因詩成音，是故哀而未嘗傷，樂而未嘗淫，雖曰吟詠情性，曾何累於情哉！

因此他的態度是『亦不多吟亦不少吟，亦不不吟亦不必吟』（答傅欽之）的。其言默吟一首說得更為明白。他說：

鐘鼓樂也，玉帛禮也，與其嗜鐘鼓玉帛，則斯言也不能無陋矣。必欲廢鐘鼓玉帛，則其如禮樂何？人謂風雅之道行于古而不行于今，殆非通論，牽于一身而為言者也。（擊壤集自序）

當默用言言是垢，當言任默默為塵。當言當默都無任，塵垢何由得到身。

道學家不吟，其病在當言任默；詩人必吟，其病在當默用言。所以他是詩人中的道學家，道學家中的詩人。我嘗謂宋代的古文家雖論文主道而未嘗不通於言志；宋代的道學家雖論詩言志而也未嘗不偏於載道。蘇軾是前一種最適當的例，而邵雍便是後一種最適當的例。邵氏首尾吟中又有云：

堯夫非是愛吟詩，詩是堯夫樂物時。天地精英都已得，鬼神情狀又能知。陶真意向辭中見，借論言從物外移。始信詩能通造化，堯夫非是愛吟詩。

堯夫非是愛吟詩，詩是堯夫可愛時。已着意時仍着意，未加辭處與加辭。物皆有理我何者，天且不言人代之。代了天工無限說，堯夫非是愛吟詩。

詩能通造化，詩能代天工，這是向來詩人所不敢如此大言的。其詩酒吟云：『鬼神情狀將詩寫，造化功夫用酒傳。傳寫不干詩酒事，若無詩酒又難言。』

第三目　二程及其門人

道學家之論詩，至二程可謂偏於極端了。他們是主張不欲作詩的。程頤云：

某素不作詩，亦非是禁止不作，但不欲爲此閑言語。且如今言能詩無如杜甫，如云『穿花蛺蝶深深見，點水蜻蜓款款飛。』如此閑言語道出做甚！某所以不常作詩。（二程遺書十八）

至其所以不欲作詩之故，亦與其不欲用力於文章一樣。他說：

學時須是用功，方合詩人格。既用功，甚妨事。古人詩云『吟成五個字，用破一生心；』又謂『可惜一生心，用在五字上。』此言甚當。

則知其對於作詩作文，均以玩物喪志視之。邵雍是爲詩而不守詩人的格，二程是因爲要守詩人的格而不爲詩。不過，他們雖不作詩而頗能認識詩的性質。正因他們對於詩的性質認識清楚，所以纔能善於用詩。伊川經說卷三有云：

詩者言之述也，言之不足而長言之，咏歌之所由興也。其發於誠感之深，至於不知手之舞足之蹈，故其入於人也亦深，至可以動天地感鬼神。

這雖即是詩大序中的老話，但對於詩的性質和功能，卻說得正着。蓋道學家儘管不作詩，而於詩卻體會有得。程氏外書（十二）引上蔡語錄云：

伯醇常談詩，並不下一字訓詁，有時只轉卻一兩字點掇地念過，便教人省悟。又曰古人所以貴親炙之也。明道先生善言詩。他又渾不曾章解句釋，但優游玩味吟哦上下，便使人有得處。

以這種玩味的讀法，當然能別有會心了。昔人只是泥於詞句，故其讀詩與用詩，至多亦不過是斷章取義。但在道學家則是用「興於詩」的方法，以讀詩者所以能取欣賞的態度體會有得了。

不過道學家之讀詩與一般人之純取欣賞的態度者猶有一些分別。這個關係，即因道學家的態度始終不離尚用的觀念之故。近思錄（三）載程頤語云：

今人不會讀書。如『誦詩三百，授之以政，不達；使於四方，不能專對，雖多亦奚以爲！』須是未讀詩時，不達於政，不能專對，既讀詩後，便達於政，能專對四方，始是讀書。『人而不爲周南召南，其猶正牆面』，須是未讀詩時如面牆，到讀了後便不面牆，方是有驗。

他處處要得到「興」的結果，而且要得到「興」的良好的結果，故其論詩亦始終離不開一個「善」字。程顥云：

學之興起莫先於詩。詩有美刺，歌誦之以知善惡治亂興廢。（二程遺書十一）

程頤云：

興於詩是興起人善意，汪洋浩大皆是此意。

游酢論語雜解之解「興於詩」一章云：

興於詩，言學詩者可以感發於善心也。如觀天保之詩，則君臣之義修矣。觀棠棣之詩，則兄弟之愛篤矣。觀伐木之詩，則朋友之交親矣。觀關雎鵲巢之風，則夫婦之經正矣。昔王裒有至性，而弟子至於廢講蓼莪，則詩之興發善心，於此可見矣。而以考其言之文爲興於詩，則所求於詩者外矣；非所謂可以興也。然則『不學詩無以言，』何也？蓋詩之情出於溫柔敦厚，而其言如之。言者心聲也，不得其心，斯不得于言矣。仲尼之敎伯魚固將使之興于詩而得詩人之志也。得其心斯得其所以言而出言有章矣。豈徒考其文而已哉！

均是着眼在「善」的方面，所以最後歸宿是要人的詩化。程頤云：

興於詩者，吟咏性情涵暢道德之中而歆動之，有「吾與點也」氣象。（程氏外書三）

程顥云：

學者不可不看詩。看詩便使人長一格價。（近思錄三）

這纔盡「興」的能事。這纔到善於用詩的最高點。

道學家之詩論所以常爲後人——尤其在近世——所詬病者，大概是在這一點。然而道學家所取的玩味欣賞的態度，儘管偏於用主於善，畢竟也有相當的成功。

其一，在解義。伊川經說（三）詩解云：

古人之學由詩而興，後世老師宿儒尙不知詩義，後學豈能興起乎？世之能誦三百篇者多矣！果能達政專對乎？是後之人未嘗知詩也。

詩義不明則不能使人興起，於是纔感到解義之必要。而一方面體會有得，也自覺別有新義，不得不舉以示人。於是一般道學家遂紛紛別撰詩說，而宋儒說詩遂與漢儒異趣了。此後至朱子之詩集傳而集其大成，成爲解詩之別一派，不可謂不是這種主張有以促成之。

其又一，在合樂。近思錄（十二）錄二程語云：

明道曰，敎人未見意趣必不樂學，欲且敎之歌舞。如古詩三百篇皆古人作之。如關雎之類，正家之始，故用之鄉人，用之邦國，日使人聞之。此等詩其言簡奧，今人未易曉，欲別作詩略言敎童子灑掃應對事長之節，令朝夕歌之，似當有助。

伊川曰，天下有多少才，只爲道不明於天下，故不得有所成就。且古者興於詩，立於禮，成於樂，如今人怎生會得！古人於詩，如今人歌曲一般，雖閭巷童稚，皆習聞其說而曉其義，故能興起於詩。後世老師宿儒尙不能曉其義，怎生教得學者是不得興於詩也古禮既廢人倫不明，以至治家皆無法度，是不得立於禮也。古人有歌詠以養其性情，聲音以養其耳目，舞蹈以養其血脈今皆無之，是不得成於樂也。

他們都有詩樂離析之憾。本來由於音樂的變遷，在後世實在沒法使古詩復有歌唱的可能。但因注意到這一點，自然能使(1)詩之通俗化；——對於古詩則解其義，對於當時的詩則使成淺近易曉的歌曲。(2)詩之歌化——採用古詩應用的方法，使之歌詠以養其性情。這均是用詩的極妙方法，後來明朝人的論戲看作有關教化的事務，即是從這種見解來的。

中國文學批評史下卷

第一篇 總論

第一章 文學批評完成與發展之三階段

中國之文學批評，從大體說：北宋以前以文學觀念爲中心，其批評理論每因其對於文學之認識而轉移其主張。南宋以後以文學批評本身的理論爲中心，而文學觀念只成爲文學批評中的問題之一，所以不會如本書上卷所述有演進與復古兩個截然不同的時期。我們假使說文學觀念演進期爲「正，」則復古期爲「反，」而本書下卷所述則爲「合。」這是本書上下二卷最大的分別。因此，本書上卷所述，以問題爲綱，而以批評家的理論納於問題之中，即於劉勰鍾嶸諸人，猶且不爲之特立一章。至本書下卷所述，恰恰相反，以批評家爲綱而以當時的問題納入批評家的論理體系之中，即因當時的批評家能自成一家言之故。這又是本書上下二卷編例的分別。

我嘗以爲一般人之所謂「通，」其意義有三：一是文辭上的通，文法有不順，語詞有未當，這是不通。一是知識上的通，知其一不知其二，明其正不明其變，還是不通。又一是思想上的通，以今日之我反對昔日之我，矛盾自陷，漫無準的，這也是不通。唐人之學重在文辭上的通，所以以爲用助字應求其當律令；漢人之學重在知識上的通，所以以爲必須通羣經而後始能通一經；宋人之學重在思想上的通，所以以爲要貫通萬事而無礙。這是思想上的一種進步。文學批評家的思想也必須能如此有中心，成體系，然後纔可以論述，而此種情形，在南宋以後始見發展，所以本書七下二卷所側重的不得不有此分別。

爲了有此分別，所以本書下卷之所論述，於批評家所提出的文學理論之外，更須涉及其學問思想；這好似贅餘而不是贅餘。另一方面，對於一些稗販舊說的言論，零星片段的見解，並無中心思想而不能建立其系統者，都只能割愛。這又好似遺漏而不是遺漏。

以上是本書各篇的共同點。然自南宋至清，中間也有八百多年，不能不分期論述。今爲敍述的方便，以南宋金元爲第一期，是批評家正想建立其思想體系的時期。以明代爲第二期，是批評理論各主一端推而至極的偏勝時期。以清代爲第三期，是批評理論折衷調和的綜合時期。在此時期，卽使偏主一端的理論也能吸收種種不同的見解以自圓其說，故又成爲淸代文學批評的特點。

到清末，又受西洋文學批評的影響，於是文學批評史又展開了新的姿態，然而也正因此種關係，所以本書又未便論述。卽清末文人之至民國猶生存者，其文學理論也只能另行敍述。

第二章　南宋金元文學批評概述

一時代的文學，自有其一時代的風氣。中國文學自南宋以後很明顯的傾向於語體的演進。語錄體的流行，小說戲曲的發展，以及方言文學的產生，都在這一個時代，所以自南宋以後是中國文學開始發揮語言特點的時期。可是這只是一種新途徑新趨勢而已。除了這種新途徑新趨勢以外，古文學的勢力依舊存在；而且在事實上這種殘餘勢力的存在，似乎並不因新途徑的開闢而受到什麼打擊。因此，在文學批評史上所討論的還是舊的問題，對於這新興的文學並不起什麼影響，即使有影響，也不過是部分的，暫時的，只成一些極微薄的影響。所以新興的文學雖在文學史上是主潮，而在文學批評史上不成爲主潮；古文學的勢力在文學史上儘管是餘波，而在文學批評史上却仍不失爲中堅。這是我們所應注意的一點。

傳統的古文學，到了南宋，不能不說是比較銷沈的時期。在此時期，固然仍有作古文作四六乃至作詩詞的人，可是不容易在他們作品中找到他的特點。我嘗謂唐代文學之成功在於「創」，有特創的風格，同時也多特創的體製。到了北宋，以無可復創，於是又重在「變」，欲於古人的範圍以內，仍能流露他的才性。於是蘇軾便成爲最恰當的代表。他能使古文語體化，而使四六古文化，使詞詩體化，而詩又散文化，那麼他的古文四六與詩詞都變成創格了。至南宋則無一而非「襲」，無論在那一方面都不能脫前人之窠臼。因此，南宋的批評文壇便提出了「法」

的問題。在以前惟應舉之詩賦與「江西派」詩人纔討論及此，而在此期殆彌漫了整個的文壇。論古文有法，論四六也有法；詩話論法，詞話也一樣論法。這卽因當時文風重在「襲」的關係。再加以南宋時代只見道學家的活躍，不見古文家的氣燄，故其文論沒有古文家的主張，而所論遂偏於道的問題。所謂傳統的文學觀，至此時始展其權威。這也是造成南宋批評文壇不振的原因。

至於金元，又以異族的關係，不免有文壇寂寞之感。由創作言，有新興的戲曲，尙足爲文學史生光；由批評言，則不免較爲沈寂。蓋其時新興的文學尙不會影響到批評，而舊的方面則蹈常習故，陳陳相因，更不會於批評方面別創新義。所以遂成爲文學批評史上的銷沈時代。

可是，金元之文學批評，其銷沈同，而銷沈的情形仍不相一致。金承北宋之後，故國文獻猶有所遺，而且與南宋比鄰，影響所及亦足觀摩。所以金主自熙宗以後每因羨慕江南衣冠文物而提倡文學。翁方綱謂蜀學行於北，洛學行於南，也頗能道出一時風氣。因此，金代文學批評之銷沈，在偏於承舊，不能脫北宋之窠臼。元代文風不如金之富於華化，同時以受新起文學之影響較多，故能於有意無意間提出一些新的問題。我們於元人的言論中時常可以找出一些明代文學批評的端倪。所以元代文學批評之銷沈，又可說在欲樹新幟而規模未宏。

第三章 明代文學批評概述

第一節　與文學之關係

明承宋元二代之後，其文學背景也兼受兩方面的影響。宋人沈溺於道學的氛圍中間，其思想與生活態度是主敬而嚴肅的，是主靜而節欲的，故其文學風氣恆趨向於正統的方面；元人生長於文藝的園地中間，其思想是頹廢的，其生活是縱欲的，故其文學風氣又趨向於新興的方面。在中國歷史上頹廢思想最爲流行的時期，除了晉代以外，沒有再像元代這般強烈了。不過因爲晉人清談是思想上的問題，易爲人所注意，而元人的頹廢，僅表現於文學作品中間而且是新興的文學作品中間，所以易爲一般人忽視而已。趙顯宏殿前歡曲云：『胡尋些東與西，拚了個醒而醉，不管他天和地。』吳仁卿撥不斷曲云：『閑後讀書困後吟，醉時睡足醒時飲，不狂圖甚！』可謂頹廢到極點了。馬九皋蟾宮曲云：『天地中間物我無干，只除是美酒佳人意頗相關；』無名氏水仙子曲云：『一日一個淺斟低唱，一夜一個花燭洞房，能有得多少時光！』又可謂放縱到極點了。以前的文人誰敢這樣大膽地露骨地說，尤其是在南宋。而在元代的散曲中間則類此之例眞舉不勝舉。在這兩極端的情形之下，到了明代當然不能不兼受其影響，所以在這兩般潮流中的文人，不是守舊復古以正統自居，便是標新立異較富革命的精神。這在明代的文學與文學批評中極明顯的可以看出此分野。至於此二種潮流交織的關係，那也是隨處可以看出的。

明代學風也是偏於文藝的，可是又不像元代這般頹廢和放縱。這好似由西晉名士的狂放行爲轉變而爲東晉名士的風流態度。所以元人的風氣與道學衝突，明人的風氣便與道學不相抵觸。所謂二種潮流交織的關係，正可於此看出因此明代文學上的復古潮流只成爲文章體製與技巧之復古，而不是思想上的復古。正因此種復古運動都由文人主持，所以所注意的也只在文章形貌的方面。

又正因明代學風偏於文藝的緣故，於是「空疏不學」四字，又成爲一般人加於明代文人的評語。由於空疏不學，於是人無定見易爲時風衆勢所左右。任何領袖主持文壇都足以號召羣衆，使爲其羽翼；待到風會遷移，而攻謫交加，又往往集矢於此一二領袖。所以一部明代文學史殆全是文人分門立戶標榜攻擊的歷史。其原因卽由空疏不學而只在文藝上討生活的緣故。范景文葛震甫詩序云『余嘗笑文人多事壇坫相高，其意莫不欲盡易昔人所爲，獨雄千古；不知矯枉有過，指摘適滋。往者代生數人，相繼以起其議如波；今則各立門庭，同時並角，其議如訟。擬古造新入途非一，尊吳右楚，我法堅持。彼此紛囂，莫辨誰是。』（范文忠公文集六）這不是當時整個文壇的縮影嗎？

在此種流派互爭的風氣之下，再加以趨古趨新二種潮流，於是明代文壇是丹非素，出主入奴，攻擊詆諆，演成空前的熱鬧。其學古者，或宗秦漢，或宗唐宋，或宗六朝，各有宗主之不同；其趨新者，或受時文之影響以新變爲趨時；或受小說戲曲之影響，以生動爲極則，又常與學古一派立於對峙的地位。正因其易成風氣，所以轉目成陳，也容易使人增其厭惡。方其初起，未嘗不足以矯正時弊，一新耳目；迨門戶既立，依傍既多，其流弊或轉甚於前。此起彼仆，徒增文壇的糾紛而已。然而文學批評中偏勝的理論，極端的主張，卻因此而盛極一時。

第二節　與學術之關係

明代所謂古與新的二種潮流，不僅在文學界如此，卽學術界也是如此。明代學術由理學而轉變爲心學，於是理學便成爲復古而心學則成爲趨新。受理學影響的文人多主學古，宋濂便可爲其代表；受心學影響的文人每主趨新，袁宏道又可爲其代表。其或能溝通此二者之關係，由下學以至上達者，則學古趨新也歸於折衷，焦竑又可爲其代表。

嵇文甫先生之左派王學自序謂：『明中葉以後整個思想走上一個新階段，自由解放的色彩從各方面表現出來。前有白沙，後有陽明，都打出道學革新的旗幟，到王學左派而這種潮流發展到極端了。道學界的王學左派和文學界的公安派竟陵派，是同一時代精神的表現。綜合看來，彌覺其富有歷史意義。』此言極是。蓋理學精神是傳統的，所以當時像薛瑄這樣，甚至謂自朱子後斯道大明，無煩著作直須躬行。心學精神是反抗傳統的，所以當時像李贄這樣，甚至以爲『六經語孟乃道學之口實假人之淵藪。』假使明代學術仍是理學風氣，則蹈常習故，所言者皆聞見道理之言，眞是可以無煩著作。正因轉爲心學，才有不顧一切的大膽精神。此種精神的表現，爲狂，爲怪，爲極端，然而另一方面爲卓異，爲英特，雖不可有二，却不可無一。明代文學批評所以會造成偏勝的風氣者，與當時的學術思想也不無關係。

李贄於孔明爲後主寫申韓管子六韜一文中云『各自成家則各各有一定之學術，各各有必至之事功。』

（焚書五）所以偏勝並不卽是短處。卓吾此文，攻擊儒家之瞻前顧後，左顧右盼，欲圖名實俱利，正是針對儒家的傳統精神而發的。所以他斬釘截鐵地說『不知天下是否有兩頭馬乎否也？』

明代文學批評固然仍有騎兩頭馬之處，然言其特點則正以別出手眼，不騎兩頭馬見長。明代之文學批評，卽使以偏勝之故罅漏百出，受人指摘，然而一段精光，不可偏廢者亦在此。

第四章　淸代文學批評概述

淸代學術有一特殊的現象，卽是沒有他自己一代的特點，而能兼有以前各代的特點。他沒有漢人的經學而能有漢學之長，他也沒有宋人的理學而能擷宋學之精。他如天算、地理、歷史、金石、目錄諸學，均能在昔人成功的領域以內，自有其成就。卽以文學論之，周秦以子稱，楚人以騷稱，漢人以賦稱，魏晉六朝以駢文稱，唐人以詩稱，宋人以詞稱，元人以曲稱，明人以小說或制藝稱，至於淸代的文學則於上述各種中間，沒有一種足以代表淸代的文學，卻也沒有一種不成爲淸代的文學。蓋由淸代文學而言，也是包羅萬象，兼有以前各代的特點的。

所以淸代的文學批評也是如此。以前論詩論文的種種主張，無論是極端的尙質，或極端的尙文，極端的主應用，或極端的主純美，種種相反的或調和的主張，在昔人曾經說過者，淸人無不演繹而重行申述之。五花八門，無不具備，眞是極文壇之奇觀。由這一點言，淸代的文學批評可以稱爲極發達的時代。

又清代學術更有其特殊的風氣，卽是不喜歡逞空論，而喜歡重實驗。實事求是，無徵不信，殆成爲一般人所持守之信條。不僅經學小學重在考據者如是，卽在理學佛學以及文學等等，凡可以逞玄談幻想或虛辭者，在清人說來無不求其着實，求其切實，決不是無根據的遊談無內容的浮談。而清代的文學批評其成就也正在於是。對於文集詩集等等的序跋，決不肯泛述交情以資點綴，或徒貢諛辭以爲敷衍，於是必根據理論以爲批評的標準，或找尋例證以爲說明的根據，而關於文學批評的材料遂較往昔爲增多。至於論文論詩之書翰往復辨難，更成爲一時風氣。所以於昔人文集中不易見其文學主張，而在清人文集中則處處透露其對於文學的見解，由這一點言，清代的文學批評也可稱爲極普遍的時代。

不僅如此，清代學術再有他特殊的成就，卽是不僅各人或各派分擅以前各代之特長，更能融化各代各派各人之特長以歸之於一己或一派。如經學有漢宋兼採之論，文學有駢散合一之風，都是這種精神的表現。明此，則知清代論文主張，所以每欲考據義理詞章三者之合一，自有其相當的關係了。所以清代的文學批評，四平八穩，卽使是偏勝的理論，也沒有偏勝的流弊。若再由這一點而言，則清代的文學批評，更可稱爲集大成的時代。

第二篇　南宋金元

第一章　南宋之文論

第一節　道的問題

第一目　胡銓（樓鑰附）

胡銓，字邦衡，號澹庵，廬陵人，宋史三百七十四卷有傳，所著有澹庵集。

他在南宋道學家中時代較早，其論調猶不偏於極端。其論詩論文雖也不離一個「道」字，然而說來却不拖泥帶水，沒有一般道學家的習氣。蓋他所說明的仍是文的問題而不是道的問題；易言之，仍是以前古文家所提出的問題而不是道學家所提出的問題。

澹庵論文見解之中心卽在『文非生於有心而生於不得已』一語。這句話，古文家也說過，詩人也說過，原不是他的創見，不過他能於此塗上一些道的意味，於是雖是古文家的理論而與古文家不同，雖是道學家的思想而說來也比一般道學家為通達。

由「文非生於有心」的問題言，似乎近於道學家所謂「有德者必有言」之意，然而却用以說明韓愈「氣盛言宜」的理論，那麼雖主於道而不流於迂腐了。他在答譚思順一文中，因譚氏引及孟子觀海難爲水，游聖門難爲言之論，於是大加發揮；先從海的偉大說明海之難爲水之意，再說到聖人之偉大以明聖門之難爲言之意。他說：

知海之難爲水，則知聖門之難爲言，亦猶是矣。今夫源深者流必洪，必至之理也；有德者必有言，亦必至之理也。難爲水者非水之難也，其淵源之大爲難；難爲言者，非言之難也，其德之盛爲難。德，水也；言，浮物也。水大而物之浮者小大畢浮。德盛則其言也旨必遠，理也。昔者孔子道大而德博，其垂世立教，非有心於言也，而能言之類莫能加焉。（濟庵文集九）

這一節所說明的是道愈大德愈博則能言之類莫能加。蘇老泉以水喻文，固然不錯，然而水有大小，不論一概而論，水愈大則變態愈無窮，所以風水相遭，雖是天下之至文，而這至文之成功，仍在於平日之蓄積，仍在於道之大與德之博。那麼「有德者必有言」，便找到根據，而此種根據，不落於陳陳相因的老生常談，因爲所說明的仍是古文家的理論。

由「文生於不得已」的問題言，似又近於古文家所謂風水相遭之說，然而却仍本於道學家的見地，並不同於古文家的口吻。他再在灊陵文集序中說明文皆生於不得已的現象，謂：

凡文皆生於不得已，……其歌也或鬱之，其詩也或感之，其諷議箴諫譏刺規戒也或迫之。凡鬱於中而泄於

外者，皆有不得已焉者也。（澹庵文集十五）

他再舉了好些例，自唐虞三代說起，以至孔孟屈荀韓柳李杜諸人，證明其所作皆出於「放逐厄寒羈愁之思，」而不能自已。此說固不能算是澹庵的特見，然而他下文却接着說：

然則其何以傳道而示後世哉？曰：書所以衞道，而非所以傳道也。書者道之文也。韓愈原道曰：『其文則詩書易春秋，』是詩書易春秋，道之文也，而不可以謂之道。況諸子百家之書而謂之道，可乎？道之傳以人而不以書也。易曰：『神而明之存乎其人。』堯傳之舜，舜傳之禹，禹傳之湯，湯傳之文武周公孔子，孔子傳之孟軻，軻之死不得其傳焉。是傳道者以人不以書也。孔子於詩，蔽之以一言，曰思無邪；孟子於書之武成，止取二三策，是聖賢蓋以心傳道，而非專取於詩書之文辭而已也。道苟得於心，書雖不作可也，文何有哉！

他謂『書所以衞道而非所以傳道，』『道之傳以人而不以書，』於是說到『道苟得於心，書雖不作可也，文何有哉！』這些話便不是古文家的見解。所以此文雖也講到風水相遭之說，而與蘇老泉的結論不同。

風水相遭，他也承認是天下之至文，然而（一）至文之成功全靠乎日的蓄積，同樣的風水相遭，而姿態有大小之異，則可見道大德博的重要了。（二）因此關係，於是對於至文之觀察，不應僅看他一時的變態，更應注意他平時的常態。既知文生於不得已，那麼他所表現的原不過應付此一時不得已的情形而已。假使此一時不得已的情形，變了一種方式，則所表現的也將隨而成爲另一姿態，此所以書只是道之文而不可以謂之道。道之傳以心而不在文，得其心則常變奇止，觸類皆通，不得其心則泥於迹象求之，結果只成為規範模擬之作而已。由前者言，是欲其水之廣大；由後者言又欲看到風未起時的景象。所以雖是風水相遭的比喻，而成為道學家的思想塗澤在古文家的理論上面。

此種見解頗為重要，直是前人所未發。後來樓鑰論文，即本胡氏此意以闡發。其答綦君更生論文書云：

> 來書謂長江東流，不見其怪，瞿唐灩澦之所迫束，而有動心駭目之觀，誠是也。然豈水之性也哉！水之性本平，彼遇風而紋，遇壑而奔，浙江之濤，蜀川之險，皆非有意於奇變，所謂湛然而平者，固自若也。灩澦之立中流，或謂其乃所以為平，此言尤有深致。……妄意論文者當以是求之，不必惑於奇而先求其平。唐三百年文章三變而後定，以其歸於平也。而柳之厚之稱韓文公乃曰文益奇，文公亦自謂怪怪奇奇，二公豈不知此，蓋在流俗中以為奇而其實則文之正體也。……文人欲高一世，或挾戰國策士之氣以作新之，誠可以傾駭觀聽，要必有太過處。嗚呼，如伊川先生之易傳，范太史之唐鑑，心平氣和，理正詞直，然後為文之正體，可以追配古作；而遽讀之者未必深喜。波平水靜，過者以為無奇，必見高崖懸瀑而後快。韓文公之文，非無奇處，正如長江數千里，奇險時一間見，皆有觸而復發，使所在而然，則為物之害多矣。（攻媿集六十六）

此文所言，即本胡氏之意，而發揮得更為透澈。樓鑰本是胡澹庵所賞識的人。隆興元年樓鑰試南宮時，胡銓為考官，曰此翰苑長才也，所以攻媿之學，雖不出於胡氏，而可以受澹庵思想的影響。此種見解的重要，乃在能破古文家好奇的主張。王禹偁之所論也與此同一見地，不過猶是站在古文家的立場；必如胡澹庵與樓攻媿之所論，纔是道學家的見地。

第二目　朱熹

朱熹字元晦，一字仲晦，徽州婺源人，宋史四百二十九卷有傳。

他是宋代道學家之權威。宋代道學至朱子而集其大成；宋代道學家之文學批評也至朱子而集其大成。濂溪言文以載道，而朱子卽闡載道之旨；伊川言作文害道，而朱子亦言逐末之弊。善取諸人以為長，這卽是他的文論之特點。他在南宋道學家中可謂能文之士，然而他的文學觀却不帶古文家的意味。他始終只是道學家中最極端的主張。以前諸家雖不免都有重道輕文的傾向，尚不致卑視古文。他則似乎修洛蜀之舊怨，對於古文家頗有不滿的論調；尤其對於三蘇，三蘇中間尤其對於東坡。

其答徐載叔云『所喻學者之害莫大於時文，此亦救弊之言。然論其極，則古文之與時文，其使學者棄本逐末，為害等爾。』（朱子文集大全類編問答二十六）這卽是程伊川所謂作文害道的意思。古文家在消極方面總喜歡攻擊時文以自高身價，他却把古文看作與時文一樣——一樣是學者之害，此意雖本於裴度寄李翺書所譏韓愈以文為事的見解，然而在他說來頗能使古文家喪失其自豪的膽氣。

又其答楊子順書云『世之業儒者既大為利祿所決潰於其前，而文辭組麗之習見聞掇拾之工，又日夜有以滲泄之於其後，使其心不復自知道之在是，是以雖欲慕其名而勉爲之然其所安終在彼而不在此也。』（文集大全問答三十）這又與二程以學文爲異端云云，是同一見解古文家在積極方面又往往標榜明道以自高其身價，而他卻揭露其假面具以爲「其所安終在彼而不在此」這更足使古文家喪失其憑藉的根據。

因此，我們研究朱子之文學觀，應當知道他在文學批評史上的重要不在能「立」，更在能「破」。我們以前說過，在北宋時期是道學家與古文家角立的時期，兩方面都有第一流的人物，所以各不相下。到南宋便只見道學家的理論而不見古文家的理論了。這原因，由朱子對於古文家的攻擊，恐怕也有關係。

朱子對古文家的理論所以能破，卽因他能用清晰的頭腦，使古文家與道學家的分野劃得很清楚。他先說明古文家與道學家所研究的雖同一對象而方面不同。其滄洲精舍諭學者一文稱老蘇但欲學古人說話聲響，稱韓退之柳子厚用力之處也只是要作好文章。（見文集大全雜著十）語類中謂：『韓退之於大體處見得，而於作用施爲處卻不曉，……緣他費工夫去作文，而於經綸實務不甚究心，所以作用不得。』（正誼堂本卷八）又謂：『貫穿百氏及經史乃所以辨驗是非，明此義理，豈特欲使文詞不陋而已！』（卷八）這些話雖也從二程倒學之說得來，然而他分得更清楚，辨得更嚴格。他以爲這些事根本便不是聖賢事業。古文家把這些事當作聖賢事業，乃是古文家的錯誤。所以研究的對象雖同，而研究的方面則不同。照古文家所研究的，至多只能學得古人說話聲響而已，當然作用不得。

他再說明古文家與道學家所研究的卽便是同一對象，同一方面，而所見到的又互異。語類中也有論及這方面的話：

或問「由是而之焉之謂道？」曰此是說行底，非是說道體。問「足乎已無待於外之謂德？」曰此是說行道而有得於身者，非是說自然得之於天者。（卷八）

原道中擧大學卻不說：「致知在格物」一句。蘇子由古史論擧中庸「不獲乎上」後，却不說「不明乎善，不誠乎身」二句。這兩個好做對。司馬溫公說儀秦處說：「立天下之正位，行天下之大道，」卻不說「居天下之廣居。」看得這樣底都是個無頭學問。（卷七）

這卽說明古文家之所謂道與道學家不同。蓋古文家之所謂道，猶是理學未成立前一般人之所謂道，所以重在用而不是講道體。這種態度與政治家之所言爲近，而在純粹的道學家看來却是無頭學問。因爲他們皆於性理之學不曾追究到底，不曾求個徹底的明瞭。因此，也不會建立成哲學。

他再說明古文家與道學家卽使所研究的是同一對象，同一方面，而所見到的又相同，然而其方法仍互異。論到此，便是以前所謂「貫道說」與「載道說」的不同。他於通書解釋載道之義云：

文所以載道猶車所以載物，故爲車者必飾其輪轅，爲文者必善其詞說，皆欲人之愛而用之。然我飾之而人不用則猶爲虛飾而無益於實。況不載物之車，不載道之文，雖美其飾，亦何爲乎？

語類中又辨正貫道之義云：

才卿問韓文李漢序頭一句甚好。曰：『公道好，某看來有病。』陳曰：『文者貫道之器，且如六經是文，其中所道皆是這道理，如何有病？』曰：『不然，這文皆是從道中流出，豈有文反能貫道之理！文是文，道是道，文只如喫飯時下飯耳。若以文貫道，却是把本爲末。以末爲本，可乎？其後作文者皆是如此。』（卷八）

這一節話頗爲重要。我嘗以爲一般古文家與道學家都說道充則文自至，理明則文自精，然而總覺闡說得不甚分明，卽因不會從載道與貫道的分別細細體會，卽因忽略了朱子所說的這一些話。

講到此，不得不略述朱子之哲學。朱子哲學卽重在說明理氣的關係。他把形而上之道謂之理，形而下之器謂之氣。（見文集大全問答二十九答黃道夫書）這般說似乎分別理氣爲二。然而却又說：『理又非別爲一物，卽存乎是氣之中。』（語類一）則似又合理氣爲一。那麽理氣究竟是一是二呢？馮友蘭先生的中國哲學史說得好：『依邏輯言，理雖另有一世界；就事實言，則理卽在具體的事物之中。』（頁九〇四）我們假使用他這種思想以說明他的文學觀，那就容易明白。上文所引他的「文所以載道」之說，似乎猶分文道爲二，然而這不是朱子的意思。在朱子雖承認文與道的分別，却又以爲『這文皆是從道中流出，』『文只如吃飯時下飯耳。』那麽，文與道又豈可以別之爲二！朱子在讀唐志一文中卽說明此意。

歐陽子曰：『三代而上，治出於一，而禮樂達於天下；三代而下，治出於二，而禮樂爲虛名。』此古今不易之至論也。然彼知政事禮樂之不可不出於一，而未知道德文章之尤不可使出於二也。夫古之聖賢其文可謂盛矣；然初豈有意學爲如是之文哉！有是實於中則必有是文於外。如天有是氣，則必有日月星辰之光耀；地有是形，則必有山川草木之行列。聖賢之心既有是精明純粹之實，以旁薄充塞乎其內，則其著見於外者，亦必自然條理分明光輝發越而不可揜。蓋不必托於言語著於簡册，而後謂之文；但自一身接於萬事，凡其語默動靜，人所可得而見者，無所適而非文也。（文集大全雜著六）

此文所說，粗粗一看，似乎也是王充文見實露之說，似乎也是韓愈『實之美惡其發也不揜』之說，似乎也是歐陽修『道勝者文不難而自至』之說，然而王韓諸人都找不到理論上的根據，所以只用根深葉茂爲喻。實則由根深葉茂之義求之，只是充足內容的意思，與道學家所說似乎猶隔一層。道學家以理爲生物之本，以氣爲生物之具，所以說：『人物之生必稟此理然後有性，必稟此氣然後有形。』（答黃道夫書）一切具體的事物都是由氣所造成的。有此氣自會造成各種的形，所以說：『如天有是氣則必有日月星辰之光耀。』這卽是說聖人之心，既有是精明純粹之實，以旁薄充塞乎其內，則當然會著見於外。此種意思，猶與王充韓愈歐陽修諸人所言相近。然而我們應該注意，不要忽略了他另一個比喻，卽是『地有是形，則必有山川草木之行列。』必須更有這一個比喻，然後纔能說明何以『著見於外者亦必自然條理分明，光揮發越而不可揜。』必須能在這方面說明，然後所謂『有德者必有言』，纔能找到理論上的根據。蓋道學家以氣爲材料，理爲形式。『此具體的世界爲氣所造作，氣之造作必依理。如人以磚瓦木石建造一房，磚瓦木石雖爲必需，然而必須先有房之形式，而後人方能用此磚瓦木石以建築此房，磚瓦木石形下之器；建築此房之具也，房之形式，形上之理建築此房之本也。及此房成，而理卽房之形式，亦在其中矣。』（馮友蘭中國哲學史九〇四頁）這樣，所以文之內容基於氣，而文之形式莫非理。理氣合一，故可說：『這文皆是從道中流出，』故可說：『文只是吃飯時下飯耳。』因此，『道德文章尤不可使出於二。』我們以前論朱子批許貫道之說謂爲不得要領，那是爲要申述蘇東坡的文論不得不如此，並非卽以朱子的見解爲不然。我們對於各家意見的論述，都客觀地加以闡說，不以己意爲抑揚。所以現在講到朱子的時候，也不得不爲朱子的理論作一番申述。

我們知其所「破，」然後也能知其所「立。」他正因視文章爲小伎，（見答汪叔耕書）故以爲文要明白，要自然。語類中說：『聖人之言坦易明白，』『文章須正大，須教天下後世見之明白無疑，』『古人文章大率只是平說而意自長，後人文章務意多而酸澀，』（均見卷八）這卽是朱子論文的標準。此種講法，仍可於其思想方面看出一貫的關係。他一方面以爲由氣造成這些形，所以他說：『歐公東坡亦皆於經術本領上用功，今人只是於枝葉上粉澤爾，』又說：『作文字須是靠實說得有條理乃好，不可架空細巧。』（語類八）這是他所以不要著意作文章，但須明理的緣故。理精了後，文字自會典實。只有自家所見不明，所以不敢深言。這是他主張明白和自然的理由之一。

他另一方面又以爲明白自然不是恁地說將去，原來自有個典型在。語類有云：『前輩云文字自有穩當底字，只是始者思之不精。又曰文字自有一個天生成腔子。（卷八）這所謂天生成腔子，卽是一個典型的形。他一樣要用那合用底字穩當底字；他一樣想鋪排得恁地安穩他也要用那些琢磨工夫與文人一樣。人家看了這些話頭，假使以爲朱子自相矛盾，那便大誤。明白這些，然後知道朱子雖主自然而其批評東坡文字不合典型的地方，也不爲無理由。語類八記直卿與朱子同看東坡所作溫公神道碑，直卿問：『大凡作這般文字，不知還有布置否？』曰：『看他也只是據他一直恁地說將去，初無布置。如此等文字方其說起頭時，自未知後面說甚麽。』隨以手指中間曰：『到這裏自說盡無可說了，卻忽然說起來。如退之南豐之文卻是布置。某舊看二家之文，復看坡文，覺得一段中欠了句，一句中欠了字。』因此，知道東坡所自矜的『行乎其所不得不行，止乎其所不得不止』的行文樂趣，在朱子看來，正是『一直恁地說將去初無布置，』正還不免『一段中欠了句一句中欠了字。』坡雖多才，似乎對這「天生成腔子」猶未貼切。這又是他所以主張明白自然而還要自然得平正的理由。

這卽是所謂『既有精明純粹之實，以旁薄充塞乎其內，則其著見於外者，亦必自然條理分明光輝發越而不可揜。』

第三目　眞德秀與魏了翁

凡是歷史上的人物，其重要性卽在繼往而開來。朱子之集大成，乃是承前的；朱子之影響，乃是啓後的。現在，卽就朱子所不甚注意的文學批評而言，也可看出此關係。因此再一講朱子一系中眞德秀與魏了翁二人之文論。

眞德秀，字景元，更字景希，浦城人，學者稱西山先生。宋史四百三十七卷儒林有傳。西山之學出於詹體仁，而詹氏爲朱子門人，所以西山可稱是考亭嫡傳。

眞氏文論之重要，在其所選文章正宗一書。文章正宗以選擇過嚴，持論過偏，頗爲後人詬病，然此書在文學批評史上有相當影響，也是事實。劉克莊題鄭寧文卷，述眞氏論文宗旨有『書如逐客猶遭黜，辭取「橫汾」亦恐非』之語，自注云：『西山先生編文章正宗，如逐客書之類，止作小字附見；內詩歌一門初委余裒集，余取秋風辭，西山欲去之，蓋其議論森嚴如此。』據是，可知此書眞是道學家論文標準的代表作。

眞氏之學謹守門戶，當然愈走愈偏。他的批評標準，以爲文人無行則言亦不足取，於是不免以人廢言；又以爲內容苟有補世教，則辭即不工也在所取，於是又不免以用存言。他在文章正宗的序上說：

> 正宗云者，以後世文辭之多變，欲學者識其源流之正也。……夫士之於學，所以窮理而致用也。文雖學之一事，要亦不外乎此。故今所輯，以明義理切實用爲主。其體本乎古，其指近乎經者，然後取焉。否則辭雖工，不錄。

此種意義，在他的文集中也可以看出。其跋歐陽四門集云：『自世之學者離道而爲文，於是以文自命者，知黼黻其言而不知金玉其行，工騷者有登牆之醜，能賦者有滌器之汙，』（眞西山文集三十四）這即因德行不加修飭，內容有害義理，所以不足取。其跋彭忠肅文集云：『漢西都文章最盛，至有唐爲尤盛，然其發揮義理有補世教者，董仲舒氏韓愈氏而止爾。……至濂洛諸先生出雖非有意爲文而片言隻辭貫綜至理若太極西銘等作直與六經相出入又非董韓之可匹矣。』（眞西山文集三十六）這卽因其明義理切世用所以爲最高此種批評標準眞可謂一偏之見。四庫總目提要之論文章正宗謂：『四五百年以來自講學家以外未有尊而用之者豈非不近人情之事終不能強行於天下歟？』這是很公平的論調。

然而，我們不能遽止於是，我們得追究他爲什麼要做這種不近人情的事。這在眞西山雖不曾說明，而魏鶴山似乎替他說明此需要。眞西山說『欲學者識其源流之正，』這句話說得簡單一些。魏鶴山有一篇唐文爲一王法論，其言云：

任斯道之託以統天下之異，則不可無以尊其權。天下惟一王之法，最足以一天下之趨向。……君子任斯道於一身，以正天下之不正裁節矯揉而不使之差跌於吾規矩準繩之所不能制，則一王之法豈獨有天下者司之而斯文獨無之哉！……有韓子者作大開其門以受天下之歸反刓劉僞，堂堂然特立一王之法，則雖天下之小不正者不於王將誰歸！史臣以唐文爲一王法，而歸之韓愈之倡。是法也，惟韓愈足以當之。（鶴山大全文集一百）

然則眞西山輯文章正宗的宗旨，乃是欲以「一天下之趨向，」乃是欲以「正天下之不正。」蓋在當時．古文家已不能與道學家分庭抗禮，所以道學家再要利用其權威，以掃蕩文壇。於是於建立道統之外再要建立道學家的文統。

文章正宗之產生，卽可作如是觀。南宋有費袞文章正派十卷，見宋史藝文志。此書雖不傳，顧名思義，當也與文章正宗是同類的書。不過費氏梁谿漫志常引東坡言論，其所見或足以代表古文家的見地。那麼眞氏之別選此集，也非得已了。

魏了翁，字華父，號鶴山，臨卭人，宋史四百三十七卷儒林有傳，所著有鶴山集。

鶴山思想比西山爲縝密，故能在這方面組成一個系統。他說明文與道的關係，以爲『辭根於氣，氣命於志，志立於學。氣之薄厚，志之小大，學之粹駁，則辭之險易正邪從之。』（鶴山大全文集五十六，攻媿樓宣獻公文集序）這卽是他文論的系統。此意他屢屢提到。他於游誠之默齋集序中曾說：『文乎文乎，其根諸氣，命於志，成於學乎？』（鶴山集五十四）他於浦城夢筆山房記中又說：『夫才命於氣，氣稟於志，志立於學者也。』（鶴山集四十九）他再於楊少逸不欺集序中說：『辭雖末技，然根於性，命於氣，發於情，止於道，非無本者能之。』（鶴山集五十四）所以我們可以知道這是他文論的中心。

眞西山也討論到這些問題，但說來單純一些，不似鶴山之複雜有條理。西山講到氣與志的關係，謂『學者若能立志以自強，則氣亦從之，不至於怠惰。』（見問志氣）講到氣與辭的關係，又承認貫休所謂『乾坤有清氣散入詩人脾』之語，（見跋豫章黃量詩卷）這猶與鶴山的見解相同。至講到學的問題，便與鶴山有些出入。其志道字說云：『昔者夫子以天縱之聖，猶必十五而志於學；蓋志者進德之基，若聖若賢，莫不發軔乎此志之所趨。』則是說志足以支配學。其日湖文集序云：『是故致飾語言不若養其氣，求工筆札不若勵於學，氣完而學粹，則雖崇德廣業，亦自此進，況其外之文乎？』則又是說學足以左右辭。所以由西山之系統言之，則爲：

志＜氣 學＞文

由鶴山之系統言之，則爲：

學（粹 駁）→志（大 小）→氣（厚 薄）→（才 性）→辭（易正 險邪）

因此，由西山之理論言之，志以道爲鵠的，辭卽道之流露，是徹頭徹尾的文道合一說。由鶴山之理論言之，只是說明何以辭有易險邪正，何以辭之易與正者勝險與邪者，以及說明如何注重根本修養以使其辭之易與正而已。先言文與氣與志之關係。他一方面說辭根於氣，一方面又說才命於氣，性亦寓於氣，蓋他以爲氣之厚薄與正偏，（見游誠之默齋集序）卽是才性與志之關係。由先天言則是才性，由後天言則是志。這樣，故可由氣質的意義一變而爲氣節的意義。他於楊少逸不欺集序中說：

> 人之言曰，尙辭章者乏風骨，尙氣節者窘辭令。某謂不然。……唐之辭章稱韓柳元白，而柳不如韓，元不如白，則皆於大節焉觀之。蘇文忠論近世辭章之浮靡無如楊大年，而大年以文名，則以其忠淸鯁亮大節可考，不以末伎爲文也。眉山自長蘇公以辭章自成一家，歐尹諸公賴之以變文體，後來作者相望，人知蘇氏爲詞章之宗也，孰知其忠淸鯁亮臨死生利害而不易其守，此蘇氏之所以爲文也。

次言文與志與學之關係。氣命於志，卽是孟子所謂『夫志氣之帥也』之意。至於如何持其志，鶴山以爲應歸功於學。他說：『氣命於志，志不立則氣隨之；志成於學，學不講則志亦安能立。』（游誠之默齋集序）有志以爲之基，有學以助其成，於是氣纔得以培養或變化。由志與學以養氣，亦卽孟子所謂「集義所生」的意思。此雖是道學上的話頭，但他認爲道學派的文人所必不可缺的修養。此意在浦城夢筆山房記中說得最明白。

聖人之心如天之運純行不已，如川之逝不舍晝夜，雖血氣盛衰所不能免，而才壯志堅，純終弗貳，曷嘗以老少爲銳惰，窮達爲榮悴者哉？靈均以來，文詞之士興，已有虛驕恃氣之習；魏晉而後，則直以纖文麗藻爲學問之極致。方其年盛氣強，位亨志得，往往時以所能譁世眩俗。歲慆月邁，血氣隨之，則不惟形諸文詞，衰颯不振，雖建功立事，蓄縮顧畏，亦非復盛年之比。此無他，非有志以基之，有學以成之，徒以天資之美，口耳之知，才驅氣駕而爲之耳。如史所書任彥升丘靈鞠江文通諸人皆有才盡之嘆，而史於文通末年至謂夢張景陽奪錦，郭景純徵筆，才不逮前。夫才命於氣，氣稟於志，志立於學者也。此豈一夢之間他人所得而予乎？窮當益堅，老當益壯，而它人亦可以奪之乎？（鶴山集四十九）

文人有老去才盡之嘆，而道學家則有老當益壯之概。此關鍵，卽在修養的關係。有修養，則氣非虛氣，非客氣，所以爲正爲厚；而形之於辭，自非一夢之所可予奪了。學所以知道，志所以求知道，氣所以培養此所知之道而使人涵泳於道，辭所以闡發此所知之道而使文準繩於道。所以這樣從志與學以講文，則文偏於道，無寧視爲當然的了。由道學的見解以論文，由文學的廣義以論文，我覺得此說爲比較通達而圓滿。

第二節　法的問題

第一目　古文之法

南宋文論除「道」的問題之外，便是「法」的問題。法是文之末事，所以所討論的只成爲修辭之學與評點之學。修辭之學已與批評無關，評點之學更是章實齋所謂『不可揭以告人祇可用以自誌』者，（見文史通義文理篇）論文至此，風斯下矣。

在當時，道學的勢力既壓倒了古文家，於是道學家便不復以文爲事。其比較注意的只有永嘉學派與永康學派，然而他們所注意的，也只在作法方面。討論作法，有時泛論一切可成修辭之學；有時專論一篇只成評點之學。論修辭，倘可單獨成書；講評點，必須附麗選集。所以當時之批評風氣，又可於選集中見之。

陳亮字同甫，永康人，宋史四百三十六卷有傳，所著有龍川集。他是永康學派的領袖，其自題像贊云：『且說當今之世，孰是人中之龍，文中之虎。』他隱隱以文中之虎自居，可算是比較重視文事的了，然而他所論只限於作法。其書作論法後云：『大凡論不必作好語言，意與理勝則文字自然超衆，』（龍川集十六）這猶同於一般道學家的見解。至如俞成螢雪叢說所引他在太學講作文之法，如所謂『經句不全兩，史句不全三，不用古人句，只用古人意，』以及『布置開闔首尾該貫曲折關鍵』云云，那便討論到作法問題了。當時如呂祖謙唐仲友諸人其議論與眼光也都集中在這一點。

道學家何以會有這般見解呢？那也許受了當時實際問題的關係。儘管道學家輕視文事，然而事實上不能廢文，何況再有科舉的關係！於是便利用科舉上一些捷徑式的門徑書，竊取此方法以論古文，而古文與時文遂沆瀣一氣。所以所謂古文關鍵，所謂崇古文訣，所謂文章軌範云者，原來與文旨、賦樞、詩格、詩例、以及修文要訣、文章龜鑑之屬同一作用。宋人詩話漸漸脫離此種門逕式的指導，乃不謂宋人論文，反漸漸走上了這條路。

陳騤自序其所著文則稱：『余始冠游泮宮，從老於文者問焉，僅得文之端緒；後三年入成均，復從老於文者問焉，僅識文之利病。彼老於文者有進取之累，所有告於我與夫我所得，惟利於進取。後四年竊第而歸，未獲從仕，凡一星終，得以恣閱古書，始知古人之作，歎曰：文當如是。』這是他說明以其所得寫成文則的原因。他雖說文則不是爲進取之用，然而當時老於文者之諄諄告人，確是爲進取之助。所以我們可以說古文關鍵一類的書，即是修文要訣的變相。

陳騤，字叔進，台州臨海人，宋史三百九十三卷有傳。其所著文則，雖與評點之學不同，但與文學批評仍無多少關係。文心雕龍之論修辭，重在原理；文則之論修辭，重在條目。由文學批評而言，已有每況愈下之感。不過他序中說明文則爲書『蓋將所以自則也，如示人以爲則，則吾豈敢！』是則他尚知道此種說法「不可揭以告人」的。大抵文則是章實齋所謂「纂類摘比之書」，古文關鍵則是實齋所謂「標識評點之册」。文則所以較勝古文關鍵者在此。

選輯總集而加以評點者由古文方面言當始於呂祖謙的古文關鍵。祖謙字伯恭，金華人宋史四百三十四卷儒林有傳所著有東萊集等他一生曾選兩部總集，在文學批評史上都曾發生相當影響。一部是宋文鑑，重質而不重文，是眞德秀文章正宗之所自出；一部卽古文關鍵論辭而不論義又是樓昉崇古文訣之所自出前者可見道的問題後者可見法的問題。張雲章之序古文關鍵稱其『後卷論策爲多又取便於科舉原非有意採輯成書以傳久遠』可知此書確爲科舉而作。其圈點批抹之法，卽是明人評點之學所本其論文於韓柳之外兼取歐曾三蘇諸家，又是明人所定唐宋八家之所本。他於看文字法中謂：『第一看大概主張第二看文勢規模第三看綱目關鍵第四看警策句法。』於綱目關鍵中再分別『如何是主意首尾相應，如何是一篇鋪敍次第如何是抑揚開合處；』於警策句法中再分別『如何是一篇警策，如何是下句下字有力處如何是起頭換頭佳處，如何是繳結有力處，如何是融化屈折剪裁有力處，如何是實體貼題目處。』這些也是明人評點之學所注意的問題。古文而成爲八股化此書殆爲之濫觴。

東萊而後繼之以起的則有樓昉的崇古文訣。昉，字暘叔號迂齋鄞縣人，從東萊於婺，嘗以其學教授鄉里，所以迂齋論文卽衍東萊之餘緒。直齋書錄解題稱『其大略如呂氏關鍵，』極是。他與關鍵不同者，不過採取稍廣篇目較多，發明尤精而已。劉克莊序其書稱其『逐章逐句，原其意脈發其祕藏，與天下後世共之。惟其學之博，心之平，故所採掇尊先秦而不陋漢唐，尙歐曾而並取伊洛。』（後村大全集九十六）這可以說是與關鍵稍異的地方。然而劉克莊序所謂『樓氏以古文倡莆東，經指授成進士名者甚衆，其高第爲帝者師，天下宰，而迂齋已不及見。』然則此書也終於只成爲進取之助而已。

再後一些，則有謝枋得的文章軌範。枋得字君直，號疊山，弋陽人。宋史四百二十五卷有傳。他是徐徑畈的門人，也是道學家。他所評注之書如文章軌範檀弓解注解選唐詩等，全是一副本領，即其詩傳注疏也有一些類此的地方。宋人評點之學到他可謂集其大成。其文章軌範一書分放膽文小心文二種，以爲『學文初要膽大，終要心小，由麤入細，由俗入雅，由繁入簡，由豪蕩入純粹，』這猶近於東坡所謂『絢爛之後歸於平淡』的意思。然其評點批抹的手法，則不出於東坡而出於東萊。王守仁序其書稱『古文之奧不止於是，是獨爲舉業者設耳，』所以這也是爲舉業而設的書籍。

姚瑤之跋崇古文訣云：『文者載道之器，……夫能達其辭於道，非深切著明，則道不見也。此文之有關鍵，非深於文者安能發揮其蘊奧而探古人之用心哉！』這是道學家對評點之學的一種解釋。王守仁之序文章軌範云：『夫自百家之言興而後有六經？自舉業之習起，而後有所謂古文。古文之去六經遠矣，由古文而舉業，又加遠焉。士君子有志聖賢之學，而專求之於舉業，何啻千里！然中世以是取士，士雖有聖賢之學，堯舜其君之志，不以是進，終不大行於天下。蓋士之始相見也必以贄，故舉業者士君子求見於君之羔雉耳。羔雉之弗飾，是謂無禮；無禮，無所庸於交際矣。故夫求工於舉業而不事於古作，弗可工也，弗工於舉業而求於倖進，是僞飾羔雉以罔其君也。』這也可說是道學家對於評點之學的又一種解釋。道學家不以文爲事，乃其結果與舉業生關係；乃其結果成爲「不可揭以告人」的評點之學。這不可不謂爲奇蹟，朱子之譏議古文家，稱其只學古人說話聲響，乃不謂道學家之於古文，眞只從說話聲響上鑽研，是又豈朱子之所及料。

第二目　四六之法

論四六，更偏於法的問題。因爲四六在當時只是日常的應用文，正如洪邁容齋三筆所謂『四六駢儷於文章家爲至淺。』所以論四六的態度也與論古文不同。論古文，尙可涉及道的問題，論四六則不過摘舉雋語，標示作法，商討體格，或講述源流諸端要之都不外技巧的問題。故由文學批評而言，關於四六的議論也不關重要。

當時駢文之適於應用者有二種：一是用於詔制判牘或表啓，這是四六的正體；一是用於制舉，即是所謂律賦，可稱之爲四六的變體。在當時的四六話中，無此分別，故現在論四六，也偶有涉及賦體的地方。

宋人論賦之書，如宋子京賦訣，吳處厚賦評，馬偁賦門魚鑰諸書多不傳。其論賦比較詳悉者當推北宋的秦觀。秦氏論賦雖無專著，但在李廌師友談記中記述很詳。李廌謂『少游論賦至悉曲盡其妙，蓋少時用心於賦，甚勤而專。』所以少游所言，也可爲宋人賦論的代表。不過他所說的只是『鬥難鬥巧鬥新』的鍊句工夫而已，『只以智巧飣餖爲偶儷而已。』所以此事在文章家畢竟爲至淺。然而運事鍊句之法，又在文章家爲至難。劉克莊之宋希仁四六序云：『作四六，如掄衆材而造宮，棟樑榱桷用違其材，拙匠也；如和五味而適口，鹹酸甘苦各執其味，族庖也。鍊字如鑄金，一分銖未化，非良冶也；成章如織素，一經緯不密，非巧婦也。』（後村大全集九十七）這些話也正與秦少游論賦之旨相合。正因其難，所以猶有討論的需要。

秦觀以後，在宣和間有王銍的四六話。銍字性之，汝陰人，自稱汝陰老民，紹興初爲樞密院編修官。其人雖至南宋倘存，但其書成於宣和四年，仍是北宋的著作。不過他開此風氣，於是南宋間如謝伋的四六談麈，楊淵道的雲莊四六餘話，紛紛而出。此外如王應麟的辭學指南，以及洪邁的容齋隨筆亦多論四六之語，所以後人再從容齋隨筆中輯出容齋四六叢談。但是這些書都重在摘舉雋語，商討作法，與文學批評不生什麼關係。

葉適論宏詞謂：『自詞科之興，其最貴者四六之文，然其文最陋而無用。士大夫以對偶親切用事精的相誇，……

……其人已自絕於道德性命之本統，而以爲天下之所能者盡於區區之曲藝，則其患又不特舉朝廷之高爵厚祿以與之而已也。』（水心文集三）這是道學家對於四六的看法。那麼卽「門難門巧門新」的技巧也不足貴了。

第二章　南宋之詩論

第一節　道學家

第一目　張栻（家鉉翁附）

張栻，字敬夫，號南軒，少從胡五峯游，後與朱子切磋，朱子亦最嘆服，學者稱南軒先生，宋史四百二十九卷道學有傳。他的論詩見解雖不甚多，但頗能完成其理論的體系。盛如梓庶齋老學叢談有一節云：

> 有以詩集呈南軒先生。先生曰：『詩人之詩也，可惜不禁咀嚼。』或問其故？曰：『非學者之詩，學者詩讀著似質，却有無限滋味，涵泳愈久，愈覺深長。』又曰：『詩者紀一時之實，只要據眼前實說。古詩皆是道當時實事，今人做詩多愛裝造語言，只要鬥好，却不思一語不實，便是欺，這上面欺，將何往不欺。』

這是他論詩主張之僅見者。在這裏他所說的話雖不多，却很重要。他分詩爲詩人之詩與學者之詩；他又分詩爲今人之詩與古人之詩。今人之詩，只是詩人之詩而已，是他所不能滿意的。學者之詩，則是想做到古人之詩。所以他論詩的標準即着重在這兩種。他以爲詩不妨作，只是要作讀著似質而有無限滋味的學者之詩，只是要作紀一時之實，據眼前實說的詩。這已在道學家的詩壇上建立了比較建設的詩論了。「這上面欺，將何往不欺，」他竟用正心誠意的見解，搬移到詩壇上來。詩人之論詩，也有主張眞實的，但是何嘗有這般講法！

不僅如此，其論語解解『關雎樂而不淫哀而不傷』二語，也純粹本於理學的見地。他說：

> 哀樂，情之爲也，而其理具於性。樂而至於淫，哀而至於傷，則是情之流而性之汨矣。樂而不淫，哀而不傷，發不踰節，性情之正也；非養之有素者，其能然乎？關雎之詩，樂得淑女以配君子，至於鐘鼓樂之，琴瑟友之，所謂樂而不淫也；哀窈窕，思賢才，至於寤寐思服，展轉反側，所謂哀而不傷也。玩其辭義者，可不深體於性情之際乎。

『樂而不淫，哀而不傷』二語昔人也多引用過，解釋過；但在一般詩人看來，大率以爲說得蘊藉，說得含蓄而已。在南軒則以爲這上面是不能欺的。這上面不欺，那麽所謂『樂而不淫，哀而不傷』云者，卽在平時涵養性情，發不踰節的工夫，而不關措辭的蘊藉與含蓄。這樣，所以他解『詩三百一言以蔽之曰思無邪』句，也以爲本於性情之正，故能如是。他說：『詩三百篇美惡怨刺雖有不同，而其言之發皆出於惻怛之公心，而非有他也。故思無邪一語可以蔽之。』他又竟用道學家性善的話頭，應用到詩壇上了。

作詩者，應以『樂而不淫，哀而不傷』爲標準，纔成爲學者之詩；讀詩者更應平心易氣，反復涵泳，以深求其『樂而不淫哀而不傷』之旨，纔得了解古人之詩。其孟子說中論凱風小弁二詩，差不多可以爲這一篇的實例。

其事異故其情異；其情異，故其辭異。當小弁之事而怨慕不形，則其漠然而不知者也；當凱風之事而遽形於怨，則是激於情而莫遏也。此則皆爲失親親之義而賊夫仁矣。……由小弁之所存則爲天理，由高子之所見則爲人欲，不可以不察也。詩三百篇夫子所取，以其本於情性之正而已，所謂「思無邪」也。學者讀詩平心易氣，諷詠反復，則將有所興起焉。不然，幾何其不爲高叟之固也。

由小弁之所存則爲天理，由高子之所見則爲人欲，以人欲觀詩，則不易了解而每流於「固」。論語解中解「興」「觀」二字云：『興謂興己之善，觀謂觀人之志。』照此說來，必須能興己之善，纔足以觀人之志，而觀人之志，卽所以興己之善。所以必以作詩的標準爲讀詩之標準，纔能沒有「固」的流弊。故其解孟子「以意逆志」之說云：

文者，錯綜其語以成辭者也。以文害辭，謂泥於文而失其立辭之本也；以辭害意，謂執其辭而迷其本意之所在也。故必貴於以意逆志。以意逆志者，謂以其意之見於辭者而逆夫其志之存於中者，如此則其大旨可得也。

如此解詩，究竟是不是——或能不能——眞得詩人之本意，那是另一問題；但在道學家說來，總算是能建立着系統的詩論了。所謂涵養德性，所謂發而皆中節，所謂天理人欲，一切理學上的話頭，都能搬引到詩論上來，似乎是前此所未見。

後來發揮此種見解者便是家鉉翁。鉉翁字則堂，眉山人，宋亡，不仕，宋史四百二十一卷有傳，所著有則堂集。四庫書目提要稱其『籍隸眉山，於蘇軾爲里人，又廣漢張栻亦其鄉人，故文中頗有稱述東坡南軒之處。』此言極是。如其品堂記（則堂集一）論畫尙神，卽是東坡之學；志堂說論詩發揮在心爲志之旨，也卽南軒的主張。如云：

昔日讀詩，深有味於詩序「在心爲志」之旨，以爲在心之志，乃喜怒哀樂欲發而未發之端，事雖未形，幾則已動，聖賢學問每致謹乎此，故曰：『在心爲志。』若夫動而見於言，行而見於事，則志之發見於外者，非所謂在心之志也。是以夫子他日語門弟子曰：『詩三百，一言以蔽之曰思無邪。』無邪之思，在心之志，皆端本於未發之際，存誠於幾微之間。迨夫情動而言形，爲雅爲頌，爲風爲賦，爲比爲興，皆思之所發，志之所存，心之精神實在於是，非外襲而取之也。序詩者卽心而言志，志其詩之源乎？本志而言情，情其詩之派乎？自心而志，由情而詩，有本而末，不汨不迂，蓋門人高第，親得之聖師而述之於序，非後儒所能到也。……詩人之詩所以嗟歎詠歌，不知手之舞足之蹈，亦由氣統乎志，喜怒哀樂發而皆中節，非由外也。是故善觀詩者，觀其辭之洋溢暢達，而知其氣之充周；觀其辭之雅正溫純，而知其氣之安定；觀其樂而不淫，哀而不傷，怨而不怒，而知其氣之循軌而有節。由學問操存，有以主乎其內也。詩序孟子，其相爲發明歟？（則堂集三）

這即本於南軒以意逆志之說而發揮者，他本於漢人之詩論而加以宋人的解釋，於是詩序孟子亦可相爲發明。這樣，雖儘是道學家的話頭，而絕不覺其迂腐。下文他再說到志之發乃有多歧之異。

志乎道德者，在心之志也；伊傅周召顏曾思輿隱見不同，而其志乎道德則無不同也，彼志乎功名，志乎富貴，則管晏申商之所謂志中無所守，淪而入於他歧者也。所貴在心之志，操之而存，如水之有本，自源徂流，行地萬里，一本而已。溢而爲潢汙，別而爲溝瀆，是豈水之正哉？（同上）

於是說到志之發仍有其標的，於是再說明其弟祖仁扁其讀書室曰「志堂」，而他則命爲「則堂」之故。他以爲『志之所至，則亦至焉，則之所止，志亦在焉』『何志而非則之所存』『何則而非志之所在』於是他弟兄命堂之故相得益彰，而詩序所謂『發乎情止乎禮義』者也得到一種新的解釋了。後人的文學批評，雖儘是摭拾一些傳統的話頭，但是往往可以另外給以一種新的解釋，這便是他的長處。

第二目　朱熹

其較南軒更偉大而集道學家之大成者則推朱子。橫渠論詩長於知詩，二程論詩主於用詩，康節論詩又頗及作詩之態度，而朱子則以道學家而兼詩人，故既論作詩，也論用詩，而同時更長於知詩。我們竟可以說，朱子論詩不惟集道學家之大成，抑且兼有詩人的見地。

因此，他對於用詩不僅限於功利的教化主義，而在得古人之高風遠韻；對於作詩，也不僅屬於言志載道，而貴發其蕭散冲遠之趣。於是，對於知詩，也不會膠執着內容而遂能體會其風格。朱子詩論所以能涵蓋一切，兼有道學家與詩人之長者在此。

由道學家的見地言，有道學家之所謂高格。此高格之形成不在於詩，而在於志。所以他於答楊宋卿書中說：『熹聞詩者志之所之，在心爲志，發言爲詩，然則詩者豈復有工拙哉！亦視其志之所向者高下何如耳。』（朱子文集大全類編問答十）但看高下，不論工拙，這卽是他的根本信條。自詩有工拙之論，於是葩藻之詞勝而言志之功隱，於是只合詩人之格而不合道學家之格。所以他的作詩態度與康節一樣，是『亦不多吟亦不少吟亦不不吟亦不必吟』的。『作詩間以數句適懷亦不妨，但不用多作，蓋便是陷溺爾。當其不應事，平淡自攝，豈不勝如思量詩句！至其眞味發溢，又却與尋常好吟者不同。』（見淸邃閣論詩）所以雖不廢作詩，而不肯陷溺，雖不妨思量詩句，而仍須眞味發溢，歸於自然之音響節奏。蓋他以爲眞味發溢時自有高格，何必再在工拙上費工夫。不過話雖如此說，而他於詩也曾用過一番工夫。其答鞏仲至書謂：『頃年學道未能專一之時，亦嘗間考詩之原委。』（文集大全類編問答三十五）故其詩格既不如康節之率易，而詩論也不致與詩人之見太相衝突。

由詩人的見地言，更有詩人之所謂高格。於是他再拈出兩個觀點，一曰俊健，一曰平淡。俊健則風骨遒上，平淡則風神雋永，自然都成爲高格。其清邃閣論詩稱鮑明遠才健，李太白語俊健，即主俊健之說；至如稱陶淵明詩平淡出於自然，寒山詩煞有好處，梅聖俞詩枯淡中有意思，又就平淡而言。不俊健則慢，所以謂『齊梁間人詩讀之使人四肢懶慢不收拾；』不平淡則巧，所以稱李賀詩巧得流於怪，而山谷詩也不免『忒巧了。』他蓋以爲詩之藻飾過甚者，多肉少骨，則傷於慢；詩之斲雕過甚者，尙僞去眞，則傷於巧。要之這都由有意於詩，先有工拙之見的關係。必須不論工拙，於是隨其個性，「眞味發溢，」豪放者成爲俊健，和緩者趨於平淡，纔成爲詩之高格。故其答鞏仲至書云：『夫古人之詩，本豈有意於平淡哉？但對今之狂怪雕鎪，神頭鬼面，則見其平；對今之肥膩腥臊，酸鹹苦澀，則見其淡耳。』這話說得妙。俊健平淡，原都是眞味之發溢，何嘗從造作得來！再有俊健和平淡，一則鋒稜畢露，一則矜躁悉蠲，正代表二種不同的風格，而他却能溝通此二者之關係，使歸於調和。他說：『李太白詩不專是豪放，亦有雍容和緩底，如首篇大雅久不作，多少和緩。』那即於豪放中看出和緩來了。他又說：『陶淵明詩，人皆說是平淡，據某看他自豪放，但豪放來得不覺耳。其露出本相者，是詠荊軻一篇，平淡底人如何說得這樣言語出來。』（均見清邃閣論詩）那又於平淡中看出豪放來了。這樣講，俊健和平淡，便不必強作分別。爲什麽？因爲這正是「眞味發溢，」正是志之流露。是則詩之風格與志之高下不能說沒有關係了。由志以論俊健的詩，於是可得古人之高風遠韻；由志以論平淡的詩，於是又所以發其蕭散沖澹之趣。那麼所謂體會其風格者，仍是本於道學家的見地。

這是他所以能兼有道學家與詩人之長之理由。

這樣論詩，所以有道學家之切實而不落於迂腐，有詩人之空靈而不落於玄虛。這只須與滄浪詩論一比較，便可以看出。清邃閣論詩云：

> 今人所以事事作得不好者，緣不識之故。只如個詩，舉世之人盡命去奔做，只是無一個人做得成詩。他是不識好底將做不好底，不好底將做好底。這個只是心裏鬧不虛靜之故。不虛不靜故不明，不明故不虛，若虛靜而明便識好物事，雖百工技藝做得精者，也是他心虛理明所以做得來精。心裏鬧如何見得！

這些話似乎與滄浪論詩主識主悟之說有些類似，可是中間有個絕大分別。滄浪論詩純是詩人見地，而晦庵此說則純是道學家見地。文人標榜愛憎由私，所以對於好底與不好底原不想認識清楚。成見所蔽，以耳為目，於是對於好底與不好底又不會認識清楚。滄浪論詩何嘗不想認識好底，然於飽觀熟參之後，所體會到的只是一種境界。一重在詩人之人格，故以心虛理明為識詩；一重在詩之境界，故又以飽觀熟參為識詩。此所以朱子詩論始終不失道學家的立場。因此，朱子所言時有與滄浪詩話似同而實異之處。其答鞏仲至書云：『嘗妄欲抄取經史諸書所載韻語下及文選漢魏古詞以盡乎郭景純陶淵明之所作，自為一編，而附於三百篇楚辭之後，以為詩之根本準則。又於其下二等之中，擇其近於古者，各為一編以為之羽翼輿衛。其不合者則悉去之，不使其接於吾之耳目，而入於吾之胸次。要使方寸之中無一字世俗言語意思，則其爲詩不期於高遠而自高遠矣。』這與滄浪所謂『學者須從最上乘，具正法眼悟第一義』者可謂很相近似了；然而一以漢魏盛唐爲高格，一以三百篇爲宗主，其所懸的標的並不同。又云：『來諭所云漱六藝之芳潤以求眞澹此誠極至之論。然恐亦須先識得古今體製雅俗鄉背，仍更洗滌得盡腸胃間夙生葷血脂膏然後此語方有所措。如其未然，竊恐穢濁爲主，芳潤入不得也。近世詩人正緣不曾達得此關，而規規於近局，故其所就皆不滿人意，無足深論。』這又與滄浪所謂『下劣詩魔入其肺腑之間』者，沒有什麼分別。然而一重在洗滌腸胃間夙生葷血脂膏；一重在不作開元天寶以下人物，其入手工夫又各不一樣。此外如朱子解詩經論學詩之法，須『諷咏以昌之，涵濡以體之，察之情性隱微之間，審之言行樞機之始；』而其注楚辭亦自謂『沈潛反覆嗟歎咏歌，以尋其文詞指意之所出！』這也與滄浪所謂熟參之說頗相類似。然而一重在察詩人之情性，一重在玩味詩之聲調格律。細細體會，總覺朱子處處側重在「志」一方面，而滄浪則處處側重在「悟」一方面。儒與禪之分別在此，而朱子詩論所以較一般道學家切實而通達者亦在此。

第三目　包恢

包恢字弘父，建昌人，嘉定十三年進士，宋史四百二十一卷有傳，所著有敝帚稿略八卷。

宋史本傳稱恢諸父皆從朱子學，少時即聞心性之旨。宋元學案又稱恢父揚，世父約，叔父遜，同學於朱陸，而趨向於陸者分數爲多。（卷七十七）所以弘父之學，又可視爲象山學派。其與留通判書云：『今之學者，終日之間無非倚物；倚聞見，倚議論，倚文字，倚傳注語錄，以此爲奇妙活計，此心此理，未始卓然自立也，若能靜坐而不倚聞見議論，不倚文字傳注語錄，乃是能自作主宰，不徒倚外物以爲主矣。』（敝帚稿略二）此種議論卽與朱子絕不相同處。

本於此種見解，以論詩，於是雖申言志之義，而見解各別，張栻朱子之言志歸於無邪，包恢之言志歸於自得，歸於自得，故其論詩傾向於陶靖節邵康節一路而與禪理相通。

此種意義，可分兩方面看出，一則用此標準以看昔人之詩，一則用此標準以論作詩之法。王荊公有兩句詩，『看似尋常最倚倔，成如容易却艱辛，』弘父論詩每稱此二語，卽以前一句爲讀詩之法，後一句爲作詩之法。

由讀詩法言，不求其表而求其裏，不窺其淺而窺其深。他以知花爲喻，以爲『四時之花其華彩光豔漏洩呈露者，名品固非一；若春蘭夏蓮秋菊冬梅，則皆意味風韵含蓄蘊藉而與衆花異者。』（敝帚稿略五書徐致遠無絃稿後）於是再本此義以窺詩。

詩有表裏淺深，人直見其表而淺者，孰爲能見其裏而深者哉！猶之花焉；凡其華彩光焰，漏洩呈露，燁然盡發於表而其裏索然絕無餘蘊者，淺也；若其意味風韵，含蓄蘊藉，隱然潛寓於裏而其表淡然若無外飾者，深也。

韓非子解老篇云：『夫恃貌而論情者，其情惡也；須飾而論質者，其質衰也。』正因情惡質衰所以須要外飾。詩之眞是表現其自得者，便無事於技巧。東坡所謂『發纖穠於簡古，寄至味於淡泊，』最是難到之境。這卽所謂『看似尋常最奇倔。』

由作詩法言，他又以參禪爲喩：

前輩嘗有『學詩渾似學參禪』之語，彼參禪固有頓悟，亦須有漸修始得。頓悟如初生孩子，一日而肢體已成；漸修如長養成人，歲久而志氣方立。此雖是異端語，亦有理，可施之於詩也。半山云『看似尋常最奇崛，成如容易却艱辛；』某謂尋常容易須從奇崛艱辛而入。唐稱韋柳有晉宋高風，而柳實學陶者；山谷嘗寫柳詩，與學者云能如此學陶，乃能近似耳，此語有味。（敝帚稿略二，答傅當可論詩）

頓悟，是講自得，卽所謂流於既溢之餘；漸修，是講自得之後再加以沙汰淘鎔的工夫，所以學陶反須於柳詩中求之。這又是所謂『成如容易却艱辛。』

自得而出之自然則存而不露；自然而本於自得，則淡而不厭。此二者原互有關係。所以看詩固應看到詩人之自得，然而也應看出他『閱之多，考之詳，鍊之熟，琢之工，所以磨礱圭角而剝落皮膚求造眞實』的工夫。（見書徐致遠無絃稿後）作詩固常有「磨礱去圭角」的工夫，然而『亦由其神情冲淡，趨向幽遠，有靑山白雲之志，而欲超然出於塵外者，』（見書撫州呂通判開詩稿略）由工夫言，宜尙自然；由志言，又貴自得。這樣，纔能「其表淡然若無外飾」，而又有「隱然潛寓於裏」者。這纔覺其「意味風韻含蓄蘊藉」。

因此，他分詩爲二種，而僅工塗澤，有表無裏者不與焉。第一種是道學家的詩，他認爲最高之境。他說：

古人於詩不苟作，不多作；而或一詩之出，必極天下之至精，狀理則理趣渾然，狀事則事情昭然，狀物則物態宛然，有窮智極力之所不能到者，猶造化自然之聲也。蓋天機自動，天籟自鳴，鼓以雷霆，豫順以動，發自中節，聲自成文，此詩之至也。（敝帚稿略二答曾子華論詩）

這是詩之正，是造化自然之聲，一片天籟，無因而至，可遇而不可求，我們可以稱之爲自動的詩。邵康節詩云：『詩揚心造化，筆發性園林，』（無苦吟）又云：『坐中知物體，言外到天機，』（罷吟吟）即是此意。一方面寫物理，寫天機，通造化，代天工；而一方面又是調性，寫心，樂性靈，述意志。蓋他們以爲詩是從心與外界之交感而成，偶然湊拍，天籟自鳴。所以邵康節說：『人和心盡見，天與意相連，』（談詩吟）包氏論詩主言志而須本於自得，歸於自然者以此。

第二種是一般詩人之詩，但也是詩中的高格。他說：

其次則所謂未嘗爲詩而不能不爲詩，亦顧其所遇如何耳。或遇感觸，或遇扣擊，而後詩出焉。如詩之變風變雅，與後世詩之高者是矣。此蓋如草木本無聲，因有所觸而後鳴；金石本無聲，因有所擊而後鳴；無非自鳴也。如草木無所觸，而自發聲，則爲草木之妖矣；金石無所擊而自發聲，則爲金石之妖矣。（答曾子華論詩）

這是詩之變。此雖與天籟不同，但仍是有所觸擊，不能不爲之詩。我們可以稱這一種是被動的詩。被動的詩並非苟作，猶比僅工塗澤者爲高，所以他亦有取於是。

由第一種詩言，是造化自然之聲，或『沖漠有際，冥會無迹，』或『眞景見前，生意呈露，』邵康節所謂『經道之餘，因靜照物，因時起志，因物寓言，因志發詠，』者，即屬此類。此雖似無意於詩，不見詩人之志，而實際則處處流露着詩人之志。

由第二種詩言，是有所觸擊而不得不為之詩，當然與無病呻吟者不同。然在同一環境之中，受同樣的觸擊，仍因作者之志有大小，而所以反應此觸擊者可不相一致。邵康節所謂一時之否泰與一身之休慼，即是此種關係。假使『身之休慼發於喜怒，時之否泰出於愛惡，』那麼雖是有所觸擊而溺於情好，即不是「以天下大義而為言」了。包氏於是再於答曾子華論詩書中闡說此意。

在心為志，發言為詩，今人只容易看過，多不經思。詩自志出者也。……志之所至，詩亦至焉，豈苟作者哉！……子華之詩，謂因居間處獨，岑寂無聊而作，則亦不可謂無所觸擊而自鳴者；此亦後世騷人文士之常也。然揆之以志，則有未然者。居間處獨，不妨顏子陋巷之樂，何為岑寂而無聊？若如曾子之七日不火食，果能歌聲若出金石乎？陶淵明少學琴書，性愛閒靜，曰『結廬在人境，而無車馬喧，』曰『閒居三十載，遂與塵事冥，』彼方以居間處獨為樂，若有秋毫岑寂無聊之態，其能道此等語，作此等詩乎？曰『心遠地自偏，』曰『此中有眞意，』曰『聞禽鳥變聲，復欣然忘食，』此其志高矣美矣。好詩者如進於此也，詩當自別矣。太白常有超世之志，固非世態之所得而籠絡；子美一生窮餓，固不掩於詩，而其志浩然，未始一日少變，故其詩之光燄不可滅，不可不考也。

這卽不欲以身之休慼發於喜怒的意思。所以同一言志，有同於流俗之志也有高人幾等之志。志高則詩格高，志卑則詩格卑，朱子所謂『亦視其志之所向者高下何如耳』，便是此意。詩人能高其志，不爲環境所左右，澄然淸明，洞然無際，不殉於物，不蔽於情，那麼由第二種詩可以進至第一種詩。包氏所謂『彭澤一派倘庶幾焉』者，卽因於此。

第二節　詩人

第一目　張戒

張戒，正平人，紹興五年以趙鼎薦授國子監丞，及鼎敗，亦隨貶，官終主管台州崇道觀。其名附見宋史趙鼎傳，錢曾讀書敏求記因此遂誤作「趙戒。」

張戒所著歲寒堂詩話二卷，有武英殿本及歷代詩話續編本。此外如說郛本，學海本，螢雪軒本均不全。其詩論之重要，乃在蘇黃詩學未替之時已有不滿的論調；而所提出的意見也與白石詩說一樣，足爲滄浪之先聲。

現在，先舉幾條批評蘇黃詩的例。他說：『詩以用事爲博，始於顏光祿而極於杜子美；以押韻爲工，始於韓退之而極於蘇黃。……蘇黃用事押韻之工，至矣盡矣，然究其實乃詩人中一害。』這卽是滄浪所謂以學問爲詩，以文字爲詩的意思。他又說：『自漢魏以來，詩妙於子建，成於李杜，而壞於蘇黃。……子瞻以議論作詩，魯直又專以補綴奇字，學者未得其所長而先得其所短，詩人之意掃地矣。』這也卽滄浪所謂以議論爲詩與以文字爲詩的意思。滄浪詩論，卽這些小地方也是有所本的。

詩，何以成於李杜而壞於蘇黃呢？這卽因蘇黃受李杜的影響而變本加厲，所以滄海橫流，也不成爲李杜。他說：『人才高下固有分限，然亦在所習，不可不謹。其始也學之，其終也豈能過之。屋下（疑當作上）架屋，愈見其小。後有作者出，必欲與李杜爭衡，當復從漢魏詩中出爾。』詩至唐而體備，詩至宋而變盡。變盡則復，所以不要再蹈宋人學唐的覆轍，而應進求唐人之所以爲唐之故，於是悟出『其始也學之，其終也豈能過之』，於是悟出『必欲與李杜爭衡，當復從漢魏詩中出爾。』這是文心雕龍所謂通變的意思，也卽滄浪取法乎上的宗旨。

然而滄浪與張戒所同者僅此。由其詩論之出發點言，都是反對蘇黃的，都是取法漢魏的，但是從此分歧，又可以有兩種不同的結論。滄浪儘在詩之虛處着眼，於是尙韻味而歸於禪悟；張戒却在詩之實處着眼，於是重情志而歸於無邪。假使說滄浪爲王漁洋之前驅，那麼張戒便是沈歸愚之先聲。

我們且看張戒論詩怎樣偏重在情志方面。他分詩之要素爲二：(1)言志，(2)詠物。言志重在主觀的抒寫，詠物重在客觀的描寫，二者原不可偏廢，然而他似乎更重在言志一邊。他說：『建安陶阮以前詩，專以言志，潘陸以後詩，專以詠物，兼而有之者，李杜也。言志乃詩人之本意，詠物特詩人之餘事。』那麼，言志詠物雖都是詩之要素，而有本末之分了。他以爲言志是詩之本，而詠物則所以求詩之工。至於宋詩如蘇黃一流，則是『不知詠物之爲工，言志之爲本』者，所以說『風雅自此掃地矣。』

如何是言志爲本而詠物所以爲工呢？他又說：

詩者志之所之也。情動於中而形於言，豈專意於詠物哉？子建『明月照高樓，流光正徘徊，』本以言婦人清夜獨居愁思之切，非以詠月也；而後人詠月之句雖極其工巧終莫能及。淵明『狗吠深巷中，雞鳴桑樹顛，』本以言郊居閒適之趣，非以詠田園；而後人詠田園之句雖極其工巧終莫能及。故曰言之不足，故長言之，長言之不足，故詠歎之，詠歎之不足，故不知手之舞之足之蹈之。後人所謂含不盡之意者此也。

他以爲詠物亦不能專重在詠物，必須情景相生，乃見其妙。有情志而無景物，則說來板滯，不足以爲工；有景物而無情志，則模山範水，縱使刻畫形似，總覺與作者之思想情趣了不生關涉。詩人詠物不惜嘔出心肝，而道學家於流連景物之作，又視爲玩物喪志。所以二者皆譏。他則不致如詩人之偏，也不致如道學家之泥。他承認詠物寫景可以幫助言志，可以化質實爲空靈，故云「所以爲工；」但若儘在這方面用力，那又走入魔道了。詩話中再有一節話，亦可與此意相映發。

古詩『白楊多悲風，蕭蕭愁殺人，』蕭蕭兩字處處可用，然惟墳墓之間，白楊悲風，尤爲至切，所以爲奇。樂天云：『說喜不得言喜，說怨不得言怨，』樂天特得其麤爾。此句用悲愁字乃愈見其親切處，何可少耶？詩人之工，特在一時情味，固不可預設法式也。

凡一些流連光景之作，半吞半吐之辭，近於昔人所謂神韻者，大都用暗示襯托的方法，此即所謂『說喜不得言喜，說怨不得言怨』之義。而張氏則以爲不須如此。詩無定式，有以暗示襯托而妙者，有以直陳逕說而妙者，總之要見一時情味乃見其工。所以重要的還在於言志。暗示者景顯而情隱，直陳者情爲主而景爲佐。他雖不廢詠物之工，而總覺必須與情志生關涉乃見其妙。

他論詠物，故不會因言志而偏重在道的方面；他又論言志，故不會因重韻味而走上神韻一路。他是本於以前正統派的詩論而再加以當時詩人所提出的韻味問題，所以不僅比道學家爲通達，即比沈歸愚的詩論也似較勝一籌。他分詩爲數等：不知言志之爲本詠物之爲工者，固不爲張氏之所許；雖知言志而說來淺露略無餘蘊者也不爲張氏之所取。詩話中有好幾節論到此意，說：

國風云：『愛而不見，搔首踟躕，瞻望弗及，佇立以泣，』其詞婉，其意微，不迫不露，此其所以可貴也。古詩云：『馨香盈懷袖，路遠莫致之，』李太白云：『皓齒終不發，芳心空自持，』皆無愧於國風矣。杜牧之云：『多情却是總無情，惟覺尊前喚不成，』意非不佳，然而詞意淺露，略無餘蘊。元白張籍其病正在此，只知道得人心中事，而不知道盡則又淺露也。後來詩人能道得人心中事少爾，尙何無餘蘊之責哉；梅聖俞云：『狀難寫之景如在目前，』元微之云：『道得人心中事，』此固白樂天長處，然情意失於太詳，景物失於太露，遂成淺近，略無餘蘊，此其所短處。

世言白少傅詩格卑，雖誠有之，然亦不可不察也。元白張籍詩皆自陶阮中出，專以道得人心中事爲工，本不應格卑但其詞傷於太煩其意傷於太盡遂成冗長卑陋爾……若收斂其詞而稍加含蓄，其意味豈復可及也。

道得人心中事，必須有餘蘊。無餘蘊則格卑，有餘蘊纔有意味。而所謂餘蘊，仍卽本於言志詠物二者之交織關係。但知詠物專講刻劃的不會有餘蘊；但知言志只是率直以出之者也不會有餘蘊。餘蘊是文學上的朦朧妙境，卽所謂韻味；如上文所說白樂天詩愈求淺顯，愈鮮意趣，愈求詳盡，愈少韻致，卽因缺少這一點，因此，言志旣嫌於率直，卽詠物也不能爲工。餘蘊又是文學上沈着的妙處，又所謂溫柔敦厚；如下文所舉黃魯直詩矜持過度嫌於做作，斲雕太甚，轉欠自然，又因缺少這一點，所以詠物則近於刻劃，卽言志也多涉邪思。他說：

> 孔子曰：『詩三百一言以蔽之曰思無邪，世儒解釋終不了。余嘗觀古今詩人，然後知斯言良有以也。』詩序有云：『詩者志之所之也，在心爲志，發言爲詩，情動於中而形於言，』其正少，其邪多，孔子刪詩取其思無邪者而已。自建安七子六朝有唐及近世諸人思無邪者，惟陶淵明杜子美耳，餘皆不免落邪思也。六朝顏鮑徐庾唐李義山國朝黃魯直乃邪思之尤者。魯直雖不多說婦人，然其韻度矜持，冶容太甚，讀之足以蕩人心魄，此正所謂邪思也。魯直專學子美，然子美詩讀之使人凜然興起，肅然生敬，詩序所謂經夫婦，成孝敬，厚人倫，美教化，移風俗者也；豈可與魯直詩同年而語耶。

此論殊奇特。謂六朝顏鮑徐庾唐李義山諸人詩涉於邪思，這是大家可以承認的，謂山谷詞多涉及邪思。這我們也還可以明瞭。獨於他謂山谷詩乃邪思之尤者，便不免有些費解。實則照他的理論推之，不能謂爲溫柔敦厚，當然便不免落於邪思了。

他詩論以言志爲本，而又有詠物之妙，故既尙才氣，又講韻味。他所舉古今詩人合於思無邪的例，一陶淵明，一杜子美。陶可以說是以韻味勝的例；杜可以說是以才氣勝的例。白居易有陶之志而無其妙，是學陶而失之者，所以無餘蘊；黃庭堅有杜之工而無其志，是學杜而失之者，所以又落於邪思。

第二目　楊萬里（朱弁附）

楊萬里，字廷秀，號誠齋，吉水人，宋史四百三十三卷儒林有傳，所著有誠齋集，集中有詩話一卷。

誠齋論詩頗帶禪味。其詩論中禪味最足者，如書王右丞詩後云：『晚因子厚識淵明，早學蘇州得右丞；忽夢少陵談句法，勸參庾信謁陰鏗。』（誠齋集七）又讀唐人及半山詩云：『不分唐人與半山，無端橫欲割詩壇；半山便遺能參透，猶有唐人是一關。』（誠齋集八）送分寧主簿羅宏材秩滿入京云：『要知詩客參江西，政如禪客參曹溪，不到南華與修水，於何傳法更傳衣。』（誠齋集三十八）答徐子材談絕句云：『受業初參且半山，終須投換晚唐間，國風此去無多子，關捩挑來祇等閑。』（誠齋集三十五）這幾首詩都是他的論詩宗旨，比誠齋詩話所言尤爲重要。而詩中所用字面，如參透，如傳法，如關捩云云，都是禪家話頭。其故作不了了語，也落禪家機鋒。所以翁方綱石洲詩話謂滄浪論詩與之相合，或有滄浪用誠齋之說之處。

誠齋詩論受蘇軾韓駒吳可諸人之影響，當然可帶禪味。他也與東坡一樣，頗闡司空圖味外之味之說。其習齋論語講義序云：『讀書必知味外之味；不知味外之味而曰我能讀書者，否也。國風之詩曰：「誰謂荼苦，其甘如薺」，吾取以爲讀書之法焉。夫含天下之至苦，而得天下之至甘，其食者同乎人，其得者不同乎人矣。同乎人者味也，不同乎人者非味也。』（誠齋集七十七）其論學如此，其論詩更是如此。他於江西宗派詩序中說：

> 江西宗派詩者，詩江西也，人非皆江西也。人非皆江西而詩曰江西者何？繫之也。繫之者乎？以味不以形也。東坡云：江瑤柱似荔枝；又云：杜詩似太史公書。不惟當時聞者憮然，陽應曰諾而已，今猶憮然也。非憮然者之罪也；舍風味而論形似，故應憮然也。形焉而已矣！高子勉不似二謝，二謝不似三洪，三洪不似徐師川，師川不似陳后山，而況似山谷乎？味焉而已矣！酸鹹異和，山海異珍，而調胹之妙，出乎一手也。似與不似，求之可也，遺之亦可也。

> 大抵公侯之家有閥閱，豈惟公侯哉，詩家亦然。窶人子崛起委巷，而一旦紆以銀黃，纓以端委，視之言公侯也，貌公侯也，公侯則公侯乎爾，遇王謝子弟，公侯乎？江西之詩，世俗之作，知味者當能別之矣。（誠齋集七十九）

這種重味而不泥形的主張，尚風致而不尚體貌的主張，頗與滄浪論詩宗旨有些近似。他破了江西一關，便欲進而至唐，這也開滄浪先聲。其雙桂老人詩集後序云：『近世此道之盛者，莫盛於江西，然知有江西者，不知有唐人。』（誠齋集七十八）所以復使人知唐人之詩，卽所以藥江西之病。其讀詩一首云：『船中活計只詩編，讀了唐詩讀半山。不是老夫朝不食，半山絕句當朝餐』（誠齋集三十一）也卽因半山作風與蘇黃不同，較近唐音而已。宋時論詩風氣，凡尚唐音的，如魏泰葉夢得諸人差不多沒有不宗半山的。

這是誠齋與滄浪相近的地方，然論其歸趣，則又不一致。蓋以禪論詩的結果，每偏於悟，而悟的結果，又須歸於自得。『學我者死，』『汝欲稗販我耶？』禪家教人總不願人家亦步亦趨，以規隨爲宗旨的。論詩而喻以學禪其結果也是如此。韓駒詩云：『一朝悟罷正法眼，信手拈出皆成章；』吳可詩云：『跳出少陵窠臼外，丈夫志氣本衝天。』這卽是發見自我的禪悟詩人之主張。所以誠齋和李天麟詩也說：『學詩須透脫，信手自孤高。』（誠齋集四）到此地步，心目中豈復有法在！所以再說：『問儂佳句如何法！無法無盂也沒衣。』（酧閣皂山碧崖道士甘叔懷贈十古風）所以再說『傳派傳宗我替羞，作家各自一風流；黃陳籬下休安腳，陶謝行前更出頭。』（跋徐恭仲省幹近詩）到此地步，獨來獨往，何必再從江西派出入室操戈！正是江西詩論所應有的結果。

正因這一點，所以誠齋論詩不與滄浪一樣。蓋從悟罷以後無法無盂一點言，則誠齋之說，適爲以後隨園性靈說之先聲。他既知道「作家各自一風流」，那肯再同滄浪這樣標舉盛唐，宗主李杜，纔破一法，復立一法以自縛，這在誠齋詩論的體系上豈不自相矛盾！因此，誠齋之標舉唐詩，與滄浪詩話所論，其不同之點有二：（一）誠齋把唐詩看作最後一關而不是奉爲宗主。他說：『半山便遣能參透，猶有唐人是一關，』乃是說破了江西一關以後猶有半山，參透半山以後猶有唐人，要並唐人這一關一並打破以後纔見本來面目。不歸楊，則歸墨，彼善於此，則有之矣，使可奉爲宗主則未必然。滄浪論詩，正逗留在唐人一關，所以說來雖似頭頭是道，而實在眞是隔靴搔癢。翁方綱仍以神韻之說看誠齋，乃說：『誠齋之參透半山殊似隔壁聽耳；又不知所謂唐人一關在何處也？』這些話便不曾明白誠齋的論詩宗旨。蓋由誠齋之意而言，唐人一關原在唐人一關，有什麼不知道在何處！這卽是誠齋與滄浪論唐不同之一點。(二)誠齋於唐也不隨流俗之見，推奉李杜；他所欣賞乃在晚唐。其讀笠澤叢書三首之一云：『笠澤詩名千載香，一回一讀斷人腸，晚唐異味同誰賞，近日詩人輕晚唐。』（誠齋集二十七）這纔是悟後有得之言。滄浪論詩，頗有後臺喝彩的習氣，卽因隨人脚跟，所得在皮毛之間而已。他能體會到晚唐的異味，所嗜便與衆人不同，參透了半山以後便到晚唐，參透了晚唐以後便到國風。何也？唯其眞也，惟其眞而猶有餘味故也。這是他詩話中所謂微婉顯晦的意義。講到此，然後知道答徐子材談絕句一詩所謂『受業初參且半山，終須投換晚唐間，國風此去無多子，關捩挑來祇等閒』的意義。他於頤庵詩藁序中也說：『三百篇之後此味絕矣，惟晚唐諸子差近之。』（誠齋集八十三）此種見解，豈是無所見而云然！因此我再想到陸放翁讀誠齋所寄南海集的一絕：『飛卿數闋嶠南曲，不許劉郎誇竹枝，四百年來無復繼，如今始有此翁詩。』（劍南詩稿十九）恐怕也是見到此意吧！

有此關係，所以誠齋論詩頗與後來隨園相似。隨園詩話中似有暗襲誠齋之說之處，而推崇晚唐，也卽其中的一點。

當時與誠齋相近也主性靈說者，有朱弁。弁字少章，婺源人，宋史三百七十三卷有傳，所著有風月堂詩話。風月堂詩話自序題庚申閏月考庚申爲紹興十年時弁尙留金，則此爲使金羈留時作。考其所言，多記山谷后山遺事，似亦深受江西詩的影響。其稱『黃魯直獨用崑體工夫而造老杜渾成之地』尤爲鞭辟入裏之談。然於深受江西詩影響之後乃轉推鍾記室詩品所謂『吟詠情性亦何貴用事』之語，頗與誠齋結論相同。江西末流，一南一北，都有此種見解，是亦可以詫異而注意的事。他說：

大抵句無虛字，必假故實，語無空字，必究所從，拘攣補綴而露斧鑿痕迹者，不可與論自然之妙也。

詩人體物之語多矣，而未有指一物爲題而作詩者。晉宋以來始命操觚而賦詠興焉。皆倣詩人體物之語，不務以故實相夸也。

客或謂予曰：『篇章以故實相夸，起於何時？』予曰：『江左自顏謝以來乃始有之，可以表學問而非詩之至也。』……客又曰：『僕見世之愛老杜者，嘗謂人曰，此老出語絕人，無一字無來處，審如此言，則詞必有據，字必援古，所由來遠，有不可已者。』予曰：『論事當考源流。今言詩不究其源而踵其末流，以爲標準，不知國風雅頌，祖述何人。此老句法妙處，渾然天成，如蟲蝕木，不待刻彫，自成文理，其鼓鑄鎔瀉，殆不用世間橐籥，近古以還，無出其右，眞詩人之冠冕也。如近體格俯同今作，則詞不遺奇雜以事實，掇英擷華，安帖平穩，殆以文爲滑稽，特詩中之一事耳，豈見其大全者耶！』

他於杜詩也只見其渾然天成，不見其字字有來歷，這可謂與江西詩人不同的地方。詩話中推尊東坡之語頗多，這也是南宋初葉共同的風氣。王若虛滹南詩話殆深受其影響。

第三目　陸游（戴復古附）

陸游，字務觀，號放翁，山陰人。宋史三百九十五卷有傳，所著有渭南文集五十卷，劍南詩稿八十五卷。他是南宋四大家之一，詩名掩其文名，故其所言亦以偏於論詩者爲多。

放翁詩法傳自曾幾。詩人玉屑載趙庚夫題茶山集詩所謂『咄咄逼人門弟子，劍南已見一燈傳』者，卽謂此。而其所作呂居仁集序又自稱源出居仁。二人皆江西派，所以放翁詩原自江西派入，但他能不襲黃陳舊格，自闢一宗，故其作風遂與江西派不同。

他何以能如此呢？實則他卽循着江西派的理論做去，而再合以道學家的思想而已。江西詩人之論詩，沒有不重在自得也沒有不重在自然的。自得與自然本是江西詩人與道學家論詩之共同之點。而他則循此做去，於是別創詩格，轉與江西作風不相類似了。

其示子遹一詩自述學詩歷程云：

我初學詩日，但欲工藻繪。中年始少悟，漸若窺弘大。怪奇亦間出，如石漱湍瀨。數仞李杜牆，常恨欠領會。元白纔倚門，温李眞自鄶。正令筆扛鼎，亦未造三昧。詩爲六藝一，豈用資狡獪！汝果欲學詩，工夫在詩外。（劍南詩稿七十八）

此詩最爲重要，頗足見其論詩主張。所謂藻繪，所謂怪奇，都是詩內工夫。『汝果欲學詩，工夫在詩外，』即是說學詩不應專致力於這些方面。學詩而專工藻繪，不能謂爲自得學詩而過事怪奇，又不能斬其自然。所以需要詩外工夫。因此，對於放翁詩論，於其江西詩學之外，更應注意他和道學家思想的關係

先就其所謂自得者言。放翁夜吟詩云『六十餘年妄學詩，功夫深處獨心知，夜來一笑寒燈下，始是金丹換骨時。』（劍南詩稿五十一）這是江西詩人的說法。后山所謂『學詩如學仙時至骨自換，』即是此意。寒燈一笑，即是悟境，而金丹換骨又從工夫深處得來，所以頓悟不離於漸修。他又有九月一日夜讀詩稿有感走筆作歌一首，謂：『我昔學詩未有得，殘餘未免從人乞；力孱氣餒心自知，妄取虛名有慚色。』這是未能自得之時，所以雖有虛名難免慚色。待到『四十從戎駐南鄭，酣宴軍中夜連日，打毬築場一千步，閱馬列廐三萬匹；華燈縱博聲滿樓，寶釵艷舞光照席；琵琶絃急冰雹亂，羯鼓手勻風雨疾；』這原是與詩不生關涉的境地，可是到此時節，『詩家三昧忽見前，屈賈在眼元歷歷；天機雲錦用在我，剪裁妙處非刀尺。』（見劍南詩稿二十五）那麼，正與張長史見公孫大娘舞劍而悟筆法是同樣情形。思之思之，鬼神通之，觸悟的關捩原不限於一端，夜來一笑，冷汗一身，眼前景物隨處都成悟境，這是江西詩人之所謂悟，所謂自得。至其示兒詩云：『文能換骨餘無法，學但窮源自不疑；齒豁頭童方悟此，乃翁見事可憐遲。』（劍南詩稿二十五）則又近於道學家的論調了。此外，如『萬物備於我，本來無欠餘；窶儒可憐生，西抹復東塗；』（和陳魯山十詩）又如『文章最忌百家衣，火龍黼黻世不知，誰能養氣塞天地，吐出自足成虹蜺』

云云（次韻和楊伯子主簿見贈）顯然又與道學家之所謂自得同其主張了。其雜感五首之一云：『自古文章與命仇，功名身外更悠悠，一從識得元無事，窮死逢人不說愁。』（劍南詩稿二十）此非於道有得者誰能如是！放翁是詩人，放翁又豈僅是詩人！

於此，再就其所謂自然者言。其六藝示子聿一首云：『沛然要似禹行水，卓爾孰如丁解牛！』（劍南詩稿五十四）這即呂本中所謂『只熟便是精妙處』之意。其讀近人詩云：『琢琱自是文章病，奇險尤傷氣骨多。君看太羹玄酒味，蟹螯蛤柱豈同科。』（劍南詩稿七十八）此即『工夫深處却平夷』之意。此雖非工力所能致，却除工力外別無致之之道。這是江西詩人的意思。至如雜興四首之一云：『詩人肝肺困雕鐫，往往壽非金石堅，我獨適情無傑句，化工不忌遣長年。』（劍南詩稿七十三）則又儼有邵康節作詩自適的風度了。所以他在曾裘父詩集序中以『安時處順，超然事外，不矜不挫，不誣不懟，發爲文辭沖澹簡遠，讀之者遺聲利，冥得喪，如見東郭順子悠然意消』之境爲難之尤難。（見渭南文集十五）此又近於道學家之所謂自然。

放翁以後，一燈之傳又在戴復古。復古字式之，天台人，以詩鳴江湖間。當時吳子良序其集稱『詩之意義貴雅正，氣象貴和平，標韻貴高逸，趣味貴深遠，才力貴雄渾，音節貴婉暢，若石屏者庶乎兼之矣。』包恢序其集稱『古詩主乎理，而石屏自理中得，古詩尙乎志，而石屏自志中來，古詩貴乎眞，而石屏自眞中發。』這些話尙不是浮泛的諛辭。石屏詩確能採宋人理致，守唐人格律，如趙汝騰序中所謂『平而尙理，工不求異』者。此種境界，實即由放翁詩論所謂自得與自然得來。所以石屏論詩，也卽從此點發揮。其讀放翁先生劍南詩草云：『入妙文章本平淡，等閒言語變瑰琦，』（石屏集六）也正道着此點。

大抵道學家之詩論與詩人之詩論，折衷調和，自會有此傾向。何況江西詩人的論詩蘄向，原欲於精思研刻之中求其渾成圓熟的呢！石屏有論詩十絕，其二絕云：『曾向吟邊問古人，詩家氣象貴雄渾，雕鎪太過傷於巧，朴拙唯宜却近村。』『陶寫性情爲我事，留連光景等兒嬉，錦囊言語雖高絕，不是人間有用詩。』（石屏集七）石屏詩之作風與其論詩主張，均可於此見之。自此以後，論詩主張自然者遂紛紛矣。

第四目　姜夔

在江西詩派以後，在滄浪詩話以前，可以看出詩論轉變之關鍵的，應當推姜夔白石道人詩說了。姜夔字堯章，鄱陽人，自號白石道人，深於詩學，尤善塡詞，爲一代詞宗。宋史無傳。清嚴杰徐養原等補擬其傳，見阮元所輯詁經精舍文集中。近夏承燾先生，又撰補傳，載燕京學報二十四期白石道人行實考中。

此詩說一卷，自序謂淳熙丙午得於雲密峯頭老翁，那當然是托辭。但此書論詩，頗有特見，且與一般詩話偏主述事，體近筆記者不同。所以在滄浪詩話以前，確是一部重要的著作。我舊作論詩詩話絕句云：『恆蹊脫盡啓禪宗，衣鉢傳來雲密峯，若認丹邱開妙悟，也應白石作先鋒，』意卽指此。

論到他的詩說，以前先應一讀他的詩集自序。

詩本無體，三百篇皆天籟自鳴。下逮黃初，迄於今人異韞，故所出亦異。……近過梁谿，見尤延之先生，問予詩自誰氏。余對以異時泛閱衆作，已而病其駁如也，三薰三沐，師黃太史氏，居數年，一語噤不敢吐，始大悟學即病，顧不若無所學之爲得，雖黃詩亦偃然高閣矣。（自敍一）

作者求與古人合，不若求與古人異。求與古人異，不若（不）（祠堂本有不字）求與古人合，而不能不合，不求與古人異而不能不異。彼惟有見乎詩也，故向也求與古人合，今也求與古人異；及其無見乎詩已，故不求與古人合而不能不合，不求與古人異而不能不異。其來如風，其止如雨，如印印泥，如水在器，其蘇子所謂不能不爲者乎？（自敍二）

此二篇自敍頗爲重要，可與其詩說所言相互發明。他自己說：『余之詩蓋未能進乎此也，』這雖是謙辭，我們也相當承認。因爲一時代自有一時代的文學風會所限，難以自超，所以運用新體與學習舊體難易迥殊。姜氏論詩，見到此，而未能進乎此；姜氏作詞，不必見到此，而可說已能進乎此，所以謝章鋌賭棋山莊詞話即欲以其詩說改爲詞論。（見卷十二）現在固然不必如此，總之可說此一卷詩說是他作詩作詞時體會有得之談，自是無可疑的。

江西詩派到南宋初葉都起了變化。當時幾個大家都是從江西入而不從江西出。這即是江西詩論提倡活法的結果。白石論詩，恐怕也受此種影響。他並不廢法：——『不知詩病何由能詩！不觀詩法，何由知病！』詩法原不妨是論詩的標準。至於說：『波瀾開闔，如在江湖中一波未平，一波已作；如兵家之陣方以爲正，又復是奇，方以爲奇忽復是正，出入變化不可紀極，而法度不可亂，』則又是呂居仁之所謂活法了。

論活法，無定而有定，有定而又無定，不可捉摸，似乎已說得够微妙了；然而猶有詩之見存。白石說得好；『彼惟有見乎詩也，故向也求與古人合，今也求與古人異。』講法度，固嫌其拘泥；講變化，也還不脫化。必也無見於詩，然後纔到悟境。能到悟境，纔到妙境。到此地步，『不求與古人合而不能不合，不求與古人異而不能不異，』所謂「學至於無學，」纔是學之止境。所以求與古人合或求與古人異，都只能做到「工」的地步，不求與古人合而不能不合，不求於古人異而不能不異，纔能達到「妙」的境界。所以他說：『文以文而工，不以文而妙；然舍文無妙，勝處要自悟。』工在字句之間，妙超字句之外，然而妙仍不能不寓於字句之中，所以說，『不以文而妙，然舍文無妙。』白石所悟，卽要悟這超於字句之外的妙境，所以要無見於詩。因此，我們要辨別白石與江西詩派之言悟雖同，而所悟則不盡同。

於是，白石指出：『詩有四種高妙：一曰理高妙，二曰意高妙，三曰想高妙，四曰自然高妙。礙而實通曰理高妙；出自意外曰意高妙；寫出幽微，如清潭見底曰想高妙；非奇非怪，剝落文采，知其妙而不知其所以妙，曰自然高妙。』當然，此四種中尤重在自然高妙。這種高妙，不能於字句中求之，不能於法度中求之。

這是白石由江西詩人之詩論再進一步的見解。

然而白石詩說，似乎還不止於此。他在當時也很受道學家的影響。道學家用興的方法以觀詩，所以要體會到詩人之志，所以要優游玩味他也有這些意思。如論三百篇云：『三百篇美刺箴怨皆無迹，當以心會心；』如論陶淵明云：『陶淵明天資既高，趣詣又遠，故其詩散而莊，澹而腴，斷不容作邯鄲步也。』他要「以心會心」他要體會到詩人之趣詣，於是便與道學家之優游玩味相近。又道學家既用興的方法以觀詩，所以尤重在興起人的善心而推斷到詩人之性情也是溫柔和平的。白石也有這些意思，如云：『喜詞銳，怒詞戾，哀詞傷，樂詞荒，愛詞結，惡詞絕，欲詞屑。樂而不淫，哀而不傷，其惟關雎乎？』此又同於道學家的口吻。所以他論詩講到涵養，講到氣象，都不能與道學家之詩論沒有關係。他與道學家不同者，道學家總牽涉到道，總牽涉到用，而他却全不講這些，純粹在詩的立場以立論而已。

於是白石又指出如何能耐人尋味的方法：『——一篇全在尾句，如截犇馬。詞意俱盡，如臨水送將歸是已。意盡詞不盡，如摶扶搖是已。詞盡意不盡，剡溪歸棹是已。詞意俱不盡，溫伯雪子是已。所謂詞意俱盡者，急流中截後語，非謂詞窮理窮者也。所謂意盡詞不盡者，意盡於未當盡者，則詞可以不盡矣，非以長語益之者也。至如詞盡意不盡者，非遺意也，辭中已彷彿可見矣。詞意俱不盡者，不盡之中固已深盡之矣。』在此四種中當然又以詞意俱不盡爲最高。所以他再說：『句中有餘味，篇中有餘意，善之善者也。』

這又是白石由道學家之詩論再深一層的見解。

於是，白石詩學始可得而言。他是從江西派解放出來而悟到學即是病，因此作詩不泥於詩法。他又是從道學家轉變過來而只就詩論詩，因此，讀詩不僅是感發善心，而更重在領略餘味。所以白石詩論不能說是江西派的詩論，不能說是道學家的詩論，然而與江西派和道學家之詩論都不發生關係。

他從活法進一步而指出超於法的境，他從興再深一層而講到韻味，這樣，所以與滄浪所論爲很相類似了。漁洋詩話稱「白石論詩未到嚴滄浪，頗亦足參微言。正可於此看出其關係。

然而，滄浪詩話所言不免故爲高論，多作可解不可解之言，以自欺欺人，而白石則確是於甘苦備嘗之後發爲體會有得之言。漁洋稱其足參微言，即以有些類似神韻之說；而稱其論詩未到嚴滄浪，則又以白石所論，畢竟不全是神韻之說，不全是架空之談。

白石詩說，漁洋詩話中稱引之而且贊許之，隨園詩話中也稱引之而且贊許之。這便是白石與滄浪不同的地方。白石說：『大凡詩自有氣象體面，血脈韻度。氣象欲其渾厚，其失也俗；體面欲其宏大，其失也狂；血脈欲其貫穿，其失也露；韻度欲其飄逸，其失也輕。』這便兼有神韻格調性靈三義。白石又說：『一家之語，自有一家之風味，如樂之二十四調，各有韻聲，乃是歸宿處。模倣者語雖似之，韻亦無矣。雞林其可欺哉！』這也是神韻之中更有性靈存在。許印芳詩法萃編中跋白石詩說，稱其『語語精緻，中有意旨深微者，初學猝難領會，由淺入深，循序漸進，積學有年，細繹其言，始能解悟。而堯章惜墨如金，因之條件簡約，不無漏義。』眞的，白石詩說中是淺深兼賅的，我們正應在他惜墨如金的詩說中整理出條理來。

第五目　四靈派

南宋詩風之一反江西風氣者又有所謂四靈派。四靈者，徐照字道暉，一字靈暉；徐璣字文淵，一字致中，號靈淵；翁卷，字續古，一字靈舒；趙師秀字紫芝，號靈秀；皆永嘉人故稱永嘉四靈。四靈爲詩，刻意雕琢，一反江西生硬拗折之風，所以人皆謂其宗主晚唐。方回送羅壽可詩序謂詩學晚唐非始四靈，宋初九僧之作卽是晚唐體，不過『嘉定而降，稍厭江西，永嘉四靈復爲九僧舊晚唐體耳』。（見桐江續集三十二）是則江西之詩原由厭薄晚唐而起，而四靈之詩復由厭薄江西而起，補偏救弊，則四靈詩縱使有破碎尖酸之病，在文學史上自有其價值。

實則四靈詩猶不僅宗主晚唐。趙汝回之序瓜廬詩（南宋羣賢小集本）明明說：『永嘉徐照翁卷徐璣趙師秀乃始以開元元和作者自期，治擇淬鍊，字字玉響；』明明說『永嘉陋晚唐不爲，語不驚人不止，而後生常則其步趨謦欬，揚揚以晚唐誇人，此人所不悟也。』然則四靈何嘗僅主晚唐，四靈之重要，乃在使人知道宗主唐音，所以在文學批評史上也自有其價值。

蓋四靈詩既反江西作風，勢必另闢田地，創造一種新的境界。宋詩既爲唐詩之變格，變而生弊，則當然復主唐音，所以江西尚力，四靈便尚韻；江西尚學，四靈便尚才。易言之，宋詩自蘇黃以後漸成爲文人之詩，而四靈則復返爲詩人之詩。韓子蒼陵陽室中語已說過：『唐末人詩雖格致卑淺，然謂其非詩不可。今人作詩雖句語軒昂，止可遠聽而其理則不可究。』（隱居通議十引）不謂四靈詩風之理論，乃在江西詩人口中說出。可惜四靈只欲返爲詩人之詩僅僅從事創作而不顧及理論這是我們所引爲憾事的後來滄浪詩話雖亦主唐音但與四靈主張又各異其趣了。

惟一可視爲四靈本人所說的話，惟見於韋居安梅磵詩話中。韋氏謂：『杜小山嘗問句法於趙紫芝，答之云，但能飽喫梅花數斗，胸次玲瓏，自能作詩。』此種妙語正與汪彥章問徐師川作詩法門，師川告以『卽此席間杯拌果蔬使令以至目力所及……以意剪裁之』是同樣的不着邊際。然而一個正代表着四靈的詩論，一個正代表着江西的詩論。戴式之之哭趙紫芝詩云：『東晉時人物，晚唐家數詩』（石屏詩集二）四靈風格正因近於東晉人物所以有飽喫梅花的主張。若在江西詩人，則只須飽經人事或飽參作家足矣。四靈詩格所以不同江西作風者在此。

又四靈之起，除一反江西作風以外，同時也矯正當時道學家的作風。道學之詩疲輭直率，立論雖高而詩格實下，所以當時道學界中的文人如葉水心輩便嘖嘖歎賞四靈之詩。道學家說理，而四靈寫景，道學家直率，而四靈雕琢。徐璣之書翁卷詩集後云：『磨礱雙鬢改，收拾一編成，』四靈對於作詩之苦心於茲可見。所以四靈於另一方面，復一變儒者之詩而返爲詩人之詩。

趙汝回之序雲泉詩（南宋羣賢小集本）似卽說明此意。他說：

> 世之病唐詩者，謂其短近，不過景物，無一言及理。此大不然。詩未有不託物，而理未有出於物之外。古人句在此而意在彼，今觀三百篇大抵鳥獸草木之間，不可以是訾也。而人之於詩，其心術之邪正，志趣之高下，氣習

之厚薄，隨其所作，無不呈露。如少陵之詩而得其爲忠，太白之詩而得其爲豪，郊島之詩寒苦而其器必隘，韋白之詩蘊藉而其情必遠，自然而然，初非因想而生見者。……故作詩貴識體，尤在養性，不養性則無本，不識體則無法。永嘉自四靈爲唐詩，一時水心首見賞異四人之體略同而道暉紫芝其山林閴閣之氣，各不能揜。

這可以說是四靈派詩所以多流連光景之作的原因。戀事適自縛，說理適自障，於是遂只偏於詠情性寫生態了。清遠空靈之格，確可以藥江西拗澀之病與道學平腐之習，可惜他們取逕太狹，規模不弘，所以雖足轉移一時風氣，而閱時未久，詩人學者又齊加糾彈了。

然而，滄浪詩話却卽在此種關係下產生的.

第六目　嚴羽

第一款　滄浪以前之詩禪說

南宋論詩之著，其比較重要的，應當推嚴羽的滄浪詩話。羽，字儀卿，一字丹邱，邵武人，自號滄浪逋客，有滄浪吟卷。其詩話卽附刻集中，但也有單行的本子。

滄浪詩話之重要，在以禪喻詩，在以悟論詩。然而這兩點，都不是滄浪之特見。我們在以前論述各家詩論之時，也曾屢次指出滄浪詩論之淵源。現在，不避繁瑣，再舉一些以前所不曾論及的諸家。

困學紀聞載唐戴叔倫語謂『詩家之景如藍田日暖，良玉生烟可望而不可卽。』這是一般神韻說的詩人所奉爲最早的主張，姑置不論，我們還是注意當時較近的意見。

李之儀，字端叔，景城人，（宋史作滄州無棣人，據四庫總目提要一五五改）所著有姑溪居士前集五十卷，後集二十卷嘗從蘇軾幕府文章亦與張耒秦觀相上下，故其論詩頗帶禪味，與蘇軾同。蘇軾題其詩有『暫借好詩消永夜，每逢佳處輒參禪』之語，卽可看出東坡對他詩的印象。至如他贈祥瑛上人一詩所謂『得句如得仙，悟筆如悟禪。』（姑溪居士後集一）云云，得仙悟禪正可視爲互文之例。其後集卷六有讀淵明詩效其體十首，卽全是佛家思想所以他對於詩禪之溝通也不無關係。因此，他與李去言書竟大膽地說：『說禪作詩本無差別，但打得過者絕少。』（前集二十九）

曾幾字吉甫，贛縣人，高宗時忤秦檜，僑寓上饒茶山寺，自號茶山居士，有茶山集。其讀呂居仁舊詩有懷云：『學詩如參禪，愼勿參死句。縱橫無不可，乃在歡喜處。又如學仙子，辛苦終不遇，忽然毛骨換，政用口訣故。居仁說活法，大意欲人悟；常言古作者，一一從此路』云云，此亦以禪喩詩。

葛天民，山陰人，有無懷小集。其寄楊誠齋詩云：『參禪學詩無兩法，死蛇解弄活鱍鱍；氣正心空眼自高，吹毛不動全生殺。生機熟語却不俳，近代惟有楊誠齋；才名萬古付公論，風月四時輸好懷。知公別具頂門竅，參得徹兮吟得到，趙州禪在口頭邊，淵明詩寫胸中妙。』此亦以參禪學詩二者並舉。

趙蕃字昌父，號章泉，嘗問學於朱子，所著有乾道稿一卷，淳熙稿二十卷，章泉稿五卷。他爲太和簿時，受知於楊萬里，萬里贈詩有云：『西昌主簿如禪僧，日餐秋菊嚼春冰。』此以禪僧相比，蓋亦與東坡題李端叔詩相類。章泉詩論，專祖曾呂，嘗檃括呂氏與曾吉甫第二帖中語爲詩云：『若欲波瀾闊，規模須放弘，端由吾氣養，匪自歷階升。忽漫工夫覓，況於治擇能，斯言誰語汝，呂昔告於曾。』更有詩法詩云：『問詩端合如何作，待欲學耶無用學，今一禿翁曾總角，學竟無方作無略。欲從鄙律恐坐縛，力若不足還病弱，眼前草樹聊渠若，子結成陰花自落。』又曾和吳可學詩詩云：『學詩渾似學參禪，識取初年與暮年；巧匠何能雕朽木，燎原寧復死灰燃。』『學詩渾似學參禪，要保心傳與耳傳，秋菊春蘭寧易地，淸風明月本同天。』『學詩渾似學參禪，束縛寧能句與聯；四海九州何歷歷，千秋萬歲孰傳傳。』以上諸詩，並見詩人玉屑，其主旨均不脫曾呂緒餘，頗有禪家習氣。

戴復古與嚴羽同時，石屏集中有贈二嚴詩。其論詩十絕有云：『欲參詩律似參禪，妙趣不由文字傳；箇裏稍關心有悟，發爲言句自超然。』

楊夢信有題亞愚江浙紀行集句詩二絕，其一云：學詩元不離參禪，萬象森羅總現前，觸著見成佳句子，隨機飣餖便天然。』

徐瑞，字山玉，鄱陽人，有松巢漫稿。其論詩云：『大雅久寂寥，落落爲誰語；我欲友古人，參到無言處。』又雪中夜坐雜詠十首之一云：『文章有皮有骨髓，欲參此語如參禪；我從諸老得印可，妙處可悟不可傳。』

這些都是以禪喩詩之例。可知詩禪之說原已成爲當時人的口頭禪了。

不過這些話說得還空洞。詩禪所以能相喩之故,卽在於悟,故也有不提及禪而專論悟者。現在也舉一些例以見一時風氣。

范温字元實,成都人,有潛溪詩眼一卷已佚。見余所輯宋詩話輯佚中。他說:『學者先以識爲主,禪家所謂正法眼;直須具此眼目,方可入道。』又云:『識文章者,當如禪家有悟門。夫法門百千差別,要須自一轉語悟入;如古人文章直須先悟得一處,乃可通其他妙處。』又云:『老杜櫻桃詩……如禪家所謂信手拈來頭頭是道者,直書目前所見,平易委曲得人心所同然,但他人艱難不能發耳。』此則禪悟兼言,全與滄浪相同。

張鎡字功甫,一字時可,號約齋,秦川成紀人,有南湖集十卷。楊萬里有進退格寄張功甫姜堯章詩云:『尤蕭范陸四詩翁,此後誰當第一功,新拜南湖爲上將,更差白石作先鋒。』(誠齋集四十一)故其論詩亦與誠齋白石相類。其詩本一詩云:『詩本無心作,君看蝕木蟲。旁人無鼻孔,我輩豈神通。風雅難齊駕,心胸未發蒙。吾雖知此理,恐墮見聞中。』題尙友軒云:『作者無如八老詩,古今模軌更求誰!淵明次及寒山子,太白還同杜拾遺。白傅東坡俱可法,涪翁無已總堪師。胸中活底仍須悟,若泥陳言卻是癡。』(南湖集五)攜楊祕監詩一編登舟因成二絕,其一云:『造化精神無盡期,跳騰踔厲卽時追。目前言句知多少,罕有先生活法詩。』(南湖集七)覓句云:『覓句先須莫苦心,從來瓦注勝如金。見成若不拈來使,箭已離弦作麼尋!』(南湖集九)此亦禪悟兼言而側重在悟。

張煒，字子昭，杭人，有芝田小詩。其學吟有云：『池塘春草英靈處，水月梅花穎悟時。我亦學吟功未進，每將此理叩心師。』

鄧允端字茂初，臨江人，題社友詩稿云：『詩裏玄機海樣深，散於章句領於心。會時要似庖丁刃，妙處應同靖節琴。』

葉茵，字景文，笠澤人，有順適堂吟稿。其二子讀詩戲成云：『翁琢五七字，兒親三百篇。要知皆學力，未可以言傳。得處有深淺，覺來無後先。殊途歸一轍，飛躍自魚鳶。』

這些都是論詩主悟之說。據是可知禪悟之義原不始於滄浪。

第二款　禪與悟

滄浪論詩主旨只在禪悟二字。禪悟二字，可分而不可分，不可分而可分，已如上述。所以昔人之批評滄浪詩話，有的贊成禪悟之說，有的反對禪悟之說，也有的贊其悟而不贊其禪。現在爲便於說明起見，也姑且分別言之。

先論其所謂禪。

第一點，滄浪以禪喻詩究竟合不合。這一點，我們誠不能爲滄浪諱。他雖以禪喻詩，然而對於禪學並沒有弄清楚。他以漢魏盛唐爲第一義，大曆爲小乘禪，晚唐爲聲聞辟支果，殊不知乘只有大小之別，聲聞辟支也即在小乘之中。他稱『學漢魏晉與盛唐詩者，臨濟下也，學大曆已還之詩者曹洞下也。』是又不知禪家只有南北之分，而臨濟元禪師，曹山寂禪師，洞山价禪師，三人並出南宋，原無高下勝劣可言。何況臨濟曹洞俱是最上一乘，而現在分別比喻，似乎又以曹洞爲小乘了。這些話都見陳繼儒偃曝談餘，錢謙益唐詩英華序及馮班滄浪詩話糾謬。所以方棻如偶然欲書中稱之爲野狐禪，也不爲苛刻之論。不過這些錯誤，我以爲是小問題，不足爲滄浪病。滄浪於禪雖無多大研究，但他所處的時代，禪學很盛，當時人的文藝與思想殆無不受其影響，所以滄浪雖道聽塗說，一知半解，似亦不能謂其對於禪義全不明瞭。滄浪的錯誤即在不曾深切研究，可以稱之爲口頭禪，却不可稱之爲野狐禪。正像現代人談三民主義，都能湊上幾句，固然也有以亂談三民主義而被指爲曲解，被指爲反動的人，然總不能說這些人不懂三民主義。所以重要關鍵還在第二點，究竟能不能以禪喻詩。

所以第二點是禪與詩的問題。馮班嚴氏糾謬引劉後村語『詩家以少陵爲祖，其說曰：「語不驚人死不休」；禪家以達摩爲祖，其說曰：「不立文字」。詩之不可爲禪，猶禪之不可爲詩。』以爲此論足使羽卿（案當作「儀卿」，此馮氏沿牧齋之誤）輩結舌。李重華貞一齋詩說亦謂『詩教自尼父論定，何緣墮入佛事。』他們都以爲禪與詩，絕對不生關係，絕對不能比喻。但是我覺得此說亦不免稍偏。杜甫不是說過嗎？『老去詩篇渾漫與。』漫與云者便非語必驚人之謂，何得據杜氏一端之說，便以爲詩禪絕對是二事呢？隨園詩話不是也說過嗎？『孔子與子夏論詩曰，窺其門未入其室，安見其奧藏之所在乎？前高岸後深谷，冷冷然不見其裏，所謂深微者也。此數言即是嚴滄浪羚羊掛角香象渡河之先聲。』（卷二）隨園所引即不能信爲孔子之言，但總可知漢以前所謂詩教之說，有此一義，何得便以墮入佛事爲病。所以我以爲比較公允的話，還是徐增而庵詩話所說：『滄浪病在不知禪，不在以禪論詩也。』以禪論詩，確有相當的長處。蓋一般人只知求詩於詩內，不是論其內容以道德繩詩，便是論其辭句以規律衡詩。惟以禪論詩則可以超於迹象，無事拘泥，不卽不離，不黏不脫，以導人啓悟。所以詩禪之說，其本身原無可非議。論到此，我覺得自來論詩禪之分別與關係者，當以傅占衡釋竺裔詩序爲恰到好處。他說：『昔嚴儀卿以禪論詩；余嘗申其說焉；教外有禪，始悟律苦；詩中有律，未覺詩亡。兩者先後略相同異。然大要縛律迷眞，無論詩之與禪均是病痛耳。』（湘帆堂集四）詩與禪的分別，似應着眼在這一方面。他再說：『倘然繩墨之中，卽禪而不禪也，不律而律也。飄然蹊逕之外，卽律而不律也，不禪而禪也。』這又是詩禪之共通與關係之點。滄浪所謂『不落言筌不涉理路』云者，正應如此看法。所以馮鈍吟駁之，未爲中肯。何況詩禪之說，昔人言之屢屢，鈍吟顧乃集矢於滄浪，亦豈得爲公允！

何以鈍吟駁滄浪的話未爲中肯？蓋鈍吟所論重在禪義，所以說：『夫迷悟相覺則假言以爲筌，邪正相背斯循理而得路。迷者旣覺則向來之言還歸無言，邪者旣返則向來之路未嘗涉路，是以經教紛紜，實無一法可說也。』而不知此說卽抱朴子『筌可以棄而魚未獲則不得無筌』之義，與滄浪所云不同。滄浪只是指出詩禪有其共通之點，不要拘泥執着而已。所以滄浪所論，並不是要把禪義混到詩中間去。把禪義混入詩中，結果成爲寒山拾得一流之詩。卽使不然，如李鄴嗣慰弘禪師集天竺語詩序所舉唐人妙詩，『若游明禪師西山蘭若詩，此亦孟襄陽之禪也，而不得耑謂之詩。白龍窟泛舟寄天台學道者詩，此亦常徵君之禪也，而不得耑謂之詩。聽嘉陵江水聲寄深上人詩，此亦韋蘇州之禪也，而不得耑謂之詩。』（杲堂文鈔二）此數詩由詩思言誠入禪關，即孟常韋諸人之學亦誠能默契禪宗，然而滄浪之以禪喻詩却並不重在這方面。

詩禪既可以相喻，於是第三點應進究滄浪之詩禪說與以前之詩禪說是否相同，這纔是很重要的一點。我覺得滄浪之詩禪說可以分爲二義：他所謂『不涉理路，不落言筌』與『羚羊掛角無跡可求』云云，是以禪論詩，其說與以前一般的詩禪說同。至他所謂『學者須從最上乘具正法眼悟第一義』與『入門須正，立志須高』云云，是以禪喻詩。此又是本於潛溪詩眼之說而加以闡發的。這纔是滄浪的特見其長處在是，其短處亦在是。至如江西詩人之以詩擬禪，重在工力方面的一旦超悟，則是滄浪詩話所不大論及的。滄浪所論只此二義而已。以禪論詩，是就禪理與詩理相通之點而言的；以禪喻詩，又是就禪法與詩法相類之點而比擬的。看出此項分別，然後知道後來神韻說之所以本於滄浪詩話，然後知道後來格調說之所以也本於滄浪詩話。我只覺得滄浪詩論依違於此二者之間，不能有一明顯之主張，這纔是滄浪的缺點。至於能不能以禪喻詩以及論禪是否有錯誤，這倒是小問題。

於次再論其所謂悟。滄浪以爲『禪道惟在妙悟，詩道亦在妙悟，』這原是宋代詩論極普通的見解，不過在這裏，我們也應分析研究（一）悟與禪與詩的關係，（二）滄浪之所謂悟與其詩論的關係。

由前一點言，原是昔人常有的議論，所以後人於此贊否不一，其完全贊同滄浪之說者，如范晞文對床夜語云：

『文章之高下，隨其所悟之深淺，若看破此理，一味妙悟，則徑超直造，四無窒礙，古人卽我，我卽古人也。』此卽完全贊同滄浪之說——贊同他的論禪，也贊同他的因論禪而兼及論悟。其與此見解完全相反者，爲錢牧齋的唐詩英華序。錢氏旣指摘他分別第一義第二義與大乘小乘之說，更攻擊他所謂妙悟之語。他以爲三百篇中有議論之語，有道理之語，有發露之語，有指陳之語，何嘗一味講悟！他再以爲因悟而分別大乘小乘，分別初盛中晚，更是一知半見似是而非之論。（有學集十五）這是不贊成他的論悟，同時也不贊成他的論禪。此外更有折衷於此二者之間，反對滄浪之以禪言詩而不反對滄浪之以妙悟言詩。這又是潘德輿養一齋詩話之說。他謂：『以妙悟言詩猶之可也，以禪言詩則不可。詩乃人生日用中事，禪何爲者！』（卷一）綜上所論，可知昔人對於滄浪之說有贊同與反對二種主張，而於滄浪之所謂悟，又有與禪有關及與禪無關二義。

因此，討論滄浪妙悟之說，應先注意是否有可以指摘之點。我覺得這也是後人對於滄浪詩說所起的誤會。後人只看了滄浪所謂『詩有別材，非關書也，詩有別趣，非關理也』二語，而忽略了他的下文『然非多讀書多窮理則不能極其至，』遂以爲滄浪不主張讀書窮理。這是一個最普通的誤會，昔人也曾指出過。（見宋咸熙詩話耐冷談八及張宗泰魯巖所學集十三書潛研堂文集甌北集序後）關於妙悟，也是如此。昔人只看了滄浪所謂『詩道亦在妙悟』與『惟悟乃爲當行，乃爲本色』諸語，而忽略了他的『漢魏尙矣，不假悟也』一語。我們須知滄浪所謂妙悟，原只是說詩中有此一義，却並不是說除此一義之外別無他義。詩原有不假妙悟之處，漢魏且不假妙悟，何況三百篇所以錢牧齋以三百篇中議論道理發露指陳之語以駁滄浪之說，可謂至不曾搔着癢處。潘德輿說得好：『訾滄浪者謂其專以妙悟言詩，非溫柔敦厚之本，是又不知宋人率以議論爲詩，故滄浪拈此救之，非得已也。』（養一齋詩話一）

由第二點言，我們須知滄浪之所謂悟，與其論禪一樣，也應分別二義：一是所謂透澈之悟，一是所謂第一義之悟，要之都不是江西詩人之所謂換骨之悟。透澈之悟，由於以禪論詩，只是指出禪道與詩道有相通之處，所以與禪無關；第一義之悟，由於以禪喻詩，乃是以學禪的方法去學詩，所以與禪有關。透澈之悟爲王漁洋所常言，而第一義之悟，則又明代前後七子所常言。看出此分別，然後可以各別討論。

滄浪之論透澈之悟，莫過於下面的一段話：

悟有淺深，有分限，有透澈之悟，有但得一知半解之悟。漢魏尙矣，不假悟也。謝靈運至盛唐諸公，透澈之悟也。他雖有悟者，皆非第一義也。

夫詩有別材，非關書也；詩有別趣，非關理也。然非多讀書，多窮理，則不能極其至，所謂不涉理路不落言筌者，上也。詩者吟詠情性也。盛唐諸公惟在興趣，羚羊掛角，無迹可求，故其妙處透澈玲瓏，不可湊泊，如空中之音，相中之色，水中之月，鏡中之象，言有盡而意無窮。

根據了這節話，我們不要以爲僅僅是神韻說之所出，我們須知這也是性靈說之所本。滄浪論詩，在當時流輩中確是別有見地，但比了後來一輩人，則覺其所謂從頂顴上做來者，工夫猶有未至；所以細細看去時覺其有牴牾或罅漏之處。不過話雖如此說，而察其意所側重者，畢竟還在神韻方面。在此節中，他不過謂詩自有詩的標準，搬弄不得學問，發揮不得義理；於學問義理以外去求詩，纔能見其別材別趣，纔是所謂「羚羊掛角，無迹可求。」假使賣弄學問，闡發性理，則數典之作與格言之詩都是有迹可尋，而與所謂空中之音，相中之色，水中之月，鏡中之象云云者，全不相似。此說原未嘗錯誤。後人稱其落王孟家數，實則這還是後人的見解，與滄浪無涉。說滄浪沒有做到此境地，則有之矣。說此種境地與詩無關，則未必然。吳喬圍爐詩話謂：『詩於唐人無所悟入，終落死局。嚴滄浪謂詩貴妙悟，此言是也。然彼不知興比教人何從悟入，實無見於唐人作玄妙恍惚語，說詩說禪說教，俱無本據。』這也沒有明白滄浪之所謂悟。

滄浪之論第一義之悟，又應看下面的一段話：

> 禪家者流，乘有小大，宗有南北，道有邪正。學者須從最上乘，具正法眼，悟第一義；若小乘禪，聲聞辟支果，皆非正也。論詩如論禪。漢魏晉與盛唐之詩則第一義也。大歷以還之詩，則小乘禪也，已落第二義矣。晚唐之詩，則聲聞辟支果也。學漢魏晉與盛唐詩者，臨濟下也。學大歷以還之詩者，曹洞下也。……吾評之非僭也，辯之非妄也。天下有可廢之人，無可廢之言。詩道如是也。若以為不然，則是見詩之不廣，參詩之不熟耳。試取漢魏之詩而熟參之，次取晉宋之詩而熟參之，次取南北朝之詩而熟參之，次取沈宋王楊盧駱陳拾遺之詩而熟參

之，次取開元天寶諸家之詩而熟參之，又取本朝蘇黃以下諸家之詩而熟參之，其眞是非自有不能隱者。儻猶於此而無見焉，則是野狐外道蒙蔽其眞識，不可救藥終不悟也。夫學詩者以識爲主入門須正，立志須高，以漢魏晉盛唐爲師，不作開元天寶以下人物。若有退屈卽有下劣詩魔入其肺腑之間，由立志之不高也。行有未至，可加工力，路頭一差，愈騖愈遠，由入門之不正也。故曰學其上僅得其中，學其中斯爲下矣。又曰，見過於師，僅堪傳授，見與師齊，減師半德也。工夫須從上做下，不可從下做上。先須熟讀楚詞。朝夕諷詠，以爲之本，乃讀古詩十九首，樂府四篇，李陵蘇武漢魏五言，皆須熟讀，卽以李杜二集枕藉觀之，如今人之治經，然後博取盛唐名家醞釀胸中，久之自然悟入。雖學之不至，亦不失正路，此乃是從頂顊上做來，謂之向上一路，謂之直截根源，謂之頓門，謂之單刀直入也。

本於此種見解，於是他所謂悟似乎不限於王孟家數。他正是以李杜爲宗，奉盛唐爲主，與明代前後七子同一主張。這是他把古今諸詩熟參的結果。熟參以後覺得漢魏則不假悟，盛唐則是透徹之悟，說理而不墮理窟，有學問而不賣弄學問，於是覺得惟有李杜二集恰到好處。這樣不作開元天寶以下的人物也是當然的結論。然而他的錯誤也卽在這上面。此種錯誤，葉燮在原詩裏已經指出：

羽之言曰『學詩者以識爲主，入門須正，立意須高，以漢魏晉盛唐爲師，不作開元天寶以下人物，若自退屈，卽有下劣詩魔入其肺腑。』夫羽言學詩須識，是矣。既有識，則當以漢魏六朝全唐及宋之詩，悉陳於前，彼必

> 自能知所決擇，知所依歸，所謂信手拈來，無不是道。若云漢魏盛唐，則五尺童子，三家村塾師之學詩者，亦熟於聽聞，得於授受久矣。此如康莊之路，衆所羣趨，即瞽者亦能相隨而行，何待有識而方知乎？吾以爲若無識則一一步趨漢魏盛唐而無處不是詩魔；苟有識，即不步趨漢魏盛唐而詩魔悉是智慧，仍不害漢魏盛唐也。羽之言何其謬戾而意且矛盾也！

蓋滄浪是本於他的透澈之悟的見地，以熟參漢魏以下各家之詩，於是以漢魏盛唐爲師，這原不失爲他的特識。雖則他的結論是一條康莊大道，人所習知，然而對此大道，依舊可有他的看法。他說：『看詩須着金剛眼睛，庶不眩於旁門小法。』然則他所以指出康莊大道者，原不欲眩於旁門小法而已。不過他提出這個結論而欲使人一齊走這大道，則無論立法雖正，要之却使人無識。禪家的方法本重在自己去思想，自己去頓悟，自己去尋一個應付生死的智慧，所以滄浪謂實證實悟，謂自家闢此田地，這原合於禪義。但是他不拿這方法教人，而偏拿他所認爲實證實悟自家開闢的田地去教人，那是嚼飯餵人，便不合於禪了。葉燮所爭正在這一點。明代前後七子的錯誤，也正在這一點。錢牧齋說：『今仞其一知半見，指爲妙悟，……以爲詩之妙解盡在是。……目翳者別見空華，熱傷者旁指鬼物。』這正指出他翳熱的病根之所在。他本要去掉下劣詩魔，而不知下劣詩魔却搖身一變，即潛藏在其詩論中間，這豈是滄浪所及料！

第三款　神韻與格調之溝通

滄浪論妙悟而結果却使人不悟，論識而結果却使人無識，論興趣而結果却成爲興趣索然，論透澈玲瓏，不可湊泊，而結果却成爲生吞活剝摹擬剽竊的贋作。這種錯誤這種弊病的癥結所在，全由於以神韻說的骨幹，而加上了一件格調說的外衣。明代前後七子只見了他的外衣所以上了他的當；清代王漁洋，去掉了這件外衣，便覺得一變黃鐘大呂而爲清角變徵之音。所以我說他的論禪與論悟都有神韻與格調二義。於是他的論詩也不免時有牴牾之處。

然則他何以要留着這牴牾之處呢？這卽與他的別材別趣與讀書窮理之說有關。我們要曉得當時詩禪之說，又開了性靈一派。吳可學詩詩云：『學詩渾似學參禪，自古圓成有幾聯，春草池塘一句子，驚天動地至今傳。』龔相學詩詩云：『學詩渾似學參禪，語可安排意莫傳。會意卽超聲律界，不須煉石補靑天。』這卽是詩禪說之走向性靈的結論。楊萬里的詩便是如此。而滄浪既不贊成江西詩派，又不贊成江湖詩人多務使事不問興致之作既難爲正宗，而挾枯寂之胸求渺冥之悟者；也未爲高格。論詩到此便入窮境。毛西河云：『天下惟雅須學而俗不必學；惟典則須學而鄙與弇不必學，惟高其萬步擴其耳目，出入乎黃鍾大呂之音須學，而裸裎袒裼蚓呷釜戛卽不必學。（西河合集序四十三，東陽李紫翔詩集序）西河此論雖爲別才而發，但是也正說明了滄浪的意旨。滄浪就因處於這二重時弊之下而欲救正其失，所以一方面主張別材別趣以救江西末流之失，一方面復主張讀書窮理，以使所謂別材者不流於粗才，別趣者不墮於惡趣，以救江湖詩人之失。蓋此卽西河所謂惟雅須學惟典則須學之旨。這樣，他只能徘徊於二者之間，而神韻說遂於無意中蒙上了格調的外衣。後人只於「學」與「理」上面作爭論之點，全不曾理會到滄浪此意。無論攻擊他別材別趣之說者未必能使滄浪心折，即贊成他別材別趣之意者滄浪也未必引爲知己。

論到此，我倒覺得袁子才隨園詩話所論，比較得其眞際。他說：

嚴滄浪借禪喻詩，所謂羚羊掛角，香象渡河，有神韻可味，無迹象可尋，此說甚是，然不過詩中一格耳。阮亭奉爲至論，馮鈍吟笑爲謬談；皆非知詩者。詩不必首首如是，亦不可不知此種境界。如作近體短章不是半吞半吐，超超元著，斷不能得絃外之音，甘餘之味。滄浪之言如何可詆！若作七古長篇五言百韵，即以禪喻，自當天魔獻舞，花雨彌空，雖造八萬四千寶塔不爲多也。又何能一羊一象，顯渡河掛角之小神通哉！總在相題行事能放能收方稱作手。（卷八）

此說雖仍認神韻說爲滄浪詩話的中心思想，不免與滄浪詩旨不盡同，然而他以爲神韻說只是小神通，七古長篇五言百韵便無須乎此，則道個正着。滄浪恐怕也正不欲以小神通自限，故其論詩歸宗李杜而不標舉王孟。我常以爲滄浪論詩只舉神字，漁洋論詩纔講神韻。（見中國文學批評史上之神氣說）此雖只是一字之出入，正足見其論詩主恉之不盡同。

滄浪論詩，謂『其大概有二，曰優游不迫，曰沈著痛快。』他所說這兩大界限，確可把古今詩體，包舉無遺。優游不迫，取出世態度，什麼都可放過。沈著痛快，取入世態度，什麼都不放過。這二種都是吟詠情性。然而優游不迫的詩，從容閑適自然與所謂「羚羊掛角，無迹可求」者爲近。而沈著痛快的詩，掀雷抉電，驅駕氣勢，雖與「羚羊掛角」的境界爲遠，然也未嘗不可做到「言有盡而意無窮」的地步。由這種境界言，似乎沈著痛快的詩比較來得更難。所以他說：『詩之極致有一，曰入神。詩而入神，至矣盡矣，蔑以加矣！惟李杜得之，他人得之蓋寡也。』在這一節話中，以入神爲詩之極致，原是不錯，然而以李杜爲入神，則所指的似乎只是沈著痛快的詩而不是優游不迫的詩。這大概因優游不迫的詩，其入神較易，而沈著痛快的詩，其入神較難。逸品之神易得，神品之神難求。這卽是所謂小神通與大神通的分別。大神通應如天魔獻舞，花雨彌空，則固然矣。然而設使八萬四千寶塔，堆砌起來，如蘇黃之詩，才情奔放，只見痛快，不見沈著，仍不能說爲入神。其答吳景仙書中爭辨雄渾與雄健的分別，卽在一是沈著痛快，而一是痛快而不沈著的關係。此所以入神之難。李杜之中，尤其是杜，眞能做到這種境界，所以爲入神。

他是要以近於小神通的理論而表現大神通，所以他的詩論遂成爲神韻與格調二說之溝通了。

第四款　論詩體

一切學說有他的短處，也自有他的長處。滄浪詩論，雖開了前後七子的風氣，以致爲人詬病，然而照他這樣熟參之結果而產生所謂「金剛眼睛」，也自有他的貢獻。這卽是對於體製之辨與對於家數之辨。固然體製家數之辨也頗爲錢牧齋所反對，然而此卽現代所謂風格，於文學批評上並非一無用處。

論詩體，爲班於嚴氏糾謬中也舉出不少錯誤甚至說滄浪『胸中不通一竅，不識一字，東牽西扯而已。』枝枝節節舉出許多小疵病而加以攻擊實在不免過於苛刻。王漁洋分廿餘話稱爲風雅中的羅織經，誠是很幽默的批評。滄浪之論詩體，分「以詩而論」「以人而論」諸目，雖則名稱都是沿襲舊有，然而從這方面以建立詩評，不能不說是他的特識。如他說：

大歷以前分明別是一副言語，晚唐分明別是一副言語，本朝諸公分明別是一副言語。如此見方許具一隻眼。

唐人與本朝人詩未論工拙，直是氣象不同。

唐人命題言語，亦自不同。雜古人之集而觀之，不必見詩，望其題引，而知其爲唐人今人矣。

大歷之詩，高者尙未失盛唐，下者漸入晚唐矣。晚唐之下者，亦墮野狐外道鬼窟中。

詩有詞理意興，南朝人尙詞而病於理，本朝人尙理而病於意興，唐人尙意興而理在其中，漢魏之詩詞理意興無迹可求。

這些批評，都是着重在時代方面。後人論詩，嚴唐宋之界，而於唐詩，復嚴初盛中晚之別，都是受他的影響。錢牧齋因反對明詩風氣，於是並此種分別而抹煞之，也是矯枉過正。固然，牧齋所舉出的許多例外，似乎也有事實上難以顚分時代之處，然而滄浪也早已說過：『盛唐人詩亦有一二濫觴晚唐者，晚唐人詩亦有一二可入盛唐者，要當論其大概耳。』滄浪原不過就一時代大概的風氣而言，何曾教人死看着來！

滄浪評詩的標準，除時代關係而外，也更重在個性的分別。他說：

> 五言絕句，衆唐人是一樣，少陵是一樣，韓退之是一樣，王荆公是一樣，本朝諸公是一樣。
>
> 子美不能爲太白之飄逸，太白不能爲子美之沈鬱。太白夢遊天姥吟，遠離別等，子美不能道；子美北征兵車行垂老別等，太白不能作。
>
> 少陵詩法如孫吳，太白詩法如李廣。
>
> 李杜數公如金鳷擘海，香象渡河，下視郊島輩直蟲吟草間耳。
>
> 玉川之怪，長吉之瑰詭，天地間自欠此體不得。
>
> 高岑之詩悲壯，讀之使人感慨；孟郊之詩刻苦，讀之使人不歡。

這些話又是就各人的風格說的。無論是以時而論或以人而論，在他說明這些抽象的風格，都是從具體的言語內容各方面體會出來。具體的言語內容等等都是有迹可求的；有迹可求而他尋求的方法與態度，却不泥於迹而超於迹，所以他所得到的是一個朦朧的印象。這卽是他所謂「氣象」，而現在所謂風格。（呂氏童蒙訓所舉老杜東坡魯直句法，誠齋詩話所論李杜蘇黃詩體，皆已開滄浪先聲。）

他的本領，卽在能識這種氣象。他自負謂能於數十篇隱匿姓名的詩中，分別得體製，這卽是他善觀氣象的本領。此種本領全自熟參得來。他說：『讀騷之久方識眞味，須歌之抑揚，涕洟滿襟，然後爲識離騷。』又說：『孟浩然之詩諷詠之久，有金石宮商之聲。』必須諷詠之久，而且諷詠時又須隨其神情以爲抑揚，這正是後世古文家所謂「以聲求氣」的方法。所以看出『坡谷諸公之詩，如米元章之字，雖筆力勁健，終有子路侍夫子時氣象，盛唐諸公之詩如顏魯公書，既筆力雄壯，亦氣象渾厚。』這些辨析，確是「參詩精子」得來，謂爲實證實悟，也不爲夸。

所覺得有一些缺憾的，乃是於辨盡諸家體製之後，再加一句「不爲旁門所惑」的話。既不要爲旁門所惑，那麽大家走康莊大道足矣，爲什麽再要後人辨什麽諸家體製。錢牧齋說：『俾唐人之耳目蒙幂於千載之上，而後人之心眼沈錮於千載之下。』（唐詩鼓吹序）滄浪論詩的結果，眞有這種弊病。

就因滄浪太要夸耀自己的特識，而對人取一種教訓的態度，所以他不但誤了人家，也且誤了自己。他說：『詩之是非不必爭，試以己詩置之古人詩中，與識者觀之而不能辨，則眞古人矣。』滄浪詩之所以「徒得唐人體面者」，正在於此。這句話，不知誤了明代多少詩人。

吳大受詩筏云：『嚴滄浪云，「唐人與宋人詩未論工拙，直是氣象不同。」此語切中竅要。但余謂作詩未論氣象，先看本色。若貨郎效士大夫舉止，暴富兒效貴公子衣冠，縱氣象有一二相似，然村鄙本色自在。宋人雖無唐人氣象，猶不失宋人本色。若近時人氣象非不甚似唐人，而本色相去遠矣。』這些話，即所以補救氣象之說的弊病。

徐增而庵詩話有云：『夫詩一字不可亂下，禪家着一擬議不得，詩亦著一擬議不得。禪須作家，詩亦須作家。學人能以一棒打盡從來佛祖，方是個宗門大漢子。詩人能以一筆掃盡從來窠臼，方是個詩家大作者。可見作詩除去參禪，更無別法也』乃不謂滄浪以參禪詩論，反偏偏落了昔人窠臼。照這樣講，以禪論詩的結果，無寧歸到性靈方面。

第七目　劉克莊

劉克莊，字潛夫，號後村，莆田人，以蔭入仕，官至龍圖閣直學士，謚文定，所著有後村大全集，內有後村詩話分前後續新四集，但其論詩精義却不在詩話之中。

後村與滄浪同時，而論詩宗旨頗不相同。當時詩禪之說至爲流行，有何秀才者築詩禪方丈，後村題之以詩，謂『能將鉛槧事，止作葛藤看；壞衲蒙頭易，玄機得髓難。』（後村集八）這尙是普通酬應之語，至題之以文，謂『詩家以少陵爲祖，其說曰語不驚人死不休；禪家以達摩爲祖，其說曰不立文字。詩之不可爲禪，猶禪之不可爲詩也。』則已把詩與禪分別而言了。下文再說：『夫至言妙義固不在於語言文字，然舍眞實而求虛幻，厭切近而慕闊遠，久而忘返，愚恐君之禪進而詩退矣。』（後村集九十九）顯然頗有規戒之意，而謂論詩不應合以禪義了。這是他們根本不同的一點。蓋滄浪僅僅是詩人，而後村則曾受業於眞德秀，也是理學一路，當然不會贊成以禪喻詩的。

由這一點的不同，於是滄浪論詩，尙興趣，重氣象，而後村論詩重內容，講品德。其詩話中論詩之語往往以此爲標準；卽如漢魏詩在滄浪以爲『詞理意興無迹可求，』『氣象渾淪難以句摘』者，而後村則於魏武短歌行魏文善哉行以及蘇李嵇阮曹植諸人之作，莫不離開了詩之本身而推究到當時之境地與品德之高下。這可知其着眼之點，絕不與滄浪相同。

然而說後村為純粹的道學家亦未盡然。眞德秀作文章正宗時以詩歌一門屬之後村，後村所取，如漢武秋風辭，及三謝之詩，眞氏多刪之，後村意不謂然。卽此很可看出他的見解與眞氏不同。我們可以說他是道學家中之詩人而詩人中之道學家。

因此，我們對於後村的認識，應分別在此兩方面看之。然而所謂分別去看，只是為說明的方便，並不是說詩與道學在其思想體系上成為衝突的現象。他雖不如邵康節這般專做性理詩，而在他整個的人生方面，詩與道學並不是不能相容的事物。

他何以會如此呢?現在先從道學方面說：後村雖曾受業於西山，然而論其學術源流，則似乎不出於西山。宋元學案之於後村，不以列入西山眞氏學案表中，而以列入艾軒學案表中的退庵家學，可謂獨具卓識。南宋許多道學家往往輕視文事，獨艾軒一派，比較猶以文藝見長。（艾軒姓林名光朝，字謙之，莆田人，所著有艾軒集。）後村艾軒集序稱其『學力既深，下筆簡嚴，高處逼檀弓穀梁，平處猶與韓並驅。』（後村集九十四）所以艾軒之於詩文，頗加煅鍊之功，與一般道學家不同。此意，在竹溪詩序中說得更明白：

唐文人皆能詩，柳尤高，韓尚非本色。入宋則文人多，詩人少，三百年間雖人各有集，集各有詩，詩各自為體，或尙理致，或負材力，或逞辨博，少者千篇，多者萬首，要皆經義策論之有韻者爾，非詩也。……乾淳間，艾軒先生始好深湛之思，加鍛鍊之功，有經歲累月繕一章未就者，盡平生之作不數卷，然以約敵繁，密勝疏，精掩麤，同時惟呂太史賞重，不知者以爲遲晦。（後村集九十四）

艾軒的作風如此，所以艾軒一派的作風也無不如此。後村是退翁之子，賓之之孫。賓之名夙，與弟朔並授業艾軒之門，所以後村的家學淵源也出自艾軒一派。我們卽使承認後村曾受西山的影響，但也不能不承認後村之於詩，嘗受艾軒的影響。何況他的詩再受葉水心的賞識，水心一派也是當時道學家中以詩文著名的。這是他所以以道學家而兼詩人的原因。

於次，再從詩人的方面來看。他自述其學詩歷程云：『初余由放翁入，復喜誠齋，又兼東都南渡江西諸老，上及於唐人大小家數，手鈔口誦。』（後村集九十六刻楮集序）根據這一節話，可知他之於詩是由宋人入手，而進窺到唐，並不同滄浪這般主張工夫從上做起的。他曾說過：『謂詩至唐猶存則可，謂至唐而止則不可。本朝詩自有高手，李杜，唐之集大成者也，梅陸，本朝之集大成者也。』（後村集九十九跋李賈縣尉詩卷）此種見解便與滄浪絕對不同。此中關係，恐怕又受放翁誠齋的影響。我們看他病起十首之九有云：『誠叟放翁幾日死，著鞭萬一詩肩隨。』（後村集三十五）傾倒之忱，於此可見。放翁論詩很受道學家的影響，我們以前已經說過。誠齋論詩雖未必如放翁之嚴正，然其立身大節也全以儒家思想爲準繩。四庫總目提要於楊陸二人有很公平的批評。他說：『以詩品論，萬里不及游之鍛鍊工細；以人品論，則萬里倜乎遠矣。』（卷一百六十）所以後村自言受楊陸二公的影響。便知其詩不僅以求合詩人之格爲完事。詩外大有事在，這又是他所以在詩人中間可以稱道學家的原因。

由後村之道學淵源言，有工於詩之可能；由後村之學詩歷程言，又有深於道之可能。他是在此種關係之下以成其二重人格者。至於此二重人格如何能調和，如何能建立他的思想體系，則在後村詩論中又很巧妙地提出兩項問題。其一，是對於詩人的修養問題，其又一是對於詩之家數的問題。由前者言，雖論詩人而關於詩之品德，故可容道學的見地；由後者言，雖論詩之內容而又有關工力，故不妨仍本於詩人的見地。這樣說，所以詩與道學在他的思想體系上並不是不能相容的事物。

現在，先論他關於詩人修養的問題。其瓜圃集序稱翁定詩多有益世教，凡傲慢褻狎閨情春思之類無一字一句及之，』這已偏重在世教的關係了。他再說明其故，稱翁氏『晚爲洛學客游所至，必交其善士，尤爲西山眞公所知。』（後村集九十四）然則詩人之修養，正不必離開道學的薰陶。

詩人之修養何以與道學的薰陶相合，即因詩人的品格，有些與道學家的品格相類。其題傅自得文卷云：『夫人皆爲文，文不能皆奇，由俗學窒之，俗慮汨之耳。迂則不俗，不俗則奇，非極天下之迂，不能極天下之奇。……迂者去富貴利達常遠，而去淡泊枯槁常近也。』（後村集一百）此意在他集中時常提到。他以爲詩人必須有這不求聞達的意念，不爲俗慮所攪擾，然後纔能成爲詩人。此種修養，即是道學家樂道安貧的態度，而詩人也正須如此。因此，他有個偏見：『詩非達官顯人所能爲，』『詩必天地畸人山林退士，然後有標致，必空乏拂亂，必流離顛沛，然後有感觸。』（見後村集一百九，跋章仲山詩）此種見解固似稍偏，然而卻爲詩人立了一種品德，堅了一些自信力。他很不贊成詩人奔走公卿之門，以得達官顯人之品評爲榮幸。他跋章仲山詩，跋劉瀾詩集，跋毛震龍詩稾，跋梅窗程公坦詩卷（均見後村集一百九）或明言，或暗諷，都逗露這種意思。「雅得這般俗，」他大概最痛恨這一輩風雅俗士。

他跋方蒙仲詩，稱蒙仲詩『趣味淸深，態度高雅，以聖賢自準的，不諧媚於世俗也；以名教自熏沐，不流連於光景也。事有可疑，雖斷編闕簡，千歲之遠，必欲研尋也。理有未然，雖浮名虛譽，一世所宗，不肯隨和也。經訓之獲富於菑畬，簞瓢之奉貴於冕輅，可謂有爲士之樂，知讀書之味者矣。』（見後村題跋二，不見集中）這大概可算他詩人之理想的標準了。有爲士之樂，則不汨於俗慮，知讀書之味，則不窒於俗學，寧靜淡泊，這纔合詩人的格，然而所謂以聖賢自準的，以名教自熏沐，卻又合道學家之格。

於次，再看他對於詩之家數的問題。其跋表弟方遇詩以爲意勝於語，拙多於巧，固然高出當時一般詩人了，然而眞要爲大作者而不爲小小家數，則必須『語意俱到，巧拙相參，』（後村集一百）於這些話中便可知其不廢修辭的技巧，並非如邵康節這樣以「所作不限聲律」爲高了。所以他說：『近世貴理學而賤詩，間有篇詠，率是語錄講義之押韻者耳。』（後村集一百十一恕齋詩存稿跋）這樣說來，所以僅工語句者在詩人中只爲小家數，而專重用意者,有時且不成爲詩必須意勝而語工,纔成爲大家數。巧中帶拙,拙中有巧,詩與理學便合而爲一了。不僅如此,卽對於純粹性靈之作他也未能滿意。其韓隱君詩序云:『資書以爲詩失之腐,捐書以爲詩失之野。』(後村集九十六)詩又何嘗可以廢書與廢學!他分詩爲二種:『以情性禮義爲本以鳥獸草木爲料,風人之詩也;以書爲本,以事爲料,文人之詩也。』(後村集一百六何謙詩跋)而在他呢,要能以意爲匠使書與料皆爲之役,這纔是他理想的標準。這纔是所謂大家數。

因此,他對於四靈詩之不滿,只在工於律體而不能爲大篇。滄浪所不滿於四靈者是氣象,他所不滿的是學力,所以滄浪走上鏡花水月一路,而他則以爲『有天資,欠學力,一聯半句偶合則有之,至於貫穿千古,包括萬象,則非學有所不能。』(後村集一百六,題趙孟侒詩)他屢批評當時詩壇的風氣:

近歲詩人惟趙章泉五言有陶阮意,趙蹈中能爲韋體。如永嘉詩人極力馳驟,纔望見賈島姚合之藩而已。(後村集九十四,瓜圃集序)

古人之詩,大篇短章皆工,后人不能皆工,始以一聯一句擅名。頃趙紫芝諸人,尤尙五言律體。紫芝之言曰:一篇幸止有四十字,更增一字,吾末如之何矣。(同上,野谷集序)

近時詩人竭心思搜索,極筆力雕鐫,不離唐律,少者二韻,或四十字,增至五十六字而止。前輩以此擅名,後生歆慕,人人有集,皆輕清華豔,加露蟬之鳴木杪,翡翠之戲苕上,……雖窮搜索之功,而不能掩其寒儉刻削之

態。（後村集九十七晚覺翁稿序）

近時小家數不過點對風月花鳥脫換前人別情閨思以爲天下之美在是然力量輕邊幅窘萬人一律。（同上，聽蛙詩序）

他於詩中也說：『蛬鳴競起爲唐體牛耳誰堪主夏盟』（後村集十一題永福黃生行卷）『競爲蛙蚓號鳴態鳥覩龍鸞夭矯姿』（同上，題黃瀛父近詩）這都是不滿四靈的論調。因此他對於小家數大家數之分別，不在其氣象，而在其氣魄與才力。他說：『世間小家數，不瘦失之寒，都未飽鯨膾徒然烹蟣肝。』（後村集二十五，題近稿）他又說：『肯學小兒烹虱脛要看大手拔鯨牙。』（後村集三十三，題林文之詩卷）所以他以爲『融液衆作而成一家之言，必有大氣魄陵暴萬象而無一物不爲吾用，必有大力量。』（後村集一百九，陳祕書集句詩跋）由大氣魄大力量言，所以論詩與論文一樣，一樣重在氣。他說：『昔之評文者曰文以氣爲主，又曰氣盛則言之長短與聲之高下皆宜；……竊以爲集中無韻之作，言之短長者也；有韻之作，聲之高下者也。』（後村集九十七，詩境集序）論氣到此，他竟以韓愈論古文的話以之論詩了。於詩論氣，在滄浪看來以爲大忌，而他卻以爲大家數的本領，正在於此。他再有一比喻，謂：

丹家沖漠自守，專固不怠，一旦嬰兒成顖門開，足以不死矣，此養內丹者之事，癯於山澤之仙也。若夫大丹則異於是。傳方訣必有師，安爐竈必有地，致久永必有貲，又必修三千功行以俟之。及眞成也，笙鶴幢節，本不期而至。王喬驂乘，韓衆執轡，翺翔太淸而朝於帝所，此天仙也。異乎前之癯於山澤者矣。余以其說推之於詩，凡大家數擅名今古大丹之成者也；小家數各鳴所長內丹之成者也。（後村集九十六王與義詩序）這樣，所以後村論詩不局一格。由滄浪之說推之，可以落於王孟家數內丹之成者也；由後村之說推之，可以進爲李杜大丹之成者也。

他是在這樣情形之下以調劑融會詩人與道學家之意見的。

第三章　金代文學批評

第一節　趙秉文與李之純（雷希顏附）

金代文學，不脫北宋之窠臼，其文論也不外北宋的問題。不僅如此，因其在北宋範圍內互有宗主，反形成了派別，分立着壁壘。早一些的，有趙秉文與李之純的對立；後一些的，有王若虛與雷希顏的對立。

趙秉文，字周臣，號閑閑老人，滏陽人，金史一百十卷有傳，所著有滏水集等。他是金代第一流的作家，其地位好似歐陽修之在北宋，歸然爲一代宗主。論其學術文章的成就，尙不應有如此崇高的地位，然而他竟能如此者，則以（一）兼採古文與道學之長，（二）兼宗歐陽修與蘇軾之文。這樣，雖無特殊的成績，也就不妨爲一代宗主了。

趙氏滏水集中諸文，如原教中說誠說等篇，都是論道之作。蓋他在此時風衆勢之下，不能自外。劉祁歸潛志稱王鬱論爲文『欲取韓柳之辭，程張之理合而爲一，』（卷三）正指出了當時一般人共同的要求。趙氏此種傾向，也即代表了此種風氣。

因此，閑閑的論文主恉不能離道，如復李天英書答麻知幾書諸文皆然。其於北宋文人只推尊歐陽修而不甚及三蘇，也是此意。其竹溪先生文集引云『亡宋百餘年間唯歐陽公之文不爲尖新艱險之語而有從容閒雅之態，豐而不餘一言，約而不失一辭。』（滏水集十五）又其於翰林學士承旨文獻黨公碑中論及文章之正，亦只舉漢代與韓歐爲言，可知其宗主之所在了。可是很奇怪，在這兩篇文中所說的論文見解，卻是蘇氏之學。他於竹溪先生文集引中說：『文以意爲主，辭以達意而已。古之人不尙虛飾，因事遣辭，形吾心之所欲言者耳，間有心之所不能言者，而能形之於文，斯亦文之至乎？譬之水不動則平，及其石激淵洄，紛然而龍翔，宛然而鳳蹙，千變萬化，不可殫究，此天下之至文也。』這不卽是蘇老泉仲兄文甫說所謂風與水相遭而成天下之至文之意嗎？他於黨公碑銘中又說：『文章非能爲之爲工，乃不能不爲之爲工也，非要之必爲奇，要之不得不然之爲奇也。』（滏水集十一）這又不是東坡江行唱和集敍中所說的話嗎？蓋他的論文主張，本是重在集大成的。其答李天英書謂：『盡得諸人所長，然後卓然自成一家，非有意於專師古人也，亦非有意於專擯古人也。』（滏水集十九）此卽自言集大成之旨。其於復李天英一書說得尤爲具體。可知他對文與道，對歐與蘇，所以都欲兼擅之故。他只想兼擅而不知其學問文章之無特點在此，文學批評之無特點亦在此。——雖則他不失爲一代宗主。

趙秉文欲兼擅昔人之長，而實則有得於蘇，所以郝經題閑閑畫像卽有『金源一代一坡仙』之語，於是李之純便以宗黃山谷之故而與之對立。

李之純，號屏山，其集雖不傳但其論文主張猶可考知一二。他似乎深受黃山谷的影響，故與閑閑之宗蘇不同。今就劉祁歸潛志中選錄幾則以見他們論調之互異。如：

屏山教後學爲文欲自成一家，每曰：『當別轉一路，勿隨人腳跟，』故多喜奇怪。然其文亦不出莊左柳蘇，詩不出盧仝李賀。晚甚愛楊萬里詩，曰：活潑刺底人難及也。趙閑閑教後進爲詩文，則曰：『文章不可執一體，有時奇古，有時平淡，何拘。』李嘗與余論趙文曰：『才甚高，氣象甚雄，然不免有失枝墮節處，蓋學東坡而不成者。』趙亦語余曰：『之純文字止一體，詩只一句去也。』（一云詩只一向去也）又趙詩多犯古人語，一篇或有數句，此亦文章病。屏山嘗序其閑閑集云：『公詩往往有李太白白樂天語，某輒能識之。』又云：『生爲男子，不食人唾，後當與之純天英作眞文字。』亦陰譏云。（卷八）

興定元光間，余在南京，從趙閑閑李屏山王從之雷希顏諸公遊，多論爲文作詩。趙於詩最細，貴含蓄工夫；于文頗麤，止論氣象大概。李於文甚細，說關鍵賓主抑揚；於詩頗麤，止論詞氣才巧。故余於趙則取其作詩法，於李則取其爲文法。

在此兩則中可知趙李之異，在李尙奇怪，趙尙平易；李主一體，趙主集成；李矜獨創，趙犯古語；李論文細而論詩麤，趙論詩細而論文麤。所以李氏論旨與蘇遠而與黃近，因爲都是力矯平熟一路。黃山谷詩：『聽他下虎口著，我不爲牛後人。』此卽李氏所謂別轉一路勿隨人脚跟之所本。趙秉文復李天英書卽商量到此。其言謂：

足下立言措意，不蹈襲前人一語，此最詩人妙處。然亦從古人中入，譬如彈琴不師譜，稱物不師衡，工匠不師繩墨，獨自師心，雖終身無成可也。（滏水集十九）

他的意思是謂可以不從古人出，但是應從古人入。屏山論詩正與相反。李天英受了屏山的影響，其詩也以詭奇爲工，故閑閑論其詩云：

然此迄今大成，不過長吉、盧仝合而爲一，未能以故爲新，以俗爲雅，非所望於吾友也。昔人有吹簫學鳳者，鳳鳴不可得聞，時有梟音耳。君詩無乃間有梟音乎？向者屏山嘗語足下云：自李賀死二百年無此作矣。理誠有之，僕亦云然。李公愛才，然愛足下之深者，宜莫如老夫。願足下以古人之心爲心，不願足下受之天而不受之人，如世輕薄子也。（滏水集十九）

在此文中也可見趙李二人論調不同，所以所賞互異。他稱李天英詩爲梟音，可見對長吉一派之不能滿意。現在我們雖不能確知屏山天英諸人之議論如何，然而當時長吉一派之能自成一種風氣，則是事實。觀趙衍重刊李長吉詩集序所言：『龍山先生爲文章法六經，尚奇語，詩極精深，體備諸家，尤長於賀。』則知劉仲尹（龍山）是提倡長吉的。他再說：『渾源劉京叔爲龍山小集敍云：『古漆井苦夜長等詩，雷翰林希顏麻徵君知幾諸公稱之，以爲全類李長吉，』則知劉祁（京叔）雷希顏庶知幾又全是傾向長吉的。他再說：『及龍山入燕，吾友孫伯成從之學；余繼起海上，朝夕侍側垂十五年，』則知孫伯成趙衍也都屬於長吉一派的。趙衍在此文末再附帶一句謂：『至有博洽書傳，而賀集不一過目爲可惜也。』這恐怕是有所指的，或者便是指斥趙秉文王若虛一輩人了。

稍後，王若虛與雷希顏之爭，又繼之以起。王若虛的文論當於另一章述之，但對於王雷相爭的一段故事，不妨在此一說。歸潛志中也有兩節記此一重公案：

> 王從之則議論文字有體致，不喜出奇，下字止欲如家人語言，尤以助辭爲首，與屏山之純學大不同。嘗曰：『之純雖才高，好作險句怪語，無意味。』亦不喜司馬遷史記，云失支墮節多。……千古以來，惟推東坡爲第一。……雷則論文尙簡古，全法退之，詩亦喜韓，兼好黃魯直新巧。每作詩文，好與朋友相商訂，有不安相告立改之，此亦人所難也。

> 正大中，王翰林從之在史院領史事，雷翰林希顏爲應奉兼編修官，同修宣宗實錄。二公由文體不同，多紛爭。蓋王平日好平淡紀實，雷尙奇峭造語也。王則云：『實錄止文其當時事，貴不失眞，若是作史，則又異也。』雷則云：『作文字無句法，委靡不振，不足觀。』故雷所作，王多改革。雷大憤不平，語人曰：『請將吾二人所作令天下文士定其是非。』王亦不屑。王嘗曰：『希顏作文好用惡硬字，何以爲奇。』雷亦曰：『從之持論甚高，文章亦難止以經義科擧法繩之也。』

歸潛志中明言王氏推尊東坡雷氏好黃魯直，那麼可知趙李之爭猶是蘇黃二派旁面的衝突，到王雷之爭，那便成爲蘇黃正面的衝突了。此種各奉宗主以相詆諆，與北朝邢魏之依附沈任同一情形。這固是無聊的舉動，不關重要。不過我們知道有此一重公案，則對於滹南遺老集中論史之攻擊宋祁，與詩話之尊蘇抑黃，便知是有爲而發，比較易於了解其意旨之所在而已。

第二節　王若虛

趙秉文後，在金源文學批評史上，便要推王若虛爲最有權威了。若虛，字從之，藁城人，金史一百二十六卷文藝有傳。他是金末最有根柢的學者，所著有滹南遺老集，集中有文辨四卷，詩話三卷，頗多論文論詩之語，而且在這些文辭中間，自有其一貫的主張，當然可以成一權威的批評家。北宋蘇氏之學傳至金源，在趙秉文則暗襲其說，在王若虛則用以建立其批評，在元好問則用以抒寫成作品。『程學盛南蘇學北』，翁方綱之說原不是無所見的。

然王氏之文學批評畢竟亦有與蘇氏微異之處，蓋王氏所得雖出於蘇而亦兼近白香山。白蘇之文本有可以相通之處，後世如袁中郎輩卽合白蘇而爲一者，所以滹南之推尊白蘇，原亦不過啓其先聲而已。

大概王氏學問淵源以得於其舅周德卿者爲多。金史文藝傳，載周德卿教王氏語云：

其甥王若虛嘗學於昂，昂教之曰：『文章工於外而拙於內者，可以驚四筵而不可以適獨坐，可以取口稱而不可以得首肯。』又云『文章以意爲主，以言語爲役。主強而役弱，則無令不從。今人往往驕其所役，至跋扈難制，甚者反役其主，雖極辭語之工，而豈文之正哉！』

這些話於其文辨詩話中亦載之，蓋卽王氏論詩論文主旨之所出。周德卿之論文主旨既重在工於內，重在以意爲主，所以王氏本之得以溝通白蘇而重在「眞」。今錄數則如下：

揚雄之經，宋祁之史，江西諸子之詩，皆斯文之蠹也。散文至宋人始是眞文字，詩則反是矣。（文辨四）

郊寒白俗，詩人類鄙薄之，然鄭厚評詩，荊公蘇黃輩曾不比數，而云樂天如柳陰春鶯，東野如草根秋蟲，皆造化中一妙。何哉？哀樂之眞發乎情性，此詩之正理也。（詩話上）

本於這種觀點，故論詩文不主奇詭，同時又不主藻飾。詩話卷上又引其舅氏語云：『雕琢太甚，則傷其全，經營過深，則失其本』。凡尙奇詭者由經營過深之故；凡主藻飾者又有雕琢太甚之弊。所以滹南的結論是：『凡爲文章須是典實過於浮華，平易多於奇險，始爲知本』。（文辨四）因此可知他的議論全本於周德卿，而周氏之議論恐怕也是針對着李屏山一流人而言的。

看出了他的論文見解，看出了當時的文壇情形，遂知道他於詩宗白，於文宗蘇，正是當然的歸宿。然則他的議論是否卽與公安相同呢？則又不然。（一）王氏是金代特出的學者，詩文之外兼長經史考證之學，故常以經史考證之學爲其論文論詩之助，自然不會流於公安之空疏。（二）王氏在趙閑閑李屏山之後，也不能不受其影響。劉祁歸潛志稱趙氏論詩最細，李氏論文最細，而劉氏則欲兼取其長。現在，滹南雖反對詩法句律之說，然論詩論文也有講得細的習慣。因此，利用他的學問根柢以討論詩文之瑣屑問題，遂建立了文法學與修辭學。這是他的貢獻。

也許有人於此將發生疑問，這是不是一種矛盾的現象呢？我們固可以稱他爲矛盾但是在他說來絕不是矛盾文辨卷四有一段極圓通的話：

或問文章有體乎？曰：無。又問無體乎？曰：有。然則果何如！曰：定體則無，大體須有。

這種話我們可以稱他爲矛盾嗎？他本於這種大體須有的標準，所以他的討論文法，討論修辭依舊着眼在一「眞」字。

下文，我們再舉一些例。洪邁容齋隨筆有一則云：

『石駘仲卒有庶子六人，卜所以爲後者曰沐浴佩玉則兆。五人者皆沐浴佩玉。石祁子曰：「孰有執親之喪，而沐浴佩玉者乎？」不沐浴佩玉。』此檀弓之文也。今之爲文者不然，必曰：『沐浴佩玉則兆，五人者如之。祁子獨不可曰孰有執親之喪而若此者乎？』似亦足以盡其事，然古意衰矣。

這一節話很得古文家之稱許，蓋古文家之所謂法，原有一部分是重在用詞繁簡方面的，但是他則以爲不然，『夫文章須求眞是而已，須存古意何爲哉？』（見文辨一）釋文瑩湘山野錄中也有一則云：

謝希深，尹師魯，歐陽永叔各爲錢思公作河南驛記。希深僅七百字，歐陽五百字，師魯止三百八十餘字。歐公不伏在師魯之下，別撰一記，更減十二字，尤完粹有法。師魯曰：『歐九眞一日千里也。』

這也是一則古文家所號稱的故事簡而又簡簡至無可簡纔以爲「完粹有法」而他也不以爲然。他以爲：『此特少年豪俊一時爭勝而然耳。若以文章正理論之，亦惟適其宜而已，豈專以是爲貴哉？』（文辨一）此外，如習之論文所舉述笑哂之狀一例，以爲不宜襲用陳言，他則以爲不必字字求異至於如此。（見文辨三）山谷論詩有脫胎換骨點鐵成金之喻，而他則稱爲剽竊之雄。（見詩話下）凡以前文人詩人之所謂法，他均不以爲法，他要在文法或修辭方面找到理論的根據，而不要在詞句方面定模擬的標準。所以一般人於史記中求法，而他以爲司馬遷之法最疎。滹南遺老集中甚至有一卷史記辨惑全是指摘史記文法疎舛之處。法之名同而其實異，所以滹南所言之文法、詩法，儘管入細而並不違眞。

文辨卷一論揚雄解嘲：『爲可爲于可爲之時則從，爲不可爲于不可爲之時則凶，』論庾信哀江南賦：『崩於鉅鹿之沙，碎於長平之瓦，』以爲均不成文理。文辨卷三論歐陽修用「然」字，用「其」字，用「然其」二字多乖戾之處。詩話卷下，論山谷閔雨詩，『東海得無寃死婦，』謂「得無」猶「無乃」，欠「有」字之意。山谷弔邢惇夫詩：『眼看白璧埋黃壤，何況人間父子情，』謂『既下何況字，須有他人猶痛惜之意乃可。』這些都是就文法方面說的。

文辨卷一言韓愈送窮文以鬼爲主名，故可問答往復。揚雄逐貧賦，但云：『呼貧與語，』『貧曰唯唯。』便覺未妥。又論陶潛歸去來辭謂爲文有遙想而言之者，有追憶而言之者，今歸去來辭乃將歸而賦，而自問途以下，皆追錄之語，便覺不合。詩話卷下謂荊公『兩山排闥送青來』之句，猶不覺詭異，而山谷『青州從事斬關來，』便令人駭愕。類此諸例，又是就修辭方面說的。

由文法與修辭再進一步，於是他想建立文例。文辨中類此之例也甚多，如論韓愈盤谷序，既稱：『友人李愿居之，』便不應復用昌黎韓愈字，這是辨稱謂之例。如論蘇轍潁濱遺老傳歷述平生出處言行之詳，且詆訾衆人之短，爲不合自傳之體，這又是辨文體之例。後來潘昂霄的金石文例恐怕也受滹南學說的影響。

就上述三項而言，滹南遺老集中可以找出不少的例。這些零星札記雖不能在積極方面建設有系統的文法學，修辭學與文章學。然就以前文論詩論言之，求其比較能在這方面注意的，恐怕不得不推滹南爲濫觴了。

這樣，所以他以經史考證之學論詩文，非惟不覺其窒，抑且彌見其通。他雖長於考證，但決不以考據去穿鑿傅會。詩話卷上於杜甫詩稱李白『天子呼來不上船』一語，把古來鑿說一掃而空，以爲這是一時事實，不盡可考，即使不知此義，亦無害解詩，此眞十分通達之見。詩話卷中論東坡『白衣送酒舞淵明』之句，或疑「舞」字太過，苕溪詩話特爲找出舞字出處，而滹南則以爲『疑者但謂淵明身上不宜用耳，何論其所本哉！』這也是何等通達之見。詩本性靈中事，他又何肯在這方面賣弄學問。

他雖長於經史考證之學，而治詩文則尙典實平易，並不在詩文中矜其博贍；另一方面，他雖尙典實平易，而論詩論文復講得入細，並不以矜尙自然而說得空疏。他講「法」而破除以前文人詩人之所謂法，正因「定體則無」

之故；他反對昔人之所謂法，而開了後人之所謂例。又因「大體須有」之故，定體則無，大體須有，所以只求眞是而不會墜於古人一隅的偏見。

他沒有古今之見，不必開口閉口輒以三百篇十九首爲標準；（見詩話下）他又沒有高下之見，即東坡所謂『賦詩必此詩，定知非詩人』二語也以爲有流弊。（見詩話中）但是他注意詩之眼目旨趣。他對於一般人之論東坡和陶詩，以爲有的說他不近，有的說他過之，都是非所當論。他說：『但觀其眼目旨趣之何如則可矣。』眼目旨趣之何如，確是一個重要的看詩法門，因爲此即求眞是的方法。

第三節　元好問

王若虛外，金代文學批評之足稱者，當推元好問了。好問字裕之，號遺山，太原秀容人。金史一百二十六卷，附元德明傳，所著有遺山集。集中有論詩絕句三十首，最爲後人著稱，現在研究他的詩論，也應以此爲最重要的材料。

元氏論詩絕句的第一首：『漢謠魏什久紛紜，正體無人與細論。誰是詩中疏鑿手？暫教涇渭各淸渾。』查愼行初白菴詩評云：『分明自任疏鑿手。』不錯，這是開宗明義的第一章，下所論量，全可見其疏鑿本領，全可窺其疏鑿宗旨，『鴛鴦繡了從教看，莫把金針度與人』，但是他同時也把金針度人了。

不過，元遺山的論詩絕句，與他人之論詩絕句，猶有些不同。自杜少陵戲爲六絕句，開論詩絕句之端，於是作者紛起。其最早者，在南宋有戴石屏的論詩十絕，在金有元遺山的論詩三十首。此二者都是源本少陵，但是各得其一體。戴氏所作，重在闡說原理；元氏所作，重在衡量作家。這正開了後來論詩絕句的兩大支派。到清代，王漁洋規仿元氏之作，於是論詩絕句遂多偏於論量方面：或就一時代的作家論之，或就一地方的作家論之，其甚者，摭拾瑣事以資點綴，闡說本事以爲考據，而論詩絕句，遂眞不易看出作者之疏鑿微旨了。

所以論詩絕句之闡說原理者，其宗旨本不必說；論詩絕句之僅僅衡量作家者，其宗旨也無可說。只有元氏之作與少陵六絕雖不完全同軌，但於衡量作家之中，仍可爲其論詩宗旨之注脚或說明，固不是漫無立場妄施疏鑿的。金針卽在繡出的鴛鴦中間。我們正可於他繡出的論詩絕句中看出他論詩的金針。

然而元氏之疏鑿微旨，亦正不易言。烏程施氏之元遺山詩注，於此詩僅疏故實，未加闡說。查愼行的初白菴詩評，顧奎光的金詩選，雖間有評述，但寥寥數語，亦嫌未能詳盡。只有翁方綱石洲詩話卷七專解此詩，宗廷輔古今論詩絕句亦頗爲此詩疏解。此二種較多精義，然於元氏論詩微恉，終覺猶隔一塵。此外，徐世昌清畿輔書徵謂有寧河高賡恩元遺山張雋三論詩九十首注解二卷；又宗廷輔古今論詩絕句自跋亦謂『往在陸寄庵姑丈家，閱其書目，見有元遺山論詩絕句注一卷，不著作者，欲索觀而未暇。』這是專注元氏論詩絕句之書，當有妙義，可惜不曾見到。現在所論，只能薈萃諸家舊說而比觀之；同時，再就元氏集中論詩文諸語，相互參證，以元注元，或於元氏疏鑿微旨，比較能看出一些。

遺山論詩是否寓有家國興亡之感？昔人雖有以此稱之者，然於實際情形，未必相符。元氏他詩雖多憂國感憤之辭，而在論詩絕句中却不必如此。翁方綱元遺山先生年譜謂『金宣宗興定元年丁丑，先生二十八歲，在三鄉作論詩絕句。』是此時金雖危殆，尙未到滅亡地步，興亡之感實無所施。而且論詩三十首的末一首『撼樹蚍蜉自覺狂，書生技癢愛論量；老來留得詩千首，卻被何人校短長。』這不已和盤托出承認是文人習氣，不必別有作用的嗎？

遺山論詩究竟有沒有貴賤之見？元氏別有論詩三首，其一云：『坎底鳴蛙自一天，江山放眼更超然；情知春草池塘句，不到柴烟糞火邊。』李希聖雁影齋詩根據此詩，遂以爲遺山論詩有貴賤之見，並作詩正之云：『面目都隨貴賤遷，陶公枯淡謝公妍；暮雲春酒詞淸麗，却在柴烟糞火邊。』眞寃枉！遺山論詩，何嘗如市井小人般只生一副勢利眼睛，以貴賤定高下！他不滿意窮愁苦吟之詩，那是他的疏鑿微恉，原與貴賤之見無關。他明明說過：『出處殊途聽所安，山林何得賤衣冠。華歆一擲金隨重，大是渠儂被眼謾。』這正見得他與山林臺閣不相偏重。宗廷輔云：『山林臺閣各是一體。宋季方回撰瀛奎律髓往往偏重江湖道學，意當時風氣或有借以自重者，故喝破之。』這尙是比較公允的論調。謂他有意矯時弊則或者有之，謂有貴賤之見則未必然。

又李希聖譏遺山論詩又有南北之見，因復作詩正之云：『鄴下曹劉氣不馴，江東諸謝擅淸新，風雲變後兼兒女，温李原來是北人。』此說也有一些隔膜。固然『慷慨歌謠絕不傳，穹廬一曲本天然；中州萬古英雄氣，也到陰山敕勒川。』這一首特別表彰北齊斛律金的敕勒歌，大爲北人吐氣，似乎遺山也不免鄉曲之見，尤其明顯的如其自題中州集後五首之一云：『鄴下曹劉氣儘豪，江東諸謝韵尤高。若從華實評詩品，未便吳儂得錦袍。』這一首詩，揚北抑南十分明顯，李氏之詩或卽指此而言。然而，我們千萬不要誤會，這是元氏本於他的疏鑿標準所下的結論，並不是先存了南北之見纔去論量的易言之，卽是南北之見雖與他的疏鑿標準不相違反，但不能說是他的疏鑿標準。

所以我們只須說明他的論詩主張，不必看他有無寄托；卽使說他有些偏見，也是他論詩主張中所應有的話。

遺山詩學出自東坡，這在翁方綱說得很明白。翁氏書遺山集後云：『程學盛南蘇學北。』又齋中與友論詩云.『蘇學盛於北，景行遺山仰。』讀元遺山詩云：『遺山接眉山，浩乎海波翻，効忠蘇門後，此意豈易言。』這些話本未嘗錯誤。我們看金代其他諸人的詩集，也可看出此中消息，——尤其是王若虛的滹南遺老集。蘇學在金，既成一時風氣，則遺山景仰東坡，薪火所傳，也在情理之中。周壽昌思益堂日札卷六有這樣一節：

遺山論詩『蘇門若有忠臣在，肯放坡詩百態新。』又云：「只知詩到蘇黃盡，滄海橫流却是誰。』是遺山於蘇詩，頗存刺謬之意。然案遺山洛陽詩云：『城頭大匠論蒸土，地底中郎待摸金；』查初白云：『摸金校尉，非中郎也，東坡誤用，先生仍而不改。』夫遺山用典，尙承東坡之誤，謂非服習坡詩有素者乎？

他很曉得遺山之不滿蘇詩，然而他不能不承認遺山之服習蘇詩。潘德輿養一齋詩話很不贊成翁方綱的說法。他說：『翁氏偏愛蘇詩，以遺山論詩絕句中攻蘇之作，亦傅會爲愛蘇之論。』他又說：『遺山貶蘇如此，而石洲猶以爲『程學盛於南，蘇學盛於北，屢屢舉此語以教人，古人有知，豈不爲遺山所笑！』他這樣不贊成翁氏所謂遺山宗蘇之說，然而他自己在論遺山詩一首中卻說：

評論正體齊梁上，慷慨歌謠字字遒。新態無端學坡谷，未須滄海說橫流。

則潘氏固亦承認遺山詩學是受蘇詩影響了。就當時學習風氣言之，翁氏所云，固未可厚非也。

明白了遺山詩學出自東坡，然後其疏鑿標準可得而言。遺山才氣奔放，本近東坡，故其論詩，只取凌雲健筆，頗譏俯仰隨人，窘步相仍之作。他說：『窘步相仍死不前，唱酬無復見前賢。縱橫正有凌雲筆，俯仰隨人亦可憐。』又其論詩三首之一云『詩腸搜苦白頭生，故紙塵昏枉乞靈。不信驪珠不難得，試看金翅擘滄溟。』這些詩都可看出他尚壯美，重豪放之旨。所以論劉琨詩則云『曹劉坐嘯虎生風，四海無人角兩雄。可惜并州劉越石，不教橫槊建安中』；論張華詩則云：『鄴下風流在晉多，壯懷猶見缺壺歌。風雲若恨張華少，溫李新聲奈爾何。』他不滿意孟郊的詩——『東野窮愁死不休，高天厚地一詩囚。江山萬古潮陽筆，合臥元龍百尺樓。』推尊退之而鄙薄東野，這即是東坡詩所謂：『要當鬥僧清未足當韓豪』之旨。他也不滿意秦觀的詩——『有情芍藥含春淚，無力薔薇臥晚枝。拈出退之山石句，始知渠是女郎詩。』稱秦少游詩爲女郎風格，這也同於東坡責少游學柳屯田詞之旨。他稱贊李白的詩，——『筆底銀河落九天，何曾憔悴飯山前。世間東抹西塗手，枉著書生待魯連。』尚邁往，尚自然，這即是東坡所謂『好詩衝口誰能擇』之意。所謂『遺山接眉山』者，於此等處最容易看出。

然而，遺山論詩也不是一味主張粗豪的。他說過：『鬥靡誇多費覽觀，陸文猶恨冗於潘；心聲只要傳心了，布穀瀾翻可是難。』則知徒逞才氣，一瀉無餘者，未必為遺山之所好了。他又說過『排比鋪張特一途，藩籬如此亦區區，少陵自有連城璧，爭奈微之識碔砆。』則知排比鋪張，雖不為遺山所反對，亦不是遺山之所主張。宗廷輔云：『夫詩以言志，志盡則言竭。自蘇黃創為長篇次韻，於是牽於韻脚，不得不借端生議，牽連比附而辭費矣。』則是二詩且有暗箴宋人之意。所以論詩絕句中論宋詩諸首，都有一些不滿意的論調。

奇外無奇更出奇，一波纔動萬波隨，只知詩到蘇黃盡，滄海橫流却是誰。

金入洪爐不厭頻，精眞那計（一作許）受纖塵，蘇門果有忠臣在，肯放坡詩百態新！

百年纔覺古風迴，元祐諸人次第來，諱學金陵猶有說，竟將何罪廢歐梅。

古雅難將子美親，精純全失義山眞，論詩寧下涪翁拜，未作江西社裏人。

池塘春草謝家春，萬古千秋五字新，傳語閉門陳正字，可憐無補費精神。

這幾首詩中應當分兩組去看。其論黃陳者，宗派不一，當然難免有貶辭，查初白謂：『涪翁生拗鍾鍊，自成一家，值得下拜。』這不是遺山的意思。翁覃溪謂：『論黃一首並非不滿西江社，論陳一首亦並非斥陳後山，此皆力爭上游之語，讀者勿誤會。』這也不甚得遺山之宗旨。遺山正因力爭上游，所以對於黃陳覺得不滿。遺山自題中州集後五首之一云：『陶謝風流到百家，半山老眼淨無花，北人不拾江西唾，未要曾郎借齒牙。』眞的北人不拾江西唾，他們都不願作江西社裏的人。周昂讀陳後山詩：『子美神功接混茫，人間無路可升堂，一斑管內時時見，賺得陳郎兩鬢蒼。』

王若虛之論東坡山谷云：『戲論誰知是至公，蝤蛑信美恐生風，奪胎換骨何多樣，都在先生一笑中。』『文章自得方爲貴，衣鉢相傳豈是眞！已覺祖師低一着，紛紛法嗣復何人。』這些詩都可以看出金代一般的風氣。

然則，何以對於東坡也有微辭呢？難道是入室操戈，難道是知之深故論之切！關於這，莫怪潘德輿要同翁方綱打筆墨官司。翁氏於這幾首處處稱遺山之力爭上游，處處說不是不滿東坡。潘氏則就遺山原詩謂奇外無奇一首『明以滄海橫流責蘇』，金入洪爐一首『明言蘇門無忠直之言，故致坡詩競出新態』，百年纔覺一首『明言歐梅甫能復古而元祐蘇黃諸人次第變古』，所以說：『凡石洲所解，皆與遺山本詩義理迴不入，脈絡絕不貫，不知何以下筆。蓋旣爲偏好蘇詩所蔽，而又不敢駁遺山，故於無可解說處，亦強爲附會，遂使人覽之茫然耳。』這些話頗中翁氏之病，然而却未必能使翁氏心服。蓋遺山之受蘇學影響，誠是事實，受其影響而入室操戈，或未必爲遺山之所願爲。但是就其論詩絕句言之，確是有些不滿之辭。所以我們假使能於遺山學蘇之處看出他貶蘇之故，則翁氏之旨得以大白，而潘氏之詰難也可以沒有。

最早便想在這方面作一種調停之辭者，是淸高宗所選輯的唐宋詩醇。唐宋詩醇之論蘇詩極稱其『能驂駕杜韓，卓然自成一家，而雄視百代』，極稱其『地負海涵，不名一體。』他以爲蘇詩是於曹劉陶謝李杜韓白諸家無所不學，亦無所不工的。他以廣大教主視蘇軾，所以對於元遺山論蘇之語發生下列的見解：

其詩氣豪體大，有非後哲所易學步者。是以元好問論詩有云：『只知詩到蘇黃盡，滄海橫流却是誰；』又云：

『蘇門果有忠臣在，肯放坡詩百態新，』蓋非用此爲譏議，乃正以見其不可模擬耳。用這些話來替東坡迴護，未嘗不可；但是假使說這些話爲元遺山論詩之旨則未必然。

其比較近是者，爲宗廷輔的說法。他說：

新聲創則古調亡，自蘇黃派行而唐代風流至是盡泯。明何仲默答李獻吉書云：『文靡於隋，韓力振之，然古文之法亡於韓；詩溺於陶，謝力振之，然古詩之法亡於謝。』世或駭其言。然東坡亦言：『書之美者莫如顏魯公，然書法之壞自魯公始；詩之美者莫如韓退之，然詩格之變，自退之始。』語見詩人玉屑，何書卽此意耳。

這種說法，若用現在的術語，卽所謂給他歷史的價值；承認他在歷史上的地位，無所謂褒也無所謂貶。清代陸奎勳題杜少陵詩云：『文選理熟精，宋元格具有，五覇紹三王，罪魁而功首。』昔人謂爲石破天驚，古人所未發，實則與東坡仲默所云，也正是同樣的意思，何嘗爲古人所未發！

明白這些意思，則知遺山之詩雖接踵蘇詩，不妨仍有不滿蘇詩之語。其所謂「滄海橫流」所謂「百態新」云者，原不妨爲貶詞，何必定爲蘇詩迴護。東坡書黃子思詩集後云：『予嘗論書以謂鍾王之迹，蕭散閑遠，妙在筆墨之外，至唐顏柳始集古今筆法而盡發之，極書之變，天下翕然以爲宗師，而鍾王之法益微。至於詩亦然；蘇李之天成，曹劉之自得，陶謝之超然，蓋亦至矣，而李太白杜子美以英瑋絕世之姿，凌跨百代，古今詩人盡廢，然魏晉以來高風絕塵，亦少衰矣。』這與詩人玉屑卷十五所引東坡語，同一意思。假使以辭害意，謂這是東坡貶彈李杜，貶彈韓愈，寧非笑話！那麼我們再回頭來看遺山的奇外無奇一首，豈不與東坡這些話頭一鼻孔出氣！因此我們可以知道卽在元氏論詩中貶蘇之詞，也是學蘇的。

於是，我們再進一步探討何以元氏會有這種見解？說是這種見解本諸東坡的，那麼何以東坡會有這種見解。我們須知自來傳統的文學觀，——所謂原道，宗經，徵聖三位一體的文學觀，總離不開以一個「古」字作中心。而在宋代禪風正盛之時，又不能不受禪學的影響。所以他們看到古詩的妙處，只是『蘇李之天成，曹劉之自得，陶謝之超然，蓋亦至矣。』他於古詩中只取天成、自得、超然諸種風格，而此種風格却正是賣弄不得才華，搬弄不得學問的。沒有才的做不到，而才氣奔放的却離此愈遠；不學固不成，而畢生學之也不一定能到此境界。愈是嚮往這種風格而欲追求之，却愈做不到。因此感覺到作詩之難，因此感覺到作詩之所以難乃由於古之難復。一方面因時代的關係受時人新變的影響，而一方面中心所嚮往而追求的却在古人「天成」「自得」「超然」的風格。所以做到的是一種境界，而看到的是另一種心目中認爲更高的境界。這樣說，謂爲「力爭上游」，誠不爲過。

元遺山便有這般見解，其陶然集詩序云：

> 詩之極致可以動天地感鬼神，故傳之師，本之經，眞積之力久，而有不能復古者。自『匪我愆期，子無良媒，』『自伯之東，首如飛蓬，』『愛而不見，搔首踟躕，』『既見復關，載笑載言』之什觀之，皆以小夫賤婦滿心而發，肆口而成，見取於采詩之官，而聖人刪詩亦不敢盡廢。後世雖傳之師，本之經，眞積力久，而不能至焉者，何

古今難易不相侔之如是耶？……故文字以來。詩爲難；魏晉以來復古爲難；唐以來，合規矩準繩尤難。後世果以詩爲專門之學，求追配古人，欲不死生於詩，其可已乎？（遺山集三十七）

其東坡詩雅引亦言：

五言以來，六朝之陶謝，唐之陳子昂，韋應物，柳子厚，最爲近風雅；自餘多以雜體爲之。詩之亡久矣！雜體愈備，則去風雅愈遠，其理然也。近世蘇子瞻絕愛陶柳二家，極其詩之所至，誠亦陶柳之亞，然評者尚以其能似陶柳而不能不爲風俗所移爲可恨耳。夫詩至於子瞻而且有不能近古之恨，後人無所望矣。（遺山集三十六）

他深曉得復古之難，尤其以復到這些近風雅有遠韻的風格爲尤難。我嘗謂東坡詩的作風，與其論詩主旨不盡相同，恰恰元遺山也有同樣情形。當然的，這都是受禪學之影響。東坡論詩之帶有禪味，我已經說過，我們試看元遺山爲何如？他於陶然集詩序，說了一大篇爲詩之難，究竟他怎樣解決這難題呢？他輕輕一轉便轉到禪路上去：

雖然，方外之學有爲道日損之說，又有學至於無學之說，詩家亦有之。子美夔州以後，樂天香山以後，東坡海南以後，皆不煩繩削而自合，非技進於道者能之乎？詩家所以異於方外者，渠輩談道不在文字，不離文字。詩家聖處，不離文字，不在文字。唐賢所謂情性之外，不知有文字云耳。（遺山集三十七）

這樣，所以不必於文字中求詩。其雙溪集序云：『槁項黃馘，一節寒餓之士，以是物爲顯門，有白首不能道劉長卿一字者，青雲貴公子乃咳唾嚬呻而得之，是可貴也。此卽所謂『詩有別才非關學』之說。卽使欲於文字中去求，也須做到「學至於無學」的地步。其杜詩學引云：『竊嘗謂子美之妙，釋氏所謂學至於無學者耳。……夫金屑丹砂芝朮參桂，識者例能指名之，至於合而爲劑，其君臣佐使之互用，甘苦酸鹹之相入，有不可復以金屑丹砂芝朮參桂而名之者矣。故謂杜詩無一字無來處可也，謂不從古人中來亦可也。』這些話也卽滄浪『不落言筌』的注脚。所以他贈嵩山雋侍者學詩云：『詩爲禪客添花錦，禪是詩家切玉刀，』（見遺山集三十七，嵩和尙頌序）詩與禪的關係，遺山固已深深體會到了。翁方綱石洲詩話謂『論詩絕句三十首，已開阮亭神韻二字之端，但未說出耳，』亦可謂善於體會領悟者。

所以我說他們於古詩中獨取「天成」「自得」「超然」諸境界，多少受一些禪的影響。以東坡這樣才氣奔放的人，發爲豪邁雄渾的詩，而「南遷二友」乃是陶柳二集。其別有會心之處，正是此中消息逗露的所在。元遺山也是如此：一方面對於鄴下曹劉的豪氣與江東諸謝的高韻有所抑揚，而一方面對於陶柳之詩卻亦深致推許。

一語天然萬古新，豪華落盡見眞淳。南窗白日羲皇上，未害淵明是晉人。

謝客風容映古今，發源誰似柳州深？朱絃一拂遺音在，卻是當年寂寞心。

原來其論詩特識也是有所秉承的。

然則遺山論詩是否同滄浪一樣完全以禪喻詩呢？則又不然。其感興四首之一云：『廓達靈光見太初，眼中無復野狐書；詩家關捩知多少，一鑰拈來便有餘。』這是妙悟，似乎頗帶一些禪味。然而他於這一方面，非惟不同滄浪一樣，卽較之東坡也似乎覺得淡一些。

遺山小亭集序中論唐詩云：

> 唐人之詩，其知本乎？溫柔敦厚，藹然仁義之言之多；幽憂憔悴，寒飢困憊，一寓於詩，而其阨窮而不憫，遺佚而不怨者，故在也。至於傷讒疾惡，不平之氣，不能自揜，責之愈深，其旨愈婉；怨之愈深，其辭愈緩；優柔饜飫，使人涵泳於先王之澤，情性之外不知有文字。（遺山集三十六）

這是他情性之外不知有文字的另一種看法。這樣一說，所以偏於古的意味來得強一些，而偏於禪的意味反而淡一些。於是他所謂『一鑰拈來』者，以妙悟之說解之，似乎還不如視爲這一篇文中之所謂知本。

然則他所謂根本關捩何所指？我以爲二字足以盡之，曰「誠」，曰「雅」。誠是集義，故能雅；雅不違心，故能誠。誠是詩之本，雅是詩之品。能知本，則品自高。這些意思在他的小亭集序中說得很明白。他說：

> 唐詩所以絕出於三百篇之後者，知本焉爾矣。何謂本？誠是也。……故由心而誠，由誠而言，由言而詩也。三者相爲一。情動乎中而形於言，言發乎邇而見乎遠。同聲相應，同氣相求，雖小夫賤婦孤臣孽子之感諷，皆可以厚人倫，美風化；無他道也。故曰：不誠無物。夫惟不誠，故言無所主，心口別爲二物，物我邈其千里，漠然而往，悠然而來，人之聽之，若春風之過焉耳。其欲動天地感鬼神難矣。其是之謂本。

這是所謂「誠」。他又說：

初余學詩以十數條自警云：無怨懟，無謔浪，無驁狠，無崖異，無狡訐，無媕阿，無傅會，無籠絡，無衒鬻，無矯飾，無為堅白辨，無為賢聖顛，無為妾婦妬，無為讎敵謗傷，無為聾俗鬨傳，無為瞽師皮相，無為黥卒醉橫，無為黠兒白捻，無為田舍翁木強，無為法家醜詆，無為牙郎轉販，無為市倡怨恩，無為琵琶娘人魂韻詞，無為村夫子兔園冊，無為算沙僧困義學，無為稠梗治禁詞，無為天地一我今古一我，無為薄惡所移，無為正人端士所不道。

這又是所謂「雅」。本此二觀點以看他的論詩絕句，然後知其所以稱許阮籍者——『縱橫詩筆見高情，何物能澆磈磊平？老阮不狂誰會得，出門一笑大江橫』云云，即因他詠懷之作，掩抑隱蔽之處在在見其真情之流露，有符於『怨之愈深，其辭愈婉』之旨。其所以稱許陳子昂者——『沈宋橫馳翰墨場，風流初不廢齊梁，論功若準平吳例，合著黃金鑄子昂』云云，又因其『常恐逶迤頹廢，風雅不作』始返雅道的緣故。同時也可看出他所謂『萬古文章有坦途，縱橫誰似玉川盧，真書不入今人眼，兒輩從教鬼畫符；』及『曲學虛荒小說欺，俳諧怒罵豈詩宜！今人合笑古人拙，除卻雅言都不知』云云者，其病又在於不雅。

這是他的疏鑿標準。他所謂『暫教涇渭各清渾』者，正可於此看出。假使我們要說遺山論詩異於蘇學之處，那麼便在這一點了。然也未嘗不可說是對於東坡詩論的修正。

第四章　元代文學批評

第一節　郝經

郝經，字伯常，陵川人，元史一百五十七卷有傳，所著有陵川集。

陵川爲元初理學名儒，學問文章具有根柢，故陶自悅之序陵川集，稱其『理性得之江漢趙復，法度得之遺山元好問，而獨申己見左右逢源。』趙復作傳道圖，原羲農堯舜所以繼天立極，孔子顏孟所以垂世立教，與周程張朱之所發明紹續，其規模已較南宋一般儒者爲廓大。陵川繼之，更有他特具的才氣，『不學無用學，不讀非聖書，不爲憂患移，不爲利欲拘，不務邊幅事，不作章句儒。』『賢則顏孟，聖則周孔，臣則伊呂，君則唐虞。』（均見陵川集二十一，志箴）其氣象更較江漢爲廓大，再加受業於遺山，詩文有淵源，而少時盡讀賈氏張氏藏書，學問又廣博，所以雖可接江漢之學，而不囿於江漢之學。

明此，然後可以理會他的文論。他所謂文是廣義的文。其原古錄序云：

> 昊天有至文，聖人有大經，所以昭示道奧，發揮神蘊，經緯天地，潤色皇度，立我人極者也。……道非文不著，文非道不生。自有天地，卽有斯文，所以爲道之用，而經因之以立也。……故斯文之大成，大經之垂世，名教之立極，仲尼之力也。斯文之益大，名教之不亡，異端之不害，羣賢之功也。自源徂流，以求斯文之本，必自大經始；遡

流求源，以徵斯文之迹，衆賢之書不可廢也。（陵川集二十九）

在此文中有明道宗經徵聖三位一體的主張，有聖人之道有體有用有文的意思。一方面窮源探本，以明文道之合一，體用之相輔；一方面沿流竟委以明道術之分裂，枝葉之繁滋。這樣源流兼顧，所以覺得聖人之經與衆賢之書都不可廢。其學問規模之大，即因於此。

原古錄一書，今雖不傳，但按其序中所言，以義理之文十有四類爲易之餘，辭命之文二十有三類爲書之餘，篇什之文十有五類爲詩之餘，紀事之文二十類爲春秋之餘，綜爲四部，選錄先秦以至元代之文，可謂文章正宗以後重要的選集。其規模似亦較文章正宗爲擴大一些。

他具有這樣大的規模，所以不贊成有道學之名。其與北平王子正先生論道學書以爲自道之全體壞，大用分，而後有所謂儒；儒之名立而禍及於學者；道學之名立而禍且及於天下後世。（見陵川集二十三）所以只以聖人之道爲道，聖人之學爲學，而欲泯儒林道學之分。這種態度，這種規模，很有些像清初學者，乃不謂竟於陵川集中見之。

明白他所謂學是這樣大規模的學，明白他所謂文也是最廣義的文，那麼所謂文道合一，體用相輔，原是當然的了。他從文說到理，本於文法問題以說明「有德者必有言」之意；他又從理說到文，本於養氣問題以說明「氣盛言宜」的方法，所以文道爲不可分。

陵川以爲有德有言卽是理與法的關係。『理者法之源，法者理之具，理致夫道，法工夫技，』（見答友人論文法書）所以不必撇開理而求法。文人離道以講文，所以只於文求法而成爲模擬，學者明德以立言，所以不於文求法而能自爲法。他說：『古之爲文，法在文成之後，辭由理出，文自辭生，法以文著，相因而成也。』（同上）那麼理明義熟，眞是最根本的條件了。因此，再說：

> 夫理，文之本也；法，文之末也。有理則有法矣，未有無理而有法者也。六經理之極，文之至，法之備也。故易有陰陽奇耦之理，然後有卦畫爻象之法；書有道德仁義之理，而後有典謨訓誥之法；詩有性情教化之理，而後有風賦比興之法；春秋有是非邪正之理，而後有褒貶筆削之法；禮有卑高上下之理，然後有隆殺度數之法；樂有清濁盛衰之理，而後有律呂舒綴之法；始皆法在文中，文在理中，聖人制作裁成，然後爲大法，使天下萬世知理之所在而用之也。自孔孟氏沒，理寖廢，文寖彰，法寖多，於是左氏釋經而有傳注之法，莊荀著書而有辨論之法，屈宋尙辭而有騷賦之法，馬遷作史而有序事之法，自賈誼董仲舒劉向揚雄班固至韓柳歐蘇氏作爲文章而有文章之法，皆以理爲辭，而文法自具。篇篇有法，句句有法，字字有法，所以爲百世之師也。故今之爲文者，不必求人之法以爲法，明夫理而已矣。精窮天下之理，而造化在我，以是理爲是辭，作是文，成是法，皆自我作。……則法亦不可勝用，我亦古之作者，亦可爲百世師矣。豈規規孑孑求人之法，而後爲之乎？（答友人論文法書）

這纔發揮了所謂「所德者必有言」的理論。有理則有法，只須精窮天下之理，而造化在我，以是理，爲是辭，作是文，成是法，理爲天下之至理，文亦成天下之至文，這樣纔說明了文與道的關係。然而這樣說明的結果卻並不如道學家之偏於一端因爲他下文所舉本於理以立法的人，都不是道學家。他說：

故先秦之文，則稱左氏國語戰國策莊荀屈宋；二漢之文，則稱賈誼，董仲舒，司馬遷，劉向，揚雄，班固，蔡邕；唐之文則稱韓柳；宋之文則稱歐蘇；中間千有餘年，不啻數千百人，皆弗稱也。騷賦之法，則本屈宋；作史之法，則本馬遷；著述之法，則本班揚；金石之法，則本蔡邕；古文之法，則本韓柳；論議之法，則本歐蘇。中間千有餘年，不啻數千百文皆弗法也。何者？能自得理而立法耳；故能名家而爲人之法。苟志於人之法而爲之，何以能名家乎？

（同上）

眞奇怪，他發揮「有德者必有言」之理論，並不爲道學家的文論張目，依舊成爲古文家的文論。故於下文再接着說：『三國六朝無名家，以先秦二漢爲法而不敢自爲也；五季及今無名家，以唐宋爲法而不敢自爲也。韓文公每語人以力去陳言，……不當蹈襲故爛，……皆此意也。』

於是，他再說明如何自爲法之法。他說：

文有大法，無定法。觀前人之法而自爲之，而自立其法。彼爲綺，我爲錦；彼爲榭，我爲觀；彼爲舟，我爲車；則其法不死，文自新，而法無窮矣。近世以來，紛紛焉求人之法以爲法，玩物喪志，闚竊模寫之不暇，一失步驟，則以爲狂爲惑於是不敢自作，……總爲循規蹈矩決科之程文，卑弱日下，又甚齊梁五季之際矣。嗚呼！文固有法，不必志於法。法當立諸己，不當尼諸人。不欲爲作者則已，欲爲作者名家而如古之人，舍是將安之乎？（同上）

此種意思又成清初魏叔子一流古文家的文論。其論學很像清初的學者，其論文也像清初的文人。這眞是一篇很重要的文字。

陵川又以爲氣盛言宜，卽是學與文的關係。蘇轍論文以爲：『文者氣之所形，然文不可以學而能，氣可以養而致。』那麽似乎頗能說明氣與文的關係了；然而他於所舉養氣二例一是孟子，一是太史公，畢竟還是側重在太史公一方面所以欲求天下奇聞壯觀，以知天地之廣大。這樣養氣，在陵川便不以爲然，他以爲『果如是，則遷之爲遷亦下矣。勤於足跡之餘，會於觀覽之末，激其志而益其氣，僅發於文辭，而不能成事業，則其遊也外，而所得者小也。』因此，他提出內遊的方法。外遊所以增其閱歷，內遊則重在修養。外遊猶有時空的限制，內遊便不如此。故其內遊一篇謂：

身不離於衽席之上，而遊於六合之外，生乎千古之下，而遊於千古之上，豈區區於足跡之餘，觀覽之末者所能也。持心御氣，明正精一，遊於內而不滯於內，應於外而不逐於外；常止而行，常動而靜，常誠而不妄，常和而不悖；如止水衆止不能易，如明鏡衆形不能逃；如平衡之權輕重在我，無偏無倚，無汙無滯，無撓無蕩；每寓於物而遊焉於經也……既周流而歷覽之……而後易志蹟精而遊乎史……既遊矣，既得矣，而後洗心齋戒，退藏於密。視當其可者，時時而出之，可以動則動，可以止則止，可以久則久，可以速則速，蘊而爲德行，行而爲事業，固不以文辭而已也。如是則吾之卓爾之道，浩然之氣，巖乎與天地一，固不待於山川之助也。（陵川集二十）

這樣內遊，實卽所謂積理以養氣而已。積理以養氣，所以他很贊成孟子的養氣方法。他於養說中謂：『至大至剛，養而無害，浩然塞於天地間，此孟子之所以養其氣也。由此觀之，聖之所以爲聖，賢之所以爲賢，大之所以爲大，皆養之使然也。』養之使然，原不待於山川之助，這是他主張內遊的理由。蓋他又用了道學家的理論以說明氣盛言宜的現象而說明的結果，却亦異於一般古文家的文論。在以前，胡銓已曾用『有德者必有言』之意以說明「氣盛言宜」之旨而無陵川發揮得透澈，在以後，宋濂又是以規模闊大之學說明廣義的道學與廣義的文之關係，而陵川又開其先聲。這一點，已可看出他在文學批評史上的重要了。

第二節　方回

方回字萬里，號虛谷，歙縣人，宋景定壬戌別省登第，官提領池陽茶鹽，遷知嚴州，入元爲建德路總管。所著有桐江集八卷，桐江續集三十七卷；其論詩者有文選顏鮑謝詩評四卷，瀛奎律髓四十九卷。方氏詩論具見於此四書中，而瀛奎律髓尤爲重要。其自序云：『所選，詩格也；所注，詩話也，學者求之，髓由是可得也。』因此，方氏詩論之髓，亦可於是書求之。

然而，即就瀛奎律髓一書而言，一般人的毀譽亦太不一致。吳之振序此書稱其學術之正，詮釋之善，論世則使作者之心千載猶見，評詩則使風雅之軌後學可尋，推尊備至，極言其不可廢。而紀昀於瀛奎律髓刊誤序則又謂其選詩之弊有三：一曰矯語古淡，一曰標題句眼，一曰好尚生新；論詩之弊亦有三，一曰黨援，一曰攀附，一曰矯激。詆諆攻擊又不遺餘力。實則都不免失之過偏。惟近人方孝岳所著中國文學批評一書較能闡述虛谷論詩之旨，而此書也以這一章爲較佳。

方孝岳氏稱虛谷爲宋末詩學界的大批評家，雖稍溢量，而謂其批評，大致不背於南北宋多數詩人的觀念，因稱之爲江西派的護法，而且也是江西派的救弊者，說得也尙中肯。他再舉出一祖三宗之說以見與江西宗派圖的不同；舉出格調高勝之說以見學杜之方。於是得到結論，以爲『方回確是江西派之起衰者。』一方面駁紀昀之說，一方面爲方回迴護，論斷亦尙謹嚴。所以我們於此，不想再說雷同的話。

我們要注意的乃是他如何建立這樣的詩論。現在先就他的學詩經歷言之。方氏集中有兩篇文說得很明白。一篇是送俞唯道序，（桐江集）又一篇是自撰桐江續集序。（桐江續集三十二）在此二文，可以看出他的詩先學張文潛，再學王安石，又次學蘇舜欽，梅堯臣，而出入於楊萬里與陸游。其後始歸到江西派，『東之以黃陳之深嚴，而參以簡齋之開宏。』於是於詩始有所悟。最後自言『於子朱子有得，追謝尾陶，擬康樂，和淵明，亦頗近矣。』那麼，又關涉到他的學問問題。所以我們再應一看虛谷之所學。其桐江續集序中再論及讀書之法，謂『五經一聖之言以爲律令，九賢之言以爲格式。』『五經者易書詩春秋三禮也。一聖者，孔子也。九賢者，周之四子顏曾思孟，宋之五子周二程張朱也。』那麽他又儼然成一道學界了。在此文中他以爲『讀書有法，作詩無法。』以前所謂學詩經歷，都不成爲作詩之法。只有『讀書之法，卽所謂作詩之法。』所以我們研究虛谷詩論更應着眼在這一點。他的批評固然不背於南北宋多數詩人的觀念，實在也不背於南北宋多數道學家的觀念。固然，由方回人品言之，則如紀昀所謂『是依附名譽之私，非別裁僞體之道，』也不爲誣。不過現在專就其文學批評而言，不妨寬恕一些。

因此，虛谷詩論所謂「格高」之說，可以有詩人的看法，同時也可以有道學家的看法。

由詩人的看法言，則「格高」二字誠是呂居仁所不曾說到。不過，我們應得追問何以江西派的建立者不提到此，而江西派的救弊者獨拈出此。我以爲這當是受滄浪詩話的影響。他受到滄浪所謂第一義的暗示，於是隨其癖好，便以第一義歸諸江西詩，而擬所謂格高之論了。固然，『近世無高學，舉俗愛許渾，』陳后山早已說過。虛谷之攻擊四靈與許丁卯體，卽可視爲衍后山之餘緒。然而，如其跋許萬松詩所謂『猶之奕然，師第一手不能過其師，必爲第二手，苟僅師所謂第二手者，必更低一着；』（桐江集四）顯然是受滄浪的影響。又如律髓卷一論選詩條例亦有「正法眼藏」之語，顯然又是運用滄浪詩話中的術語。滄浪詩話之與江西詩雖處敵對地位，却不妨仍有相互的影響。

此是虛谷所以提出「格高」二字的原因。然而虛谷對於格高二字的解釋，則依舊是江西詩人的見解，並不同於滄浪的見解。蓋虛谷之所謂格高，卽後山之所謂換骨。高格是換骨以後的境界，而不是滄浪所說的氣象。后山詩云『學詩如學仙時至骨自換』這兩句話，我們以前論述后山詩論時，沒法加以解釋，因爲也不需要加以解釋。現在若用虛谷格高之論，以解釋后山這兩句話便很容易明白。后山詩話『寧拙毋巧，寧樸毋華，寧麤毋弱，寧僻毋俗』云云固有語病，然而不能不承認這是江西詩人的話。因爲虛谷所謂格高，卽從拙樸麤僻上面產生的，不過說得更爲圓到透澈而已。紀昀瀛奎律髓刊誤序說虛谷『以生硬爲高格，以枯槁爲老境，以鄙俚粗俗爲雅音，名爲尊杜而工部之精神面目逈相左也。』這卽因不曾以換骨之說解釋「格高」，所以不能明白以「格高」解釋換骨而換骨之層次乃顯以換骨解釋「格高」，於是所謂拙樸麤僻者也不致引起人家的誤會。

於是，可一讀虛谷之程斗山吟稿序。他說：

□（當是老字）杜□□（當是上元二字）元年庚子年四十八至成都，大歷元年丙午年五十四，至夔州。山谷論老杜詩，必斷自夔州以後。試取其庚子至乙巳六年之詩觀之，秦隴劍門行旅跋涉，浣花草堂居處嘯詠，所以然之故如繡如畫。又取其丙午至辛亥六年詩觀之，則繡與畫之迹俱泯。赤甲白鹽之間，以至巴峽洞庭湖湘潭莫不頓挫悲壯，剝浮落華。今之詩人未嘗深考及此。善爲詩者由至工而入於不工，工則麤，不工則細；工則生，不工則熟。（桐江集一）

他推尊老杜夔州以後之作，本是山谷之說。山谷與王觀復書云：觀杜子美到『夔州後詩，韓退之自潮州還朝後文章，皆不煩繩削而自合矣。』（豫章黃先生文集十九）所謂不煩繩削而自合者，原自經過繩削的工夫，不過到此地步則不煩繩削而已。山谷之所謂繩削，卽虛谷之所謂繡畫。必煩繩削而後合者所以有繡畫之迹；不煩繩削而自合者，則繡與畫之迹俱泯。這是超於工以後的不工，所以說『工則麤，不工則細，工則生，不工則熟。』到此地步卽所謂換骨。虛谷所謂『愈老愈剝落』者指此。因此，所謂拙樸麤僻者，原是巧後之拙，華後之樸，細後之麤，熟後之僻。這樣講來，原不妨以粗拙爲正面的主張。方孝岳乃謂『斷沒有以粗拙做正面的主張的道理』，似未理會此點。包恢云：『磨礱去圭角，浸潤著光精，』又云：『尋常容易須從奇嶇艱辛而入，』道學家重在冲淡之境，所以如此說。江西詩人力矯時人軟熟之習，所以又如此說。「易地則皆然矣，」讀古人書，原不宜執着以求的。

於是所謂格之高卑可得而論。虛谷之意蓋以爲僅取工麗者爲格之卑，越過此境，進到超於工麗乃爲高格。工麗易到，超於工麗則不易到。他所以反對四靈而推崇江西，卽在這一點。其過李景安論詩爲作長句云：『姚合許渾精儷偶，青必對紅花對柳，兒童傚之易不難，形則肖矣神何有！』（桐江續集十四）流俗之詩縱使工麗有何可取。故其秋晚雜書三十首中有云：『永嘉有四靈，詞工格乃平，上饒有二泉，旨淡骨獨淸。』所謂二泉，卽趙章泉與韓澗泉，都是做江西詩的。四靈作風與江西的分別，卽在這上面。虛谷讀張功父南湖集詩序論及杜詩也說明此點。

> 三百五篇有麗者，有工者，初非有意於麗與工也。風賦比興，情緣事起云耳。而麗之極，工之極，非所以言詩也。老杜七言律詩……不麗不工，瘦硬枯勁，一幹萬鈞。惟山谷後山簡齋得此活法，又各以其數萬卷之心胸氣

力鼓舞跳盪。初學晚生，不深於詩，而驟讀之，則不見奧妙，不知雋永，乃獨喜許丁卯體作偶儷嫵媚態。予平生不然之，而江湖友朋未易以口舌爭也。

所以由詩人之看法言，所謂格高有學問的關係。必須有數萬卷之心胸氣力，鼓舞跳盪，然後纔能如此。彼江湖四靈不能爲五七言古詩，不能讀破萬卷，僅僅堆砌一些風雲月露冰雪烟霞花柳松竹鶯燕鷗鷺等詩料字面，當然不能爲高格了。『舉世無高見，斯文有正音，稍工仍要拙，寧古不爲今。』（桐江續集八）這是他贈孫元京詩中的話。他原不妨以古拙爲高格。

由道學家的看法言，則格高又有人品的關係。其送胡植芸北行序論江湖之弊，謂『務諛大官，互稱道號，以詩爲干謁乞覓之貲。敗軍之將，亡國之相，尊美之如太公望郭汾陽，刊梓流行，醜狀莫掩。』（桐江集一）這卽是關於人品的問題。其孫元京詩集序云：『人品高，胸次大，學問深，筆力健，咸於此乎見之。』（桐江續集三十二）又云：『詩如奕棊，如挽弓，高一着者決定高一着，臂力弱者雖欲強進分寸不可也。』是則格之高卑，又不僅僅在學問一端，後山換骨之說又不足以當之了。眞德秀云：『夫必至寶之器而後能受至潔之物。』然則格之高，乃是由於「君身有仙骨」，更何待於換。

詩思云『肯令一字俗，已拚百年窮。』（桐江續集八）讀子游近作云：『孰肯剖腸湔垢滓，始能落筆近風騷。』（同上）次韻孫元京見過言詩云：『欲療左盲治穀廢，合除白俗掃元輕。』（桐江續集十六）他於詩病第一要去俗字。涉於淺露固俗卽以工麗相矜也是俗至攀附大官以詩爲奔走之具則更俗因此寧願矯激。『詞涉富貴則排斥立加語類幽悽則吹噓備至』在他的詩論體系上本是當然的情形而紀昀却以此爲瀛奎律髓之病可知言不由衷人品不能副其所言那麼卽使言有可取也將遭人之非難的。

因此他於古今詩人最推陶杜杜是江西詩派之所出陶又是道學家之所崇惟此二人最爲格高其餘諸家只是兼取而已。詩思云『老子持公論評詩衆勿驚更無雙子美止有一淵明嚮接東坡和肩隨太白名吾嘗圖畫像釋菜四先生』又云『萬古陶兼杜誰堪配饗之赦還儋耳海謫死瘴城宜無已玉堂凍去非榕嶺馳更添韓與柳欲築八賢祠』（桐江續集二十八）據此所言可知謂虛谷詩學僅主一祖三宗之說者爲一偏之見了。其七十翁吟七言十絕之一云『詩備衆體更須熟文成一家仍不陳晚悔昨非思改紀規隨養氣省心人』（桐江續集二十二）然則虛谷且有由詩文以入理學的傾向哩！

第三節　戴表元與袁桷

戴表元，字帥初，一字曾伯，奉化人宋咸淳中登進士乙科，元大德中以薦除信州教授，調婺州，移疾歸。事蹟具元史儒學傳。所著有剡源集。宋濂序其集云『濂嘗學文於黃文獻公公於宋季辭章之士樂道之而弗已者惟剡源戴先生爲然』（宋學士全集六）顧嗣立元詩選小傳稱『宋季文章氣萎薾而詞骫骳，帥初慨然以振起斯文爲己任，』所以他在元初文壇也有很重要的地位。

戴氏論文，猶與宋代道學家之主張不甚異。至其論詩，似乎比較重要，因為他能轉變宋詩風氣，提出復古主張而為明詩先聲的緣故。

大概戴氏論詩之主張唐音，有兩種原因：一是由於道學家之廢詩不為；又一是由於詩人之溺於時風衆勢而不知自拔。

道學家之瞧不起詩，大概眞如戴氏所說：『異時搢紳先生無所事詩，見有攢眉擁鼻而吟者，輒靳之曰，是唐聲也，是不足為吾學也。吾學大出之可以咏歌唐虞，小出之不失為孔氏之徒，而何用是啁啁為哉！』（剡源集八，張仲實詩序）道學家的一股酸勁，一種傲態，全從這幾句話裏流露出來。因為道學家取這種態度，激得詩人又起而相抗，『於是性情理義之具，諱為訟媒，而人始駭矣。』戴氏習聞此種爭論，而覺其無聊，所以以為『姑無深誅唐乎?』唐詩雖異於古，然亦不必以詩為病。以詩為病，而詩道遂益以不振。他於陳晦父詩序說當時風氣，謂『所見名卿大夫十有八九出於場屋科舉，其得之之道，非明經則詞賦，固無有以詩進者。間有一二以詩進，謂之雜流，人不齒錄。』（剡源集九）然則即就科舉的風氣而言，已足使詩道不振了。

他再在洪潛甫詩序中說明宋詩所以不能復於唐音之故。

始時汴梁諸公言詩，絕無唐風，其博贍者謂之義山，豁達者謂之樂天而已矣。宣城梅聖俞出，一變為沖淡，沖淡之至者可唐，而天下之詩於是非聖俞不為；然及其久也，人知為聖俞而不知為唐。豫章黃魯直出，又一變而爲雄厚，雄厚之至者尤可唐，而天下之詩於是非魯直不發；然及其久也，人又知爲魯直而不知爲唐，非聖俞魯直之不使人爲唐也，安於聖俞魯直而不自暇爲唐也。邇來百年間，聖俞魯直之學皆厭，永嘉葉正則倡四靈之目，一變而爲淸圓，淸圓之至者亦可唐，而凡枵中捷口之徒，皆能托於四靈，而益不暇爲唐，唐且不暇爲，尙安得古！（剡源集九）

是則宋詩風氣之愈轉愈下，卽因溺於時風衆勢奉時人爲宗主的緣故。所以他既以爲不必以詩爲病，則欲振詩道，當然非宗古不可了。

這種主張，由前言，與滄浪爲近；由後言，又與明代七子相類。然而他可以啓七子之先聲而不致造成七子之流弊者，則以他根本不要在批評上有什麼主張；因此，也不主一格。

他在許長卿詩序中說：『無味之味食始珍，無性之性藥始勻，無迹之迹詩始神，』（剡源集九）這似乎也近神韻之說，然而他以爲這種無迹之迹是不能言的。能到這種境界的不必說，能說的又不必能到。他在季時可詩序中自述其經歷云：『余自五歲受詩家庭，於是四十有三年矣，於詩之時事憂樂險易老穉疾徐之變，不可謂不知其槩，然而不能言也。夫不能言而何以爲知詩，然惟知詩者爲不能言也。』（剡源集八）此所以他不欲立一格，建一法以繩人。

因此，他所謂復古也有一種很通達的看法。其余景游樂府編序謂：

詞章之體累變，而爲今之樂府，猶字書降於後世，累變而爲草也。草之於書，樂府之於詞章，禮法士所不爲。余於童時，亦棄不學及後有聞乃知二藝者本爲不悖於古。而余所知特未盡也。今夫小學之家，鈎毫布畫，一人意而叛之千萬人楷而習之者世之所謂正書，而古法之壞，則自夫正書者始也。放焉而爲草草之自然，其視篆相去反無幾耳。（剡源集九）

那麼，所謂復古原不必一定泥於體製形貌之間，只須不失古意便得，何必一定在舊瓶裏裝舊酒！這也是他高出明代前後七子的地方。

戴表元以後傳其學者有袁桷。桷，字伯長，鄞人，少從戴表元王應麟舒岳祥諸遺老遊，學問淵源具有所自，尤其是論詩主張，殆與戴氏全同。其戴先生墓誌銘中述戴氏之學云：『先生力言後宋百五十餘年理學興而文藝絕。永嘉之學，志非不勤也，挈之而不至，其失也萎。江西諸賢力肆於辭，斷章近語，雜然陳列，體益新而變日多。』（清容居士集二十八）此言正指出了當時詩風轉變之故。「理學興而藝學絕」，是宋詩不振之一因；「體益新而變日多」，是宋詩不振之又一因。前一因可以廢詩不爲，卽有爲之者可不合詩人之格；後一因則棄壞繩墨，新變日多又可以破壞詩之舊格。所以他們雖沒有定一格以繩人，而影響所及，末流所趨，自會走上格調的道路。

袁氏之學雖沒有什麼新義，然於詩風之轉變也不爲無功。他集中如樂侍郎詩集序，書括蒼周衡之詩篇及題閔思齊詩卷諸文之反對道學詩，猶是繼承戴氏之說，可不論述。至其說明風雅二體之不同，而以和平之詩格爲得性情之正，則與戴氏之說稍有不同，可說是繼戴氏以後加以闡發的一點。他於書鮑仲華詩後極稱其詩語完氣平，而合於理之正，有似於歐陽修的風格。後來宋詩之變，卽因不似歐詩之故。此種關係，他以爲卽因於風雅二體之不同。他以爲風則不妨悲憤怨刺而遠於和平，雅則必須舂容怡愉以和平爲尚（見淸容集四十九）所以他論詩又忽於風而重在雅。他於跋吳子高詩論及風雅之流變云：『黃初而降，能知風之爲風，若雅頌則雜然不知其要領。至於盛唐，猶守其遺法而不變，而雅頌之作得之者十無二三焉。』（淸容集四十九）他蓋以爲建安黃初之作尙近於風。齊梁以後，風亦衰歇，卽唐宋復古仍是得於風者多而得於雅頌者少。因此，他要進一步以復到雅。怎樣復呢？於是他再分別風雅之體云：『曷爲風？黃初建安得之；雅之體，漢魏樂府諸詩近之。』（淸容集四十八，書程君貞詩後）以漢魏樂府諸詩爲近於雅之體，那麼明人復古每以擬古樂府冠詩集之首也可謂受袁氏此說之影響了。

然而『雅也者朝廷宗廟之所宜用，』（見書程君貞詩後）輕風而重雅，似亦不能得詩之全，於是於風之體，取其不遝陳直露者，取其悲憤怨刺之作而同時復能情致婉縟者。於是，於唐人詩中無寧取李義山的詩。他說：

> 玉溪生往學草堂詩，久而知其力不能逮，遂別爲一體，然命意深切，用事精遠，非止於浮聲切響而已也。自西崑體盛，襞積組錯，梅歐諸公發爲自然之聲，窮極幽隱，而詩有三宗焉。夫律正不拘，語腴意贍者，爲臨川之宗。氣盛而力夸，窮抉變化，浩浩焉滄海之夾碣也，爲眉山之宗。神清骨爽，聲振金石，有穿雲裂竹之勢，爲江西之宗。二宗爲盛，惟臨川莫有繼者，於是唐聲絕矣。至乾淳間，諸老以道德性命爲宗，其發爲聲詩，不過若釋氏輩

條達明朗，而眉山江西之宗亦絕。永嘉葉正則始取徐翁趙氏爲四靈，而唐聲漸復。至於末造，號爲詩人者，極淒切於風雲花月之摹寫，力孱氣消，規規晚唐之音調，而三宗泯然無餘矣。夫粹書以爲詩，非詩之正也；謂捨書而能名詩者，又詩之靡也。若玉溪生，其幾於二者之間矣。（清容集四十八，書湯西樓詩後）

他從宋詩的源流說起，覺得歐公之詩爲功魁罪首。歐詩本於和平之心，發爲自然之音，自是長處，然而宋詩之變，實自歐始。所以他窮本溯源，而復推崇玉溪生之詩。蓋玉溪生詩之長，正在一方面悲憤怨刺，而一方面不逕陳直露。他利用用事之巧，獺祭之工，以使直爲詘，侮之語，不見其冷嘲熱罵之意。語腴意贍，不致爲蘇黃之變格，也不致爲四靈之風雲月露一無寄托。至於禪人偈語的說理詩，則更不用說了。欲復唐音，此尙是一條正道。李東陽懷麓堂詩話云：『元詩淺去唐卻近，』即是此種關係。元詩纖麗的作風，恐亦受此種批評的影響。

第四節　劉將孫（歐陽守道劉辰翁趙文附）

第一目　文論

劉將孫，字尙友，廬陵人，辰翁之子，嘗爲延平教官，臨汀書院山長。其爲文亦有父風，一時有小須之目，所著有養吾齋集。

在論劉氏文論之前，不可不先一言劉氏學問之淵源。劉氏濡染家學，原無問題，不過學問雖出其父辰翁，而辰翁之學又出自歐陽守道，所以窮源竟委，我們不能不從歐陽守道講起。

歐陽守道，字公權，一字迂父，宋吉州人，宋史四百十一卷有傳，所著有巽齋文集。宋史稱其『少孤貧無師，自力於學，』故其學術全受時與地的影響。由時言，正值道學流行之際，以得於朱子者爲多；由地言，則兩宋文學又以廬陵爲中心，得於歐陽修者爲多。劉將孫曾御史文集序及黃宗羲宋元學案都曾講到這方面。

巽齋文論的中心卽在送曲江侯清卿序中『文資於理，理資於學』二語。（巽齋文集十二）他以舜之韶樂爲喻，以爲文之聲音節奏猶樂之聲音節奏。離開了聲音節奏固無所謂文，亦無所謂樂，然而文與樂之所以能盡美者在此，而所以能盡善者則不在此。盡美是文的關係，盡善則是理的關係。於是他再說：『原舜樂之所自本乎父子慈愛之間，推而達諸宇宙民物之生意。』所以應於盡美之中進而求其盡善者，纔不泥於迹而有以見古人之心。有以見古人之心，則理明於心，無所滯礙，然後滔滔汩汩發爲文章，盡善而兼盡美。這是他所謂『文資於理。』

於是再由歐陽守道講到劉辰翁。辰翁字會孟，少補太學生，爲濂溪書院山長，宋亡，不復出。其學出自巽齋，故論文見解也有些類似。他於答劉英伯書中亦以文與樂相喻，不過論旨與巽齋又有些出入。他說：『文猶樂也，若累句換字，讀之如斷絃失譜，或急不暇舂容，或緩不得收斂，胸中嘗有咽咽不自宣者，何爲聽之哉！』（須溪集七）則是巽齋所說超於聲音節奏之外，辰翁所說正在聲音節奏之中。所以巽齋重在道，辰翁重在文。

明白上述關係，然後可知將孫之文論。將孫之文論，卽是兼此二說，欲合文道而爲一。其趙青山先生墓表云：『歐蘇起而常變極於化，伊洛興而講貫達於粹，然尙其文者不能暢於理，據於理者不能推之文，』（養吾齋集二十九）

正中宋人文道分裂之弊。所以他想『將義理融爲文章，而學問措之事業。』（養吾齋集十五吉州路重修儒道碑記）因此，他說明如何「循其意之所欲言」的方法。他說：

文以氣爲主，非主於氣也；迺其中有所主，則其氣浩然流動，充滿而無不達，遂若氣爲之主耳。……竊欲更之曰，文以理爲主，以氣爲輔。（養吾齋集十，譚村西詩文序）

此即巽齋所謂「文資於理」的主張。聲音節奏，好似氣，然而只是樂之寄。樂之所自，本乎油然天眞之發見，而動乎不自已之機。這即是將孫所謂「中有所主。」不過將孫論文，猶不全重在理，關於聲音節奏之微妙，也是很注意的。他又於蕭煥有字說中闡說其義，他說：

一言而可以盡文之妙者，煥而已。夫子雖以此形容堯之盛，而非特爲堯言之也，乃言文章之道當如此也。非夫子亦莫能表而出之也。夫子未嘗言文，子貢雖以爲可得而聞，而亦不能得之於言。夫子於此乎語之，而文之道可睹已。繁星麗天，天之文也，草木華葉，地之文也。文未有不煥，其煥者必不可揜者也。煥之爲義，所在而見之，無所往而不有，而亦無所見而不新也。（養吾齋集二十四）

文章之道，原重在煥，所以不可不注意聲音節奏之末。文固不能不以理爲主，然也不能偏重於理而不盡文之妙。這樣，纔主張歐蘇與伊洛之合一。因此，他於趙靑山先生墓表中說：『每歎作文之陋，不知所以發其精英者。……有能以歐蘇之發越，造伊洛之精微，篇有興而語有味，若是者百過不厭也。』

正因他注重聲音節奏之末，故能有得於起伏高下先後變化之法，而其說遂啓明代文人之先聲。究其關鍵卻從時文悟出。須溪答劉英伯書中說及『韓文言適盡意，亦不過如時文止耳』，無意中已提出了古文與時文的關係。將孫論文更在這方面發揮其最重要的有題曾同父文後一篇：

文字無二法，自韓退之創爲古文之名，而後之談文者必以經賦論策爲時文，碑銘敍題贊箴頌爲古文。不知辭達而已，時文之精，卽古文之理也。予嘗持一論云：能時文未有不能古文，能古文而不能時文者有矣，未有能時文爲古文而有餘憾者也。如韓柳歐蘇皆以時文擅名，及其爲古文也，如取之固有。韓顏子論，蘇刑賞論，古文何以加之。……每見皇甫湜，樊宗師，尹師魯，穆伯長，諸家之作，寧無奇字妙語，幽情苦思，所爲不得與大家作者並，時文有不及焉故也。時文起伏高下先後變化之不知，所以宜腴而約，方暢而澀，可引而信之者乃隱而不發，不必舒而長之者乃推之而極。若究極而論，亦本無所謂古文，雖退之政未免時文耳。由此言之，必有悟於文之趣而後能不以愚言爲疑也。（養吾齋集二十五）

此意實昔人所未發；而明以後的古文家，則都有悟於此。此中關係，恐怕也是受古文關鍵文章軌範一類評點之書的影響。須溪之於詩文本是長在評點的，那麼，將孫於此有得而悟到時文與古文的關係本不足怪。他說：『文字無二法，』說『時文之精卽古文之理，』這已是一般古文家所不肯說不敢說的。只有道學家如朱熹這樣，纔以爲『古文之與時文，其使學者棄本逐末爲害等爾。』然而這又是離開了文學的立場而說的。求如將孫這樣以文學的眼光論古文與時文之關係，而說『能古文而不能時文者有矣，未有能時文爲古文而有餘憾者也。』那纔是驚人妙論。我們以前稱古文家以復古爲革新，即因此理；然而在現在人悟到此理並不爲奇，在元時而竟敢大膽的說『本無所謂古文，雖退之政未免時文耳。』安得不令人驚其卓識。

第二目 詩論

至於詩，則將孫所論，多與巽齋不合；不僅將孫，即須溪論詩已與巽齋不同。巽齋太偏於道學，甚至謂詩不惟有妨於學，亦正與學背馳，（見送謎白求歸建昌序）則較玩物喪志之說更走極端了。所以他說：『予所不能者今人詩也；不能今人之詩定非欠事。』（巽齋文集十二，李瑞卿詩序）抱此態度，又何必論詩，當然劉氏父子不會與之相同。

將孫詩論之受時人影響者，不是巽齋，而是趙文。趙文，字儀可，一字惟恭，號青山，廬陵人，宋末入太學爲上舍，宋亡依文天祥，嗣與天祥相失，遁歸故里，後爲東湖書院山長，選授南雄文學，所著有青山集。劉氏養吾齋集（二十九）有趙青山先生墓表，極推崇其文學，謂廬陵自巽齋而後，惟須溪與青山相繼。是其學當出於巽齋，而將孫亦曾深受其影響。

青山論文主張文行相合。他於蕭文孫字說中曾說明此意。他以爲『教人非文無以寓吾教，』所以『子以四教文行忠信』，不妨文在行前；他又以爲『學者之爲學必於事親敬長應事接物之間先盡其道而後用力於文乃爲知所先後，』所以『行有餘力則以學文，』又不妨文在行後。（見青山集五）這雖是傳統的見解不足見其特點，然而卻因文與行之關係，而主張文行都要光明磊落，那麼便由道學的見地轉爲性靈的傾向了。其彭丙翁名字說云：

> 君子小人之分陰陽而已矣。陽者常明，而陰者常暗，必然之理也。……凡人之行事使人皆可知皆可見，入而對家人婦子，出而對鄉里朋友，無詭跡無靦容，此君子之行也。以至一話一言，以至引筆爲文，亦必光明易直，使人讀之而可曉考之而有證者，此君子之言也。今之君子，吾不敢知其行也，其見之言語文字間，吾有屢讀而不可曉者矣，則吾懼其心術之亦然也。文如諸葛亮，字如顏魯公，豈不磊落正大，可見其心事哉！（青山集五）

由於文與行的關係之密，於是悟到文與行的氣象之同。由於文與行的氣象之同，於是再悟到文須『光明易直使人讀之而可曉，考之而有證，』這儼然是後來袁子才所謂『暴生平得失於天下』的主張了。文之呑吐掩抑，說得隱隱約約者，所謂陰者常暗；文之傾筐倒篋，一瀉無餘，說得痛快淋漓者，所謂陽者常明。以此論文，確亦是觀文與觀人之一法。四庫總目提要稱趙氏詩文『皆自抒胸臆絕無粉飾，亦可謂能踐其言矣。』他便是這般由道學而轉向到性靈的；他便是這般由論文的見解以建立其詩論的。因此，他的詩論雖有性靈的傾向，不免依舊帶些道學的意味。

其郭氏詩話序云『古之爲詩者，率其情性之所欲言，』這可謂是性靈說了，然而下文一轉謂『惟先王之澤在人，斯人情性一出於正，是則古之詩已。』（青山集一）那麼他一方面說『率其情性之所欲言，』一方面卻說『情性一出於正，』便成爲道學化的性靈說了。下文再說到後人之詩所以不如古的原因，乃由於『先王之澤遠而人心之不古，』則更是道學的見解了。

因此他論詩雖常講到情性，然而此所謂情性，必須形全神完，必須能有安貧樂道的修養，所以成爲道學化。其序蕭漢傑的青源樵唱謂：

> 彼樵者山林草野之人，其形全，其神不傷，其歌而成聲，不煩繩削而自合。寬閑之野，寂寞之濱，淸風吹衣，夕陽滿地，忽焉而過之，偶焉而聞之，往往能使人感發興起而不能已，是所以爲詩之至也。後之爲詩者，率以江湖自名。江湖者，富貴利達之求而飢寒之務去，役役而不休者也。其形不全而神傷矣，而又拘拘於聲韻，規規於體格，雕鏤以爲工，幻怪以爲奇，詩未成而詩之天去矣。（青山集一）

此所謂「天，」即是性靈二字之注脚。愈與世塵遠則其天愈全；天愈全，則情性愈正。『至於拘拘於聲韻，規規於體格，雕鏤以爲工，幻怪以爲奇』者，則全是詩之「人」的方面的事。去人而存天，所以他的詩論是性靈說，然而天之去，又有形不全而神傷的關係，因此，他的詩論又成爲道學化的性靈說。

此種見解本從劉克莊方回諸人之說得來，不過以其不欲「拘拘於聲韻，規規於體格，」所以也有與袁子才相同之處。其青原樵唱序中稱：『人人有情性，則人人有詩，何獨樵者！』此卽隨園詩話所謂『村童牧豎一言一笑皆吾之師』（卷二）之意。其黃南卿齊州集序中謂：『詩之爲道，譬之大風之吹竅穴，唱于唱喁，各成一音，刁刁調調，各成一態，皆逍遙，皆天趣。』（青山集二）此亦隨園詩話所謂『詩如天生花草，春蘭秋菊，各有一時之秀』（卷三）之意。正因人人有情性，人人欲率其情性之所欲言，所以可以各成一音，各成一態，性靈說之基本理論在青山詩論中已可說是大體完成了。

青山所論是道學化的性靈說；將孫所論則爲禪學化的性靈說。他說：

> 詩固有不得不如禪者也！今夫山川草木風煙雲月皆有耳目所共知識；其入於吾語也，使人爽然而得其味於意外焉，悠然而悟其境於言外焉，矯然而其趣其感他有所發者焉，夫豈獨如禪而已。禪之捷解殆不能及也。然禪者借滉瀁以使人不可測，詩者則眼前景望中興古今之情性，使覽者詠歌之，嗟歎之，至於手舞足蹈而不能已。登高望遠，興懷觸目，百世之上，千載之下，不啻如自其口出，詩之禪至此極矣。（養吾齋集十，如禪集序）

他知道禪與詩之相通而又分別禪與詩之不同，則知以禪論詩而故弄玄虛以使人不可測者，不爲將孫之所取。這是他所以異於滄浪而傾向於性靈的緣故。

禪尚實證實悟，而復濟以性靈之說，自然不會蹈襲模仿，而論詩亦能盡詩之變。滄浪論詩所以反對蘇黃，卽因知正而不知變的關係。將孫之父須溪於趙仲仁詩序中卽已推崇文人之詩。他說：『詩猶文也，盡如口語豈不更勝』，（須溪集六）所以將孫亦本此意，於黃公誨詩序發揮其義云：

詩與文豈當有異道哉！子曰：『辭達而已矣』，辭而不達，誰當知者！故縮之而五七言，衍之而長篇，發之而大制作，孰非文也，要於達而止。鵬之大也，斥鷃之小也，羽翼同，心腹手足無不同，一不具則非其物矣。詎有此然而彼不然者；往往窘步者借之以蓋慚，而效顰者因之而喪我，甚可歎也。』（養吾齋集十一）

他以爲詩人之詩正因不以文字爲詩，議論爲詩，學問爲詩，於是『常料格外不敢別寫物色，輕愁淺笑，不復可道性情。』（見同上）只學昔人之格不知自寫其情，只知學詩之正，不知盡詩之變，反而限制了性情。所以他的見解，顯然與滄浪不同。

禪尙漸修而後能頓悟，所以他雖以性靈論詩，而同時又不廢工力。他於本此詩序云：『詩本出於情性，哀樂俯仰各盡其興，後之爲詩者鍛鍊奪其天成，刪改失其初意，欣悲遠而變化非矣。』（養吾齋集九）他本知道詩是直寫性情，不是觀美自鬻之技，用不到外飾。可是自得之境，自然之趣，也非可以俯拾卽是，率爾得之者。『積之不厚，則其發之也淺；發之不穠，則其感之也薄，』（見如禪集序）因此，他仍注重在工力方面。禪家成功，原是從面壁九年得來的。他於牛蓼集序中再說：『學詩如學仙，時至骨自換，此語非無爲言之也。予固身體而心驗之矣。往嘗寫字恨不能如意，長者教予日久當自熟，當時嘗以俗語反之云，傭書者不已久耶？既而寫愈久愈多，筆下忽覺轉換如移神，方悟其趣。詩亦若此，非可以齧齲效而得之也。』（養吾齋集十）可知頓悟之境原靠漸修而自然之趣仍有賴於鍛鍊，所以他又不廢改詩。其蹠肋集序云：『老杜有「新詩改罷自長吟」之句，蓋其句有未足於意，字有未安於心，他人所不知者，改而得意，喜而長吟，此樂未易爲他人言，而作者苦心深淺自知，正可感也。』（養吾齋集十）這些話本與他禪學化的性靈說不相衝突。不僅如此，他再以爲李長吉詩思深情濃，故語適稱而不覺其刻劃。（見養吾齋集九刻長吉詩序）是則僅僅以眼前語衆人意爲眞摯，而以信手拈出爲自然者，又不爲將孫之所取了。

他於彭宏濟詩序云：『夫言亦孰非浮辭哉！惟發之眞者不泯，惟遇之神者必傳，惟悠然得於人心者必傳而不朽。』（養吾齋集十一）所謂「發之眞」卽是他的性靈說；所謂「遇之神」卽是他的如禪說；所謂「悠然得於人心」則於性靈與禪之外更使之道學化了。其魏槐庭詩序中說：『詩者固仁人志士忠臣孝子之所爲作也，豈眞章句之巧而風月之尚哉！古所謂驚風雨泣鬼神，非以其奇倔突兀，以其志也。』（養吾齋集十一）這卽是「悠然得於人心」的解釋。是則他的詩論仍是出於青山的主張。

第五節　楊維楨

楊維楨，字廉夫，號鐵崖，諸暨人。元泰定進士。明興，詔徵遺逸之士修纂禮樂，維楨被召，所纂敍例略定，卽乞歸。明史二百八十五卷文苑有傳。所著有東維子集，鐵崖古樂府等。

鐵崖於文雖受王彝「文妖」之譏，然其文尚不甚奇譎。至其詩歌，則出入盧仝李賀之間，不免稍涉於怪，所以當時有「鐵崖體」之稱。因此，我們不舉他的文論，僅述他的詩論。

宋濂爲楊氏墓誌銘，於序中稱其『聲光殷殷，摩戛霄漢，吳越諸生多歸之，殆猶山之宗岱，河之走海，如是者四十餘年。』此可見當時「鐵崖體」的影響之大。故於其後風氣將轉，王彝文妖一文卽集矢於楊氏。實則楊氏影響何止限於當代，卽在明代前後七子與公安派也都是「鐵崖體」的變相。

何以說「公安派」是受「鐵崖體」的影響呢？元人論詩都帶一些性靈的傾向。由鐵崖體的作風之表面而言，怪怪奇奇，似與性靈說相抵觸，實則他的怪怪奇奇卽是他的性靈之表現，所以與他詩論之主張性靈不相衝突。鐵崖嘗說：『詩者人之情性也，人各有情性，則人各有詩也。得於師者，其得爲吾自家之詩哉？』（東維子文集七李仲虞詩序）又說：『詩得於言，言得於志。人各有志有言，以爲詩，非迹人以得之者也。』（同上，張北山和陶集序）這是很明顯的提倡性靈的主張。他既是一時文壇主盟，於是此種論調也常見於其同時人之文。吳復是鐵崖的門人，其鐵崖先生古樂府序云：『君子論詩，先情性而後體格，』這卽發揮其師鐵崖的詩說。所以於此文中再稱引其師說云：『認詩如認人。人之認聲認貌易也；認性難也；認神，又難也。習詩於古而未認其性與神，罔爲詩也。』可知鐵崖論詩原是要超於格調而進於性靈或神韻的。吳氏此序作於至正六年（一三四六）其受鐵崖影響，固不待論。稍後有吳興人錢鼒爲大雅集序亦謂：『詩，志之所存，情之所感，而言之所從以出者乎？……古之人以情爲詩，而其言莫不麗以則；後之人則以詩爲情，而言不出於情者有矣。況麗而有不則者哉！』這也與鐵崖之序吳復詩錄所謂

『摹擬愈偪而去古愈遠，』是同樣的意思。錢氏此序作於至正壬寅（一三六二）而大雅集又經鐵崖所評點，是錢氏詩論也不免受鐵崖的影響。此外，如汪澤民之梧溪集序，張美和之吾吾類稿序，李繼本之傅子敬紀行詩序，羅大巳之靜思集序，何淑之鄧伯言玉笥集序，大都是同時之作；其論調亦殆相一致，元末明初之一種風氣正可於此看出。所以「鐵崖體」的眞相，應在這方面加以認識。

然則「鐵崖體」何以又怪怪奇奇呢？那又與他怪癖的性情有關。明史本傳稱『維楨少時日記書數千言，父宏築樓鐵崖山中，繞樓植梅百株，聚書數萬卷，去其梯，俾誦讀樓上者五年，』他的學問固然植基於此，恐怕他的癖性也與此種環境有關。本傳中又稱其『酒酣以往，筆墨橫飛，或戴華陽巾，披羽衣，坐船屋上吹鐵笛，作梅花弄，或呼侍兒歌白雪之辭，日倚鳳琶和之，賓客皆蹁躚起舞，以爲神仙中人。』在此節中所描寫的鐵崖，狂態可掬，同時又清氣逼人，可是這種性格最不適於抗塵走俗。所以明史又稱其『狷直忤物十年不調。』以他這般不諧於俗的人而主張性靈，當然不會偏於平易淺俗的。不僅不偏於平易淺俗已也，以他這樣誦讀樓上五年的結果，所培養的適足爲其作風高古之資。於是無形中於性靈說上又塗澤一些格調的色彩。前後七子所受「鐵崖體」的影響或在此。

於是，請讀楊氏之趙氏詩錄序：

評詩之品無異人品也。人有面目骨骼，有性情神氣；詩之醜好高下亦然。風雅而降爲騷，而降爲十九首，十九首而降爲陶杜，爲二李，其情性不埜，神氣不羣，故其骨骼不庳，面目不鄙。嘻，此詩之品，在後無尙也。下是爲齊梁，爲晚唐季宋，其面目日鄙，骨骼日庳，其情性神氣可知也。嘻！學詩於晚唐季宋，而欲上下陶杜二李，以薄乎騷雅，亦落落乎其難哉！然詩之情性神氣，古今無間也。得古之情性神氣，則古之詩在也。然而面目未識，而謂）（當脫謂字）得其骨骼妄矣。骨骼未得，而謂得其情性妄矣。情性未得，而謂得其神氣益妄矣。（東維子文集七）

在此文中很可看出由性靈以進爲格調的意義。詩固不可無情性，然而情性不能離面目骨骼，所以性靈原不與格調相衝突。又情性有高下，欲求其情性之高，不得不取法於古，不得不取法於古人之高格，所以性靈又不能離格調。他一方面說：『宗杜要隨其人之資，其資甚似杜者，故其爲詩不似之者或寡矣。』（見李仲虞詩序）他一方面卻又因杜詩品格之高，所以不欲學季唐季宋之詩。雙管齊下，於是所謂性靈與格調，遂兼攝在所謂鐵崖體之中。他的古樂府即是在此種主義下以產生的。宋濂所撰楊氏墓誌銘云：『君遂大肆於文辭，非先秦兩漢弗之學。久與俱化，見諸論撰，如覩商敦周彝，雲雷成文，而寒芒橫逸，奪人目睛。其於詩尤號名家，震盪凌厲，駸駸將逼盛唐。』貝瓊所撰鐵崖先生大全集序云：『先生嘗病國朝承宋以來，政龐文抏，而未有能振起之者。務鏟一代之陋，歸於渾厚雄健，故其所著卓然成一家言。』（見淸江集十一）此種傾向又與前後七子有什麼分別，所以我說，前後七子與公安派都是「鐵崖體」的變相。

第三篇　明代

第一章　明初之文論

第一節　宋濂

宋濂，字景濂，浦江人事蹟具見明史一百二十八卷，茲不備述。他是明初大儒，又是開國名臣，所以他在明代文學史或文學批評史上的地位，頗爲重要。

明代的文學與文學批評有復古與啓新二種潮流，宋濂便是明代復古潮流中的代表。而在明代的復古潮流中，又有學者主持之復古與文人主持之復古，宋濂則屬於前一種的復古。至文人主持之復古，再有秦漢與唐宋之分，但無論宗秦漢或宗唐宋，要之都重在文章形貌的方面。惟學者主持之復古，則文以唐宋爲歸，學以義理爲宗，形式之外兼及內容，所以古文家推尊宋濂，理學家也推尊宋濂，總之由正統派的眼光看來，宋濂成爲值得推尊的中心。

實在，宋濂也確有值得推崇的理由。他可以說是集以前正統派的大成，使古文道學合而爲一，所以能有兼收並蓄的現象。現在，就其學統而言也可看出此關係。他是金華人，不能不受金華學風的影響。宋元學案說：『北山（何基）一派，魯齋（王柏）仁山（金履祥）白雲（許謙）既純然得朱子之學髓，而柳道傳吳正傳以逮戴叔能宋潛溪輩，又得朱子之文瀾，蔚乎盛哉，是數紫陽之嫡子，端在金華也。』（卷八十二論何北山學）又說：『金華之學自白雲一輩而下，多流而為文人。夫文與道不相離，文顯而道薄耳。雖然，道之不亡也猶幸有斯。』（同上，論宋潛溪學）所以由金華學風而言，宋氏當然可以古文名世。假使再問金華學風，何以由道而轉變到文，那麼，須知北山以前，金華學風早已有此傾向。金華學風的開山祖師當推呂東萊（祖謙）。全祖望同谷三先生書院記稱：『朱學以格物致知，陸學以明性，呂學則兼取其長，而復以中原文獻之統潤色之。』（鮚埼亭集外編十六）所以由東萊學風而言，根本不嚴洛蜀之辨，對於宋代的古文家也是相當推崇的。那麼，流風所播，金華學者由理學而趨於文學，原也無足怪了。這樣，宋元學案列宋濂為呂學續傳（卷五十一）可謂獨具隻眼。

上文所云，猶只說明了潛溪文的淵源，至於他詩的淵源，我們又不要忘了他遷居浦江的一段事實。宋氏在浦陽人物記卷下說：『方鳳嘗與閩人謝翶，括人吳思齊為友，——思齊則陳亮外曾孫，翶則文天祥客也，——皆工詩，皆客浦陽，浦陽之詩為之一變。』又稱方鳳見吳萊，嘆曰：『明敏如吳萊，雖汝南應世叔不是過也。悉以其學授焉。』而宋濂又是自己說嘗受學於立夫，（吳萊）所以宋氏在這方面的淵源，又是全受浦江人物的影響。

這樣，所以宋濂在明初是極重要的文學家。他是文人，是詩人，而又不僅僅限於文人或詩人。以他這樣的學統關係，而又逢到元運告終，政治上起了一大變動，復古思想當然趁此機會勃發起來。時勢造英雄，他便因此成爲時代思想的代表者。

但是他雖是時代思想的代表者，而論他的成就在思想方面並沒有什麼特殊的建立。他可謂是思想的繼承者，而不是思想的開創者。他的重要不過與後來文人所主持之復古潮流，有些不同而已。他於贈梁建中序中分文人爲三級：『其文之明由其德之立，其德之立宏深而正大，則其見於言自然光明而俊偉，此上焉者之事也。優柔於藝文之場，饜飫於今古之家，搴英而咀華，遡本而探源，其近道者則而效之，其害教者闢而絕之，俟心與理涵，行與心一，然後筆之於書，無非以明道爲務，此中焉者之事也。其閱書也搜文而擿句，其執筆也厭常而務新，晝夜孜孜日以學文爲事……此下焉者之事也。』他再說：『上焉者吾不可得而見之，得見中焉者斯可矣。』他再說：『余自十七八時，輒以古文辭爲事，自以爲有得也，至三十時頓覺用心之殊，微悔之，及踰四十，輒大悔之。然如猩猩之嗜屐，雖深自懲戒時復一踐之。五十以後，非惟悔之，輒大愧之，非惟媿之，輒大恨之。自以爲七尺之軀參於三才，而與周公仲尼同一恆性，乃溺於文辭流蕩忘返，不知老之將至，其可乎哉。自此焚毀筆硯而游心於沂泗之濱矣。』（宋學士全集九）所以他是想從「中焉者」以進到「上焉者」的文人。因此，他雖與僅僅以學文爲事的文人不同，但終究只成爲文人而不成爲思想家。

同時也正因他不是思想家，所以沒有道學家的偏執。朱陸之辨，陳朱之爭，在他以爲都不成問題。蓋他所謂道，是廣義的道，不限於道學家所探討的道。廣義之道是宇宙間的條理，卽所謂自然之道。狹義之道，是人為的社會紀律，而儒家之所謂道大都屬於這一方面。此意在上卷第五篇論到文與文化一節卽已分別說明。後來儒家之道又演化為二途，一重實際，一重理論。重實際的偏於應用，成為政治家的見解；重理論的偏於思索，成為道學家的哲學。前者以社會為對象，所講的乃是治人之道；後者以一己為對象，所體會的常在身心幾微之間而成為修己之道。因此，同樣的講儒家之道而宗旨意趣各不相同。宋濂送翁好古教授廣州序云：『今我聖明一遵三代為治，初入小學習以禮樂射數，及升大學則明修己治人之道。』（宋學士全集八）可知他所謂道本是兼此兩方面的，所以我們稱他為道的繼承者。

他所謂道既是廣義的道，故所謂文也是廣義的文。其訥齋集序云：

> 凡天地間青與赤謂之文，以其兩色相交，彪炳蔚耀，秩然而可睹也。故事之有倫有脊，錯綜而成章者，皆名之以文。……斯文也，非指夫辭章而已也。（宋學士全集十八）

此外，如曾助教文集序稱『天地之間萬物有條理而弗紊者莫非文，而三綱九法，尤為文之著者。』（宋學士全集七）如文原上篇稱『凡有關民用及一切彌綸範圍之具，悉囿乎文。』（宋學士全集二十五）都是這些意思。蓋他所謂「文」，卽是自然現象間有條理而弗紊的物，後來取法乎此以成有條理而弗紊的事，再後來事為既著，於是再記載之以有條理而弗紊的文，然後可以行遠。所以辭翰之文乃是後起之事而非為文之本。為文之本，卽在這些三綱九法上面，所以他再說：『傳有之，三代無文人，六經無文法。無文人者，動作威儀，人皆成文；無文法者，物理卽文，而非法之可拘也。』（曾助教文集序）

因此，他的復古恉趣，是想於古人之辭以窺古人之事，則文非虛設；再於古人之事以窺古人之學，則道亦非空談。他在師古齋箴中說：『所謂古者何？古之書也，古之道也，古之心也。道存諸心，心之言，形諸書，日誦之，日履之，與之俱化，無間古今也。若曰專溺辭章之間，上法周虞，下蹴唐宋，美則美矣，豈師古者乎？』（宋學士全集十五）據是，可知他所謂古，有道有文。由道與文以進窺古人之心，於是所謂『聖賢之精微常流行於事物』者亦可得而見。正因他這樣復古，故其學雖不如宋儒所見之精，卻比宋儒所見為大。

論道，論文，他覺得都是後人提出的問題。他直溯往古，而欲綜合這一些無謂的分別與爭論，於是他只提出宗經。宗經，則道在是，文在是，學亦在是，事功亦在是。他有這樣偉大的魄力，當然不暇精究性理之微。我稱他是道的繼承者，而不是思想的開創者，也並不為貶辭。

論到此，有三篇文辭很重要，一篇是經畬堂記，（宋學士全集二）一篇是六經論，（宋學士全集二十八）一篇是浦陽人物記的文學篇序。他以為經中有心學，有理學。六經論中說：『六經皆心學也。心中之理無不具，故六經之言無不該，六經所以筆吾心之理者也。……人無二心，六經無二理，因心有是理，故經有是言。』這樣一說，於是因經的關係打通了朱陸之異。他又以為經中有義理，有事功。經畬堂記說：『有漢以降，聖賢不作，異說滋橫，凡外夷小道，以及星歷地理占卜醫養種樹養馬詭誕淺近之言，皆以經名，千餘年間時益歲加，書之以經名者，布乎四海之內。學者眩於其名，翻而陷溺焉者甚衆，而五經孔孟之道晦矣。然非彼之過也，學五經孔孟者不能明其道，見諸事功故也。夫五經孔孟之言，唐虞三代治天下之成效存焉，其君堯舜禹湯文武，其臣皐夔益契伊傅周公，其具道德仁義禮樂封建井田，小用之則小治，大施之則大治，豈止浮辭而已乎。』這樣一說，於是又因經的關係溝通了陳朱之爭。他再以為經中有文有道。文學篇序說：『文學之事，自古及今，以之自任者衆矣，然當以聖人之文為宗。……天地之間，至大至剛而吾籍之以生者，非氣也耶？必能養之而後道明，道明而後氣充，氣充而後文雄，文雄而後追配乎聖經，不若是不足謂之文也。』這樣一說，於是又因經的關係泯除了洛蜀的界限。

如上所述，宋濂的復古理論是這樣：古之所以當復與古之所以可復，即因心同理同，即因天不變道亦不變。『六經皆心學也』，這可以說是他的創見。『經有顯晦，心無古今，天下豈無豪傑之士，以心感心於千載之上者哉！』這是他六經說中的話，也即是他所以要師古之心的理由。文章以經為宗，即所謂師古之書；經中有道，故又須師古之道；再窮究下去，道基於心，於是要師古之心。能師古聖之心，纔可以發展開去，見之於事功，發之為文章。故由聖作言，則基於心以見道，本於道以為經；由學者言，則必由經以窺道，由道以師心。這是他以文為中心而建立的復古理論。

他再在文說一文中說明之云：

> 文者，果何繇而發乎？發乎心也。心烏在，主乎身也。身之不修而欲修其辭，心之不和而欲和其聲，是猶擊缶而欲合乎宮商，吹折葦而冀同乎有虞氏之簫韶也，決不可致矣。
>
> 曷爲不思乎聖賢與我無異也？聖賢之文若彼，而我之文若是，豈我心之不若乎，氣之不若乎？否也，特心與氣失其養耳。聖賢之心浸灌乎道德，涵泳乎仁義，道德仁義積，而氣因以充，氣充，欲其文之不昌，不可遏也。今之人不能然，而欲其文之類乎聖賢，亦不可得也。……
>
> 然則何爲而後可爲文也？蓋有方焉。聖賢不可見矣！聖賢之爲人，其道德仁義之說，存乎書，求而學焉，不徒師其文而師其行，不徒識諸心而徵諸身，小則文一家，化一鄉，大則文被乎四方，漸漬生民，賁及草木，使人人改德而易行，親親而尊尊，宣之於簡册，著之於無窮，亦庶明道而立教，輔俗而化民者乎？嗚呼！我何由而得見斯人於斯世也！我何爲不思夫聖賢之盛也。（宋學士全集二十六）

聖賢之學，一方面窮乎天地之際，察乎陰陽之妙，以使自然律成爲人倫律；一方面反之於身，養之於心，參之於氣，復由宇宙觀而轉爲人生觀；治人修己，合而爲一，充之於內者如此，發之於文者也如此，所以其文爲不可掩。後人無聖人之天生睿知，所以只能『獨抱遺經而體驗之，一言一辭皆使與心相涵』（見六經說）然後爲以心感心，然後也能爲聖賢之文。「聖賢與我無異」，這卽是他以學古爲自己鞭策的地方。

上所論述，總覺關於論道的成分多，論文的成分少。現在且就古文家所注重的才與氣的問題，以看宋氏的議論是如何？

論才，他以爲是文之體，頗與古文家之論調爲近。他說：

> 才，體也；文，其用也。天下萬物有體斯有用也。若稽厥初，玄化流行，品物昭著，或洪或纖，或崇或卑，莫不因才之所受而自文焉，非可勉強而致也。……有一人之人，有十人之人，有百人之人，有千萬人之人，有億兆人之人，其賦受有不齊，故其著見亦不一而足。所謂億兆人之人，聖人是也；千萬人之人，賢人是也；百十人之人，衆人是也。衆人之文不足論。賢人之文，則措之一鄉而準，措之一國而準，措之四海而準。聖人之文則斡天地之心，宰陰陽之權，掇五行之精，無鉅弗涵，無微弗攝。雷霆有時而藏，而其文弗息也；風雲有時而收，而其文弗停也。日月有時而蝕，而其文弗晦也，山崖有時而崩，而其文弗變也。其博大偉碩有如此者！而其運量則不越乎倫品之間，蓋其所稟者盛，故發之必弘，所予者周，故該之必備。嗚呼，此豈非體大而用宏者歟？（宋學士全集七，靈隱大師復公文集序）

說來說去，依舊不脫道學家的見解。他歸結到聖人之文由於有聖人之才，那麼，他所謂才，仍卽是上文所謂天生睿知的才。

論氣，莫詳於文原下篇，而他於蘇平仲文集序亦發其義。他說：

> 古之爲文者未嘗相師，鬱積於中，攄之於外，而自然成文，其道明也，其事覈也，引而伸之，浩然而有餘，豈必竊

取辭語以爲工哉。自秦以下，莫盛於宋，宋之文莫盛於蘇氏。若文公之變化傀偉，文忠公之雄邁奔放，文定公之汪洋秀傑，載籍以來，不可多遇。其初亦奚暇追琢飾繪以爲言乎？卒至於斯極而不可掩者，其所養可知也。近世道漓氣弱，文之不振已甚，樂恣肆者失之駁而不醇，好摹擬者拘於局而不暢，合喙比聲，不得稍自凌厲以震盪人之耳目。譬猶敝帚漏巵，雖家畜而人有之，其視魯弓郜鼎亦已遠矣。每讀三公之文，未嘗不太息也。

此文所論，以三蘇爲標準，也即因論文言氣與論文言道本不相衝突。宋孝宗爲東坡文集贊序即說過：『成一代之文章，必能立天下之大節；立天下之大節，非其氣足以高天下者未之能焉。……蓋存之於身謂之氣，見之於事謂之節。節也，氣也，合而言之，道也。以是成文，剛而無餒，故能參天地之化，關盛衰之運。』這樣言氣，仍與道合。而宋氏所論，正與宋孝宗所言爲近。文原下云：『爲文必在養氣，氣與天地同，苟能充之，則可配序三靈，管攝萬彙。不然，則一介之小夫爾。……氣得其養，無所不周，無所不極也；攬而爲文，無所不參，無所不包也。……嗚呼，斯文也，聖人得之則傳之萬世爲經，賢者得之則放諸四海而準。輔相天地而不過，昭明日月而不忒，調燮四時而無愆，此豈非文之至者乎？』（宋學士全集二十五）那麼，他所謂氣，仍是上文不欲心氣失養的意思。所以宋氏論氣，仍可視爲道學家的意見。

宋氏論文，頗與郝經相近。郝經文弊解云：『方今道喪時弊，正氣湮塞，生民墜溺，志士振起之秋也；可拘於虛文，溺於淺辭哉！』（陵川集二十）而宋氏自題畫像贊亦云：『吾心與天地同大，吾性與聖賢同貴，奈之乎適於曲學，局乎文藝，忘其眞實之歸，溺此浮華之麗！』（宋學士全集三十）是則他們二人對於文藝的態度也有些相似的。

第二節　方孝孺

方孝孺，字希直，一字希古，寧海人，明史一百四十一卷有傳。他是宋濂弟子。宋濂於送門生方孝孺還鄉詩中，對方氏極端稱許；而方孝孺於宋學士續文粹序及與舒君書中對宋氏亦極端推崇。一貫之傳，於此可見，所以方氏文論殆亦全同於宋氏。

宋氏說：『道明而後氣充，氣充而後文雄；』他也說：『道者氣之君，氣者文之帥，道明則氣昌，氣昌則辭達。』（遜志齋集十一，與舒君書）宋氏說：『後之立言者必期無背於經，始可以言文，』又說：『學聖人者必法經以爲文；』而他也說：『聖人之言不可及，上足以發天地之心，次足以道性命之源，陳治亂之理，而可法於天下後世，垂之於文而無弊，是故謂之經。立言者必如經而後可。』（遜志齋集十一，與郭士淵論文書）宋氏說：『明道之謂文，立教之謂文，可以化俗輔民之謂文；』而他也說：『凡文之爲用，明道立政二端而已；道以淑斯民，政以養斯民，民非養不能羣居以生，非教不能別於衆物，故聖人者出作爲禮樂教化刑罰以治之，修其五倫六紀天叓人極以正之，而一寓之於文。』（遜志齋集十一，答王秀才書）這些話全可視爲宋方二氏共同的見解，共同的論調。本來，方氏說過：『不同者辭也，不可不同者道也。』（遜志齋集十二，張彥輝文集序）那麼，意同而辭異，原不足爲方氏文論之病；何況這又是本於師說呢！

然而假使完全雷同，則方氏文論又何必述。宋氏於送方孝孺還鄉詩序中說：『生精敏絕倫，每粗發其端，卽能逆推而底於極，本末兼舉，細大弗遺。』因此，我們於方氏文論，更應注意他「逆推而底於極」的地方。

宋濂論文，固然主道，然而還推尊韓愈，推尊柳宗元，推尊歐陽修，推尊三蘇；至方氏論文，便不如此。他於答王秀才書中說：

堯舜禹湯周公孔子之心，見於詩書易禮春秋之文者，皆以文乎此（指明道立政）而已。舍此以爲文者，聖賢無之，後世務焉。其弊始於晉宋齊梁之間，盛於唐，甚於宋，流至於今，未知其所止也。唐之士最以文爲法於後世者，惟韓退之，而退之之文言聖人之道者，舍原道無稱焉；言先王之政而得其要者，求其片簡之記無有焉。舉唐人之不及退之者可知也，舉後世之不及唐者又可知也。漢儒之文有益於世，得聖人之意者，惟董仲舒賈誼；攻浮靡綺麗之詞，不根據於道理者，莫陋於司馬相如。……退之以知道自居，而於董賈獨抑之，相如獨進之，則其所知者果何道乎？……故斷自漢以下至宋，取文之關於道德政教者爲書，謂之文統，使學者習焉。（遜志齋集十一）

這儼然是眞西山編文章正宗的宗旨與口吻。所不同者，眞氏偏主於道德，而他則兼取關乎政教者而已。以重在有關道德政教之故，而菲薄韓愈之文論，而以爲唐宋之文與晉宋齊梁相同，而弊且益甚，則宋濂似乎不至偏執到如此。雖則董賈之文也是宋氏所提出而推崇的，然而宋氏只說：『夫自孟氏旣沒，世不復有文，賈長沙董江都太史遷

得其皮膚，韓吏部歐陽少師得其骨骼，舂陵河南橫渠考亭五夫子得其心髓。』（宋學士全集七，徐教授文集序）

宋氏固不曾因尊董賈而抑韓！

又宋氏論文同於古文家之見地者，爲才與氣的問題。不過宋氏之所謂才與氣，總牽涉及道，而方氏則進於才與氣而論神；似又與道無關。此意，在其蘇太史文集序中說得很明白。他說：

> 天下之事出於智巧之所及者，皆其淺者也。寂然無爲，沛然無窮，發於智之所不及知，成於巧之所不能爲，非幾乎神者，其孰能與斯乎？故工可學而致也，神非學所能致也，惟心通乎神者能之。……莊周之著書，李白之歌詩，放蕩縱恣，惟其所欲，而無不如意，彼豈學而爲之哉。其心默會乎神，故無所用其智巧，而擧天下之智巧莫能加焉。使二子者有意而爲之，則不能皆如其意，而於智巧也狹矣。莊周李白神於文者也；非工於文者所及也。文非至工，則不可以爲神，然神非工之所至也。當二子之爲文也，不自知其出於心而應於手，況自知其神乎。二子且不自知，況可得而效之乎？效古人之文者，非能文者也。惟心會於神者能之，然亦難矣。莊周歿殆二千年，得其意以爲文者，宋之蘇子而已。……頓挫闔闢而不至於肆，馳騁反復而不至於繁。崇之於天，深之於淵，無不探也；奧之於道德，著之於政教，無不究也；而未嘗用其智巧以爲之也。智巧之於文，不能無也，而不可用也；雖未嘗用也，而亦未嘗無也。斯其爲神乎？今之爲文者，竭智巧以學之，而不得其意，故其文非拘則腐，非誕則野，非有餘則不足，求其工且不可致，況於神乎。（遜志齋集十二）

這又儼然是東坡論文的主張，眞是能得蘇子之意者。智巧是才，而神則超於才，是無所用其才。蓋才之所溢爲氣，氣之所發於文者爲頓挫闔闢，爲馳驟反復，惟神則不能無智巧而不可用智巧，所以「頓挫闔闢而不至於肆，馳驟反復而不至於繁。」無其才而學其文則「非拘則腐，」有其才而學其文則「非誕則野，」卽使免於上述二病，而所能企及者也是「工」而不是「神」。「工可學而致也神非學所能致也，」所以惟不學其文而得其意，纔是「默會乎神，」纔爲知變化之道。這樣說所以又同於古文家的見地。

他於文與道兩方面都是「逆推而底於極」誠是發揮得更透澈了。然而推而至極，不將發見有矛盾衝突之點嗎？宋氏文論，卽建立在調和論上面，現在方氏於這兩方面都「逆推而底於極」那便不成爲調和。然而方氏却能依舊不違師說，依舊是調和論。這種本領，纔見方氏的手法。

方氏有一篇張彥輝文集序。這是很重要的一篇文，在此文中提出了文章與其人相類的意見。文與人類，原不是方氏的創見，文心雕龍體性一篇早已說過，不過方氏的重要乃在從「文與人類」上溝通了文與道的關係。他說：

昔稱文章與政相通，舉其概而言耳。要而求之，實與其人類，戰國以下，自其著者□（當脫言字）之。莊周爲文，有壺視天地囊括萬物之態；故其文宏博而放肆，飄飄然若雲遊龍騫不可守。荀卿恭敬好禮，故其文敦厚而嚴正，如大儒老師，衣冠偉然揖讓進退具有法度。韓非李斯峭刻酷虐，故其文繳繞深切，排搏糾纏，比辭聯類，如法吏議獄，務盡其意，使人無所措手。司馬遷豪邁不羈，寬大易直，故其文㞾乎如恆華，浩乎如江河，曲盡周密，如家人父子語，不尙藻飾而終不可學。司馬相如俠客美丈夫之容，故其文綺曼姱都，如淸歌繞梁，中節可聽。賈誼少年意氣慷慨，思建事功而不得遂，故其文深篤有謀，悲壯矯訐。揚雄齪齪自信，木訥少風節，故其文拘束懇愿，摸擬窺竊，蹇澀不暢，用心雖勞而去道實遠。下此魏晉至隋，流麗淫靡，浮急促數，殆欲無文。惟陶元亮以沖曠天然之質，發自肺腑，不爲雕刻，其道意也達，其狀物也嚴，稍爲近古。韓退之起中唐，始大振之。退之俊傑善辯說，故其文開陽闔陰，奇絕變化，震動如雷霆，淡泊如韶濩，卓矣爲一家言。其同時則有柳子厚李元賓李習之之流。子厚爲人精緻警敏，習之志大識遠，元賓激烈善持論，故其文皆類之。五代之弊，甚於魏隋之間。宋興，至歐陽永叔蘇子瞻王介甫曾子固而文始備。永叔厚重淵潔，故其文委曲平和，不爲斬絕詭怪之狀，而穆穆有餘韻。子瞻魁梧宏博，氣高力雄，……其文常驚絕一世，不爲婉昵細語。介甫狹中少容，簡默有裁制，故其文能以約勝。子固儼爾儒者，故其文粹白純正，出入禮樂法度中。南渡以後，眞希元魏華甫以典章文物爲文，陳同甫以縱橫之學爲文，其他各以其文顯者甚衆，至於末流而文又弊矣。元興，以文自名者相望於百年之間，爲世所稱者，曰姚寬甫、虞伯生、黃晉卿、歐陽原功。寬甫敦龐有威儀，左右佩玉，故其文沉鬱而隆厚。伯生頎嶷鉅人，談故事遺法，竟日不竭，故其文守局遵度，考據切當，不放而密。原功博學多識，故其文繁多而不迫。至於今則潛溪先生出焉。先生以誠篤和毅之質，宏奧玄深之識，發而爲文。原功稱其如淮陰將兵百萬，百戰百勝，志不少懾，如列子御風，翩然褰舉，不沾塵土，用鳴一代之盛，追古作者與之齊，近代不足擬也。繇此觀之，自古至今，文之不同，類乎人者，豈不然乎？

在此文中上下千古，如數家珍，對於所有文人衡量殆遍，結果證明了文之不同類乎其人。在他所舉許多例證中間，我們應注意與文心雕龍體性篇不同。文心雕龍說：『觸類以推，表裏必符，豈非自然之恆資，才氣之大略哉！』可知他的標準很簡單，是僅僅就才氣而言。至於方氏所論，則或指才氣，或指學問，或指思想，便不僅側重在自然的先天的方面。所以由這一點言文與人類的關係，不僅是個性的關係，更有學問思想的關係。易言之，卽不僅是文的關係，更有道的關係。個性不同，所以文之風格隨以異；學問思想不同，所以文之實質亦隨以異。因此，文類其人可以分別在文與道兩方面看出其關係，而方氏便在這方面調和了古文家與道學家的見解。

不僅如此，方氏再進一步說：

雖然，不同者辭也，不可不同者道也。譬之金石絲竹不同也，有聲則同；江河淮海不同也，蓄水則同，日月星火不同也，能明則同。人之文不同者，猶其形也。……天下之道根於心者一也。……明其道不求異者，道之域也。人之爲文，豈故爲爾不同哉。其形人人殊，聲音笑貌人人殊，其言固不得而強同也，而亦不必一拘乎同也，道明則止耳。（同上）

所謂學術與思想的不同，固可爲文之不同之原因，然而在儒家傳統的觀點上，未免有些不合，所以他再說：『不同者辭也不可不同者道也。』於是他再以爲目的雖在明道，而聲音笑貌則隨人而殊，這樣講，道雖不可不同，仍不與「文與人類」的見解相衝突。由這樣觀點上他也調和了古文家與道學家的文論。

然而更不限於此，方氏再繼續着說：

然而道不易明也。文至者，道未必至也，此文之所以爲難也。嗚呼，道與文俱至者，其惟聖賢乎。聖人之文著於諸經，道之所繇傳也。賢者之文，盛於伊洛，所爲明斯道也。而其文未嘗相同，其道未嘗不同。師其道而求於文者，善學文者也。襲其辭而忘道者，不足與論也。然斯豈易易哉。世有自謂不師其辭者，則剽生抉怪，雜取艱深之辭，敷錯成文，以飾其鄙陋之意，至於不可句讀，使人誦之而不曉其意，以爲文故如是。或者懲其病，則弛慢不思，輯陳蹈故，混不加修，甚則取里談巷語，猥褻嘲笑之辭，書之編簡，以爲明道。文與道割裂爲二，互相訾詆。又或見其然，遂放言而攻之，以爲古之道不可釋以今之文，今之文不當學古之辭，三者雖異，而俱失之。不師古，非文也，而師其辭又非也。可以爲文者，其惟學古之道乎。道明則氣昌，氣昌文自至矣。文自至者，所謂類其人，而不悖乎道者也。其人高下不同，而文亦隨之，不可強也。（同上）

道雖相同，而有至有不至，於是文亦有至有不至。照他的理論推來，所謂『道明則氣昌，氣昌則辭達，』道至不至，與文之至不至很有關係。聖賢之文，文與道俱至，這是最高的標準。後之人不能到此地步，於是或則重道而輕文，「弛慢不思，輯陳蹈故，混不加修」，而自以爲明道，這樣，無論於道是否能明，而已不成其爲文。此其病，在師其道而不求於文。其求於文者，或則優孟衣冠全出於摹擬剽竊，所謂『襲其辭而忘道者，不足與論也。』或則剽生抉怪自謂不師其辭，而結果則至於不可句讀，這又由求於文而不師其道。所以師其辭者固非而不師古者亦非。因此他的結論，是『師其道而求於文者善學文者也。』於是他又從這方面調和了古文家與道學家的文論。

這樣論文，重在文與道之兼至，所以兼承認古文與道學的價值。他說：

聖人之言不可及，上足以發天地之心，次足以道性命之源陳治亂之理，而可法於天下後世，垂之愈久而無弊，是故謂之經。立言者，必如經而後可，而秦漢以下無有焉。然而猶足以名世者，其道雖未至而其言文，人好其文，故傳。其言雖不文而於道有明焉，人以其明道，故亦傳。二者俱至者，其傳無疑也。二者俱不至者其不傳亦無疑也。以僕觀於今之人，求其成文而可誦者，且不易得，況望其明道乎。（與郭士淵論文書）

人好其文則其言傳於道有明則其言亦傳，所以文至者傳而道至者亦傳，惟二者俱不至者則不傳無疑。因此他所謂「至」，頗同於韓愈之所謂「能」與「異」。韓愈以不循常爲「異」，以自樹立爲「能」，所以不是怪而是超。文之至者超於一般人之文，所以爲「能」爲「奇」；道之至者超於一般人所明之道所以也爲「能」爲「奇」。其與舒君書云：

六經孔孟，道明而辭達者也。自漢而來，二千年中作者雖有之，求其辭達，蓋已少見，況知道乎？夫所謂達者，如決江河而注之海，不勞餘力順流直趨，……而不見艱難辛苦之態，必至於極而後止，此其所以爲達也，而豈

易哉！（遜志齋集十一）

這是就文之至者而言的。其與趙伯欽書云：

> 且近世所以不古若者，足下知其故乎？非其辭之不工也，非其說之不詳也，以文辭爲業，而不知道術，雖欲庶乎古不能也。知道若行路然，至愈遠則見愈多而言自是。……故聖賢文辭非有大過於今人，其所以不可及者，造道深而自得者遠，恆言卑論亦可爲後世法。（遜志齋集十一）

這又是就道之至者而言的。文之至者『放蕩縱恣，惟其所欲而無不如意，』（見蘇太史文集序）這固是方氏之所謂神。道之至者『如鑿井者數仞之後，將沛乎其莫禦矣，』（見遜志齋集十，答王仲縉書）這也是方氏之所謂神。於是於道幾乎神者，於文亦幾乎神。所以說：『苟得乎道，何患乎文之不肆耶？』（同上）文之肆不肆，原不應着意及此。着意爲之，便不是默會乎神，所以說『文之不在乎奇怪也久矣，惟在理明辭達而止耳。』（見同上另一書）於是他所以一方面論文主神，而一方面又極端重道輕文之故，便可於這種關係上得到解釋而不見其衝突。

方氏本已說過『文所以明道也，文不足以明道，猶不文也。……唐之中世，昌黎氏嘗一反之，而道不足以逮文。宋之盛時，程氏嘗欲拯之，而文不能以勝道。歐氏蘇氏學韓氏者也，故其文昌。朱氏張氏師程氏者也，故其道醇。合二者而有之，庶幾不愧於古乎？』（遜志齋集十四，送牟元亮趙士賢歸省序）所以我們稱他調和古文家與道學家的文論，原是方氏文論的中心思想。

第二章　明初之詩論

第一節　學者之詩論

第一目　宋濂與方孝孺

明初文論可以宋濂爲代表，詩論便不然。因其立論稍偏，不足以代表當時整個詩壇的主張，故對以後的影響也較少。

宋氏論文主道，故論詩亦主義。此與唐代韓愈之論文主「道」，白居易之論詩主「義」，正是相同。蓋由復古的思想推到極端，論詩論文自會有此傾向。

所以宋氏根本理論，卽在先承認詩文之一原。詩文一原則詩論與文論相通，可以主張復古，可以主張宗經，可以明道，可以適用，而與一般詩人的見解，遂絕不相同了。他於題許先生古詩後序中說：

> 詩文本出於一原；詩則領在樂官，故必定之以五聲，若其辭則未始有異也。如易書之協韵者，非文之詩乎？詩之周頌多無韵者，非詩之文乎？何嘗歧而二之！沿及後世，其道愈降，至有儒者詩人之分，自此說一行，仁義道德之辭遂爲詩家大禁，而風花烟鳥之章，留連於海內，矣不亦悲夫！（宋學士全集十二）

根據此種理論，所以只成爲儒者之詩論。後來方孝孺本以推衍，更趨極端。他以爲『近世之詩，大異於古，工興趣者超乎形器之外，其弊至於華而不實務奇巧者窘乎聲律之中，其弊至於拘而無味；或以簡淡為高，或以繁艷為美，要之皆非也。』（遜志齋集十二，劉氏詩序）這樣他根本否認了詩人所定的標格。他又以為『後世之作者，較奇麗之辭於毫末，自謂超乎形器之表矣，而淺陋浮薄，非果能為奇也。稚子刻雪以為娛目之具，當其前陳，非不可喜，徐而察之，蕩乎無有，尙焉取其為奇也哉！』（遜志齋集十一，答張廷璧書）這樣，他又根本否認了有所謂作詩之技巧。不僅如此，他少年時之為詩，『以儷偶為工，富艷為能，……張綺繡而協塤篪』者，方且『惕息而大慚，抑塞而不寧』呢！（見時習齋詩集序）此種見解，似乎也不免稍偏了。

大抵宋氏詩論是受當時楊鐵崖所倡導的「鐵崖體」之反動。他因反對「鐵崖體」，所以不主張揚沙走石的作風，不主張牛鬼蛇神的技倆，不主張輕儇淺躁的字面。於是覺得欲救其弊，惟有師古。他有一篇答章秀才論詩書，（宋學士全集二十八）即反對當時師心自用近於叛統的作風。雖則他知道『詩之格力崇卑，固若隨世而變遷』，雖則他也知道『古之人其初雖有所沿襲，末後自成一家言』。（均見答章秀才論詩書）一時代有一時代的文學，各人也有各人的作風，不必全出於模擬，然而他以為『此未易為初學道也。』初學，必須從師古入手，然後始能盡其才。因此，他論詩又有「五美」之說：

詩緣情而托物者也。其亦易易乎？然非易也。非天賦超逸之才，不能有以稱其器。才稱矣，非加稽古之功，審諸家之音節體製，不能有以究其施。功加矣，非良師友示之以軌度，約之以範圍，不能有以擇其精。師友良矣，非雕肝琢腎，宵吟朝吟。不能有以驗其所至之淺深。吟咏侈矣，非得夫江山之助，則塵土之思，膠擾蔽固，不能有以發揮其性靈。五美云備，然後可以言詩矣。蓋不能助於清暉者，其情沉而鬱，業之不專者，其辭蕪以龐；無所授受者，其制澀而乖；師心自高者，其識卑以陋；受質蹇鈍者，其發滯而拘。古之人所以擅一世之名，雖其格律有不同，聲調有弗齊，未嘗有出於五者之外也。（宋學士全集六，劉兵部詩集序）

是則他所謂師古可有兩種看法。說得淺一點，則是「審諸家之音節體製」，此猶與詩人之見解為近；說得深一點，則全是儒家傳統的理論了。由宋濂之詩論言之，畢竟偏重在後者而不重在前者。前者——審諸家之音節體製，其師古可以唐為宗主；明初詩人與七子之理論卽如此。後者——本儒家傳統的理論，其師古應以三百篇為宗主；宋方二氏之理論卽如此。

宋氏樗散雜言序云：『詩至於三百篇而止爾！』（宋學士全集九）方氏時習齋詩序也說：『三百篇，詩之本也；風雅頌，詩之體也；賦比興，詩之法也；喜怒哀樂動乎中而形為褒貶諷刺者，詩之義也；大而明天地之理，辯性命之故，小而具事物之凡，彙綱常之正者，詩之所以為道也。』（遜志齋集十二）這是他們的基本觀念。本此基本觀念以論詩，當然只能發揮舊說，所謂發乎情止乎禮義是已。

詩有發乎情而止乎情者，如宮體之類是；有發乎禮義而止乎禮義者，如格言詩之類是。這些都不是詩之正，只有發乎情而止乎禮義，纔合詩的標準。然而何以有些詩發乎情者不一定止乎禮義？於是在發的方面便有了問題。

宋氏以爲性情有正有不正，詩之爲用卽所以養其性情之正。（見樗散雜言序）『今世……間有倡爲江南體者，輕儇淺躁，殆類閭閻小人騣習雅談而雜以褻語』（見同上）這卽因其性情不正，所以吳趨楚艷，成爲淫哇之咏。他又以爲性情有得有不得。『大風揚沙，天地晝晦，雨雹交下，萬彙失色，不知孔子所刪之者其有若斯否乎？組織事實，矜悅葩藻，僻澀難知，強謂玄祕，不知孔子所刪之者又有若斯否乎？牛鬼蛇神，騁姦眩技，龐雜誕幻，不可致詰，不知孔子所刪之者又有若斯否乎？』（見同上）這又因其根本無性情之可言，所以有此病。性情不正者，不會止乎禮義；原無性情者，更無從止乎禮義。

欲求詩之止乎禮義，先須在發乎情的方面注意，於是宋氏主張養氣而方氏又重在知道。宋氏林伯恭詩集序中說：『詩，心之聲也。聲因於氣，皆隨其人而著形焉。是故凝重之人，其詩典以則；俊逸之人，其詩藻而麗；躁易之人，其詩浮以靡；苛刻之人，其詩峭厲而不平；嚴莊溫雅之人，其詩自然從容而超乎事物之表。』（宋學士全集六）方氏讀朱子感興詩中說：『三百篇後無詩矣；非無詩也，有之而不得詩之道，雖謂之無亦可也。夫詩所以列於五經者，豈章句之云哉！蓋有增乎綱常之重，關乎治亂之教者存也。非知道者孰能識之！非知道者孰能爲之！』（遜志齋集四）一則本於氣充言雄之旨，一則發揮有德有言之說，這些都是他們論文之語，然而竟以爲論詩之旨。

再進一層，欲求詩之發乎情而止乎禮義，更須有止乎禮義的環境。有止乎禮義的環境，於是所發之情自然能衷於正。宋濂在林氏詩序中又說：

君子之言，貴乎有本，非特詩之謂也。本乎仁義者，斯足貴也。周之盛時，凡遠國遐壤窮閻陋巷之民，皆能爲詩；其詩皆由祖仁義，可以爲世法，豈若後世學者，資於口授指畫之淺哉？先王道德之澤，禮樂之教，漸於心志而見於四體，發於言語而形於文章，不自知其臻於盛美耳。王澤旣衰，天下覩古昔作者之盛，始意其文皆由學而後成，於是窮日夜之力而竊擬之，言愈工而理愈失，力愈勞而意愈違，體調雜出，而古詩亡矣。非才之不若古人也，化之者不若，而無其本也。（宋學士全集六）

有「先王道德之澤，禮樂之教」，於是「漸於心志而見於四體」，自然其所發之情無不正；於是「發於言語而形於文章」，自然皆知養氣之所發而無不止於禮義。能這樣本於禮樂之教以爲詩，自然其詩也有重於教化。方氏於劉氏詩序中又說：『言之中理也則謂之文，文而成音也則謂之詩，苟出乎道，有益於教，而不失其法，則可以爲詩矣。』此種見解，又全是柳冕的見解了。

第二目　薛瑄與陳獻章

宋方以後，一般道學家之詩論大都衍其餘緒，陳陳相因，無可論述。求其比較可以特別舉出者，則有薛瑄與陳獻章。薛瑄字德蘊，號敬軒，河津人。陳獻章字公甫，號白沙子，新會人，均載明史儒林傳。他們論詩，不若宋方之偏，其影響所及，反與後來主張師心的公安派爲近。詩論之由師古而轉爲師心，陳白沙便是中間重要的樞紐。

薛瑄所著有薛文清集二十四卷。其讀書錄卷四有詩評數則，比較重要。如云：

少陵詩曰：『水流心不競，雲在意俱遲，』從容自在，可以形容有道者之氣象。『寂寂春將晚，欣欣物自私，』

可以形容物各付物之氣象。『江山如有待，花柳自無私，』唐詩皆不及此氣象。

此以有道爲言，雖似偏於道的方面，然以氣象言詩，便不純是道學的見地。形容有道者之氣象，形容物各付物之氣象，即邵康節所謂『詩寫心造化』與『以物觀物』之意。道學與詩惟有在此種見地上可以聯貫起來。一方面是從容自在，不以物累情，一方面又是悠然自得，不是浮光掠影。做人到此，人品自高，做詩到此，詩品亦絕。因此，他的詩也有陶韋遺風（見四庫總目一七〇薛文清集提要）此種詩可以一言契道而不墜理窟，不落理障，同時也不致破詩人之格。他又說：

凡詩文出於眞情則工，昔人所謂出於肺腑者也。如三百篇楚詞武侯出師表李令伯陳情表陶靖節詩韓文公祭兄子老成文歐陽公瀧岡阡表皆所謂出於肺腑者也，故皆不求工而自工。故凡做詩文皆以眞情爲主。

論詩以眞情爲主，可謂更不沾染道學的臭味了。此種論調似較宋濂方孝孺爲通達一些，修正一些。

白沙之學，以虛爲基本，以靜爲門戶，是曾點邵雍一流，所以有人謂其近禪，實則白沙復趙提學書中並不承認是禪。不過其學是否近禪，固是另一問題，而其學旣以虛靜爲主，當然影響到詩的作風。四庫總目稱『其詩文偶然有合，或高妙不可思議，偶然率意，或鄙野不可響邇……蓋以高明絕異之姿，而又加以靜悟之力，如宗門老衲空諸障翳，心境虛明，隨處圓通，辨才無礙。有時儷詞鄙語，衝口而談；有時妙義微言，應機而發。』（卷一七〇）洵爲定評。其高妙不可思議者，卽王世貞所謂『其妙處超於法與體與題之外』者，偶然讀之眞可以『或倦而躍然以醒，不飮而陶然以醉』，其麤野不可響邇者，又卽王世貞所謂『詩不入法，文不入體，又皆不入題』之意（見弇州山人續稿書白沙集後）。蓋自宋以後，儒者不留意於文章，於是高自位置，轉以能破詩人之格者爲風雅嫡派。此種理論未嘗不持之有故，然而終不足以服詩人之心。卽因其高處固能別出手眼，脫略凡近，而率意之作，終究不免落禪家偈子。所以白沙之詩，遂亦兼有此兩極端的評語。

白沙於夕惕齋詩集後序云『受朴於天，弗鑿以人，稟和於生，弗淫以習。故七情之發，發而爲詩，雖匹夫匹婦胸中自有全經。此風雅之淵源也。（白沙集一）此所謂風雅淵源，固是道學家的論詩主張，而詩人之尙平淡主性靈者亦如此。道學家之詩，雖爲詩人所不取，然其議論不可謂不正。詩人之詩，道學家也承認其工，然而有所不足者，正因他飾巧夸富有媚人耳目的嫌疑。「言爲心聲」「詩以言志」這是任何詩人任何道學家所共同公認的原則。他卽在此種共同公認的基地上建立他的詩論。其認眞子詩集序云：

形交乎物，動乎中，喜怒生焉，於是乎形之聲，或疾，或徐，或洪，或微，或爲雲飛，或爲川馳。聲之不一，情之變也。率吾情盎然出之，無適不可。（白沙集一）

以眞情爲主而欲率情而言，這原與薛敬軒同樣主張。只有此種七情所發之詩，纔可以上明三綱，下達五常，小用之而小，大用之而大。妙機所觸，天和所發，不計贊毀，亦何論工拙！在人家看到他的詩高下不一，而他只是寫他一時靈機，信口言，信手寫，根本不顧流俗之毀譽。以至人，爲至言，詩之妙用至是無窮。所以說：

天道不言，四時行，百物生焉往而非詩之妙用！會而通之，一眞自如，故能樞機造化，開闔萬象，不離乎人倫日用，而見鳶飛魚躍之機。若是者可以輔相皇極，可以左右六經，而教無窮，小技云乎哉！（夕惕齋詩集後序）

此本斯以言，似乎白沙之論詩主張與敬軒無大分別。然由二人之詩言，則率意之作敬軒較少，禪褐之語白沙爲多。其故，恐與二人學術有關。敬軒學宗程朱，故詩有陶韋遺風；白沙下開陽明，故詩又走入康節一路。程朱一派的道學家往往推尊淵明，猶不欲破詩人之格。惟以無言自得爲宗歸於慈湖一派者，無論論學爲詩，都重在山峙川流之妙，鳶飛魚躍之機，於是不暇細擇，便有出入規格處了。當時莊定山詩便與白沙同走一路，也卽以其爲學風氣有些相近而已。看出此種關係，然後知道後來公安派雖爲詩人，而以秉受李卓吾影響之故，也敢大膽地破詩人之格。

第二節　詩人之詩論

欲論前後七子之詩，不可不先述七子以前之詩壇——從明初詩人講起。明初道學家之詩論既與這方面不生關係，則明初詩人如貝瓊高啓高棅諸人之詩論便値得重視了。

貝瓊字廷琚，一名闕，字廷臣，崇德人，明史一百三十七卷附宋訥傳，所著有清江集四十卷。貝氏雖學詩於楊維楨，而作風與主張均與「鐵崖體」不盡同。四庫總目稱瓊學維楨所長，不學其所短，亦有見地。大抵貝氏論詩，仍主唐音。其乾坤清氣序謂『詩盛於唐尙矣！盛唐之詩稱李太白杜少陵而止，乾坤清氣常斬於人，二子得所嶄而形之詩，』（清江集一）已可見其宗唐的傾向了。大抵推尊盛唐，標舉李杜，原是明初詩壇共同的風氣。閩中十子，南園五子，尤足以爲這方面的代表。貝氏在乾坤清氣序中雖說：『宋詩推蘇黃去李杜爲近，逮宋季而無詩矣，』似猶無貶薄宋詩之意，但於隴上白雲詩稿序中列舉元代詩家以爲『金春玉應，駸駸然有李杜之氣骨而熙寧元豐諸家爲不足法矣，』（清江集二十九）則顯然有輕視宋詩之意了。此種見解，差不多支配了明代整個的詩壇。

高啓字季迪，長洲人，明史二百八十五卷文苑有傳。四庫總目之論高氏詩，稱其『天才高逸，……擬漢魏似漢魏，擬六朝似六朝，擬唐似唐，擬宋似宋，凡古人之所長無不兼之，……然未能鎔鑄變化自爲一家，……特其摹倣古調之中自有精神意象存乎其間。』此言良是。蓋明初詩壇風氣本重擬古，故高氏亦未能自外，不過以其才情較富，能比當時林鴻，後來李何均勝一格而已。高氏之論詩云：『詩之要有（三）（當脫三字）曰格，曰意，曰趣而已。格以辨其體，意以達其情，趣以臻其妙也。體不辨則入於邪陋，而師古之義乖；情不達則墮於浮虛，而感人之實淺；妙不臻則流於凡近，而超俗之風微。』（鳧藻集二，獨庵集序）據此所言，可知其論詩不局於一端，不拘於一格。「格以辨其體」，故能摹倣古調；「意以達其情，趣以臻其妙」，故又能於摹倣古調之中仍有精神意象。周傳爲謝晉蘭庭集序論及高氏詩稱其『言選則入於漢魏，言律則入於唐，音響調格宛然相合，而意趣或有過之，』（蘭庭集卷首）卽因格調性靈同時兼顧之故。後來李何李王與公安竟陵，互相水火，卽因各據一端，不能全備詩道，於是成爲牴牾了。他則不欲如此，故以多師爲師，他於獨庵集序中再說：『淵明之善曠，而不可以頌朝廷之光；長吉之工奇而不足以詠丘園之致；皆未得其全也。故必兼師衆長隨事摹擬，待其時至心融，渾然自成，始可以名大方而免夫偏執之弊矣。』這卽是後來前後七子的見解，不過前後七子，心胸較狹，宗主單純，不免有譽此詆彼之習，而且僅事摹擬，不曾做到「時至心融，渾然自成」的境地，所以又有生呑活剝之誚。

高棅字彥恢，後名廷禮，長樂人，明史二百八十六卷附文苑沈度傳。所著有嘯臺集二十卷，木天清氣集十四卷。當時，閩中詩派以林鴻爲領袖。鴻爲詩宗法唐人，尤主盛唐。而爲之羽翼者，有鄭定高棅諸人，時稱十才子。所以高氏論詩亦主盛唐。其所選唐詩品彙一書，尤爲後來主格調或神韻說者之所宗。王漁洋香祖筆記稱『宋元論唐詩，不甚分初盛中晚，故三體鼓吹等集，率詳中晚而略初盛，覽之憒憒。楊仲宏唐音始稍區別，有正音有餘響，然猶未暢其說，間有舛謬。迨高廷禮品彙出，而所謂正始正宗大家名家羽翼接武正變餘響，皆井然矣。』是則後來初盛中晚分期之確定，與盛唐詩風格之推崇，全出於高氏此選之提創。

高氏品彙自序謂『今試以數十百篇之詩，隱其姓名，以示學者，須要識得何者爲初唐，何者爲盛唐，何者爲中唐爲晚唐，』是則高氏之於唐詩，仍是滄浪善觀氣象的本領。後來七子論詩之態度與方法，也全出於高氏。所以錢牧齋因反對七子之故，兼訾滄浪，而亦及於高氏此選。實則高氏序中本已說過，略而言之，則有初唐盛唐中唐晚唐之不同，詳而分之，更有各種分別。是則初盛中晚，原只就大概的趨勢言耳，何嘗教人拘泥。看看他說：

貞觀永徽之時，虞魏諸公稍離舊習，王楊盧駱因加美麗，劉希夷有閨帷之作，上官儀有婉媚之體，此初唐之始製也。神龍以還，洎開元初，陳子昂古風雅正，李巨山文章宿老，沈宋之新聲，蘇張之大手筆，此初唐之漸盛也。開元天寶間則有李翰林之飄逸，杜工部之沈鬱，孟襄陽之清雅，王右丞之精緻，儲光羲之眞率，王昌齡之聲俊，高適岑參之悲壯，李頎常建之超凡，此盛唐之盛者也。大曆貞元中，則有韋蘇州之雅澹，劉隨州之閑曠，錢郎之淸贍，皇甫之冲秀，秦公緒之山林，李從一之臺閣，此中唐之再盛也。下暨元和之際，則有柳愚溪之超然復古，韓昌黎之博大其詞，張王樂府得其故實，元白序事務在分明，與夫李賀盧仝之鬼怪，孟郊賈島之饑寒，此晚唐之變也。降而開成以後，則有杜牧之之豪縱，溫飛卿之綺靡，李義山之隱僻，許用晦之偶對，他若劉滄馬戴李頻李羣玉輩，尚能黽勉氣格，將邁時流，此晚唐變態之極，而遺風餘韻猶有存者焉。

是則每一時代中有沿襲與轉變之分，有溯源與逐流之別，而個人性格，又形成種種不同之風格。諸種分別，原自存在，其所以概以初盛中晚標而舉之者，不過使其大概趨勢易於認識而已。此種方法未嘗無用，正如他所說的：『誠使吟咏情性之士，觀詩以求其人，因人以知其時，以辨其文章之高下，詞氣之盛衰，本乎始以達其終，審其變而歸於正，則優遊敦厚之敎，未必無小補云。』所以我以爲若用文學史的眼光以讀此選，則高氏之論不失爲一家之言。若以建立宗派的眼光以讀此選，則誠不免有流弊。高氏於李白諸卷之小序，有『使學者入門立志取正於斯』之語，似欲以一家之心胸，範圍後人之耳目，則宜其爲牧齋所詬病了。

第三章　前後七子與其流派

第一節　七子先聲之茶陵派

第一目　李東陽

宋方以後自弘治正德以迄嘉靖萬曆一百餘年之間又是前後七子主持文壇的時期。在此以前，其論詩論文足爲七子先聲者，卽所謂「茶陵派。」

「茶陵派」以李東陽爲領袖。東陽所長在於論詩，至東陽弟子如邵寶諸人始有宗主先秦古文之說。因此，在論「述茶陵」派時亦不妨分別詩文二者言之。

東陽字賓之號西涯，茶陵人，明史一百八十一卷有傳，所著有懷麓堂集。集中詩話一卷，頗多重要的理論，與一般詩話之偏於敍述考證者不同。王鐸序謂：『其間立論皆先生所獨得，實有發前人之所未發者。』鮑廷博跋亦謂：『可與滄浪詩法，白石詩說，鼎峙騷壇，爲風雅指南。』這並不是阿諛之詞。

四庫總目提要之論懷麓堂詩話，稱『李何未出以前，東陽實以臺閣耆宿，主持文柄，其論詩主於法度音調，而極論剽竊摹擬之非，當時奉以爲宗。至何李既出，始變其體，然贗古之病，適中其所詆訶，故後人多抑彼而伸此。』其所謂後人，當卽指錢牧齋一流人。牧齋初學集八十三卷有題懷麓堂詩鈔一文謂：明詩凡三變，由弱病而爲狂病，由狂病而爲鬼病，惟西涯文足以蕩治之云云，當卽是所謂抑彼伸此之例了。然我們於此須知李何之於西涯有頗不同之處，也有頗相近之處。由其不同之處言，則抑彼伸此誠足以蕩治當時詩風之流弊。由其相近之處言，則後來李夢陽雖頗詆李東陽，然淵源所自，原不可誣。王元美云：『東陽之於李何，猶陳涉之啓漢高也。』公論自在人心，卽李何一派的人，猶且不能不承認這種情形。王士禛池北偶談卷十四稱：『海鹽徐豐厓詩談云：「本朝詩莫盛國初，莫衰宣正，至弘治西涯唱之，空同大復繼之，自是作者森起，於今爲烈。」當時前輩之論如此。蓋空同大復皆及西涯之門，虞山撰列朝詩選，乃力分左右袒，長沙何李，界若鴻溝，後生小子竟不知源流所自，誤後學不淺。』是漁洋亦不以牧齋之說爲然。

大抵西涯論詩，猶有些近於道學家的見解。如云：『言之成章爲文，文之成聲者則爲詩，詩與文同謂之言，亦各有體而不相亂。』（懷麓堂集文後稿四匏翁家藏集序）如云：『夫詩者，人之志興存焉。故觀俗之美者與人之賢者，必於詩。今之爲詩者亦或牽綴刻削，反有失其志之正，信乎有德必有言，有言者不必有德也。』（懷麓堂集文稿二，王城山人詩集序）這些話都與宋濂方孝孺之言爲近。自此種理論推之，當然不會主張摹擬剽竊，而與李何一流人之以詩爲事者也當然不同。

然而西涯與宋方之詩論畢竟有分別。最重要的，在他認識詩文各有體而不相亂，所以他不會同宋方這樣以論文的見解去論詩。他曾分別詩文之體製云：

夫文者言之成章，而詩又其成聲者也。章之爲用，貴乎紀述鋪敍，發揮而藻飾，操縱開闔惟所欲爲，而必有一定之準。若歌吟咏歎流通動盪之用，則存乎聲，而高下長短之節，亦截乎不可亂。雖律之與度未始不通，而其規制則判而不合。及乎考得失，施勸戒，用於天下，則各有所宜，而不可偏廢。古之六經，易書春秋禮樂皆文也，惟風雅頌則謂之詩。今其爲體固在也。近代之詩，李杜爲極，而用之於文或有未備。韓歐之文亦可謂至矣，而詩之用，議者猶有憾焉。況其下者哉。（懷麓堂集文後稿三春雨堂稿序）

詩文之體既別，所以他再說『故有長於紀述，短於吟諷，終其身而不能變者，其難如此，而或庸言諺語，老婦稚子之所通解，以爲絕妙，又若易然。』（懷麓堂集文稿五滄洲詩集序）他是眞能在詩之體製上去認識詩，而同時卽用詩之標準以論詩，所以又不落於學者或文人的見解。

正因這樣，於是他一方面又開了李何之詩論。他怎樣在詩之體製上以認識詩呢？他指出兩條途徑。他說：『詩必有具眼，亦必有具耳。眼主格，耳主聲。聞琴斷知爲第幾弦，此具耳也。月下隔窗辨五色線，此具眼也。』（懷麓堂詩話）所謂具眼具耳，卽是他所謂識。所以述他論詩之識，應當着眼在格與聲兩方面；而李何詩論之淵源，也應在這兩方面看出其關係。

由聲言，他以爲詩文之分別，卽在聲律諷詠的關係。他說：

蓋其所謂有異於文者，以其有聲律諷詠，能使人反覆諷詠，以暢達情思，感發志氣，取類於鳥獸草木之微，而

有益於名教政事之大，必其識足以知其窔奧，而才足以發之；然後爲得。及天機物理之相感觸，則有不煩繩墨而合者。（滄洲詩集序）

所謂從聲律諷咏方面以認識詩之性質，即是他的重要理論。詩話中即本滄浪所謂辨別體製的方法，從聲律諷咏方面加以闡說，再補充一些聲樂的關係。他說：

詩在六經中別是一教，蓋六藝中之樂也。樂始於詩，終於律。人聲和則樂聲和，又取其聲之和者以陶寫情性，感發志意，動盪血脈，流通精神，有至於手舞足蹈而不自覺者。後世詩與樂判而爲二，雖有格律而無音韻，是不過爲俳偶之文而已。使徒以文而已也，則詩之教何必以詩律爲哉。

觀樂記論樂聲處，便識得詩法。

古律詩各有音節，然皆限於字數，求之不難。惟樂府長短句初無定數，最難調疊，然亦有自然之聲。古所謂聲依永者，謂有長短之節，非徒永也。故隨其長短，皆可以播之律呂，而其太長太短之無節者，則不足以爲樂。

陳公文論詩專取聲，最得要領。潘楨應昌嘗謂予詩宮聲也。予訝而問之。潘言其父受於鄉先輩曰，詩有五聲，全備者少，惟得宮聲者爲最優，蓋可以兼衆聲也。李太白杜子美之詩爲宮，韓退之之詩爲角，以此例之，雖百家可知也。予初欲求聲於詩，不過心口相語，然不敢以示人。聞潘言，始自信，以爲昔人先得我心，天下之理出於自然者，固不約而同也。（均見詩話）

由聲樂之關係以論詩之音調，那便與滄浪不盡同。滄浪所論偏於詩之風格，而西涯所論，則重在詩之抑揚抗墜之處，所以滄浪之推尊李杜，在其氣象，而西涯之推尊杜甫，在其音節之變化。詩話中說：

長篇中須有節奏，有操有縱有正有變，若平鋪穩布雖多無益。唐詩類有委曲可喜之處，惟杜子美頓挫起伏，變化不測，可駭可愕，蓋其音響與格律正相稱，回視諸作皆在下風。然學者不先得唐調，未可遽為杜學也。

五七言古詩仄韵者，上句末字類用平聲，惟杜子美多用仄，如玉華宮，哀江頭諸作，概亦可見。其音調起伏頓挫，獨為蹻健以別出一格。回視純用平字者，便覺萎弱無生氣。自後則韓退之蘇子瞻有之，故亦健於諸作。此雖細故末節，蓋舉世歷代而不之覺也。偶一啓論，為知音者道之。若用此太多過於生硬，則又矯枉之失，不可不戒也。

古詩與律不同體，必各用其體乃為合格，然律猶可間出古意，古不可涉律調。

他能在這種「細故末節」上注意，便是發滄浪之所未發。後來王漁洋趙秋谷諸人之論古詩聲調，恐即受此啓示。這雖是西涯論詩之特長，然而西涯之論聲，亦有同於滄浪之處。蓋他所謂聲與格，本不可截然分開。假使把聲與格混合言之，那便近於滄浪之所謂「氣象」了。他於懷麓堂詩話中說：

今之歌詩者，其聲調有輕重清濁長短高下緩急之異，聽之者不問而知其為吳為越也。漢以上古詩弗論；所謂律者，非獨字數之同，而凡聲之平仄，亦無不同也。然其調之為唐為宋為元者，亦較然明甚。此何故耶？大匠能與人以規矩，不能使人巧。律者，規矩之謂，而其爲調，則有巧存焉。苟非心領神會，自有所得，雖日提耳而教之無益也。

漢魏六朝唐宋元詩，各自爲體。譬之方言，秦晉吳越閩楚之類，分疆畫地，音殊調別，彼此不相入，此可見天地間氣機所動發爲音聲，隨時與地，無俟區別，而不相侵奪；然則人囿於氣化之中，而欲超乎時代土壤之外，不亦難乎。

他所謂調之爲唐爲宋爲元卽氣象之殊；他所謂漢魏六朝唐宋元詩各自爲體，也卽氣象之殊。人囿於氣化之中，當然不能超於時代土壤之外，於是遂由音殊而進爲調別，而聲的問題，遂轉移爲格的問題了。

由格言，他也受一些滄浪的影響。詩話中說『六朝宋元詩就其佳者亦各有興致，但非本色，只是禪家所謂小乘，道家所謂尸解仙耳。』又說：『宋詩深，却去唐遠，元詩淺，去唐却近。顧元不可爲法，所謂取法乎中僅得其下耳。』這卽是滄浪的說法；而後來李何之摹擬唐音也正受其啓示。在這方面，與他的論「聲」一樣，出於滄浪而不同於滄浪，卽因他能注意小問題，着眼在細故末節的緣故。詩話中說：

詩用實字易，用虛字難。盛唐人善用虛字，其開合呼喚，悠揚委曲，皆在於此。用之不善，則柔弱緩散，不復可振，亦當深戒。

唐律多於聯上着工夫，如雍陶白鷺，鄭谷鷓鴣詩二聯，皆學究之高者。至於起結，卽不成語矣。如杜子美白鷹起句錢起湘靈鼓瑟結句若奏金石以破蟋蟀之鳴，豈易得哉。

人但知律詩起結之難，而不知轉語之難第五第七句，尤宜着力。如許渾詩，前聯是景，後聯又說，殊乏意致耳。

他因格的問題於是注意到用字，注意到起結，注意到承轉，眞可謂細故末節了。此種細故末節，不可泥亦不可廢。他說：『律詩起承轉合不爲無法，但不可泥。泥於法而爲之，則撐柱對待，四方八角，無圓活生動之意。然必待法度既定，從容閒習之餘，或溢而爲波，或變而爲奇，乃有自然之妙。』（詩話）所以細故末節雖不可廢，仍欲其溢而爲波，變而爲奇，使有圓活生動之意乃佳。他由聲講到律，由格講到法，可以說得玄妙，也可以說得入細。因此，他所謂欲得盛唐內法手，點化當時詩人者，卽與滄浪之空言宗盛唐不同。

由上述二點言，可知李何詩論可以淵源西涯，而終究與西涯不同。蓋其淵源西涯者，只在聲與格的問題，都出滄浪詩話的關係；而如西涯這般講聲與格，卽與李何不一樣；李何抽象而西涯具體，李何言輪廓而西涯入細。因此，李何宗主可以單純，而西涯則不主一格，所以西涯之詩論中可以包括李何，而李何之詩論中不能包括西涯。西涯既不主一格所以也不主摹擬。他說：

今之爲詩者能軼宋窺唐已爲極致。兩漢之體已不復講，而或者又曰，必爲唐必爲宋，規規焉俛首縮步，至不敢易一辭出一語，縱使似之，亦不足貴矣。況未必似乎。說者謂詩有別才非關乎書，詩有別趣非關乎理，然非讀書之多，識理之至，則不能作。必博學以聚乎理，取物以廣夫才，而比之以聲韻，和之以節奏，則其爲辭，高可

諷，長可詠，近可以述，而遠則可以傳矣。豈必模某家，效某代，然後謂之詩哉。（懷麓堂集文稿八，鏡川先生詩集序）

他只是在聲調格律中間指出比較具體的方法，並不於聲調格律中以第一義詔人而強人服從，這即他勝於滄浪的地方。他於詩話中很不贊成林子羽鳴盛集之學唐，與袁凱在野集之學杜，因其並無流出肺腑，卓爾有立之處。這即是以第一義詔人的病痛所在。我們不能說西涯論詩不宗唐，不主杜，但是假使說西涯論詩只在宗唐主杜，那就大誤。他因不主一格，故於李杜之外兼取王孟，而論詩遂重在淡遠。他說『王詩豐縟而不華靡，孟却專心古澹而悠遠深厚』。又說：『詩貴意，意貴遠不貴近，貴淡不貴濃。』（均見詩話）這即是王漁洋神韻說之所自出。漁洋作風之變七子或即受此種論調的暗示。又他既不主一格，自然又不屬於第一義之詩。他說：『漢魏以前詩格簡古，世間一切細事長語皆著不得，其勢必久而漸窮。賴杜詩一出，乃稍爲開擴，庶幾可盡天下之情事。韓一衍之，蘇再衍之，於是情與事無不可盡，而其爲格亦漸麤矣。然非具宏才博學，逢泉而泛應，誰與開後學之路哉！（詩話）』這又與「公安派」之論調相似，而爲後來錢牧齋之所宗。牧齋之反七子，其理論即建築在此種基礎上的。

第二目　邵寶與何孟春（崔銑附）

自李東陽主持文場以後，獎掖後進，推挽才秀，一時出其門者甚衆，天下稱之爲「茶陵詩派」。「茶陵詩派」之於詩文，前變臺閣體嘽緩冗沓之習，而後啓七子句摹字竊矜才使氣之風。詩的方面已如前述；文的方面，又以邵寶何孟春之論調爲其轉變之樞紐。

邵寶，字國賢，無錫人，明史二百八十二卷儒林有傳。學者稱二泉先生，有容春堂集。浦瑾序其容春堂前集述邵氏論詩文之語云：『瑾晚末無似，辱公寵而教之。嘗從容問公曰：「文將安師？」曰「師今之名天下者；無以，則先進乎？無以，則古之人乎？」曰：「先進而上宋，古乎？」曰：「有唐，有東西漢者在。」「唐兩漢古乎？」曰：「有先秦古文在。」「古至先秦至矣乎？」曰：「庶乎其亦古也已。」曰：「將不有六經在？」曰：「六經尚已，夫學文而曰必且爲六經，吾則不敢也。』可知他雖不以六經爲文的最高標準與宋濂方孝孺等有些出入，然而逆推而歸於古，則正是七子復古之先聲。

何孟春，字子元，郴州人，明史一百九十一卷有傳，有燕泉集，餘冬序錄諸書。陳田明詩紀事『稱子元及西涯之門，觀所著餘冬敍錄於西涯詩話緒論娓娓不倦，並夢中亦續西涯詩稿，』（丁籤卷六）所以何氏也是茶陵派的人物。

餘冬敍錄之論詩文稱：『六經之文不可尚已！後世言文者至西漢而止，言詩者至魏而止。何也？後世文趨對偶而文不古，詩拘聲律而詩不古也。文不古而有宮體焉，文益病矣。詩不古而有崑體焉，詩益病矣。復古之作，是有望於大家。』（卷五十）此種見解亦與邵寶相同。可知風氣之轉變，原非一朝一夕之故。假使承認七子之見解與其在文壇上的勢力，則「茶陵派」華路藍縷之功亦不可泯沒。

稍後，與李夢陽同時而以理學著名之崔銑，也是這般見解。銑字子鍾，安陽人；明史二百八十二卷儒林有傳。有洹詞十二卷。

崔氏之學，以程朱爲的，力排象山陽明爲異說，甚至詆陽明爲霸儒，謂其不當舍良能而談良知，所以爲道學中之正統派。他的學問由道言之則宗程朱，由文言之則宗秦漢。一般道學家之論文，每推崇韓歐，而宗主唐宋的古文家又多尚理學，獨有他，則言道宗程朱，爲文宗秦漢。這不能不說是受時代的影響了。

他論明以來詩文流派云：

洪武文臣，皆元材也。永樂而後，乃可得而稱數。方天台辭若蘇氏，言必周孔，大哉志乎？東里入閣司文，既專且久，詩法唐，文法歐，依之者效之。弘治中南城羅玘，思振頹靡，獨師韓文，其艱思奇句偉哉！武功康海，好馬遷之史，入對大廷，文制古辯，元老宿儒，見而驚服。其時北郡李夢陽，信陽何景明，協表師法，曰漢無騷，唐無賦，宋無詩，二子抗節遐舉，故能成章。李之雄厚，何之逸爽，學者尊如李杜焉。

則知其宗主秦漢，完全是受時風之所轉移。爲文既宗秦漢，而又推崇程朱，所以他又站在道學的立場以反對唐宋古文。他說：

崔子曰，昌黎氏約六經之旨爲文，析理陳事，昭晰不蒙，誠哉貫道之器。君子謂之曰外，非其不自躬行得之也。况乎混粒珠於魚目，啜餘滴於糟粕乎。是故李翺之復性，歐陽修之論性，蘇軾暨轍之論道，君子斥而放之。

（洹詞十，評文喻學者）

可知他的反對唐宋古文，不是爲文而是爲道。正因其彌近是而大亂眞，所以要斥而放之。

第二節　前七子之詩論

第一目　李夢陽

李夢陽字獻吉，慶陽人，自號空同子，與何景明徐禎卿等號十才子，又有七才子之稱。明史二百八十六卷文苑有傳。

明史稱『夢陽才思雄鷙，卓然以復古自命，弘治時，宰相李東陽主文柄，天下翕然宗之，夢陽獨譏其萎弱，倡言文必秦漢，詩必盛唐，非是者弗道。』這段話述夢陽論文宗旨，頗爲扼要。明史又論其詩文謂：『華州王維楨以爲七言律自杜甫以後善用頓挫倒插之法，惟夢陽一人。而後有譏夢陽詩文者則謂其模擬剽竊得史遷少陵之似而失其眞云』此數語批評夢陽詩文也很愜當，不過這些話猶過涉簡單一些。

先就文言論，文非夢陽之所長，卽其所作，亦是文不如詩。夢陽文箴有云：『古之文以行，今之文以葩，葩爲詞腴，行爲道華』（空同集六十）此言雖主復古，然只是道學家的論調。惟空同子論學上篇有云：『西京之後作者勿論矣。』似有文必秦漢之意。此外，只有在作品中猶可窺出其摹擬秦漢之迹。所以所謂文必秦漢云者，在批評上並沒有什麼明顯的主張。

其比較精彩的批評還是在詩的方面論詩，空同並不專主盛唐，他只是受滄浪所謂第一義的影響，而於各種體製之中，都擇其高格以爲標的而已。古體宗漢魏，近體宗盛唐，而七古則兼及初唐，這是他的詩學宗主。其濳虬山人記中論及詩文標準說：『山人商宋梁時，猶學宋人詩。會李子客梁，謂之曰宋無詩。山人於是遂棄宋而學唐。已問唐所無，曰唐無賦哉！問漢，曰漢無騷哉！山人於是則又究心賦騷於唐漢之上。』（空同集四十七）此可知其論詩論文，全以第一義爲標準。王國維人間詞話云：『文體通行既久，染指遂多，自成習套，豪傑之士亦難於其中自出新意，故遁而作他體，以自解脫，一切文體所以始盛終衰者，皆由於此。』李氏所擧的各體的標準，都是恰當始盛之時，那麼奉爲準的原亦無可譏議。不過以其盛氣矜心，倚第一義壓倒一切，不免矯枉過正之處，所以在當時已不能無異議。薛蕙詩云：『粗豪不解李空同，』何景明云：『高處是古人影子耳，』後人受此種影響，以耳爲目，於是或議其徒得聲響，或譏其食古不化，而空同詩論，遂亦覺得只須「詩必盛唐」四字可以了之了。

其實空同論詩何嘗不主情。其詩集自序引王叔武語云：『夫詩者天地自然之音也。今途咢而巷嘔，勞呻而康吟，一唱而羣和者，其眞也，斯之謂風也。孔子曰：「禮失而求之野，」今眞詩乃在民間，而文人學士顧往往爲韵言謂之詩。』（空同集五十）又云：『詩有六義，比興要焉。夫文人學士比興寡而直率多，何也？出於情寡而工於詞多也。夫途巷蠢蠢之夫，固無文也，乃其謳也，咢也，呻也，吟也，行呫而坐歌，食咄而寤嗟，此唱而彼和，無不有比焉興焉，無非其情也，斯足以觀義矣。故曰，詩者天地自然之音也。』（同上）他引這些話以序其詩集，寧非怪事！這些話是後來公安派用以反對李何者，乃他竟稱引以冠其集。不僅如此，他於稱引之餘，再用此標準以自評其詩，謂：

> 自錄其詩藏篋笥中今二十年矣。乃有刻而布之者，李子聞之懼且慚曰：予之詩非眞也，王子所謂文人學子韻言耳，出之情寡而工之詞多者也。（同上）

是則空同詩之非眞，何待後人譏議，彼且自知之而自言之了。他再用此標準以評人之詩，在林公詩序中說：

> 夫詩者，人之鑒者也。夫人動之志必著之言，言斯永，永斯聲，聲斯律，律和而應，應永而節，言弗睽志，發之以章，而後詩生焉。故詩者非徒言者也。（空同集五十）

我們再看他的張生詩序：

> 夫詩發之情乎！聲氣其區乎？正變者時乎？（空同集五十）

再看他的梅月先生詩序：

> 情者動乎遇者也。……遇者物也，動者情也，情動則會，心會則契，神契則音，所謂隨遇而發者也。……故遇者因乎情，詩者形乎遇。（空同集五十）

再看他的敍九日宴集一文：

> 夫天下百慮而一致；故人不必同，同於心，言不必同，同於情。故心者所爲懽者也，情者所爲言者也。是故科有文武，位有榮卑，時有鈍利，運有通塞；後先長少，人之序也，行藏顯晦，天之畀也。是故其爲言也，直宛區，憂樂殊，

同境而異途，均感而各應之矣；至其情則無不同也。何也？出諸心者一也。故曰：『詩可以觀。』（空同集五十八）

再看他的與徐氏論文書：

夫詩宣志而道和者也，故貴宛不貴嶮，貴質不貴靡，貴情不貴繁，貴融洽不貴工巧。（空同集六十一）

這些話又豈像主張詩必盛唐的口吻！錢牧齋稱『有學詩於李空同者，空同教以唱瑣南枝，』（初學集三十二，王元昭集序）由上文所引各文言之，簡直可稱爲公安派的論調。然則他的詩論是否矛盾呢？則又不然。他於潛虬山人記中說：『夫詩有七難，格古，調逸，氣舒，句渾，音圓，思沖，情以發之，七者備而後詩昌也。』他於駁何氏論文書中也說：『柔澹者，思也。含蓄者，意也。典厚者，義也。高古者，格也。宛亮者，調也。沈著雄麗淸峻閑雅者，才之類也。而發於辭；辭之暢者，其氣也。中和者，氣之最也。夫然，又華之以色，永之以味，溢之以音，是以古之文者一揮而衆善具也。』則是他所謂格調云者，原只是詩文之一端。他固不曾以主格調之故而抹煞一切！

再有，即使說主情與主格調成爲極端衝突，那也與空同之詩論不相妨礙。他於詩集自序中也曾批評王叔武的話云：『雖然，子之論者風耳！夫雅頌不出文人學士手乎？』風雅異體，那麼風可主情，雅頌不妨主格調。於是他再述與王子論文人學士之詩而自述其作詩經歷。

王子曰，是音也，（指雅頌）不見於世久矣。雖有作者，微矣！李子於是憮然失已，灑然醒也。於是廢唐近體諸篇而爲李杜歌行。王子曰，斯馳騁之技也。李子於是爲六朝詩。王子曰，斯綺麗之餘也。於是詩爲晉魏。曰，比辭而屬義，斯謂有意。於是爲賦騷。曰，異其意而襲其言，斯謂有蹊。於是爲琴操古歌詩，曰，似矣，然糟粕也。於是爲四言，入風出雅。曰，近之矣，然無所用之矣。子其休矣！

由文人學士之詩而言，其工本在詞，則求其格之古與調之逸，又何嘗不可！何況所謂格乃是學古人之法，法不可廢，則學古又何足爲病。其駁何氏論文書云：

古之工，如倕如班，堂非不殊，戶非同也，至其爲方也，圓也，弗能舍規矩。何也？規矩者，法也。僕之尺尺而寸寸之者，固法也。假令僕竊古之意，盜古之形，剪裁古辭以爲文，謂之影子誠可；若以我之情，述今之事，尺寸古法，罔襲其辭，猶班圓倕之圓，倕方班之方，而倕之木，非班之木也。此奚不可也；夫筏我二也，猶兔之蹄，魚之筌，舍之可也；規矩者，方圓之自也，即欲舍之，烏乎舍！子試築一堂開一戶，措規矩而能之乎？措規矩而能之，必幷方圓而遺之可矣。何有於法！何有於規矩！（空同集六十一）

何況學古之法，仍不妨礙其變化自得，則學古原是必經的步驟。其駁何氏論文書中又云：

阿房之巨，靈光之巋，臨春結綺之侈麗，揚亭葛廬之幽之寂，未必皆倕與班爲之也；乃其爲之也，大小鮮不中方圓也。何也？有必同者也。獲所必同，寂可也，幽可也，侈以麗可也，巋可也，巨可也。守之不易，久而推移，因質順勢，融鎔而不自知。於是爲曹爲劉，爲阮爲陸，爲李爲杜，即令爲何大復，何不可哉！此變化之要也。故不泥法而法嘗由，不求異而其言人人殊。易曰：『同歸而殊途，一致而百慮，』謂此也。非自築一堂奧，開一戶牖，而後爲道也。

何況，他所謂學古，又混高格與規矩而爲一，則所謂規矩，乃是運用此規矩的標準格。何良俊四友齋叢說，引顧東橋（璘）述李空同語：

作詩必須學杜，詩至杜子美，如至圓不能加規，至方不能加矩矣。

此說，顧東橋雖以爲過言，謂『規矩方圓之至，故匠者皆用之，杜亦在規矩中耳，若說必要學杜，則是學某匠，何得就以子美爲規矩耶？』案東橋所言未嘗不是。實則空同詩論原是帶一些矛盾性的。他所舉學杜之說，正是運用此規矩的標準格。所以由學其高格言，則近於擬議；由學其規矩言，則不妨變化。

何況，他所謂學古又是標舉第一義之格，則正屬情文並茂之作。因此，主格調與主情，非惟不相衝突，反而適相合拍。其與徐氏論文書云：

夫詩，宣志而道和者也，故貴宛不貴嶮，貴質不貴靡，貴情不貴繁，貴融洽不貴工巧，故曰聞其樂而知其德。故音也者，愚智之大防，莊詖簡侈浮孚之界分也。至元白韓孟皮陸之徒爲詩，始連聯鬭押，纍纍數千百言不相下，此何異於入市攫金登場角戲也！彼視冠冕佩玉，有不縮脫投竿而走者乎？何也？恥其非君子也。三代而下，漢魏最近古，鄉使繁巧嶮靡之習，誠貴於情質宛洽，而莊詖簡侈浮孚，意義殊無大高下，漢魏諸子不先爲之

耶』（空同集六十一）

那麼，所謂「詩必盛唐」云云，原是取法乎上的意思。正因其情質宛洽，而無繁巧嶮靡之習，所以爲可貴。這樣復古，原不妨引王叔武的話以自敍其詩集。看到這一點，然後知道何景明的明月篇序，所以要說『子美之詩，博涉世故，出於夫婦者常少，致兼雅頌而風人之意或缺』，所以要說：『夫詩本性情之發者也，其切而易見者，莫如夫婦之間。是以三百篇首乎雎鳩，六義首乎風，而漢魏作者，義關君臣朋友，辭必託諸夫婦，以宣鬱而達情焉。』他們簡直不重在雅頌，而重在提倡風。

何況，所謂第一義之格，不僅情文並茂，原是則法自然。其答周子書云：

文必有法式，然後中諧音度，如方圓之於規矩。古人用之，非自作之，實天生之也。今人法式古人，非法式古人也，實物之自則也。（空同集六十一）

論到此，他的復古論可謂系統分明，建設完成了。然而自然之與摹擬，總覺有些格格不入。說他的復古論建設在取法自然上面，恐怕驟聽之誰都要覺得奇怪！蓋既重在物之自則，則應如道學家所謂「有德者必有言」，纔爲合理。但是他便不贊成『文主理已矣，何必法也』的話。（見答周子書）論學下篇有云：

『小子何莫學夫詩』，孔子非不貴詩也。『言之不文，行而不遠』，孔子非不貴文也。乃後世謂詩文爲末技，何歟？豈今之文非古之文，今之詩非古之詩歟？

所以他要於詩文方面復古，而不是於道的方面復古。易言之，卽偏重在文之形式復古，而不重文之內容復古。因此，他的復古論終究偏在格調一方面。其缶音序云：

> 詩至唐，古調亡矣，然自有唐調可歌咏，高者猶足被管弦。宋人主理而不主調，於是唐調亦亡。……夫詩比興錯雜，假物以神變者也。……故其氣柔厚，其聲悠揚，其言切而不迫，故歌之心暢而聞之者動也。宋人主理作理語，於是薄風雲月露，一切剷去不爲，又作詩話教人，人不復知詩矣。詩何嘗無理，若專作理語，何不作文而詩爲耶？今人作性理詩，輒自賢於穿花蛺蝶點水蜻蜓等句，此何異癡人前說夢也？卽以理言，則所謂深深款款者何物耶？詩云：鳶飛戾天，魚躍於淵。又何說也？（空同集五十一）

這是很通達的話。這樣復古，所以能取法自然，而不同於道學家的論調。

由這種思想體系上以建成的格調說，何至爲後人詬病！然而竟爲後人詬病者，則以與何大復往復辨難的關係。一般耳食者，習熟於大復所譏尺尺寸寸之語，遂亦妄謂空同此說爲學古不化而已。

第二目　何景明（王廷相附）

何景明，字仲默，號大復山人，信陽人，與李夢陽齊名，見明史二百八十六卷文苑李夢陽傳，所著有大復集。

何氏論詩之語不多，因他是隨從風氣而不是開創風氣或轉移風氣的人。他的論詩主恉，大半也與李夢陽相同。大復集中如海叟集序漢魏詩乘序諸文，或主宗古，或尚漢魏，與空同主張並無衝突之處。楊愼升庵詩話中曾記一則故事，謂仲默嘗言宋人書不必收，宋人詩不必觀。升庵因舉張文潛蓮花詩，杜衍雨中荷花詩等訊之，曰此何人詩？仲默說是唐詩及升庵告以出處。仲默沈吟久之，曰，細看亦不佳。卽就此節故事而言，仲默的態度也與空同一樣，都是一種極偏的見解。

其與空同論詩見解不同的地方，實在還因於作風的關係。空同之詩對於當時臺閣雍容之作，不可謂非救時良藥，然而僅舉第一義之詩，則取法過於單簡，不足以範圍一世之材，也不足以盡詩之變化。所以卽在同時氣類之中，大復之俊逸，已不同於空同之粗豪，而徐昌穀與高子業之詩又與李何不同。因作風之互異，於是遂形成見解之相歧。李何往復辨難之書，實在卽起因於此。

明人詩論頗有法西斯式的氣燄，而李夢陽卽是開此種風氣的人。大抵空同不免太好強不同以爲同，於是時有盛氣凌人之處。李何之氣類雖同，然在空同看來，猶未能引爲眞實同志。所以先贈景明書，論其詩弊，勸其改步，卻不料招到反響，引出了何景明的與李空同論詩書。這在法西斯式的詩壇主盟，那能容此情形。於是一駁之不足，則再駁之，直至景明不復答辯而後已。

在此種爭論中所欣幸的，卽是因此問題，引出了大復自己的意見。否則他既不是開創風氣的人，並無表示意見的必要，也許卽這一些話也不願申述呢！大抵由作風言，空同粗豪，大復俊逸；粗豪故重在氣骨，俊逸故富於才情。李維楨彭伯子詩跋云：『李由北地家大梁，多北方之音，以氣骨稱雄；何家申陽近江漢，多南方之音，以才情致勝。』

（大泌山房集一百三十一）這正說明了他們詩格不同之點一。又由工力言，空同學富，大復才高；學富故重在擬議，才高故偏於變化。王廷相之序空同集，『稱其會詮往古之典，用成一家之言』，（王氏家藏集二十三）而序大復集則云『夫人墳籍孰不探，道旨孰不詮，文辭孰不修，風調孰不循，德履孰不習，終格於不類者，天畀之解未神爾！』（見同上）這又說明了他們詩格不同之點二。由於這二點不同，故其論詩主恉雖大體相類，而終難盡合。何氏書中有云：『近詩以盛唐爲尚，宋人似蒼老而實疏鹵，元人似秀峻而實淺俗，今僕詩不免元習，而空同近作，間入於宋。』這是他們自述同源異流之處。何氏又云：『譬之樂，衆響赴會，條理乃貫，一音獨奏，成章則難。故絲竹之音要眇，木革之音殺直，而幷棄要眇之聲，何以窮極至妙，感精飾聽也？』這也說明他們風格不同，終至異流的原因。蓋空同學唐，得其氣象，學之愈甚，愈近廣廓。大復學唐，得其神情，才分既多，貌似自少。所以大復所謂『空同近作，間入於宋。』這句話我們尤應仔細分別。空同之間入於宋，只在似乎蒼老的一點，而至於如何達此蒼老之境，則空同與宋人並不走同一的道路。空同只於氣象方面學唐而求其蒼老，所以愈學愈離，結果成爲「木革之音殺直」而不中金石。大復學唐重在神情，故可運自己的才情，然由氣象方面言之，則愈學而離唐愈遠。何氏說『譬之爲詩，僕則可謂弗及者，若空同求之則過矣。』所謂過與不及，正應著眼在這一點的關係。

然而假使僅僅過與不及的關係，不過一個學之太似，一個學之不似而已，這尚不致引起空同的非難。空同之非難，正因照何氏的路走去，結果非僅同源異流，抑且要入室操戈，可以打倒「文必秦漢詩必盛唐」的口號。這是空同所不能容忍的。空同雖講學古之法仍可歸於變化自得，但是空同之所謂法，是規矩，是標準。他認爲方式可變，而規矩不可廢，標準不可紊。大復雖講自築一堂奧自開一戶牖，似乎重於變化而不重擬議，但是大復之所謂法，是格局，所以標準可變而方式反似乎有定。這是他們中間重要的分別。他們爭論之點也就在這一點。何氏說：『僕嘗謂詩文有不可易之法者。辭斷而意屬，聯類而比物也。上考古聖立言，中徵秦漢緒論，下采魏晉聲詩，莫之有易也。』空同重法，而其法反可以變化，因質順勢，不妨爲曹爲劉爲阮爲陸爲李爲杜。大復不重法而其所謂法反是莫之有易。故知他們所論不是同一的對象。這「莫之有易」的法，有定而實則無定。所以何氏說：『僕則欲富於材積，領會神情，臨景構結，不倣形迹。』這是所謂『惟其有之，是以似之。』然而這樣便成爲後來公安派反對前後七子的話頭了。二者之不同如此，固莫怪空同要大聲疾呼地說：『短僕者必曰李某豈善文者，但能守古而尺尺寸寸之耳，必如仲默出入由己，乃爲舍筏而登岸。斯言也禍子者也。……禍子者，禍文之道也。不知其言禍己與禍文之道，而反規規於法者是攻子，亦謂操戈入室者矣。』

譬之於畫，由空同的理論言，是古典派的畫；由大復的理論言，可以成爲浪漫派或寫實派的畫。古典派的畫，衣冠人物自有標準。至於隨局布置，則可憑意匠，爲濃豔，爲曠遠，因質順勢，初無一定。浪漫派或寫實派的畫也講布局，然而由內容言，則可以成職貢圖，所寫的是特殊形態而不是標準形態；也可以成鬼趣圖，所寫的只憑一己想像，全不受古人法度；更可以成爲漫畫，僅求其神情之表現而不顧姿態之正確。這是何氏所謂『臨景構結不倣形迹。』

然在空同說來，則是『君詩徒知神情會處，下筆成章爲高，而不知高而不法，其勢如搏巨蛇，駕風螭，步驟卽奇，不足訓也。』（空同集六十一再與何氏書）

譬喻，也許有不眞切的地方，那麼再加以說明。空同是由古入而仍又古出，大復是由古入而不必由古出，至後來公安派則是不由古入當然也不由古出。仍由古出，所以空同於古只見其同；不由古出，所以大復於古只見其異。空同再與何氏書云『詩云有物有則，故曹劉阮陸李杜能用之而不能異，能異之而不能不同。今人止見其異而不見其同，宜其謂守法者爲影子，而支離失眞者以舍筏登岸自寬也』這也是他們自述的不同之點，我們應在這些方面加以注意。

在當時，調和李何之爭者則有王廷相。廷相字子衡，號浚川，儀封人，有王氏家藏集六十八卷，明史一百九十四卷有傳。

浚川，也在前七子之列，其詩文頗受李何影響。家藏集中有李空同集序，又有何氏集序，對二人詩文推崇備至，可見氣類之合。其與郭价夫學士論詩書一文中說：

夫詩貴意象透瑩，不喜事實黏著，古謂水中之月，鏡中之影，可以目睹，難以實求是也。三百篇比興雜出，意在辭表；離騷引喻借論，不露本情；……斯皆包韞本根，標顯色相，鴻才之妙擬，哲匠之冥造也。若夫子美北征之篇，昌黎南山之作，玉川月蝕之詞，微之陽城之什，漫敷繁敍，塡事委實，言多趁帖，情出附輳，此則詩人之變體，騷壇之旁軌也。……嗟乎，言徵實則寡餘味也，情直致而難動物也，故示以意象，使人思而咀之，感而契之，邈哉深矣！此詩之大致也。（家藏集二十八）

此文言詩之大致貴意象透瑩，不喜事實黏著，重在比興，而不重在賦，其說界於格調神韻之間，與李何意旨，正相融合，由是而論由入之途，有運意、定格、結篇、練句之四務，論修養之方，有養才、養氣、養道之三會，其說與李何之論也不相衝突。下文再接着說：

工師之巧，不離規矩，畫手邁倫，必先擬摹。風騷樂府，各具體裁，蘇李曹劉，辭分界域，欲擅文囿之撰，須參極古之遺，調其步武，約其尺度，以爲我則，所不能已也。久焉純熟，自爾悟入，神情昭於肺腑，靈境徹於視聽，開闔起伏，出入變化，古師妙擬，悉歸我闥，由是搦翰以抽思，則遠古即今，高天下地，凡具形象之屬，生動之物，靡不綜攝爲我材品敷辭以命意，則凡九代之英，三百之章，及夫仙聖之靈，山川之精，靡不會協，爲我神助。此非取自外者也，習而化於我者也，故能擺脫形模，淩虛構結，春育天成，不犯舊跡矣。（家藏集二十八）

此則由規矩而趨於變化，正合李何二人之說而有之了。浚川論詩雖無特點，而其同於李何之處，正是善取李何之長。

第三節　後七子派之詩論

第一目　王世貞

王世貞字元美，太倉人，與弟世懋並以詩文爲世重，始與李攀龍狎主文盟，晚年漸造平淡，所着有弇州山人四部稿等。明史二百八十七卷文苑有傳。

張汝瑚之爲王弇州傳稱『先生少時才情意氣皆足以絕世，爲于鱗七子輩撈籠推輓，門戶既立，聲價復重，嘗乘風破浪，已及中流，不能復返。迨乎晚年閱盡天地間盛衰禍福之倚伏，江河陵谷之遷流，與夫國事政體之眞是非，才品文章之眞脈絡，而慨然悟水落石出之旨於紛濃繁盛之時，故其詩若文盡脫去牙角繩縛而以恬淡自然爲宗。』這誠是事實，而且亦不是張氏一人之私言。不過，我們於此要更進一步，說明元美才情本不與于鱗相同。此種異趣之處卽在少時已如此，不必至晚年而始顯。汪道昆之序其四部稿稱『于鱗於古爲徒，其書非先秦兩漢不讀，其言非古昔先王不稱。元美於書無所不讀，於體無所不諳。……大較于鱗之業專，專則精而獨至，元美之才敏，敏則洽而旁通。』據是可知李王才情本不相同。

因此，他的詩論雖仍是格調說，然於正之外兼承認變。他欲於第一義之詩取其格，於第一義以外之詩博其趣，這便與北地（李夢陽）歷下（李攀龍）稍有出入。此義見其所撰藝苑巵言。他說：

世人選體，往往談西京建安，便薄陶謝，此似曉不曉者。毋論彼時諸公，卽齊梁纖調，李杜變風，亦自可采。貞元而後，方足覆瓿。大抵詩以專詣爲境，以饒美爲材，師匠宜高，捃拾宜博。（巵言一）

他論選體而兼及李杜，便與高談漢魏者不同。「師匠宜高，捃拾宜博，」這在格調說中已可謂變了。不僅如此，他再序慎子正的宋詩選謂：

自北地信陽顯弘正間，古體樂府非東京而下至三謝，近體非顯慶而下至大歷，俱亡論也。二季（宋元）繇是屈矣。吳興慎侍御子正，顧獨取宋詩選而梓之，以序屬余。余故嘗從二三君子後，抑宋者也。子正何以梓之，余何以從子正之請而序之。余所以抑宋者，爲惜格也。然而代不能廢人，人不能廢篇，篇不能廢句，蓋不止前數公（指歐梅蘇黃）而已。此語於格之外者也。今夫取食色之重者與禮之輕者比之，奚啻食色重。夫醫師不以參苓而捐溲勃，大官不以八珍而捐胡祿障泥，爲能善用之也。雖然，以彼爲我則可，以我爲彼則不可。子正非求爲伸宋者也，將善用宋者也。（弇州山人續稿四十一）

在此文中，雖仍不廢格調派的主張，不變格調派的立場，然而既可用宋，就沒有不讀唐以後書這般嚴格了。李維楨宋元詩序謂『頃自二三大家，王元美，李于田，胡元瑞，袁中郎諸君以爲有一代之才，卽有一代之詩，何可廢也，稍爲摘取評目。』（大泌山房集九）便可知由這一點言，王世貞與袁中郎並沒有什麽分別

因此，他論學古，常講到離合問題。如其李氏擬古樂府序云：『夫合而離也者，毋寧離而合也者，此伯承旨也。』（四部稿六四）又藝苑巵言云：『法合者必窮力而自運，法離者必凝神而並歸，合而離，離而合，有悟存焉。』（卷一）這些話中，都可看出他學古的標準。離合問題本不始於弇州，其語實本於何景明『意象應曰合，意象乖曰離』二語。由這方面言，王與何的意見爲近，蓋所謂捨筏登岸，本不應以模擬爲事。何之與獻吉與王之與于鱗頗有些類

似，都想從格調入而不一定從格調出。所以他與吳明卿書曾說：『不佞傷雕，于鱗傷合。』（四部稿一二一）同道異趨，這便是何王高處。

王氏詩論，可以說是格調派之轉變者。王氏之解釋格調，是：『才生思，思生調，調生格。詩卽才之用，調卽詩之境，格卽調之界。』（藝苑卮言一）他說明格調之別，原由於才思之關係，此便是獻吉于鱗之所未發。有此探源窮本之論，那麽拘泥於形貌求之，當然雖合而實離了。

然則，弇州的主張是如何呢？他是以格調說爲中心，而朦朧地逗出一些類似性靈說與神韻說的見解，所以只是格調說之變。關於第一義之悟，他是承認的，而且是贊同的。他說：

> 李獻吉勸人勿讀唐以後文，吾始甚狹之，今乃信其然耳。記聞旣雜，下筆之際，自然於筆端攪擾，驅斥爲難。（藝苑卮言一）

於是他取第一義的佳作，『熟讀涵泳之，令其漸漬汪洋，遇有操觚，一師心匠，氣從意暢，神與境合，分途策馭，默受指揮』，這是所以要學第一義詩的理由。他再說：『世亦有知是古非今者，然使招之而後來，麾之而後卻，已落第二義矣。』（均見藝苑卮言一）諷誦之久，神與古會，於是操觚之時，亦氣從意暢，神與境合，雖出於古而依舊一師心匠。這卽是隨園所謂不使古人白晝現形的意思；所以我說有些類似性靈說的見解。

不僅如此，他於徐汝思詩集序再說明詩必盛唐之旨。他說：

> 夫近體爲律：夫律法也，法家嚴而寡恩；又於樂亦爲律，律亦樂法也，其翕純皦繹秩然而不可亂也。是故推盛唐。盛唐之於詩也其氣完，其聲鏗以平，其色麗以雅，其力沈而雄，其意融而無跡，故曰盛唐其則也。（四部稿六五）

據此理由他不贊成一般「竊元和長慶之餘似而祖述之」的人，因爲『氣則漓矣，意纖然露矣，歌之無聲也，目之無色也，按之無力也』（見同上）這也是取則第一義詩的理由。然而稱到盛唐之詩，其意融而無迹，那便很帶些神韻的意味了。藝苑卮言中再有一節說到學古而化的境界，謂『西京建安，似非琢磨可到，要在專習凝領之久，神與境會，忽然而來，渾然而就，無歧級可尋，無色聲可指』，（卮言一）那更是類似神韻說的地方。

因爲他有些近性靈說的見解，故其學古與于鱗不同。他於答周俎書中曾說明此義。他說：

> 始僕嘗病前輩之稱名家者，命意措語往往不甚懸殊，大較巧於用寡而拙於用衆，故稍反之，使庀材博旨，曲盡變風變雅之致，如是而已。至於山川士俗，出不必異，而成不必同；務當於有物有則之一語，而會昨者蒞魏，行戍燕趙，其地莽蒼磊塊，故於辭慷慨多節而淸厲；尋轉治武林吳興，間其所遇淸嘉而麗柔，故其辭婉而柔，當於致，足下見僕魏詩而怪之，或見僕吳篇而合也。雖然，僕所不自得者，或求工於字而少下其句，或求工其句而少下其篇，未能盡程古如于鱗耳。（四部稿一二八）

作風須隨境而變，這便是性靈派的主張。他與徐子與書謂『自楚蜀以至中原山川莽蒼渾渾，江左雅秀郁郁，詠歌描寫須各極其致吾輩篇什既富又須窮態極變光景常新。……時名易襲，身後可念』（四部稿一一八）這眞是沈痛自悔的話。我們讀弇州之詩如小伊州，書庚戌秋事諸首，頗有晚唐風格此外有近白香山者有近李義山者，與盛唐聲調頗不相似。「時名易襲，身後可念」恐怕是他從格調說轉變之主要原因。其金臺十八子詩選序云：『夫詩，心之精神發而聲者也。其精神發於協氣而天地之和應焉；其精神發於噫氣而天地之變悉焉。』（四部稿六十五）又章給事詩集序云：『自昔人謂言爲心之聲而詩又其精者。予竊以詩而得其人。……後之人好剽竊餘似，以苟獵一時之好，思踳而格雜，無取於性情之眞，得其言而不得其人，與得其集而不得其時者，相比比也。』（四部稿六十九）這簡直是性靈派的主張了。得其言而不得其人與得其集而不得其時，這是後人詬病四部稿者，乃不謂於四部稿中竟有此語。

因爲他有些近於神韻說的見解，故其論詩又與獻吉不同。獻吉之序徐昌穀詩稱其大而未化，而弇州則謂『昌穀之所不足者大也非化也。昌穀其夷惠乎？偏至而之化者也。』（四部稿六十八，靑蘿館詩集序）因此，他所謂化，亦與漁洋之見爲近，而與獻吉爲遠。藝苑巵言云：

> 篇法之妙有不見句法者，句法之妙有不見字法者。此是法極無跡，人能之至，境與天會，未易求也。有俱屬象而妙者，有俱屬意而妙者，有俱作高調而妙者，有直下不偶對而妙者，皆興與境詣，神合氣完使之然。（卷一）

則於格調之中隱寓神韻之意。所以藝苑巵言之論五言絕句謂：『絕句固自難，五言尤甚，離首即尾，離尾即首，而要腹亦自不可少。妙在愈小而大，愈促而緩。吾嘗讀維摩經得此法，一丈室中置恆河沙諸天寶座，丈室不增，諸天不減；又一刹那定作六十小刼，須如是乃得』（卷一）此種議論，已早抉發漁洋詩論之妙了。漁洋香祖筆記極稱弇州『朦朧萌拆，情之來也；明雋清圓，詞之藻也』數語，（見卷八）亦卽因其論詩宗旨有相似而已。又弇州稱李白王維杜甫三家之詩『眞是三分鼎足，他皆莫及也』，（讀書後三）這卽後來漁洋推摩詰爲詩佛之先聲。二王詩論之相同多如此。

不過弇州總想巧於用衆，所以仍落格調一派。他一方面說昌穀偏至而之化，一方面卻說『昌穀偏工，雖在至境，要不得言具體，何能化乎；』（四部稿一二一與吳明卿書）這不能不說是弇州受病之處。四部稿中諸體俱備，衆格兼羅，大則大矣，而不能勝漁洋者正坐此。漁洋曾說過：『工於五言不必工於七言，工於古體不必工於近體』（居易錄十四）昌穀漁洋正以偏拈一格見長，而弇州議其偏至，這卽是格調與神韻論詩宗旨的分別。因此，漁洋之論王孟，以爲孟不如王者，其病在俗，（見漁洋詩話及香祖筆記八）而弇州則以爲由於才短。（見四部稿六十四謝茂秦集序）這卽因二人立場不同，漁洋主神韻而弇州主格調的緣故。

明白這些關係，然後知道人以剽竊模擬病李王者，而弇州卻正不以剽竊模擬爲然。如云：

剽竊模擬，詩之大病，亦有神與境觸，師心獨造，偶合古語者，……不妨俱美，定非竊也。其次裒覽旣富，機鋒亦圓，古語口吻間若不自覺。……近世獻吉用脩亦時失之，然尙可言。又有全取古文，小加裁翦，……已是下乘，然猶彼我趣合，未足致厭。乃至割綴古語，用文已陋，痕跡宛然，……斯醜方極。模擬之妙者，分歧逞力，窮勢盡態，不唯放手，兼之無跡，方爲得耳。若陸機辨亡，傅玄秋胡，近日獻吉「打鼓鳴鑼何處船」語，令人一見匿笑，再見嘔噦，皆不免爲盜跖優孟所訾。（藝苑卮言四）

今天下人握夜光，途遵上乘，然不免邯鄲之步，無復合浦之還，則以深造之力微，自得之趣寡。詩云，『有物有則，』又曰『無聲無臭，』……然則情景妙合，風格自上，不爲古役，不墮蹊逕者，最也。隨質成分，隨分成詣，門戶既立，聲實可觀者，次也。或名爲閏繼，實則盜魁，外堪皮相，中乃腐立，以此言家，久必敗矣。（藝苑卮言五）

他也正看到格調派的流弊，徒摹聲響，不見才情，所以他要有些轉變。後人只知弇州自悔其所作卮言，而不知卽就卮言論之，其論調本不偏於一端。錢牧齋列朝詩集謂『今之君子，未嘗盡讀弇州之書，徒奉卮言爲金科玉條，之死不變，其亦陋而可笑矣。』（列朝詩集小傳上）然則死奉卮言者，其病根仍在不善讀卮言。

第二目　謝榛與屠隆

謝榛，字茂秦，自號四溟山人，一號脫屣老人，臨淸人。有四溟集二十四卷，末四卷爲詩家直說，一名四溟詩話。明史二百八十七卷文苑有傳。

茂秦與李攀龍王世貞諸人在京師結詩社，爲其盟長；已而李氏名漸盛，位漸高，與茂秦論詩不合，遂貽書與之絕交。王世貞等亦多袒攀龍！交口排茂秦，削其名於七子五子之列。然茂秦遊道日廣，秦晉諸藩，爭延致之，河南北皆稱謝榛先生，雖終於布衣而聲價重一代。這是他與後七子由合而離的一段因緣。

錢謙益列朝詩集謂『當七子結社之始，尚論有唐諸家，茫無適從。茂秦曰，選李杜十四家之最佳者，熟讀之以奪神氣，歌咏之以求聲調，玩味之以裒精華。得此三要，則造乎渾淪，不必塑謫仙而畫少陵也。諸人心師其言，厥後雖爭擯茂秦，其稱詩之指要，實自茂秦發之。』（列朝詩集小傳丁上）案此節論詩故事亦見四溟詩話卷三。據是，則李王二氏之作詩蘄向與論詩宗旨皆本於茂秦。可是其後終以論詩不合而至於割席，所以他的詩論畢竟是獨樹一幟的。

我嘗謂作風猶可以單純，不妨出以偏師；至議論則四面八方必須處處顧到，庶不為人所破。所以李于鱗猶可高自夸許，以為詩自天寶以下，文自西京以下，誓不汚我毫素；而王元美撰卮言，便不能不稍持異議，自悔少作。這便是格調說轉變的原因。不過轉變之途徑又有分別。由格調而折入神韻，比較近，由格調而轉為性靈，比較遠。王元美之修正格調說，比較傾向於神韻一路，所以與于鱗相合；謝茂秦之修正格調說，比較側重於性靈一路，所以與于鱗不合。不合，便終於衝突而至於決裂。

茂秦論詩本從格調說出發。他說：『古人作詩，譬諸行長安大道，不由狹斜小徑，以正為主，則通於四海，略無阻滯。』（詩話三）他又說：『學其上僅得其中，學其中斯為下矣。豈有不法前賢而法同時者。』（詩話一）這些話都本滄浪空同之說，與于鱗諸人初無分別。因為都是以詩之高格教人，可是同一行大道，而太白子美有飄逸沉重之不同；同一法前賢，又有蹈其故迹與避其故迹之不同。蹈其故迹，則偏於擬議而或未能變化。避其故迹，則不拘繩墨又或不循正規。至於他則以為：『夫大道乃盛唐諸公之所共由者，予則曳裾躡屩，由乎中正，縱橫於古人衆跡之中，及乎成家，如蜂採百花為蜜，其味自別，使人莫之辨也。』（詩話三）這卽是他欲出入盛唐十四家之間，俾人莫知所宗，而於十四家外又添一家的意思。何以欲別成一家？卽因他說：『夫萬物一我也，千古一心也。』（詩話三）所以不妨縱橫古人衆跡之中而自留其跡，出入十四家之間而又添一家。茂秦論詩自謂泄露天機，原不免帶些狂氣，不無大言欺人之處。但也正因這一點關係，師心自用，終究與于鱗不合。

大抵他的論詩所以與于鱗元美不合，不外二因。其一，由於帶一些性靈的傾向，與何景明一樣，可以入室操戈，而且有反戈相向的嫌疑。其又一，是批評太嚴，指摘太過，有時掎摭利病，或不免為氣盛志滿之李王所不能接受。

茂秦論詩，謂『體貴正大，志貴高遠，氣貴雄渾，韵貴雋永，四者之本，非養無以發其眞，非悟無以入其妙。』（詩話一）他所謂體志氣韵四者，與李王之論詩標準並不衝突。李王之所輕忽，或卽在後邊二語——『非養無以發其眞，非悟無以入其妙。』不重發其眞，所以遠於性靈；未能入其妙，所以又憚於潤飾。遠於性靈，所以不能接受茂秦的見解；憚於潤飾，所以更不能接受茂秦的批評。

如何由養以發其眞？他說：

自古詩人養氣各有主焉。蘊乎內，著乎外，其隱見異同，人莫之辨也。熟讀初唐盛唐諸家所作，有雄渾如大海奔濤，秀拔如孤峯峭壁，壯麗如層樓疊閣，古雅如瑤瑟朱絃，老健如朔漠橫雕，淸逸如九皐鳴鶴，明淨如亂山積雪，高遠如長空片雲，芳潤如露蕙春蘭，奇絕如鯨波蜃氣，此見諸家所養之不同也。（詩話三）

這卽是說一家有一家之風格。主性靈說者往往有此類言語。可惜他下文再接着說：『學者能集衆長合而爲一，若易牙之以五味調和，則爲全味矣。』則仍不免染上一些時人兼幷古人之毒，因爲他原不是公安派啊！他又說：

賦詩要有英雄氣象，人不敢道，我則道之；人不肯爲，我則爲之。厲鬼不能奪其正，利劍不能折其剛。古人製作，各有奇處，觀者自當甄別。（詩話四）

這卽是袁子才所謂：『寧可爲野馬，不可爲疲驢』（隨園詩話補遺九）與『不能作甘言便作辣語荒唐語，亦復可愛』（同上十）之意。他又說：

作詩譬如江南諸郡造酒，皆以麯米爲料，釀成則醇味各一，善飲者歷歷嘗之曰，此南京酒也，此蘇州酒也，此鎭江酒也，此金華酒也。其美雖同，嘗之各有甄別，做手不同故爾。（詩話三）

所謂所養不同，所謂各有奇處，所謂做手不同，都是他近於性靈的見解。他說：『譬如產一嬰兒，形體雖具，不可無啼聲也。』（詩話一）格調是所以求形體之具，性靈則便是所謂啼聲了。他又說：『今之學子美者處富有而言窮愁，遇承平而言干戈，不老曰老，無病曰病，此摹擬太甚，殊非性情之眞也。』（詩話二）學杜所以合格調，不欲摹擬太甚，又所以全性靈。

正因他重視這一點啼聲的關係，所以論詩主興。他說：『詩有四格，曰興，曰趣，曰意，曰理，』（詩話一）似乎「興」只是詩中一格，但由其論詩之語比合觀之，卽可知他所謂「興」實在可以溝通格調與性靈二者之異。他說『詩有天機待時而發，觸物而成，雖幽尋苦索不易得也。』（詩話二）又云『詩有不立意造句，以興爲主，漫然成篇，此詩之入化也。』（詩話一）這樣論「興」，不僅與性靈說不相抵觸，卽與神韻說也可溝通。爲什麼？因爲以天機論「興」，則由感興一點言與性靈說爲近，由不涉理路一點言又與神韻說爲近。他說：『凡作詩悲歡皆由乎興，非興則造語弗工。歡喜之意有限，悲感之意無窮。歡喜詩興中得者雖佳，但宜乎短章；悲感詩興中得者更佳。至於千言反覆，愈長愈健。熟讀李杜全集方知無處無時而非興也。』（詩話三）這卽與性靈說相通之處。他又說：『詩有辭前意，辭後意。唐人兼之，婉而有味，渾而無迹。宋人必先命意，涉於理路，殊無思致。』（詩話一）此又與神韻說相通之處。所以這般講「興」，根本不須有什麼性靈格調神韻之分別。

不僅如此，這樣講「興」，同時又溝通了他所謂「養以發其眞」與「悟以入其妙」二種關係。文生於情，自覺其眞；情生於文，自覺其妙。他又說

作詩有專用學問而堆垜者，或不用學問而勻淨者，二者悟不悟之間耳。惟神會以定取捨，自趨乎大道，不涉於歧路矣。譬如楊升菴狀元謫戍滇南，猶尚奢侈，其粳糯黍稷，胾臠殽鱠，種種羅於前，而筯不周品，此乃用學問之癖也。又如客遊五臺山訪僧侶，廚下見一胡僧執爨，但以淸泉注釜，不用粒米，沸則自成饘粥。此無中生

有，暗合古人出處。此不專於學問，又非無學問者所能到也。（詩話三）

他所謂「無米粥」之法，最得「興」字三昧。他爲了說得抽象，恐人不易領悟，所以他再舉他所作別調曲，怨歌行，遠別曲，搗衣曲諸詩爲例。現在卽舉其別調曲一首以便說明——『家住鄴城門向西，靑樓上與鄴城齊。郎行好記門前柳，春夢南來路不迷。』此便是所謂興。像這一類興的作品，如何可用性靈神韻格調諸語以解釋之。所謂性靈也，神韻也，格調也，眞所謂強作解事，眞所謂巧立名目。他是在此種關係上使格調說成爲性靈的傾向。

類此之詩，于鱗不能做得這般空靈，元美不能講得這般透澈。後來只有屠隆論詩因爲也偏於性靈，纔能闡發其義。而屠氏所作如竹枝詞三十首宛然也是茂秦別調曲之嗣響。屠氏自序謂『適情事有感，忽得口號一首，杳不知從何來。』這卽是所謂「興」的解釋。

如何由悟以入其妙？這於討論「興」的問題時，已講一些。尙有與此相反而適相成者，卽是改詩的問題。他說：『「新詩改罷自長吟，」此少陵苦思處，使不深入溟渤，焉得驪頷之珠哉？』又說：『詩不厭改，貴乎精也。』（均見詩話二）他又說：『思未周處，病之根也。數改求穩，一悟得純。子美所謂「新詩改罷自長吟」是也。』（詩話三）這卽是由悟入妙之法。以興爲主，漫然成篇，固是入化；數改求穩，一悟得純，也未嘗不是入妙。所以他再說：『自然妙者爲上，精工者次之，此着力不着力之分。學之者不必專一而逼眞也。專於陶者失之淺易，專於謝者失之餖飣。孰能處於陶謝之間，易其貌，換其骨，而神存千古！子美云：「安得思如陶謝手，」此老猶以爲難，況其他者乎？』（詩話四）

他欲處於陶謝之間，所以主興與改詩便不相衝突，當時盧柟爲詩，直寫胸臆，以爲「格貴雄渾，句宜自然，」而茂秦勸其再假思索以成無瑕之玉。（見詩話三）也是這種意思。

盧柟已有些倔強不服善了。恐怕當時不服善的更有人在。茂秦與于鱗論詩不合，與此或不無關係。詩話中屢言不要自滿，應當接受詆訶。（見卷二與卷三）並且說：『能入乎天下之目，則百世之目可知。』（詩話三）言外之意，顯然要想糾正盛氣凌人的詩壇風氣。

稍後，在七子流派中，其論詩與謝氏相合者，即爲屠隆。隆字長卿，鄞人，所著有由拳白楡栖眞館諸集。明史二百八十八卷附文苑徐渭傳。

長卿是王世貞所標舉爲末五子之一，所以也受七子影響。不過他詩文瑰奇橫逸，全以才氣見長，因此有時又能不爲格調所束縛，而轉有折入公安的傾向。本來由長卿的時地言之，有此現象，原不爲奇。長卿前接王元美，而後又與三袁同時，他與三袁雖不見有何交誼，（袁中郎尺牘有與屠長卿書）然與湯義仍龍君超梅客生王百穀劉子威諸人與中郎交好者，長卿亦頗與稔熟，當然不能不受公安派的影響。由這一點言，則屠氏爲青浦令時所刊的由拳集，與其最後的結集——白楡集，其論文主張所以有些轉變者，可以明其關係了。又明史稱長卿嘗學詩於沈明臣，而沈氏與徐文長同在胡宗憲幕——徐氏即是公安派極力推崇的人物，是長卿於徐直接間接亦不能不受其影響。明臣雖亦列名於元美四十子之目，然與元美實在異同離合之間，所以由這一點言，則屠氏即在由拳集中，其見解亦不能與七子相同。何況長卿又頗出入於二氏之學，與李卓吾袁中郎等有些類似，是則即使不受公安影響，自然也會併入一路。四庫總目提要稱其『沿王李之塗飾而又兼三袁之纖佻』（卷一七九）洵為確論。

何以見長卿由格調以折入性靈呢？這在他唐詩品彙選釋斷序中已可以看出。他說：

夫詩由性情生者也。詩自三百篇而降，作者多矣，乃世人往往好稱唐人，何也？則其所托興者深也。非獨其所托興者深也，謂其猶有風人之遺也；非獨謂其猶有風人之遺也，則其生乎性情者也。……唐人之言，繁華綺麗，優游淸曠，盛矣；其言邊塞征戍，離別窮愁，率感慨沈抑，頓挫深長，足動人者，即悲壯可喜也。讀宋而下詩，則悶矣。其調俗，其味短，無論哀思，即其言愉快，讀之則不快。何也？三百篇博大，博大則詩；漢魏詩雄渾，雄渾則詩；唐人詩婉壯，婉壯則詩。彼宋而下何為詩！詩道其亡乎！（由拳集十二）

這是他由拳集中的文字所以揚唐抑宋，仍是格調之說；然而他的解釋已與他人不同。他所以揚唐抑宋之故，由於唐詩托興之深，而托興之深又因生乎性情。那麼，雖本於茂秦之論而更近於性靈說了。他在由拳集中的見解已是如此，則在白榆集所言當然更與「公安」為近。所以如劉子威先生澹思集敘及抱侗集序諸文，簡直都是詩本性情，才緣質殊之旨。（見白榆集二）此外，如鴻苞論詩文一節謂：

詩之變隨世遞遷。天地有劫，滄桑有改，而況詩乎！善論詩者，政不必區區以古繩今，各求其至可也。論漢魏者，當就漢魏求其至處，不必責其不如三百篇；論六朝者，當就六朝求其至處，不必責其不如漢魏；論唐人者，當就唐人求其至處，不必責其不如六朝……宋詩河漢不入品裁，非謂其不如唐，謂其不至也。如必相襲，而後爲佳，詩止三百篇刪後果無詩矣。至我明之詩，則不患其不雅，而患其太襲，不患其無辭采，而患其鮮自得也。夫鮮自得則不至也。卽文章亦然，操觚者不可不慮也。（鴻苞十七）

此言說得更爲露骨。鴻苞中類此之例多不勝舉，所以可斷言這是他詩論的轉變。大抵他所以轉變之故，由其學問思想與「公安」接近固有關係，然其較重要者恐怕還在他感覺到學古之不可能。學古之弊，成爲偏師，則嫌單調，兼幷古人，又嫌蕪雜。他們於各種體製都擇定了高格而欲奔赴之，儘管在理論上極圓滿，而在事實上爲不可能。事實上所可做到者不過學古而贗而已；學古而贗，又何足貴！長卿恐怕在這方面嘗試以後而感覺到此路難通。他說：

古今之人，才智不甚遼絕，殫精竭神，終其身而爲之，而格以代降，體緣才限。儁流英彥，逞其雄心於此道，淺者欲其深，深者欲其暢，蹇者欲其疏，疏者欲其實，弱者欲其勁，勁者欲其和，俗者欲其秀，秀者欲其沉，狹者欲其博，博者欲其潔，以並駕前人，誇美後世。其心蓋人人有之，而賦材既定，骨格已成，卽終身力爭而卒莫能改其本色，越其故步而止。以精工存乎力學，而其所以工者非學也；以超妙存乎苦思，而其所以妙者非思也。三唐之不能爲六代，亦猶六代之不能爲三唐；五七言近體之不能爲十九首，亦猶十九首之不能爲五七言近體；徐庾之不能爲陶韋，亦猶陶韋之不能爲徐庾；靑蓮之不能爲少陵，亦猶少陵之不能爲靑蓮。世有智籠宇宙，力格熊虎，而用之聲詩則短；辯倒江海，巧雕衆形，而施之吟咏則拙。故雖小道，亦有不可強而能者。（白楡集

二）

並駕前人，誇美後世當時如王元美胡應麟諸人何嘗不同此心理！但是『賦材既定，骨格已成，卽終身力爭而卒莫能改其本色越其故步』所以他到此便不復論格調而只論性情了。鴻苞（十七）中論詩文謂『元美論詩極精，賞詩極妙乃至自運多不如其所評，其病在欲無所不有急急以此道壓一世也』此語可謂深中元美病痛。「格以代降，體緣才限」明白到這八字眞言那便不會再被復古說所蒙蔽了。因此，他說：『夫詩者神來，故詩可以窺士之寥廓者語遠，端亮者語莊，寬舒者語和，褊急者語峭，浮華者語綺，清枯者語幽，疎朗者語暢，沉着者語深，譎蕩者語荒，陰鷙者語險。讀其詩千載而下如見其人。士不務養神而務工詩，刻畫斧藻，肌理粗具，氣骨索然，終不詣化境。』（白榆集三王茂大修竹亭稿序）此卽謝榛所謂『非養無以發其眞』之說。長卿所言，所以與茂秦相近者在此。

再有，長卿論詩又頗雜以禪義。長卿晚年留意釋典，當然要闡詩禪相通之理。他蓋以爲詩禪之關係有幾：（一）詩中有禪義，如白香山詩之深入玄解，卽是其理。屠氏詩也有此傾向。（二）以禪品詩，如他以『三百篇是如來祖師，十九首是大乘菩薩』云云，（見鴻苞十七）用此譬況，成爲象徵的批評。（三）以禪的境界論詩，於是近於神韻之說。長卿所論，不過不曾拈出神韻二字而已。其實他所說的都與漁洋相合。其李山人詩集序云：

夫水之觸石也，松之遇風也，泠泠蕭蕭，嘹然而清遠，出而土囊，吹而爲吷，胡其負乎？則其所託者然也。騷人墨卿，無代無之，後人乃往往好讀仲長統梁鴻鄭子眞向平韓伯休陶靖節王無功孟襄陽諸家名言，豈非以其

抱幽貞之操，達柔澹之趣，寥廓散朗，以氣韻勝哉！（白榆集三）

此卽漁洋神韻說中先天一義，其說猶近於性靈。鴻苞之論詩文，貴品格而不貴體格，卽是此種關係。他又說：

詩道有法，昔人貴在妙悟。新不欲杜撰，舊不欲勦襲，實不欲粘帶，虛不欲空疎，濃不欲脂粉，澹不欲乾枯，深不欲艱澁，淺不欲率易，奇不欲譎怪，平不欲凡陋，沉不欲黯慘，響不欲叫嘯，華不欲輕艷，質不欲俚野。如禪門之作三觀，如玄門之鍊九還，觀熟斯現心珠，鍊久斯結黍米，豈易臻化境者！（鴻苞十七）

詩非博學不工，而所以工非學；詩非高才不妙，而所以妙非才。杜撰則離，離非超脫之謂，格雖自創，神契古人，則體離而意未嘗不合。稽古則合，合非摹擬之謂；字句雖因，神情不傳，則體合而意未嘗不離。（同上）

此又漁洋神韻說中後天一義，其說也不遠於格調。摹古師心，不卽不離；是才是學，恰到好處；這正是以數十年全力凝神的結果。唐人詩如『明月松間照，淸泉石上流，』『野曠天低樹，江淸月近人，』『雨中山果落，燈下草蟲鳴，』『夜靜江水白，路迴山月斜，』雖似常境常談，究非腹有萬卷，胸無一點塵者不能辨。（見白榆集三高以達少參選唐詩序）我們看了長卿之論詩，然後知漁洋神韻說之有所自來。然而此又與謝榛所謂『非悟無以入其妙』之說相近。

第三目　王世懋與胡應麟

王世懋字敬美，號麟洲，世貞弟，李攀龍輩稱爲少美。胡應麟字元瑞，自號少室山人，又號石羊生，蘭谿人。二人均附見明史文苑王世貞傳。

二人論詩之著，敬美所著有藝圃擷餘，元瑞所著有詩藪，其議論均較重在神韻。神韻之說，在七子中最先論及，而且作風亦與相合者，當推徐楨卿。楨卿字昌穀，有談藝錄一卷，卽王漁洋論詩絕句所稱「更憐談藝是吾師」者。胡應麟詩藪於滄浪詩話猶議其未得向上關捩子，獨於談藝錄則稱「昌穀始中要領，大暢玄風。」（內編二）至其作風，王世懋藝圃擷餘亦以之與高子業詩並論，謂「徐能以高韻勝，有蟬蛻軒舉之風；高能以深情勝，有秋閨愁婦之態，更千百年李何尙有廢興，二君必無絕響。」可見二人對徐氏傾倒之忱。

王胡二人都心折於昌穀，故其論調之傾向於神韻，較弇州爲更甚。王漁洋池北偶談標舉敬美論詩之語，極加推重，（見卷十二王奉常論詩語諸條）所以後人甚至以爲元美敬美論詩互異，而有「不爲藝苑卮言束縛，可謂鳳洲諍弟」之語。（見汪端明三十家詩選初集六下）我們固不必如此看法，但也不能不說元美拈其端，敬美衍其緒；元美說得隱，敬美說得顯；元美長於作，敬美長於論。

敬美論詩，也是站在格調派的立場。如云：

作古詩先須辨體，無論兩漢難至，苦心模倣，時隔一塵，卽爲建安不可墮落六朝一語，爲三謝，縱極排麗，不可雜唐音。小詩欲作王韋，長篇欲作老杜，便應全用其體，第不可羊質虎皮，虎頭蛇尾。詞曲家非當行本色，雖麗語博學無用，況此道乎？

這卽是格調派的主張。不過此種主張，可與神韻相通，所以王漁洋稱引其語，以爲卽是彼所謂『錦則全體皆錦，布則全體皆布』之喩，卽是彼所謂『五言感興宜阮陳，山水閑適宜王韋，亂離行役鋪張敍述宜老杜』之旨。（均見池北偶談卷十二）蓋這些主張在格調與神韻二派是並不衝突的。明此關係，然後知道他一方面有些反對格調，而一方面又推崇二李，原不爲矛盾自陷。許印芳詩法萃編中跋藝圃擷餘以爲類此處宜分別觀之，殊謬。我以爲類此處正宜綜合觀之，纔可看出他是格調說的轉變者。翁方綱謂神韻卽格調，並且說：『吾謂神韻卽格調者，特專就漁洋之承接李何王李而言之耳』（見復初齋文集八格調論上神韻論下）這話也相當的對。假使用此說以看敬美之詩論，那麽更容易看出其關係。

藝圃擷餘中說：

詩四始之體……率因觸物比類，宣其性情，恍惚游衍，往往無定，……後世惟十九首猶存此意，使人擊節詠歎而未能盡究指歸。次則阮公詠懷，亦自深於寄托。潘陸而後，雖爲四言詩，聯比牽合，蕩然無情。蓋至於今，餞送投贈之作，七言四韻，援引故事，麗以姓名，象以品地，而拘攣極矣，豈所謂詩之極變乎？

今人作詩，必入故事。有持清虛之說者，謂盛唐詩卽景造意，何嘗有此？是則然矣，然亦一家言，未盡古今之變也。……善使故事者，勿爲故事所使，如禪家云轉法華，勿爲法華轉。使事之妙，在有而若無，實而若虛，可意悟，不可言傳，可力學得，不可倉卒得也。宋人使事最多，而最不善使，故詩道衰。我朝越宋繼唐，正以有豪傑數輩，得使事三昧耳。第恐二十年後，必有厭而掃除者，則其濫觴未嘗不爲之也。

這也是格調與神韻相同的主張。漁洋所謂『興會超妙』即是這些意思。滄浪所謂『漢魏尙矣，不假悟也』也是此種關係。他並不專尙淸虛，他也知道踵事增華，爲文學演進不可避免的趨勢。所以他不以赤手空拳爲高，但以爲用事有限度有標準，須得使事三昧而已。這本是極通達之論。

於是他再論到使事之法。他以爲『作詩到神情傳處，隨分自佳，下得不覺痕迹，縱使一句兩入，兩句重犯，亦自無傷。如太白峨眉山月歌四句，入地名者五，然古今目爲絕唱，殊不厭重，』這話也與漁洋相近。

因此，他再說明宗主盛唐之旨，不一定在第一義之悟，而在透澈之悟。他說：

晚唐詩，萎薾無足言，獨七言絕句，膾炙人口，其妙至欲勝盛唐。愚謂絕句覺妙，正是晚唐未妙處，其勝盛唐，乃其所以不及盛唐也。絕句之源，出於樂府，貴有風人之致，其聲可歌，其趣在有意無意之間，使人莫可捉着。盛唐惟青蓮龍標二家詣極，李更自然，故居王上。晚唐快心露骨，便非本色。議論高處，逗宋詩之徑；聲調卑處，開大石之門。

這便是以神韻講格調，說明第一義之悟也即由透澈之悟的關係。所以漁洋講佇興，敬美也講佇興；漁洋以爲意盡即止，敬美却早已拈出此義。他說：『今人作詩，多從中對聯起，往往得聯多而韻不協，勢旣不能易韻以就我，又不忍以長物棄之，因就一題衍爲衆律，然聯雖旁出，意盡聯中，而起結之意，每苦無餘，於是別生枝節而傅會，或即一意以支吾擧衿露肘，浩博之士猶然；架屋疊牀，貧儉之才彌窘。』這全由不知意盡卽止的道理。由此，他再悟到少陵漫興之作，以爲『少陵諸作，多有漫興，時於篇中取題意，興不局。豈非柏梁之餘材，裁爲別館，武昌之剩竹，貯作船釘！』妙喩新義，這誠是前人所未發。照此種論詩標準，當然有取於王孟，有取於徐昌穀高子業了。「巧於用短」，這原已拈出了神韻之精義。

這樣，所以我們稱他爲格調派的轉變者。

他何以會這樣轉變呢？蓋格調派的流弊，到此時已逐漸顯著。他知道文壇情形不是可用法西斯式的暴力刧持，儘管所標榜者是第一義之悟，然而用以號召，便多流弊。他說：『少陵何嘗不自高自任！然其詩曰，「文章千古事，得失寸心知」，曰，「新詩句句好，應任老夫傳」，溫然其辭，而隱然言外，何嘗有所謂吾道主盟代興哉？』是則格調派的態度，根本便要不得。以這種暴力刧持的態度，只能吸收一般盲從者流，黃茅白葦，望而生厭。因此，他再說：

今世五尺之童，纔拈聲律，便能薄棄晚唐，自傅初盛；有稱大曆而下，色便赧然，然使誦其詩，果爲初邪，盛邪，中邪，晚邪？大都取法固當上宗，論詩亦莫輕道。詩必自運，而後可以辨體，詩必成家，而後可以言格。晚唐詩人如溫庭筠之才，許渾之致，見豈五尺之童下，直風會使然耳。覽者悲其衰運可也。故予謂今之作者，但須眞才實學，本性求情，且莫理論格調。

這簡直是反對格調的論調了。然而他何嘗反對格調。他對於眞能追配古人者，如獻吉于鱗兩家，原自極端推崇。他只是矯正格調派末流之失而已。他爲要矯正格調末流之失，所以指出兩條途徑：(一)宗其盛更須溯其源；(二)知其正更須明其變。前一義如：

> 李于鱗七言律，俊潔響亮，余兄極推轂之。海內爲詩者，爭事剽竊，紛紛刻鶩，至使人厭。余謂學于鱗不如學老杜，學老杜尚不如學盛唐。何者？老杜結構自爲一家言，盛唐散漫無宗，人各自以意象聲響得之。政如韓柳之文，何有不從左史來者，彼學而成爲韓爲柳，吾却又從韓柳學，便落一塵矣。輕薄子遽笑韓柳非古，與夫一字一語，必步趨二家者，皆非也。

後一義如：

> 唐律由初而盛，由盛而中，由中而晚，時代聲調，故自必不可同，然亦有初而逗盛，盛而逗中，中而逗晚者。何則？逗者變之漸也，非逗故無繇變。……學者固當嚴於格調，然必謂盛唐人無一語落中，中唐人無一語落盛，則亦固哉其言詩矣。

求之其前再求之其後，宗主一家再博取數家，那麼雖仍是格調說，便沒有格調說的流弊。

這樣，我們又可以稱他爲格調派的修正者。

元瑞詩論，全出於大美少美，而以得於少美者爲尤多。他本於大美「師匠宜高」之語，他又本於少美「非逗則無由變」之語，於是一方面尚格，一方面論變。此二者一是文學批評家品評的標準，一是文學史家流別的識鑒，可以衝突，也可以調和。卽如他的詩藪於內編分體，於外編雜編分時代，卽是一以示其格，一以窺其變。不僅如此，他於內編常講到各種體製之流變，而於外雜編的分別，却以唐以前詩入外編，宋詩入雜編，仍有上下其手的意思。我們於此，可知他的詩論是欲調和此二端的。

詩藪中論詩主變的話，觸目皆是，不可勝舉。正因他論詩主變，所以尚有不主模擬之論。如云：

> 上下千年，雖氣運推移，文質迭尚，而異曲同工，咸臻厥美。國風雅頌，溫厚和平，離騷九章，愴惻濃至，東西二京神奇渾璞，建安諸子，雄瞻高華，六朝俳偶，靡曼精工，唐人律調，淸圓秀朗，此聲歌之各擅也。風雅之規，典則居要；離騷之致，深永爲宗；古詩之妙，專求意象；歌行之暢，必由才氣；近體之攻，務先法律；絕句之構，獨主風神；此結撰之殊途也。（內編一）

> 古人作詩，各成己調，未嘗互相師襲。以太白之才，就聲律，卽不能爲杜，何必遽減嘉州；以少陵之才，攻絕句，卽不能爲李，詎謂不若摩詰！彼自有不可磨滅者，毋事更屑屑也。（內編六）

歷代既聲歌各擅，何必模擬！作家既各成己調，焉用師襲！論詩到此，似乎與前後七子的理論也站在反對的立場了。然而不然，詩藪第一則就言：

> 四言變而離騷，離騷變而五言，五言變而七言，七言變而律詩，律詩變而絕句，詩之體以代變也。三百篇降而騷，騷降而漢，漢降而魏，魏降而六朝，六朝降而三唐，詩之格以代降也。（內編一）

他一方面承認體以代變，一方面却指出格以代降，這些正與上文所引一方面指出聲歌各擅，而一方面却復言結撰殊途，雙管齊下，正是同樣的用意。他儘管可以承認變，可以聲歌各擅，但是不能不承認結撰殊途。結撰殊途，卽是各體有各體之高格，而不應取法乎下了。所以他說：『行遠自邇，登高自卑，造道之等也；立志欲高，取法欲遠，精藝之衡也。』他再舉例以說明之云：『登岱者必於岱之麓也，不至其顚非岱也，故學業貴成也。不至其顚猶岱也，故師法貴上也。登龜蒙鳧繹峯者卽躋峯造極，龜蒙鳧繹已耳，由龜蒙鳧繹而岱焉，吾未聞也。』這是他的巧爲調和之一。李維楨大泌山房集二十一，亦適編序也有同樣的意思。

不僅如此，詩藪第二則又云：

> 曰風，曰雅，曰頌，三代之音也。曰歌，曰行，曰吟，曰操，曰詞，曰曲，曰謠，曰諺，兩漢之音也。曰律，曰排律，曰絕句，唐人之音也。詩至於唐而格備，至於絕而體窮，故宋人不得不變而之詞，元人不得不變而之曲。詞勝而詩亡矣，曲勝而詞亦亡矣。明不致工於作，而致工於述，不求多於專門，而求多於具體，所以度越元宋，苞綜漢唐也。（內編一）

這樣一說，於是反於正者固爲變，而合於正者也爲變。致工於作者宜變，致工於述者不必變。明人復古，却正以復古爲變。這在復古運動上找到嶄新的理論，又是他的巧爲調和之一。一般反對復古論者都以「變」爲中心，而他却於變的理論上建設他的復古論。當時李維楨之弇州集序（大泌山房集十一）稱明文兼周漢，而其所以兼周漢之故，在體備用繁若周之無可益；又在法戒前代若周之無不監。而弇州之長卽在『能以周漢諸君子之才精其學而窮其變，文章家所應有者無一不有。』這與胡氏所言若相印合。我們於此，可以看出明代文學之風氣也可以看出明代復古論之根據。

他又本於大美『法家嚴而寡恩』之說，與少美所謂『趣在有意無意之間，使人莫可捉着』之語，於是一方面尙法，一方面又重悟。詩藪中云『漢唐以後談詩者吾於宋嚴羽卿（嚴羽字儀卿，明人多誤作嚴儀字羽卿，或當時自有所據）得一悟字，於明李獻吉得一法字，皆千古詞場大關鍵。第二者不可偏廢：法而不悟，如小僧縛律；悟不由法，外道野狐耳。』（內編五）他是要這樣調劑於悟與法之中，所以，當然的由格調折入到神韻了。說得更明白一些的，如云：

作詩大要不過二端，體格聲調與興象風神而已。體格聲調，有則可循；興象風神，無方可執。故作者但求體正格高，聲雄調鬯，積習之久，矜持盡化，形迹俱融，興象風神自爾超邁。譬則鏡花水月，體格聲調，水與鏡也；興象風神，月與花也。必水澄鏡朗，然後花月宛然；詎容昏鑑濁流，求覩二者！故法所當先，而悟不容強也。（詩藪內編五）

他是欲從有則可循者進至無方可執，所以由格調以折入神韻。而他同時復以爲『必水澄鏡朗，然後花月宛然，』所以仍以爲「法所當先。」滄浪鏡花水月之喻，猶嫌過於抽象，無由入之途，無用力之方，而他則把此種理論建築在格調說上面。這尤是他的巧爲調和之處。

不僅如此，他再說到詩與禪異的地方，說到詩於悟後之依舊不能離法。他說：

> 嚴氏以禪喻詩，旨哉！禪則一悟之後，萬法皆空，棒喝怒呵，無非至理。詩則一悟之後，萬象冥會，呻吟咳唾，動觸天眞。然禪必深造而後能悟，詩雖悟後仍須深造。自昔瑰奇之士，往往有識窺上乘，業阻半途者。（詩藪內編二）

這樣說，詩不是一悟之後可以舍筏而廢法。所以他的詩論，始終不離其宗，依舊建築在格調說上面。這更是他的巧爲調和之處。由前者言，他有些傾向何仲默而不甚贊成李獻吉之擬則前人。由後者言，他又有些傾向李獻吉，而不贊同何仲默之舍筏登岸。李何論詩，到此始得到調和，始成爲一貫的主張。胡應麟之詩論，其所以有價値者在此。

詩藪中又有幾句很精到的話：『變主格，化主境。格易見，境難窺。變則標奇越險，不主故常；化則神動天隨，從心所欲。』以前所引他所謂體以代變，格以代降云云，即是指變而言。此處所引論詩主悟諸說，即是指化而言。於是他的詩論又在這方面得到了連繫。

第四目　李維楨

李維楨，字本寧，京山人，有大泌山房集一百三十四卷。明史二百八十八卷文苑有傳。

他覺得詩道至廣，未可偏主一端。偏主一端，過則爲病，所以說：『豐贍者失於繁猥，妍美者失於儇佻，莊重者失於拘滯，含蓄者失於晦僻，古澹者失於枯槁，新特者失於穿鑿，平易者失於庸俚，雄壯者失於粗厲』（大泌山房集二十一雷起部詩選序）他又覺得詩才互異，未可兼并古人。兼并古人，合則兩傷。所以又說：『格由時降而適於其時者善；體由代異而適於其體者善。迺若才，人人殊矣，而適於其才者善。孟韋之淸曠，沈宋之工麗，不相入而各擅其勝，貪而合之則兩傷矣。拾遺聖於律而鮮爲絕，供奉聖於絕而鮮爲律。瑜不掩瑕，瑕不掩瑜，諱而兼之則均病矣。宗廟朝廷閨闈邊塞，異地；禮樂軍戎慶弔離合，異事；莊嚴悽惋發揚紆曲，異情；雜而施之，則失倫矣。（大泌山房集二十一，亦適編序）此種主張即後來錢牧齋之所本。李氏以是修正七子之論調，錢氏則以是攻擊七子之主張。時代不同，態度互異，實則淵源所自，仍是七子餘派之緒論。入室操戈，在學術界中正多這些相似的例。

在當時，公安竟陵之氣燄方張，七子之餘風漸派，是非得失，亦以爭辯而歸於論定。所以李氏對於七子之主張自不能不加修正。然而修正儘管修正，立場總是不變。於是一方面雖採用公安派的主張，而一方面總不滿公安竟陵的作風。他於邵仲魯詩草序中說：

嘉隆間稱詩者必則古昔，如故國舊家守其先世之遺，無敢失墜，故詩與開元大曆相上下。自頃好奇者學怪於李長吉，學淺於白居易，學僻於孟郊，學澀於樊宗師，學浮豔於西崑，而詩之體敝矣。（大泌山房集二十三）

他於吳韓詩選題辭中又說：

七子沒垂三十年而後生妄肆詆訶，左袒中晚唐人，信口信腕，以爲天籟元聲。殷丹陽所臚列野體，鄙體，俗體，

無所不有。寡識淺學，喜其苟就，靡然從之。詩道陵遲，將何底止！（大泌山房集一三二）

他於二酉洞草序甚至出以戲謔的態度說：

杜少陵讀書萬卷，下筆有神，……而孤陋寡聞之士，以爲詩本性情，眼前光景口頭語，無一不可成詩。……「無書不讀」，昔人以爲美事，而今人中分之而相謔。執是謔以衡人病「無書」者十九，病「不讀」者十一，若之何能爲少陵詩也。（大泌山房集二十）

他於朱脩能詩跋中甚至以罵詈的態度說：

今爲詩者，倣古人調格，摘古人字句，殘膏餘沫，誠可取厭。然而詩之所以爲詩，情景事理，自古迄今，故無二道。惟才識之士，擬議以成變化，臭腐可爲神奇，安能離去古人，別造一壇宇耶？離去古人而自爲之，譬之易四肢五官以爲人，則妖孽而已矣！（大泌山房集一二九）

這都是攻擊公安竟陵的論調，而於公安爲尤甚。

然則他如何採用公安派的主張以建立詩論呢？他認爲：

夫詩有音節抑揚開闔文質淺深，可謂無法乎？意象風神，立於言前，而浮於言外，是寧盡法乎？師古者有成心，而師心者無成法。譬之敺市人而戰，與能讀父書者取敗等耳。（大泌山房集十九，來使君詩序）

今學詩者工摹擬而非情實，善雕鏤而傷天趣，增蛇足，續鳧脛，失之彌遠。抑或取里巷語，不加脩飾潤色，曰此

古人之風，可以被絃管金石也。敝帚自享，均以供識者喧噱而已。（同上，綠雨亭詩序）

今詩之弊約有二端：師古者排而獻笑，涕而無從，甚則學步效顰矣；師心者冶金自躍，覂駕自騁，甚則驅市人野戰，必敗矣。（大泌山房集一三一，書程長文詩後）

七子與公安互有流弊，他於這方面原看得很清楚。七子之弊在摹擬，在法古。何況末流承風，變本加厲，安得不暴露其弱點而招致世人之攻擊！他於吳汝忠集序中論七子學古之病云：『其氣不得靡，故擬者失而粗厲；其格不得踰，故擬者失而拘攣；其業不得儉，故擬者失而龐雜；其語不得繁，故擬者失而詭僻。』（大泌山房集十二）可知這原是法古者必有的現象。七子末流有此缺點，誠是事實，然而不可因噎廢食，遽謂學詩不妨無師承；更不可矯枉過正，以為作詩不必有法度。因此，取法於古，仍是李氏積極的主張。不過法古也有限度，過此限度，便非合作。師古師心本是互有流弊。必須一方面能合先民法度，一方面又能自成一家之言；一方面是匠心而出，一方面又法古而通；這纔達到理想的標準。於是他便在此二者之間，成一折衷的論調，即是：『取材於古而不以摹擬傷質；緣情於今而不以率易病格。』（大泌山房集二十一，方于魯詩序）他便是在這種關係上以採用公安派的主張以修正七子之理論。實則他的修正七子之說，與其謂本於公安，無寧謂仍本於七子。七子作詩以道性情，李夢陽早已講過，學古重在捨筏，何景明便是如此。李氏所論仍不外在這兩方面發揮而已。我們上文說過作風猶可以偏詣，理論必求其圓到。這正如六朝之時，作者多溺於時風，不能自拔，而批評家則力挽頹習，反足為後來古文家之先聲。所以李氏所取性靈之說，可以謂本於公安也可以說仍出於七子。

惟其如此，所以他的詩論成為折衷調和的主張，自來主性靈說者，每輕視說理用事。而他則以為：『夫有別才別趣，則必有正才正趣。理學何所不該，寧分別正！』而且『理之融浹也，趣呈其體；學之宏博也，才善其用。才得學而後雄，得理而後全；趣得理而後超，得學而後發。』（均見大泌山房集一三一，郝公琰詩跋）才學理趣正是相得益彰，何嘗不相關涉！所以他憤慨地說：『詩何病於理學，理學何病於詩，而離之始雙美，合之則兩傷！固哉今之為詩也。』（大泌山房集二十二，劉宗魯詩序）這即是與「公安」不同的地方。

他從格調說轉變而修正之，以為格調說本身不誤，而其弊在學者之誤。學者『步趣形骸，割裂餖飣，口實法古而去古彌遠，害古彌甚』（大泌山房集二十一，閻汝用詩序）所以不是古之不當法，乃是所以法古者未得其道。『古之學以積習，今之學以躐等；古之學以涵養，今之學以捃摭；古之學以潛修，今之學以誇詡。是故鶩博不免雜，信古不免襲，偏嗜不免固，而詩與學俱病矣。』（同上，陳憲使詩序）學之不得其道，所以格調說會有這些弊病。

他又對性靈說而糾正之，以為性靈固屬重要，然何能廢法，何能廢學。其彭飛仲小刻題辭云：『昔信陽有舍筏之喻，蓋既濟而後可以無筏，未有無筏而可以濟者。』（大泌山房集一百三十二）其張司馬集序又云：『夫詩文雖小道，其才必豐於天，而其學必極於人。就其才之所近而輔之以學，師匠高而取精多，專習凝領之久，神與境會，手與心謀，非可襲而致也。』（大泌山房集十一）這樣講，由才言是斂才就範；由學言，又所謂水到渠成。於是才與法交相爲用而不相爲病。

他是這樣集大成的，所以性靈格調可以兼收並取，我們不妨再引一些他的話以實我論。

景傅於情，聲諧於調，才合於法，蹊徑絕而神采流，風骨立而態韻勝。（大泌山房集十九董司寇詩集序）

觸景以生情而不迫情以就景；取古以證事而不役事以騁材；因詞以定韻而不窮韻以累趣；緣調以成體而不備體以示瑕。（同上青蓮閣集序）

法不隱才，采不廢質，取態濃淡之間，而見巧虛實之際。（大泌山房集二十三，吳凝父稿序）

這種標準，即是後來錢牧齋論詩之所本，然而牧齋卻用以攻七子。

第四節　七子派之文論

前後七子均長於論詩而短於論文，故詩論每掩其文論。七子派中如王廷相李維楨等大率囿於傳統見解，並無特異之處，而且與李何諸人之持論不盡同，可不贅述。

求其眞能闡說文必秦漢之旨者，惟王世貞與屠隆二人。王氏之評歸有光文，稱其『單辭甚工，邊幅不足，每得其文讀之，未竟輒解，隨解輒竭』（弇州四部稿一二八答陸汝順）自是歸文定評。不僅歸文，凡宗唐宋古文者，大率都有此病。藝苑卮言中謂唐之文庸，宋之文陋，（見卷三）唐宋文何以視爲庸且陋，即因認爲愈趨愈下，安於凡近的緣故。王氏於古四大家摘言序云『宋則廬陵臨川南豐眉山者，稍又變之，彼見以爲捨筏而覓津，不知其造詣易而益就下。明興，弘正間學士先生稍又變之，非先秦西京弗述，彼見以爲溯流而獲源不知其猶墮於蹊也。夫所謂古者，不能據上游以厭羣志而一時輕敏之士，樂於宋之易構而名易獵，羣然而趨之。』（四部稿六十八）則可知他對於獻吉諸人之蹊逕未化，不足以厭羣志，雖深致惋惜，然其力爭上游，固不妨引爲同調。至於流連忘返，愈趨愈下的風氣，在他也認爲必須改革的。

不過王氏雖引其端而未暢厥旨，後來屠隆論文，始大闡王李之說。屠氏有一篇文論，是他文學批評極重要的一篇。此文雖長，我們不能不全引之。他先申論歷代文學以明文必秦漢之旨。他說：

世人談六經者，率謂六經寫聖人之心，聖人所稱道術，醇粹潔白，曉告天下萬世，燦然如揭日月而行，是以天下萬世貴之也。夫六經之所貴者道術，固也，吾知之。卽其文字奚不盛哉？易之冲玄，詩之和婉，書之莊雅，春秋之簡嚴，絕無後世文人學士纖穠佻巧之態，而風骨格力，高視千古；若禮檀弓，周禮考工記等篇，則又峯巒峭拔，波濤層起，而姿態橫生，信文章之大觀也。六經而下，左國之文高峻嚴整，古雅藻麗……賈馬之文疏朗豪宕，雄健隽古。……其他若屈大夫之詞賦……莊列之文……亦天下之奇作矣。譬之大造，寥廓淸曠，風日熙明，時固然也，而飄風震雷，揚沙走石，以動威萬物，亦豈可少哉？諸子之風骨格力，卽言人人殊，其道術之醇粹潔白，皆不敢望六經，乃其爲古文辭一也。由建安下逮六朝，鮑謝顏沈之流，盛粉澤而掩質素，繪面目而失神情，繁枝葉而離本根，周漢之聲，蕩焉盡矣。然而穠華色澤，比物連彙，亦種種動人。譬之南威西子，麗服靚妝，雖非姜姒之雅，端人莊士或棄而不睨，其實天下之麗，洵美且都矣。

在此節中他完全站在文學的見地以說明六經之文章技巧，以說明左國賈馬屈宋莊列諸子之文學價值，乃至建安六朝之文所以也有可取之處。於是他再說明唐後無文之意。他說：

文體靡於六朝，而唐昌黎氏反之，然而文至昌黎氏大壞焉。……昌黎氏蓋所謂文起八代之衰者，今讀其文，僅能擢駢儷爲散文耳。妍華雖去而淡乎無采也；醲腴雖除而索乎無味也；繁音雖削而瘖乎無聲也。其氣弱，其格卑，其情緩，其法疏，求之六經諸子，是遵何以哉？世人厭六朝之駢儷而樂昌黎之疏散，翕然相與宗師之。是以韓氏之文遂爲後世之楷模，建標藝壇之上，而羣趨旌干之下，一夫奮臂，六合同聲，斯不亦任耳而不任目之過乎？六經而下，古文詞咸在，正變離合，總總夥矣，然未有若昌黎氏者。昌黎之文，果何法也！藉令昌黎氏之文出於周漢，則不得傳。何者？周漢之文無此者，周漢誠無用此文爲也。昌黎氏之所以爲當時宗師而名後世者，徒散文耳。今姑無論其他，即如兩漢制誥，誰非散文，冲夷平淡，都無波峭之氣，而朴茂深嚴，遠而望之，則穆然光沉，迫而視之，則神采隱隱，風骨格力，往往而在。昌黎氏之文若是邪？論者謂善繪者傳其神，善書者模其意。昌黎氏之文，蓋傳先哲之神，而脫其軀殼，模古人之意，而迂其形畫者也。奚必六經，必諸子哉！且風骨格力，韓子焉不有也！嗟乎令韓子不屑屑於擬古，而古意矯然具存，即奚必如六經，如諸子，而自爲韓子一家之言可也。今第觀其文，卑者單弱而不振，高者詰屈而聱牙，多者裝綴而繁蕪，寡者率略而簡易，雖有他美，吾不得而知之矣。尙焉取風骨格力於其間哉！厥後歐蘇曾王之文，大都出於韓子，讀之可一氣盡也，而翫之則使人意消。余每讀諸子之文，蓋幾不能終篇也。標而趨之者非韓子與？（文論）

『文靡於隋，韓力振之，然古文之法亡於韓；』這原是何景明的話，不過何氏於此未曾加以發揮，長卿則稱其「淡乎無采」「索乎無味」「瘖乎無聲」，稱其「氣弱」「格卑」「情緩」「法疏」，稱其『卑者單弱而不振，高者詰屈而聱牙，多者裝綴而繁蕪，寡者率略而簡易，尙焉取風格骨力於其間哉！』於是覺得昌黎之文與六經諸子之文氣象全不合，而所謂古文之法亡於韓者，於此可以看出其關係。長卿再有一篇與友人論詩文（由拳集二十三）也曾發揮此意。人家說『昌黎蓋文章家之武庫也，何所不有矣，』他則說：『謂昌黎何所不有，周漢獨何所無耶？』人家說『昌黎文大抵雅馴不詭於大道』他則說『謂昌黎不詭於大道，周漢獨與大道詭耶？』兩兩相較，高下自顯，所以他以爲只有立剖判之先，出六合之外，高自出奇，纔可全不學古。否則，『獨奈何能舍周漢而學昌黎氏也。』

這樣說明，眞所謂能立能破，在李何李王諸人的文論中確未曾見如此博辯閎肆之文，可謂復古潮流中的健將。不僅如此，他於李何李王末流之弊亦痛切言之。他說：

明興，北地李獻吉信陽何仲默姑蘇徐昌穀，始力興周漢之文；詩自三百篇而下，則主初唐。厥後諸公繼起，氣昌而才雄，徒衆而力倍，古道遂以大興，可謂盛矣。然學士大夫之奮起其間者，或抱長才而乏遠識，踔厲之氣盛，而陶鎔之力淺。學左國者得其高峻而遺其和平；法史漢者，得其豪宕而遺其渾博；模辭擬法，拘而不化。獨觀其一，則古色蒼然，總而讀之，則千篇一律也。愚嘗取以自諗，蓋亦時時有之，有之而思變之。猶未得其要領焉。嗟乎文難言哉！愚意作者必取材於經史而鎔意於心神；借聲於周漢，而命辭於今日。不必字字而琢之，句句而擬之，而浩博雄渾，識者自知其爲周漢之文，不作昌黎以下語，斯其至乎？今文章家獨有周漢之句法耳，而其渾博之體未備也，變化之機未熟也，超妙之理未臻也。故吾願與海內諸君子勉之矣。夫文不程古則不登於上品，見非超妙，則傍古人之藩籬而已。……二三君子，苟非得之超妙，無輕議古，苟非深於古，無輕訾韓歐也。夫挾天子以令諸侯，諸侯將奔走焉；麋而虎皮，人得而寢處之矣。深於古以訾韓歐，是挾天子以令諸侯也。影響古人而求勝之，則麋而虎皮矣。諸君子其無爲韓歐寢處哉！（文論）

文必秦漢，詩必盛唐，舉第一義的高格以語人，這是挾天子以令諸侯，原無可反對。不過模辭擬法，拘而不化，一方面是影響古人，一方面亦千篇一律，此則不能不說是學古之病。所以他要『取材於經史而鎔意於心神，借聲於周漢，而命辭於今日。』他覺得當時文章家「獨有周漢之句法耳，」所以主張『不必字字而琢之，句句而擬之。』這實是當時復古說中修正的論調。

『取材於經史而鎔意於心神，借聲於周漢而命辭於今日，』這是兩句很重要的話。我們特別提出這兩句話可以看出復古說之所以爲人詬病，與長卿之怎樣修正當時的復古文學。李維楨大泌山房集（二十三）許覺父集序中也有兩句名語是：『體格法古人而不必立異於今人，句意超今人而不必襲迹於古人，』與長卿所言正是異曲同工。

我常想，由長卿之理論言之，則復古之說，眞是能立能破，可謂挾天子以令諸侯，理應有所成功；然而結果徒襲形貌，拘而不化，不必待日後之論定，卽在當時已起許多非難，則又何也？推原其故，厥有二因：（一）是古今語言變遷的關係，（二）是文章本質的問題。在當時，宗秦漢與宗唐宋，同樣是復古，同樣是模擬，實在不過是百步與五十步的分別。然而一般人總覺宗唐宋者得其神而宗秦漢者拘於貌，此其故，恐怕只有在語言變遷的關係上說明之。語言變遷愈甚，則古今文章的形貌愈離。古今文章的形貌愈離，則規摹學擬，不得不先從形貌上着手。於是「字字而琢之，句句而擬之，」也成爲不得不然的現象了。因爲不如是則不能得其聲調。不能得其聲調，則更不能法其氣象，而又何風骨格力之足言。所以他說：『借聲於周漢而命辭於今日。』借聲於周漢，指句法言；命辭於今日，則變化矣。不妨用古人的句法，不妨襲古人的聲調，但不可不用現代人的思想。易言之，卽不可不說現代的話。瓶是舊的，酒卻是新的。何以瓶宜其舊？因爲是古董，其工緻可愛，其古雅可賞，所謂『文不程古則不登於上品。』何以酒宜其新？又因其適時，有眞味可品，有厚味可甘，所謂『八珍醇醴，以視古者太羹玄酒之風則媿矣，蓋太上不貴而後世爭馳，天下之甘旨也。』（均見文論）這是他要修正的一點。

又在當時，李何李王何以要崛起於文壇，不是爲了臺閣體末流之嘽緩冗沓嗎？不是爲了唐以後文之氣弱格卑情緩法疎嗎？『讀之可一氣盡也而斲之則使人意消，』這誠深中唐宋古文之弊。所以李何李王一以奇崛雄健矯之；其中以二李爲尤甚。他們只知學唐宋古文者之卑與弱而不知其致病之由乃在別無創見乃在『超妙之理未臻也。』他們不從超妙之見着手，而只於文章之形貌注意，於是所取於秦漢者偏主奇崛則陷於單調，如李于鱗便是；兼取其長則傷於蕪雜，如王元美便是。要之都是所謂「傍人藩籬拾人咳唾」者。由拳集中又有一篇與王元美先生書，論好奇之病云：

今夫天，有揚沙走石，則有和風惠日。今夫地，有危峯峭壁，則有平原曠野。今夫江海，有濁浪崩雲，則有平波展鏡。今夫人物，有戈矛叱咤，則有俎豆晏笑。斯物之固然也。藉使天一於揚沙走石，地一於危峯峭壁，江海一於濁浪崩雲，人物一於戈矛叱咤，好奇不太過乎？將習見者厭矣。文章大觀，奇正離合，瑰麗爾雅，險壯溫夷，何所不有！嘗試取先民鴻製大作讀之，書如盤庚，禮如檀弓，周禮如考工記，亦云奇苦近險矣，而不過偶一爲之；其平曠瑩徹，揭日月而臨大道者，固多。他如穆天子傳左國莊騷秦碑呂覽諸篇，雖云魁壘多奇，而其中平易者，亦往往不少。惟揚子雲好奇言言艱棘，後世而下，論者爲何？平生辛苦蟲魚自況出奇間道，終屬偏師。（由拳集十四）

在當時李于鱗之文，其病正坐此。所以他說：『信如于鱗標異，凌厲千古，吞掩前後，則六藉之粹白，漢詔誥之溫厚，賈長沙之浩蕩，司馬子長之疏朗，長卿之詞藻，王子淵之才俊，六朝之語麗，不盡廢乎？卽天又奚以和風惠日爲也！』至於王元美之文則包羅左國，吐納莊騷，出入揚馬，鞭箠褒雄，廣大變化，似乎與李不同了；然而他又竊有疑焉『雋永之中，不嫌雜俎，閎麗之極，間出麁毫，又撰著太多，篇章太富，宇宙羣品，題咏靡遺，古今萬狀，蒐羅略盡，無乃傷於雜乎！』王李都是當時復古的大家，而受病若是，其他諸人，更可知矣。所以他要『取材於經史而鎔意於心神。』取材於經史，則「風骨格力往往而在」；鎔意於心神，則所謂「得之超妙」，自然不致傍人籬落了。學古而陶鎔之，便不至成爲偏師；陶鎔而運以心神，便不致傷於蕪雜。此中有我，呼之欲出，而又何讚古之足病！學古到此，於是「浩博雄渾，識者自知其爲周漢之文，」而於文中自能表現個性，這又是他要修正的另一點。

此種講法在當時李維楨說來便是才與法的問題。李氏太函集序云：『文章之道，有才有法。……法者前人作之，後人述焉，猶射之彀率，工之規矩準繩也。知巧則存乎才矣。……所貴乎才者，作於法之前，法必可述；述於法之後，法若始作，游於法之中，法不病我；軼於法之外，我不病法；擬議以成其變化，若有法，若無法，而後無遺憾』（大泌山房集十一）這也與屠氏所言是同樣的意思。重法，所以必須學古，尙才，自然不致泥法。前者不妨取裁於經史，後者必須鎔意於心神。李氏在此文中之批評李王，謂『歷下語不作漢以後，字不失漢以前，而鉤棘澀吻，不必合也；弇州篇或有累句，句或有累字，不必合也。』也與長卿的批評有些相類，可知這是時人共有的公論。

這樣修正，是不是同於一般人之反對七子，詆其摹擬呢？則又不然。主唐宋者不欲摹秦漢之辭，擬秦漢之法；近公安者根本便不主張摹辭擬法，而他則於摹辭擬法之外，似乎覺得應更進一步備其渾博之體，熟其變化之機，而臻其超妙之理。他始終只成爲復古論的轉變者與修正者，而不成爲復古論的反抗者。

第四章　與前後七子不同之諸家

第一節　唐宋派之論文

第一目　唐順之

唐順之，字應德，一字義修，武進人，明史二百五卷有傳。所著有荆川集及文編等。

荆川學問淵博，是個多方面的人。明史本傳稱其『自天文樂律地理兵法弧矢勾股壬奇禽乙莫不究極原委，盡取古今載籍，剖裂補綴區分部居，爲左右文武儒裨六編傳於世，學者不能測其奧也。』我們先須認識他的人是這樣多方面的；然後可以知道他所吸受的時代影響也是多方面的。他於詩文，初喜李空同，及受王遵巖的影響，始改宗歐曾，而爲唐宋派的領袖。他於學，又以得於王龍谿者爲多，故自言於龍谿只少一拜，而龍谿便是王學中的左派，所以荆川論學亦以天機爲宗。因此影響到詩文，隨意流露，而文自至；較之遵巖之刻意摹倣歐曾者，似乎更勝一籌。

他何以能如此呢？卽因他一生興趣，曾經過一度的轉移。他答蔡可泉書自謂『年近四十，慨然自悔，捐書燒筆，稍見古人塗轍可尋處。』（荆川集七）可知他四十以前傾向學文，四十以後傾向學道。因此，他的文論也是四十以前是一路，四十以後別是一路。再證以他答王遵巖書所謂『近年來將四十年前伎倆頭頭放捨，四十年前意見種種抹摋，』（荊川集六）可知「四十」一關，是他一生學問的大轉變。

荊川有一部重要的選集卽是文編。文編選輯自周至宋之文，分體排纂，頗示文章法度。其自序謂『不能無文而文不能無法；是編者文之工匠而法之至也。』他卽提一「法」字以與「秦漢派」立異。實則「秦漢派」也講法，不過對於所謂「法」的意義又各別。蓋秦漢派之所重在氣象；氣象不可見，於是於詞句求之，於字面求之。求深而得淺，結果反落於剽竊摹擬。唐宋派之所重在神明；神明亦不可見，於是於開闔順逆求之，於經緯錯綜求之，由有定以進窺無定，於是可出新意於繩墨之餘。這便是「秦漢」與「唐宋」二派的分別。

何況開闔順逆之法，原自唐宋文人創之，所以規範唐宋之文，自比較容易。羅萬藻代人作韓臨之制藝序云：『文字之規矩繩墨，自唐宋而下，所謂抑揚開闔起伏呼照之法，晉漢以上絕無所聞，而韓柳歐蘇諸大儒設之，遂以爲家。出入有度，而神氣自流，故自上古之文至此而別爲一界。』（此觀堂集一）這是中國散文史上的一段變遷。此義爲前人所未發。秦漢之文原無規矩繩墨可言，故不易窺其法；唐宋之文本有規矩繩墨可遵，所以也易於學。這又是秦漢與唐宋二派的分別。

何況，唐宋之文與當時之語言爲接近，秦漢之文與當時之語言相隔閡。所以摹唐宋者易於抑揚頓挫種種神情上揣摹，而學秦漢者，便不得不兼學昔人之語詞，與昔人之語法。用昔人之語詞，套昔人之語法，卽使能肖，而神明不在是，而變化仍不可能。所以由唐宋門逕以讀秦漢之文，則神明在心，變化由己；由秦漢派之說以學秦漢之文，則所謂「尺尺而寸寸之」耳。所謂「影子」而已！同樣的復古，同樣的摹古，只因古今語言之異，而成此不同的結果。這更是「秦漢」與「唐宋」二派重要的分別。

文編序云：

> 聖人以神明而達之於文，文士研精於文以窺神明之奧。其窺之也有偏有全，有小有大，有駁有醇，而能有得也，而神明未嘗不在焉。所謂法者，神明之變化也。（荊川集十）

「文必秦漢」而秦漢文之氣象——格——有定，故其窺之也雖欲窺其全而得偏，雖欲窺其大而得小，雖欲窺其醇而得駁，誠以不如是則秦漢文之氣象不可得而擬也。如以神明變化爲法，則所謂『聖人以神明而達之於文』者，髣髴如見，而我之學之所以以新意達之於文者，亦髣髴有由入之途，有可循之迹。這是所謂窺其全，窺其大，窺其醇。論到此，不得不一讀董中峯侍郎文集序：

> 喉中以轉氣，管中以轉聲。氣有湮而復暢，聲有歇而復宣，闔之以助開，尾之以引首，此皆發於天機之自然，而凡爲樂者，莫不能然也。最善爲樂者則不然。其妙常在於喉管之交，而其用常潛乎聲氣之表。氣轉於氣之未湮，是以湮暢百變而常若一氣；聲轉於聲之未歇，是以歇宣萬殊而常若一聲。使喉管聲氣融而爲一，而莫可以窺，蓋其機微矣。然而其聲與氣之必有所轉，而所謂開闔首尾之節，凡爲樂者莫不皆然者，則不容異也。使

不轉氣與聲，則何以爲樂；使其轉氣與聲，而可以窺也，則樂何以爲神！有賤工者見夫善爲樂者之若無所轉，而以爲果無所轉也，於是直其氣與聲而出之，戛戛然一往而不復，是擊腐木濕鼓之音也。言文者何以異此！漢以前之文，未嘗無法，而未嘗有法；法寓於無法之中，故其爲法也密而不可窺。唐與近代之文，不能無法，而能毫釐不失乎法；以有法爲法，故其爲法也嚴而不可犯。密則疑於無所謂法，嚴則疑於有法而可窺。然而文之必有法，出乎自然而不可易者，則不容異也。且夫不能有法，而何以議於無法。有人焉見夫漢以前之文，疑於無法，而以爲果無法也，於是率然而出之，決裂以爲體，餖飣以爲詞，盡去自古以來開闔首尾經緯錯綜之法，而別爲一種臃腫佶澀浮蕩之文。其氣離而不屬，其聲離而不節，其意卑，其語澀，以爲秦與漢之文如是也；豈不猶腐木濕鼓之音，而且詫曰吾之樂合乎神。嗚呼！今之言秦與漢者紛紛是矣！知其果秦乎漢乎否也？』

（荊川集十）

他所謂『氣有湮而復暢，聲有歇而復宣，闔之以助開，尾之以引首，』即是所謂開闔順逆之法。然而此法猶有迹可求，唐以後之文屬此。他所謂『氣轉於氣之未湮，是以湮暢百變而常若一氣，聲轉於聲之未歇，是以歇宣萬殊而常若一聲』也仍不外開闔順逆之法，然而無迹可求，漢以前之文屬此。此其別，實在不是法之嚴與密的問題，乃是法之可窺與不可窺的問題。而法之所以有可窺或不可窺者，乃是語言變遷的關係。語言變遷了，於是疑於無所謂法，而其法遂成爲不可窺。不窺其法而徒襲其迹，這是秦漢派所以失敗的理由。因此，法遂成了反抗秦漢派的口號，成爲反抗秦漢派的法寶。

由秦漢文之氣象以學秦漢文，僅成貌似；由唐宋文之門逕以學秦漢文，轉可得其神解。王遵巖與道原弟書亦言『學馬遷莫如歐，學班固莫如曾。』（遵巖集二十）卽是此意。四庫總目提要之論文編云：『自正嘉之後，北地信陽聲價奔走一世，太倉歷下流派彌長，而日久論定，言古文者終以順之及歸有光王愼中三家爲歸。』其原因卽在於此。荆川與兩湖書云：『以應酬之故，亦時不免於爲文。每一抽思，了了如見古人爲文之意，乃知千古作家別自有正法眼藏在，蓋其首尾節奏，天然之度，自不可差；而得意於筆墨蹊徑之外，則惟神解者而後可以語此。近時文人說秦說漢，說班說馬，多是寱語耳。莊定山之論文曰，得乎心，應乎手，若輪扁之斲輪，不疾不徐，若伯樂之相馬，非牡非牝，庶足以形容其妙乎。顧自以精神短少，不欲更弊之於此，故不能窮其妙也。』（荆川集五）

迨到後來，杜門習靜，專精求道，不再欲用此閒精神於文字技倆，於是文格旣隨以稍變，而論文主張更隨以大變。蓋有志於文則總期闖入古人閫域，所以有所謂「法」的問題；若無志於文，則目無古人，更有何法之可言。其答茅鹿門書云：『至如鹿門所疑於我本是欲工文字之人而不語人以求工文字者，此則有說。鹿門所見於吾者，殆故吾也，而未嘗見夫槁形灰心之吾乎？』（荆川集七）「故吾」與「今吾」不同，所以荆川文論到了晚年又別走一路。其下文卽說明「今吾」之不重在文字技倆。他說：

吾豈欺鹿門者哉！其不語人以求工文字者，非謂一切抹摋以文字絕不足爲也。蓋謂學者先務，有源委本末

之別耳。文莫猶人，躬行未得，此一段公案姑不敢論。只就文章家論之，雖其繩墨布置，奇正轉折，自有專門師法，至於中一段精神命脈骨髓，則非洗滌心源，獨立物表，具古今隻眼者，不足以與此。今有兩人，其一人心地超然，所謂具千古隻眼人也，即使未嘗操紙筆呻吟學為文章，但直據胸臆，信手寫出，如寫家書，雖或疏鹵，然絕無煙火酸餡習氣，便是宇宙間一樣絕好文章。其一人猶然塵中人也，雖其顓顓學為文章，其於所謂繩墨布置則盡是矣，然翻來覆去，不過是這幾句婆子舌頭語，索其所謂眞精神與千古不可磨滅之見，絕無有也；則文雖工而不免為下格。此文章本色也。……

且夫兩漢而下之文之不如古者，豈其所謂繩墨轉折之精之不盡如哉？秦漢以前，儒家有儒家本色，至如老莊家有老莊家本色，縱橫家有縱橫家本色，名家，墨家，陰陽家皆有本色。雖其為術也駁，而莫不皆有一段千古不可磨滅之見。是以老家必不肯勦儒家之說，縱橫家必不肯借墨家之談，各自其本色而鳴之為言。其所言者其本色也，是以精光注焉，而其言遂不泯於世。唐宋而下，文人莫不語性命，談治道，滿紙炫然，一切自託於儒家，然非其涵養畜聚之素，非眞有一段千古不可磨滅之見，而影響勦說，蓋頭竊尾，如貧人借富人之衣，莊農作大賈之飾，極力裝做，醜態盡露，是以精光枵焉，而其言遂不久湮廢。（荊川集七）

此種論調，簡直同於李卓吾的口吻了，簡直成為公安派的主張了。論文到此，唐宋歐曾舉不足尚，而又何法之可言！他只要「道得幾句千古說不出的說話」，他何肯再費其精神盡於言語文字之間。所以他說：『藝苑之門，久已掃迹，雖或意到處作一兩詩及世緣不得已作一兩篇應酬文字，率鄙陋無一足觀者。其爲詩也，率意信口，不調不格，大率似以寒山擊壤爲宗而欲摹效之而又不能摹效之然者。其於文也，大率所謂宋頭巾氣習求一秦字漢語，了不可得。凡此皆不爲好古之士所喜而亦自笑其迂拙而無成也。』（荊川文集六答皇甫百泉郎中）

上文說過由何景明之論推之，可以打倒文必秦漢的口號；荊川論法略同大復，何況更加以龍谿之學，所以更會走近公安一路。如云：

> 文章稍不自胸中流出，雖若不用別人一字一句，只是別人字句，差處只是別人的差，是處只是別人的是也。若皆自胸中流出，則鑪錘在我，金鐵盡鎔，雖用他人字句，亦是自己字句，如四書中引書引詩之類是也。（荊川集七，與洪方洲書）

> 近來覺得詩文一事，只是直寫胸臆，如諺語所謂開口見喉嚨者，使後人讀之如眞見其面目，瑜瑕俱不容揜，所謂本色，此爲上乘文字。揚子雲閃縮譎怪，欲說不說，不說又說，此最下者，其心術亦略可知。（同上）

從此看來，謂公安竟陵之文出自左派王學，眞是確見。只須於王學有所會得，自會走上這一路去。欲看出荊川文論之轉變，不可不於此加以注意。

第二目　王愼中與歸有光

當時與唐順之一同從事於唐宋古文運動者，尚有王愼中與歸有光。不過由文學批評而言，王與歸都不如唐的重要，則以唐氏於文之外旁涉各種學問，而且於道有得，所以能建立他的思想系統，王與歸則不過就文論文而已。

王愼中字道思，號遵巖，晉江人，明史二百八十七卷文苑有傳，所著有遵巖集。明史稱『愼中爲文初主秦漢，謂東京以下無可取，已悟歐曾作文之法，乃盡焚舊作，一意師倣，尤得力於曾鞏。順之初不服，久亦變而從之。壯年廢棄，益肆力古文，演迤詳瞻，卓然成家。……李攀龍王世貞後起力排之，卒不能掩。』是當時爲唐宋古文之學者且以遵巖爲最先。

遵巖自述其學文經歷，具見再上顧未齋一書。（遵巖集十五）他自言少時妄意於文藝之事，也曾掇摭割裂，也曾模効依倣，直至『二十八歲以來，始盡取古聖賢經傳及有宋諸大儒之書，閉門掃几，伏而讀之。論文繹義，積以歲月，忽然有得，追思往日之謬，其不見爲大賢君子所棄而終於小人之歸者誠幸矣。』這是他自述由秦漢而轉變到唐宋的經過。在此段自述中間，可以知道他所以轉變之故，不外（一）七子之學得於文者頗淺，除掇摭割裂模效依倣以外，一無本領，所以他有悟於歐曾作文之法，便不妨改途易轍。（二）他既悟歐曾作文之法，一意師倣，似乎仍不脫模擬習氣，然而宗唐宋者總比較偏於道的方面，所以要傾向於聖賢之學。「雖不能至而心嚮往之，」他們確有這一番誠意。

遵巖之學宗主南豐。其集中論文之語不多，惟曾南豐文粹序（遵巖集二十三）歷述斯文源流升降得失之故，是遵巖文論重要之作。他以爲『極盛之世學術明於人人，風俗一出乎道德，而文行於其間，』此卽所謂六經時期，此時之文皆本於學術而足以發揮乎道德，且不爲專長一人獨名一家之具。『周衰學廢，能言之士始出於才，……各以其所見爲學……然發而爲文皆以道其中之所欲言，非掠取於外藻飾而離其本者，』這是諸子時期。此時之文，由其言以考於道德，則有不醇不該之病。『三代以降，士之能爲文，莫盛於西漢。徒取之於外而足以悅世之耳目者，枚乘公孫弘嚴助朱買臣谷永司馬相如之屬，而相如爲之尤；能道其中之所欲言而不免於蔽者，賈誼董仲舒司馬遷劉向揚雄之屬，而雄其最也。』自西漢以後始有以文專長之人，而同時復有徒取之於外以悅世之耳目之傾向。『由西漢而下莫盛於有宋慶曆嘉祐之間，而傑然自名其家者，南豐曾氏也。』南豐曾氏之所以可尊，卽因『折衷諸子之同異，會通於聖人之旨；以反溺去蔽而思出於道德，信乎能道其中之所欲言而不醇不該之蔽亦已少矣。』這是他有取於南豐的地方，而也是遵巖所以爲文之旨。

遵巖與江午坡書云『文字法度規矩一不敢背於古，而卒歸於自爲其言，』（遵巖集十七）這卽是遵巖論文之旨。自爲其言，故義必前人所未發；規矩不背於古，故文又不可偭於法。時人之所以誤入歧途，卽因『病於法之難入，困於義之難精，』（見曾南豐文粹序）這是他的義法說。『文雖末技，然人材美惡，風俗盛衰，舉係於此，不得自爲高闊，持重本輕末之說，付之不足爲意。』（見遵巖集十八，與蔡可泉）所以他的態度並不廢文。此種態度直到後來一般古文家都是如此。

歸有光，字熙甫，號震川，崑山人，明史二百八十七卷文苑有傳，所著有震川集。震川晚年始中進士，名位不顯，故其年雖較王唐為長，而在文學批評史上的關係則較王唐為遲。王唐所反對的目標為李何，而震川所攻擊的對象則為王元美。元美中進士在嘉靖二十六年，時震川已四十二歲，迨元美主盟文壇更在其後。故知歸王之詆諆，也是震川晚年的事。

震川之攻擊元美，見於項思堯文集序。他說：

蓋今世之所為文者難言矣。未始為古人之學，而苟得一二妄庸人為之巨子，爭附和之以詆排前人。韓文公云『李杜文章在，光燄萬丈長，不知羣兒愚，那用故謗傷，蚍蜉撼大樹，可笑不自量。』文章至於宋元諸名家，其力足以追數千載之上而與之頡頏，而世直以蚍蜉撼之，可悲也。無乃一二妄庸人為之巨子以倡道之歟？（震川集二）

此文所謂妄庸巨子卽指元美。元美聞而笑曰，『妄誠有之，庸則未敢聞命。』震川說：『唯庸故妄，未有妄而不庸者也』此則故事見錢牧齋題歸太僕文集。（初學集八十三）牧齋文中再記一則故事謂『傳聞熙甫上公車，賃騾車以行，熙甫儼然中坐，後生弟子執書夾侍。嘉定徐宗伯年最少，從容問李空同文云何，因取集中于肅愍廟碑以進。熙甫讀畢揮之曰，文理那得通。偶拈一帙，得曾子固書魏鄭公傳後，挾册朗誦至五十餘過，聽者皆欠申欲臥，熙甫沈吟諷詠，猶有餘味』云云。可知歸氏之學亦宗南豐。他可以稱是唐宋派的後殿。後來之為古文者，殆無不受震川的影響。震川在文學批評史上的關係雖較王唐爲遲，而其影響所及，似較王唐爲鉅。他說：『文章天地之元氣，得之者其氣直與天地同流，雖彼其權足以榮辱毀譽其人而不能以與於吾文章之事。』（項思堯文集序）他又說：『僕文何能爲古人，但今世相尙以琢句爲工，自謂欲追秦漢，然不過剽竊齊梁之餘，而海內宗之，翕然成風，可爲悼嘆耳！區區里巷童子強作解事者，此誠何足辨也。』（震川別集七，與沈敬甫）此老崛強，可於此數語見之。何況他又喜歡講評點之學，以法度語人，當然影響較王唐爲大了。

第二節　公安派

第一目　公安派之前驅

第一款　思想界的影響

反對前後七子最有力的中心部隊卽是「公安派」。「公安派」的成功，卽由於針對着七子的中心理論以進攻。七子主張宗古，而他則廓清宗古的思想；七子所長在詩，其所論也偏於詩，而他則專在詩的方面創造相反的作風，建立相反的理論。所以「公安派」纔是七子的勁敵。一般宗主唐宋的古文家尙不足以語此。因此，論述「公安派」，時不得不先述「公安派」的前驅與羽翼。

「公安派」的主張之所由形成，不外幾方面：一是思想界的關係，以李贄焦竑的影響爲最鉅；二是戲曲家的關係，又以徐渭湯顯祖的影響爲最深；三是詩人的關係，則于愼行公鼐諸人的言論也不能沒有一些影響。

現在先講思想界的關係。

李贄，號卓吾，一曰篤吾，泉州晉江人，明史二百二十一卷附耿定向傳，所著有李氏焚書等。

卓吾是當時一個怪人，性褊窄，而讀書又眼光甚銳，能時出新意，爲文不阡不陌，作字亦瘦勁險絕，對俗客則寂無一語，遇勝友則終日晤言，滑稽排調，衝口而發，爲和尚而獨存鬢鬚，服儒冠而身居蘭若，怪怪奇奇，所以很不合於流俗，而卒致爲人所構陷。當時王心齋顏山農何心隱一流人大抵都有此態度，也往往爲人所驚怪，所傾陷。

大抵當時王學旣以悟性爲宗，自由解放，所以只須個性稍強的人，自會走上狂者一路。人家詆卓吾爲狂禪，爲左道，他何嘗顧慮到流俗這些毀譽，他只行吾心之所是而已。他『平生不愛屬人管』，（見焚書四，豫約篇感慨平生條）而他『是非又大戾昔人』，（見焚書六，讀書樂引）所以頗有許多驚人的言行。袁小修珂雪齋遊居柿錄（九）論中郎詩文，稱其『才高膽大，無心於世之毀譽，聊以舒其意之所欲言耳。』此種態度，恐卽受卓吾的影響。當中郎見卓吾的時候，卓吾大加賞識，贈詩有『誦君玉屑句，執鞭亦欣慕，早得從君言，不當有老苦』之語。蓋卓吾以老年無朋，作書曰老苦故也。（見公安縣志袁宏道傳）卓吾喜中郎至，有詩云：『世道由來未可孤，百年端的是吾徒，』（焚書八）中郎訪卓吾也題詩云：『李贄便爲今李耳，西陵還似古西周。』（袁中郎全集三十三）又懷龍湖詩云：『老子本將龍作性，楚人元以鳳爲歌。』（袁中郎全集三十九）兩心相印，契合無間，中郎能不受卓吾大刀闊斧，獨來獨往的影響嗎？

卓吾文論之抒其獨見者，卽在一篇童心說。（焚書三）『童心者眞心也。』『失却童心便失却眞心；失却眞心，便失却眞人。』他是基於此種理由以重在存其眞心。這些話原自陽明致良知之說轉變得來。而他爲要做「眞人」存「眞心」所以以爲道理聞見都是童心之障。這樣，是非大戾於時人，是非也大戾於昔人。他說：

然童心胡然而遽失也？蓋方其始也，有聞見從耳目而入，而以爲主於其內而童心失；其長也，有道理從聞見而入，而以爲主於其內而童心失。其久也，道理聞見日以益多，則所知所覺日以益廣，於是焉又知美名之可好也，而務欲以揚之，而童心失；知不美之名之可醜也，而務欲以掩之，而童心失。夫道理聞見，皆自多讀書識義理而來也。古之聖人曷嘗不讀書哉！然縱不讀書，童心固自在也；縱多讀書，亦以護此童心而使之勿失焉耳。非若學者反以多讀書識義理而反障之也。

『童心既障，於是發而爲言語，則言語不由衷；見而爲政事，則政事無根柢；著而爲文辭，則文辭不能達。』一般人方以道理聞見爲立言之要，爲載道之文，而他却以爲不是內含以章美，不是篤實生輝光，所以『欲求一句有德之言卒不可得。』理既非天下之至理，文亦難成天下之至文，而一般人方且蹈常習故，陳陳相因，自以爲「有德者必有言」，所以他不得不作獅子吼，一醒世人之耳目了。

夫既以聞見道理爲心矣，則所言者皆聞見道理之言，非童心自出之言也。言雖工，於我何與？豈非以假人言假言，而事假事，文假文乎？蓋其人既假，則無所不假矣。由是而以假言與假人言，則假人喜；以假事與假人道，則假人喜。無所不假，則無所不喜。滿場是假，矮場何辯也！然則雖有天下之至文，其湮滅於假人而不盡見於後世者，又豈少哉！何也？天下之至文未有不出於童心焉者也。苟童心常存，則道理不行，聞見不立，無時不文，無人不文，無一樣創制體格文字而非文者。詩何必古選！文何必先秦！降而爲六朝，變而爲近體，又變而爲傳奇，變而爲院本，爲雜劇，爲西廂曲，爲水滸傳，爲今之舉子業，大賢言聖人之道，皆古今至文，不可得而時勢先後論也。

這種論調，正是公安派中最明顯最痛快的主張。『詩何必古選，文何必先秦，』他早已對於格調派加以攻擊了。『更說什麼六經，更說什麼語孟乎？』同時他又對於正統派加以攻擊了。主格調者，標舉秦漢，而他以爲『無時不文，無人不文，無一樣創制體格文字而非文者；』守正統者，宗主唐宋，侈談性理，而他却又以爲『六經語孟乃道學之口實，假人之淵藪也，斷斷乎其不可以語於童心之言明矣。』他眞可以代表着當時新的潮流的主張。

他是本於這樣見解以推重所謂童心之言，所以他以爲：

且夫世之眞能文者，比其初皆非有意於爲文也。其胸中有如許無狀可怪之事，其喉間有如許欲吐而不敢吐之物，其口頭又時時有許多欲語而莫可以告語之處，蓄極積久，勢不能遏，一旦見景生情，觸目興嘆，奪他人之酒杯，澆自己之壘磈，訴心中之不平，感數奇於千載。既已噴玉唾珠，昭回雲漢，爲章於天矣；遂亦自負，發狂大叫，流涕慟哭，不能自止。寧使見者聞者切齒咬牙，欲殺欲割，而終不忍藏於名山，投之水火。（焚書三雜

說）

要「蓄極積久，不能自遏」要「發狂大叫，流涕慟哭不能自止，」同時又要「寧使見者聞者切齒咬牙欲殺欲割而終不忍藏於名山投之水火，」這卽是公安派人所常說的「一段精光。」必須有這一段精光者他們才認爲是天下之至文。

當時思想不如卓吾之左者有莊元臣。元臣字忠原，歸安人，隆慶戊辰進士，所著有叔苴子內外篇。伍崇曜跋稱其『議論特警快往往欲以機鋒言下醒人，』是莊氏或也受當時王學的影響。可惜我們現在不甚知道他的生平，不能確知他思想的來源。

莊氏自序其叔苴子云：『叔苴者蓋取豳風九月叔苴之意也。叔者拾也苴者麻子也農人九月閒而無事，則采拾麻子，以爲來年播種之具取非用於今而取用於後也。』是則他警快之論，原是不合當時風氣而正欲轉移當時風氣的。

叔苴子外篇謂『國之大妖五而災祲不與焉；』五妖之中，『綺言誕詞，叛經僻理，名曰文妖；險行詭趨，離羣驚族，名曰人妖。』（卷一）是則他對於李卓吾一流人之行爲，亦未必滿意。不過他雖不滿意這種極左的行動，而由他的思想看來，似也不是墨守的人，似也不是逐風氣的人。內篇有云：『愛南威之容也，爲之圖其形，形成而莫之寵也，所愛者去之也；貴聖人之道也，爲之傳其言，言傳而莫之用也，所貴者去之也。』（卷一）又云：『古之學者，學一事必究一事之所以然，故學不易成；及其成也，則用神而能絕。今之學者，但循其成法，拘而不通矣。』（卷三）他知道言之所貴，他知道成法之不可泥，那麼思想也很易近於卓吾一流，而其論文自不會贊同復古派的主張。他說：

> 禽蟲之鳴，亦有專能，烏之啞啞，鵲之唶唶，蟬之嘒嘒，蟲之喞喞，動於天者，人雖欲效之，亦不能似也。若鸚鵡鴝鵒失其眞而慕爲人言，則人固得而勝之矣。故學爲文者無貴擬古，不擬古者亦古人所不能擬也；而字追句比，與古人爭能者，皆鸚鵡鴝鵒之智也。（內篇三）

> 鴝鵒之鳥出於南方，南人羅而調其舌，久之，能效人言，但能效數聲而止；終日所唱惟數聲也。蟬鳴於庭，鳥聞而笑之。蟬謂之曰，子能人言甚善，然子所言者未嘗言也，曷若我自鳴其意哉！鳥俯首而慚，終身不復效人言。今文章家竊摹成風，皆鴝鵒之未慚者耳。（內篇五）

豈僅不贊同復古派的主張！積極方面，更且欲逞其獨見，自出機杼，那便近於公安的見解了。如云：

> 文章出於剽掇者，豐靡而不美；出於獨見者，簡質而可貴。昔王丹弔友人之喪，有大俠陳遵者，亦與弔焉，賻則甚盛，意有德色。丹徐以一縑置几而言曰，此丹自出機杼也。遵大慚而退。今學士之文，其能爲王丹之縑者幾何哉！（外篇二）

此種論調，殆與公安三袁的主張無以異。不過三袁是文人，而莊氏是思想家，所以又與三袁異趣；而莊氏之思想，又不如卓吾之左，所以又與卓吾有別。他以爲『人之精神，凝之心爲絕德，注之技爲絕藝。』（內篇一）文章既須出於獨見表其精神，則當然應注意到德與藝兩方面。「德成而上，藝成而下，」所以他尤其注重在道德。如云：

> 功業文章古今不相及者，古人以餘力爲之而今人以盡力爲之也。古人爲功業，道德之餘力也；古人爲文章，又功業之餘力也。烏獲舉鼎，秦武王亦舉鼎，而獨絕臏而死者，何哉？蓋以餘力爲之者，神嘗溢於所爲之外，以盡力爲之者，精嘗竭於所爲之中，今之不古若，其以是夫！（內篇二）

> 文章功業之可傳者，皆前定者也。三代以前尙已！春秋而降，孔明之功定於隆中，王猛之功定於捫蝨。至於管晏申韓之書，皆自寫其意，斐然成章耳。彼豈執筆呻唔而句雕字飾哉！故功者立於未有功之先，文者具於未有文之始也。譬如蠶之繭，蛛之網，有先繭網而成者矣。今欲儌不朽之事，而取辦於臨時，何怪功日鄙而文日卑乎？（內篇四）

> 文章猶舟也。舟之貴賤不在大小華質，而視其所載者。……今世之儒者，率以鄙夫之見而被以龍虎之文，曰，此不朽之盛業也。是以文舟彩鷁載小人糞士，招搖而過市中市人必皆唾而弗顧矣。故壽文章於金石，不如壽諸理，理堅於金石也。藉文章於顯貴，不如藉諸道，道尊於顯貴也。（內篇五）

類此諸說，殆全屬道學家之見。文章猶舟之說，卽文以載道之意。文具於未有文之始，卽「有德者必有言」之意。又如謂文章爲功業之餘，謂悅耳目者無當於實用，也均道學家習見之談，有些地方雖較以前道學家所言爲透澈，然在意義上總不外重道輕文，尙用輕飾之旨。不過他既重在絕德，重自出機杼，那麼道學上的陳詞套語，在他也視同鄙夫之見了。他所謂自出機杼者，在內容上，在思想上，也以能抒其獨見爲貴。『人之精神凝之心爲絕德，注之技爲絕藝』若本此語以論文，則絕德所以抒其獨見，成其一家之學；而絕藝又所以恣其變化，成其一家之文。必須如此，而文之能事始盡。

焦竑，字弱侯，江寧人，自號澹園，明史二百八十八卷文苑有傳，所著有澹園集，澹園續集，及焦氏筆乘等。在當時，論道則索之窈冥之鄉，所以不用學；而有時士苴詞章，所以也不用文。論文則惟離合古人勝語，所以無關於道；而有時自託淸虛，以空靈爲貴，所以也不用學。惟弱侯則於道所得者深，於學所得者博，而文又足以達之，所以不必依旁秦漢，也不必規范唐宋，而直指橫發，自成其一家之言。其門人陳懿典之序澹園集云：『惟功深好古，故妙契古人之作法；惟學先聞道，故盡洗文人之習氣。以明道象山之見解，運昌黎南豐之筆力，語無不透，說必有據，』可謂深中肯綮。

弱侯之學出耿天臺羅近溪，而又篤信李卓吾之學，故頗近於禪。其撰管東溟墓誌謂『冀以西來之意密證六經，東魯之矩收攝二氏』（澹園續集十四）卽可見其論學宗旨。因此關係，所以他論詩論文的主張，不蘄與公安近而自然與公安合。可是，公安三袁是文人而不是學者，通禪學而不精儒學，未能如弱侯這般知學能文，會釋以證儒，由博以返約，從下學以期上達。所以自表面言之，有些相類；自骨子言之，又自不同。他可說宋濂方孝孺以後的繼起者，不過以學宗陸王，又與宋方不同而已。因此他論詩論文的主張，縱欲與公安合，仍不能不與公安異。

先就其與公安相合之點言。袁中郎之卒，雖在焦氏之前，而其生，實後於焦氏二十餘年。袁中郎集中有送焦弱侯老師使梁因之楚訪李宏甫先生之詩，李宏甫卽李卓吾，中郎旣受其影響，也必受弱侯的影響。他們都篤信卓吾之學，其思想當然會接近。

弱侯有一篇與友人論文書，是很重要的文字。他說：

> 夫詞非文之急也，而古之詞又不以相襲爲美。書不借采於易，詩非假途於春秋也。至於馬班韓柳乃不能無本祖，顧如花在蜜，蘗在酒，始也不能不藉二物以胎之，而脫棄陳骸，自標靈采。……斯不謂善法古者哉！近世不求其先於文者，而獨詞之知，乃曰以古之詞屬今之事，此爲古文云爾。韓子不云乎？『惟古於詞必己出，降而不能乃剽賊。』夫古以爲賊，今以爲程。……謬種流傳，浸以成習，至有作者當其前，反忽視而不顧，斯可怪矣！（澹園集十二）

此文攻擊七子之摹擬剽竊，頗與公安之論調相同。不僅如此，卽在積極方面，公安派之所宗主，一爲眉山，一爲香山，而焦氏論詩論文所推崇的也以此二人爲最。

弱侯論文，眞可謂是蘇氏之學。其集中有刻蘇長公集序，刻蘇長公外集序，及刻兩蘇經解序，可見其於蘇文寢饋之深。此數文中贊美坡文之語，與本書上册所引惠洪贊東坡語，同一口吻，卽因都本於禪學見地。李卓吾對於坡文也有特別嗜好。焚書卷二有復焦弱侯書云『蘇長公何如人，故其文章自然驚天動地。世人不知，祇以文章稱之，不知文章直彼餘事耳，世未有其人不能卓立而能文章垂不朽者。』可知李卓吾對於東坡也是十分傾倒的。後來袁中郎因爲卓吾已曾選過蘇文，故復特賞蘇詩。（見袁中郎全集二十三答梅客生開府）是則他們見解在這一方面可謂一致。

弱侯論文之最能闡明東坡之旨者，爲其刻蘇長公外集序。

孔子曰：『詞達而已矣。』世有心知之而不能傳之以言，口言之而不能應之以手；心能知之，口能傳之，而手又能應之，夫是之謂詞達。唐宋以來如韓歐曾之於法，至矣，而中靡獨見，是非議論或依傍前人。子厚習之子由乃有窺焉，於言有所鬱渤而未暢。獨長公洞覽流略，於濠上竺乾之趣，貫穿馳騁，而得其精微，以故得心應手，落筆千言，坌然溢出，若有所相，至於忠國惠民，鑿鑿可見之實用，絕非詞人哆口無當者之所及。（澹園續集一）

此文卽以東坡論文之語論述東坡之文，闡說東坡之論文見解，而同時也卽是焦氏的論文見解。蓋弱侯於道，以佛學爲聖學，謂老莊同孔孟，所以與東坡之學爲近。焦氏續筆乘謂『釋氏諸經卽孔門之義疏』（卷二）而其莊子翼序又謂『老莊庶幾乎助孔孟之所不及』（澹園集十四）焦氏也於濠上竺乾之趣，貫穿馳騁而得其精微，以發爲文章，當然會有此種論文見解。

弱侯論詩又可謂是白氏之學。焦氏少愛邵堯夫擊壤集，其後始讀樂天長慶集，因鈔其警策若干篇，並刻而傳之。其刻白氏長慶集鈔序云：『樂天見地故高又博綜內典，時有獨悟，宜其自運於手，不爲詞家谿逕所束縛如此。近世宗尙子美往往卑其音節，不復數第膚革稍近，而神情邈若燕越，非但不知樂天亦非所以學杜也。』（澹園集十五）此種見解更是公安派的先聲了。焦氏雅娛閣集序云：『詩非他人之性靈之所寄也。苟其感不至則情不深；情不深則無以驚心動魄垂世而行遠。』（澹園集十五）又竹浪齋詩集序云：『詩也者率自道其所欲言而已。以彼體物指事發乎自然，悼遊傷離本之襟度，蓋悲喜在內，嘯歌以宣，非強而自鳴也，』（澹園續集二）這也可視爲他論詩的性靈說：

這都是他與公安相合的地方。

至就其與「公安」相異之點言，卽「公安」有意矯枉，而弱侯尙庶幾「允執厥中」。弱侯由博返約，所以才與學可相得益彰。昔人以爲詩有別才非關學，而他則以爲博學並不妨礙作詩。他謂『詩有實有虛，虛者其宗趣也，實者其名物也。』（澹園集十四，詩名物疏序）才毗於虛而學偏於實，所以才與學不能偏廢。在詩中賣弄學問固不可，然欲不持寸鐵以鼓行詞場也不爲弱侯之所許。筆乘卷四有作詩不讀書及杜詩無一字無來歷諸條也卽說不妨以學問爲詩。

弱侯既論詩主學，於是悟與法又不成爲衝突。他論書法，謂『有字學不可無性，有字性不可無學。』（澹園續集九，書趙松雪秋興賦）有學自然合法，有性自然入悟。他於刻蘇長公集序云：『譬之嗜音者必尊信古始，尋聲布爪，唯譜之歸而又得碩師焉以指授之。乃成連於伯牙，猶必徙之岑寂之濱，及夫山林杳冥，海水洞涌，然後怳有得於絲桐之表，而水山之操爲天下妙。若矇者偶觸於琴而有聲，輒曰音在是矣；遂以爲仰不必師於古，俯不必悟於心，而傲然可自信也。豈理也哉！』（澹園集十四）此語甚妙，惟知師古而尺尺寸寸以求之者，不悟於心者也；惟知師心而以本色獨造爲高者，不師於古者也。矯枉則過正，公安之弊，殆亦與七子相同。必像他這般，由下學以至上達，從師古以求悟於心，纔算四面八方都打得通。筆乘卷四不煩繩削條云：『爲詩殫竭心力，方造能品，至於沛然自胸中流出，所謂不煩繩削而合，乃工能之至，非率易語也。』當時紛紛尙神韻尙性靈者，都只做到焦氏一半功夫。

看到這一點，然後知道他與公安離合的關係了。前後七子以暴力刼持文壇，而公安竟陵復蹈其覆轍，異其主張，襲其方法，直是以暴易暴而已。其原因卽在偏執一端，不曾將下學上達一番功夫都打得通，其學愈偏，其弊愈甚；其弊愈甚，其爭亦愈烈。只有通識之士纔能不囿於所學，也只有通學之士，纔能不蔽於所見。焦氏文壇列俎序云：

孔子曰：『夫言豈一端而已。』言者心之變，而文其精者也；文而一端，則鼓舞不足以盡神，而言將有時而窮。易有之：『物相雜曰文，』相雜則錯之綜之，而不窮之用出焉。宋王介甫守其一家之說，羣天下而宗之，子瞻譏爲黃茅白葦，彌望如一，斯亦不足貴已。近代李氏倡爲古文，學者靡然從之，不得其意而第以剽略相高，非其族也，擯爲非文。噫，何其狹也！譬之富人鼎俎，山貢其奇，海效其錯，……疊陳而遞進，乃有寠人子者得一味以自多，忘百羞之足御，不亦悲乎？（澹園續集二）

此種論調，卽後來錢牧齋之所本。蓋明淸文壇風氣之不同，卽因一重在文而一重在學的關係。牧齋論調卽此種風氣轉變之關鍵。焦氏在明以博洽著稱，固宜其不爲明代習氣所染風氣所囿而論調轉與淸代爲近了。

這又是與「公安」不得不異的地方。

第二款　戲曲家的關係

戲曲是當時的俗文學，又是新興的文學，所以對於戲曲有特嗜的人，往往也卽是反對復古的人。虞淳熙（長孺）之徐文長集序稱『元美于鱗，文苑之南面王也。……李長髯而修下，王短鬢而豐下，體貌無奇異而囊括無異士。所不能包者二人，頎偉之徐文長，小銳之湯若士也。』徐文長名渭，山陰人，明史二百八十八卷有傳。湯若士名顯祖，一字義仍，臨川人，明史二百三十卷有傳。二人均以戲曲著名。文長所著有四聲猿雜劇，又撰南詞敍錄。若士所著，有荊釵還魂南柯邯鄲四記，世稱「臨川四夢」。在此復古潮流振盪一世之時，而王李主持之文壇所不能包者卽是戲曲作家，此中消息不是値得注意的嗎？固然，我們也可以說前後七子對於戲曲也都相當了解。李空同曾說董解元西廂詞可直繼離騷，康對山（海）王敬夫（九思）諸人又都是劇曲作家，然而求其眞能了解戲曲而對於傳統文學也能另用一副手法另取一種眼光者，則不得不推徐湯諸氏了。徐氏答許北口書云：『公之選詩可謂一歸於正，復得其大矣。此事更無他端，卽公所謂可興可觀可羣可怨，一訣盡之矣。試取所選者讀之，果能如冷水澆背，陡然一驚，便是興觀羣怨之品。如其不然，便不是矣。然有一種直展橫鋪，麤而似豪，質而似雅，可動俗眼，如頑塊大入嘉筵則斥在屠手則取者，不可不愼之也。』（靑藤書屋文集十七）他所說的，雖仍是興觀羣怨的舊話，然而意義不同。他是要取其『能如冷水澆背陡然一驚』者，這便是另一種心眼另一副手法。

怎樣纔能如冷水澆背陡然一驚呢？求之於內則尙眞，求之於外則尙奇。尙眞則不主模擬了，尙奇則不局一格了。不主模擬，不局一格，則詩之實未亡，而興觀羣怨之用以顯。他說：

人有學爲鳥言者，其音則鳥也，而性則人也。鳥有學爲人言者，其音則人也，而性則鳥也。此可以定人與鳥之衡哉？今之爲詩者何以異於是！不出於己之所自得，而徒竊於人之所嘗言，曰某篇是某體，某篇則否；某句似某人，某句則否。此雖極工逼肖，而已不免鳥之爲人言矣。（靑藤書屋文集二十，葉子肅詩序）

這卽是不主模擬之說。他又說：

韓愈孟郊盧同李賀詩，近頗閱之，乃知李杜之外復有如此奇種，眼界始稍寬闊。不知近日學王孟人，何故技倆如此狹小？在他面前說李杜不得，何況此四家耶？殊可怪歎！菽粟雖常嗜，不信有卻龍肝鳳髓都不理耶？（靑藤書屋文集十七，與季友）

這又是不局一格之意。這種意思，都與復古派的論調不合，實在卽因對於戲曲有特嗜，而深受民間俗文學影響之故。文長論「興」，更有一個妙解，其奉師季先生書中有云：『詩之興體，起句絕無意味，自古樂府亦已然。樂府蓋取民俗之謠，正與古國風一類。今之南北東西雖殊，而婦女兒童耕夫舟子塞曲征吟，市歌巷引，若所謂竹枝詞，無不皆然。此眞天機自動，觸物發聲，以啓其下段欲寫之情，默會亦自有妙處，決不可以意義說者。不知夫子以爲何如？」（青藤書屋文集十七）此意是前人所未發。顧頡剛先生以研究吳歌之故，也曾悟出此理，而不知文長在數百年前早已說過。蓋明人以重視此種新體文學之故，於是對於市歌巷引也有相當的認識。小曲的流行，卽因此種關係而起的。所以我說還是受了民間俗文學的影響。

湯若士與袁中郎同時，故其論調更與「公安」相接近。賀貽孫激書卷二滌習條舉一則故事云：

> 近世黃君輔之學舉子業也，揣摩十年，自謂守溪昆湖之復見矣！乃游湯義仍先生之門。先生方爲牡丹塡詞，與君輔言，卽鄙之，每進所業，輒擲之地曰：『汝不足教也。汝筆無鋒刃，墨無煙雲，硯無波濤，紙無香澤，四友不靈，雖勤無益也。』君輔涕泣求教益虔。先生乃曰：『汝能焚所爲文，澄懷盪胸，看吾塡詞乎？』君輔唯唯。乃授以牡丹記。君輔閉戶展玩，久之，見其藻思綺合，麗情葩發，卽啼卽笑，卽幻卽眞。忽悟曰：『先生教我文章變化在於是矣。若閬苑瓊花，天孫霧綃，目睫空豔，不知何生。若桂月光浮，梅雪暗動，鼻端妙香，不知何自。若雲中絲綺，天半紫簫，耳根幽韻，不知何來。先生塡詞之奇如此也。其舉業亦如此矣。』由是文思泉湧，揮毫數紙，以呈先生。先生喜曰：『汝文成矣。鋒刃具矣，煙雲生矣，波濤動矣，香澤渥矣，疇昔臭惡，化芳鮮矣。』趣歸就試，遂捷秋場，稱吉州名士。

此則故事頗爲重要。他所謂四友之靈，卽徐文長冷水澆背陡然一驚之意。而尤其應當注意者，卽是他看戲曲與時文沒有什麼分別。他可以塡詞的方法作時文，也可以塡詞的標準論時文。於此關打得破，則自然筆有鋒刃，墨有煙雲，硯有波濤，紙有香澤，而四友自靈。這卽是性靈說。大抵當時論詩論文與七子異趣者，對於戲曲時文每有獨到之處，卽因能把此種關鍵應用到詩文上去而已。徐文長長於戲曲，袁中郎長於時文，而湯若士則兼此二者。

因此，我們先得看他對於戲曲與時文的見解。湯氏之於戲曲，自謂是意之所至，不妨拗折天下人嗓子者。（見玉茗堂集尺牘三，答孫俟居書）他爲什麼要如此，卽因他視才情重於規律。其答呂姜山書云：『凡文以意趣神色爲主，四者到時，或有麗辭俊句可用，爾時能一一顧九宮四聲否？如必按字模聲，卽爲窒滯迸洩之苦，恐不能成句矣。』（玉茗堂集尺牘四）這是他所以不重視規律的主張。卽就音律而言，他也以爲宜重自然。他說：『上自葛天，下至胡元，皆是歌曲。曲者句字轉聲而已。葛天短而胡元長，時勢使然。總之偶方奇圓，節數隨異。四六之言，二字而節，五言三，七言四，歌詩者自然而然。』（玉茗堂尺牘四，答凌初成）他所以有此論調，卽因他的曲是案頭之曲，而不是場上之曲。他寧拗折天下人歌的嗓子，而不願使文詞受窒滯迸洩之苦，因爲這不致拗折人吟誦的嗓子。所以他對於呂玉繩的改竄牡丹亭記以迎合歌喉便深致不滿。他說：『若有人嫌摩詰之冬景芭蕉，割蕉加梅，冬則冬矣，然非王摩詰冬景也。其中駘蕩淫夷，轉在筆墨之外耳。』（尺牘四，答凌初成）

他論時文也重才情。其王季重小題文字序卽以『時文字能於筆墨之外言所欲言』爲標準。（見玉茗堂文集五）此卽偏重才情的見解。因此，他於朱懋忠制義序更提出氣機二字。他說：『通天地之化者在氣機，奪天地之化者亦在氣機化之所至氣必至焉氣之所至機必至焉；』（玉茗堂文集四）此文所謂氣機云者，也卽是於筆墨之外言所欲言而已。何謂化？「卽啼卽笑卽幻卽眞」便是化；「目睫空豔不知何生，」「鼻端妙香不知何自，」「耳根幽籟不知何來，」便是化。此是文章化境，卽所謂「通天地之化。」至於何以能到此化境？則全由於一片靈機，出於感興之自然。在作者不過能擒住此一刹那間的感興，以使「藻思綺合麗情葩發」而已。這卽是所謂「奪天地之化。」有了感興才情自生，這是所謂『化之所至氣必至焉。』才情橫溢，機趣自來，這又是所謂『氣之所至機必至焉。』氣至機至，那文章自有鋒刃，有煙雲，有波濤，有香澤了，那自然能於筆墨之外，言所欲言了。這便是所謂才情。

他對戲曲對時文的見解，都有偏於性靈的傾向。所以當時反對七子者，不妨都是擅戲曲工制藝的人。因爲這種觀念，也可用於評詩論文。他答王澹生書云：

嘗與友人論文，以爲漢宋文章各極其趣者，非可易而學也。學宋文不成，不失類鶩；學漢文不成，不止不成虎也。因於敝鄉帥膳郞舍論李獻吉，於歷城趙儀郞舍論李于鱗，於金壇鄧孺孝館中論元美，各標其文賦中用事出處，及增減漢史唐詩字面處，見此道神情聲色已盡於昔人，今人更無可稱雄，妙者稱能而已。（玉茗堂尺牘一）

他以爲在漢宋以後再欲造其神情聲色爲事實上所不可能。既不可能，反不如自抒機軸，自寫性靈，吾存吾眞，轉不失本來面目。這是公安派人共同的持論，而若士亦頗有此傾向。所以他說：

世間惟拘儒老生，不可與言文。耳多未聞，目多未見，而出其鄙委牽拘之識，相天下文章，寧復有文章乎？予謂文章之妙，不在步趨形似之間，自然靈氣，恍惚而來，不思而至，怪怪奇奇，莫可名狀，非夫尋常得以合之。蘇子瞻畫枯株竹石，絕異古今畫格，乃愈奇妙。若以畫格程之，幾不入格。米家山水人物，不多用意，略施數筆，形象宛然；正使有意爲之，亦復不佳。故夫筆墨小技，可以入神而證聖。自非通人，誰與解此。（玉茗堂文五合奇序）

文既本於自然靈氣，所以七子講入格，若士正講不入格。蓋七子重在習，習則自有定程；若士重在性，性則不妨決裂文體。所以他以龍爲喩，謂『觀物之動者，自龍至極微，莫不有體。文之大小類是，獨有靈性者，自爲龍耳。』（玉茗堂文集五，張元長噓雲軒文字序）龍之變化不可窮，龍之變化亦不可測。惟變化不可窮而又不可測者，始爲天下之至文，亦爲天下之奇文。這是他論文所以欲「於筆墨之外言所欲言」的原因。言所欲言，則『下上天地，來去古今，可以屈伸長短，生滅如意。』這纔見出奇士的靈心。七子爲常人說法，所以標舉典型，可以轉移一時之耳目；若士爲奇士說法，所以獨往獨來，自不爲七子所範圍。此義，於其序丘毛伯稿一文中亦言之。七子處處持其入格的理論，若士偏持其不入格的理論。明代小品文的發展，即建立在這種理論上的。

第三款　詩人的意見

王漁洋論詩絕句云：『草堂樂府擅驚奇，杜老哀時託興微，元白張王皆古意，不曾辛苦學妃豨。』並於池北偶談，舉公文介于文定二人之說，以爲此即于公二公之緒論。所以于公二氏也是不贊同七子的人。

于愼行字可遠更字無垢，東阿人，諡文定，明史二百十七卷有傳，所著有穀城山館集，穀山筆麈等。公鼐字孝與，蒙陰人，諡文介，明史二百十六卷有傳，所著有問次齋集。于公二人生當隆慶萬曆之際，李王之勢燄正高，而又爲李氏鄉人，其論詩卻能不爲所囿，且有箴砭之論，不得不佩其卓識了。當時與于公二氏同其見解者尙有一山東人，爲馮琦，字用韞，一字琢庵，臨朐人，諡文敏，明史二百十六卷有傳，所著有宗伯集。

于愼行之敍宗伯馮琢庵文集云：

天壤之間有形有質之物，未有能不朽者，必化而後不朽。金石之堅，泐且銛焉而朽；土木之膴，蠹且蘇焉而朽；惟毋化也。水之洋洋，代而不盡，朽乎哉！火之炎炎，傳而不盡，朽乎哉！何者？化也。人心之精，吐而爲言，言之倫要，甹而爲文，此必有變而之化者。無所變而之化，而欲高馳虎眎，樹千載之標，豈其質哉？近世名家輩出，非先秦西京口不得談，筆不得下，至士苴趙宋之言，目爲卑淺，而眉山氏之家法，亦若曰姑舍是云。鄙人少而操縵，亦謂爲然，久而思之，不也。蓋先秦西京之文，化而後爲眉山氏，眉山氏之文化而後爲弇州氏，眉山氏發秦漢之精縕，化其體而爲虛；弇州氏攬眉山之杼軸，化其材而爲古：其變一也。世人不知，一以爲趙宋，一以爲先秦西京，徒皮相爾。且夫先秦西京之世，有以文命者哉？漆園之洸洋，則論著之書也；韓非之精切，則短長之策也；長沙之宏贍，則陳對之牘也；龍門之逖蕩，則紀述之史也：此皆眉山氏之所釀而爲文者也。盍嘗取而紬之，廓之宏篇，約之單語，安所尋其軌迹，安所索其斧痕。故能不爲秦漢者，而後能爲秦漢，此則不可朽爾。何者？文以神化者也。不會之以神，而合之以體；不合之以體，而萃之以辭，則物之形質也。方與方圮，方新方故，不朽何之！……頃者先正諸公亟稱擬議以成其變化，豈非名言！然擬之議之爲欲成其變化也，無所變而之化，而姑以擬議當之，所成謂何？

馮琦之序于愼行父于宗伯集云：

夫詩以抒情，文以貌事。古人立言，終不能外人情事理，而他爲異；而後之作者，往往求之情與事之外。求之彌深，失之彌遠，則求之者之過也。亡論詩三百篇大半採之民風，即如漢魏以來民謠里諺，出自閭巷兒女子之口，即使騷人墨士，窮情盡變，有以益乎？當戰國時，士抵掌談世事，皆以取給一時，快心千古，即司馬遷爲史記，仍其語不能損益也。故知詩以抒情，情達而詩工；文以貌事，事悉而文暢。古人之言，盡於此矣。而後之作者高唱矜步以爲雄，多言繁稱以爲博，取古人之陳言，比而櫛之以爲古調古法。調不合則強情以就之，法不合則飾事以符之。夫句比字櫛，終不可爲調爲法，即調與法亦終不可爲古人；然則徒失今人情與事耳。夫蛩吟鳥語，皆能使人動心，即繁絲急管，不能與爭，故絲不如竹，竹不如肉。古人所由傳，正以獨詣爲宗，自然爲致，無復有古人於前耳。今奈何襲古人以爲古人乎？竊以爲調欲遠，情欲近，法在古人，事在今日。必不得已，寧不得其調與法，而無失其情與事。故里巷歌謠，協之皆可以爲詩；几席談說，次之皆可以爲文。何者？其情與事近也。（宗伯集二）

他們二人的論調，一吹一唱，似相呼應。于氏以爲文不妨學古，但須由擬議以成其變化。七子之流弊，即在擬議而不化。馮氏以爲調與法雖可求古，情與事必須合今。專從調與法上注意，有時失今人之情與事；不如從情與事上着眼，轉得冥合古人之調與法。于氏舉了目標，馮氏言其方法。所以于氏稱許馮氏之文，即在於能化，化秦漢而爲虛；而馮氏亦自稱此種持論爲于氏所許可。他們雖不至反對宗尚秦漢，取法盛唐的主張，然卻反對擬襲秦漢盛唐的詩文。

于愼行之論古樂府云：

唐人不爲古樂府，是知古樂府也。辭聲相雜，既無從辨；音節未會，又難於歌：故不爲爾。然不效其體而時假其名，以達所欲出，斯慕古而託焉者乎？近世一二名家至乃逐形模以追遺響，則唐人所吐棄矣。（穀城山館詩集一）

漢曲多不可解，蓋樂府傳寫，大字爲辭，細字爲聲，聲辭合寫，故致錯迕。……近代一二名家嗜古好奇，往往采綴古詞，曲加模擬，詞旨典奧，豈不彬彬！第其律呂音節已不可考，又不辨其聲詞之謬，而横以爲奇僻；如胡人學漢語，可詫胡，不可欺漢，今古人有知，當爲絕倒耳。（穀山筆麈八）

又論五言古詩云：

魏晉之於五言，豈非神化，學之則迂矣。何者？意象空洞，樸而不敢琱，軌塗整嚴，制而不敢騁，少則難變，多則易

窮古所謂鸜鵒語不過數聲耳。原本性靈，極命物態，洪纖明滅，畢究精蘊，唐果無五言古詩哉？（穀城山館詩集二）

公鼐之樂府自敍云：

風雅之後有樂府，如唐詩之後有詞曲，聲聽之變有所必趨，情辭之遷有所必至。古樂之不可復久矣，後人之不能漢魏，猶漢魏之不能風雅，勢使然也。……近乃有擬古樂府者，遂顓以擬名，其詩但取漢魏所傳之詞，句撫而字合之，中間陶陰之誤，夏五之脫，遂所不較，或假借以附益，或因文而增損，踽踽牀屋之下，探胠縢篋之間，乃藝林之根蟊，學人之路阱矣。（池北偶談引）

此二人的論調又是若合符節。公鼐之贈邢子愿長歌云：『餘子紛紛未易說，擬議原非吾所悅；丈夫樹立自有眞，何必效彼西家顰。』而馮琦之謝京兆詩序亦標擧尙情肖眞之旨，稱其詩事無牽會，語無輳泊，因實境所至而命之意，合於古人之所謂情，而他之所謂眞。（見宗伯集二）此也其見解相同之處。于愼行穀山筆塵之論詩文，又謂『古人之詩如畫意，人物衣冠不必盡似，而風骨宛然。近代之詩如寫照，毛髮耳目無一不合，而神氣索然。彼以神運，此以形求也。』而馮琦謝京兆詩序中亦稱古人之詩，若遠若近，若切若不切，而可以紓己之情，可以諭人之情。後人之詩，其人其地其事與夫官秩姓氏，皆引古事相符合以爲典切，而己情不必紓，人情不必諭。這也是他們相同的論調。此三人之見解，眞可謂同出一模。

第二目　袁宏道（袁宗道中道及江盈科附）

第一款　兄弟間的影響

袁宏道字中郎，號石公，公安人明史二百八十八卷文苑有傳，所著有瀟碧堂、瓶花齋諸集，後人合刻爲袁中郎全集。

中郎與兄宗道（伯修）弟中道（小修）並有名，號三袁，而中郎尤著。他是「公安派」的領袖，是反對王李的健將。在明代的文學與文學批評，有學古與趨新二種潮流，而中郎便是代表着新的潮流的人物。

此新的潮流之形成由二種力量：自文學上的關係言爲戲曲小說之發達；自思想上的關係言，爲左派王學之產生。前者可於中郎之傾倒於徐文長見之，後者可於中郎之傾倒於李卓吾見之。有此關係，所以三袁之中中郎特著。伯修之答陶石簣書稱『中郎極不滿近時諸公詩，』（白蘇齋類集十六）小修之解脫集序亦稱『中郎力矯敝習，大革頹風。』（珂雪齋文集一）當時之反王李運動確以中郎爲領袖。

顧中郎之成功與弟兄間之相互切磋也不無關係。所以伯修小修的文學批評，也應於此附帶論述，以見「公安派」的整個主張。

中郎所長在於論詩，而伯修有論文二篇，正足以補中郎之所未及。其論文上反對模擬，反對撏撦古語，反對地名官銜不用時制，這猶是消極的主張。其論文下謂學者宜從學以生理，從理以生文，以學問意見爲主，這便是積極的主張。論文上專論文之「辭」，故以消極的主張爲多；論文下專論文之「意」，故又以積極的主張爲多。

由消極的主張以推究，於是謂『口舌代心者也，文章又代口舌者也。展轉隔礙，雖寫得暢顯，已恐不如口舌矣，況能如心之所存乎？』（白蘇齋類集二十）所以主張辭達。必須文章能如口舌，口舌能如心，然後爲達。正因如此，所以反對王李之學古。他說：

古文貴達。學達即所以學古也，學其意不必泥其字句也。今之圓領方袍，所以學古人之綴葉蔽皮也；今之五味煎熬，所以學古人之茹毛飲血也。何也？古人之意期於飽口腹，蔽形體，今人之意亦期於飽口腹蔽形體，未嘗異也。彼摘古字句入己著作者，是無異綴皮葉於衣袂之中，投毛血於殽核之內也。大抵古人之文專期於達，而今人之文專期於不達。以不達學達，是可謂學古者乎？（同上）

我們屢言秦漢派學古之失敗，即由古今語言之異。所以伯修以摘古字句，爲王李之病，可謂一針見血之談。

由積極的主張以推究，於是以滄溟之『視古修詞，寧失諸理』，爲強賴古人失理；以鳳洲之『六經固理藪已盡，不復措語』，爲不許今人有理。辭所欲達，正達此理，而他們因爲學古之故，徒以摹擬形貌爲事，不再着重於思想；所以他以爲只須有理，雖驅之使模亦不可得。於是又說：

有一派學問，則釀出一種意見；有一種意見，則創出一般言語。無意見則虛浮，虛浮則雷同矣。大喜者必絕倒，大哀者必號痛，大怒者必叫吼動地，髮上指冠。惟戲場中人，心中本無可喜事而欲強笑，亦無可哀事而欲強

哭，其勢不得不假借模擬耳。（同上）

以卓見眞情爲文自然可以破模擬之敝，這又同於李卓吾的論調，而成爲建設的文論了。小修於解脫集序亦謂『文章之道本無今昔但精光不磨自可垂後。』（珂雪齋文集一）這是公安三袁的共同主張。

以上是伯修之文論，至於小修的意見也有幾點與中郎不同，可以特別論述。其一，是對於竟陵派的攻擊；其又一，是爲中郎辯護而有時足爲中郎文論之修正。

錢謙益列朝詩集小傳謂：『小修又嘗告余，杜之秋興，白之長恨歌，元之連昌宮辭，皆千古絕調，文章之元氣也。楚人何知，妄加評竄，吾與子當昌言擊排，點出手眼，無令後生墮彼雲霧。』（丁中）是則牧齋之攻擊竟陵，正是本於小修的意見。蓋公安竟陵之於詩，其反王李同，而所以反王李者則不同。公安期於明暢，竟陵期於幽峭，所以牧齋以鬼趣兵象喻之。

小修淡成集序云：『天下之文莫妙於言有盡而意無窮，其次則能言其意之所欲言。』（珂雪齋文集二）公安論文雖主辭達本不欲發洩太盡，不過因爲「由含裹而披敷」原是時勢所必至。那麼，不得已而求其次，言其意之所欲言一瀉無餘也不失爲高的標準。至於吞吞吐吐，扭扭揑揑，『本無言外之意，而又不能達意中之言，』便不足貴了。『大丈夫意所欲言，尙患口門狹，手腕遲，而不能盡抒其胸中之奇，安能囁囁嚅嚅，如三日新婦爲也。』（均見淡成集序）此雖論時文，而其對竟陵之不滿，也卽本於此種見地。故他於吳表海先生詩序云：『言有盡而意無窮，古人謂水中鹽味色裏膠靑，決定是有，不見其形者，卽三百篇不多得也。漢魏十九首庶幾近之。盛唐之合者不數人，人不數首，而況中晚乎？才人致士情有所必宣，景有所必寫，倒困而出之，若決河放溜，猶恨口窄腕遲而不能盡吾意也。而彳亍而囁嚅，以效先人之鑿步，而博目前庸流之譽，果何爲者！』（珂雪齋文集二）此則便是攻擊竟陵的論調了。

至其爲中郎辯護而修正中郎之說者，於其集中時可遇到。小修比中郎爲後死，或者對於公安末流之弊，看得清楚一些，或者對於攻擊公安之論調也不能不接受一些。此種關係，卽由小修與中郎論「變」的見解，已可看出有些出入之處。小修之宋元詩序云：『宋元承三唐之後，殫工極巧，天地之英華，幾洩盡無餘，爲詩者處窮而必變之地，寧各出手眼，各爲機局，以達其意所欲言，終不肯雷同勦襲，拾他人殘唾，死前人語下，於是乎情窮而遂無所不寫，景窮而遂無所不收。』（珂雪齋文集二）這樣論變，猶與中郎相同。中郎正因要各極其變，各窮其趣，所以不怕譏訕，不肯隨波逐流，由變以存其人之眞，時之眞，同時也由眞以窮其體之變，格之變。宋元詩之變卽宋元詩之眞；宋元詩之眞，自造成宋元詩之變。中郎之詩所以不能無疵，然而卻能獨創一格者，其情形也正與之同。大概中郎詩以不合庸衆耳目，太受時人指摘，所以小修便不能不加以說明。他以爲中郎少年所作或快爽之極，浮而不沈，又以意在破人執縛，不免時涉遊戲，然而『學以年變，筆隨歲老。』（見珂雪齋文集三，中郎先生全集序）中郎後來所作原並不如此；所以一般人之妄肆譏彈，全由成心不化之故。又中郎詩文家刻不精，吳刻不備，近時刻者又多雜以贋書，這也是中郎蒙譏之故。『至於一二學語者流，粗知趨向，又取先生偶爾率易之語，效顰學步，其究爲俚語，爲纖巧，爲莽蕩，譬之百花開而荆棘之花亦開，泉水流而糞壤之水亦流。』（見同上）那又是公安末流之弊，不能由中郎負其責的。中郎處於剽竊雷同的風氣正盛之時，獨能使人『以意役法，不以法役意，一洗應酬格套之習。……至於今天下之慧人才士，始知心靈無涯，搜之愈出，相與各呈其奇而互窮其變，然後人人有一段眞面目溢露於楮筆之間。』（見同上）那麽中郎整刷之功，更有其歷史的價値！

正因小修看到這一點：看到整刷之功，同時也看到末流之弊，看到矯枉之功，同時也看到過正之弊，所以他於「變」又有另一種看法。他正是就「變」言變，而不必以「眞」言變。他於花雲賦引云：『天下無百年不變之文章。有作始自有末流，有末流還有作始。其變也皆若有氣行乎其間，創爲變者與受變者皆不及知。是故性情之發，無所不吐，其勢必互異而趨俚，趨於俚又將變矣！作者始不得不以法律救性情之窮。法律之持，無所不束，其勢必互同而趨浮，趨於浮又將變矣！作者始不得不以性情救法律之窮。夫昔之繁蕪有持法律者救之，今之剽竊又將有主性情者救之矣。此必變之勢也。』（珂雪齋文集一）這樣論變，所以有功而也有其弊，無所謂功也無所謂罪；只須能完成其歷史的價値而已。因此，他於阮集之詩序中再說明矯正公安風氣的主張。他說：

> 國朝有功於風雅者，莫如歷下。其意以氣格高華爲主，力塞大歷後之竇，於是宋元近代之習爲之一洗。及其後也，學之者浸成格套，以浮響虛聲相高，凡胸中所欲言者，皆鬱而不能言，而詩道病矣。先兄中郎矯之，其志

以發抒性靈爲主，始大暢其意所欲言，極其韻致，窮其變化，謝華啓秀，耳目爲之一新。及其後也，學之者稍入俚易，境無不收，情無不寫，未免衝口而發，不復檢括，而詩道又將病矣。由此觀之，凡學之者害之者也，變之者，功之者也。中郎以不忍世之害歷下也，而力變之，爲歷下功臣。後之君子其可不以中郎之功歷下者功中郎也哉！……夫昔之功歷下者，學其氣格高華，而力塞後來浮泛之病；今之功中郎者，學其發抒性靈，而力塞後來俚易之習。有作始自宜有末流，有末流自宜有鼎革，此千古詩人之脈所以相禪於無窮者也。（珂雪齋文集二）

這樣論變，那麼矯正公安末流的作風，也正是中郎的主張了。小修之詩論，足以補充中郎所未及者，以這一點爲最重要。所以他語其姪子祈年彭年謂『若輩當熟讀漢魏及三唐人詩，然後下筆，切莫率自胸臆，便謂不阡不陌，可以名世也。』他眞這樣深自懺悔的說：『取漢魏三唐諸詩，細心研入，合而離，離而復合，不效七子之詩，亦不效袁氏少年未定詩，而宛然復傳盛唐詩之神，則善矣。』（均見珂雪齋文集一，蔡不瑕詩序）

以上是伯修與小修的見解，下文再述中郎的見解。

第二款　與時文之關係

我們假使於一時代取其代表的文學，於漢取賦，於六朝取駢，於唐取詩，於宋取詞，於元取曲，那麼於明代無寧取時文。時文，似乎是昌黎所謂『俗下文字，下筆令人慚』者，然而時文在明代文壇的關係，則我們不能忽略視之。

正統派的文人本之以論「法」叛統派的文人本之以知「變」。明代的文人，殆無不與時文生關係；明代的文學或文學批評殆也無不直接間接受着時文的影響。所以這一點也是我們研究公安派的文論所應當注意的。

公安縣志袁宏道傳稱其『總角工爲時藝塾師大奇之，入鄉校，年方十五六，卽結文社於城南，自爲社長，社友三十以下者皆師之奉其約束不敢犯，時於舉業外爲聲歌古文詞，』可知中郎便是長於時文的能手。以長於時文的能手而爲聲歌古文辭，當然能看出他息息相通之處。本來劉將孫已曾說過『時文之精卽古文之理，』『本無所謂古文，雖退之政未免時文耳。』此種意思昔人早已見到，何況中郎再受卓吾的影響呢！

大抵中郎受卓吾的影響很深。因此，他的詩集『錦帆解脫意在破人之縛執。』他們都是以新姿態來廓清舊思想的。不過卓吾是思想家，而中郎畢竟是文人，所以卓吾的影響與建樹是多方面的，而中郎的影響與建樹則僅在文學批評而已。人家都知道中郎是反王李的，實則中郎何止反王、李上文已經說過卓吾文論一方面攻擊宗主秦漢的格調派，一方面又何嘗不攻擊宗主唐宋的正統派！我們於論述中郎文論時，也應注意這一點。由中郎對於戲曲小說的認識，對一切俗文學的認識，於是重在「眞」；由中郎對於時文的認識，於是重在「變」。惟眞纔能見其變，所謂前無古人亦惟變纔能見其眞，所謂各有本色。由眞言，所以應反王李；由變言，所以也不妨反歸唐。只因中郎畢竟是詩人，所以卽就文學批評而論，其影響與建樹也只偏在詩論一方面。因此，後人遂只見中郎之反王李，而不見其反歸唐了。實則，照中郎的理論推去，宗主唐宋的正統派，又何曾在他眼底！

眞與變，是中郎文論的核心，所以我們於知道他對戲曲小說的認識以外，更須知道他對於時文的認識。他正因對於這兩方面有深切的認識，所以眞與變在他文論中是不可分離的。不僅如此，重在眞，所以反王李，而所以反王李者，是爲文學與情的問題；重在變，所以反歸唐，而所以反歸唐者又爲文學與理的問題。於情，不欲其品之卑；於是再論韻，有韻則有趣。於理，不欲其語之腐，於是又重在趣，有趣則有韻。韻與趣，我們雖這般分別言之，而在中郎也是不可分離的。中郎思想所以不如卓吾之積極，中郎主張所以不如卓吾之澈底，而中郎生活所以會傾向到頹廢一路，中郎成就所以會只偏於詩文方面，其原因又全在於此。正因他重在韻，重在趣，於是雖受了新的潮流的洗禮，而不妨安於象牙之塔了。這樣，所以卓吾始終是左傾份子，而中郎呢，逐漸地成爲向右轉了。所以小修也說『然其後亦漸趨謹嚴。』（珂雪齋遊居柿錄九）

此種關係，全可於其論時文的見解見之。其與友人論時文書云：

> 當代以文取士，謂之擧業，士雖借以取世資，弗貴也，厭其時也。走獨謬謂不然。夫以後視今，今猶古也，以文取士，文猶詩也。後千百年，安知不瞿唐而盧駱之，顧奚必古文詞而後不朽哉！且公所謂古文者，至今日而敝極矣！何也？優於漢，謂之文，不文矣；奴於唐，謂之詩，不詩矣；取宋元諸公之餘沫，而潤色之，謂之詞曲諸家，不詞曲諸家矣。大約愈古愈近，愈似愈贋，天地間眞文澌滅殆盡。獨博士家言，猶有可取，其體無沿襲，其詞必極才之所至，其調年變而月不同，手眼各出，機軸亦異。二百年來，上之所以取士，與士子之伸其獨往者，僅有此文，而

卑今之士反以爲文不類古，至擯斥之不見齒於詞林。嗟夫！彼不知有時也安知有文。夫沈之畫，祝之字，今也然有僞爲吳興之筆，永和之書者，不敢與之論高下矣。宣之陶，方之金，今也，然有僞爲古鐘鼎及奇柴等窯者，不得與之論輕重矣。何則貴其眞也。今之所謂可傳者，大抵皆假骨董，贋法帖類也。彼聖人賢者，理雖近腐而意則常新，詞雖近卑而調則無前，以彼較此，孰傳而孰不可傳也哉！（袁中郎全集二十一）

他所取於時文者，取其眞，取其「仲其獨往」；取其變，取其「年變而月不同，手眼各出，機軸亦異」「理雖近腐而意則常新，詞雖近卑而調則無前，」於是所謂韻與趣者亦寓於其中。其時文敍云：『舉業之用，在乎得雋，不時則不雋；不窮新而極變，則不時。』時卽由窮新極變得來，所以我說：『叛統派的文人本之以知變。』稍後，羅萬藻以於時文有得，鄭鄤又以深嗜戲曲，且又工於制藝，其論詩見解均與公安相同。可知當時之文學批評也與文學有關係。羅萬藻所著有此觀堂集，鄭鄤所著有峚陽草堂集。二人所言雖無特殊見解，然亦足窺一時之風氣。

第三款　論變與眞

中郎論變似有二義：一是同體的變，一是異體的變。同體的變，是風格的變；異體的變，是體製的變。時文敍云：『才江之僻也，長吉之幽也，錦瑟之蕩也；丁卯之麗也，非獨其才然也，體不更則目不豔，雖李杜復生，其道不得不出於此也，時爲之也。』此卽指風格之變而言。由風格言，於同一體製之中正以獨創爲奇。雪濤閣集序云：『夫古有古之時，今有今之時，襲古人語言之迹而冒以爲古，是處嚴冬而襲夏之葛者也。騷之不襲雅也，雅之體窮於怨，不騷不足以寄也。後人有擬而爲之者，終不肖也，何也？彼直求騷於騷之中也。至蘇李述別及十九等篇，騷之音節體致皆變矣，然不謂之眞騷不可也。』（袁中郎全集一）此又指體製之變而言。由體製言，於同一情調之中又以不襲迹貌爲高。前者是同體的變，後者是異體的變。這是他所謂變。無論是同體或異體的變，要之都是藝術技巧上的進步。既是進步，所以不必摹古。他與丘長孺尺牘中說：

今之君子，乃欲概天下而唐之，又且以不唐病宋。夫既以不唐病宋矣，何不以不選病唐，不漢魏病選，不三百篇病漢，不結繩鳥跡病三百篇耶？果爾，反不如一張白紙，詩燈一派，掃土而盡矣。夫詩之氣一代減一代，故古也厚，今也薄。詩之奇之妙之工之無所不極，一代盛一代，故古有不盡之情，今無不寫之景。然則古何必高，今何必卑哉！（袁中郎全集二十一）

他與江進之尺牘中又說：

近日讀古今名人諸賦，始知蘇子瞻歐陽永叔輩見識眞不可及。夫物始繁者終必簡，始晦者終必明，始亂者終必整，始艱者終必流麗痛快。其繁也，晦也，亂也，艱也，文之始也。……其簡也，明也，整也，流麗痛快也，文之變也。夫豈不能爲繁，爲亂，爲艱，爲晦，然已簡安用繁？已整安用亂？已明安用晦？已流麗痛快安用聱牙之語，艱深之辭？譬如周書大誥多方等篇，古之告示也，今尚可作告示不？毛詩鄭衛等風，古之𡢃詞媟語也，今之所唱銀柳系掛鍼兒之類，可一字相襲不？世道既變，文亦因之，今之不必摹古者亦勢也。張左之賦，稍異揚馬，至江淹庾信諸人，抑又異矣。唐賦最明白簡易，至蘇子瞻直文耳。然賦體日變，賦心益工，古不可優，後不可劣；若使今日執筆，機軸尤爲不同，何也？人事物態有時而更，鄉語方言有時而易，事今日之事，則亦文今日之文而已矣。（袁中郎全集二十二）

他是這樣本於歷史的演變以反抗當時之復古潮流的。因此，他對於初盛中晚之說，又有特殊的見解。

今代爲詩者類出於制舉之餘，不則其才之不逮，逃於詩以自文其陋者，故其詩多不工。而時文乃童而習之，萃天下之精神注之一的，故文之變態常百倍於詩。……夫王瞿者時藝之沈宋也，至太倉而盛。鄧馮則王岑也，變而爲家太史是爲錢劉之初，至金陵而人巧始極，遂有晚音。晚而文之態不可勝窮矣。公琰爲詩，爲舉子業，取之初以逸其氣，取之盛以老其格，取之中以暢其情，取之晚以刻其思，富有而新之，無不合也。（袁中郎全集一，郝公琰詩敍）

梁任公之清代學術概論謂：『佛說一切流轉相，例分四期，曰生、住、異、滅。思潮之流轉也正然，例分四期：一啓蒙期，（生）二全盛期，（住）三蛻分期，（異）四衰落期。（滅）無論何國何時代之思潮，其發展變遷，多循斯軌。』乃不謂袁中郎之論初盛中晚正有些同此見解。

他何以要這樣重在變呢？蓋即所以存其眞。『古有古之時，今有今之時，』此乃所以存其時之眞。「我面不能同君面，而況古人之面貌乎？』此又所以存其人之眞。『唐自有詩也，不必選體也；初盛中晚自有詩也，不必初盛也；

李杜王岑錢劉下迨元白盧鄭各自有詩也，不必李杜也。趙宋亦然，陳歐蘇黃諸人有一字襲唐者乎？又有一字相襲者乎？」（見與丘長孺尺牘）所以必變纔能見其眞。因此他不反對復古而反對贋古，反對以勦襲爲復古。其雪濤閣集序云：

> 夫法因於敝而成於過者也。矯六朝駢麗飣餖之習者，以流麗勝。飣餖者固流麗之因也，然其過在輕纖。盛唐諸人以闊大矯之。已闊矣，又因闊而生莽；是故續盛唐者，以情實矯之。已實矣，又因實而生俚；是故續中唐者以奇僻矯之。然奇則其境必狹，而僻則務爲不根以相勝，故詩之道至晚唐而益小。有宋歐蘇輩出，大變晚習，於物無所不收，於法無所不有，於情無所不暢，於境無所不取，滔滔莽莽，有若江河，今人徒見宋之不唐法，而不知宋因唐而有法者也。如淡非濃，而濃實因於淡，然其敝至以文爲詩，流而爲理學，流而爲歌訣，流而爲偈誦，詩之弊又有不可勝言者矣。近代文人始爲復古之說以勝之。夫復古是已！然至以勦襲爲復古，句比字擬，務爲牽合，棄目前之景，摭腐濫之辭，有才者詘於法而不敢自伸其才，無之者拾一二浮泛之語，幇湊成詩。智者牽於習而愚者樂其易。一唱億和，優人騶從，共談雅道。吁！詩至此，抑可羞哉！

革新的復古，以復古爲變，是他所贊同的；雷同的復古，以復古爲襲，是他所反對的。變則有其眞，襲則亡其眞，所以他師心而不師法。法，是格調派喊出的口號；心，是公安派宣傳的旗幟。其分野在是。於是他說：

> 詩道之穢未有如今日者。其高者爲格套所縛，如殺翮之鳥，欲飛不得；而其卑者，剽竊影響，若老嫗之傅粉。其

能獨抒己見信心而言寄口於腕者余所見蓋無幾也。（袁中郎全集一，敍梅子馬王程稿）

善畫者師物不師人，善學者師心不師道。善爲詩者師森羅萬像不師先輩。法李唐者，豈謂其機格與字句哉！法其不爲漢，不爲魏，不爲六朝之心而已，是眞法者也。是故減竈背水之法，迹而敗，未若反而勝也。夫反所以迹也。今之作者，見人一語肖物，目爲新詩，取古人一二浮濫之語，句規而字矩之，謬謂復古。是迹其法，不迹其勝者也，敗之道也。嗟夫！是猶呼傳粉抹墨之人，而直謂之蔡中郎，豈不悖哉？（袁中郎全集一，敍竹林集）

格調派，本於滄浪所謂第一義之悟而欲取法乎上，本也有他們理論上的根據；不過在公安派看來，知正更須知變，無所謂第一義與第二義的分別。蓋一是文學家評選的眼光，一是文學史家論流變的眼光。一則所取的標準嚴，一則所取的標準寬，所以各不相同。因此，格調派講優劣，而公安派不講優劣。其敍小修詩云：

……足跡所至，幾半天下，而詩文亦因之以日進。大都獨抒性靈，不拘格套，非從自己胸臆流出，不肯下筆。有時情與境會，頃刻千言，如水東注，令人奪魄。其間有佳處，亦有疵處，佳處自不必言，卽疵處亦多本色獨造語。然予則極喜其疵處；而所佳者，尙不能不以粉飾蹈襲爲恨，以爲未能盡脫近代文人氣習故也。蓋詩文至近代而卑極矣，文則必欲準於秦漢，詩則必欲準於盛唐，勦襲模擬，影響步趨，見人有一語不相肖者，則共指以爲野狐外道。曾不知文準秦漢矣，秦漢人曷嘗字字學六經歟？詩準盛唐矣，盛唐人曷嘗字字學漢魏歟？秦漢而學六經，豈復有秦漢之文！盛唐而學漢魏，豈復有盛唐之詩！唯夫代有升降，而法不相沿，各極其變，各窮其趣，所

以可貴，原不可以優劣論也。（袁中郎全集一）

中郎便不肯立一標準的格，所以要各極其變，各窮其趣，於是佳處固可稱，疵處亦有可取。何則？以其變也。以其變而能存其眞也。

一方面固然是變而後能存其眞；反過來說，亦惟眞而後能盡其變。何則？翻盡窠臼，自出手眼，是眞也而亦變也。所以他說：『文章新奇無定格式，只要發人所不能發，句法字法調法，一一從自己胸中流出，此眞新奇也。』所以他說：『若只同尋常人一般知見，一般度日，衆人所趨者，我亦趨之，如蠅之逐羶，卽此便是小人行徑矣。』（均見袁中郎全集二十四，答李元善）正因新奇變態都須從自己胸中流出，所以隨波逐流，亦步亦趨者，不能眞，也便不能變。雷思霈之序中郎瀟碧堂集，謂『眞者精誠之至。不精不誠，不能動人。強笑者不歡，強合者不親。夫惟有眞人而後有眞言。眞者識地絕高，才情旣富，言人之所欲言，言人之所不能言，言人之所不敢言。』此卽是所謂由眞而盡變之意。此意，在中郎與張幼于尺牘中說得更痛快。

至於詩則不肖聊戲筆耳。信心而出，信口而談，世人喜唐，僕則曰唐無詩，世人喜秦漢，僕則曰秦漢無文。世人卑宋黜元，僕則曰詩文在宋元諸大家。昔老子欲死聖人，莊生譏毀孔子，然至今其書不廢。荀卿言性惡，亦得與孟子同傳。何者？見從己出，不曾依傍半箇古人，所以他頂天立地。今人雖譏訕得，卻是廢他不得。不然，糞裏嚼查，順口接屁，倚勢欺良，如今蘇州投靠家人一般，記得幾個爛熟故事，便曰博識，用得幾個見成字眼，亦曰騷人。計騙杜工部，囤紮李空同，一個八寸三分帽子，人人戴得，以是言詩，安在而不詩哉！不肖惡之深，所以立言亦自有矯枉之過。公謂僕詩亦似唐人，此言極是。然要之幼子所取者皆僕似唐之詩，非僕得意詩也。夫其似唐者見取，則其不取者斷斷乎非唐詩可知。既非唐詩，安得不謂中郎自有之詩，又安得以幼子之不取保中郎之不自得意耶？僕求自得而已，他則何敢知。（袁中郎全集二十二）

他是要頂天立地見從己出的，所以愈眞亦愈變，愈變亦愈奇。中郎詩云：『莫把古人來比我，同床各夢不相干，』（袁中郎全集三十八，舟居詩之七）眞到極點，亦卽變到極點，奇到極點。『天下之物，孤行則必不可無，必不可無，雖欲廢焉而不能，雷同則可以不有，可以不有，則雖欲存焉而不能。』（見敍小修詩）這卽是所謂『今人雖譏訕得，卻是廢他不得。』惟其不講優劣，所以譏訕得；惟其眞，所以廢他不得。

第四款　論韻與趣

『今人雖譏訕得，卻是廢他不得，』這卽是雷思霈所謂『言人所不敢言，』也卽是袁小修所謂『爲宇宙間開拓多少心胸。』易言之，實卽是李卓吾所謂『寧使見者聞者切齒咬牙，欲殺欲割，而終不忍藏於名山，投之水火。』然而此中自有分際。有心中了了而舉似不得者，藉妙筆妙舌以達之，此則所謂言人之所欲言。有不可摹之境與難寫之情，而能片言釋之，或數千言描寫之，此則所謂言人之所不能言。有人所不經道之語，一經拈出，推翻千古公案，此則所謂言人之所不敢言。然而中郎於此只限文學方面。他在文學上開闢許多法門，創造許多境界，而不是在思想上建立許多新奇可怪之論。這是與李卓吾的不同處。因此，中郞之所謂眞與變，不能離韻與趣。

中郞之敍陳正甫會心集云：

世人所難得者唯趣。趣如山上之色，水中之味，花中之光，女中之態，雖善說者，不能下一語，唯會心者知之。今之人慕趣之名，求趣之似，於是有辨說書畫，涉獵古董以爲淸，寄意玄虛，脫跡塵紛以爲遠；又其下則有如蘇州之燒香煑茶者，此等皆趣之皮毛，何關神情。夫趣得之自然者深，得之學問者淺。當其爲童子也，不知有趣，然無往而非趣也。面無端容，目無定睛，口喃喃而欲語，足跳躍而不定，人生之至樂，眞無踰於此時者。孟子所謂不失赤子，老子所謂能嬰兒，蓋指此也。趣之正等正覺，最上乘也。山林之人，無拘無縛，得自在度日；故雖不求趣而趣近之。愚不肖之近趣也，以無品也。品愈卑，故所求愈下，或爲酒肉，或爲聲伎，率心而行，無所忌憚，自以爲絕望於世，故舉世非笑之不顧也。此又一趣也。迨夫年漸長，官漸高，品漸大，有身如梏，有心如棘，毛孔骨節俱爲聞見知識所縛，入理愈深，然其去趣愈遠矣。（袁中郞全集一）

又其壽存參張公七十序云：

山有色，嵐是也；水有文，波是也；學道有致，韻是也。山無嵐則枯，水無波則腐，學道無韻則老學究而已。昔夫子之賢回也，以樂；而其與曾點也，以童冠詠歌。夫樂與詠歌，固學道人之波瀾色澤也。江左之士，喜爲任達，而至今談名理者，必宗之。俗儒不知，叱爲放誕，而一一繩之以理，於是高明玄曠淸虛澹達者，一切皆歸之二氏，而所謂腐濫纖嗇卑滯局局者，盡取爲吾儒之受用。吾不知諸儒何所師承，而冒焉以爲孔氏之學脈也。且夫任達不足以持世，是安石之談笑，不足以靜江表也；曠逸不足以出世，是白蘇之風流，不足以談物外也。大都士之有韻者理必入微，而理又不可以得韻。故叫跳反擲者，稚子之韻也；嬉笑怒罵者，醉人之韻也。醉者無心，稚子亦無心。無心故理無所托，而自然之韻出焉。由斯以觀，理者是非之窟宅，而韻者大解脫之場也。（袁中郎全集二）

此即李卓吾童心說之意。童心易失，韻趣難求，所以他以爲『世情當出不當入，塵緣當解不當結，人我勝負心當退不當進。』（袁中郎全集二十四，答李元善）這樣，或者還庶幾保存童心於萬一。而即因此種關係，造成了中郎的生活態度，形成爲中郎的詩文風格。所謂名士風流，便是如此。袁小修南北遊詩序云：『夫名士者固皆有過人之才，能以文章不朽者也。然使其骨不勁而趣不深，則雖才不足取。』（珂雪齋文集一）他們論文如此，論人也如此。

爲人尙眞，眞而後有韻與趣。中郎爲人當然「率心而行，無所忌憚然而雅俗之見，又時縈繞於中郎胸際。所以『有身如梏，有心如棘』，適爲中郎之所不喜，而『面無端容，目無定睛』，却也是中郎之所難爲。無已，欲求其所謂不失赤子，求其所謂能嬰兒，只有如山林之人無拘無縛得自在度日，爲最近於趣了。『叫跳反擲者稚子之韻也；嬉笑怒罵者醉人之韻也。』事實上已爲成人，不能返老爲童；事實上清醒白醒，又不能無端嬉笑怒罵。於是覺得只有曠逸任達，爲差近於稚子醉人。何以故？因爲都是無心故。物的方面遯跡山林，庶不爲聞見知識所縛，心的方面，放誕風流絕無罣礙，自然也有波瀾色澤。這是他所謂『世情當出不當入，塵緣當解不當結』的理由。在此種關係上造成了中郎的生活態度。

爲文爲學也尙眞。『學道無韵，則老學究而已』，『理者是非之窟宅，而韵者大解脫之場也』所以他也要同李卓吾一樣，所言者是本於童心自出之言，而不欲聞見道理之言。本於童心是眞也，然能不爲讀書識理所障，那便是大解脫了。他在行素園存稿引中說：

> 物之傳者必以質。文之不傳，非曰不工，質不至也。樹之不實，非無花葉也，人之不澤，非無膚髮也，文章亦爾。……
>
> ……古之爲文者，刊華而求質，敝精神而學之，唯恐眞之不極也。博學而詳說，吾已大其蓄矣。然猶未能會諸心也；久而胸中渙然，若有所釋焉，如醉之忽醒，而漲水之思決也。雖然，試諸手猶若掣也。一變而去辭，再變而去理，三變而吾爲文之意忽盡，如水之極於澹，而芭蕉之極於空，機境偶觸，文忽生焉。風高響作，月動影隨，天下翕然而文之，而古之人不自以爲文也，曰是質之至焉者矣。大都入之愈深，則其言愈質，言之愈質，則其傳愈遠。夫質猶面也，以爲不華而飾之朱粉，妍者必減，媸者必增也。（袁中郎全集三）

此文自狀其作文步驟，學文經歷，頗與昌黎答李翊書老泉上歐陽內翰書相類。博學而詳說，以大其蓄，反求諸心以歸於約，如醉之忽醒，如漲水之思決，這卽是所謂眞；然而未也，必待一變而去辭，再變而去理，三變而吾爲文之意忽盡，然後機境偶觸而文生焉：這卽是所謂韵，所謂解脫。必待層層剝落而後所謂眞者乃益顯。直到「吾爲文之意忽盡，」卽是上文所謂「無心。」『無心故理無所托，而自然之韻出焉，』所以我說『中郎之所謂眞與變，不能離韻與趣。』在此種關係上又形成了中郎的詩文風格。

文到無心，而韻自生，而趣自出。所以中郎論詩又以淡爲標的。其咼氏家繩集序云：

蘇子瞻酷嗜陶令詩，貴其淡而適也。凡物釀之得甘，炙之得苦，惟淡也不可造；不可造，是文之眞性靈也。濃者不復薄，甘者不復辛，唯淡也無不可造；無不可造，是文之眞變態也。風値水而漪生，日薄山而嵐出，雖有顧吳，不能設色也，淡之至也。元亮以之。東野長江，欲以人力取淡，刻露之極，遂成寒瘦。香山之率也，玉局之放也，而一累於理，一累於學，故皆望岫焉而却，其才非不至也，非淡之本色也。（袁中郎全集一）

照這樣講，累於理則趣薄，累於學則韻減，都不成爲淡之本色，所以比陶令詩總隔一塵。必須如「風値水而漪生，日薄山而嵐出，」自然成文，是淡之至也，卽是韻之至。文之愈淡者，是文之眞性靈，以其「不可造；」同時也卽是文之眞變態，以其「無不可造。」所以由眞與變言，固可講到韻與趣，而由韻與趣言也可合到眞與變。

當時與中郎同調者有江盈科字進之，桃源人。有雪濤閣集，未見。今說郛中有雪濤詩評，其論詩也，重在眞與趣。如云，『求眞詩於七子中，如謝茂秦者，所謂人棄我取者也。』卽因茂秦論詩原帶性靈傾向。如云：『詩本性情者，係眞詩，則一讀其詩而其人性情入眼便見。……惟勦襲掇拾，麋蒙虎皮，莫可方物，』此卽尙眞之說。如稱唐伯虎詩有天趣，此卽尙趣之說。如云：『凡爲詩者，係眞詩，雖不盡佳，亦必有趣。若出於假者，必不佳，卽佳亦自無趣。』此又眞與趣有關之說。江氏論詩雖僅一鱗一爪，然宗旨自見。時人以袁江並稱，而中郎亦極推稱之，良非偶然。

第三節　竟陵派

鍾惺字伯敬，譚元春字友夏，皆竟陵人。二人以選詩歸齊名，時稱其作風爲竟陵派。明史二百八十八卷附文苑袁宏道傳。鍾氏所著有隱秀軒集，譚氏所著有譚友夏合集。

錢牧齋之論鍾譚，謂『伯敬擢第之後，思別出手眼，另立深幽孤峭之宗，以驅駕古人之上。』謂『當其創獲之初，亦嘗覃思苦心，尋味古人之微言奧旨，少有一知半見，掠影希光，以求絕出於時俗。』（見列朝詩集小傳丁中）這些話倘說得公允。蓋鍾譚於詩原不是無所知見，而本其知見也確能另立一宗。譚友夏之退谷先生墓誌銘，稱鍾氏『嘗恨世人聞見汩沒，守文難破，故潛思遐覽，深入超出，綴古今之命脈，開人我之眼界。』（譚友夏合集十二）這也是實情，不爲諛辭。不過鍾譚於詩，雖有所見，但仍沾染明代文人習氣，只在文中討生活，所以覺其不學；只在文中開眼界，所以也多流弊。錢牧齋稱其『見日益僻，膽日益麤，』『以俚率爲淸眞，以僻澁爲幽峭，』識墮於魔而趣沉於鬼，也未嘗不中其病痛。

不過，平心而論，凡開創一種風氣或矯正一種風氣者，一方面爲功首，一方面又爲罪魁，這本是沒法避免的事。蓋此種偏勝的主張，固可以去舊疾，也容易致新疾。何況在時風衆勢之下，途徑既成，無論何種主張都不能無流弊。故其罪不在開山的人，而在附和的人。後人懲其流弊，而集矢於開創風氣的人，似未得事理之平。再有，即使開山的人已不能無流弊然由文學批評史的慣例而言作風容有偏至之失，批評每多無懈可擊。蓋批評是作者理想的標準，總是比較圓滿至於作者是否能達此境界那是另一問題。後人以議其作品之弊而攻擊其批評的主張似也未得事理之平。

由前一點言，鍾譚不過不欲再循七子途徑而已，不欲復蹈公安覆轍而已。他們於這兩方面原看得很淸楚。鍾氏詩歸序云：『今非無學古者，大要取古人之極膚極狹極熟便於口手者以爲古人在是。使捷者矯之，必於古人外自爲一人之詩以爲異，要其異又皆同乎古人之險且僻者，不則其俚者也。則何以服學古者之心！』（隱秀軒文昃集序一）譚氏詩歸序云：「古人大矣，往印之輒合，遍散之各足，人咸以其所愛之格，所便之調，所易就之字句，得其滯者熟者，木者陋者。曰我學之古人，自以爲理長味深，而傳習之久，反指爲大家，爲正宗。……而有才者至欲以纖與險厭之，則亦若人之過也。夫滯熟木陋，古人以此數者收渾沌之氣，今人以此數者喪精神之原。古人不廢此數者爲藏神奇，藏靈幻之區，今人專借此數者爲仇神奇，仇靈幻之物。』（譚友夏合集八）公安矯七子之膚熟，膚熟誠有弊，然而學古不能爲七子之罪。竟陵又矯公安之俚僻，俚僻誠有弊，然而性靈又不能爲公安之非。竟陵正因要學古而不欲墮於膚熟，所以以性靈救之，竟陵又正因主性靈而不欲陷於俚僻，所以又欲以學古矯之。他們正因這樣雙管齊下，二者兼顧，所以要於學古之中得古人之精神。這卽是所謂求古人之眞詩。求古人之眞詩，則自然不會襲其面貌，而同時也不會陷於輓近。學古則與古人之精神相冥合，而自有性情；抒情則與一己之精神相映發，而自中法度。論詩到此，豈復更有賸義！

這是鍾譚所以要選詩歸之旨。鍾氏序云：

詩文氣運，不能不代趨而下，而作詩者之意興，慮無不代求其高。高者，取異於途徑耳。夫途徑者，不能不異者也，然其變有窮也。精神者，不能不同者也，然其變無窮也。操其有窮者以求變，而欲以其異與氣運爭，吾以爲能爲異而終不能爲高。其究途徑窮，而異者與之俱窮，不亦愈勞而愈遠乎？此不求古人眞詩之過也。

後人以竟陵詩風近於深幽孤峭，遂以爲竟陵欲別創深幽孤峭之宗，以取異於途徑。這正誤解了竟陵。後人之誤解，只以竟陵也欲求其高，所以似乎有類「取異於途徑」而已。然而鍾譚都知道取異於途徑者只能爲異而終不能爲高，所以他們並不欲取異於途徑。鍾譚之病，只在爲要求古人眞詩之故，強欲於古人詩中看出其性靈而已。強於古人詩中求其性靈，於是不得不玩索於一字一句之間。玩索之久，覺得某句奇妙某字鮮穠，某是苦語某是很語，某字深甚某字遠甚，到此地步，雖欲不走入魔道而不可能。這是鍾譚的病痛所在。譚氏詩歸序云：『夫眞有性靈之言，常浮出紙上，決不與衆言伍，而自出眼光之人，專其力，壹其思，以達於古人，覺古人亦有炯炯雙眸，從紙上還矚人。』他這樣疑神疑鬼，於是覃思苦心所得的一知半見，適足爲其入魔之助。牧齋所謂『見日益僻，膽日益麤』者，其原因乃在此。不過我們所應辨析者，乃是鍾譚本意並不即要走上此僻見，而且他們自己也不覺此種看法爲僻見。譚氏序中又云：『法不前定，以筆所至爲法；趣不強括，以詣所安爲趣；詞不準古，以情所迫爲詞；才不由天，以念所冥爲天，』這眞是通達之論，何嘗欲走入僻路！然而後人論定總覺其走入僻路者，卽因他們只在詩文中討生活，所以也成爲有意欲在詩文中開眼界。有意欲在詩文中開眼界，於是雖不欲取異於途徑，而結果仍成爲取異於途徑。竟陵正欲矯公安之俚與僻，然而牧齋之議竟陵，反說其『以俚率爲淸眞，以僻澁爲幽峭。』知及之，學不能副之，作品不能應之，這卽是竟陵失敗的原因。而其癥結所在，卽因只在詩文中討生活，強欲於古人詩中看出其性靈而已。不於古人詩中求性靈，是公安的流弊；強於古人詩中求性靈，是竟陵的流弊。公安與竟陵之異同，卽在這一點。

後來公安的作風逐漸轉變，由性靈而趨向於學古，所以袁小修的見解轉與牧齋爲近。然而竟陵的成就，反由學古而局促於性靈，卒成爲牧齋所說的鬼趣與兵象，這眞是鍾譚所不及料。所以我總覺得如使僅在詩文中間討生活，則其理論無論如何，得最上乘，明第一義，而下劣詩魔，總會入其肺腑之間。鍾氏詩歸序云：『選古人詩而名曰詩歸，非謂古人之詩以吾所選爲歸，庶幾見吾所選者以古人爲歸也。引古人之精神，以接後人之心目，使其心目有所止焉，如是而已矣！』所選以古人爲歸，其學古原無可非議，然使後人之心目有所止焉，那便不能無流弊。可是這眞是沒法避免的事，『何者？人歸之也。選者之權力能使人歸，又能使古詩之名與實俱徇之，吾其敢易言選哉！』鍾氏原是知道這種關係的。不選，則古人之精神不顯，而鍾譚之心目也無由表現。譚氏古文瀾編序云：『選書者非後人選古人書，而後人自著書之道也。』（譚友夏合集八）他們正以選詩爲著書，所以可以表現其心目，而同時也可使後人之心目有所止焉。然而，卽此，便不能無流弊了。

錢牧齋謂『詩歸盛行於世，承學之士，家置一編，奉之如尼丘之删定。』（列朝詩集小傳丁中）一般人的附和推崇，這正是鍾譚的不幸。然而在明代文人的風氣之下，欲使人不附和，不立門戶，又勢所難能。鍾氏周伯孔詩集序稱其『游金陵，欲袖夷門博浪之椎，椎今名下士。』（隱秀軒文昃集序二）又問山亭詩序云：『今稱詩不排擊李于鱗，則人爭異之，猶之嘉隆間不步趨于鱗者，人爭異之也。』（同上）排擊是時風衆勢，步趨也是時風衆勢。「滔滔者天下皆是也，」所以鍾譚一出，而天下又羣趨於竟陵了。

竟陵何嘗欲自成一派呢？何嘗欲取異於途徑呢？鍾氏於潘穉恭詩序云：『穉恭之友有戴孝廉元長者，序穉恭詩，憂近時詩道之衰，歷舉當代名碩，而曰近得竟陵一脈，情深宛至，力追正始。竟陵不知所指。或曰，鍾子竟陵人也。予始逡巡跼蹐舌撟而不能舉。近相知中有擬鍾伯敬體者，予聞而省愆者至今。何則？物之有迹者必敝，有名者必窮。昔北地信陽歷下弇州，近之公安諸君子，所以不數傳而遺議生者，以其有北地信陽歷下公安之目，而諸君子戀之不能捨也。』（隱秀軒文昃集序又二）自有北地信陽歷下弇州公安之目，而李何李王三袁之詩以敝；自有竟陵之目，而鍾譚之詩也以敝。敝之者，非北地信陽歷下弇州公安與竟陵，而是附和北地信陽歷下弇州公安竟陵的人。附和者衆，其勢必窮。『勢有窮而必變，物有孤而爲奇，』這是鍾氏問山亭詩序中的話。明代文人所以出主入奴，互立壇坫以相爭勝者，全由此種關係。譚氏萬茂先詩序云：『吾輩論詩，止有同志，原無同調。』（譚友夏合集九）却不料當時詩人一定要變同志爲同調。

由後一點言，鍾譚以求古人眞詩之故，『察其幽情單緒，孤行靜寄於喧雜之中，而乃以其虛懷定力，獨往冥遊於寥廓之外。』（見鍾氏詩歸序）於是不求深幽孤峭而自然能立深幽孤峭之宗。他強於古人詩中求性靈，於是得其所謂「幽情單緒」者；得其所謂「幽情單緒」，於是覺得『詩清物也。其體好逸，勞則否；其地喜淨，穢則否；其境取幽，雜則否；其味宜淡，濃則否；其遊止貴曠，拘則否。』（見隱秀軒文昃集序二簡遠堂近詩序）旣知詩爲清物，好逸喜靜宜幽澹而曠，那麼如何能不在其詩中表現此種境界，所以雖不求深幽孤峭而自然能立深幽孤峭之宗。鍾氏答同年尹孔昭書云：『我輩文字到極無烟火處，便是機鋒，自知之而無可奈何！』（隱秀軒文往集書牘一）又與譚友夏書云：『曹能始言我輩詩清新而未免有痕，却是極深中微至之言，從此公慧根中出。有痕非他，覺其清新者是也。』（同上）詩到有機鋒，到有痕可尋，又如何能不別立一宗！

所以鍾譚詩原只詩中一格而已！假使沒有人附和，不成爲風氣，則天地間有此一種詩，孤芳自賞，原也未爲不可。沈春澤之序隱秀軒集云：『後進多有學爲鍾先生語者，大江以南更甚。然而得其形貌，遺其神情，以寂寥言精鍊，以寡約言清遠，以俚淺言冲澹，以生澀言新裁，篇章字句之間，每多重複，稍下一二語，輒以號與人曰：吾詩空靈已極。余以爲空則有之，靈則未也。』可知鍾譚詩之流弊，在當時已是如此了。蓋深幽孤峭之宗旣立，有機鋒可執，有痕可尋，則學此種詩格者，自然不能無流弊。不僅後進，卽鍾譚也不能無此病。錢牧齋之論鍾氏，謂『抉擿洗削，以凄聲寒魄爲致，此鬼趣也；尖新割剝，以噍音促節爲能，此兵象也。……鍾譚之類，豈亦五行志所謂詩妖者乎？』而其論譚氏詩，又謂『友夏詩貧也非寒也；薄也非瘦也；僻也非幽也，凡也非近也；昧也非深也；斷也非掉也；亂也非變也。……要其才情不奇故失之纖，學問不厚故失之陋，性靈不貴故失之鬼，風雅不遒故失之鄙。』（均見列朝詩集）可知別立一宗的結果，往往走入魔道，能爲異而不能爲高。牧齋之論固不免稍涉苛刻，然在不了解鍾譚詩者，原不妨有此偏激的論調。鍾譚求古人之幽情單緒，雖似稍僻，然而『人有孤懷有孤詣，』（見譚氏詩歸序）詩人之所感，原不必即是一般人之所感；詩人一時之所觸，原不必即是一般人習常之所觸。譚氏汪子戊己詩序云：『詩隨人皆現，才觸情自生，』又云『夫作詩者一情獨往，萬象俱開，口忽然吟，手忽然書，即手口原聽我胸中之所流，手口不能測；即胸中原聽我手口之所止，胸中不可強。』（譚友夏合集九）這些話很有些近於公安的口吻，然而由有孤懷孤詣的詩人看來，則所謂『一情獨往萬象俱開』者，正有些近於現時象徵派詩人的看法。錢牧齋舉吳中朱槐批評鍾譚之語，謂『伯敬詩「桃花少人事，」詆之者曰，李花獨當終日忙乎？友夏詩「秋聲半夜眞，」則甲夜乙夜秋聲倘假乎？』這種話直是不知象徵詩人之所感！孤懷孤詣，原須『以其虛懷定力，獨往冥遊於寥廓之外，』庶幾『如訪者之幾於一逢，求者之幸於一獲。』那得便以這種不周延之語來相詰難！牧齋又說：『世之論者曰，鍾譚一出，海內始知性靈二字，然則鍾譚未出，海內之文人才士皆石人木偶乎？』（列朝詩集小傳丁中）我們假使以孤懷孤詣來解釋鍾譚之所謂性靈，那麼，眞所謂『鍾譚一出海內始知性靈二字。』蓋鍾譚之所謂性靈，原不同於一般人之所謂性靈。昔人之批評，往往有不得要領而妄加雌黃者，此類是也。

我們即使再退一步說鍾譚之詩以近象徵詩派之故，不易得人了解，不免落於鬼趣兵象那麼無論如何，他在文學史上矯正一時風氣，不使黃茅白葦千篇一律其功也不可泯沒。鍾氏問山亭詩序云：『石公惡世之羣爲于鱗者使于鱗之精神光燄不復見於世。李氏功臣孰有如石公者！』那麼在鍾譚之時稱詩者，又一齊化而爲石公，「是豈石公意哉！」（見昃集序二）又其與王穉恭兄弟論江進之詩謂『才不及中郎而求與之同調徒自取狼狽而已』又謂『國朝詩無眞初盛者，而有眞中晚眞中晚實勝假初盛，然不可多得。』又謂『學袁江二公與學濟南諸君子何異！恐學袁江二公其弊反有甚於學濟南諸君子也。』他看到當日『牛鬼蛇神打油定鉸遍滿世界，』他知道『因襲有因襲之流弊，矯枉有矯枉之流弊。前之共趨即今之偏廢今之獨嚮即後之同聲。』（隱秀軒文往集書牘一）所以寧願矯異而遁入僻道，不欲趨流以濟其惡濫。這眞是鍾氏於再報蔡敬夫書中自述選輯詩歸之旨，所謂『一片老婆心時下轉語欲以此手口作聾瞽人燈燭輿杖，』（見往集書牘一）我們即就這一點言之，鍾譚便不爲無功。

我們即使更退一步，說鍾譚之詩雖能變七子公安之弊，然愈變愈下，其功不能掩其罪，那麼，再看他們的批評是如何？譚氏袁中郎先生續集序云：『古今眞文人何處不自信，亦何嘗不自悔。當衆波同瀉萬家一習之時，而我獨有所見，雖雄裁辨口搖之不能奪其所信，至於衆爲我轉，我更覺進，舉世方競寫喧傳，而眞文人靈機自檢，已遁之悔中矣。此不可與鈍根浮器人言也。』（譚友夏合集八）鍾譚是否有所悔，固不敢言，然由其批評見解言之，却正不欲成派，不欲落痕。易言之，卽不欲其中迹，不欲其有敝。

人家說，鍾譚不學而他們則正欲以學救其弊。鍾氏與譚友夏書云：『輕詆今人詩不若細看古人詩，細看古人詩便不暇詆今人也。』（隱秀軒文往集書牘一）他們何嘗號呼叫囂心麤胆橫，如牧齋之所言者。鍾氏孫曇生詩序云：『人之爲詩所入不同，而其所成亦異。從名入才入興入者，心躁而氣浮；……從學入者心平而氣實』（隱秀軒文昃集序又二）蓋從名入才入興入者，則欲其心之由躁而平，氣之由浮而實，必待年而定；年愈高學愈進，則詩之所成也隨以異。從學入者便不須如此。可知鍾氏論詩，正以從學入者爲高。是則「竟陵派」之詩論又何嘗廢學！

人家說鍾譚詩貧而非寒，薄而非瘦，而他們又正欲以厚救其弊。譚氏詩歸序云：『春未壯時，見綴緝爲詩者，以爲此浮瓜斷梗耳烏足好！然義類不深，口輒無以奪之。乃與鍾子約爲古學，冥心放懷，期在必厚。』很奇怪，人家於鍾譚詩中看不出他的厚，而他們的論詩，却是「期在必厚」。鍾氏陪郎草序云：『夫詩以靜好柔厚爲教者也。今以爲氣不豪，語不俊，不可以爲詩。予雖勉爲豪，學爲俊，而性不可化，以故詩終不能工。』（隱秀軒文昃集序又二）他所謂豪，卽指七子；他所謂俊，卽指公安。『豪則喧，俊則薄；喧不如靜，薄不如厚，』所以他要以靜好柔厚爲教。是則鍾譚論詩都拈一「厚」字，何嘗欲其薄欲其僻呢？蓋「竟陵」之學，原同「公安」一樣，偏重性靈，其作風也不免均失之於薄；然而「竟陵」又有意與「公安」立異，欲矯「公安」之失，故批評主張遂拈一「厚」字，以爲對症良藥。因爲厚不僅對於公安是對症良藥，卽對於竟陵也仍是對症良藥。鍾氏與弟恮書云：『慧處勿纖，幻處勿離，清處勿薄，』（隱秀軒文往集書牘一）卽因偏重性靈之作，最易犯此病症。當時曹能始批評鍾譚詩淸新而未免有痕，鍾氏極以爲然也以爲除以厚救之之外別無辦法。故與譚友夏書云『痕亦不可強融惟起念起手時厚之一字可以救之。如我輩數年前詩同一妙語妙想當其離心入手，離手入眼時，作者與讀者有所落然於心目，而今反覺味長；有所躍然於心目而今反覺易盡者。何故落然者以其深厚，而躍然者以其新奇。深厚者易久，新奇者不易久也。此有痕無痕之原也。』（隱秀軒文往集書牘一）可知他們矯正公安，同時也矯正自己。

他們主張厚出於靈，所以學古而不落格調；他們又主張靈歸於厚，所以論趣而不落於小慧。前者與七子不同，後者又與「公安」不同。這是他們所以雙管齊下之故。然而要到此境地，卻是難得。

鍾氏於與高孩之觀察書云：

> 詩至於厚而無餘事矣。然從古未有無靈心而能爲詩者。厚出於靈，而靈者不卽能厚。嘗謂古人詩有兩派難入手處。有如元氣大化，聲臭已絕，此以平而厚者也；古詩十九首蘇李是也。有如高巖浚壑，岸壁無階，此以險而厚者也。漢郊祀鐃鼓，魏武帝樂府是也。非不靈也，厚之極，靈不足以言之也。然必保此靈心，方可讀書養氣以求其厚。（隱秀軒文往集，書牘一）

此卽厚出於靈之說。他不是不知詩中有厚的境界，乃是知而未蹈，期而未至。厚必出於靈心，所以不欲摹擬古人之詩。而古人詩中有此境界，他也未嘗不知，只苦於無入手處耳。滄浪所謂無迹可求，殆卽謂此。有迹便有痕矣，有痕便有入手處矣。鍾譚論古人之詩，到這些地方便覺言語道斷。欲在一字一句上求其靈心竟不可得，竟不可能；然而古人之詩又不是沒有靈心的。「非不靈也，厚之極靈不足以言之也。」所以知其靈更須知其厚，學其厚尤貴學其靈。

鍾氏於東坡文選序云：

今之選東坡文者多矣，不察其本末，漫然以趣之一字盡之。故讀其序記論策奏議則勉卒業而恐臥，及其小牘小文則捐寢食徇之。以李溫陵心眼未免此累，況其下此者乎？夫文之於趣，無之而無之者也。譬之人，趣其所以生也；趣死則死。人之能知覺運動以生者，趣所爲也。能知覺運動以生，而爲聖賢爲豪傑者，非盡趣所爲也。故趣者止於其足以生而已。今取其止於足以生者，以盡東坡之文可乎哉！（隱秀軒文昃集序一）

此又靈歸於厚之說。有靈則有趣，然而趣止於其足以生而已！爲聖賢爲豪傑非盡趣之所爲。所以察其本末，則學問膽識便不是趣之一字足以盡之。若使僅僅以趣爲主，便落於小智小慧，難成大方家數。爲人不可以小聰明小機趣自限，爲詩又何可以性靈自限。此所以靈又必歸於厚。知靈歸於厚之說，則知「竟陵」作風，未可便以小品目之了。古人詩之所以難於入手，即在這上面；鍾譚詩之所以爲人詬病，又因爲不會做到這一層。鍾譚之所能說明者僅於一字一句上探求古人之性靈而已；鍾譚之所能做到者又只於一字一句上表現自己之性靈而已。然而，即此便是機鋒，便是痕。落了機鋒，落了痕，便不會歸於厚。他們儘管見得到，無奈他們不易做得到。這眞是沒有辦法的事。『詩文氣運不能不代趨而下，而作詩者之意興慮無不代求其高』，此種情形，鍾氏原是深深知道的。我們現在論「竟陵」之詩與其詩論，也不可不注意這一點；否則不會得到公允的論斷。

第五章　明末之文學批評

第一節　孫鑛評經（茅坤附）

孫鑛字文融，號月峯，餘姚人，萬曆會試第一，官至南兵部尚書，所著有孫月峯評經今文選等。

孫氏評經盛行一時。錢牧齋謂：『訶虞書爲俳偶，摘雅頌爲重複，非聖無法，則餘姚孫氏鑛爲之魁。』（有學集十七，賴古堂文選序）他雖不以孫氏評經爲然，然而不能不承認這是「浸淫於世運，熏結於人心」的一種風氣。歷史上之所以能形成一時風氣，原只是一時代學術思想與趣轉移的表現，本無所謂是非，也無所謂功罪。清代人對於六經看作都是史，那麼明代人也不妨把六經看作都是文。六經皆文，所以不妨加以批評。這正是明代學術自然的趨勢，所以能成爲一時風氣。

因此，我們對於孫氏評經，並不重在其批評之當否，或批評方法之當否，而着重在說明何以孫氏會注意到評經，何以評經會成爲一時風氣。

在孫氏以前，茅坤已主張宗經。坤字順甫，號鹿門，歸安人。明史二百八十七卷文苑有傳，所著有茅鹿門文集。鹿門之學，也以評選見長。他曾選唐宋韓柳歐陽三蘇及曾王八家文爲唐宋八大家文鈔。四庫提要謂：『秦漢文之有竄臼，自李夢陽始，唐宋文之亦有竄臼，則自坤始。』這話說得一些不錯。鹿門所得，原只在文之轉折波瀾而已，並未能得文之神理。可是鹿門雖僅得唐宋文之轉折波瀾，而其論調，則帽子甚大也是摭拾一些宗經求道的話。其復唐荊川司諫書云：

古來文章家氣軸所結，各自不同。譬如堪輿家所指龍法，均之縈折起伏，左迴右顧，前拱後繞，不致衝射尖邪，斯合龍法。然其來龍之祖，及其小大力量，當自有別。竊謂馬遷譬之秦中也，韓愈譬之劍閣也，而歐曾譬之金陵吳會也。中間神授，迴自不同，有如古人所稱百二十二之異；而至於六經，則崑崙也，所謂祖龍是已。故愚竊謂今之有志於爲文者，當本之六經以求其祖龍。而至於馬遷，則龍之出遊，所謂太行華陰而之秦中者也。故其氣尚雄厚，其規制尚自宏遠。若遽因歐曾以爲眼界，是猶入金陵而覽吳會，得其江山逶迤之麗，淺風樂土之便，不復思履殽函以窺秦中者已。（茅鹿門文集一）

此外尚有類似的主張。如其謝陳五嶽序文刻書云：『文不本之六籍以求聖人之道，而顧沾沾焉淺心浮氣，競爲拮据其間，譬之剪綵爲花，其所炫燿焆爚者，或若目眩而心掉，而要之於古作者之旨，或背而馳矣。』（茅鹿門文集六）又復陳五嶽方伯書云：『竊謂天地間萬物之情，各有其至，而世之文章家當於六籍中求其吾心者之至，而深於其道，然後從而發之爲文。』（茅鹿門文集八）綜上所言，可知他是欲由韓歐以進窺馬遷，由馬遷以進窺六經。題目不可謂不正，帽子不可謂不大，只是他所謂聖人之道，說來模糊影響，總覺膚泛，對於古人一段精神命脈，如荊川所言者，似乎全未理會。他的一生似乎只理會到唐宋古文之繩墨布置奇正轉折而已。幸而他的精力，全用在這上面；假使他再有餘力的話，他便將進而評選六經。所以孫月峯之評經，於這一方面也不能不受鹿門的影響。

不僅如此，月峯於受鹿門影響之外，恐怕又受七子文論之影響。自七子標舉文必秦漢詩必盛唐之說，於是復古之風盛極一時。顧以詩文體製不同，所以成就互異，而同時也產生不相同的影響。王世貞於李于鱗傳中已說過：『于鱗既以古文辭創起齊魯間……操觚之士不盡見古作者語，謂于鱗師心而務求高以陰操其勝於人耳目之外而駭之，其駭與尊賞者相半，而至於有韻之文則心服靡間言』。所以論詩宗七子者多，而論文宗七子者少。易言之，即論詩宗七子而有所闡發者尚多，而論文宗七子能自成系統者便不多見。

孫月峯便可視為七子文論之後勁，而其評經便是較七子文論更勘進一步的表現。當時如黃道周之學子，陳子龍之學六朝，也都可謂是七子文論的轉變。七子文論在明末依舊有他的勢力。月峯之自述學文經歷，謂：

四十以前大約惟枕藉班馬二史，以雄肆質陗為工。丁亥以後，玩味諸經，乃知文章要領惟在法，精腴簡奧，乃文之上品。……萬古文章，總之無過周者。（孫月峯集九，與李于田論文書）

鑛昔童時，於先君案上竊取史記讀之，見其新奇而偉麗，心極愛之，如獲奇寶，時時誦習，以為天下書惟此部而已。又於伯兄所見莊生籍，亦驚喜，苦其難解，因極力研究，顧終不能如龍門之莫逆。他書雖間涉獵，然止是涉獵，與不讀同。至二十五歲始知愛歐陽文。二十六而熟讀韓非子，手節錄之，以資舉業。二十九而始讀文選，愛其醲厚深至。再踰年而讀漢書，愛其質而錯落，如巖間樹木，不圓正乃佳。踰年釋褐，又一年乃讀左傳，熟記與僚友相背誦，然無所得。踰年復讀漢書後，復涉獵至四十四家，居乃盡屏諸書一小廚，獨置馬班二史，益之國策韓呂三種，以此五部音節相類，是一家耳。又二年始讀國語，又進之十三經，乃大有悟；蓋文章之法盡於經矣。（同上，與余君房論文書）

可知他童時已誦習漢文，至四十六以後，始玩味諸經，而深有所得。所以他的路線，仍是循七子之途徑，不過更進一步而已。其與呂玥玉繩論詩文書云：『世人皆談漢文唐詩，王元美亦自謂詩知大歷以前，文知西京以上，愚今更欲進之古，詩則建安以前，文則七雄而上。文則以易書周禮禮記，三春秋，論語爲主，兩之語策，參之老莊管；詩以三百篇爲主，兼之楚騷風雅，廣逸漢魏詩乘。』（孫月峯集九）這卽是他的主張。他的主張既是如此，那麼在批評風氣盛行復古之時，雌黃及於諸經，原是當然的現象。

他爲了擁護這種主張，於是說明其理由，以爲經之所長在法。

古人無紙，汗青刻簡，爲力不易，非千錘百鍊，度必可不朽，豈輕以災竹木。宋人云：『三代無文人，六經無文法。』弟則謂惟三代乃有文人，惟六經乃有文法。周尚文，周末文勝，萬古文章總之無過周者。論語，左氏，公穀，禮記最有法。公羊子夏弟子；禮運出於子游，其餘似多係二賢高弟所撰，此皆是孔門文學。國策而後乃大變。莊列荀屈韓呂諸家，變態極矣。子長承之，祖論語，沿戰國餘風，更以奇肆出之，遂爲後代文豪。其實法窮而縱，以嗣周秦之後，卽唐宋之蘇氏也。浸淫至於六朝，及唐惟務綺靡，法益亡。昌黎氏力振之，直探原於經，法乃更出。近人不知，乃顧以縱肆者爲古，規矩者爲今，此迷於初始矣。（與李于田論文書）

文章之法，盡於經矣。皆千錘百鍊而出者。至子長乃縱肆，蓋沿戰國風氣來，實亦本之論語。此卽近代之蘇氏也。後至六朝，靡漫極矣。昌黎起，乃悉反之經，今人不深察，謂縱者爲古，法者爲今，此大誤也。（與余君房論文書）

此二文意旨大致相同。他持論主於法古，主張周文漢詩，可謂較七子更進一步。而他所以法古的理由，卽以其千錘百鍊，精腴簡奧，合於唐宋派之所謂法。在月峯以前，空同論文主法，荊川論文也主法，然而他們的意義不同。空同之所謂法，重在學秦漢文之語法文法，他欲於語句組織上以求其文色澤氣象之古。荊川之所謂法，重在學唐宋文之作文法，他又欲於文章組織上以求其開闔頓挫變化之方。至於月峯，則又用唐宋派的文法，以讀周秦之文，於是覺得周秦文中似斷而實連，與似連而實斷之處，也未嘗無法則可窺。所以我說月峯提出周文漢詩的主張，雖本於七子，而其評經的技倆，則又同於鹿門。他與鹿門一樣，於經文中窺到有所謂繩墨布置之法而已。他既在這方面窺到有所謂法，於是覺經文之千錘百鍊，於是覺經文之精腴簡奧。他的評經，全是這一種關係。實則在這方面，唐荊川也早已說過。荊川謂：『漢以前之文未嘗無法，而未嘗有法；法寓於無法之中，故其爲法也密而不可窺。』（董中峯侍郎文集序）是則荊川也知漢以前文之未嘗無法了。不過他認爲其法密而不可窺而已。何以漢以前之文，其爲法密而不可窺，而唐與近代之文又能毫釐不失乎法呢？蓋這雖是作文法上的問題，仍不能與語文法沒有關係。由中國的語文法言至唐宋以後而助詞之作用始顯故丰神搖曳能曲折助語言之神態。又至唐宋以後而連詞之作用也始顯，故開闔順逆抑揚頓挫諸種變化均可在文章中表現，卽所謂『嚴則疑於有法而可窺。』周秦之文減少了助詞連詞，則此種關係便不很明顯，所以說『密而不可窺。』然於誦讀之際，默加體會，於音節歇宣之間，又未嘗不有自然之節與後世之文初無二致。所以成爲「法寓於無法之中，」所以成爲「出乎自然而不可易。」月峯之所體會到者，蓋卽是這一點。

明人於文，確是專攻。任何書籍，都用文學眼光讀之。所以以唐詩的手法讀詩經，而詩之味趣更長；以史漢的筆路讀尙書而書之文法愈出。以視唐宋人之於詩文，或偏於講關鍵，講式例，或偏於講道德，講經濟，確是更高一着。然而眼光只局於文章，畢竟所得有限。月峯與趙夢白論文書云：『念古人雖廣搜博取，然所得力者不過一二種，若子厚之於國語，永叔之於韓文，明允之於孟子皆是也。』（月峯集九）所以他也想得此等一二部以涵詠諷誦之。他的目的，只想對於經書涵詠諷誦之後，而於文事方面有所得力。但是此種說法，儘管高，儘管正，却不易使人入悟。七子之文正因標舉高格而無從悟入，所以走上剽竊掇拾一途，而月峯則於弇州之文，猶且病其不能追踪古先，則更上一層，以經文爲標的，豈非更無着手之處！此種情形，他自己也知道。他說：『此數種書以達於今文，必須易范而鑄，未若史記等之可以灌輸而貫也。』（與余君房論文書）則是此種主張之難有成就，且較七子爲更甚。他與余君房論文書又說『自空同倡爲盛唐漢魏之說，大歷以下悉捐棄，天下靡然從之此最是正路，無可議者。然天下事但入正路卽難，卽作人亦如此。』是則正路之難行，他也很明白。何況他所謂正路，還是古人所走過而荒廢了的古道呢！

第二節　艾南英論時文

第一目　時文化的古文法

艾南英，字千子，東鄉人，萬曆末與同郡章世純羅萬藻陳際泰以時文名天下，稱章羅陳艾，明史二百八十八卷文苑有傳。所著有天傭子集。

明史本傳稱『始王李之學大行，天下談古文者悉宗之，後鍾譚出而一變。至是錢謙益負重名於詞林，痛相糾駁；南英和之，排詆王李，不遺餘力，』是千子論文頗與牧齋相同。我們假使以孫鑛主張爲七子餘波，則艾南英的主張便是反七子的餘波。

由古文論，千子破壞之力勝其建設之功。他與牧齋一樣，重在詆排王李。他論有明一代之文云：

國朝文章之盛，莫盛於太祖朝。劉文成宋文憲王忠文陶姑孰輩，不獨帷幄議論，關聖子神孫億萬年無疆之曆，而文章一事，亦遂爲當代之冠。至於蘇平仲高季迪解大紳方希古，或專以詩文，或兼有節義，後先二祖之世，雖由草昧開天，士崇實學，不惑於流俗苟且之見，亦由唐宋大家之流風遺韻，典型未遠。洪永而後，文章寖衰矣。楊文貞王文成雖卓然自成一家，而兩公以相業事功，不專名文章，風矩所激，後進無由覘其標指，一時文章之權，無所主持。於是弘治之世，邪說始興，至勸天下士無讀唐以後書，又曰，非三代兩漢之書不讀，驕心盛氣，不復考韓歐大家立言之旨。又以所持既狹，中無實學，相率取馬遷班固之言摘其句字，分門纂類，因仍附和，太倉歷下兩生持北地之說，而又過之。持之愈堅，流弊愈廣，後生相習，為腐勦至於今而未已。（天傭子集四，重刻羅文肅公集序）

在此文中，已可見其論文宗旨了。他欲復考韓歐立言之旨，以繼唐宋大家之流風遺韻。所以對於勦襲左國史漢而套格套辭者，不能滿意；對於王李末流，復於王李文中討生活者，更不能滿意。他與周介生論文書及答夏彝仲論文書（均見天傭子集五）都揭破王李末流之技倆而痛加駁斥。蓋明末為王李之學者，其作風又微有轉變。其一派於文必秦漢之外，又參以六朝之藻麗，陳人中（子龍）即是這方面的代表。其又一派學秦漢文之鈎章棘句，以詰屈聱牙為能事，是又兼受「竟陵」之影響，文太青（翔鳳）可為這方面的代表。所以他的詆譏前後七子又與王唐歸諸人不同。王唐歸只攻擊秦漢之偽體，而他於秦漢偽體之外，更須攻擊六朝之儷體與古文家中尚奇一派。因此，他們雖都是「桐城派」的先聲，而千子的主張似乎比較王唐歸諸人更與桐城為接近一些。經過了他們這樣辨難討論以後，於是所謂古文之學，其法益嚴而其流益狹。

在姚姬傳古文辭類纂以前，千子也想為這一類結集，以定古文之準的。他曾手訂秦漢至元之文，為歷代詩文選，又訂明代諸家爲皇明古文定。（見再與周介生論文書）此二書雖未成，然而視爲古文辭類纂的前身，則無可疑。他所謂古文標準，以爲『千古文章獨一史遷，史遷而後千有餘年，能存史遷之神者獨一歐公。』（見同上）古文標準愈精而愈約，古文門戶亦愈堅而愈定。明代自王唐歸茅以後直至千子，其論文觀念都與桐城派有直接或間接的關係。

千子不僅示人以鵠的，他更欲語人以避忌。於是他再選文勦文妖文腐文宼文戲五書，此五書雖也不傳，然於再與周介生論文書中曾述其義。要之，他於古文門戶，有鵠的，有避忌，雖不言古文義法，而隱隱以義法標準衡量文章了。「桐城」文之主張雅潔，也不外去此數者之弊而已。

千子論文雖未標雅潔之稱，而實有雅潔之義。以其重在雅，故不主六朝之浮豔；以其重在潔，故又不主樊宗師一流之奇險。前者多對陳人中發，後者多對文太青發。他們都是秦漢派之末流旁支，而千子一例輕視之。輕視之故，即因他們這些技倆，可以驚四筵而不可以適獨坐，可以取口稱而不可以得首肯，不雅不潔，僅能博流俗之稱賞而已。其論文詩所謂『昔友陳與羅，巨刃摩天揚，蛟龍盤大幽，鬼語爭割強，凌獵經與史，嘈雜奏笙簧。近者思簡淡，淨洗十年藏，先民有典型，震澤方垂裳』云云，（見同上）欲由嘈雜而轉變到簡淡，是則他雖不言雅潔，而雅潔已在其中了。

平心而論，當時之爲古文者，確以主唐宋者爲比較近理。千子自言：『所據者尊，所持者確，』（見再答夏彝仲論文書）亦良不謬我們以前說過『學秦漢者，不得不兼學昔人之語詞與昔人之語法。』不學則不肖，學之而肖則又成影子成贋物所以唐宋派以神理學秦漢，正是比較聰明之處。千子說：

經籍而後必推秦漢，爲其古雅質樸，典則高貴，序裁生動，使人如覩。然以其去古未遠，名物方言不甚近人；必盡肖之，則勢必至節去語助，不可句以爲奧，疎枝大葉，離合隱現，寓法於無法之中；必盡肖之，則必決裂體局，破壞繩墨而至於無法。故韓歐蘇曾數大家存其神而不襲其糟粕，二千餘年獨此數公能爲秦漢而已。（四與周介生論文書）

夫足下不爲左氏司馬則已，若求眞爲左氏司馬氏，則舍歐曾諸大家，何所由乎？夫秦漢去今遠矣！……役秦漢之神氣而御之者，舍韓歐奚由？譬之於山，秦漢則蓬山絕島也，去今既遠，猶之有大海隔之也，則必借舟楫焉而後能至。夫韓歐者，吾人之文所由以至於秦漢之舟楫也。由韓歐而能至於秦漢者，無他，韓歐得其神氣而御之耳。若僅取其名物器數職官地理方言里俗，而沾沾然遂以爲秦漢，則足下之所極賞於元美于鱗者爾。不佞方由韓歐以師秦漢，足下乃謂不當舍秦漢而求韓歐；不佞方以得秦漢之神氣者尊韓歐，而足下乃以竊秦漢之句字者尊王李，不亦左乎？（答陳人中論文書）

他稱王李之學僅竊秦漢之句字，誠中王李之病。不過他所謂韓歐得秦漢之神氣者，又不免太說得抽象。實則他所謂神氣，與荆川之所謂「法」正是同一意義。說得具體一些，則爲法，抽象一些則爲神氣。法也，神氣也，二而一，一而二者也。

重在法，重在神氣，故以首尾結撰為辭而不以句字為辭，詞藻為辭（見答陳人中論文書）以平淡古質不為煩華者為古文，而不以辭章為古文。（見答夏彝仲論文書）這樣，所以可由「唐宋」與「秦漢」之爭一變而為駢散文之爭。為此問題，他與陳人中爭得很厲害。據陳氏自撰年譜稱『崇禎元年戊辰秋豫章孝廉艾千子有時名，甚矜誕，挾譌詐以恫喝時流，人多畏之。與予晤於婁江之弇園，妄謂秦漢文不足學，而曹劉李杜之詩皆無可取。其詈北地濟南諸公尤甚。衆皆唯唯。予年少在末坐，攝衣與爭，頗折其角；彝仲輩稍稍助之，艾子詘矣。然猶作書往返辨難不休。』是則此事之起只是口頭之爭，到後來纔引起文字的辯難。可惜在陳忠裕全集中不見反駁千子之文。據李延是南吳舊話謂人中以受彝仲之勸阻而止。所以現在於此問題，只能片面的在千子文中看出一些討論的核心而已。

他答夏彝仲論文書中謂『古人之所謂辭命辭章者，指其通篇首尾開闔而言，非以一黃一白，一朱一黑，儷字駢音，而謂之辭。』又謂『昔人以漢末至唐初偶排摘裂，塡事粉飾，宣麗整齊之文為時文，而反是者為古文。』這樣確定了古文辭的意義，於是再確定了古文辭的性質。他說『每見六朝及近代王李崇飾句字者，輒覺其俚；讀史記及昌黎永叔古質典重之文，則輒覺其雅。然後知浮華與古質則俚雅之辨也。』在此種爭論中，可以說為「桐城文派」預先解決了許多問題。

第二目　古文家的時文論

我們研究明代文學不能忽略八股文所給他的影響；我們研究明代八股文，又不能不注意當時文壇演變的情形，因爲時文之演變也未嘗不受當時文壇的影響。所以在艾千子的時文論中也正反映着當時文壇的情形也正表現着他對文學批評的全貌。

千子之於時文，與他人不同。他人視爲敲門磚而已，科第既得，便行棄去，而千子則七試七挫，備嘗諸生之苦，所以一生精力盡於時文。又他人之於時文，即一時未能放棄，亦總以餘力及之，亦總以游戲視之；獨千子則看得極嚴重。以其代聖賢立言則必得聖賢之旨；以其爲國家取士則尤貴通當世之務；而以文章定高下，則又不可不重在辭，於是所謂「法」與「氣」也者，也成爲時文中重要的問題了。由得聖賢之旨言，則謂『文以明道爲主』（天傭子集四陳大士合併稿序）由通當世之務言，則謂『制舉之業豈盡見之空言而不見之實事哉！』（天傭子集三，李龍侯近藝序）由重在「法」與「氣」諸種問題言，則又謂『詩古文辭之爲道，……其首尾開闔，抑揚深淺，發止斂散之局與舉子業無以異也。』（天傭子集二李伭雲近藝序）他簡直集古今文論之大成，又豈僅與明代時文生關係。所以他於詹曰至近藝序中甚至說：『文之備性命，見古今，虛靈圓變，千萬態而不可窮者，莫如時文。』（天傭子集二）

正因他這樣集文論之大成，所以他是文論中的正統派，而同時也成爲制舉業中的正統派。他是以制舉業中正統派的資格而攻擊當時制舉業中之左道旁門。正因他把時文看得太重，所以不憚這般大聲疾呼。他簡直可稱是制舉業中之韓歐。明史本傳稱『萬曆末場屋文腐爛，南英深疾之，與同郡章世純羅萬藻陳際泰以興起斯文爲任，乃刻四人所作行之世，世人翕然歸之。』這與唐書之稱韓愈也有些類似。不僅如此，他於選刻之後再加摘謬，欲使四家之功罪並得明著於天下。又於四家合刻之外，再有今文定今文待二選。此外，如什麼八科房選十科房選甲戌房選等，不勝備舉。他可稱是當時制舉業中之「素主司」，所以當時一般人之時文集又往往請他做序跋。錢牧齋執了當時古文文壇的牛耳而千子則執了時文文壇的牛耳。

錢牧齋的筆鋒是夠厲害的，攻擊七子，攻擊竟陵，健思銳筆，一往無前。很奇怪，牧齋用其說於古文者，千子卻用其說於時文。明史稱其附和牧齋，排詆王李，實則假使說他用牧齋之說以論時文，似乎更適合些。他說：『制舉業之道與古文常相表裏，故學者之患，患不能以古文爲時文。』（天傭子集三金正希稿序）因此，他再以繩古文之道繩時文。凡是一切評論古文的話頭，他都可以取來運用。取來運用，而後制舉業之托體尊，制舉業之地位高。

又他對於古文時文的看法，只是文體之異而已。所以他於普通散文中看出古文時文之分，於制舉業中也看出古文時文之分。他在王承周四書藝序中說：『制舉業之有先輩名稿，猶昔人文集之有古文也。』（天傭子集三）那麼，他的推尊先輩舉業，也如歐陽修之於韓文，一樣是起衰繼絕，轉變一時之風氣了。這都是他所以成爲制舉業中韓歐之原因。

他以論古文者論時文，又以昔人之復古文者復先輩名稿，於是覺得『先輩之所以傳者爲其尊經翼傳本於丘明遷固之氣格而剗除一切浮豔剽竊之爲可貴』（見王承周四書藝序）而不期然的與錢牧齋一樣喊出了通經學古的口號。他覺得時文之弊正與當時古文一樣，全在於空疏不學。『士子淺陋而不學，則弱者安於庸腐，強者相競爲塡剽，……衡文者淺陋而不學，則以庸腐爲醇雅，以醜雜爲奇古。』（天傭子集一，甲戌房選序上）欲矯空疏不學之弊，惟有重在通經學古。『爲禮部禮科者，與其言正文體莫若勸天下士多讀書；與其勸天下士讀書莫若勸進士多讀書。』（見同上）論時文而有此見解，眞把時文看得太重了。其四家合作摘謬序稱：『自四家之文出，而天下知以通經學古爲高。』其靑來閣二集序又稱：『方孟旋先生毅然以斯文爲己任，而天下始知以通經學古爲高。』錢牧齋欲一般從事於古文者通經學古，而他則欲一般從事於時文者也通經學古。牧齋因爲主張通經學古所以反對僞古文，所犯「僦」「剽」「奴」諸病，而千子之論時文也有相類之說。千子謂『今者學一先生之言惟恐其不肖；又惟恐其或攻之也，相與峻其營壘。』（天傭子集一，今文待序篇上）這卽牧齋之所謂「奴」。千子又說：『使其讀古人書得其本末源流，……何至剽富人之藏而又從大盜謂之負販哉！』（同上，戊辰房書删定序）這又是牧齋之所謂「剽」。千子又說：『制藝自震澤毗陵高步成嘉之際，如規矩之於方圓，蓋文之能事畢矣。萬曆之際，此風浸遠，一二輕薄少年中無所得而以浮華爲尙，相習成風，……遂至於庸靡臭腐而不可讀。』（天傭子集二，王子鞏觀生草序）這又是牧齋之所謂「僦」。他欲以通經學古之說，以矯正時文界這些病痛，所以眞成爲古文家的時文論。

第三節　鹿善繼黃淳耀論學

淸代文論與明代文論不同者卽重在學；而明末如鹿善繼黃淳耀諸人卽已開此風氣；所以他們論學之語，卽其論文之旨。

鹿善繼，字伯順，號乾岳，定興人，明史二百六十七卷忠節有傳。所著有三歸草，無欲齋詩鈔等。

鹿氏少讀王守仁書，不肯與俗浮沈，與孫奇逢爲友，孫氏日譜稱其『生平有三變，爲諸生時有嗜書之癖，飯不呼之常不應；初登第，一介必嚴，萬人必往，故到處能循職掌；榆關三年，每以朝聞夕死爲談柄，故能從容就義而神不亂。』鹿氏生平大節與論學宗旨，俱可於此見之。

當鹿氏讀傳習錄時便覺此心之無隔礙。他本此無隔礙之意以論學，所以說：『四海一天，萬里一天，人心與天並大』；所以又說『宇宙中物皆性中物，宇宙內事皆分內事』；所以又說：『天地萬殊，總是一本』既是一本，豈容分指！所以說『學以爲己也，而說個己，就在人上。學以盡心也，而說個心，就在事上。此知仁與莊禮不得分也，修己與治人不得分也，博文與約禮不得分也，文章與性道不得分也。』所以又說『學須是眞知，下學上達分不得，教何嘗有隱，文章性道分不得；看來爲學只在當下，學術事功亦分不得也。』

然而此所謂一本云者，又須歸宿到己，歸宿到分內；易言之，便須歸宿到心，纔有把捉。所以說：『吾輩讀有字之書，卻要識沒字的理。理豈在語言文字哉，只就此日此時此事求一個此心過的去便是理也。仁義忠孝名色萬千，皆隨所在而強爲指稱也，奈何執指稱者求理乎？』

有字之書，沒字的理；不用隔礙指稱之名色，此日此時此事之心，更不能隔礙。這是他的論學宗旨。他這樣論學，所以學與文又分不得。他說：

誦詩則乍歌乍哭，欲鼓欲舞，詩亦是學。讀史則其事皆親，其人若生，史亦是學。屬辭則行所當行，止乎其所不得不止，文亦是學。總之天地萬物，皆此生意，生意在我，法象俱靈。吟風弄月，從容自得，孔顏樂處，意在斯乎？

（均見黃宗羲明儒學案五十四）

他是這樣溝通了「詩」「史」「文」「學」之關係，所以他的文學批評全從此種觀點上出發。他於輔仁社草序中欲由「爲仁由己」之旨以發筆墨之靈，於是文與仁不相隔礙了。文與仁怎會不相隔礙呢？他卽本於卽心卽理之說，他卽本於文章性道分不得之說，以發揮其義。他說：

夫代聖賢言，原代其意以言。先輩起講夫子意曰，則言非夫子言，夫子意也。得其意，正欲不泥其言。嘗觀夫子之文章，其發揮性天，互見錯出，如以燈取影，不執一定，是千變萬化所從出也。（三歸草一，輔仁社草初集序）

他本於孔子『辭達而已矣』之語，以爲達意之外無辭。一般『依口氣若循牆，守定本若刻舟』者，未可許以正而一般，『有黯若谷有險若棧狂奔若野馬閃爍若鬼火』者，也未可謂之奇。必如夫子這樣發揮性天，互見錯出，於是見之於文者自然千變萬化，層出不窮。『正孰如夫子正奇孰如夫子奇！』筆墨之靈，原來在己。這是所謂爲仁由己之說。『達意之外無辭也』只求達其意而已矣。原不必在正與奇上作考究。

然而制擧義是代聖人立言的，聖人之發揮性天，可以互見錯出，但是『夫子往矣，安從問其意？』於是他再說：

> 天下有面問而未必得者，夫人之意也；當面背面，人心山川也。天下有不問而自得者，聖人之意也；千載上，千載下，心同理同也。自問其意，遂得聖賢意，因以代聖賢言，一語隔膚，吾自不快！原具之本體，見在之工夫，恢彌廣，按彌深，天下文章莫大乎是，特自問未易言耳。（同上）

心同理同，千載之下與千載之上又何嘗隔礙！能如此，代聖賢立言者，不爲隔礙，而意與文也不會隔礙。這是文與仁不相隔礙之一義。

他又說：

> 仁，人心也，文者心之記籍，不按記籍，無以覈實在，而此之爲實在，非比他物之有方體，此之爲記籍，非比他文之有定在。有方體，有定在，可以一時了當，可以獨力擔承；無方體，無定在之理，而足已自封，離羣索居，不當面迷則中道廢耳。故輔仁必以友，而會友必以文。（又，輔仁社草二集序）

他以爲『日與同志拈聖賢之言爲題，各自體認，互相發明，如居肆之工，不見異物而遷，』這便是仁在其中。這又是文與仁不相隔礙之另一義。

鹿氏之論文如此，鹿氏之論詩也如此。言爲心聲，在作者語必根心。斯讀者也可因其詩文而動心。語根於心，則心與語不隔礙了。讀之心動，則作者與讀者之間又不隔礙了。其儉持堂詩序云：『余不敏，讀人詩文，不解誰好，惟讀之而心動焉者爲好。』又云：『作者語非根心，讀者心能強動乎哉！』（三歸草一）此頗似徐文長所謂冷水澆背陡然一驚之說。不過徐氏所言，是詩人的性情，鹿氏所云，是道學家的性情。這可以說是由道學家的理論推衍以成的性靈說。所以他再說：

神智才情，詩所探之內境也；山川草木，詩所借之外境也。惟君親爲題，忠孝爲韻，兄倡而弟和之，始覺內境非冥悉，外境非強綴。……詩之亡，亡於離綱常爲性情。彼所指爲性情，祇落飮食男女，任入雲霧中，最昏人志，非澹泊無以明之。（儉持堂詩序）

內境外境之說與一般詩人同，至以君親爲題，忠孝爲韻，以綱常爲性情，然後內境非冥悉，外境非強綴，則完全爲道學家之見。所以他論詩主興觀羣怨之說，而不主所謂別材別趣。他曾於企華亭詩集序中發揮此義。這是一篇很重要的文字。自來攻擊別材別趣之說者，大率注重在學的方面，間或再注重到理的方面，絕沒有以性情之說而攻擊別材別趣之說者，更沒有以綱常爲性情而攻擊別材別趣之說者。這是他的詩論重要的地方。現在，不避繁瑣，錄其原文於下：

余不知詩，聞說詩者『詩有別趣，非關理也，詩有別才，非關學也。』自分迂腐，少此兩別，生平沾沾依傍者，理與學耳。既與詩無關，則詩之緣余似獨慳，遂不敢學詩，并不欲讀詩。既而獲韞若詩，一一卒業，因轉不欲爲欲，併轉不敢爲敢。蓋論詩者動引禪，曰：禪要一味妙悟，詩也要一味妙悟，別才別趣，義從此竪。余初不解禪，何能參悟，只據孔聖家法，有興觀羣怨事父事君之說，在曾不問小子之才別否，趣別否，而概勉以學。夫詩，興觀羣怨，是何干涉？事父事君，是何著落？所關是理非理，是學非學，當自思之。且較宗論派，詩非一家，而莫不各以三百篇爲鼻祖。詩三百，不一言以蔽乎？何今之繁賾深渺，河漢無極也！五倫爲天下大經，詩書禮樂易春秋亦稱經，爲其大經之籍也。詩以道性情，而情性政大經之所根以爲用。興觀羣怨，性情備矣，歸之事父事君，則詩之本義可知。而韞若之詩可讀也。然事父事君常道也，而必曰興，復曰觀，更曰羣，且曰怨者，忠孝之道固常，臣子之遭際多變，變之乘人，震撼擊撞，反覆奇幻，時出情理之外。歷變而欲不失其常，非感動激發，如箭在弦上，不能自已，則強作之氣易竭；非考古驗今，會金鍼於繡譜，則不學未免無術；非寓規於隨，就因爲易，如不避汚泥之月魄，則作用不圓；非憂憤迫切，如見其兄之射人者涕泣以道，則精神不透。天下何子不爲事父，何臣不爲事君，而必先以興觀羣怨，則詩之實用可知。而韞若之詩可學也。惟韞若處君臣父子之間，當天下國家之故，靡室靡家，兄倡弟和，與同心之友，周旋於利害生死之際，其苦極忘苦，痛定思痛，眞情實境，誠得興觀羣怨之深，而以觀臣子生來之面目者，託寄感懷，隨題成韻，卽其取料擬格，未嘗不規模於往匠，而語經韞若手，精神頓別，乃知同此鳥獸，同此草木，騷人點綴，祇成套話，一旦而得忠臣孝子，調爲宮商，生氣盎然，忠孝一念，因聲韻之元與？而必於理外覓別趣學外覓別才者，其所謂理與學非其至也。韞若之才之趣，蚤已擅名，而其自狀，也情事準於厚而摛文必雅，風景寵於趣而歸結欲眞。夫雅者淫之砭也，眞者贋之鍼也。晚近詞人，風逸興冷，婉逗微含，率不離淫。不淸言淸，不高言高，不愁言愁，不病言病，無之非贋。淫不受砭，贋不受鍼，人之性情久矣不爲綱常用，而砭淫鍼贋又非才迂趣腐者所能操其權。余喜借韞若之才之趣，恢復三百篇之宗統，歸諸忠孝，不令浮華之士以淫亂雅，以似篡眞，詩亡而人心隨以死也。於詩安得不欲讀，又何不敢學之有。（三歸草一）

此種見解，後來黃梨洲之論詩，恐深受其影響。梨洲論詩也以興觀羣怨之說，塗澤於性情上面，使道學家與詩人之說不相隔礙，而其淵源所自實出於鹿氏。由鹿氏之說推之：『乍歌乍哭，欲鼓欲舞，詩亦是學，』所以興觀羣怨正是爲學。『此日此時此事求一個此心過的去便是理也，』所以事父事君也便是理。孔聖家法既有興觀羣怨事父事君之說在，則生平沾沾依傍於理與學者也何嘗不可作詩。於是詩與理與學也不相隔礙，而無須乎別才別趣之說了。不僅如此，他以事父事君爲常道，而以興觀羣怨爲處變之結果，歷變而不失其常，則動人彌甚；循常而遭際多變，則刺激更深。刺激深，則不是淺薄的性情，而是眞摯的性情，這卽是黃梨洲所謂『無一非眞意之流通，』所以能動人。不失其常，又卽梨洲所謂『萬古之性情』之說，所以更能使人讀之而心動。這樣，事父事君與興觀羣怨不隔礙了，性情與綱常也不隔礙了。他所以能以綱常爲性情者在此。不僅如此，以綱常爲情性，於是『內境非冥悫，外境非強綴』『同此鳥獸同此草木騷人點綴祇成套語，一旦而得忠臣孝子，調爲宮商生氣盎然』這又是後來黃梨洲所謂『月露風雲花鳥之在天地間俄頃滅沒，而詩人能結之不散』的意思。這樣內境與外境不隔礙了；這樣內境與外境聯屬的結果，能亦眞亦雅，眞與雅也不隔礙了。

黃淳耀，初名金耀，字蘊生，嘉定人，明亡城陷，自縊死。明史二百八十二卷儒林有傳，所著有陶庵集。四庫總目提要稱『淳耀湛深經術，刻意學古，……尤能以躬行實踐爲務，毅然不爲榮利所撓，如吾師自監諸錄，皆其早年所訂論學之語，趨向極其醇正，而平易可近，絕無黨同伐異之風，足以見其所得之遠。文章和平溫厚，矩矱先民，詩亦渾雅天成，絕無懦響。於王李鍾譚諸派，去之惟恐若浼，可謂矯然拔俗。卒之致命成仁，垂芳百世，卓然不愧其生平，可以知其立言之有本矣。』（卷一七二）眞的明末一班成仁志士，大都是學者，而其學風又往往與以前不同，切實平正，足爲清學之先聲。學術上的門戶，文學上的派別，到此將歸於銷泯。然而學士文人雖漸漸覺悟，而政爭黨爭到此已至不可收拾的地步。學風雖然轉變，而國運也竟以告終。

陶庵此種學風，正是明末清初共同的趨向。蓋一般人厭惡了文人叫囂之習，派別之爭，都想轉移此風氣。在陶庵以前，鄒迪光與胡元瑞書，即已說過『蜩螗沸然，蠅蛙雜出，風騷盡汰，大雅不存；乃皆意廣氣浮，軒然自命，千金敝帚，十襲鼠腊，目無中原，意陵上古，道喪久矣！』（鬱儀樓集五十）在陶庵以後，黃宗羲范道原詩序也曾說過：『世風不古，今人好議論前人，四書纔畢卽辨朱陸異同，今古未分，卽爭漢宋優劣。至於言詩，則主奴唐宋，演之而爲北地太倉竟陵公安……拈韻纔畢，胸中空無一物，而此數者名目擾攘，盤結相詆無有已時。』（南雷文定三集一）他們都很憤恨於當時文人淺薄的喧呶與浮囂的詆罵；究其原因全由空疏不學的關係。陶庵上房師王登水先生書謂『應求義理於六藝，求事跡於二十一史，求萬物之情狀於騷賦詩歌，求載道之器於漢唐宋數十家之文章。』能如是，自然眼光放大，不致有門戶之見，黨爭之私了。所以他要合詩與文而一之，合唐宋與秦漢而一之，合性理事功文章而一之，簡直再欲合文與人而一之。正因『世儒舍性命而談事功，舍事功而談文章，是以事功日陋，文章日卑，而詖淫邪遁之害，浸尋及於政事而不可救。』（陶庵集四）我們現在假使把明代亡國的罪狀歸之於文人，固未免周納；然而文人之相互攻擊，不會予社會以好影響，則是無可疑的。

陶庵之學風如此，所以對於「秦漢」「唐宋」之分，無寧傾向於「唐宋」方面。本來他是嘉定人，而嘉定自徐學謨後，始終與「秦漢派」異趣。其後更有「嘉定四先生」，傳歸有光之學，所以陶庵耳濡目染，自不能不受其影響。他於答歸恆軒書中說：『試取遷固諸人之文字讀之，又從而深思其意，……然後知昌黎以下之諸公之善於宗漢矣。……學漢人之文，譬如學孔子，今生孔子之後而學孔子，其能不由師傳一蹴而徑至乎？抑必如孟子之私淑諸人乎？如不免私淑諸人，則昌黎以下諸公，固吾所私淑以學漢者矣。』（陶庵集四）這樣說，雖偏於「唐宋」，然仍欲由唐宋以學漢，卽與「秦漢派」也不相衝突了。何況由通經學古之說言也，以「唐宋派」所取的途徑爲比較相近。陶庵又說：『漢人之文從六藝出，唐宋諸公之文亦從六藝出。……夫漢人之文與唐宋之文既同出於六藝，則不學六藝，又烏可以學漢哉！』（同上）此則所謂更高一著合性理事功文章而一之了。

不僅如此，卽所謂合文與人而一之者也可於此看出。爲什麼？他上房師王登水先生書中卽已說過『古之立言傳世者非其有得於心，則莫能爲也。』有得於心，則可以有言也可以無言。有得於心而無言，如黃叔度汪汪若千頃波，澄之不淸，淆之不濁，學問與行爲能打成一片，卽可以生活的藝術著稱。有得於心而有言，則如遷固荀楊韓歐之屬，文與人合而爲一，又可以文學的藝術著稱。這是他比唐宋派更高一著更進一步的地方。

第四篇　清代（上——文論）

第一章　清初之風氣

第一節　錢謙益

錢謙益字受之，號牧齋，江蘇常熟人。所著有初學集一百十卷，有學集五十卷，有學集補遺二卷，投筆集一卷。事見清史稿四百八十九卷。他是明末清初文壇的領袖，與吳偉業龔鼎孳號稱江左三大家，而錢氏於批評方面尤多獨特的見解，所以他的影響較吳龔二人爲尤鉅。不過後人以其爲貳臣傳中的人物，不免加以輕視，而初學有學二集亦於乾隆時被禁燬板，所以他在文學史或文學批評史上的地位，每因其出處之關係而動搖。

實則我們假使不以人廢言，則他的思想言論也與清代學術文藝有一些關係。清代學風重在實事求是，而他於李貫之先生存餘稿序謂『世降道衰，教學偏背，煩蕪之章句，熟爛之時文，剽賊傭積之俗學，耳食目論浸淫薰習，而先民辨志敬業之遺法不可以復考矣。』（有學集十八）清學風氣又在以復古爲解放，而他於從遊集序謂『自儒林道學之術分歧於儒家，而古學一變，自江門姚江之學側出於經術，而古學再變，』（有學集二十）這簡直又是顧亭林所謂經學卽理學的主張了。然而人家論到淸學的開山大師，總推顧亭林黃梨洲而不及牧齋，豈不因爲他是貳臣的緣故嗎？豈不因爲他僅僅是文人的緣故嗎？

文人之轉移文風與學者之改變學風，實在也有相互的關係。其賴古堂文選序中說得好：

> 近代之文章河決魚爛，敗壞而不可救者，凡以百年以來學問之繆種浸淫於世運，熏結於人心，襲習綸輪，醞釀發作，以至於此極也。蓋經學之繆三：一曰解經之繆，以臆見考詩書，以杜撰竄三傳，鑿空瞽說，則會稽季氏本爲之魁。二曰亂經之繆，石經托之賈逵，詩傳假諸子貢，矯誣亂眞，則四明豐氏坊爲之魁。三曰侮經之繆，訶虞書爲俳偶，摘雅頌爲重複，非聖無法，則餘姚孫氏鑛爲之魁。史學之繆三：一曰讀史之繆，目學耳食，踵溫陵卓吾之論斷，而漫無折衷者是也。二曰集史之繆，攘遺拾瀋，昉毗陵荆川之集錄，而茫無鉤貫者是也。三曰作史之繆，不立長編，不起凡例，不諳典要，腐於南城（皇甫書）蕪於南潯（大政記）踳駁於晉江（名山藏），以至於盲瞽僭亂，蟪聲而蚋鳴者，皆是也。說文長箋行而字學繆，幾何原本行而曆學繆，冬瓜瓠子之禪行而禪學繆。凡此諸繆，其病在膏肓湊理，而癥結傳變，咸著見於文章。（有學集十七）

則知錢氏雖是文人，而其論學主張所以與顧黃相同者，卽以此故了。顧黃爲學風而反抗明學，其關係是直接的；錢氏爲文風而反抗明學，其關係是間接的。直接的易明，間接的當然不易爲人稱道了。然而無論如何，不能說淸代學風與他絕不生關係。

明白他為學宗旨是如此，則本於這種論學的見解以論文當然不滿意於李王一流之剽竊模擬，當然更不滿意於鍾譚一派之新奇偏仄。他答徐巨源書謂『竊嘗謂末學之失，其病有二：一則蔽於俗學，一則誤於自是。』（有學集三十八）由文而言，李王之失有些近於俗學，鍾譚之失又是誤於自是。所以他於贈別方子玄進士序中說：

> 弘治中學者以司馬杜氏為宗，以不讀唐後書相誇詡為能事。夫司馬杜氏之學，固有從來，不溯其所從來，而驕語司馬杜氏，唐以後豈遂無司馬杜氏哉？務華絕根，數典而忘其祖，彼之所謂復古者，蓋亦與俗學相上下而已。
>
> 馴至於今，人自為學，家自為師，以鄙俚為平易，以杜撰為新奇，如見鬼物，如聽鳥語，無論古學不可得見，且幷其俗學而失之矣。

前一節說的是李王，後一節說的是鍾譚，總之其弊病都在於束書不觀。鍾譚誤於自是師心自用，且不成為俗學。李王知所宗主，而不溯源流，數典忘祖，故步自封，所以又有類於俗學。他於答唐訓導汝諤論文書中說得更痛快：

> 本朝自有本朝之文，而今取其似漢而非者，為本朝之文；本朝自有本朝之詩，而今取其似唐而非者，為本朝之詩。人盡蔽錮其心思，廢黜其耳目，而唯繆學之是師！在前人猶倣漢唐之衣冠，在今人遂奉李王為宗祖，承譌踵僞，莫知底止。僕嘗論之，南宋以來之俗學，如塵羹塗飯，稍知滋味者，皆能唾而棄之。弘正以後之繆學，如僞玉贗鼎，非博古識眞者，未有不襲而寶之者也。繆學之行，惑世而亂眞，使夫人窮老盡氣，至死而不知悔，其

爲禍尤慘於俗學。（初學集七十九）

這是很嚴厲很痛快的攻擊。牧齋所謂俗學，原指科舉之文。所以俗學之流弊人所易知。至以復古爲號召之繆學，則其流弊便難以覺察。即因俗學不能亂眞，而繆學能之。繆學能夠亂眞，而繆學之空疏不學，卻復與俗學相類。同樣是塵羹塗飯，而卻盛以精緻的器皿，喊着冠冕的口號，故其誤人也益甚。『惡紫之奪朱也，惡鄭聲之亂雅樂也，』這惟繆學能之而俗學不能，所以牧齋之攻擊繆學也更甚於俗學。牧齋早年對於空同弇山二集也是瀾翻背誦，可以暗中摸索的。（見有學集三十九答山陰徐伯調書）他即是過來人，所以他深知繆學之毒。

七子倡言復古，而適成其謬，竟陵知七子之繆，而欲救其弊，然而學彌惆而識彌下，更鑽入牛角尖裏去了。舍正路而不由，這是牧齋對於竟陵派所深致惋惜的。其嘉定四君集序云：

古學之湮廢久矣。向者剽賊竄竊之病，人皆知訾笑之，而學者之冥趨倒行，則愈變而愈下。嘗諸懲塗車芻靈之僞，而遂眞爲罔兩鬼魅也。（初學集三十二）

當時受竟陵影響者，如王思任，如文翔鳳，都有這種弊病。錢牧齋說得好：『使世之山川，有詭特而無平遠，不復成其爲造物；使人之居室，有窔奧而無堂寢，不復成其爲人世。又使世之覽山水造居室者，舍名山大川不游而必於詭特，則必將梯神山，航海市，終之於鬼國而已；舍高堂邃宇弗居而必於窔奧，則必將巢木杪，營窟室，終之於鼠穴而已。』（初學集三十一劉司空詩集序）所以鍾譚之說用以救李王之弊則有餘；假使奉爲文學之正宗，則又有商量的餘地。

上所論述，只是說明牧齋思想之消極的方面。現在，再述牧齋文論之淵源所自，以見其積極的主張。他答山陰徐伯調書云：『與練川諸宿素遊，得聞歸熙甫之緒言，與近代剽賊贗古之病。』（有學集三十九）這是他轉變之始。所謂練川諸宿素者，即是「嘉定四先生」——唐時升字叔達，婁堅字子柔，程嘉燧字孟陽，李流芳字長蘅。他們猶能守其師說，講誦於荒江寂寞之濱，而牧齋都與之交游。這是他受影響最大的一點，所以他再與震川之孫昌世，訪求震川遺集，重加刊定。（見初學集八十三，題歸太僕文集）此外，對於唐荊川也相當推崇。他少時，熟爛空同弇州諸集，他的父親便說，『此毗陵唐應德所云三歲孩作老人語耳。』（見初學集四十九，宋玉叔文集題辭）這是他少時對於唐荊川的認識。後來他於常熟縣教諭武進白君遺愛記一文，即推尊荊川之學。（見初學集四十三）所以牧齋之攻擊李王，而知古學之源流，可說是受歸唐的影響。

又牧齋與「公安派」也頗爲接近。他與袁小修遊，而中郎友人如湯義仍，董玄宰，及「公安」末流陶仲璞諸人，牧齋也都受其影響。

其答山陰徐伯調書云：『臨川湯若士寄語相商曰，本朝勿漫視宋景濂，於是始覃精研思，刻意學唐宋古文，因以及金元元裕之虞伯生諸家，少得知古學所從來，與爲文之阡陌次第。』又題宋玉叔文集云：『客從臨川來，湯若士寄聲相勉曰，本朝自空同已降，皆文之輿臺也，古文自有真，且從宋金華着眼。自是而指歸大定。』則是他的傾向古學，除歸震川外，又很受湯臨川的影響，湯臨川晚年有志於其鄉先正曾王之學，並且以其所未及成就者勖牧齋，這與公安派的主張雖已稍異其趣，然而牧齋之訾謷王李，無疑的也受臨川的影響。由這一點言，他們的目標都是相同的。

牧齋於陶仲璞遯園集序中更有對公安派極公允的評論。

> 萬曆之季，海內皆詆訾王李，以樂天子瞻爲宗。其說唱於公安袁氏，而袁氏中郎小修，皆李卓吾之徒，其指實自卓吾發之。……夫詩至於香山，文至於眉山，天下之能事盡矣。袁氏之學，未能盡香山眉山，而其抉擿蕪穢，開滌海內之心眼，則功於斯文爲大。（初學集三十一）

他雖說袁氏之學，未能盡香山眉山，然而以香山眉山爲宗，則也是牧齋所贊同的。謂香山眉山盡天下詩文之能事，則也是牧齋所承認的。

我們於此，可以看出牧齋思想的來源。

明白牧齋思想之來源，然後可以知道他論文的積極主張，正與淸初學者亭林梨洲一流人相同。所不同者，顧黃重在學術上的成就，而牧齋則用以建立其文學批評的主張而已。

牧齋於其答山陰徐伯調書早已說過：『僕以孤生謏聞，建立通經汲古之說，以排擊俗學，海內驚噪，以爲希有，而不知其鄴傳古昔，非敢創獲以譁世也。』（有學集三十九）「通經汲古」四字，是他文論的中心思想，是他文論的基本觀念。這仝與清初學者同其主張。在這裏，我們所要注意的，乃是他如何應用此觀念以建立其文學批評。於是，請讀他的復李叔則書：

夫文章者天地變化之所爲也。天地變化與人心之精華交相擊發，而文章之變，不可勝窮。文至於昌黎止矣！陸希聲言李元賓與退之所得不同，不可以相上下；叔則謂唐宋之文不盡於八家，此知其變者也。是故論唐文於韓柳之前，未嘗無陳拾遺燕許曲江也，未嘗無權禮部李員外李補闕獨孤常州梁補闕也，未嘗無顏魯公元容州也；元和以還與韓柳挾轂而起者，指不可勝屈也，宋初盧陵未出，未嘗無楊億王禹偁也，未嘗無穆脩柳開也；廬陵之時，未嘗無石介尹洙石曼卿也。眉山之時未嘗無二劉三孔也。眉山之學流入於金源而有元好問，昌黎之學流入於蒙古而有姚燧；蓋至是文章之變極矣。天地之大也，古今之遠也，文心如此其深，文海如此其廣也。竊竊然戴一二人爲巨子，仰而曰李何，俛而曰鍾譚，乘車而入鼠穴，不亦愚而可笑乎？（有學集三十九）

在這篇文中，他很明白地說出勸人開拓心胸，勸人擴大眼界，勸人兼收並蓄，以多師爲師。所以他在鄭孔肩文集序中說明『近代之僞爲古文者，其病有三：曰僦，曰剽，曰奴。』（初學集三十二）何謂僦？如『窶人子賃居廊廡，主人翁之廣廈華屋，皆若其所有，問其所托處，求一茅蓋頭，曾不可得。』何謂剽？如『椎埋之黨，銖兩之奸，夜動而晝伏，忘衣食之源而昧生理，韓子謂降而不能者類是。』何謂奴？如『傭其耳目，囚其心志，呻呼啽囈，一不自主，仰他人之鼻息，而承其餘氣』者是這全是對於明代文人空疎的反抗，所以要以「通經汲古」四字起其沈痼。杜甫詩云：『別裁僞體親風雅』又云『轉益多師是汝師。』錢氏論文庶幾同此主張。

我們明白了他的積極主張，然後可以進窺牧齋之文章定義以看出他整個的論文主張。現在除上文所舉復李叔則書中所言而外，再舉幾條他對於文章所下的定義。

文章者天地英淑之氣，與人之靈心結習而成者也。（初學集三十一，李君實恬致堂集序）

根於志，溢於言，經之以經史，緯之以規矩，而文章之能事備矣。（有學集十九，周孝逸文稿序）

根據這些話，可以知道他所謂文章，是一方面重在性靈，一方面重在學問。這雙管齊下的文章定義，可以說是對於七子竟陵之補救，同時也可以說是集歸唐公安之大成。

性靈與學問，如何可以雙方兼顧呢？他便用一「眞」字以聯貫之。性靈求其眞，學問求其眞，於是雙管齊下，可以一以貫之了。其復李叔則書一文，頗說明眞與僞的分別。

文章途轍，千途萬方，符印古今，浩刼不變者，惟眞與僞二者而已矣。僞體滋多，稂莠煩殖，有以獵兔園拾餖飣爲經術者矣，有以開馬肆陳芻狗爲理學者矣，有以拾斷爛黨枯朽爲史筆者矣，有以造木鳶祈土龍爲經濟者矣。眞文必淡，而陳羹餲酒酸薄腐敗者亦曰淡。眞文必質，而盤木焦桐卷曲枯朽者亦曰質。眞文必簡，而斷絲折線尺幅窘窄者亦曰簡。眞文必平，而涔蹄牛踪行潦紆餘者亦曰平。眞文必變，而飛頭歧尾乳目臍口者

亦曰變。眞則朝日夕月；僞則朝華夕槿也。眞則精金美玉，僞則瓦礫糞土也。不待比量而區以別矣。（有學集三十九）

根據他這一篇文所說的眞字，便可知道不僅李王諸人贋古之文其弊在於僞，卽竟陵派也未嘗不是僞。假使再進一步的說，卽摹倣歸唐者也不能離於僞；卽公安派也未能完全做到一個「眞」字。這個關係，卽因各人對於「眞」之認識不相同的緣故。

牧齋於湯義仍先生文集序又申其義云：

古之人往矣，其學殖之所醞釀，精氣之所結轖，千歲之下，倒見側出，恍惚於語言竹帛之間。易曰『言有物，』又曰『修詞立其誠，』記曰『不誠無物，』皆謂此物也。今之人耳傭目僦，降而剽賊；如弇州四部之書充棟字而汗牛馬，卽而眎之枵然無所有，則謂之無物而已矣。（初學集三十一）

學殖之所醞釀，卽是眞學問的表現；精氣之所結轖，卽是眞性靈的表現。言之有物，指眞學問；修詞立其誠，指眞性靈。這如車之兩輪，鳥之雙翼，在牧齋看來是不能偏廢的。但是在以前，震川荊川主於古而較重在學，公安一派主於今而較重在性靈，都不能像牧齋這般雙管齊下。

因爲重在學問，所以對「公安派」也不免有微詞。其袁祈年字田祖說謂：

雖然，豈惟田有祖哉，文亦有之。三百篇，詩之祖也；屈子，繼別之宗也；漢魏三唐以迨宋元諸家，繼禰之小宗也。

六經文之祖也。左氏司馬氏，繼別之宗也；韓柳歐陽蘇氏以迨勝國諸家，繼禰之小宗也。古之人所以馳騁於文章，枝分流別，殊途而同歸者，亦曰各本其祖而已矣。今之爲文者有兩人焉。其一人曰，必秦必漢必唐，舍是無祖也，是以人之祖禰而祭於己之寢也。其一人曰，何必秦何必漢與唐，自我作古，是披髮而祭於野也。此二人者，其持論不同，皆可謂不識其祖者也。（初學集二十六）

此文是對「公安派」袁小修的兒子說的，文中便有箴規「公安派」的意思。

因爲重在性靈，所以對於規模震川者也有些不滿意。他在震川集敍中曾這樣說過。

輇材小生，謏聞目學，易其文從字順，妄謂可以幾及，家龍門而戶昌黎，則先生之志益荒矣。先生嘗序沔人陳文燭之文，諷其好學史記，知美矉而不知矉之所以美。學先生之學者，無爲沔人之知美矉，則幾矣。（有學集十六）

凡是犧牲個性以模仿人家，而所模擬者又僅屬形貌方面，則總是牧齋所不滿意的。牧齋瑞芝山房初集序本蘇東坡「不能不爲」之說而引申之云：『古之人其胸中無所不有，天地之高下，古今之往來，政治之汚隆，道術之醇駁，苞羅旁魄，如數一二，及其境會相感，情僞相逼，鬱陶駘蕩，無意於文而文生焉，此所謂不能不爲者也。』（初學集三十三）這樣闡說東坡之語，便可知學問必須貯之於平時，興會乃是觸發於一旦。有學問而無興會，卽無性靈；有興會而胸中無所有，卽無學問。這是他所謂『萌折於靈心，蟄啓於世運，而茁長於學問。』（見有學集四十九題杜蒼

略自評詩文）

第二節　顧炎武與黃宗羲

第一目　時代的刺激

顧炎武，初名絳，字寧人，號亭林，崑山人。明魯王時官兵部職方郎中，入清不仕，所著有日知錄，救文格論，亭林詩，文集等事見清史稿四百八十七卷。黃宗羲，字太沖，號梨洲，餘姚人，明魯王時官左僉都御史，入清不仕，所著有南雷文案文定等書。事見清史稿四百八十六卷。

亭林與梨洲都是清代學術的開山祖師，而同時又是清初的遺老，不能無家國興亡之感，所以所受時代的刺激爲特深。因此他們的文學批評應從兩方面注意：一是學者的見解，一是時代的反應。由前者言，猶與清代一般學者之論文主張，沒有什麼分別，因爲清代學術在任何方面都受清初顧黃二氏的影響，文學批評當然也不能例外。由後者言，則爲顧黃二氏所特具，我們應特別注意，也應特加表彰。

正因他們是學者，所以都不重空文，不尙雕蟲篆刻。顧亭林日知錄中自言不欲爲文人，甚至以失足墜井比喻自刻文集，以投井下石比喻爲人作文集之序，（見文集四與人書二十）可謂對於文學抱着極端輕視的態度。黃梨洲也說：『且人非流俗之人而後其文非流俗之文。使廬舍血肉之氣充滿胸中，徒以句字擬其形容，紙墨有靈，不受汝欺也。』（南雷文案外卷，錢屺軒七十壽序）他們都看到明代文人空疏不學，而僅僅以文爲事，於是模擬剽竊以貌似爲學，於是窺語狂吠以批尾爲學，於是黃茅白葦以雷同爲學，於是高自標致分門別戶，以標榜爲學，以罵詈爲學。愈重在詞章之學，愈不能成爲天下之至文。所以他們都以徒事空文爲可恥。這是他們文論的出發點之一。

可是，何以他們對於空文要這般深惡痛疾呢？那恐怕是受時代的影響了。他們所處的時代，是獸蹄鳥跡交於中國的時代；他們所處的時代，是上國衣冠淪於夷狄的時代。日月無光，山河變色，不能無家國淪亡之痛，而同時又無起神州陸沈之力，不欲托之空言而同時又不能不托之空言，不能不托之空言而同時又不願徒托於空言。在這樣情形之下，所以一方面承認文學的價值，而一方面又深恨空文之無用。他們所受時代的刺激，實在是太深了，太不能忍受了。那麽，呼天，呼父母，發之於心，自然形之於言，自然著之於聲，到那時，言隨心碎，聲與淚俱，字裏行間莫非眞情之流露。當然，他們的文學批評，不會僅取消遣的態度。這也是他們文論的出發點之一。

在此二種情形交織之下，所以一方面重在文章的眞精神，一方面重在文章的眞作用。

日知錄卷十九文須有益於天下條，最可以看出顧亭林功利的文學觀了。他說：

> 文之不可絕於天地間者，曰明道也，紀政事也，察民隱也，樂道人之善也。若此者有益於天下，有益於將來，多一篇多一篇之益矣。若夫怪力亂神之事，無稽之言，勦襲之說，諛佞之文，若此者有損於己，無益於人，多一篇多一篇之損矣。

其與人書中亦屢屢說明此旨。如云：『君子之爲學，以明道也，以救世也，徒以詩文而已，所謂雕蟲篆刻，亦何益哉！』

（與人書二十五）上文所謂紀政事察民隱樂道人之善云云，概括說來，「救世」二字亦足以盡之。因此，他所作的不是雕蟲篆刻之文而是『有王者起將以見諸行事以躋斯世於治古之隆』的著述。（同上）其與人書三云：

> 孔子之删述六經，卽伊尹太公救民於水火之心，而今之注蟲魚命草木者，皆不足以語此也。故曰載之空言，不如見諸行事。夫春秋之作，言焉而已，而謂之行事者，天下後世用以治人之書，將欲謂之空言而不可也。（亭林文集四）

這是受了時代刺激，所以欲以所學所懷之足以救世者，載之空言。這種具經綸有作用者，雖是空言，『將欲謂之空言而不可也』，所以他再說：『故凡文之不關於六經之指，當世之務者，一切不爲。』（同上）所以他再說：『救民以事，此達而在上者之責也；救民以言，此亦窮而在下位者之責也。』（日知錄十九直言條）我所謂『不能不托之空言而同時又不願徒托諸空言』者爲此。

這是就發表思想的文而言。至於抒寫性情，又當別論；雖不必有這般直接的作用，卻不能無令人感動的間接的作用。黃梨洲之論文，又重在這方面。

錢牧齋之論文，頗重在眞性情，其自爲文，當然也自以爲是眞性情之流露了，然在梨洲看來，則是『所得在排比鋪張之間，卻是不能入情。』艾千子之論文，也頗攻擊模擬之非了，然在梨洲看來，也是『只與模擬王李者爭一頭面。』（均見南雷文約一，魯葦庵墓誌銘）何以他們之文在梨洲看來，只見其僞不見其眞呢？這有二因：（一）眞性情也須從自己體會有得之道理得來，否則『喁啾王李變韓歐，一樣空疏各把筆』（南雷文定前集一，喜萬貞一至自南潯以近文求正詩）強異一十於二五，亦彼此皆譏而已。艾千子之文，其病卽坐此(二)。反過來說，『情不至則亦理之郛廓』（論文管見）眞能體會到理的也一定有眞實性情。他說：『廬陵之誌交友無不嗚咽，子厚之言身世莫不悽愴，郝陵川之處眞州，戴剡源之入故都，其言皆能惻惻動人；古今自有一種文章不可磨滅，眞是「天若有情天亦老」者。而世不乏堂堂之陣，正正之旗，皆以大文目之，顧其中無可以移人之情者，所謂刳然無物者也。』（論文管見）錢牧齋之文其病又坐此。

因此，他得到這樣的結論——『凡情之至者，其文未有不至者也。』（南雷文約四明文案序上）惟有一片至情，可歌可泣，纔能發爲至文，動天地而感鬼神。梨洲文案卷三張節母葉孺人墓誌銘中有云：『予讀震川文之爲女婦者，一往深情，每以一二細事見之，使人欲涕。蓋古今來事無鉅細，唯此可歌可泣之精神，長留天壤。』因知牧齋文雖誦法震川，而終嫌不能入情者，卽在缺少此一段可歌可泣之精神而已。此種精神，假使遇到忠臣義士，爲風雨之鷄聲，則尤爲梨洲之所表彰。其縮齋文集序云：

澤望之文，可以棄之使其不顯於天下，終不可滅之使其不留於天地：其文蓋天地之陽氣也。陽氣在下，重陰錮之則擊而爲雷；陰氣在下，重陽包之則搏而爲風。商之亡也，採薇之歌，非陽氣乎？然武王之世，陽明之世也；以陽遇陽，則不能爲雷。宋之亡也，謝皋羽方韶卿龔聖予之文，陽氣也；其時遁於黃鐘之管，微不能吹纊轉鷄羽，未百年而發爲迅雷。元之亡也，有席帽、九靈之文，陰氣也，包以開國之重陽，蓬蓬然起於大隧，風落山爲蠱，未幾而散矣。今澤望之文亦陽氣也，然視葭灰，不啻千鈞之壓也。錮而不出，豈若劉蛻之文冢，腐爲墟壤，蒸爲芝菌，文人之文而已乎！

這是大漢天聲，這是天地正氣，『地維賴以立，天柱賴以尊，』民族精神賴以喚醒。這雖是空言，亦正所謂『將欲謂之空言而不可也。』

顧亭林也有這種意思。日知錄卷十九文辭欺人條云：『古來以文辭欺人者，莫若謝靈運，次則王維。……今有顛沛之餘，投身異姓，至擯斥不容而後發爲忠憤之論，與夫名汙僞籍而自託乃心，比於康樂、右丞之輩，吾見其愈下矣。』此則直是指斥錢牧齋一流人了。他再說：『黍離之大夫，始而搖搖，中而如噎，既而如醉，無可奈何而付之蒼天者眞也。汨羅之忠臣，言之重、辭之複，心煩意亂而其詞不能以次者，眞也。栗里之徵士，淡然若忘於世，而感憤之懷有時不能自止，而微見其情者眞也。其汲汲於自表暴而言者僞也。』文之至由於情之至，而情之至又由於情之眞，所以必須有眞性情，才能有動人的眞作用。黃梨洲鄭禹梅刻稿序云：『自有宇宙以來無事無不可假，惟文爲學力才稟所成，筆纔點牘，則底裏上露。』亭林所說，也卽同此意思。

第二目　三位一體之文學觀

其論文之足以見其學者見解者，則爲義理考據詞章三位一體的文學觀。這是清代一般文人學者共同的主張，而其意實發自顧黃。由顧氏之說推之，以著述爲文，則重在考據；以明道爲文，則重在義理；而同時復以語錄爲不文，（見日知錄卷十九修辭條）則又重在詞章。顧氏所言早已逗露此意，不過不曾明白地指出而已。顧氏與人書二十三云『能文不爲文人，能講不爲講師，』實則他不爲文人不爲講師，並非不欲能文，不欲能講，乃是不欲僅僅爲文人或講師而已。

至於明白地說明此三者合一之關係者，則爲黃梨洲。他先說明文與道之合一。自來論文道合一者多矣，但大都不出一些陳陳相因的話；惟在梨洲，不說文以明道，也不說文以載道，因爲言明道、載道，則文與道似乎又是兩件事。所以他說：『文之美惡，視道合離，文以載道，猶爲二之。』（文約一，李杲堂墓誌銘）照他這樣說，實在是以文兼道，以道兼文。梨洲弟子鄭梁序其南雷文案，稱其『原本於六經，取材於百氏，浩浩乎其胸中而落落乎其筆端，固濂洛韓歐所不能兼。』黃氏之文如此，黃氏之論文也如此。

這種意思，在他的沈昭子耿巖草序中最可以看出。他說：

余近讀宋元文集數百家，則兩說似乎有所未盡。夫考亭象山伯恭鶴山西山勉齋魯齋仁山靜修草廬非所謂承學統者耶？以文而論之，則皆有史漢之精神，包舉其內。其他歐蘇以下，王介甫劉貢父之經義，陳同甫之事功，陳君舉唐說齋之典制，其文如江河，大小畢舉，皆學海之川流也。其所謂文章家者，宋初之盛，柳仲塗穆伯長蘇子美尹師魯石守道淵源最遠，非汎然成家者也。蘇門之盛，凌厲見於筆墨者，皆經術之波瀾也。晚宋二派。江左爲葉水心，江右爲劉須溪。宗葉者以秀峻爲揣摩，宗劉者以清梗爲句讀，莫非微言大義之散殊。元文之盛者，北則姚牧庵虞道園，蓋得乎江漢之傳；南則黃溍卿柳道傳吳禮部，蓋出於僊華之窟。由此而言，則承學統者未有不善於文；彼文之行遠者，未有不本於學明矣。降而失傳，言理學者懼辭工而勝理，則必直致近譬；言文章者以修辭爲務，則寧失諸理，而曰理學興而文藝絕。嗚呼，亦冤矣！

學統不離道，文統不離學，即是以文兼道，以道兼文的說法。黃氏與唐翼修廣文論文詩云：『至文不過家書寫，藝苑還從理學求，』即是如此。

如何以文兼道？我們先須明白他所謂道的意義。道是思想，道是人生觀，道是哲學。全祖望鮚埼亭集十一，梨洲先生神道碑文引梨洲說云：『讀書不多，無以證斯理之變化；多而不求於心，則爲俗學。』所以他所謂道，都是從心體會，有得於己的。因此，道即是他的思想，他的人生觀，他的哲學。本其從心體會有得的以行而爲事，以發而爲文，所以能以文兼道。他再說：

所謂古文者，非辭翰之所得專也。一規一矩，一折一旋，天下之至文生焉，其又何假于辭翰乎。且人非流俗之人，而後其文非流俗之文。使盧舍血肉之氣，充滿胸中，徒以句字擬其形容，紙墨有靈，不受汝欺也。……余嘗定有明一代之文，其眞正作家不滿十人，將謂此十人之外，更無一篇文字乎？不可也。故有平昔不以文名而偶見之一二篇者，其文即作家亦不能過。蓋其身之所閱歷，心目之所開明，各有所至焉，而文遂不可掩也。然

則學文者亦學其所至而已矣。不能得其所至，雖專心致志于作家，亦終成其爲流俗之文耳。（文案外卷，錢屺軒七十壽序）

學文者學其所至，這句話很重要。所謂學其所至，卽是學他的修養，學他的工力，所以道學家離文與道爲二物，而梨洲卽以道爲文人之修養。這樣，自能以文兼道。

如何以道兼文？於此更應注意他對於文的態度。他也同顧亭林一樣，不主張以語錄爲文。他對於釋氏之文也不很滿意其語錄體裁。其山翁禪師文集序云：

世無文章也久矣，而釋氏爲尤甚。釋氏以不立文字爲教，人亦不以文章家法度律之。故今日釋氏之文，大約以市井常談，兎園四六，支那剩語，三者和會而成，相望於黃茅白葦之間，……螮蝀在東，莫之敢指。嗟乎，言之不文，不能行遠。夫無言則已，既已有言，則未有不雅馴者。彼佛經祖錄，皆極文章之變化，卽如楞嚴之敍十八天，五受陰，五妄想，與莊子之天下，司馬談之六家指要同一機軸。蘇子瞻之溫公神道碑，且學華嚴之隨地湧出。皎然學於韋蘇州，覺範學于蘇子瞻，夢觀學于楊鐵崖，夢堂學于胡長孺。其以文名於一代者，無不受學于當世之大儒。故學術雖異，其於文章無不同也。奈何降爲今之臭腐乎？（文定後一）

發表之言應當卽其思想而發表思想的文，應當是雅馴之言。這樣，纔是他的文與道合。

實在，我們與其稱他爲文與道合，還不如稱他是文與學合。蓋他以爲科舉盛而學術衰，而古文亡。文衰卽由學衰，學深則文亦深。所以他主張不以文爲學而同時卻主張以學爲文。他於李杲堂文鈔序中說：

余嘗謂文非學者所務，學者固未有不能文者。今見其脫略門面與歐曾史漢不相似，便謂之不文，此正不可與於斯文者也。濂溪洛下紫陽象山江門姚江諸君子之文，方可與歐曾史漢並垂天壤耳。蓋不以文爲學，而後文始至焉。當何李爲詞章之學，姚江與之更唱迭和，既而棄去，何李而下，嘆惜其不成，即知之者，亦謂其不欲以文人自命耳，豈知姚江之深於爲文者乎？使其逐何李之學，充其所至，不過如何李之文而止。今姚江之文果何如！豈何李之所敢望耶？（文案一）

照他這般說文非學者之所務了。『學者固未有不能文者，』這卽是他文與學合之旨。

我們假使進究他何以會有這種主張？何以文道合一同時又是文與學合一，那麼，我們便不難知道他所謂道與學原來也是合一的。蓋他所謂道，沒有明末狂禪習氣，重典實而不尙空疏。他很痛心於當時道學家之束書不觀。其留別海昌同學序以爲『學問之事析之者愈精，逃之者愈巧。』（文定前一）由儒分裂而爲文苑，爲儒林，爲理學，爲心學，此正是析之欲其精；然而『今之言心學者，則無事乎讀書窮理，言理學者，其所讀之書不過經生之章句，其所窮之理不過字義之從違。』（見同上）以空談本心爲學術，於是不必讀書。以剽取陳言株守一先生之言爲學術，於是其書則數卷可盡，其學則終朝可畢，黃茅白葦，一望皆是。這樣，所以『讀其文集，不出道德性命，然所言皆土梗耳。』（文約四，鄭禹梅刻稿序）道既不成爲道，學也不成爲學，當然文更不成爲文。所以他要由博反約，他要學朱子之教，擂來擂去使將來自有擂着處。（見文案一，惲仲升文集序）他說：『道非一家之私，聖賢之思路，散殊於百家，求之愈艱，則得之愈眞。雖其得之有至有不至，要不可謂無與于道者也。』（文案八，淸谿錢先生墓誌銘）所以他所謂道正須窮經通史實實讀破萬卷得來。全祖望大理陳公神道碑銘引陳汝咸說稱：『梨洲黃子之教人，頗泛濫諸家，然其意在乎博學詳說以集其成，而其究歸於蕺山愼獨之旨，乍聽之似駁而實未嘗不醇。』（鮚埼亭集十六）卽是此意。

反之，照他這樣窮經通史讀破萬卷的結果，又不是徒爲記誦之學與身心無關。他對於當時道學家之『規爲措置，與纖兒細士不見短長，天崩地解，落然無與吾事，猶且說同道異，自附於所謂道學者，』（見留別海昌同學序）正是深惡痛疾。他所謂學，必須確實體會，能自己受用的，纔爲眞實學問。所以他以爲濂洛崛起之後一般倡者大率雷同附和，只有『永嘉之經制，永康之事功，龍泉之文章，落落崢嶸於天壤之間，寧爲雷同者所排，必不肯自處於淺末。』（見鄭禹梅刻稿序）我上文旣說他所謂道卽是他的思想，那麼他所謂學卽所以完成其思想系統之組織而已。

這樣，所以文與道合一，文與學合一，而道與學又合一，三位一體，不復可分。所以他在留別海昌同學序中說：『吾觀諸子之在今日，舉實爲秋，摛藻爲春，將以抵夫文苑也，鑽研服鄭，函雅正，通古今，將以造夫儒林也，由是而斂於身心之際，不塞其自然流行之體，則發之爲文章，皆載道也，垂之爲傳註，皆經術也。將見裂之爲四者，不自諸子復之而爲一乎？』這卽是所謂三位一體的文學觀。

我們看到清初的風氣，可知後來的文論所以會有文人與學者之分；同時可知雖有文人學者之分，而於文人的文論所以仍不廢學，而學者的文論所以也不廢文之故。

第二章　古文家之文論

第一節　桐城派之前驅

第一目　侯方域

侯方域，字朝宗，商丘人。與方以智冒襄陳貞慧合稱爲四公子；而爲文則與魏禧汪琬齊名，號三大家，事見清史稿四百八十九卷。卒年僅三十七，所著有壯悔堂文集四憶堂詩集。

侯魏汪三氏之齊稱，固由作風之相似，然卽其文論言之，也未嘗不可得一共同的論點，卽是對於「法」的問題。不過論點雖同，而以各人之學力才識不相一致，故於大同中不能無小異。侯氏才氣卓犖，故以才爲法；魏氏學問堅實，故以理爲法；汪氏才學均遜，故又只能以古人之法度爲法。要之，都是後來桐城文論之所本。

侯氏何以主張才與法合！他以爲『天下之眞才未有背畔於法者，凡法之亡，由於其才之僞也。』（壯悔堂文集一，倪涵谷文序）蓋他宗倪文正公（元璐）之說『爲文必先馳騁縱橫，務盡其才而後軌於法，』（同上）故以爲法由才生而才能運法，因此能盡其才卽所以軌於法。他再說明其理云：

然所謂馳騁縱横者如海水天風，渙然相遭，濆薄吹盪，渺無涯際，日麗空而忽黯，龍近夜以一吟，耳悽兮目駴，性寂乎情移。文至此非獨無才不盡，且欲舍吾才而無從者，此所以卒與法合，而非僅雕鏤組練極衆人之炫燿爲也。

今夫雕鏤以章金石之觀，組練以侈錦繡之華而已，若欲運刀尺於虛無之表，施機杼於縠紋之上，未有不力窮而巧盡者也。故蘇子曰，風行水上者天下之至文也。風之所以廣微無間者，氣也，水之所以瀠宕自足者質也。風之氣蕭然而疎，然有能禦風者耶？水之質泊然而柔，然有能劃水者耶？故曰氣莫疎於風，質莫堅於水，然則至文者雕鏤之所不受，組練之所不及也。（倪涵谷文序）

他在這裏說明了馳騁縱横之故，要像風一般的氣，廣微無間，可以大用，也可以小用，長篇有氣，短篇也有氣。再加以像水一般的質，瀠宕自足，於事於理有所得，於情又足以表現，可以露個性，同時也可以見學識。這樣，纔是所謂馳騁縱横。這樣馳騁不是跑野馬；這樣縱横也不是無節制。這是所以盡其才，而同時又所以軌於法。他再稱倪涵谷的文而說明其關係云：

其離離然有光者，氣之舒也；隱隱然不可得而磨者，質之堅也。所以能扶質而御氣者才也；而氣之達於理而無雜揉之病，質之任乎自然，而無緣飾之迹者法也。

於是才與法的關係，又可以列成下列的圖表。

才 ╲ 氣……（理）╲ 法
　 ╲ 質……（自然）╱

這便是與魏禧稍微不同的一點，魏禧以才與理爲二元，而他則以才爲一元。

惟其以才爲一元，所以他論文境以爲濃密者固出於才而疎澹者也不能廢才。他有一個很好的比喻，他說：

> 夫文之疎密濃澹，各有程度，尺寸不踰，乃爲宗工。矯而論之，則與其密寧疎，與其濃寧澹。詩旨亦然，要自有說存焉，而非生澁枯寂之謂也。嘗聞三家之市，有延上客者，宵旦經營，妻孥詬誶，及出而盤餐肴核，殊無下箸，非其誠不足，而力有所絀也。更與過衞尉之金谷，太傅之別墅，則水陸畢陳，不禁朵頤而前，厭飫而退矣。（壯悔堂文集二辟疆園集序）

這即是才的問題。要有離離然有光的氣，要有隱隱然不可得而磨的質，自然不會生澀枯寂。

惟其以才爲一元，所以他論文格以爲縱橫者固出於才而含蓄者也不能廢才，他更有一個很好的比喻。他說：

> 至大議論，人人能解者，不過數語，發揮便須控馭，歸於含蓄。若當快意時，聽其縱橫，必一瀉無復餘地矣。譬如渴虹飲水，霜隼搏空，瞥然一見，瞬息滅沒，神力變態，轉更夭矯。（壯悔堂文集三與任王谷論文書）

這依舊是才的問題。因於蓄勢而氣更足，因於語簡而質也更見其精鍊。在此文中，所謂斂氣于骨與運骨于氣諸說，也依舊不外氣與質的問題。

第二目　魏禧與魏際瑞

第一款　法

魏禧，字凝叔，一字叔子，號勺庭，江西寧都人，與兄際瑞弟禮，有「寧都三魏」之稱。際瑞所著有伯子文集及雜俎，禧所著有叔子文集，事均見淸史稿四百八十九卷。

叔子論文主張，以宗子發文集序爲最重要。（魏叔子文集八）此文自謂『嘗見及於是』，而且是『自易堂諸子外，不敢輕語人』者，當然是其論文主恉之所在。他開端便說：『今天下治古文衆矣！好古者株守古人之法，而中一無所有，其弊爲優孟之衣冠；天資卓犖者師心自用，其弊爲野戰無紀之師，動而取敗。蹈是二者，而主以自滿假之心，輔以流俗諛言，天資學力所至，適足助其背馳；乃欲卓然並立於古人，嗚呼難哉！』這卽是糾正明代文風的言論。這種話與錢牧齋黃梨洲諸人所言無大出入，尙不是叔子文論重要的見解。叔子此文重要之處乃在說明如何不至株守古人之法。「師心自用，」其失易明，所以他於這方面不大講。『好古而中無所有、其故非一二言盡也。』所以此文重要之處，卽在說明怎樣好古而不致中無所有，怎樣能合古人之法而不致株守古人之法。關於這，我們必先明瞭叔子所謂「法」的觀念是什麽？他以爲文章之法，知其常尤應通其變，能自此中入尤須能於此中出。此義，於其陸懸圃文序一文中發之：

予嘗與論文章之法。法，嘗諸規矩，規之形圓，矩之形方，而規矩所造，爲橢，爲㘿，爲𥄎，爲倨句磬折，一切無可名之形，紛然各出。故曰規矩者，方圓之至也。至也者，能爲方圓，能不爲方圓，能爲不方圓者也。使天下物形不出於方，必出於圓，則其法一再用而窮，言古文者曰伏，曰應，曰斷，曰續。人知所謂伏應而不知無所謂伏應者，伏應之至也；人知所謂斷續，而不知無所謂斷續者，斷續之至也。今夫入壇壝，履鬼神之室，明神肅森，拱挺異列，若生人之可怖，按以人經之法，頰胲廣狹股脚脽尻之相距，皆不差尺寸。然卒以爲不若人者，俯仰拱挺，終日累年，不能自變化故也。今夫山，屹然崱屴，終古而不變，此山之法也。瀉水於盂，盂方則方，盂圓則圓者，水之法也。山以不變爲法，水以善變爲法。今夫山，禽獸孕育飛走，草木生落，造雲雨，色四時，一日之間而數變。今夫水，瀉於平地，必注於龜流，其所不平瀉之，萬變而不失。今夫文，何獨不然！故曰變者，法之至者也。此文之法也。

（魏叔子文集八）

明人以時文之法爲古文，亦以時文之法讀古文，於是有所謂評點之學：眼光心思，都束縛於所謂伏應斷續之中。這是所謂死法而不是活法。爲文而求合此種死法，卽是知其常而不能通其變。不能通其變，則卽使伏應斷續全合法度，而如履鬼神之室，明神肅森，總以爲不若人。所以必須神明於法，知道不變者固是法，而善變者也是法；必能於不變之法中知善變之法，又能於善變之法中知不變之法，然後如規矩這般可以爲方圓也可以不爲方圓，也可以爲不方圓，而規矩之用始層出而不窮，所以說：『變者法之至者也。』叔子答計甫草書論汪琬文，卽譏其守法而不知變。他說：

今夫石所以量物，衡所以稱物。天下有日蝕星變，山崩水湧，衡之所不能稱，石之所不能量者矣。是故春生夏長，秋殺冬藏者天地之法度也。哀樂喜怒中其節聖人之法度也。然且春夏之間，草木有忽枯槁，秋冬有忽萌芽。子之武城聞弦歌之聲笑曰割鷄焉用牛刀，遇舊館人之喪而出涕，是有過乎喜與哀者矣。蓋天地之生殺，聖人之哀樂，當其元氣所鼓動，性情所發，亦間有其不能自主之時，然世不以病天地聖人，而益以見其大。文章亦然。古人法度，猶工師規矩不可叛也。而興會所至，感慨悲憤愉樂之激發，得意疾書，浩然自快其志，此一時也，雖勸以爵祿不肯移，懼以斧鉞不肯止，又安有左氏司馬遷班固韓柳歐陽蘇在其意中哉！至傳誌之文，則非法度必不工，此猶兵家之律，御衆分數之法，不可分寸恣意而出之。生動變化，則存乎其人之神明，蓋亦法中之肆焉者也。（魏叔子文集五）

傳誌之文非法度必不工，卽所謂「山以不變爲法」，興會所至得意疾書，卽所謂「水以善變爲法」。以善變爲法者，元氣所鼓動不能自主，非惟不以爲病而益以見其大。因爲無所謂伏應，無所謂斷續者，正是伏應斷續之至，所以「萬變而不失」。以不變爲法者，雖似板滯而生動變化仍存乎其人之神明，卽所謂「能自變化」。能自變化者所以又可以「一日之間而數變」。因此，他之於「法」，貴神而明之而不貴「循循縮縮，守之而不敢過」。必須能變，纔成爲法之至；必須能變，纔不致「株守古人之法」。這是他對於法的觀念。

叔子之序其兄伯子文集云

伯子之論文曰，『由規矩者熟於規矩能生變化；不由規矩者巧力所到亦生變化。既有變化，自合規矩。』伯子於古人文無專好，其自爲文亦不孜孜求古人之法；雖頗嗜漆園太史公書，爲文遇意成章，如風水之相遭，如雲在天卷舒無定，得莊史之意，然未嘗稍有摹倣。吾故嘗語季弟以巧力變化，伯子所自道則然也。（魏叔子文集八）

那麽，伯子叔子之論點正相一致。昔人稱其兄弟間自爲師友，以此證之，亦極可信。伯子論文中說：『不入於法則散亂無紀；不出於法則拘迂而無以盡文章之變。』則可以說是他們共同的見解，而也成爲後世古文家共守的信條。

第二款　情理與氣勢

於是，他們再講到如何「出於法」的方法；易言之，也卽是推求一般人所以株守古人之法的原因。他們以爲病根所在，全由於中無所有。伯子之學文堂文集序云：『文章之道自體格以至章節字句，古人之法已全，而吾或欲與古人爭衡，慨然發吾志之所欲發，則非有其識與議者，必將滅沒沈錮於古人之中而不能以或出。』（伯子文集一）所以最重要的還在中有所得。中有所得，則爲文雖『尊法古人，至其所獨是獨非，每不能自貶以徇古今之衆』（見叔子所爲八大家文鈔選序）這樣，所以他要於文外求法。必於文外求法，纔能盡法之變。因此，知道宗子發文集序中幾句頂精要的話，所謂『養氣之功在於集義，文章之能事在於積理』云云者，正是好古而中無所有的對症良藥。他們所以能有此見解，卽因易堂講學本不限於古文，所以能於文外求法。叔子又說：『識不高於庸衆，事理不足關係天下國家之故，則雖有奇文與左史韓歐陽並立無二，亦可無作。』（宗子發文集序）這與伯子所謂『故吾之文姑勿論其與古人何如，而吾之爲說，蓋未可以無故而云然矣，』（學文堂文集序）正是同樣意思。

這是他們論調相同之點。至於講到如何是「中有所得」，則他們兄弟間各有自得，不妨於大同中有些小異。伯子較偏於文，陳玉璂伯子文集序卽稱其『詩賦詞曲六朝駢麗之作，無不臻妙，』所以伯子所謂「文」，可以包括詩賦駢文以及制義。叔子較偏於道，又純粹站在所謂「古文」的立場，其所謂「文」，只指古文而言，這是一些不同。所以關於「中有所得」的問題，伯子講到「情」與「勢」，而叔子則言「理」與「氣」。

現在先論伯子的見解。他有一篇有情集序，是他詩集的自序。他說：『情者天地之膠漆。天地無情則萬物皆散，萬物無情則其類皆散。……夫人莫切於五倫，而倫莫尊於君父。凡其所以生則相崇，死則相慕，卑之而不恥，刑之而不怒，至於糜爛其身而甘之如飴者，豈非纏綿懇惻之心發於至誠，而稟其生氣，行乎其所不得不行耶？』（伯子文集一）可知他論文以情爲主；卽使講到人倫，也是從情出發而不是從理出發。所以他於答友人論文書中再說：『所以爲文者非他，則情是也。』這與叔子積理之說正不相同。叔子因欲積理之故，『以爲人生平耳目所見聞，身所經歷，莫不有其所以然之理，』（見宗子發文集序）而伯子仍看作是「情」的問題。他說：『不深原道情，則不可以爲體；不更歷世情，則不可以爲用。』（答友人論文書）在叔子處處以理爲中心者，在他則處處以情爲中心，本來天理不外乎人情，他們原可以在名詞上有分別，在實質上沒有多少分別的。

伯子論文中再有一節云：

> 文章必有所以然處。所以然者，在文章之意。然非謂文章以忠孝爲意，便處處應言忠孝。蓋幾微之先，精神眼光與會有獨得一處者。故言忠孝反不必斤斤忠孝之言，人之感之，無往而非忠孝也。文章有耿耿在心不可舉以示人，幷不卽能自喻者，正其所以然處。得此而情境所發，蓋亦不可窮矣。

他所謂「所以然處」，卽是一種至情的人格之表現。他言情而不言理，所以卽言忠孝也不必斤斤忠孝之言。這卽是湯若士寫傳奇的方法。能如此，則處處說理也不會墜入理窟。所謂『人之感之無往而非忠孝也。』叔子批評他的論文云：『篇中所論爲文之法，皆於人情物理最近最平處觸悟而出，信口說來，畢成妙解。他人俱從規矩生神明，吾兄是從神明生規矩也。』這一節語，眞是體會極精之語。

伯子論文，重在「情」而不很講到「理」，因此，又偏於「勢」而不很講到氣。他在答石公論文書中說：

> 夫文者在勢。大抵逆則聳而順則卑，逆則奇而順則庸，逆則強而順則弱。形家以順龍爲奴龍，擂家以逆勢爲霸勢。是故一逆不已而再逆，故一波未平而再波。

他於是再講到作勢的虛實之理。虛多於實，則實益榮，如果木之實一而葉則倍蓰什伯，如人之相鬥未有相抱而可得志者。老子所說的『有之以爲利，無之以爲用』很近於他的說法。論文中說：

古人爲文雖有偉詞俊語亦删而舍之者，正恐累氣而節其不勝也。收結仍須緊束，或故爲散弛懈緩者，亦如勞役之際，閉目偃倚乃不至於困竭也。

此處所謂養氣，實在卽是蓄勢。叔子論氣由「質」言，故偏於理；伯子論勢由「文」言，故近於法。這是他們兄弟間議論不同之處。然而不欲中之無物，不欲拘泥成法，都是他們共同的出發點。

現在，再就叔子之所論言之；叔子不欲師心自用，故示之以法；又不欲陷於評點之學，故又示之以變。因此，探究行文之本而不泥行文之迹。此行文之本不外理與氣二端。在宋代道學家講來恆偏於理，在宋代古文家講來又偏於氣，而叔子之說則折衷於此二者之間。其彭躬庵文集序云：

躬庵先生爲文章，務以理氣自勝，不屑屑古人之法。而予少時喜議論，後乃更好講求法度；獨每見躬庵文，則顏色消沮，心怵惕而不寧。嘗譬之戰鬬，弓人聚六材以爲深弓，矢人相笴眂羽以爲兵矢，而使貫虱承挺者射，然拔山之夫，瞋目直視，則失弓矢落，反馬而入壁。夫然後知氣之盛者，法有所不得施。而躬庵之文，則又非未始有法者，故嘗譬之江河，秋高水落，隨山石爲曲折，盈科次第之蹟，可指而數也。大雨時行，百川灌匯，溝澮原潦之水，注而益下，江河溢溢漫衍，亡其故道，而所爲隨山石曲折者，未嘗不在，顧人心目驚潰而不之見。（魏叔子文集八）

此語甚妙。他謂『氣之盛者法有所不得施』，卽同於韓愈「氣盛言宜」之說。蓋所謂「宜」者卽於無法之中而能自合於法，所以「法有所不得施。」此與野戰無紀之師不同，不過在一般人看來，則祇覺其大氣滂薄，「心目驚潰而不之見」耳。由此以言，「法」不必學而氣則不可不養。法之常可學而能，法之變不可學而能。法之變雖不可學，而苟能養氣使其充盛，則法之變也不必學而自能。蘇轍所謂『文不可以學而能，氣可以養而致』者，蓋即謂此。這是法本於氣之說。

又其答曾君有書云：

竊以謂明理而適於用者，古今文章所由作之本；然言之不文，行之不遠，是以有文。而天下之理與事有不可以盡言者，是以有含蓄之指；有難於直言者，是以有參差斷續變化之法：則皆其後起者也。辟之於水，浸灌萬物，通利舟楫，此水之本也。而江河之行，曲折洄洑，波瀾漪縠激瀉，此水之後起，而勢有不得不然者。水蓋不恃此以為貴。（魏叔子文集五）

此文又謂法自理出。評點批尾之學，如茅鹿門輩，只知於含蓄參差斷續變化諸法中以求文，正因泥於行文之迹而不究行文之本。他不知文蓋不恃此以為貴。文章苟能明理適用，則無意守法而自然合法。因為這又是勢有不得不然。此所以謂『文章之能事，在於積理。』此又法本於理之說。

不過法與氣的關係是直接的，法與理的關係是間接的，所以他於論世堂文集序中再說：

氣之靜也必資于理，理不實則氣餒；其動也挾才以行，才不大則氣狹隘。然而才與理者，氣之所馮，而不可以言氣。才於氣爲尤近，能知乎才與氣之爲異者，則知文矣。吹毛而駐於空，吹不息則毛不下；土石至實，氣絕而朽壞，則山崩。夫得其氣，則泯小大，易疆弱，禽獸木石可以相爲制，而況載道之文乎？視之以形而不見，誦之以聲而不聞，求之規矩而不得其法，然後可以舉天下之物而無所撓敗。（魏叔子文集八）

在此文中他分析得更細，氣有先天後天之分：先天所稟之氣是出於才，後天所養之氣由積於理。然而才不卽是氣，正與理之不卽是氣一樣。只因「才不大則氣狹隘」，於是一般人遂以『浩瀚蓬勃，出而不窮，動而不止者當之，而蘇軾氏乃以氣特聞』。實則才是才而氣是氣；他所謂氣有些近於伯子所謂「情」與「勢」之綜合。所以說：『聖人不作，六經之文絕，然其氣未嘗絕也。聖人之氣，如天之四時，分之而爲十有二月，又分之而爲二十有四氣，得其一氣則莫不可以生。論語六經以下，爲周諸子，爲秦漢，爲唐宋大家之文，苟非甚背於道，則其氣莫不載之以傳。』（均論世堂文集序中語）茲再以圖式表示其關係如下：

才 ╲
　　 （情）——氣——（勢）——法
理 ╱

第三款　論識

叔子論文既重在積理養氣，而養氣又重在集義，似乎全是道學家之論調，然而不然。他正同顧亭林黃梨洲諸人一樣，反對宋明儒者言之不文之弊。他以爲『語可以不驚人，而不可襲古聖賢之常言；其旨原本先聖先儒而不可搖筆伸紙輒以聖人大儒爲發語之端。』（日錄論文）假使卑弱膚庸，漫衍拘牽，則雖不背於道，而使天下後世厭絕其文，視如饘餲之食魚肉之餒敗，也未免太可惜了。所以他說：

孔子曰，言之不文，行之不遠，於易曰，修辭立其誠立誠以爲質，修之而後言可文也。聖人之於文，蓋惓惓矣。昔者先王之制禮也，敬而已矣！必且辨爲度數品物儀飾之節，有所謂以多貴者，有所謂以少貴者，有所謂以大以小以高以下以文以素貴者。聖人之於文亦然。文以明道，而繁簡華質洪纖夷險約肆之故，則必有其所以然。蓋禮不如是，不足將其敬；文不如是，不可以明道。孔子曰：『辭達而已矣。』辭之不文，則不足以達意也，而或者以爲不然，則請觀於六經孔子孟子之文，其文不文，蓋可覩矣。（甘健齋軸園稿序）

禮之重敬，猶文之重理；禮之重儀，猶文之重法。二者原是相輔爲用，不可偏廢的。古文家不求諸理，不明其勢之不得不然，而徒求其含蓄參差斷續變化之迹，固是不合；然在道學家又矯枉過正，一切抹煞全不講究，也何能使其文之行遠。二者皆非，所以他以爲對於文的態度，應當無意於傳之，而不應無意於作之。（說見其研鄰偶存序）古文家之病，在有意於傳之所以有意爲文；道學家知其弊，而不知無意於作之亦非。

他不僅不贊成道學家之無意作文，抑且不同於道學家之陳腐講道。他所謂理，於其未明以前，則重在識，於其既明以後，又重在用。他取了宋代政治家的主張，而又符合於淸初學者的論調，適逢其會，他恰能融會而溝通之。其答施愚山侍讀書云：

愚嘗以謂爲文之道，欲卓然自立於天下，在於積理而練識積理之說，見禧敍宗子發文。所謂練識者，博學於文而知理之要，練於物務，識時之所宜。理得其要則言不煩而躬行可踐；識時宜則不爲高論，見諸行事而有功。是故好奇異以爲文，非眞奇也。至平至實之中，狂生小儒皆有所不能道，是則天下之至奇已。故練識如鍊金，金百鍊則雜氣盡而精光發。善爲文者，有所不必命之題，有不屑言之理。譬猶治水者，沮洳去則波流大，爇火者穢雜除而光明盛也。是故至醇而不流於弱，至淸而不流於薄也。（魏叔子文集六）

這樣練識，故其所謂積理乃亦不廢『市儈優倡大猾逆賊之情狀，竈婢丐夫米鹽淩雜鄙褻之故。』（宗子發文集序）這樣練識，其所積之理，當然足以達當世之務而適於用。其俞右吉文集序謂：『文以宣道義，著事功，』又云：『予生平論文主有用於世。』所以魏禧文論又能合道學家與政治家而爲一。他於左傳經世序中說：『讀書所以明理也，明理所以適用也，故讀書不足經世，則雖外極博綜，內析秋毫，與未嘗讀書同。』（魏叔子文集八）可知魏氏爲學也是如此主張。其答蔡生書云：

僕嘗言曰，文章之變於今已盡，無能離古人而自創一格者，獨識力卓越，庶足與古人相增益。是故言不關於世道，識不越於庸衆，則雖有奇文，可以無作。識定則求其暢，所謂了然於手口也。暢則求其健，不簡不練，則氣膚格弱，不足以經遠。三者既立，而欲進求古人之精微，窮其變化，則學至而後知之。（魏叔子文集六）

這一些話也曾在宗子發文集序中說過。所以我們假使欲在魏禧文論中看出淸初文論偏於併合的傾向，那麼可

以說是理識法三者之合一

第三目　汪琬

汪琬，字苕文，號鈍翁，晚又號堯峯，長洲人，事見清史稿四百八十九卷，所著有鈍翁前後類稿，堯峯詩文鈔。堯峯之文，魏禧答計甫草書稱其醇而未肆，『奉古人法度，猶賢有司奉朝廷律令，循循縮縮守之而不敢過。』王應奎柳南續筆引陶子師語議其『不求其本而急求其合節；』引黃太冲語稱其「無可議，必不傳。』甚至如葉燮的汪文摘謬謂『汪君摹倣古人之文，無異小兒學字，隔紙畫印，尋一話頭發端，起承轉合，自以爲得古人之法。』明白他文之所長所短是如此，然後知道他的論文主張，當然不主新奇。其最重要的便是一篇文戒示門人。他說：

昌明博大，盛世之文也；煩促破碎，衰世之文也；顛倒悖謬，亂世之文也。今幸值右文之時，而後生爲文，往往昧于辭義，叛于經旨，專以新奇可喜，囂然自命作者。嗟乎！人文與天文地文一也。日月星辰，天之文也；山川草木，地之文也。假令如日夜出，兩月並見，日中見斗，又令山湧川門，桃冬花，李冬實，夫豈不震耀耳目，超於常見習聞之外，其可喜孰甚焉！而經史書之，不曰新而曰妖，不曰奇而曰變。然則今之作者，專主於新奇可喜，倘亦曾南豐所謂亂道，朱晦翁所謂文中之妖與文中之賊是也。僕竊憂之，而一二小子輩方且詆僕言爲老狂，故不敢以告他人，所願諸同志戒之而已。其有及僕之門而志或不同者，僕亦不敢以告也。（堯峯文鈔一）

在當時，吳中如尤西堂湯卿謀輩皆以才子自命，流風所播，顯與堯峯異趣。所以他首以新奇可喜定爲爲文戒律。在他以爲由文之內容言，則有道，道不變，所以不尙新奇，新奇則『叛於經旨』。他又以爲由文之形式言，則又有法，法是規矩，所以也不尙新奇，新奇則『昧於辭義』。他的文論，不外這兩方面，而實以不主新奇可喜爲其中心思想。

假使他眞能在這方面建立他的理論，成立他的一貫主張，那也未嘗不是重要的貢獻。只可惜他於這方面似乎有些舉棋不定，時多矛盾抵觸的言論。

矛盾抵觸原亦無妨，只須能融會貫通，使人不覺其思想之不一致，便是成功；而汪氏似未能如此。魏禧學文堂文集序謂『君子之立言與立身行事，皆必有其大意；大意旣定，則無往不得其意。辟如治軍，汾陽之寬，臨淮之嚴，自決機兩陣至一令一號，皆終身行其意所獨得，故皆足成功。否則因題命意，緣事以起論，其前後每自相牴牾，而觀者囘惑捍格，無所得其根本』。（魏叔子文集八）堯峯之病正在「因題命意，緣事以起論，」所以有自相牴牾之處。

汪氏一方面摭拾理學成語，如洮浦集序，王敬哉先生集序，與曹木欣先生書諸文，每言古之作者於道莫不各有所得，而且歎息後世文統道統之歧而爲二，甚至以爲退之之原道，永叔之本論，猶不足當載道之語。而在另一方面，如答陳靄公論文書一，又言文道合一之少，以爲『古人之爲文也，其中各有所主，有假文以明道者，有因文以求道者，有知文而不知道者，』又似乎文之與道不必相合，甚至以文以載道之說爲稍夸，此則與不主新奇可喜之說沒有關係而且有些衝突了。

又汪氏之所得於古文者，僅在法度之間，故於答陳靄公書二謂『大家之有法，猶奕師之有譜，曲工之有節，匠氏之有繩度，不可不講求而自得者也。』此種論調，本不足怪。所奇怪者乃在一方面講法，一方面又講才與氣，而此種矛盾卽出於答陳靄公書中。法與才氣固不是不可發生聯繫，不過在他的思想體系上，又似與不主新奇可喜之說有些衝突而已。其答陳靄公論文書一中說：

僕嘗徧讀諸子百氏大家名流與夫神仙浮屠之書矣！其文或簡鍊而精麗，或疏暢而明白，或汪洋縱恣，逶迤曲折，沛然四出而不可禦，蓋莫不有才與氣者在焉。惟其才雄而氣厚，故其力之所注，能令讀之者動心駭魄，改觀易聽，憂爲之解，頤泣爲之破涕，行坐爲之忘寢與食，斯已奇矣。而及其求之以道，則小者多支離破碎而不合，大者乃敢於披猖磔裂，盡決去聖人之畔岸，而翦拔其藩籬，雖小人無忌憚之言，亦長雜見於中，有能如周張諸書者，固僅僅矣。然後知讀者之驚駭改易，類皆震於其才，懾於其氣而然也，非爲其於道有得也。……夫文之所以有寄託者，意爲之也，其所以有力者，才與氣舉之也，於道果何與哉！（堯峯文鈔三十二）

在此文中，他稱許諸子百氏與夫神仙浮屠之書，則與論文主道之說不合，他又以爲文之有力在才與氣，則與論文主法之說不合。照他這樣說法，文可以無與於道，只須有意有才氣，自然可以使『讀之者動心駭魄，改觀易聽，』那麼又與其不主新奇可喜之說不甚相合了。此種見解，在後來曾國藩的文論中便不見其衝突，而汪氏文論總覺其不甚一致。這卽是汪氏思想不甚縝密的地方。汪氏循循縮縮，守法而不敢過，然而論道與法，猶且有此矛盾之論，然則古文家之所謂法，固只是章實齋所謂不可揭以告人的廢物而已。

第二節　桐城文派

第一目　桐城派成立之因素

桐城文何以能成派？桐城文之成派，卽因桐城文人之文論有其一貫的主張之故。清代文論以古文家為中堅，而古文家之文論又以「桐城派」為中堅。有清一代的古文，前前後後殆無不與桐城生關係。在桐城派未立以前的古文家，大都可視為「桐城派」的前驅；在「桐城派」方立或既立的時候，一般不入宗派或別立宗派的古文家，又都是桐城派之羽翼與支流。由清代的文學史言，由清代的文學批評言，都不能不以桐城為中心。

胡適之先生五十年來中國之文學謂『唐宋八家之古文和「桐城派」的古文的長處只是他們甘心做通順清淡的文章，不妄想做假古董』。此眞一針見血之談。他們所標舉的雖是古文，而懲於明代文人強學秦漢之失，不欲襲其面貌，剽其句字，所以宗主唐宋文的目的與作用，又在欲作比較接近口語的文字。桐城文之所以能通於古而又適於今者在此。桐城文素以雅潔著稱，惟雅故能通於古，惟潔故能適於今。這是桐城文所以能為清代古文中堅的理由。

不僅如此，他們受清代學風之影響，卽於唐宋古文也不以摹擬其波瀾間架為能事。他們推崇程朱，而又不廢考據，無論如何，較諸明代及清初之為古文者，總是切實一點，總是於古學有所窺到一點，故能言之有物。同時，又能不爲淸代學風所範圍，卽在考據學風正盛之際，也不染其繁徵博引，擁腫累墜之習，而以空靈雅潔之古文矯之，故又能言之有序。有物有序，自然易於轉移一時之視聽。這又是「桐城文派」所以能屹然自立的緣故。

「桐城派」之名稱，起於程晉芳周永年諸人之戲言。曾國藩歐陽生文集序云：『乾隆之末，桐城姚姬傳先生鼐，善爲古文辭，慕效其鄉先輩方望溪侍郎之所爲，而受法於劉君大櫆及其世父編修君範。三子旣通儒碩望，姚先生治其術益精。歷城周永年書昌爲之語曰，「天下之文章其在桐城乎？」由是學者多歸嚮桐城，號「桐城派」，猶前世所稱「江西詩派」者也。』此文論述「桐城派」得名之故，由於周書昌。而其後，李詳論桐城派一文，（載國粹學報四十九期）復謂『乾隆中程魚門（晉芳）與姚姬傳先生相習，謂「天下文章其在桐城乎？」此乃一時興到之言，姬傳先生猶不敢承。』並自加注云『曾文正謂周書昌，非是。』則又以爲「桐城派」之得名由於程魚門。實則「桐城派」得名之由與程周二人都有關係。姚鼐劉海峯先生八十壽序明明說：『曩者鼐在京師，歙程吏部，歷城周編修語曰，「爲文章者有所法而後能，有所變而後大。維盛淸治邁逾前古千百，獨士能爲古文者未廣。昔有方侍郎，今有劉先生，天下文章，其出於桐城乎？」』則是「桐城文派」之所由得名，原出於程周二氏共同之戲言。至姚姬傳用以入文，於是始爲一般人所習知，由戲言而成爲定論。

到後來再經方東樹（植之）之宣傳，於是桐城三祖的地位遂以確定。桐城宗派之建立，至是遂不能動搖了。他於書惜抱先生墓誌後一文稱方深於學，劉優於才，而姚尤以識稱，稱方文靜重博厚象地之德，劉文風雲變態象天之德，姚文淨潔精微象人之德，於是此三家遂若鼎足之不可廢一。他說：『夫以唐宋到今數百年之遠，其間以古文名者何止數十百人而區區獨舉八家已爲隘矣；而於八家後又獨舉桐城三人焉！非惟取世譏笑惡怒，抑眞似鄰於陋且妄者。然而有可信而不惑者，則所謂衆著於天下人之公論也。』（儀衞軒文集六）他竟不認爲標榜，不認爲鄉曲之私。故於劉悌堂詩集序再申言之云：『方劉姚之爲儒，……蓋非特一邑之士而天下之士，亦非特天下之士而百世之士也。雖其人氣象不侔，學問造詣不侔，文章體態不侔，要其足通古作者之津而得其眞，無不若出於一師之所傳。……非有眞人孰能眞知而篤信之哉！』（儀衞軒文集五）他竟自信甚眞，所以不怕譏訕，不怕謗議，毅然決然以此三人爲八家之續。在當時，姚姬傳纂輯古文辭類纂於清代錄望溪海峯，晚年雖起爭端，頗有悔意，欲刪去之而他則以爲『只當論其統之眞不眞，不當問其黨不黨。』（見儀衞軒文集七答葉溥求論古文書）這種態度，由一方面言，原可稱爲他們之眞知篤信；由另一方面言，却仍不免明人壇坫自雄的習氣。

古人自視甚高不可謂妄；古人稱許甚嶄，也不可謂陋。韓柳歐蘇曾王之在當時，卽已如此，何獨至吾徒而疑之！

這也是方東樹的主張。（見儀衞軒文集八，送毛生甫序）所以宗派之建立原不必非難；不過宗派既立，途轍歸一，末學無識，競相附和，當然也不能無流弊。所以吳敏樹與筱峯論文派書卽已不滿曾國藩流派之說，而其後王先謙李詳諸人也均不以宗派之說爲然。蓋文章一道，一方面須師古，一方面須有我。師古則宜無所不學，原無所謂派；有我則重在自爲，更不應限之以派。然而宗派之說就文學史言足以看出一時之風氣；就文學批評言，又可看出其一貫的主張，所以我們不妨仍沿用「桐城文派」的名稱。

尤其從後者——文學批評而言，桐城文人也確有其一貫主張與共同標的。這一貫主張與共同標的是什麼？即是所謂古文義法的問題。桐城文人正因有古文義法之說，爲其文論之中心，所以能成爲派。一般人只從作風方面去論「桐城派」，所以對於劉海峯之文，便覺其與方姚異趣，不僅劉氏，即如姚門四大弟子之一之方東樹，其作風也何嘗與方姚相類！此所以泥於其迹，不免窒礙難通。若從他們的思想言之，從他們的文論言之，則言論意見縱使有小出入，而中心問題却是不變的。

第二目　桐城文論之建立

然則桐城文人怎樣建立其文論呢？桐城文人既以古文義法之說爲其文論之中心，所以桐城三祖之學問造詣儘有不同，風格也儘不一致，而由文學批評言之，則眞如方東樹所說『如鼎足之不可廢一』而『無不若出於一師之所傳。』

何以見其如鼎足之不可廢一？古文義法之說原是桐城初祖方望溪的主張。此說初立，本極簡單；其後經劉海峯爲之推闡而使之具體化，再經姚惜抱爲之補充而使之抽象化，於是到方東樹再加以綜合而集其大成。所以方劉姚三家之說不必盡同而互有關係。因此，遂如鼎足之不可廢一。

何以見其若出於一師之所傳？古文義法之說，原有些近於昔人所謂文道合一的問題。然而這是老生常談。桐城文人之論義法，不妨仍有此見解，但決不能限於這些陳陳相因的腐論。蓋桐城文論集以前文論中正統派之大成，所以當然不能不蹈襲昔人的舊說；而同時，桐城文論之所以能成爲桐城文論，卽因在舊說之中別開生面的緣故。所以古文義法之說，決不能以文道合一的腐論視之。

方望溪，比較猶重在道的方面；可是，他答程夔洲書自謂『此雖小術，失其傳者七百年』（望溪文集六）是則他所自負而自矜者原來正在「小術」方面，易言之，正在「文」的方面。劉海峯，便不復用這些烟幕彈了。他竟直截痛快謂義理是材料，而不是能事，故撇開義理不談，而只講文人之能事。姚惜抱，雖仍不免兼顧義理考據，但他所謂「文」是廣義的文，是詩文合一的文，故所側重的也在文人之能事。卽如後來方植之，似乎頗能於道的方面加以闡發，然而他猶且說：『古文之道非得之難，爲之實難。』是則他所講的仍屬於「爲文之方。」此所謂「文人能事」，此所謂「爲文之方，」纔是桐城文人獨到之處。是則古文義法云者，正應在這一方面求之，纔見桐城文論之眞。因此，桐城文人之論調雖異，遂若出於一師之所傳。

桐城三祖之文論以有其共同標的，所以各人不妨就其才學識之所近而分途發展，不必蘄其一致。各人所得雖不一致，而主張仍是一貫，歸宿仍是相同，所以桐城文論又始終不離所謂古文義法的問題。蓋在此名詞之下，可以範圍以前理學家的文論，也可以範圍以前唐宋八家之文論；不僅如此，桐城文論之所自出，固然是明代爲唐宋古文者歸震川諸人的關係，實在也受明代爲秦漢古文者前後七子的影響。

因此，義法之說有牽涉到道的方面的門面語也有專重在文的方面的眞知語。門面語可以不述，眞知語則不能不述；眞知語之出於歸唐諸子者可以不述，眞知語之出於前後七子者則不能不述。

在明代，宗主秦漢與宗主唐宋的兩派文人，從表面上看，固是門戶各立；從骨子裏看，則是沆瀣一氣。爲什麼？即因他們都是復古，都是摹倣，本出同一手法；所異者只在宗主不同，爭一頭面而已。同樣是學古，只因古今語言之變遷，形成古今文章形貌之距離，於是摹擬有難易，而成功也有高下。宗秦漢者，以其距離之遠，不得不先摹形迹，從語句組織入手，所以覺其泥古不化；宗唐宋者不必如此，可從語氣神情上揣摩，遂有所謂開闔抑揚之法，而似覺神明在心，變化由己了。這些意思，我們以前論述明代文學批評時已曾講過。再有，秦以前之文重在著述，其形式爲經爲史爲子而不成爲集。至由著述而流爲集部，則是漢以後一輩文人開始的。自漢以迄六朝，文人所作始由著述之體成爲單篇散文。這好似小說之由長篇而變爲短篇，戲劇之由多幕而進爲獨幕，誠是一種進步。隨此進步而起的，有所謂謀篇結撰之法，有所謂開闔照應之論，因爲這是單篇散文必須注意的技巧。不過六朝以前，一般人所注意的，更重在遣詞使事這方面，所以不覺其有抑揚開闔起伏照應之法而已。韓柳諸人矯之，雖易駢而爲散，然於著述之單篇化則仍而不變，於是不得不在規矩繩墨上更加以注意，而爲文遂有蹊逕可尋，因爲這是散體的單篇散文之惟一的技巧。這樣，所以學秦漢者刪節助詞，餖飣古語，固成爲窠臼；而學唐宋者，只講轉折波瀾，也成爲窠臼。李空同之於秦漢，茅鹿門之於唐宋，都有這種習氣。實則語言問題與規矩繩墨的問題，並非不能發生聯繫。秦漢之文雖疑於無所謂法，而仍有法可窺，卽因出於語氣之自然。唐宋之文雖不能無法而神明變化不是死法所得範圍，又因與語言接近的緣故，所以古文家之文論，說得抽象一些，便是「氣，」卽是語氣之自然；說得具體一些，便是「法，」卽是謀篇的結構。氣盛言宜，自然能合抑揚開闔起伏照應之法；文成法立，也自然能有湮暢歇宣之氣。這樣講，於是語言的問題與規矩繩墨的問題便發生聯繫了。在明代，由秦漢以折入唐宋的唐荆川，與本秦漢而加以修正的屠赤水，以及由秦漢而更進一步的孫月峯，或專主唐宋的艾千子，都已約略窺到這點，不過不曾在這方面組成系統的文論而已。而桐城文人，卽是在這方面組成其系統的文論的。

第三目　方苞古文義法

什麼是古文義法？古文義法有二種意義，卽如上文所述：就文之整體言之，則包括內容與形式的調劑，而融合以前道學家與古文家之文論。就文之局部言之，卽專就學文方式而言，則又能融合秦漢派之從聲音證入以摹擬昔人之語言，與「唐宋派」之從規矩證入以摹擬昔人之體式。這樣，所以能集古今文論之大成。

義法之說，是桐城初祖方望溪的主張。望溪名苞，字靈皋，桐城人，所著有望溪文集等書，事載清史稿二百九十六卷。他所提出的義法問題，卽已包含上述二重意義。蓋望溪所謂義法，可視爲兩個分立的單詞，也可作爲一個連綴的駢詞。由分立的單詞言，則義是義而法是法；義法之說，卽所以謀道與文的融合。由連綴的駢詞言，則義法又是學古之途徑，只成爲學文方式而已。

先由「義」「法」二字爲單詞的意義言，則望溪與姜宸英等論及立身祈嚮所謂『學行繼程朱之後，文章介韓歐之間，』（見王兆符望溪文集序）卽已逗露此意。所以義法之說，可以看作他的文學觀，也可以看作他的人生觀。義者期其文之思想之不背於理，卽以程朱爲祈嚮者是；法者期其文之形式之不越於度，卽以韓歐爲宗主者是。姚永樸文學研究法綱領篇嘗分析義法之意義云：

易家人卦大象曰，『言有物，』艮六五又曰，『言有序：』物卽義也，序卽法也。書畢命曰，『辭尚體要：』要卽義也，體卽法也。詩正月篇曰，『有倫有脊：』脊卽義也，倫卽法也。禮記表記曰：『情欲信，辭欲巧，』信卽義也，巧卽法也。左氏襄二十五年傳曰，『言以足志，文以足言：』志卽義也，文卽法也。

自來言義法者，當以這一節解釋得最爲明晰，證以方氏所言，亦相符合。方氏又書貨殖傳後云：

春秋之制義法，自太史公發之，而後之深於文者亦具焉。義卽易之所謂『言有物』也，法卽易之所謂『言有序』也。義以爲經而法緯之，然後爲成體之文。（望溪文集二）

這是就文的整體而言，所以「義以爲經而法緯之。」義指內容，法指形式；義求有物，法求有序，然後爲成體之文。我們再看方氏義法的根據，實本於史記十二諸侯年表序中『孔子次春秋，上記隱，下至哀公之獲麟；約其文辭，治其煩重，以制義法，王道備，人事浹』諸語。史記所謂「王道備，人事浹」云者，卽由有義以主之；至「約其文辭治其煩重」云者，則又因有法以裁之之故。方氏自述義法之源，遠本於易而近出於史遷，其意義亦正與姚永樸所言相合。

大抵望溪處於康雍「宋學」方盛之際，而倡導古文，故與宋學溝通，而欲文與道之合一，後來姚鼐處於乾嘉「漢學」方盛之際，而倡導古文，故復與漢學溝通，而欲考據與詞章之合一。他們能於舉世不爲之時而爲古文，又能迎合舉世所爲之學以爲其古文，桐城文之所由成派，而桐城文派之所由風靡一時，當即以此。

他看到古文之學與詩賦異道，所以有序必求其有物。其古文約選序例謂『學者以先秦盛漢辨理論事質而不蕪者爲古文，蓋六經及孔子孟子之書之支流餘肄』（望溪集外文四）可見其托體之尊。惟其如此，所以對於震川之文，猶且以爲『於所謂有序者蓋庶幾矣，而有物者則寡焉』，（望溪文集五書歸震川文集後）震川之文且未能滿意，何況其他！故於答申謙居書再說明其義云：

> 僕聞諸父兄，藝術莫難於古文，自周以來，各自名家者僅十數人，則其艱可知矣。苟無其材，雖務學不可強而能也；苟無其學，雖有材不能驟而達也。有其材，有其學而非其人，猶不能以有立焉。蓋古文之傳，與詩賦異道。魏晉以後姦僉汚邪之人而詩賦爲衆所稱者有矣，以彼瞑瞞於聲色之中，而曲得其情狀，亦所謂誠而形者也；故言之工而爲流俗所不棄。若古文則本經術而依於事物之理，非中有所得不可以爲僞。故自劉歆承父之學，議禮稽經而外，未聞姦僉汚邪之人而古文爲世所傳述者。韓子有言：『行之乎仁義之途，游之乎詩書之源。』茲乃所以能約六經之旨以成文，而非前後文士所可比並也。（望溪文集六）

謂古文本於經術而依於事物之理，所以必須有其學。謂古文必中有所得，不可以爲僞，所以更須是其人而後始能以有立。核其文而平生所學不能自掩，所以他的立身祈嚮，卽是他的文學觀。

於是再由義法二字爲駢詞的意義言，則義之與法，本是分離不開。古文既依於事物之理，則有其理而法自隨之，所以法隨義生，而義法遂不可分離了。方氏與孫以寧書謂：『古之晰於文律者，所載之事，必與其人之規模相稱。太史公傳陸賈，其分奴婢裝資瑣瑣者，皆載焉。若蕭曹世家，而條舉其治績，則文字雖增十倍，不可得而備矣。故嘗見義於留侯世家，曰：留侯所從容與上言天下事甚衆，非天下所以存亡，故不著。此明示後世綴文之士，以虛實詳略之權度也。』（望溪文集六）此文所謂記事稱其人之規模，是論義，虛實詳略之權度，是論法。又答喬介夫書云：『蓋諸體之文，各有義法。表誌尺幅甚狹，而詳載本議，則擁腫而不中繩墨；若約略剪截，俾情事不詳，則後之人無所取鑒，而當日忘身家以排逆議之義，亦不可得而見矣。國語載齊姜語晉公子重耳，凡數百言，而春秋傳以兩言代之。蓋一國之語可詳也，傳春秋總重耳出亡之迹，而獨詳於此，則義無取。今試以姜語備入傳中，其前後尚能自運掉乎。世傳國語亦邱明所述，觀此可得其營度爲文之意也。』（望溪文集六）此文所謂有所取鑒是義，中繩墨而能自運掉爲法。又與程若韓書云：『來示欲於誌有所增，此未達於文之義法也。昔王介甫誌錢公輔母，以公輔登甲科爲不足道，況瑣瑣者乎。……在文言文，雖功德之崇，不若情辭之動人心目也，而況職事族姻之纖悉乎？（望溪文集六）此文所謂不述流俗瑣瑣不足道之事是義，而情辭動人是法。故其所謂義法云者，隨文之內容而異，隨文之體製而異，同時復隨文之作用而異。法本無定，明其義自能合於法。於是義法之說，便變成不能分離的事物了。

大抵就議論文言，則義是理而求其心有所得，法屬辭而期其必自己出，所以「義」「法」二字，倘可看作兩個分立的單詞。就敍記文言，則剪裁去取，虛實詳略，自有權度，必得體要，而「義法」遂不得不視爲連綴的駢詞。方氏論文所以偏重在記事之文者，卽以此。其書五代史安重誨傳後云：

記事之文，惟左傳史記各有義法，一篇之中，脈相灌輸而不可增損，然其前後相應，或隱或顯，或偏或全，變化隨宜，不主一道。五代史安重誨傳總揭數義於前，而次第分疏於後，中間又凡舉四事，後乃詳書之。此書疏論策體，記事之文，古無是也。史記伯夷孟荀屈原傳議論與敍事相間，蓋四君子之傳以道德節義，而事迹則無可列者，若據事直書，則不能排纂成篇，其精神心術所運，足以興起乎百世者，轉隱而不著。故於伯夷傳歎天道之難知，於孟荀傳見仁義之充塞，於屈原傳感忠賢之蔽壅，而陰以寓己之悲憤，其他本紀世家列傳有事迹可編者，未嘗有是也。重誨傳乃雜以論斷語！夫法之變，蓋其義有不得不然者。歐公最爲得史記法，然猶未詳其義而漫傚焉。後之人又可不察而仍其誤耶？（望溪文集二）

是則所謂義法云者，必須洞明乎義，始能暗合於法。義爲法之根據，法爲義之表現，法隨義變，亦從義出，於是義法雖分，可以看作一件事了。其古文約選序例中謂『義法最精者莫如左傳史記』，謂『子長世表年表月表序，義法精深變化』以及『序事之文義法備於左史』云云，此處所用義法兩字，都可看作一個語詞，這是方氏所謂義法的另一義。

這樣講義法，於是法爲活法而不是死法，所以他以爲秦漢以前之文合義法，而唐宋以後反有不合義法者。（見望溪文集五書韓退之平淮西碑後）又必這樣講義法，於是法有常法而同時復有變法。所以他以爲左氏韓子之義法顯然可尋，而太史公則於雜亂而無章者寓焉。（見望溪文集二又書貨殖傳後）於並無定法以前求義法，於神明變化不可端倪之中求義法，所以他所謂法，常隨意變，不能拘泥求之。桐城文論由這一點言，不僅較明代七子之以摹擬秦漢格調爲法者爲高，卽較歸茅諸人僅僅以開闔呼應論法者也勝一籌。

方氏論文對於班馬優劣，往往申馬而絀班，如書漢書禮樂志等文皆推尊史遷而斥班史之疏於義法。我們若以此種議論與王若虛滹南文辨所言較之，則正相反背。其所以牴牾之故，卽因王氏所謂「法」，只就「文」言，而方氏所謂「法」，乃兼指「義」言的。

法而與義相合，於是義法之說又可視爲「雅潔」之稱之同義詞。沈蓮芳書方望溪先生傳後稱引望溪語云：『南宋元明以來，古文義法不講久矣。吳越間遺老尤放恣，或雜小說，或沿翰林舊體，無雅潔者。』（淸文錄六十八）據是便可看出文之雅潔由於講義法，而義法之標準也卽在雅潔。下文再舉出具體的例謂：『古文中不可入語錄中語，魏晉六朝人藻麗俳語，漢賦中板重字法，詩歌中雋語，南北史佻巧語。』（見同上）卽因古文中用入這些語，便有妨礙文之雅潔的可能。呂璜所纂吳仲倫初月樓古文緒論中也說：『古文之體忌小說，忌語錄，忌詩話，忌時文，忌尺牘，此五者不去，非古文也。』桐城派之異於其他古文家者原在這一點，這是所謂雅潔的一種意義。此種意義，實卽從明代「秦漢派」摹擬古人語言之法轉變得來。

此外雅潔的另一種含義便是謹嚴樸質刊落浮辭之謂。其書柳文後所指斥柳子厚文之病，有所謂『辭繁而蕪，句佻且稚』者（望溪文集五）所謂佻稚便是不合上文所述的雅潔的意義；所謂繁蕪便是不合現在所說的雅潔的另一含義。其書歸震川文集後云：『又其辭號雅潔，仍有近俚而傷於繁者。』（望溪文集五）近俚卽不合前者的標準，傷於繁卽不合後者的標準。所以他所謂雅潔，於刊除俚語俳語雋語佻巧語及二氏語之外，更須刊落浮辭，蕪辭。必須於虛實詳略之間自有權度，然後纔不致若市肆簿籍使覽者不能終篇。他說：『夫文未有繁而能工者，如煎金錫，麤礦去，然後黑濁之氣竭而光潤生。史記漢書長篇乃事之體本大，非按節而分寸之不遺也。』（望溪文集六與程若韓書）這也是他所謂義法的標準。由這一義言，又從明代「唐宋派」摹擬古人法度之法轉變得來。

合此二者，於是去取删潤之間，自能明於體要。其書蕭相國世家後云：『柳子厚稱太史公書曰潔，非謂辭無蕪累也；蓋明於體要而所載之辭不雜，其氣體爲最潔耳。』（望溪文集二）是則所謂雅潔云者，正卽是上文所謂法隨義生的意義。

因此，我們所以說方氏義法之說有二重意義：分析言之，則「義」是學與理的問題，而「法」屬於文。綜合言之，則義法又是學古之塗逕，也可稱爲古文的標準。後來，劉海峯重在後一義，專就文的方面發揮而義法之說遂成爲具體化；姚姬傳重在前一義，兼就學與理方面推闡入微，而義法之說又成爲抽象化。

第四目　劉大櫆義法說之具體化

劉大櫆，字耕南，一字才甫，號海峯，桐城人，事載清史稿四百九十卷。

他是「桐城派」的中堅人物；游京師時，以文謁方苞，苞大驚服，力爲揄揚，由是名著。後來姚鼐又從之游，以是遂有「桐城派」之目。他可以說是方姚之間的聯繫。方重在道，劉重在文，而姚則兼擅其美；方局於唐宋，劉出入諸子，而姚亦兼取其長。後人之論桐城文者，往往稱方姚，而擯棄海峯，這實在不是公允之論。

現在，且看他怎樣使義法之說成爲具體化？

義理，是方姚文論的中心，而在海峯論文則並不如此。海峯謂義理是材料，而不是能事；能事應當在神氣音節中求。於神氣音節中求行文能事，於是義法之說便成爲具體化了。

海峯文論之最重要的部分，卽是論文偶記。而論文偶記所說，卽重在能事方面。如云：

> 行文之道，神爲主，氣輔之。曹子桓蘇子由論文以氣爲主，是矣。然氣隨神轉，神渾則氣灝，神遠則氣逸，神偉則氣高，神變則氣奇，神深則氣靜，故神爲氣之主。至專以理爲主，則未盡其妙。蓋人不窮理讀書，則出詞鄙倍空疎；人無經濟，則言雖累牘，不適于用。故義理書卷經濟者，行文之實；若行文自另是一事。譬如大匠操斤，無土木材料，縱有成風盡堊手段，何處施設；然有土木材料，而不善設施者甚多，終不可爲大匠。故文人者，大匠也。

神氣音節者，匠人之能事也。義理書卷經濟者，匠人之材料也。

這一節話很精。義理即望溪之所謂道；書卷也相當於後來惜抱之所謂攷據；經濟，又是袁枚曾國藩諸人所提到的。他們不是欲合詞章義理攷據而爲一，即是合詞章義理經濟而爲一。但他則完全撇開不談。他以爲『作文本以明義理適世用，而明義理適世用，必有待於文人之能事。』程子謂無子厚筆力發不出，即是此意。他再以爲『當日唐虞紀載，必待史臣；孔門賢傑甚衆，而文學獨稱子游子夏，可見自古文字相傳另有個能事在。』曰能事，曰筆力，那全有賴於文人的手法。

因此，他不講材料，而講能事。

能事，分成幾個步驟：一神氣，『文之最精處也；』二音節，『文之稍粗處也；』三字句，『文之最粗處也。』此三者之關係『音節者神氣之跡也。字句者音節之矩也。神氣不可見，於音節見之；音節無可準，以字句準之。』所以他的所謂精粗，用現在的話來說，實在有些近於抽象具體的意義。愈具體即其最粗處，愈抽象即其最精處。昔人論文，往往只重在最精處而忽其粗跡，但在海峯卻說：『論文而至於字句，則文之能事盡矣。』這是昔人未發之義，我們應在這方面闡說一下。

先論神氣。他說：『神氣者，文之最精處也。』即是說神氣是文的最抽象處。他又說：『神只是氣之精處；』那即是說，神比了氣更爲抽象。同是抽象的名詞，所表示的同是抽象的意義，而中間再有最抽象和較抽象的分別。其最抽象者似乎覺得更難捉摸，而同時也覺更爲基本，所以說：『神者氣之主，氣者神之用。』所以說：『氣隨神轉。』

然而，這樣講法，用了一大堆抽象名詞，我們能明白嗎？我們總想說得具體化一些。假使不會十分引起誤會的話，我覺得他所謂「神」，即是高妙之「法」，而所謂「氣」，有些相當於「勢」。神與「氣」較抽象，「法」與「勢」則具體化了。

法之最具體化的，是可以指示的斷續呼應抑揚起伏諸問題。然而這，只是死法而已！以前魏叔子即已說過：『人知所謂伏應而不知無所謂伏應者，伏應之至也；人知所謂斷續而不知無所謂斷續者，斷續之至也。』（陸懸圃文序）那麼，只重在這些具體化的法，僅能知所謂斷續伏應，而不知更有無所謂斷續與伏應者在。知道無所謂斷續與伏應者也是法，那即所謂得其神。海峯說：『古人文字最不可攀處，只是文法高妙而已。』又說：『神者文家之寶。』可知文法高妙之處即是神，因爲即是無所謂斷續伏應之高妙之法。魏叔子再說：『今夫入境墟，履鬼神之室，明神肅森，拱挺異列，若生人之可怖，按以人經之法，頰胲廣狹股脚脽尻之相距，皆不差尺寸，然卒以爲不若人者，俯仰拱挺終日累年不能自變化故也。』不能自變化，即因土塊木偶不得人之神明的緣故。必須體會到古人文法高妙之處，那就得古人之神明了。所以海峯再說：『古人文章可告人者惟法耳。然不得其神而徒守其法，則死法而已。要在自家於讀時微會之。』讀時怎樣微會呢？所能微會的又是些什麼呢？於是海峯再於高妙之法與死法中間，提出一個「勢」以說明其關係。此所謂「勢」，其意義即相當於氣，所以他說：『論氣不論勢不備。』本於勢以論法，則其所以需要斷續伏應之處便可不煩言而喻，而於古人文法高妙之處也不難體會得到。因爲這是語勢之自然。韓愈所謂氣盛言宜卽是如此。後人專從「言宜」上着眼，所以只講「法」，假使重在氣盛上着眼便應講到「勢」。氣盛勢壯，則言之短長與聲之高下皆宜。言之短長與聲之高下皆宜卽是古人文法高妙之處，所以說：『神只是氣之精處』，所以說『氣者神之用』。能體會到這些文法高妙之處而暗與之合，不僅行文合法，抑且可以立格。因爲具體言之則是「法」，抽象言之卽是「格」。又因爲讀書時得古人之神，斯行文時也能傳自己之神。王世貞藝苑巵言所謂『熟讀涵泳令其漸漬汪洋，遇有操觚，一師心匠，氣從意暢，神與境合』，也有這種意思。不過海峯不僅重在摹肖古人，他知道古人之神各不相同，卽今人之神也有分別，甚至作者因於臨時之感興而每篇之神也不相一致。於是再說到氣隨神轉。——『神渾則氣灝，神遠則氣逸，神偉則氣高，神變則氣奇，神深則氣靜，』這樣說，所以『神者氣之主』。由立格言，得其神而氣自隨之；由行文言，得其勢而法自隨之。所以氣與勢成爲高妙之法與死法中間的媒介。所以說，『神只是氣之精處』。

海峯所謂文法高妙所謂神，都是從熟讀涵泳體會得來。不過涵泳體會仍令人無入手之處，於是他再由神氣講到音節字句以使抽象理論之具體化。音節字句是以前望溪所不大提到，以後惜抱僅偶或提到的問題，而海峯則於此大加闡說。欲由音節問題以使聲之高下皆宜，由字句問題以使言之短長皆宜，都從極淺近極具體的地方入手以進窺古人文法高妙之處；這卽是海峯文論之特點。『音節者神氣之跡也，』『神氣不可見，於音節見之，』

所以他說：『音節高則神氣必高，音節下則神氣必下。』求神氣於音節，而神氣可有着手之處。『字句者音節之矩也』『音節無可準以字句準之。』所以他說『一句之中或多一字，或少一字；一句之中或用平聲，或用仄聲；同一平字仄字，或用陰平陽平上聲去聲入聲，則音節迥異。』再求音節於字句，而音節也變爲比較具體的方法。明代「秦漢派」的文人，知道重在字句方面，然而只成爲剽竊，卽因他摹擬其迹，而不是由字句以定音節，由音節以窺神氣的關係。明代「唐宋派」的文人，知道重在神氣方面，然而又只成爲死法，又因虛構其神，而不是求神氣於音節，求音節於字句的關係。如海峯之論，於下植其基，於上明其變，深處說得淺，淺處說得深，自然無「秦漢派」摹擬之失，而也不必在死法上講究，落入時文的蹊逕中了。

海峯此種主張，是在古文範圍以內比較最完善的文論。蓋後世文人旣以古文相號召，則勢不能不取則於古作。然而取則古作，學其字句則嫌太似，學其法度又怕太拘，若欲學其精神則理論雖高，奈苦無下手之處。論文到此，眞入窮途。所以桐城文人在音節字句上以體會古人之神氣，則學古有途逕可循；同時再在音節字句以體驗已作之是否合古，於是作文也有方法可說。海峯所謂『學文而至於字句，則文之能事盡矣』，正應如此看法。

以神氣爲之本，則音節字句皆文之能事，而非初學入門之階；以音節字句爲能事，則神氣原非不可捉摸的名詞，而不致墮入迷離恍惚之境。由前者言，是示人以作古文之法。所以說：『近人論文不知有所謂音節者，至語以字句，則必笑爲末事。此論似高實謬。作文若字句安頓不妙，豈復有文字乎？』由後者言，又是示人以學古文之法。所以又說『積字成句，積句成章，積章成篇，合而讀之，音節見矣；歌而詠之，神氣出矣。』

這樣論文所以下啓姚曾，而尤以曾國藩的主張爲最有關係。我們再看下面一些話：

奇氣最難識，大約忽起忽落，其來無端，其去無迹。

讀古人文於起滅轉接之間，覺有不可察識處，便是奇氣。

凡行文多寡短長抑揚高下，無一定之律，而有一定之妙，可以意會而不可以言傳。學者求神氣而得之于音節，求音節而得之于字句，則思過半矣。其要只在讀古人文字時，便設以此身代古人說話，一吞一吐皆由彼而不由我。爛熟後，我之神氣卽古人之神氣，古人之音節都在我喉吻間。合我喉吻者便是與古人神氣音節相似處，久之，自然鏗鏘發金石。

可知曾國藩的方法，全從此處得來。文到「無一定之律而有一定之妙」，這不是活法是什麽？然而此種活法，正是從音節字句上玩索得來的。唐荊川董中峯侍郎文集序所謂『氣轉於氣之未湮，是以湮暢百變而常若一氣；聲轉於聲之未歇，是以歇宣萬殊而常若一聲。』這卽是海峯所謂「不可察識處。」明人論文，講到學古方面，自以此論爲最高亦最切實。海峯有取於是而不取於震川鹿門的見解，正是桐城文論之高處。

上所云云，只是學古而已，至於自運，則又不能爲古人所範圍。他一方面要熟讀古人之文，以使「我之神氣卽古人之神氣」，以使「古人之音節都在我喉吻間，」然而一方面卻絕對不許襲用古人一言一句。他本於韓昌黎所謂陳言務去之說，本於李習之所謂創意造言之說。對於遺詞造句處處欲戛戛獨造不襲前人已陳之言於是這樣講字句問題便只成音節之矩而不是剽竊之護符。桐城之文一方面須程於古，一方面又適於時；一方面雖有類於因，而一方面實同於創，其原因卽在於此。他說：

> 文貴去陳言。昌黎論文以去陳言爲第一義。後人見爲昌黎好奇故云爾。不知作古文無不去陳言者，試觀歐蘇諸公曾直用前人一言否？
>
> 樊誌銘云：『惟古于詞必己出，降而不能乃剽賊，後皆指前公相襲，自漢迄今用一律，』今人行文，反以用古人成語，自謂有出處，自矜典雅，不知其爲襲也剽賊也。
>
> 大約文字是日新之物，若陳陳相因安得不目爲臭腐！原本古人意義，到行文時，卻須重加鑄造。一樣言語不可便直用古人。此謂去陳言，未嘗不換字，卻不是換字法。

他看出了文字是日新之物，他又看出了古人作文之法；因此他便絕不被復古的口號所矇蔽。他以爲詩可用陳言，文則絕不可用陳言；時文可用陳言，散體古文則絕不可用陳言。古文之難卽在於讀之甚熟之後，卻須另作一番言語。正以如此之難，始能「終古常見而光景常新。」明代「秦漢派」的文人也見到這一點。屠隆謂『借聲於周漢而命辭於今日，』（文論）李維楨謂『句意超今人而不必襲迹於古人，』（許覺父詩序）但以語言變遷的關係，易笵而鑄，大非易事，所以「秦漢派」於這方面不易有成功。這又因「秦漢派」不注重「言之短長」的問題之故。他們不知道一句之中多一字或少一字，則音節迥異，自然更不會知道再進一步，由音節以窺神氣，所以不是剽竊字句，落於摹擬，便是見到而不能做到，僅示人以目標而不能指人以途徑

桐城文人於音節字句中講作文法，故不必泥於起伏照應；又於音節字句中求合語文法，故不妨自鑄新詞，不必落於剽竊摹擬。這即是桐城文的成功。蓋昔人寫文，不用標點符號，又不能分段分行，於是只有在文章中間注意這些問題。必須在文辭的組織上有可以代替標點符號的作用，有可以代替分段分行寫的作用，始能使人一覽了然。胡適之先生謂桐城文人欲做通順的文章，我以爲他們文章之所以能通順，即因注意這些問題的關係。能注意這些問題，於是一方面以古爲程，儘管力求通順，易於斷句，易於明其通篇的脈絡，卻不必如語錄體之不文。一方面以創爲高，儘管戛戛獨造，自鑄新詞，卻又不必如樊紹述一流之流於艱澀。這是桐城文章的優點，也即是海峯所謂求音節於字句的意思。

姚鼐與石甫書云：『夫道德之精微，而觀聖人者，不出動容周旋中禮之事；文章之精妙，不出字句聲色之間，舍此便無可窺尋矣。』（惜抱尺牘八）然則桐城文人之於字句音節上講究，原也是不得不然的辦法。

第五目　姚鼐義法說之抽象化

姚鼐，字姬傳，桐城人，所著有惜抱軒集，學者稱惜抱先生，事載淸史稿四百九十卷。他繼方劉之後，倡爲古文，所選古文辭類纂一書，尤爲學者所宗。其論文視方氏益爲精密。蓋桐城文派至姚氏而始定，故其論文主張亦更爲重

要。

現在，且看他如何使義法之說成爲抽象化？

姚氏論文不必復標義法之說，而所言無不與義法合。蓋方氏專就作品言，故言義法，姚氏則兼就作者言，故進於義法而言天人。此其一。又卽就作品論之，方氏以雜文學的見解論文，故專指散體古文；姚氏則以純文學的見解論文，故其義可兼通於詩；因此，方氏言義法，而姚氏則超於義法而言道藝。此其二。再有，卽就散體古文論之，義法之說仍本於昔人文道合一之論，姚氏既廓充了方氏的範圍而兼重考據，故也不必言義法而言意與氣。此其三。「天與人一」「道與義合」之說，固是超於義法的義法，卽「意與氣相御而爲辭」之說，也較義法爲抽象。這是方姚的不同之點；同時也卽是惜抱所以能使義法之說成爲抽象化之故。

「天與人一，」「道與藝合，」「意與氣相御而爲辭，」這是惜抱文論的三部曲。

他不言作文方法，作文標準，而言作文所能到的一種境界，故欲天人合一。天是才分，人是學力，必須天人合一，纔爲文之至。他與陳石士書云：『學文之法無他，多讀多爲，以待其一日之成就，非可以人力速之也。士苟非有天啓，必不能盡其神妙，然苟人輟其力，則天亦何自而啓之哉！』（惜抱尺牘五）此卽天人合一之說，所以此說與作者的天分有關。能到天人合一的境界，則所謂作文方法作文標準云云，都可以不必講求；因此，不必言義法。

這樣講天與人一，其理可通於詩。故他在敦拙堂詩集序中也論及此，他說：『言而成節，合乎天地自然之節，則言貴矣。其貴也有全乎天者焉，有因人而造乎天者焉。……夫文者藝也，道與藝合，天與人一，則爲文之至。』（惜抱軒文集四）蓋由詩與文的性質言，文重在學，以人爲的工力爲多；詩重在才，有時猶可只憑天分。所以說：『今夫六經之文，聖賢述作之文也。獨至於詩，則成於田野閨闥無足稱述之人，而語言微妙，後世能文之士有莫能逮，非天爲之乎？然是言詩之一端也。文王周公之聖，大小雅之賢，揚乎朝廷，達乎神鬼，反覆乎訓誡，光昭乎政事，道德修明而學術該備，非如列國風詩采於里巷可並論也。』（同上）是則天者性分之事，極其才可以成爲藝；人者修養之功，充其學可以進於道。於是便由天與人一，而講到道與藝合。方氏謂『古文之傳與詩賦異道，』姚氏則謂『詩之與文固是一理，』（見惜抱軒文後集三與王鐵夫書）所以又不妨超於義法而言道藝。因此雖不言義法，而自與義法之說合。

這樣講道與藝合而復合以天與人一之說，於是所用的術語便不是義法而是意與氣。意近於義，氣近於法，但是這兩個字的含義，都比較抽象一些，故其所論也比較圓通一些。其答翁學士書云：『夫道有是非，而技有美惡。詩文皆技也。技之精者必近道，故詩文美者命意必善。文字者，猶人之言語也，有氣以充之，則觀其文也，雖百世而後，如立其人而與言於此；無氣則積字焉而已。意與氣相御而爲辭，然後有聲音節奏高下抗墜之度，反復進退之態，采色之華。故聲色之美，因乎意與氣而時變者也，是安得有定法哉！』（惜抱軒文集六）因此，他雖不標義法之名，卻仍合義法之實。

這是他的論文之三部曲。由此縱的一貫的三部曲，於是再分析爲三部分，以成爲橫的三部曲。由「天」的方面言，拈出「氣」字而主陽剛陰柔之合一。陽剛陰柔須求其調劑，於是欲以學力補天性之所偏，而仍合於天與人一之說。由「人」的方面言，拈出「意」字而主義理考據詞章之合一。義理考據均所謂學問之實，以學問之實合以文章之虛，則又仍是道與藝合之說。由天與人一道與藝合之關係言，於是再拈出「法」字，謂才束於法，則不以才壞法；謂法歸於悟，則復不以法限才；如是則法非定法而成爲活法，是又意與氣相御而爲辭之說。所以此三部分仍與其一貫的思想生關係。惜抱文論之所以精密，卽在這一點。

其論陽剛陰柔之說，莫詳於復魯絜非書。他說：

鼐聞天地之道，陰陽剛柔而已。文者天地之精英，而陰陽剛柔之發也。惟聖人之言，統二氣之會而弗偏，然而易詩書論語所載，亦間有可以剛柔分矣。值其時其人告語之體，各有宜也。自諸子而降，其爲文無弗有偏者；其得於陽與剛之美者，則其文如霆，如電，如長風之出谷，如崇山峻崖，如決大川，如奔騏驥；其光也如杲日，如火，如金鏐鐵；其於人也，如馮高視遠，如君而朝萬衆，如鼓萬勇士而戰之。其得於陰與柔之美者，則其文如升初日，如清風，如雲，如霞，如煙，如幽林曲澗，如淪，如漾，如珠玉之輝，如鴻鵠之鳴而入廖廓。其於人也，漻乎其如歎，邈乎其如有思，暝乎其如喜，愀乎其如悲。觀其文，諷其音，則爲文者之性情形狀，舉以殊焉。且夫陰陽剛柔，其本二端，造物者糅而氣有多寡進絀，則品次億萬，以至於不可窮，萬物生焉。故曰一陰一陽之爲道。夫文之多變亦若是已！糅而偏勝可也偏勝之極，一有一絕無，與夫剛不足爲剛，柔不足爲柔者皆不可以言文。今夫野人孺子聞樂以爲聲歌絃管之會爾，苟善樂者聞之則五音十二律，必有一當，接於耳而分矣。夫論文者豈異於是乎？（惜抱軒文集六）

又海愚詩鈔序亦謂：『文章之原本乎天地，天地之道，陰陽剛柔而已。苟有得乎陰陽剛柔之精，皆可以爲文章之美。陰陽剛柔並行而不容偏廢，有其一端而絕亡其一，剛者至於僨強而拂戾，柔者至於頹廢而闇幽，則必無與於文者矣。』（惜抱軒文集四）然則陰陽剛柔之精，雖可以爲文章之美，而過於偏勝，一有一絕無，則也不可以言文。所以又有賴於調劑。調劑則陽剛陰柔之美始益以顯著。陽剛陰柔出于天賦，調劑之功則在人爲。由這一點言，也可謂他的天人合一說。

其論義理考據詞章之說，莫詳於述庵文鈔序。他說：

> 鼐嘗論學問之事有三端焉，曰義理也，考證也，文章也。是三者苟善用之，則皆足以相濟；苟不善用之，則或至於相害。今夫博學強識而善言德行者固文之貴也；寡聞而淺識者固文之陋也。然而世有言義理之過者，其辭蕪雜俚近如語錄而不文。爲考證之過者，至繁碎繳繞而語不可了。當以爲文之至美而反以爲病者，何哉？其故由於自喜之太過而智昧於所當擇也。夫天之生才雖美，不能無偏，故以能兼長者爲貴，而兼之中又有害焉。豈非能盡其天之所與之量而不以才自蔽者之難得與。（惜抱軒文集四）

他對於當時漢學之蔽，雖有不滿的論調；（見復蔣松如書及贈錢獻之序）他對於語錄體之不文，雖亦深以為戒；（見復曹雲路書）然而他說『以考證累其文則是弊耳！以考證助文之境，正有佳處，夫何病哉！』（惜抱尺牘六，與陳碩士）則是並不廢考據。他又說：『夫古人之文豈第文焉而已！明道義，維風俗，以昭世者君子之志；而辭足以盡其志者君子之文也。』（惜抱軒文集六，復汪進士輝祖書）是則他更重在義理。他蓋欲合眞善美而為一，欲合儒林道學文苑而為一。他固說過：『凡執其所能而毗其所不為者皆陋也；必兼收之乃足為善。』（惜抱軒文集六，復秦小峴書）他的態度正欲『祛末士一偏之弊，為羣才大成之宗，』所以欲此三者之合一，這即是道與藝合之說。然以『天之生才雖美，不能無偏，故以能兼長者為貴。』那麼，此三者之合一，仍本於他的天與人一之說了。

其論「法」由天言，是才的關係；由人言，是悟的關係。

他於才與法之關係，有一段很好的說明。他與張阮林尺牘中有云：

> 文章之事，能運其法者才也；而極其才者法也。古人文有一定之法，有無定之法。有定者，所以為嚴整也；無定者，所以為縱橫變化也。二者相濟而不相妨，故善用法者，非以窘吾才，乃所以達吾才也。非思之深功之至者，不能見古人縱橫變化中所以為嚴整之理。思深功至而見之矣，而操筆而使吾手與吾所見之相副，尚非一日事也。』（惜抱尺牘三）

才屬於天，天分高者往往馳驟縱橫，不甘以法度自縛。「手之所至，隨意生態，」才高者原不妨如此，而他則以為正是善用法的結果。沒有規律的跳舞，縱多變化，不是上乘，一般才子派之文屬之。加上各種限制，甚至加上各種桎梏，法度森嚴了，然而一跳一舞又覺其費力又覺其牽強，也不是理想的標準，一般局於法度之文屬之。而在姚氏則以爲必離於法而還才，其才不大；必在法度之中而猶能運用自如，纔見其才。所以說『運其法者才也』才能運法，於是只覺其自然，不覺其拘泥。帶上了桎梏以跳舞，而猶能博得觀衆之欣賞，這不是才是什麼！所以說：『極其才者法也，』所以又說：『善用法者非以窘吾才，乃所以達其才也。』能到此地步，固由天分之高，亦緣學力之深，所以必思深功至。思深功至，而後可使法爲吾用而不爲吾累，於嚴整之中仍有縱橫變化，所以爲「達吾才，」思深功至，可不受法的束縛，而依舊合於法度，仍於縱橫變化之中見其嚴整，這又所以爲善用法。這樣講，纔是天人合一；這樣講，所以又成爲超於義法的義法。

由悟與法的關係言，他也有很好的說明。他與陳石士尺牘中云：

> 寄來文字無甚劣，亦非甚妙。蓋作文亦須題好，今石士所作之題，本無甚可說，文安得而不平也。歸震川能於不要緊之題說不要緊之語，卻自風韻疏淡，此乃是於太史公深有會處，此境又非石士所易到耳。文家有意佳處，可以着力；無意佳處，不可着力；功深聽其自至可也。（惜抱尺牘六）

所謂有意佳處便有法可見，無意佳處則無法可講。這是超義法的義法，不可強求，惟有有待於悟，所以說：『功深聽其自至可也。』又他寄陳碩士另一尺牘中云：『寄來文章體則，此是一鄙陋時文家所爲。……必須超出此等見解者便入內行；須知此如參禪；不能說破，安能以體則言哉！』（惜抱尺牘六）是則體則云者，原非所以論文。義法之說，不免說破，故只是入手門徑。至於超然自得不從門入，便非言說可喻，存乎妙悟了。

由這樣講，才雖屬於天分，而必思深功至，始可以極其才。悟固由於工力，然而「或半年便得，或一年乃得，又或終身不得，」那仍關於天分。此則所謂天人合一。由天言，則運法之前須有才；由人言，則運法之後須歸於悟。因此，義法不成爲古文文論之中心。姚氏又有與陳石士尺牘云：『望溪所得，在本朝諸賢爲最深，而較之古人則淺。其閱太史公書，似精神不能包括其大處遠處疏淡處及華麗非常處，止以義法論文，則得其一端而已。』（惜抱尺牘五）這便是姚氏所得比方氏更進一步的地方。所以我們稱之爲超義法的義法。

然而我們假使說姚氏文論不重在義法，那也非是；他不但不反對方氏之所謂義法，即明代唐宋派之所謂法，他也主張的；即明代秦漢派之所謂法，他也一樣贊同的。法的問題，在他的文論中，依舊是一中心。

他答徐季雅尺牘云：『夫文章之事，有可言喻者，有不可言喻者。不可言喻者要必自可言喻者而入之。韓昌黎柳子厚，歐蘇所言論文之旨，彼固無欺人語，後之論文者豈能更有以踰之哉！若夫其不可言喻者，則在乎久爲之自得而已！震川閱本史記，於學文者最爲有益，圈點啓發人意，有愈於解說者矣。』（惜抱尺牘二）他即因「不可言喻者，要必自可言喻者而入之。」所以即如章實齋所攻擊的評點之學，他也認爲足以啓發人意，最爲有益。

不僅如此，他於明代秦漢派之所謂法，他也不反對。他與管異之尺牘中說：『今人詩文，不能追企古人，亦是天資遜之，亦是塗轍誤而用功不深也。若塗轍既正，用功深久，於古人最上一等文字，諒不可到，其中下之作，非不可到也。昌黎不嘗云，「其用功深者其收名遠」乎？近世人習聞錢受之偏論，輕譏明人之摹仿，文不經摹仿，亦安能脫化！觀古人之學前古，摹仿而渾妙者自可法，摹仿而鈍滯者自可棄。雖楊子雲亦當以此義裁之，豈但明賢哉。（惜抱尺牘四）然則前後七子之所謂「取法乎上」云云，也是姚氏之所贊同的。

明代秦漢派之文固受人攻擊，卽唐宋派之文也同樣只爭一頭面。同樣的主張，也同樣的學古，然而桐城派之文，卻受人崇拜，桐城派之古文義法，卻使人遵從，那恐卽由於超義法的義法之關係了。由超義法的義法言，所以有一定之法也自有無定之法，有正格也自有變格，須摹擬同時也須要創造。姚氏與石甫尺牘中云：『文章之事，欲能開新境，專於正者其境易窮，而佳處易爲古人所掩。近人不知詩有正體，但讀後人集，體格卑卑，務求新而入纖俗，斯固可憎厭，而守正不知變者，則亦不免於隘也。』（惜抱尺牘八）這些話便不是汪鈍翁沈歸愚諸人所敢說，然而也不同於袁中郎袁子才諸人的言論。所以我說他不必復據義法之說，而所言無不與義法之說合。他不言義法，卽因義法二字不足以盡之；但是仍合義法，卽因基礎依舊築在義法上面。

第六目　姚門諸人之闡說桐城之學

什麼是桐城之學？

桐城之學重在有物有序。有物，指考據義理而言；有序，指詞章言，這在上文已經說過了。文求有物，已不容易；文求有序，尤爲困難。由有物言，欲其明道，必有入理之功；欲其徵實，須具考證之學；然又義理不能落於腐，考據不能陷於雜。——義理須求其貫通，如樹著花，旁見側出，不離其本，始不是糟粕；考據須求其融化，如鹽入水，變形滅迹，僅留其味，始不見餖飣。是則有物之難。何況有物更須求其有序！同一有物之語，不劌心刳腹以出之，則不成爲文；不中乎法律以肖乎古人，則又不成爲古文；不創意造言使吾之心胸面目聲音笑貌顯現於文字之中，則更不成爲自己一家之古文。一方面欲逼肖古人，一方面又欲不襲其貌；一方面欲中乎法律，一方面又欲深究乎古今文家之變。是則有序之難。

有物有序之說，言之甚易，而爲之實難。於是義理考據詞章三者之合一，殆爲事實上所不易爲。非惟不易爲，由桐城文之作風言之，尤其爲不可能。桐城之文「有序之言雖多，而有物之言則少」，這是昔人早有定評了。此其故，卽因桐城文規範震川，而歸氏之文卽是曾國藩所謂『浮芥舟以縱送於蹏涔之水，不復憶天下有曰海濤者』，則桐城文之規模之狹可知。他們欲於小規模的抑揚呑吐之中以容納複雜的思想，殊爲事實上之所不可能。這在桐城文人中就有這種現象。桐城文人之所得，多在有序之詞章，惟方植之（東樹）則重在有物。然而植之自言其文，於姚門不及管異之（同）梅伯言（曾亮）。這卽因管梅之學不如植之，所以吹縐了一池春水，起些小小波瀾，尙能覺其情韵不匱。至如植之之義蘊繁富，大開大合者，便似溟渤之濤，海寧之潮，當然不是文家法度所能限了。植之自序其文集云：『昔吾亡友管異之評吾文曰，「無不盡之意，無不達之辭，國朝名家無此境界」，吾則何敢自謂能然，然所以類是者亦有故。蓋昔人論文章不關世教，雖工無益，故吾爲文務盡其事之理而足乎人之心。竊希慕乎曾南豐朱子論事說理之法，顧不善學之，遂流爲滑易好盡，發言平直，措意儒緩，行氣柔慢而失其國能。』又於復戴存莊書亦云：『僕之文粗而礦氣未除，其於古人精純境地實未能臻。』（儀衛軒文集七）據是可知他的短處正造成了他的長處，而他的長處也限定了他的短處。

事實所限，所以桐城文人只能側重在有序的詞章方面。劉海峯說：『義理書卷經濟者行文之實；若行文自另是一事。』桐城文人正因詞章別有能事，所以所講求的卽在這一方面。植之於姚石甫文集序中又說：『唐宋以來，韓歐蘇曾王而外作者如林，曾不多覯其匹，獨明歸熙甫氏出始有以得夫古人深妙之心，而以續夫數百年不傳之祕，日久論定無異喙矣。』（考槃集文錄三）故所謂桐城之學實卽從歸熙甫以後，續數百年不傳之祕而得夫古人深妙之心而已。

然則桐城文人對於所謂有物之學卽所謂義理考據云者又如何呢？我們假使明白上文所述桐城之學的眞相，便可知他們講義理講考據，都不成爲學而只是對某種學問所取的態度。他們對於義理考據，如何求其貫通，如何求其融化，乃至如何求其適用，這纔是他們所注意的問題。他們原不欲以某種學問自限，所以他們之學不成爲學也不足爲病。

在當時，考據之學盛極一時，而姚惜抱已詆漢學破碎，至方植之更揚其波，著漢學商兌一書以攻擊漢學。他們所以如此，即因他們的立場與漢學根本不同。柳翼謀中國文化史謂『清代學術與宋明異者有一要點，即宋明儒者講爲人之道，而清代諸儒則只講讀書之法，惟明末清初之學者，則兼講爲人與讀書。』（下册頁三四九）這話也相當中肯。桐城文人即因欲講爲人之道，所以不取掇拾破碎的漢學。他們以爲學問貴有心得，無別於漢宋；他們又以爲學問貴能受用，必體於身心，因此，寧願側重於義理方面，而有取於考據者也不過以爲學問之一事而已。方植之漢學商兌中說：『夫義理考證文章本是一事，合之則一貫，離之則偏蔽，』是則桐城之學雖不成爲學，卻正成其爲學之大。

爲學之大，原不僅桐城文人看到這一點。章學誠也說過，乃至與他們立異的戴震段玉裁也說過。不過戴氏謂『事於文章者等而末者也，』（與方希原書）那便輕視詞章了。段氏謂『義理文章未有不由考覈而得者。』（戴東原集序）那便以考覈爲本了。至於桐城文人，雖不以詞章爲本，卻頗以詞章爲重。此種傾向，在劉海峯已是如此，至後來漢學宋學均漸衰微，而桐城文派猶有餘燼，於是更有專重詞章的傾向。李剛己之論即是如此。李氏，南宮人，是吳摯甫的門人。其續皇甫持正諭業云：『道者文之實也，而有時行，若周程，其文不能工；學者文之本也，而有時博若鄭馬，其文不足貴。故博其材不若精於法，明其義不若浹於神。理有時而倍，事有時而乖，考之於古或不合，措之於時或不宜，而其文則通於微，合於冥，探乎萬物之情狀，而深入乎天下之人心，皆所謂天下之至文也。而況於無其弊者哉！』（吳門弟子集三）這樣說來，詞章自有其獨立的價值，不必附麗於義理或考據。

這固是極端的例。其實桐城文人卽使重視考據，也不過以古文辭不能不重內容，不欲僅以機軸氣體格律聲色爲之，所以不廢考證而已。陳碩士（用光）復賓之書云：『吾師（姚鼐）之所謂考證，豈世之所謂考證乎？』（太乙舟文五）又與伯芝書云：『觀韓柳諸君子集中所論辨者，無考證之名而何一非考證乎？』（同上）那麼，名同而實異，他們雖也用考證之名，但與當時乾嘉學風顯然不同了。於是，他於復賓之書中再解釋其義云：

用光嘗因吾師之說，而推以合乎宋儒格物致知之學。蓋今之言學者咸以適用爲要矣！而攷其見諸事者，或失則重，或失則輕，或畸輕而畸重，或前重而後輕，欲興利而不知利之所由興，欲去害而不知害之所由去，機有由伏莫省其度，流有必濫莫塞其源，苟詡其見之所及，而不知不合乎古人永終知敝之道；其原由於知之不致，故意不能誠，而事不能辯也。以是知格物致知之說之不可易，而循吾師考證之說，則於宋儒之學，未必其無所合也。用光之意蓋在乎是，固非欲以名物象數之能考證矜其博識也。（復賓之書）

蓋他以爲攷據之病，卽在碎小，如合以宋儒格物致知之學，則攷證固不足以爲病。桐城文派本與漢學遠，與宋學近。所以他再說：『世或謂攷證之學足以累文辭，是不然。將由夫搜舉細碎矜名物之偶獲，以爲美與？是爲攷證學者之所不取也。豈徒病其文，固已病其學。將由夫明辨審問以助篤行與？是君子之所以畜德也。旣已有其學，自必有其文。』（太乙舟文六龔海峯文集序）時而以格物致知爲攷據，時而以明辨審問爲攷據，於是同一攷據之名，而與時人之所謂攷據，便不很相同了。不僅如此，卽與陳氏討論此問題的魯賓之（續）其所謂考據也不是閻百詩一流之考據，而是馬端臨鄭夾漈諸人之學問，他們不欲攻辨於一物之小，一事之異，而欲能於成敗興衰治亂之理，制度因革損益之故究其大者遠者，而求其致用。（見賓之文鈔答陳碩士書）這樣解釋考據，當然可與義理相合，而且也可與詞章相合。因此，我說他們畢竟還以詞章爲中心，畢竟不重在考據。

其於義理，也是如此。碩士上錢辛楣書中有云：『夫子之文章，子貢以爲可得而聞，誠以性情之際，惟文爲深。味乎此，措之於事爲則悖，形之於威儀則野，然則所謂性與天道者要亦不外乎此。』（太乙舟文五）於是性與天道卽在文章中間，而義理與詞章遂眞可以相合了。這樣講法，仍是以詞章爲中心。方植之復姚君書云：

> 是故吾修之於身而爲人所取法，莫如德；吾飭之於官而爲民所安賴者，莫如功。若夫興起人之善氣，遏抑人之淫心，陶縉紳藻天地，載德與功以風動天下，傳之無窮，則莫如文。故古之立言者與功德並傳不朽。（儀衛軒文集七）

又與羅月川太守書中說：

> 古者自天子以至庶人，莫不由於學，語其要曰修己治人而已。是故體之爲道德，發之爲文章，施之爲政事。故通於世務，以文章潤飾治道，然後謂之儒。（考槃集文錄六）

這樣說，修己之道卽所謂德，這是形之於威儀的；治人之道卽所謂功，這是措之於事爲的。所謂文以載道，亦卽載此而已。載此，所以桐城文人之於義理，也不是徒衍宋儒語錄爲能事；必須適於時，合於用，纔盡文之功能。因此，他們所謂學，所謂考據無寧偏向到鄭夾漈馬端臨諸人之學，究其成敗興衰治亂之理，制度因革損益之故。方植之辨道論云：『君子之言為足以救乎時而已！苟其時之敝不在是，則君子不言。故同一言也，失其所以言之心，則言雖是而不足傳矣。』（儀衛軒文集一）可知陳陳相因，徒摭一二古昔聖賢之舊說，在他們看來，已是失其所以言之心。他們所究於成敗興衰治亂之理制度因革損益之故，不僅適乎古，還須適於時。因為適時之言，纔是體會有得之言。管異之緘素閣全集序云：『無得於己而剽竊古人，是謂無情之辭；無當於道而塗澤古語，是謂無理之作。二者是為僞體而已矣。』（因寄軒文二集）是則他們之講義理，雖似與宋儒不同，不及宋儒之精，卻能因宜適變，得學問之通。

他們合考據於義理，於是再合義理於詞章，而姚惜抱論文遂有所謂「官文書」之稱。（見惜抱尺牘中）至方植之則因載道與適用的關係，更重在官文書之文。其復羅月川太守書云：

且就官文書言之，如春秋一經，荊公斥為斷爛朝報，此眞官文書也。而大義炳如，聖筆謹嚴如彼，推而上之二典三謨周誥殷盤，凡聖帝明王賢臣碩輔所用明治化陳政事，孰非官文書耶，……要之文不能經世者皆無用之言，大雅君子所弗為也。……東樹前論古人文章皆由自道所見，得閣下引賈誼書證之，益可信。蓋昔賢平日讀書考道，胸中蓄理至多，及臨事臨文，舉而盡之，若泉之達，火之然，江河之決，沛然無所不注，所以義愈明，思愈密，而其文屢見疊出而不可窮；使待題之至而後索之，烏有此妙哉！（儀衛軒文集七）

這樣一說，於是經世之言，所以歸於有用，其故仍在於平日考道之勤，蓄理之多。載道與適用，便可見其相互的關係。

所謂『體之爲道德，發之爲文章，施之爲政事』者，正可於官文書見之。不僅如此，這樣一說，於是文之有物，又正所以助其文之有序。『義愈明，思愈密，而其文層見疊出而不可窮』有物有序也可見其相互的關係了。『文之所以不朽天壤萬世者，非言之難而有本之難』這是他答葉溥求論古文書中的語。我們於此可以知其文論之一端。

這是所謂桐城之學之一面。

植之切問齋文鈔書後云『夫有物則有用，有序則有法；有用尚矣，而法不可偕。』（儀衛軒文集六）於是他再講到治文之法。治文之法『必師古人而不可襲乎古人，』（方東樹答葉溥求論古文書）於是要善因善創二者兼顧，所以說：『文章之難，非得之難，爲之實難。』（同上）他再以水爲喻：

> 嘗觀於江河之水矣！謂今之水非昔之水耶？則今之水所以異於昔者安在！謂今之水猶昔之水耶？則昔之水已前逝，今之水方續流也。古之人不探飲乎今之水，今之人不挹酌乎古之水，古水今水是二非一，人皆知之；古水今水是一非二，則慧者難辨矣。蚩蚩者日飲乎今之水，有人曰我必飲乎古之水而不飲今之水，則人必笑之矣。蚩蚩者日飲乎今之水，有人曰若所飲今之水，實仍卽古之水，則人猝然未有不罔於心而中夫惑疾者也。（答葉溥求論古文書）

他於文章方面，欲求其通，不欲以其形貌之離合，強分高下。得其同則古水今水是一非二。於是他再說：

> 夫有孟韓莊騷而復有遷固向雄，有遷固向雄而復有韓柳，有韓柳而復有歐蘇曾王，此古今之水相續流者

也；順而同之也。而由歐蘇曾王逆推之以至於孟韓，道術不同，出處不同，論議本末不同，所紀職官名物時事情狀不同，乃至取用辭字句格文質不同，而卒其以爲文之方，無弗同焉者，此今水仍古水之說也；逆而同之也。古今之水不同，同者溼性；古今之文不同，同者氣脈也。（同上）

那便折入到治文方法了。古今之文面目儘管各異，而性質則同，氣脈則同，爲文之方無弗同。是則他之師古，只是師其爲文之方而已。苟能取其爲文之方，卽是得古人深妙之心。既得其心，又何必襲其貌！所以他又從這一點以說明師古而不襲古的理由。所以他說：『爲文之道，非合之難而離之實難。』（同上）

『雖然，合可言也，離不可言也。故凡論文者苟可以言其致力之處，惟在先求其合，苟眞知所以爲合，則以語於離不難知矣。』（同上）因此，古文家之所謂法，卽所以求其合，這卽是文章眞傳，這卽是爲文之方。論到此，桐城文派所矜言之義法，所視爲自得之評點之學，在他人覺其無聊者，而在桐城文人看來，却正是眞知灼見。方植之於合刻歸震川圈識史記例意劉海峯論文偶記跋一文中云：

或曰：自昔作者第以其文傳而已，未有舉其所以治文之方而著之爲言者。若此，則幾於陋歟？余曰：然。凡後人之所言，皆前人所不言。非不能言之也，以爲吾不言而使人以意逆之，則其思之深，得之固，而其味長。言之愈悉，使人習口耳而不察，道聽塗說，不得其所以言之意，反以褻吾至教。古之達者，蓋深有見於其得失如是，故不惟不暇，亦不敢，非第爲其名迹近陋，避而不爲也。然則二先生之慮，不及是歟？是其言當從棄置而不足採歟？是又不然。凡後人之所言多前人所未嘗言。孔子之繫易，由伏羲觀之則陋矣。漢唐以來儒者說經所發明，由先聖賢觀之皆可曰陋。然而至於今而傳法不廢，以爲不如是不足以有明也。（儀衛軒文集六）

由植之此文再看章實齋文理篇便知言各有當，而實齋所言未必盡是了。植之在此文中關於陋不陋的問題，還以爲『是二說者學者兩擇之而取衷焉可也。』這猶是比較和緩的口氣。至其書歸震川史記圈點評例後則正爲評點之學張目。雙方針鋒相對，各堅壁壘，煞是好看。他說：

古人著書爲文精神識議固在於語言文字，而其所以成文義用或在於語言文字之外，則又有識精者爲之圈點，抹識批評，此所謂筌蹏也。能解於意表而得古人已亡不傳之心，所以可貴也。近世有膚學顓固僻士，自詡名流，矜其大雅，謂圈點抹識批評沿於時文傖氣，醜而非之，凡刻書以不加圈點評識爲大雅，無眼愚人不得正見，不能甄別，聞此高論奉爲仙都寶誥，於是有譏眞西山茅順甫艾千子爲陋者矣，有譏何義門爲批尾家學者矣，試思圈點抹識批評亦顧其是非得眞與否耳。豈可並其眞解意表能得古人已亡不傳之妙者而去之哉！（考槃集文錄五）

古文之學既成專門，則精妙所在自非粗心浮氣淺涉薄嘗者所能了解。爲文既別有能事，知文亦別有精詣，則評點之學，一般人視之爲陋，而在桐城文人正矜爲眞知呢！在當時，大家都知道崇古文，然而誰眞能合於古文！欲求合於古文，自非得古人不傳之妙不可。於是圈點評識以使人識其祕妙所在，這原是不得已的辦法，並不是吐己之所嘗而哺人以授之甘。因爲不如是不易知古人之甘苦，不能得古人深妙之心。所以說：『若於艱窮怪變之境，不知其難至，而以爲與己不甚相遠也，則其人又不足以語於合之說者也。』（答葉溥求論古文書）不能求合，更何從言離！古文中本不妨有此一派。五祖傳燈，靈素受籙，文章之事原不妨別有淵源授受。不登其堂，不嚌其胾，文章之淵源授受，原不妨有其獨得之祕。所以說『眞力不至，則精識不生，』所以說：『文章之難，非眞信之難，眞知之實難。』（同上）所以桐城文人之自矜其眞知原未可非。桐城文人之缺點，乃在據此不傳之祕自矜正宗。自矜正宗，所以招致一般人之非議。然而一般人之非議，抑也有得有失，未必全對。學術風氣一至分門別戶，相激相盪，其言論往往都不免失之偏宕的。

桐城文人如何能得此不傳之祕呢？其道又在於精誦。方氏書惜抱先生墓誌後云：『夫學者欲學古人之文，必先在精誦，沈潛反覆諷玩之深且久，闇通其氣於運思置詞迎拒措注之會，然後其自爲之以成其辭也自然嚴而法，達而臧，不則心與古不相習，則往往高下短長齟齬而不合。此雖致功淺末之務，非爲文之本，然古人所以名當世而垂爲後世法，其畢生得力深苦微妙而不能以語人者，實在於此。今爲文者多而精誦者少，以輕心掉之，以外鑠速化期之，無惑乎其不逮古人也。』（儀衛軒文集六）又其答友人論文書亦云：『世之爲文者不乏高才博學，率未能反覆精誦以求喻夫古人之甘苦曲折。甘苦曲折之未喻，無惑乎其以輕心掉之，而出之恆易也。』（儀衛軒文集七）由這樣言，桐城文人之獨得者，卽在反覆精誦而體會有得的治文之法。

桐城文人之於治文之法，何以又須這般講究呢？植之答友人論文書中又說明其理由云：『唐劉希仁與韓歐陽齊名，退之文中亦嘗推之，今讀其集亦尚不失風軌，然而世未有稱其文，甚或不識其名字，彼爲文而不務其至，而徒自踴躍於一世者視此可以懼矣。』然則他人之爲古文，即使不能稱爲非正宗，却不能不稱爲不務其至。不務其至者不易傳，是則桐城之致力於淺末之務，豈得已哉，豈得已哉！

一般人沒有像桐城文人這般致力於文，當然他們所領略的便與桐城文人不同。這是一種藝術，非到某種境地，便不易領略，而到了某種境地又往往入魔。我們對於桐城之評價，應着眼在這一點，然後纔不致於偏頗。

這是所謂桐城之學之又一面。

陳碩士與管異之書云：『夫古文辭傳之於世，必才與學兼備，而後能有成。才不可強能而學則可勉致。然學有二：其存乎修辭者，異乎南北朝人之所學，爲古文而得其途者知之矣。其存乎學而銖積寸累以求其義理，其所得又有淺深之分焉。』（太乙舟文五）是亦足證桐城之學所重的即在這兩方面。其一是銖積寸累的義理之學，所以能包販考證；其又一即所謂修辭之功，這纔是桐城文人所獨得的地方。故他於答賓之書中又說：『格律聲色古文辭之末且淺也；然不得乎是，則古文辭終不成。自韓歐而外，惟歸震川得此意，故虞文靖唐荊川皆莫逮焉。本朝則桐城之文，非他人所能及，亦惟在於是爾。』（太乙舟文五）當時受桐城影響的文人大抵都有這種見解。

第七目　各家對於桐城文之批評

桐城文既是清代散文的中心，那麼除桐城派的文人以外，對於所謂桐城之學又作若何的批評呢？論到此，我們還得一述桐城文學在整個古文學上的地位與價值。在這方面，我以為方植之與魯通甫（一同）說得最為扼要。植之書惜抱先生墓誌銘云：

夫唐以前無專為古文之學者，宋以前無專揭古文為號者。蓋文無古今，隨事以適當時之事而已！然其至者乃並載道與德以出之，三代秦漢之書可見也。顧其始也，判精粗於事與道；其末也乃區美惡於體與辭，又其降也，乃辨是非於義與法。噫！論文而及於體與辭，義與法，抑末矣。而後世至且執為絕業專家，曠百年而不一覯其人焉，豈非以其義法之是非，辭體之美惡，卽為事與道顯晦之所寄，而不可昧而雜冒而托耶？文章者道之器，體與辭者文章之質；範其質使肥瘠修短合度欲有妍而無媸也，則存乎義與法。（儀衛軒文集六）

這是為古文之學者最有系統的說明了。判精粗於事與道，是有物的問題。一般學者之為古文，重本輕末所注重的卽在這方面，而古文家卽從這方面解放出來而兼注意到有序的問題，當然桐城文人亦同此傾向。區美惡於體與辭，是有序的問題之一部分。一般古文家之為古文，重散輕駢，所注重的又在這方面，而桐城文人再於這方面勘進一步而注意到辨是非於義與法的問題。論文而注意到體與辭已為舍本再注意到義與法更為逐末，然而質（卽體與辭）之美惡卽事與道顯晦之所寄而範其質使肥瘠修短之合度又在乎義與法。那麼，桐城文學在古文學上的地位與價值，便可以了然了。魯通甫與左君論文書云：

夫文章無他，徵理於實，從實入微，從微得彰，因彰得暢，制暢以約，調約以和。六者無戾，文乃大昌。故辨而不實，浮游之理也；實而不微，疏麤之致也；微而不彰，恍惚之詞也；彰而不暢，轖結之章也；暢而不約，奔逸之品也；約而不和，微芒之累也。實以始之，和以終之。（通甫類稿續編上）

他所謂「徵理於實，從實入微」是學問工夫，卽義理與考據之合一。言義理不廢考據，故徵理於實；言考據不廢義理，故從實入微。至於彰暢約和，則都是爲文工夫。「從微得彰，因彰得暢，」故爲文以散行爲宜。「制暢以約，調約以和，」故古文又以義法爲主。這樣一講，桐城之學成爲系統化了。魯氏所言與方氏所論正可相互印證。照這般講，所以可說古文之學至桐城而集其大成，也至桐城而顯其特徵。特徵旣顯，門徑亦成，然而正因此關係，又招致多方面的非難與批評。這些非難與批評，我們爲論述的方便，也可約爲上舉三端，卽所謂事與道、體與辭、及義與法諸問題而加以論述。

由事與道言，桐城文人卽遇到兩個勁敵，卽是戴東原與章實齋。戴東原與方希原書，於義理制數文章三者之第，肯定地說：『事於文章者，等而末者也。』那已與古文家的態度不相一致。古文家所推尊的子長孟堅退之子厚諸人，自以爲是道而非藝，然而在他看來，『如諸君子之文亦惡覩其非藝歟？』蓋他認爲諸君子之文，不過比一般從事於文章者稍勝一籌而已。譬諸草木，『世人事其枝，得朝露而榮，失朝露而悴，其爲榮不久；諸君子事其根，朝露不足以榮悴之，』所以爲較高一着。然而『又有所得而榮，所失而悴者矣，』所以又必有道以浸灌之培植之。一般古文家知道「本」之重要，固與徒知浮華者有別，然而不知所以培植其本根，則仍不能有榮而無瘁，必有得於聖人之道。所以他說：

> 文章有至有未至，至者得於聖人之道則榮，未至者不得於聖人之道則瘁。以聖人之道被乎文，猶造化之終始萬物也。非曲盡物情，游心物之先，不易解此。（與方希原書）

如何能得聖人之道呢，一般古文家也說重在義理，重在考據，然而他們於義理考據無所得，他們只是『仰觀泰山知羣山之卑，臨視北海知衆流之小』而已。他們並不曾履泰山之巔，跨北海之涯，故其所見與工考據長義理者又不同。必須工考據長義理，以培植浸灌之，然後可謂得其大本。所以他說：『好道而肆力古文，必將求其本，求其本更有所謂大本』於是他再說明大本之意義云：

> 聖人之道在六經，漢儒得其制數，失其義理，宋儒得其義理，失其制數。譬有人焉履泰山之巔，可以言山，有人焉跨北海之涯，可以言水，二人者不相謀，天地間之鉅觀，目不全收，其可哉？抑言山也言水也，時或不盡山之奧水之奇。奧奇，山水所有也，不盡之闕物情也。（同上）

在此節中可以看出義理制數都是所謂大本。古文家不工考據，不精義理，故爲不得大本；卽使能於此二者偶有所見，然不盡其奧與奇也，仍是闕物情。卽或能盡其奧奇，然或得其一端而未窺其全，也未可謂得聖人之道。是則古文家所自矜爲義理考據詞章之合一者，在東原看來眞是不足道了。章實齋更進一步，又本於史學的眼光以評古文之學。他以爲文辭以敘事爲難，『古文必推敘事，敘事實出史學，』（章氏遺書補遺，上朱大司馬論文）所以古文應以史學爲標準。於是說：『比事屬辭，春秋教也，必具紀傳史才乃可言古文辭。』（遺書外編一，信摭）是則桐城文人所自矜之義法，如何使所載之事與其人之規模相稱，如何刪去流俗瑣瑣不足道之事，在實齋看來，都不是紀傳史才，只是在意度波瀾上揣摹而已。因此，他說：『史筆與文士異趨，文士務去陳言，而史筆點竄塗改，全貴陶鑄言不可私於一家機巧也。』（遺書補遺，跋湖北通志檢存稿）桐城義法又正是所謂一家機巧了。實齋與汪龍莊書云：『左邱明，古文之祖也，司馬因之而極其變；班陳以降，眞古文辭之大宗。至六朝，古文中斷。韓子文起八代之衰而古文失傳亦始韓子。』（遺書九）他本於何景明古文之道亡於韓之說而加以新的解釋，可見古文家之步趨八家而自矜義法，正是所見之小。

由體與辭言，桐城文人又遇到好幾個勁敵。當時如管同梅曾亮諸人，也頗能推尊古文之學。管同贈汪平甫序謂：『科舉之文，凡物之形也；駢儷之文，佳物之形也；司馬遷韓愈之文，異物尤物之形也。』（因寄軒文二集四）梅曾亮復陳伯游書謂：『駢儷之文，如俳優登場，非絲竹金鼓佐之，則手足無措；其周旋揖讓，非無可觀，然以之酬接，則非人情也。』（柏峴山房文集二）這兩個比喻都很巧妙，話亦說得相當中肯，然而並不能摧抑當時駢體文之發展。蓋當時文壇也受「漢學」影響，土苴韓歐，俯視八家，正以駢體爲正宗。在管梅以前，阮元重行提出六朝文筆之稱，於是以韻偶爲文，散體爲筆，以沈思翰藻爲文，而淸言質說振筆縱書者爲筆。其文言說云：『爲文章者不務協音以成韻，修詞以達遠，使人易誦易記，而惟以單行之語，縱橫恣肆，動輒千言萬字，不知此乃古人所謂直言之言論難之語，非言之有文者也。』（揅經室三集二）這眞給古文家一個大打擊；他們竟與古文家爭起正統來了。古文家重在事與理而他則以爲『今人所作之古文……凡說經講學皆經派也；傳志紀事皆史派也；立意爲宗皆子派也。惟沈思翰藻乃可名之爲文也。』（揅經室三集二，書梁昭明太子文選序後）古文家重在體與辭而他則以爲『今人所便單行之文極其奧折奔放者乃古之筆非古之文也。』（揅經室續集三，文韻說）此種言論很有力量。古文家唯一的憑藉所謂文起八代之衰的散行之體，這樣一說竟喪失其根據。稍後，李兆洛創爲駢散合一之論，或卽受其影響。李氏初從陽湖諸子游，工於古文，及爲翰林院庶吉士，以臺閣之製例用駢體，於是復以駢儷見稱。他有一部較重要的選集，卽是駢體文鈔。在此書中，溯駢文之源，以司馬子長報任安書爲駢，以諸葛孔明出師表爲駢，乃至欲以老子管子韓非子等爲駢，使人知道駢文之本出於古。這也有與古文家爭文統的意思。因此，他論駢文雖也以爲『齊梁綺靡都非正聲，』（養一齋文集十八，答湯子厔）然而對於古文家之離開了駢以自矜一格者，也覺得不合於理。他說：

古之言文者，吾聞之矣！曰雲漢之倬也，虎豹之文也，郁郁也，彬彬也，非是謂之野。今之言文者吾聞之矣！曰孤行一意也，空所依傍也，不求工也，不使事也，不隸詞也，非是謂之駢。唐以前爲文者必宗秦漢，唐以後皆曰宗韓退之。退之亦宗秦漢者也，而裴晉公之譏退之也，曰恃其絕足，往往奔放，不以文立律制，而以文爲戲。又曰，文之異在氣骨之高下，思致之深淺，不在礫裂章句，隳廢聲韻也。昔之病退之者，病其才之強，今之宗退之者，則又病其才之弱矣。然則今之所謂文，毋乃開蔑古而便枵腹矣乎？（養一齋文集十八，附代作駢體文鈔序）

洛之意頗不滿于今之古文家，但言宗唐宋而不敢言宗兩漢。所謂宗唐宋者，又止宗其輕淺薄弱之作，一挑一剔，一含一詠，口牙小慧，讕陋庸詞，稍可上口，已足標異；于是家家有集，人人著書，其於古則未敢知，而於文則已難言之。（文集十八，答莊卿珊）

這種主張，在現在看來，似乎沒有多大意思，然在當時正可以藥桐城派衰苶空疎之失。當方姚以古文義法震撼一世之時，戴震錢大昕等已起而議其後，然而兩派交惡，並不能影響到古文界的聲勢。則以考據詞章本可歧而爲二，所以誦習兩家古文者並不因此稍衰。迨至李氏創駢散合一之論，涉及體與辭的問題，這纔使桐城文派的憑藉有些根本動搖，而作風也不得不改變了。後來曾國藩的主張，即是桐城作風轉變的明證。至於另一方面，如蔣湘南等，甚至以戴東原錢竹汀汪容甫張皋文武虛谷陳恭甫李申耆龔定庵魏默深諸人之文爲眞古文，而以規撫唐宋者爲僞八家，桐城文人至此，可謂完全喪失他的憑藉了。

由義與法言，是桐城文論的中心問題，所以遇到的批評也更多。章實齋文理一文，即反對古文家之所謂法。他以爲古文家之所謂法，多不合於文理，比如懷人見月而思，久客聽雨而悲，均是天地至文，然而以此藏爲祕密，嘉惠後學，以爲凡對明月與聽霖雨，必須用此悲感方可領略，則便不合於理了。所以說：『如啼笑之有收縱，歌哭之有抑揚，必欲揭以示人，人反拘而不得歌哭啼笑之至情矣。』在這一方面，方植之雖爲評點之學加以辯護，但在實齋看來，一切經人揭示之法，總多不合文理。蓋學文之事，其不可授受者即在心營意造，而古人家偏欲在這方面會心有得，似乎有所謂法，所以不足據爲傳授之祕。

此外，一般經學家對於義法之說亦頗加攻擊。桐城文人方且以義法自矜，而錢大昕與友人書乃謂『望溪之文未喻古文之義法，』（潛研堂文集三十三）這寧非笑談！他非惟對桐城文論之中心所在加以攻擊，抑且不承認桐城文人能了解其中心問題，於是古文義法之說，便不免根本動搖了。望溪以爲功德之崇不若清辭之動人心目，又以爲文辭未有繁而能工者，而錢氏認爲並非通人之論，因爲『古文之體奇正濃淡詳略本無定法』的緣故。再有，方氏所評昔人之文，錢氏也認爲未得要領，於是斷然地說：『蓋方所謂古文義法者，特世俗選本之古文，未嘗博觀而求其法也。法且不知，而義於何有！』（同上）古文義法之說所受到的攻擊，未有如此之嚴厲者。其後羅汝懷復本之以說明桐城文致病之因正在雅潔二字。羅氏讀東方朔傳一文以爲『唐以前文以徵實爲主，樸茂典贍，其弊也或失之蕪雜；唐以後文法愈密，意愈巧，詞愈工，其弊也廓落枯寂而眞意漓。』（綠漪草堂文集十八）這是說記載事實，不能盡以雅潔爲宗。又與曾侍郎論文書云：『且以傷氣而論，孰過排比重疊，而漢文乃有雜引書傳至五六十句者，其詞意比疊又不待言。以後來文家校之，將毋巧拙利鈍之殊致，然不得以後人之巧利，勝前人之拙鈍也。』又云：『物必先有體而後氣附之，則文家論氣，當兼論體。……孔子曰，「辭達而已矣，」故體不同而同歸於達。然達則可簡，未達弗可簡也。而文家乃有尙簡惡繁之辭。夫蕪雜者文之病也，脫略獨非病乎？自雅潔之宗標，而文格高，而文品尊，而文律綦嚴，然因是而適成蹇弱者多矣。』（綠谿草堂文集二十）這又是說抒寫思想之文也不能盡以雅潔爲宗。桐城義法之論，歸於雅潔，雅潔無可非，然在經學家看來仍不成爲通論。當時如蔣湘南則說得更斬截。他說：『道之不明，何有於文！文之未是，何有於法！』（七經樓文鈔四，與田叔子論古文第三書）那麽，桐城派之古文不成爲眞古文，而桐城文論之義法也不成爲眞義法。

這猶可說是學者的見解，所以與文人不同。實則義法之說，卽在文人，卽在古文家，也不能無異議。李兆洛答高雨農書有云：『古文義法之說自望溪張之。私謂義充則法自具，不當歧而二之。文之有法，始自昌黎，蓋以酬應投贈之義無可立，假於法以立之，便文自營而已。習之者遂藉法爲文，幾於以文爲戲矣。宋之諸儒矯之以義，而講章語錄之文出焉，則又非也。』（養一齋文集十八）是則主張駢散合一的也欲在義法中求解放了。陽湖文人如惲敬之論義法偏於文例方面，恐怕也卽是對於桐城文論的修正。那麽，卽在古文家也有異議了。

第三節　桐城派之羽翼

第一目　袁枚（程廷祚附）

在「桐城派」正盛之時，也有同爲古文而與桐城在離合之間不入其派者，又可稱爲桐城派之羽翼。約而舉之，可有數人。其作風最不與桐城相近者爲袁枚，其作風相近而宗主韓愈者爲朱仕琇；稍後，宗蘇者有尙鎔；宗歐曾與震川而與桐城作風最相接近者，有張士元與吳敏樹。

袁枚字子才，號簡齋，錢塘人，居於小倉山之隨園，世稱隨園先生，晚年自號倉山居士或隨園老人，所著有小倉山房集。事見清史稿四百九十卷。

隨園文學批評之重要，固在論詩，然其論文也未嘗不有特殊的見地。又隨園之文在恪守義法的桐城文人看來，每議其小說氣，詆爲野狐禪，然而袁氏所自負者却正在古文。其答平瑤海書云：『今知詩者多，知文者少，知散行文者尤少。枚空山無俚，爲此於舉世不爲之時，自甘灰沒。』（小倉山房文集三十）此種態度，儼然與韓愈相同。又與孫俌之秀才書云：『僕年七十有七，死愈近而傳愈急矣。奈數十年來，傳詩者多，傳文者少，傳散行文者尤少。』（小倉山房文集三十五）是則袁氏之所痛心，不爲人知不得其傳者，也正在散行的古文。我們即就他所自信的一點而言，已不能隨一般人之毀譽以耳爲目，屏袁氏於古文家之外。我們只能說正因一般人不了解隨園之古文學，所以他在文學批評史上的影響，文論便不如其詩論。

所謂文論不如其詩論者，只是就影響的大小而言，却不是說他文論本身的沒有價值。在清代學者中，其識解通達者，吾每推章實齋與袁簡齋。他人之學問，儘可以超越袁章，但他們之才識却不如袁章。因此，他人在文學批評上之貢獻，也不如袁章。袁章二人之學問思想儘管不同，而由這一點言，却是相類。因爲各有成就，而其成功，又由他們爲學態度之相似。

章實齋自謂『時人以補苴襞績見長，考訂名物爲務，小學音畫爲名，吾於數者皆非所長，』『惟於史學蓋有天授，』（均見章氏遺書九家書二）這卽是他自度性之所近，不追逐風氣之處。而袁氏答友人某論文書亦謂：『人必有所不能也，而後有所能。……僕不敢自知天性所長，而頗自知天性所短，若箋注，若曆律，若星經地志，若詞曲家言，非吾能者，決意絕之。』（小倉山房文集十九）他深知凡百事業，『專則精，精則傳，』所以說『要知爲詩人，爲文人，談何容易！入文苑入儒林，足下亦宜早自擇，寧從一而深造，毋泛涉而兩失也。』（同上）這卽是他們態度相近的地方。正因袁氏抱此種態度，故能卓然有以自立。他不震於淵博之名，他又不懾於通經明道的口號。人家以著書自矜，而他則只須作詩作文；人家以大賢君子自居，而他則只須爲詩人爲文人。舉凡一切大帽子，足以壓倒一般人者，獨獨不能壓倒他。當時惠定宇（棟）勸他窮經，勸他攻漢學，而他於答書中謂『宋學有弊，漢學更有弊。宋偏於形而上者，故心性之說近玄虛；漢偏於形而下者，故箋注之說多附會，』（小倉山房文集十八）是則在他看來當時風靡一時的漢學，並不高出於宋學。不僅如此，正因附會之多，所以一閧之市，是非麻起；在考訂家自以爲煩稱博引，無徵不信者，而他則以爲不是徵實，正是搏虛。爲什麼？古人終不復生，不能起而質之，則各據所見，各是其是，擾擾不休，亦徒滋糾紛而已。假使不是附會，則是非早定，一人之心所能得，亦卽衆人之心所能得，如射舊鵠，雖后羿操弓，必中原來所受穿之處。那麼，在考訂家所矜爲創獲，矜爲心得者，又正是履人之舊迹，何嘗是新得呢？附會則搏虛，不附會則蹈舊，所以他不欲再入此種旋渦之中。然而他不宗漢學，却不是便宗宋學。他於宋儒論云：『宋儒之講學而談心性者，際其時也，氣運爲之也。』『漢後儒者有兩家：一箋注，一文章。爲箋注者非無考據之功，而附會不已；爲文章者非無潤色之功，而靡曼不已。於是宋之儒舍其器而求諸道，以異乎漢儒；舍其華而求諸實，以異乎魏晉隋唐之儒。』（小倉山房文集二十一）這是宋儒所以爲天下所尊之故。宋儒雖有可尊之道，而於下文又接着說：『孔子之道若大海然，萬壑之所朝宗也。漢晉唐宋諸儒，皆觀海赴海者也。其注疏家，海中之舟楫桅艣也；其文章家，海中之雲烟草樹也；其講學家，赴海者之郵驛路程也。路程至宋至矣盡矣；但少一行者耳。未之能行，惟恐有聞，何暇再爲之貌其迹而拾其瀋乎！有源而無流，溝井之水也；有本而無末，槁暴之木也。安得不考名物象數於漢儒，不討論潤色於晉唐之儒乎？』（同上）那麼在今日固不必揚漢抑宋，但也不必以尊宋之故而絀漢與晉唐。他不廢漢之注疏家，也不廢晉唐之文章家，更不廢宋之講學家；一方面要從一而深造，求其專而精；一方面却又能窺學問之全量，不持門戶之見。這也是與實齋相同的地方。

隨園天才絕世，其爲學獨來獨往，沒有人能夠影響他。如欲就其同時人之中而求其足以影響隨園者，恐怕只有程綿莊（廷祚），程氏謂『墨守宋學已非，有墨守漢學者爲尤非。孟子不云君子深造之以道欲其自得之乎？』（見小倉山房文集四徵士程綿莊墓志銘）他的態度即與隨園相同。他們二人好尚雖異，而往還頗密，所以綿莊這種態度，便給予袁氏以很深的影響。綿莊是顏李學的信徒，當然不會墨守宋學，也不會墨守漢學。他的漢宋儒者異同論（青溪文集三）即袁氏宋儒論之所本。袁氏思想所以能得大解脫，不爲大帽子所壓倒者，恐也在這一點。蓋顏李學有一大貢獻，即是思想的自由解放。所以我說袁氏之學獨來獨往，在當時學者中能影響其思想者，恐怕除宗主顏李學的程綿莊外沒有第二人。袁氏與程蕺園書云：『綿莊寄足下與彼之札來，道顏李講學有異宋儒者，足下以爲獲罪於天，僕頗不謂然。』（小倉山房文集十九）然則袁氏也是顏李學的信徒了。他論宋學流弊以爲『周孔有靈，必歎息發憤於地下，而不意我朝有顏李者已侃侃然議之。』（同上）那麼我們說袁氏思想之解放，由於受顏李學的影響，於此文即是重要的證據。胡適之先生謂『顏李之學，到程廷祚而經過一度解放，到戴震而得著第二度更澈底的解放。解放的太厲害了，洗刷的太乾淨了，我們初看戴震的思想，幾乎不認得他是從顏李學派出來的了。』（青溪文集附錄顏李學派的程廷祚）現在我於袁枚也云然。

袁氏洗刷得尤其乾淨，因爲他甘心願意做個顏元所反對的詩人文人。綿莊雖從事於古文，然對於古文的態度，猶側重在「有物」一邊。其與家魚門論古文書云：『夫三代以來聖賢經傳皆文也，其別稱古文自近日始，一則對科場應試之文而言，一則由唐宋諸子自謂能復秦漢以前之文而言。後代言古文者，率以唐宋爲依歸而日趨於時。以日趨於時之文而命爲古文，明者之所哂也。（青溪文集十）可知他根本便不承認有所謂古文。他再說：『夫古未有言爲文者，漢以下乃言某善屬文，某工於文，某言語妙天下，自時厥後，文乃不逮於古，有志者其何適之從乎？（同上）可知他根本又不主張古文宜學。他又說：『若古文之敝，則始於宋，當時之學者已譏其不尚實而以浮論虛詞靡敝學者之精神，可不知戒與！由宋以後，作者愈不逮宋矣。』（同上）可知他根本更不贊同爲古文而規範歐曾，取法震川。因此他非惟與桐城派不同，卽與隨園也有些出入。他說：

> 古先聖賢之論文，大要以立誠爲本，有物卽誠也。言之中節則曰有序，如是則容體必安定，氣象必淸明，遠乎鄙倍而文之至矣。古之立言者期至於是而止，故曰辭達而已矣。故爲文之道，本之以誠，施之以序，終之以達，以此發揮道德，則董仲舒揚雄不足道也；以此敷陳政事，則賈誼鼂錯不能過也。前可以考諸先王，後可以俟諸百世，尙何規摹他人之有！（與家魚門論古文書）

> 孔子曰：『修辭立其誠；』又曰：『辭達而已矣。』以誠爲本，以達爲用，蓋聖人之論文，盡於是矣。因文以見道，非誠也；有意而爲之，非達也。不反其本而惟文之求，於是體裂繁興，篇章盈溢，徒敝覽者之精神而無補於實用，亦奚以爲！……古之有至德卓行者，多不以文自見，不得已而欲見於文，其取精用宏，固自有術，而要之以進德修業爲本原，以崇實黜浮爲標準，以有關係發明爲體要，理充者華采不爲累，氣盛者偶儷不爲病；陳言不足去，新語不足撰，非格式所能拘，非世運所能限。（靑溪文集十，復家魚門論古文書）

這是他論文的根本主張。此種主張，仍是本於顏李學的立場。本於顏李學的立場，所以李塨要勸方苞勿爲古文，而程廷祚也要勸程魚門（晉芳）勿爲詩文。（見靑溪文集十，與家魚門書，及寄家魚門書等）『以丘明之才而使經降爲傳，以退之之才而使天下唯知記誦詞章，豈不重可歎息哉？』『若退之之張皇號叫，永叔之纏綿悲慨，皆內不足而求工好於文，豈古人所有哉！』（均見復家魚門論古文書）總之，不務其本而惟詞章是務者，決不是顏李學的主張。然而袁氏受了顏李學的影響，卻甘心爲詩人文人以終老，所以洗刷得尤其乾淨，絕不會有人承認他是顏李學的信徒。

大抵袁氏之不爲顏李學，不外二因：（一）是自審個性的關係。他自知天性所長，不欲再強以天性所短，他並非不了解或不承認顏李學之長，然而他更知道『藝苟精，雖承蜩畫筴亦傳；藝苟不精，雖兵農禮樂亦不傳。傳不傳以實求，不以名取。』（答友人某論文書）所以他可以吸收顏李學的思想，卻不必舍己而耘人之田，成爲顏李學的傳人。（二）又是審度環境的關係。環境的壓迫使他雖不甘隨俗，卻又不敢立異。以他這樣才氣，在當時不接受顏李之學，難道將沾染時好，也局促於漢學宋學的範圍以內嗎？然而顏李之學在當時已不適於公開的宣傳，卻又是事實。他又說過：『古之聖人兵農禮樂工虞水火，以至贊周易，修春秋，豈皆沾沾自喜哉！時至者爲之耳。若欲冒天下難成之功，必將爲深源之北征，安石之新法；欲著古今不朽之書，必將召崔浩刊史之災，熙寧僞學之禁。今天下文明久已，聖道昌而異端息矣。而于此有人焉褒衣大袑，猶以孟軻韓愈自居，世之人有不怪而嗤之者乎？』（答友人論文第二書）是則顏李學派之以道自任，原不免有些不合時宜。程廷祚之轉變態度，趨於和緩，轉變方向，趨於治經，也與此不無關係。何況隨園又是性情通脫的人，所以寧願放棄儒林，遁入文苑。

於是他再在這方面說明其理由。顏李學風，致用重於窮經，窮經又重於爲文。乃其結果，綿莊既變爲窮經，隨園又傾向於爲文，多歧亡羊，似乎愈趨愈遠了；然而在隨園也自有其理由。他於虞東先生文集序說明之云：

> 文章始于六經，而范史以說經者入儒林，不入文苑，似強爲區分，然後世史家俱仍之而不變，則亦有所不得已也。大抵文人恃其逸氣，不喜說經，而其說經者，又曰吾以明道云爾，文則吾何屑焉。自是而文與道離矣。不知六經以道傳，實以文傳。易稱修詞，詩稱詞輯，論語稱爲命至於討論修飾而猶未已，是豈聖人之溺于詞章哉？蓋以爲無形者道也，形于言謂之文。旣已謂之文章，必使天下人矜尚悅繹而道始大明。若言之不工，使人聽而思臥，則文不足以明道，而適足以蔽道。故文人而不說經可也，說經而不能爲文不可也。（小倉山房文集十）

是則窮經之結果，不能不重文。爲文正有助於說經，有益於明道，那麼，顏李學中旣不妨有經生，又何妨有文士！我們卽視袁氏爲顏李學中之文人也可。

明白這一點，然後知道隨園於詩於文，其態度所以絕不相同之故。他與邵厚庵太守論杜茶村文書說明詩寬文嚴之旨，以爲：

> 詩言志，勞人思婦都可以言；三百篇不盡學者作也。後之人雖有句無篇，尚可采錄。若夫始爲古文者，聖人也。聖人之文而輕許人，是誣聖也。六經，文之始也；降而三傳，而兩漢，而六朝，而唐宋，奇正駢散，體製相詭，要其歸宿無他，曰顧名思義而已。名之爲文，故不可俚也；名之爲古，故不可時也。古人懼焉！以昌黎之學之才而猶自

言其迎而距之之苦，未有絕學捐書而可以操觚率爾者！（小倉山房文集十九）

這些話又何等嚴正！拉長了臉說話，似乎不是隨園的態度。假使他不受顏李學的影響，何嘗不可如袁中郎一樣，如尤西堂一樣，仍以性靈論文！而他竟不如此！然則袁氏豈好文哉！亦不得已也。環境的壓迫，不得不使顏李學中有主張古文的文人。他答友人某論文書云：『嗟乎！士君子意見不宜落第二義。足下好著書，僕好詩文，此豈第一義哉！』然則窮經也，爲文也都已落第二義了。他雖甘心爲詩人文人，但是他豈眞甘心落第二義爲詩人文人！

明白這一點，然後知道隨園論文雖不言明道，不言適用，却也不欲徒托空文以自見。其與友人論文第二書云：『文人學士必有所挾持以古地步，故一則曰明道，再則曰明道，直是文章家習氣如此。』又云：『文之佳惡原不係乎有用無用。』這些話似乎與顏李學有些衝突。然而他所反對者乃是一般人『矜矜然認門面語爲眞諦，而時時作學究塾師之狀，』此則所謂『持論必庸而下筆多滯，』這纔是隨園所反對的。一股酸氣，一股腐氣，道既不會因是而明，文也不會因是有用。這正是宗主宋學的桐城派的習氣。隨園那肯如此！但是假使說隨園專重在文，那也不然。隨園也同綿莊一樣重在爲文之本；不過他不欲作學究塾師之狀，所以寧願犧牲此種門面語而已。我們只須看他答平瑤海書，對於平氏矜寵其文，甚至狂喜，甚至感泣，以爲『得一知己死且不恨。』他何致如此呢？原來卽因道着中心之隱，所以如此。他說：

枚讀書六十年，知人論世，常謂韓柳歐蘇其初心俱非托空文以自見者。惟其有所餘於文之外，故能有所立於文之中。雖王半山措施不當，致禍宋室，而其生平稷契自命，欲有所建立之意，何嘗不矜矜自持。故於所爲文，勁折遒峭，能獨往來於天地間，札中道枚幹濟之才，十不施一；枚何敢當！然以論文，故是探本之言。毛詩云：『惟其有之，是以似之，』得毋先生之懷抱，言至此而亦不自覺其流露耶？（小倉山房文集三十）據是，可知他的才學原來也是欲致用的。求致用而不得，於是不得不發之於文，於是不得不成爲顏李學派中的文人。所以他所謂有餘於文之外，決不與一般古文家所謂文以明道者相同。一是中有所見，一是得人之得。他於答友人某論文書中又說：『王荆公云，「徒說經而已者，必不能說經。」僕固非徒爲詩文者也。』他於此，不是明白表示態度了嗎？

明白這一點，然後知道隨園論詩論文，不僅態度不同，卽主張也不一樣。論詩合時，而論文則主復古；論詩主性靈，而論文則重在有本。其答惠定宇書云：

> 夫德行本也，文章末也。六經者亦聖人之文章耳；其本不在是也。古之聖人德在心，功業在世，顧肯爲文章以自表著耶？（小倉山房文集十八）

這又儼然是道學家的論調了。我們假使明白他受顏李學的影響，則此種陳陳相因的話，在他仍不失爲創見。蓋他所以提倡古文，卽是站在此種見地上的。所以說：『始爲古文者聖人也。』所以說：『名之爲文，故不可俚也；名之爲古，故不可時也。』他正以爲古文足以翼贊聖人之道，其功也正與窮經講學者相同。所以會這般嚴正。因此，他論詩有時代觀念，而論文則非復古不可。他與孫備之秀才書云：

不知者動引隋柳虬之言，以為時有古今，文無古今。唐宋之不能為漢秦，猶漢秦之不能為三代也。此言是也。然而韶舞樂也，孔子云：『樂則韶舞』，使夫子得邦家，則韶樂未必不可復。文章之道何獨不然！僕以為欲奏雅者先絕俗，欲復古者先拒今。俗絕不至，今拒不儼，而古文之道思過半矣。韓子非三代兩漢之書不觀，柳子自言所得亦不過左國荀孟莊老太史而已。當唐之時所有之書非若今之雜且夥也，然而拒之惟恐不力；況今日之僕邀相從紛紛喋喋哉！（小倉山房文集三十五）

此種論調，出諸隨園之口，似乎與其性靈之說有些衝突。然而假使知道程綿莊早已說過這類話，那就不足奇怪。綿莊與家魚門論古文書云：『古語云，取法乎上，僅得乎中，足下亦愼其所取法者而已。』又復家魚門論古文書所附尺牘云：『今欲專力於古文，惟沈潛於六籍以植其根本，閱歷於古今以達其事變，寢食於先漢以取其氣味，不患文之不日進於高古。』那麼隨園所論，恐卽受綿莊的影響，所以認為古文可復，而這樣復古文仍不失為「敷讚聖旨」異途同歸，隨園之與綿莊所以同為顏李學者以此。

明白這一點，然後再知道隨園所以分別古文與考據之故。他與程蕺園書云：

古文之道形而上，純以神行，雖多讀書，不得妄有摭拾；韓柳所言功苦盡之矣。考據之學形而下，專引載籍，非博不詳，非雜不備，辭達而已，無所為文，更無所為古也。嘗謂古文家似水，非翻空不能見長。果其有本矣，則源泉混混，放爲波瀾，自與江海爭奇。考據家似火，非附麗於物，不能有所表見，極其所至，燎於原矣，焚大槐矣，卒其所自得者皆灰燼也。以考據爲古文，猶之以火爲水，兩物之不相中也久矣。記曰：『作者之謂聖，述者之謂明。』六經三傳，古文之祖也，皆作者也。苟無經傳，則鄭孔亦何所考据耶？論語曰：『古之學者爲己，今之學者爲人，』著作家自抒所得，近乎爲己；考據家代人辨析，近乎爲人。此其先後優劣，不待辨而明也。近見海內所推博雅大儒，作爲文章，非序事噂沓，即用筆平衍，於剪裁提挈烹煉頓挫諸法，大都懵然。是何故哉！蓋其平素神氣沾滯於叢雜瑣碎中，翻擷多而思功少；譬如人足不良，終日循牆扶杖以行，一旦失所依傍，便悵悵然臥地而蛇趨，亦勢之不得不然者也。且胸多卷軸者，往往腹實而心不虛，藐視詞章，以爲不過爾爾，無能深探而細味之。劉貢父笑歐九不讀書，其文具在，遠遜廬陵，亦古今之通病也。（小倉山房文集三十）

這一篇文後來孫星衍焦循均有駁難，似乎隨園之說不能成立，然而他們所爭只是字面問題，至於『考據之作與抒寫性靈者不同，則固不易之確論。』（見劉師培論近世文學之變遷）而且我們更應注意他所謂古文，也是有本之文。『果有其本矣，則源泉混混，放爲波瀾，自與江海爭奇，』可知古文雖以翻空見長，卻不是不須學問，不須見識的。必有本而後可放爲波瀾，學問見識即所以培植其本，不過不同考據家之騖於博雜而已。窮經與爲文同樣落於第二義，但是由這一點言，無寧取爲文而不欲窮經了。

明白這一點，然後再知道隨園之所謂古文，仍是顏李學者之主張。程緜莊云：『詩之爲道，性情寄焉；古文之爲道，事物之要用存焉。』（寄家魚門書）據是可知隨園論詩主性靈，而論文則言有本，不欲託諸空言，不欲勦襲陳言，原來仍是程緜莊的主張。他既受環境的壓迫，不能明顯地以宣傳顏李之學，則古文之爲道似乎不足以致用了，然而他於再答陶觀察書中卻輕輕一轉，說明文章之用亦等於功業。他以爲『嘗謂功業報國，文章亦報國，而文章之著作爲尤難。……所謂以文章報國者，非必如貞符典引刻意頌諛而已。但使有鴻麗辨達之作，踔絕古今，使人稱某朝文有某氏，則亦未必非邦家之光。』（小倉山房文集十六）那麼，由這一點言，爲文與窮經同樣不能致用，又無寧取爲文而不欲窮經了。

明白這一點，然後再知道隨園之爲古文，所以多爲名人碑誌而不必待其子孫之請求者，原來也有他的原因，也有他的苦心。他蓋以爲『作文戒俗氣，亦戒有鄉野氣。無科名則不能登朝，不登朝則不能親近海內之英豪，受切磋而廣聞見；不出仕則不能歷山川之奇，審物產之變。』（小倉山房文集三十五與俌之秀才第二書）所以他以爲局局促促以小題目自限者，都不免有一些鄉野氣。他正因不要有鄉野氣，所以欲得大題目而爲之。他自負『文章幼饒奇氣，喜於論議，金石序事，徽徽可誦』（小倉山房文集十八，答程魚門書）而他之批評方望溪，又議其才力之薄，以爲『試觀望溪可能吃得住一個大題目否？可能敍得一二大名臣眞豪傑否？可能上得萬言書痛陳利弊否？』（小倉山房尺牘十，答孫俌之）那麼，他之爲名人傳誌，一方面爲不負其才，一方面亦報國之道。故其與家東

如尺牘中云

從古文章家替人作碑銘傳志者，其道有三：第一，是其人功德忠勛，彪炳海內，我爲表章，不獨彼借我傳其名，而我亦借彼以傳其文。此不待其子孫之請，而甘心訪求以爲之者。次則其人雖無可紀，而生平與我交好，則爲之傳志以申哀感之情，此亦古人集中往往有之。再次，其人雖於世庸庸，于我落落，而無奈其子孫欲展孝思，大輦金幣來求吾文，則亦不得不且感且慚，貶其道而爲之。（小倉山房尺牘六）

他且以不待其子孫之請者爲當然，而出子孫之請者爲貶其道而爲之，而世人反以此議隨園，也眞可謂不知隨園了。在袁氏生時，彭紹升已有書與之商討及此，而袁氏未之聽從，殆卽以此。

明白這一點，然後再知道隨園爲文所以與桐城不同之故。他正因爲要吃得住大題目，所以尙奇峭而不尙平鈍，主宗唐而不言法宋。他與孫俌之秀才書謂古文之體最嚴，『一切綺語駢語理學語二氏語尺牘詞賦語注疏考據語，俱不可以相侵。』（小倉山房文集三十五）這可謂與桐城派的論調一樣。然而其入手不同，桐城由時文入，而隨園則最反對功令之文；（見與俌之秀才第二書）其歸宿又不同，隨園兼取六朝駢儷，而桐城則祇尙散行而遠絕駢偶。（見梅曾亮管異之文集書後）由這一點言，似乎隨園之論古文也比桐城文人爲通達。

隨園遠絕時文，故不言法。其書茅氏八家文選云：『若鹿門所講起伏之法，吾尤不以爲然。六經三傳，文之祖也，果誰爲之法哉！能爲文則無法如有法，不能爲文則有法如無法。霍去病不學孫吳，但能取勝，是卽去病之有法也。房琯學古車戰，乃致大敗，是卽琯之無法也。文之爲道，亦何異焉！』（小倉山房文集三十）卽使古文眞有所謂作文方法，猶且不能拘泥，何況古文家之所謂法，乃又從時文得來！他說：『今百家囘冗，又復作時藝弋科名，如㖫崐崙彈琵琶，久染淫俗，非數十年不近樂器，不能得正聲也。』（答友人論文第二書）是則他所深惡於時文者，也正因時文之法，時時足以纏繞筆端，爲古文之累耳。所以說：『劃今之界不嚴，則學古之詞不類。』（同上）然而桐城文人卻都由時文入手，所以爲法所泥，當然吃不住大題目了。

隨園不遠絕駢文，故又不廢駢。他以爲『文之駢卽數之偶也。』（小倉山房文集十一，胡稚威駢體文序）他以爲『一奇一偶，天之道也，有散有駢，文之道也。文章體製如各朝衣冠不妨互異，其狀貌之妍媸固別有在也。』（書茅氏八家文選）是則駢散二體原不妨並存。他以爲『高文典册用相如，飛書羽檄用枚臯，文章家各適其用。』（答友人論文第二書）是則駢散二體各有所宜，又不得以駢體爲無用。他又以爲『文章之道，如夏殷周之立法，窮則變，變則通，……徐庾韓柳亦如禹稷顏子，易地則皆然。』（同上）是則八代之文固未嘗衰，又不得以古文爲獨尊而輕視駢儷。他又以爲『古之文不知所謂散與駢也。尙書曰，「欽明文思安安，」此散也；而「賓於四門納于大麓，」非其駢焉者乎？易曰「潛龍勿用，」此散也；而「體仁足以長人，嘉會足以合禮，」非其駢焉者乎？』（同上）是則眞由古文而言，原無駢散之分。何況『古聖人文以明道，而不諱修詞。駢文者，修詞之尤工者也。……駢文廢則悅學者少，爲文者多，文乃日敝。』（見胡稚威駢體文序）可知學駢原有學駢之長。何況『學六朝不善不過如紈綺子弟，熏香剃面絕無風骨止矣；學八家不善，必至於村嫗呶呶，頊刻萬語而斯文濫焉。』（見書茅氏八家文選）可知學散更有學散之敝。這是他的駢散合一說。清代文人之主駢散合一者，實以隨園之論啓其先聲。桐城文人之吃不住大題目，於此也不無關係。

桐城文人拒駢過甚，所以一瀉無餘，其末流至於淺弱不振；於是曾國藩不得不矯之以相如子雲用漢人作賦之法以爲文。故知駢散之合，原是自然之趨勢。隨園答友人論文第二書中云：『韓柳琢句時有六朝餘習，皆宋人之所不屑爲也。惟其不屑爲，亦復不能爲，而古文之道終焉。』桐城文人之於八家，宗歐曾而不宗韓柳，卽其有取於韓柳之處也看不到這一點，所以與隨園不同。然而以吃得大題目的隨園，其古文却被人稱作野狐禪。眞賞難得，我復何說！

桐城文人宗主歐曾而復泥於起伏之法，所以易庸易弱。隨園說：『曾文平鈍，如大軒駢骨，連綴不得斷，實開南宋理學一門，又安得與半山六一較伯仲也。』（書茅氏八家文選）但是桐城文人卻正從震川以上溯南豐。作始者既已如此，則其末流之失，當然趨於庸弱了。所以他分別唐宋文之異同，以爲『唐文峭，宋文平；唐文曲，宋文直；唐文瘦，宋文肥。』（與孫俌之秀才書）而於宋文之中認爲可爲學唐入門者，惟有王介甫。卽因王介甫之文拗折類其爲人，所以奇峭動目。程緜莊云：『韓雖師古，實則別成一派。今欲學其篇章字句，徒爲畫虎，其勝人處却在無腔調蹊逕。歐蘇以下力量不足，則有腔調蹊逕，一學而能，面目令人可憎，尤不足法。』（復家魚門論古文書，附尺牘）是則隨園尊唐抑宋之說，蘇莊早已說過了。隨園之論依舊不脫顏李學者之主張。他與孫備之秀才書云：『夫古文者即古人立言之謂也。能字字立於紙上則古矣。今之爲文者，字字臥於紙上。夫紙上尚不能立，安望其能立於世間乎？』其詩話中也有此類語言。他因爲欲矯桐城作風之庸弱，所以主張字字能立，這纔是隨園論文通於論詩之處。眞想不到顏李學派乃與性靈派之文人發生關係。

第二目　朱仕琇（魯九皋附）

朱仕琇字裴瞻，號梅崖，福建建寧人。所著有梅崖集。事見清史稿四百九十卷。

他可以說是比較純粹的古文家。他於爲文之外，沒有什麽別的成就，而且也不企圖於別方面有什麽成就。因此，他所告人者，只是古文的統系與學文的方法而已。除此之外，不再講到義理考證等學。由統系言，以韓愈爲中心；由方法言，也不外韓愈之緒餘。故魯九皋於答徐虞尊書云：『梅崖先生之爲文，昌黎韓子之家法也。』（山木居士文集三）

朱氏示子文佑書云：『古文之名起於唐，是時作者皆沿六代之遺，以偶儷爲工。韓退之出，始深探六藝，凌躒諸子，脫落時體，粹然一出於正。』（梅崖居士外集七）這是說唐代古文的統系由於韓退之。唐代以外，則上及孟荀莊列董劉揚班以及左氏太史屈宋相如諸家，（見上文及與石君書與胡稚威書）而以韓愈爲歸宿，下及歐曾蘇王以及元之姚虞，明之王歸，而復以韓愈爲宗主。（見同上）這可以說是以韓愈爲中心的古文系統。

本此系統，於是所謂學文方法，也以韓愈爲中心。其宗子文佑書云：

古文雖難，然隨人材質習之，卽其所得深淺皆可以正心術導迎善氣。今爾且先錄韓柳與人書及諸賦碑誌，見其清深淵古者日夕復之，然後乃及序記；次閱歐陽公五代史及唐書諸論贊，又次閱其碑誌乃及序記；因之乃及曾南豐又及王介甫因之又復于韓；又因韓以及李習之，及于柳，以見諸家同異。因是以上及於揚雄劉向董生司馬遷相如宋玉屈原孫況左邱明孫武尉繚管仲穰且莊周列禦寇國語國策，因以下及於蘇老泉，如此又數往復焉乃及於西京諸作者，及于班固張衡，及于東京及于唐諸雜家，及于東坡潁濱幷宋諸雜家及元明本朝諸家又如是以復于唐宋，又復于諸子六經。誠如是漸進而自得焉，而古文之道其亦不遠矣。

又其復黃臨皐書云：

左氏司馬遷二史荀楊莊屈四子，宜熟復，大旨歸於詩書。如此學韓乃爲得其要領。仍取李習之，歐陽永叔老蘇曾王二公文觀之，察其取於韓之異者，又時觀柳柳州以見同時異趣而本末之相去有不可揜者，此尤爲學之要也。（梅崖集二十九）

這是他的學文方法，由韓愈以上溯而得其所以爲文；由韓愈以旁參而察其所以異，更由韓愈以下推而窮其所以變；處處以韓愈爲中心，而又須「數往復焉，」那眞成爲韓愈的信徒了。因此，他所教人的也只是韓愈的教人方法。他在自爲集序中說：『昔韓退之起唐貞元元和間，以六經之文爲諸儒唱，其接後進往反論文書多矣而其門人李漢序其遺書，約其旨，則曰教人自爲而已。』（梅崖文集十九）「教人自爲，」是韓愈的方法，同時也卽成爲他教人的方法。『辭必己出，所以自爲也，』（自爲集序）於是不欲剿賊。『不習其數則理不明，不親其職則機不啓，』（梅崖集二席作舟文集序）於是又不欲因循。除韓愈之說以外，他更覺得沒有什麼可以告人了。

當時爲朱氏之學者有其弟子魯九臯。九臯原名仕驥，字絜非，號山木，江西新城人，所著有山木居士集，事見淸史稿四百九十卷。

魯氏所傳朱氏之學，仍爲韓子家法。其答徐虞尊書云：『韓子之蘊，先生（指梅崖）亦旣無不發之以示學者矣。而揭其要尤在答尉遲生一書，其所謂君子愼其實，實之美惡發焉不掩者，未嘗不反覆稱之也。仕驥於梅崖先生之論無不默而識焉，而於斯言尤日三復之不置也。』這是他的中心思想，故於與鄧絢堂論文書及考徐質甫書中亦均發揮此義。韓愈說：『將蘄至於古之立言者，則無望其速成，無誘於勢利。』他卽以此二語爲愼其實的方法。其論歸震川唐荊川之文，卽說明此二者之關係。其歸震川文鈔序云：『士不篤於自信而動其心於世之毀譽得失，敝敝然舍己而從之，而能有立者蓋未之有也。』（山木集五）此卽無誘於勢利之說。其唐荊川文選序云：『學者讀其文當知其才之不可及，而又能遜志好學，虛心學善，故其所成就者如此。』（山木集五）此又無望速成之說。此種論調，與桐城文人最相接近，故桐城文人也往往採用，可惜多襲舊說，少新見而已。

第三目　尙鎔

尙鎔字宛甫，一字喬客，南昌諸生，事見清史列傳七十三卷。所著有持雅堂集。

喬客爲嘉道間人，在姚姬傳諸人後，也可以說是不入宗派的古文家。他在時風衆勢之下，不甘以「桐城」自限。桐城法度謹嚴而他則規模恢閎；桐城講義法而他則不講義法；桐城宗歐曾而他則恆稱歐蘇。安福劉愚所撰的尙鎔傳稱其『宏通淹博文筆縱橫』（見故友詩錄二編持雅堂詩鈔）大約卽因才氣的關係，不能不與桐城作風有些出入了。

不過他並不是與桐城立異。由古文立場言，他反對考據家講學家詞賦家乃至時文家之文，仍與桐城文人一樣。他說『講學家不工古文以其平也；考據家不工古文以其雜也；詞賦家不工古文以其蕩也；時文家不工古文以其拘也。』（持雅堂文鈔三與一峯先生論古文書）那麼，古文自有眞原與義理考據詞賦時文都不能相混。所以學古文本不妨有宗主，不過不應以一家之義法，爲品評的標準而已。

以一家之義法爲品評的標準，於是不免仍落明季文壇偏霸的習氣。這纔是喬客所反對的。他曾擧一實例說：『去年與某明經邂逅于東湖，其人胸無整書，好爲古文，以平鈍爲深醇，以冗蔓爲博大，以疲輭爲沉毅，以陳腐爲神奇，初學觀其文，亦不能終卷，乃高自位置，力詆侯魏子才，自負爲姬傳梅崖後一人，然士大夫中，亦有仰止如高山者，不可解也。』（文鈔續集二與晏澗筠明府論古文書）桐城文成派以後，自有一輩旣庸且妄如某明經之流，以依傍門戶的，所以他反對這輩庸人之抹煞一切。他在書典論論文後一文，更是慨乎其言之。他說：

自古文人相輕，一由相尙殊，一由相習久，一由相越遠，一由相形切。相尙殊則王彝謂楊維楨爲文妖，相習久則杜審言謂久壓宋之問，相越遠則元稹謂張祜玷風教，相形切則楊畏謂蘇轍不知文體。而少陵香山獨能去四者之弊，崇公允之風，易相輕而爲相推，斯千古所希矣。（文鈔三）

他既不贊成一般妄庸的人隨意詆呵，那麼什麼是他品評的標準呢？他以爲『文章者天下之公物，非可以一二小夫之私意爲欣厭，遂可據爲定評也。』這話也許覺得空洞一些，實則含着顚撲不破的眞理。文章自有眞美惡也自有定評。這不是各人主觀的私意所可左右的。於是他提出了『顯揭其人本來面目』的方法。顯揭其人本來之面目，於是品評纔有比較客觀的標準。因此他提出了作者才學識的問題，而不重在義法的問題。義法屬於藝，這可以隨各人的私意以爲欣厭；才學識是作者的本來面目，相形之下，優劣自顯，這不是可以口舌爭的。尤其在才的一方面，因稟賦之不同，於是巧拙剛柔也各異其面貌，所以說：『人各有才，文各成是。』（文鈔三，書朱梅崖文集後）當然更不能以一家之義法爲品評的標準了。

他說『夫惟具雄奇高逸之才，深之以學養，擴之以識議，而後能沈思獨往，成不朽之文章，接韓柳歐蘇之派，』（與一峯先生論古文書）以才學識三者並重，最後纔講到法。所以他在桐城文風流行之時，却比較推重魏叔子的文章。他說：

昔者寧都魏叔子，以經濟有用之文學顯天下百餘年，而建昌之新城，爲叔子教授之地，遵其道尤摯。乃自閩中朱梅崖出新城人變而從之，又自上江姚姬傳出新城人又變而從之，於是西江諸文士，聞風附和，皆視叔子爲弁髦，而恥言及之。嗚呼，此於叔子何所損，吾特恐經濟有用之文學，不明於世，而人別驅於虛僞之域，舉無益於時艱也。蓋嘗觀梅崖之文好宏偉而失之艱深，且全爲應酬而作，已大失古人立言之旨。姬傳則務爲嚴謹而不能擴充其體，變化其法，以追馬太史韓吏部之高蹤。今奉法之吏偏天下矣，然必用法而得法外意，乃爲超世之才，而可以持天下之大經大權，以挽末流之積弊。朱姚經濟之學何如哉！卽以文論，一則直舉其胸情，不爲法所囿，一則求工於字句，而惟法是拘，其淺深虛實之別，不俟明者始知也。而梅崖乃詆叔子爲小兒叫跳，然則孟子之英氣，韓子之雄文，皆小兒叫跳矣；老蘇何以目爲溫醇耶？夫朱之所宗者楊子雲，子雲能奇而不能庸，庸則僞；姚之所宗者方望溪，望溪能斂而不能放，放則迂。叔子本領切實，有是失乎。夫以叔子見道之宏，持節之固，育材之多，能使當時之賢人君子，生死無異詞，能使身後之妻子弟姪，死義死孝，遵其教而不易所守，此卽文章不工，亦當取其立言之有本，舍其末而不論，而況其文宗仰之正，無體不工，而乃以小兒叫跳詆之乎？……自宋迄今，儒者之言易醇，古文之法易守。故必切萬物之情，乃爲眞儒者；成一家之則，乃爲眞古文。梅崖好矯揉，姬傳好脩飾，律以唐荊川所謂精光注本色高者，且慨乎有愧，況求以易堂經濟之學乎？而顧當舍叔子而從之乎？頃讀吾邑彭躬庵文集，如湧萬斗之源泉，以灌四方之涸澤，才情氣魄，似更在叔子以上，而人亦多相謗，以爲異於儒者之文，然則文必拘迂無用，乃爲儒者乎？嗚呼，此宋後之人文所以多不如

古也。（文鈔三，書魏叔子文集後）

叔子文章正以才力富健著稱，正以學識見長，而在桐城文派既盛之後，一般論文者却很少齒及，這是他所引為不平的。因此，他對於姚姬傳的古文辭類纂也深致不滿。他說『生大一統之朝，文章極盛之間，乃亦割據文壇，私其鄉里。』（文鈔三集一，讀古文辭類纂）這簡直是對於桐城派的標幟加以攻擊了。

大抵立法愈嚴，則標準愈簡化。標準一簡化，則一般庸才全可以藏在這簡化的標準之下，以高自位置，以深自掩護。桐城派之所由成立在是，而其末流之病也在是。

第四目　張士元與吳敏樹

姚姬傳以後，更有許多同為古文而不入桐城陽湖諸派者，較前則有張士元，較後則有吳敏樹。張氏字翰宣，號鱸江，震澤人，事見清史稿四百九十卷，著有嘉樹山房集。吳氏字本深，號南屏，巴陵人，事見清史稿四百九十一卷，著有柈湖詩文集。

張吳為文均宗震川，由震川以上及歐曾韓愈而遠宗史漢，所取途徑全與桐城相同，但是均不願局於「桐城派」中。張氏與王惕甫書謂『繼震川者望溪，繼望溪者蓋難其人。』而答施北研書亦謂『文章自方望溪先生後繼起者蓋難其人，姬傳先生及惲子居皆世所推重，集中文高者固可追蹤古人，然比之望溪不逮遠矣。』（均見嘉樹山房集十）則對於桐城三祖除望溪外，便無所許可了。吳氏以曾國藩作歐陽生文集序稱其出桐城文派，大為不滿；有與筱岑論文派書謂：『自來古文之家，必皆得力於古書，……烏有建一先生之言以爲門戶塗轍而可自達於古人者哉』（拌湖文集六）那麼他們取徑雖同，而態度仍不同。

張氏所得全在法度之間，他以提束明界畫清而用筆縝密者爲法度森嚴，用筆疏宕頭緒複雜者，爲神明變化。亦步亦趨奉矩範而不失者爲法度森嚴；才高善化，以神遇而不以迹求者爲神明變化。一以爲法之常，一以爲法之變。明其常則刻鵠類鶩；明其變則畫虎不致類狗。所以他於二方面都有所取。

他以此標準爲史漢之分別，故不若望溪之揚馬而抑班。他說：『望溪立格甚嚴，駁議孟堅，未免太過。……孟堅實未易到，縱有一二瑕痏，亦不害其全體之完美。所以韓歐亦未嘗瑕疵班掾也。舍班而專宗馬，何所不可，然嘗反覆折中，竊謂眞知馬，必不敢薄班。何也？其文之神理脈絡意度波瀾固有相會通者也。』（嘉樹山房集十，答施北研書）他與桐城文人論議不同的地方僅僅在這一點。他說：『史記敍事多複舉處；……漢書複舉處已少，而每事提束極明，其用筆縝密，雖不如史記之疏宕，然斟酌情理，周詳醇備，實非子長所能掩。』（嘉樹山房外集下，論文）那麼，馬班之別，不過一則疏宕爲文學之文，一則縝密爲史學之文而已。互有優劣，都可謂是文家能事。

他再以此標準爲歐曾之分別。其論歐文云：『歐陽子學韓文，日久窮其原本，乃大肆力於史記，得其澹蕩紆折之妙，遂自立一家，使人不辨其爲韓子之遺規。然他文尚見退之家法，至修五代史，則神明於子長矣。』（嘉樹山房集十，答姚英三書）則是歐文之長在神明變化。其論曾文云：『爲文固當師韓子，而欲求韓子義法，莫如學曾子固。』

（嘉樹山房集十與翁海琛書）又謂『曾子固文初學劉向韓愈，繼則專學漢書；為說極淳而用法極密，有轉必束，隨束即轉，散亂中界段秩然，皆得之漢書。』（論文）則是曾文之長又在法度森嚴。所以說：『歐陽永叔得力於史記，曾子固得力於漢書』（論文）

學史漢而兼有其長者，則為韓愈。論文中說：『作文如畫，全要界畫。……韓文敘事無一不合，但史公多跌宕，韓較嚴整。』這即是說法度森嚴處。答姚英三書中說：『韓子於諸子皆得其體意，而敘事之文出之子長者十七八，但才高善化，使人莫辨其所宗師。』這即是說神明變化處。韓愈之長即在兼此二者，所以說：『韓文體意有孟荀莊楊子，有左傳史記，兼有漢書。』（論文）所以又說：『馬班二書固文家之至寶，而韓退之則其導師也。』（答姚英三書）

學歐曾而兼有其長者，則為歸有光。他說：『子長神明變化處，惟韓歐陽神遇之，近代則震川能得之。』（答姚英三書）是則震川所得固在神明變化之處。而與王惕甫書又說：『至震川，直駕姚牧庵虞道園而上接歐曾。』那麼，震川所得，又兼有曾氏法度之密了。

韓愈兼馬班之長，歸有光兼歐曾之長，所以張氏所宗，前為韓而後為歸；正因韓歸二氏之於法度，能有常有變。這是張氏文論比較可以注意的地方。此外，雖亦兼及其他問題，似多勦襲舊說，不是體會有得之言。

吳氏所宗，也在歸氏。他曾把震川文選鈔研習，用功極深。柈湖集中有兩篇序；一是歸震川文別鈔序（卷四）

一是記鈔本震川文後，（卷五）所以他的師仰歸文，與桐城諸子同，曾氏以之列入桐城一派，原也未嘗不可。黎庶昌稱其文『淸縝往復，善談名理，亦瑣瑣喜道鄉曲事，聲音笑貌，宛然一熙甫也。』（見拙尊園叢稿二書拌湖文錄後）是則吳氏於文固有自得之處，而由規模言實較桐城文更爲狹隘。曾氏自謂私淑姚氏，而其所得乃遠過之；吳氏自謂不宗桐城，而所得乃未能軼於桐城之外。二人之心胸廣狹，亦可於是見之。

我們假使要指出吳氏文論之長，那還不如說吳氏爲人之長。他常自說：『古文云者，非其體之殊也，所以爲之文者，古人爲言之道耳。抑非獨言之似於古人而已，乃其見之行事宜無有不合者焉。』（柈湖集六與楊性農書）所以他不但文與道合，兼欲文與行合。他在與朱伯韓書中也說：

> 夫閣下所欲以其道倡於一世者古之文也。然古之文者，豈爲其言語殊異，特高於衆人之爲者哉！自昔韓子文章復古，始號稱古文，至宋歐陽氏復修其業。言古文者，必以韓歐陽爲歸，然二公者其持身立朝行義風節何如哉！豈嘗有分毫畏避流俗不以古人自處者哉？故得罪貶斥而不悔，叢謗集譏而不懼，而文章之道，故有浩然盛大者焉。今閣下方爲言官而能不餒乎其氣，益養而充之，是閣下處韓歐之地，用韓歐之道也。而好爲韓歐之古文，其究至於韓歐也豈遠哉！夫文章之道，主乎其氣。氣竭矣；雖欲強而張之，不可得也。氣誠不餒而盛矣，雖欲強而抑之，亦不可得也。氣盛而用之，其學與其才，故其文莫高焉。（柈湖集七）

我們假使於這一點以窺南屏之文，以及南屏之文論，似乎比較能夠得到眞際。杜貴墀的吳先生傳中稱『鉅人多求識先生，而湘鄉曾文正公國藩與交尤篤，然先生雅自矜重，功名形勢之地，可借以收聲實者不以自浼。嘗言人之於古，豈特效其文哉，必行誼無不與合，而後吾文從焉。生平辭受取與兢兢嚴尺寸，不使其身一日居於可愧。』則他平日律身之嚴可知。有可以借重的友人而淡泊自甘，不引以爲進身之地，那眞是古之人哉！古之人哉！『狷者有所不爲，』我們於此，然後知道所謂心胸廣狹云者，正是他的特立獨行之處。然而這在桐城文人也是大都如此的。章炳麟之論清儒謂『諸姚生於紈袴綺襦之間，特稍恬淡自持，席富厚者自易爲之，』（檢論四）此雖寓有菲薄之意，然桐城文人束身自好，不尙奔競，他也不能不承認了。桐城文人中惟劉明東（開）稍好矜炫，然已見議於管同。所以這一點也是古文家所共同注意之點。

因此，他之所宗在孟子，在李翺。這似乎較桐城義理詞章合一之說爲切實，爲透澈。他說：『古之傳文者曰，文者以明道也。斯言也，惟孟子與韓子當之。韓子之文未專乎道也。專乎道者，孟子而已矣。』他再說：『孟子之道固全矣，而亦其文之功也。』（柈湖集五書孟子別鈔後上）他覺得必要有孟子之道，然後纔可謂「專乎道。」然而有了孟子之道，更得有孟子之文，所以說：『所謂文以明道者，必如孟子而可焉。』（見同上）其次便講到李翺，他也說：『後世之人苟能知翺文而好之者，其於文與道必深；非其深者亦不足以知翺文而好之，』（柈湖集五書李翺文後）他於書李翺復性書後再說：『道學始於周程，吾不謂然也；周程其盛爾。若曰始於李翺者，猶可也。』（柈湖集五）

他提出孟子李翺爲宗主，這便與一般古文家之宗歐曾者不同。以前，方望溪嘗欲合程朱韓歐而爲一，我以爲若照南屏的主張，倒也不失爲一條途徑。

第四節　桐城派之旁支

第一目　惲敬與陽湖派

第一款　陽湖源流

自桐城派之名既立，於是人文稍盛作風稍異者，遂也多以地域名派，而以陽湖派爲特著。陽湖爲舊常州府治，邑人惲敬張惠言均倡爲古文，不免與桐城立異，世因稱之爲陽湖文派。然語其淵源所自，則亦出自桐城，只能稱之爲桐城派之旁支。惲敬上曹儷笙侍郎書稱：『後與同州張皐文吳仲倫，桐城王悔生遊，始知姚姬傳之學出於劉海峯，劉海峯之學出於方望溪。』（大雲山房文稿初集三）張惠言送錢魯斯序亦言：『魯斯大喜顧而謂余，吾嘗受古文法於桐城劉海峯先生，顧未暇以爲，子儻爲之乎？』（茗柯文二編下）又其文稿自序謂：『余友王悔生見余黃山賦而善之，勸余爲古文，語余以所受於其師劉海峯者，爲之一二年稍稍得規榘。』（茗柯文三編）則是惲張二人之爲古文，都是間接受劉海峯的影響。錢魯斯與王悔生都受業海峯之門，而吳仲倫之與姚姬傳又在師友之間，所以惲張之爲古文，其淵源實出於桐城。

顧惲張爲古文之淵源雖出自桐城，而惲張之爲學，則異於桐城諸子。惲張二人本非古文家，本不能爲桐城文。

他們受桐城的影響都比較後。陸繼輅七家文鈔序云：『乾隆間，錢伯坰魯思親受業於海峯之門，時時誦其師說於其友惲子居張皐文。二子者始盡棄其考據駢儷之學專志以治古文蓋皐文研精經傳其學從源而及流；子居泛濫百家之言，其學由博而返約。二子之致力不同，而其文之澂然而淸，秩然而有序，則由望溪而上求之震川荊川遵巖，又上而求之廬陵眉山南豐新安如一轍也。』在此節文中，便可知惲張之學爲考據爲駢儷甚或泛濫百家之言，原與桐城諸子不同。所以後來雖受桐城影響，「專志以治古文」而所學既異作風當然也未能盡合。是則陽湖之別成一派，原非偶然。

抑陽湖諸子之爲考據爲駢儷，乃至泛濫百家之言，固與桐城學風不同，然也正因有此不同，所以駸駸有舍棄唐宋上躋秦漢的傾向。陽湖文人的作風，不惟與桐城異趨，正可以藥桐城文平鈍之敝。我們須知桐城派的功臣，原不必是拘守桐城義法的文人。

惲張以後爲古文者有秦瀛陸繼輅董士錫李兆洛諸人；其作風除秦瀛外，不免都有些偏於駢儷的傾向。甚至如李兆洛這樣倡爲駢散合一之論，那麼更與桐城異趨了。

所以陽湖文論除惲敬外，無可論述。張惠言未享高年，所學未就，於文道之說亦無所闡發，本不必講。秦瀛則推尊震川望溪與姬傳，不外明體達用之說，亦不見有所自得之處。他雖攻擊袁簡齋文，斥爲離經叛道。（見小峴山人文集二與周半帆書）然而由思想言，則遜簡齋遠甚。陳陳相因之說，正是簡齋所看不起的。簡齋正爲不欲沾染此種習氣，所以寧願獨來獨往，蒙離經叛道之名。此種言論，也不足爲桐城派或陽湖派張目。

第二款 袍袖與槍棓

惲敬字子居，號簡堂，江蘇武進人，所著有大雲山房集，事見淸史稿四百九十卷。

惲氏論文頗有不滿意於桐城諸家的論調。如於方望溪則謂：『旨近端而有時而歧，辭近醇而有時而疵』（大雲山房文稿初集三，上曹儷笙侍郞書），論劉海峯則謂『識卑且邊幅未化』，（二集二，上舉主笠帆先生書）『字句極潔而意不免蕪近』（見大雲山房言事一，與章澧南）論姚姬傳則言其『才短不敢放言高論』。（見同上）他不僅對於桐城派如此，卽對於明末淸初諸文人亦有所不滿。他與舒白香一文中說得最妙。

> 近世文人病痛多能言之。其最粗者，如袁中郞輩乃卑薄派，聰明交遊客能之；徐文長等乃瑣異派，風狂才子能之；艾千子等乃描摹派，佔畢小儒能之。侯朝宗魏叔子進乎此矣，然槍棓氣重。歸熙甫汪苕文方靈皐進乎此矣，然袍袖氣重。能捭脫此數家則掉臂遊行另有蹊徑，亦不妨仍落此數家。不染習氣者入習氣亦不染，卽禪宗入魔法也。（言事一）

這種態度可以代表陽湖派的態度。我們假使要知道陽湖派的風格與桐城派同異之處，便不可不注意他自己說的幾句話：『能捭脫此數家，亦不妨仍落此數家。』他要比桐城有些槍棓氣，比侯魏又帶些袍袖氣。他要於粗豪中帶些學養，學養中又足於氣勢。醇中見肆，肆中有醇，這纔是他的理想。

他以爲南宋後簡直沒有大文字，其上舉主陳笠帆先生書中說：『自南宋以後束縛修飾，有死文無生文，有卑文無高文，有碎文無整文，有小文無大文』（二集二）欲救其弊，惟有不局於義法的觀念，必須濟以灝然流行的氣勢，蓬蓬勃勃，有生氣而後有生文，高視遠矚，有豪氣而後有高文；積其氣，逆其勢，「想當施手時，巨刃摩天揚」「橫空盤硬語，妥貼力排奡」這樣纔能有整文有大文。南宋以後的古文家，大都局促於古文的成法之下，有其嚴整而無其變化，所以覺得於袍袖氣之外，更應濟之以槍棓氣。

但是槍棓氣的文字多不衷於理。劉海峯之文筆銳而才健，在桐城派中要算是特出的人物了。然而他說：『姬傳以才短不敢放言高論，海峯則無所不敢矣，懼其破道也。』（與章澧南）他對與劉海峯猶如此，當然對於袁中郎徐文長以及當時趙甌北一班人都不能滿意了。他說：『大江南北以文名天下者幾於猖狂無理，排溺一世之人，其勢力至今未已。』（上曹儷笙侍郎書）所以覺得槍棓氣也有缺點，更應濟之以袍袖氣。

在當時，袁子才頗想做些大文字於桐城文外別樹一幟，然而惲氏主張雖頗與相近，而品評卻不加推崇，大概也嫌其猖狂無理，懼其破道吧！隨園與桐城立異，他則不必與桐城立異，他要擺脫此數家，所以成爲不袍袖不槍棓的文風；而同時卻又不妨仍落此數家，於是成爲亦袍袖亦槍棓的文風。『不染習氣者入習氣亦不染』陽湖文之異於桐城者在此。

第三款　文統

明白了他這種不袍袖不槍棓而亦袍袖亦槍棓的文風，然後再去看他的文學觀研究他的論文標準，就更容易明白。關於這只能先引他一篇比較重要的文章——上曹儷笙侍郎書。

古文，文中之一體耳！而其體至正。不可餘，餘則支；不可盡，盡則敝；不可爲容，爲容則體下。方望溪先生曰：『古文雖小道，失其傳者七百年。』望溪之言若是。是明之遵巖震川，本朝之雪苑勺庭堯峯諸君子，世俗推爲作者，一不得與乎望溪之所許矣。望溪謹厚兼學有源本，豈妄爲此論邪。蓋遵巖震川常有意爲古文者也。有意爲古文，而平生之才與學不能沛然于所爲之文之外，則將依附其體而爲之。依附其體而爲之，則爲支爲敝爲體下，不招而至矣。是故遵巖之文贍，贍則用力必過，其失也少支而多敝。震川之文謹，謹則置辭必近，其失也少敝而多支。而爲容之失，二家緩急不同，同出于體下。集中之得者十有六七，失者十而三四焉；此望溪之所以不滿也。李安溪先生曰：『古文韓公之後，惟介甫得其法。』是說也，視望溪之言有加甚焉。敬嘗卽安溪之意推之，蓋雪苑勺庭之失，毗于遵巖而銳過之；其疾徵于三蘇氏。堯峯之失，毗于震川而弱過之；其疾徵于歐陽文忠公。歐與蘇二家所畜有餘，故其疾難形。雪苑勺庭堯峯所畜不足，故其疾易見。噫可謂難矣！（初集三）

在這一篇文章裏，他先舉出了古文的三種病，一是支，一是敝，一是體下。而所以支所以敝的原因，又有一部分在於爲容。『爲容則體下。』於是古人爲文之失，又不妨以「支」與「敝」二者盡之。昔人文之犯「支」病者，他舉了震川與堯峯。震川之文謹，堯峯之文弱，謹則不能變化，弱則不敢恣肆，其作風緩而毗於陰，所以『其失也少敝而多支。』昔人文之犯「敝」病者，他又舉了遵巖與雪苑勺庭。遵巖之文贍，侯魏之文銳，贍則用力必過，銳則近於縱橫，其作風急而毗於陽，所以『其失也少支而多敝。』因此，所謂「支」與「敝」二病，卽近於上文所說的袍袖氣與槍棓氣。這二者——袍袖氣與槍棓氣，同出於文體之正，不可謂古文之傳之盡失，然而袍袖氣之失在支，槍棓氣之失在敝，又不能不謂古文之不失其傳。於是他深究其原因癥結所在，而得到一個結論，卽是——『有意爲古文。』有意爲古文，所以只能以古文的標準作品爲模範而依附其體而爲之依附其體而爲之，當然使其『平生之才與學不能沛然于所爲之文之外。』於是沈潛者其失支，高明者其失敝，得其正者不能變，敢於肆者不能醇。遂使一般爲古文者不是滯袍袖氣，便是帶槍棓氣。所以他注意到文人之所畜。歐陽與三蘇也不免有袍袖槍棓之弊，只以『所畜有餘，故其疾難形。』後人之爲古文者正須注意在這一點，所以說：『如能盡其才與學以從事焉，則支者如山之立，敝者如水之去腐，體下者如負青天之高，于是積之而爲厚焉，斂之而爲堅焉，充之而爲大焉，且不患其傳之盡失也。（見同上）

這原是清代爲古文者所常持的論調，不過在他似乎另有一種說法。我們假使要問這種講法與桐城派有什麼關係，那麼與姚姬傳所謂義理考據詞章合一，陽剛陰柔合一之說，似乎都有些相近。硬性的槍棓氣有類于陽剛；而軟性的袍袖氣，有類于陰柔，要調劑之使成爲不槍棓不袍袖，而同時卻亦槍棓亦袍袖，那麼只有在詞章之外，求之於考據或義理於是陽剛陰柔之說與義理考據詞章之說也得到連繫了。所畜愈厚，則雖依附古文的標準作品以學文以作文而能不流於支亦不流於敝。何以故因爲得爲文之本故得爲文之本則不是有意爲古文而是無意爲古文了。

這樣纔能得古文之傳纔是惲氏理想中所謂得古文之傳。

第四款　文本

然則，這樣講法，是不是又同於道學家所謂『理明則文自至』呢？則又不然。他在大雲山房文稿初集序中自述其學文經驗，說得很明白。這也是一篇惲氏文論中比較重要的文字。他自己說：『十一學爲文，十五學六朝文學漢魏賦頌及宋元小詞，十七學漢唐宋元明諸大家文。』這是他少年學文時期。後來其父告以讀書之序，窮理之要，攝心專氣之驗，于是復反而治小學，治經史百家。這又是他壯年治學時期。最後，走京師，遊中原，與天下士交，始欲以所得發之於文，而力袪下筆迂回細謹之弊。則是他一生經歷，少年學文，中年窮理，最後再發而爲文，以文始，亦以文終，這是他異於道學家之處。

我們明白他的學文經歷，然後知道他所謂『有意爲古文，』與『沛然於所爲文之外』的意思。原來他所指摘的依附其體而爲文，有類於他少年的學文經歷。使才與學沛然於所爲文之外，又有類於他中年的學文經歷。必須經過他中年的學文經歷，然後到後來再返而發之爲文，便與依附其體以爲文者不同。所以由他的理論推之，所謂讀書窮理攝心專氣，是爲文之本，而所謂依附其體，則是爲文之末。

他自己批評昔人的文論謂：『退之子厚習之，各言其所歷者也，一家之所得也。于天下之文，其本末條貫，有未備者焉。』（初集三與紱之論文書）所以我們於惲氏之論文也正應在本末條貫上着眼。

我們先看他的所謂本是什麼？他說，

孔子曰『辭達而已矣。』孟子曰，『詖辭知其所蔽，淫辭知其所陷，邪辭知其所離，遁辭知其所窮。』古之辭具在也！其無所蔽所陷所離所窮四者，皆達者也。有所蔽所陷所離所窮四者，皆不達者也。然而是四者，有有之而于達無害者焉，列禦寇莊周之言是也；非聖人所謂達也。有時有之，時無之，而于達亦無害者焉，管仲荀卿之書是也；亦非聖人之所謂達也。聖人之所謂達者何哉？其心嚴而慎者，其辭端；其神暇而愉者，其辭和；其氣灝然而行者，其辭大；其知通于微者，其辭無不至。言理之辭，如火之明，上下無不灼然，而跡不可求也。言情之辭，如水之曲行旁至，灌渠入穴，遠來而不知所往也。言事之辭，如土之墳壤鹹瀉，而無不可用也。此其本也。（與紱之論文書）

他所謂辭達，有聖人之所謂達與常人之所謂達。聖人之所謂達，是無所蔽，無所陷，無所離，無所窮，所以其辭端，其辭和，其辭大，其辭無不至。常人之所謂達，則不妨有所蔽，有所陷，有所離，有所窮，只須能達其意而已。

他是以聖人之所謂達爲標準的，所以他重在培養其本。而培本之法，有先天的，有後天的。其與來卿書謂：『古文之訣，歐陽文忠公已言之曰多讀書多作文耳然必有性靈有氣魄之人方能語小則直湊單微語大則推倒豪傑，本原穢者文不能淨本源粗者文不能細本源小者文不能大也。』（言事二）這便是指先天方面說的。其答來卿書所謂『作文之法不過理實氣充理實先須致知之功氣充先須寡欲之功。致知非枝枝節節爲之，不過其心淵然千萬物之差別一一不放過故古人之文無一意一字苟且也。寡欲非掃淨斬絕爲之，不過其心超然千萬事之攻取，一一不黏著故古人之文無一字一句塵俗也。』（言事二）這卽是指後天方面說的。先天方面，非人力所能強，不足以示爲學門徑。後天方面所指出的「理」與「氣」二者，正所以藥「支」與「敝」之病。窮理則不「敝」，自然無檜梧氣；養氣則不「支」，自然無袍袖氣。所以他說：『須平日窮理極精臨文夷然而行，不責理而理附之；平日養氣極壯，臨文沛然而下，不襲氣而氣注之。則細入無倫大含無際波瀾氣格，無一處是古人而皆古人至處矣。（言事二答來卿）

這是他的文本論。

第五款 本末條貫

那麼，我們再看他所謂末是什麼？他說：

蓋猶有末焉。其機如弓弩之張，在乎手而志則的也；其行如挈壺之漉，下而微至也；其體如宗廟圭琮之不可雜置也，如毛髮肌膚骨肉之皆備而運于瓤也，如觀于崇岡深巖進退俯仰而横側喬墮無定也。如是，其可以

為能于文者乎。（與紉之論文書）

文之機，文之行，與文之體，都是所謂末。機欲其熟，行欲其順，體欲其宜。這都是技的方面的問題。由本及末，則又有所謂從入之途。他說：『若其從入之途則有要焉：曰其氣澄而無滓也，積之則無滓而能厚也。其質整而無裂也，馴之則無裂而能變也。』（與紉之論文書）在這裏，用了很多抽象的名詞，似乎不容易明白。實則按其所言，依舊不脫上文所說的「理」與「氣」二字。不過言理與氣，則可以離開了「文」而言，因為這是文人的修養，所以是文之本。言質與氣，則可以就文而言，因為這又可以表現在「文」的中間，所以又成為從入之途。氣，就文的風格言而兼及內容；質，就文的內容言而兼及風格。於是所謂理與氣，有文以外的理與氣，有文以內的理與氣。

這樣，我們可以看到他的所謂本末條貫的關係了。原來他的所謂本末，雖說得極分明，極清楚，然而實際依舊即是一件事。我們只須看他答來卿書中所言：『看文可助窮理之功，讀文可發養氣之功。』（言事二）那麼，所謂窮理養氣云者，也仍舊變為『有意為古文』的方法。一轉再轉，仍舊落到有意為古文的方面。

再看他在這篇文中所舉的看文之法與讀文之法。其論看文之法云：

譬如史記李將軍列傳『匈奴驚，上山陣，』一山字便是極妙法門。何也？匈奴疑漢兵有伏，以岡谷隱伏耳。若一望平原，則放騎追射矣。李將軍豈能百騎直前，且下馬解鞍哉？使班孟堅為之，必先提清漢與匈奴相遇山下，亦文中能手。史公則於匈奴驚下銷納之，劍俠空空兒也。此小處看文法也。

史記貨殖列傳千頭萬緒，忽敍忽議，讀者幾於入武帝建章宮煬帝迷樓，然綱領不過「昔者」及「漢興」四字耳。是史公胸次眞如龍伯國人可塊視三山杯看五湖矣。此大處看文法也。

此處所窮的理，何嘗是窮文以外的理！其論讀文之法云：

讀文則湛浸其中，日日讀之，久久則與爲一，然非無脫化也。歐公每作文，讀日者傳一遍。歐公與日者傳何啻千里此得讀文三昧矣。

此處所養的氣，也何嘗是養文以外的氣？

這是不是矛盾呢？是的但這是沒法避免的矛盾。蓋明清的古文家，都是「有意爲古文，」不過明代文人只注重在如何模擬的方面，而清代文人則爲要建立一番理論所以再欲求之於文之外。然而古文之體自唐宋以後規模已具後人無論如何也不能越其範圍，於是說來說去，依舊不能不求之於文之中。這樣，所以看文讀文可爲窮理養氣之助而造成了理論上的矛盾。惲氏上曹儷笙侍郎書中有兩句話：『文人之見日勝一日，其力則日遜焉，是亦可虞者也。』這眞是再愜當不過的話。我們假使要找尋他的原因，恐卽在依附其體而爲之的關係。一方面欲求其文體之正，不得不依附其體；而一方面又知依附其體的流弊，所以論雖日高，而力則日遜。惲氏的一方面求其見之日高，一方面又恐其力之日遜，所以雖不欲有意爲古文，卻不自覺的仍墮入有意爲古文的圈套中去。

第六款　陽湖作風

因此，惲氏雖建立了一套似乎有系統的理論，實則也與桐城諸老一樣，仍以詞章爲事。所謂義理，所謂考據，所謂沛然有餘於文之外，都不過用以藥僅僅模古之失，兼以助其文論系統之建立而已。

我們若從這一點以論陽湖派的作風，那便不會爲他的文論所蒙蔽，而知所謂亦袍袖亦槍棓云者，初不必與其「文本說」有何關涉。蓋桐城諸子從歸唐入手以進窺歐曾漸及馬班，於統雖正，而於體不免近弱。章實齋文理篇謂『歸唐諸子得力於史記者，特其皮毛，而於古人深際未之有見』，即因他們以文章法度去論史記，當然不能窺其深際。而桐城諸子復蹈其覆轍，局促於義法之說，其體亦不得不弱。後來王先謙續古文辭類纂之評惲子居文，每謂其「不可爲法」。實則惲子居卻正以『不可爲法』自負。他正因有許多不可爲法之處，然後才能於袍袖氣外再加以槍棓氣。假使說惲子居所不滿意於「有意爲古文」之處，那麽正在這一點。

然而他雖不滿意於「有意爲古文」的桐城文，而實際上陽湖文之有意爲古文，也正與之同。不過桐城文爲了求其統之正，所以只以儒家爲宗，而陽湖文則參以諸子而已。只以儒家爲宗，故不免陳陳相因而落於腐。即使有些生發，也往往其說愈正，則其體愈弱。這在惲氏大雲山房文稿二集自序中已說得很明暢。他說：

昔者班孟堅因劉子政父子七略，爲藝文志，序六藝爲九種，聖人之經，永世尊尚焉。其諸子則別爲十家，論可觀者九家，以爲雖有蔽短，合其要歸，亦六經之支與流裔。至哉此言，論古之圭臬也。敬嘗通會其說，儒家體備於禮及論語孝經，墨家變而離其宗；道家陰陽家支駢於易；法家名家疏源於春秋；縱橫家雜家小說家適用於詩書，孟堅所謂詩以正言，書以廣聽也。惟詩之流，復別爲詩賦家而樂寓焉。農家兵家術數家方技家，聖人未嘗專語之，然其體亦六藝之所孕也。是故六藝要其中，百家明其際會，六藝舉其大，百家盡其條流。其失者孟堅已次第言之，而其得者窮高極深，析事剖理，各有所屬。故曰修六藝之文，觀九家之言，可以通萬方之略。後世百家微而文集行，文集敝而經義起，經義散而文集益漓。學者少壯至老，貧賤至貴，漸漬於聖賢之精微，闡明於儒先之疏證，而文集反日替者，何哉？蓋附會六藝，屏絕百家，耳目之用不發，事物之賾不統，故性情之德不能用也。敬觀之前世，賈生自名家縱橫家入，故其言浩汗而斷制；鼂錯自法家兵家入，故其言峭實；董仲舒劉子政自儒家道家陰陽家入，故其言和而多端；韓退之自儒家法家名家入，故其言峻而能達；曾子固蘇子由自儒家雜家入，故其言溫而定；柳子厚歐陽永叔自儒家雜家詞賦家入，故其言詳雅有度；杜牧之蘇明允自兵家縱橫家入，故其言縱厲；蘇子瞻自縱橫家道家小說家入，故其言逍遙而震動。至若黃初甘露之間，子桓子建氣體高朗，叔夜嗣宗情識精微，始以輕雋爲適意，時俗爲自然，風格相仍，漸成軌範，於是文集與百家判爲二途。熙寧寶慶之會，時師破壞經說，其失也鑿；陋儒襞積經文，其失也膚。後進之士，竊聖人遺說，規而畫之，睇而斲之，於是經義與文集幷爲一物。太白樂天夢得諸人，自曹魏發情；靜修幼淸正學諸人，自趙宋得理。遞趨遞下，卑冗日積。是故百家之敝，當折之以六藝；文集之衰，當起之以百家。其高下遠近華質，是又在乎人之所性焉，不可強也已。

這是一篇很重要的文也許惲氏受了章實齋的影響，所以看到後世文集之敝。陽湖文與桐城文作風不同之點，也卽在這兩句：『百家之敝當折之以六藝文集之衰當起之以百家。』他是要以百家而起文集之衰，所以自謂帶些槍梧氣，而王先謙等當然議其不可爲法了。

所以我們說他依舊落於有意爲古文的圈套裏。

第二目　曾國藩與湘鄉派

第一款　爲學大旨

曾國藩，字滌笙，號伯涵，湖南湘鄉人，事見清史稿四百十一卷。所著有曾文正公詩文集等。

他是桐城派漸趨式微後的鉅子，其論文極推崇姚姬傳。他的聖哲畫像記於淸代學者中僅舉顧亭林秦蕙田姚姬傳王念孫四人，以之與周公孔子並列，並謂『國藩之粗解文章，由姚先生啓之也。』傾倒之忱，於此可見。所以他不僅在政治上是中興名臣，卽在文學史上也可說是桐城派的中興柱石。不過以其聖哲畫像記中所推崇不僅姚氏一人，故其學問根柢較一般局守桐城家法者爲廓大，而爲文規模也有與桐城出入之處。李詳論桐城派一文謂：『文正之文雖從姬傳入手，後益探源揚馬，專宗退之，奇偶錯綜，而偶多於奇，複字單義雜廁其間，厚集其氣，使聲采炳煥而戛焉有聲，此又文正自爲一派，可名爲湘鄉派，而桐城久在祧列。』因此，我們於曾氏之文也只能稱爲桐城之別支。

實則他不僅較桐城爲廓大，卽較當時任何學派，任何學者，其學問規模也都來得廓大一些。文章經濟學術事業並世無兩；以文人而握兵柄，以學者而長政治，體用本末無不兼顧，下學上達一以貫之，由這一點言，更是並世無兩。在當時，主駢散合一者有李兆洛，而曾氏與之同；主漢宋合一者有陳澧，而曾氏也與之同。又在當時，姚姬傳氏欲合義理考據詞章而爲一，戴東原氏亦以爲言，而曾氏更與之同。其聖哲畫像記云：『如文周孔孟之聖，左莊馬班之才，誠不可以一方體論矣。』曾氏之學也是不可以一方體論之。因此，我們現在論述曾氏之文論，分析言之，似覺破碎而不得其要領；綜合言之，又似渾淪而難得其條理。無已，只有先綜述其綱領，而後再細析其類目。

先言他的爲學大旨。他以爲文與道都是爲學。在學問的綱領下，文與道不必有什麼分別。文人之文自離於道，其關係尙小；惟學者之文自託於道，而薄視文爲小技，爲玩物，則關係實大。因爲可以使人誤認爲能文不是爲學。因此，他於致劉孟蓉書中說：『古之知道者未有不明於文者也。能文而不能知道者或有矣，烏有知道而不明文者乎？』（曾文正公尺牘一）他以爲『所貴乎聖人者，謂其立行與萬事萬物相交錯而曲當乎道，其文字可以教後世也。』（同上）那麼，聖人之可貴，卽在其文字之足以行遠而傳後。所以知道者必明於文字，而能文卽所以爲學。他又以爲『吾儒所賴以學聖賢者，亦藉此文字以考古聖之行，以究其用心之所在，然則此句與句續，字與字續者，古聖之精神語笑胥寓於此。』（同上）那麼，玩古人之文辭也正所以知「道」，而爲文功夫不深，不足以深知古人文字詞氣之緩急，韻味之厚薄者，又不足以知「道」。爲什麼？因爲偶一不愼，往往差若毫釐，謬以千里。是則宋學家不深求字句之訓釋而求其義理，固易陷於誤謬；即如漢學家之訓詁博辨考據精詳而不能玩索於字句之間，依舊難窺其精微。由這一點言，必須如古文家之體玩，纔可以窺道，必須由學文的方法，纔能得古人之精神。這是他聖哲畫像記所謂『習其器矣，進而索其神，通其微，合其莫』的意思。因此，求道必須先學文。他更以為『其文之醇駁，一視乎見道之多寡以為差。見道尤多者，文尤醇焉，孟軻是也。次多者醇次焉，見少者文駁焉，自荀揚莊列屈賈而下，次第等差略可指數。』（同上）是則為文尤不可不先有見於道。這一點雖是陳陳相因的老生常談，然而假使與曾氏所謂從詞氣韻味以窺古聖之精神語笑之說使之發生聯繫，則文道合一之說，便成為曾氏從桐城學中得來的創見，由朽腐而化為神奇了。

如何見道呢？他再在這一方面溝通漢宋學之分。他說：

夫所謂見道多寡之分數，何也？曰深也，博也。昔者孔子贊易以明天道，作春秋以衷人事之至當，可謂深矣。孔子之門有四科，子路知兵，冉求富國，問禮於柱史，問樂於魯伶，九流之說皆悉其原，可謂博矣。深則能研萬事微芒之幾，博則能究萬物之情狀而不窮於用。後之見道不及孔氏者，其深有差焉，其博有差焉。能深且博而屬文復不失古聖之誼者，孟氏而下惟周子之通書，張子之正蒙，醇厚正大，邈焉寡儔。許鄭亦能深博而訓詁之文或失則碎；程朱亦且深博而指示之語或失則隘。其他若杜佑鄭樵馬貴與王應麟之徒，能博而不能深，則文流於蔓矣；游楊金許薛胡之儔，能深而不能博，則文傷於易矣。由是有漢學宋學之分，齗齗相角，非一朝

> 矣。僕竊不自揆，謬欲兼取二者之長，見道旣深且博，而爲文復臻於無累，區區之心，不勝奢願。（同上）

此義，屢見其所爲文中，如聖哲畫像記，及覆潁州府夏教授書等，均言宗主宋儒不廢漢學之義。這是他學問博大的一點。

如何爲文呢？他又在這一方面溝通駢散文之分。他說：

> 天地之數以奇而生，以偶而成。……一奇一偶，互爲其用，是以無息焉。……文字之道何獨不然。六籍尙已！自漢以來爲文者莫善於司馬遷，遷之文，其積句也皆奇，而義必相輔，氣不孤伸，彼有偶焉者存焉。其他善者，班固則毗於用偶，韓愈則毗於用奇。……豪傑之士所見類不甚遠。韓氏有言，孔子必用墨子，墨子必用孔子，不相用不足爲孔墨。由是言之，彼其於班氏，相師而不相非明矣。（曾文正公文集一，送周荇農南歸序）

此義，亦屢見於其所爲文中，如湖南文徵序，等又求闕齋日記中論文之語，亦常見駢散合一之旨。這也是他學問博大的一點。

至於再進一步，推究他何以欲溝通漢宋學之分呢？卽因他本於文的見地以論道，故論道仍不離於爲文。他自言欲『見道旣深且博而爲文復臻於無累』，所以他絕不以爲文爲小事。他對於當時『所謂考據之文，一字之音訓，一物之制度，辨論動至數千言』者，以爲不合爲文法度。（見文集一，湖南文徵序）必須不逞博辨，不染考據習氣，有材料而不堆垛，有學問而不賣弄，『能焉而不伐，歛焉而愈光』，纔爲神勇，纔爲大雅。（見文集一，茗柯文編序）

是則他固站在「文」的立場所以欲矯漢學之弊。至於義理之文，則更不易無累。其覆吳南屏書謂『古文之道，無施不可，但不宜說理耳。』（尺牘一）而於與劉霞仙書中再申述其理云：『自孔孟以後，惟濂溪通書橫渠正蒙道與文可謂兼至交盡；其次如昌黎原道，子固學記，朱子大學序，寥寥數篇而已。此外則道與文不能不離而爲二。鄙意欲發明義理，則當法經說理窟（案「說」當作「學」）及各語錄劄記；欲學爲文，則當掃蕩一副舊習，赤地新立，將前此所業蕩然若喪其所有，乃始別有一番文境。望溪所以不得入古人之閫奧者，正爲兩下兼顧，以致無可怡悅。』（尺牘一）我們看到這一些話，將覺與上文所謂文道合一之說有些矛盾，那就不免誤會曾氏意思。蓋曾氏正因看到這一點，所以不欲以朽腐的道學語累及文境。必須思想不尋常而後文境能出奇，這又是他站在「文」的立場以矯宋學之弊。所以他的文道合一說，獨能由朽腐而化爲神奇。他因爲看重文事，所以更不贊同昔人作文害道之說，以學文爲玩物喪志。他致劉孟蓉書中還有一妙喻：『即書籍而言道，則道猶人心所載之理也，文字猶人身之血氣也。血氣誠不可以名理矣，然舍血氣則性情亦胡以附麗乎？今世雕蟲小夫既溺於聲律繢藻之末，而稍知道者又謂讀聖賢書當明其道，不當究其文字。是猶論觀人者當觀其心所載之理，不當觀其耳目言動血氣之末也。不亦誣乎？』因此，他以爲讀聖賢書既當明其道，更當究其文字。所以說：『見道既深且博，而行文復臻於無累。』

不僅如此，他何以欲溝通駢散文之分呢？原來也仍因於爲道。其湖南文徵序云：『若其不俟摹擬，人心各具自然之心，約有二端：曰理，曰情。二者人人之所固有。就吾所知之理而筆諸書而傳諸世，稱吾愛惡悲愉之情而綴辭以達之，若剖肺肝而陳簡策，斯皆自然之文。』於是再以爲後世之文不能無偏勝，駢體偏於情韻，散體偏於義理，而二者亦互有短長。是則理與情既不必偏勝，駢與散又安可各趨極端，而駢散合一之說，仍不能與義理無關了。

由這樣言，論道則及文，論文則及道，所以更可見曾氏爲學之大。

第二款　論文大旨

然而，曾氏之學不是泛濫而無所歸的。他既確信舍文字無以窺聖人之道，而於道苟有所見，仍不可不求其文之無累。所以他說：『故凡僕之鄙願，苟於道有所見，不特見之，必實體行之；不特身行之，必求以文字傳之後世。雖曰不逮，志則如斯。』（致劉孟容書）是則他的學問，以文始以文終，徹頭徹尾，還是以文字爲中心。他雖以德行事功震耀一世，而由學問言，他實是『有意於作者之林。』（見覆劉霞仙中丞書）有意於作者之林，所以不欲以重考據義理之故以累其文。他分別人心所具自然之文有二：曰理，曰情。於是以爲『自羣經而外，百家著述，率有偏勝。以理勝者，多闡幽造極之語，而其弊或激宕失中；以情勝者，多悱惻感人之言，而其弊常豐縟而寡實。』（湖南文徵序）於是再以爲『綴以排比之句，間以婀娜之聲，……此皆習於情韻者類也；……法韓氏之氣體，以闡明性道，……此皆習於義理者類也。』（同上）他爲文既欲駢散之合一，當然也不欲情理之偏勝。所以他一方面要矯駢體文豐縟寡實之失，而一方面又欲矯散體文激宕失中之弊。他不欲文之「寡實，」於是重在考證與義理；他又不欲文之「失中，」於是於所謂考證義理，復不欲使其爲行文之累。因此，由考證言，則杜馬與許鄭同功；由義理言，則義理又與經濟同類。其聖哲畫像記云：『百年以來，學者講求形聲故訓，專治說文，多宗許鄭，少談杜馬；吾以許鄭考先王制作之源，杜馬辨後世因革之要，其於實事求是一也。』這固然是一個理由，實則由為文言，正因許鄭之學不能入文，而杜馬之學可以入文的緣故。其示直隸學子文云：『苟通義理之學而經濟該乎其中矣。……然後求先儒所謂考據者使吾之所見證諸古制而不謬；然後求所謂詞章者，使吾之所獲達諸筆札而不差。』此其故又因由為文言，敷陳義理不適於為文而論述經濟猶不必『掃蕩一副舊習，赤立新立』的緣故。所以這樣講考據義理，而考據義理便不與文事相妨。

不僅如此，他所取於考據者，乃在文章用字之法。其家訓中屢言文章訓詁合而為一之意。如云：『若於小學既粗有所見，正好從詞章上用功。……自宋以後，能文章者不通小學；國朝諸儒通小學者又不能文章。』（同治元年五月十四日諭紀澤）又云：『余嘗怪國朝大儒於戴東原錢辛楣段懋堂王懷祖諸老，其小學訓詁，實能超越近古，直逼漢唐，而文章不能追尋古人深處，達於本而閡於末，知其一而昧其二，頗覺不解。私竊有志，欲以戴錢段王之訓詁發為班張左郭之文章。』（同治二年三月初四日諭紀澤）是則考據之學非惟不與文事相妨，正是有助於文章了。戴段錢王諸人即因不注意文事，所以不能文章。非惟不能文章，由他『舍文字無以窺聖人之道』的主張看來，抑且不能得古人之義理。其子紀澤長於看書而短於作文，故於家訓中亦剴切諭之云：『此道太短，則於古書之用意行氣，必不能看得諦當。』（同治元年五月十四日）是則不能作文，即看書亦不能看得諦當。宋儒只於文辭中求義理，固不妥當；卽「漢學家」於訓詁文字中求義理，也不免是知其一未知其二。

不僅如此，他所取於義理者，乃在文章行氣之法。他於韓愈送高閑上人序中『機應於心不挫於物』二語，以爲『機應於心，熟極之候也；莊子養生主之說也。不挫於物，自慊之候也；孟子養氣章之說也。不挫於物者，體也，道也，本也。機應於心者，用也，技也，末也。』他以不挫於物爲養氣之候，故於文境亦以雄直爲上，而於姚姬傳陽剛陰柔之說，寧與管同一樣，偏主於陽剛。管氏以爲『與其偏於陰也，則無寧偏於陽。』管氏再以爲『古來文人陳義吐辭，徐婉不失態度，歷代多有；至若駿桀廉悍，稱雄才而足號爲剛者，千百年而後一遇焉耳。』（均見因寄軒文初集八，與友人論文書）是則陽剛之弊較陰柔爲少，而陽剛之美於文境爲尤難。所以曾氏於答張廉卿書中亦謂：『柔和淵懿之中，必有堅勁之質，雄直之氣，運乎其中，乃有以自立。』此卽同於管同的主張。管同又謂：『日蓄吾浩然之氣，絕其卑靡，遏其鄙吝，使夫爲體也常弘，而其爲用也常毅，則一旦隨其所發而至大至剛之境，可以塞乎天地之間矣。如此則學問成而其文亦隨之以至矣。』（與友人論文書）而曾氏家訓亦謂：『凡詩文欲求雄奇矯變，總須用意有超羣離俗之想，乃能脫去恆谿爾！』（同治元年十一月初四日，諭紀澤）這樣講文之有以自立，正在人之有以自立。所以文之有取於義理者，正在文章行氣之法。

像他這樣講考據與義理，那纔眞是以詞章爲中心而能使此三者之合一。不僅如此，他爲了上述的用字之法與行氣之法，於是所取於詞章者，又不在一般古文家所公認的法度方面。他於湖南文徵序云：『古之文初無所謂法也，易書詩儀禮春秋諸經，其體勢聲色，曾無一字相襲，卽周秦諸子亦各自成體，持此衡彼，畫然若金玉與卉木之不同類，是烏有所謂法者！後人本不能文，強取古人所造而摹擬之，於是有合有離，而法不法名焉。』（文集一）是則法不法之問題，原起於摹古之合與離，一般古文家都是於古人之作選擇某一種體格而奉爲準的，竭一生之力以奔赴之，故其勢不得不出於摹擬，於是有所謂法。他們自謂得體之正，所以須求其法之合。曾氏看到古人本無所謂法，看到古人之文各自成體，本不求其同類，故不欲以義法之說範圍人之心思。他於謝子湘文集序中說得尤其透澈。他以爲『古之爲文者其神專有所之，無有俗說龐言淆其意趣。自有明以來，制義家之治古文，往往取左氏司馬遷班固韓愈之書，繩以舉業之法，爲之點，爲之圓圍，以賞異之，爲之乙，爲之纖圍以識別之，爲之評注以顯之，讀者囿於其中，不復知點圍評乙之外，別有所謂屬文之法也者，雖勤劇一世，猶不能以自拔。故僕嘗謂末世學古之士，一厄於試藝之繁多，再厄於俗本評點之書，此天下之公患也。』（文集一）此種論調，與方東樹所言正相反背，轉與章實齋之說可以引爲同調。桐城派之於文，其所得原在評點之學；其所自信也在開闔縱擒斷續頓挫之法，而曾氏反以爲學古之病，這便是與桐城立異的地方。其經史百家簡編序云『章句者昔人治經之盛業也，而今專以施於時文；圈點者科場時文之陋習也，而今反以施之古書。』他只認圈點爲「末流之變遷」，並不認爲「古文之眞傳」。曾氏之於桐城，所以能入而又能出者卽在此。

第三款　用字與行氣

於是，曾氏所論爲文之法，不外上述二者，即是用字之法與行氣之法。

由文章用字之法言，他主「以精確之訓詁作古茂之文章」爲理想的標準。（見同治二年三月初四日家訓）他於家訓中屢言及此。他自言『吾於訓詁詞章二端頗嘗盡心。』（見咸豐十年四月初四日家訓）所以他於此方面的體會亦最精。他說：『吾觀漢魏文人有二端最不可及：一曰訓詁精確，二曰聲調鏗鏘。』（咸豐十年閏三月初四日家訓）所謂訓詁精確，即用字之法；所謂聲調鏗鏘，又與行氣之法有關。他於文事所得者即此。他說：

> 文選中古賦所用之字，無不典雅精當。爾若能熟讀段王兩家之書，則知眼前常見之字，凡唐宋文人誤用者，惟六經不誤；文選中漢賦亦不誤也。即以爾稾中所論三都賦言之，如「蔚若相如，嚼若君平」，以一蔚字該括相如之文章，以一嚼字該括君平之道，此雖不盡關乎訓詁，亦足見其下字之不苟矣。（同上）

如能這樣下字不苟，求其典雅精當，則古文之道自與駢體相同。唐宋文人所以有誤用之字，即因他名爲復古而實用後人之語詞與後人之語法，所以覺其訓詁不能精確。再有古文家之用字，除不能典雅精當外，不免染有學古的習氣，特用奇字以險怪相尚，於是艱澀奧僻，甚至不可句讀。這也是古文家習見的弊病，於是他再拈出一「圓」字，家訓中云：

> 世人論文家之語圓而藻麗者，莫如徐陵庾信，而不知江淹鮑照則更圓，進之沈約任昉則亦圓，進之潘岳陸機則亦圓，又進而溯之東漢之班固張衡崔駰蔡邕則亦圓，又進而溯之西漢之賈誼鼂錯匡衡劉向則亦圓。

至於馬遷相如子雲三人，可謂力趨險奧，不求圓適矣，而細讀之則未始不圓。至於昌黎，其志直欲凌駕子長卿雲三人，戛戛獨造，力避圓熟矣，而久讀之實無一字不圓，無一句不圓。爾於古人之文，若能從鮑江徐庾四人之圓，步步上溯，直窺卿雲馬韓四人之圓，則無不可讀之古文矣，即無不可通之經史矣。（咸豐十年四月二十四日）

此說更爲入妙。所謂無一字不圓，無一句不圓，即由選字典雅，造句平穩之故。訓詁精確，則典雅矣；能合古人語文法，則又平穩矣。典雅平穩，則自然能圓。所以爲古文者有意求平固不可，即有意求奇也未爲愜當。

他是站在此種關係上以使駢散之合一的。

由文章行氣之法言，他又是以瑰瑋飛騰之氣運奇辭大句，爲理想的標準。他於日記中又屢言及此。他說：『奇辭大句須得瑰瑋飛騰之氣驅之以行，凡堆重處皆化爲空虛，乃能爲大篇，所謂氣力有餘於文之外也。否則氣不能舉其辭矣。』（辛亥七月）他又說：『溫韓文數篇，若有所得，古人之不可及，全在行氣，如列子之御風，不在義理字句間也。』（癸亥十一月）這似乎是古文家習見的論調，然而不然。他再論行氣之法謂：『爲文全在氣盛，欲氣盛全在段落清。每段分束之際，似斷不斷，似咽非咽，似吞非吞，似吐非吐，古人無限妙境難於領取。每段張起之際，似承非承，似提非提，似突非突，似紓非紓，古人無限妙用亦難領取。』（辛亥七月日記）又說：『雄奇以行氣爲上，造句次之，選字又次之。然未有字不古雅而句能古雅，句不古雅而氣能古雅者，亦未有字不雄奇而句能雄奇，句不雄奇而氣能雄奇者，是文章之雄奇，其精處在行氣，其麤處全在造字選句也。』（咸豐十四年正月初四日家訓）這些話又似乎卽劉海峯所謂求神氣而得之於音節，求音節而得之於字句之意，然而也不盡然。蓋曾氏之所謂行氣，也是駢散兼顧的。他說：『行氣爲文章第一義，卿雲之跌宕，昌黎之倔強，尤爲行氣不易之法。』（同治元年八月初四日家訓）又說：『夜溫長楊賦，於古人行文之氣似有所得。』（己未九月日記）那麼，駢文之聲調鏗鏘，也正是行氣的工夫了。他又說：『因讀辛劉詞，又大悟韓文之妙，實從子雲相如得來。』（壬子正月日記）是則古人行氣之法，又正從駢文中得來呢！

他又是站在此種關係上，以使駢散之合一的。

此後，如張裕釗吳汝綸諸人之論文，大率不外於姚曾諸氏的見解，桐城文派到了清季，乃眞日漸衰歇了。

第三章　學者之文論

第一節　經學家

第一目　戴震段玉裁之考據義理詞章合一說

經學家雖不重在詞章，然也未嘗不有論文的見解。尤其在實事求是的皖派，本不局於漢學，不限於解經；故於文事亦時多討論。本文所述，所以較重在皖派者以此。

皖派自以戴震爲巨擘。震字東原，休寧人；事見清史稿四百八十七卷，所著有戴東原集等書。東原集中論文之語雖不多，然如與方希原書卽可見其論文主旨。在此文中謂『古今學問之途其大致有三，或事於義理，或事於制數，或事於文章』（戴東原集九）此所謂制數，段玉裁在戴東原年譜中卽易爲考核。則是戴氏於學分義理考據詞章三者與姚鼐同，而欲溝通此三者而使之合一，亦與姚鼐同，不過他於此三者之中，以爲不能無先後本末之異。以先後本末言，他便以詞章爲末而以義理制數爲文之大本。（說見前章二節七目）這卽是與姚氏不同的地方。再有義理制數二者僅得一端，仍不足以見其全，粗涉其藩也不足謂窺其奧，必融而爲一而復能窮其極，始可謂得聖人之道。得聖人之道，纔爲得文之大本，於是可成爲至文。所以他是站在此種關係上以使義理考據詞章三者之合一的。段玉裁戴東原年譜中亦稱『先生合義理考核文章爲一事，知無所蔽，行無少私，浩氣同盛於孟子，精義上駕乎康成程朱，修辭俯視乎韓歐。』固不免稍涉阿私，然而我們於此，正可看出當時論文的共同傾向，所以考據詞章兩派能有相近的主張。

這種意思在錢大昕也是如此。大昕字曉徵，號辛楣，又號竹汀，江蘇嘉定人，事見清史稿四百八十七卷，所著有潛研堂文集等書。其味經窩類稿序云：

> 昔人稱昌黎以六經之文爲諸儒倡，……嘗慨秦漢以下經與道分，文又與經分，史家至區道學儒林文苑而三之。夫道之顯者謂之文，六經子史皆至文也。後世傳文苑，徒取工於詞翰者列之，而或不加察，輒嗤文章爲

小技，以爲壯夫不爲，是恥鞶帨之繡而忘布帛之利天下，執穅秕之細而訾菽粟之活萬世也。……昌黎不云乎？『言，浮物也。』物之浮者罕能自立，而古人以立言爲不朽之一，蓋必有植乎根柢而爲言之先者矣。草木之華，朝榮而夕萎，蒲葦之質，春生而秋槁，惡識所謂立哉！（潛研堂文集二十六）

在此文中，以經道與文三者合而爲一，與戴東原同，以六經之文爲立言的根柢，也與戴氏所謂本末之說合。所以經學家之主張，雖亦以義理考據詞章合一爲恉，而與桐城派的見解仍有些出入。

經學家中，如戴東原這樣，眞是比較能『由文字以通乎語言，由語言以通乎古聖賢之心志。』（見其古經解鉤沈序）所以東原雖以文章爲末，但是於此三者的關係，猶以義理爲「考覈」「文章」二者之源。但是，到他的弟子段懋堂（玉裁）便以爲『義理文章，未有不由考覈而得者。』於是以考覈爲本，而義理文章爲末了。他的理由是：

自古聖人制作之大，皆精審乎天地民物之理，得其情實，綜其始終，舉其綱以俟其目，與以利而防其弊，故能奠安萬世，雖有姦暴，不敢自外。中庸曰：『君子之道本諸身，徵諸庶民，考諸三王而不繆，建諸天地而不悖，質諸鬼神而無疑，百世以俟聖人而不惑。』此非考覈之極致乎？聖人心通義理，而必勞勞如是者，不如是不足以盡天地民物之理也。（戴東原集序）

原來他擴大了考覈的範圍，所以以爲義理也是從考覈得來。段玉裁戴東原先生年譜中明明說過：『先生初謂天下有義理之源，有考覈之源，有文章之源。吾於三者皆庶得其源。後數年又曰義理卽考據文章二者之源，義理又何源哉！吾前言過矣。』是則戴東原並不承認義理有源，而段懋堂却硬以考覈爲義理之源，在這裏戴段的見解顯然有些衝突了。然而這個衝突，却是用字的義界的關係。戴氏之所謂考覈，是對於經籍的考據言的，段氏之所謂考覈，是指超於經籍的考據言的。戴氏之學博而精，故能由考據「以通乎古聖賢之心志」，所以義理不妨爲考覈之終點。反過來說，也以能通乎古聖賢之心志，然後能知其所考覈者確爲十分之見，所以義理又爲考據之源。至於段氏則於義理無所得，他的成就，僅僅到考覈而止，當然不免以考覈爲中心。然而離開了經籍，考覈便無所憑藉，則考覈的結果，似乎不能不以經典的義理爲依歸。因此，他說得再遠一些，以爲經典的義理，所以能顚撲不破，放諸四海而皆準者，原來也是從考覈得來。這樣，當然可說考覈爲義理之源了。此種關係，好似以前講過的文與道的關係。謂文原於道，是超儒家之道言的，謂文以明道，便是局於儒家之道言的。所以我說戴段之衝突，是用字義界的關係。至於東原之所謂「道」，原是欲「盡物情，遊心物之先」，始能了解的，那便與段氏之所謂考覈是同樣意義。

無論是主義理爲考覈之源也好，主考覈爲義理之源也好，總之都以詞章爲末。這一點態度，與道學家相同，而與古文家不同。蓋他們是無意於爲文，而不是有意於爲文的。段玉裁潛研堂文集序云：『古之神聖賢人作爲六經之文，垂萬世之敎，非有意於爲文也，而文之工，侔於造化。……自詞章之學盛，士乃有志于文章，顧不知文所以明道而徒求工於文，工之甚，適所以爲拙也。』這卽是說文人之文不得其本，所以愈求其工，而愈形其拙。又云：『中有所見，隨意抒寫而皆經史之精液，其理明故語無鶻突，其氣和故貌不矜張，其書味深，故條鬯而無好盡之失，法古而無摹倣之痕，辨論而無詬詈攘袂之習。淳古澹泊，非必求工，非必不求工，而知言者必以爲工。』則又是說學者之文，不必求工而自能工，卽因得其本的關係。錢大昕半樹齋文稿序言之更明：

> 別於科舉之文而謂之古文，蓋昉於韓退之，而宋以來因之。夫文豈有古今之殊哉？科擧之文志在利祿，徇世俗所好而爲之，而性情不屬焉。非不點竄堯典，塗改周詩，如剪綵之花，五色具備，索然無生意，詞雖古猶今也。唯讀書談道之士，以經史爲菑畬，以義理爲灌溉，胸次灑然，天機浩然，有不能已於言者，而後假於筆以傳，多或千言，少或寸幅，其言不越日用之恆，其理不違聖賢之旨，詞雖今猶古也。文之古不古，於襲古人之面目，而古於得古人之性情。性情之不古若，微獨貌爲秦漢者非古文，卽貌爲歐曾亦非古文也。退之云，「唯古於詞必己出」，卽果由己出矣，而輕佻佚遏，自詭於名教之外，陽五古賢人，今豈有傳其片語者乎？（潛研堂文集二十六）

所以他們所謂古文，乃是「以經史爲菑畬，以義理爲灌溉」的古文。此所以得古文之本而不必襲古文之貌。這是與桐城派不同之處。不過段玉裁潛研堂文集序又說：『有見於道矣，有見於經矣，謂不必求工於文而率意言之，則又孔子所謂「言之無文，行之不遠」者。』這樣說，雖有本末之分，卻不是廢末不爲。

第二目　錢大昕焦循之義法說（孫星衍羅汝懷附）

上所云云於義理考據詞章三方面，經學家與古文家雖均認爲不可偏廢，然而所側重的畢竟互不相同。因此，他們對於入手之方法又不能無異。姚姬傳所提出者，是意與氣的問題，而經學家所提出者則是意與事的問題。在這方面可以說是經學家與古文家對於所謂義法問題之不同的看法。

焦循，字理堂，江蘇甘泉人，事見清史稿四百八十八卷。所著有雕菰樓集及劇說等書。他較戴段錢諸人年輩稍後，但其思深悟銳，所以有些見解，每爲戴錢諸氏所不及。焦氏與王欽萊論文書云：『吾子論文，於古取韓昌黎，於今取朱梅庵（疑當作崖）；不樂字句瑣細及文氣佶聱者，足見天分之高。雖然，此猶據昌黎梅庵以言文，而未嘗卽文以言文也；是猶卽文之當然者以言文，而未嘗卽文之所以然者以言文也。』（雕菰樓集十四）此分別頗重要，因爲這卽是古文家與經學家文論分別之點。古文家之所謂文，自有其標的，而所得也總在音節字句之間，所以覺其未嘗卽文以言文，未嘗卽文之所以然者以言文。於是古文家之所謂義法，在經學家看來，便不值一顧。

焦氏在與王欽萊論文書中以用爲標準，分文爲四種。科舉應試之文，用之一身；應酬交際之文，用之當時；二者皆無足輕重。至於朝廷之誥，軍旅之檄，銘功記德之作，與利除弊之議，則是文之用於天下者，然必仕而在上者任之，所以又無可論。他們所可論的，只是布衣之士所爲的第四種文。這惟有窮經好古，闡彰聖道，纔能成爲百世之文。於是他說爲文之方，謂：

總其大要，惟有二端，曰意，曰事。意之所不能明，賴文以明之，或直斷，或婉述，或詳引證，或設譬喻，或假藻繪，明其意而止。事之所在，或天象算數，或山川郡縣，或人之功業道德，國之興衰隆替，以及一物之情狀，一事之本末，亦明其事而止。（與王欽萊論文書）

這些話自表面看來，似與古文家所言沒有甚麼不同。古文家所謂敍事議論之分，卽事與意之別，然而他下文接着說：『明其事患於不實，明其意患於不精，』那便與古文家所言有些小出入了。

由明其事患於不實的問題言，於是引起二種問題：一是稱名問題，又一是體制問題。這都是與一般古文家見解不盡同的地方。

在稱名問題方面，他們以爲宜從時制，不宜用古稱。錢大昕與友人書中說：

> 昨偶讀足下文，篇末自題太僕少卿，僕以爲不當脫漏「寺」字。足下殊不謂然。足下所據者唐宋石刻，僕謂惟唐宋人結銜不得有「寺」字，自明以來官制與唐宋異，不當沿唐宋之稱。……自明中葉古文之法不講，題銜多以意更易，由是學士大夫之著述，轉不若吏胥文移之可信。足下方以古文提倡一世，當起而正之，勿以爲無足重輕而置之也。（潛研堂文集三十三）

在此文中，爲了一個字的關係，細加考核，眞可謂一字不苟。此種態度，在古文家不一定如此。錢氏跋方望溪文，據李巨來（紱）譏望溪曾祖墓銘稱桐城爲「桐」之非，然而望溪雖無以難李氏，卒不肯從其說以改其文，而後來文人反爲望溪辯護。這卽是古文家與經學家見解不同之處。袁枚小倉山房文集古文凡例，謂碑傳標題則應書本朝官爵本朝地名至行文處則不可泥論，並舉古大家文以爲例則可知古文家之不從時制，原亦未可厚非。袁氏此文雖不必爲錢氏而發又袁氏之文也與桐城派不同，然而經學家與文人見解之不同，正可於此見之。

在體制問題方面，焦氏於與王欽萊論文書中以言算與言琴爲例。他說：

> 言算者先以甲子乙丑等施諸圖，然後指而論之；言音者，先講明勾挑吟揉之例，然後按而誌之。閱二者之書布算以推其數，撫絃以理其音，不差毫末，此文之至奇至巧至瑣細而佶聱者也。使避瑣細佶聱之名，則琴音不可紀，算數不可明，周公之儀禮不必作，孔子之說卦雜卦不必撰，豈理也哉？如謂此非文，則惟如韓之記毛穎，蘇之論范增留侯，而始謂之文乎？願足下窮文之所以然，主於明意明字且主於意與事之所宜明，不必昌黎梅庵，不必不昌黎梅庵；不必瑣細佶聱，不必不瑣細佶聱也。（雕菰樓集十四）

此卽窮文之所以然，故以爲只須明意明事便謂之文。此意與後來章太炎文學總略所謂『以有文字著於竹帛故謂之文，』是同樣意思。經學家的文學觀至此可謂趨於極端。於是所謂「文」者，不僅有有韻無韻之分，並且有有句讀與無句讀之分。最初不過以考據義理爲本，詞章爲末，至是便不免不顧詞章，無關義理，而僅僅以考覈爲主了。我們看到焦氏所言，便可知章太炎之說原非獨創，原爲經學家文學觀之必然的結論。

由述事言經學家重在絕對眞實；由作意言經學家亦重在極端質樸，因爲他只須明其意而止。明其意而止然則有韻無韻，爲偶非偶，以及有句讀無句讀種種，都所以明其意而已。都可以明其意，所以都謂之文。

論到這方面，當時經學家在文學批評上又提出了下列諸問題。一是意的眞確性問題，二是箋疏與文的問題，三是著述與考據的問題，四是繁簡問題。

對於意的見解，在古文家看來，只是創見而不必爲定論；在經學家看來，則是灼見而必出於眞知，所以說：『明其意患於不精。』在文人所矜爲翻新出奇者，在戴震則稱爲「以己自蔽」，稱爲「未至十分之見」。戴氏與姚姬傳書云『所謂十分之見，必徵諸古而靡不條貫，合諸道而不留餘議，鉅細畢究，本末兼察。』這纔是意之精。焦氏與王欽萊論文書云：『學者知明事之難於明意矣，以事不可虛，意可以縱也。』這正說破了古文家的誤解。文人只知意可以縱，而不知意之未至十分之見者，未爲經學家之所許。戴震與任孝廉幼植書云：『好學深思如幼植，誠震所想見其人不可得者，況思之銳，辨議之堅而緻，以此爲文，直造古人不難；以之治經，則思之所入，願弗遽以爲得，勿以前師之說可奪而更之也。』這卽是對於意的見解之不同。

既重在意之精，便不必顧及詞之美。焦循與王欽萊論文書又云：『說經之文主於意，而意必依於經，猶敍事之不可假也。孔子之十翼卽訓詁之文，反覆以明象變，辭氣與論語遂別。後世注疏之學實起于此。依經文而用己之意，以體會其細微，則精而兼實，故文莫重於注經。』他以訓詁爲文，而且以爲文莫重於注經，那眞是經學家的見解了。其後羅汝懷與曾侍郎論文書謂『文事固有不得盡廢箋疏，箋疏又非始於本朝文家，』卽是本此宗旨以闡說的。

既以說經爲文，於是又引起了著作與考據的問題。袁枚本於王充著作者爲文儒，傳經者爲世儒之言，於是每有輕視考據之意。他說：『形上謂之道著作是也形下謂之器考據是也。』又說：『作者之謂聖述者之謂明，』因爲古文是作，考據是述所以古文比考據爲高。爲此問題，孫星衍與焦循均有駁難之說。孫氏答袁簡齋前輩書云：

侍推閣下之意蓋以抄撫故實爲考據，抒寫性靈爲著作耳。然非經之所謂道與器也。道者謂陰陽柔剛仁義之道；器者謂卦爻彖象載道之文，是著作亦器也。（問字堂集四）

這是駁考據爲形下之器之說。因此，他以爲正須因器以求道由下學而上達。他又說：

古人重考據甚於重著作，又不分爲二。何者？古今論著作之才，閣下必稱老莊班馬，然老則述黃帝之言，莊則多解老之說，班書取之史遷，遷書取之古文尚書，楚漢春秋，世本石氏星經，顓頊夏殷周魯歷，是四子不欲自命爲著作。……他如禮論樂書勸學保傅諸篇，互見於諸子，不以爲複出，是古人之著作卽其考據，奈何閣下欲分而二之。

這又是駁以古文爲作而考據爲述之說。照這樣講，袁氏所分爲二者，他則合而爲一，於是說經之文也正是著作。後來袁氏對於此書雖有答覆，然變爲遁辭。對於孫氏所舉各點，未能切實辨答。不僅如此，後來焦循見到孫氏此文復有與孫淵如觀察書，補充孫氏之說，以爲『仲尼之門見諸行事者曰德行，曰言語，曰政事，見諸著述者曰文學。自周秦以至於漢，均謂之學或謂之經學。……其詩賦家則謂之曰詞章，……未聞以通經學者爲考據，善屬文者爲著作也。』（雕菰樓集十三）這是溯源而言，已見袁氏之說不能成立。他又說：

經學者，以經文爲主，以百家子史天文術算陰陽五行六書七音等爲之輔，彙而通之，析而辨之，求其訓故，核其制度，明其道義，得聖賢立言之指，以正立身經世之法，以己之性靈合諸古聖之性靈，並貫通於千百家著書立言者之性靈，以精汲精，非天下之至精，孰克以與此！不能得其精，竊其皮毛，敷爲藻麗，則詞章詩賦之學也。……蓋惟經學可言性靈，無性靈不可以言經學。故以經學爲詞章者，董賈崔蔡之流，其詞章有根柢，無枝葉。而相如作凡將，終軍言爾雅，劉珍著釋名，卽專以詞章顯者亦非不考究於訓故名物之際。晉宋以來，駢四儷六，間有不本於經者，於是蕭統所選，專取詞采之悅目。歷至於唐，皆從而仿之，習爲類書，不求根柢，性情之正，或爲之汩。是又詞章之有性靈者必由於經學，而徒取詞章者不足語此也。趙宋以下，經學一出臆斷，古學幾亡，於是爲詞章者亦徒以空衍爲事，並經之皮毛，亦漸至於盡，殊可閔也。王伯厚之徒習而惡之，稍稍尋究古說，摭拾舊聞，此風既起，轉相仿效，而天下乃有補苴掇拾之學。此學視以空論爲文者，有似此粗而彼精；不知起自何人，強以考據名之，以爲不如著作之抒寫性靈。嗚乎，可謂不揣其本而齊其末矣。（雕菰樓集十三）

此又窮流而言，以見考據之稱原屬後起，以見經學之旨本合性靈，所以更成爲經學家極端的主張了。正因如此，所以他以爲清代如顧閻惠戴段王之學，直當以經學名之。至如袁氏所謂考據稱爲擇其新奇隨時摘錄者，此與經學絕不相蒙。論證到此，於是斷言袁氏之說爲不足辨。可惜袁氏未見此文，如其見此，不知又將何辭以對。我嘗謂清代的文學批評，無論何種偏勝的主張，都能自圓其說，亦可以此證之。

由於述事述意的態度不同，方法不同，於是更引起了文章的繁簡問題。文章繁簡，原非昔人所注意。昔人所言，不過重在鎔裁方面，不使句有可削，字有可減而已！自史通言敍事以簡要爲主，歐陽修尹洙等復揚其波，於是古文家論文，遂多偏於尚簡。古文家既主於簡，經學家遂主於繁；至少也說不必主於簡，不必以繁爲病，而繁簡問題遂起了爭論。顧炎武日知錄文章繁簡條，以爲『辭主乎達，不論其繁與簡也；繁簡之論興而文亡矣。』（卷十九）這已是與古文家立異的論調。至後來錢大昕與友人書則更進一步，由繁簡問題，討論到古文家之所謂義法問題，甚且以爲方望溪爲未喻古文之義法。於此可以看出經學家之所謂義法，與桐城派絕不相同了。他說：

夫古文之體，奇正濃淡，詳略，本無一定；要其爲文之旨有四：曰明道，曰經世，曰闡幽，曰正俗，有是四者而後以法律約之。夫然後可以羽翼經史，而傳之天下後世。至于親戚故舊聚散存沒之感，一時有所寄託而宣之于文，使其姓名附見集中者，此其人事迹原無足傳，故一切闕而不載，非本有可紀而略之以爲文之義法如此也。方氏以世人誦歐公王恭武杜祁公諸誌不若黃夢升張子野諸誌之熟，遂謂功德之崇不若情義之動人心目。然則使方氏援筆而爲王杜之誌，亦將捨其勳業之大者，而徒以應酬之空言了之乎？……文有繁有簡。繁者不可減之使少，猶之簡者不可增之使多。左氏之繁，勝於公穀之簡，史記漢書互有繁簡，謂文未有繁而能工者，非通論也。（潛研堂文集三十三）

是則由述事言文之繁簡，應視其事，不應以簡爲行文的標準。再稍後，湘潭羅念生（汝懷）復有與曾侍郎論文一書，以爲即就述意而言，也不應以簡潔爲標準，因爲文之繁並不傷文之氣。他說：

> 夫文之得以氣言者，莫過於唐之韓與宋之蘇，而韓之狀復讎兩引周官，一引公羊而疏解之，辭句不下十；其上宰相書則尤繁。蘇之合祭六議雜引詩書周禮春秋左氏幷及鄭注賈疏水經注之屬，句不下數十，而詮釋之繁且數倍焉。然則唐宋文家未嘗不崇古法，而無掩於其氣之浩然。（綠漪草堂文集二十）

是則稱引之繁，詮釋之繁，與排比重疊之繁，均無傷於氣，且亦不悖於古法。只有後世文人崇尙空靈，於是每謂繁證博引，則氣不足以舉其詞，始有尙簡之說，而不知文之貧弱亦自此始。

再有古文家以義法裁文，於是以爲繁冗非法度所許，羅氏亦不以爲然。他說：

> 物必先有體而後氣附之，則文家論氣當兼論體。文有論議，有紀敍，有解說，而篇幅有大小修短詳簡之不同，體有殊而氣亦有殊矣。（同上）

則是文之繁簡當視其體。『體不同而同歸於達，然達則可簡，未達弗可簡也。』（見同上）又如何可以一味主簡呢？錢大昕與友人書謂『韓退之撰順宗實錄載陸贄陽城傳，此實錄之體應爾，非退之所剏，方亦不知而妄譏之。』此即是論法當兼論體之義。古文家只取文中一格以論文氣，以論文法，所以時多不合之處。

最後，羅氏再從義的方面，以討論繁簡問題。他說：

今有事物之紛紜蕃變，生人之材行志義，繁不勝書，則將損其繁重，就其簡便，以成吾文之雅潔乎？是自爲文計而文之，不繫乎事與人也。其貽誤實自「參之太史以著潔」之言。柳州取潔於馬遷，屢索不得其說。而文家於字稍粗俗，相戒蠲除，豈知腎腸見書，狐鬼見易，孟說糞而莊說屎溺乎？甚至郡縣歲月，率多不詳，揆厥由來，無非尙潔。夫古人之於辭也日修，何嘗不言洒㕞，然以潔故而至使人不得其端委，則亦何事於文矣。

由氣言，由法言，由義言，繁簡都不應當成爲問題。古文家有意求簡，適成爲古文家之陋。在經學家看來只須明其事，明其意而止，原不必注意到繁簡問題。焦循有文說三篇，其一云：『學爲古文者，必素蓄乎所以言之者而後質言之。古文者，非徒質言之者也。』其二云：『文有達而無深與博。達之於上下四旁，所以通其變，人以爲博耳。達之於隱微曲折，所以窮其原，人以爲深耳。』其三云：『夫謂文無深與博，亦卽無所謂簡。行千里者以千里爲至，行一里者以一里爲至。』（雕菰樓集十）正與羅氏之說相同。所以經學家之論文重於達，而不主於簡。

第三目　蔣湘南論古文

再進一步，經學家之文論更有與古文家絕不相同者，卽爲文與筆的問題。他們非惟不承認古文家之所謂義法，並且不承認古文家之所謂古文。此自阮元已開其端，而後來蔣湘南與田叔子論古文三書，卽是這方面的代表作。

蔣湘南，字子瀟，河南固始人，事見淸史列傳七十三卷，所著有七經樓文鈔。蔣氏於文，受當時駢散合一之風之影響，其眼光自較局於八家者爲廓大。故其唐十二家文選序云：

道一而二，曰陰曰陽，陽受陰化，奇隻偶雙，奇偶相間，律中宮商，物相雜聲成音，皆謂之文，蓋猶規矩之於圓方。是以六經之語，有奇有偶，文不竝而道大光也。三代以後之文或毗於陽，或毗於陰，升降之樞轉自唐人。唐以後之文主奇，毗於陽而道歙，此歐蘇曾王之派，所以久而愈漓。唐以前之文主偶，毗於陰而道慳，此潘陸徐庾之派，所以浮而難守。（七經樓文鈔六）

這種合駢散而爲一的主張，已超出唐宋八家之範圍。不僅如此，他更合經與文而爲一，以超出一般所謂文苑與詞章的範圍。因此，他以爲惟經學家之文始可稱爲古文。其與田叔子論古文第三書云：

夫文章者國運精華之所萃也。文章盛則人才盛，人才盛則儒術盛，儒術盛則治道盛。自古偏霸之世之文章，斷不能盛於一統之世之文章。日星河嶽之氣，鍾之厚而毓之奇也。我朝造邦東土，拓界兩疆，中外一家，昭回旁薄，精華全萃於乾隆時。則有如戴編修東原先生，文入賈董之室，經升遊夏之堂，北斗之南，一人而已。翼之以錢詹事竹汀，汪明經容甫兩先生，挾日月以光洙泗，俾天下知孔子之經綸，卽周公之經綸，心源旣濬，胎息斯淵，而張編修臯文，武進士虛谷，陳編修恭甫，李縣令申耆，亦能範文筆而一之。文苑儒林，合同而化，彬彬乎君子儒焉。……戴先生往矣，吾因讀其書而私淑其人。其當吾世而獲從捧手者，有劉禮部申甫，龔禮部定盦，魏刺史默深三君。……劉君之文，子政子雲之流亞也；龔君之文，子長孟堅之流亞也；魏君之文，管仲孫武之流亞也。其於戴錢諸先生，不必相襲而周情孔思，自能以眞古文示天下。特天下之人，染僞八家之霧已久，故未有能尊信諸君子者。僕所以謂古文之失傳業五百年也。（七經樓文鈔四）

他非惟不承認桐城派之文爲古文，且以經學家戴東原錢竹汀汪容甫張臯文龔定庵魏默深諸人之文爲眞古文。經學家之論文，至蔣氏可謂登峯造極了。大抵經學家之於文，可分三時期。戴錢諸人，無意於文，僅取達意，故簡直高古，辭無虛設，其作風雖與古文家不同，然以多偏單奇，與古文家之距離尚不甚相遠。汪張諸人，均以富於才藻，兼工駢詞，徵材博而琢句麗，取法六朝而得其神理，故又與宗主唐宋八家者異其恉趣了。至魏龔諸人則故矜奇倔以求新，故尙艱深以學古，其風格又與周秦諸子爲近，而與唐宋古文爲遠。桐城派於文於學均以宋爲宗主，而經學家則均以漢爲宗主。想不到當時漢學宋學之分別，在文學上也有此分野。

明白此種關係，然後知道他對於明代秦漢派與唐宋派之批評所以與一般人不一樣之故。他說：

明七子不喻此旨，（指由文入筆）欲皮膚秦漢以矯宋元之弊，土偶木神，毫無靈響。惟弇州才力雄健，通史法，熟掌故，史料中本色文字，遠逴歐蘇之上。而其他篇之模擬史漢者，撏字撦句，以爲崔錯贋鼎之光，空啖腐鼠，是又不知古人模擬之法，在移神不在範貌耳。然惟其模擬於文者深，故其抑揚於筆者當，他人則不能矣。論者謂弇州贊熙甫有『余豈異趨久而自傷』之語，遂以熙甫上弇州，此則目睫之論也。熙甫之弊，在於有筆無文，就歐曾支派而論，其規行矩步，亦自成一邱一壑之山水。弇州老而懷慮，龍門已蠹，又何妨自貶以揚之。後人盱衡往昔，當据兩家之根柢，以定其規模，不當因一己之愛憎，以分其優劣。若優孟衣冠之說，更不足以服弇州，僞八家詎非優孟乎？里魁市卒之衣冠，安見其能傲楚相之衣冠耶！（與田叔子論古文第二書）

一般人都說熙甫得唐宋之神，弇州襲秦漢之貌，而他以爲弇州根柢遠勝熙甫；即使看作一樣，都是優孟衣冠，也未必熙甫爲獨高。蓋同樣是優孟衣冠，仍應取法乎上，所以宗主秦漢者總覺較勝一籌。秦漢派之文論竟有漢學家爲之張目，似也可以驚異的事！

不僅爲之張目已也，簡直可視秦漢派之中興。中興之道有二：就文言之，則爲由文入筆；就道言之，則又爲由訓詁以通大義。

由文入筆之說，在明季陳臥子夏考功一流，或早已見到此點。他們一樣宗主秦漢，但以才華相煽，敷爲藻麗之文，故其成就又與前後七子不同。清初吳梅村（偉業）陳迦陵（其年）之文，殆皆受其影響。蔣氏正看到這一點，故由其理論言之，雖也規範秦漢，而決不會有七子之弊。他並不反對規範模擬，更不反對模擬秦漢。不過此中自有分別。他說：『夫模擬者，古人用功之法，非後世優孟衣冠之說也。』（與田叔子第二書）是則模擬原不足爲病。七子之弊，乃在模擬不得其法。蓋他認爲摹擬也應分別文體，文可摹擬，筆則不可摹擬。七子妄欲模擬史漢，故成生吞活剝。歸有光諸人欲矯其弊，於是學其開闔呼應之法，雖似稍勝一籌，然而文之不古，正自此始，所以依舊不能無流弊。必須像他這樣由文入筆，則聲色不靳其古而自然入古。何以故？因爲能通古人之訓詁。故通古人之訓詁，則合於古人言辭文辭之神氣，所以雖模擬而無其流弊。他說：

大概古人用功，最嚴文筆之分。叶聲韻者爲之文，頌贊箴銘序論奏對誄諡書檄以及金石諸篇，皆是也。不叶聲韻者謂之筆，即史家敍事之作，因人褒貶以立意法，無可用其模擬者。其擬必自文始。音節取其鏗鏘，辭句貴乎華麗，事出沉思，義歸翰藻，雄才博學，神明於聲音成文之故，始能創新題而闢奇格。豪傑之士，從而和之，似範其貌，實取其神，用心既久，由鈍入銳，然後浩乎沛然，成其文而有餘，成其筆而亦無不足，則模擬非古人用功之法乎？（與田叔子論古文第二書）

彼所謂古人用功嚴文筆之分，宜由文入筆，正與近人分別文言白話而以爲應由文言以學白話的主張有些相近。所以說：『由文入筆其勢順，由筆反文其勢逆』。（同上）此種見解，在當時頗與駢散合一派之主張爲近。後來章太炎之主張宗魏晉文，恐也受其影響。不僅如此，即在私淑桐城古文之曾國藩，猶且欲合戴段錢王之訓詁，猶且悟到韓文之妙，實從相如子雲得來。可知株守歐曾以來功令文式之古文，實在難以使人滿意。

再有，古文家之憑藉在理學，所以他更欲由訓詁以通經義，而摧毀古文家之所憑藉。他再說：

理學之儒之自稱得聖人之道也又久矣。吾不敢謂聖人之道之必在於非理學，吾又何敢謂聖人之道之必在於理學乎？諸君子（指戴錢汪張諸人）韞櫝六經，時時與聖人相見，闓意眇指，皆足爲後之讀經者示之門徑。世之人欲起衰矯弊，必自通經始，通經必自訓詁始。欲通古人之訓詁，自不能不熟周秦兩漢之文章，所

謂由文入筆者眞古文之根柢，卽在於此。僞八家之所以不能自立者，正坐不能如此。（與田叔子論古文第三書）

那麼，眞古文之根柢，原來仍在秦漢。不過以前秦漢派之文人，只在文中討生活，所以僅成爲貌似。經學家通其訓詁，窺其意恉而復熟其文辭，故於文則得其神理，於道亦別有創獲。無論「秦漢派」與「唐宋派」都是所謂『道之不明何有於文！』而一般摹唐宗宋者，不通訓詁，徒以剪裁駕空諸法自雄，則更是所謂『文之未是何有於法。』方東樹漢學商兌以後能復爲經學辯護者，當推蔣氏此文了。

第二節　史學家

第一目　萬斯同

萬斯同，字季野，號石園，鄞人，博通諸史，尤熟於明代掌故。所著有石園詩文集等。事見淸史稿四百八十九卷。他是黃梨洲高第弟子，也屬浙東學派。萬氏之學專長在史，明亡以後，尤以故國史事自任，故其論文之語不多。然其集中所載，一鱗一爪也足窺其思想之一斑；而且他的思想，又爲章實齋之先聲。所以論述史學家文論之時，不得不先加論述。

史學家之論文，本不重在詞章，故他不欲爲古文，他與錢漢臣書云：『大凡儒者讀書必有先後，當先經而後史，先經史而後文集，就文集而論，當先秦漢而後唐宋，先唐宋而後元明，此不易之序也。』（石園文集七）則由爲學次第言，已有本末源流之分。『誠使通乎經史之學，雖不讀諸家之集，而筆之所至，無非古文也。』所以由本以及末，是爲文之第一義。再進一步，則『天下之書亦何者非所當讀哉！羣經宜讀矣，而諸家之經解何可不讀也；史記兩漢宜讀矣，而魏晉以後之全史何可不讀也；唐宋之八家宜讀矣，而八家以外之文集何可不讀也。』因此，他於本末源流之外，更須求其博覽。所以他說：

> 必盡讀天下之書，盡通天下之事，然後可以放筆爲文。苟其不然，則胸中不能無礙。胸中不能無礙，則筆下安能有神。（與錢漢臣書）

這是他論文的根本主張。先由本以及末，次由約以涉博，源流分明，鉅細畢顯，然後放筆爲文，胸中可以無礙。無礙云者，卽章實齋所謂『四衝八達，無所不至』之通，卽章實齋所謂『心之所識，可以達於大道』之通。此則所謂「讀書破萬卷，下筆如有神」之說。蓋他認定文章之傳絕非偶然。苟非有眞知灼見，爲天地間不可廢之書，其傳必不久。他寄范筆山書云：『古文一道，實難言之，非盡讀天下之書，而竭一生之精力，必不能以傳後。若但涉獵藝文，摹倣前軌，便欲自命作者，吾恐縱有一時之譽，未必卽有千載之名也。蓋在一時，則與當代之文人相頡頏；傳之後世，將與千古之賢豪相比量，是以難耳。』（石園文集七）此種見解，也卽章實齋所謂成家之學之說。他正因看到古文之難，所以要擇術而從事。他再說：『吾既及姚江（黃宗羲）之門，當分任吾師之學。今同志之中，固有不專於古文，而講求經學者，將來諸經之學不患乎無傳人，惟史學則願與吾兄共任之。』（同上）這卽是他擇術而欲成家以傳後的地方。實齋所謂『學貴專門識須堅定』云云，也卽此種意思。

他除這根本主張之外，尙有與黃梨洲相同之處，卽是所受時代的刺激。其與從子貞一書云：

至若經世之學，實儒者之要務，而不可不宿爲講求者。今天下生民何如哉！歷觀載籍以來未有若是其憔悴者也。使有爲聖賢之學而抱萬物一體之懷者，豈能一日而安居於此！……夫吾之所謂經世者，非因時補救，如今所謂經濟云爾也。將盡取古今經國之大猷，而一一詳究其始末，斟酌其確當，定爲一代之規模，使今日坐而言者，他日可以作而行耳。（石園文集七）

他又是基於此種觀點，所以不願僅僅爲古文之學。大抵明末清初一般學者，都有此種抱負。後來章實齋所受時代的刺激固與萬氏不同，然其論道重在事物人倫，論學重在切於人事，應詳究當代典章，也未嘗不是浙東學派的關係。萬氏又有與李杲堂先生書云：『文人之著述有可已者，有必不可已者。往時士人一登仕籍，卽有文集遺世，徒備他人覆瓿之用，此可已者也。若編纂乎史傳，記載乎軼事，使前人之名蹟得以不泯乎後世，此不可已者也。』（石園文集七）可已之文，卽所謂炳炳烺烺，矜夸采色之作。史學家的文學觀，大抵都不重在這方面。

然而史通敍事篇謂：『使人味其滋旨，懷其德音，三復忘疲，百遍無斁，自非作者曰聖，其孰能與於此乎？』文史通義文理篇亦謂：『求無病於文章，亦爲學之發揮。』所以萬氏雖不重古文，而也不廢古文。他語其姪萬貞一云：『使吾有爾筆，班馬不難到矣。』他又語方望溪云：『吾以所得於實錄者裁之，子盍就吾所述，約以義法而經緯其文。』他又與李杲堂書云：吾郡人才至宋而盛，至明而大盛。近者鼎革之際，更有他郡所不及者，是不可無以傳之感嘗有其志焉，而苦力不能爲也。先生爲文章宗匠，此事非先生之責而誰責乎？』然則他自己尚不滿意其文辭之工力；那麽古文辭之法度，也是學者所應研究的了。他於李杲堂先生五十壽序中云：『學者之以古文辭鳴世也，非馳其才力之爲難，乃審其法度之爲難，』（石園文集七）他一方面勸方望溪勿溺於古文而致力於經，一方面於自己所撰著又欲望溪爲之約以義法而經緯其文。這原不是矛盾的見解。

第二目　章學誠

第一款　道公而學私

章學誠，字實齋，會稽人，事見清史稿四百九十卷。他邃於史學，以纂修方志爲時所重；所著有文史通義諸書，劉承幹合刊爲章氏遺書。

章氏之學以識見長。他自謂『神解精識能窺及前人所未到處，』（見章氏遺書九，家書三）這話一些也不夸誕。能見其大，所以不局一端，舉凡昔人所謂經學理學心學文學之分，而綜合爲一；能見其精，所以仍貴專門，雖合昔人德行文章經濟事功諸學而自成一家。他何以能如此呢？我以爲不外二種關係：

（一）是由他抱定不隨風氣爲轉移之故。文史通義說林篇云：『學問經世，文章垂訓；如醫師之藥石偏枯，亦視世之寡有者而已矣。以學問文章徇世之所尚，是猶既飽而進粱肉，既煖而增狐貉也。非其所長而強以徇焉，是猶方飽粱肉而進以糠粃，方擁狐裘而進以裋褐也。』又云：『鴆之毒也，犀可解之；瘴之厲也，檳榔蘇之。……學問文章隨其風尙所趨而瘴厲時作者，不可不知檳榔犀角之用也。』（遺書四）這卽是說隨波逐流，徇世俗之所尙，則以水濟水，不是因病發藥。學問文章正在能持風尙之偏，然後纔有價値。故其家書五云：『君子學以持世，不宜以風氣爲重輕。』（遺書九）這卽是他所謂「識須堅定」（見家書四）的地方。有了這樣特識，所以當時人以爾雅名物六書訓故爲學問者，而他則不以爲學問；當時人分考訂義理文辭爲三家者，而他則欲泯三家之畛域。（見遺書九，與陳鑑亭論學）這卽是能見其大的地方。他答沈楓墀論學書云：『三代以還，官師政教不能合而爲一，學業不得不隨一時盛衰而爲風氣。當其盛也，蓋世豪傑竭才而不能測其有餘；及其衰也，中下之資抵掌而可議其不足。大約服鄭訓詁，韓歐文辭，周程義理，出奴入主，不勝紛紛。君子觀之，此皆道中之一事耳。未窺道之全量，而各趨一節以相主奴，是大道不可見，而學士所矜爲見者，特其風氣之著於循環者也。』（遺書九）一般人隨風氣爲轉移，所以永遠株守一端而未能窺學問之全量。實齋不如此，所以能見其大。

（二）是由善於發展他個性之故。家書二自謂『吾於史學，蓋有天授。』又謂：『學問文章與一時通人全不相合，蓋時人以補苴襞績見長，考訂名物爲務，小學音畫爲名，吾於數者皆非所長，……不強其所不能，……此吾善自度也。』家書四又謂『學貴專門，識須堅定，……至功力所施，須與精神意趣相爲浹洽。』這又是說明他的自得，卽在善於發展天資之故。其與朱滄湄中翰論學書云：『經師傳授，史學世家，亦必因其資之所習近，而勉其力之所能為，殫畢生之精力而成書，於道必有當矣。』（遺書九）與周永清論文云：『學問文章因天質之所良，則事半而功倍；強其力之所不能，則鮮不躓矣。』（同上）又云『功力可假，性靈必不可假。』（同上）所以他對於一般人之不問天質所近，不求心性所安，而惟追逐風氣者，都認為是好名無識之流。（見答沈楓墀論學書）章氏之長正在本其天質堅定不易，故能成為專家之學。其家書四云：『猶行遠路者旋折惟其所便，而所至之方則未出門而先定者矣。』這又是他所以能見其精的重要原因。

此種態度，即是袁簡齋為學的態度，不過實齋說得尤其精粹，尤其透徹。說林篇云：『道公也，學私也，君子學以致其道，將盡人以達於天也。人者何？聰明才力分於形氣之私者也。天者何？中正平直本於自然之公者也。故曰道公而學私。』（遺書四）由前者言，不逐風氣為轉移，故不欲出奴入主，自限於一曲，這是所謂道公。由後者言，發展自己的個性，盡其聰明才力以達於天，即是所謂學私。而世人正與相反，尤其是當時的學風，正與之相反。實齋能看到這一點，所以能卓然自立。

第二款　成家之學

能得這樣卓然自立，纔可算是成家之學問。學問何以能成家呢？即在於有所見，即在於能通。這二端又是章氏治學得力的地方。

怎樣能有所見？章氏於家書一曾指示之云『爾輩於學問文章未有領略，當使平日此心時體究於義理，則觸境會心，自有妙緒來會。即泛覽觀書亦自得神解超悟矣。』又云：『劄記之功必不可少，如不劄記則無窮妙緒如雨珠落大海矣。……今使逐日以所讀之書與文，作何領會，劄而記之，則不致於漫不經心。且其所記雖甚平常，畢竟要從義理討論一番。』這即是叫人讀書要運用思想，不可漫不經心。一方面體究於義理，則自能從大處着眼而所見者大，一方面領會所讀之書與文，則都是自抒其見，故能所見者精。其答周篔谷論課蒙書云：『古學俗學之分不在文字，在乎有爲而言與無爲而言。』其再答周篔谷一書云『立言者必於學問先有所得，否則六經三史皆時文耳』（均見遺書九）所以他對治學最重要的，即是有所得。能有所得，然後寫之爲文，自然是有爲而言。這是所謂成家之學問。

怎樣能通？章氏也很注意到這問題。文史通義橫通篇云：『通之爲名，蓋取譬於道路，四衝八達，無所不至，謂之通也。亦取其心之所識，雖有高下偏全大小廣狹之不同，而皆可以達於大道，故曰通也。』（遺書四）他對於「通」有這二種解釋，即因達於大道的通，由於能觀其會通，而四衝八達的通，又重在能得以貫通。觀其會通，故能泯異以爲同，而所見者大；得以貫通，故能爲成家之學問而所見者精。見大所以知通之量，見精所以致通之原。（見遺書八，通說）這又是他治學得力的所在。

文史通義辨似篇云：

理之初見，毋論智愚與賢不肖，不甚遠也。再思之，則恍惚而不可恃矣，三思之則眩惑而若奪之矣。非再三之力轉不如初也！初見立乎其外，故神全；再三則入乎其中，而身已從其旋折也。必盡其旋折，而後復得初見之至境焉。故學問不可以憚煩也。然當身從旋折之際，神無初見之全，必時時憶其初見，以爲恍惚眩惑之指南焉，庶幾哉有以復其初也。吾見今之好學者，初非有所見而爲也，後亦無所期於至也。發憤攻苦，以謂吾學可以加人而已矣。泛焉不繫之舟，雖日馳千里，何適於用乎？（遺書三）

初須有所見，卽是我們上文所說的要運用思想；後須有所期於至，又卽是上文所說的達於大道。合此二者，纔算得學問，纔算得成家之學問。據其初見，卽所以發展其天資之所近；入乎其中，從其旋折，而仍須復到初見之至境，卽是不欲爲風氣所轉移。他再說：『孟子善學孔子者也，夫子言仁知，而孟子言仁義，夫子爲東周，而孟子王齊梁，夫子信而好古，孟子乃曰：『盡信書，則不如無書。』而求孔子者必自孟子也。』（同上）善學孔子而不求其似孔子，卽由於有所見；不似孔子而仍不失爲善學孔子，卽由於能通。章氏之所謂「學」，必兼此二義而始全。

文史通義博約下云：『是以學必求其心得，業必貴於專精，類必要於擴充，道必抵於全量，性情喻於憂喜憤樂，理勢達於窮變通久，博而不雜，約而不漏，庶幾學術醇固，而於守先待後之道，如或將見之矣。』（遺書二）我們卽可引他這一番話作上文的總結。

第三款　義理博學文章之合

明白了章氏之學之長，與其所以爲學之方，然後可以論到他對於學問之態度。

他也與經學家古文家一樣主張義理博學文章三者之合一。文史通義原道下云：

訓詁名物將以求古聖之迹也，而侈記誦者如貨殖之市矣；撰述文辭欲以闡古聖之心也，而溺光采者如玩好之弄矣。……宋儒起而爭之以謂是皆溺於器而不知道也。夫溺於器而不知道者，亦卽器而示之以道，斯可矣。而其弊也，則欲使人舍器而言道。夫子教人博學於文，而宋儒則曰玩物而喪志；曾子教人辭遠鄙倍，而宋儒則曰工文則害道。夫宋儒之言豈非末流良藥石哉！然藥石所以攻臟腑之疾耳！宋儒之意似見疾在臟腑，遂欲并臟腑而去之。將求性天，乃薄記誦而厭辭章，何以異乎？然其析理之精，踐履之篤，漢唐之儒未之聞也。孟子曰：『義理之悅我心，猶芻豢之悅我口』，義理不可空言也，博學以實之，文章以達之，三者合於一，庶幾哉！周孔之道雖遠，不啻累譯而通矣。（遺書二）

這正是清代學者共同的主張。在清代的學術風氣之下，一方面獎勵專攻，而一方面幾個學問成家的大師又無不主張綜合，必須綜合纔能觀其會通，纔爲見其大，彼以窄而深自詡者，適以自見其陋而已。章氏與陳鑑亭論學云：『其稍通方者，則分考訂義理文辭爲三家，而謂各有其所長，不知此皆道中之一事耳。著述紛紛，出奴入主，正坐此也。』（遺書九）

何以是道中之一事呢？他與朱少白論文中再說明其義云：『道混沌而難分，故須義理以析之；道恍惚而難憑，故須名數以質之；道隱晦而難顯，故須文辭以達之。三者不可有偏廢也。義理必須探索，名數必須考訂，文辭必須閑習，皆學也。皆求道之資，而非可執一端謂盡道也。（遺書二十九）這樣講，義理考據詞章均是道中之一事，同時也卽是學中之一事。由道之全量言，由學之全量言，都不可泥一端以求之。

然而所謂綜合也不是盲目的綜合，無意義的綜合。義理考據詞章三者之分，原出於自然的趨勢；強爲之合，必窒礙而難通。不過道術分裂以後，互爲水火，以爭門戶，則其弊也不能不有以矯正之。這是當時人所以主張綜合的原因。章氏爲了恐怕人家再有什麽誤解，故於文史通義博約下復申言之云：『後儒途徑所由寄，則或於義理，或於制數，或於文辭，三者其大較矣。三者致其一不能不緩其二，理勢然也。知其所致爲道之一端而不以所緩之二爲可忽，則於斯道不遠矣。狥於一偏而謂天下莫能尙，則出奴入主，交相勝負，所謂物而不化者也。』（遺書二）因此，章氏所謂綜合，只是「知其所致爲道之一端，而不以所緩之二爲可忽」而已。不以所緩之二爲可忽，卽所謂「道貴通方」；三者致其一不能不緩其二，卽所謂「業須專一」。章氏固云『道貴通方而業須專一，其說並行而不悖也。』（同上）並行不悖卽是他的通達之處。他再說：『學貴博而能約，未有不博而能約者也；……然亦未有不約而能博者也。』（博約中）又說『學問文章須成家數，博以聚之，約以救之。』（遺書九，與林秀才）所謂博，卽求其通方；所謂約，卽期其專一。雙管齊下，於是章氏論學之義始備。他豈若一般人之出奴入主，物而不化的呢？

這種說法或者還嫌於攏統，不見章氏論學之特點，那麽我們再可引他答沈楓墀論學所說的話。

由風尙之所成言之，則曰考訂詞章義理；由吾人之所具言之，則才學識也。由童蒙之初啓言之，則記性作性

> 悟性也。考訂主於學，詞章主於才，義理主於識，人當自辨其所長矣。記性積而成學，作性擴而成才，悟性達而為識，雖童蒙可與入德，又知斯道之不遠人矣。（遺書九）

他一方面不欲趨風氣而一方面又欲問天質之所近。所以由前者言，不欲矜於一端以出奴入主，記性所積，作性所擴，悟性所達，知斯道之不遠；由後者言，又必須自忖己長勿離天質之良，蓋即因才學識三者不能無偏，不得不自辨其所長。由前者言主三者之合一；由後者言，又不能求三者之兼有。他是基於這樣的觀點上，所以以為並行而不悖的。

這種說法，固然足以見章氏論學之特點了，然而尚不見與章氏之學有什麼關係。那麼，我們再引文史通義史德一篇以證實其說：

> 史所貴者義也，而所具者事也，所憑者文也。孟子曰，其事則齊桓晉文，其文則史，義則夫子自謂竊取之矣。非識無以斷其義，非才無以善其文，非學無以練其事，三者固各有所近也。（遺書五）

又申鄭篇云：『孔子作春秋，蓋曰其事則齊桓晉文，其文則史，其義則孔子自謂有取乎爾。夫事，即後世考據家之所尚也；文，即後世詞章家之所重也。然夫子所明不在彼而在此，則史家著述之道，豈可不求義意所歸乎？』（遺書四）於是所謂義事文三者，有才學識的關係，有義理考據詞章的關係，即由章氏一家之學言之，即由史家著述之道言之，也有如此關係。所以於此可以看出章氏對於學問的態度。

第四款　道與學與文之關係

推究到此，於是章氏之學與其對文學的主張有何關係，始可得而言。章氏蓋以詞章爲其著述之文，而以考據與義理爲其自得之學。著述之文與自得之學不能分開，所以此三者均道中一事也，均學中一途。他是在此種關係上以說明他對學問的態度，同時也說明他對文學的主張。

於是，我們更得分析章氏之所謂道與學是什麼？章氏原道一文傳稿京師，讀者皆譏其陳腐，於是他在與陳鑑亭論學書中，再說明其意。他以爲『古人著原道者三家，淮南託於空蒙，劉勰專言文指，韓昌黎氏特爲佛老塞源，皆足以發明立言之本，鄙著宗旨則與三家又殊。』他又以爲『篇名爲前人叠見之餘，其所發明，實從古未鑿之竇。』（遺書九）所以我們不要以爲他用前人的名詞，便同於前人的意義。

先言「道。」章氏所謂道，不是道學家之所謂道。原道上云：『道者萬事萬物之所以然，而非萬事萬物之當然也。』（遺書二）這話很重要。「所以然」是先起的，是出於衆人不知其然而然的。「當然」是後起的，是出於聖人有所見而不得不然的。他以三人居室爲喩：分工合作卽是道，聖人見其然從而名之，指出他當然的關係，那已是後起的事。至於再從這些當然的關係，從而敍述之，說明之，那更是後起的事。而這些述說的話，還不能說是託於空言；至於再從這些可以指名的道，從而闡說之，發揮之，完全成爲形上的傾向，那更是後起的事。實齋之所謂道，卽是從這三人居室上體會來的。用現代的話，實在卽是所謂文化。以文化爲道，所以以爲集大成者爲周公，而不是孔子。

以文化爲道，所以以爲六經皆史而古人未嘗離事而言理。他對於孔子所述的六經，猶且以爲皆先王之政典，則當然與宋儒以六經爲載道之書而發揮其義理者不同。宋儒離器而言道而他則以爲『道不離器猶影不離形。』（原道中）這是很重要的分歧之點。所以宋儒譏韓愈之因文見道，而他則以爲『因文見道又復何害，孔孟言道亦未嘗離於文也。』（遺書九，與林秀才）宋儒譏李漢『文者貫道之器』一語，以爲道無不在，不當又有一物以貫之，而他則反以「李漢之言爲深有味。」（遺書四說林）他似乎處處與宋儒立異，實則卽因他所謂「道，」與宋儒所見根本不同。宋儒不免在六籍中以言道，而他則以爲『彼舍天下事物人倫日用而守六籍以言道，則固不可與言夫道矣。』（原道中）他的見解如此，而當時之古文家却仍蹈宋儒覆轍，死守六籍以言道，又如何不成爲高頭講章之道呢？

這一點的分別雖極微細，然頗重要。蓋守六籍以言道，則在清代復古的潮流中間至多只能進到西漢，進到先秦，以窺孔子述作之旨。從天下事物人倫日用以言道，則可以進到孔子，進到周公，以窺詩書六藝之原。所以由前者言，訓詁章句疏解義理考求名物，既不足以言道，卽使於經旨閎深之處有所窺到，然而仍不過『爲一經之隅曲，未足窺古人之全體。』由後者言，則不舍器而言道，正符孔子述作之旨。所以說：『夫道備於六經，義蘊之匿於前者章句訓詁足以發明之；事變之出於後者，六經不能言，固貴得六經之旨而隨時撰述以究大道也。』（原道下）這樣，通於古，同時亦通於今，通於一經之隅曲，同時也通於古人之全體。這纔是實齋之所謂「道。」

於次，再言學。由道言，以窺古學之全體者爲能見其大；由學言，又以能明道者爲能見其精。章氏與朱滄湄中翰論學書云：『學問之事非以爲名，經經史緯，出入百家，途轍不同，同期於明道也。……文章學問，毋論偏全平奇，爲所當然而又知其所以然者，皆道也。』（遺書九）這樣，所以途轍儘管不同，而有所見，有所自得，則無不同。學與道的關係，此其一。道既重在天下事物人倫日用，所以學也應如此。原學上云：『專於誦讀而言學，世儒之陋也。』（遺書二）是則學以明道，而所明者正是切於人事的道。他與陳鑑亭論學云：『故知道器合一，方可言學。』（遺書九）學與道的關係，此其二。以此言學，所以不應舍今而求古。史釋篇云：『君子苟有志於學，則必求當代典章，以切於人倫日用，必求官司掌故而通於經術精微，則學爲實事，而文非空言，所謂有體必有用也。』（遺書五）這樣，所以覺得浙東學派言性命者必究於史，爲具卓識。學與道的關係，此其三。這樣，擴充了考據的範圍，於古之外，再講究今；同時也即擴充了義理的範圍，於經術之外，再講究人倫日用。所以他不廢考據，而與當時考據家之襞績補苴者不同。襞績補苴只是功力而不是學問，因爲尚未進於道。章氏與林秀才云：『成者爲道，未成者爲功力，學問之事，則由功力而至於道之梯航也。』又答沈楓墀論學云：『夫考訂辭章義理，雖曰三門，而大要有二，學與文也。理不虛立，則固行乎二者之中矣。學資博覽，須兼閱歷；文貴發明，亦期用世，斯可與進於道矣。』學與道的關係，此其四。學到「成者爲道」，即是有所自得，而自得原亦出於資性之所近。博約中云：『夫學有天性焉，讀書服古之中有入識最初而終身不可變易者是也。學又有至情焉，讀書服古之中有欣慨會心而忽焉不知歌泣何從者是也。功力有餘而性情不足，未可謂學問也性情自有而不以功力深之所謂有美質而未學者也。』（遺書二）有功力仍須有性情，功力是學，性情也是學。功力有餘，性情亦足於是學問以成而道亦以明。學與道的關係，此其五。這樣論「學」，處處與道發生關係。通於性情，故能初有所見；通於功力，故能後有所期於至。這也是實齋之所謂「通」

實齋所謂「學」所謂「道」是如此，於是可以進究他所謂「文」是什麼？他分文爲文人之文與著述之文二種。原道下云：『立言與立功相準蓋必有所需而後從而給之，有所鬱而後從而宣之，有所弊而後從而救之，而非徒誇聲音采色以爲一己之名也。』（遺書二）這卽是說爲文應持風氣究大道以適於用。文理篇云：『夫立言之要，在於有物古人著爲文章，皆本於中之所見初非好爲炳炳烺烺，如錦工綉女之矜誇采色已也。』（同上）這卽是說爲文應有所見，應有自得之處。這樣，所以重視著述之文而輕視文人之文。答問篇云：

文人之文與著述之文不可同日語也。著述必有立於文辭之先者，假文辭以達之而已。譬如廟堂行禮，必用錦紳玉佩，彼行禮者不問紳佩之所成，著述之文是也。錦工玉工未嘗習禮，惟藉製錦攻玉以稱功而冒他工所成爲己製，則人皆以爲竊矣。文人之文是也。故以文人之見解而譏著述之文辭，如以錦工玉工議廟堂之禮典也。（遺書六）

這卽是章氏言公篇之旨。言公中云：『世教之衰也，道不足而爭於文，則言可得而私矣；實不充而爭於名，則文可得而矜矣。言可得而私，文可得而矜，則爭心起而道術裂矣。』（遺書四）這卽是有意爲文與無意爲文的分別。有意爲文，求工於文字之末，所以可矜一己之私；無意爲文，求其實有所見，所謂『志期於道，言以明志，文以足言。』（言公上）所以不矜於文辭。史釋篇云：『道不可以空詮，文不可以空著。三代以前未嘗以道名教，而道無不存者，無空理也。三代以前未嘗以文爲著作，而文爲後世不可及者，無空言也。』（遺書五）正因他反對空理，所以與當時之漢學宋學不同；亦正因他反對空言，所以與當時之古文家又不同。他論學則以著述與比次之學相較，論文則又以著述與文人之文相較，所以他是站在這種觀點以使義理考據詞章三者之合一的。原學下云：『學博者長於考索，侈其富於山海，豈非道中之實積！而鶩於博者，終身敝精勞神以徇之，不思博之何所取也。才雄者健於屬文，矜其豔於雲霞，豈非道體之發揮！而擅於文者，終身苦心焦思以構之，不思文之何所用也。言義理者似能思矣，而不知義理虛懸而無薄，則義理亦無當於道矣。』（遺書二）三者分裂之弊有如此。學以明道，而『文非學不立，學非文不行，』所以只有『攻文而仍本於學，則既可以持風氣，而他日又不致爲風氣之弊。』（均見答沈楓墀論學）

自『子史衰而文集之體盛，著作衰而辭章之學興，』（詩教上）『自學問衰而流爲記誦，著作衰而競於詞章，』（周書昌別傳）於是文人之文以興。文人之文興，而人才愈下，學識愈以卑污，那正是實齋所痛惜的了。文史通義詩話條云：『學問成家，則發揮而爲文辭，證實而爲考據。比如人身，學問其神智也，文辭其肌膚也，考據其骸骨也。三者備而後謂之著述。』（遺書五）是則他所謂著述之文，原是成家之學之所發揮，與一般人之所謂文當然有些不同了。

第五款　對於古文的看法

實齋既重著述之文而不重文人之文，故其論文，雖不同道學家之故爲高論，視爲玩物喪志，然亦不同古文家之溺於文辭徒取咏歎抑揚之致以自娛。其答沈楓墀論學云：『今之宜急務者古文辭也。』他正與一般古文家一樣以提倡古文辭爲急務。文理篇云：『求自得於學問，固爲文之根本，求無病於文章，亦爲學之發揮。』這與方望溪所謂言之有物與言之有序，也有一些相近。所以由對文學的態度言，實齋與古文家的主張並不相差甚遠。

不過對於什麼是古文的問題，二家便有些出入。章氏以爲『古者稱字爲文，稱文爲辭，辭之美者可加以文，言語成章亦謂之辭，口耳竹帛初無殊別。』（遺書九雜說下）是則古文之稱原屬後起，並非在文章中應有此一種特殊的體裁。他又說：『文緣質而得名，古以時而殊號，自六代以前，辭有華樸，體有奇偶，統命爲文，無分今古。自制有科目之別，士有應舉之文，制必隨時，體須合格，……自後文無定品，俳偶即是從時，學有專長，單行遂名爲古。古文之目，異於古所云矣。』（同上）此種論調也有一些駢散合一的傾向，以爲後世所稱之古文，不能稱之爲古文，因爲這不是古文的眞意義。所以他以爲『凡著述當稱文辭，不當稱古文，然以時文相形，不妨因時稱之。』（同上小注）是則章氏之所謂古文辭，無寧稱之爲文辭。因此他的文史通義，不僅文辭時雜駢儷，並且句調好作長排，有類時文之排比。此種體裁，段玉裁即不以爲然，而他則以爲『文求是耳，豈有古與時哉！』他再用嘲笑的態度以說明段玉裁見解的不對。他說：『使彼見韓非儲說、淮南說山說林、傅毅連珠諸篇，則又當爲秦漢人惜有時文之句調矣。』論文

豈可如是！此由彼心目中有一執而不化之古文，怪人不似之耳。』」（遺書九，與史餘村簡）

這種說法，仍是論文不拘形貌的主張。他先要人去掉一種執而不化的古文體裁，然後爲能知古文辭。他不但以爲文辭中雜有時文句調，爲無妨於古，並且以爲正須如此運用，纔爲能合於古。他與邵二雲論文再說明其意云：

文人之心隨世變爲轉移。古今文體升降，非人力所能爲也。古人未開之境，後人漸開而不覺，殆如山徑蹊間，介然用之而成路也。方其未開，固不能豫顯其象；及其既開，文人之心卽隨之而曲折相赴。苟於既開之境，而心不入，是桃李不豔於春，而蘭菊不芳於秋也。蓋人之學古，當自其所處之境而入，古人亦猶是也。譬冀趙之人詣京都，自不須渡洪河，陳許之人詣京都，亦不必涉大江；非不能渡江河也，所處之地然也。今處吳會之間，欲詣京都，問程而得江河，則曰彼冀趙陳許之人未嘗不至京都，吾何取於江河，則亦可謂不知言矣。凡學古而得其貌同心異，皆但知有古，而忘古所處境者也。

古文之與制義，猶試律之與古詩也；近體之與古風，猶駢儷之與散行也。學者各有擅長，不能易地，則誠然矣。苟於所得既深，而謂其中甘苦不能相喻，則無是理也。夫藝業雖有高卑，而萬物之情各有其至，苟能心知其意，則體製雖殊，其中曲折無不可共喻也。每見工時文者，則曰不解古文，擅古文者，則曰不解時文，如曰不能爲此無足怪耳，幷其所爲之理而不能解，則其所謂工與擅者亦未必其得之深也。僕於時文甚淺近，因攻古文而轉有窺於時文之奧，乃知天下理可通也。（遺書補遺）

這樣說，從時文也可以窺古文之奧，以到古文的境界，而且由文體升降言，正須如此，纔能開古人未開之境；而一般古文家却以此視爲大防，此疆彼界，強分畛域，以爲絕不可闌入時文語句，未免所見之淺了。

天下之理可通，古文家也未嘗不知此。不過古文家如歸震川方望溪諸人所傳的標識評點之册，以時文的手法窺古文之脈絡，則不免有害於文。此種方法，實齋只認爲可資修辭之助，却不能定爲傳授之祕。他於時文，猶且反對故意強作虛實緩緊之勢；（見遺書補遺論課蒙學文法）況於古文，當然更不贊成泥於收縱抑揚之節。（見遺書二文理篇）而古文家却只於這一方面看到了時文與古文心營意造之相通，所以不足法。章氏則以爲『學文之事可授受者規矩方圓其不可授受者心營意造。』（同上）所以只於規矩方圓之間看到古文時文相通之處。因此，甘苦曲折可以共喻，而於古文中間却也不妨闌入時文語句。這也是實齋與古文家看法不同之處。

綜上所言，可知古文家之所謂古文，是有一套已被公認而趨於凝化的句法，是有一套所謂疏宕頓挫轉折呼應的作法。這是唐宋以後的古文，而在實齋看來不是眞古文。

這個分別，即因古文家雖講言之有物，而實在無物，所以只能在分段結構意度波瀾上揣摩，所以不敢在唐宋各家習用之句調格式外有所剏造或變化。至於章氏之所謂古文則不然。他所謂古文，即是上文所謂貴於中有所見之文辭。中有所見，自能與古文之眞意義相貫通，而不在這些爲文之末務上作考究了。

不僅如此，上所云云，本是明清以來之所謂古文，對於古人深際本無所見，所以不免有此逐末之弊。實則即就唐宋諸家之古文言之，章氏於此也有不同的見解。蓋章氏為學，既為成家之學，故他所謂古文，卽是史家之古文。他先分別史與文之差異，以為：

志傳不盡出於有意，故文或不甚修飾，然大體終比書事之文遠勝。蓋書事之文如盆池拳石自成結構，而志傳之文如高山大川神氣包舉，雖咫尺而皆具無窮之勢，卽偶有疏忽字句疵病，皆不足以為累，此史才與文士才之分別。（遺書補遺又答朱少白書）

余嘗論史筆與文士異趣。文士務去陳言，而史筆點竄塗改，全貴陶鑄羣言，不可私矜一家機巧也。（同上，跋湖北通志檢存稿）

此種區別，卽因文士重在修飾形式，而史家則較重內容，所以對於行文注意之點各不相同。因此，他以為『比事屬辭春秋教也，必具紀傳史才乃可言古文辭。』（遺書外編一信摭）因此，他再以為古文至韓而失傳，而惟史家為古文辭之大宗。與汪龍莊書云：

左邱明古文之祖也，司馬因之而極其變；班陳以降，眞古文辭之大宗。至六朝，古文中斷，韓子文起八代之衰，而古文失傳亦始韓子。蓋韓子之學宗經而不宗史，經之流變必入於史，又韓子之所未喻也。近世文宗八家以為正軌，而八家莫不步趨韓子，雖歐陽手修唐書與五代史，其實不脫學究春秋與文選史論習氣。而於春秋馬班諸家相傳所謂比事屬辭宗旨，則概未有聞也。八家且然，況他人遠不八家若乎？（遺書九）

又上朱大司馬論文云：

古人著述必以史學爲歸，蓋文辭以敍事爲難。今古人才騁其學力所至，辭命議論恢恢有餘，至於敍事汲汲形其不足，以是爲最難也。……古文必推敍事，敍事實出史學，其源本於春秋比事屬辭，左史班陳家學淵源，甚於漢廷經師之授受。馬曰好學深思，心知其意，班曰緯六經綴道綱函雅故通古今者，春秋家學，遞相祖述，雖沈約魏收之徒去之甚遠，而別識心裁時有得其彷彿，而昌黎之於史學實無所解，卽其敍事之文亦出辭章之善，而非有比事屬辭心知其意之遺法也。……然則推春秋比事屬辭之教，雖謂古文由昌黎而衰，未爲不可，特非信陽諸人所可議耳。（遺書補遺）

此意亦古人所未發。章氏既以六經爲史，故以爲經之流變，必入於史，而惟史纔可當古文。古文之中又有三種分別，『春秋流爲史學，官禮諸記流爲諸子論議，詩教流爲辭章辭命。』（見上朱大司馬論文）因此，文辭既以敍事爲難，古文既必推敍事，則謂古文至昌黎而衰，未爲不可。

這是章氏之所謂古文。

第六款　文理與文例

章氏之所謂古文既如此，那麼，可以知道古文家之所謂文法，也不是章氏之所謂文法。其文格舉隅序云：『古人文無定格，意之所至而文以至焉，蓋有所以爲文者也。文而有格，學者不知所以爲文，而競趨於格，於是以格爲當然之具而眞文喪矣。』（遺書二十九）此語雖爲時文而發，然亦與古文之理相通。古文家之所謂法，實在是格，而不是法。章氏之所謂法，則是上文所謂規矩方圓而不是評點標識之格。

不過，他所謂規矩方圓到底是什麽？文理篇中並未加以說明，所以仍有闡說的必要。我們根據章氏其他諸文所言，而知他所謂規矩方圓——卽所謂文法，不外二義：一是文理，一是文例。

他於文理篇中反對古文家之所謂法，卽因古文家之所謂法不合於文理。『比如懷人見月而思，月豈必主遠懷！久客聽雨而悲，雨豈必有悲況！然而月下之懷，雨中之感，豈非天地至文！而欲以此感此懷藏爲祕密，或欲嘉惠後學，以謂凡對明月與聽霖雨，必須用此悲感方可領略，則適當良友乍逢，及新昏宴爾之人，必不信矣。』（見文理篇）所以作者之文雖合於文理，而經古文家特爲指出以爲文法，那便不合文理了。『如啼笑之有收縱，歌哭之有抑揚，必欲揭以示人，人反拘而不得歌哭啼笑之至情矣。』（同上）這卽是經人揭示之法不合文理之例。所以這些法卽使出於古文家會心有得，也不可據爲傳授之祕。『吐己之所嘗而哺人以授之甘，摟人之身而置懷以授之煖，』也未免風光狼籍了。

所以他說：『古人論文多言讀書養氣之功，博古通經之要，親師近友之益，取才求助之方。』（文理篇）此種方法，卽是所以明其理。能明其理，自然不會有種種拘泥束縛於古文家之所謂法。章氏古文十弊所舉諸例及黠陋俗嫌雜說所言各節要不外二種意義：在積極方面使人知道怎樣纔合於義；必須自己具有卓識，不隨流俗，然後纔能當於事理。在消極方面，使人知道怎樣避免古文家之所謂法，不致拘泥摹古襲其形貌所以文理之說，是他建立文法之說的理論。

理論既立，原則既定，於是條例不妨瑣屑；因此，有所謂文例之說。論文定例，原不始於章氏，重考據者如顧亭林黃梨洲諸氏卽已開此風氣；卽文人如袁子才也於其文集明定體例。所以清代學者之講文例，自是一時風氣使然。然而文例之起，實始碑誌之學。自潘昂霄金石例後，繼者紛起，可知文例原出於史學。章氏論文所以好言義例者在此。其與邵二雲論文自謂『於體裁法度義例，殆與杜陵所謂「晚節漸於詩律細」也。』可知他對於文例是如何重視的了。

章氏討論文例之文，如與邵二雲論文書，答周永淸辨論文法，答某友請碑誌書（均見遺書九）及論文示貽選（遺書二十九）與文史通義繁稱篇諸文所討論的，都是辨正稱名用詞之誤，而其標準則折衷於事理，取則於史法，所以文例之說也不是與文理無關。以上諸文所講，固不免過於瑣屑，但亦不可忽略，因爲這卽是他的所謂規矩方圓。

不要以爲規矩方圓是很簡單的稱名用詞，雖是很微末的事作文者大都能之，但須知其間也自有各種變化，有的由於文體的關係，有的由於時代的關係。卽如實齋墓銘辨例（遺書八）及報謝文學（遺書九）諸篇所舉，亦難以一端求之。章氏與邵二雲云『法度猶律令耳。文境變化，非顯然之法度所能該；亦猶獄情變化，非一定之律令所能盡。故深於文法者必有無形與聲而復有至當不易之法，所謂文心是也。精於治獄者，必有非典非故而自協天理人情之勘，所謂律意是也。文心律意非作家老吏不能神明，非方圓規矩所能盡也，然用功純熟可以旦暮遇之。（遺書九）我們假使以文例爲規矩方圓，那麼文理卽是所謂文心了，所以文理之說必得文例而始具體，而文例之說也必得文理而始完備。章氏書邵通議墓志後謂官名地名濫用古號卽爲文理不通，卽爲乖於法度。所以文理文例原是互有關係。章氏之所謂文法是如此。「文求其是，」這卽是「是」的標準。

第七款　清眞之教

於是，我們可以結束上文而討論到實齋所謂文律，卽清眞的問題。他與邵二雲云：『僕持文律不外清眞二字』。眞的，實齋文論，一言以蔽之，清眞之教而已。何以言之？上文所謂成家之學，所謂義理博學文章之合，所謂道與學與文之關係，無不可用清眞二字解釋之；上文所謂對於古文的看法，所謂文理與文例，也無不可用清眞二字解釋之。實齋文論之能一以貫之者，卽清眞二字而已。

他說：『清眞者學問有得於中，而以詩文抒寫其所見，無意工辭而盡力於辭者莫及也。』（遺書五，詩話）由這一點言清眞之義，卽他所謂著述之文。『著述必有立於文辭之先者，假文辭以達之而已！』能有立於文辭之先，則自然符其清眞之教。實齋之學期於明道，故重在理；而道旣不可以空詮，故又重在事。理與事合，溝通了宋學與史學，而成爲實齋之學。及其發而爲文，約六經之旨以究大道，卽是所謂理；就事變之出於後者而隨時撰述，卽是所謂事。理與事合，卽所謂立於文辭之先，那又成爲實齋之文。實齋之學是如此，故實齋之文也如此。實齋之學與文如此，而又符於孔子述作之旨這是他的通達之點一。

由理與事言，他再說：

易曰：『神以知來智以藏往。』知來，陽也；藏往，陰也；一陰一陽，道也。文章之用，或以述事，或以明理。事溯已往，陰也；理闡方來，陽也。其至焉者，則述事而理以昭焉，言理而事以範焉；則主適不偏，而文乃衷於道矣。遷固之史，董韓之文，庶幾哉有所不得已於言者乎？（原道下）

言理言事本是古文家常說的話。魏叔子云：『文章以明道適事』，（魏禧惲遜庵文集序）李穆堂云：『論事之文以說理出之，則根柢深厚而無小非大矣；說理之文以論事出之，則精神刻露而無微不著矣。』（李紱秋山論文）類此的話，稍一翻翻昔人論文之著，眞是多不勝舉。何以在古文家說時便成爲空套，便是言之無物；在章實齋說來，便符孔子述作之旨呢？則以古文家所謂言理言事，係分析文章之體，是論述作文之法，所以不聞稱之爲道。至實齋所言，則由其所謂著述之例推之，言理是作，言事是述；議論是作，敍記是述；義理是作，考據是述；學問是作，功力是述；述作相關，理事無別，所以『其至焉者，則述事而理以昭焉，言理而事以範焉。』其禮教篇云：

夫名物制度，繁文縟節，考訂精詳，記誦博洽，此藏往之學也；好學敏求，心知其意，神明變化，開發前蘊，此知來之學也。（遺書一）

此則本於知來藏往之說，以溝通義理考據的分別，而成其所謂著述之文。其跋香泉讀書記云：

古之能文者，必先養氣；養氣之功在於集義，讀書服古，時有會心，方臆測而未及為文，即劄記所見，以存於錄，日有積焉，月有彙焉，久之久之，充滿流動，然後發為文辭，浩乎沛然，將有不自識其所以者矣。此則文章家之所謂集義而養氣也。易曰「神以知來，知以藏往。」存記劄錄，藏往以蓄知也；詞鋒論議，知來以用神也。不有藏往，何以遂知來乎？（遺書二十九）

這樣說，又以藏往為功力，知來為學問了。『藏往以蓄知，知來以用神，』那麼，又以藏往為學問，而知來為文辭了。於是衡以清眞之說，又可以清眞二字分屬於文與學二方面。清是文的問題，所以說：『清則就文而論；』（遺書外編一，信摭）眞是學的問題，所以又說『眞之為言，實有所得而著於言也；……眞則未論文而先言學問也。』（同上）本來他講「學」固不廢「文」，故講「文」也不廢「學」。說林篇云：『諸子百家悖於理而傳者有之矣，未有鄙於辭而傳者也。』（遺書四）這可見文的重要。詩話篇注云：『論詩文皆須學問，空言性情，畢竟小家。』（遺書五）這更可見學的重要。所以他答沈楓墀論學云：『夫文非學不立，學非文不行，二者相須，若左右手，而自古難兼，則才固有以自限，而有所重者，意亦有所忽也。』他正不欲在此二方面有所輕重，故理與事合，所以成其學也，即所以成其文。是則清眞二字分屬文與學兩方面，原未為不可。實齋之說，其四通八達每如此！這是他的通達之點二。

清眞之說，再有一個分析的解釋，即是所謂『清則氣不雜也，眞則理無支也。』（遺書九，與邵二雲）在這裏，他又以清眞二字分講氣與理了。而氣與理，又未嘗不與文與學有關係。因此，我們再應分別言之。

「清則氣不雜也，」我們必先推究他如何以氣言文而歸於清之旨。他爲梁少傅撰杜書山時文序云：『學以致道，而文者氣之所形，』（遺書二十九）可知他是本於蘇轍之語而推闡之的。

怎樣爲不雜呢？他似乎較偏於文例的見解以說明清的原則。他以爲『清則主於文之氣，體所謂讀易如無書，讀書如無詩，一例之言，不可有所夾雜是也。』（遺書外編二乙卯劄記）此其一。他又以爲『時代升降，文體亦有不同，用一代之體，不容雜入不類之語。』（同上）此其二。體製不純，則辭不潔。『辭不潔而氣先受其病矣，』『辭不潔則氣不清矣。』（見遺書補遺評沈梅村古文）這些理由，猶與古文家的論調相近。他說：『辭賦綺言不可以入紀傳。……太史遷伯夷列傳有云：『伯夷叔齊雖賢，得夫子而名益彰；顏淵雖篤學，附驥尾而行益顯。』夫驥乃馬名，而尾乃馬體，以此而代先聖門牆，得毋不潔不清之尤者歟？……韓子曰：「文無難易，惟其是耳。」學者動言師古，而不知古人亦有不可法者，後人亦有不可廢者。體裁義例，規矩法律，古人小有出入不妨於寬，而今則實有不得不嚴之勢。』（同上）可知文例之嚴，即所以使其氣之不雜，即所以求其文之清。

「眞則理無支也，」我們更須說明他如何以理言學而歸於眞之旨。說林篇云：『君子學以致其道，將盡人以達於天也。』（遺書四）是則他又本於子夏之語而推闡之了。

怎樣爲無支呢？他似乎較偏於文理的見解以說明眞的原則。他以爲『理出於識，』他以爲『學以練識，』而他又以爲『識之至者大略相同，蓋理本一也。』（均見爲梁少傅撰杜書山時文序）所以由學以練識，而進究夫理，則其識之至者自然也不會支了。章氏答沈楓墀論學云：『夫文求是而學思其所以然。』文求是是求淸之道；學思其所以然，是求眞之道。這樣解釋，於是文例與文理之說也得以貫通。這是他的通達之點三。

然而實齋之論淸眞，雖可有此分別，却更重在溝通。因此他講到「淸」也有理的問題；講到「眞」也有氣的問題。論到這，他有兩篇比較重要的文不可不加以論述。一篇是史德，一篇是質性。史德一篇是於史才史學之外討論著書者之心術。他說：『能具史識者必知史德。』所以史德所重者是識，而所辨者是心術。因此，由理的問題便成爲氣的問題。質性一篇又是於文情文心之外討論文性。他以爲『文性實爲元宰，離性言情，珠亡櫝在。』所以要辨別何者爲狂爲狷爲中行，何者爲僞狂僞狷僞中行，於是又由氣的問題進爲理的問題了。由「眞」言，重在理無支；而求理之無支，仍不能不講到氣與情。他說：『氣合於理，天也；氣能違理以自用，人也。情本於性，天也；情能汨性以自恣，人也。』（史德篇）是則情與氣均不能無失。情與氣一有所偏，可以自用，可以自恣，則『發爲文辭至於害義而違道。』（同上）所以理之無支，尤貴氣得其平，情得其正。他再於文德篇發其義云：『凡爲古文辭者必敬以恕。』（遺書二）所謂恕，謂論古必恕，是理的問題；所謂敬，謂臨文必敬，又是氣的問題。所以說：『主敬則心平而氣有所攝，自能變化從容以合度也。』（同上）這是他由理以兼講到氣之處。由淸言，重在氣不雜；而求氣之不雜，又必重在心術之養。這仍是理的問題。養其心術即是學問。所以說：『人秉中和之氣以生，則爲聰明睿智，毗陰毗陽，是宜剛克柔克，所以貴學問也。驕陽沴陰，中於氣質，學者不能自克，而以似是之非為學問，則不如其不學也。』（質性篇）於是所謂「理無支」云者，即靠學以變化其氣質。韓愈所謂『仁義之人其言藹如』，謂為理無支可；謂為氣不雜，也可。這又是由氣以兼講到理之處，所以說：『故理徹而氣益昌，清眞之能事也。』（為梁少傅撰杜書山時文序）

不僅如此，清與眞原不能分為二事。由文章之體製風格言，宜求其不雜；由文章之內容思想言，宜求其無支。氣不雜，易使理無支；理無支也能使氣不雜。言公中云：『易曰「修辭立其誠」，誠不必於聖人至誠之極致，始足當於修辭之立也。學者有事於文辭，無論辭之如何，其持之必有其故，而初非徒為文具者，皆誠也。有其故而修辭以副焉，是其求工於是者，所以求達其誠也。』（遺書四）持之必有其故，這即理無支的問題；修辭以副焉，又即氣不雜的問題。形式決定了內容，同時內容又決定了形式。所以再說『易奇而法，詩正而葩，易以道陰陽，詩以道性情也。其所以修而為奇與葩者，則固以謂不如是則不能以顯陰陽之理與性情之發也。』（同上）這樣說，清與眞又不能分為二事了。

章氏於文學敍例云：『文之於學，非二事也。』（遺書二十一）雖非二事，而却可以分析着講；分析著講，而仍不能不明瞭其關係。實齋之言清眞也亦然。這又是他的通達之點四。

第八款　對於袁枚的攻擊

胡適之先生章實齋年譜云：『先生對於同時的三個名人，戴震、汪中、袁枚，皆不佩服，皆深有貶辭。但先生對戴震，尙時有很誠懇的贊語，對汪中也深贊其文學；獨對袁枚則始終存一種深惡痛絕的態度。』（頁九十六）這是很值得注意的問題。實則在清代的學術空氣之下，大都是些抱殘守缺的學者，執而不化的學者，至於當得起通才達識四字，能夠運用其思想，有獨到的見解，有一貫的系統，對於各種學問事理都能衡量適當，絕無畸輕畸重出奴入主之弊者，恐怕只有袁子才，只有章實齋。章氏辨似習固諸篇，在態度上可說與袁枚很相似，可是他們二人在思想上又衝突到這般田地，所以這是值得注意的問題。

「彼亦一是非，此亦一是非」，莊子早已說過了。他們對於他們所持之是非，都能自圓其說，言之成理，持之有故。可惜我們只見章氏攻袁，而不見袁氏攻章之論，否則針鋒相對，當極盡論辯之能事。

實齋對於袁枚，何以要這樣深惡痛絕呢？他一生不甚得志，對於當時名人也許有些忌嫉，如適之先生所說，或亦難免。實齋之批評戴震謂：『激於世無眞知己者，因不免於已甚耳』，那麼他有時不免故逆時趨，對於當時名流，不憚昌言排擊者，或亦類此。這是誅心之論，我們可以作此想，亦可以不必作此想。我以爲章袁之爭還是中國學術上的問題，不是他們此是彼非的問題。

實齋有朱陸篇論究學術源流，謂『宋儒有朱陸，千古不可合之同異，亦千古不可無之同異也。末流無識，爭相詬厲，與夫勉爲解紛，調停兩可，皆多事也。』（遺書二）這眞是通達之論。在此文中以戴學爲朱學之正傳，爲自來論朱學者所未發，可謂卓見。不過章氏所言，是本於道問學與尊德性二者之區別而來。這是方法的問題，猶不是朱陸二學中心的問題。實則同樣的高談性天，朱陸也有一些分別；章氏一概以僞陸王病之，也未爲允當。我們須知他們所以能分立門戶，卽因他們各有不同的立場，不同的見解。實齋以爲『天人性命之學不可以空言講也』，（遺書二浙東學術）所以不以惟騰空言的朱陸門戶爲然。他於浙東學術篇中，以顧亭林爲浙西之學，黃梨洲爲浙東之學，顧氏宗朱而黃氏宗陸，二人均非講學專家，故互相推服而不非詆；所以以爲『講學者必有事事，不特無門戶可持，亦且無以持門戶矣。』（浙東學術）這話原也有相當見地。但是同時，我們也須知天人性命之學不妨以空言講也。不以空言講，所以宗朱的顧亭林氏，以經學爲理學而成爲浙西學派；宗陸的黃梨洲氏以史學爲經術，而其後遂衍爲流別之學，成爲浙東學派。浙東學術之所以宗陸而不悖於朱者，卽因方法方面猶重在道問學的關係。不妨以空言講，所以朱子一派可以成爲理學；而陸象山一派，可以衍爲心學。不僅心學與經史之學不同，卽理學也可離經學而獨立。其原因卽因經學史學重在「實際」，而理學心學重在「眞際」的關係。實際，卽章氏之所謂事物。章氏謂『古人未嘗離事而言理』，（易教上）誠是不錯，但只是說理學之出發點須根據事實，須從實際的事物得來。至於理學心學之本身，却儘可說是不切實際，不管事實。所以章氏所言是本於史學的立場，而不是本於哲學的立場。由章氏之學言，固與宋學爲接近，只因他個性又近於史學，所以對於不切實際之理學，不免有些隔膜。章氏所得於理學者，乃是溝通史家與宋儒之見解，所以以爲「三人居室而道形矣。」三人居室，卽今日所謂社會的生活。在某一社會中，必依照此社會所規定之規律以行動，而此種規律，原出於事勢之自然，這卽是所謂『道之大原出於天。」因此，他不免帶些道學家常有的態度，即是好以規律繩人。他的攻擊袁子才，全是出於這種衛道的態度來的。道學家所常說到的天理，即是能適合此社會的規律，所以要遵循。正統派的道學家，往往如此。

道之大原出於天，天豈諄諄然命之乎？原來天理仍不外於人情，天原無所表現，所表現的仍是人，這即是陸象山所謂「宇宙即是吾心，吾心即是宇宙。」由這一點言，所以不僅人情不是不道德底，即人欲也不是不道德底。在某種社會中有革命行動的人，其行動雖不合此社會所規定之規律，而在理論上仍不失為道德的行為。有革命思想的人，其思想雖被當時人認為不合於天理，而此種思想卻有時正可成為新社會的規律。陸王學派在道學上所以帶有革命的傾向者，其原因全在於此。李卓吾謂道理聞見多讀書識義理，反足以失童心，即是此理。李卓吾所以要是非大戾於時人，並大戾於昔人，也是此理。可是，陸王學派恆為道學界集矢之的，所以眞是大膽的革命的理論恆不成為道學而反流衍為文學。文學中的正統派以道自任，也不會有此傾向，於是只有叛統的小品文反敢說些眞話。道學家以天理為是非的標準，而文人則以人情的是非為標準。天理人情在起初原相距不遠，可是到後來有天理看法的是非，有人情看法的是非，於是李卓吾之流雖欲不戾於時人或昔人而不可得了。本於道學家天理的看法，為傳統的規律所束縛，所以只重在名，而忽略其實，而有時轉不免於偽。本於小品文人人情的看法，即是本這點靈明之心，以推究此種規律，所以雖近於「眞」，而不免常偏於破壞。

理學心學之分歧是如此。分歧以後復演成各不相同的流變，一方面成為偏重史學的章實齋，一方面成為偏重文學的袁子才，於是兩人雖有衝突而一般人也不易察知其衝突之關係與原因了。

袁氏受了顏李學的影響而顏習齋之學本從陸王入手其大膽批評宋儒攻擊朱子，仍是陸王習氣。不過明季王學末流，如李卓吾之徒知而不行，於是雖帶革命思想，結果只騰爲口說，其弊仍與宋儒相同。習齋矯之，重在行而不先求知實則仍是陽明知行合一之教，而一般人卻覺其別創門庭，不易看出是受王學的影響了。後來顏李之學受環境的壓迫，雖欲行而無從，不得不遁爲窮經與爲文。於是如袁氏者只能在消極方面至多在自身行爲上，不顧世俗名教之毀譽，以獨行其所是，而不免稍流於矯激。人之視之，遂也看同李卓吾一樣成爲斯文敗類了。

明白這點，然後知道實齋所攻擊袁氏者不外二點，一是議其無德，一是譏其不學。婦學詩話諸篇，議論雖多，要不外此二義。實則是非旣戾於昔人，當然無德；生平原不欲爲學者，也不妨不學。實齋所言雖大放厥辭，可謂對於袁子才的思想全未得其要領。不要看輕文人之文，以爲不學無識。文人之文而能掀起一時思潮者，決不是不學無識之流所能爲。只有依草附木隨風氣爲轉移者，纔爲不學無識耳。

第三目　崔述

崔述，崔述字武承，號東壁，大名人。事見清史稿四百八十八卷，所著有考信錄等。其弟子陳履和輯爲崔東壁遺書。近顧頡剛先生復補輯序傳佚文，兼及其一家之作，爲東壁遺書前後篇。

崔氏與章實齋同時，又都以史學著名。胡適之先生謂乾隆四十六年崔述與章學誠同在大名縣，不知曾否相見，會否會談。（見崔東壁遺書前編科學的古史家崔述）這誠是一個怪有趣味的謎。崔氏與章氏都接近宋學，而又都是史家，所以論調頗有相類之處。章氏以爲古人未嘗離事而言理，崔氏也有同樣的意思。考信錄提要云：『聖人之道在六經而已矣。二帝三王之事備載於詩書，孔子之言行具於論語。』（卷上釋例）又云：『聖人之道大而難窺，聖賢之事則顯而易見，與其求所難窺，不若考所易見。』（卷下總目）考古續說云：『道統卽治法也，治法卽道統也。……故凡孔子所言之理，卽堯舜所行之事，非有二也。』（卷一）這均與實齋之旨爲近。因爲這一點根本出發點相同，所以實齋言學貴致用，而崔氏亦言『殫精經義，留心治術，爲有用之學者，殊罕所遇，然後知學問之難言也。』（考信錄提要卷下總目）又實齋不欲高談心性，而崔氏亦謂『近世諸儒類多摭拾陳言，盛談心性，以爲道學，而於唐虞三代之事罕所究心。』（考信錄提要卷上釋例）甚至章氏謂六經皆史，而崔氏亦言：『三代以上，經史不分，經卽其史，史卽今所謂經者也。後世學者，不知聖人之道體用同原，窮達一致，由是經史始分。』（提要卷下洙泗考信錄）固然六經皆史之說也不是實齋的創見，王陽明錢牧齋均已言之，但說得這般分明的，當推章崔二氏。所以章崔二氏究竟有沒有會談，眞是一個有趣的謎。

然而他們論調雖近，而在史學上之成就則不相一致。實齋好言流別，而東壁長於考證，實齋所得在文史，而東壁所得在辨僞。這個分別，卽由他們學術的淵源不同。章從陸學入，卽所謂浙東學派，而崔從朱學入，故近於浙西學派。章從陸學入而不騰空談，故與袁枚不同。崔從朱學入而擅長史學，故又與戴震不同。章實齋謂戴震是朱學，胡適之先生亦謂崔述是朱學，而同時又與當時之漢學運動有同樣的精神，這都是卓見。我們明白這些關係，然後知道章崔二氏都是宋學中間通經服古道問學的一派，故其學術淵源雖有朱陸之分，而與空言心性之朱陸末流均不同。

因此，章崔雖均以爲道不離事，而走的途徑却不同。章氏以政教典章爲事，故欲通古而兼欲通今，崔氏重在事之眞僞，於是遂偏於考古。他以爲事失實則違道，所以經宋子之辨僞，而南宋而後六經之義始得大著。（見考信錄提要上）他以爲『虛實明，而後得失或可不爽。』（見同上）所以同樣的由事以明道，而章氏所說還不如崔氏之切實。必如崔氏之治學方法，纔爲正本淸源的辦法。

崔氏論文之著有文說上下二篇，載無聞集卷二。其論文之恉，亦與實齋相近重在中有所見。文說上云：『賢人君子明理之士，固有不工文者；然未有於道茫然，無牖隙之見而能文者也。』這是爲文的根本條件。「文所以載道」，這原是道學家習見的論調。不過論道而重在牖隙之見，則便與一般道學家不同。爲文而不求之道，只求其法，這固是於道茫然，卽論道而蹈常習故無牖隙之見也同樣是於道茫然。所以他以飲食爲喩：『道其物也，文其味也，六經稻粱之味也，孟與韓魚肉之味也，班馬歐柳之言，間有羶腥焉。有其道而文不美焉者，失飪者也。摭拾六經之遺文，勦竊注疏之成說，以爲明道焉者，食饐而餲，魚餒而肉敗者也。莊周韓非非聖人之道而見美於世，猶葱荽椒蒜樟鹿驢羸之肉，非味之正，而人喜食之者多也。然視烹士煑泥以求味者，則不可謂無物，視世之心無所得而摹擬古人之言以爲文者則不可謂無道。』（文說下）此喻甚妙。文與道不可分，猶味與物之不可分。失飪則無味，陳與宿而至魚餒肉敗也是無味。爲了不要失飪，所以他自言「取昌黎柳州廬陵三家文熟玩其理」（見無聞集三，上汪韓門先生書）以便自抒所見。爲了不要陳宿，所以又必須有牖隙之見。

因此，他對於道的解釋是『道也者，物之理也，其於人也爲情，其於事也爲義爲勢。大之而天地聖人之所不能盡，小之而愚夫愚婦之所可知，一草一木之所以消長皆道也。』（文說下）無往而非道，所以以爲「百家技藝之書，亦各有其道焉。」甚至工於博奕者，言博奕之所以勝負，也即博奕之道。不過道雖無所不在，而不能不分醇駁。所以六經爲稻粱，而莊韓爲葱荽椒蒜了。

照此解釋，道是文之內容，文之意義。所以說：『文也者載此者也。其意顯，其事悉，其情通，是文而已矣。』（文說下）不過文要達此意義也殊不易。文必與此意義恰恰相符，使其義顯事悉而情通，這便大不容易。故其上汪韓門先生書云：『言固有能達，有不能達，有必多而後達，有雖多而愈不達者。蘇子瞻云：「能使是物了然於心者，蓋千萬人而不一遇也，而況能使了然於口與手者乎？」若之乎其能使文不煩而意畢達也。』因此，葱荽椒蒜樟鹿驢羸之肉雖非味之正，而並不失餒，也並不過時。他能表現他固有之味，故也能爲世人之所嗜。這是他的所謂文與道的關係。與章實齋清眞之說，實在也有一些類似。

文與道合，味與物合，於是本此標準以看昔人之文，便覺得文隨時異。何以文隨時異？即因事隨時異，因爲事也卽所謂道。『是非得失之故，賢人哲士之事，實皆合焉，謂之文。』（文說上）這卽是所謂載道。這樣講，所以又可本此見解以辨僞。考信錄提要云：

唐虞有唐虞之文，三代有三代之文，春秋有春秋之文，戰國秦漢以迄魏晉，亦各有其文焉。非但其文然也，其行事亦多有不相類者。是故戰國之人稱述三代之事，戰國之風氣也；秦漢之人稱述春秋之事，秦漢之語言也。史記直錄尚書春秋傳之文，而或不免雜秦漢之語；僞尚書極力摹唐虞三代之文，而終不能脫晉之氣。無他，其平日所聞所見皆如是，習以爲常而不自覺，則必有自呈露於忽不經意之時者，少留心以察之，甚易知也。（卷下總目）

是則崔氏於文，也如滄浪這般具有所謂金剛眼睛的了。他從各時代之事，以領略各時代之文，進以探求各時代之道，自然眼光與別人不同。他卽本此眼光以讀文，本此眼光以治史，自然又能成爲崔氏一家之學。

第五篇　清代（下）

第一章　虞山詩派

第一節　錢謙益

第一目　對於批評態度的攻擊

近人張鴻輯印常熟二馮先生集其跋謂『啓楨之間，虞山文學蔚然稱盛。蒙叟稼軒赫奕眉目，馮氏兄弟奔走疏附，允稱健者。祖少陵，宗玉溪，張皇西崑，隱然立虞山學派二先生之力也。』他創立「虞山學派」之稱，或不易得一般人的公認；然而二馮詩論與牧齋有相合之處，卻是事實，而且他們見解對於明代詩壇，亦頗有摧陷廓淸之功。我們爲要看出清初詩壇這一些關係，所以也不妨卽用「虞山詩派」的名稱。

牧齋詩論也與其文論有關係。牧齋論文，攻擊七子，攻擊竟陵，其論詩也是如此。其論文，因掊擊七子竟陵之故，而提出一「眞」字，重在眞學問與眞性靈，其論詩也未嘗不如此。不過詩與文之體製不同，性質有殊，所以他的詩論也有不能爲文論所範圍底。

詩至唐而變盡也至唐而體備，所以唐以後的作家很不容易跳出唐人的範圍。於是所採取的不外二種途徑：或取其精神而變其面貌，如宋詩是；或襲其面貌而遺其神理，如明詩是。這固然只能說是大概的趨勢。而牧齋之詩論，卽是建築在反抗明代詩壇一般的趨勢上的。

明代的詩壇何以會造成這一般的趨勢？易言之，卽何以明代一部分人的詩論可以刼持整個的詩壇？關於這，我總覺明人的文學批評有一股潑辣辣的霸氣，與前後諸代的文學批評不同。他們所持的批評姿態，是盛氣凌人的，是抹煞一切的。因其如此，所以只成爲偏勝的主張；因其偏勝，所以又需要刼持的力量；因其有刼持的力量，所以又能博取一般人的附和。待到時過境遷，詩壇易幟，理論儘管變更，姿態卻仍如舊。所以明代詩壇會造成這一般的趨勢。不僅如此，卽就牧齋的文學批評而言，雖沒有這種偏勝的主張，然而一股潑辣辣的霸氣，則在字裏行間依舊充分地流露着的。

因此，我們看牧齋對於七子和竟陵的攻擊，不要僅僅注意他內容的問題，更應注意他對於他們批評態度的攻擊。內容方面的攻擊與文論中所言尙沒有什麼大出入。批評態度方面的攻擊，才是詩論中比較明顯的現象比較可以注意的事情。

何以要重在批評態度的方面呢？卽因爲批評態度可以影響到詩論。湖外野吟序云：『萌於驕，甲於易，翳於昧，殺於欺，四者得一，卽有下劣詩魔入其心腑，牛鬼蛇神飛精說法。』（有學集十八）起初因於態度之「驕」「易」一

「昧」「欺」而有下劣詩魔入其心腑。待到下劣詩魔盤踞心腑以後，於是積非成是，反欲飛精說法爲下劣詩魔建設其理論了。下劣詩魔的詩論本難說服衆人，於是不得不出以狂易的態度。他在贈別胡靜夫序中再說：

今之稱詩者掉鞅曲踊，號呼叫囂，丹鉛橫飛，旗纛竿立，撈籠當世，詆譋古學，磨牙鑿凶，莫敢忤視。譬諸狂易之人，中風疾走，眼見神鬼，口吞水火，有物憑之，懵不自知。已而晨朝引鏡，淸曉卷書，黎丘之鬼銷亡，澒若之頭具顯，試令旋目思之，有不啞然失笑乎？（有學集二十二）

他竟以「狂易」二字，批評當時批評界的態度。狂易二字，牧齋文中時常遇到。他在王貽上詩集序中更加以解釋。他說：『不知古學之由來而勇於自是，輕於侮昔，則亦同歸於狂易而已。』（有學集十七）勇於自是，輕於侮昔，即是我所謂潑辣辣霸氣的表現。其答徐巨源書中說得更具體：『兼幷古人，未已也，已而復排擊之，以自尊；稱量古人未已也，已而復教責之，以從我。権史則嘩壽盧陵，折抑爲皁隸；評詩則李杜長吉，鞭韃如羣兒。』（有學集三十八）這還不是狂易是什麼？以這種霸氣劫持的詩壇，欲圖改革，誠不容易。所以他只能慨歎着說：『今之爲詩者……才益駁，心益麤，見益卑，膽益橫，此其病中於人心，乘於刦運，非有反經之君子，循其本而救之，則終於胥溺而已矣。』（有學集二十，蔞江十子詩序）

這是就詩壇霸氣的刼持者言，至於被劫持者，隨波逐流，也是牧齋所痛心的。這在族孫遵王詩序中曾痛切地說過：

竊常論今人之詩所以不如古人者，以謂韓退之之評子厚，有勇於爲人，不自貴重之語，庶幾足以蔽之。何也？今之名能詩者，庀材惟恐其不博，取境惟恐其不變，引聲度律惟恐其不諧美，駢枝鬬葉惟恐其不妙麗，詩人之能事可謂盡矣。而詩道固愈遠者，以其詩皆爲人所作，剽耳傭目，追嗜逐好，標新領異之思側出於內，譁世炫俗之習交攻於外，擒詞拈韻，每怵人之我先，累牘連章，猶慮己之或後。雖其中寫繁會鋪陳綺雅，而其中之所存者，固已薄而不美，索然而無餘味矣。此所謂勇於爲人者也。生生不息者靈心也，過用之則耗；新新不窮者景物也，多取之則陳。……唐人之詩，或數篇而見古，或隻韻而孤起，不惟自貴重也，兼以貴他人之詩。不自貴則詩之胎性賤；不自重則詩之骨氣輕，不交相貴重，則胥天下以浮華相誘說，僞體相覆蓋，風氣浸淫而江河不可以復挽，故至於不自貴重而爲人之流敝極矣。（有學集十九）

他竟欲於詩壇中覓特立獨行之士，覓不爲流俗毀譽爲進退的人。於此可以看出時風衆勢之不易擺脫；於此可以看出捐除舊習改革風氣之大非易事。所以他在黃子羽詩序中也慨歎着說『近代之學詩者，知空同元美而已矣。其哆口稱漢魏稱盛唐者，知空同元美之漢魏盛唐而已矣。』（初學集三十二）

由前者言，他將使人看破刼持者的技倆，可以不爲所動。由後者言，他將使人運用自己的思想，不致輕易爲人刼持。然而在當時爲七子之學者，尺寸比擬，俯仰隨人，本是牧齋之所謂「奴」。而一方面卻借他人之地位，攘他人之所有，其不可一世的氣概，儼然像晏平仲的御者，意氣軒昂，目空一切，則又成牧齋之所謂「剽」與「僦」了。爲竟陵公安之學者，師心而妄，雖似乎可以運用自己的思想，然而其心之麤由於其才之駁，其膽之橫由於其見之卑：此卽震川所謂「惟庸故妄」之說。於是一方面只成爲『蟪蛄之聲發於蚯蚓之竅』，一方面『陳根宿莽滋蔓因仍』依舊不免腐爛滿紙的結果。（見有學集四十七書梅花百詠後）模擬者偏饒霸氣，師心者亦帶奴習，這是牧齋所以不得不大聲疾呼對於他們批評態度力施攻擊的理由。

正因這一點，所以牧齋所欲改革者是當時人之詩，還不重在當時人之詩論。他在季滄葦詩序中說過：『今夫人之稱詩者，眉目不同，興會各異，設壇分墠，互相甲乙，遠則追隨秦維，近則跳浪越楚，縱極其精神才力，橫度捷出，不過滅沒於二百年來名人魁士洄淵洑流之中，亦成其爲今人之詩而已矣。』（有學集十七）當時人的詩是要不得的。雖則當時人的詩其根據也在當時人的詩論，然而牧齋在這方面卻覺得平心靜氣，猶承認詩論本身有其相當的價値，相當的貢獻。其題懷麓堂詩鈔所云：『近代詩病其證凡三變。』由弱病以至狂病，由狂病以至鬼病，而實際則『救弱病者必之乎狂，救狂病者必之乎鬼。』（初學集八十三）這卽是說詩論之改變其主張，完全是應當時詩壇的需要針對當時詩壇的病根而發的。他在鼓吹新編序中所假設的醫喻，頗能發揮此義。

亦知夫舊醫新醫之說乎？舊醫新醫之所用者皆乳藥也。王之初病也，新醫禁舊醫之乳藥，國中有欲服者當斬其首，而王病愈。及王之復病也，新醫占王病，仍應服舊醫之乳藥，而王病亦愈。今夫詩，亦若是而已矣！上下三百餘年，影悟於滄浪，弔詭於須溪，象物於庭禮，尋撦吞剝於獻吉允寧，舉世瞑眩，奉爲丹書玉册，皆舊醫之屬也。今之所擇而取者，舊醫之乳藥與新醫之乳藥與？抑亦新醫所斷之乳藥即舊醫所服之乳藥？是乳藥者亦是毒害，亦是甘露，以療病得差爲能，而不應以新舊醫爲區別與？（有學集十五）

此可見牧齋並不反對舊醫主張。不過，至少在當時，流弊太甚，不得不有以改革之耳。同樣的藥，可以是毒害，亦是甘露。同樣的理論，可以救弊，也可以生弊。所以他追究李何李王致病之原，深斥滄浪妙悟之說，而在徐元歎詩序中卻說『宋之學者祖述少陵，立魯直爲宗子，遂有江西宗派之說，嚴羽卿辭而闢之，而以盛唐爲宗，信羽卿之有功於詩也。』（案嚴羽字儀卿，牧齋文中常誤稱羽卿，）原來滄浪之說雖有流弊而在當時卻是有貢獻的。其論滄浪的詩論是如此，其論當時別家的詩論也未嘗不是如此。明人詩論之一再轉變，全出針砭時病，原不爲誤；然而所以成爲每變愈下者，即由於這種刼持的霸氣的態度，可以使人除此之外不再知有詩，可以使人除今人之詩以外不再知有詩。所以我說牧齋所大聲疾呼以施攻擊者，還在當時詩人的批評態度。

第二目　牧齋的態度

然則牧齋的態度又何如呢？上文說過，牧齋論詩各文字裏行間，時時流露潑辣辣的霸氣，這是無庸諱言的。然而這有不得已不能已的情形迫之使然。『予豈好辯哉！予不得已也。』他在答山陰徐伯調書中曾痛切地說過：『今所處之地，辟如人在井中，雖大呼哀號，猶不能貫行人之耳，況敢仰面而唾人耶？』（有學集三十九）據此，他何嘗想用狂易的態度以刼持一般人呢？

除了這一點，我們須知牧齋論詩與七子竟陵正大異其趣。他們想兼幷古人，而牧齋則否；他們只標榜一格，而牧齋則否。牧齋一方面只要創成自己的風格，沒有兼幷古人的野心；而一方面卻又尊重別人的風格，不作抹煞一切的主張。所以他是要無不學而無不舍的。

牧齋答徐巨源書云：『僕嘗觀古之爲文者，經不能兼史，史不能兼經，左不能兼遷，遷不能兼左，韓不能兼柳，柳不能兼韓。其於詩，枚蔡曹劉潘陸陶謝李杜元白各出杼軸，互相陶冶，譬諸春秋日月，異道並行。今之人則不然，家爲總萃，人集大成。數行之內苞孕古今，隻句之中牢籠風雅。今人之視古人，亦猶是兩耳一口也。何以天之降才，古偏駁，今偏純？何以人之學術，古偏儉，今偏富？何以斯世之文章氣運，古則餘分閏氣，今則光岳渾圓？上下千載，吾不知其何故也。』（有學集三十八）在此書中他很說明兼幷古人的不可能。他連用幾個「何以」，窮詰得何等幽默！所以如欲兼幷古人，只有出於模擬剽竊之途。模擬剽竊是「奴」的態度，是所謂『學古而贋』，這是牧齋所不屑爲的。

他雖不主張兼幷古人，然而卻主張轉益多師。他深恨當時人之知見封錮，學殖柴塞。他說過：『今之結儔附黨，羣而相噪者，祖述弇州之初學，掇拾其嘔噦之餘以相薦撏，諺有之，海母以蝦爲目，二百年來俗學無目，奉嚴羽卿高廷禮二家之瞽說以爲蝦目，而今之後人又相將以俗學爲目，由達人觀之可爲悲憫。』（有學集十七，宋玉叔安雅堂集序）他又說過：『彼哉諓諓者，穿穴分科，條初盛別中晚，畫地成狴牢……化爲劣詩魔，飛精入府焦，窮老蔽蔀屋，不得穿沉冥』（有學集十一，古詩贈新城王貽上）盲從瞽說，隨波逐流，以自蔽其知見，這是時人之通病。所以他要轉益多師，以開拓其眼界。沈休文之言曰：『飈流之所始，同祖風騷，徒以賞好異情，故體勢相絕。』又江文通之言曰：『蛾眉詎同貌，而俱動於魄，芳草寧共氣，而皆悅於魂。』這是他文中常稱引的話。（見有學集十五唐詩英華序）正因體勢相絕，而皆足動魄悅魂，所以應以多師爲師。多師爲師，是得其神髓，卻不是襲其形貌，妄想兼幷古人。因此，對於牧齋詩論所最應著眼的一點，卽在不重偏勝的主張。不尙偏勝，所以或則上下古今以觀察詩之流變，或則博觀約取以分析詩之本質，要之都重在觀其會通。這是他詩論中可以注意的一點。他對於詩之認識，所以比較正確，也卽以此。

第三目　對於詩之性質之分析

現在，先看他對於詩所下的定義：

詩者志之所之也。陶冶性靈，流連景物，各言其所欲言者而已。（初學集三十一，范璽卿詩集序）

古之爲詩者，必有深情蓄積於內，奇遇薄射於外，輪囷結轖，朦朧萌析，如所謂驚瀾奔湍，鬱閉而不得流，長鯨蒼虬，偃蹇而不得伸，渾金璞玉，泥沙掩匿而不得用，明星皓月，陰雲蔽蒙而不得出，於是乎不能不發之爲詩，而其詩亦不得不工。（初學集三十二，虞山詩約序）

古之爲詩者，必有獨至之性，旁出之情，偏詣之學，輪囷偪塞，偃蹇排奡，人不能解而已不自喻者，然後其人始能爲詩而爲之必工。（初學集三十二，馮定遠詩序）

夫詩者言其志之所之也。志之所之，盈於情，奮於氣，而擊發於境風識浪奔昏交湊之時世。（有學集十五，愛琴館評選詩慰序）

古之爲詩者有本焉。國風之好色，小雅之怨誹，離騷之疾痛叫呼，結轖於君臣夫婦朋友之間，而發作於身世偪側時命迍邅之會，夢而噩，病而吟，春歌而溺笑，皆是物也；故曰有本。（有學集十七，周元亮賴古堂合刻序）

詩言志，志足而情生焉，情萌而氣動焉。如土膏之發，如候蟲之鳴，歡欣噍殺，紆緩促數，窮於時，迫於境，旁薄曲折而不知其使然者，古今之眞詩也。（有學集四十七，題燕市酒人篇）

我們看了上邊所引的幾節文辭，可以知道牧齋論詩與七子竟陵有一個絕大的分別，卽是他只從詩之內質與外緣上着眼，而不在詩之格律意匠上着眼。他說過：『今之爲詩者，矜聲律，較時代，知見封錮，學術柴塞，片言隻句側出於元和永明之間，以爲失機落節，引繩而批之：是可與言詩乎？』（有學集十八，陳古公詩集序）所以他是很反對尺尺寸寸專從格律形式方面去論詩的。他又說過：『古人之詩，了不察其精神脈理，第抉摘一字一句，曰此爲新奇，此爲幽異而已。於古人之高文大篇，所謂鋪陳終始，排比聲韻者，一切抹殺曰此陳言腐詞而已。斯人也，其夢想入於鼠穴，其聲音發於蚓竅，殫竭其聰明，不足以窺郊島之一知半解，而況於杜乎。』（初學集三十二，曾房仲詩敍）所以他又反對專從一字一句上推敲挑剔以論詩的。前者是李何李王輩論詩之誤，後者是鍾譚輩論詩之誤。人家於詩內求詩，反而失詩之眞；牧齋卻於詩外求詩，反而得詩之本。因此，可以知道他的所謂「情」，所謂「性」，所謂「志」，所謂「才」，所謂「氣」，都是就詩之內質說底。所謂「學」，所謂「識」，所謂「境」，或「遇」，或「會」，都是就詩之外緣說底。

由內質言，他引過一個很妙的譬喻。他說：

蓋嘗觀如來捃拾教中有多乳喻，竊謂皆可以喻詩。其設喩曰：如牧牛女爲欲賣乳，貪多利故，加二分水，轉賣與餘牧牛女人。彼女得已，轉復賣與近城女人，三轉而詣市賣，則加水二分亦三。展轉賣乳，乃至成糜，而乳之初味，其與存者無幾矣。三百篇已下之詩，皆乳也；三百篇已下之詩人，皆牧牛之女也。由風雅離騷漢魏齊梁歷唐宋，以迄於今茲，由三言四言五言之詩，以迄於五七言今體，七言今體中則又由景龍開元天寶大歷以迄於「西崑」「西江」，若弘正慶曆之所謂才子者，以擇乳之法取之，自牧地而之於城市，其轉賣之地不知其幾，自牧女而之城中之女，其展轉之人不知其幾。自牧牛之女加水二分而至於作糜瞻客，其加水二分殆不可斗斛計矣。今欲於展轉賣乳之後，區分而品嘗之曰，此爲城內之乳，此爲城外之乳也；此近市初交之乳，此城中作糜之乳也。夫然後醍醐乳酪，可以辨若淄澠，而不爲牧牛之女所笑。（有學集十五，鼓吹新編序）

所以愈在詩之格律字句方面去求詩，離開詩的本質愈遠。這是他『反其所以爲詩』的方法；（見徐元歎詩序）

這是他『循其本而救之』的方法。（見婁江十子詩序）

因此他論詩先論有詩無詩。

余常謂論詩者不當趣論其詩之妍媸巧拙，而先論其有詩無詩。所謂有詩者惟其志意偪塞，才力債盈，如風之怒於土囊，如水之壅於息壤，傍魄結轖不能自喻，然後發作而爲詩；凡天地之內恢詭譎怪，身世之間交互緯繣千容萬狀，皆用以資爲狀：夫然後謂之有詩。夫然後可以叶其宮商，辨其聲病，而指陳其高下得失。如其不然，其中枵然無所以（案當作有）而極其撏撦採擷之力以自命爲詩，剪綵不可以爲花也，刻楮不可以爲葉也。其或矯厲矜氣，寄托感憤，不疾而呻，不哀而悲，皆象物也，皆餘氣也，則終謂之無詩而已矣。（有學集四十七，書瞿有仲詩卷後）

所謂有詩無詩用別一種話說來，即是所謂眞詩僞詩。其季滄葦詩序云：『有眞好色，有眞怨誹，而天下始有眞詩。』凡不知言志永言眞正血脈，而如躄人學步，如傖父學語者，謂之無詩；可謂之僞詩，亦可。

惟有眞情，纔有眞詩。他說，『詩者情之發於聲音者也。』（有學集十九，陸敕先詩稿序）所以他以詩爲眞性情的表現。他又說：『古之君子篤於詩教者其深情感盪必著見於君臣朋友之間。』（見同上）所以他以爲詩人爲有眞性情的人。他再進一步說：『古云詩人不人其詩而詩其人者，何也？人其詩，則其人與其詩二也。尋行而數墨，儷花而鬭葉，其於詩猶無與也。詩其人則其人之性情詩也，形狀詩也，衣冠笑語無一而非詩也。』（初學集三十二，邵幼青詩草序）那麼詩的性情與人的性情，合而不可分了。因此，他再以爲學詩卽所以爲學，而爲學卽所以爲人。他說：『古之爲學者莫先於學詩。詩也者古人之所以爲學也，非以詩爲所有事而學之也。』（有學集二十，婁江十子詩序）在此文中，說明爲詩爲學與爲人之關係，眞是所謂「通經汲古」而與明人所謂尺尺寸寸以求之者相去不可以道里計了。

本於此種見解，所以他於黃庭表忍庵集序闡說以氣喻詩之恉。他說：『吾少從異人學望氣之術，老無所用，竊用之以觀詩。以爲詩之有篇章聲律奇正濃淡，皆其體魄也。有氣焉，含藏於心識，涌見於行墨，如玉之有尹，如珠之有光，熠燿浮動，一舉而可得。非是氣也，於山爲童山，於水爲死水，於物爲焦牙敗種，雖有詞章繁茹，匠者弗顧焉。夫子論玉有七德而終之曰氣如白虹天也，精神見於山川地也。玉之德至於珪璋特達，天下莫不貴，而其光氣之著見，則田夫野人可以望而知之。』（有學集二十）詩到田夫野人可以望而知之，那纔是志意偪塞，才力僨盈之所發作，精神性情之所表現。那纔是不曾加水的原乳。

由外緣言，他也有很明徹的見解，其胡致果詩序云：

孟子曰：『詩亡然後春秋作』，春秋未作以前之詩，皆國史也。人知夫子之刪詩，不知其爲定史，人知夫子之作春秋，不知其爲續詩。詩也，書也，春秋也，首尾爲一書，離而三之者也。三代以降，史自史，詩自詩，而詩之義不能本於史。曹之贈白馬，阮之咏懷，劉之扶風，張之七哀，千古之興亡升降，感歎悲憤，皆於詩發之。馴至於少陵，而詩中之史大備，天下稱之曰詩史。唐之詩入宋而衰，宋之亡也，其詩稱盛。皋羽之慟西臺，玉泉之悲竹國，水雲之茗歌，谷音之越吟，如窮冬沍寒，風高氣慄，悲噫怒號，萬籟雜作。古今之詩莫變於此時，亦莫盛於此時。（有學集十八）

他闡說詩與史之關係，以爲時愈變則詩也愈盛。這卽是所謂『結轖於君臣夫婦朋友之間，而發作於身世偪側時命連蹇之會。』大概牧齋也不能沒有一些時代的刺激吧！故國禾黍不能無感，所以他以爲隨時代而反應的詩纔是眞詩。

本於此種見解，所以他於華閒修詩草序又以水喩詩，他說：『蘇子瞻惠山泉詩云：「茲山定空中，乳水滿其腹，遇隙則發見，臭味實一族。」余嘗持此以論詩，以謂古人之詩，奇正濃淡，萬有不齊，要其空中滿腹，遇隙而發見則一也。不然者，如行潦之水，不足以灌一畦，求其缾罌走海內，豈可得乎？』（初學集三十二）遇隙則發見正是對於詩之外緣最好的說明了。

第四目　牧齋之杜詩學

牧齋論詩之積極主張既明，最後再一述牧齋之杜詩學，以說明與其論詩主張之關係。

杜甫論詩主旨最重要的便是『別裁僞體親風雅，轉益多師是汝師』二語，牧齋之論詩，似很受其影響。牧齋之攻擊李何李王與鍾譚諸人，卽是別裁僞體的表現，而其自己建立的論詩主張，卽以轉益多師爲宗旨。這消極的與積極的主張，在杜甫說來原是一貫的，在牧齋說來也是一貫的。其徐元歎詩序云：

自古論詩者莫精於少陵別裁僞體之一言。當少陵之時，其所謂僞體者吾不得而知之矣。宋之學者，祖述少陵，立魯直爲宗子，遂有江西宗派之說。嚴羽卿辭而闢之，而以盛唐爲宗，信羽卿之有功於詩也。自羽卿之說行，本朝奉以爲律令，談詩者必學杜，必漢魏盛唐，而詩道之榛蕪彌甚。羽卿之言，二百年來遂若塗鼓之毒藥，甚矣僞體之多而別裁之不可以易也。嗚呼，詩難言也。不識古學之從來，不知古人之用心，狗人封己，而矜其所知，此所謂以大海內於牛跡者也。……先河後海，窮源遡流，而後僞體始窮，別裁之能事始畢。雖然，此蓋未易言也！其必有所以導之。導之之法維何？亦反其所以爲詩者而已。書不云乎？『詩言志，歌永言，』詩不本於言志，非詩也；歌不足以永言，非歌也。宣己諭物，言志之方也；文從字順，永言之則也。寧質而無佻，寧正而無傾，寧貧而無僦，寧弱而無剽；寧爲長天晴日，無爲盲風澁雨；寧爲清渠細流，無爲濁沙惡潦；寧爲鶉衣短褐之蕭條，無爲天吳紫鳳之補坼；寧爲麤糲之果腹，無爲荼堇之螫脣；寧爲書生之步趨，無爲巫師之鼓舞；寧爲老生之莊語，無爲酒徒之狂詈；寧病而呻吟，無夢而厭寱；寧人而寢貌，無鬼而假面；寧木客而宵吟，無幽獨君而晝語：導之於晦蒙狂易之日，而徐反諸言志永言之故，詩之道其庶幾乎。（初學集三十二）

這是所謂別裁僞體的方法。別裁僞體必先河後海，窮源遡流，所以要反其所以爲詩，而求詩之本。在這方面，可以看出牧齋對於詩之認識，與七子鍾譚諸人不同。其曾房仲詩序云：

余蓋嘗奉教於先生長者，而竊聞學詩之說，以爲學詩之法莫善於古人，莫不善於今人。何也？自唐以降，詩家之途轍總萃於杜氏。大歷後以詩名家者，靡不繇杜而出。韓之南山，白之諷諭，非杜乎？若郊，若島，若二李，若盧仝馬異之流，盤空排奡，橫從謠詭，非得杜之一技者乎？然求其所以爲杜者無有也。以佛乘譬之，杜則果位也，諸家者分身也。逆流順流，隨緣應化，各不相師，亦靡不相合；宋元之能者亦繇是也。向令取杜氏而優孟之，飾其衣冠，效其嚬笑，而曰必如是乃爲杜，是豈復有杜哉！本朝之學杜者以李獻吉爲巨子，獻吉以學杜自命，聾瞽海內，比及百年，而訾謷獻吉者始出，然詩道之敝滋甚。此皆所謂不善學也。……房仲有志於是，余敢以善學之一言進焉。杜有所以爲杜者矣，所謂上薄風雅，下該沈宋者是也。學杜有所以學杜者矣，所謂別裁僞體，轉益多師者是也。舍近世之學杜者，又舍近世之訾謷學杜者，進而求之，無不學，無不舍焉，於斯道也，其有不造其極矣乎？（初學集三十二）

這又是所謂轉益多師的主張。轉益多師，則上薄風雅，下該沈宋，無不學而又無不舍，才能成爲眞詩，不致流爲僞體。在這方面，又可看出牧齋對於論詩之態度也與七子鍾譚諸人異趣。

他是以杜詩學爲其詩學，所以消極方面批評七子鍾譚，都很中肯，積極方面又能建立比較完善之詩論。牧齋之爲杜甫功臣，又豈僅僅在箋杜一方面！

第二節　馮班（馮舒附）

第一目　所謂虞山詩派

馮班，字定遠號鈍吟常熟人，與兄舒齊名，號二馮。所著有馮氏小集鈍吟集遊仙詩鈍吟樂府及鈍吟文稿鈍吟雜錄諸書。又與其兄評點才調集。

馮氏兄弟之論詩主張，略同牧齋。馮舒有一篇陸勑先詩藁序謂：

> 詩有法乎？曰有。樂府之別於蘇李五言也，古體之別於律也，是也。如人之四肢耳目各有位居，如是而後謂之人。舍法而求情，則魃目在頂，未可稱美盼也。詩有情乎？曰：有。國風好色而不淫也，小雅怨誹而不亂也，是也。如四肢之於運動，耳目之於視聽，如是而後謂之得其官。舍情而言法，則陽虎貌似，僅可以欺匡人也。二者交相資，各不相悖，苟無法而情，無情而法，無一可也。（默菴遺稿九）

他一方面講法，一方面主情，必須二者交相資，這也同於牧齋的意見。牧齋以主情故反對七子，以講法故復反許道陵。此意在鈍吟文中也屢見論述。如隱湖倡和詩序中說：『爲王李之學者，則曰詩須學古，自漢魏盛唐而下不對覔隻字；爲鍾譚之體者，則曰詩言性情，不當依傍古人。』（鈍吟文稿）王李與鍾譚的缺點，卽在得其一而遺其一，不能二者交相資，反使二者交相悖。又鈍吟馬小山停雲集序中說得尤其明白：

> 詩以道性情。今人之性情，猶古人之性情也。今人之詩，不妨爲古人之詩。不善學古者，不講於古人之美刺，而求之聲調氣格之間，其似也不似也，則未可知，假令一二似之，譬如偶人芻狗，徒有形象耳。黠者起而攻之，以

性情之說，學不通經，人品汚下，其所言者皆里巷之語，溫柔敦厚之教，至今其亡乎？（鈍吟文稿）由這一點言，可說是虞山詩人共同的主張。所以馮舒以明上人詩序謂：『吾虞之言詩者則異於是矣，曰詩者志之所之也，稱事達情以文足志而已。』（默庵遺藁九）而馮班之停雲集序亦言：『虞山多詩人，以讀書博聞者爲宗，……未嘗不學古人也，……然亦不專專乎往代之糟粕也。』所謂「虞山詩派」，在這共同立場上是可以成立的。不過牧齋之範圍較廣，而馮氏弟兄則取徑較狹。所以鈍吟於不滿王李鍾譚之後，卻輕輕一轉，歸到溫柔敦厚之教。他所說的溫柔敦厚之教，是要學古之詞以抒己之情，詞取其縟，情取其隱，那就覺得溫柔敦厚了。故他於停雲集序中論及虞山詩風之後，再加上一句『工拙淺深人人不同，』那麼他似乎以工與深自居了。所謂詞縟情隱，正合既工且深的格。這是二馮作風在虞山詩派中稍微立異的地方。

至於鈍吟詩論與牧齋最相類似者，爲其鈍吟雜錄第五卷嚴氏糾謬一部分。此卷專駁滄浪妙悟之說，即王漁洋古夫于亭雜錄譏爲拾某宗伯牙後慧者，故其持論多同牧齋。

鈍吟所論，於滄浪論禪論詩之誤，多所糾正，是其長處。但所舉的多是些小問題，並不重要。論其比較重要者，乃是駁滄浪論悟與以興趣言詩的問題。他說：

滄浪云『不落言筌，不涉理路，』按此二言似是而非，惑人爲最。夫迷悟相覺，則假言以爲筌，邪正相背，斯循理而得路。迷者既覺，則向來之言還歸無言，邪者既返，則向來之路未嘗涉路，是以經教紛紜，實無一法可說也。此在教家已自如此，若教外別傳則絕塵而奔，誠非凡情淺見所測，吾不敢言也。至於詩者言也，言之不足故長言之，長言之不足故詠歌之。但其言微，不與常言同耳。安得有不落言筌者乎？詩者，諷刺之言也，憑理而發，怨誹者不亂，好色者不淫，故曰思無邪。但其理玄，或在文外，與尋常文筆言理者不同，安得不涉理路乎？滄浪論詩，止是浮光掠影，如有所見，其實腳根未曾點地。故云盛唐之詩如空中之色，水中之月，鏡中之象，種種比喻，殊不如劉夢得云興在象外一語妙絕。又孟子言說詩者不以文害詞，不以詞害志，以意逆志，是爲得之，更自確然灼然也。嗚呼，可以言此者寡矣。滄浪只是興趣言詩，便知此公未得向上關捩子。（鈍吟雜錄五）

滄浪既以興趣言詩，主張不落言詮，不涉理路，所以要參活句，勿參死句。但在鈍吟卻說：

滄浪云『參活句勿參死句，』按禪家言死句活句，與詩法全不相涉也。禪家當機煞活，有時提倡，有時破除，有時如擊石火，閃電光，有時拖泥帶水，若刻舟求劍，死在句下，不得轉身之路，便是死句。詩人所謂死活句，全不同；不可相喻。詩有活句，隱秀之詞也。直敍事理，或有詞無意，死句也。隱者興在象外，言盡而意不盡者也。秀者章中迫出之詞，意象生動者也。禪須參悟，若「高臺多悲風，」「出入君懷袖，」參之亦何益！凡滄浪引禪家語多如此，此公不知參禪也。（鈍吟雜錄五）

這些話與牧齋唐詩英華序所言有些類似。實則此種爭論，全由立場不同，不必定以滄浪爲誤。這於下文論王漁洋神韻說時再行闡說。蓋鈍吟既以溫柔論詩，所以只以「興在象外」之語爲妙，所以只以「不以文害詞不以詞害志」之語爲確然灼然，而所謂死句活句的看法，遂亦與滄浪不同。這些原未必是此是彼非的問題。不過滄浪以重興象之故而謂『詩之是非不必爭，試以己詩置之古人集中，識者觀之不能辨，則眞古人矣』云云，便與他所謂「作詩須辨盡諸家體製」之說不免自相矛盾。所以鈍吟說：『古之詩人既以不同可辨者爲詩，今人作詩乃欲爲不可辨者。』（鈍吟雜錄五）此種矛盾現象的指出，確是值得注意的。

第二目　温柔敦厚與文體論

鈍吟詩論，在消極方面，對七子竟陵的攻擊，對滄浪詩話的攻擊，誠可稱是虞山詩派。至其積極的主張，則爲鈍吟所自得，其論温柔敦厚，是鈍吟辨護其自己作風的理論；其論文體，又是鈍吟指摘明人之誤而進一步的建設。茲分別言之於次：

『温柔敦厚詩教也，』這原是老生常談，不足爲奇；但馮氏論詩主張，確是從這點出發的。他說：

> 樂無與於衣食也，金石絲竹，先王以化俗，墨子非之。詩賦無與於人事也，温柔敦厚，聖人以教民，宋儒惡之。（鈍吟雜錄一）
>
> 顧仲恭先生不能作詩，嘗自言不解其故。余告之曰，温柔敦厚，先生似不足。（同上）

此外，在其他各文中提到温柔敦厚四字的也有好些處。不過他所謂温柔敦厚，與後來沈德潛所說的温柔敦厚，又不全同。於此，我們又須注意他的詩學。王應奎柳南隨筆頗論到鈍吟的詩學。如云：『定遠之詩以漢魏六朝爲根柢，而出入於義山飛卿之間。』（卷三）又云『吾邑馮鈍吟之學，以「熟精文選理」爲主。文必如揚雄鄒衍李斯司馬相如以至徐庾王楊盧駱輩，而後爲正體也。詩必自蘇李曹劉以至李杜，而得杜之眞者，李義山也。』（續筆）所以定遠之詩頗多豔體及咏物之作。定遠之詩學如此，而論詩主恉又如彼。所以他的論詩，蓋以溫柔敦厚建立其豔體詩的理論。錢陸燦序錢玉友詩云：『學於宗伯之門者，以妖冶爲溫柔，以堆砌爲敦厚，』這所說的即是指鈍吟一派。他的話，對於鈍吟之詩雖有微辭，然而卻頗中肯。

所以我們所應注意的，是他如何在香奩體西崑體上面塗飾溫柔敦厚的理論。他不贊成江西詩，以爲江西詩麤勁的流弊，至不成文章。（見寒廳詩話引馮定遠語）他又不贊成諷刺詩，以爲輕薄不近理的是有韻的謗書。（見鈍吟雜錄一）因爲這些都與溫柔敦厚之旨不合。其葉祖仁江村詩序云：『虞故多詩人，好爲脂膩鉛黛之辭，識者或非之，然規諷勸戒，亦往往而在，最下者乃綺麗可誦，今一更爲罵詈，式號式呼，以爲有關係，紈袴子弟不知戶外有何事，而矢口談興亡，如蜩螗聒耳，風雅之道盡矣。』（鈍吟文稿）他總以爲脂膩鉛黛之辭，猶勝罵詈之作。所以他說：『以屈原之文，露才揚己，顯君之失，良史以爲深譏，忠憤之詞，詩人不可苟作也，以是爲教，必有臣誣其君，子訟其父者，溫柔敦厚其衰矣。』（鈍吟文稿陸敕先玄要齋稿序）因此，他教人寧以才調集玉臺新詠二書爲主，而不欲空言有關係。

他在這方面再有一種積極的理論。他以爲：『韓吏部，唐之孟子，言詩稱鮑謝；南北朝紅紫傾仄之體，蓋出於明遠。西山眞文忠公云「詩不必顯言性命，而後爲義理，」則儒者之論詩可知也已。』他先舉了唐宋儒者的言論以爲根據，於是他再說：『人生而有情，制禮以節之，而詩則導之使言，然後歸之於禮，一弛一張，先王之教然也。』（均見陸敕先玄要齋稿序）這樣，他再找到了先王之教爲根據了。禮所以節其情，詩卻正所以導之使言其情，於是紅紫傾仄之體正是禮義所在。『發乎情止乎禮義，』這句話在馮鈍吟看來，應當又有另一種新的解釋了。論詩主溫柔敦厚卻不同於沈歸愚，論詩言性情，卻又不同於袁子才。在他們爲這些問題往復辨論者，在鈍吟卻把他溝通之。這可以說是他的特見。

不僅如此，即使傾仄之文，爲非禮義所宜，而紅紫之體仍不失爲詩文正宗。他在陳鄴仙曠谷集序中說：

徐庾爲傾仄之文，至唐而變；景龍雲紀之際，渢渢乎盛世之音矣。溫李之於晚唐，猶梁末之有徐庾，而西崑諸君子則似唐之有王楊盧駱；杜子美論詩有江河萬古流之言，歐陽永叔論詩不言楊劉之失而服其工，古之論文者其必有道也。蓋徐庾溫李，其文繁縟而整麗，使去其傾仄加以淳厚，則變而爲盛世之作。文章風氣其開也有漸，爲世道盛衰之徵，君子於此有前知之道焉。治世之音安以樂，亂世之音怨以怒，亡國之音哀以思，非直音聲，其文字則亦有然者。盛而衰，衰而盛，其變如循環，非老於學者不足以辨之。（鈍吟文稿）

這樣，他的「鍊飾文采」的主張，找到了理論上的根據。他以爲清詞雅致，非無可取，而總不免寒乞相，不足以盡文章之觀；必須才大學富，繁縟整麗，始見能事。人見紅紫之體以爲詩文之衰，他卻稱爲轉盛之因，寧取傾仄，不尙譏訕；

寧取紅紫，不尙寒薄；這是他積極方面的理論。故於同人擬西崑詩序中再說：『嗚呼，自江西派盛，斯文之廢久矣！至於今日耳食之徒，羞言崑體，然王荆公云學杜者當從李義山入，歐陽文忠嘗稱楊劉之工，世有二公，必能噬斯也。』後人能於這一方面發揮其理論者，惟錢保塘沈雲樵無定雲龕詩集序所言，（見淸風室文鈔四）差與鈍吟論旨，有些類似。

西崑豔體之外，鈍吟所好卽爲遊仙詩，蓋取其運用才情，別有寄托，與西崑豔體相同。其兄已蒼序其詩云：『大抵詩言志，志者心所之也，心有在所未可直陳，則托爲虛無惝怳之詞，以寄幽憂騷屑之意。昔人立義比興，其凡若此，自古及今，未之或改。故詩無比興，非詩也。讀詩者不知比興所存，非知詩也。』（默菴遺稿九家弟定遠遊仙詩序）比興也，溫柔敦厚也，都成爲他們論詩的基礎了。

馮氏論詩之長，尙有一點足述，卽在其文體論。明人之論文體，不知源流正變，故所論都不免過泥。他們以爲某體應有某格，於是強定詩與樂府之分，強定賦與歌行之分，實則都不過是懸格以求爲摹擬的方便而已。這種錯誤，淸初人也往往指正，但是沒有鈍吟說得詳備。

他從詩樂的源流上說明其體製之流變，於是知明人樂府生呑活剝，故作奇句之非。他說：『伯敬承于鱗之後，遂謂奇詭聱牙者爲樂府，平美者爲詩，其評詩至云某篇某句似樂府，樂府某篇某句似詩，謬之極矣。』（鈍吟文稿，古今樂府論）他又說：『今日作樂府，賦古題，一也；自出新題，二也；據此而曰某篇似樂府語，某篇似詩語，皆于鱗仲默之斅法也。』（又論樂府與錢頤仲）這些話，後來王漁洋也時常論及，故知漁洋稱其多前人未發者，當即指此。漁洋不妨反對他駁滄浪之說，同時也不妨贊同他的文體論。王應奎柳南隨筆於此問題，乃謂漁洋前後議論之相反，由與趙秋谷有隙的關係，則不免小視漁洋了。

又明人之論詩賦，也有同樣拘泥的情形。他則以爲『詩賦分區定於前漢，然體例相近，賦或似詩，詩或似賦，』所以漢世多五言小賦，而庾信之賦亦似七言歌行。明人不知此理，強生分別，於是楊升庵改梁元帝賦爲詩，李空同改駱賓王賦爲詩，而王鳳洲直云王子安春思賦以爲歌行則佳，以爲賦則拙。（見鈍吟文稿，論詩與葉祖德）鈍吟集中多舉這一類的錯誤，即是鈍吟論文體比明人通達的地方。

明人對於文體區分過求淸晰，固不合事實，然有時不加劃分，又易涉混淆。如馮惟訥詩紀於古逸部分盡載銘誄箴誡祝讚繇詞諸體，而鍾譚詩歸亦選及易林，此又明人不明詩體之證。（鈍吟雜錄三）明人分析不當者，鈍吟則觀其會通；明人混淆不淸者，鈍吟又細加區別。這是他的貢獻。昔人之論文體，只須分得有理，如文苑英華之分歌行與樂府爲二，他也承認的；只須合得有理，如昔人之以歌謠爲詩，他也承認的。對於文體的辨析，不能不謂是鈍吟詩論中一大功績。

此外，論六朝文筆之分，論齊梁體與律體之別，論絕句有古律之分，亦多前人所未發。（見雜錄卷三及卷四）王漁洋趙秋谷之論古詩聲調，恐亦受其影響。

第二章　神韻說

第一節　王夫之

第一目　興觀羣怨

王夫之，衡陽人字而農別號薑齋明亡後隱於湘西之石船山學者稱船山先生。事見清史稿四百八十六卷。生平著書甚多，其論詩之著有詩繹與夕堂永日緒論二種。丁福保即據以輯入清詩話，合稱爲薑齋詩話。

船山論詩頗多精闢的見解。他同黃梨洲一樣本儒家的見地闡詩道之精蘊而所見比一般道學家爲高。尤其船山之說，似乎更勝一籌。

黃梨洲也曾以興觀羣怨論詩。他根據孔安國鄭康成之注，以「興」爲「引譬連類」，故後世咏懷遊覽咏物之作也是興；以「觀」爲「觀風俗之盛衰」，故後世弔古詠史行旅祖德郊廟之什也是觀；以「羣」爲「羣居相切磋」，故後世公讌贈答送別之類也是羣；以「怨」爲「怨刺上政」，故後世哀傷挽歌遣謫諷諭之篇也是怨。於是再本此以論後世之詩『謂古之以詩名者，未有能離此四者，然其情各有至處。其意句就境中宣出者，可以興也；言在耳目贈寄八荒者，可以觀也；善於風人答贈者，可以羣也；悽戾爲騷之苗裔者，可以怨也。』（見南雷文定四集一，汪扶晨詩序）這固然較經學家的訓詁爲通達，然而猶把興觀羣怨看成四個物事。而在王船山則不然。他說：

『可以云者隨所以而皆可也。於所興而可觀，其興也深；於所觀而可興，其觀也審。以其羣者而怨，怨愈不忘；以其怨者而羣，羣乃益摯。』（詩繹）這樣講興觀羣怨四字，便成活看，不是呆看。蓋梨洲所講的是作詩者之興觀羣怨，而船山所講的乃是讀詩者之興觀羣怨。所以說：『作者用一致之思，讀者各以其情而自得。故關雎興也，康王宴朝而卽爲冰鑑；「訏謨定命，遠猷辰告，」觀也，謝安欣賞而增其遐心。人情之遊也無涯，而各以其情遇，斯所貴於有詩。』（詩繹）此說極妙。假使由作詩者之興觀羣怨言便不易脫經學家的見解。他說：『經生家推鹿鳴嘉魚爲羣，柏舟小弁爲怨，小人一往之喜怒耳，何足以言詩。』（夕堂永日緒論）所以他要由讀詩者之興觀羣怨言，纔與文學批評有關。於是又說：『總以曲寫心靈，動人興觀羣怨，卻使陋人無從支借。』因此，論語之所謂「可以，」船山之所謂「動人，」都應着眼在讀者的方面的。可以興是使讀者興，可以觀也是使讀者觀，推之羣與怨，莫不如此。所以說：『作者用一致之思，讀者各以其情而自得。』

明白這一點，然後知梨洲之與船山，同樣本於儒家的見地，以闡詩道之精蘊，而所得各有不同。梨洲所言處處在指示人如何作詩，如何學詩，所以要說明什麼是詩；船山所言則異，是他處處在指示人如何讀詩，如何去領悟詩，所以只說明詩是怎樣？

然而指示領悟的方法以使「讀者各以其情而自得，」這便不是很容易的事。訓詁家不能領悟詩趣的，評點家也一樣不能領悟詩趣。拘於字面以解詩則失之泥，拘於章法以解詩則失之陋，拘於史迹以解詩則失之鑿。明人以詩經作文學作品讀，不作經學讀本讀，這眼光本是不錯的。不過如孫月峯鍾伯敬一流以評點批尾之學當之，則要不得，要不得，所以招錢牧齋之詆訶。王船山的詩繹實在也是同此眼光，同此手法，而說來卻高人一籌。他沒有訓詁家道學家的習氣，只用文學的眼光，所以說來精警透澈。他又不如評點家這般膚淺，他所說的仍本於儒家的見地，所以又覺其切實。以文學眼光去讀詩，則於詩能領悟本儒家見地以論詩，則於詩能受用。詩繹中說：『藝苑之士不原本於三百篇之律度，則爲刻木之桃李；釋經之儒不證合於漢魏唐宋之正變，抑爲株守之兔罝。』像他纔能打通經學與文學之間的一條路。眞的：『漢魏以還之比興可上通於風雅；檜曹而上之條理，可近譯以三唐。』這樣，所以我說王船山的詩論是偏重在讀詩。

第二目　法與格

昔人講詩，也曾示人以領悟，但是所拈出的是一個「法」字。於法中求悟，便只能偏重在作法方面，而不會理會到詩人作詩之本意。所以他最反對法。他說：

近有吳中顧夢麟者以帖括塾師之識說詩，遇轉則割裂別立一意，不以詩解詩，而以學究之陋解詩，令古人雅度微言，不相比附。陋子學詩，其弊必至於此。（詩繹）

古詩及歌行換韻者，必須韻意不雙轉，自三百篇以至庾鮑七言，皆不待鉤鎖，自然蟬連不絕。此法可通於時文，使股法相承，股中換氣。近有顧夢麟者作詩經塾講，以轉韻立界限，劃斷意旨，劣經生桎梏古人，可惡孰甚

焉!晉清商三洲曲及唐人所作有長篇拆開可作數絕句者,皆蠚蟲相續成一青蛇之陋習也。(夕堂永日緒論)

近體中二聯,一情一景,一法也。『雲霞出海曙,梅柳渡江春,淑氣催黃鳥,晴光轉綠蘋』『雲飛北闕輕陰散,雨歇南山積翠來,御柳已爭梅信發,林花不待曉風開,』皆景也,何者爲情?若四句俱情而無景語者,尤不可勝數。其得謂之非法乎?夫景以情合,情以景生,初不相離,唯意所適。截分兩橛,則情不足興,而景非其景。(同上)

起承轉收,一法也,試取初盛唐律驗之,誰必株守此法者。(同上)

他反對以轉韻立界限的法,他反對以情景相配的法,他更反對講起承轉收的法。易言之,即是他反對一切畫地成牢以陷人的法。蓋這些法,都是學究指示初學作詩者的一種門徑。用這些話頭以論昔人之詩,當然覺其枘鑿不入。一方面曲解古詩,一方面也使人拘束得不會作詩,因爲這些都是死法。『死法之立,總緣識量狹小,如演雜劇,在方丈臺上,故有花樣步位,稍移一步則錯亂,若馳騁康莊,取塗千里,而用此步法,雖至愚者不爲也。』(夕堂永日緒論)所以在這些死法中,不會了解詩,也不會作詩。

比這種呆板的法講得稍微活一些,則有所謂「格」。格的問題,王氏也是不贊成的。因爲格也是藝苑教師的手法。他說:

一解奕者以誨人奕爲遊資，後遇一高手與對奕至十數子，輒揶揄之曰，此教師奕耳。詩文立門庭，使人學己，人一學卽似者，自詡爲大家，爲才子，亦藝苑教師而已。高廷禮，李獻吉，何大復，李于鱗，王元美，鍾伯敬，譚友夏，所尙異科，其歸一也。纔立一門庭，則但有其局格，更無性情，更無興會，更無思致，自縛縛人，誰爲之解者！……李文饒有云：『好驢馬不逐隊行，』立門庭與依傍門庭者，皆逐隊者也。（夕堂永日緒論）

建立門庭，自建安始。曹子建鋪排整飾，立階級以賺人升堂，用此致諸趨赴之客，容易成名，伸紙揮毫，雷同一律；子桓精思逸韻，以絕人攀躋，故人不樂從，反爲所掩。子建以是壓倒阿兄，奪其名譽，實則子桓天才駿發，豈子建所能壓倒耶？故嗣是而興者，如郭景純，阮嗣宗，謝客，陶公，乃至左太冲，張景陽，皆不屑染指建安之羹鼎，視子建蔑如矣。……是知立才子之目，標一成之法，扇動庸才，旦倣而夕肖者，原不足以羈絡騏驥；唯世無伯樂，則駕鹽車上太行者，自鳴駿足耳。（同上）

立下了法，可以窒塞生機；定下了格，也足以桎梏才情。這樣都不是性情中事，所以無當於興觀羣怨，只爲建立門庭的方便而已。明人論詩正因各以偏勝見長，所以分別門戶。淸初一般人大抵均反此風氣，不欲以門庭自限。於是有一共同的傾向，都求之於古，同時也卽求之於作詩之本。蓋惟有這樣，才能如船山所說『無從開方便法門，任陋人支借也。』

第三目　意與勢

然則船山是否絕對不講法與格呢？那也不然。他也承認近體中二聯一情一景不失爲一法；他也知道法的作用是所以成章。但是他所要破的是陋人之法，是這些小家數的法，是拘泥於法而不知變通的法。因此他不論法與格，而論意與勢。意與勢，卽是船山所謂法與格，而實在卽是一切法與格所由來之基礎條件。他說：

> 無論詩歌與長行文字，俱以意爲主。意猶帥也，無帥之兵，謂之烏合。李杜所以稱大家者，無意之詩，十不得一二也。……以意爲主，勢次之。勢者，意中之神理也。唯謝康樂爲能取勢，宛轉屈伸以求盡其意，意已盡則止，殆無剩語；天矯連蜷，煙雲繚繞，乃眞龍，非畫龍也。

我嘗以爲船山詩論與當時牧齋梨洲諸人都不同。船山固有不滿意李獻吉一流人的言論，然而假使與牧齋梨洲諸人比，則船山不能算是反對獻吉了。他的言論，只能稱修正獻吉。我又以爲船山詩論頗與王漁洋相同，漁洋詩論實在也是對於李何詩論的修正。所以二王詩論頗有相似之處。這其間固然未必有直接的關係，至少也可見所見之暗合。我嘗推求其所以如此的原因，恐怕船山所提出的意與勢，便是重要的原因了。不主張建立門庭，不主張守一局格，這是船山與錢黃諸氏所同的。但錢黃等均離開了詩而求作詩之本，所以偏重在性情方面。船山則依舊於詩中求詩，然而卻不是死法，不是定格。這是與牧齋梨洲不同的原因。

論到勢，所謂「天矯連蜷，煙雲繚繞」，已有神韻的意思。而尤其與漁洋神韻之說爲相類似者，莫過於下引夕堂永日緒論中的一節話：

論畫者曰咫尺有萬里之勢，一勢字宜着眼。若不論勢，則縮萬里於咫尺，直是廣輿記前一天下圖耳。五言絕句，以此爲落想時第一義。唯盛唐人能得其妙，如『君家住何處，妾住在橫塘。停船暫借問，或恐是同鄉，』墨氣四射，四表無窮，無字處皆其意也。李獻吉詩，『浩浩長江水，黃州若箇邊？岸回山一轉，船到堞樓前，』固自不失此風味。

論勢，而於五絕中求之，便有風味可言。否則，只是渾灝流轉的氣勢而已。漁洋論詩最推重白石言盡而意不盡之語，實則也即是咫尺有萬里之勢的意思。

第四目　情與景

梨洲論詩，於情景的關係，說得已很妙，然而猶覺其擔板搭實，沒有船山說得空靈。蓋船山之所謂情與景，即從詩意中求；而梨洲所論則是於詩人中求，只是詩人與環境的關係而已。船山說：『煙雲泉石，花鳥苔林，金鋪錦帳，寓意則靈。』是景須待意以靈的；船山又說：『若齊梁綺語，宋人摶合成句之出處，（宋人論詩字字求出處）役心向彼掇索，而不恤己情之所自發，此之謂小家數，總在圈繢中求活計也。』（均夕堂永日緒論）是意又是以情爲主的。這一節說明意與情景的關係最爲明顯。夕堂永日緒論中論情與景的地方很多，如云：

『池塘生春草，』『蝴蝶飛南園，』『明月照積雪，』皆心中目中與相融浹，一出語時，即得珠圓玉潤，要亦各視其所懷來而與景相迎者也。『日暮天無雲，』『春風散微和，』想見陶令當時胸次，豈夾雜鉛汞人能作此語。

『僧敲月下門，』祇是妄想揣摩，如說他人夢，縱令形容酷似，何嘗毫髮關心。知然者以其沈吟推敲二字，就他作想也。若即景會心，則或推或敲，必居其一，因景因情，自然靈妙，何勞擬議哉！『長河落日圓』初無定景，『隔水問樵夫』初非想得，則禪家所謂現量也。

情景名爲二，而實不可離。神於詩者，妙合無垠，巧者則有情中景，景中情。景中情者如『長安一片月』自然是孤棲憶遠之情；『影靜千官裏』自然是喜達行在之情。情中景尤難曲寫，如『詩成珠玉在揮毫』寫出才人翰墨淋漓，自心欣賞之景。凡此類知者遇之，非然，亦鶻突看過，作等閑語耳。

又詩繹中云：

興在有意無意之間，比亦不容雕刻；關情者景，自與情相爲珀芥也。情景雖有在心在物之分，而景生情，情生景，哀樂之觸，榮悴之迎，互藏其宅。天情物理，可哀而可樂，用之無窮，流而不滯。窮且滯者不知爾。『吳楚東南坼，乾坤日夜浮』乍讀之若雄豪，然而適與『親朋無一字，老病有孤舟』相爲融浹。當知『倬彼雲漢』，頌作人者增其輝光，憂旱甚者益其炎赫，無適而無不適也。唐末人不能及此，爲玉合底蓋之說，孟郊溫庭筠分爲二壘。天與物，其能爲爾闓分乎。

這些都是情景融浹之說。能這樣情景融浹，然後在人則見其胸次絕無渣滓；在詩則不煩推敲，自然靈妙。景中生情，而後賓主融合，不是全無關涉；情中生景，而後不即不離，自然不會板滯。以寫景的心理言情，同時也以言情的心理寫景，這樣纔見情景融浹之妙。這樣纔是所謂神韻。所以說：『含情而能達，會景而生心，體物而得神，則自有靈通之句，參化工之妙；若但於句求巧，則性情先爲外蕩，生意索然矣。』（夕堂永日緒論）

然而船山却不拈出神韻兩字爲其論詩主張，則以一經拈出，自有庸人奔來湊附，依舊蹈了建立門庭的覆轍。纔破一格，復立一格，這在船山是不爲的。船山何以不爲呢？這在上文已說過，船山所指示的是讀詩的方法，而不是作詩的定格。不過他論讀詩當然也不能全與作詩無關，所以也講到意與勢，也講到情與景，然而照他這樣講法，是所謂意者情與景相融浹的境界而已。意既由情與景的融浹，所以意在言先，而由情與景相融浹以寫出的意，當然有性情，有興會，當然妙合無垠，當然自然湊附，當然能咫尺而有萬里之勢。詩而有勢，即有風味，即是神韻，所以無字處皆是意，而意亦在言後。意在言後，則當然能使讀者從容涵泳，自然生其氣象。所以我說船山詩論，還是重在讀的方面，重在領悟的方面。

第二節　王士禛

第一目　漁洋詩與神韻說

王士禛，後易名士禎，字貽上，號阮亭，自號漁洋山人，山東新城人。事見清史稿二百七十二卷。

漁洋之詩，自是一代正宗。在當時，正值大家都厭王李膚廓，鍾譚纖仄之後，漁洋獨以大雅之才標舉神韻，揚扢風雅，而聲望又足以奔走天下，文壇主盟，當然非漁洋莫屬。可是漁洋之詩，與其詩論，雖亦聳動一時，而身後詆譏亦頗不少，生前勁敵遇一秋谷，身後評騭又遇一隨園，於是神韻一派在乾嘉以後便不聞繼響。

大抵漁洋之失，卽在標舉神韻。標舉神韻卽立一門庭，門庭一立，趨附者固然來了，而攻擊者也有一目標。這還是小問題。最重要的乃在立了門庭之後，趨附者與攻擊者都生了誤會，誤會一生，流弊斯起。所以我以前說過由這一點言，王船山便比王漁洋爲聰明。

在這裏，我們不能不先引一篇比較長一些的文字。這卽是楊繩武資政大夫經筵講官刑部尚書王公神道碑銘。

> 公之詩既爲天下所宗，天下人人能道之，然而公之詩非一世之詩，公之功非一世之功也。公之詩籠蓋百家，囊括千載，自漢魏六朝以及唐宋元明人，無不有咀其精華，探其堂奧，而尤浸淫於陶孟王韋諸公，有以得其象外之音，意外之神，不雕飾而工，不錘鑄而鍊，極沈鬱排奡之氣，而彌近自然，盡鑱刻絢爛之奇，而不由人力。嘗推本司空表聖味在酸鹹之外，及嚴滄浪以禪喻詩之旨，而益伸其說，蓋自來論詩者或尙風格，或矜才調，或崇法律，而公則獨標神韻，神韻得而風格才調法律三者悉舉諸此矣。……公於書無所不窺，於學無所不貫。……而或者但執詩以求公之詩，又或執一家之詩以求公詩，其亦終不足以語於知公也明矣。（清文錄五十五）

在此文中固然不免充滿了揄揚的氣分，然而却說明了兩點：(一)執一家之詩以論漁洋之詩爲不得要領；(二)執一端之詩以論漁洋之詩論也爲不得要領。因爲『神韻得而風格才調法律三者悉舉諸此矣。』神韻中有風格，有才調，有法律，這是向來論神韻者所不曾提到的一點。

我們假使再欲證實此說，則有王漁洋自己所說的言論在。俞兆晟漁洋詩話序中曾有一節記載，說他晚居長安，位益尊，詩益老，每勤勤懇懇以教後學，時於酒酣燭灺，興至神王，從容述說下邊的話：

> 吾老矣，還念生平論詩凡屢變，而交遊中亦如日之隨影，忽不至於轉移也。少年初筮仕，惟務博綜該洽，以求兼長，文章江左，煙月揚州，人海花場，比肩接迹，入吾室者俱操唐音，韻勝於才，推爲祭酒，然亦空存昔夢，何堪涉想。中歲越三唐而事兩宋，良由物情厭故，筆意喜生，耳目爲之頓新，心思於焉避熟。明知長慶以後已有濫觴，而淳熙以前俱奉爲正的，當其燕市逢人，征途揖客，爭相提倡，遠近翕然宗之。既而清利流爲空疏，新靈寖以佶屈，顧瞻世道，惄然心憂，於是以大音希聲，藥淫哇錮習，唐賢三昧之選，所謂乃造平淡時也。然而境亦從茲老矣。

則可知神韻之說到晚年始成爲定論。考漁洋選三昧集在康熙二十七年，時漁洋已五十五歲。按俞氏序中所言，漁洋詩格與其論詩主張凡經三變，早年宗唐，中年主宋，晚年復歸於唐，這是論漁洋詩與其詩論者，不可不注意之點。此點在漁洋生前已經引起了爭論。汪季用與徐健庵二人對於漁洋的認識，便不相一致。當在一個文酒之會，徐健庵稱新城之詩度越有唐，而季用却說：『詩不必學唐；吾師之論詩未嘗不兼取宋元。辟之飲食，唐人詩猶粱肉也，若欲嘗山海之珍錯，非討論眉山山谷劍南之遺篇不足以適志快意。吾師之弟子多矣，凡經指授斐然成章不名一格。吾師之學無所不該，奈何以唐人比擬！』而健庵則斷斷置辨，以爲漁洋詩惟七言古頗類韓蘇，自餘各體體製風格未嘗廢唐人繩尺。這段爭論直到後來季用卒後，徐氏爲漁洋十種唐詩選書後，猶且舊事重提，以伸漁洋宗唐之說。所以一般人以神韻之說與才調無關，此種誤會原不起於後世。

尤其應該注意的，他們爭論之焦點還在對於唐詩之認識。漁洋之標舉神韻，一見於其所選神韻集。漁洋在揚州，嘗選唐律絕句五七言若干卷授其子啓涑兄弟讀之，名曰神韻集。時在順治十八年，漁洋僅二十八歲。（注）可知漁洋標舉神韻並不是晚年之說。又一見於其所撰池北偶談。書中曾引汾陽孔文谷說，論詩以清遠爲尚，而其妙則在神韻。（見卷十八）池北偶談之成書在康熙二十八年，時漁洋已五十六歲，此在他選唐賢三昧集之後。若參以俞兆晟漁洋詩話序所言，則此言神韻，實可視爲晚年定論。早年晚年並標舉神韻，同時也並宗唐詩，可惜我們現在不曾見到神韻集，假使能得到此種選本，以與唐賢三昧集相比較，那麼漁洋所謂神韻之說，更容易澈底了解。徐汪之爭在康熙二十二年，時唐賢三昧集與十種唐詩均未選定，所以我以爲他們爭論之點，還在對於唐詩之認識。徐氏十種唐詩選書後一文中又說過：『季用但知有明前後七子剽竊盛唐，爲後來士大夫訕笑，嘗欲盡祧去開元大曆以前，尊少陵爲祖，而昌黎眉山劍南以次昭穆。先生亦曾首肯其言，季用信謂固然，不尋詩之源流正變，以合乎國風雅頌之遺意，僅取一時之快意，欲以雄詞震盪一時，且謂吾師之教其門人者如是。』這一點，實是他們爭論的焦點。季用之不欲宗唐，即因避免前後七子的習氣，所以一般人以神韻之說與法律無關，此種誤會原亦不起於後世。

【注】此據惠棟所撰漁洋山人年譜。又案金榮精華錄箋注所撰年譜，繫此事於康熙元年，時漁洋二十九歲。

論述到此，我們對於漁洋神韻之說，應當分別看出他所以標舉神韻之動機。其一，是由於格調說的影響，早年之標舉神韻，恐即起因於此。其二，是對於宋詩流弊的糾正，即所謂「清利流爲空疏，新靈寖以佶屈」，於是「以大音希聲藥淫哇惡習」，晚年之標舉神韻，則又起因於此。此二種動機不同，於是所謂神韻也者，即使是同一意義，也不能不異其作用。後人只見到他晚年定論，所以一說到神韻，便與盛唐王孟之詩相聯繫，而似乎覺得與才調格律等等全無關係了。我們假使不看到他們弟子中如俞兆晟汪懋麟（季用）諸人的話，恐怕誰也不會相信漁洋於詩也曾兼事兩宋。知道他詩非一家之詩，然後知道他的詩論也非一端之說。後人只以神韻爲王孟家數的理論，而且以此爲漁洋詩論之中心，贊成者主是，反對者詆是，紛紛紜紜，何從更見漁洋詩論之眞。所以我說這是建立門庭以後最易引起的誤會。標舉神韻，好似喊出口號，口號容易號召黨徒，容易引起人們注意，然而卻不易令人深切了解。

第二目　從格調說的轉變

漁洋生在書香門第，家學淵源，自有其傳統的習慣。在當時，前後七子之緒論，成為衆矢之的，公安派攻擊他，竟陵派也壓迫他，最後錢牧齋復以東南文壇主盟的資格，加以詆諆，李何李王的氣燄，至是可謂聲銷灰燼。我們假使在此時而欲求其遺風餘韻，恐怕只有李攀龍的故鄉，而又是世家如漁洋的十七叔祖季木其人者，為最足以代表了。而漁洋於詩，便是深受八叔祖伯石，十七叔祖季木的啓迪。所以錢牧齋在王貽上詩集序中便這樣說：『季木歿三十餘年，從孫貽上復以詩名鵲起，閩人林古度論次其集，推季木為先河，謂家學門風，淵源有自，新城之壇墠大振於聲銷灰燼之餘，而竟陵之光燄熸矣。』（有學集十七）正因漁洋之詩有此淵源關係，所以牧齋贈詩，有『瓦釜正雷鳴，君其信所操，勿以獨角麟，媲彼萬牛毛』之句，（有學集十一古詩贈新城王貽上）而於序中，猶且再提到以前規勸季木的話。

漁洋之詩既出季木，那麽何以又能邀牧齋的賞識呢？則以才情激發，漁洋原有自得之處。漁洋對於牧齋批評季木之語，謂『季木如西域婆羅門教，邪師外道，自立門庭，終難皈依正法』，（見列朝詩集小傳丁下）也未嘗不以此言為確。蓋季木之詩，眞有些像文太清的贈詩所謂『空同爾獨師』者，（見錢謙益王貽上詩集序引）所以卽在漁洋也以為問山亭前後集中有蕪雜可汰，而漁洋則於前七子之中，所取乃在邊徐二家。邊貢字廷實，歷城人，是濟南詩派的首創者；徐禎卿字昌穀，一字昌國，吳人，二人與李何又稱弘正四傑。漁洋論詩不宗李何，而推邊徐，此中消息值得注意。何良俊叢說謂：『世人獨推何李為當代第一，余以為空同關中人，氣稍過勁，未免失之怒張，大復之俊節亮語出於天性，亦難到。但工於言句而乏意外之趣，獨邊華泉興象飄逸，而語尤淸圓，故當共推此人。』此語大可玩味。漁洋推尊邊氏之故，恐怕也在興象飄逸語尤淸圓上面。姑且退一步說，漁洋之選刻華泉集，是爲鄉國文獻的關係，那麼看他再選刻徐禎卿的迪功集。他把徐氏迪功集，與稍後高叔嗣的蘇門集合刻，稱爲二家詩選。在其序中引王弇州兄弟的話，謂『弇州詩評謂昌穀如白雲自流，山泉泠然，殘雪在地，掩映新月；子業如高山鼓琴，沈思忽往，木葉盡脫，石氣自靑。談藝家迄今奉爲篤論。其弟敬美又云，更百千年，李何當所廢興，徐高必無絕響，其知言哉！』據是，可知漁洋於詩自是宗主唐音的正統派，不過他是這些正統派中間的修正者而已。

怎樣修正呢？我在以前論嚴羽的詩論時已曾說過：漁洋之與七子，其論詩主張雖多出於滄浪，然而七子所得是第一義之悟，而漁洋所得是透澈之悟；七子所宗是沈着痛快之神，而漁洋所宗是優游不迫之神。有這一些的不同，所以漁洋可以出於前後七子而不囿於七子。

論到此，不得不一引舊作中國文學批評史上之神氣說一文。（小說月報十九卷一號）在此文中我把神與韻兩字分說，以爲滄浪論詩拈出神字，而漁洋更拈出韻字。只拈神字，故論詩以李杜爲宗；更拈韻字，故論詩落王孟家數。因此說：『滄浪只論一個神字，所以是空廓的境界。漁洋連帶說個韻字，則超塵絕俗之韻致，雖猶是虛無飄渺的境界，而其中有個性寓焉。假使埋沒個性，徒事摹擬，則繼武詩佛者固將與學步詩聖詩仙者同其結果。』此以神與韻兩字分說，與向來論神韻者不同，因此，有人以爲未必合漁洋本意。實則漁洋所謂神韻，單言之也只一「韻」字而已。師友詩傳續錄中說『格謂品格，韵謂風神。』謂風神可，謂韵致可，謂神韵也可，單言之，祇稱爲「韵」也何嘗不可。所以以神與韵兩字分說，不過取其比較容易看出前後七子與漁洋所論有些不同而已。這些不同，正是所謂第一義之悟與透澈之悟，沈着痛快之神與優遊不迫之神的分別。

再有，此文以神韵之韻爲寓有個性的意義，啓隨園性靈之說，這也與向來言神韻者不同，易啓人家的誤會。實則漁洋之所以由格調而變爲神韻，與此也有關係。我以爲漁洋神韻之說有先天後天二義。由先天言，前一文中也已說過：

王氏蠶尾文中有云：『詩以言志，古之作者，如陶靖節謝康樂王右丞杜工部韋蘇州之屬，其詩具在，嘗試以平生出處考之，莫不各肖其爲人。』其分甘餘話中亦極賞劉節之詩『不如求眞至，辛澹皆可味』之句。所以王氏神韻之說，在食人間煙火食者，雖覺得他如仙人五城十二樓縹渺俱在天際，而在王氏自己則正非學步得來，所以能肖其爲人。（中國文學批評史上之神氣說）

這樣說，格調之說啓人模擬，而神韻之說，却令人無從效顰。所以漁洋詩話對於雲門禪師之話：『汝等不記己語，反記吾語，異日稗販我耶。』謂得詩家三昧。因此，可知漁洋神韻之說不能謂與個性無關，不過所表現的不是個性，而是個性所表現的風神態度而已。我們再看張九徵與王阮亭書中稱頌漁洋詩之語，他說：

竊怪諸名士序言，猶舉歷下琅琊公安竟陵爲重。夫歷下諸公分代立疆，矜格矜調，皆後天事也。明公御風以行，飛騰縹渺身在五城十二樓，猶復與人間較高深乎？嘗之絳灌隨陸，非不各足英分，對留侯則成傖父；嵇鍛阮酒，非不骨帶煙霞，對蘇門先生則成笨伯；留仙之裾霓裳之舞，非不絕代，對洛神之驚鴻游龍，則掩面而泣；屋漏之痕古釵之脚，非不名世，對右軍之鸞翔鳳翥，則臥被不敢與爭。然則明公之獨絕者先天也。弟知其然而不能言其然。杜陵云：『自是君身有仙骨，世人那得知其故，』此十四字足以序大集矣。（周亮工尺牘新鈔四）

這一節話正說到漁洋詩神韻獨絕之處。『自是君身有仙骨，』所以學步不得。才是別才，趣是別趣，所以粘着不得。『藍田日暖良玉生煙，』煙固非玉而不能離玉。滄浪所謂別才別趣正應在這些上注意，才能悟出一個『韻』字。這樣講韻易言之，即是這樣講神韻，當然不必分別唐宋，矜格矜調，逐逐於詩之後天的事。這是由先天方面闡說神韻之義，所以可以成為格調說的修正。

由後天言所謂神韻又是所謂神韻天然不可湊拍之意。工力到此，不矜才，不使氣，無賸義，無廢語，如初寫黃庭，恰到好處。藍田生玉自有煙霧，方其未成為良玉的時候便不會有煙霧。因此，神韻還在於工夫。工夫到家，自然有韻。一樣走檯步，檯步好似格調，人人得而摹倣，然而走得從容不迫安詳有致，那便關工夫，那便是神韻。此義，在前一文中也曾說過：

居易錄云：『陳后山云：「韓文黃詩有意故有工，若左杜則無工矣，然學左杜先由韓黃，」此語可為解人道。『又香祖筆記云：『朱少章詩話云：「黃魯直獨用崑體工夫而造老杜渾成之地，禪家所謂更高一着也，」此語入微，可與知者道，難爲俗人言。』前一節是謂神韻的境界雖重在無意自得，然須從有意中來，後一節是謂從人工的雕琢中亦可到渾成自然的境界。（中國文學批評史上之神氣說）這樣說，也是格調可以摹倣而神韻無從效顰的地方。詩欲合格易，欲有韻則難；欲動人易，而令人玩味則難。所以『神韻得而風格才調法律三者悉舉諸此矣。』

由此二義以言，所以漁洋雖宗唐音，而不會與前後七子一樣，徒成膚廓之音。從這方面說，可以說是漁洋早年標舉神韻的意旨。

第三目　對宋詩的態度

在前一節，說明了漁洋早年標舉神韻的意旨；在這一節，又企圖着說明漁洋晚年標舉神韻之恉。漁洋詩風之變，不僅在俞兆晟漁洋詩話序中說過，卽漁洋門人張雲章所撰蠶尾詩集序也說明此意。他說：

雲章嘗見向之爲詩者，人盡曰我師盛唐，而規摹聲響，汩喪性靈已甚。自有先生之詩，唐人之眞面目乃出，而又上推漢魏，下究極於宋元明，以博其旨趣，而發其固蔽。以迄于今，海內才人輩出，則又往往自放于矩矱，以張皇譎詭爲工，滔滔而莫之反。先生近年遂多爲淡泊之音，以禁其囂囂無益者。

可知漁洋早年之爲唐，原不十分偏向淡泊之音，雖則性分所近，原與王孟爲合，但至少可看出與晚年所主有些不同。漁洋於高津草堂詩集序中也曾說及此種思想轉變之故。他說：『三十年前予初出交當世名輩，見稱詩者無一人不爲樂府，樂府必漢鐃歌，非是者弗屑也；無一人不爲古選，古選必十九首公讌，非是者弗屑也。予竊惑之，是何能爲漢魏者之多也，歷六朝而唐宋，千有餘歲，以詩名其家者甚衆，豈其才盡不今若耶？是必不然。故嘗著論以爲唐有詩不必建安黃初也；元和以後有詩，不必神龍開元也，北宋有詩，不必李杜高岑也。』（蠶尾集七）這是他從格律而轉變到才調的主張。然而時風衆勢，原自捉摸不定，扶得東來西又倒，所以他再說此種主張所生的影響：『二十年來海內賢知之流，矯枉過正，或乃欲祖宋而祧唐，至於漢魏樂府古選之遺音，蕩然無復存者。江河日下，滔滔不返，有識者懼焉。』他原不是反對漢魏盛唐，他只是爲一般規撫漢魏盛唐者下一針砭；而一般人不知此意，又以向之規撫漢魏盛唐者規撫兩宋，這簡直談不到透澈之悟，卽所謂第一義之悟而無之了。這那裏是漁洋的意思。袁子才之論漁洋詩云：『清才未合長依傍，雅調如何可詆諆，』所謂清才，所謂雅調，頗能得漁洋詩一部分的眞相。漁洋此種論詩主張之轉變，也可說是以清才救一般人宗唐之弊，以雅調救一般人學宋之弊。施愚山於漁洋續詩集序中也說明此意。他說：『阮亭蓋疾夫膚附唐人者了無生氣，故間有取於子瞻，而其所爲蜀道諸詩，非宋調也。詩有傖氣者，太白而下，惟子瞻能之，其體製正不相襲。學五經左國秦漢者，始能爲唐宋八家；學三百篇漢魏八代者，始能爲三唐，學三唐而能自豎立者，始可以讀宋元，未易爲拘墟摷見者道也。』所以漁洋之有取於宋元，不過博其旨趣，至其所作，依舊不違於唐音。昧者不察，望風而靡，又相率提倡宋詩，以爲清新。雅調淪亡，如何不使「有識者懼焉」——『新靈寖以佶屈，』即因着力爲之，矜才使氣，愈變愈怪，亦愈變而愈俗。所以他以爲學宋人詩而從其支流餘裔，未能追其祖之自出，以悟其以俗爲雅以舊爲新之妙理，則亦未得爲宋詩之嗣也。（見金居敬漁洋續詩集序引先生言）這是他對於宋詩的態度，所以他的詩不會落於宋格。

不僅如此，他正因恐怕人家落於宋格，所以標舉平淡之旨。鬲津堂草詩集序中再說：『昔司空表聖作詩品凡二十四，有謂沖澹者曰，遇之匪深，即之愈稀；有謂自然者曰，俯拾即是，不取諸鄰；有謂清奇者曰，神出古異，澹不可收：是三者品之最上。』以此論詩，當然不會張皇譎詭而滔滔不返，當然更不會雷同擩撦以生吞活剝爲能事。後人對於漁洋詩之認識，對於神韻說之認識，全着眼在這一點，而各種誤會却也正從這一點生出。

隨園詩云：「淸才未合長依傍，雅調如何可詆娸。我奉漁洋如貌執，不相菲薄不相師。」又倣元遺山論詩三十八首之一云：『不相菲薄不相師，公道持論我最知，一代正宗才力薄，望溪文集阮亭詩。』上文我們引及袁詩的時候，便說他僅得漁洋詩一部分的眞相，即因隨園對於漁洋的認識，恐怕也近於耳食，只知其晚年所造的平淡之境，而不曾理會到漁洋詩之全部。林昌彝說得好：『阮亭詩用力最深，諸體多入漢魏唐宋金元人之室；七絕情韻深婉，在劉賓客李庶子之間。其丰神之蘊藉，神味之淵永，不得謂之薄。所病者微多粧飾耳。若謂阮亭詩不喜縱橫馳驟者爲之薄，阮亭豈不能縱橫馳驟乎？簡齋之論，阮亭有所不受。』（射鷹樓詩話七）阮亭正不欲爲宋詩之縱橫馳驟，所以『以大音希聲藥淫哇惡習，』謂爲才薄，豈得爲當！

論到此，覺得漁洋之主張宋詩，似乎有些矛盾了。汪懋麟與徐乾學的爭論，也卽爲這似乎矛盾的問題。但是假使知道上文所述他對宋詩的態度，那麼他之主張宋詩原不足爲奇。漁洋之跋陳說巖太宰丁丑詩卷云：『自昔稱詩者尙雄渾則鮮風調，擅神韻則乏豪健，二者交譏。』（蠶尾續文二十）

神韻也，風調也，二而一，一而二者也。他便想於神韻風調之中內含雄渾豪健之力，於雄渾豪健之中，別具神韻風調之致。這纔是他理想的詩境，這纔是所謂神韻的標準。淸利流爲空疏，恐怕又是一般誤解神韻，只以半吞半吐爲超超元著者流所最易犯的弊病。漁洋所謂神韻，原不是如此。現在可卽以漁洋自己所說的話爲證。他於芝廛集序中說：

芝廛先生刻其詩若干卷，既成，自江南寓書命給事君屬予爲序。予抗塵走俗，且多幽憂之疾，久之未有以報也。一日，秋雨中，給事自攜所作雜畫八幀過予，因極論畫理，久之，大略以爲畫家自董巨以來，謂之南宗，亦如禪教之有南宗云。得其傳者，元人四家，而倪黃爲之冠。明二百七十年，擅名者唐沈諸人稱具體，而董尙書爲之冠，非是則旁門魔外而已。又曰：凡爲畫者，始貴能入，繼貴能出，要以沈着痛快爲極致。予難之曰：吾子於元推雲林，於明推文敏，彼二家者畫家所謂逸品也，所云沈着痛快者安在？給事笑曰：否否，見以爲古澹閒遠，而中實沈着痛快，此非流俗所能知也。

予聞給事之論，嗒然而思，渙然而興，謂之曰：子之論畫也至矣。雖然，非獨畫也，古今風騷流別之道，固不越此。

請因子言而引伸之可乎？唐宋以還，自右丞以逮華原營邱洪谷河陽之流，其詩之陶謝沈宋射洪李杜乎？董巨，其開元之王孟高岑乎？降而倪黃四家，以逮近世董尚書，其大曆元和乎？非是則旁出其詩家之有嫡子正宗乎？入之出之，其詩家之捨筏登岸乎？沈着痛快，非惟李杜昌黎有之，乃陶謝王孟而下莫不有之。子之論，論畫也而通於詩，詩也而幾於道矣。子之家先生，方屬予論次其詩，請即以此言爲之序，不亦可乎？（蠶尾集七）

這樣，所以漁洋之有取於少陵，乃至有取昌黎子瞻，於其標擧王孟之旨初不衝突。人家以其標擧神韻，宗主王孟，便以爲神韻說是這般簡單，漁洋詩亦這般單調，可謂大誤。陸嘉淑之序漁洋續詩集云：『今操觚之家好言少陵者，以先生爲原本拾遺；言二謝王韋者又以爲康樂宣城右丞左司；其欲爲昌黎長慶及有宋諸家者則又以爲退之樂天坡谷復出。而先生之詩其爲先生者自在也。』可知漁洋之詩在當時人原還知道他是多方面的詩，非一家之詩，論亦非一端之論。所謂『神韻得而風格才調法律三者悉擧諸此矣，』也可作如是觀。

第四目　所謂神韻

現在，纔可論到漁洋所謂神韻之說。

翁方綱之論神韻與王漁洋不全同，然而他說：『神韻徹上徹下，無所不該，其謂羚羊挂角無迹可求，其謂鏡花水月，空中之象，亦皆即此神韻之正旨也，非墮入空寂之謂也。其謂雅人深致，指出訏謨定命遠猶辰告二句以質之，卽此神韻之宗旨也，非所云理字不必深求之謂也。』（復初齋文集八，神韻論上）此文卽舉漁洋論詩之語以說明神韻徹上徹下無所不該之義，便與一般人所見不同。翁氏之論漁洋之所謂神韻，固未必全合漁洋意思，然而他說：『漁洋變格調曰神韻，其實卽格調耳。而不欲復言格調者，漁洋不敢議李何之失，又惟恐後人以李何之名歸之，是以變而言神韻，則不比講格調者之流弊矣。』（同上，格調論上）則也與一般人對於漁洋神韻說之認識有些不同。一般人只以三昧與象云云爲漁洋之所謂神韻，所以不免墮入空寂。翁氏在這方面便較一般人爲高，不過翁氏却欲以肌理實之，又不免矯枉過正。翁氏之論所以有些似是而非之處，都在於是。

我以爲漁洋神韻之說確是有些空寂，不過我們說到神韻之說却不必墮於迷離恍惚之境，而且要看出漁洋所論並非全屬空際縹渺之談。神韻之說，漁洋還說得明白，覃溪却說得模糊。漁洋之講神韻，並沒有寫成一篇系統的論文，然而隨處觸發，都見妙義，只須我們細心鈎稽，自可理出系統。覃溪之論神韻，除零星散見者不計外，特地寫了三篇神韻論。然而歸結一句話，『在善學者自領之，本不必講也，』則反而有些使人模糊了。

神韻之說何以墮入空寂？則因（一）神韻只指出一種詩的境界，與一般詩論之就平地築起者不同。漁洋詩話曾述施愚山語稱漁洋詩論『如華嚴樓閣，彈指卽現；又如仙人五城十二樓，縹渺俱在天際。』而愚山自己之詩論則如『作室者甁甓木石，須一一就平地築起。』其實何止愚山如此，其他各種詩論，如所謂性靈說，格調說等等，全是如此。因爲不從一種詩的境界立論，則一切詩論當然都是脚踏實地，從平地築起了。（二）卽就詩的境界立論，如所謂自然也，綺麗也，豪放也，典雅也，似乎也都有由入之途，獨所謂神韻也者，眞如東坡所謂：『道可致而不可求。』越處女之與勾踐論劍術曰『妾非受於人也，而忽自有之。』忽自有之，則正無由入之途。司馬相如之答盛覽曰：『賦家之心得之於內，不可得而傳。』不可得而傳，則思維路絕。雲門禪師曰『汝等不記己語，反記吾語，異日稗販吾耶？』不用記人家的話，則又言語道斷。而這數語偏偏是漁洋詩話中所稱謂詩家三昧者。論詩到此，如何不墮入空寂。（三）何況建立在這種境界的詩論，如所謂作詩方法也，讀詩方法也，又都重在語中無語，重在偶然欲書，重在須其自來，重在筆墨之外，重在不着一字，重在得意忘言，重在不可湊拍，重在興會風神。這些方法，又都待於悟，都待於領會。逞才則爲才蔽，說理則成理障，講學問則易變堆砌，稍刻畫便流於排比，欲如初寫黃庭，恰到好處，眞是難之又難。這簡直是指出一種標準而不是說明一種方法，無從捉摸，亦無從修養，論詩到此，又如何不墮入空寂！

所以空寂不足爲漁洋病，不足爲神韻說之病。問題乃在如何說明此種建立在詩的境界上面的詩論。

徐寅謂詩是儒中之禪，（見雅道機要）詩原不能與禪無關。禪義可以入詩，禪義可以論詩，禪義亦可以喻詩，這在以前講滄浪詩論的時候，也已經說過。七子之格調說，是以禪喻詩，漁洋之神韻說，是以禪論詩，而有時也可以以禪義入詩。以禪喻詩，則詩是詩，而禪是禪，工夫還在詩上面。以禪論詩，則禪通詩，而詩通禪，工夫乃在悟上面。至以禪義入詩，則詩卽禪，而禪卽詩，神韻天然，不可湊拍，却沒有可以加以工夫的餘地。工夫在詩上面者，所以成爲格調說，因爲求之於繩墨之中；工夫不在詩上面者，所以成爲神韻說，因爲須求之於蹊逕之外；格調與神韻之分別乃如此。覃溪所論可謂全不曾說到是處。

因此我們分別漁洋之神韻說，須知其有以禪義言詩者，如云：

嚴滄浪以禪喻詩余深契其說而五言尤爲近之。如王裴輞川絕句，字字入禪。他如『雨中山果落，燈下草蟲鳴，』『明月松間照，清泉石上流，』以及太白『却下水精簾，玲瓏望秋月，』常建『松際露微月，清光猶爲君。』浩然『樵子暗相失，草蟲寒不聞，』劉眘虛『時有落花至，遠隨流水香。』妙諦微言與世尊拈花，迦葉微笑，等無差別。通其解者，可語上乘。（蠶尾續文二，書溪西堂詩序。）

唐人如王摩詰、孟浩然、劉眘虛、常建、王昌齡諸人之詩，皆可語禪。（居易錄二十。）

類此之例，不能備舉。本來漁洋幼年學詩，卽從王、孟、常建、王昌齡、劉眘虛、韋應物、柳宗元數家入手，結習難忘，原不足怪。此種詩所以可以語禪者，卽因語中無語，卽因其在筆墨之外。居易錄引林間錄載洞山語云：『語中有語，名爲死句，語中無語，名爲活句。』自謂此卽選唐賢三昧集之旨。香祖筆記又引王楙野客叢書所稱『史記如郭忠恕畫天外數峯，略有筆墨，然而使人見而心服者，在筆墨之外也。（卷六）以爲此語得詩文三昧，卽司空表聖所謂不着一字，盡得風流之意。根據此種見解，所以漁洋論詩，重逸品而不重神品。

神品還可於繩墨中求之，只須能化，便是入神。逸品則只能求之於蹊逕之外，稗販舊語，根本不成。此中有性分焉，有興會焉，又是使人無可着力之處。劉公㦷與漁洋書稱，嘗與同人言讀同時他人作，雖心知其什倍於我，竊復漫臆，儻假以問學，似若可追；至吾阮亭，卽使吾更讀詩三十年，自覺去之愈遠，正如僊人嘯樹，其異在神骨之間；又如天女微妙，偶然動步，皆中音舞之節，當使千古後謂我爲知言。』這正是就性分說的。毛西河謂『天下惟雅須學而俗不必學，』以糾滄浪「詩有別才非關學」之語，實則天下惟俗能學而雅不能學，雅便無從學起，強學風雅，便成笑柄。所以漁洋所謂性情，雖與性靈說有幾分相似，畢竟猶有虛實之分。池北偶談中引宋時吳中孚絕句：『白髮傷春又一年，閑將心事卜金錢，梨花落盡東風軟，商略平生到杜鵑。』（卷十七）謂此詩竟使當時能成誦九經注疏的糜先生無從效顰。這卽所謂「詩有別才非關學」之說。

有了性分，還須佇興。漁洋詩話中引蕭子顯『有來斯應，每不能已，須其自來，不以力搆』及王士源序孟浩然詩『每有製作佇興而就』諸語，以爲『生平服膺此言，故未嘗爲人強作，亦不耐爲和韻詩也。』不強作，不和韻，在隨園說來是求詩之眞；在漁洋說來便是佇詩之興。所以他以爲興來便作，意盡便止，而當興會神到之時，雪與芭蕉不妨合繪，地名之寥遠不相屬者，亦不妨連綴，所謂『古人詩祇取興會超妙，不似後人章句但作記里鼓也。』（漁洋詩話上）這卽所謂「詩有別趣非關理」之說。而所謂別才別趣，都是無可致力的。

這些都是與性靈相近而終究不近的地方。我在舊作中國文學批評史上之神氣說一文中說過：『若於此種消息參得透徹，則知袁枚性靈之說，蓋亦卽從漁洋神韻說一轉變而來者。世有會心者當不以吾言爲妄耳。』實則何止如此。性靈之說，袁中郎諸人亦早已說過。中郎論詩亦頗雜以禪義，神韻之說，原亦是從性靈說轉變得來。假使說七子之詩論爲正則公安之詩論爲反而漁洋之詩論爲合。因此，知覃溪謂神韻爲格律說之轉變，猶不過得其一端。『神韻得而風格才調法律三者悉舉諸此矣。』也可作如是觀。

這些富有禪義的詩在作的方面，性分興會既都難力搆，於是在讀的方面，亦尚領會而不宜執着。他說：『古人詩畫只取興會神到若刻舟緣木求之失其指矣。』（池北偶談十八王右丞詩條）作詩之法，須其自來讀詩之法，又重神會。這是他所以贊同滄浪『空中之音相中之色』以及『羚羊挂角無迹可求』諸語的理由。然而這樣說，讀者不免仍有空寂之感嗎？那眞沒法。無已，我們只能再說明爲什麼必須這樣說得不着邊際的理由。我們要知道他所以說盛唐人詩往往入禪，卽因可以一言契道的關係。可以一言契道，然而所說的却不是道。所說的雖不是道，而可以一言契道，所以爲無迹可求，所以如鏡中之象，水中之月，可以領會而不可執着。這是所謂語中無語，這是所謂在筆墨之外。要是不然，如寒山詩之『泯時萬象無痕跡，舒處周流遍天下，』所能說出的是什麼？如邵康節詩之『詩揚心造化，筆發性園林，』所能揚所能發的又是什麼？他們果能把造化天機具體地表現出來嗎？康節雖說：『天且不言人代之，』實則他何嘗代來！在康節，或者確有他自得之處，但是他何曾舉以示人。他只是嚷嚷而已，造化天機幾曾在他的筆端露出！因爲這是所謂『語中有語名爲死句。』唐人詩之可以語禪者正不如此。詩人所言本不曾拖泥帶水，雜以禪義，不過於情景融洽之中，妙造自然，讀者却不妨因此一言契道。這正是優游不迫一類詩之入神的境界，何嘗特特注意在空寂。作者有意求之，「學我者死，」斯成笨伯；讀者有意求之，疑神疑鬼，遂見空寂。

這樣說。非空寂不足以說明神韻，空寂又何足爲漁洋病。

以上是就其以禪義言詩一點而言。我們須知漁洋之神韻說更有以禪理論詩者。以禪理論詩，只以詩禪有相通之處，詩句却不必入禪不必帶禪義。固然說話不能這般仔細這般擔板；以禪義言詩與以禪理論詩也不能有多大分別。不過如這般分別以後却便於說明。漁洋所說，如：

> 捨筏登岸，禪家以爲悟境，詩家以爲化境，詩禪一致，等無差別。大復與空同書引此，正自言其所得耳。顧東橋以爲英雄欺人，誤矣。豈東橋未能到此境地，故疑之耶？（香祖筆記八）

這便是以禪理論詩的地方。禪家行脚名山徧訪大師求善智識，也是從工夫上來；一旦頓悟得到自己應付生死的智慧，便是捨筏登岸，而工夫便成爲陳迹。悟境化境原無二致，所以不可相提並論。到此地步，無工可言，無法可言，渾成天然，色相俱全，纔是漁洋理想的詩境。何大復告空同以捨筏登岸，而李空同亦病昌穀詩之蹊徑未化。是七子於詩原重在化，與漁洋論詩並無分別，然而後人於此，多歸罪七子，而不以病漁洋者，何也？則以（一）七子所宗是滄浪所謂第一義之悟，由第一義之悟言，所以李空同有宗漢魏盛唐之說，所以李滄溟有唐無五言古之說，他們先懸了高格以論詩，於是知其正而不知其變，取徑既狹，如何能化！王漁洋便不是如此，兼取宋元以博其趣，『波瀾愈闊，格律愈精，變化愈極其致，』（見陸嘉淑漁洋續詩集序）所以不蹈七子覆轍。（二）漁洋所宗，是滄浪所謂透澈之悟。由透澈之悟言，故以色相俱空，無迹可求者爲極致，而詩格遂近於王孟。他知道神品難到，逸品易至，能使逸品入妙，自然也入神境。這便是所謂化。翁方綱謂『少陵供奉之詩，縱橫出沒不主故常；彼空同者，未能知其故也，然亦未嘗不自以爲縱橫出沒，不主故常也。』（復初齋文集八，徐昌穀詩論一）彼李何李王之所以自以爲化而終不能化者在是。看到此，知道昌穀之所以較爲成功，知道漁洋之所以更爲成功。

這又是神韻說與格調相近而終究不近的地方。

格調之說，何自起乎？起於滄浪詩話之所謂氣象。翁方綱之格調論上謂：『夫詩豈有不具格調者哉！記曰，「變成方謂之音，」方者音之應節也，其節卽格調也。又曰「聲成文謂之音，」文者音之成章也，其章卽格調也。是故噍殺嘽緩直廉和柔之別由此出焉。是則格調云者非一家所能概，非一時一代所能專也。』此話極是。可是明人所謂格調其意義並不如此。翁氏再說：『唐人之詩未有執漢魏六朝之詩以目爲格調者，獨至明李何輩乃泥執文選體以爲漢魏六朝之格調也，泥執盛唐諸家以爲唐格調焉。於是不求其端不訊其末，惟格調之是泥，於是上下古今只有一格調，而無遞變遞承之格調矣。』（復初齋文集八）這卽是明人泥於格調之失，也可謂是誤解格調之失。蓋明人所謂格調，是合滄浪所謂第一義之悟與氣象之說體會得來。重在第一義，所以只宗漢魏盛唐；重在氣象，所以又於漢魏盛唐中看出他的格調。這是格調之說之所自起。

格調之說重在氣象，而神韻之說，更是建築在氣象上的。二者都是給人以朦朧的印象。於是翁方綱便以爲『漁洋變格調曰神韻，其實卽格調耳，』此則似是而非，不能不說其辨析之未細了。實則格調說所給人以朦朧的印象的是風格，神韻說所給人以朦朧的印象的是意境。讀古人詩而得朦朧的印象這是格調；對景觸情而得朦朧的印象，這是神韻。懸一風格而奔赴之所以成爲摹擬，懸一意境而奔赴之則只有能到與否的問題，不會有能似與否的問題。這也是第一義之悟與透徹之悟的分別。

論到此，我覺得翁方綱之論徐昌穀詩頗足以說明其關係。他說：『夫李雖與徐同師古調，而李之魄力豪邁，特其拔山扛鼎辟易萬夫之氣，欲舉一世之雄才而掩蔽之；爲徐子者乃偶拈一格，具體古人，以少勝多，以靜攝動，藉使同居蹈襲之名，而氣體之超逸，據其上矣。』（徐昌穀詩論一）這是徐昌穀所以勝李空同的地方。他再說：『迪功詩七古不如五古，七律不如五律，七古七律又不如七絕，蓋能用短不能用長也。夫勢短字少，則可以自掩其蹤迹，故蹈襲者弗病也，篇長則將何展接乎？是以凡能用短不能用長者，皆執一而廢百者也。然而陶韋之短篇則眞短篇也，豈其襲之云乎？由所病在襲，則短亦襲也。』（徐昌穀詩論二）這又是說同一蹈襲，也是昌穀較空同高明的地方。同一摹擬，而拈一格者勝，用短者勝，這是漁洋所以用淸角之音易黃鐘大呂之音的緣故。說神韻爲格調，原不能謂爲大錯誤，不過其間有個分別。我們以前說滄浪詩論是以神韻說的骨幹而加上了一件格調說的外衣，那麼，可以說漁洋詩論卽使有同於格調的地方，也是以格調說的骨幹加上了一件神韻說的外衣。這是漁洋較七子聰明的地方。

何況漁洋詩還不出於模擬。不出於模擬，而用荊浩論山水所謂：『遠人無目，遠水無波，遠山無皴』的方法，給人以朦朧的印象當然覺其味在酸鹹之外而與僅主格調者有別了。

何況漁洋詩還不盡在於朦朧。朦朧，有時可以以短取勝，即所謂如郭忠恕畫天外數峯，略有筆墨，意在筆墨之外者。這好似漫畫家寥寥數筆，神態畢現，然而此中也有學問，也見本領。正如翁方綱所謂：『陶韋之短篇則眞短篇也。』同樣的性情，同樣的用短，同樣的欲以朦朧見長，然而學問根柢既有差別，工力等第又有區分，所以後人之追跡漁洋者，不免有枯寂之感了。

這是所謂以禪理論詩。

兼此二義而漁洋神韻之說始全；兼此二義而漁洋前後提倡神韻之旨亦顯。

第三章　格調說

第一節　申涵光與毛先舒

第一目　性情與風教

明末清初，錢牧齋以詩壇主盟之資格，大聲疾呼，將以轉移風氣。可是，風氣雖轉，而其說與其詩卒不能饜天下人之心，於是變而爲神韻，更變而爲格調。此種轉變固不免也受牧齋的影響，但與牧齋詩論却不相一致，因爲他們不必一定轉移明人的風氣。

先言申涵光。涵光字孚孟，號凫盟，永年人，順治中恩貢生。所著有聽山集，荊園小語諸書，事見清史稿四百八十九卷。

鄧漢儀序申氏聽山集云『世之學者，不深原夫性情風教之際，而徒彈射夫歷下竟陵，追逐夫華亭婁上，庸知爲大雅之所斥而不見收也哉！』這是鄧氏論申氏詩的話，但是也可看出申氏論詩之主張。蓋申氏論詩主恉也同其作風一樣，不外「深原夫性情風教之際」而已。彼處明末清初之際，滿腔哀憤無可發洩，一以寄之於詩，故論詩頗主性情。又他本是道學家，所著有荊園小語，荊園進語諸書，故論詩又頗主風教。

性情與風教，由申氏以前言，是詩人之詩論與道學家之詩論之所由分；由申氏以後言，又是性靈說與格調說之所由分。袁子才與沈歸愚的辯難，卽是爲此問題。所以此二者似乎絕不易溝通。然而他竟能溝通之，他竟能「深原夫性情風教之際」。

性靈說與格調說的衝突，在申氏前，卽公安竟陵與前後七子之爭。而申氏之主張，却仍是七子之主張。如其青箱堂近詩序所謂：

詩之必唐，唐之必盛，盛必以杜爲宗，定論久矣。近乃創爲無分唐宋之說，于是少陵青蓮眉山放翁相提並論。其意謂不必專宗唐耳。久之潛移默化，恐遂專于宋而不覺。夫唐自大家名家而外，亦非一格，如郊島之孤僻，温李之駢麗，元白之輕便，流弊所至，漸亦啓宋之端；然而唐之詩自在也。宋賢自眉山放翁而外，如永叔山谷聖俞子美非不崢嶸一代，然而唐法蕩然。至須溪滄浪枕籍少陵字櫛句比而去之愈遠。此其故難言也，所爭在風神氣象之間，而造語疎密立意顯晦不與焉。至何李諸公專宗盛唐，遂已超宋而上，則後之從事於詩者可知矣。……夫詩之日變，如巾服綦履長短闊狹互爲變更，惟大雅者擇中以爲矩，若宋詩日盛，則漸入雜蕪。

（聽山文集一）

又其荊園小語中云：

學問以先入爲主，故立志欲高，如文必秦漢，字必鍾王，詩必盛唐之類，骨氣已成，然後順流而下，自能成家，若入手便學近代，欲逆流而上，難矣。

此種主張，簡直全是七子理論。然而畢竟與七子不同，卽因深原夫性情風教的關係，詩之必唐，唐之必盛，盛之必以杜爲宗，他以爲早成定論。不過七子流弊，亦是事實。其蕉林詩集序云：『詩至濟南而調始純。……故自唐以來，語音節者以濟南爲主，後之學者莫能過也。乃其黃金白雪自立蹊徑，慕者效之，抑又甚焉。滿目蒼黃，至不解意欲道何事，性情之靈障於浮藻，激而爲竟陵，勢使然耳。』（聽山文集一）於是他欲以性情濟格調之窮，却不欲重揚竟陵之波，所以說：『就彼音節，舒我性情。』（同上）這卽是折衷於羣賢的態度與主張。

不僅如此，他更欲折衷詩人之詩論與道學家之詩論，使合而爲一。蓋他以爲如何「就彼音節，舒我性情」呢？卽因標舉溫柔敦厚兼主風教之故。以溫柔敦厚論性情，而性情不佻；以溫柔敦厚論格調，而格調也不流於膚廓。後來沈歸愚之論詩，一方面重格調，一方面講溫柔敦厚，恐即受此影響。然而袁子才與沈歸愚終究不免因性情風教的分歧而打筆墨官司，所以申氏之合二者爲一，便有值得注意的地方。

他在王清有詩引中說過：『理學風雅，同條共貫。』（聰山文集二）他在馬旻徠詩引中又說過：『夫理學與詩判而不一也久矣。儒者斥詩爲末技，比於雕蟲之屬，而太白嘲誚腐儒，備極醜詆。……予謂世俗所謂理學與詩皆非也。……三百篇多忠臣孝子之章，至性所激發而成聲，不煩雕繪而惻然動物，是眞理學即眞詩也。』（聰山文集二）是則理學風雅所以同條共貫的緣故，即因眞理學即眞詩的關係。何以眞理學即眞詩呢？蓋他所謂眞理學也即是眞性情之流露。他說：『詩之精者必眞，夫眞而後可言美惡。……貌謹愿而心澆刻，性情之僞，延於風教，而詩其兆焉。』（聰山文集二喬文衣詩引）那麼假理學便只成爲假心情，所以也不成爲眞詩。何以眞詩又即眞理學呢？蓋他所謂眞詩也不能不達於理。他說：『三百篇皆理學也。敷情陳事而理寓焉；理之未達，無爲貴詩矣。』（王清有詩引）那麼，只有達理者纔有「吾與點也」之意，也只有達理者，纔能觸緒成詠。

這樣一講，兩相衝突的理論，可以減少他的摩擦了。不僅減少摩擦，而且可以合而爲一。蓋他所謂溫柔敦厚之說，含有二種意義：其一，以「和」字解釋溫柔敦厚，那即是傳統的說法，如所謂『樂而不淫，哀而不傷』以及『中聲之所止』之類皆如此。其二，以「不和」解釋溫柔敦厚，如所謂『窮而後工』，如所謂『不得其平則鳴』，這在昔人不以爲是溫柔敦厚，而他以爲也是溫柔敦厚。由前一義言，是重在風教的立場講的；由後一義言，又是重在性情的立場講的因此在他的理論體系上便不見其衝突。他可以有傳統的講法，如蓮克昌詩序云：『凡詩之道以和爲正。……乃太史公謂詩三百大抵聖賢發憤之所爲作。夫發憤則和之反也，其間勞臣怨女憫時悲事之詞誠爲不少，而聖兼著之所以感發善心而得其性情之正，故曰溫柔敦厚詩教也。所以正夫不和者也。』（聽山文集一）這卽是以「和」字解釋溫柔敦厚的例。他也可以有非傳統的講法，如賈黃公詩引云：『溫柔敦厚詩教也，然吾觀古今爲詩者，大抵憤世嫉俗，多慷慨不平之音。……然則憤而不失其正，固無妨於溫柔敦厚也歟？……夫流連光景以消侘傺，此善於處憤者也。第不失所謂敦厚者而溫柔在是矣。』（聽山文集二）這又是以「不和」解釋溫柔敦厚的例。這樣一講，於是以溫柔敦厚爲媒介而性情與風教得到聯繫了。詩三百篇大抵聖賢發憤之所爲作，這卽是性情。然而憤而不失其正，這卽是溫柔敦厚。卽使憤而失其正，然而性情不失，仍足感發善心，這卽是溫柔敦厚之詩教。

不僅如此，他再本這一點以論杜甫之詩而論調便與七子之學杜不同。如喬文衣詩引云：

嗟乎！眞之一字，爲世所厭久矣。少陵不云乎？『畏人嫌我眞。』其在當時，流離困躓，皆眞之爲害，故人嫌亦自嫌也。然而光燄萬丈，至今益烈，眞之取效頗長。（聽山文集二）

如嶼舫詩序云：

古詩類尚和平。吾見古之能詩者，率沈毅多大節，卽如杜陵一生褊性畏人，剛腸疾惡，芒刺在眼，除不能待其人，頗近嚴冷，與和平不類也。而古今言詩者宗之。惡惡得其正，性情不失，和平之音出矣。繞指之柔與俗相上

下，其爲詩必靡靡者，非眞和平也。（聽山文集一）

於是他所取於杜甫者，在其眞，同時也在其溫柔敦厚。這與上文所謂發憤之所爲作而仍不失性情之正，正是同樣意思。鄉愿總成爲鄉愿，儘管八面玲瓏，阿世取寵，決不能肝膽外露，也決不成爲眞詩。大概他所受到的時代刺激也不免太深刻了吧！所以對於張覆輿（蓋）這樣獨行之士，反引爲同調。其行不妨狂怪，其言不妨矯激，正須於不和平中乃見其眞和平。爲什麼？時代便是一個反常的時代呀！他是在這種觀點上聯繫性情與風教的，所以他的學唐宗杜，也不同於前後七子之學唐宗杜。

第二目　性靈與格調

申涵光是理學家，故所言與黃梨洲爲近；毛先舒是詩人，故就詩論詩，其所見又與申氏不同。

毛氏，錢塘人，初名先舒，字稚黃，後更名騤，字馳黃，事見清史稿四百八十九卷，其論詩之著，有詩辯坻四卷。詩辯坻卷四有竟陵詩解駁議，專攻鍾譚詩歸論詩之謬。其序云：

迨成弘之際，李何崛起，號稱復古。……及其敝也，臚麗古事，汩沒胸情，以方幅嘽緩爲冠裳，以剟膚綴貌爲風骨，勦說雷同，墜於浮濫，已運丁衰葉，勢値末會，楚有鍾惺譚元春，因人心屬厭之餘，開纖兒狙喜之議，小言足以破道，技巧足以中人，而後學者乃始眩瞀，楊歧遲回，襄轍囂然競起，穿鑿紛紜，救湯揚沸，莫之能闕。

所以他也是欲調劑七子竟陵之弊而兼取其長的。他以爲古今談詩家之持論不外三弊：泥於六義者，或強附比興，或排斥麗辭，這是一弊。專尚氣魄者，故作奇肆，致違矩度，這是二弊。專尚新變者流爲鬼澀，致乖大雅，這是三弊。以象徵解詩，以道學論詩者，屬第一弊；七子之失有一部分屬第二弊，而公安竟陵之失則屬第三弊。因此他駁性靈之說云：

鄙人之論云，詩以寫發性靈耳，値憂喜悲愉，宜縱懷吐辭，蘄快吾意，眞詩乃見。若摸擬標格，拘忌聲調，則爲古所域，性靈斯掩，幾亡詩矣。予案是說非也。標格聲調古人以寫性靈之具也，由之斯中隱畢達，廢之則辭理自乖。夫古人之傳者，精於立言爲多；取彼之精，以遇吾心，法由彼立，杼自我成，柯則不遠，彼我奚間！（卷一，鄙論篇）

那麼，主格調者仍可以有性靈，而主性靈者却先離於法度了。這是他主格調之理由。他又說：

鄙人之論又云：夫詩必自闢門戶以成一家，倘蹈前轍，何由特立？此又非也。……借如萬曆以來，文凡幾變，詩復幾更，哆口高談，皆欲呵佛，然而文尙雋韻者則黃蘇小品，談眞率者近施羅演義；詩之佻纖者倣吳歌之呢呢，齷齪者拾學究之餘瀋，嗤笑軒冕，甘側輿臺，未餐霞露，已飫糞壤。……豈若思古訓以自淑，求高曾之規矩耶？若乃借旨釀蜜，取喻鎔金，因變成化，理自非誣。（卷一，鄙論篇）

那麼，主格調者仍可有新變，而主性靈尙新變者，反不合於新變了。這也是他主格調之理由。當時錢塘王鼂槐亦有與阮亭祭酒書謂：『學之而似者，李王是也；失其神，猶未失其形，以形求神，神可得也。學之而不似者，蘇黃是也，形既失矣，神于何有失其形並失其神矣。』（桂山堂文選三）這與毛稚黄的論調也可說是相同的。

稍後施愚山（閏章）之論詩主温柔敦厚與申涵光近朱竹垞彝尊之論詩仍主唐音又與毛先舒之說爲近。

第二節　葉燮

第一目　詩的演變

葉燮字星期號横山江南吳江人，著有巳畦集，事見淸史稿四百八十九卷。

葉氏名位雖不高然以沈歸愚的關係，所謂「横山門下尙有詩人」，故其影響却不爲不大。沈德潛的說詩晬語，薛雪的一瓢詩話，頗多稱引横山詩教之處。卽其不曾明言是横山言論者，亦多暗襲横山之說。

葉氏論詩之著，有原詩内外篇四卷，卽附巳畦集中。沈珩序其書稱『自古宗工宿匠所以稱詩之說僅一支一節之瑣者耳未嘗有創闢其識綜貫成一家言，出以砭其迷開其悟』這幾句話，推頌得極爲恰當。原詩之長，卽在精心結構，可以當得起稱著作的書。四庫存目提要乃以爲是作論之體，非平詩之體，可謂大誤。

横山論詩所以能「創闢其識，綜貫成一家言」者，卽在於用文學史家的眼光與方法以批評文學，所以能不立門戶，不囿於一家之說，而却能窮流溯源，獨探風雅之本，以成爲一家之言。

我們研究原詩，首先應當注意他開宗明義的幾句話。他說：

詩始於三百篇，而規模體具於漢，自是而魏而六朝三唐歷宋元明以至昭代，上下三千餘年間，詩之質文體栽格律聲調辭句遞升降不同，而要之詩有源必有流，有本必達末；又有因流而溯源，循末以返本，其學無窮，其理日出；乃知詩之爲道，未有一日不相續相禪而或息者也。

在這幾句話中間，我們所應注意的，卽是他一方面說詩變至劇而一方面又說詩道未息。他能看出文學之演變，所以他不贊成李夢陽之不讀唐以後書，李攀龍之謂唐無古詩。在別人只知奉不變者以爲宗，而他却能知道「有源必有流，有本必達末，」根本沒有盛衰優劣可言。正因他能知道文學之演變，所以他又能於演變中看出其有不變者存。因此他又不贊成一般反對李何李王的人之溺於偏畸之私說。所以他又要「因流而溯源，循末以返本。」正因他能這般明瞭詩之源流本末正變盛衰，所以不滿意於一般論詩之人，而不禁慨歎地說：『稱詩之人，才短力弱，識又矇焉而不知所衷，既不能知詩之源流本末正變盛衰互爲循環，並不能辨古今作者之心思才力深淺高下長短，孰爲沿爲革，孰爲剏爲因，孰爲流弊而衰，孰爲救衰而盛，一一剖析而縷分之，兼綜而條貫之，徒自詡矜張，爲郛廓隔膜之談，以欺人而自欺也。』在這種情況之下，『於是百喙爭鳴，互自標榜，……是非淆而性情汨，不能不三歎於風雅之日衰』了。

現在先就其言變者論之。他很能說明文學之演變。他以爲詩變出於自然。『自有天地以來，古今世運氣數遞變遷以相禪。古云天道十年一變，此理也，亦勢也，無事無物不然，寧獨詩之一道膠固而不變乎？』於是他再說明必變的理由。（一）踵事增華，以後出者爲精，所以應當變。他說：『大凡物之踵事增華，以漸而進，以至於極。故人之智慧心思，在古人始用之，又漸出之，而未窮未盡者，得後人精求之而益用之，出之。乾坤一日不息，則人之智慧心思，必無盡與窮之日。」這是必變之理由一。不過此節還可說是昭明太子所已經說過的話。至於（二）陳言已多，則互相蹈襲，在勢又不得不變。他又說：「唐詩爲八代以來一大變，韓愈爲唐詩之一大變。……開寶之詩，一時非不盛，遞至大曆貞元元和之間，沿其影響字句者且百年。此百餘年之詩，其傳者已少，殊尤出類之作，不傳者更可知矣。必待有人焉起而撥正之，則不得不改弦而更張之。愈嘗自謂陳言之務去，想其時陳言之爲禍，必有出乎目不忍見，耳不堪聞者。」由此義言，雖是本於韓愈，然而如此說明，則爲葉氏的剏見。近人每稱王國維人間詞話「文體通行既久，染指遂多，自成習套」之語，殊不知原詩中早已說過了。這是必變之理由二。

這樣，所以必須能變纔是作家；同時，也必須作家纔敢言變。變多出於豪傑之士，弱者則隨波逐流而已。蕭子顯云：「若無新變，不能代雄。」所以葉氏又說：「從來豪傑之士，未嘗不隨風會而出，而其力則常能轉風會。即如左思去魏未遠，其才豈不能爲建安詩邪？觀其縱橫躑踏，睥睨千古，絕無絲毫曹劉餘習。鮑昭之才，迴出儕偶，而杜甫稱其俊逸。夫俊逸則非建安本色矣。千載後無不擊節此兩人之詩者，正以其不襲建安也。奈何去古益遠，翻以此繩人邪？」力大者大變，力小者小變，總之變多出於豪傑之士，所以能轉風會。於是又說：「歷考漢魏以來之詩，循其源流升降，不得謂正爲源而長盛，變爲流而始衰。惟正有漸衰，故變能啓盛。」這纔是葉氏重要的見解。

他既這樣說明演變的關係，所以不主張摹倣，不主張復古；既不可謂古盛而今衰，又不能因伸正而詘變。因此，他說：

彼虞廷喜起之歌，詩之土簋擊壤穴居儷皮耳。一增華於三百篇，再增華於漢，又增於魏，自後盡態極姸，爭新競異，千狀萬態，差別井然。苟於情於事於景於理，隨在有得，而不戾乎風人永言之旨，則就其詩論工拙可耳，何得以一定之程格之，而抗言風雅哉。如人適千里者，唐虞之詩如第一步，三代之詩如第二步，彼漢魏之詩，以漸而及，如第三第四步耳。作詩者知此數步爲道途發始之所必經，而不可謂行路者之必於此數步焉爲歸宿，遂棄前途而弗邁也。且今之稱詩者，祧唐虞而禰商周，宗祀漢魏於明堂是也，何以漢魏以後之詩，遂皆爲不得入廟之主，此大不可解也。譬之井田封建，未嘗非治天下之大經，今時必欲復古而行之，不亦天下之大愚也哉。且蘇李五言與亡名氏之十九首，至建安黃初作者既已增華矣。如必取法乎初，當以蘇李與十九首爲宗，則亦吐棄建安黃初之詩可也。詩盛於鄴下，然蘇李十九首之意則寖衰矣。使鄴中諸子，欲其一一摹倣蘇李，尙且不能，且亦不欲，乃於數千載之後，胥天下而盡倣曹劉之口吻，得乎哉！

橫山眞是健者。他眞能把當時爭辨不決的問題一掃而空之。沈楙悳原詩跋稱：『自有詩以來，求其盡一代之人取古人之詩之氣體聲辭篇章字句節節摹倣而不容纖毫自致其性情，蓋未有如前明者。國初諸老，尙多沿襲，獨橫山起而力破之。』由這一點言，沈氏所說是極合原詩的宗旨的。葉氏有兩句名言：『相似而僞，無寧相異而眞。』（原詩二）葉氏又有兩句名言：『古人之詩，可似而不可學，學則爲步趨，似則爲脗合。』（已畦文集八黃葉邨莊詩序）

第二目　不變之質

然則沿流失源是否爲葉氏之所許呢？則又不然。他以爲『執其源而遺其流者，固已非矣；得其流而棄其源者，又非之非者乎？』（原詩二）所以他不主張推崇宋元而菲薄唐人，節取中晚以遺置漢魏。沈德潛淸詩別裁集謂：『先生初寓吳時，吳中稱詩者多宗范陸，究所獵者范陸之皮毛，幾於千手雷同矣。先生著原詩內外篇四卷，力破其非。吳人士始多訾謷之，先生歿後，人轉多從其言者。』他所說與沈楙惪跋所言正不相同。實則我們假使從這不欲沿流失源的一點言，則沈德潛所言，固也未嘗不得橫山的意旨；二沈所言正是各得橫山之一端。

葉氏先分析變的關係，有二種：一是時變而詩因之的變，一是詩變而時隨之的變。前者是歷史的關係，後者是文學本身的關係。他說：

> 且夫風雅之有正有變，其正變係乎時，謂政治風俗之由得而失，由隆而汚。此以時言詩，時有變而詩因之。時變而失正，詩變而仍不失其正，故有盛無衰，詩之源也。吾言後代之詩，有正有變，其正變係乎詩，謂體格聲調命意措辭新故升降之不同。此以詩言時，詩遞變而時隨之，故有漢魏六朝唐宋元明之互爲盛衰，惟變以救正之衰，故遞衰遞盛，詩之流也。從其源而論，如百川之發源，各異其所從出，雖萬派而皆朝宗於海，無弗同也。從其流而論，如河流之經行天下，而忽播爲九河，河分九而俱朝宗於海，則亦無弗同也。

由詩之源言，卽所謂歷史的關係，時異故詩異——內容異，說話的態度異，然而說話的方法與技巧，却並無所異；要之，都不曾離詩之本，所以有盛無衰。由詩之流言，則是所謂文學本身的關係，由體製之不同以分別時代，由風格之不同以分別時代，由作詩技巧之不同以分別時代，所以對於詩之本有合有離；因此，其詩也有盛有衰。這是他的所謂源流正變本末盛衰的關係。

明白這些意思，然後知道他所謂變，有小變焉，有大變焉。在共同潮流之中而能矯然自成一家者是小變。能矯然自成一家而轉變一時潮流者是大變。大變是「正」之「反」，小變則是由「正」至「反」中間的過程。所以有因變而得盛者亦有因變而益衰者。變是文學演進自然的趨勢，在變的本身無所謂盛衰。變而與本有合有離，纔有所謂盛衰。

於是他爲要說明與本有合有離的關係，再拈出體用二字。體是意，用是文。文有體製技巧各種的關係，一時代儘管有一時代的寫作的形式，但儘不妨各時代有各時代共同的寫作宗旨。意可以不變，文則不妨變。他說：

或曰，溫柔敦厚，詩教也。漢魏去古未遠，此意猶存，後此者不及也。不知溫柔敦厚，其意也，所以爲體也；措之於用，則不同，辭者其文也，所以爲用也。返之於體，則不異。漢魏之辭，有漢魏之溫柔敦厚；唐宋元之辭，有唐宋元之溫柔敦厚。譬之一草一木，無不得天地之陽春以發生，草木以億萬計，其發生之情狀，亦以億萬計，而未嘗有相同一定之形，無不盎然皆具陽春之意，豈得曰若者得天地之陽春，而若者爲不得者哉！且溫柔敦厚之旨，亦在作者神而明之，如執而泥之，則巷伯投界之章，亦難合於斯言矣。

這樣說，文豈但不妨變，簡實是應當變。他曾設兩個很妙的比喻。他以爲漢魏詩如畫家之落墨，於太虛中初見形象；六朝詩始知烘染設色微分濃淡了；盛唐詩則濃淡遠近層次方一一分明；宋詩則能事益精，諸法變化無所不極。他又以爲漢魏詩如初架屋棟梁柱礎門戶已具；六朝詩始有牕欞楹檻屏蔽開闔；唐詩則於屋中設帳幃床榻器用諸物，而加丹堊雕刻之工；宋詩則制度益精，室中陳設種種玩好，無所不蓄。（均見原詩四）這樣說，踵事增華，正是愈變而愈盛，愈變而愈工。不過他再說：『大抵屋宇初建，雖未備物，而規模弘敞，大則宮殿，小亦廳堂也；遞次而降，雖無制不全，無物不具，然規模或如曲房奧室，極足賞心，而冠冕闊大，遜於廣廈矣。』（原詩四）所以變亦不能漸離其本。變是應當變的，趨新本不足以爲病，本也是應當顧到的，窮古也是應有的條件。變之有盛有衰，其關鍵卽在這上面。說得最明白的，莫如下邊的一節話：

不讀明良擊壤之歌，不知三百篇之工也；不讀三百篇，不知漢魏詩之工也；不讀漢魏詩，不知六朝詩之工也；不讀六朝詩，不知唐詩之工也；不讀唐詩，不知宋與元詩之工也。夫惟前者啓之，而後者承之而益之；前者剏之，而後者因之而廣大之。使前者未有是言，則後者亦能如前者之初有是言；前者已有是言，則後者乃能因前者之言而另爲他言。總之，後人無前人，何以有其端緒；前人無後人，何以竟其引伸乎？譬諸地之生木然，三百篇則其根，蘇李詩則其萌芽由蘖，建安詩則生長至於拱把，六朝詩則有枝葉，唐詩則枝葉垂蔭，宋詩則能開花，而木之能事方畢。自宋以後之詩，不過開花而謝，花謝而復開。其節次雖層層積累，變換而出，而必不能不從根柢而生者也。故無根則由蘖何由生，無由蘖則拱把何由長？不由拱把則何自而有枝葉垂蔭而花開花謝乎？若曰：審如是，則有其根斯足矣。凡根之所發，不必問也；且有由蘖及拱把成其爲木，斯足矣，其枝葉與花，不必問也。則根特蟠於地而具其體耳，由蘖萌芽僅見其形質耳，拱把僅生長而上達耳，而枝葉垂蔭，花開花謝，可遂以已乎？故止知有根芽者，不知木之全用者也；止知有枝葉與花者，不知木之大本者也。（原詩三）

木之全用與大本，是一樣的重要。因此崇源與崇流，皆不免錯誤。

所謂本，實在也卽是橫山詩教的根本。除掉了這「本」的觀念，橫山詩教，卽找不到一個中心思想。這是橫山詩教的基本觀念，也是橫山詩教中最有精采的理論。

第三目　所謂本

他先分析所謂「本」是什麼。他說：

曰理曰事曰情，此三言者，足以窮盡萬有之變態。凡形形色色，音聲狀貌，舉不能越乎此；此舉在物者而爲言，而無一物之或能去此者也。曰才曰膽曰識曰力，此四言者，所以窮盡此心之神明。凡形形色色，音聲狀貌，無不待於此而爲之發宣昭著；此舉在我者而爲言，而無一不如此心以出之者也。以在我之四，衡在物之三，合而爲作者之文章，大之經緯天地，細而一動一植，詠歎謳吟，俱不能離是而爲言者矣。（原詩二）

在此節中所謂在物之三——理、事、情，卽是詩之本。詩不能離此三者而爲言，離此三者而爲言的詩，是摹擬，是剽竊。

所謂在我之四——才、膽、識、力，即是詩人之本。詩人不能無此四者以學詩作詩；詩人而無四者，其技倆當然只能出於摹擬，出於剽竊。原詩中一切理論，都是建築在這上面的，所發揮者是此，所反覆辨論者是此。

由這詩之本與詩人之本，於是再推究到作詩之本。在物者是觸興，在我者是胸襟。『原夫作詩者之肇端而有事乎此也，必先有所觸以興起其意，而後措諸辭，屬為句，敷之而成章。』（原詩一）所以觸興是作詩之本。『作詩者亦必先有詩之基焉：詩之基，其人之胸襟是也；有胸襟，然後能載其性情智慧聰明才辨以出，』所以胸襟也是作詩之本。二者都是作詩之本，然而有在物在我之分。雖有在物在我之分，然而中間有物焉以聯繫其間，說得抽象些是「氣」，說得具體些是「辭」。

這是橫山詩論的一個簡單的輪廓。下文再就這輪廓上細細地鈎勒。

何以橫山不主張摹倣呢？因為他知道變。何以他知道變呢？因為他知道不變之質。他知道了不變之質，所以謂詩無定法，而無須摹擬，而不能不變。他說：

自開闢以來，天地之大，古今之變，萬彙之賾，日星河嶽，賦物象形，兵刑禮樂，飲食男女，於以發為文章，形為詩賦，其道萬千。余得以三語蔽之，曰理，曰事，曰情，不出乎此而已。然則詩文一道，豈有定法哉？先揆乎其理，揆之於理而不謬，則理得；次徵諸事，徵之於事而不悖，則事得；終絜諸情，絜之於情而可通，則情得。三者得而不可易，則自然之法立。故法者，當乎理，確乎事，酌乎情，為三者之平準，而無所自為法也。（原詩一）

這卽是從詩之本所謂理事情三者而言的。『三者得而不可易，則自然之法立』，所謂平平仄仄，所謂起承轉合，以及一切字法句法章法云云，都是所謂死法。執此以論法，而膠着不變，則詩也不成爲我的詩，不成爲時代的詩。只有着眼在活法，所謂自然之法，而後作者可加以匠心變化，於是也便無所謂法。所以他說：『三者得則胸中通達無阻，出而敷爲辭，則夫子所云辭達。達者通也，通乎理，通乎事，通乎情之謂，而必泥乎法，則反有所不通矣。辭且不通，法更於何有乎？』（原詩一）

他再有一妙喻，說明自然之文之自然之法：

天地之大文，風雲雨雷是也。風雲雨雷變化不測，不可端倪，天地之至神也，卽至文也。試以一端論，泰山之雲，起於膚寸，不崇朝而偏天下。吾嘗居泰山之下者半載，熟悉雲之情狀，或起於膚寸，瀰淪六合，或諸峯競出，升頂卽滅，或連陰數月，或食時卽散，或黑如漆，或白如雪，或大如鵬翼，或亂如散鬊，或塊然垂天，後無繼者，或聯綿纖微，相續不絕，又忽而黑雲興，土人以法占之曰，將雨，竟不雨；又晴雲出，法占者曰將晴，乃竟雨。雲之態以萬計，無一同也；以至雲之色相，雲之性情，無一同也。雲或有時歸，或有時竟一去不歸，或有時全歸，或有時半歸，無一同也。此天地自然之文，至工也。若以法繩天地之文，則泰山之將出雲也，必先聚雲族而謀之曰，吾將出雲而爲天地之文矣，先之以某雲，繼之以某雲，以某雲爲起，以某雲爲伏，以某雲爲照應，爲波瀾，以某雲爲逆入，以某雲爲空翻，以某雲爲開，以某雲爲闔，以某雲爲掉尾，如是以出之，如是以歸之，一一使無爽，而天地之文成焉無乃天地之勞於有泰山，泰山且勞於有是雲而出雲且無日矣。蘇軾有言『我文如萬斛源泉，隨地而出』亦可與此相發明也。（原詩一）

所以得其本則變化生心無所往而不宜；不得其本則死於法，而欲覬望詩之成就，且無日矣。

理事情三者，無所往而不在，所以他以爲詩不僅是抒情，理有可言之理，有不可名言之理；事有可述之事，有不可施見之事。『可言之理，人人能言之，又安在詩人之言之；可徵之事，人人能述之，又安在詩人之述之；必有不可言之理，不可述之事，遇之於默會意象之表，而理與事無不燦然於前』（原詩二）這纔盡詩人之能事。所以實寫可言之理，可述之事與可達之情，這猶是理事情之淺底。必須能寫『不可名言之理，不可施見之事，不可逕達之情，則幽渺以爲理，想象以爲事，惝恍以爲情，方爲理至事至情至之語』。（原詩二）他在這方面說明得很妙：如舉杜詩『碧瓦初寒外』句爲例，以爲於理於事都不可通，然設身而處當時之境會，則覺此五字之情景，恍若天造地設。又如『月傍九霄多』句，一「多」字也盡括此夜宮殿當前之景象。他如『晨鐘雲外濕』『高城秋自落』諸句皆然。這些例，他從理事情三方面說明之所以見爲「本」，他人從詩眼各方面說明之所以見爲「法」。這其間相差不過幾徼之間，然而一則在字面上用工夫，以爲此字用得巧，用得活；一則在觸興上着眼，以爲所以用此字並不在巧與活上着眼，是其事如是，其理不能不如是，其辭也不能不如是。這是一個分別。所以在字面上用工夫者，可以生吞活剝，可以爲摹擬；而在觸興上注意者，可以爲自然之法，可以生變化。這也可說是很大的分別，然而相差只在幾微之間。

以上是就詩之本所謂理事情三者而言的。現在再說詩人之本。詩人之本，他分爲才膽識力四者。他以爲一般人所以喜歡講法講格講律，卽因爲缺少此四者。他說：『大凡人無才則心思不出，無膽則筆墨畏縮，無識則不能取舍，無力則不能自成一家，而且謂古人可罔，世人可欺，稱格稱律，推求字句，動以法度緊嚴，扳駁銖兩，內既無具，援一古人爲門戶，藉以壓倒衆口，究之何嘗見古人之眞面目，而辨其詩之源流本末正變盛衰之相因哉。』（原詩一）所以他就詩之本言，法非所先；就詩人之本言，依舊是法非所先。

他對這四者的關係，再分別其先後的次第。他以爲識居乎才之先，『人惟中藏無識，則理事情錯陳於前，而渾然茫然，是非可否，妍媸黑白，悉眩惑而不能辨』（見原詩二）這樣先已不能得詩之本了。由是而作詩論詩，全無是處。『既不能知古來作者之意，並不自知其何所興感觸發而爲詩；偶或亦聞古今詩家之詩，所謂體裁格力聲調興會等語，不過影響於耳，含糊於心，附會於口，而眼光從無着處，腕力從無措處。』（見原詩二）由是而因愚生妄，因妄生驕，因驕而愚且益甚，離詩且益遠。所以他要『不但不隨世人脚跟，並亦不隨古人脚跟。』到此地步，『我之著作與古人同，所謂其揆之一；卽有與古人異，乃補古人之所未足，亦可言古人補我之所未足，而後我與古人交爲知己。』到此地步，『我之命意發言，一一皆從識見中流布。』（均見原詩二）

『識明則膽張，』這是第二步。進則膽張，則橫說豎說，左宜右有，動合自然。到此地步，何有於法！心無古人，故不怕不合於古人；目無今人，故也不怕受指摘於今人。惟無膽者筆墨畏縮不能自由，『強者則曰古人某某之作如是，非我則不能得其法也；弱者亦曰古人某某之作如是，今之聞人某某傳其法如是，而我亦如是也。』於是這只成爲文境登龍術之法，而不成爲作詩之法。

膽既詘矣，才何由伸！所以他以爲『惟膽能生才。』因此，他更駁斥所謂斂才就法之論。他只以理事情三者爲準，而無所謂法。才而不從理事情三者得者，不得謂之才。『於人之所不能知而惟我有才能知之；於人之所不能言而惟我有才能言之。縱其心思之氤氳磅礴，上下縱橫，凡六合以內外，皆不得而囿之；以是措而爲文辭，而至理存焉，萬事準焉，深情托焉，是之謂有才。』因爲他能掉臂游行於法之中而自合於法，所以他以爲『文章家止有以才御法而驅使之，決無就法而爲法之所役，而猶欲詡其才者也。』於是他只言心思而不言法。他以爲『規矩者，即心思之肆應各當之所爲也。』心思與法，初無二致。『言心思，則主乎內以言才；言法，則主乎外以言才。主乎內，心思無處不可通，吐而爲辭，無物不可通也。夫孰得而範圍其心，又孰得而範圍其言乎？主乎外，則囿於物而反有所不得於我心，心思不靈而才銷鑠矣。』（均見原詩二）心思與法，其相差也只在幾微之間。

最後，纔講到「力」。力所以載才，『惟力大而才能堅。』有力者神旺氣足，有境必能造，有造必能成，所以說『立言者無力則不能自成一家。』力有大小，斯家有鉅細。『古今之才，一一較其所就，視其力之大小遠近，如分寸銖兩之悉稱焉。』（原詩二）所以貴自奮其力，而不可依傍想像他人之家以爲我之家。於是可知一般摹擬剽竊

者其病根所在，卽在不肯自奮其力以成家。所以又說『力大者大變力小者小變。』（原詩一）

這是四者先後之序。至就其性質言則識爲體，而才爲用，故才識尤較佔重要。以才爲中心言，則『內得之於識而出之而爲才惟膽以張其才，惟力以克荷之。得全者其才見全，得半者其才見半。』以識爲中心言，則『四者無緩急而要在先之以識；使無識，則三者俱無所託。無識而有膽，則爲妄，爲鹵莽，爲無知，其言背理叛道蔑如也。無識而有才，雖議論縱橫思致揮霍而是非淆亂，黑白顚倒，才反爲累矣。無識而有力，則堅僻妄誕之辭足以誤人而惑世，爲害甚烈。若在騷壇均爲風雅之罪人。惟有識則能知所從，知所奮，知所決，而後才與膽力，皆確然有以自信，舉世非之，舉世譽之，而不爲其所搖，安有隨人之是非以爲是非者哉。』（原詩二）

以上又是就詩人之本而言，所以他以爲作詩又以胸襟爲基。他解釋虞書『詩言志』之語，以爲「志」卽釋氏所謂「種子」。有是志而以才識膽力四者充之，則其『仰觀俯察遇物觸景之會，勃然而興，旁見側出，才氣心思溢於筆墨之外。』（見原詩三）此與上文云云，正是同一意思。

至於詩之本與詩人之本中間的聯繫，則是氣。氣之具體成形者，卽爲辭。

何謂氣？他說：

曰理曰事曰情三語，大而乾坤以之定位，日月以之運行，以至一草一木一飛一走，三者缺一則不成物。文章者，所以表天地萬物之情狀也。然具是三者，又有總而持之、條而貫之者，曰氣。事理情之所為用，氣為之用也。譬之一木一草，其能發生者理也，其既發生則事也，既發生之後夭喬滋植，情狀萬千，咸有自得之趣，則情也。苟無氣以行之，能若是乎？又如合抱之木，百尺干霄，纖葉微柯以萬計，同時而發，無有絲毫異同，是氣之為也；苟斷其根，則氣盡而立萎，此時理事情俱無從施矣。吾故曰三者藉氣而行者也。得是三者，而氣鼓行於其間，絪縕磅礴，隨其自然所至即為法，此天地萬象之至文也。豈先有法以馭是氣者哉！不然，天地之生萬物，舍其自然流行之氣，一切以法繩之，夭喬飛走，紛紛於形體之萬殊，不敢過於法，不敢不及於法，將不勝其勞，乾坤亦幾乎息矣。（原詩一）

這個氣字說得太抽象了。他雖加以解釋，但似乎仍不容易明白。他說三者藉氣而行，而氣即鼓行於其間，則似乎由詩的內容——理事情，進而窺到詩人之才膽識力了。天地間形形色色，聲音狀貌，舉不能越於理事情三者之外，而又有待於才膽識力之為之發宣昭著。所以說理事情三者藉氣以行，易詞言之，即等於說理事情三者『無一不如此心以出之。』因此，我以為他所謂氣，也可以說是才膽識力四者之總名，至少可說是膽與力二者之總名。一切理，一切事，一切情，都待於此而為之發宣昭著。這是所謂自然之法。

現在，再將上文所述列為表式如下：

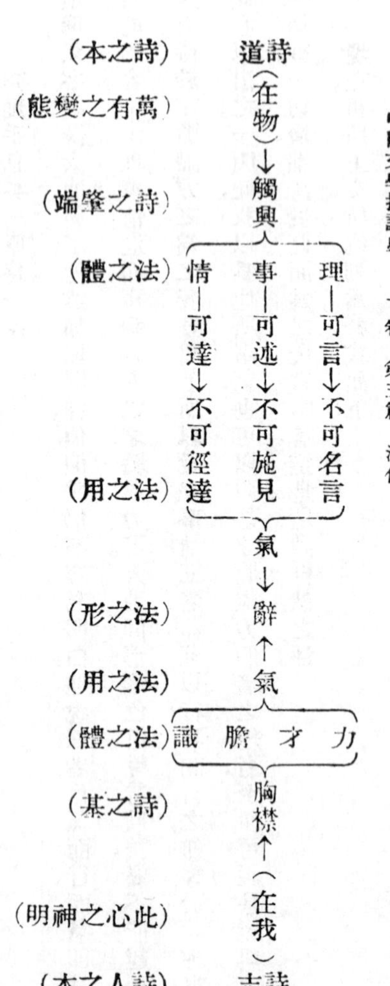

第四目　論詩境

明白上文所講的演變與不變二方面，然後知道他所論的詩境，同時重在陳熟與生新二種。演變與不變，是他讀昔人詩所悟得的結論；陳熟與生新是他從這結論中所定的理想的詩境。他於明代七子詩風，病其陳熟；而於公安竟陵詩風，又病其生新。陳熟之因，即因其學五古必漢魏，學七古及諸體必盛唐，其病在不知詩的演變而懸一成之規以繩詩。生新之因又因其抹倒一切體裁聲調氣象格律諸說，獨闢蹊徑而入於瑣屑滑稽險怪荆棘之境；其病又在不知詩自有不變之質而故趨新奇。所以他說『陳熟生新，不可一偏，必二者相濟，於陳中見新，生中見熟，方全其美。若主於一，而彼此交譏，則二俱有過。』（原詩三）

此問題，依舊牽涉到上文所述的法的問題。他說：『法有死法，有活法。若以死法論，今譬一人之美，當問之曰，若固眉在眼上乎，鼻口居中乎？若固手操作而足循履乎？夫妍媸萬態，而此數者必不渝，此死法也。彼美之絕世獨立，不在是也。……然則彼美之絕世獨立，果有法乎？不過即耳目口鼻之常，而神明之，而神明之法果可言乎？』（原詩一）這個比喻，很近於裴度答李翺書所說之喻。七子所論，僅得死法，竟陵所變，則成爲裴度所說的『倒置眉目，反易冠帶』了。二者皆非，只有即耳目口鼻之常而神明之，纔是活法。活法，則可以變，而且於演變之中仍有不變之質，化朽腐爲神奇，所以能陳中見新；變而不離其宗，所以又能生中見熟。這纔是他理想的詩境。

所以他說：『陳熟生新，二者於義爲對待。對待之義，自太極生兩儀以後，無事無物不然。……大約對待之兩端，各有美有惡，非美惡有所偏於一者也。……生熟新舊二義，以凡事物參之，器用以商周爲寶，是舊勝新；美人以新知爲佳，是新勝舊。肉食以熟爲美者也；果食以生爲美者也。反是則兩惡。推之詩獨不然乎？舒寫胸襟，發揮景物，境皆獨得，意自天成，能令人永言三歎，尋味不窮，忘其爲熟，轉益見新，無適而不可也。若五內空如，毫無寄托，以剿襲浮辭爲熟，搜尋險怪爲生，均爲風雅所擯。論文亦有順逆二義，並可與此參觀發明矣。』（原詩三）

李德裕說：『譬如日月，終古常見而光景常新。』這兩句是名言，但很少見人對這兩句加以闡發。今以葉氏之言證之，則所謂陳熟生新，即可於此得到解釋。日月儘管光景常新，而日月之本質未變，所以能生中見熟。今天對着日月，雖覺其別有會心，帶有新奇的感覺，然而似曾相識，對於日月初不是陌生的事物。正因日月之本質未變，而光景常新，所以又能陳中見新。一生儘對着日月而一生絕沒有對日月生厭的時期。天下之理事情猶是也。然而昔人有昔人的看法，今人有今人的看法；昔人有昔人的講法今人又有今人的講法。所謂『終古常見而光景常新，』正須在這方面着眼。

這是葉氏所謂詩境。葉氏南疑詩集序謂『絢爛平淡初非二事，眞絢爛則必平淡至平淡則必絢爛，』（已畦文集八）亦可與上義相參。

第五目　論詩質

明白上文所講的所謂本然後知道他的論詩重在詩質。體格、聲調，論詩者所稱爲總持門者也，他以爲更有質在。蒼老、波瀾，評詩者所稱爲造詣境者也，他以爲也有質在。

他說：『體是其製格是其形也，將造是器得般倕運斤公輸揮削，器成而尙形合製無毫髮遺憾，體格則至美矣，乃按其質，則枯木朽株也，可以爲美乎？』（原詩三）所以論體格不能離開質。至於聲調，固然需要『聲則商宮叶韵，調則高下得宜，』但是他再說：『請以今時俗樂之度曲者譬之度曲者之聲調，先研精於平仄陰陽，其吐音也分唇鼻齒齶開閉撮抵諸法，而曼以笙簫，嚴以鼙鼓，節以頭腰截板，所爭在渺忽之間，其於聲調可謂至矣。然必須其人之發於喉吐於口之音以爲之質，然後其聲繞梁，其調遏雲，乃爲美也。使其發於喉者啞然，出於口者颯然，高之則如蟬，抑之則如蚓，吞吐如振車之鐸，收納如鳴窌之牛，而按其律呂，則於平仄陰陽唇鼻齒齶開閉撮抵諸法，毫無一爽，曲終而無幾微愧色其聲調是也而聲調之所麗焉以爲傳者，則非也，則徒恃聲調以爲美，可乎？』（同上）所以論聲調也不能離開質。體格與聲調只是作詩之法，並不是作詩之本。所以他以爲體格聲調云云，只能相詩之皮，非所以相詩之骨。

其次，他再講到蒼老與波瀾。他以爲『蒼老必因乎其質，非凡物可以蒼老概也。即如植物，必松柏而後可言蒼老，松柏之爲物，不必盡干霄百尺，即尋丈楹檻間，其鱗鬣夭矯，具有凌雲磐石之姿，此蒼老所由然也。苟無松柏之勁質，而百卉凡材，彼蒼老何所憑藉以見乎？必不然矣。』（原詩三）他以爲波瀾也必因乎其質。『必水之質空虛明淨，坎止流行，而後波瀾生焉，方美觀耳。若汙萊之瀦，溷廁之溝瀆，遇風而動，其波瀾亦猶是也，但揚其穢，曾是云美乎？然則波瀾非能自爲美也，有江湖池沼之水以爲之地，而後波瀾爲美也。』（原詩三）

於是，他再總結上文而加以論斷：

> 彼詩家之體格聲調蒼老波瀾，爲規則，爲能事，固然矣。然必其人具有詩之性情，詩之才調，詩之胸懷，詩之見解，以爲其質。如賦形之有骨焉，而以諸法傳而出之，猶素之受繪，有所受之地，而後可一一增加焉。故體格聲調蒼老波瀾，不可謂爲文也，有待於質焉，則不得不謂之文也；不可謂爲皮之相也，有待於骨焉，則不得不謂之皮相也。

因此，我們可以看出他對於體格聲調蒼老波瀾諸名也並不反對；不過他所見到的是更進一步，看出還有詩人的性情才調胸懷見解以爲之質，這是他異於前後七子的地方。

由詩境言陳熟生新，不能外於理事情三者，所以不主張搜尋險怪以爲生。由詩質言體格聲調蒼老波瀾又不能外於才力膽識四者，所以要質具骨立，然後見美。這依舊是他雙管齊下，而同時又是一以貫之的論詩主張。

這樣，所以他對六朝文評家如鍾嶸劉勰都議其不能持論。他所取的只有兩句話。鍾嶸說：『邇來作者競須新事，牽攣補衲蠹文已甚』這是有合於他的詩境之說的。劉勰說：『沈吟鋪辭，莫先於骨，故辭之待骨，如體之樹骸。』這又是有合於他詩質之說的。除此二語之外，他便以爲兩人亦無所能爲論了。

第三節　沈德潛（宋大樽咸熙潘德輿附）

第一目　温柔敦厚與格調

沈德潛，字確士，號歸愚，長洲人，事見清史稿三百十一卷。其論詩之著，有說詩晬語二卷。歸愚論詩宗旨，全本橫山葉氏。他的說詩晬語雖不如原詩之有系統，也不如原詩之多精微，但以他的詩學傳授之廣，故影響反較葉氏爲大。

昔人之述歸愚詩論者，或舉其温柔敦厚，或稱其重在格調，實則僅得其一端，歸愚詩論本是兼此二義的。橫山詩論於詩人之本與詩之本二者並舉，所以不偏主温柔敦厚，也不限於格調。沈氏所言，雖也說『有第一等襟抱，第一等學識，斯有第一等眞詩，』（說詩晬語上）雖也說『凡習於聲歌之道者，鮮有不和平其心者也。』

（晬語下）似乎也重在胸襟，重在此心之神明，然而他於這方面的話說得不很多。他本於葉氏詩人之本之說，而看到詩教之温柔敦厚。他又本於葉氏詩之本之說，而看到詩品之應重格調。這是他本於葉氏而又稍異於葉氏的地方。

說詩晬語第一節就說：

詩之爲道，可以理性情，善倫物，感鬼神，設教邦國，應對諸侯，用如此其重也；秦漢以來，樂府代興，六代繼之，流衍靡曼，至有唐而聲律日工，託興漸失，徒視爲嘲風雪弄花草遊歷燕衎之具，而詩教遠矣。學者但知尊唐而不上窮其源，猶望海者指魚背爲海岸，而不自悟其見之小也。今雖不能竟越三唐之格，然必優柔漸漬，仰溯風雅，詩道始尊。（卷上）

這是他的開宗明義第一章。由格言，可不必越三唐之格；由志言，更須仰溯風雅，然後爲正。所以三唐之格是由「詩之本」以規定的正格，而温柔敦厚的詩教，乃是由「詩人之本」以規定的正格。

由温柔敦厚言，所以重在比興，重在蘊蓄，重在反復唱歎，重在婉陳，重在主文譎諫；勿過甚，勿過露，勿過失實。說詩晬語中評詩之語很多關於這方面的話。由格調言，所以須論法，須學古，講詩格，講詩體，勿求新異，勿近戲弄。說詩晬語中論詩之語又很多關於這方面的話。

他既講格調，又講温柔敦厚，故不致如格調神韻說之空廓，同時也不致如專主性靈者之浮滑與俚俗。他說：

『若胸無感觸，漫爾抒詞，縱辨風華，枵然無有』（晬語上）可知他論詩未嘗不重在性情；然而他又以重在格調與溫柔敦厚之故，故以爲『君子立言故自有則，』又以爲『張文昌王仲初樂府專以口齒利便勝人，雅非貴品』（均晬語上）據是又可知他對於性靈說之不滿了。他書中曾稱引毛稚黃語：『詩必相題，猥瑣尖新淫褻等題，可無作也；詩必相韻，故拈險俗生澀之韻可無作也』而以爲『昏昏長夜得此豁然』毛稚黃之詩辨坻，本是偏於格調說的，沈歸愚之引爲同調，自是當然的事。說詩晬語中有許多類似的話，大致都是對袁子才發的。

第二目　溫柔敦厚與神韻

此後，衍歸愚論詩宗旨者，有朱大樽父子，有潘德與。

朱大樽字左彝，一字茗香，仁和人，事見清史稿四百九十卷。所著有學古集，集中有茗香詩論一卷。其子咸熙，字德恢，號小茗，嘉慶丁卯舉人，官桐鄉教諭。著思茗堂集。別有耐冷談十六卷，續談三卷，皆論詩之作。茗香父子不以詩名而均官教職，故論詩都不免帶些頭巾氣。他雖同意於王漁洋神韻之說，而主張修正之。他以爲神韻之說只見到作詩之終，未能推原到作詩之始。漁洋所言是既作詩之說；茗香所論是未作詩之說；必始始而終終，而詩之義始備。

然則他所謂始是什麼？他說：『知始則知本。漱六藝之芳潤，非本也；約六經之旨，乃本也。』以六經之旨爲詩之本，固然是非不謬於聖人，然而却是比較極端的言論。不僅如此，他再進一步推究楊子雲非聖哲之書不好，可謂能約六經之旨了何以又有劇秦美新之作？於是他以爲『本之中又有本焉』這個本中之本，便轉到躬行實踐上面。所以說：『性以從欲爲歡六經以抑引爲主，』是則所謂約六經之旨者，更須能踐六經之言。於是他認爲齊梁陳隋之格所以愈降愈下者也卽因爲氣節淪亡，廉恥道喪的關係。

這樣，所以他詩論所闡發者，只是「三百之蘊」他說：

詩之緣起，見於毛公說詩及紫陽夫子詩序。知詩之何爲而作，與上之所以爲教，則知不徒在作詩，亦不可徒作詩。且盍誦詩乎？卽以辭章論古無踰於三百者；以人論，二南親被文王之化以成德，作雅頌者，往往聖人之徒，人之足重，無踰於此者。曾經聖裁，删本之善，無踰於此者。章句訓詁皆大儒注釋之精詳無踰於此者。童而習之，習熟亦無踰於此者。

他眞是十足的詩教擁護論者。他只認詩之能益人，卽在教訓，所以由寫閨怨不是詩品，發牢騷，遺怨憤也不合詩品，其子小茗耐冷譚中的話，也不外這些宗旨。

除了這一些他所謂「始始」者外，其餘一些論調大抵不外神韻之說，而說得更爲迷離恍惚。如云：

詩之鑄鍊云何？曰善讀書，縱遊山水，周知天下之故而養心氣其本乎？感變云何？曰，有可以言言者，有可以不言言者。其可以不言言者，亦有不能言者也；其可以言言者，則又不必言者也。

什麽是可以言言者？什麽是可以不言言者？他不曾說明，我們也無法知道。『可以不言言者，亦有不能言者也。』那麼，當然不必說了！『其可以言言者則又不必言者也。』那麼，不必說，還是一個不必說，說了這許多話，等於沒有說，眞可謂「滑天下之大稽」了。

他再說：

> 不佇興而就，皆迹也，軌儀可範，思識可該者也。有前此後此不能工，適工於俄頃者，此俄頃亦非敢必覬也，而工者莫知其所以然。

這也是上了神韻說的當。他只知說得迷離恍惚，始能入微，實則他論感興之弊，正在過於微妙。蓋所謂感興，只應如葉燮原詩所言，『原夫作詩者之肇端而有事乎此也，必先有所觸以興起其意，而復措諸辭，屬爲句，敷之而成章。當其有所觸而興起也，其意其辭其句劈空而起，皆自無而有，隨在取之於心，出而爲情，爲景，爲事，人未嘗言之，而自我始言之，故言者與聞其言者，誠可悅而永也。』這樣說纔沒有流弊。『其意其辭其句劈空而起，』似乎卽茗香之所謂『工於俄頃，』但是他再說：『此俄頃亦非敢必覬也，而工者莫知其所以然，』則不盡然。有了胸襟以爲之基，則人家所感受不到的，詩人能夠感受；有了詩家的能事以爲之用，則人家所宣達不出者，詩人能夠宣達。原詩中有幾節解杜詩之處，卽是說明如何使『不可言之理，不可述之事，遇之於默會意象之表，而理與事無不燦然於前』的方法。他正說明了他的所以然。王漁洋的話，昔人已經覺得有些英雄欺人之處，乃不謂茗香繼之，更變本而加厲也。

第三目　言志無邪與質實

宋氏以後更有潘德輿。潘氏字彥輔，山陽人，所著有養一齋詩話。事見淸史稿四百九十一卷。

潘氏之詩論純爲袁子才性靈說之反動，故與以前諸人之論旨雖近，而動機與作用則不同。養一齋詩話開端便說：

「詩言志，」「思無邪，」詩之能事畢矣。人人知之，而不肯述之者，懼人笑其迂而不便於己之私也。雖然，漢魏六朝唐宋元明之詩，物之不齊也；言志無邪之旨，權度也。權度立而物之輕重長短不得遁矣；言志無邪之旨立而詩之美惡不得遁矣。不肯述者私心，不得遁者定理。夫詩亦簡而易明者矣。（卷一）

這是他的論詩宗旨同時也是品詩標準。他再說明之云：『言志者必自得，無邪者不爲人。』即因自得與不爲人，是人之雅俗之所由分，同時也即詩之雅俗之所由分。這一些話，葉燮於友人詩集序中也是這樣主張。他說：『世無人而不詩，無詩而不以鳴，見然其中有自鳴之詩，有鳴於人者之詩之異。』（已畦文集八）這即是潘氏自得之說之所自出。潘氏又云：『漢人之詩委巷婦孺亦廁其中，彼豈嘗探討聖學者，特其詩不爲人而自得，故足傳誦耳。』（卷一）是則他的論詩宗旨可以與聖學相通，却並不是好作頭巾語故意以聖學論詩。

於是，他再說明如何學三百篇之詩。他說：

三百篇之體製音節不必學，亦不能學。三百篇之神理意境不可不學也。神理意境者何？有關係寄托，一也；直抒己見，二也；純任天機，三也；言有盡而意無窮，四也。

這樣學三百篇，原不能謂爲頭巾氣。他再舉出漢唐人詩之至高之作，均得風人之旨，均與三百篇之神理意境闇合，故其論詩宗唐，而同時又兼主詩教。

曰「直抒己見」，曰「純任天機」，其論詩似與性靈說爲近；然而他所謂性情，不是嘲風雪弄花草，或歎老嗟窮，或荒淫狎媟的性情。他說：

吾所謂性情者，於三百篇取一言，曰柔惠且直而已。此不畏彊禦不侮鰥寡之本原也。老杜云『公若登台輔，臨危莫愛身，』直也；『窮年憂黎元，歎息腸內熱，』柔惠也。樂天云：『況多剛狷性，難與世同塵，』直也；『不辭爲俗吏，且欲活疲民，』柔惠也。兩公此類詩句，開卷卽是，得古人之性情矣。舍此而言性情，詩之螟螣也。（卷十）

照這樣講，他的主張，當然不會與袁子才相合。他所謂柔惠，是惻隱之心之所發；他所謂直，又是是非之心之所發。廓而充之，爲仁爲義，可以爲聖人，又豈僅爲詩人。故必這樣講性情，於是詩有關係寄托可言，而同時也能言有盡而意無窮，以合於溫柔敦厚之旨。

曰「純任天機」，曰「言有盡而意無窮」，其論詩又似與神韻說爲近。然而他又標舉「質實」二字，以藥神韻之弊。他說：

吾學詩數十年，近始悟詩境全貴質實二字。蓋詩本是文采上事，若不以質實爲貴，則文濟以文，文勝則靡矣。

吾取虞道園之詩者以其質也；取顧亭林之詩者以其實也。亭林作詩不如道園之富，然字字皆實，此修辭立誠之旨也。（卷三）

南宋以語錄議論爲詩，故質實而多俚詞；漢魏以性情時事爲詩，故質實而有餘味。分辨不精，概以質實爲病，則淺者尚詞采，高者講風神，皆詩道之外，心有識者之所笑也。（同上）

照這樣講，當然又不是王漁洋神韻之說所能晐了。必這樣講餘味，於是詩亦有關係寄託可言；以性情爲詩，故是直抒己見；以時事爲詩，故有關係寄託。這樣，自能質實而有餘味。

所以他的質實之說，仍與言志無邪之說相合。他說：

凡悅人者未有不欺人者也。末世詩人求悅人而不恥，每欺人而不顧，若事事以質實爲的，則人事治矣。若人人之詩以質實爲的，則人心治而人事亦漸可治矣。詩所以厚風俗者此也。隋李諤曰『連篇累牘，不出月露之形；積桉盈箱，盡是風雲之狀。』文筆日煩，其政日亂，此皆不質實之過。質則不悅人，實則不欺人，以此二字衡之，而天下詩集之可焚者亦衆矣。（卷三）

言志者必自得，無邪者不爲人。自得與不爲人，則其詩也當然不悅人不欺人了。他的論詩，有時論人品嚴於論詩品者以此。

他輕視袁枚的隨園詩話，卽因爲重詩教之故；他駁斥翁方綱的石洲詩話，又因爲宗主唐音之故。他眞是當時格調說之完成者。他於宋人詩話，自言『嚴羽之外，祇服張戒歲寒堂詩話爲中的，』（卷一）也即因嚴羽能破宋詩局面，而張戒重在言志的關係。一取其宗唐，一取其詩教，所以由二者之溝通，言淸代之格調說，不妨以潘德輿爲中心。

第四章　性靈說

第一節　性靈說之前驅

第一目　黃宗羲

在隨園以前，其論詩足爲性靈說之先聲者，約有三方面：其一，受時代的刺激，以詩爲抒寫性情之具者，如黃宗羲之論詩是；其二由神韻說之反動不欲以空靈欺人者，如趙執信之論詩是；其三由七子格調說之反動而仍衍公安之餘緒者，如尤侗之論詩是。

由詩論言，黃梨洲比顧亭林爲透徹。亭林所言，不過論詩之旨與詩之用而已；他雖能探詩之本，但未能蠲除功利的見解。所以甚至說：『詩不必人人皆作』——『堯命歷而無歌，文王演易而不作詩，不聞後世之人議其劣於舜與周公也。』（日知錄二十一）這固然是有爲而發，特意欲矯正明人習氣，然終覺超出了詩論範圍之外。

梨洲所論，則一方面本儒家之見地，一方面闡詩道之精蘊，獨能免於道學家與詩人之習氣。他所下詩的定義，謂：『詩也者，聯屬天地萬物而暢吾之精神意志者也。』（文定四集一，陸鈐侯詩序）易以現代用語，卽是運用一切客觀的事物而暢達吾主觀之性情。客觀的是賓，主觀的是主；客觀的是下藥的引子，主觀的才是藥。所以他又說：『夫詩者哀樂之器也。』（文定四集一，謝莘野詩序）無論是哀是樂，總之是精神意志之表現。所以他又說：『爲詩者，亦惟自暢其歌哭。』（文約四，天嶽禪師詩集序）其寒村詩稿序中有一節說得最爲透澈：

詩之爲道，從性情而出。性情之中，海涵地負，古人不能盡其變化，學者無從窺其隅轍。此處受病，則注目抽心，無所絕港，而徒聲響字脚之假借，曰此爲風雅正宗，曰此爲一知半解，非愚則妄矣。（文定後一）

所以統觀黃氏論詩各文，澈頭澈尾只是咬定一個情字。

不過「詩以道性情」這一句話，誰不知之，誰不能言之，陳言濫套何用再述，但是梨洲論詩雖亦主情，卻有幾層較人家鞭辟入裏之處。

其一，他以爲性情必須是眞摯的性情，並不是淺薄的性情。必須眞摯的性情，纔能詩中有我在。所以他以爲『才力工夫，皆性情所出。』（陸鈐侯詩序）此意卽與其景州詩集序所言相發明。他說：『詩人萃天地之淸氣，以月露風雲花鳥爲其性情，其景與意不可分也。月露風雲花鳥之在天地間，俄頃滅沒，而詩人能結之不散；常人未嘗不有月露風雲花鳥之咏，非其性情，極雕繢而不能親也。』（文案一）我們試想：何以非其性情雖極雕繢而不能親？這卽因沒有眞摯的性情，則雖欲「聯屬天地萬物以暢吾之精神意志」而不可得。他在黃孚先詩序中亦曾闡說其義云『情者可以貫金石，動鬼神。古之人情與物相遊而不能相舍，不但忠臣之事其君，孝子之事其親，思婦勞人結不可解；卽風雲月露，草木蟲魚，無一非眞意之流通。故無溢言曼辭以入章句，無諂笑柔色以資應酧。「唯其有之，是以似之。」今人亦何情之有！情隨事轉，事因世變，乾啼濕哭，總爲膚受。卽其父母兄弟，亦若敗梗飛絮，適相遭於江湖之上。「勞苦倦極，未嘗不呼天也；疾痛慘怛，未嘗不呼父母也」。然而習心幻結，俄頃銷亡。其發於心，著於聲者，未可便謂之情也。由此論之，今人之詩，非不出於性情也，以無性情之可出也。』（文案一）這是何等沈痛的論調。

其二，他以爲性情有一時之性情，有萬古之性情，必須使此一時之性情合於萬古之性情，而後詩纔有永久的價値。他在馬雪航詩序中說：

詩以道性情，夫人而能言之。然自古以來，詩之美者多矣，而知性者何其少也。蓋有一時之性情，有萬古之性情。夫吳歈越唱，怨女逐臣，觸景感物，言乎其所不得不言，此一時之性情也。孔子删之以合乎興觀羣怨思無邪之旨，此萬古之性情也。吾人誦法孔子，苟其言詩，亦必當以孔子之性情爲性情，如徒逐逐於怨女逐臣，逮其天機之自露，則一偏一曲，其爲性情亦末矣。故言詩者不可以不知性。（文約四）

他本是說詩以道性情，而忽然一轉，撇開情而言性。這在儒家的見地原不妨如此；但是他說來卻不是迂腐的理學家的見解。蓋情之所以能引起人的同情，促起人的注意，卽因其有普遍的性質與永久的性質之故。所以梨洲不言情而言性，也不過重在普遍的與永久的情而已。其董巽子墓誌銘云：『古之詩也以之從政，天下之器也；今之詩也，自鳴不平，一身之事也。』（文約二）所謂天下之器，即說明情有普遍的性質；所謂萬古之性情，即說明情有永久的性質。詩中所表現之情，應當重在這方面，所以說『言詩者不可以不知性。』

這是成詩的一個條件。

但是僅僅「個性」，僅僅「吾之精神意志」，猶不足以成詩；必也聯屬天地萬物，而後始足以暢吾之精神意志，而後始足以發而爲詩。所謂吾之精神意志是他論詩的性情說；所謂天地萬物，是他論詩的環境說。詩歷題辭中說：『夫詩之道甚廣，一人之性情，天下之治亂，皆所藏納。』必藏納性情，更藏納環境，而後始成爲詩。所以性情與環境，必相合而成詩，性情常有待於環境的啓迪，環境常足以觸發性情的流露。他在汪扶晨詩序中發揮興觀羣怨之說，（文定四集一）即着重在環境的方面。至其陳葦庵年伯詩序中所說：

> 蓋詩之爲道，從性情而出。人之性情，其甘苦辛酸之變未盡，則世智所限，易容埋沒；即所遇之時同，而其間有盡不盡者，不盡者終不能與盡者較其貞脆。（續文案撰杖集）

則更說明環境是何等的重要！環境的歷練，正所以激發其眞性情。所以他主張性情的表現，亦宜與其環境相稱；說得溫柔敦厚一些，未嘗不是眞情；說得激昂慷慨一些，亦更是眞情之流露；總之，宜與他所謂天下之時一人之時相合。因時之治亂而詩分正變則可，因詩分正變而別其優劣則不可。這是他詩的環境說之主張。所以說：

> 彼以爲溫柔敦厚之詩教，必委蛇頹墮，有懷而不吐，將相趨於厭厭無氣而後已。若是則四時之發斂寒暑，必

發歛乃爲温柔敦厚，寒暑則非矣；人之喜怒哀樂，必喜樂乃爲温柔敦厚，怒哀則非矣。其人之爲詩者，亦必閒散放蕩，巖居川觀，無所事事而後可；亦必茗椀薰鑪，法書名畫，位置雅潔，入其室者蕭然如睹雲林海岳之風而後可。然吾觀夫子所刪，非無考槃邱中之什，厝乎其間，而諷之令人低徊而不忍去者，必於變風變雅歸焉。蓋其疾惡思古，指事陳情，不異薰風之南來，履冰之中骨，怒則掣電流虹，哀則淒楚蘊結，激揚以抵和平，方可謂之温柔敦厚也。（文定四集一，萬貞一詩序）

此種主張，固由於他所遭際的環境之關係。身受到家國淪亡之痛，則一種黍離麥秀之慼，自然本其滿腔悲壯怨抑之氣，發爲淒楚蘊結之音，所以尤使他低徊流連的是一種亡國之詩。此意於萬履安詩序（文約四）中說得最明暢。這是他以爲詩道中間所以藏納天下之治亂的緣故，這是他以爲所以稱爲詩史——史亡而後詩作的緣故。

他在朱人遠墓誌銘中說：『夫人生天地之間，天道之顯晦，人事之治否，世變之汙隆，物理之盛衰，吾與之推盪磨勵於其中，必有不得其平者。故昌黎言「物不得其平則鳴，」此詩之原本也。』所以上述兩端——個性說與環境說，是他詩的本原論。

此種見解，猶與中涵光諸人之尙風教相似，但是他因探詩之本，又欲窮詩之變，所以不欲摹古，不欲追逐風氣，而其言遂與性靈說爲近。其金介山詩序云：

古人不言詩而有詩，今人多言詩而無詩。其故何也？其所求之者非也。上者求之於景，其次求之於古，又其次求之於好尙以花鳥爲骨煙月爲精神，詩思得之灞橋驢背，此求之於景者也。贈別必欲如蘇李酬答必欲如元白遊山必欲如謝飮酒必欲如陶，憂悲必欲如杜閑適必欲如李，此求之於古者也。世以開元大歷之格繩作者，則迎之而爲浮響；世以公安竟陵爲解脫，則迎之而爲率易爲渾淪，此求之於一時之好尙者也。夫以己之性情，顧使之耳目口鼻皆非我有，徒爲殉物之具，寧復有詩乎？（南雷文約四）

由於詩以代變，一代有一代之面目，所以雖求合格而不宜摹擬，雖不妨求之於古而不宜爲古所役。由於詩以人異，一家有一家之風格，所以又不宜隨人馬首甘作牛後。不必拘於家數，不必限以時代，更不必局於一隅一轍，要仍歸於流露一己之眞性情。這仍是黃氏論文的主張。

第二目　趙執信（吳喬附）

趙執信，字仲符，號秋谷，晚號飴山老人，益都人，所著有談龍錄聲調譜諸書，事見淸史稿四百八十九卷。秋谷本爲王漁洋甥壻，後以故互相詬厲，致成讎隙，故其談龍錄頗排漁洋。秋谷自言『得常熟馮定遠先生遺書心愛慕之』，（談龍錄序）蓋以定遠論詩力排嚴羽，宗旨與漁洋不同，故最爲秋谷所心折，甚至具朝服下拜，自稱私淑門人，可見其傾倒之誠了。定遠生年雖早漁洋二十年，然時代相接也未嘗不可說是反對神韻說的第一人。馮班以後，則有吳喬。喬一名殳，字修齡，太倉人，或云崑山人。所著有圍爐詩話西崑發微諸書。秋谷談龍錄中之所稱許，除馮說外，當推吳氏圍爐詩話了。秋谷自言『三客吳門，徧求之不可得，』可知他於此書也是引爲同調的。

吳氏圍爐詩話自序稱『嚴滄浪學識淺狹而言論似乎玄妙最易惑人，』並稱『定遠於古詩唐體妙有神解，著書一卷以斥嚴氏之謬。』所以他可說是反對神韻說的第二人。

至於趙秋谷則是反對神韻說的第三人。不過他們雖力排嚴羽，卻仍不取宋詩。吳氏甚至說：『嚴絕宋元明，而取法乎唐，亦足自立矣。』（答萬季埜詩問）蓋他們所取於唐者不限盛唐而兼取中晚，所以非惟不近格調一路，反而近於性靈一路。圍爐詩話中說：

> 學盛唐詩乃天經地義，安得有過！過在不求其意與法而彷效皮毛；苟如是以學中唐亦人奴也。余謂盛唐詩厚，厚則學之者恐入於重濁，又爲二李所壞落筆先似二李。中唐詩清，清則學之者易近於新穎，故謂人當於此入門也。（卷四）

這樣，他們所學的是古人用心之路，所以會有入處。他們看到『唐人詩意不必在題中，如右丞息夫人怨云「莫以今時寵，能忘舊日恩，看花滿眼淚，不共楚王言」使無稗說載其爲寧王餅師妻作，後人何從知之！』（圍爐詩話一）因此他們知道這種方法，卽是昔人比興的方法。『比興是虛句活句，賦是實句。有比興則實句變爲活句，無比興則虛句變成死句。』（同上）『文章實做則有盡，虛做則無窮。雅頌多賦，是實做；騷多比興，是虛做。唐詩多宗風騷，所以靈妙。』（同上）所以他們卽以比興求唐詩之意，卽以比興爲唐詩之法。吳氏說：

> 文之辭達，詩之辭婉。書以道政事，故宜辭達；詩以道性情，故宜辭婉。意喻之米，飯與酒所同出；文喻之炊而爲

飯，詩喻之釀而爲酒。文之措辭必副乎意，猶飯之不變米形，啜之則飽也。詩之措辭不必副乎意，猶酒之盡變米形，飲之則醉也。（圍爐詩話一）

人有不可已之情，而不可直陳於筆舌，又不能已於言，感物而動則爲興，託物而陳則爲比，是作者固已醞釀而成之者也。所以讀其詩者，亦如飲酒之後，憂者以樂，莊者以狂，不知其然而然。（同上）

由這樣說，所以覺得明詩之病卽在無意而無法。不但明詩如此，卽王漁洋之貪求好句也不免落此病，所以有「淸秀李于鱗」之稱。他再說：

唐詩有意而托比興以雜出之，其辭婉而微，如人而衣冠；宋詩亦有意，唯賦而少比興，其辭徑以直，如人而赤體。明之瞎盛唐詩，字面煥然，無意無法，直是木偶被文繡耳。此病二高萌之，弘嘉大盛。識者祇斥其措詞之不倫，而不言其無意之爲病。是以弘嘉習氣，至今流注人心，隱伏不覺。習氣如乳母衣，縱經灰滌，終有乳氣。人之惟求好句而不求詩意之所在者，卽弘嘉習氣也。若詩句中無「中原」「吾黨」「鳳凰城」「鳷鵲觀」卽以爲脫去弘嘉惡道，不亦易乎？」（圍爐詩話一）

這卽隱譏王漁洋的作風。漁洋作風，儘管欲避免弘嘉惡道，然而習氣依然，終難洗滌，卽因病在無意。我們看到以前楊萬里之論詩宗主晚唐，而欲由晚唐以上窺國風，吳氏此論，正是此種意義的解釋。他們這樣重在有法，——欲托於比興，所以馮班與吳喬都有取於義山之詩；他們又這樣重在有意，——欲以道性情，所以趙秋谷本以推闡，遂逗露了性靈之說。談龍錄云：

崑山吳修齡（喬）論詩甚精。……見其與友人書一篇中有云：詩之中須有人在。余服膺以爲名言。夫必使後世因其詩以知其人，而兼可以論其世，是又與於禮義之大者也。若言與心違，而又與其時與其地不相蒙，也將安所得知之而論之！

詩以言志。……今則不然。詩特傳舍，而字句過客也，雖使前賢復起，烏測其志之所在。

唐賢詩學類有師承，非如後世第憑意見，竊嘗求其深切著明者，莫如陸魯望之敍張祜處士也。曰『元和中作宮體小詩辭曲豔發，輕薄之流合譟得譽，及老大稍窺建安風格，讀樂府錄，知作者本意，短章大篇往往間，出講諷怨譎與六義相左右善題目佳境言不可刊置別處此爲才子之最也。』觀此，可以知唐人之所尙，其本領亦略可窺矣。不此之循，而蔽於嚴羽囈語，何哉？

這些話，卽是後來袁枚隨園詩話之所本，隨園詩話中亦引陸魯望語（見卷一）可知其主張之相同。而袁氏評漁洋詩稱：『阮亭主修飾，不主性情，觀其到一處必有詩，詩中必用典，可以想見其喜怒哀樂之不眞矣，』（卷三）則更與秋谷是同一見地。所不同者，秋谷仍本於詩教的見地，重溫柔敦厚，重發乎情，止乎禮義，以爲『詩之爲道也，非徒以風流相尙而已。』此則與隨園作風有些分別的地方。

第三目　尤侗

尤侗字同人，更字展成，號悔庵，晚號艮齋，又號西堂老人，長洲人，所著有西堂雜組，艮齋雜記，鶴栖堂文集等事見清史稿四百八十九卷。

西堂為文，時多新警之思，淸世祖見其遊戲文，歎為眞才子，聖祖又稱為老名士，西堂常以此自負。他為人放蕩，本不以正統自居，所以他的詩文也入性靈一路。他說：

詩之至者在乎道性情，性情所至，風格立焉，華采見焉，聲調出焉。無性情而矜風格，是鶩集翰苑也；無性情而炫華采，是雉竄文囿也；無性情而夸聲調，亦鴉噪詞壇而已。（西堂雜組三集三，曹德培詩序）

其論文論詞也同此見解。一切詩文既重在抒發性情，當然不主摹擬了。他在吳虞升詩序中說：『有人於此，面目我也，手足我也，一旦憎其貌之不工，欲使眉似堯，瞳似舜，乳似文王，項似皋陶，肩似子產，古則古矣，於我何有哉！今人擬古，何以異此！』（雜組二集三）他於牧靡集序中又說：『勿問其似何代之詩也，自成其本朝之詩而已；勿問其似何人之詩也，自成其本人之詩而已。』（同上）這雖是一般持性靈說者所常見的論調，而他似乎說得更堅決一些。

然則他是不是便是公安的繼承者呢？則又不然。他曾說過：『若夫今之詩人，矜才調者守歷下瑯琊為金科，鑿性靈者尊公安竟陵為玉尺，……兩者交病而已。』（雜組一集二，蔣虎臣詩序）是則他固不欲偏於一端，以使兩者交病。他是以眞意為主，而使聲華格律為我用，而不為我累。他說：

如以詩論，苟無眞意，則聲華傷於雕琢，格律涉於叫囂，其病擁腫。若舍其聲華格律，而一惟眞意是求，則枵然山澤之癯而已，兩者交失。（雜俎三集四月將堂近草序）

他可謂是公安的修正者，而不是繼承者。他的集所以稱爲雜俎，也是這個意思。他在西堂雜組二集自序中分說「雜」「組」二字之義。他先引易經『物相雜故曰文』之語，以爲文不厭雜。『江淹之序雜詩曰，「楚謠漢風，既非一骨；魏製晉造，固亦二體。」夫楚漢魏晉時地不同若此，而淹乃合而擬之，其名雜也當矣。詩既有之，文亦宜然。』所以他的集不妨各體全備，各格全備。可是既雜之後，則重在組。他說『雜之取於組者，樂府有五雜組詞，沈約之五雜組岡頭草，王融之五雜組慶雲發是也。組之取於雜者，考工具矣。東方謂之青，南方謂之赤，西方謂之白，北方謂之黑，青與赤謂之文，赤與白謂之章，白與黑謂之黼，黑與青謂之黻，五采備謂之繡，其名雜組者，猶相如之賦合組云爾。』這一節話說得很妙。由組合的普通意義言，只是結集，即把各種體異格異題材異的文合而爲集而已。由組合的另一種意義言，則是融化昔人各種格不相同的著作而組合爲一。所以雜乃在人，組則在己。他不妨『自唐宋以下時一似焉』，然而正不必局於唐宋的某一家。儘管雜似昔人，仍不礙其爲我，因爲雜而組之者仍是我。那麼他不妨雜取古人的聲華格律，仍有自己的眞意。

爲要雜取古人的聲華格律以存自己的眞意，所以不妨運用自己的才情，隨處點染，發爲聰明的筆調。爲要有自己的眞意，所以隨其個性之自然發展，不欲局於道學思想的範圍之中。其五九枝譚中說：

杜陵身遭離亂，而贈婦詩云『香霧雲鬟濕，清輝玉臂寒，何時倚虛幌，雙照淚痕乾。』昌黎欲燒佛骨者，而詩云『豔姬踏筵舞，清眸射劍戟。』淵明寂寞東籬，有閒情一賦；和靖妻梅子鶴，有吳山青一詞。范文正之剛正，而詞云『酒入愁腸，化作相思淚；』歐陽文忠之勁直，而詞云『水晶雙枕，傍有墮釵橫。』故知情之所鍾，老子于此興復不淺。為君援筆賦梅花，不害廣平心似鐵。今道學先生纔說着情，便欲努目，不知幾時打破這個性字。湯若士云，人講性，吾講情，然性情一也，有性無情，是氣非性；有情無性，是欲非情。人孰無情，無情者鳥獸耳，木石耳。奈何執鳥獸木石而呼為道學先生哉！（雜俎一集八）

此種意見，最與袁子才相同。大抵主性靈說者也，即是思想的解放者。當時金聖嘆（人瑞）與家伯長文昌書云：『詩非異物，只是人人心頭舌尖所萬不獲已，必欲說出之一句說話耳。儒者則又以生平爛熟之萬卷，因而與之裁之成章，潤之成文者也。』（周亮工尺牘新鈔五）這也是所謂才子派的論調。

第二節　袁枚

第一目　與當時詩壇之關係

袁氏詩論除隨園詩話外，散見於小倉山房詩文集中。其主張頗為一般人所誤解。誤解的原因，我想約有幾種：

（一）由於他的為人，放誕風流，與舊禮教不相容，於是輕視其詩，於是抹煞其詩論。章實齋便可算是這方面的代表。不僅如此，即在與隨園齊名的趙甌北，猶且有不滿的論調。不過章實齋說得嚴正一些，而甌北則以游戲筆墨出之，多少帶些幽默風味而已。（二）由於他的爲詩淫哇纖佻，與正統派不相容，於是稱其詩爲野狐禪，而詩論遂也連帶遭殃了。王蘭泉等又可說是這方面的代表。沈歸愚所以與之往復辯難者，也在這一點。（三）由於他的詩話收取太濫，不加別擇。梁章鉅退庵隨筆序卷二十亦稱其『所錄非達官，卽閨媛，大意在標榜風流，頗無足觀。』此也是招實齋攻擊的一點。因此論詩之語，亦不復爲人所注意。（四）由於他的爲學；隨園雖喜博覽，也談考據，然不免蕪雜，不免浮淺。孫志祖讀書脞錄中訂正其詩話謬誤之處，便有好幾條。在清代考據學風正盛之時，此類書籍，當然不易爲人所推重。

有了上述的幾種原因，所以隨園詩論，在當時雖曾披靡一時的詩壇，然而到身後，非惟繼起無人，卽求不背師說者已不可多得了；非惟不背師說，卽求不至入室操戈者也不可多得了。吳嵩梁石溪舫詩話中稱『攻之者大半卽其門生故舊。』惲敬孫九成墓誌銘稱『天下士人名子才弟子，大者規上第冒膴仕，下者亦可奔走形勢，爲饔飧酒食聲色之資。及子才捐館舍，遂反脣睽目，深詆曲毀以立門戶。』（大雲山房文稿二集四）此中關係，我以爲決不是很簡單的勢利問題。假使他的學說不致爲人誤解，未必會有此現象。雖則這也脫不了一些勢利的關係。

我嘗以爲一個人的詩論與其詩的作風，固然有關係，然也不必一定有太密切的關係。滄浪詩話之論詩，其所見到的，未必卽是滄浪吟卷中所做到的。因此，我們看小倉山房詩集中的詩，他所做到的，未必全是隨園詩話中所論到的。一般人不滿意於他詩的淫哇纖佻，遂以爲性靈說只是爲此種作風之護符而已。以這種關係去看性靈說，於是也減低了性靈說的價值。隨園之門生故舊，生前則用以標榜，身後則反脣相譏，恐怕全從這種誤解上來的。

然則何不在他生前就早立門戶呢？那又有所不能。惲敬在孫九成墓誌銘中說過：『子才以巧麗宏誕之詞動天下，貴遊及豪富少年樂其無檢靡然從之。其時老師宿儒與爲往復，而才辨懸絕，皆爲所摧敗不能出氣且數十年。』這話是很確實的。他有絕大的天才，利用這天才，所以他有「言僞而辨，記醜而博，順非而澤」的本領。橫說豎說，反正全是他的理由。老師宿儒猶且爲所摧敗不能出氣，一般少年，尤其所謂聰明的少年，還不投其門下爲小嘍囉嗎？待至「規上第冒膴仕」地位確定，一方面沒有隨園的才氣，一方面又恐爲正統派所指摘，於是向之趨附隨園者，轉以攻擊隨園指斥隨園爲能事。『聲氣盛衰至於如此，亦可歎也！』惲敬的感喟也不是徒然的。胡適之先生的章實齋年譜，卽稱章實齋的攻擊隨園，也在隨園死的那年。不敢攻之於生前，而大放厥辭於死後，這種態度固然不足取。然而一方面卻正可反證出隨園在生前雖則遭到一般人的嫉視，而不能不承認他有自己辨護他自己的本領。

我們須知隨園的天分既高，其所持論也確能成立系統。論其詩的作風，誠不免有纖佻之弊，賣弄一些小智小慧，有使詩走上魔道的危險，至於由其詩論而言，則四面八方處處顧到，卻是無懈可擊。所以我說隨園的詩論埋沒在他的詩話中間，而被誤會於其詩的作風。

所以我們對於他的詩論，應當注意兩點：（一）爲什麼在其身後遭到後人的攻擊詆諆？這卽是我們上文所論述的。除了這點，我們更應注意（二）為什麼在他生前卻又遭到時人的擁護，不見論難而只見他的摧敗論敵？「筆陣橫掃千人軍」，在當時整個的詩壇上似乎只見他的理論，其他作風，其他主張，都成為他的敗鱗殘甲。這更是值得注意的一點。

近人每謂他的詩論是格調派，神韻派，和考證詩的反動，（顧遠薌隨園詩話的研究頁七十）實則隨園對於神韻說還相當的推崇。而且王漁洋的時代較早，神韻一派在當時已成強弩之末，只有沈歸愚所創導的格調派，卻正在幸運時期。假使說他對於當時詩壇的反抗，那麼無寧指格調一派為較為近理。格調派很有些像明代的前後七子，有褒衣大袑氣象，立論不可謂不正，而所得卻在膚廓形貌之間：隨園則又有些公安竟陵的派頭，好與正統派反抗。然而沈歸愚的論詩主張既攙以溫柔敦厚的成分；袁隨園的詩論主張，也不全是公安的話頭。所以公安竟陵之詩論，猶易為人所詬病，而隨園之詩論，雖建築在性靈上面，卻是千門萬戶，無所不備。假使僅就詩論而言，隨園的主張卻是無可非難的。

隨園的詩論，除了對格調派表示反抗外，其次便是對於浙派的反抗。格調派執了當時詩壇的牛耳，浙派則執了隨園本鄉詩壇的牛耳。此二種詩風，恐怕給與隨園的不快之感為最深一些。他說：『七子擊鼓鳴鉦，專唱宮商大調，易生人厭。』（詩話四）他說：『明七子貌襲盛唐，而若輩（浙派）乃皮傅殘宋，棄魚菽而啖豨苓，尤無謂也。』（文集十一，萬柘坡詩集跋）受了這種刺激，所以他要標舉性靈二字，以為當時詩流的針砭。

這些都是指詩人之詩。又當時詩壇實在再有一派是學者之詩；清代學者既以淹博自矜，那麼作詩當然要塡書塞典，一字一句自注來歷了。這些詩也是隨園所反對的。一言性靈，這些詩全在打倒之列。他在詩壇，既四面八方的樹敵，當然也須建立四平八穩的詩論，纔足以應付他的詩敵。

所以隨園詩論由好的方面說，是面面顧到成爲一種比較完善的純粹詩人的詩論。由壞的方面說，則正因如此關係，所以有時善取人長，也不免有取他人之說爲己有的地方。

第二目　性靈與神韻

我於民國十六年舊作中國文學批評史上之神氣說一文，以爲滄浪論詩拈出神字，漁洋論詩更拈出韻字。論神，如畫中之神品；論神韻，則如畫中之逸品。神品難到，故前後七子，只成膚廓之音；而逸品之入妙者自然也入神境，故漁洋之詩，風神獨絕，又能自成一格。因此，論到超塵絕俗之韻致自有個性存在，所以能肖其爲人；因此再說到性靈之說，卽從神韻說轉變而來。

這話說得不很詳盡，或者猶易引起誤解。我以爲神韻說中所以能流露個性，卽在神韻境界多出於情與景的融浹。王船山的詩論，卽因指出這一點，所以雖未標舉神韻之目，實已含有神韵之義。因此，在神韵詩中雖不易見其個人強烈的感情，卻易見其個人的風度。神韵說與性靈說同樣重在個性，重在有我；不過程度不同：神韵說說得抽象一些，性靈說說得具體一些而已。

在這一點上，隨園與漁洋是並不反對的。其再答李少鶴尺牘云：足下論詩講體格二字固佳，僕意神韻二字尤爲要緊。體格是後天空架子，可仿而能；神韻是先天眞性情，不可強而至。』這卽是神韻說所以必須有我的原因。講格調可以離性情，講神韻卻不能離性情。所以他的續詩品論神悟云：『鳥啼花落，皆與神通，人不能悟，付之飄風，惟我詩人，衆妙扶智，但見性情，不著文字。』神韻詩之妙正在「但見性情不著文字」，使無性情可見，則神韻也流爲空格調耳。不過神韻詩之見其性情，是在情景融浹之中，所以說來不着迹象，不呆相，不滯相，須於鳥啼花落之中皆與神通，然後纔見詩人之能事，所以我說神韻說之於性情，不過朦朧一些而已，不過是間接關係而已。原不是與性靈有衝突的地方。漁洋之失正在拈出神韻二字，所以落了王孟格調。王船山便比他聰明，只講情景融浹之妙，卻不肯建立門庭。隨園詩說中於這一方面恐怕未加注意，否則他對於船山詩說一定可有相當的發揮。

我們明白了上文所述，然後知道隨園對於漁洋的批評，所謂『清才未合長依傍，雅調如何可詆諆，我奉漁洋如貌執，不相菲薄不相師』云云（論詩）所謂『本朝古文之有方望溪，猶詩之有阮亭，俱爲一代正宗，而才力自薄。近人尊之者詩文必弱，詆之者詩文必粗』云云，（詩話二）以及『阮亭於氣魄性情俱有所短』云云，（詩話四）原來都有考究的。這些話若由性靈說的立場而言，不能不說是極公允的評論。

第三目　怎樣建立他的性靈說

先一言在舊禮教觀念下一般人對於隨園的批評。

我們不能不承認，袁子才是性情中人。趙甌北說：『有百金之贈輙登詩話揄揚，』（兩般秋雨盦隨筆一，趙翼戲控袁簡齋詞）這在隨園也並不諱言的。人家雖詆爲「斯文走狗，」然而他於生平受恩知己念念不忘，這卽是其性情厚處。（見批本隨園詩話頁六十九，又李元度先正事略中所述袁簡齋事，亦屢言其孝友天性，接人待物忠厚誠懇之處。）又章實齋說：「誣枉風騷誤後生，猖狂相率賦閒情，春風花樹多蝴蝶，都是隨園蠱變成。」（題隨園詩話十二首之一）這在隨園也自承認的。他並不自諱其短，所以他不欲删去集中被一般人所認爲輕薄的華言風語，（見答朱石君尚書）這也是他性情眞處。前一點是他的爲人，與詩論無關；後一點是他的爲詩，正是他詩論的出發點。

馮鈍吟與袁隨園的詩論，實在都是爲艷體詩找到根據。鈍吟無艷行，不致像袁枚這樣被洪亮吉稱爲通天神狐，故其論詩以溫柔敦厚爲旨。以溫柔敦厚爲旨，則美人香草別有寄托，所以不妨爲艷體。隨園則不然。古人謂之艷福，遊海內之名山，』『引誘良家子女，蛾眉都拜門生，』這都是趙甌北戲控文中所定的罪案。爲這種關係，受到趙甌北遊戲態度的罵，受到章實齋嚴肅態度的罵，生前受到罵，死後還挨着罵。然而隨園卻並不介意。他要『暴生平得失於天下，然後天下明明然可指而按，而後以存其眞。』（見小倉山房尺牘三，答宗惠纕孝廉）『掩不善以著其善，』『先已居心不淨，』（見答朱石君尚書）所以他不必講什麼寄托，不必講什麼溫柔敦厚。他卽是在這方面建立他的性靈說。

然而，假使他僅僅在這方面建立他的性靈說，似乎猶覺得無謂。我們須知他是一個獨來獨往的人，他是一個思想解放的人。他做古文不歸附桐城派，他講考據不附和吳派或皖派，因此他做詩更不喜歡集於沈歸愚的旗幟之下。他處處在表現自己，他有他自己一貫的思想。因此，他不講理學，不講佛學，以及不信任何陰陽術數。他在答朱石君尺牘中說得好：『枚今年八十一歲，夕死有餘，朝聞不足，家數已成，試稱於衆曰，袁某文士，行路之人或不以爲非；倘稱於衆曰，袁某理學，行路之人必掩口而笑。』（小倉山房尺牘九）他要成他自己的家數，所以不爲傳統思想所束縛，所以不隨時風衆勢爲轉移。於是，隨園在衆人的心目中，便幾乎成爲叛徒了。

「三代後無眞理學，六經中有僞文章，」這是楊用修（愼）的話，而隨園卻最稱贊這兩句。（見詩話二）本於這種見解以論詩，所以他重在「着我。」『竟似古人何處着我？』這是他續詩品中的話，卽可算是隨園的中心思想。蓋他處處重在自我表現，所以要着我以存其眞。『舉生平得失於天下，所以他不自諱其跅弛之處。』『惟其無所愧於心，是以無所擇於口。』（見答朱石君尙書）所以一方面不是假道學，而一方面也不是獎勵輕薄。人家看他是禮教的叛徒，他卻有他自我的人生觀。易言之，也卽可說是眞理學。由這一點看來，所以他的性靈說，還並不是專爲艷體詩辯護。照他這一套思想理論推衍下去，當然不廢艷體，但是須注意，卻不是獎勵艷體。隨園是一個極通達的人，我們研究隨園的思想，假使拘泥着看，假使偏執着看，也不會得隨園之眞的。所以馮鈍吟的詩論，我們可以說他爲艷體詩找到了根據，袁隨園的詩論雖也近似，而其實不然。

他是在這種思想上面建立了他的性靈說。

何以說他是個極通達的人呢?他有兩句很幽默的話，他在七十三歲的時候，以腹疾不愈，作歌自輓，在那時，他曾有答錢竹初書解釋所以自輓之故，他說：『閒居無俚，不善飲，不工博弈，結習未忘，作詩自輓，邀人共輓，借遊戲篇章聊以自娛，不自知其達亦不自知其不達也。』（尺牘七）「不自知其達亦不自知其不達」正是他的通達之處。他絕對不肯執着一端的。勉強作達，這便是不達了。正因他不肯執着一端，所以我上文說他四面八方樹立詩敵，而卻能四平八穩建立詩論。我們看他的為人，看他的思想，看他的學問，都應着眼在這一點。

所以他這樣主張「眞」，卻是眞而不率，卻是尙才情而不廢學問。他曾歷舉當時詩壇的流弊，而『全無蘊藉，矢口而道，自夸眞率』者，也是他所謂三弊之一。（見詩話補遺三）蓋隨園論學本不贊成陸王良知之說。其書大學補傳後云：「孟子所謂良知者，即言人性善之緒餘耳。擴充四端，正有無窮學力，非教人終身誦之，肫然如新生之犢也。』（小倉山房文集三十）這便與李卓吾袁中郎不同。他雖重在天才，但是他不廢後天的學問經驗。知道他這一點思想，然後知道他的性靈說，雖重在眞，而並不廢學。我總覺得偏執着一端以窺測隨園，總如盲人捫象，難見其全。

第四目　性靈說的意義

於是，我們可以講他性靈說的意義。近人顧遠薌隨園詩說的研究，曾有一章討論過這問題。他以為『前人所用的性靈的意義很不一致；有作情感解，有作靈悟解，有作智慧解，又作天趣解』（頁三五）這種解釋，都與隨園所謂「性靈」不全同。因此，他舉隨園錢嶼沙先生詩序中『既離性情，又乏靈機』一語以爲是隨園性靈說的意義。他說：

在人的內性包括感情和感覺；感情是由於刺激，感覺則屬於理智。隨園所說的性情，卽是指感情和從感覺得來的獨見，有人名之曰獨在的領會。所以隨園的話就是說他們缺乏濃厚的感情和靈敏的感覺。簡單地說，缺乏內性的靈感。

由此可見性靈詩說的性靈，是不能用前人的幾種解釋來解釋。這裏的性靈，是作內性的靈感講。所謂內性的靈感，是內性的感情和感覺的綜合。（頁五一）

他以性靈爲內性的感情和感覺的綜合，也未嘗不是，不過我的看法，仍卽上文所說在他人可以偏執一端者，在他卻融會貫通之以另成一種新說。所以可以說是諸種近於矛盾觀念的綜合。

假使說「性」近於實感，則「靈」便近於想像；而隨園詩論也卽是實感與想像的綜合。詩話卷十云『予最愛言情之作，讀之如桓子野聞歌輒喚奈何』。這卽是重在實感說的。他不肯和他友人的扈從紀事詩，卽因爲『目之所未睹，身之所未到，勉強爲之，有如茅簷曝背，高話金鑾』（尺牘四答雲坡大司寇）所以想像也須從實感引起的。由想像言，則可以說：『星月驅使，華岳奔馳』（續詩品用筆）由實感言，則畢竟是『心爲人籟，誠中形外』

（續詩品齋心）所以說『詩難其眞也有性情而後眞。』（詩話七）

因此假使說「性」是情的表現則「靈」便是才的表現而隨園詩論也可說是情與才的綜合。他說：『才者情之發，才盛則情深。……苟非弇雅之才，難語希聲之妙。』（外集二李紅亭詩序）即是說情的表現有藉於才。他批評『東坡詩有才而無情，』（詩話七）是又說才的表現也有藉於情。詩話九云：『詩有音節淸脆，如雪竹冰絲，非人間凡響，皆由天性使然，非關學問。』此所謂「天性，」固有才的成分，而似重在情。詩話十五云：『詩文自須學力，然用筆構思，全憑天分。』此所謂天分，也有情的成分，而似重在才。至性出於天賦，靈機亦本天成，於是情與才可以相合了。

假使說「性」近於韻，則「靈」便近於趣，而隨園詩論又可說是韻與趣的綜合。他說：『詩如言也，口齒不淸，拉雜萬語，愈多愈厭。口齒淸矣，又須言之有味，聽之可愛，方妙。若村婦絮談，武夫作鬧，無名貴氣，又何藉乎？』（詩話三）「口齒不淸，」由於無韻；生成俗骨，便强托風雅不來。「言之有味，聽之可愛，」又由於有趣；談笑風生，便是趣的表現。他批評『東坡詩多趣而少韻，』（見詩話七）東坡雖不能謂爲俗物，以口齒不淸相擬，然而他不足於東坡者，乃在其『近體少醞釀烹鍊之功，……絕無弦外之音，味外之味，』（詩話三）則是由於才掩其情，所以有此情形。不解風趣，固是不妙；太講風趣，似乎覺得風光狼籍，也有些煞風景。

因此，由情與韻的表現則重在眞；由才與趣的表現則貴在活，重在新。詩話三引王陽明說云：『人之詩文先取眞意。譬如童子垂髫肅揖，自有佳致，若帶假面傴僂而裝鬚髯，便令人生憎。』又引顧寧人說云：『足下詩文非不佳，奈下筆時胸中總有一杜一韓，放不過去，此詩文所以不至也。』所以他論詩處處重在一「眞」字。眞是性分的事，然而仍不能不涉及筆性。『筆性靈，則寫忠厚節義，俱有生氣；筆性笨，雖咏閨房兒女，亦少風情。』（詩話補二）所以要重在活。詩話補遺卷五云：『一切詩文總須字立紙上，不可字臥紙上。人活則立，人死則臥，用筆亦然。』他所謂「立」，卽是活的表現。詩話卷十五云：『人可以木，詩不可以木。』他所謂「木」，又卽不靈之謂。不靈則近於死，所以引陸放翁詩云：『文章切忌參死句。』（詩話七）不參死句參活句，這便是靈分的事。活句如何參？在戛戛生新，在超雋能新。詩話四引姜白石云：『人所易言，我寡言之；人所難言，我易言之。』詩便不俗。所以他論作詩之法，常講到進一步着想，常講到從翻案着想。這樣，自然新也自然活。惟活能創造新也惟新能顯出活。

看到他「眞」與「活」和「新」的意義，然後知道他的性靈說處處在這幾點闡發。詩話補遺九引左蘭城說云：『凡作詩文者寧可如野馬，不可如疲驢。』又卷十云：『詩不能作甘言，便作辣語荒唐語，亦復可愛。』因爲這是眞，然而眞中帶着活氣。詩話六謂：『詩情愈癡愈妙。』因舉紅蘭主人歸途贈朱贊皇句『此宵我有逢君夢，夢裏逢君見我無』等爲例，這也是眞，然而眞中有新意。詩話補遺十云：『左思之才，高於潘岳，謝朓之才，爽於靈運。何也？以其超雋能新故也。』這是新，然而新中有活氣，有眞意。詩話卷一云：『熊掌豹胎，食之至珍貴者也，生吞活剝，不如一蔬一筍矣。牡丹芍藥，花之至富麗者也，剪綵爲之，不如野蓼間葵矣。味欲其鮮，趣欲其眞，人必知此而後可與論詩。』這卽是他的性靈說。

第五目　修正的性靈說

如上文所述，僅僅可以說明性靈說的意義，然而尙不能窺見隨園詩論之全。我們須知如上文所述，是楊萬里袁宏道諸人所同具的見解，隨園似乎更進乎此。後來一輩人對於性靈詩的誤解，對於性靈詩論的誤解，全由於只見到這一點。

大概隨園也就恐怕人家會有這種誤解，所以他不贊成「矢口而道自夸眞率」的詩。（詩話補遺三）所以他要分別淡之與枯，新之與纖，樸之與拙，健之與粗，華之與浮，淸之與薄，厚重之與笨滯，縱橫之與雜亂。（見詩話二及續詩品辨微）我們須知隨園論詩雖重天分，然而卻不廢工力；隨園作詩雖尙自然，然而卻不廢雕琢。他正因要防範這種眞而帶率新而近纖的流弊，故其論詩天分與學力，內容與形式，自然與雕琢，平淡與精深，學古與師心，舉凡一切矛盾衝突的觀點，總是雙管齊下，不稍偏畸的。這樣講性靈詩，然後有性靈詩之長，而沒有性靈詩的流弊。

性靈詩的流弊是什麼？卽是滑，卽是浮，卽是纖佻。纖佻之弊，由於賣弄一些小聰明，儘管小涉風趣，而總嫌其靈，總嫌其薄，讀過數首以上便不免令人生厭了。欲醫此病，端賴學力。有學力纔能生變化，纔能耐尋味。生變化則不覺其單調，耐尋味則不覺其淺薄。所以說：『萬卷山積，一篇吟成，詩之與書，有情無情。鐘鼓非樂，捨之何鳴！易牙善烹，先羞百牲。不從糟粕，安得精英！曰「不關學」，終非正聲。』（續詩品博習）隨園於此，可謂極端注意。他以爲初學者逞才而不知學，則縱有佳思不免淺露。所以說：『初學者正要他肯雕刻，方去費心；肯用典，方去讀書。』（詩話六）到了晚年學問成就，但是老手頹唐，所謂「老去詩篇渾漫與」，即杜老也不能免此。於是再爲老年人說法。其人老莫作詩一首云：『鶯老莫調舌，人老莫作詩。往往精神衰，重複多繁詞。香山與放翁，此病均不免。奚況于吾曹，行行當自勉。』（小倉山房詩集二十五）所以他的詩看似自然，實則都經錘鍊而出的。續詩品中論精思云：『疾行善步，兩不能全。暴長之物，其亡忽焉。文不加點，興到語耳！孔明天才，思十反矣。惟思之精，屈曲超邁。人居屋中，我來天外。』因此，由隨園之詩言，或不免有浮滑纖佻之作；由隨園之詩論言，實在並無主浮滑纖佻之旨。不僅如此，並且有力戒浮滑纖佻之意。謂予不信，再觀下論。

他以爲詩有先天，有後天。『詩文之作意用筆，如美人之髮膚巧笑，先天也；詩文之徵文用典，如美人之衣裳首飾，後天也。』（詩話補遺六）作意用筆關於才，徵文用典關於學，所以天分學力兩不可廢。於是再以射喻：『詩如射也，一題到手，如射之有鵠，能者一箭中，不能者千萬箭不能中。能之精者正中其心，次者中其心之半，再其次者與鵠相離不遠，其下焉者則旁穿雜出而無可捉摸焉。其中不中，不離天分學力四字。孟子曰：「其至爾力，其中非爾力。」至是學力，中是天分。』（詩話補遺六）據此，他何嘗偏重在天分方面！『詩難其眞也，有性情而後眞；否則敷衍成文矣。詩難其雅也，有學問而後雅；否則俚鄙率意矣。』（詩話補遺六）提出一雅字爲目標，所以他並不反對師古，也不反對用典，因爲這是後天的事。續詩品安雅云：『雖眞不雅，庸奴叱咤。悖矣曾規，野哉孔罵。君子不然，芳花當齒言必先王，左圖右史。沈夸徵栗，劉怯題糕。想見古人，射古爲招。』論詩到此幾疑隨園持論，自相矛盾了。『詩以眞性情爲標榜，勢不得不擱置學問』，（語見朱東潤袁枚文學批評論述）但是隨園的詩論卻正要以學問濟其性情。

詩既有先天後天之別，於是也有天籟人巧之分。詩話四云：『蕭子顯自稱凡有著作，特寡思功，須其自來，不以力搆。此即陸放翁所謂「文章本天然，妙手偶得之」也。薛道衡登吟榻搆思，聞人聲則怒。陳后山作詩，家人爲之逐去貓犬，嬰兒都寄別家。此即少陵所謂「語不驚人死不休」也。二者不可偏廢。蓋詩有從天籟來者，有從人巧得者，不可執一以求。』天籟人巧也難偏廢，所以隨園論詩也並不偏重在天籟方面。不僅如此，他正要以人巧濟天籟。詩話一云：『人稱才大者，如萬里黃河與泥沙俱下，余以爲此粗才，非大才也。大才如海水接天，波濤浴日，所見皆金銀宮闕，奇花異草，安得有泥沙汚人眼界耶？』有才且不可恃，何況無才！才人膽大，猶且須加檢點，何可高言天籟，而不重人巧！詩話五引葉書山語云：『人功未極，則天籟亦無因而至，雖云天籟，亦須從人工求之。』這即是所謂以人巧濟天籟的意思。

以學問濟性情，以人巧濟天籟，然後有篇有句，方稱名手。詩話五云：『詩有有篇無句者，通首清老，一氣渾成，恰無佳句令人傳誦；有有句無篇者，一首之中，非無可傳之句，而通體不稱，難入作家之選。二者一欠天分，一欠學力。』以學問濟性情，以人巧濟天籟，然後用的雖是名家的工夫，而到的卻可以是大家的境地。詩話一云：『余道作者自命當作名家，而使後人置我於大家之中；不可自命爲大家，而轉使後人屏我於名家之外。』這話很妙。必須如此，然後大家才氣與名家工夫可以合而爲一。詩話三云：『詩雖奇偉，而不能揉磨入細，未免粗才；詩雖幽俊，而不能展拓開張，終窘邊幅。有作用人放之則彌六合，收之則斂方寸，巨刃摩天，金針刺繡，一以貫之者也。』我所謂他於矛盾觀念中能得到調和者，便是如此。

現在，索性再講一些關於詩之後天的事。

他不反對藻飾。續詩品振采云：『明珠非白，精金非黃；美人當前，爛如朝陽。雖抱仙骨，亦由嚴妝。匪沐何潔！非熏何香！西施蓬髮，終竟不臧。若非華羽，曷別鳳凰！』又答孫俌之云：『詩文之道，總以出色爲主。譬如眉目口耳，人人皆有，何以女美西施，男美宋朝哉？無他出色故也。』（尺牘十）詩話七亦有此說，並引韓昌黎皇甫持正之語以伸色采貴華之說。他以爲『聖如堯舜，有山龍藻火之章；淡如仙佛，有瓊樓玉宇之號。彼擊瓦缶披短褐者，終非名家。』然而我們假使根據這些言語，便以爲隨園論詩重在藻飾，那便大誤。詩話卷十二又引宋詩話云：『郭功甫如二十四味大排筵席，非不華侈，而求其適口者少矣。』以爲此喻當錄之座右。然則隨園豈是肯在藻飾上用工夫？詩話補遺四云：『今之描詩者，東拉西扯，左支右吾，都從故紙堆來，不從性情流出。』可知詞藻原應以性情爲根本。

他不反對音節。他以爲音韻風華都不可少。（見詩話五）『同一著述，文曰作，詩曰吟。』（見詩話補遺一）便可知詩之音節，不可不講。因此，凡『但貪序事，毫無音節者』不能謂爲詩之正宗。『落筆不經意，動乃成韓蘇，』

這正是他所引以爲戒的。（見詩話二）不過他雖重音節，而對於『開口言盛唐及好用古人韵者』也認爲「木偶演戲。」（見詩話五）對於『講聲調而圈平點仄以爲譜者，戒蜂腰鶴膝叠韵雙聲以爲嚴者』他也認爲詩流之弊。（見詩話補遺三）那麽，他又何嘗專在音節上作考究！

他也不反對用典，他自謂每作詠古詠物詩，必將此題之書籍無所不收（見詩話一）可知他不廢獺祭的工夫。他以爲『用典如陳設古玩，各有攸宜，或宜堂，或宜室，或宜書舍，或宜山齋，」（詩話六）可知他又何嘗一定要廢典不用。「不從糟粕安得精英？」他對於初學正以爲『肯用典方去讀書』呢！然而他又以爲杜詩韓文無一字無來歷，乃宋人之附會，二人妙處正在沒來歷。『憐渠直道當時事，不着心源傍古人，』這是元微之稱杜甫的話『惟古於詞必己出，降而不能乃剽賊，』這是韓愈銘樊宗師的話。二人之詩文何嘗以來歷自豪，（見詩話三）其倣元遺山論詩云：『天涯有客太（詩話五太作號）詅癡，錯（詩話作誤）把抄書當作詩。抄到鍾嶸詩品日，該他知道性靈時。』（小倉山房詩集二十七）則又顯然的以爲『詩之傳者都自性靈，不關堆垛』了。（見詩話五）『用一僻典如請生客，如何選材，而可不擇，』（續詩品選材）是則僻典不宜用了。『人有典而不用，猶之有權勢而不逞，』（詩話一）是則即普通之典也不宜多用了。用典雖如陳設古玩，然而明窗淨几，正有以絕無一物爲佳者。那麽，專想以用典逞能者，又適爲隨園之所笑了。

他也不反對學古。詩話五謂『古來門戶雖各自標新，亦各有所祖述，』又謂『古人各成一家，業已傳名而去，後人不得不兼綜條貫相題行事。』由前一義言，是標新立格，全由學古得來；由後一義言，是各種風格，各種體製，都可研習以獵取精華。然而纔說學古便又說學古之弊。『不學古人，法無一可；竟似古人，何處着我？』（續詩品着我）所以說：『人悅西施，不悅西施之影，明七子之學唐，是西施之影也。』（詩話五）這樣，所以要得魚忘筌，不要刻舟求劍；（見詩話二）要與之夢中神合，不可使其白晝現形；（見詩話六）要字字古有而言言古無。（見續詩品着我）所以說：『人間居時不可一刻無古人，落筆時不可一刻有古人。平居有古人，而學力方深；落筆無古人，而精神始出。』然則他的主張，還是以性靈爲根本。

此外，他不主理語，而又以大雅『於緝熙敬止，不聞亦式，不諫亦入』諸語，爲何等古妙！（詩話三）謂考據家不可與論詩，然又謂太不知考據者亦不可與論詩。（詩話十三）類此諸例，多不勝舉。總之，他關於詩的後天諸事，是纔立一義便破一義，纔破一義復立一義的。爲什麼要如此？他卽怕人家執着，卽怕人家不達。扶得東來西又倒，爲詩說教，他不得不有這番苦心。

我們須認清他所講的許多詩的後天的事，仍是以性靈爲根本。惟其以性靈爲根本，所以不要在這些問題上充分講究以別立一格。他蓋以一般講性靈者只重在先天的方面而不注意後天的方面，所以頗有流弊。他便想矯正這些流弊，所以兼顧到詩之後天的事。由其不欲在這些問題上充分講究以別立一格言，所以他纔立一義便破一義，纔破一義復立一義者，不爲矛盾自陷。由其不欲只重在詩之先天的方面而兼顧到後天的方面言，所以他一方面講性靈而一方面講音節風華等等，也不爲自相矛盾。

所以我們稱他爲修正的性靈說。

一般性靈說所標榜者爲自然，爲渾成，爲樸，爲淡。隨園所論，也是如此，不過他較人家爲多用一番工夫。『詩宜朴不宜巧，然必須大巧之朴；詩宜淡不宜濃，然必須濃後之淡。』（詩話五）大巧之朴，朴而不拙；濃後之淡，淡而不枯。毫釐之差，失以千里。其分別在是，其所以欲辨別者也在是。詩話七引陸釴語云：『凡人作詩一題到手，必有一種供給應付之語，老僧常談，不召自來。若作家必如謝絕泛交，盡行麾去，然後心精獨運，自出新裁；及其成後，又必渾成精當，無斧鑿痕，方稱合作。』詩話八引漫齋語錄云：『詩用意要精深，下語要平淡。』總之，都是深入顯出之義。『得之雖苦，出之須甘；出人意外者，仍須在人意中。』（詩話六）這兩句，眞是至理名言。論及隨園詩論，不可不注意及此。

惟然，所以他要勇改。續詩品云：『千招不來，倉卒忽至；十年矜寵，一朝捐棄。人貴知足，惟學不然。人功不竭，天巧不傳。知一重非，進一重境。亦有生金，一鑄而定。』惟然，所以他於勇改之後更要滅迹。續詩品又云：『織錦有迹，豈曰蕙娘？修月無痕，乃號吳剛。白傅改詩，不留一字。今讀其詩，平平無異。意深詞淺，思苦言甘。寥寥千年，此妙誰探！』

這卽是所謂以學問濟性情，以人巧濟天籟的意思。詩話三云：『詩不可不改，不可多改。不改則必浮，多改則機窒。要像初搨黃庭，剛到恰好處。』不可不改者，指人巧言，不可多改者，指天籟言。從人巧再還到天籟，這是隨園與一般主性靈說者不同的地方。

隨園詩論何以會如此呢？這有二因：其一，即我們以前屢屢提及的清代文學批評共同的風氣。他們都想於調和融合之中以自成其一家之言。其二，我們更須知隨園詩論與其詩之作風有關。舒鐵雲瓶水齋詩話有云：『袁簡齋以詩古文主東南壇坫，海內爭頌其集，然耳食者居多。惟王仲瞿遊隨園門下，謂先生詩惟七律爲可貴，餘體皆非造極。余讀小倉山房集一過，始歎仲瞿爲知言。嘗論七律至杜少陵而始盛且備，爲一變；李義山瓣香於杜而易其面目，爲一變；至宋陸放翁專工此體而集其成，爲一變。凡三變而諸家之爲是體者，不能出其範圍矣。隨園七律又能一變，雖智巧所寓，亦風會攸關心。』我覺得此論頗具卓識。論隨園之詩與其詩論，都應看出這一點。隨園正因長於七律，所以他論詩之談，眞能將此中甘苦和盤託出者也，即在七律方面。詩話五有一節便論到這問題：

> 作古體詩，極遲不過兩日，可得佳構；作近體詩，或竟十日不成一首。何也？蓋古體地位寬餘，可使才氣卷軸而近體之妙，須不着一字自得風流。天籟不來，人力亦無如何。今人動輕近體而重古風，蓋於此道未得甘苦者也。葉庶子書山曰，『子言固然，然人功未極，則天籟亦無因而至；雖云天籟，亦須從人功求之。』知言哉！

這一節話很有關係。他所謂天籟不來，人力亦無如何，即是他的性靈說。葉氏所謂人功未極則天籟亦無因而至，即是他的修改的性靈說。一般主性靈說者不一定長於律詩，所以可以擱置學問；而隨園卻欲於七律之中講究性靈，則安得不顧到學問，安得不注重人巧！因此，其非自相矛盾明甚。

第五章　肌理說

第一節　翁方綱

翁方綱，字正三，號覃溪，大興人，事見清史列傳六十八卷；所著有復初齋詩文集及石洲詩話等，頗可見其論詩之主張。

覃溪論詩，拈出「肌理」二字，以救漁洋神韻之失。蓋覃溪詩學雖出漁洋，但以欲矯神韻之弊，故不免故與漁洋立異。漁洋雖不廢宋詩，卻不宗宋詩中之江西派，而覃溪所得則於山谷為多；又漁洋雖不廢學問，卻不尚考據，而覃溪學問又以受清代考據學風的影響為多。因此，神韻之說偏於虛，而肌理之說偏於實。偏於實，所以凡論詩主學或論詩主宋的人，其論調每與覃溪為近。朱彝尊之論詩，謂『天下豈有舍學言詩之理。』（曝書亭集三十九，棟亭詩序）毛奇齡之論詩謂：『必窮經有年，而後能矢歌於一日，故夫風人者學士之為也。』（毛西河合集序十，俞石眉詩序）厲鶚之論詩謂：『故有讀書而不能詩，未有能詩而不讀書。……書，詩材也。……詩材富而意以為匠，神以為斤，則大篇短章均擅其勝。』（樊榭山房文集三，綠杉野屋集序）這些話雖不曾標舉肌理二字，實與肌理之說為近。所以昔人雖不曾拈出肌理二字，而肌理之說卻不是昔人所未嘗言。這正如覃溪之論神韻，謂不始於漁洋是同樣意思。他說：『詩以神韻為心得之祕，此義非自漁洋始言之也，是乃自古詩家之要眇處，古人不言而漁洋始明著之也。』（復初齋文集八，神韻論下）我們對於覃溪肌理之說，也正可以套用他的話。

何以說覃溪詩學原出漁洋而又不同於漁洋？蓋覃溪雖有意矯神韻之弊，卻並不反對神韻之說。他於新城縣新刻王文簡古詩平仄論序中說：『方綱束髮學爲詩，得聞先生緒論於吾邑黃詹事。』而於小石帆亭著錄序中又說：『昔吾邑黃崑圃先生受學於漁洋，……方綱幼及先生之門，輒心慕之。』（均見復初齋文集三）所以覃溪之詩學淵源，直接出於黃叔琳，間接出於王士禛，當然對於神韻之說，不會取反對的態度。非惟不反對，抑且對於當時之詘薄漁洋者，反有所不滿。因此肌理之說，只是對於漁洋神韻說之修正而已，只是對於誤解神韻說者之糾正而已。

他以爲一般誤解神韻說者，每以空寂解神韻，又以空寂論漁洋之詩，是大不然。他於漁洋先生精華錄序中說：『先生詩之精華當於何處覓之？在當時，有謂先生祧唐祖宋者固非矣，其謂專主唐音者亦有所未盡也。謂先生師韋柳者是矣，顧何以選三昧集而不及韋柳？又有謂其具體右丞似矣；然又何以鈔五言詩不及右丞？是皆未足以盡之也。』（復初齋文集三）那麽，漁洋詩之精華非一端可盡了，何得便以神韻盡之！不僅如此，卽神韻之說，也非一端可盡。他於坳堂詩集序中又說：『神韻者非風致情韻之謂也。今人不知，妄謂漁洋詩近於風致神韻，此大誤也。神韻乃詩中自具之本然，自古作家皆有之，豈自漁洋始乎？……漁洋所以拈舉神韻者，特爲明朝李何一輩之貌襲者言之，此特舉其一端而非神韻之全旨也。』（復初齋文集三）是則在他看來，一般人之誤解，初由於對漁洋詩之

認識不淸於是對於漁洋之神韻說，也認識不淸因爲都不足以盡之

那麽，什麽是神韻之全旨呢？他又於神韻論闡說之云：

盛唐之杜甫，詩教之繩矩也，而未嘗言及神韻；至司空圖嚴羽之徒乃標擧其概，而今新城王氏暢之。非後人之所詣，能言前古所未言也。天地之精華，人之性情，經籍之膏腴，日久而不得不一宣洩之也。自新城王氏一倡神韻之說，學者輒目此爲新城言詩之祕，而不知詩之所固有者，非自新城始言之也。且杜云『讀書破萬卷，下筆如有神』此神字卽神韻也。杜云『熟精文選理』韓云：『周詩三百篇，雅麗理訓誥』杜牧謂『李賀詩使加之以理，奴僕命騷可矣。』此理字卽神韻也。神韻者，徹上徹下，無所不該：其謂羚羊掛角無迹可求，其謂鏡花水月，空中之象，亦皆卽此神韻之正旨也；非墮入空寂之謂也。其謂雅人深致，指出訏謨定命遠猶辰告二句以質之，卽此神韻之正旨也；非所云理字不必深求之謂也。然則神韻者，是乃所以君形者也。（復初齋文集八，神韻論上）

神韻無所不該，有於格調見神韻者，有於音節見神韻者，亦有於字句見神韻者，非可執一端以名之也。有於實際見神韻者，亦有於虛處見神韻者，有於高古渾樸見神韻者，亦有於情致見神韻者，非可執一端以名之也。此其所以然，在善學者自領之，本不必講也。（同上，神韻論下）

照這樣講神韻，眞是徹上徹下，無所不該了，然而此所謂神韻，與漁洋之所謂神韻已不盡相同，而與一般人之所謂

神韻，更不相一致。所以說：『神韻者本極超詣之理，非可執迹求之，而漁洋猶未免於滯迹也。』（坳堂詩集序）所以說：『新城之專舉空音鏡象一邊，特專以針灸李何一輩之癡肥貌襲者言之，非神韻之全也。且其誤謂理字不必深求其解，則彼新城一叟，實尚有未喩神韻之全者，而豈得以神韻屬之新城也哉！』（神韻論上）那麼，他的講法，正所以修正漁洋之神韻說了。他又說：『昔漁洋先生每謂開元天寶諸作，全在興象超詣，然如王右丞之作，則句句皆眞實出之者也。卽王少伯齋心一詩，空洞極矣，而按之具有實地，如畫家極空濛烟雨之致，而無一筆不可尋其根源，此詩之所以爲詩也。……若所謂五城十二樓彈指卽見者，則卽之轉遠已矣。然漁洋先生雖以此自高，而獨具中和之氣，不致太過，是以他家亦不能及。』（復初齋文集三，重刻吳蓮洋詩集序）那麼，他的講法，不僅修正漁洋神韻之說，抑且對於誤解神韻說與漁洋詩者也加以糾正了。

然則他所謂神韻，究是何種意義呢！他於神韻論中曾闡說之云

『君子引而不發，躍如也，中道而立，能者從之。』……中道而立者，言教者之機緒引躍不發，只在此道內，不能出道外一步，以援引學者助之使入也。只看汝能從我否耳。其能從者自能入來也。道是一個大圈，我只立在此大圈之內，看汝能入來與否耳。此卽詩家神韻之說也。

這樣講，神韻是一種境界，一種造詣，所以可以無所不該，而同時也可於種種方面見神韻。這樣講，所以格調卽神韻，肌理也卽神韻，橫看成嶺，側看成峯，眞是隨其人之自得而已。這樣講，所以他又說：『神韻者視其人能領會，非人人

皆得以問津也。其不能悟及此者，奚爲而必強之！其不知而強附空闊以爲神韻與其不知而妄駁神韻者，皆坐一不知之咎而已！』（神韻論下）

神韻之義明，於是可講肌理。蓋肌理者，卽所以得神韻之法。由一般人之所謂神韻言，則肌理乃所以救神韻之弊；由翁氏之所謂神韻言，則肌理又是所以得神韻之法。

何以肌理之說是所以得神韻之法呢？蓋由翁氏之所謂神韻言，既是一種境界，一種造詣，所以得之之法，可以求之於外也可以求之於內。其僅僅求之於外者，成爲明代的格調說；其求之於外而不卽不離不求甚似者，成爲漁洋之神韻說；而偏重在求之於內者，則成爲翁氏之肌理說。格調說懸一最高境界最上造詣而欲奔赴之，故所得在膚廓之間。神韻說進乎此矣，只在所以致此境界或造詣之興象上注意，故仍不免有空寂之病。肌理說則求之於內，所以不僅是得神韻之法，同時也足以救格調之弊。神韻論中云：

射者必入彀而後能心手相忘也；筌蹄者，必得筌蹄而後筌蹄兩忘也。詩必能切己切時切事一一具有實地，而後漸能幾於化也。未有不有諸己，不充實諸己，而遽議神化者也。是故善教者必以規矩焉，必以彀率焉。神韻者以心聲言之也。心聲也者，誰之心聲哉？吾故曰先於肌理求之也。知於肌理求之，則刻刻惟規矩彀率之弗若是懼，又奚必其言神韻哉！

在此文中，他明明說神韻應先於肌理求之，所以肌理是比較切實的得神韻之法。不過此所謂法是規矩，是彀率，又與格調說之出於模擬者不同。他有格調論三篇，其格調論上云：

詩之壞於格調也，自明李何輩誤之也。李何王李之徒泥於格調而僞體出焉，非格調之病也，泥格調者病之也。夫詩豈有不具格調者哉！記曰『變成方謂之音』，方者音之應節也，其節卽格調也。又曰『聲成文謂之音』，文者音之成章也，其章卽格調也。是故噍殺嘽緩直廉和柔之別由此出焉。是則格調云者，非一家所能概，非一時一代所能專也。（復初齋文集八）

他這樣講格調，也與明代李何李王諸子不同。蓋仍是以肌理說爲中心而講格調，所以以爲詩沒有不是格調，而格調不是一家所能概，一時一代所能專。他說：『古之爲詩者，皆具格調，皆不講格調，格調非可口講而筆授也。唐人之詩未有執漢魏六朝之詩以目爲格調者，宋之詩未有執唐詩爲格調者，卽至金元詩亦未有執唐宋爲格調者，獨至明李何輩乃泥執文選體以爲漢魏六朝之格調焉，泥執盛唐諸家以爲唐格調焉。於是不求其端，不訊其末，惟格調之是泥，於是上下古今只有一格調，而無遞變遞承之格調矣。』（同上）他本於此種見地以反對明人之格調說，所以他所謂格調，也與明人之說不相同。明人之格調說，只知漢魏六朝詩與盛唐詩之境詣而強欲模擬之，所以效其體，師其迹，襲其貌，處處求之於外，遂覺其頑鈍而不靈，泥滯而弗化。他再說：『化格調之見而後詞必己出也，化格調之見而後教人自爲也，化格調之見而後可以言詩，化格調之見而後可以言格調也。』（格調論下）那麼，顯然的他的所謂格調，不是明人之所謂格調了。

何以肌理之說又所以救神韻之弊呢？則以漁洋之所謂神韻，在他看來，簡直即是格調。他在石洲詩話中有二節講到此意。他說：

宋人精詣全在刻抉入裏，而皆從各自讀書學古中來，所以不蹈襲唐人也。然此外亦更無留與後人再刻抉者，以故元人祇剩得一段丰致而已。明人則直從格調爲之。然而元人之丰致，非復唐人之丰致也；明人之格調，依然唐人之格調也。孰是孰非，自有能辨之者。又不消痛貶何李，始見眞際矣。（卷四）

漁洋先生所謂神韻，則合丰致格調爲一而渾化之；此道至於先生，謂之集大成可也。（同上）

此論甚妙。漁洋之神韻說眞是合丰致神韻而爲一。由丰致言，縹渺俱在空際，所以宜以肌理實之；此義留待下文論述。由格調言，則肌理說旣所以救格調蹈襲之弊，當然亦足以救神韻蹈襲之弊。何況所謂丰致，有時也出於蹈襲模擬呢？丰致也出於蹈襲模擬，所以他肯定地說：『漁洋變格調曰神韻，其實卽格調耳。』（格調論上）他硬以神韻爲格調，好似奇特，但是在他的理論上言之，原是講得通的。此義，他曾於徐昌穀詩論中發之。他說：

善言詩格者，必以爲昌穀深得於空同師資之力矣。然空同序其詩曰『守而未化，蹊逕存焉。』是必空同之詩能化蹊逕者，而後議其未化也。今試取李徐二家詩所學杜李盛唐諸家分刌切比而弦歌之，其果孰能化歟？曰，均弗化也。均弗化則奚以未化譏之？然則李子之意，蓋自謂其能化也久矣。何則？少陵供奉之詩，縱橫出沒，不主故常，彼空同者未能知其故也，然亦未嘗不自以爲縱橫出沒不主故常也。而顧視徐子之紹古爲篇者，專近於執著摹擬矣。故毅然譏之曰未化也。夫徐子舍其少作以就李之所學，李則學古，徐亦學古，等學古耳，顧使李子目以蹊逕未化，反不若其少作可以跌宕自憙者，此於徐子之心果甘若是乎？然吾揆諸徐子之心而知其實若是也。夫李雖與徐同師古調，而李之魄力豪邁，恃其拔山扛鼎辟易萬夫之氣，欲舉一世之雄才而掩蔽之，爲徐子者，乃偶拈一格，具體古人，以少勝多，以靜攝動，藉使同居蹈襲之名，而氣體之超逸，據其上矣。故曰揆徐子之意如此也。（復初齋文集八徐昌穀詩論一）

廸功詩七古不如五古，七律不如五律，七古七律又不如七絕，蓋能用短不能用長也。夫勢短字少則可以自掩其鑿痕，故蹈襲者弗病也。（徐昌穀詩論二）

是則偏拈一格具體古人而善於用短者，雖自掩其鑿痕，卻仍是蹈襲摹擬。氣體雖較超逸，途徑原是一轍。所以漁洋雖欲推尊高徐諸家以自異於李何李王諸子而不免仍墮於明人格調說者，正在於是。翁氏說：「新城以三昧標舉盛唐諸家。盛唐諸家其體盛大，貌其似者固不能傷之，徒自敝而已矣。矯其說者一以澄夐淡遠味之，亦不免墮於一偏也。』（神韻論中）又說：『夫空同滄溟所謂格調，其去漁洋所謂神韻者奚以異乎？夫貌爲激昂壯浪者，謂之襲取；貌爲簡淡高妙者，獨不謂之襲取乎？』（復初齋文集三十四，題漁洋先生戴笠像）這便是翁氏所謂神韻即格調之義。

由這樣說，所以他之所謂神韻格調，都是本於肌理說之立場而言的。於是我們可以講到他的肌理說。

翁氏肌理之說，與其詩法論一文，可以相互映發。詩法論云：

法之立也，有立乎其先，立乎其中者，此法之正本探原也。有立乎其節目，立乎其肌理界縫者，此法之窮形盡變也。杜云：『法自儒家有，』此法之立本者也；又云：『佳句法如何？』此法之盡變者也。夫惟法之立本者，不自我始之，則先河後海，或原或委，必求諸古人也。夫惟法之盡變者，大而始終條理，細而一字之虛實單雙，一音之低昂尺黍，其前後接筍乘承轉換開合正變，必求諸古人也。乃知其悉準諸繩墨規矩，悉校諸六律五聲，而我不得絲毫以己意與焉。故曰禹之治水，行其所無事也。行乎所不得不行，止乎所不得不止，應有者盡有之，應無者盡無之，夫然後可以謂之詩，夫然後可以謂之法矣。（復初齋文集八）

他論法，有正本探原之法，有窮形盡變之法，故論肌理亦有義理之理與文理條理之理二義。由義理之理言，所以藥神韻之虛，因爲這是正本探原之法。由文理條理之理言，又所以藥格調之襲，因爲這又是窮形盡變之法。翁氏固曾說過：『格調神韻皆無可着手也，予故不得不近而指之曰肌理。』（復初齋文集十五，仿同學一首爲樂生別）是則肌理之說，正是他的着手之法。

由正本探原之法言，先河後海，或原或委，必求諸古人，故其論徐昌穀詩以爲仍不免於蹈襲，卽因學古不得其法——不得正本探原之法。他說：『夫徐子知少作之非，悟學古之是，此時若有眞實學古之人，必將引而深之，由性情而合之學問，此事遂超軼古今矣。李子本具蹈襲之能事，以其能事，既其良友，以如此淸才而所造僅僅如此，爲可惜也。』（徐昌穀詩論一）是則格調之說固不是正本探原之法，即神韻之說也不足以語此。故欲以肌理之實以救神韻之虛。這即是所謂「合之學問」的方法。其神韻論下云：

詩自宋金元接唐人之脈而稍變其音。此後接宋元者全恃眞才實學以濟之，乃有明一代徒以貌襲格調爲事，無一人具眞才實學以副之者。至我國朝文治之光乃全歸於經術，是則造物精微之祕衷諸實際，於斯時發洩之。然當其發洩之初，必有人焉先出而爲之伐毛洗髓，使斯文元氣復還於沖淡淵粹之本然，而後徐徐以經術實之也。所以賴有漁洋首唱神韻以滌蕩有明諸家之塵滓也。其援嚴儀卿所云鏡中之花水中之月者，正爲滌除明人塵滓之滯習言之，即所謂詩有別才非關學之語，亦是專爲鶩博滯迹者偶下砭藥之詞，而非謂詩可廢學也。須知此正是爲善學者言，非爲不學者言也。司空表聖詩品亦云：『不著一字，盡得風流，』夫謂不着一字，正是函蓋萬有也。豈以空寂言耶？

他以不着一字正是函蓋萬有，那是以肌理爲本的神韻說。他正受當時經術的影響，所以欲以眞才實學濟之。他甚至說：『考訂詁訓之事與詞章之事，未可判爲二途。』（復初齋文集四，蛾術篇序）他甚至說：『詩必研諸肌理，而文必求其實際。』（同上，延暉閣集序）他甚至說：『在心爲志，發言爲詩，一衷諸理而已。理者民之秉也，物之則也，事境之歸也，聲音律度之矩也。』（同上，志言集序）於是他毅然決然下一極肯定的論，以爲『士生今日，經籍之光盈溢於世宙，爲學必以考訂爲準，爲詩必以肌理爲準。』（同上）所以我說：肌理之說，是受當時考證學風的影響。

然而我們上文說過覃溪之學除受考據派影響外，又深受山谷的影響，所以我們更須一述山谷的詩法。覃溪之所得於山谷詩法者有二語曰：『以古人爲師，以質厚爲本。』這是他與天下賢哲講詩論文宗旨之所在，（見復初齋文集三漁洋先生精華錄序；又文集四貴溪畢生時文序）所以也卽是肌理說的中心。我們假使本於上述二義而分析言之，則所謂以質厚爲本者，卽是正本探原之法，所謂以古人爲師者又是窮形盡變之法，所以由正本探原之法言，雖受考證學風的影響，而也未嘗不兼受宋詩的影響。石洲詩話之論宋詩云：

> 唐詩妙境在虛處，宋詩妙境在實處。……盛唐諸公全在境象超詣，所以司空表聖二十四品及嚴儀卿以禪喻詩之說，誠爲後人讀唐詩之準的。若夫宋詩，則遲更二三百年，天地之精英，風月之態度，山川之氣象，物類之神致，俱已爲唐賢占盡，卽有能者，不過次第翻新，無中生有，而其精詣則固別有在者。宋人之學，全在研理日精，觀書日富，因而論事日密。如熙寧元祐一切用人行政，往往有史傳所不及載，而於諸公贈答議論之章略見其概。至如茶馬鹽法河渠市貨，一一皆可推析。南渡而後，如武林之遺事，汴上之舊聞，故老名臣之言行，學術師承之緒論淵源，莫不借詩以資考据，而其言之是非得失與其聲之貞淫正變，亦從可互按焉。（詩話四）

此論甚是。所以我說肌理之說，同時亦兼受宋詩的影響。

由窮形盡變之法言，卽本於山谷「以古人爲師」一語而轉變之。爲什麼？因爲他所謂師古，原不是摹擬其形貌。他說：『凡所以求古者師其意也，師其意則其迹不必求肖之也。孔子於三百篇皆弦而歌之，以合於韶武之音，豈三百篇篇篇皆具韶武節奏乎？抑且勿遠稽三百篇，卽以唐音最盛之際，若杜若李，若右丞高岑之屬，有一效建安之作，有一效顏謝之作者乎？宋詩盛於熙豐之際，蘇黃集中有一效盛唐之作者乎？』（格調論中）是則師其意而不必肖其迹，卽是一方面求諸古人而一方面仍不失爲窮形盡變之法。因此，他再說：『古今不善學杜者無若空同滄溟；空同滄溟貌皆似杜者也。古今善學杜者，無若義山山谷；義山山谷貌皆不似杜者也。』（文集三十四題漁洋先生戴笠像）義山山谷何以能不似杜而又學杜呢？卽因他得窮形盡變之法。他說：『義山以移宮換羽爲學杜，是眞杜也；山谷以逆筆爲學杜，是眞杜也。』（文集十五同學一首送別吳穀人）所謂移宮換羽，所謂逆筆，都卽是窮形盡變之法，——『大而始終條理，細而一字之虛實單雙，一音之低昂尺黍，其前後接筍乘承轉換開合正變』之意義。山谷於詩，原是講究詩法的；覃溪之有得於山谷者，也正在詩法上面。這樣師古，儘可以盡古作之變，也可以成己作之變。然而此種講法，與文人之論文並無差別了。

尤其相像的，他溝通此正本探原之法與窮形盡變之法二者之關係，乃卽用古文家所稱有物有序之語。翁氏有一篇杜詩熟精文選理理字說，謂：

若白沙定山之爲擊壤派也，則直言理耳，非詩之言理也。故曰『如玉如瑩爰變丹靑，』此善言文理者也。理者，治玉也，字從玉從里聲，其在於人則肌理也，其在於樂則條理也。易曰，『君子以言有物，』理之本也；又曰『言有序，』理之經也。天下未有舍理而言文者，……自王新城究論唐賢三昧之所以然，學者漸由是得詩之正脈，而未免歧視理與詞爲二途者，則不善學者之過也。而矯之者又直以理路爲詩，遂蹈白沙定山一派，致啓詩人之訾謷，則又不足以發明六義之奧，而徒事於紛爭疑惑，皆所謂泥者也。（復初齋文集十）

所以由窮形盡變之法言，雖受宋詩的影響，而也未嘗不兼受考證學風的影響。

他於杜詩熟精文選理理字說一文，謂『蕭氏之爲選也，首原夫孝敬之準式，人倫之師友，所謂事出於沈思者，惟杜詩之眞實足以當之，而或僅以藻績目之，不亦誣乎？』那麼，於文理條理之理中原有義理之理。他又有一篇韓詩雅麗理訓誥說，謂：『理者綜理也，經理也，條理也，尚書之文直陳其事，而詩以理之也。直陳其事者，非直言之所能理，故必雅麗而後能理之。雅，正也，麗，葩也。韓子又謂「詩正而葩」者是也。』（文集十）那麼，於義理之理中，又自有文理條理之理在。雙方兼顧，而後肌理之義始全。

第二節　肌理說之餘波

第一目　方東樹與文人之詩論

清代詩論之與當時學風最不相合者爲性靈說，所以袁氏以後難有嗣響；卽如張船山（問陶）舒鐵雲（位）諸人，其論旨與作風差與袁氏爲近，然終不能形成一時之風氣。其與當時學風最相接近者爲肌理說，所以翁氏以後之詩論，不必復拈肌理二字，却與翁氏論旨最相脗合。即如潘德輿之論詩主張，固與翁氏不同，然其標舉質實二字．也不能說不受翁氏的影響。

翁氏詩論以受漢學影響，故與文人之詩論爲近；又以受山谷影響，故又與宋詩派之詩論爲近。此種關係，直至以後仍是如此。所以現在即以方東樹代表文人之詩論，而以何紹基代表所謂「同光體」之詩論。

翁氏論詩拈出肌理二字，固可與當時學風相溝通，然而以金石考訂爲詩，畢竟不是詩學之正則。張際亮劉孟塗詩稿書後云：『自詩道之衰，南則袁子才，北則翁覃溪，咸自命風雅以收召後進；後進名能詩而不染其流弊者寡矣。』（張亨甫全集四）又與徐廉峯太史書云：『近日頗有知袁趙之非者，然復揚竹君心餘覃溪之餘波，則亦爲狂瀾而已。』（張亨甫全集三）這是很顯明的與翁氏立異之處。所以翁氏之說，在事實上並未爲一般人所信奉，而方東樹諸人之詩論，也不是肌理說所能範圍。然而我們仍稱爲肌理說之餘波者，即因此種詩論與翁氏肌理之說同樣都受當時學風之影響而已。

方東樹所著昭昧詹言即是論詩之著。他是桐城的古文學者，故書中亦常兼論及文，而又本論文的見解以論詩。桐城文論欲言之有物與有序，欲義理考據詞章三者之合一，原有集大成的傾向，故方氏論詩也有這種情形。

昭昧詹言卷一引李翺論文之語謂『文理義三者兼併，乃能獨立於一時，而不泯於後代，』以爲此即學詩正軌。又引朱子論文之語謂『文章要有本領，此存乎識與道理有源頭則自然着實，』以爲詩亦如此。可知他認爲學詩學文並無差別。不僅如此，他再以作詩與著書並論：他以爲『凡著一書，必使無一理之不具，否則偏隘；』又以爲『凡著一書，必有宗旨，否則淺陋無本，』而以爲此二義也可通於作詩。那麽，翁氏肌理之說，似乎眞可施之於詩了。他又說『無志可言，強學他人說話，是謂言之無物；不解文法變化，精神措注之妙，是謂言之無文無序。』這是桐城文人論文的見解，翁氏擧之，方氏亦擧之，所以肌理之說，最與文人之詩論相融浹。

由以前詩人之詩論言，或主神韻，或矜格調，或尚性靈，雖也融會各家之說，集詩論之大成，然以其是一家之言，而作風也不免偏於一格，所以不僅性靈有病，即言格調言神韻者，也一樣有病。

他論詩雖重性情，然又與袁子才的作風不同。詹言開端便說：『詩之爲學，性情而已！』開宗明義，早把論詩宗旨和盤托出了。此外又常提到詩欲自道己意，欲見自家面目，似其主張頗與隨園相同，然而隨園逞小聰明，而此則淵淵邃窟；隨園逗小機趣，而此則落落大方。必須情眞意摯，可歌可泣，有眞懷抱，有眞胸襟，所謂有德有言，纔爲作者。因此，又不能滿意於隨園的作風。詹言卷一謂：『近人某某隨口率意，盪滅典則，風行流傳，使風雅之道，幾於斷絕；』又謂『近世有一二庸妄鉅子，未嘗至合而輒矜求變；其所以爲變，但糅以市井諧諢，優伶科白，童孺婦嫗淺鄙凡近惡劣之言，而濟之以雜博餖飣故事，蕩滅典則，欺誣後生。』可知他對於隨園作風，又是如何深惡痛疾的了。

他論詩也兼取格調，然而又與沈歸愚的作風不同。詹言卷一也說：『韓公非三代兩漢之書不敢觀，謝茂秦不許用唐以後事，皆恐狃於近而不振也。』此即格調之說。此種見解，姚惜抱詩論中也時常遇到。不過他們之於格調，又與明代前後七子不同。他們欲於格調中露性情，所以『要冥心孤詣，信而好古，敏以求之，洗滌面目，與天下相見。』（詹言一）所以又說：『詩文者生氣也，若滿紙如翦綵雕刻，無生氣，乃應試館閣體耳，於作家無分。』（同上）是則又與格調之說不能相容了。

不落於格調，不落於性靈，而同時復不落於神韻。他稱阮亭才氣局促，不能包羅，又稱阮亭多用料語襯貼門面；又稱阮亭用事多出餖飣，與讀書有得溢出為奇者迥不侔。（均見詹言一）是則對於阮亭之詩也不能滿意了。他以肌理藥神韻之虛而復以格調與性靈互救其弊而補其偏。他是在此種關係上成為詩論之集大成者。

他何以能如此呢？即因主格調或神韻說者每有唐宋之見，而他則不欲有此分別。又主性靈說者雖不分唐界宋，然又不免信心蔑古，而他則仍欲取法古昔，於古人勝境中卓然有以自立。他要在作風上貫通古今，使學古而自見面目；又要在作風上融洽唐宋，使合度而臻於變化。所以由他的理論求之，在作風上不會如昔人之偏於一格。而其關鍵所在，即在本論文的見解以論詩而已。本論文的見解以論詩，故其所取者在文法方面。方氏說：

讀古人詩文，當須賞其筆勢健拔雄快處，文法高古渾邁處，詞氣抑揚頓挫處，轉換用力處，精神非常處，清眞動人處，運掉簡省筆力嶄絕處，章法深妙不可測識處；又須賞其興象逼眞處，或疾雷怒濤，或淒風苦雨，或麗日春敷，或秋清皎潔，或玉佩瓊琚，或蕭條寂寥；凡天地四時萬物之情狀，可悲可泣，一涉其筆，如見目前，而工拙高下又存乎其文法之妙。至於義理淵深處，則在乎其人之所學所志所造所養矣。（詹言一）

方氏又說：『本領固最要而文法高妙別有能事。』（同上）可知他即以文法觀念溝通有物與有序溝通詩法與文法，而桐城文人與江西詩人之理論也變得接近。本宋人之詩法觀念以進窺唐詩，於是信心與學古的問題，唐詩與宋詩的關係，亦均以是而溝通。

方氏謂『杜七律所以橫絕諸家，只是沈著頓挫，恣肆變化，陽開陰合，不可方物。山谷之學專在此等處，所謂作用。』（詹言二十）是則唐詩本是有法可尋，而宋詩法度亦正學唐人之法。這樣講，當然不必區分唐宋，而學古也不會徒襲其形貌。方氏又云：『山谷學杜韓，一字一步不敢滑，而於中又具參差章法變化之妙。』（詹言一）他於山谷詩法可謂盡抉其祕了。然而推尊山谷詩，亦不始於方氏，在方氏以前的桐城文人如姚薑塢姚惜抱二氏早有此論，方氏所言亦仍是桐城文人的主張而已。

當時潘德輿亦主質實之說，只以詩格宗唐，故立論又與方氏不同。潘氏只是格調說之餘波，必如方氏所言，纔是肌理說之餘波。

第二目　何紹基與同光體詩人

清季宋詩運動中有所謂「同光體」者，即指同治光緒以來詩人不專宗盛唐的一派。宋詩運動之發軔，原不始於同光，但其形成一時風氣，則以同光間為盛。

同光體之詩宗主三元，上元開元，中元元和，下元元祐。於開元取杜，於元和取韓，於元祐取黃，而兼及於蘇。這是同光間詩人所奉的圭臬。所以他們能打破分唐分宋的界限，而別成一種作風。

陳衍石遺室詩話謂：『有清一代詩宗杜韓者，嘉道以前推一錢籜石侍郎，嘉道以來則程春海侍郎祁春圃相國，而何子貞編修鄭子尹大令皆出程侍郎之門。益以莫子偲大令曾滌生相國諸公率以開元天寶元和元祐諸大家爲職志，不規規於王文簡之標舉神韻，沈文慤之主持溫柔敦厚，蓋合學人詩人之詩二而一之也。』在此數語中已將「同光體」的眞面目暴露無遺。清代詩學從道光以來誠是一大關捩。道光以後，直至清亡，一般爲舊詩者大都籠罩於此種風氣之下。即有一二傑出之士，頗想提倡詩界革命，然仍不免爲時風衆勢所左右，以投於「同光體」的旗幟之下。

在此大風氣之下，一般詩人之成就，仍不妨隨其個性與學力之不同而異其作風。所以石遺室詩話已分之爲兩大派，以陳沆魏源以至鄭孝胥爲清蒼幽峭的一派，而以鄭珍莫友芝以至陳三立爲生澀奧衍的一派。實則假使自其異者言之則二派猶不足以盡之，自其同者言之，則派別儘多，自有其共同一致的傾向，即是所謂合學人詩人之詩而爲一。所以可說是肌理說之餘波。

我們看清了這一點，然後知道在「同光體」的詩人中間，如其一生精力盡於詩學，則即使學古有得，而在作風方面或尙僻澀，或主瑰奇，似亦能自樹一幟，然而仍不足以爲「同光體」的代表。何以故？因爲他仍不免落於詩人之詩故。

大抵所謂「同光體」作風之形成，有二種關係：一是文學的關係，又一是時代的關係。由文學言，不外受桐城文派的影響。桐城文派欲有物有序，欲義理詞章考據之合一，故其所取者是文人之詩，而所謂詩法亦即本其文法的觀念。這是他們推尊杜韓推尊蘇黃的原因。「同光體」詩人受其影響，故其提倡宋詩便與淸初的宋詩運動不相一致。陳石遺雖謂詩宗杜韓，由於程春海祁春圃的提倡，實則在他們以前，方東樹昭昧詹言中早已說過。方氏謂『觀選詩造語奇巧已極其至，但無大氣脈變化；杜公以六經史漢作用行之，空前後作者古今一人而已。韓公家法亦如此，而文體爲多，氣格段落章法較杜爲露圭角，然造語去陳言，獨立千古。至於蘇公全以豪宕疏古之氣騁其筆勢，亦爲古今無二之境。』（詹言八）又謂『學黃必探源於杜韓，』（詹言十）又謂『東坡滑易之病，末流不可處，故今須以韓黃藥之。』（詹言一）是則「同光體」之論詩宗旨，方氏早已代爲揭出了。不僅如此，方氏所言，又本於姚姬傳。姚氏五七言今體詩鈔序目稱：『山谷刻意少陵，雖不能到，然其兀傲磊落之氣，足與古今作俗詩者澡濯胸胃，導啓性靈。』是則姚氏早已看到這一點。其後曾國藩學宗桐城，故論詩亦推尊山谷。其題彭旭初詩集後云：『大雅淪正音，箏琶實繁響，杜韓去千年，搖落吾安放。涪翁差可人，風騷通肸蠁，造意追無垠，琢辭辨倔彊。伸文揉作縮，直氣摧爲枉，自僕宗涪公，時流頗忻嚮。』（曾文正公詩集一）那麼可知「同光體」的作風與桐城文人實有連帶的關係了。蓋在隨園一派性靈詩作風流行之後，欲救其弊，則提倡黃詩正是對症良藥。何況此種作風與淸代集大成的學風，又能忻合無閒呢！

由時代言，則清自道咸以後，海禁已開，國家多故，時局的變亂，民生的凋敝，處處流露着動盪不安的情緒，故其表現於詩者，也成爲亂世之音。黔中詩人莫友芝與鄭珍，尤足爲其代表。姚永概書鄭子尹詩後云：『生平怕讀鄭莫詩，字字酸入心肝脾。』「同光體」之詩雖不必全同此作風，然而言愁欲愁，由「同光體」之表現力量言，也確能造成此種風格。在此種詩格中，豈是空言神韻高言格調所能賅！論詩到此，眞覺一般談神韻談格調者都無是處，即侈言性靈，也覺是滿腔熱情與隨園一流之矜弄聰明者，大不相侔。

於是，可以談到何紹基之詩論。

何紹基字子貞，號猨叟，湖南道州人，事見清史稿四百九十一卷，有東洲草堂集。

何氏東洲草堂文鈔卷五有與汪菊士論詩十九則，又題馮魯川小像册論詩十五則，均其論詩精湛之語，而提要鉤玄，則在使黔草自序。他說：

詩文不成家，不如其已也；然家之所以成，非可於詩文求之也，先學爲人而已矣。規行矩步，儒言儒服，人其成乎？曰非也。孝弟謹信，出入有節，不懲於中，亦酬應而已矣！立誠不欺，雖世故周旋，何非篤行，至於剛柔陰陽稟賦各殊，或狂或狷，就吾性情，充以古籍，閱歷事物，眞我自立，絕去摹擬，大小偏正，不枉厥材，人可成矣。於是移其所以爲人者，發見於語言文字，不能移之，斯至也。日去其與人共者，漸擴其己所獨得者，又刊其詞義之美而與吾之爲人不相肖者，始則少移焉，繼則半至焉，終則全赴焉，是則人與文一。人與文一，是爲人成，是爲詩

文之家成。（東洲草堂文鈔(三)）

這些話亦屢見於與馮魯川汪菊士二人論詩語中，可知是他論詩主旨之所在。實則方東樹昭昧詹言卷一早已說過『詩文與行已非有二事，』不過方氏於此，不曾詳加闡說而已。

何氏謂『學詩者無不知要有眞性情，卻不知眞性情者非到做詩時方去打算也。平日明理養氣，於孝弟忠信大節，從日用起居及外間應務，平平實實自家體貼得眞性情，時時培護，字字持守，不為外物搖奪，久之則眞性情方才固結到身心上，即一言語一文字，這個眞性情時刻流露出來。』（與汪菊士論詩）照這樣講性情，便與道學家之理論相溝通。論性情而與道學家之理論相溝通，自然不會落於隨園一流之性靈說，而與溫柔敦厚之詩教反而有些類似了。他又說：『溫柔敦厚詩教也，此語將三百篇根底說明，將千古做詩人用心之法道盡。凡刻薄吝嗇兩種人，必不會做詩。詩要有字外味，有聲外韻，有題外意，又要扶持綱常，涵抱名理；非胸中有餘地，腕下有餘情，看得眼前景物都是古茂和藹，體量胸中意思全是愷悌慈祥，如何能有好詩做出來！』（題馮魯川小像冊論詩）是則溫柔敦厚，正是眞性情的流露處。以前袁子才與沈歸愚之爭論，如明瞭這一點，便覺其無謂了。所以他講性情，不是口角婉媚輕率之語，不是目前瑣屑猥俗之事。他與汪菊士論詩有一則談得尤妙。他說：

是道理精神都從天地到人身上，此身一日不與天地之氣相通，其身必病；此心一日不與天地之氣相通，其心獨無病乎？病其身則知之，病其心則不知，由私意物欲蒙蔽所致耳。今想不受其蒙蔽，除卻明理，更無別說。

雖然，亦有二說焉讀書閱事看到事物之所以然，與天地相通是一境；淸明之氣生於寂處，心光一片自然照徹通明，亦是一境。此二境者，相爲表裏。離此二境，非靜非動時但提起此心要它刻刻與天地通。尤要請問談詩何爲談到這裏曰此正是談詩。

我們必須明瞭他這一些話正是談詩的理由，然後可知道他所謂性情是何等樣的性情。本此種性情以寫出的詩，纔是義理與詞章之合一。

但是此等性情將如何培養呢？他上文所說的讀書卽是一境。他說：『作詩文必須胸有積軸，氣味始能深厚，然亦須讀書看書時從性情上體會，從古今事理上打量。於書理有貫通處，則氣味在胸，握筆時方能流露。蓋看書能貫通，則散者聚，板者活，實者虛，自然能到腕下；如餖飣零星以強記爲工，而不思貫串，則性靈滯塞，事理迂隔，雖塡砌滿紙，更何從有氣與味來？故詩文中不可無考據，却要從源頭上悟會。有謂作詩文不當考據者，由不知讀書之訣，因不知詩文之訣也。』（題馮魯川小像册論詩）他再說：『六經之義，高大如天，方廣如地，潛心玩索，極意考究，性道處固啓發性靈，卽器數文物，那一件不從大本原出來！考據之學，往往於文筆有妨，因不從道理識見上用心，而徒務鉤稽瑣碎，索前人瘢垢，用心旣隘且刻，則聖賢眞意不出，自家靈心亦閉矣。』（與汪菊士論詩）那麼照這樣講，義理與詞章之合一，卽藉考據爲之媒介。論證到此，始可謂是義理考據詞章三者之合一。所謂合學人詩與詩人詩而爲一，卽是從此種理論上出發的。

因此，何氏論詩有與隨園似相近而實異的地方。隨園講趣講情致，何氏也未嘗不講到這些。不過他說：『詩貴有奇趣，卻不是說怪話，正須得至理，理到至處發以仄徑，乃成奇趣。詩貴有閒情，不是孏散，心會不可意傳，又意境到那裏，不肯使人不知，又不肯使人遽知，故有此閒情。』那麼，同一講趣味而有厚薄深淺高下之可分了。「同光體」詩人最不喜隨園詩，也即在這一點。

以上是就詩人言，即是如何先學為人，於是第二步再講到如何移其所以為人者發見於語言文字。這也不是容易的事。他說：『心聲心畫無可矯為，然非刻苦用一番精力，雖人已成就，不見得全能搬移到紙上。所以古來名人不是都會詩文字畫。』（題馮魯川小像冊論詩）他又說：『作詩文自有多少法度，多少工夫，方能將眞性情搬迻到筆墨上；又性情是渾然之物，若到文與詩上頭，便要有聲情氣韻，波瀾推蕩，方得眞性情發見充滿。』（與汪菊士論詩）那麼，詩文自有能事，而所謂神韻格調云者，也不是可以全置不講。不過，他為顧到上文所講的基本條件，即如何先學為人，故對於神韻格調之說，不能完全滿意。他說：『晨起日出，庭中諸花不如影好。何以故，花不如花影之渾成無垠堮也。然究之，由小花無大氣質耳。奇松古柏，干霄蔽日，眞氣眞骨眞形，豈待渾成於影哉！』（題馮魯川小像冊論詩）那麼，如有先學為人的基本工夫，便不必沾沾於神韻之說了。他又說：『落筆要面面圓，字字圓。所謂圓者，非專講格調也。一在理，一在氣。理何以圓？文以載道，或大悖於理，或微礙於理，便於理不圓。……非平日平心積理，凡事到前銖兩斟酌，下筆時又銖兩斟酌，安得理無滯礙乎？氣何以圓？用筆如鑄元精，耿耿貫當中，直起直落可也，旁起旁落可也，千回萬折可也，一戛卽止亦可也。氣貫其中則圓。』（與汪菊士論詩）那麽，仍是積理養氣之說，而亦不必拘拘於格調之說了。當時張際亮常與何氏論詩，亦主積理養氣之說，（見張亨甫全集三，答姚石甫明府書）可知旣成一時風氣，各人所見自會相同的。稍後如鍾秀之觀我生齋詩話，朱庭珍之筱園詩話，其所言也是積理養氣之說。詩品與人品之合一，文論與詩論之合一，眞是當時詩人共同的趨向。

他以積理養氣救性靈之弊，而復以性靈救格調神韻之弊，所以詩品人品可以合一。他說：

> 地盤最要打得大。如有一塊大地，則室屋樓亭聽其所爲。若先止方丈地，則一亭已無可布置矣。苟且之見，動云學陶韋，不知陶韋胸中多少道理，人品多少高冷，而果能陶韋乎？好高者動云兩京，不知兩京時所見所聞皆周秦，家世傳衍皆周秦，其人並不必爲詩也，一篇一句偶然傳後，而吾乃以多篇多句者效之，與法言文中僭擬聖經何異！卽使眞肖，亦優孟衣冠耳。做人要做今日當做之人，卽做詩要做今日當做之詩。必須書卷議論，山水色相，聚之務多，貫之務通，恢之務廣，鍊之務重，卓之務特，寬作丈量，堅作築舂，使此中無所不有，而以大氣力包而舉之。然未嘗無短篇也，尺幅千里矣；未嘗無淡旨也，淸潭百丈矣。譬如一所大院，正房客屋幽亭曲榭，林鳥池魚，茂草荒林，要無所不有，才好才好。（與汪菊士論詩）

論詩到此，亦眞是無所不有。覺得漁洋歸愚隨園諸人雖立論能圓，而作風偏，不免依舊沾染明人習氣。必如此無所不有，纔見得是淸代的學風。這卽是所謂大地盤。

於是，他再舉出用力之要曰『不俗二字盡之矣。』他說：

所謂俗者，非必庸惡陋劣之甚也。同流合汚，胸無是非，或逐時好，或傍古人，是之謂俗。直起直落，獨來獨往，有感則通，見義則赴，是謂不俗。高松小草，並生一山，各與造物之氣通。松不顧草，草不附松，自爲生氣，不相假借。泥塗草莽，糾紛拖沓，沾濡不別，腐期斯亙。前哲戒俗之言多矣，莫善於涪翁之言曰：臨大節而不可奪，謂之不俗。欲學爲人，學爲詩文，舉不外斯恉。（使黔草自敍）

做人要做到『道理所在，隨步換形，毫無沾滯』便是不俗；要做到『素位而行，利害私見本不存於中，臨大節時也止是素位而行，如何可奪，』便是不俗。做詩文要做到『直起直落，脫盡泥水』便是不俗；要做到『不黏皮帶肉，則潔，不強加粉飾則健，不設心好名則樸，不橫使才氣則定，要起就起，要住就住，不依傍前人，不將就俗目，』纔是不俗。所以不用彼此公共通融的話，不用聽來看來而與我無涉的話，不必索佳句，也不必與人談詩文。這也是素位而行，這也是獨來獨往。這樣做纔是人與文一。陳衍石遺室詩話卷八有云『作詩文要有眞實懷抱，眞實道理，眞實本領。』可知「同光體」詩人之立志，是如何力爭上游的了。

第三目　常州派之詞論

清代學風不僅影響到文論詩論，抑且影響到詞論。清詞自「常州派」後，闡意內言外之旨，別裁僞體，上接風騷，於是風氣一變，襟抱學問噴薄而出，詞體始尊，而詞格始正。實則關鍵所在，不外由才人之詞與詞人之詞一變而爲學人之詞而已。此風既啓，直至清末，爲詞者殆無不受其影響。此與當時「同光體」之詩也有息息相通之微，所以卽於論同光體詩後附論及之。譚獻復堂日記卷三謂『塡詞至嘉慶，俳諧之病已淨。……周介存有從有寄託入從無寄託出之論，然後體益尊，學益大。近世經師惠定宇孔巽軒段懋堂焦理堂宋于庭張皋文龔定庵多工小詞，其理可悟。』這幾句話，卽說明清代詞風轉變的關鍵。

「常州派」始於張惠言。張氏詞選序始標意內言外之旨，以爲詞蓋詩之比興，與變風之義騷人之歌爲近；故以深美閎約爲宗，推崇正聲，而不取放浪通脫之言。自此以後，始立門庭。周濟詞辨本其旨而推闡之，謂『感慨所寄不過盛衰，或綢繆未雨，或太息厝薪，或己溺己飢，或獨淸獨醒，隨其人之性情學問境地，莫不有由衷之言；見事多，識理透，可爲後人論世之資。詩有史，詞亦有史，庶乎自樹一幟矣。』這卽是詞壇中的肌理之說。至於入手之方，他以爲『初學詞求空，空則靈氣往來；旣成格調求實，實則精力彌滿。初學詞求有寄託，有寄託則表裏相宣，斐然成章；旣成格調求無寄託，無寄託則指事類情，仁者見仁，知者見知。』此種理論，仍是肌理之說。卽其講鍼鏤，講鉤勒，講片段，講離合，也還是肌理說中注意的問題。

此後晚淸詞家沿襲其風，雖宗主不免稍有出入，而大體傾向，寧晦無淺，寧澀無滑，寧生硬無甜熟，則相一致。舉其較著者，則陳廷焯之白雨齋詞話卽可爲其代表。

白雨齋詞話謂『作詞之法，首貴沈鬱。沈則不浮，鬱則不薄。顧沈鬱未易強求，不根柢於風騷，烏能沈鬱！十三國變風二十五篇楚詞，忠厚之至，亦沈鬱之至，詞之源也。不究心於此，率爾操觚，烏有是處！』（卷一）他所謂沈鬱之旨，即是張氏意內言外之說。不過意內言外，所以言其義，而沈鬱云者，則所以定其格。他解釋沈鬱之義云：

> 所謂沈鬱者，意在筆先，神餘言外，寫怨夫思婦之懷，寓孽子孤臣之感。凡交情之冷淡，身世之飄零，皆可於一草一木發之而發之又必若隱若見，欲露不露，反復纏綿，終不許一語道破。匪獨體格之高，亦見性情之厚。（卷一）

這是從詞格以發揮詞旨，最切實最平正的見解。蓋詩詞一理，所以意內言外之說，可以用於詩，也可以通於詞。而詞體篇幅不大，酣暢奔放，均非所宜，所以詩如五七言大篇，即不盡沈鬱，亦別有可觀，而詞則舍沈鬱之外，更無以為詞。他以為『唐五代詞不可及處，正在沈鬱。宋詞不盡沈鬱，……然其佳處亦未有不沈鬱者。』（卷一）正因沈鬱是詞所獨具的風格；其後解放為曲，則嬉笑怒罵盡成文章，便不必以沈鬱繩之了。

如何能使沈鬱呢？其關鍵又在比興。他論比興之義云：

> 如王碧山詠螢詠蟬諸篇，低回深婉，託諷於有意無意之間，可謂精於比義。若興則難言之矣！託喻不深，樹義不厚，不足以言興；深矣厚矣，而喻可專指，義可強附，亦不足以言興。所謂興者，意在筆先，神餘言外，極虛極活，極沈極鬱，若遠若近，可喻不可喻，反覆纏綿，都歸忠厚。（卷六）

是則以沈鬱為詞格，而比興為詞法，這即是『不根柢於風騷，烏能沈鬱』之義。這樣講沈鬱，講比興，當然也與「同人第一流體一的詩人一樣，最惡聰明纖巧之作。他說：『無論作詩作詞，不可有腐儒氣，不可有俗人氣，不可有才子氣。人知腐儒氣俗人氣之不可有，而不知才子氣亦不可有也。尖巧新穎，病在輕薄；發揚暴露，病在淺盡。腐儒氣俗人氣人猶望而厭之；若才子氣則無不望而悅之矣。故得病最深。』（卷五）書中類此之語，多不勝舉；其衡量昔人之詞，亦以此爲標準。淸季詞學之每變愈上，也可視爲性靈說之反動。